BAND 40

Großraum Städte- und Gemeindeatlas

Köln • Bonn

Aachen • Euskirchen • Gummersbach
Koblenz • Leverkusen • Neuwied

ADAC

StadtAtlas

W0319030

1:20 000

Inhaltsverzeichnis

ADAC-Pannenhilfe 0180 2 22 22 22 (0,062 € pro Anruf) · **Polizei 110** · **Feuerwehr und Rettungsdienst 112**

Übersichtskarte und Blattschnitt Großraum Köln-Bonn-Koblenz

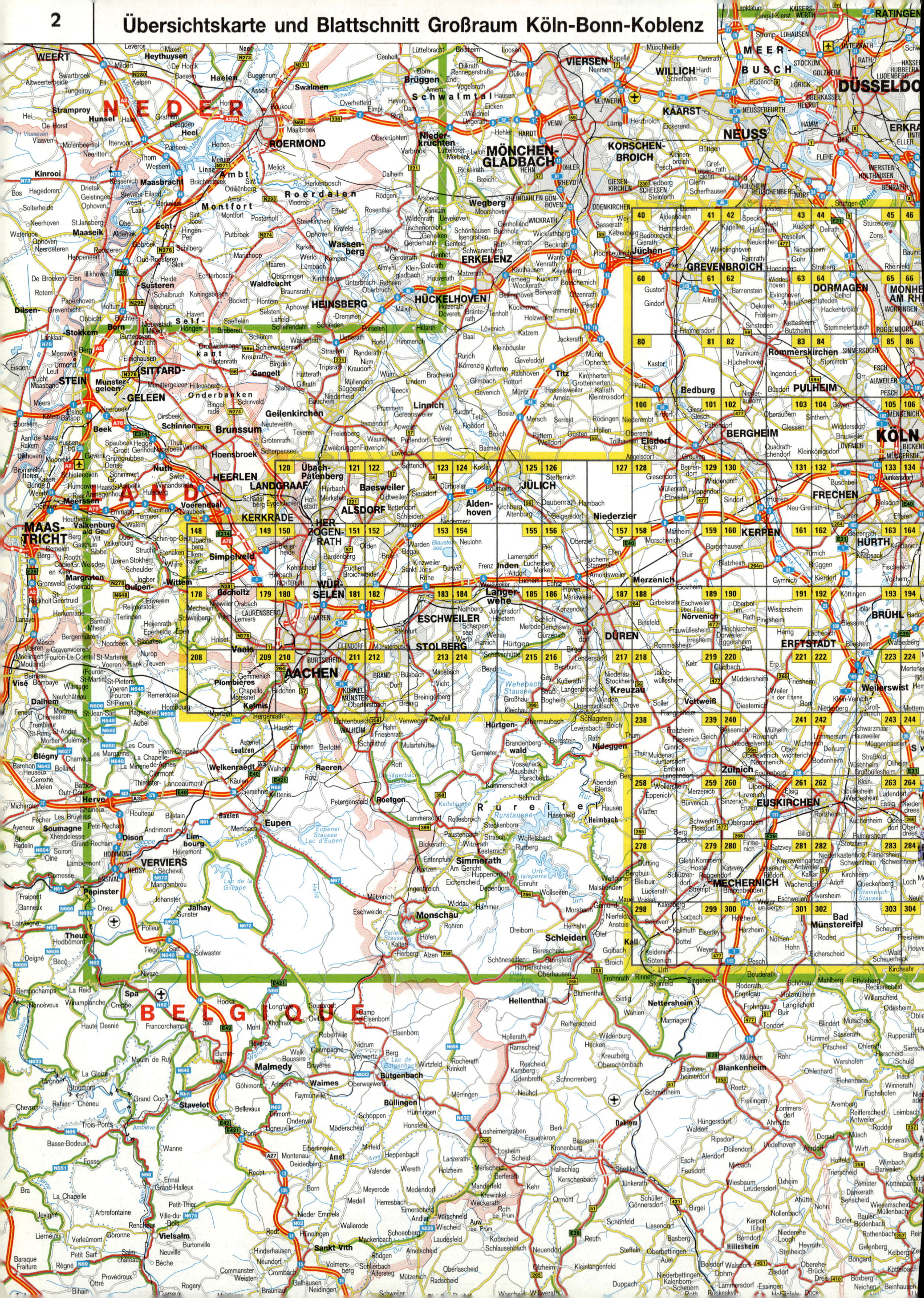

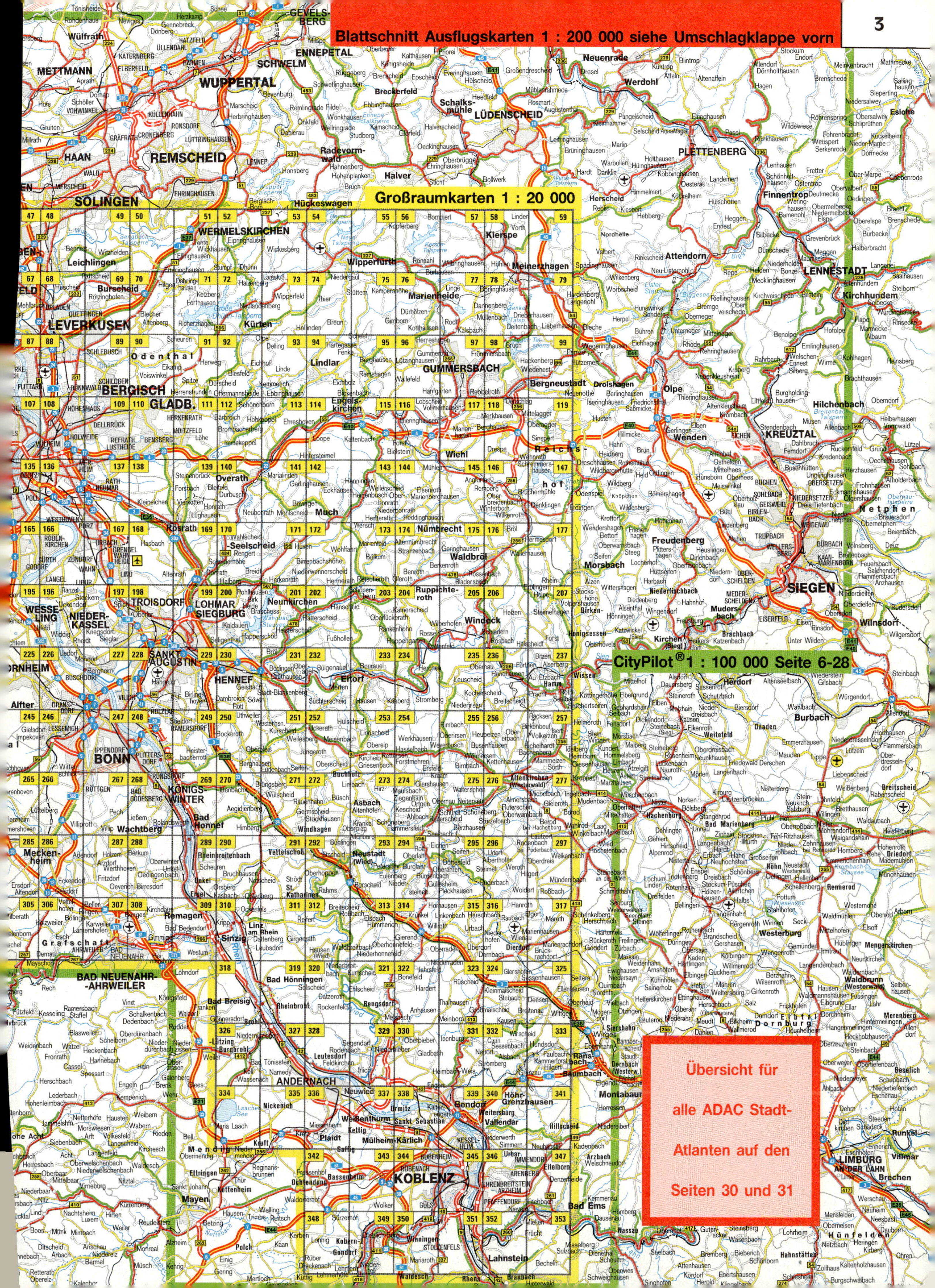
Blattschnitt Ausflugskarten 1 : 200 000 siehe Umschlagklappe vorn
Großraumkarten 1 : 20 000
CityPilot®1 : 100 000 Seite 6-28
Übersicht für alle ADAC Stadt-Atlanten auf den Seiten 30 und 31
WUPPERTAL
SCHWELM
ENNEPETAL
GEVELSBERG
REMSCHEID
SOLINGEN
HAAN
METTMANN
Wülfrath
Radevormwald
Hückeswagen
Halver
Schalksmühle
LÜDENSCHEID
Breckerfeld
Neuenrade
Werdohl
PLETTENBERG
Herscheid
Finnentrop
Attendorn
LENNESTADT
Kirchhundem
WERMELSKIRCHEN
Leichlingen
Burscheid
LEVERKUSEN
Kürten
Wipperfürth
Marienheide
Kierspe
Meinerzhagen
Odenthal
BERGISCH GLADB.
Lindlar
GUMMERSBACH
Bergneustadt
Drolshagen
Olpe
Wenden
KREUZTAL
Hilchenbach
Engelskirchen
Overath
Rösrath
Wiehl
Reichshof
Much
Nümbrecht
Waldbröl
Seelscheid
Neunkirchen
Ruppichteroth
Windeck
Freudenberg
SIEGEN
Netphen
Wilnsdorf
Morsbach
Niederfischbach
Mudersbach
Kirchen (Sieg)
TROISDORF
NIEDERKASSEL
WESSELING
LOHMAR
SIEGBURG
SANKT AUGUSTIN
HENNEF
Eitorf
BONN
Alfter
KÖNIGSWINTER
Bad Honnef
Wachtberg
Meckenheim
Remagen
Linz am Rhein
Sinzig
Grafschaft
BAD NEUENAHR-AHRWEILER
Asbach
Neustadt (Wied)
Altenkirchen (Westerwald)
Wissen
Betzdorf
Daaden
Herdorf
Burbach
Hachenburg
Bad Marienberg
Westerburg
Bad Hönningen
Rheinbrohl
Bad Breisig
Andernach
Neuwied
Rengsdorf
Dierdorf
Selters (Westerwald)
Montabaur
Höhr-Grenzhausen
Bendorf
Vallendar
Mülheim-Kärlich
Weißenthurm
KOBLENZ
Lahnstein
Bad Ems
Nassau
Mayen
Polch
LIMBURG AN DER LAHN
Runkel
Villmar
Brechen
Hadamar
Rennerod
Montabaur
Dornburg
Elz
Ransbach-Baumbach
Wirges
Mendig
Plaidt
Kettig

Die GPS-genauen ADAC StadtAtlanten: GPS-genau

Kurzinformation für eilige Nutzer:

- GPS-Handempfänger auf "**WGS 84**" und "**UTM**" einstellen.
- Zur GPS-Navigation dient das **rote Gitter** (Maschenweite 2000 m, Feineinteilung 100 m).
- Die Angaben im Straßenregister beziehen sich auf das blaue Suchgitter.

GPS steht für "Global Positioning System". Gemeint ist damit die exakte Positionsbestimmung mithilfe von Satellitensignalen und einem Empfangsgerät, dem GPS-Handempfänger.
Mit der **UTM-Kartenprojektion** ("Universale-Transversale-Mercator-Projektion") ist es möglich, die Erdoberfläche zwischen 84° nördlicher und 80° südlicher Breite, in 60 Zonen unterteilt, abzubilden. Deutschland liegt größtenteils in den Feldern 32U und 33U innerhalb der beiden Zonen 32 und 33. (siehe Abb. unten)

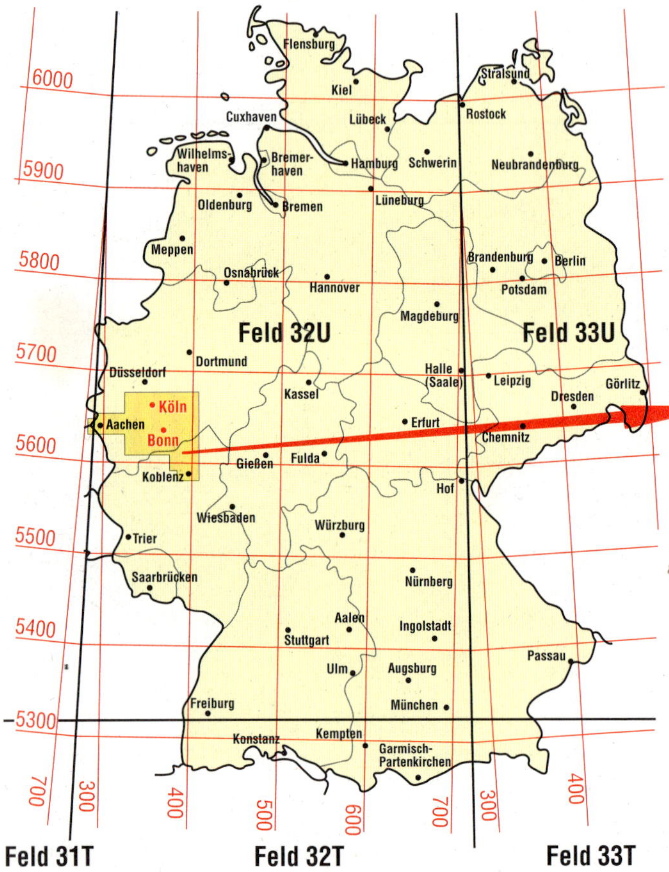

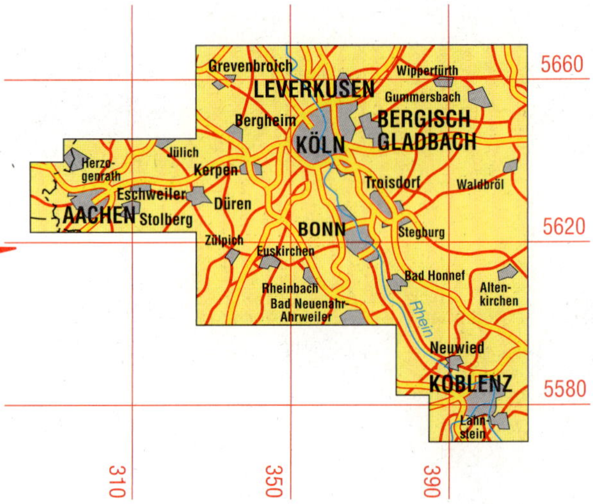

Zur Feinorientierung dient das UTM-Gitter, ein Koordinatensystem, das für einen bestimmten Punkt den Abstand zum Äquator bzw. zum Bezugsmeridian (9° bzw. 15° östl. Länge) in Metern angibt. Dieses UTM-Gitter finden Sie, zusätzlich zum gewohnten blauen Suchnetz des Straßenregisters, in diesen Atlas rot eingedruckt. Bezugssystem ist, gemäß international üblichen Standards bei der GPS-gestützten Navigation, das Rotationsellipsoid "WGS 84" (die Erde ist aufgrund ihrer Rotation um die eigene Achse keine Kugel, sondern leicht abgeplattet). Handelsübliche GPS-Handempfänger ermitteln bei der Positionsbestimmung die UTM-Koordinaten mit einer Genauigkeit von unter 20 Metern.
Diese Koordinaten lassen sich im ADAC StadtAtlas problemlos lokalisieren.

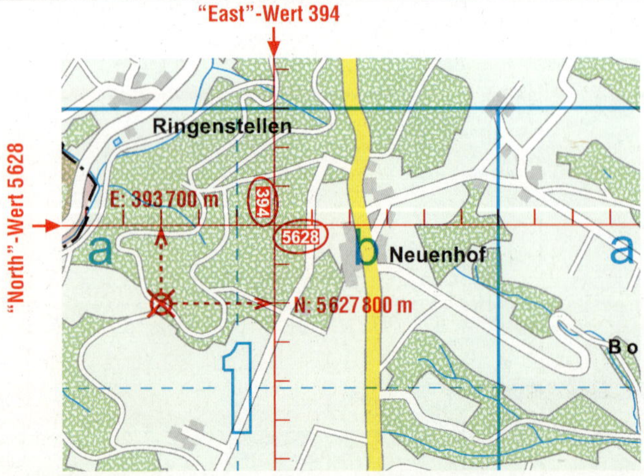

Sie finden in den Großraumkarten im Maßstab 1 : 20 000, neben dem blauen Suchnetz des Straßenregisters, ein rot angelegtes UTM-Gitter mit einer Maschenweite von 2000 Metern.
Die "East"- bzw. Rechtswerte (E), sowie die "North"- bzw. Hochwerte (N) - im Abstand von 2000 Metern - können Sie am Koordinatenschnittpunkt des UTM-Gitters ablesen. Im Beispiel sind diese Zahlenwerte rot markiert. Die Feinorientierung erfolgt mittels der im 100-Meter-Abstand angelegten Skalierung auf den roten Gitterlinien. Ihr Standort befindet sich im Schnittpunkt von Rechts- und Hochwert.
Exemplarisch durchgeführt haben wir das im nebenstehenden Kartenausschnitt für einen Ortspunkt mit den Koordinaten ⌖ E: 393700 m / N: 5627800 m.

CityPilot®

Der CityPilot® ist eine Stadtdurchfahrtskarte im Maßstab 1 : 100 000 (grüner Kartenteil Seite 6-28) mit der Sie ohne aufwändiges Blättern schnell und problemlos auf den Durchgangsstraßen in Ihr Zielgebiet gelangen.

Wenn Sie nicht wissen wo Ihr Zielgebiet liegt, suchen Sie im Straßenverzeichnis nach der entsprechenden Gemeinde, bzw. Straße. Die dort angegebene Seitenzahl zeigt im CityPilot® Ihr Zielgebiet. Kennen Sie dagegen die ungefähre Lage Ihres Zielgebietes schon, dann können Sie sofort im CityPilot® -ohne lästiges Blättern- den Durchgangsstraßen bis in das Zielgebiet folgen.

Im Zielgebiet angekommen, schlagen Sie für detaillierte kartographische Informationen die dort angegebene Seite auf. Die gelb unterlegten Seitenzahlen führen Sie zu den Großraumkarten im Maßstab 1 : 20 000 (Seite 40-353), orange-farbig unterlegte Seitenzahlen zu den Cityplänen im Maßstab 1 : 10 000 (Seite 32-39).

Zeichenerklärung für den CityPilot®

48 · 10 · Koblenz-Nord	Autobahn
	staukritischer Abschnitt
258 · Trierer Straße	Bundesstraße
Mülheimer Straße	Hauptverbindungsstraßen
Bahnhofstraße	Durchgangsstraßen
Goethestraße	sonstige Straßen
40 · 41	Seitenübersicht Großraumkarten 1 : 20 000
32	Seitenübersicht Citypläne

0 2 4 6 km

Maßstab 1 : 100000

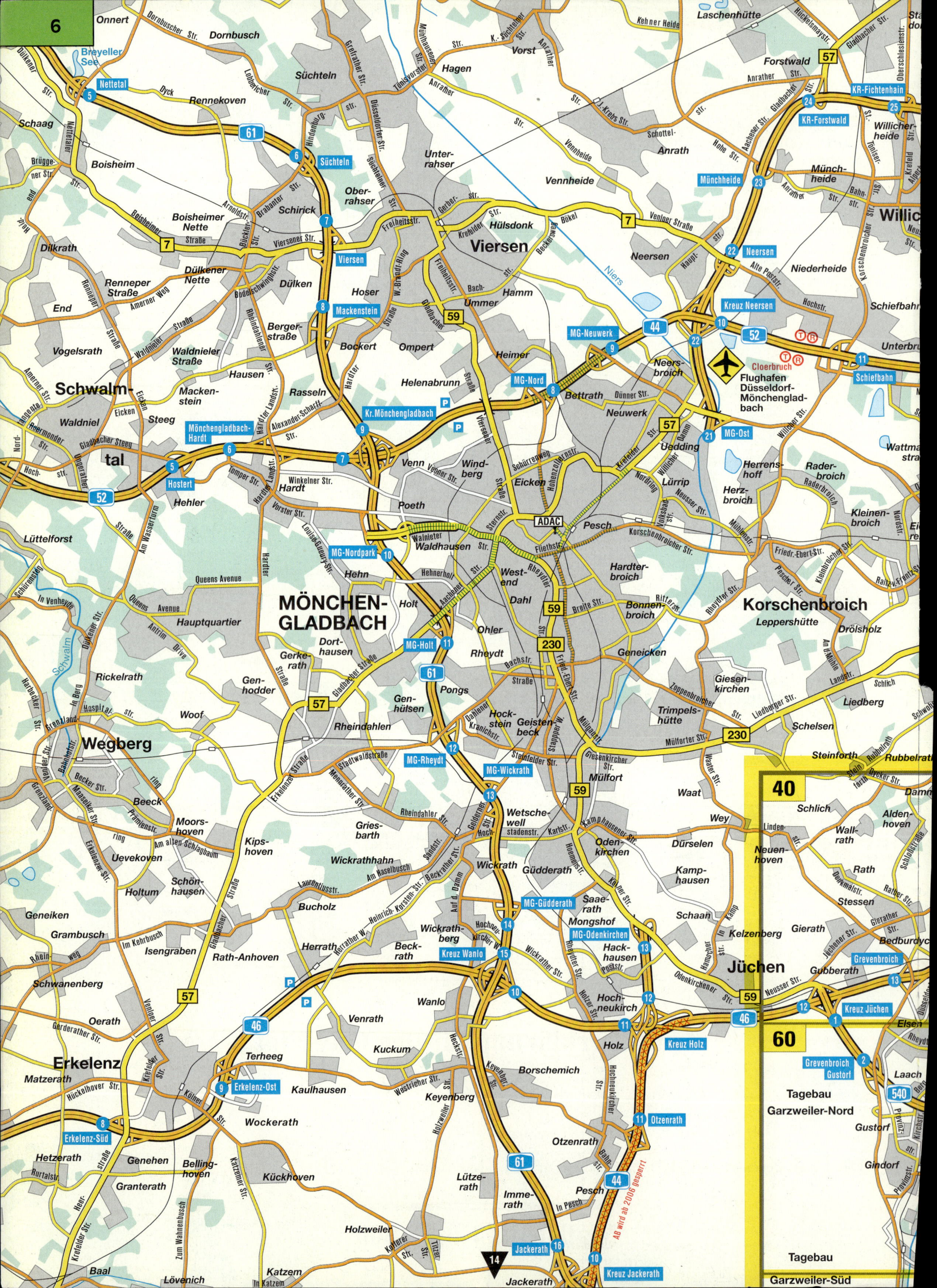

Onnert
Dornbusch
Breyeller See
Nettetal
Süchteln
Hagen
Vorst
Laschenhütte
Forstwald
KR-Fichtenhain
KR-Forstwald
Willicherheide
Rennekoven
Schaag
Boisheim
Unterrahser
Oberrahser
Anrath
Vennheide
Münchheide
Münchheide
Willich
Boisheimer Nette
Schirick
Hülsdonk
Viersen
Neersen
Neersen
Niederheide
Dilkrath
Dülkener Nette
Dülken
Viersen
Renneper Straße
Hoser
Mackenstein
Hamm
Ummer
Kreuz Neersen
Schiefbahn
End
Bergerstraße
Bockert
Ompert
MG-Neuwerk
Unterbruch
Vogelsrath
Waldnieler Straße
Hausen
Heimer
Neersbroich
Cloerbruch
Flughafen Düsseldorf-Mönchengladbach
Schiefbahn
Schwalmtal
Mackenstein
Rasseln
Helenabrunn
MG-Nord
Bettrath
Neuwerk
Waldniel
Steeg
Kr.Mönchengladbach
Mönchengladbach-Hardt
MG-Ost
Uedding
Herrenshoff
Raderbroich
Hostert
Venn
Windberg
Eicken
Lürrip
Herzbroich
Hehler
Hardt
Poeth
ADAC
Pesch
Kleinenbroich
Lüttelforst
MG-Nordpark
Waldhausen
Hehn
Westend
Hardterbroich
Queens Avenue
Hauptquartier
Dahl
Korschenbroich
MÖNCHEN-GLADBACH
Holt
Bonnenbroich
Leppershütte
Drölsholz
MG-Holt
Ohler
Dorthausen
Rheydt
Geneicken
Rickelrath
Gerkerath
Genhodder
Pongs
Giesenkirchen
Genhülsen
Trimpelshütte
Liedberg
Woof
Rheindahlen
Hockstein
Geistenbeck
Schelsen
Wegberg
Steinforth
Rubbelrath
MG-Rheydt
MG-Wickrath
Mülfort
Beeck
Waat
Dammer
Griesbarth
Wetschewell
Wey
Schlich
Aldenhoven
Moorshoven
Kipshoven
Odenkirchen
Dürselen
Wallrath
Uevekoven
Wickrathhahn
Wickrath
Güdderath
Neuenhoven
Rath
Holtum
Schönhausen
Kamphausen
Stessen
Geneiken
Bucholz
MG-Güdderath
Saaerath
Schaan
Grambusch
Mongshof
Gierath
Isengraben
MG-Odenkirchen
Kelzenberg
Bedburdyck
Herrath
Wickrathberg
Beckrath
Hackhausen
Rath-Anhoven
Kreuz Wanlo
Jüchen
Grevenbroich
Schwanenberg
Gubberath
Wanlo
Hochneukirch
Oerath
Venrath
Kreuz Jüchen
Elsen
Holz
Kreuz Holz
Terheeg
Kuckum
Grevenbroich Gustorf
Erkelenz
Borschemich
Matzerath
Erkelenz-Ost
Kaulhausen
Keyenberg
Tagebau Garzweiler-Nord
Laach
Wockerath
Otzenrath
Gustorf
Erkelenz-Süd
Otzenrath
Hetzerath
Genehen
Bellinghoven
Gindorf
Granterath
Kückhoven
Lützerath
Immerath
Pesch
AB wird ab 2016 gesperrt
Holzweiler
Jackerath
Kreuz Jackerath
Baal
Lövenich
Katzem
Jackerath
Tagebau
Garzweiler-Süd
40
60
14

Fischeln
Bösinghoven
Geismühle
Kreuz Meerbusch
Lank-Latum
Nierst
Kalkum
Kaiserswerth
Tiefenbroich
Ratingen
Hohenstein
Kreuz Düsseldorf-Nord
Flughafen Düsseldorf International
Lichtenbroich
Ratingen-Schwarzbach
Osterath
Strümp
Ilverich
Langst-Kierst
Lohausen
D.-Messe/Stadion
Düsseldorf-Stockum
Düsseldorf-Flughafen
Düsseldorf-Rath
Reichswaldallee
Unterrath
Rath
Knittkuhl
Stockum
Bovert
Meerbusch
Messegelände
Golzheim
Mörsenbroich
Pferderennbahn Grafenberg
Grafenberg
Ludenberg
Büderich
Lörick
Niederdonk
Kaarst-Nord
Kreuz Kaarst
Broicherdorf
Kaarst
Niederkassel
Pempelfort
Düsseltal
Gerresheim
Vogelsang
Heerdt
Oberkassel
Altstadt
Flingern
Holzbüttgen
Vorst
Driesch
Heide
Weißenberg
NEUSS
Rheinhafen
Stadt. Hafen
Unterbilk
DÜSSELDORF
Hbf.
Lierenfeld
Hamm
Bilk
Philipshalle
Südpark
Vennhausen
Unterbacher See
Büttgen
Volmerswerth
Düsseldorf Wersten
Düsseldorf Holthausen
Düsseldorf Eller
Eller
Neuss
Neuss-West
Flehe
Düsseldorf Bilk
Wersten
Reisholz
Hassels
Dreieck Düsseldorf-Süd
Neuss-Hafen
Grimlinghausen
Neuss-Reuschenberg
Gnadental
Gerfrath
Holthausen
Lüttenglehn
Neuss-Holzheim
Holzheim
Reuschenberg
Erfttal
Neuss-Norf
Neuss Uedesheim
Uedesheim
Benrath
Schloss
Röckrath
Epsendorf
Weckhoven
Kreuz Neuss-Süd
Norf
Busch
Helpenstein
Hoisten
Schlicherum
Allerheiligen
Silbersee
Urdenbach
Garath
Vierwinden
Hemmerden
Grevenbroich-Kapellen
Wehl
Münchrath
Rosellen
Delrath
Stürzelberg
Tüschenbroich
Mühlrath
Hülchrath
Kapellen
Neukirchen
Rosellerheide
Nievenheim
Stadt Zons
Nachtigall
Baumberg
Langwaden
Gohr
Northausen
Wevelinghoven
Villau
Horrem
Grevenbroich
Ramrath
Dormagen
Rheinfeld
Südstadt
Hoeningen
Broich
Straberg
Monheim am Rhein
Grevenbroich-Frimmersdorf
Barrenstein
Widdeshoven
Evinghoven
Delhoven
Grevenbroich-Süd
Neuenhausen
Allrath
Oekoven
Anstel
Hackenbroich
Zaunswinkel
Frixheim
Worringen
Sinsteden
Nettesheim
Rommerskirchen
Stommelerbusch
Köln-Worringen
Roggendorf/Thenhoven
Butzheim
41
42
43
44
45
61
62
63
64
65
15

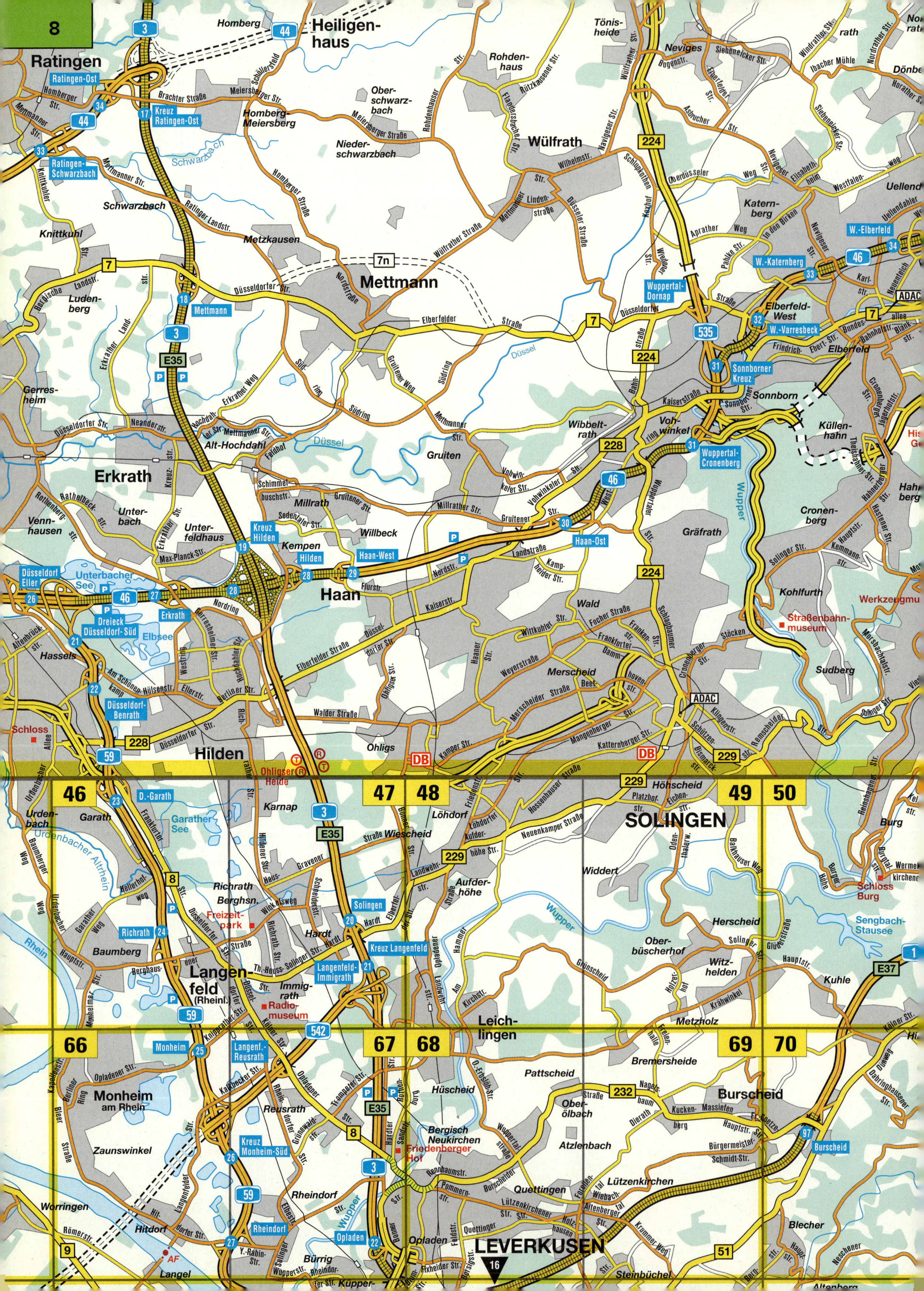
Ratingen
Ratingen-Ost
Kreuz Ratingen-Ost
Ratingen-Schwarzbach
Homberg
Heiligenhaus
Homberg-Meiersberg
Oberschwarzbach
Niederschwarzbach
Rohdenhaus
Tönisheide
Neviges
Wülfrath
Schwarzbach
Knittkuhl
Metzkausen
Mettmann
Ludenberg
Gerresheim
Erkrath
Alt-Hochdahl
Unterbach
Vennhausen
Unterfeldhaus
Kreuz Hilden
Millrath
Kempen
Willbeck
Haan
Haan-West
Haan-Ost
Gruiten
Wibbelrath
Vohwinkel
Wuppertal-Dornap
Wuppertal-Cronenberg
Katernberg
W.-Katernberg
W.-Elberfeld
Elberfeld-West
W.-Varresbeck
Elberfeld
Uellendahl
Sonnborner Kreuz
Sonnborn
Küllenhahn
Gräfrath
Cronenberg
Kohlfurth
Straßenbahn-museum
Sudberg
Wald
Merscheid
Düsseldorf-Eller
Unterbacher See
Dreieck Düsseldorf-Süd
Elbsee
Hassels
Düsseldorf-Benrath
Schloss
Hilden
Ohligs
Ohligser Heide
Höhscheid
SOLINGEN
Garath
D.-Garath
Garather See
Urdenbach
Urdenbacher Altrhein
Karnap
Richrath
Berghsn.
Freizeitpark
Solingen
Hardt
Kreuz Langenfeld
Langenfeld-Immigrath
Langenfeld (Rheinl.)
Immigrath
Radiomuseum
Baumberg
Löhdorf
Aufderhöhe
Widdert
Herscheid
Oberbüscherhof
Witzhelden
Burg
Schloss Burg
Sengbach-Stausee
Kuhle
Leichlingen
Metzholz
Monheim am Rhein
Monheim
Langenf.-Reusrath
Reusrath
Zaunswinkel
Kreuz Monheim-Süd
Hüscheid
Pattscheid
Bremersheide
Burscheid
Oberölbach
Atzlenbach
Bergisch Neukirchen
Friedenberger Hof
Quettingen
Lützenkirchen
Rheindorf
Worringen
Hitdorf
Langel
Opladen
LEVERKUSEN
Bürrig
Blecher
Steinbüchel
Wupper
Düssel
Rhein
46
47
48
49
50
66
67
68
69
70

Ober-elfringhausen
Halloh
Kreuz Wuppertal-Nord
Herzkamp
W.-Oberbarmen
Nächste-breck
W.-Sternenberg
W.-Wichlinghsn.
WUPPER-TAL
W.-Barmen
Oberbarmen
W.-Langerfeld
Ehrenbg.
Kucksiepen
Historisches Zentrum
Hecking-hausen
Barmen
Lichten-platz
Wuppertal-Ronsdorf
Ronsdorf
Klausen
Lennep
Histor. Stadtkern
Remscheid
ADAC
EM-SCHEID
Blieding-hausen
Remscheid
Eschbach-Talsperre
Linderhausen
Schwelm
Altstadt
Gevelsberg
Hasperbach
Bütten-berg
Voerde
Alten-voerde
Milspe
Ennepetal
Hasper Talsperre
Wald-bauer
Oberbauer
Delle
Saale
Brenscheid
Rüggeberg
Breckerfeld
Heilenbecker Talsperre
Königsfeld
Beyenburg
Wupper
Dahlerau
Remling-rade
Karlshöh
Ennepe-talsperre
Ebbing-hausen
Branten
Boßel
Hebring-hauser Talsperre
Keilbeck
Önkfeld
Studberg
Hackenberg
Radevormwald
Dahlienschau
Schwenke
Schmalen-bach
Hons-berg
Wupper-talsperre
Bever-talsperre
Anschlag
Bergisch-Born
Hückes-wagen
Elbring-hauser
Schelde-weg
Wermelskirchen
Neyetalsperre
Hönningen
Kreuzberg
Kupfer-berg
Wasserfuhr
Hämmern
Neye
Harhausen
Niederwipper
Tente
Kolfhausen
Neuenweg
Dhünn
Wipperfürth
Stumpf
Halzenberg
Agatha-berg
Dohrgaul
Wipperfeld
Thier
Dhünntalsperre
Große
Richerz-hagen
Weiden
Berg-Busch
Kürten
Schloss Gimborn
Scheel
Hartegasse
51 52 53 54 55
71 72 73 74 75
39
17

Nahmer
Veserde
Nachrodt-
Wiblingwerde
Ihmert
Hoffnungstal
54
E41
45
Wiblingwerde
Linscheid
Mühlendorf
Evingsen
Wald-
bauer
Dahl
Burg
Altena
Kaltenborn
Priorei
Rövedaler
Mühle
Rölvede
Rummenohl
Breiten-
hagen
Elverlingsen
236
Großendre-
scheid
Everinghausen
Mühlen-
rahmede
Hülscheid
Breckerfeld
Heedfeld
13
Lüdenscheid-Nord
Rathmecke
Altroggen-
rahmede
Ütterlingsen
Branten
Ehring-
hausen
Klagebach
Gevelndorf
Schalks-
mühle
Lüdenscheid
14
Borbecke
229
Boßel
Vogel-
berg
Lüdenscheid
Wettringhof
Sauerland
Eveking
54
Buckesfeld
ADAC
Brüning-
hausen
Schwarze
Ahe
Carthausen
Schmiede-
museum
Bauersch
Berg
Oeckinghausen
Stütting-
hausen
Brügge
229
Bierbaum
Piepersloh
Schloss Neuenhof
Schmalenbach
229
15
Lüdenscheid-Süd
Trecking-
hausen
Oberbrügge
45
Verse-
tal-
sperre
Halver
E41
Brink
Bollwerk
Herscheid
Anschlag
Berken
56
57
58
59
Volme
54
Reblin
Kupfer-
berg
Lengel-
scheid
Fürwigge-
talsperre
Kierspe
Kerspe-
talsperre
Höferhof
Wind-
fuhr
Meinerz-
hagen
237
Ohl
237
Kiersperhagen
76
77
78
79
Rönsahl
Hahnenbecke
Korbecke
Willerts-
hagen
Lingese-
talsperre
Wern-
scheid
Wilbring-
hausen
38
16
Meinerzhagen
Österfeld
Gogarten
256
Kempers-
höhe
Marienheide
Brucher-
talsperre
Harden-
berg
E41
Ober-
wette
Repping-
hausen
Dannen-
berg
Genkeltal-
sperre
45
54
Müllenbach
Schloss Gimborn
Lieberhausen
18
Jeding-
hagen
Kott-
hausen
Kalsbach
Lanten-
bach
Breden-

Balve
Garbeck
Mellen
Sorpetalsperre
Settmecke
Sundern (Sauerland)
Westenfeld
Röhre
Silmecke
Langenholthausen
Höveringhausen
229
Seidfeld
Amecke
Stockum
Neuenrade
Blintrop
Endorf
Küntrop
Affeln
Allendorf
Dörnholthausen
Altenaffeln
Kettling
Werdohl
236
Hagen
Pungelscheid
Ohle
Eiringhausen
Wildewiese
Lenne
Selscheid
Lenscheid
Eschen
Böddinghausen
Rönkhausen
Weuspert
Plettenberg
Serkenrode
Holthausen
Hüinghausen
Lenhausen
Giebelscheid
Bruch
Oesterhammer
Fretter
Oesterau
Landemert
Deutmecke
Himmelmert
Hülschotten
Finnentrop
Lettmecke
Altfinnentrop
Weringhausen
Kiesbert
Kückelheim
Bamenohl
Oestertalsperre
Heggen
Sporke
Neuenhof
Windhausen
Ennest
Elspe
Lichtringhausen
55
Germesberg
Trockenbrück
Bigge
Sauerländer Dom
Ahauser Stausee
Dünschede
Lennestadt
Attendorn
Grevenbrück
Zinnfigurenmuseum
Neu-Listernohl
Niederhelden
Bonzel
Mühlhofe
Albringhausen
Maumke
Merklinghausen
Repe
Helden
Listerscheid
Altenhundem
Bigge-
Meckling-hausen
Eichen
Listertalsperre
Rieflinghausen
Hunswinkel
Windebruch
Bilstein
Kirchveischede
Sondern
Oberveischede
Hofolpe
Herpel
Sondern sperre
Neger
19
517
Benolpe

Saeffelen
Nachbarheid
Breberen
Harzelt
Scheifendahl
Erpen
Schleiden
Dremmen
Porselen
Höngen
Wehrhagen
Buscher-
heide
Pütt
46
Horst
Selfkant
56n
Brüxgen
Schierwaldenrath
Walden-
rath
Heinsberg
Uetterath
Himmerich
Tüddern
Hastenrath
Vintelen
Kreuz-
rath
Straeten
Randerath
221
Wehr
56
Birgden
Nirm
Honsdorf
Süster-
seel
Gangelt
Hatterath
Tripsrath
Krau-
dorf
Würm
Leiffarth
Hillens-
berg
Jabeek
Stahe
Linder
Minderangelt
Rodebach
Gillrath
Rischden
Hochheid
Müllen-
dorf
Beeck
Dou-
vergen-
hout
Bingelrade
Onder-
banken
Nieder-
busch
Nier-
straß
Niederheid
Süggerath
Schinveld
Bocket
Bauchem
Prummern
Merkelbeek
N274
Geilen-
kirchen
Hünshoven
Beekfließ
Immendorf
Teveren
Neuteveren
221
Apweiler
N276
Brunssum
Oirsbeek
Amsten-
rade
Grotenrath
Wind-
hausen
Frelenberg
Waurichen
Puffen-
dorf
Floverich
N299
Abdissen-
bosch
Scherpen-
seel
Marien-
berg
Palenberg
Beggendorf
Übach-
Palenberg
120
121
122
Loverich
Hoens-
broek
N276
NEDER-
LAND
Wau-
bach
Ubach over
Worms
Rimburg
221
Übach
Kakert
N274
Knooppunt
Ten Esschen
Vrank
Palemig
Schaes-
berg
Nieuwen-
hagen
Land-
graaf
Hofstadt
Boscheln
Baesweiler
Voerendaal
Heer-
len
Eygels-
hoven
E314
Eiksken
57
Oidtweiler
Voeren-
daal
A76
Heerlen
Centrum
Merk-
stein
Betten-
dorf
Voerendaal
A79
Heerler-
baan
Terwinselen
Busch
Schaufen-
berg
148
Knooppunt
Kunderberg
149
150
N299
151
152
Winthagen
Spekholzer-
heide
Kerkrade
Noppenberg
Kellers-
berg
Hoengen
Maria-
dorf
Ubachs-
berg
Alsdorf
Colmont
Benzen-
rade
Herzogen-
rath
Nieder-
bardenberg
Blumen-
rath
Warder
Mingers-
berg
Trintelen
N300
A76
Ofden
Broicher
Siedl.
Begau
Eyser-
heide
Simpel-
veld
Mols-
berg
E314
Horbach
Klinkheide
Bardenberg
Knooppunt
Bocholtz
Bosschen-
huizen
Overeys
N281
Bank
Euchen
Neuseh
St. Jöris
Eys
Bocholtz
Kohl-
scheid
Morsbach
Bane-
heide
Langfeld
Würselen
5a
Broichweiden
178
179
180
Kämpchen
181
182
264
Wahlwiller
Tienbaan
Richterich
Aachener Land
Nijswiller
Grenzübergang
Vetschau
4
Dobach
Weiden
N278
E314
AC-Laurensberg
57
Haal-
Oppen
Kr.-Aachen
4
Hilles-
hagen
AC-Zentr.
E40
Orsbach
Laurens-
berg
ADAC
Eschweil
Haaren
Würselen
Ver-
lauten-
heide
Vijlen
544
Elzet
Lemiers
Hörn
Melleschet
Harles
Nirm
Rothe Erde
N278
AACHEN
32
1a
AC-Europapl.
Atsch
Rathaus
Dom
Elisenbr.
20
44
Unter-
stolberg
Camering
Rothe
Erde
Eilendorf
Münsterbusch

Doverheide
Baal
Lövenich
Katzem
Kleinbouslar
Holzweiler
Jackerath
Kreuz Jackerath
Rur
Jülicher Börde
Rurich
Körrenzig
Glimbach
Gevelsdorf
Ralshoven
Hottorf
Titz
Opherten
Kirchherten-Grottenherten
Bedburger Land
Pütz
Kofferen
Gevenich
Müntz
Hasselsweiler
Hompesch
Kalrath
Kleintroisdorf
Kirchtroisdorf
Ameln
Linnich
Kiffelberg
Neu-spiel
Spiel
Malefinkbach
Boslar
Sevenich
Welz
Rurdorf
Tetz
Jülich-Ost
Mersch
Serrest
Rödingen
Finkelbach
Oberembt
Gereonsweiler
Floßdorf
Pattern
Welldorf
Güsten
Höllen
Bettenhoven
Ederen
Broich
Hallenkirche
Barmen
Merscher Höhe
Tollhausen
Wurm
Freialdenhoven
Merzenhausen
Koslar
Ruraue
Zitadelle
Jülich
Stetternich
Tagebau Hambach
Dürboslar
Jülich-West
Merzbach
Forschungszentrum Jülich
Siersdorf
Aldenhoven
Aldenhoven
Bourheim
Hambach
Schleiden
Kirchberg
Altenburg
Selgersdorf
Niedermerz
Inde
Tagebau Inden
Schophoven
Krauthausen
Niederzier
Morschenich
Fronhoven
Oberzier
Selhausen
Huchem-Stammeln
Ellen
Blausteinsee
Neu-Lohn
Inden
Pier
Merken
Huchem
Dürwiß
Lamersdorf
Lucherberg
Lucherberger See
Inden-Altdorf
Arnoldsweiler
Frenz
A. Kraftwerk
Elektrowerk
Weisweiler
Düren
Röhe
Luchem
Hoven
Weisweiler
Wilhelmshöhe
Langerwehe
Obergeich
Geich
Mariaweiler
Birkesdorf
Merzenich
Röthgen
D'horn
Grüngürtel
Pumpe
Nothberg
Bergrath
Schlich
Düren
St.-Anna-Kirche
ADAC
Heistern
Merode
Derichsweiler
Gürzenich
Binsfeld
Volkenrath
Werth
Wehebach
Rommelsheim
Stolberg (Rheinl.)
Birgel
Krauthausen
Ellebach
123
124
125
126
127
153
154
155
156
157
183
184
185
186
187
6
21
44
61
4
E40
55
56
57
264
399
33

80
Tagebau
Garzweiler-Süd
100
124
125
126
127
128
154
155
156
157
158
184
185
186
187
188
Holzweiler
Jackerath
Kreuz Jackerath
Katzem
Baal
Lövenich
Kleinbouslar
Jülicher
Börde
Rurich
Körrenzig
Glimbach
Kofferen
Hottorf
Gevelsdorf
Ralshoven
Titz
Opherten
Kirchherten-
-Grottenherten
Königshoven
Bedburger Land
Kaster
Kasterer See
Bedburg
Pütz
Lipp-
Millendorf
Gevenich
Hompesch
Müntz
Hasselsweiler
Kiffel-
berg
Linnich
Neu-
spiel
Spiel
Ameln
Kalrath
Kleintroisdorf
Kirchtroisdorf
Blerichen
Malefinkbach
Boslar
Sevenich
Rurdorf
Jülich-Ost
Tetz
Serrest
Mersch
Rödingen
Finkelbach
Oberembt
Niederembt
Floßdorf
Pattern
Welldorf
Güsten
Höllen
Betten-
hoven
Rur
Broich
Hallenkirche
Barmen
Merscher
Höhe
Toll-
hausen
Esch
Angelsdorf
Merzen-
hausen
Koslar
Ruraue
Zitadelle
Stetternich
Tagebau
Hambach
Elsdorf
Berrendorf
Jülich
Merzbach
Jülich-West
Forschungs-
zentrum Jülich
Ellebach
Aldenhoven
Hambach
Etzweiler
Bourheim
Kirchberg
Altenburg
Inde
Selgers-
dorf
Buir
Tagebau
Inden
Schop-
hoven
Kraut-
hausen
Nieder-
zier
Fronhoven
Morschenich
Oberzier
Selhausen
Huchem-
Stammeln
Ellen
Blau-
stein-
see
Neu-Lohn
Inden
Pier
Merken
Huchem
Lamersdorf
Lucherberg
Lucherberger
See
Inden-Altdorf
Düren
Arnolds-
weiler
Elektrowerk
Weisweiler
A. Kraftwerk
Frenz
Golzheim
Luchem
Hoven
Weis-
weiler
Wilhelms-
höhe
Langerwehe
Ober-
geich
Echtz
Maria-
weiler
Birkesdorf
Merzenich
Grüngürtel
Girbelsrath
Geich
Nothberg
D'horn
Düren
St.-Anna-
Kirche
ADAC
Eschweiler
über Feld
Heistern
Schlich
Derichs-
weiler
Gür-
zenich
Binsfeld
Merode
Volkenrath
Frauwüllesheim
Werth
Rommels-
heim
Gressenich
Birgel
Kraut-
hausen
33
E40
44
55
56
57
61
264
399

81
82
83
84
85
101
102
103
104
105
129
130
131
132
133
159
160
161
162
163
189
190
191
192
193
Sinsteden
Rommerskirchen
Butzheim
Stommelerbusch
Köln-Worringen
Roggendorf/Thenhoven
Neurath
Vanikum
Eckum
Stommeln
Sinnersdorf
Chorweiler
Volkhoven/Weiler
Esch
Hüchelhoven
Rheidt
Tagebau Fortuna-Garsdorf
Rath
Bedburg
Auenheim
Büsdorf
Auweiler
Lindweiler
Pulheim
Pesch
Haus Aperschlag
St.-Johann-Baptist
Niederaußem
Büsdorfer Mühle
Fliesteden
Manstedten
Geyen
Kreuz Köln-Nord
Bocklemünd/Mengenich
Ossendorf
Glesch
Tagebau Bergheim
Oberaußem
Glessen
Sinthern
Köln-Bocklemünd
Bickendorf
Schloss
Pfaffendorf
St. Remigius
Bergheim
Zieverich
Brauweiler
Widdersdorf
Vogelsang
Aachener Tor
Kenten
Dansweiler
Freimersdorf
Lövenich
Müngersdorf
Thorr
Quadrath-Ichendorf
Köln-Lövenich
Braunsfeld
Grouven
Bergheim-Süd
Königsdorf
Bonnstr. in Bau.
Weiden
Junkersdorf
RheinEnergieStadion
Müngersdorf
Widdendorf
Ahe
Frechen
Buschbell
Kreuz Köln-West
Lindenthal
Horrem
Habbelrath
Grube Carl
Marsdorf
Heppendorf
Sindorf
Benzelrath
Frechen
Bachem
Sielsdorf
Götzenkirchen
Grefrath
Efferen
Kerpen
Kreuz Kerpen
Bolsdorfer See
Stotzheim
Gleuel
Manheim
Lörsfelder Busch
Kerpen
Berrenrath
Otto-Maigler-See
Alstädten-Burbach
Hürth
Alt-Hürth
Langenich
Blatzheim
Türnich
Balkhausen
Ville
Brüggen
Hürth
Kendenich
Knapsack
Fischenich
Gymnich
Kierdorf
Köttinger See
Vochem
Bleibtreusee
Gymnich
Roggendorf
Köttingen
Heide
Brühl
Niederbolheim
Dirmerzheim
Heider Bergsee
Oberbolheim
Rath
Wissersheim
Dreieck Erfttal
Blessem
Liblar
Pingsdorf
Nörvenich
Erftstadt
Lechenich
Gabjeiwasserturm
Herrig
Phantasialand
Badorf
Pingsheim
Erftstadt
Brühl-Süd
Hochkirchen
Dorweiler
Irresheim
Walberberg
Ahrem
Bliesheim
Erftkanal
Neffelbach
Erft
Kölner Randkanal

86
87
88
89
90
106
107
108
109
110
134
135
136
137
138
164
165
166
167
168
194
195
196
197
198
LEVER-
KUSEN
KÖLN
BERGISCH
GLADBACH
Troisdorf
Brühl
Wesseling
Niederkassel
Rhein
Blumenberg
Chorweiler
Fühlingen
Feldkassel
Langel
Seeberg
Heimersdorf
Lindweiler
Pesch
Longerich
Weidenpesch
Merkenich
Niehl
Flittard
Stammheim
Wiesdorf
Küppersteg
Alkenrath
Manfort
Schlebusch
Waldsiedlung
Steinbüchel
Blecher
Altenberg
Hahnenberg
Odenthal
Osenau
Schildgen
Paffrath
Voiswinkel
Pistershausen
Dünnwald
Höhenhaus
Hand
Sand
Mülheim
Holweide
Dellbrück
Gronauer Wald
Refrath
Frankenforst
Bensberg
Ossendorf
Bilderstöckchen
Bickendorf
Vogelsang
Nippes
Riehl
Ehrenfeld
Kalk
Ehrenfeld
Müngersdorf
Sülz
Lindenthal
Klettenberg
Raderberg
Bayenthal
Zollstock
Raderthal
Marienburg
Efferen
Humboldt-Gremberg
Vingst
Ostheim
Brück
Rath
Heumar
Forsbach
Kleineichen
Poll
Westhoven
Ensen
Gremberghoven
Eil
Urbach
Grengel
Elsdorf
Porz
Zündorf
Wahn
Wahnheide
Lind
Rodenkirchen
Weiß
Hahnwald
Rondorf
Sürth
Immendorf
Godorf
Hermülheim
Kendenich
Meschenich
Fischenich
Vochem
Kierberg
Berzdorf
Lülsdorf
Ranzel
Langel
Libur
Uckendorf
Spich
Oberlar
Rotter See
Kriegsdorf
Sieglar
Friedr.-Wilhelms-Hütte
Eschmar
Rheidt
Urfeld
Widdig
Keldenich
Sechtem
Schwadorf
Badorf
Pingsdorf
Walberberg
Eschmarer See
Historische Bauten
Japan. Garten
Botan. Garten
Zoo
Rheinseilbahn
Rheinpark
Motorenmuseum
Messe
Dom
Altes Raths.
Römerturm
Köln Arena
Ostasiat. Museum
Schützenhaus
St. Severin
Rhein Energie Stadion
Schloss Röttgen
Königsforst
Flughafen Köln/Bonn
Schloss Augustusburg
Gabjei-wasserturm
Phantasialand
Schmallenburg
Kreuz Leverkusen-West
Kr. Leverkusen
Köln-Niehl
Kreuz Köln-Nord
Chorweiler
Longerich
Bickendorf
Ehrenfeld
K.-Mülheim
K.-Dellbrück
K.-Merheim
Kreuz Köln-Ost
Refrath
Bensberg
Dreieck Heumar
Kreuz Gremberg
Köln-Poll
Rath
Dreieck Porz
Gremberghoven
Königsforst
Flughafen Köln/Bonn
Rösrath
K.-Klettenberg
Containerbhf. K.-Eifeltor
Verteilerkreis Köln
Kreuz K-Süd
Autohof
Rodenkirchen
Godorf
Brühl-Nord
Brühl-Ost
Brühl
Wesseling
Wahn
Lind
Spich
Troisdorf
Dreieck St. Augustin-West
St. Augustin
ADAC
DB
E35
E37
E40

91
92
93
94
95
111
112
113
114
115
139
140
141
142
143
169
170
171
172
173
199
200
201
202
203
Richerzhagen
Busch
Kürten
Bechen
Waldmühle
Olpe
Hartegasse
Scheel
Frielingsdorf
Berghausen
Nochen
Flaberg
Wallefeld
Remerscheid
Remshagen
Hoffstadt
Linde
Lindlar
Altenrath
Schümmerich
Sülze
Biesfeld
Eikamp
Dürscheid
Bergisch-Gladbacher Spitze
Herrenstunden
Schnellenbach
Bickenbach
Engelskirchen
Ründeroth
Schmitzhöhe
Bärbroich
Herkenrath
Grünscheid
Steeg
Miebach
Bellingroth
Kaltenbach
Weiershagen
Hohkeppel
Brombach
Herweg
Ehrenfeld
Immekeppel
Vilkerath
Loope
Brächen
Untereschbach
Histor. Mühle
Overath
Lorkenhöhe
Drabenderhöhe
Heiligenhaus
Steinenbrück
Lehmbach
Marialinden
Wellerscheid
Agger
Dahlhaus
Hoffnungsthal
Durbusch
Bövingen
Ritterburg Overbach
Much
Honsbach
Honrath
Mohlscheid
Neuhonrath
Rösrath
Nackhausen
Leverath
Marienfeld
Niederdreisbach
Niederbreitenbach
Wahlscheid
Seelscheid
Kreuzkapelle
Röttgen
Mildsiefen
Scheiderhöhe
Neunkirchen-Seelscheid
Hausen
Oberwennerscheid
Bröl
Stranzenbach
Donrath
Altenrath
Breidt
Deesem
Niederwennerscheid
Hasenbach
Retscheroth
Lohmar-Nord
Halberg
Geber
Krahwinkel
Hülscheid
Hermerath
Hambuchen
Schönenberg
Algert
Pohlhausen
Neunkirchen
Lohmar
Birk
Schloss Herrenstein
Hänscheid
Kammerich
Märchenpark
Heide Braschoß
Wolperath
Oberlückerath
Wahnbachtalsperre
Winterscheid
Hatterscheid
Stallberg
Siegburg
Aulgasse
Kaldauen
Heisterschoß
Happerschoß
Litterscheid
Plackenhohn
Wolsdorf
Seligenthal
Bohlscheid
Bielstein
Engelskirchen
Overath
Lohmar
E40
E35
506
484
507
478
56
55
4
3
9
25
ADAC

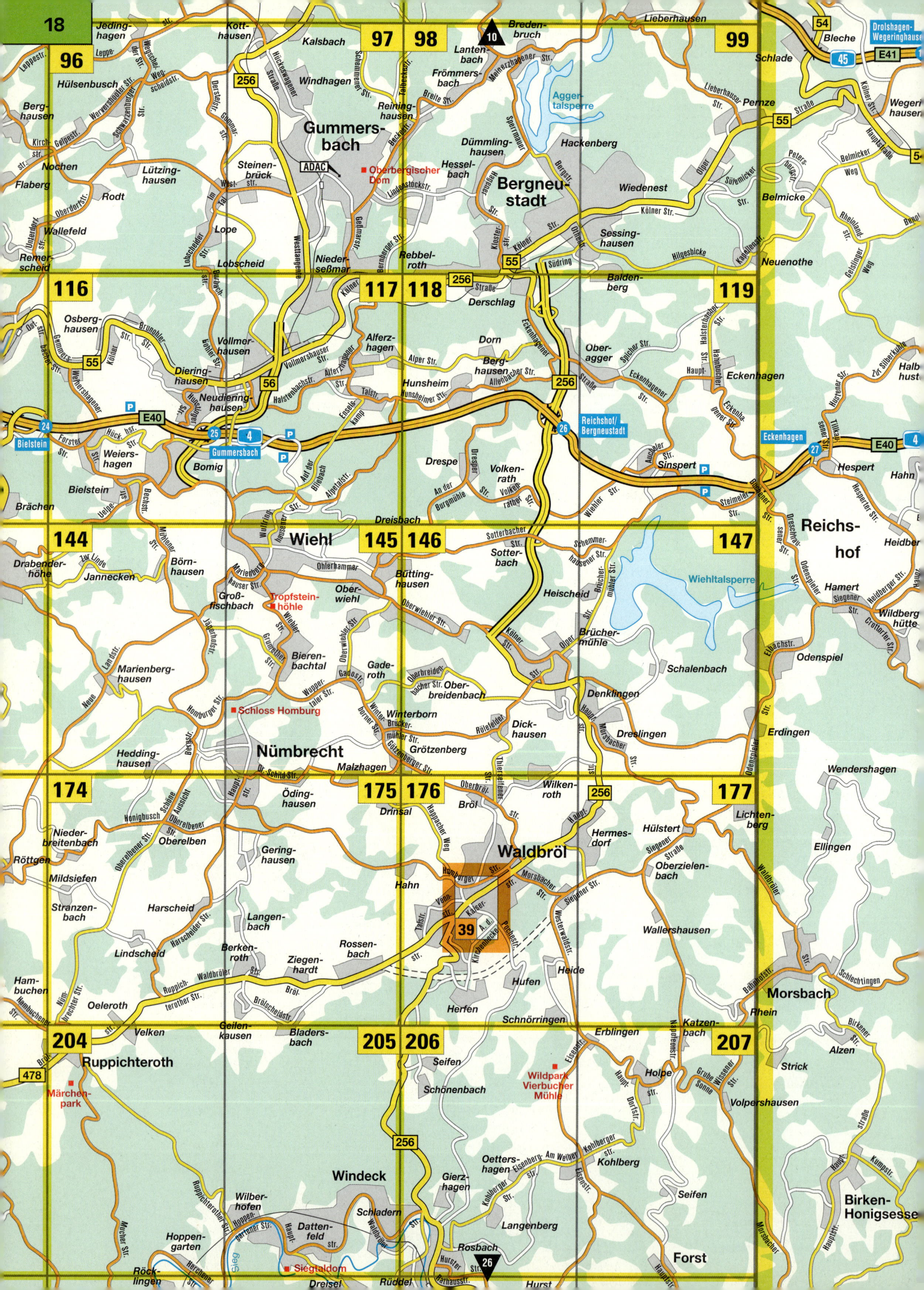
96
97
98
99
116
117
118
119
144
145
146
147
174
175
176
177
204
205
206
207
Jeding-hagen
Kott-hausen
Kalsbach
Breden-bruch
Lieberhausen
Bleche
Drolshagen-Wegeringhausen
Schlade
Lanten-bach
Frömmers-bach
Hülsenbusch
Windhagen
Reining-hausen
Aggertalsperre
Pernze
Berg-hausen
Gummers-bach
Dümmling-hausen
Hackenberg
Nochen
ADAC
Oberbergischer Dom
Hessel-bach
Bergneu-stadt
Wiedenest
Belmicke
Flaberg
Lützing-hausen
Steinen-brück
Rodt
Wallefeld
Lope
Sessing-hausen
Remer-scheid
Lobscheid
Nieder-seßmar
Rebbel-roth
Neuenothe
Balden-berg
Derschlag
Osberg-hausen
Vollmer-hausen
Alferz-hagen
Dorn
Ober-agger
Berg-hausen
Diering-hausen
Neudiering-hausen
Hunsheim
Eckenhagen
Halb-hust
Bielstein
Gummersbach
Reichshof/Bergneustadt
Eckenhagen
Weiers-hagen
Bomig
Drespe
Volken-rath
Sinspert
Hespert
Hahn
Bielstein
Brächen
Dreisbach
Wiehl
Reichs-hof
Drabender-höhe
Jannecken
Börn-hausen
Sotter-bach
Bütting-hausen
Heidber
Ober-wiehl
Wiehltalsperre
Groß-fischbach
Tropfstein-höhle
Heischeid
Hamert
Wildberg hütte
Brücher-mühle
Marienberg-hausen
Bieren-bachtal
Gade-roth
Schalenbach
Odenspiel
Ober-breidenbach
Denklingen
Schloss Homburg
Winterborn
Dick-hausen
Dreslingen
Erdingen
Hedding-hausen
Nümbrecht
Grötzenberg
Malzhagen
Wendershagen
Öding-hausen
Drinsal
Bröl
Wilken-roth
Lichten-berg
Nieder-breitenbach
Oberelben
Hermes-dorf
Hülstert
Röttgen
Gering-hausen
Waldbröl
Ellingen
Oberzielen-bach
Mildsiefen
Hahn
Stranzen-bach
Harscheid
Langen-bach
Wallershausen
39
Lindscheid
Berken-roth
Rossen-bach
Ziegen-hardt
Heide
Ham-buchen
Hufen
Oeleroth
Morsbach
Herfen
Rhein
Geilen-kausen
Velken
Bladers-bach
Schnörringen
Erblingen
Katzen-bach
Ruppichteroth
Seifen
Alzen
478
Wildpark Vierbucher Mühle
Strick
Märchen-park
Holpe
Schönenbach
Volpershausen
256
Oetters-hagen
Kohlberg
Windeck
Gierz-hagen
Seifen
Wilber-hofen
Birken-Honigsesse
Schladern
Datten-feld
Langenberg
Hoppen-garten
Rosbach
Forst
Röck-lingen
Siegtaldom
Dreisel
Rüddel
Hurst
Sieg
E40
E41
45
54
55
56
4
24
25
26
27
10
26

Schreibers-hof
Eich-hagen
Rhode
Benolpe
Welschen-Ennest
Wirme
Olpe
Lütttring-hausen
Neuenkleusheim
Rahrbach
Silberg
rolshagen
Berling-hausen
Brachtpe
Friedrichstal
Thiering-hausen
Alten-kleusheim
Littfeld
Saßmicke
Iserring-hausen
Kreuz Olpe-Süd
Wenden
Elben
Krombach
Müsen
Breitenbach-talsperre
Gerlingen
Eichen
Hilchenbach
Dahlbruch
Hillmicke
Möllmicke
Alten-wenden
Ferndorf
Kreuztal
Lohe
Hillnhütten
Kredenbach
Felling-hausen
Wiehl
Wenden
Altenhof
Vahl-berg
Osthelden
Heid
Ottfingen
Langenau
Unglinghausen
Hünsborn
Bottenbach
Meiswinkel
Buchen
Obersetzen
Bahnhof Wildenburg
Oberholz-klau
Niedersetzen
Eckmanns-hausen
Sohlbach
Büscher-grund
Langen-holdinghausen
Geisweid
Dreis-Tiefenbach
Bühl
Hohenhain
Friesenhagen
Freudenberg
Weidenau
SIEGEN
Birlenbach
Alchen
Hist. Stadtkern
Eichen
Seelbach
Trupbach
Wellers-berg
Bürbach
Freudenberg
Siegerland-O.
Siegerland-W.
Steeg
Kaan-Marienborn
Achenbach
Oberfisch-bach
Harbach
Ober-schelden
Niederndorf
ADAC
Gosenbach
Siegen
Nieder-fischbach
Diedenberg
Hengsbach
Mudersbach
Nieder-schelden
Rödgen
Siegen-Eisern
Wingen-dorf
Birken
Freusburg
Michels-berg
Obersdorf
Katzwinkel (Sieg)
Eiserfeld
Eisern
Elkhausen
Rinsdorf
Wehbach
Brühl-hof
Brachbach
Kaiser-schacht
Wallmen-roth
Mittel-
Scheuerfeld
Kirchen (Sieg)
Unter-
Offhausen
Salchendorf
Wilden

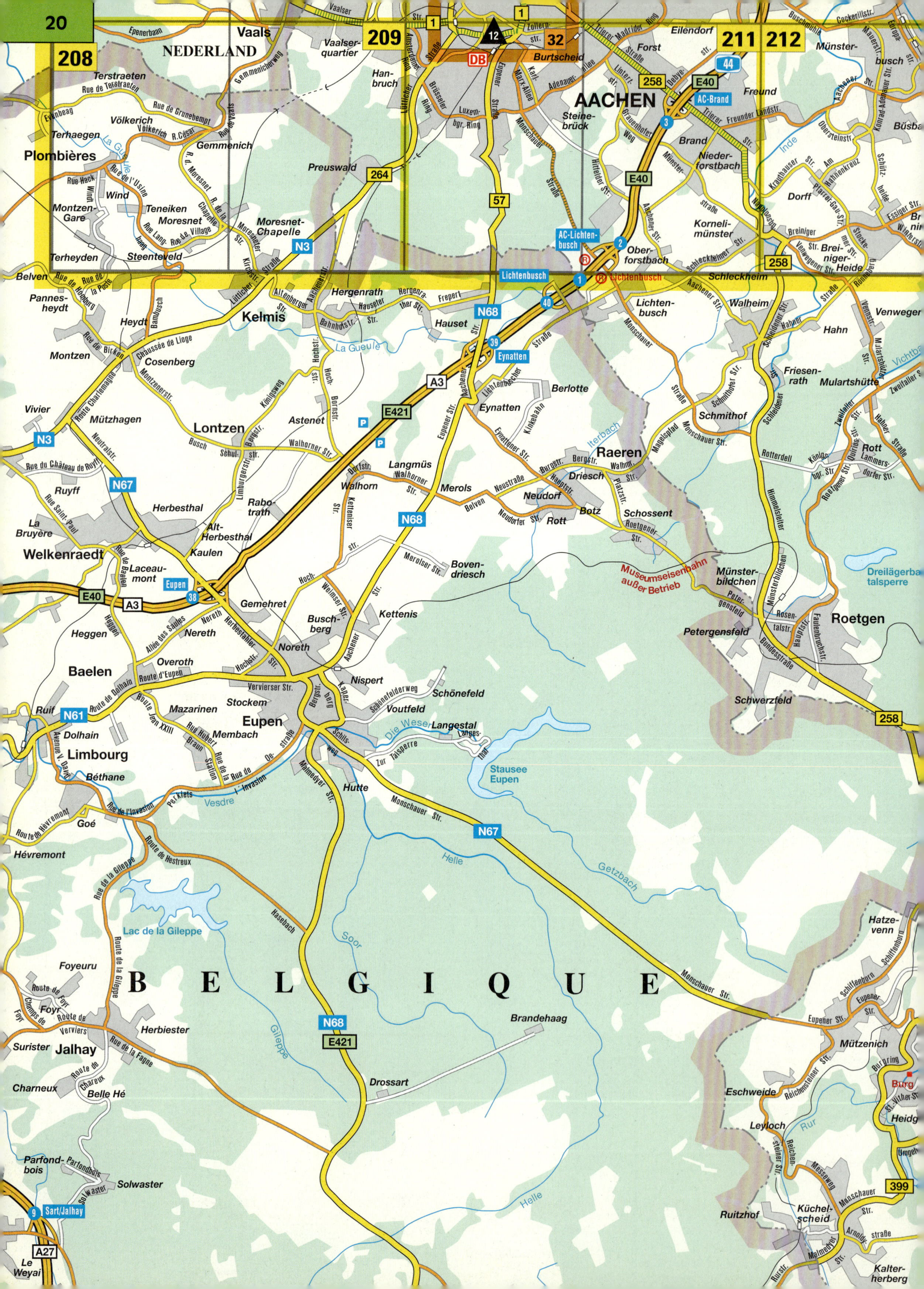
208
209
211
212
NEDERLAND
BELGIQUE
AACHEN
Vaals
Vaalser-quartier
Hanbruch
Burtscheid
Forst
Eilendorf
Münster-busch
Freund
Steinebrück
Brand
Nieder-forstbach
Kornelimünster
Ober-forstbach
Dorff
Breinigerheide
Büsbach
Schleckheim
Lichtenbusch
Walheim
Venwegen
Hahn
Friesenrath
Mulartshütte
Schmithof
Rott
Raeren
Driesch
Neudorf
Botz
Schossent
Münster-bildchen
Roetgen
Petergensfeld
Schwerzfeld
Dreilägerbachtalsperre
Museumseisenbahn außer Betrieb
Terstraeten
Völkerich
Terhaegen
Plombières
Gemmenich
Preuswald
Wind
Montzen-Gare
Teneiken
Moresnet
Moresnet-Chapelle
Terheyden
Steenteveld
Belven
Pannesheydt
Heydt
Kelmis
Hergenrath
Hauset
Montzen
Cosenberg
Eynatten
Berlotte
Vivier
Mützhagen
Lontzen
Astenet
Langmüs
Walhorn
Merols
Ruyff
La Bruyère
Herbesthal
Rabotrath
Alt-Herbesthal
Kaulen
Welkenraedt
Laceaumont
Bovendriesch
Gemehret
Buschberg
Kettenis
Heggen
Nereth
Noreth
Baelen
Overoth
Nispert
Schönefeld
Voutfeld
Stockem
Mazarinen
Eupen
Membach
Langestal
Ruif
Dolhain
Limbourg
Béthane
Stausee Eupen
Hutte
Goé
Hévremont
Lac de la Gileppe
Hatzevenn
Foyeuru
Foyr
Herbiester
Surister
Jalhay
Brandehaag
Mützenich
Charneux
Belle Hé
Drossart
Eschweide
Burg
Heidgen
Leyloch
Parfondbois
Solwaster
Ruitzhof
Küchelscheid
Kalterherberg
Sart/Jalhay
Le Weyai
La Gueule
Iterbach
Vesdre
Helle
Getzbach
Soor
Gileppe
Rur
Inde
Die Weser
E40
E421
A3
A27
N3
N61
N67
N68
264
57
258
399
44
32
1
Lichtenbusch
AC-Lichtenbusch
AC-Brand
Eupen
Eynatten
Monschauer Str.
Eupener Str.

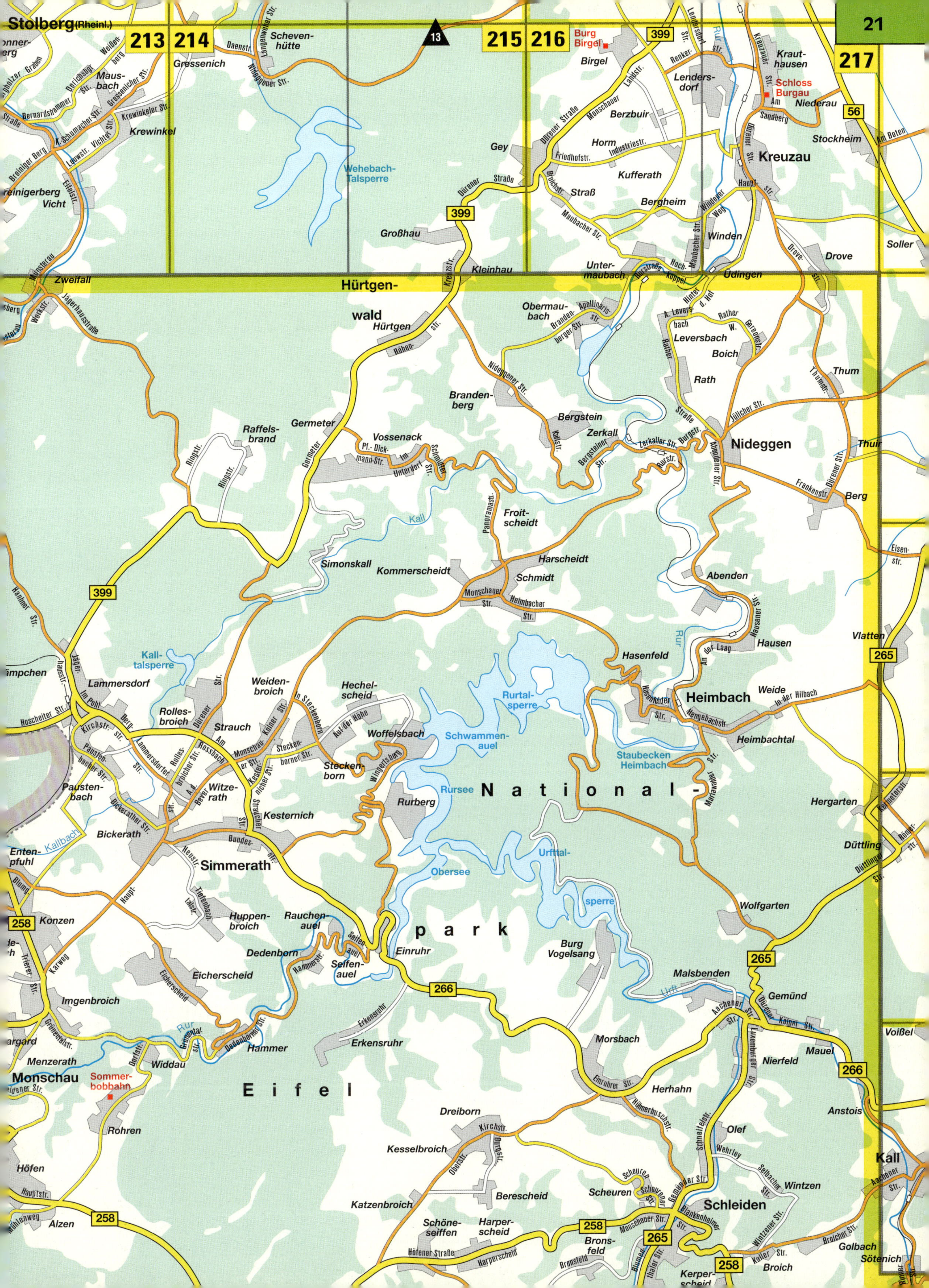
Stolberg (Rheinl.)
213
214
215
216
217
13
Scheven-
hütte
Gressenich
Mausbach
Krewinkel
Vicht
Zweifall
Wehebach-
Talsperre
Burg
Birgel
Birgel
399
Kraut-
hausen
Lenders-
dorf
Schloss
Burgau
Niederau
56
Berzbuir
Gey
Horm
Kufferath
Kreuzau
Stockheim
Straß
Bergheim
Großhau
Kleinhau
Winden
Drove
Soller
Unter-
maubach
Üdingen
Hürtgen-
wald
Hürtgen
Obermau-
bach
Leversbach
Boich
Rath
Thum
Branden-
berg
Bergstein
Zerkall
Nideggen
Thuir
Berg
Raffels-
brand
Germeter
Vossenack
Froit-
scheidt
Kall
Harscheidt
Simonskall
Kommerscheidt
Schmidt
Abenden
Hasenfeld
Hausen
Vlatten
265
Kall-
talsperre
Lammersdorf
Weiden-
broich
Hechel-
scheidt
Rurtal-
sperre
Heimbach
Weide
Rolles-
broich
Strauch
Woffelsbach
Schwammen-
auel
Heimbachtal
Staubecken
Heimbach
Pausten-
bach
Witze-
rath
Stecken-
born
Rursee
National-
park
Rurberg
Kesternich
Hergarten
Bickerath
Simmerath
Enten-
pfuhl
Düttling
Obersee
Urfttal-
sperre
Konzen
258
Huppen-
broich
Rauchen-
auel
Wolfgarten
Dedenborn
Einruhr
Burg
Vogelsang
Seifen-
auel
Eicherscheid
266
Malsbenden
Imgenbroich
Gemünd
Voißel
Erkensruhr
Morsbach
Menzerath
Hammer
Nierfeld
Mauel
Monschau
Widdau
Sommer-
bobbahn
Eifel
Herhahn
Rohren
Dreiborn
Anstois
Olef
Kesselbroich
Höfen
Berescheid
Scheuren
Wintzen
Katzenbroich
Schleiden
Alzen
Schöne-
seiffen
Harper-
scheid
Brons-
feld
Golbach
Sötenich
Broich
Kerper-
scheid

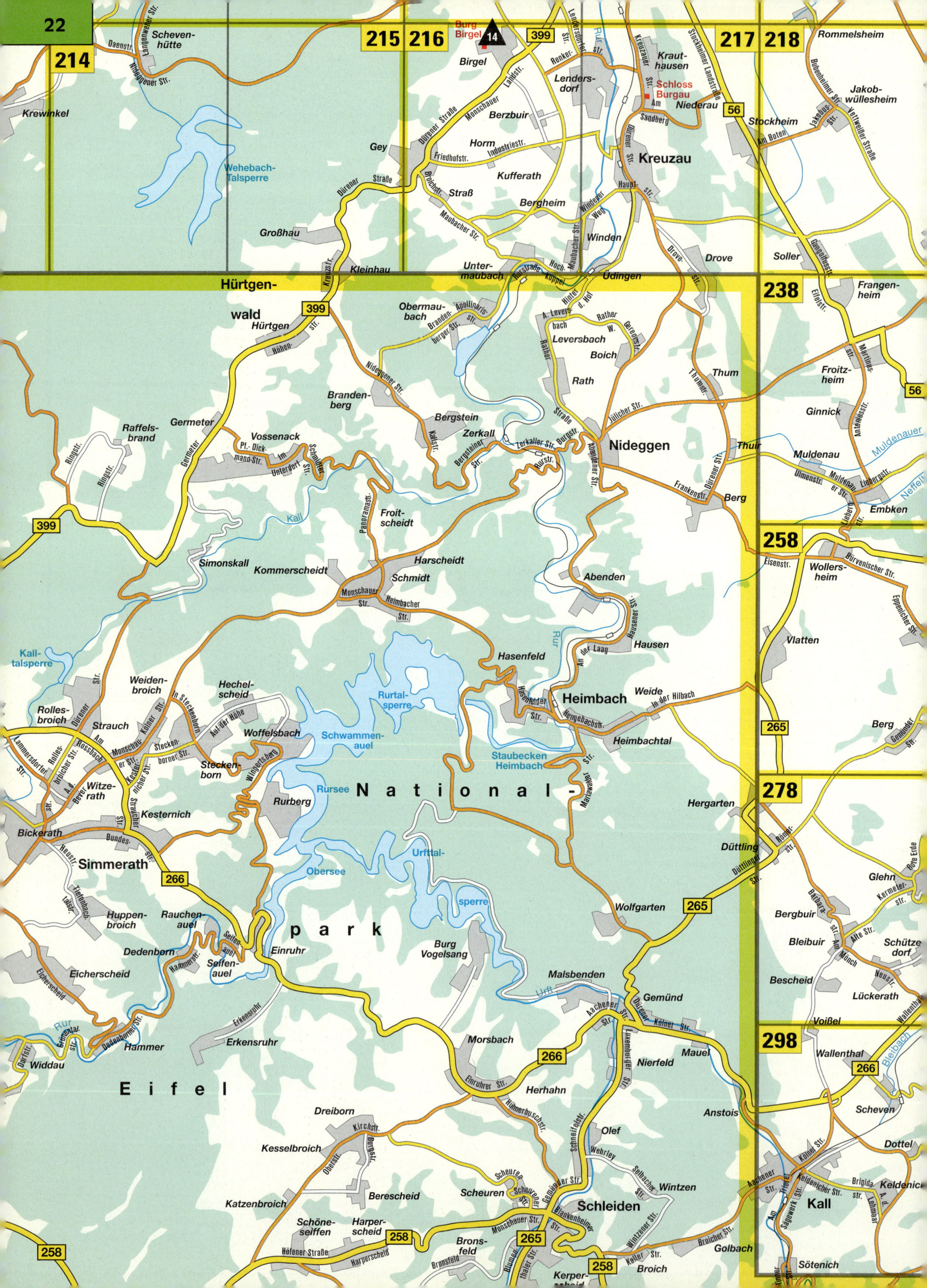
214
215
216
217
218
238
258
278
298
Scheven-
hütte
Daenstr.
Langenweher Str.
Nideggener Str.
Krewinkel
Wehebach-
Talsperre
Burg
Birgel
14
399
Birgel
Lendersdorfer Str.
Renker-
str.
Lenders-
dorf
Landstr.
Monschauer
Berzbuir
Dürener Straße
Gey
Horm
Industriestr.
Friedhofstr.
Straße
Dürener
Kufferath
Brückstr.
Straß
Maubacher Str.
Bergheim
Großhau
Kreuzstr.
Kleinhau
Unter-
maubach
Kraut-
hausen
Kreuzauer
Str.
Am
Schloss
Burgau
Niederau
Saadberg
Dürener Str.
Kreuzau
Haupt-
str.
Windener
Weg
Winden
Maubacher Str.
Hoch-
koppel
Üdingen
Drove-
str.
Drove
Stockheimer Landstraße
56
Stockheim
Am Boten
Rommelsheim
Bubenheimer Str.
Jakob-
wüllesheim
Jakobus-
Str.
Vettweißer Straße
Soller
Gewerbestr.
Eifelstr.
Frangen-
heim
Hürtgen-
wald
399
Hürtgen
Höhen-
str.
Obermau-
bach
Apollinaris-
str.
Branden-
berger Str.
Hinter
d. Hof
A. Levers-
bach
Rather
W.
Leversbach
Boich
Gereonstr.
Rather
Rath
Straße
Thum
Thumstr.
Nideggener Str.
Branden-
berg
Bergstein
Kallstr.
Zerkall
Bergsteiner
Str.
Zerkaller Str.
Burgstr.
Zülpicher Str.
Nideggen
Abenddener Str.
Frankenstr.
Dürener Str.
Berg
Thuir
Martinus-
Str.
Froitz-
heim
Ginnick
Antoniusstr.
Muldenau
Ulmenstr.
Muldenau-
er Str.
Liebergstr.
Embken
Muldenauer
Neffel
56
Germeter
Germeter
Raffels-
brand
Ringstr.
Ringstr.
Vossenack
Pf.-Dick-
mann-Str.
Im
Unterdorf
Schmidtstr.
Panoramastr.
Froit-
scheidt
Kall
399
Simonskall
Kommerscheidt
Harscheidt
Schmidt
Monschauer
Str.
Heimbacher
Str.
Abenden
Hausener Str.
An der Laag
Hausen
Rur
Eisenstr.
Wollers-
heim
Bürvenicher Str.
Eppenicher Str.
Vlatten
Kall-
talsperre
Weiden-
broich
Hechel-
scheid
Hasenfeld
Rurtal-
sperre
Heimbach
Hasenfelder
Str.
Hengebachstr.
Weide
In der Hilbach
265
Berg
Gemünder
Str.
Rolles-
broich
Dürener
Str.
Strauch
Kölner Str.
In Steckenborn
Auf der Höhe
Woffelsbach
Schwammen-
auel
Heimbachtal
Staubecken
Heimbach
Lammersdorfer
Str.
Rolles-
broicher Str.
Am
Rossbach
Monschau-
er Str.
Stecken-
borner Str.
Kesterni-
cher Str.
Witze-
rath
Bever
A. d.
Stecken-
born
Wingertsberg
Rursee
National-
park
Mariawalder
Str.
Hergarten
Straucher
Str.
Kesternich
Rurberg
Bickerath
Bundes-
str.
Heustr.
Simmerath
266
Obersee
Urfttal-
sperre
Düttling
Düttlinger
Str.
Römer-
str.
Glehn
Rote Erde
Kermeter-
str.
Tiefenbach-
talstr.
Huppen-
broich
Rauchen-
auel
Seifen-
auel
Einruhr
Wolfgarten
265
Bergbuir
Barbara-
str.
Alte Str.
Am
Mönch
Bleibuir
Schütze-
dorf
Dedenborn
Hammerstr.
Seifen-
auel
Burg
Vogelsang
Malsbenden
Eicherscheid
Eicherscheid
Bescheid
Neustr.
Lückerath
Urft
Gemünd
Aachener
Str.
Dürener
Str.
Kölner
Str.
Voißel
Wallenthal
Rur
Gemünd-
er Str.
Dedenborner Str.
Hammer
Dorfstr.
Widdau
Erkensruhr
Erkensruhr
Morsbach
Luxemburger Str.
Nierfeld
Mauel
Wallenthal
266
Bleibach
Eifel
266
Einruhrer Str.
Hühnerbuschstr.
Herhahn
Anstois
Scheven
Dreiborn
Kirchstr.
Burgstr.
Olef
Schneifelstr.
Wehrley
Kesselbroich
Oberstr.
Seibacher
Str.
Wintzen
Dottel
Scheuren
Scheurener
Str.
Gemünder Str.
Scheuren
Berescheid
Schleiden
Aachener
Str.
Trierer
Sägewerk Str.
Kölner Str.
Keldenicher Str.
Brigida
str.
Leimbacher
Keldenich
Kall
Am
Katzenbroich
Schöne-
seiffen
Harper-
scheid
258
Bronsfeld
Blankenheimer
Str.
Monschauer Str.
265
Wintzener Str.
Broicher Str.
Golbach
258
Höfener Straße
Harperscheid
Bronsfeld
Blumen-
thaler Str.
258
Kerper-
scheid
Kaller Str.
Broich
Sötenich

219 220
221 222
223
239 240
241 242
243
259 260
261 262
263
279 280
281 282
283
299 300
301 302
303
Poll
Ahrem
Lüxheim
Kelz
Gladbach
Mülldersheim
Erp
Friesheim
Bliesheim
Kreuz Bliesheim
Weilerswist
Vernich
Metternich
Weiler i.d.Ebene
Borr
Disternich
Niederberg
Sievernich
Bessenich
Rövenich
Geich
Füssenich
Neffelsee
Zülpich
Juntersdorf
Zülpicher See
Nemmenich
Niederelvenich
Oberelvenich
Mülheim
Wichterich
Oberwichterich
Frauenberg
Ülpenich
Lommersum
Hausweiler
Derkum
Ottenheim
Bodenheim
Wüschheim
Großbüllesheim
Müggenhausen
Swisttal
Straßfeld
Ollheim
Langendorf
Lövenich
Linzenich
Dürscheven
Euskirchen
Elsig
Enzen
Sinzenich
Schwerfen
Euenheim
Wißkirchen
Obergartzem
Billig
ADAC
Kleinbüllesheim
Weidesheim
Dom-Esch
Ludendorf
Essig
Roitzheim
Kuchenheim
Stotzheim
Odendorf
Palmersheim
Flamersheim
Eicks
Schaven
Satzvey
Hochwildpark
Kommern
Kommern-Süd
Hostel
Mechernich
Roggendorf
Breitenbenden
Strempt
Röm. Wasserleitung
Lessenich
Antweiler
Rißdorf
Wachendorf
Weiler am Berge
Kreuzweingarten
Kalkar
Rheder
Niederkastenholz
Kirchheim
Kirspenich
Arloff
Iversheim
Steinbachtalsperre
Schweinheim
Queckenberg
Loch
Bergheim
Lorbach
Kallmuth
Vollem
Weyer
Eiserfey
Harzheim
Holzheim
Bad Münstereifel/Mechernich
Eschweiler
Bad Münstereifel
Rathaus
Nöthen
Rodert
Hohn
Eicherscheid
Pesch
Nettersheim
Scheuerheck
Wald
Houverath
Scheuren
Kirchsahr
Bouderath
Eifelautobahn
E29
E31

224
225 226
227 228
244
245 246
247 248
264
265 266
267 268
284
285 286
287 288
304
305 306
307 308
Walberberg
Sechtem
Widdig
Rheidt
Eschmarer See
Eschmar
Sieglar
St. Augustin
Merten
Uedorf
Menden
Dreieck St. Augustin-West
Meindorf
Sankt Augustin
Rösberg
Hemmerich
Kardorf
Bornheim
Hersel
Mondorf
Müllekoven
Bergheim
Rhein
Sieg
Dersdorf
Waldorf
Botzdorf
Brenig
Roisdorf
Bornheim (Rheinl.)
Buschdorf
Graurheindorf
Auerberg
Geislar
Hangelar
Dreieck -BN-Beuel
Vilich-Müldorf
BN-Beuel-Nord
Beuel-Ost
Dransdorf
Kreuz Bonn-Nord
BN-Auerberg
Rheindorf
Vilich
Pützchen/Bechlinghoven
Pützchen
Metternich
Alfter
BN-Tannenbusch
Verteilerkreis Bonn
Beuel-Ost
Tannenbusch
BN-Endenich
Gielsdorf
Oedekoven
BONN
Villa Hammerschmidt
Palais Schaumburg
Beuel
Küdinghoven
Limperich
Beuel-Mitte
BN-Beuel-Süd
Holtorf
Kreuz Bonn-O
Heimerzheim
Swisttal
Impekoven
Lessenich Meßdorf
BN-Poppelsdorf
Duisdorf
Hardtberg
BN-Lengsdorf
Lengsdorf
Poppelsdorf
Gronau
BN-Rheinaue
Freizeitpark Rheinaue
Oberkassel
Medinghoven
BN-Hardtberg
Kessenich
BN-Bad Godesberg
Dünstekoven
Hardthöhe
Venusberg
Hochkreuz
Witterschick
Brüser Berg
ADAC
Ollheim
Ückesdorf
Ippendorf
Friesdorf
Plittersdorf
Godesburg
Redoute
Miel
Buschhoven
Heidgen
Bad Godesberg
Schweinheim
Ludendorf
Röttgen
Morenhoven
Muffendorf
Essig
Lannesdorf
Niederdrees
Heiderhof
Peppenhoven
Lüftelberg
Huppenberg
Odendorf
Flerzheim
Meckenheim-Nord
Ließem
Mehlem
Pech
Oberdrees
Ramershoven
Villiprott
Gimmersdorf
Niederbachem
Merl
Villip
Oberbachem
Meckenheim-Merl
Rheinbach
Meckenheim
Adendorf
Berkum
Oedingen
Werthhoven
Loch
Merzbach
Wormersdorf
Kr. Meckenheim
Arzdorf
Wachtberg
Irlenbusch
Fritzdorf
Unkelbach
Altendorf
Ersdorf
Neukirchen
Eckendorf
Graf-schaft
Birresdorf
Leimersdorf
Gelsdorf
Dr. Bad Neuenahr-Ahrweiler
Todenfeld
Gelsdorf
Beller
Nierendorf
Vettelhoven
Ringen
Scheuren
Hilberath
Vettelhoven
Karweiler
Kirchdaun
Berg
Bölingen
Bengen
Maulbach
Holzweiler
Gimmigen
Lohrsdorf
Freisheim
Kalenborn
Esch
Bad Neuenahr
Lantershofen
Heppingen
Houverath
Marienthal
Walporzheim
Bachem
Heimersheim
Johannisberg
Kirchsahr
Unter-Krälingen
Mayschoß
Bad Neuenahr-Ahrweiler
Löhndorf
E31

Siegburg
39
229
230
231
232
233
Seligenthal
Happerschoß
Bröl
Placken-hohn
Bohlscheid
Wolsdorf
Buisdorf
Stoßdorf
Hennef (Sieg)-West
Allner
Hennef (Sieg)-Ost
Bödingen
Köttingen
Halft
Siegburg
Niederpleis
Kreuz Bonn/Siegburg
Hennef (Sieg)
Geisbach
Sieg
Siegener Str.
Merten
Stadt Blankenberg
Eitorf
Niederpleis
Birlinghoven
Dambroich
Söven
Rott
Mittelscheid
Süchterscheid
Irlenborn
Bitze
Rauschendorf
Hoholz
249
250
251
252
253
Westernhausen
Lichtenberg
Uckerath
Mühleip
Stieldorf
Linscheid
Vinxel
Stieldorferhohn
Oberpleis
Wellesberg
Eulenberg
Kölsch-Büllesbach
Obereip
Kircheib
Mendt
Heisterbacherrott
Kloster Heisterbach
Oberdollendorf
Thomasberg
Berghausen
Hanf
Jungeroth
Griesenbach
Oberscheid
Siebengebirge
Eudenbach
Hanfbach
Königswinter
269
270
271
272
273
Ittenbach
Quirrenbach
Buchholz (Westerwald)
Wahl
Löhe
Limbach
Fiersbach
Hirz-Maulsbach
Schloss Drachenburg
Rhöndorf
Adenauer-Haus
Bad Honnef
Brungsberg
Wülscheid
Elsaff
Hussen
Sessenhausen
Rindhausen
Büsch
Drinhausen
Walgenbach
Asbach
Krumscheid
Orscheid
Aegidienberg
Himberg
Stockhausen
Bennau
Parscheid
Altenhofen
Schöneberg
Kescheid
Thelenberg
Hinterplag
Krankel
Rolandswerth
Heide
Bad Honnef/Linz
Windhagen
Oberplag
Diefenau
Rottbitze
289
290
291
292
293
Menzenberg
Niederetscheid
Brüchen
Altenburg
Bühlingen
Hohn
Etscheid
Ehrenberg
Rheinbreitbach
Oberelsaff
E35
Neustadt (Wied)
Burglahr
Vettelschoß
Kalenborn
Rott
Scheuren
Bruchhausen
Ammerich
Peterslahr
Eulenberg
Notscheid
Strödt
Oberhoppen
Wied
Neustadt (Wied)
Unkel
Gerhardshahn
Fernthal
Borscheid
Lorscheid
Orsberg
Rahms
Scharenberg
Neschen
Obersteinebach
Erpel
Ohlenberg
St. Katharinen
309
310
311
312
313
Kasbach-Ockenfels
Hargarten
Breitscheid
Friedensmuseum
Burg Ockenfels
Oberbuchenau
Roßbach
Grübelsberg
Remagen
Linz am Rhein
Burg
Rathaus
Hähnen
Siebenmorgen
Hümmerich
Bad Bodendorf
Kripp
Roniger Hof
Elsbach
Reifert
Hochscheid
Hesseln
Dattenberg
Over
Waldbreitbach
Hollig
Verscheid
Ahr
Girgenrath
Hausen (Wied)
Ehlingen
Sinzig
Leubsdorf
Rhein
Reuschenbach
Glockscheid
Ehlingen
Westum
Fockenbach
Kurtscheid
Ariendorf
Frorath
Niederbreitbach
27
17

234
235
236
237
254
255
256
257
274
275
276
277
294
295
296
297
314
315
316
317
Datten-feld
Siegtaldom
Rosbach
Forst
Röck-lingen
Hoppen-garten
Dreisel
Windeck
Rüddel
Hurst
Bitzen
Köttingen
Gerressen
Herchen
Obersaal
Imhausen
Fürthen
Dünebusch
Brück-höfe
Halft
Werfen
Himmeroth
Etzbach
Alzen-bach
Leuscheid
Wick-hausen
Au
Hamm (Sieg)
Wissen
Stromberg
Alsen
Ehrenhausen
Pracht
Roth
Bitze
Rodder
Seelbach bei Hamm
Hausen
Alzenbach
Niederirsen
Breitscheidt
Irsen
Weißenbrüchen
Hilgenroth
Racksen
Bruchert-seifen
Helmeroth
Ölsen
Birken-beul
Isert
Burbach
Selbac
Werk-hausen
Heupelzen
Beul
Volkerzen
Stein-Wingert
Weyer-busch
Ober-irsen
Busen-hausen
Eichelhardt
Mörsbac
Hassel-bach
Wölmersen
Bachen-berg
Oberérbach
Rettersen
Basilika
Ketten-hausen
Giesen-hausen
Heimborn
Ersfeld
Forstmehren
Hilkhausen
Mammelzen
Reuffelbach
Fiersbach
Kraam
Birn-bach
Oberölfen
Helmenzen
Honne-roth
Sörth
Walterschen
Altenkirchen (Westerwald)
Kroppach
Hirz-Maulsbach
Mehren
Leuz-bach
Ingelbach
Marz-hause
Ziegen-hain
Giers-hausen
Michelbach
Neitersen
Almersbach
Gieleroth
Orfgen
Altenhofen
Kahl-hardt
Neiter-schen
Amteroth
Borod
Ober-hattert
Kescheid
Schürdt
Schöne-berg
Fluter-schen
Ober-wambach
Muden-bach
Püscheid
Reifer-scheid
Herpteroth
Hatter
Ahlbach
Seel-bach (Westerwald)
Berzhausen
Stürzel-bach
Wahlrod
Nieder-hattert
Diefenau
Breibach
Neitzert
Lauterberg
Flammersfeld
Brubbach
Berod bei Hachen-burg
Winkelbach
Rott
Seyen
Ratzert
Lautzert
Welken-bach
Wie
Eichen
Nieder-wambach
Roden-bach
Höchster-bach
Oberlahr
Seifen
Asceid
Udert
Alberthofen
Oberdreis
Burglahr
Dötter-feld
Haber-scheid
Lahr-bach
Sensen-bach
Steimel
Wied
Dendert
Peterslahr
Richert
Weroth
Roßbach
Bürden-bach
Ober-ähren
Hilgert
Mündersbach
Eulenberg
Reichen-stein
Nieder-steinebach
Güllesheim
Werlen-bach
Woldert
Huf
Pleck-hausen
Puder-bach
Niederdreis
Ober-steinebach
Dürrholz
Hanroth-Süd
Horhausen (Westerwald)
Daufen-bach
Hedwigs-thal
Hanroth
Freirach-dorf
Elgert
Schenke-ber
Krunkel
Muscheid
Harsch-bach
Linkenbach
Maroth
Herschbach
Willroth
Raubach
Hümmerich
Neuwied
Kirch-dorf
Marien-hausen
Holzbach
Oberhonnefeld-Gierend
Urbach
Nieder-hofen
Rückeroth
Über-dorf
Wienau
E35
Ellingen
Urbacher Wald
Dierdorf
Marien-rachdorf
Straßen-haus
Oberraden
Brückrach-dorf
Goddert
Nieder-honnefeld
Niederraden
Dernbach
Jahrsfeld
Dierdorf
Gierhofen
Krümmel
Selters (Westerwald)
Sieg
Nister
Wied
Mehrbach
Grenzbach
Dreisbach
8
18
28
256
413
414
62

318
319
320
321
326
327
328
329
334
335
336
337
342
343
348
349
Sinzig
Westum
Löhndorf
Koisdorf
Ariendorf
Schloss Arenfels
Bad Hönningen
Bad Niederbreisig
Bad Breisig
Franken
Oberbreisig
Rheinbrohl
Gönnersdorf
Waldorf
Brohl
Brohl-Lützing
Hammerstein
Frorath
Kurtscheid
Niederbreitbach
Wolfenacker
Bonefeld
Solscheid
Clemenshütte
Datzeroth
Ehlscheid
Rengsdorf
Rockenfeld
Melsbach
Wied
Rhein
Niederzissen
Niederlützingen
Oberlützingen
Burgbrohl
Brohltal-West
Brohltal-Ost
Glees
Wassenach
Kell
Namedy
Leutesdorf
Feldkirchen
Monrepos
Altwied
Segendorf
Rodenbach
Irlich
Heddesdorf
Torney
Andernach
Runder Turm
Bollwerk
Schloss
Neuwied
Weißenthurm
Steinsee
Urmitz-Bahnhof
Wehr
Laacher See
Maria Laach
Eich
Nickenich
Miesenheim
Kettig
Kruft
Kretz
Autohof
Plaidt
Saffig
Mülheim-Kärlich
Bell
Mendig
Niedermendig
Obermendig
Ettringen
Kottenheim
Thür
Regionarisbrunnen
Ochtendung
Bassenheim
Kreuz Koblenz
Koblenz-Metternich
Wolken
Mayen
Genovevaburg
Hausen
Welling
Betzing
Trimbs
Ruitsch
Kellbach
Minkelfeld
Lonnig
Kobern
Dieblich
Kerben
Polch
Kaan
Grondorf
Kobern-Gondorf
Koblenz/Dieblich
Alzheim
Rüber
Dreckenach
Niederfell
Mosel
Einig
Kehrig
Gering
Gappenach
Küttig
Mertloch
Lehmen
Nette
E31
E44
61
48
9
42
256
262
412
416
411
49

322
323 324
325
330
331 332
333
338
339 340
341
344
345 346
347
350
351 352
353
Dernbach
Brückrachdorf
Krümmel
Selters (Westerwald)
Jahrsfeld
Niederraden
Giershofen
Bonefeld
Dierdorf
Landsberg a. d. Warte
Sessenhausen
Ellenhausen
Hardert
Rüscheid
Kleinmaischeid
Stebach
Nordhofen
Oberhaid
Rengsdorf
Anhausen
Thalhausen
Großmaischeid
Deesen
Vielbach
Meinborn
Breitenau
Kausen
Wittgert
Mogendorf
Melsbach
Ransbach-Baumbach
Siershahn
Isenburg
Sessenbach
Wirscheid
Caan
Alsbach
Ebernhahn
Oberbieber
Nauort
Kammerforst
Torney
Gladbach
Hilgert
Ransbach-Baumbach
Heimbach-Weis
Stromberg
Dr.-Dernbach
Höhr-Grenzhausen
Block
Bendorf
Sayn
Grenzhausen
Höhr-Grenzhausen
Engers
Goldberg
Neuwied
Steinsee
Kannsee
Höhr
Weitersburg
Bendorf/Neuwied
Rhein
Kaltenengers
Urmitz
Urmitz-Bahnhof
St. Sebastian
Hillscheid
Koblenz-Nord
Kesselheim
Vallendar
Niederwerth
Wallersheim
Neuendorf
Mülheim-Kärlich
Neuhäusel
Kadenbach
Simmern
KOBLENZ
Urbar
Arzbach
Metternich
Niederberg
Immendorf
Eitelborn
Rübenach
Lützel
Deutsches Eck
Kreuz Koblenz
Ehrenbreitstein
Arenberg
Koblenz-Metternich
Autohof
Arzheim
Güls
Asterstein
ADAC
Zimmerschied
Moselweiß
Karthause
Fachbach
Kemmenau
Oberwerth
Pfaffendorf
Nievern
Bad Ems
Moselblick-West
Moselblick-Ost
Miellen
Dausenau
Horchheim
Mosel
Winningen
Lay
Niederlahnstein
Wintersberg
Lahn
Friedland
Früchtl
Misselberg
Koblenz/Dieblich
Lahnstein
Oberlahnstein
Becheln
Sulzbach
Braubach
Schweighausen
Waldesch
Rhens
Brey
Hinterwald
Dörstheck
A 3
A 48
A 61
E35
E44
E31
256
413
42
9
49
261
327
416
260
36
35
26

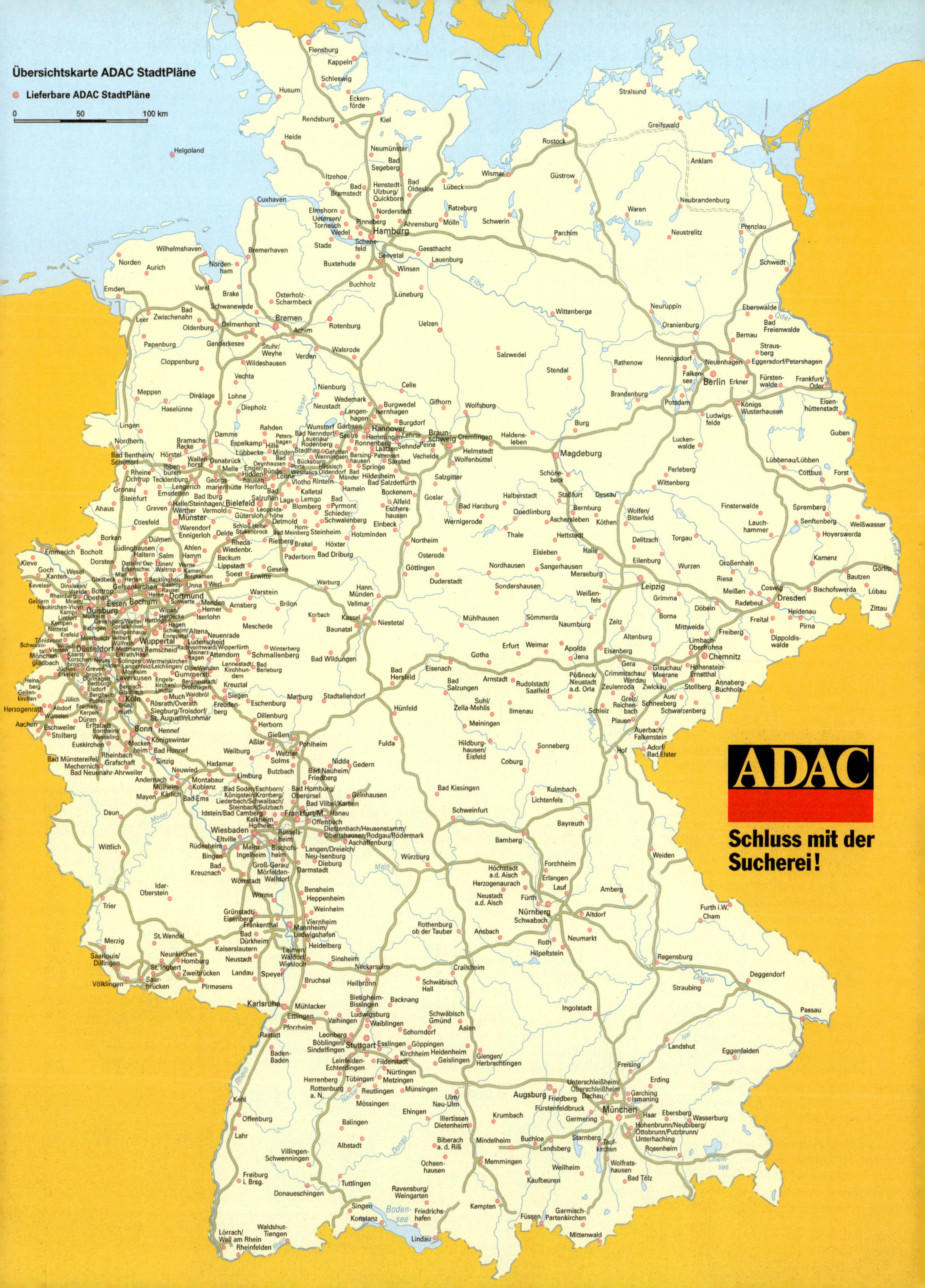
Übersichtskarte ADAC StadtPläne
Lieferbare ADAC StadtPläne
0
50
100 km
ADAC
Schluss mit der Sucherei!
Flensburg
Kiel
Rostock
Stralsund
Greifswald
Hamburg
Bremen
Schwerin
Neubrandenburg
Berlin
Hannover
Braunschweig
Magdeburg
Potsdam
Bielefeld
Münster
Dortmund
Essen
Duisburg
Düsseldorf
Wuppertal
Köln
Bonn
Kassel
Leipzig
Dresden
Chemnitz
Erfurt
Frankfurt/M.
Wiesbaden
Mainz
Mannheim
Karlsruhe
Stuttgart
Nürnberg
Augsburg
München
Regensburg
Passau
Freiburg i. Brsg.
Lindau
Helgoland

33 Dresden
34 Dresden, Oberlausitz
35 Düsseldorf, Rhein-Wupper
36 Bergisches Land
37 Sauerland
38 Siegen
39 Aachen
40 Köln, Bonn
41 Gießen, Wetzlar, Marburg
42 Fulda, Bad Hersfeld
43 Thüringen, Wirtschaftsraum Süd
44 Eifel, Mosel
45 Koblenz, Rheingau
46 Rhein-Main, Frankfurt
47 Würzburg
48 Coburg, Hof
49 Saarland
50 Rhein-Neckar
51 Nürnberg
52 Regensburg
53 Karlsruhe
54 Frankenhöhe, Hohenlohe, Ostalb, Crailsheim, Heilbronn
55 Ingolstadt
56 Passau, Regensburg
57 Baden-Baden
58 Stuttgart, Heilbronn
59 Ulm, Neu-Ulm
60 Augsburg
61 München
62 Freiburg, Basel
63 Bodensee
64 Allgäu, Kempten
65 Werdenfelser Land
66 Chiemgau
67 Wien

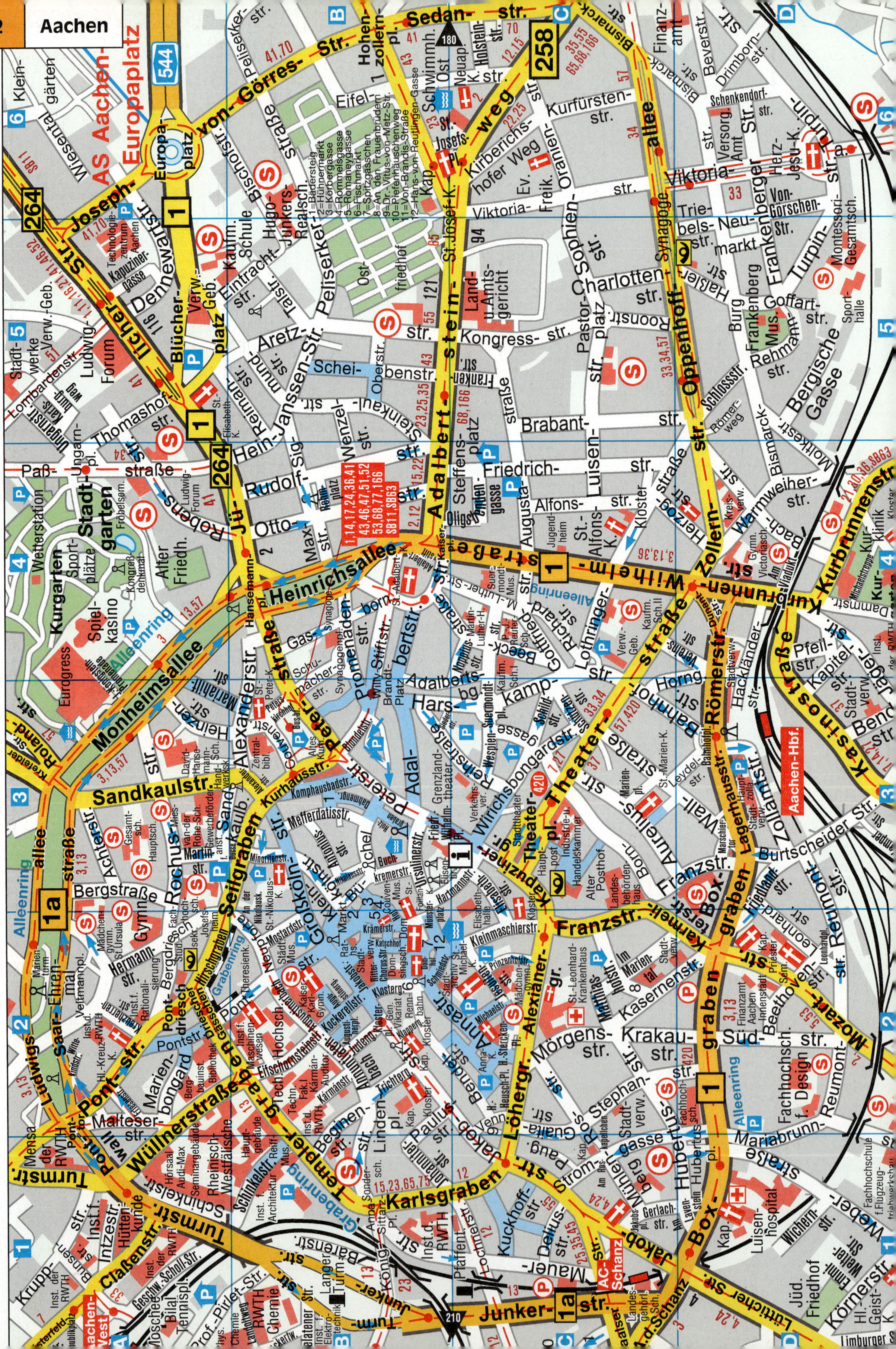
Europaplatz
AS Aachen-Europaplatz
Joseph-von-Görres-Str.
Sedan-str.
Heinrichsallee
Monheimsallee
Kurgarten
Stadtgarten
Spielkasino
Eurogress
Alleenring
Sandkaulstr.
Seilgraben
Peterstr.
Adalbertsteinweg
Wilhelmstraße
Oppenhoffallee
Zollernstr.
Kurbrunnenstr.
Kasinostraße
Aachen-Hbf.
Römerstr.
Theaterstraße
Theaterpl.
Franzstr.
Boxgraben
Löhergraben
Karlsgraben
Templergraben
Wüllnerstraße
Pontstr.
Ludwigsallee
Turmstr.
Junkerstr.
Lütticher Str.
Burtscheider Str.
Mozartstr.
Reumontstr.
Bismarckstr.
Viktoriaallee
Kurfürstenstr.
Friedrichstr.
Rudolfstr.
Heinrichsallee
Dom
Markt
Rathaus
Luisenhospital
Bergstraße
Rochusstr.
Hermannstr.
Krakaustr.
Stephanstr.
Südstr.
Harscampstr.
Wirichsbongardstr.
Kapuzinergraben
Alexanderstr.
Blücherplatz
Hansemannplatz
Kaiserplatz
Elisenbrunnen
Westfriedhof
Frankenberger Str.
Jakobstr.
Annastr.
Hubertusstr.
Kongressstr.
Brabantstr.
Sophienstr.
Charlottenstr.

Andernach

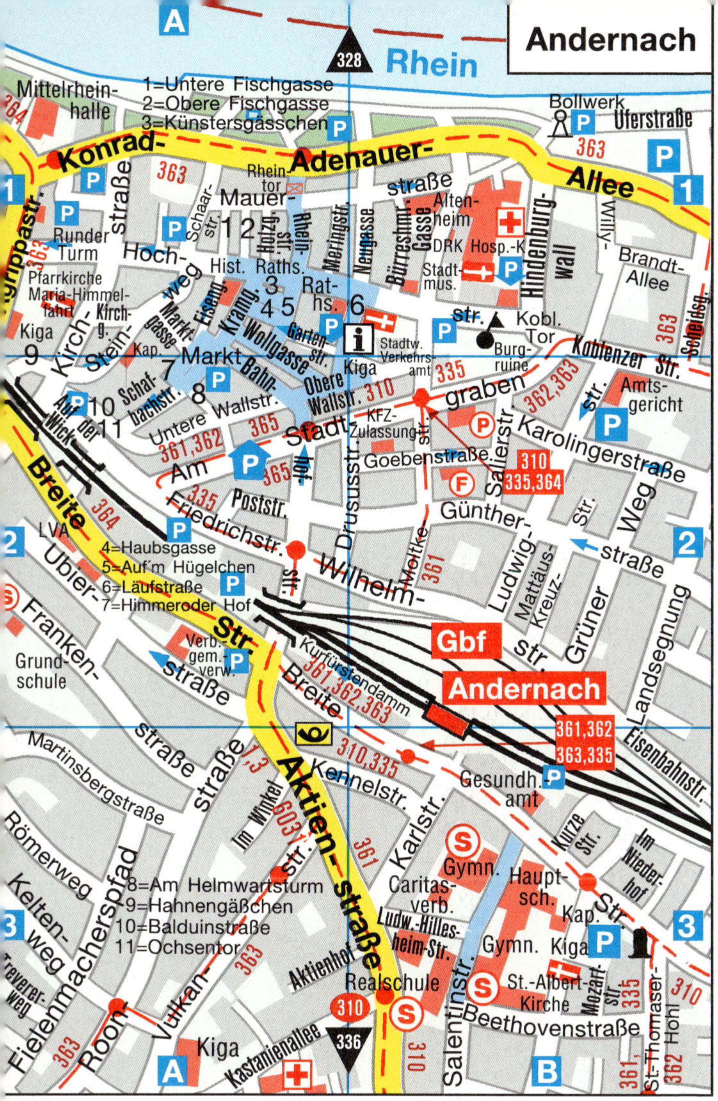

Bad Neuenahr-Ahrweiler

Bonn-Bad Godesberg

Düren

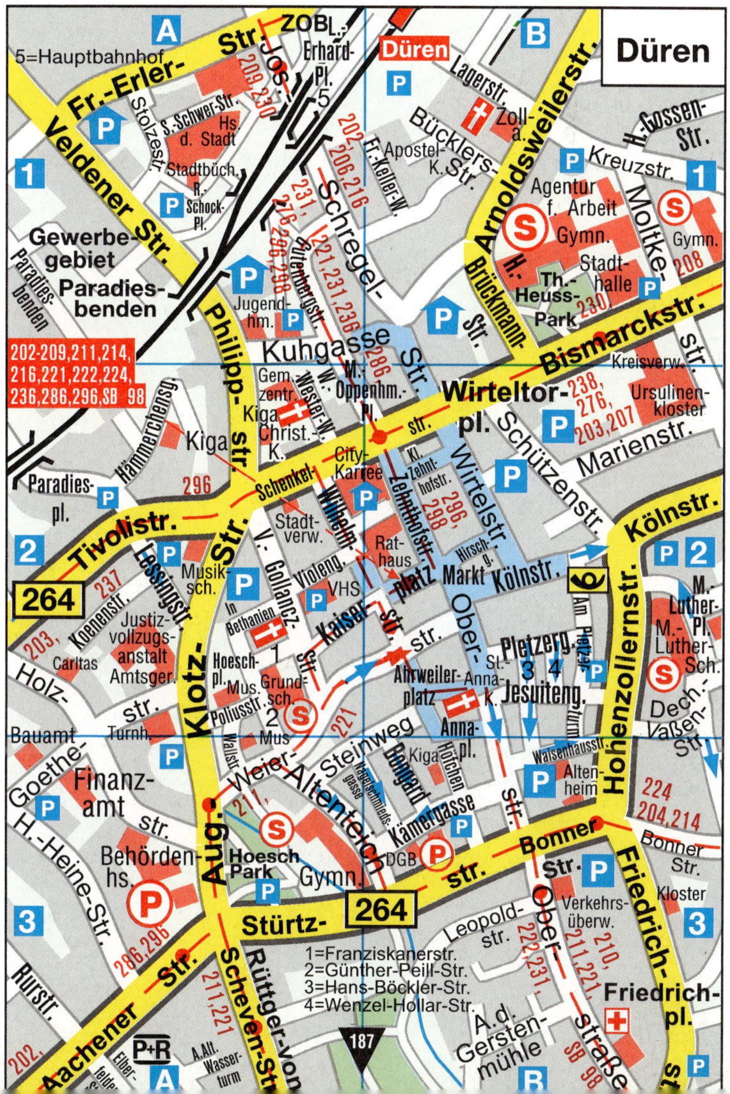

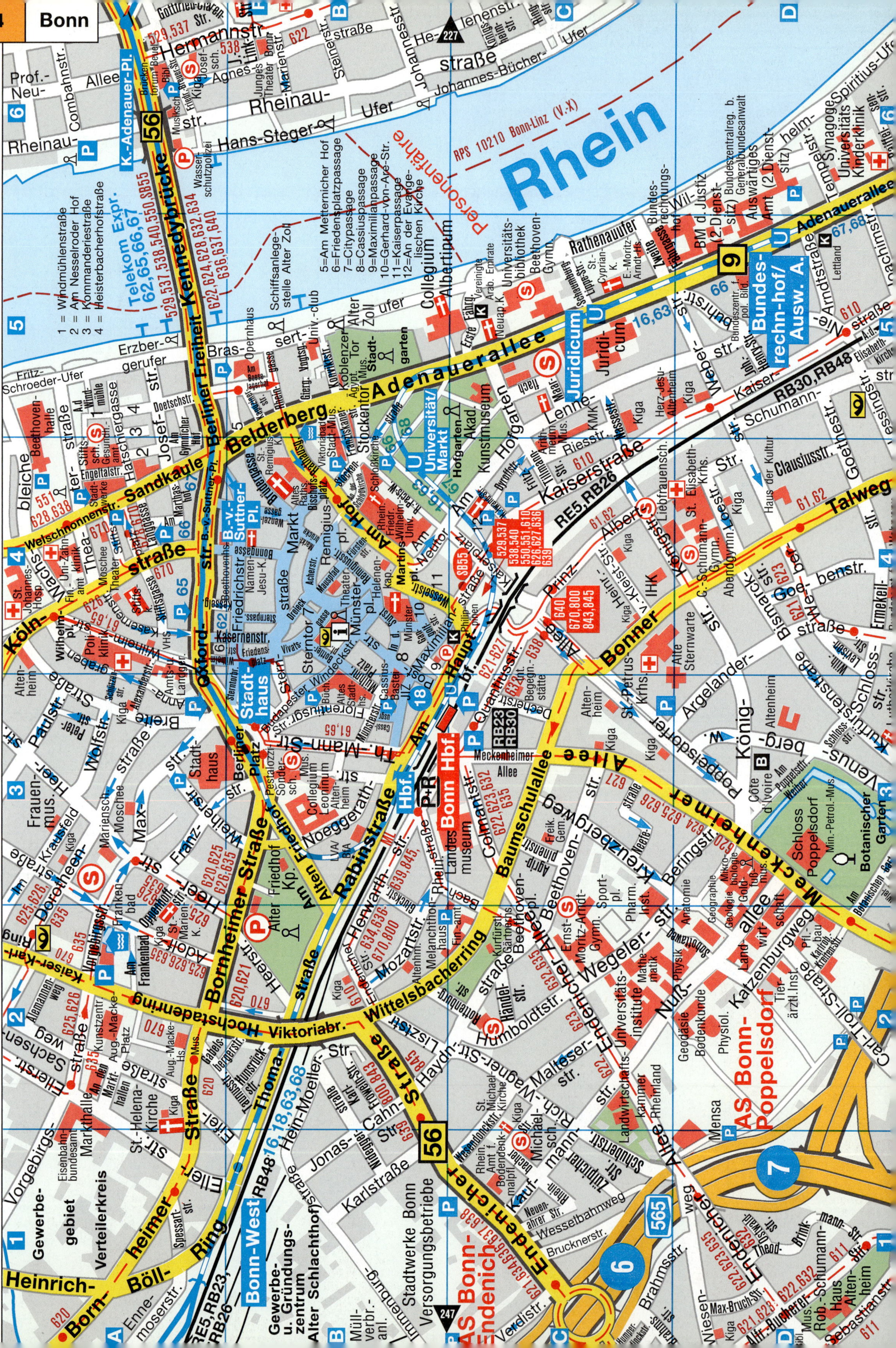
Rhein
Personenfähre
RPS 10210 Bonn-Linz (V.X)
Kennedybrücke
K.-Adenauer-Pl.
Hermannstr.
Rheinau-
Hans-Steger-
Johannes-Bücher-Ufer
Prof.-Neu-Allee
Combahnstr.
Telekom Expr.
62,65,66,67
Berliner Freiheit
Erzbergerufer
Fritz-Schroeder-Ufer
Beethovenhalle
Bertha-von-Suttner-Pl.
Belderberg
Sandkaule
Welschnonnenstr.
Adenaueralle
Universität/Markt
Hofgarten
Akad. Kunstmuseum
Juridicum
Bundesrechnungshof/Ausw. A.
Kaiserstr.
Kaiserstraße
Lennestr.
Riesstr.
Weberstr.
Schumannstr.
Clausiusstr.
Talweg
Goethestr.
Rathenauufer
Lettland
Adenauerallee
Markt
Remigius-pl.
Martins-pl.
Münster-pl.
Friedrichstr.
Kasernenstr.
Oxford-str.
Kölnstraße
Stadthaus
Berliner Platz
Poppelsdorfer Allee
Meckenheimer Allee
Schloss Poppelsdorf
Botanischer Garten
Argelander-
Königstr.
Venusberg
Bonner Talweg
Prinz-Albert-Str.
Baumschulallee
Bonn Hbf.
Hbf.
Rabinstraße
Thomas-Mann-Str.
Colmantstr.
Quantiusstr.
Bornheimer Straße
Alter Friedhof
Heerstr.
Maxstr.
Wittelsbacherring
Hochstadenring
Viktoriabr.
Kaiser-Karl-Ring
Endenicher Str.
Endenicher Allee
Nussallee
Wegelerstr.
Katzenburgweg
Carl-Troll-Straße
AS Bonn-Poppelsdorf
AS Bonn-Endenich
Bonn-West
Herwarthstr.
Mozartstr.
Beethovenstr.
Humboldtstr.
Haydnstr.
Karlstraße
Jonasstr.
Hein-Moeller-Str.
Heinrich-Böll-Ring
Bornheimer
Vorgebirgsstr.
Gewerbegebiet
Verteilerkreis
Stadtwerke Bonn Versorgungsbetriebe
Gewerbe- u. Gründungszentrum Alter Schlachthof
Immenburgstr.
Brahmsstr.
Wesselheideweg
Brucknerstr.
Landwirtschaftskammer Rheinland
Universitätsinstitute
Mensa
Geodäsie
Physiol.
Anatomie
Sternwarte
Herz-Jesu-Kirche
St. Elisabeth
Altenheim
Frauenmus.
Franken-bad
Kunstzentr.
Markthalle
St. Helena-Kirche
Lessingstr.
Schlossstr.
1 = Windmühlenstraße
2 = Am Nesselroder Hof
3 = Kommanderiestraße
4 = Heisterbacherhofstraße
5=Am Metternicher Hof
6=Friedensplatzpassage
7=Citypassage
8=Cassiuspassage
9=Maximilianpassage
10=Gerhard-von-Are-Str.
11=Kaiserpassage
12=An der Evangelischen Kirche
RE5,RB26
RB30,RB48
RB23 RB30
56
565
227
247
6
7
9
18
A B C D
1 2 3 4 5 6

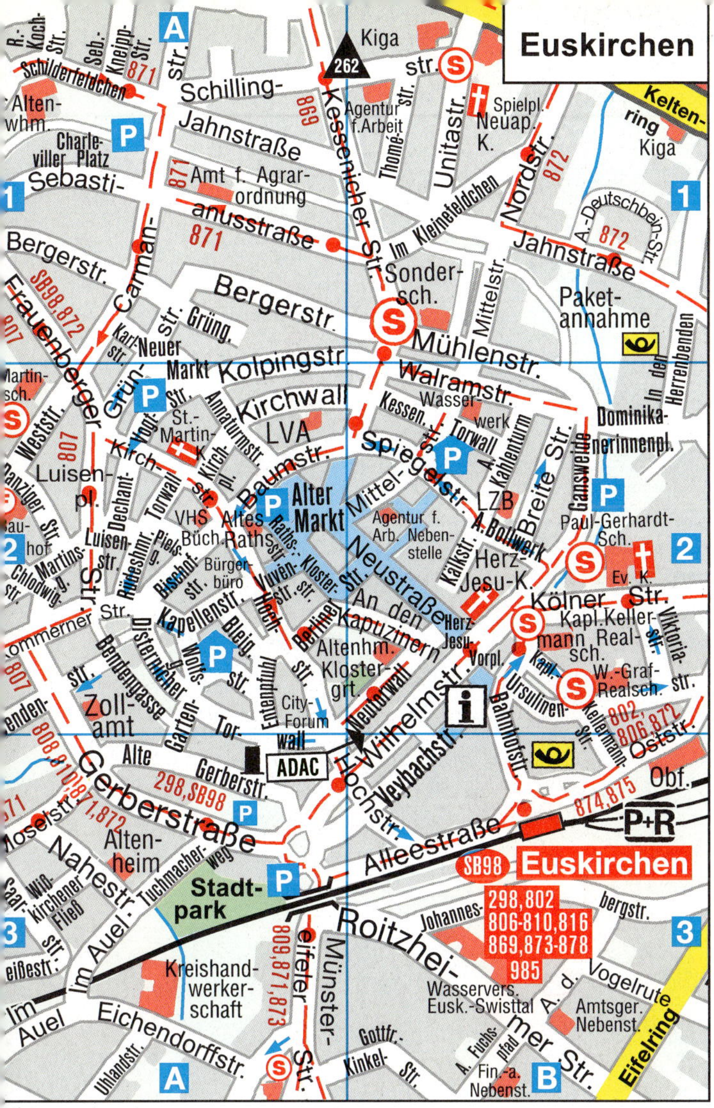
Euskirchen

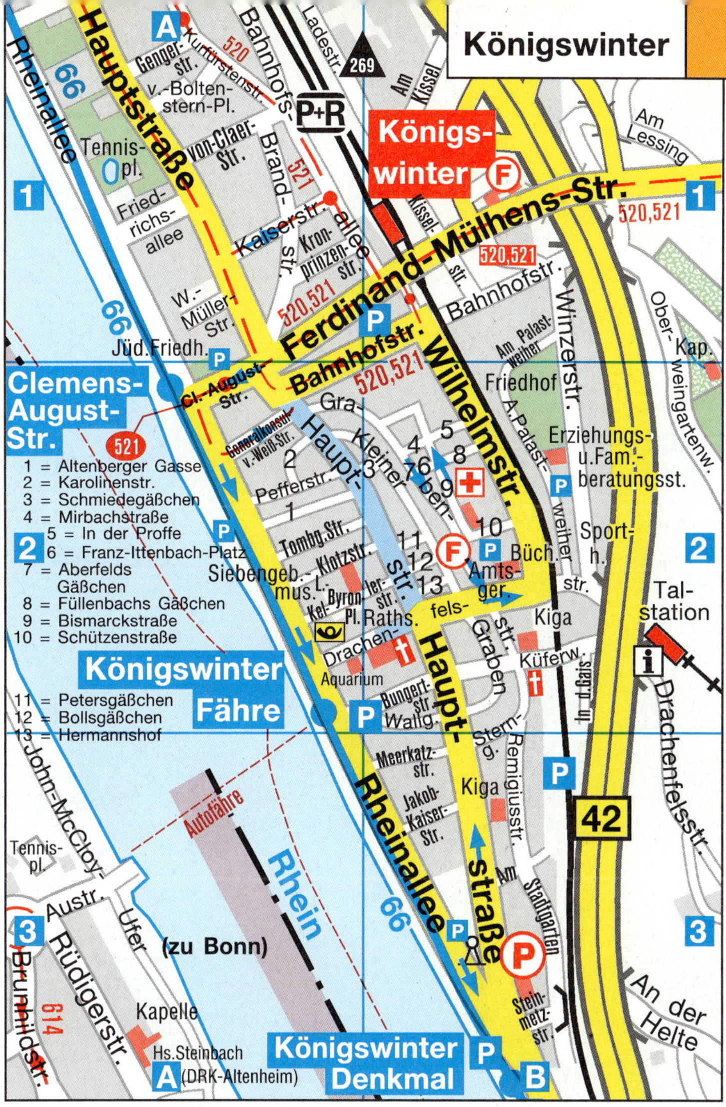
Königswinter
1 = Altenberger Gasse
2 = Karolinenstr.
3 = Schmiedegäßchen
4 = Mirbachstraße
5 = In der Proffe
6 = Franz-Ittenbach-Platz
7 = Aberfelds Gäßchen
8 = Füllenbachs Gäßchen
9 = Bismarckstraße
10 = Schützenstraße
11 = Petersgäßchen
12 = Bollsgäßchen
13 = Hermannshof

Lahnstein
1=Turmplatz
2=Salhofplatz
3=Blankenberg
4 = Rödergasse
5 = Langwiesergasse
6 = Brunnenstraße
7 = Fingerhutsgasse
8 = Schultheissengasse
9 = Schnaßgasse
10 = Schwarzgasse
11 = Münchsgasse
12 = Schlossgasse
13 = Gardegässchen
14 = Fischergasse
15 = Neisgasse
16 = Ratsgasse
17 = Altgasse

Linz a. Rhein
1=Im Kammenerk
2=Am Halborn
3=Brunnengasse
4=Bachstraße
5=Commenderiestr.
6=Bürgermeister-Kastenoltz-Platz
7=Gymnasialstraße
8=Am Himmelreich
9=Kapuzinergasse
10=Katharinenstraße
11=Zehntgasse
12=Vogtsgasse
13=Bachgasse

Festung Ehrenbreitstein
Sessellift
Landesmuseum Koblenz
Koblenz-Ehrenbreitstein
Rhein
Mosel
Hafen
Deutsches Eck
Pegelhaus
Personenfähre
Konrad-Adenauer-Ufer
Am Pfaffendorfer Tor
Hofstraße
Pfaffendorfer Brücke
Europabrücke
Balduinbrücke
Kurfürstliches Schloss
Neustadt
Friedr.-Ebert-Ring
Mainzer Str.
Clemensstr.
Löhr-Center
Schlachthofstraße
Moselweißer Straße
Koblenz Hbf.
ADAC
Am Hafen
Görres-denkmal
Sport-platz
Kolonnenweg
Grüner Weg
Thälerweg
Goeben-siedlung
1=Joseph-Breitbach-Straße
2=Am Platz
3=Am Markt
13=Ritterpfad
14=Im Roßhalf
15=Hunenpfad
16=An der Windmühle

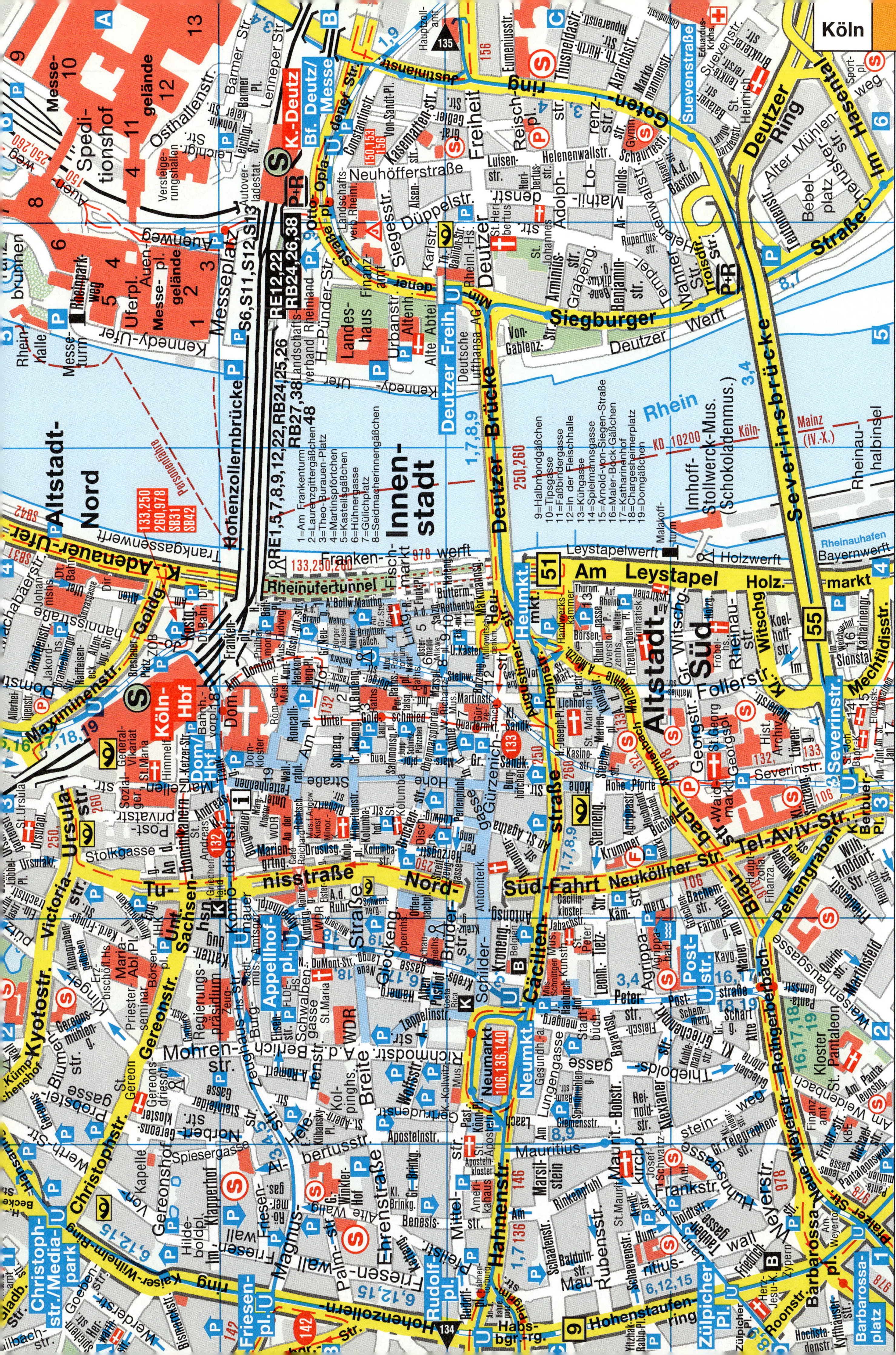
Altstadt-Nord
Innenstadt
Altstadt-Süd
Rhein
Hohenzollernbrücke
Deutzer Brücke
Severinsbrücke
Köln-Hbf
Deutzer Ring
Siegburger Str.
Am Leystapel
Rheinufertunnel
Tunisstraße
Nord-Süd-Fahrt
Neuköllner Str.
Tel-Aviv-Str.
Hohenzollernring
Hohenstaufenring
Rheinauhafen

Meinerzhagen

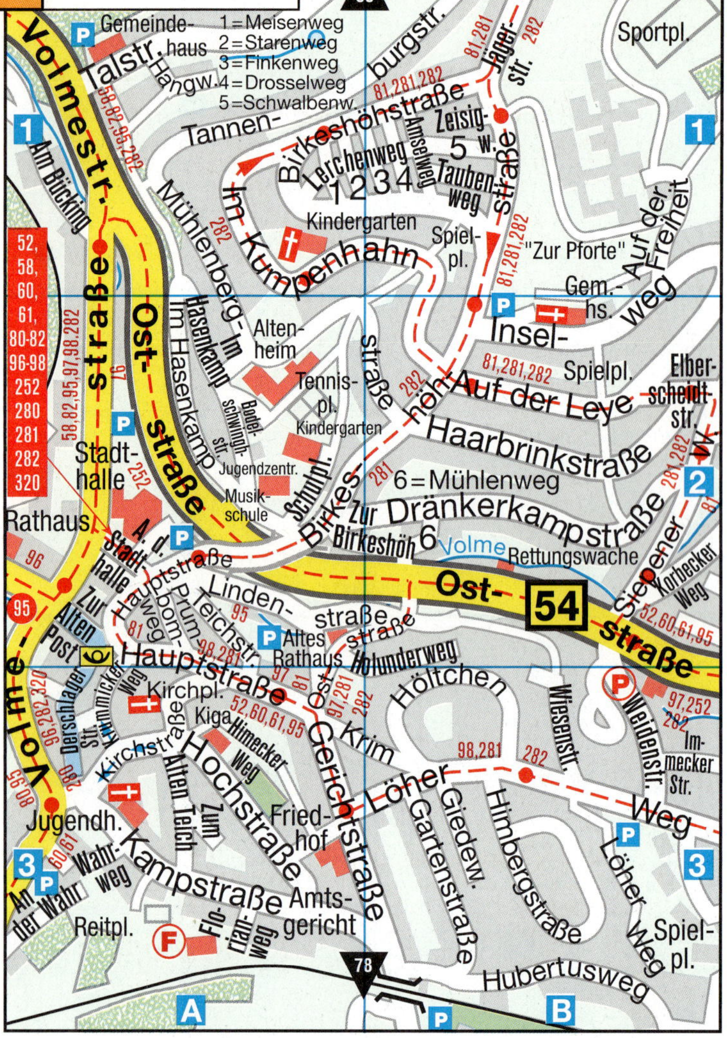

Neuwied

Pulheim

Rheinbach

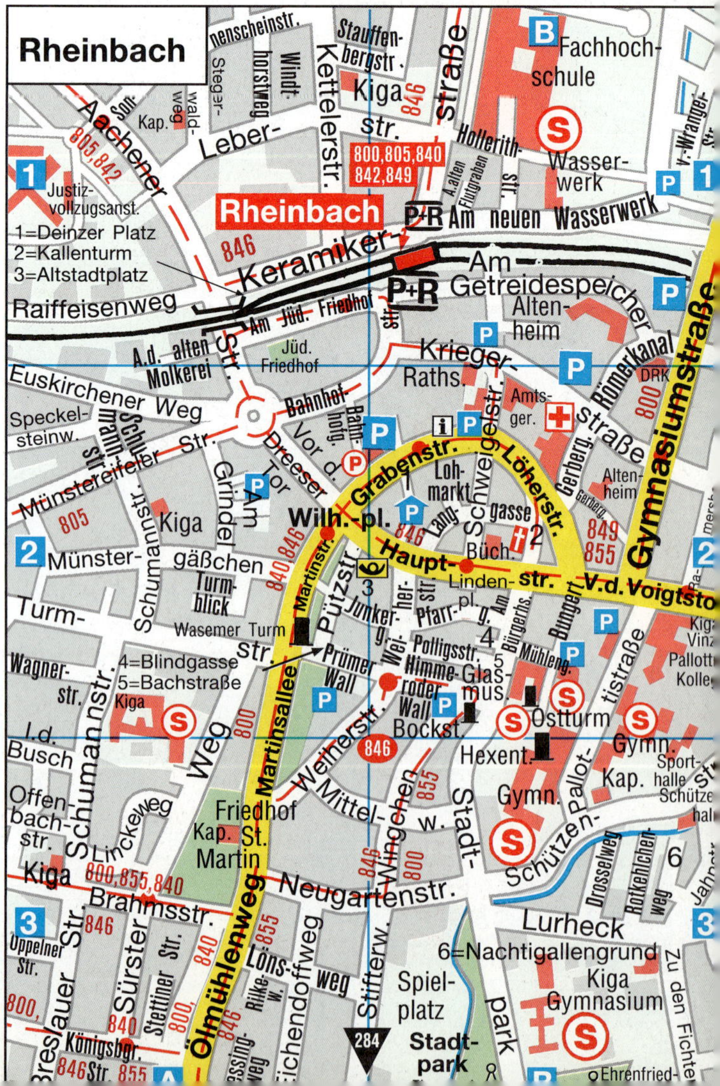

Siegburg
Heinrichstr.
Johannes-
ADAC
Kaiser-
Kronprinzenstraße
Cecilienstr.
Grimmelsgasse
Zeithstr.
Wilhelm-
Zum Hohen Ufer
Bachstraße
Ring
Friedrich-Ebert-Straße
Städt. Krkhs.
Holzgasse
Markt
Allee-
straße
Bahnhofstr.
Neue Poststr.
Museum
Bibliothek
Abtei Michaelsberg
Finanzamt
Siegburg/Bonn
Europa-pl.
Telekom Express
Konr.-Adenauer-Allee
ZOB
Wilhelmstraße
Mühlenstraße
Siegfeldstraße
Hopfengartenstraße
Frankfurter Str.
Bonner Str.
Ludwig-straße
Hochstraße
Holzgasse
1=Kirchgasse
2=Am Herrengarten
3=Griesgasse
4=Am Brauhof
5=Brauhof-Passage
6=City-Passage
484
8

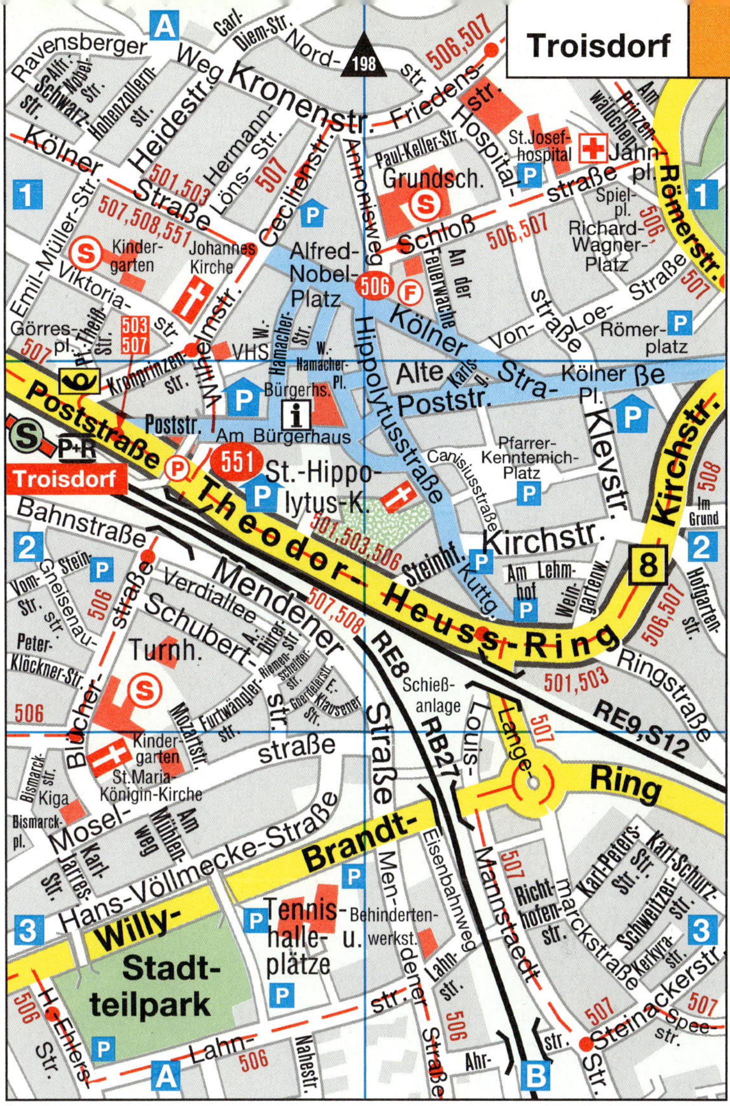
Troisdorf
Kronenstr.
Friedensstr.
Hospitalstr.
Heidestr.
Kölner Straße
Viktoriastr.
Römerstr.
Schloß
Alfred-Nobel-Platz
Hippolytusstraße
Kölner Straße
Alte Poststr.
Poststraße
Theodor-Heuss-Ring
Am Bürgerhaus
St.-Hippolytus-K.
Troisdorf
Bahnstraße
Mendener Straße
Schubertstraße
Kirchstr.
Kirchstraße
Ringstraße
Lange Ring
Brandt-
Willy-Brandt-Ring
Hans-Völlmecke-Straße
Stadtteilpark
Tennishalle u. -plätze
Mannstaedt-
Steinackerstr.
Lahnstr.
8

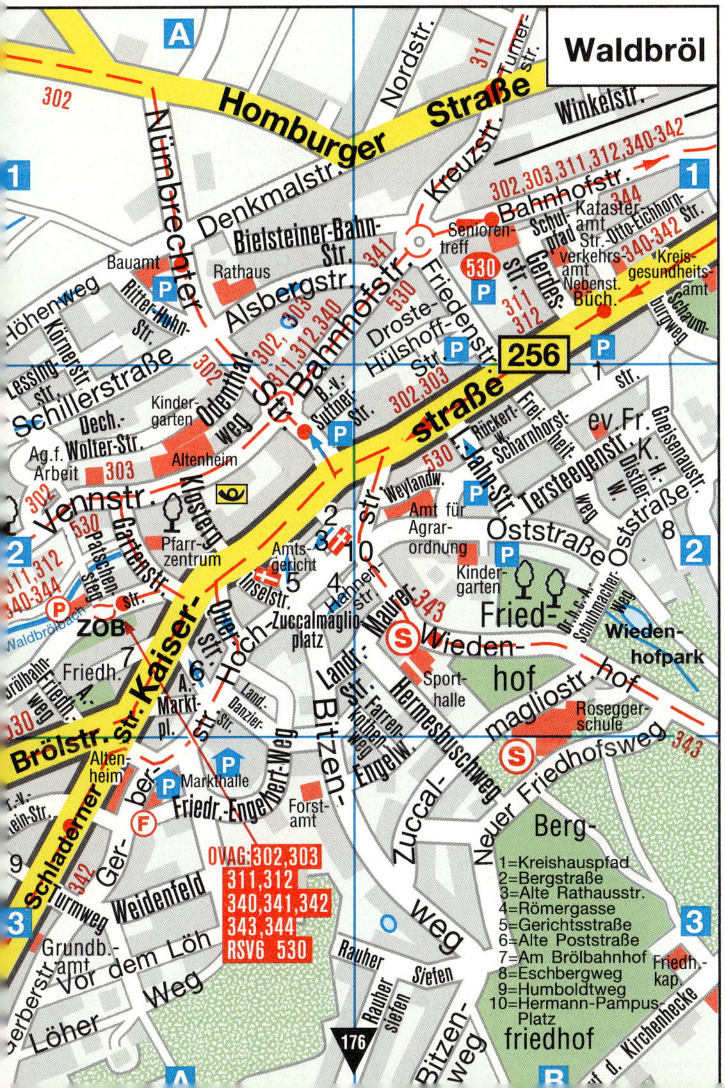
Waldbröl
Homburger Straße
Nümbrechter Str.
Denkmalstr.
Bielsteiner-Bahn-Str.
Alsbergstr.
Bahnhofstr.
Kreuzstr.
Schillerstraße
Vennstr.
Kaiser-straße
Oststraße
Wiedenhof
Wiedenhofpark
Hochstr.
Bitzen-weg
Zuccalmaglio-platz
Brölstr.
Schladerner Str.
Vor dem Löh
Weg
Neuer Friedhofsweg
Friedhof
256
1=Kreishauspfad
2=Bergstraße
3=Alte Rathausstr.
4=Römergasse
5=Gerichtsstraße
6=Alte Poststraße
7=Am Brölbahnhof
8=Eschbergweg
9=Humboldtweg
10=Hermann-Pampus-Platz

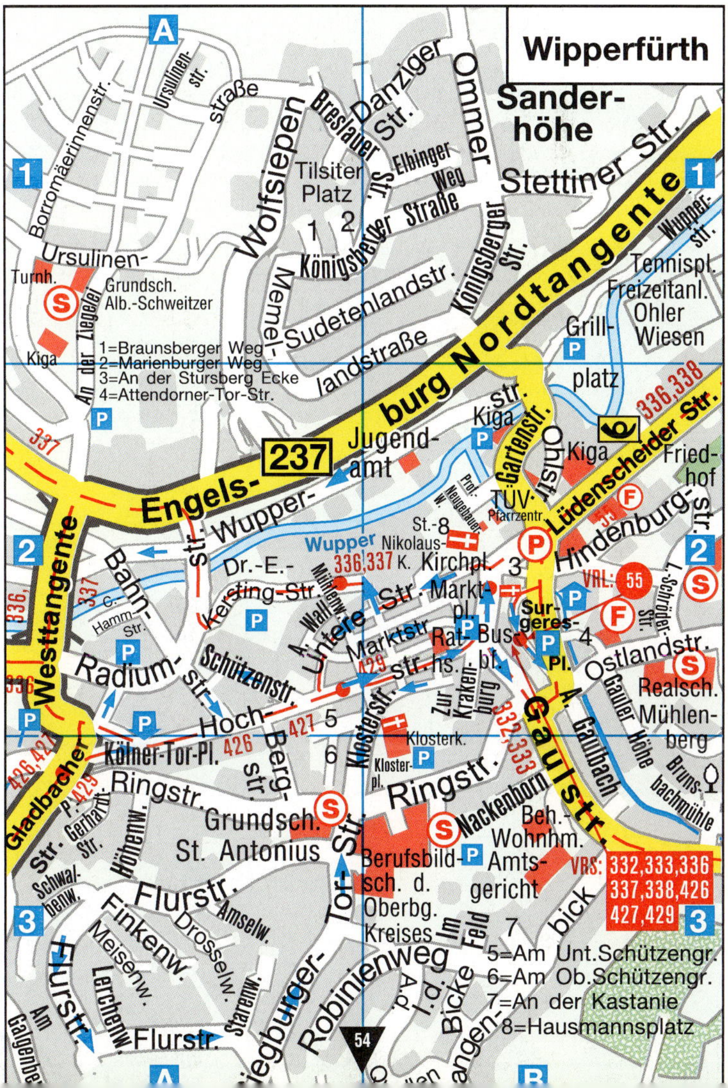
Wipperfürth
Sanderhöhe
Stettiner Str.
Nordtangente
Danziger Str.
Königsberger Str.
Sudetenlandstr.
Ursulinen-
Engels-burg
237
Jugendamt
Wupper
Westtangente
Radium-
Hochstr.
Marktstr.
Kölner-Tor-Pl.
Ringstr.
Gaulstr.
Lüdenscheider Str.
Hindenburgstr.
Ostlandstr.
Grundsch. St. Antonius
Flurstr.
Robinienweg
Amtsgericht
1=Braunsberger Weg
2=Marienburger Weg
3=An der Stursberg Ecke
4=Attendorner-Tor-Str.
5=Am Unt.Schützengr.
6=Am Ob.Schützengr.
7=An der Kastanie
8=Hausmannsplatz

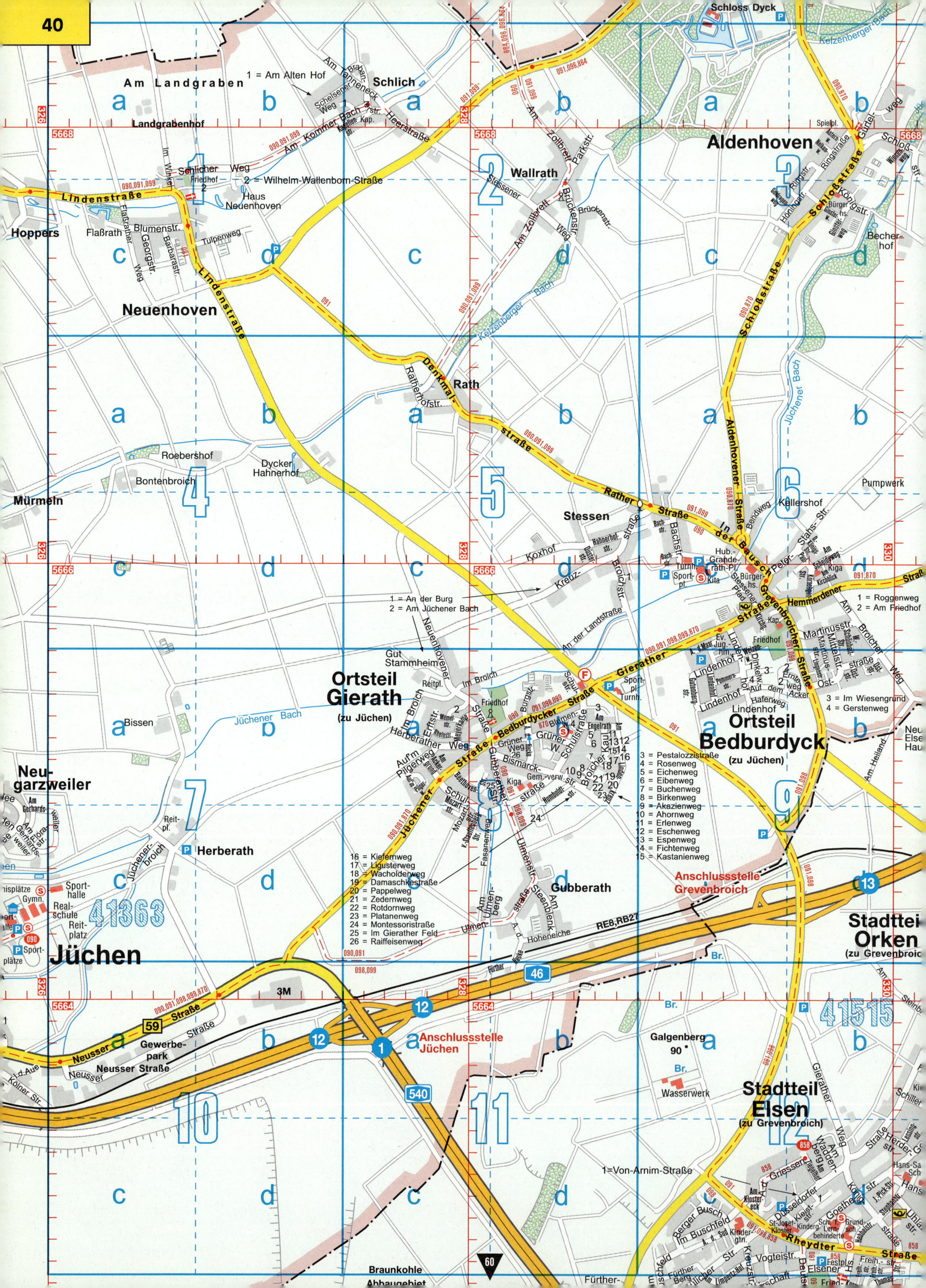
Schloss Dyck
Kelzenberger Bach
Am Landgraben
1 = Am Alten Hof
Schlich
Landgrabenhof
Heerstraße
Am Kommer Bach
Aldenhoven
Wallrath
Zollbrett
Parkstr.
Schlicher Weg
Friedhof
2 = Wilhelm-Wallenborn-Straße
Haus Neuenhoven
Lindenstraße
Hoppers
Flaßrath
Blumenstr.
Georgstr.
Barbarastr.
Tulpenweg
Neuenhoven
Stessener Weg
Am Zollbrett
Brückenstr.
Schloßstraße
Ringstr.
Königstr.
Becherhof
Rath
Ratherhofstr.
Denkmalstraße
Aldenhovener Straße
Jüchener Bach
Roebershof
Bontenbroich
Dycker Hahnerhof
Mürmeln
Pumpwerk
Kellershof
Rather Straße
Stessen
In der Bausch
Koxhof
Bachstr.
Hub.-Grande-rath-Pl.
Turnh.
Sport-pl.
Kita
Kiga
1 = Roggenweg
2 = Am Friedhof
1 = An der Burg
2 = Am Jüchener Bach
Broichstr.
An der Landstraße
Hemmerdener
Grevenbroicher Straße
Gut Stammheim
Neuenhovener
Gierather Straße
Friedhof
Martinusstr.
Ortsteil Gierath
(zu Jüchen)
Bissen
Im Broich
Erftstr.
Herberather Weg
Bedburdycker Straße
Burgstr.
Schulstraße
Bismarckstraße
Lindenhof
Am Acker
Haferweg
3 = Im Wiesengrund
4 = Gerstenweg
Ortsteil Bedburdyck
(zu Jüchen)
3 = Pestalozzistraße
4 = Rosenweg
5 = Eichenweg
6 = Eibenweg
7 = Buchenweg
8 = Birkenweg
9 = Akazienweg
10 = Ahornweg
11 = Erlenweg
12 = Eschenweg
13 = Espenweg
14 = Fichtenweg
15 = Kastanienweg
Neugarzweiler
Herberath
Jüchener Straße
Mozartstr.
Fasanenweg
Ulmenstr.
16 = Kiefernweg
17 = Ligusterweg
18 = Wacholderweg
19 = Damaschkestraße
20 = Pappelweg
21 = Zedernweg
22 = Rotdornweg
23 = Platanenweg
24 = Montessoristraße
25 = Im Gierather Feld
26 = Raiffeisenweg
Gubberath
Hoheneiche
RE8, RB27
Anschlussstelle Grevenbroich
Stadtteil Orken
(zu Grevenbroich)
Sporthalle
Gymn.
Realschule
Reitplatz
Sportplätze
41363
Jüchen
3M
46
Br.
12
59
Neusser Straße
Gewerbepark
1
Anschlussstelle Jüchen
540
Galgenberg
90
Wasserwerk
41515
Köhner Str.
10
11
Stadtteil Elsen
(zu Grevenbroich)
12
Gierather Weg
858
1=Von-Arnim-Straße
Düsseldorfer Str.
Goethestr.
Rheydter Straße
Berger Busch
Im Buschfeld
Vogteistr.
Braunkohle Abbaugebiet
60

Damm
1 = Marienweg
Hubertusstraße
Vellrather Str.
Vellrather
Acker
Vellrather-hof
Vellrather Weg
Reitpl.
Dycker Mühle
Dörrenkaul
Wingensteiner Weg
Heckhauser Hof
Heckhauser Weg
Regenrückhaltebecken
Röckrather
Marienhof
Dannerhof
Anschlussstelle Grevenbroich-Kapellen
14
46
Konrad-Zuse-Straße
Auf den Hundert Morgen
An der Glashütte
Gewerbegebiet
Vierwinden
Umspannanl.
Scheilberg
Baugeb.
Kapellen-Wevelinghoven
Stadtteil Hemmerden
(zu Grevenbroich)
Buscher Str.
Tennispl.
Sportplätze
Raststätte Vierwinden-Nord
Lindenhof
Sebastianusstr.
Goldregenstr.
Friedhof
1 = Krokusweg
2 = Narzissenweg
3 = Enzianweg
4 = Geranienweg
5 = Oleanderweg
6 = Veilchenweg
7 = Bachstraße
8 = Lortzingstr.
Im Weidendahl
Dycker Mühlenweg
Kirchpl.
Landstraße
Garzweiler Hof
Jüd. Friedhof
Bedburdycker Straße
Auf dem Mergendahl
Raststätte Vierwinden-Süd
Damlerstr.
1 = Wilhelm-Busch-Straße
2 = Gerhart-Hauptmann-Straße
Stadtteil Kapellen
(zu Grevenbroich)
Neusser Str.
Talstr.
Burghof
Tüschenbroich
Zur Schwarzen Brücke
Kläranlage
Sportzentrum
Erft-Stadion
Eichendorffplatz
Am Gather Hof
Am Erftbend
Hofbuschweg
41516
Heilpädagogische Schule
Mauristr.
Winzerather
74
Heidfang
Zweifaltern
Friedrich-
Am Tilles
Winzerath
Hofbusch
Straßenmeisterei
An der Untermühle
Untermühle
Erft
47
Gemeindebroich
Hemmerdener Weg
Stadtwald
Kläranlage
Hundedressurplatz
Tribünenweg
Reitplätze
Tennisplätze
Sportplätze
Hundepl.
RB38
Noithausen
Friedhof
Regenrückhaltebecken
Am Rittergut
Hellpädag. Schule
Motte
Friedhof Kapelle
Am Wehr
Langwadener Str.
Rhenaniastr.
Rudolf-Diesel-Str.
Lerchenweg
Grünstraße
Gew.-geb.
1 = Gartenweg
2 = Könensgasse
3 = Am Rosenhaag
4 = Hahnenpfädchen
5 = Olligsgasse
6 = Olligsschlägergasse
7 = Am Gründchen
Burgstr.
Oberstr.
Poststr.
Zehntstraße
Stadtpark
Stadtteil Wevelinghoven
(zu Grevenbroich)
Jüd. Friedhof
D.-Uhlhorn-Realschule
Tillmannskaul
1 = Kösliner Straße
2 = Danziger Straße
3 = Memeler Straße
4 = Theodor-Fontane-Straße
Grevenbroich
Stadtwald
Trimm-Dich-Pfad
5 = Platz der Deutschen Einheit
Fischteich
Klärbecken
Obermühle
Krummstr.
An der Zuckerfabrik
Grevenbroicher Straße
Am Bönnerfeld
Am Gasthausbusch
Montanusstr.
gepl. Erweiterung
Goldammer Str.
Bahnhof
Orkener Str.
Grevenbroich
Alte Erft
61

Museum
Insel Hombroich
K. D. Burghügel
Galgenstein
Grafenstr.
Helpenstein
Friedhof
Harbernusstraße
Bergheimer Straße
Helpensteiner
Kirchweg
Gillbach
Hombroich
(zu Neuss)
Gruissem
Rb38
K.D. Motte Hombroich
41472
Am Driesch
Speck
Schulweg
Kindergarten
An den Weiden
Auf den Stöcken
Schelmrather Hof
Stadtteil Wehl
(zu Neuss)
Gruissem
Münchrath
Rotthof
Neubrück
Gilverath
Gilverather Hof
Erft
Helpensteiner Weg
Am Reiherbusch
Spielpl.
Kottenkamp
Im Engelgrund
Zum Mühlrath
Mühlrath
Vogelsang
Spielpl.
Am Erlenkamp
Auf der
Mühlrather Str.
Wehler Dorfstr.
Specker Straße
477
Bilderstöckchen
Loh
Zur Schwarzen Brücke
Tüschenbroich
Kläranlage
Gut Neuhaus
Unterdorf
Friedhof
Stadtteil Hülchrath
(zu Grevenbroich)
1= Lauffenberger Weg
2= Im Wiesengrund
3= Von-Pröpper-Straße
4= Effger-Busch-Weg
Stadtteil Neukirche
(zu Grevenbroich)
Kläranlage
Hochbroich
Schloß Hülchrath
Herzogstraße
Jüd. Friedhof
Jägerhof
Sportplatz
Mühlenhof
Degenhof
Im Heewasser
Hülchrather Straße
Jakobusplatz
1 = Marienwerderstr.
2 = Fichtenweg
3 = Posener Straße
4 = Kolberger Straße
5 = Am Nußbaum
Heidchenfeld
Tennisplatz
Schloß Langwaden
Zisterzienser Kloster
Festplatz
Beestger Höfgen
Langwadener Straße
41516
Sportzentrum
Tennispl.
Neukircher Heide
Im Heidchen
Flurweg
Langwaden
Am Honigerpfädchen
Langwadener Schulweg
St.-Norbert-Str.
Kindergarten
Stadtteil Wevelinghoven
(zu Grevenbroich)
Schönberggweg
Im Knauf
Gillbach
Am Buscherkreuz
Gut Norbisrath
Kapelle
Haus Busch
Am Böhnerfeld
1 = Am grünen Weg
Villau
Haus Leusch
Hellenbergstraße
Kläranlage
Festplatz
1 = Peter-Nettekoven-Straße
Gut Muchhausen
Ramrather Hof
Haus Lambertus-Kamp
Ramrath
Ortsteil Hoeningen
(zu Rommerskirchen)
Stephanusstr.
62

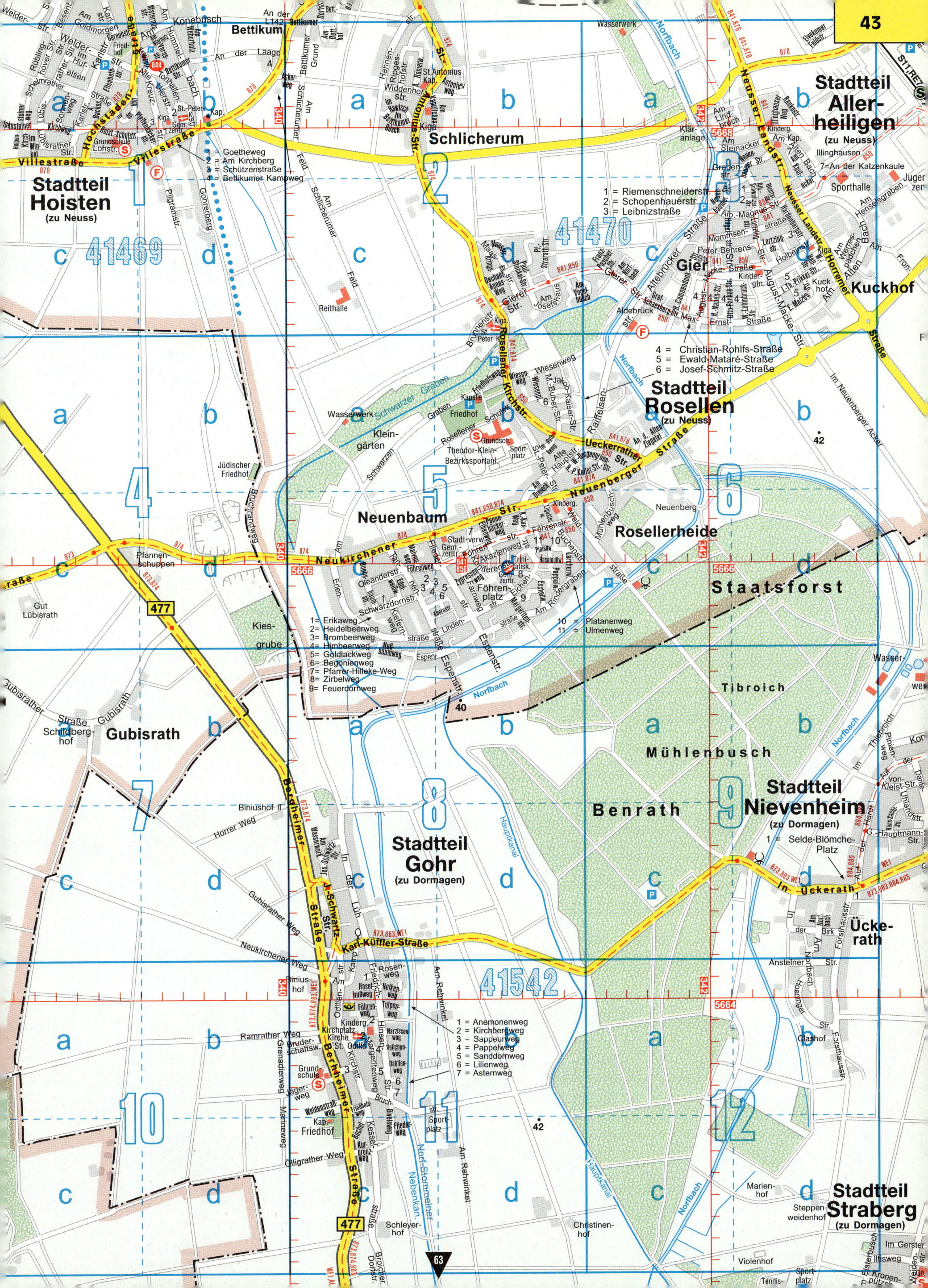
Bettikum
Schlicherum
Stadtteil Allerheiligen
(zu Neuss)
Stadtteil Hoisten
(zu Neuss)
41469
41470
Gier
Kuckhof
1 = Goetheweg
2 = Am Kirchberg
3 = Schützenstraße
4 = Bettikumer Kampweg
1 = Riemenschneiderstr.
2 = Schopenhauerstr.
3 = Leibnizstraße
7=An der Katzenkaule
4 = Christian-Rohlfs-Straße
5 = Ewald-Mataré-Straße
6 = Josef-Schmitz-Straße
Stadtteil Rosellen
(zu Neuss)
Neuenbaum
Rosellerheide
Staatsforst
Tibroich
Mühlenbusch
Benrath
Jüdischer Friedhof
Kiesgrube
Pfannenschuppen
Gut Lübisrath
Gubisrath
Schiltberghof
1= Erikaweg
2= Heidelbeerweg
3= Brombeerweg
4= Himbeerweg
5= Goldlackweg
6= Begonienweg
7= Pfarrer-Hilleke-Weg
8= Zirbelweg
9= Feuerdornweg
10 = Platanenweg
11 = Ulmenweg
Stadtteil Nievenheim
(zu Dormagen)
1 = Selde-Blömche-Platz
Stadtteil Gohr
(zu Dormagen)
Ückerath
41542
1 = Anemonenweg
2 = Kirchbergweg
3 = Sappeurweg
4 = Pappelweg
5 = Sanddornweg
6 = Lilienweg
7 = Asternweg
Friedhof
Christinenhof
Schleyerhof
Marienhof
Steppenweidenhof
Stadtteil Straberg
(zu Dormagen)
477
63

Stadtteil Allerheiligen (zu Neuss)
NE-Allerheiligen
Kuckhof
41470
Fronhof
Weitzhof
Horremer Straße
Hinterm Hahn
Silbersee
Stüttger Hof
Am Konradsloch
Rhein
(zu Düsseldorf)
Düsseldorfer Straße
Sachtlebenstraße
St. Peter
Bahnstraße
Kolonieistr.
1 = Reisholzer Straße
2 = Arenzheide
3 = Wersteiner Straße
Stadtteil Delrath (zu Dormagen)
St.-Peter-Straße
Nievenheim
Latourshof
Sülzhof
Raststätte Nievenheim-West
Raststätte Nievenheim-Ost
1 = Im Kreuzfeld
2 = Meßweg
3 = Kuttelweg
4 = Lange Kaule
5 = Im Knotfeld
6 = Im Springfeld
7 = An der Kultzkuhle
8 = In der Furth
9 = Fuchskaule
10 = Dörnchesfuhr
Bismarckstraße
Neusser Straße
Wittgeshof
41542
Stadtteil Nievenheim (zu Dormagen)
Im Kohnacker
Ernteweg
Wilhelmshof
Am Entenpfuhl
Ückerath
Hindenburgstraße
1 = Selde-Blömche-Platz
9 = Erlenweg
10 = Magnolienstraße
11 = Kiesenbergstraße
12 = Florianergasse
13 = Salvatorplatz
14 = Salvatorstraße
Straberger Weg
Naherholungsgebiet
In der Langen Kuhle
Salvatorhof
Goldberger Hof
41540
Stadtteil Horrem (zu Dormagen)
Stadtteil Straberg (zu Dormagen)
1 = Brombeerweg
2 = Erdbeerweg
3 = Quittenweg
4 = Apfelweg
5 = Birnenweg
Horremer Straße
Josefshof
Martinshof
Anschlussstelle Dormagen
1 = Holbeinweg
2 = Riemensch
3 = Cranachwe
4 = Weißdornw
5 = Rotdornwe
6 = Eschenweg
7 = Dieplingho
64

Stadtteil
Urdenbach
(zu Düsseldorf)
Naturschutz-
Urdenbacher
gebiet
Kämpe
NSG
41541
40593
1 = Reinerstraße
2 = Franz-Hitze-Straße
3 = Bockhackstraße
Stadtteil
Stürzelberg
(zu Dormagen)
4 = Nikolausweg
Oberstraße
Heckhof
Rhein
Grenzhof
Kellerhof
Martinushof
Rheinauenhof
Stürzelberger Lindenhof
Stürzelberger Straße
Antoniushof
Am Ausleger
Haus Bürgel
Urdenbacher Weg
Baumberger Weg
Autofähre
Anlegestelle Zons
Sportzentrum
Heidehof
Zonser
Heide
Friedhof
Kleingärten
Jüdischer Friedhof
Nievenheimer Straße
(zu Monheim am Rhein)
Pumpstation
Stadtteil
Stadt Zons
(zu Dormagen)
12=Frau-Holle-Weg
Schloß Friedestrom
Freilichtbühne
Juddeturm
1 = Uerdinger Straße
2 = Linner Straße
3 = Brühler Straße
4 = Hebbelstraße
5 = Roseggerstraße
6 = Clausewitzstraße
7 = Kantstraße
8 = Am Römerfeld
9 = Hospitalplatz
10 = Grünwaldstraße
11 = Zehntgasse
Nachtigall
Margarethenhof
Mariannenhof
Aldenhovenstraße
Wasserwerk
Diergardthof
Zonser Hubertushof
Leinpfad
Werth
Wasserturm
Gewerbegebiet
Krefelder Straße
1 = Feuerbachstraße
2 = Michaelsweg
3 = von-Galen-Straße
4 = Franz-Hitze-Weg
5 = Carl-Sonnenschein-Weg
6 = Martin-Luther-King-Straße
7 = Bertha-von-Suttner-Straße
8 = Carl-von-Ossietzky-Straße
9 = Kurt-Tucholsky-Straße
41539
Dormagen
Walhover Hof
Bendacker Hof
Rheinfelder Lindenhof
Weidenpescher Hof
Rheinfelderhof
Rheinfeld
Mülldeponie
10 = Memeler Straße
11 = Löwenzahnweg
12 = Melissenweg
13 = Klematisweg
Andreashof
1 = Am Mönchenpfädchen
2 = Richrather Straße
Bahnhofstraße
Florastraße
Walhovener Straße
Rheindamm

Stadtteil Urdenbach (zu Düsseldorf)
40593
Stadtteil Garath (zu Düsseldorf)
40723
Stadtteil Hellerhof (zu Düsseldorf)
40595
Naturschutz-
gebiet
Schloß Garath
D.-Garath
D.-Hellerhof
Frankfurter Straße
Koblenzer Straße
Hellerhof-weg
Garather Weg
Urdenbacher Weg
Düsseldorfer Straße
Berghausener Straße
Stadtteil Baumberg (zu Monheim a. Rhein)
Stadtteil Berghausen (zu Langenfeld)
Langenfeld-Berghausen
Anschlussstelle Richrath
Anschlussstelle Monheim
Monheim am Rhein
40789
41539
(zu Dormagen)
(zu Hilden)
Rhein
Rheinpromenade
Baggersee
Wasserskianlage
Deponie
Kläranlage
Knipprather Wald
Knipprath
Friedhof
Anlegestelle Baumberg
Haus Bürgel
Haus Piwipp
Wasserturm
Neuverser Hof
Brandshof
Kapeller Hof
Hüttenhof
Örkhaussee
Golfplatz
Bolthausener Weg
Mühlenbach
Burbach
Galkhausener Bach
Garather Mühlenbach
4 = Sonnenplatz
5 = An der Garather Motte
6 = Am Garather Mühlenbach
7 = Nikolaus-Groß-Platz
1 = Hermann-Ehlers-Str.
2 = Franz-Hitze-Straße
3 = Bockhackstraße
2 = Wolfgang-Döhring-Str.
3 = Erich-Ollenhauer-Str.
1 = Im Rennenkamp
2 = Gißlenberg
3 = Schlehenweg
4 = Auf'm Kostenkamp
5 = Rheinstraßchen
6 = Unter der Schmiede
7 = An der Dorfstraße
8 = Auf dem Maiskamp
9 = Gachelsweg
10 = Goldregenweg
11 = Akazienweg
12 = Ulmenweg
1 = Georg-Daniel-Teutsch-Straße
2 = Heinrich-Köppler-Straße
3 = Elsa-Brändström-Straße
4 = Elly-Heuss-Knapp-Straße
16 = Ruster Weg
17 = Seefelder Weg
18 = Pörtschacher Weg
19 = Bregenzer Straße
20 = Karpfenberger Weg
21 = Eisenstädter Straße
22 = Schladminger Weg
23 = Brucker Weg
24 = Helene-Lange-Str.
25 = Am Lingenkamp
13 = Bertha-von-Suttner-Str.
14 = Elsa-Brändström-Weg
15 = Helene-Stöcker-Straße
1 = Mutter-Teresa-Weg
1 = Dürerweg
2 = Leibelweg
3 = Noldeweg
4 = L.-Richter-Weg
5 = Helene-Wessel-Weg
6 = Maximilian-Kolbe-Weg
7 = Dachsbau
59
24
23
66

Lehmkuhl
Baggersee
Rietherbach
Riethrather Str.
Hildener Straße
Grenzgraben
Götsche
Götschemühle
Riethrather mühle
(zu Solingen)
42697
Hackhauser Hof
Ev. Jugendbildungsstätte
Krüdersheide
Wafert
Schwanenmühle
Thürmchen
Friedhof
Haus Gravener Straße
Segelflugplatz Langenfeld-Wiescheid
Ossenbruch
Haus Graven (Wasserburg)
Stadtteil Wiescheid (zu Langenfeld)
Feldhausen
Kirschbaum
Winkel
Industriegebiet
Stadtteil Richrath (zu Langenfeld)
Heinenbusch
Tennisplatz
Winkelsweg
Schneiderstraße
Landschaftspark Fuhrkamp-Ost
Berghausener Str.
Anschlussstelle Solingen
Wenzelnberg
Kapeller Weg
Waldfriedhof
Spürklenberg
Deponie
Kreuz Langenfeld
Stadtteil Hardt (zu Langenfeld)
Hardt
Sport-u. Freizeitpark Langfort
Zentrale Sportanlage
Theod.-Heuss-Str.
Solinger Straße
Immigrath
Kaisersbusch
Gladbacher Hof
Zum Sprünklenberg
AS Langenfeld/Immigrath
Bergische Landstraße
Naturschutzgebiet
Further Moor
Langenfeld (Rheinland)
40764
Flachenhof
Düsseldorfer Straße
Langenfeld (Rheinl.)
Berliner Platz
Am Knochenberg
Furth
(zu Leichlingen)
Förstchen
Galkhausener
Kölner Str.
Hardter Str.
Mittelheide
Immigrather Str.
E35
3
229
542
20
21
67
8
1 = Peifersbusch
1 = Am Backhaus
2 = Im Krautbanden
3 = Irlefeld
= Wilh.-Boddenberg-Str.
= Carl-Mause-Weg
1 = Galerieplatz
1 = Kastanienweg
2 = Hasenpfad

42697
42655
42699
42657
42799
Stadtteil Wiescheid
(zu Langenfeld)
Stadtteil Aufderhöhe
(zu Solingen)
Leichlingen
(Rheinland)
Löhdorf
Höhscheider Weg
Gewerbegebiet
Steinendorf
Neuenhaus
Neuenkamper Straße
Nöhrenhaus
Schirpenberg
Brücke
Höhscheider Bach
Brachen
Kohlsberg
Irler Hof
Untenhöhscheid
Berger Str.
St. Maria-Empf.
Schmidtskotten
Strupsmühle
Lache
Weinsberger Bach
Vormeiswinkel
Meiswinkler Hof
Hintenmeiswinkel
Hintenmeiswinkeler Weg
Oelmühle
Haasenmühle
Wipperkotten
Hohlenpuhler W.
Wipperaue
Haus Nesselrath
Friedrichsaue
Leysiefen
Unten-friedrichstal Kotten
Wupper
Nesselrath
Horn
Rupelrath
Gosse
Opladener Straße
Landwehrstraße
Aufderhöher Straße
Leichlinger Straße
Wipperauer Str.
Birkendahl
Bodlenberg
Pohligshof
Tränke
Thürmchen
Ossenbruch
Kirschbaum
Landwehr
Fischteiche
Altenhof
Kradenpuhl
Scheidt
Bennert
Bertenrath
Ober-schmitte
Hohlenweg
Kempen
Wupperberg
Dierath
Pohligshof
Bröden
Hülstrung
Unterberg
Bergerhof
Weide
Ellenbogen
Waltenrath
Buntenbach
Schmerbach
Roderhof
Wachholder
Balkerberg
Müllerhof
Kapelle
Ziegwebersberg
Eicherhofsbusch
Deponie
Waldfriedhof
Eicherhof
Staderhof
Unterschmitte
Immigrather Str.
Leichlingen
Gewerbepark
Bremsen
Förstchen
Büscherhöfen
Johannisberg
Klinik Roderbirken
Junkersholz
Stöcken
Kläranlage
Weltersbach
1=Am Hühnerbusch
2=Heinrich-Hansmeyer-Straße
3=Mörikestraße
4=Gerh.-Hauptmann-Str.
5=Eichendorffstraße
68

Stadtteil
Höhscheid
(zu Solingen)
Rechenzentrum
1 = Steigerhäuschen
2 = Abtsfeld
3 = Kohlerfeld
Platzhofstr.
Höfer-Pl.
Kapelle
Friedhof
Kläranl.
Becher-häuschen
Schlamm-teich
Weinsberger Bach
Sattelsberg
211
Odental
Schell-berg
Freibad
Schellberg-tal
Schellberger Bach
Balkhauser Weg
Wassermannweg
Studien-seminar
Bertramsmühle
Hästen
Pfaffenberg
Balkhausen
Balkhauser Kotten
Hohenscheid
Evertsaue
Loos'n Maschinn (Industriemuseum)
Höfchen
Evertzkotten
Johannisgesbruch
Lacher Straße
Lacher Feld
Widdert
Wupper
Heiler Kotten
Wupperhof
Wüstenhof
Auer Kotten
Rölscheid
Mühlenberg
Untenrüden
Obenrüden
Obenrüdener Kotten
Blaumühle
Untenrüdener Kotten
Ober-friedrichstaler Kotten
Friedrichstal
Fähr
Rödel
Cleverberg
Raderhof
Wolfstall
Orth
Herscheid
Mittelherscheid
Unterherscheid
Flamerscheid
Richtfunkturm
Sportplatz
Solinger Straße
Glüderstraße
1=Lärchenweg
2=Am Wasserturm
Wupperberg
186
Grünscheid
Höfchenstal
Schmerbach
Paulinenhof
Claasholz
Oberbüscherhof
Hinterberg
Stadtt.
Witzhelden
(zu Leichlingen)
3=Gottlieb-Claasen-Weg
Fernsehturm
Siefterhof
Krähwinkel
Am Markt
Holzerhof
Ufer
Schüddig
Unterbüscherhof
Auf dem Dom
191
St. Heribert
Richtershof
Wilhelmstal
1 = Schneppenpohl
Krabbenhäuschen
Weltersbach
Metzholz
Pilgerheim Weltersbach (ev. freikirchl.)
Dorffeld
Wersbach
Windfoche
Forellenteich
Neuwinkel
Koltershäuschen
Rettungswache
Scheuerhof
Friedrichshöhe
Wiedenbach
Eichen
Tirol
Oberwietsche
(zu Burscheid)
Wersbachtal
Freibad
Fischteiche
Bremersheide
Haswinkel
168
Wietscher Mühle
69
42659
5668
5666
5664

Küppelstein
Von-Bodelschwingh-Siedlung
Schildbusch
42857
Westhausen
(zu Remscheid)
Unterwesthausen
Burgtal
Bertramsmühle
Birken
Radrennbahn
Jagenberg
Rehpfad
Burger Landstraße
Hästen
Petersmühle
Reithalle
Pfaffenberg
Wiesenkotten
Müngstener Str.
Wupper
Stadtteil Burg
(zu Solingen)
Brauckelsberg
Sellsc
Aschenberg
Neuwerk
Hoffshammer
Schrodershammer
Johanneskotten
Eschbachstraße
Westhauser Straße
Westhausener Str.
Balkhauser Kotten
Schlammteiche
Strohn
Naturfreundeheim
Wasserwerk Glüder
Galapa
NSG
Untenburg
Burgerhöhe
Solinger Straße
Friedhof
Kläranlage
Glüder
Balkhauser Weg
Waldschule
Strohner Höh
Wermelskirchener Straße
Englischer Garten
Schloß Burg
Oberburg
Diederichstempel
Büschhausen
Stolzenberg
Sportplatz
Unterwinkelhausen
42659
Höhrath
Angerscheid
Sengbach-talsperre
Höhrather Weg
Thomasweg
Glüderstraße
Flamerscheid
Sengbachweg
Kläranlage
1 = Lärchenweg
2 = Am Wasserturm
3 = Gottlieb-Claasen-Weg
Brachhausen
Meie
Ferienheim d. Arbeiterwohlfahrt
Hauptstraße
Neuenhof
Nüsenhöfen
Stadtteil Witzhelden
(zu Leichlingen)
Altenbach
Bern
Kuhle
Hölverscheid
Ellinghausen
Ellinghauser Bach
E37
Steinrütsche
Brucher Mühle
Höhscheid
Heide
Großbruch
Kleinbruch
Leie
Dorffeld
Wersbach
Fachklinik für Dermatologie u. Allergologie (Wersbacher Mühle)
Schneppendahl
Am Siefen
Busch
Stadtteil Hilgen
(zu Burscheid)
Hürringshausen
Brucher Feld
Nüxhausen
Schwarze Delle
Kippenkofen
Berringhausen
Hilgener Straße
Groß-ösing
Kölner Straße
Bechhausen
Witzheldener Straße
70

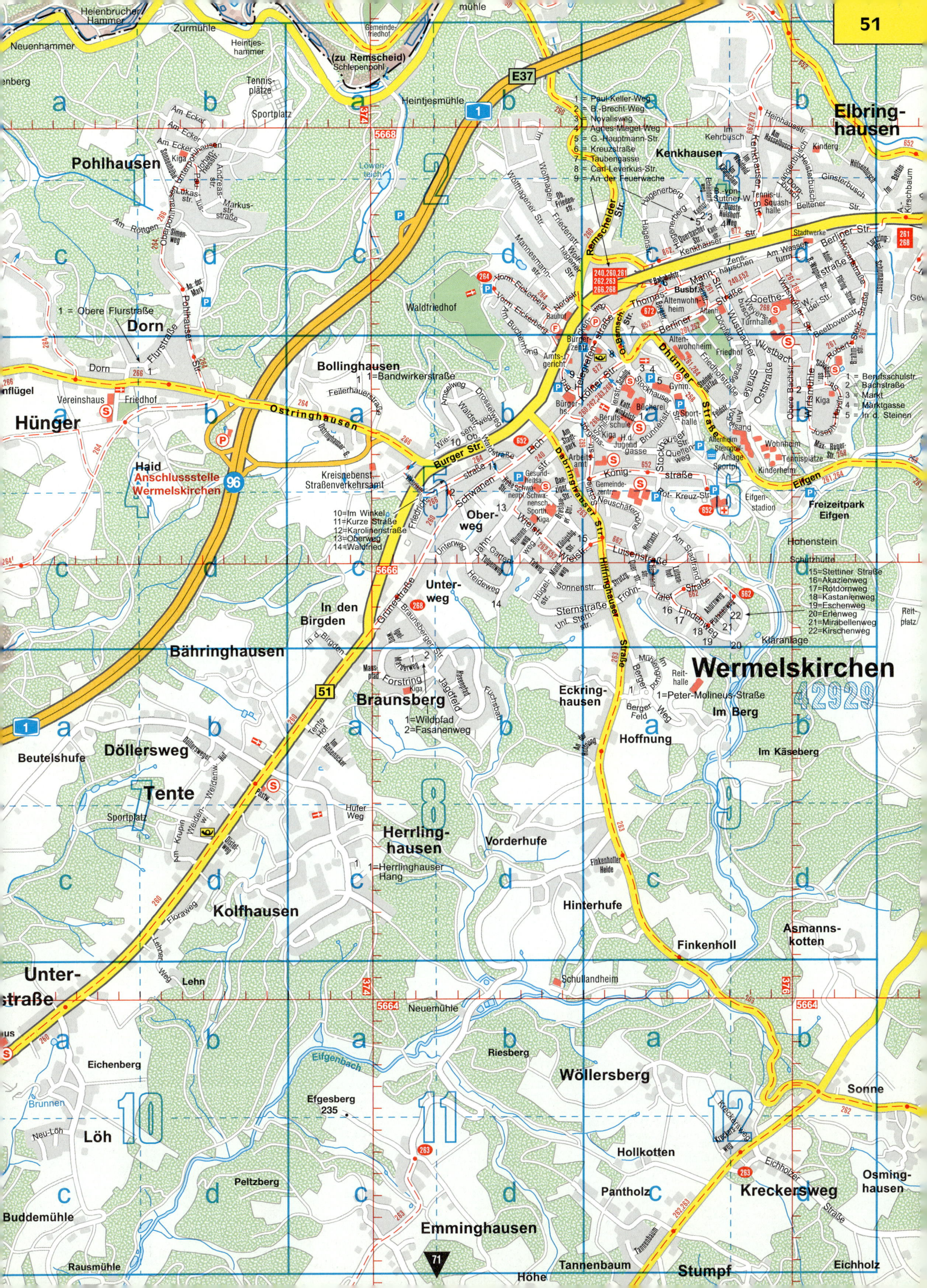
Heienbrucher Hammer
Zurmühle
Neuenhammer
Heintjeshammer
Tennisplätze
Sportplatz
(zu Remscheid)
Schlepenpohl
Heintjesmühle
E37
Pohlhausen
1 = Obere Flurstraße
Dorn
Hünger
Vereinshaus
Friedhof
Haid
Anschlussstelle Wermelskirchen
Bollinghausen
1 = Bandwirkerstraße
Ostringhausen
Burger Str.
Kreisgebietsnbenst. Straßenverkehrsamt
10 = Im Winkel
11 = Kurze Straße
12 = Karolinenstraße
13 = Oberweg
14 = Waldfried
Oberweg
Unterweg
In den Birgden
Bähringhausen
Braunsberg
1 = Wildpfad
2 = Fasanenweg
Waldfriedhof
Kenkhausen
Elbringhausen
1 = Paul-Keller-Weg
2 = B.-Brecht-Weg
3 = Novalisweg
4 = Agnes-Miegel-Weg
5 = G.-Hauptmann-Str.
6 = Kreuzstraße
7 = Taubengasse
8 = Carl-Leverkus-Str.
9 = An der Feuerwache
Remscheider Str.
Berliner Str.
Dhünner Straße
Telegrafenstraße
Eifgen
Freizeitpark Eifgen
Hohenstein
1 = Berufsschulstr.
2 = Bachstraße
3 = Markt
4 = Marktgasse
5 = In d. Steinen
15 = Stettiner Straße
16 = Akazienweg
17 = Rotdornweg
18 = Kastanienweg
19 = Eschenweg
20 = Erlenweg
21 = Mirabellenweg
22 = Kirschenweg
Kläranlage
Wermelskirchen
42929
Eckringhausen
1 = Peter-Molineus-Straße
Im Berg
Hoffnung
Im Käseberg
Beutelshufe
Döllersweg
Tente
Sportplatz
Herrlinghausen
1 = Herrlinghauser Hang
Vorderhufe
Hinterhufe
Kolfhausen
Finkenholl
Asmannskotten
Unterstraße
Lehn
Schullandheim
Neuemühle
Eichenberg
Eifgenbach
Riesberg
Wöllersberg
Sonne
Efgesberg 235
Löh
Hollkotten
Peltzberg
Pantholz
Kreckersweg
Osminghausen
Buddemühle
Emminghausen
Rausmühle
Höhe
Tannenbaum
Stumpf
Eichholz
71

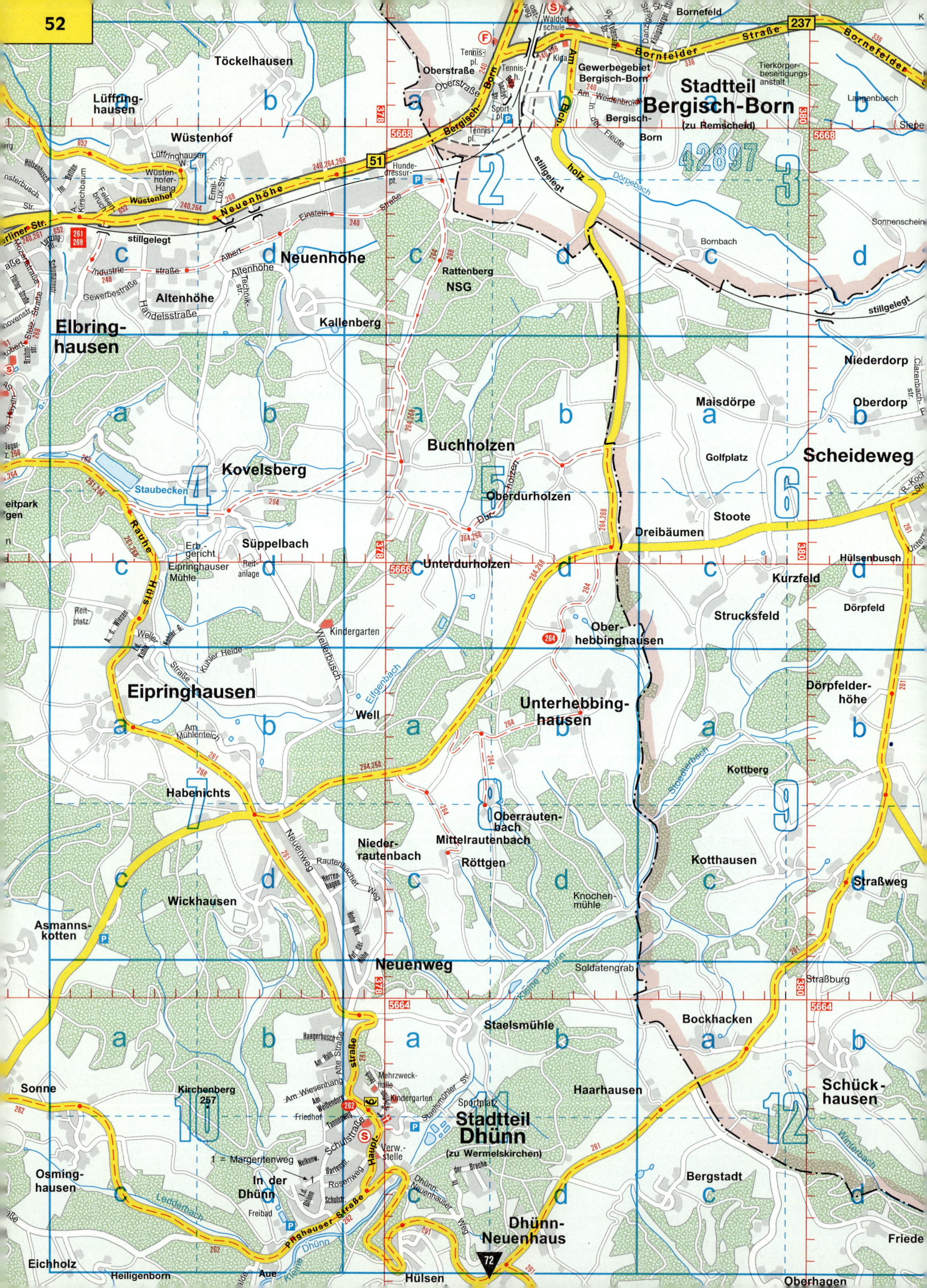
Töckelhausen
Lüffring-hausen
Wüstenhof
Oberstraße
Bergisch-Born
Gewerbegebiet Bergisch-Born
Stadtteil Bergisch-Born
(zu Remscheid)
Bornefeld
Bornfelder Straße
42897
Neuenhöhe
Elbring-hausen
Altenhöhe
Kallenberg
Rattenberg
NSG
Bornbach
stillgelegt
Industriestraße
Gewerbestraße
Handelsstraße
Berliner Str.
Dörpebach
Niederdorp
Oberdorp
Maisdörpe
Scheideweg
Golfplatz
Buchholzen
Kovelsberg
Staubecken
Oberdurholzen
Unterdurholzen
Süppelbach
Erbgericht
Eipringhauser Mühle
Reitanlage
Dreibäumen
Stoote
Hülsenbusch
Kurzfeld
Dörpfeld
Strucksfeld
Oberhebbinghausen
Kindergarten
Eipringhausen
Eifgenbach
Well
Unterhebbinghausen
Dörpfelderhöhe
Kottberg
Habenichts
Niederrautenbach
Oberrautenbach
Mittelrautenbach
Röttgen
Kotthausen
Straßweg
Wickhausen
Asmannskotten
Knochenmühle
Neuenweg
Soldatengrab
Straßburg
Staelsmühle
Bockhacken
Schückhausen
Sonne
Kirchenberg
257
Haarhausen
Stadtteil Dhünn
(zu Wermelskirchen)
Osminghausen
In der Dhünn
1 = Margeritenweg
Freibad
Bergstadt
Dhünn-Neuenhaus
Ledderbach
Winterbach
Eichholz
Heiligenborn
Aue
Hülsen
Oberhagen
Friede
Pilghauser Straße
72
237
51
5668
5666
5664
378
380

Braßhagen
Höhsiepen
Klein-
garten
Busenbach
Wiehagen
Busenberg
Dörper-
steeg
Natur-
denkmal
Wiehagener
Birkenweg
Industriestr.
Baumschule
Junkern-
busch
Kammerfors-
terhöhe
Grund-
sch.
Brunsbach
Grünental
Sport-
halle
Winter-
hagen
Heidt
Westhofen
Westhofer-
höhe
Bolzplatz
Dörper Berg
Schneppenthal
Erlensterz
1=Schwalbenweg
2=Lerchenweg
3=Finkenweg
4=Meisenweg
Waag
Pixwaag
1 = Färberweg
2 = Tuchmacherweg
3 = Wupperstraße
4 = Zum Johannisstift
Kläranl.
Wupper
5=Albert-Schweitzer-Weg
6=Mittelstraße
7=Schubertstraße
Haupt-
schule
Brunsbach
August-Lütgenau-Str.
Friedrichstr.
Bachstraße
Ruhmes-
halle
Sportzentrum
Parkweg
Zum Sport-
halle
Tennis-
halle
Tennis-
pl.
Reit-
halle
Kölner
Sport-
plätze
Steinberg
Kapelle
Fried-
hof
Islandstraße
Radet
483
Berger-
hof
Altenheim
Neuhückes-
wagen
Klein-
berghausen
Fuhr
Aue
Großberghauser
Peter-
Straße
8=Bongardstr.
9=Waldmarkstr.
10=Kolpingweg
Hückeswagen
42499
Wegerhof
Altenhof
Großen-
scheidt
Kleinen-
scheidt
Ham-
büchen
1 = Theodor-Storm-Weg
2 = Wilhelm-Raabe-Weg
3 = Theodor-Fontane-Weg
4 = Mörikeweg
5 = Richard-Leyhausen-Weg
Knefels-
berg
Kobeshofen
Industrie-
gebiet
Dierl
Hart-
kopsbeve
Stahlschmidts-
brücke
Westen-
brücke
Klein-
eichen
Umspannwerk
237
Sohl
Grünestraße
Posthäuschen
Mühlen-
berg
Eicher-
feld
Berbeck
Grune-
wald
Röttgen
Altenholte
Bochen
Purder Bach
Schneppenthaler Bach
Neuen-
holte
Sieper Berg
Mühlenberg
316
Jostberg
Kapelle
Elbertzhagen
Stadtteil
Hämmern
(zu Wipperfürth)
Auf dem
Höchsten
Rielen-
kamp
Linde
313
Kollenberg
Mosterbusch
Arnsberg
Großkatern
Klein-
katern
Schmalenfeld
Vogelsholl
Isenburg
Wickesberg
Bochen
Ober-
burghof
Burgberg
Ringwall
Kaisersbusch
Heuberg
Heidkotten
Am Schlagbaum
Hartbach
Nieder-
burghof
Rautzenberg
Warth
Gr. Dhünn
Dhünn
Purd
Odenholler
Mühle
Dürrenberg
316
Odenholl
(zu Wipperfürth)
73
Niederdhünn
5668
5666
5664
382
384
336
261

Mickenhagen
Höhe
Forst
Höhe
Oberlüttgenau
Kohlenberg
349
Schäferslöh
Klein-
berghausen
Busche
Wefelsen
Bever-
tal-
sperre
Käfernberg
Oberlangenberg
Haus
Uhlenhorst
Schmitz-
berg
Groß-
berghausen
310
Niederlangenberg
Löher
Tannen-
baum
Hart-
kopsbever
Reinshagens-
bever
Oberröttenscheid
Rehberg
330
Wasser-
werk
Umspannwerk
Kleineichen
(zu Hückeswagen)
Steinberg
Elber-
hausen
Neyetalsperre
Großeichen
311
Fuchsberg
Heide
Eicherfeld
Nieder-
röttenscheid
Groß-
blumberg
Ham-
büchen
Reit-
platz
Klitzhaufe
Merrenberger
Heide
Wupper
Fürweg
Blumberger
Heide
Hasselbick
Gewerbe-
gebiet
Häm-
mern
Neye
Sonnen-
schein
Berghof
Kreuzberg
319
Kapelle
Jostberg
Rielen-
kamp
Ommer
Voßkuhle
Landeplatz
Grünen-
baum
Hilgers-
brücke
Wipperfürth-
Neye
313
Kollenberg
Kleppers-
feld
Stöpgeshof
Sander-
höhe
Stadtteil
Hämmern
(zu Wipperfürth)
Mosse
Brüggerberg
314
Felderhof
Wipperhof
Schmalen-
feld
Finkelnburg
Erste
Mühle
Lenneper Straße
Egener Straße
Nordtangente
Bochen
Wüstemünte
Weststraße
Stadion
Mühlenberg
Ostland
Ritzenhaufe
Kleineich-
hölzchen
Umspann-
werk
1 = Am Mühlenberg
2 = Hindenburgplatz
Schießstand
2 = Konrad-Martin-Weg
3 = Dr.-Leo-Zorn-Platz
Leye-
Siedlung
Cityplan S. 39
Jolusberg
340
Peddenpohl
Gewerbe-
gebiet
Klingsiepen
Wildblech
Kluse
Herzhof
Münte
Wipperfürth
51688
Gewerbegebiet
Gladbacher
Unter-
weinbach
Weinbach-
Klingsiepen
Sassenbach
237
506
74

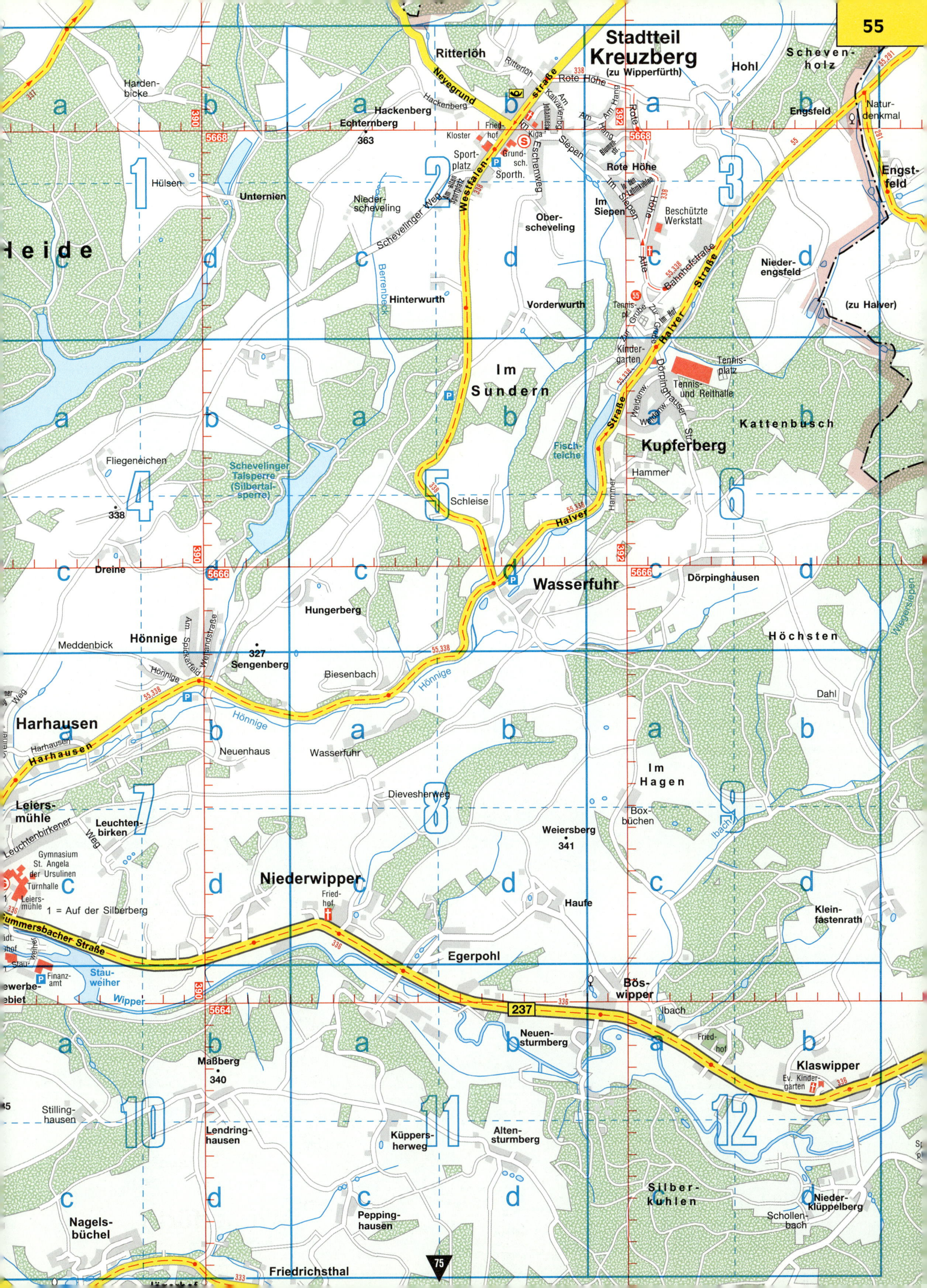
Stadtteil
Kreuzberg
(zu Wipperfürth)
Ritterlöh
Hohl
Scheven-
holz
Engsfeld
Natur-
denkmal
Engst-
feld
Harden-
bicke
Hackenberg
Echternberg
363
Neyegrund
Westfalen-
straße
Rote Höhe
Kloster
Fried-
hof
Sport-
platz
Grund-
sch.
Sporth.
Eschenweg
Siepen
Rote Höhe
Hülsen
Unternien
Nieder-
scheveling
Schevelinger Weg
Ober-
scheveling
Im
Siepen
Beschützte
Werkstatt
Heide
Berrenbeck
Hinterwurth
Vorderwurth
Bahnhofstraße
Halver
Straße
Nieder-
engsfeld
(zu Halver)
Kinder-
garten
Dörpinghauser
Str.
Tennis-
platz
Tennis-
und Reithalle
Im
Sundern
Kattenbusch
Fliegeneichen
Schevelinger
Talsperre
(Silbertal-
sperre)
Fisch-
teiche
Kupferberg
Hammer
338
Schleise
Halver
Dreine
Hungerberg
Wasserfuhr
Dörpinghausen
Meddenbick
Hönnige
327
Sengenberg
Biesenbach
Höchsten
Hönnige
Dahl
Harhausen
Harhausen
Neuenhaus
Wasserfuhr
Im
Hagen
Leiers-
mühle
Leuchten-
birken
Leuchtenbirkener
Weg
Dievesherweg
Weiersberg
341
Box-
büchen
Ibach
Gymnasium
St. Angela
der Ursulinen
Turnhalle
Leiers-
mühle
1 = Auf der Silberberg
Niederwipper
Fried-
hof
Haufe
Klein-
fastenrath
Gummersbacher Straße
Egerpohl
Stau-
weiher
Finanz-
amt
Wipper
Bös-
wipper
Ibach
237
Maßberg
340
Neuen-
sturmberg
Fried-
hof
Klaswipper
Ev. Kinder-
garten
Stilling-
hausen
Lendring-
hausen
Küppers-
herweg
Alten-
sturmberg
Nagels-
büchel
Pepping-
hausen
Silber-
kuhlen
Nieder-
klüppelberg
Schollen-
bach
Friedrichsthal
75

Schlechtenberg
Woeste
Natur-
denkmal
NSG
Schulten Hedfeld
Engst-
feld
Hönnige
Stallhagen
(zu Halver)
Ober
Bommert
Schanzmanns-
mühle
Hinter
Hedfeld
Pump-
werk
Brocksiepen
Blankenbach
Giersiepen
Nieder
Hedfeld
Bommert
Heeder Bach
Auf dem Heede
Nieder
Bommert
Borkshof
Schlachten-
rade
Natur-
denkmal
Rhinscher
Kopf
NSG
383
Mühlenberg
Lausberg
390
Wiegen
Kerspe-
Alwesberg
Voswinkel
Rennsiepen
Scheiten
Wiebachsiepen
Ober-
Heukelbach
Vor dem
Rennsiepen
Dahl
talsperre
Rönsahler
Woeste
Mittel-
Heukelbach
Schierenberg
383
Specken-
bach
Rönsahler
Löh
Klein-
fastenrath
Groß-
fastenrath
Haarhausen
Ufer
Im
Hagen
Haarbecke
Mett-
berg
Klas-
wipper
237
Kerspe
Rönsahler
Neuenhaus
1 = Höher Garten
2 = Auf der Höhe
Baugebiet
"Auf der Höhe"
Kerstenberg
Frieberg
472
Windberg
327
Neuen-
hammer
Neuen-
haus
Servatius-
schule
Tennis-
plätze
Sport-
platz
Turn-
halle
Nieder-
küppelberg
Dohrgauler
Sauerlandstraße
Hauptstraße
Im Park
Mehr-
zweck-
halle
Friedhof
Kap.
Märk.
Werkstätten
Kirchstr.
Stadtteil
Rönsahl
(zu Kierspe)
Bürhausen
Stadtteil
Ohl
(zu Wipperfürth)
Marienheider Str.
Mese-
winkel
Gewerbe-
gebiet
Meien-
born
Meienbornstraße
Kiga
Bauhof
1=Florianweg
Sportpl.
Im Grund
Am Wernscheid
Immanuel-Kant-Weg
Kinder-
garten
Sonnen-
hang
Freibad
Spielpl.
Ölmühle
Fisch-
teiche
Feldhof
Kläranlage
Haardt
256
76

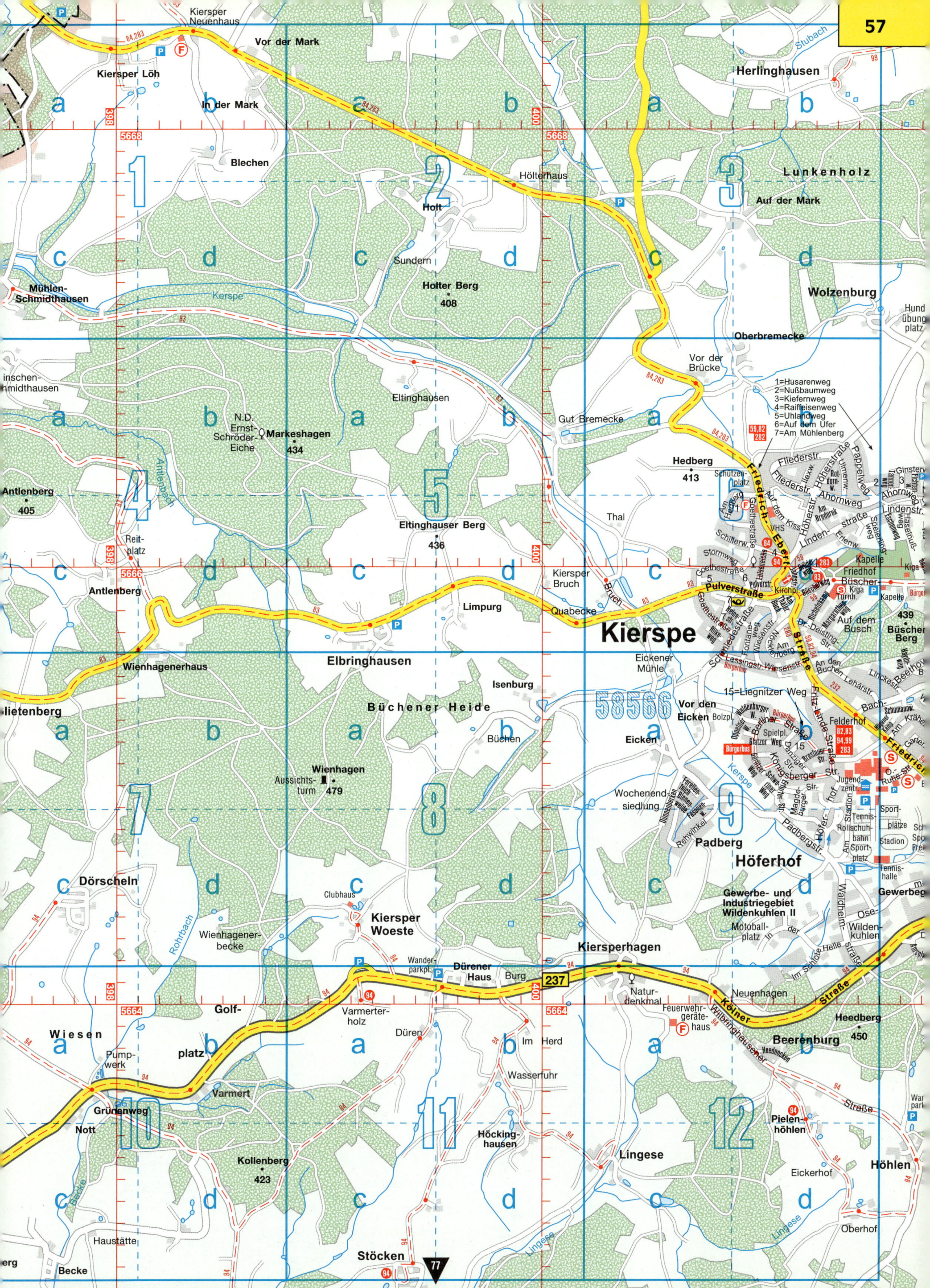

Kiersper Neuenhaus
Vor der Mark
Kiersper Löh
In der Mark
Herlinghausen
Stubach
Blechen
Hölterhaus
Holt
Lunkenholz
Auf der Mark
Sundern
Holter Berg
408
Wolzenburg
Mühlen-Schmidthausen
Kerspe
Oberbremecke
Vor der Brücke
Eltinghausen
Gut Bremecke
N.D. Ernst-Schröder-Eiche
Markeshagen
434
1=Husarenweg
2=Nußbaumweg
3=Kiefernweg
4=Raiffeisenweg
5=Uhlandweg
6=Auf dem Ufer
7=Am Mühlenberg
Hedberg
413
Antlenberg
405
Antlenbach
Reit-platz
Eltinghauser Berg
436
Thal
Kiersper Bruch
Antlenberg
Limpurg
Quabecke
Pulverstraße
Friedrich-Ebert-Straße
Kapelle
Friedhof
Büscher
Auf dem Busch
439
Büscher Berg
Kierspe
Wienhagenerhaus
Elbringhausen
Isenburg
Eickener Mühle
15=Liegnitzer Weg
58566
Vor den Eicken
Büchener Heide
Büchen
Eicken
Felderhof
Wienhagen
Aussichts-turm
479
Wochenend-siedlung
Padberg
Höferhof
Dörscheln
Clubhaus
Kiersper Woeste
Gewerbe- und Industriegebiet Wildenkuhlen II
Motoball-platz
Rohrbach
Wienhagener-becke
Kiersperhagen
Wander-parkpl.
Dürener Haus
Burg
237
Natur-denkmal
Neuenhagen
Golf-platz
Varmerter-holz
Düren
Feuerwehr-geräte-haus
Kölner Straße
Heedberg
450
Wiesen
Pump-werk
Im Herd
Beerenburg
Wasserfuhr
Varmert
Grünenweg
Nott
Höcking-hausen
Pielen-höhlen
Kollenberg
423
Lingese
Höhlen
Eickerhof
Becke
Haustätte
Stöcken
Oberhof
77

Vollme
Belkenscheid
Natur-denkmal
527
Königs-farn-horste
Grising
Hagener Straße
54
Vortherhammer
Rönensiepen
Mattmecke
Kreuzberg
421
Linden
Immelscheid
Wolzenburg
Hunde-übungs-platz
Werfelscheid
Vorth
Sankel
Eickmannsholt
Vorderste Vornberg
Hinterste Vornberg
Sport-platz
Fisch-teiche
Ohl
Am Vornberg
Grünen-baum
Grünen-schlade
Hüttenberg
Hohenholten
Nühlen
Dörenberg
415
Natur-denkmal
Klär-anlage
Erlen
Waldorf-schule
Schleiper Weg
Sprotte
Sprotter-hammer
2=Nußbaumweg
3=Kiefernweg
Thingslinde
8=Holunderweg
9=Schlehenweg
10=Wacholderweg
Blankenberg
Schleipe
Kierspe
58566
Pump-werk
Vorderste Berg
Bungenrodt
Neu-hohlinden
11=Am Wiesenrain
12=Zur Schönen Aussicht
13=Im Stillen Winkel
14=Am Obsthof
Büscher Berg
439
Lauseberg
415
Hasen-denn
Lütgenberg
461
Hohlinden
16=Am Volmehang
Bordinghausen
Hinterste Berg
In der Mark
Singerbrink
Umspann-werk
Ohl
17=Am Denkmal
18=Am Baumhof
19=Im Kamp
Neuebrücke
Windfuhr
Volmestraße
Kölner Straße
237
Wildenkuhlen
Heerstraße
Timmerberg
407
Neu-grünental
Wiebelsaat
Rehsiepen
Sulenbecke
20 = Am Heidehang
Schnörren-bach
Arney
463
Schieß-stand
Branten-berg
Schlund
21=Am Heiratswäldchen
Dürhölten
Heedberg
450
Weißenpferd
Siepen
Grünenbecke
Schleifkotten
Eichholz
Cityplan S.38
Wander-parkplatz
Höhlen
Friedrichstal
Wehe
Borg
460
Gräfingsholz
Ölmühle
Kläranlage
Skilift
Hahnenbecke
Kotten
Oberhof
Wieden
Denndorf
Löh
Natur-denkmal
Westerstraße
78

Stottmert
(zu Lüdenscheid)
(zu Herscheid)
Werkshagener Straße
Werkshagen
Neue Mühle
Neuemühle
Heide
Vorm Bruch
Fürwigge
Schlote
Sauerlandlinie
Baberg
Pfaffenborner Siepen
Wasserwerk
Mettgenberg
Eckert
Rollsiepen
Wochenend-
häuser
Hülseberg
Buschhausen
Fisch-
teiche
Schleipe
Spiel-
platz
Hammerweg
Fürwigge-
talsperre
Reit-
platz
Hinter der Höh
Jugend-
Freizeitheim
Drögenpütt
Brink
Buschhöh
Bomme
Lengel-
scheid
Beckerhof
Herdecker
Hütte
Märzent
Jüberg
513
Dahlberg
545
Rosenburg
Buchholz
Ebbe-
gebirge
Sonder-
kindergarten
Schürfelde
Alt-
Schürfelde
Nocken
Westebbe
Talbrücke
Sichter
Espei
NSG
Espeier Bruch
Frenklenberg
542
Käse-
bruch
Sichter
NSG
Die Grundlose
Ebbe
Raupger Bach
Rothenstein
597
Rothensteiner Ley
Buchholzer Ley
Hahnberg
521
Meinerzhagen
58540
Ebbenhöhe
Korbecke
Immecke
Elming-
hausen
Naturdenkmal
(Moor)
Natur-
denkmal
Hohen-
hengstenberg
Oberkorbecke
Schillerstraße
Goethestraße
Talbrücke
Immecke
Lister
Blomb
Bredders-
haus
Immecke
Nieder-
hengstenberg
Schieß-
stand
Grundschule
45
E41
79

Braunkohle Abbaugebiet
40
540
Fürther Berg
Fürth
Anschlussstelle Grevenbroich-Gustorf
Neu-Elfgen
Laach
Tagebau Garzweiler Nord
ADAC-Fahrsicher-heitszentrum FST
Modell-flugplatz
In der Sief
Segelflugplatz
Stadtteil Gustorf
(zu Grevenbroich)
1 = Hermann-Löns-Straße
2 = Marienplatz
(zu Jüchen)
Gustorfer Höhe
Gindorf
Gustorf
Motocross-gelände
Königshovener Höhe
Tagebau Garzweiler Süd
Bio-Teiche
Umspann-werk
(zu Bedburg)
Stadtteil Frimmersdorf
(zu Grevenbroich)
Frimmersdorf
1 = Auf dem Pesch
2 = Kleine Straße
80

Grevenbroich
41515
Industrie-
gebiet
Barrenstein
Südstadt
Stadtteil
Neuenhausen
(zu Grevenbroich)
41517
Vollrather
Höhe
Windpark
Allrath
Stadtteil
Frimmersdorf
(zu Grevenbroich)
Neurather
See
Neurath
Auf dem Hahnen
(zu Rommerskirchen)
Erholungsgebiet
Stadtwald
Freizeit-Center
Anschlussstelle
Grevenbroich-
Frimmersdorf
Anschlussstelle
Grevenbroich-Süd
VAW
aluminium AG
Kläranlage
Gut Schnabel
Gut Heyderhof
Gut Herkenbusch
Gut Welchenberg
Gut Krahwinkel
Gut Ingenfeld
Annenhof
Bongarder Hof
Kleinfelderhof
Sondermülldeponie
Sandwerk
Trimm-Dich-Pfad
Nord-Süd-Kohlenbahn
Energiestraße
Kölner Landstraße
Weveling-hovener Straße
Lindenstraße
Ostwall
Messegelände
Forstbauhof
Wildfreigehege
Photovoltaikanlage
Kleingärten
RWE Verw.
Bio-teiche
1 = Maiblumenweg
2 = Blütenstraße
3 = Hans-Böckler-Straße
4 = Anne-Frank-Weg
5 = Erich-Klausener-Straße
6 = August-Dehl-Straße
7 = Gustav-Sonnenschein-Straße
8 = Walter-Rathenau-Straße
9 = Carl-Sonnenschein-Straße
10 = Von-Galen-Straße
11 = Karl-Gördeler-Weg
12 = Bernhard-Letterhaus-Weg
13 = Wilhelm-Leuschner-Weg
14 = Julius-Leber-Weg
16 = Zumbuschstraße
17 = Wilhelminenstraße
18 = Am Markt
19 = Steinweg
20 = Zünftestraße
21 = Synagogenplatz
22 = Wallgasse
23 = Walrafsgäßchen
15 = Ahrstraße
16 = Ruhrstraße
17 = Lahnstraße
18 = Nahestraße
19 = Moselstraße
20 = Siegstraße
21 = Neckarstraße
22 = Saarstraße
23 = Akazienweg
24 = Am Frohnhof
25 = Vollrather Weg
1 = Am Neurather See
1 = Am Ingenfelder Busch
2 = Offenbachstraße
3 = Brahmsstraße
4 = Schumannstraße
5 = Mendelssohnstraße
6 = Leharstraße
7 = Auf dem Strenkelrath
41
81
540
59
5662
5658

Ortsteil
Hoeningen
(zu Rommerskirchen)
1 = Peter-Nettekoven-Straße
2 = Am Klinkhammer
3 = Im Amtsgarten
4 = Ludgering
Hoeninger-haus
Kap.
Friedhof
Stephanusstr.
Vronoverhof
Im Kamp
Breite Str.
Bruchstraße
Widdeshoven
Deelener Straße
Gillbach
41515
Sport-pl.
Friedhof
Wevelinghovener Straße
Hoeninger Str.
Muchhausener Straße
Barrenstein
(zu Grevenbroich)
Joistenhof
St. Nikolaus-Kiga
Fest-halle
Muchhausener Str.
1 = Joseph-Pannenbecker-Straße
Komphof
RE8, RB27
Altikoven
Nauikoven
Ueckinghoven
Naturdenkmal
Lappenhof
1= Zedernweg
Am Bommersberg
Widdeshovener Straße
Theodor-Heuss-Str.
Fichtenstr.
Kiefernw.
Broichstr.
Sporthalle
Schütze
Evinghoven
Antoniterstraße
Ortsteil
Oekoven
(zu Rommerskirchen)
Sporth.
Ueckinghovener straße
Im Rosenhof
Amselweg
Deelen
Frankenstr.
Damiansweg
Damianshof
Flockenhof
Oekovener Weg
Friedhof
An den Linden
Kap.
Spielpl.
Neubaugebiet
Römerstraße
Antoniusstraße
Dorfanger
Römerstraße
Roncalli-Platz
Kinderg.
Gereonstr.
Fronstr.
Oekoverhof
Neurather Straße
Tierheim
Feld-und Werks-bahn-Museum
Zur Werksbahn
Im Muhrental
Bongarder
Acker
41569
Rommerskirchen
Bongarder Hof
Sinsteden
Am Meisenfußfall
Skulpturenhallen Ulrich Rückriem
Landwirtschafts-museum
Am Landwirtschaftsmuseum
wiss. Geflügelhof
Grevenbroicher Straße
Dorfstraße
Poststr.
Alte Dorfstr.
Maternusstraße
Kinderg.
Kapelle
Mohnweg
Sinstedener Weg
Monshauer
Nord-Süd-Kohlenbahn
Blumenweg
Kreuzfelderhof
RE8, RB27
59n
59
42
82

Broich
Bergerhof
Kies- und Sandgrube
Flexhof
Karlshof
Gohrer Hubertushof
41542
Violenhof
Stadtteil Straberg
(zu Dormagen)
Kläranlage
Jagdhaus
Sandweg
Umspann-werk
Sittarder Hof
ehem. Müll-deponie
Knechtstedener
Hoeninger
Bruch
Busch
Alt Hövelerhof
Neu Hövelerhof
Bruchrandweg
Auf'm Bollert
Norbert-gymnasium
Kloster Knechtsteden
Altenhm.
Ehrenfriedhf.
41540
Gillbach
Alshof
Bergheimer Straße
Nord-Stommelner Nebenkanal
Kläranlage
Domweg
Reit-anlage
Am Ziegelhof
Knechtstedener Straße
Ansteler Hütte
Kruchenhof
Gut Barbarastein
Anstel
Wasserburg-
Die Gilbach
1 = Bunzlauer Weg
2 = Elbinger Straße
Ortsteil Frixheim-Anstel
(zu Rommerskirchen)
Frix-heimer Busch
Stommelner Bach
Bruchrandweg
Frixheim
Schützen-halle
Gohrer Straße
Nettesheim
Ortsteil Nettesheim-Butzheim
(zu Rommerskirchen)
Butzheim
Lambertus-hof
Jacobus-hof
Hohlweg
Golfplatz
Butz-heimer Busch
Golfplatz Velderhof
Hubertus-hof
Modell-flugplatz
Lommertz-hof
Landstraße
477
871
43
83

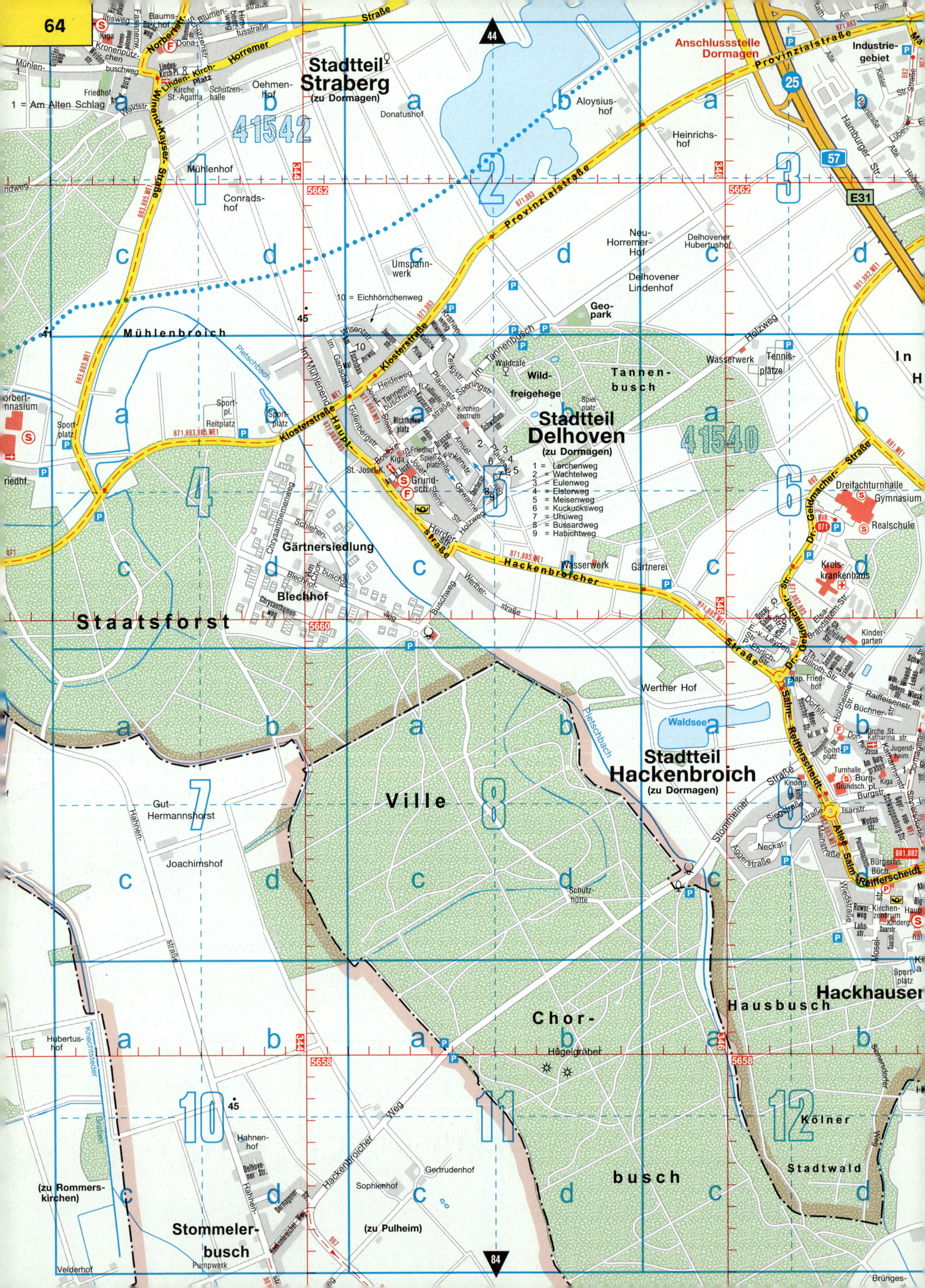
44
Stadtteil
Straberg
(zu Dormagen)
41542
Donatushof
Aloysius-
hof
Heinrichs-
hof
Anschlussstelle
Dormagen
Provinzialstraße
Industrie-
gebiet
Hamburger Str.
Lübecker
25
57
E31
1 = Am Alten Schlag
Friedhof
Wilhelm-Kayser-Straße
Horremer
Straße
Linden-Kirch-Platz
Kirche St.-Agatha
Schützen-
halle
Oehmen-
hof
Mühlenhof
Conrads-
hof
Umspann-
werk
10 = Eichhörnchenweg
Neu-
Horremer-
Hof
Delhovener
Hubertushof
Delhovener
Lindenhof
Geo-
park
Mühlenbroich
Pletschbach
Klosterstraße
Sport-
platz
Reitplatz
Heideweg
Tannenbusch
Waldcafé
Wild-
freigehege
Tannen-
busch
Wasserwerk
Holzweg
Tennis-
plätze
Stadtteil
Delhoven
(zu Dormagen)
41540
1 = Lerchenweg
2 = Wachtelweg
3 = Eulenweg
4 = Elsterweg
5 = Meisenweg
6 = Kuckucksweg
7 = Uhuweg
8 = Bussardweg
9 = Habichtweg
Kirchen-
zentrum
Friedhof
Grund-
sch.
Gärtnersiedlung
Blechhof
Chrysanthemenweg
Hackenbroicher
Straße
Wasserwerk
Gärtnerei
Dreifaltigkeitshalle
Gymnasium
Realschule
Kreis-
krankenhaus
Dr.-Geldmacher-Straße
Kinder-
garten
Staatsforst
Buschweg
Werther-
straße
Werther Hof
Waldsee
Stadtteil
Hackenbroich
(zu Dormagen)
Raiffeisenstr.
Büchner-
Kirche St. Katharina
Jugend-
heim
Turnhalle
Sport-
platz
Salm-Reifferscheidt-
Allee
Gut
Hermannshorst
Joachimshof
Ville
Schutz-
hütte
Stommelner Straße
Aggerstraße
Neckar-
Mainstraße
Siegstraße
Bürgerhs.
Kirchen-
zentrum
Hackhausen
Hausbusch
Chor-
busch
Hügelgräber
Hubertus-
hof
Knechtsteder
Graben
Hahnen-
hof
Hackenbroicher Weg
Gertrudenhof
Sophienhof
Kölner
Stadtwald
(zu Rommers-
kirchen)
Stommeler-
busch
Pumpwerk
(zu Pulheim)
Velderhof
Brünges-
84

Dormagen
41539
Stadtteil Worringen
(zu Köln)
Stadtteil Roggendorf/ Thenhoven
(zu Köln)
50769
Bayer AG
Werk Dormagen
Dormagen Bayerwerk
K.-Worringen
Rhein
(zu Monheim am Rhein)
Herrenweth
Neusser Landstraße
Krefelder Straße
Europastraße
Bahnhofstr.
Florastraße
Kölner Straße
Straberger Weg
Roggendorfer Straße
Gewerbegebiet
Hackenbroich
Großsasserhof
Jussenhof
Erdölchemie
Golfplatz
Im Hühnersack
AS Worringen
Staatsforst
Eispohl
Benrath
Worringer Bruch
Kläranlage
Pumpwerk
Rheindeich
Worringer Hafen
Kölner Randkanal
Reithalle
Gilleshof
Quettingshof
Krebelshof
Bergerhof
Gärtnerei
Friedhof
Kapelle
Freibad
Busbahnhof
Tor 1
Tor 7
Tor 10
Tor 14
Tor 15
Tor 16
Tor 22
1 = Martinskirchweg
2 = Nicolaweg
3 = Joan-Delhoven-Straße
4 = Heimbachstraße
5 = Langemarkstraße
6 = Am jüdischen Bethaus
7 = Mithrasweg
1 = Delrather Straße
2 = Cremeriusstraße
3 = Holzschneidergasse
4 = Meister-Anton-Straße
5 = Leinenweberstraße
6 = Herberzstraße
7 = Bollgartenstraße
8 = Feiengasse
9 = Pankratiusstraße
10 = Elkemannstraße
11 = Auf der Burg
12 = Math.-Faßbender-Straße
13 = St.-Tönnis-Platz
1 = Jugendheimstraße
2 = Emsweg
3 = Lenneweg
57
E31
26
45
85
9

Monheim
am Rhein
Baggersee
40789
Stadtteil
Hitdorf
(zu Leverkusen)
51371
Langel
(zu Köln)
50769
Zaunswinkel
Blee
Rhein
Großer
Lacher See
Kreuz
Monheim-
Süd
Anschlussstelle
Monheim
Buschberg-
see
Hitdorfer
See
Pflanzenschutz-
zentrum
Monheim
Industrie-
gebiet
Auf dem
Werth
Opladener Straße
Berliner Ring
Bleer Straße
Rheinuferstraße
Hitdorfer Straße
Langenfelder Straße
Alte Römerstraße
Neusser Landstraße
Langeler Damm
Fährweg
Cohnenhof
Schloß Laach
Laacher-
hof
Klarenhof
Heilerberg
Gewerbe-
gebiet
1 = Zollstraße
2 = Schinkelstr.
3 = Schöneberger Str.
4 = Tempelhofer Str.
5 = Allensteiner Str.
6 = Posener Str.
7 = Stettiner Str.
8 = Kolberger Straße
9 = Tilsiter Str.
10 = Danziger Str.
11 = Memelstr.
12 = Brucknerstraße
13 = Regerstraße
14 = Paul-Lincke-Straße
15 = Walter-Kollo-Straße
16 = Offenbachweg
17 = Humperdinckweg
18 = Hindemithstraße
19 = Smetanaweg
20 = Händelweg
21 = Nicolaiweg
22 = Brittenweg
23 = Louise-Schroeder-Weg
24 = Helene-Weigel-Weg
25 = Käthe-Kollwitz-Weg
26 = Marie-Juchacz-Weg
27 = Starenweg
28 = Peter-Fechter-Weg
29 = Otto-Lilienthal-Straße
30 = Fridtjof-Nansen-Weg
31 = Emmy-Noether-Straße
32 = Maria-Merian-Straße
33 = Selma-Lagerlöf-Straße
1= Dianastraße
2= Fortunastraße
3=Zur Alten Brauerei

Galkhausener Gutshof
Förstchen
Langenfeld (Rheinfeld)
Galkhausen
Rheinische Kliniken Langenfeld
Hagelkreuz
Anschlussstelle Langenfeld/Reusrath
Baggersee
NSG
Kalkhecker Str.
Kalkhecke
Stadtteil Reusrath (zu Langenfeld)
Dückeburg
Hapelrath
Reusrather Straße
Rothenberg (zu Leichlingen)
Trompeter Straße
Opladener Straße
Gieslenberg
Hausingen
Grünewaldstraße
Gut Widdauen
Neurath
Rheindorfer Straße
Köttingen
Kämpe
Hecke
Schnepprath
Mehlbruch
Rennstraße
Ackerstraße
Rothenberger Str.
South
51379
Hardter Straße
Raoul-Wallenberg-Straße
Düsseldorfer Straße
Stadtteil Opladen (zu Leverkusen)
Solinger Straße
Gut Rosendahl
Neuburger Hof
Am Hauweg
Mühlengraben
Lev.-Rheindorf
Butterheide
Eulenkamp
Kleiner Dehlensee
Stadtteil Rheindorf (zu Leverkusen)
AS Rheindorf
Yitzhak-Rabin-Straße
Vogelsang
Dingbank-see
Gut Waldwinkel
Tierschutzzentrum
Sportplatz Birkenberg
Reuschenberger
Busch
Gut Reuschenberg
Anschlussstelle Opladen
Reuschenberger Mühle
Wildpark Reuschenberg
Wupper
Wupperstraße
Stadion
Freibad
Kläranlage
Westring
Stadtteil Bürrig (zu Leverkusen)
Bonner Straße
Europaring
51373
E35
1 = An der Bergerweide
2 = Im Nesselrader Kamp
1 = Melsenweg
2 = Blaukehlchenweg
3 = Sperlingsw.
3 = Else-Lasker-Schüler-Straße
4 = Johann-Wirtz-Weg
5 = Golo-Mann-Straße
1 = Wieselweg
2 = Dachsweg
47
87
5660
5658
356
358

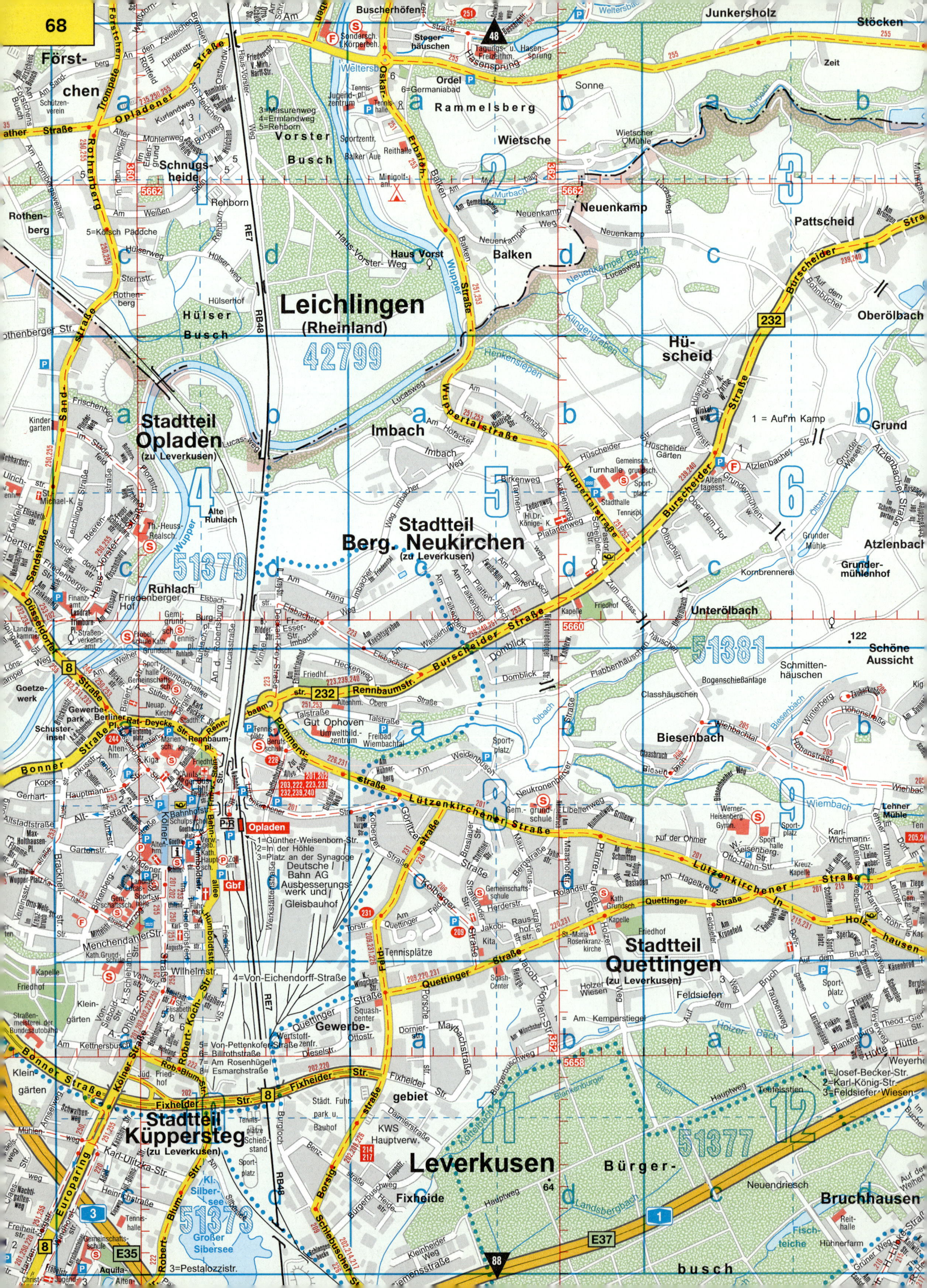
Leichlingen
(Rheinland)
42799
Stadtteil
Opladen
(zu Leverkusen)
51379
Stadtteil
Berg. Neukirchen
(zu Leverkusen)
51381
Stadtteil
Quettingen
(zu Leverkusen)
Stadtteil
Küppersteg
(zu Leverkusen)
51373
Leverkusen
51377
Förstchen
Schnugsheide
Rothenberg
Vorster Busch
Hülser Busch
Rammelsberg
Wietsche
Neuenkamp
Balken
Pattscheid
Oberölbach
Hüscheid
Imbach
Grund
Atzlenbach
Grunder-mühlenhof
Unterölbach
Schöne Aussicht
Ruhlach
Alte Ruhlach
Goetzewerk
Biesenbach
Gut Ophoven
Fixheide
Bürgerbusch
Bruchhausen
Neuendriesch
Junkersholz
Stöcken
Buscherhöfen
Steger-häuschen
Haus Vorst
Opladen
Großer Silbersee
1=Auf'm Kamp
1 = Am Kemperstiege
1=Günther-Weisenborn-Str.
2=In der Höhle
3=Platz an der Synagoge
Deutsche Bahn AG Ausbesserungswerk und Gleisbauhof
3=Masurenweg
4=Ermlandweg
5=Rehborn
5=Kölsch Pädche
4=Von-Eichendorff-Straße
5= Von-Pettenkofer-Straße
6= Billrothstraße
7= Am Rosenhügel
8= Esmarchstraße
1=Josef-Becker-Str.
2=Karl-König-Str.
3=Feldsiefer Wiesen
3=Pestalozzistr.
Lützenkirchener Straße
Burscheider Straße
Wuppertalstraße
Quettinger Straße
Fixheider Str.
Bonner Straße
Kölner Straße
Europaring
Düsseldorfer Straße
232
8
48
88
E35
E37
1
3
5662
5660
5658

Haswinkel
Unterwietsche
Wietscher Mühle
Planenhof
Diepental
Grünscheider Mühle
Grünscheid
Talsperre Diepental
Rosenthal
Minigolfanlage
Freibad
Höltgestal
Linde
Imelsbach
Murbach
Dohm
Blasberg
Herkensiefen
Paffenlöh
Dürfenthal
Kinderg.
St. Engelbert
Burscheider Straße
Bruch
Illbruck
Romberg
Ölbach
Nagelsbaum
Nagelsbaum
Lamgesmühle
Kamberg
Neuenhaus
Irlermühle
Irlerhof
Kläranlage
Luisental
Büchel
Luisenstraße
Max-Kohl-Str.
Im Eulenflug
1=Kirchengasse
2=Marktplatz
3=Gartenweg
Industriestr.
Gewerbegebiet
Massiefen
Kuckenberg
Dierath
Hauptstraße
Friedrich-Goetze-Straße
Finkenweg
Carl-Lauterbach-Str.
Adolf-Kolping-Straße
Handerfeld
Burscheid
Rötzinghofen
Bornheim
Bornheimer Bach
Eschenborn
Schulsportanlage
Bismarckstraße
Bürgermeister-Schmidt-Straße
Gellenbacher Str.
Geilenbach
Kämersheide
Berghamberg
Großhamberg
Hartungshof
Repinghofen
Heddinghofen
Niederrepinghofen
Sieferhof
Kleinhamberg
Lambertsmühle
Neusieferhof
Dürscheid
Dürscheider Mühle
Gerstenmühle
Drauberg
Spiegelhof
Wiehbach
Forellental
Klief
Am Gierlichshof
Wiehbachtal
Haus Landscheid
Neuenhof
Heiligeneiche
Stadtteil Lützenkirchen (zu Leverkusen)
Sporrenberg
Köttershof
Köttersbach
Hahnensiefen
Hirzenberg
Heidberg
Deponie
Straßerhof
Altenberger Straße
Kamper Bach
Friedhof
Wiebertshof
Hirzenberger Mühle
Kamp
Niederblecher
Ropenstall
Bohn
Krummer Weg
Kamptalweg
Fester Weg
Am Steinberg
Wüstenhof
Kump
Blechersiefen
Hahnenblecher
Schnorrenberg
Lichtenburg
Neuboddenberg
Berliner Straße
Holz
Gronenborn
Gronenborner Mühle
Dülmen
Haus Steinbüchel
Friedhof
Wasserkuhl
Meckhofen
Boddenberg
Längsleimbach
Stadtteil Steinbüchel (zu Leverkusen)
Erberich (zu Odenthal)
Bergstraße
Kirchweg
1 = Am Mühlenbach
E37
232
51
49
89

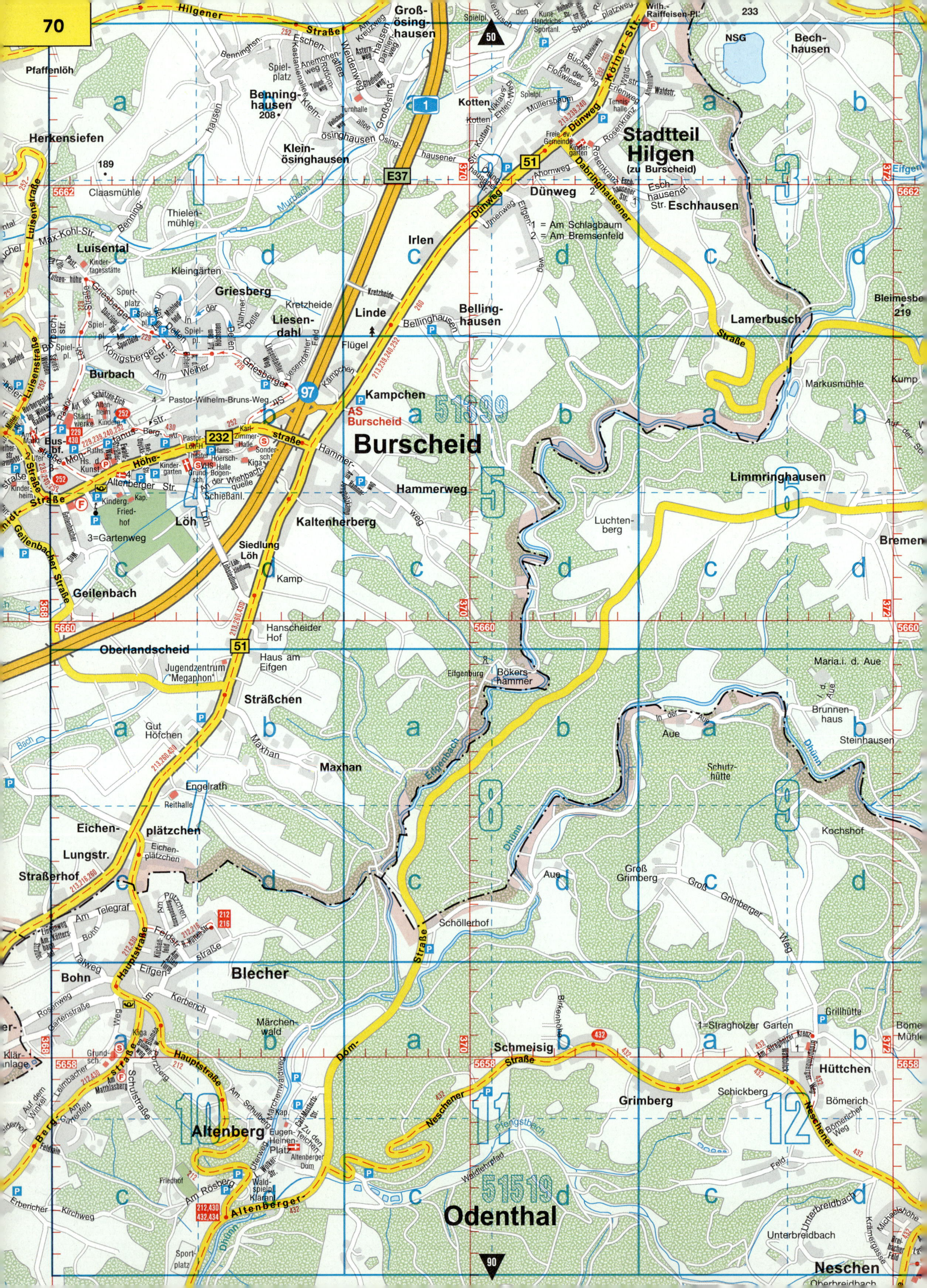
Pfaffenlöh
Herkensiefen
Hilgener Straße
Groß-ösinghausen
Benninghausen
208
Kleinösinghausen
Kotten
Stadtteil Hilgen
(zu Burscheid)
NSG
Bechhausen
233
Wilh.-Raiffeisen-Pl.
Kölner Str.
Dünweg
Dabringhausener Str.
Eschhausen
Claasmühle
Thielenmühle
Murbach
Luisental
Luisenstraße
Max-Kohl-Str.
Kleingärten
Griesberg
Kretzheide
Liesendahl
Linde
Irlen
Bellinghausen
Flügel
Lamerbusch
Bleimesbe
219
Markusmühle
Kump
Burbach
Königsberger Str.
Kampchen
AS Burscheid
Burscheid
51399
Limmringhausen
Hammerweg
Luchtenberg
Bremen
4 = Pastor-Wilhelm-Bruns-Weg
3=Gartenweg
1 = Am Schlagbaum
2 = Am Bremsenfeld
Altenberger Str.
Höhe-
Löh
Friedhof
Kaltenherberg
Siedlung Löh
Kamp
Geilenbach
Geilenbacher Straße
Hanscheider Hof
Oberlandscheid
Jugendzentrum "Megaphon"
Haus am Eifgen
Eifgenburg
Bökershammer
Maria i. d. Aue
Sträßchen
Gut Höfchen
Maxhan
Aue
Brunnenhaus
Steinhausen
Engelrath
Reithalle
Eifgenbach
Dhünn
Schutzhütte
Eichenplätzchen
Lungstr.
Straßerhof
Kochshof
Groß Grimberg
Groß Grimberger Weg
Am Telegraf
Schöllerhof
Bohn
Blecher
Märchenwald
Schmeisig
1=Stragholzer Garten
Grillhütte
Bömerich
Hüttchen
Altenberg
Hauptstraße
Grimberg
Schickberg
Neschener Str.
Dom-Straße
Pfengstbach
Bömericher Weg
Altenberger Dom
Eugen-Heinen-Platz
Am Rösberg
Friedhof
Erbericher
Kirchweg
Odenthal
51519
Unterbreidbach
Neschen
Oberbreidbach
Sportplatz
E37
1
51
97
232
5662
5660
5658
368
370
372
50
90

Rausmühle
Schürholz
Höhe
Tannenbaum
Stumpf
Am Stumpf
Wasserwerk
Arnzhäuschen
Wensche-
bach
Irlenweg
Großeledder
Friedhof
Kapelle
Matterfeld
Wermelskirchener Straße
Friedhof
Kleineledder
Grunewald
Heide
Höferhof
Finkenweg
Asterweg
Hilgener Str.
Kindergarten
1 = Steinwieschen
2 = Milanweg
3 = Adlerweg
4 = An der Gerichtslinde
5 = Am Dorfpark
Kiga
Mehr-
zweck-
halle
Höferhof
Turnhalle
Butscheid
Sportplatz
Linde
Großfrenkhausen
Straße
Odder
Busbf.
Stadtteil
Dabringhausen
(zu Wermelskirchen)
Plettenburg
Rölscheid
Kleinfrenkhausen
Ringstraße
Südstraße
Auf dem Kamp
Ludorf
Freibad
Ketzberg
Schlagbaum
Käfringhausen
Kleinklev
Tennis-
platz
Coenenmühle
Hundheim
Linnefe
Kläranlage
Dortenhof
Hindenburgturm
Ketzbergerhöhe
Engerfeld
Forthausen
Heidbusch
232
Haussels
Grünen-
bäumchen
Schaffeld
Lindscheid
Sondern
Dhünntalsperre
Große
oosenau
268
Viersbach
Meißwinkel
Weidener Str.
Bömberg
Weiden
Erholungsgebiet
Große Dhünn- talsperre
Umspann-
werk
Kotzberg
Müllenberg
Ober-
stockberg
Richerz-
hagen
(zu Kürten)
Richerzhagener
Eisen-
kaul
Eichholz
Oberossen-
bach
Unter-
ossen-
bach
220
292
Landwehr
Kölner Straße
Altenberger Straße

Heiligenborn
Aue
Kalkenberg
Kleine Dhünn
Am Walde
Hülsen
Sport-platz
Reithalle
52
Dhünn-
Neuenhaus
Delle
Staller Weg
Stall
Oberhagen
Heidchen
Ober-
pilghausen
Halzenberg
(zu Wermelskirchen)
Mittelhagen
Siefen
Unter-
Stiegeleich
Niederhagen
Krähenbach
Heisterstraße
Großrostring-
hausen
Heister
Haarbach
Vorsperre
Kleine
Dhünn
Oberberg
Altenhof
Neumühle
Mittelberg
Hammes-
rostringhausen
Unterberg
263
Hüffen
Großklev
215
260
Große
Dhünntal-
sperre
Große
Vorsperre
Dhünn
Fröße
Häuschen
Hof
Schmitte
Laudenberg
Kölner Straße
506
Dörnchen
Dhünnberg
Dicke
Wolfsorth
Kölner Straße
Morteln
Enkeln
Langenstück
Altenbach
Hutsherweg
Weidener Straße
Esbach
Weiden
Bech
Kläranlage
Winterschladen
Esbach
Golfplatz
Johannesberg
Duhr
Siefen
Unterduhr
Kürten 51515
Häcken
Ober-
stockberg
Wald-
friedhof
Meiersberg
Broch
Kudden-
berg
Busch
Gerhards-
berg
Kläranlage
Wipperfürther Straße
Splash Badelandsc
Unter-
ossenbach
Oberkalsbach
Umspann-
werk
Kalsbach
NSG
1 = Kirchplatz
2 = Im Heidchen
3 = Marienweg
4 = Annaweg
5 = Rotdornweg
Ahlenbacher-
mühle
Ohl
Tannenbaum
Bornen
Hommermühle
Schlünke
92
Bürgerhaus-
Rathaus

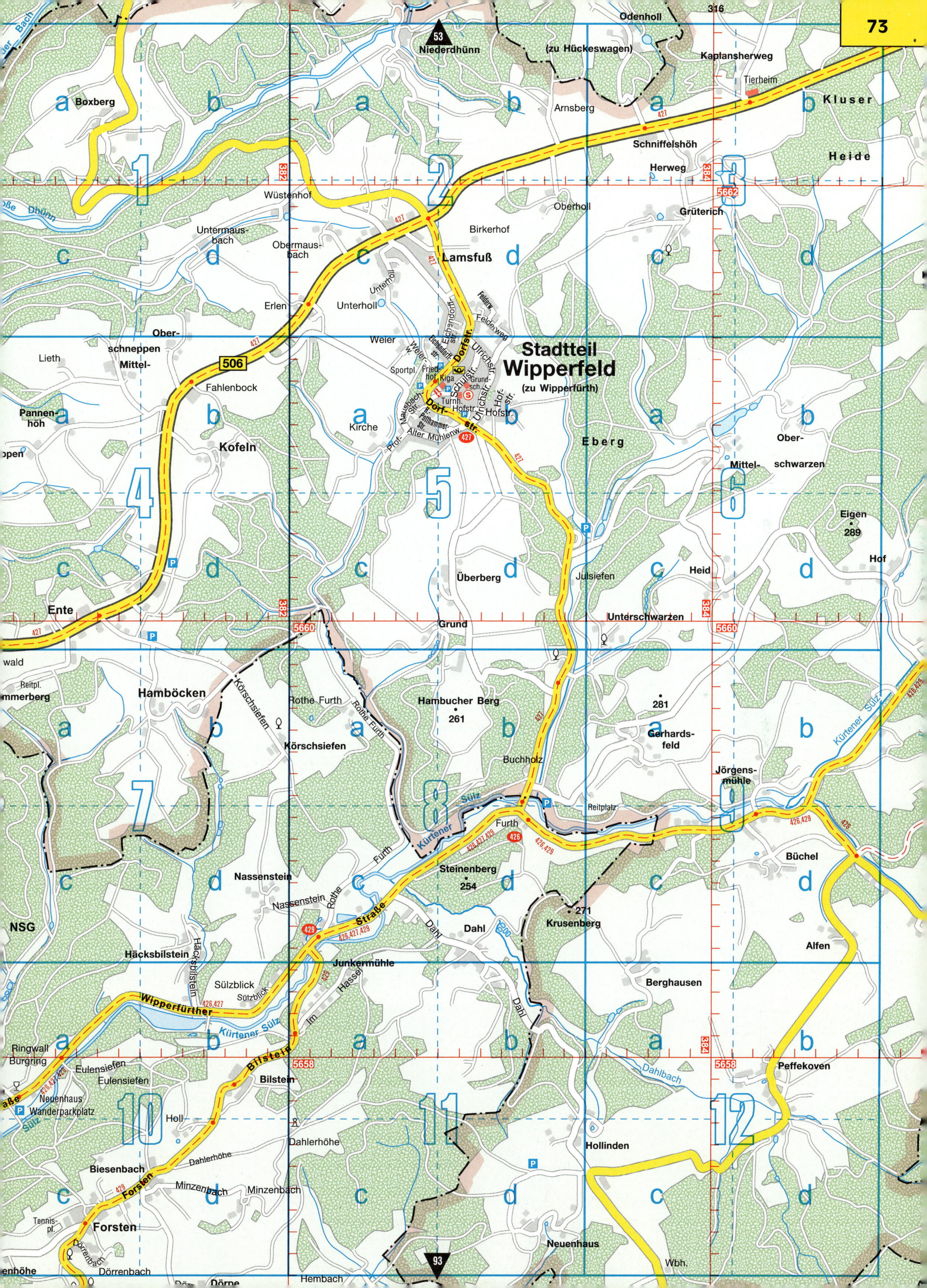
Niederdhünn
53
Odenholl
316
(zu Hückeswagen)
Kaplansherweg
Tierheim
Boxberg
Arnsberg
Kluser
Heide
Schniffelshöh
Herweg
Wüstenhof
Oberholl
Grüterich
Untermausbach
Obermausbach
Birkerhof
Lamsfuß
Erlen
Unterholl
Ober-
schneppen
Mittel-
Lieth
Weier
Stadtteil
Wipperfeld
(zu Wipperfürth)
506
Fahlenbock
Pannenhöh
Kirche
Kofeln
Eberg
Ober-
schwarzen
Mittel-
Eigen
289
Hof
Ente
Überberg
Julsiefen
Heid
Unterschwarzen
Grund
5660
5662
5658
Hamböcken
Körschsiefen
Rothe Furth
Hambucher Berg
261
281
Gerhards-
feld
Jörgens-
mühle
Buchholz
Reitplatz
Kürtener Sülz
Furth
Büchel
Steinenberg
254
Nassenstein
NSG
Dahl
271
Krusenberg
Alfen
Häcksbilstein
Junkermühle
Berghausen
Sülzblick
Wipperfürther Straße
Ringwall
Burgring
Eulensiefen
Bilstein
Peffekoven
Dahlbach
Neuenhaus
Wanderparkplatz
Holl
Dahlerhöhe
Hollinden
Biesenbach
Minzenbach
Forsten
Tennis-
pl.
Dörrenbach
Neuenhaus
Wbh.
Hembach
Dörpe
93
1
2
3
4
5
6
7
8
9
10
11
12

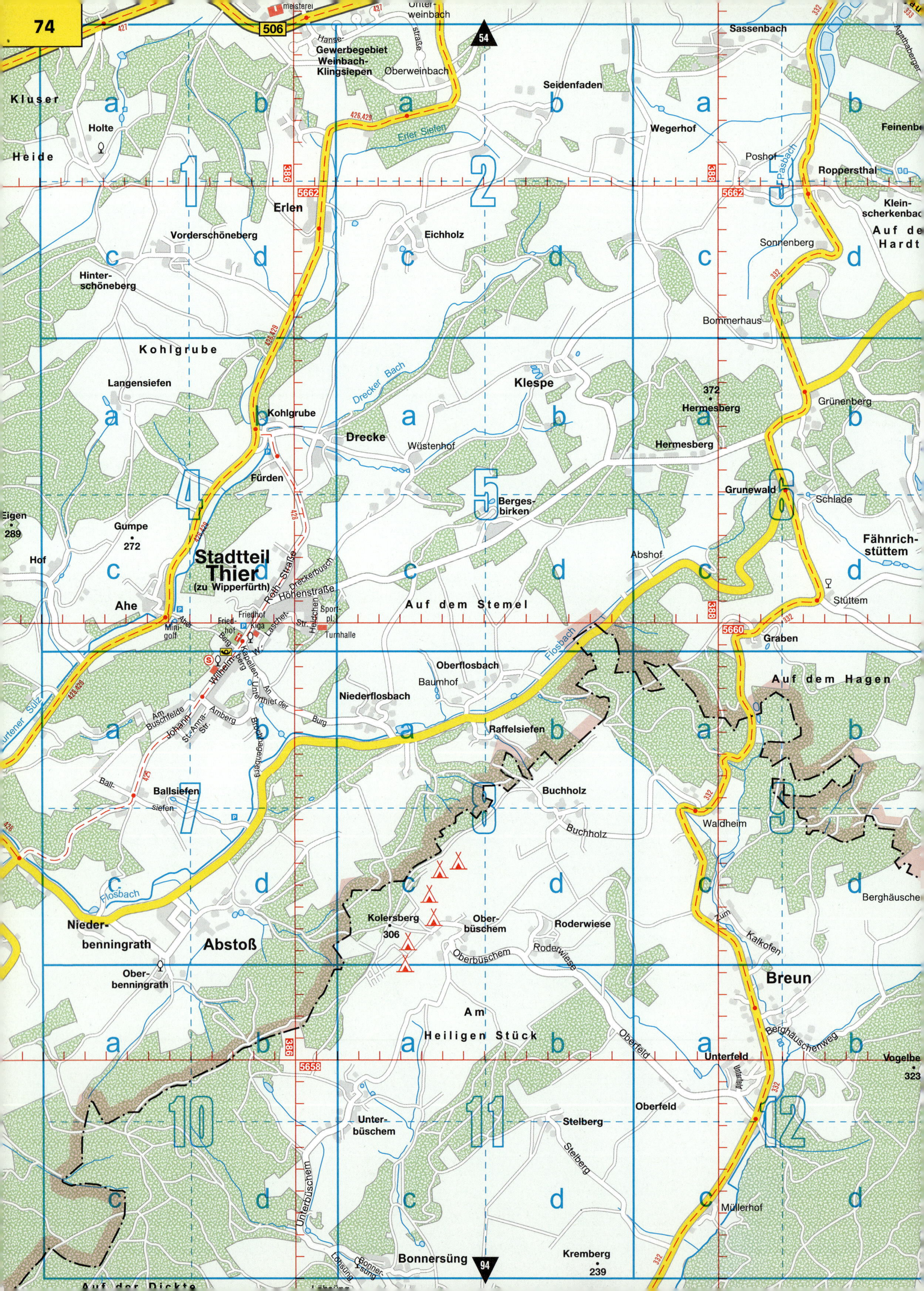

Unter-weinbach
Hanse-Gewerbegebiet Weinbach-Klingsiepen
Oberweinbach
Seidenfaden
Sassenbach
Kluser Heide
Holte
Wegerhof
Poshof
Roppersthal
Erler Siefen
Erlen
Eichholz
Vorderschöneberg
Hinter-schöneberg
Sonnenberg
Bommerhaus
Kohlgrube
Langensiefen
Kohlgrube
Drecker Bach
Drecke
Wüstenhof
Klespe
Hermesberg
Hermesberg
372
Grünenberg
Fürden
Grunewald
Schlade
Berges-birken
Gumpe
272
Hof
Stadtteil Thier
(zu Wipperfürth)
Ahe
Abshof
Fähnrich-stüttem
Stüttem
Auf dem Stemel
Graben
Oberflosbach
Baumhof
Niederflosbach
Flosbach
Auf dem Hagen
Raffelsiefen
Buchholz
Buchholz
Ballsiefen
Waldheim
Flosbach
Kolersberg
306
Ober-büschem
Roderwiese
Nieder-benningrath
Abstoß
Ober-benningrath
Berghäusche
Kalkofen
Breun
Am Heiligen Stück
Oberfeld
Unterfeld
Berghäuschenweg
Vogelbe
323
Unter-büschem
Stelberg
Oberfeld
Müllerhof
Bonnersüng
Kremberg
239
Auf der Dickte
54
94

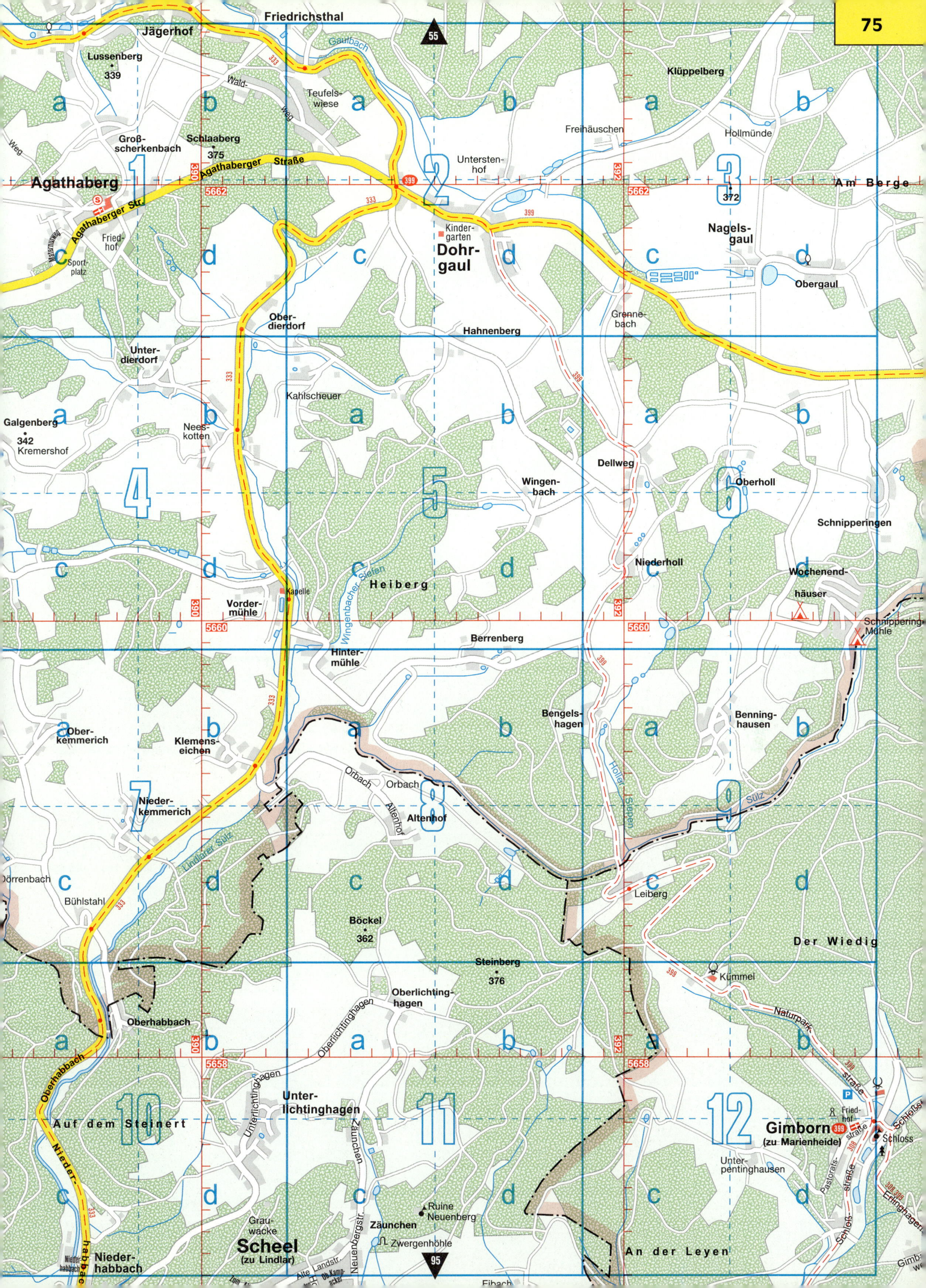
Friedrichsthal
Jägerhof
Lussenberg
339
Gaulbach
Wald-
weg
Teufels-
wiese
Klüppelberg
Weg
Groß-
scherkenbach
Schlaaberg
375
Agathaberger Straße
Freihäuschen
Hollmünde
Untersten-
hof
Agathaberg
Agathaberger Str.
Am Berge
372
Fried-
hof
Sport-
platz
Kinder-
garten
Dohr-
gaul
Nagels-
gaul
Obergaul
Ober-
dierdorf
Hahnenberg
Grenne-
bach
Unter-
dierdorf
Kahlscheuer
Galgenberg
342
Kremershof
Nees-
kotten
Dellweg
Wingen-
bach
Oberholl
Schnipperingen
Niederholl
Wochenend-
häuser
Kapelle
Heiberg
Wingenbacher Siefen
Vorder-
mühle
Schnipperinger
Mühle
Berrenberg
Hinter-
mühle
Bengels-
hagen
Benning-
hausen
Ober-
kemmerich
Klemens-
eichen
Orbach
Holler Siepen
Altenhof
Nieder-
kemmerich
Sülz
Lindlarer Sülz
Dörrenbach
Bühlstahl
Leiberg
Böckel
362
Der Wiedig
Steinberg
376
Kümmel
Oberlichting-
hagen
Oberhabbach
Oberlichtinghagen
Naturpark-
straße
Unter-
lichtinghagen
Unterlichtinghagen
Auf dem Steinert
Gimborn
(zu Marienheide)
Fried-
hof
Schloss
Schloßstr.
Zäunchen
Unter-
pentinghausen
Pastorats-
straße
Nieder-
habbach
Ruine
Neuenberg
Grau-
wacke
Erlinghagen
Zäunchen
Neuenbergstr.
Zwergenhöhle
Scheel
(zu Lindlar)
An der Leyen
Nieder-
habbach
Landstr.
Fibach
55
95
5662
5660
5658
390
392
333
399
1
2
3
4
5
6
7
8
9
10
11
12

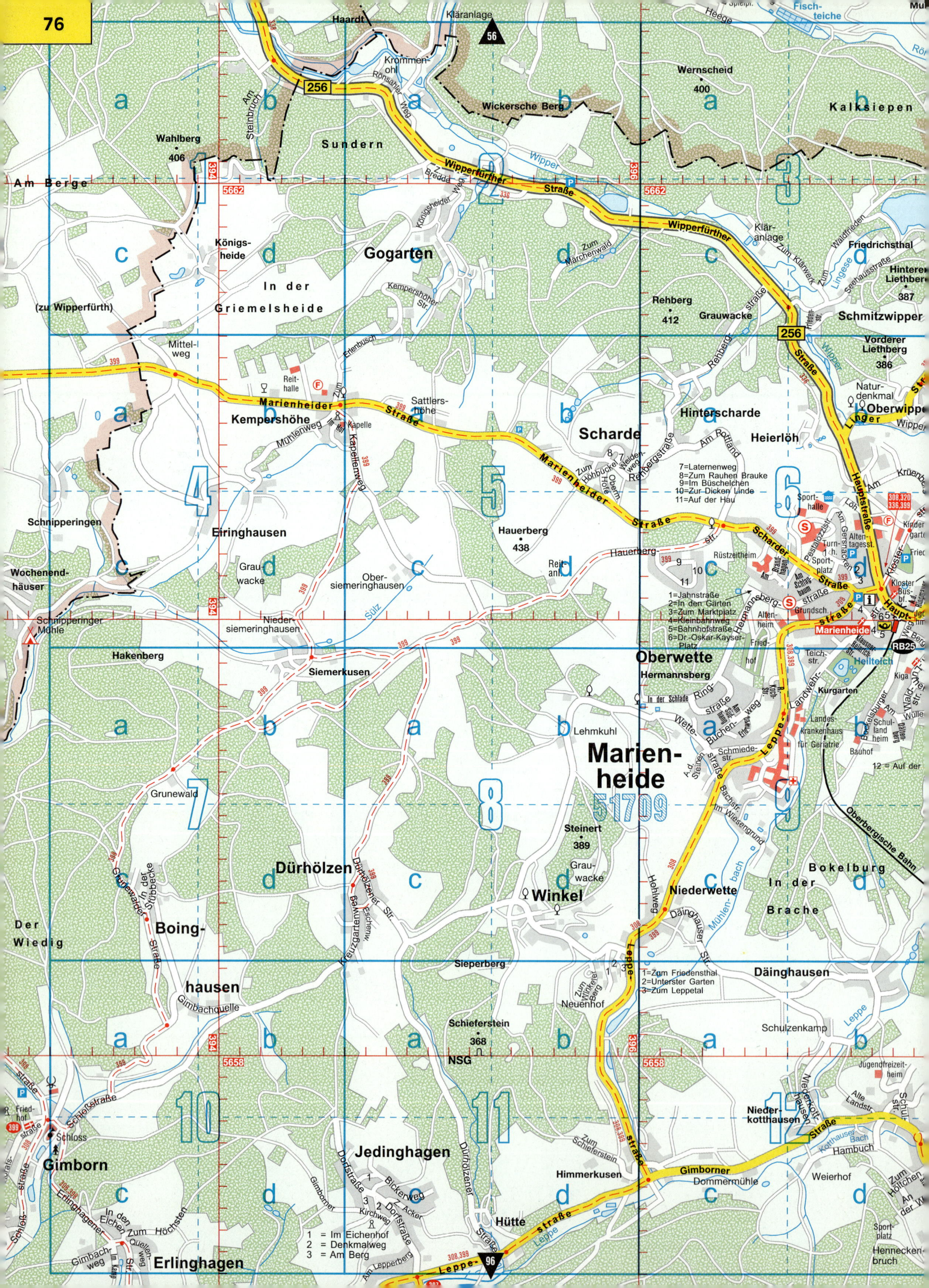
Haardt
Kläranlage
Krommenohl
Rönsahler Weg
256
Wahlberg
406
Sundern
Wickersche Berg
Wernscheid
400
Kalksiepen
Am Berge
Wipperfürther Straße
Wipper
5662
Königsheide
Gogarten
In der Griemelsheide
Zum Märchenwald
Kläranlage
Zum Klärwerk
Friedrichsthal
Hinterer Liethberg
387
(zu Wipperfürth)
Kempershöher Str.
Rehberg
412
Grauwacke
Schmitzwipper
Vorderer Liethberg
386
Mittelweg
Reithalle
Marienheider Straße
Kempershöhe
Mühlenweg
Kapelle
Kapellenweg
Sattlershöhe
Scharde
Hinterscharde
Heierlöh
Naturdenkmal
Oberwipper
Linger
7=Laternenweg
8=Zum Rauhen Brauke
9=Im Büschelchen
10=Zur Dicken Linde
11=Auf der Hau
Schnipperingen
Eiringhausen
Hauerberg
438
Hauptstraße
Sporthalle
Wochenendhäuser
Grauwacke
Obersiemeringhausen
Scharder Straße
Rüstzeitheim
Niedersiemeringhausen
Sülz
1=Jahnstraße
2=In den Gärten
3=Zum Marktplatz
4=Kleinbahnweg
5=Bahnhofstraße
6=Dr.-Oskar-Kayser-Platz
Schnipperinger Mühle
Hakenberg
Siemerkusen
Oberwette
Hermannsberg
Marienheide
RB25
Heilteich
Kurgarten
Lehmkuhl
Marienheide
51709
Landeskrankenhaus für Geriatrie
Bauhof
12 = Auf der
Grunewald
Steinert
389
Grauwacke
Oberbergische Bahn
Dürhölzen
Dürhölzener Str.
Winkel
Niederwette
Dänghauser Str.
Mühlenbach
Bokelburg
In der Brache
Der Wiedig
Boinghausen
Grunewalder Straße
Sieperberg
1=Zum Friedensthal
2=Unterster Garten
3=Zum Leppetal
Däinghausen
Neuenhof
Gimbachquelle
Schieferstein
368
NSG
Schulzenkamp
Leppe
5658
Jugendfreizeitheim
Schloss
Gimborn
Jedinghagen
Zum Schieferstein
Niederkotthausen
Kotthauser Bach
Hambuch
Himmerkusen
Gimborner Straße
Dommermühle
Weierhof
Erlinghagener Str.
Bickerweg
Kirchweg
1 = Im Eichenhof
2 = Denkmalweg
3 = Am Berg
Hütte
Leppestraße
Sportplatz
Henneckenbruch
Erlinghagen
Am Lepperberg
96
56

Becke
Stöcken
Dorn
Benninghausen
Kläranlage
Lambach
Wochenendsiedlung
(zu Kierspe)
Friedhof
Lingesetalsperre
Wernscheid
Kattwinkel
Naturdenkmal
Wilbringhausen
Talsperrenstraße
Linge
Bockemühle
Höfel
Höfeler
Lienkamp
Zimmerberg
NSG
Schlahn
Gewerbegebiet
Landstraße
Graben
Börlinghausen
Holzwipper
Wipper
Griemeringhausen
Neuenhaus
Kahlenberg 374
Wipperfließ
Forst
Gervershagen
Höh
Ellberg 402
Aussichtsturm
Erholungsheim
Minigolf
Eberg
Repinghausen
Bruchertalsperre
Dannenberg
Stülinghausen
Hallöh
1=Forellenweg
2=Karpfenweg
3=Wolferschlah
1=Meisenweg
2=Amselfeld
3=Am Quellgrund
4=Zum Steinhauer
5=Moellenbicker Weg
6=Kirchstraße
Späinghausen
Gewerbegebiet
Rodt
Müllenbach
Schemmen
4=Wiesmoorweg
Schöneborn
Kapelle
Friedhof
Kläranlage
Grauwacke
Heimatmuseum
Regensberg 376
Kalsberg 374
Dahl
1=Drosselweg
2=Jasminweg
3=Untere Eickenstraße
4=Kaltzbecker Weg
Kotthausen
Kalsbach
Gewerbegebiet
Hüttenkopf
Engelnberg 415
Gummersbacher Straße
Unnenberger Str.
Sieper Bach

Löh
448
Natur-
denkmal
58
Brunnen
Eick
Mönchspfad
Gewerbegebiet
Volkspark
Bahnhofstr.
Hauptstraße
Kampstraße
Oststr.
54
Hubertusweg
Herweg
Landeplatz
Meinerzhagen
Steinsmark
Beutring-
hausen
Güntenbecke
1=Hohbüschen
Marienheider Straße
An der Linde
Cityplan S.38
Ehrenmal
Friedhof
Kapelle
Schulzentrum Auf der Waht
Genkeler Straße
Derschlager Str.
Feldstr.
Fumberg
Reitplatz
Kindergarten
Schützenplatz
Skiheim-u.-schule
Schullandheim
Skizentrum
Sprungschanze (Meinhardus)
Agger-
quelle
Schlenke
NSG
Natur-
denkmal
2=Ulmenweg
3=Falkenweg
4=Sperberweg
Am Lingelchen
Kläranlage
Kleingartenanlage
Spielpl.
Zur Wupperquelle
Natur-
denkmal
1 = Genkeler Straße
Winzenberg
Steins-
güntenbecke
Redlendorf
Börlinghausen
(zu Marienheide)
Höh
Genkel
Lütgenberg
416
Heed
Kläranlage
Natur-
freundehaus
Pumpwerk
Hexeneiche
Nieder-
badinghagen
Listringhausen
ND
Listringhauser Berg
447
Heedberg
434
Harkenstiel
Rastplatz
Aggerberg
416
Dannenberg
1 = Am Brandteich
2 = Hofkämpchen
3 = Talbeckestraße
4 = Hofwiese
Unnenberger Straße
Hardt
458
Genkel-
tal-
sperre
Rast- u. Spielplatz
Erlenweg
Helberg
Grünenthal
Aggerhomert
426
Aussichtsturm
506
Unnenberg
Pumpwerk
Koverstein
Buckenberg
355
Breden-
bruch
Koversteiner Mühle
Deitenbach
Langer Berg
455
Reitplatz
Reithalle
Unnenberg
98
Brink
1
2
3
4
5
6
7
8
9
10
11
12

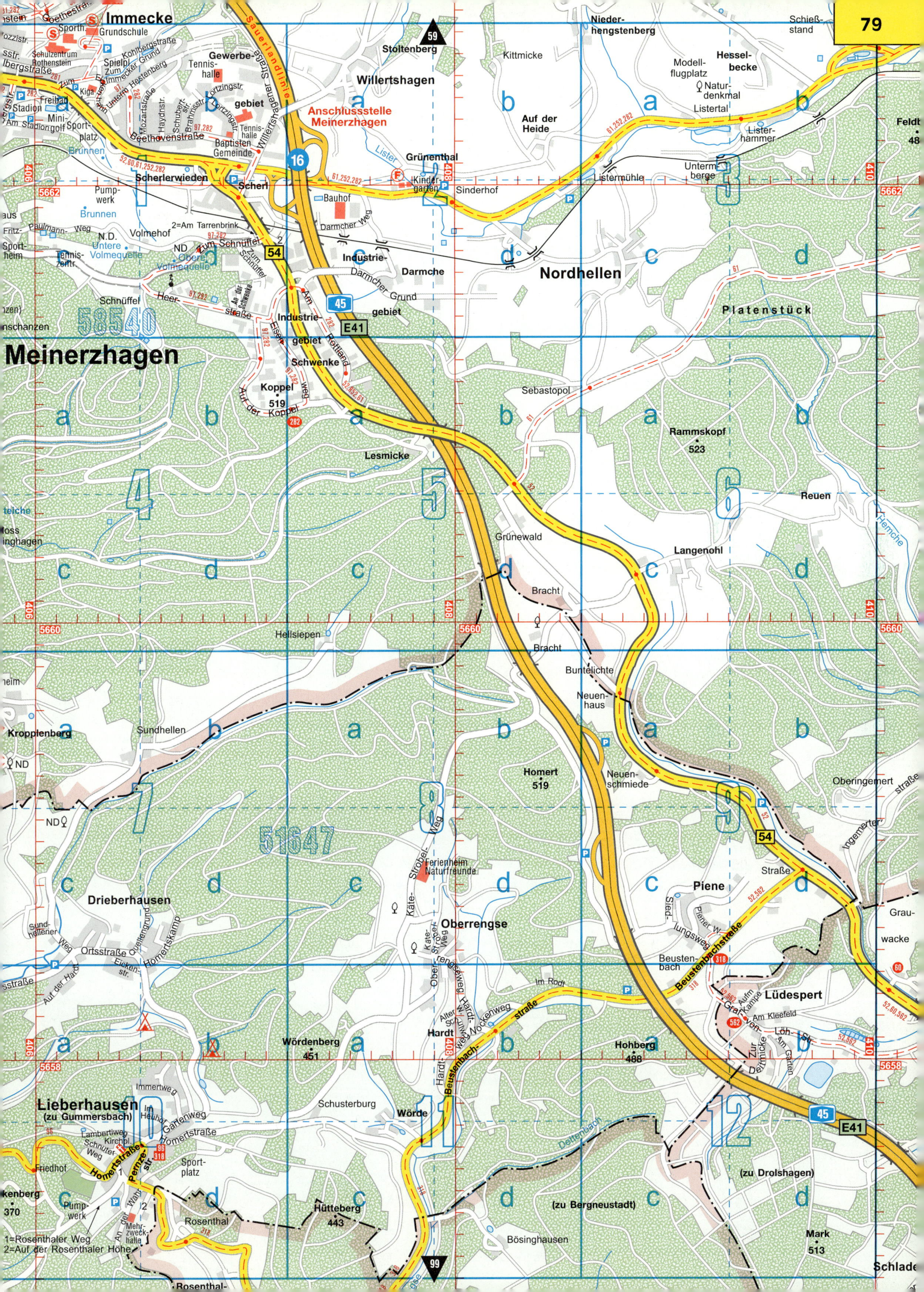
Immecke
Grundschule
Gewerbe-
gebiet
Tennis-
halle
Stoltenberg
59
Willertshagen
Kittmicke
Nieder-
hengstenberg
Schieß-
stand
Modell-
flugplatz
Hessel-
becke
Natur-
denkmal
Listertal
Auf der
Heide
Lister-
hammer
Feldt
Anschlussstelle
Meinerzhagen
Sauerlandlinie
Willertshagener Straße
Beethovenstraße
Baptisten
Gemeinde
Brunnen
Stadion
Freibad
Mini-
golf
Sport-
platz
Scherlerwieden
Scherl
16
Grünenthal
Kinder-
garten
Sinderhof
Listermühle
Untern-
berge
Pump-
werk
Brunnen
Bauhof
Darmcher Weg
Volmehof
2=Am Tarrenbrink
Untere
Volmequelle
Obere
Volmequelle
N.D.
ND
Zum Schnüffel
54
Industrie-
gebiet
Darmche
Darmcher Grund
Nordhellen
Platenstück
Schnüffel
Heerstraße
58540
45
E41
Industrie-
gebiet
Schwenke
Meinerzhagen
Koppel
519
Auf der Koppel
282
Sebastopol
Rammskopf
523
Lesmicke
Reuen
Grünewald
Langenohl
Hemche
Bracht
Bracht
Hellsiepen
Buntelichte
Neuen-
haus
Kropplenberg
Sundhellen
ND
Homert
519
Neuen-
schmiede
Oberingemert
51647
Ferienheim
Naturfreunde
Käte-Strobel-Weg
Drieberhausen
Oberrengse
Piene
Grau-
wacke
Ortsstraße
Homertskamp
Beustenbachstraße
Beusten-
bach
Lüdespert
Im Rodt
Wördenberg
451
Hardt
Hohberg
488
Lieberhausen
(zu Gummersbach)
Schusterburg
Wörde
Homertstraße
Gartenweg
Sport-
platz
Hütteberg
443
(zu Bergneustadt)
(zu Drolshagen)
Pump-
werk
Rosenthal
Bösinghausen
Mark
513
99
1=Rosenthaler Weg
2=Auf der Rosenthaler Höhe
Schlade

Deponie
Golfplatz
Erftaue
Modell-
flugplatz
Kasterer
Höhe
Mühlenerft
Carl-Benz
R.- Diesel-
Industri
1 = Nikolaus-Otto-Straße
Kasterer
See
park
Robert-Bosch-
Mühlenerf
Heinrich-Hertz-Str.
Klär-
anlage
Hohenholz
Weiler
Hohenholz
Grill-
platz
Kläranlage
Ehrenfriedhof
Sport-
platz
An der
Schieß-
bahn
Ehren-
friedhof
Stadtbezirk
Königshoven
(zu Bedburg)
Raststätte
Bedburger Land
Am
Empter Weg
Am
Schallers-
kreuz
Hohenholzer
Weiler
Königshoven
Gewerbe-
geb.
St.-Rochus-Straße
St.-Rochus-
Straße
Stadtbezirk
Kaster
(zu Bedburg)
1 = Omagener Straße
2 = Am Sprung
3 = Adenauerstraße
4 = Von- Hochstaden- Straße
5 = Königsberger Straße
6 = Stettiner Straße
7 = Breslauer Straße
Albert-
Schweitzer-
Straße
Neusser
Gewerbe-
gebiet
Otto-Hahn-Str.
Stadtbezirk
Lipp-Millendorf
(zu Bedburg)
Am Ufer
Anschlussstelle
Bedburg
6 = Am Zuggraben
7 = M.-Lammet-Straße
Im
Kamp
Millendorf
Lipp
8 = Margaretenhöhe
9 = Albert-Einstein-Straße
Auf dem
Galgen
Manstaender Acker
Schunkenacker
Oppendorf
Schunkenhof
Belmener
Höfe
Immerath
Pützer Bach
Bedburg
Kultur-
denkmal
Schloss
Erft

Auf dem Hahnen
61
Bio-teiche
Pumpwerk
Friedhof
Kath. Grund-sch.
Fried-hof
Kapelle
Sport-platz
Wellen-frei-bad
Freizeitzentr.
Neurath
(zu Grevenbroich)
Sportpl.
Tennispl.
Tennis-platz
7 = Auf dem Strenkelrath
8 = Taubenweg
9 = Schwalbenweg
10 = Kiebitzweg
11 = Drosselweg
12 = Bussardweg
41517
Energie-straße
Buchholzer Straße
RWE Energie-kraftwerk Neurath
Kläranlage
Gut Nanderath
Gut Neuhöfchen
Gut Karlshof
Pumpwerk
Höhe
Windtestfeld
Marienhof
Müll-deponie
Erft
Gürather Höhe
Schieß-stand
Gommershoven
Sport-platz
Aussichtspunkt Erftblick
RB38
Stadtbezirk Rath
(zu Bedburg)
Grevenbroicher Straße
Zenshof
Automuseum
Friedhof
Neu Garsdorf
Gut Stolzenberg
Kapelle
Stadtbezirk Broich
(zu Bedburg)
1 = Antoniusstraße
2 = Lambertusstraße
3 = Hundsgasse
4 = Johannesstraße
5 = Verschönerung
Rupperburg
Kölner Str.
Schloßallee
Tagebau Fortuna-Garsdorf
Feucht-biotop
Deponie
Bedburg
50181
101
1
2
3
4
5
6
7
8
9
10
11
12
5656
5654
5652
332
334

41569
Rommerskirchen
Ortsteil Vanikum
(zu Rommerskirchen)
Stadtteil Hüchelhoven
(zu Bergheim)
Stadtteil Rheidt
(zu Bergheim)
Stadtbezirk Rath
(zu Bedburg)
Stadtteil Auenheim
(zu Bergheim)
An der Weide
Auf dem Rosenacker
Am Kahrweg
Dötzdorf
Zonshof
Gill
Dyxmannshof
Neuer Friedhof
Bergerhof
Sportplatz
Kläranlage
Burg Geretzhoven
Herrenhof
Zenshof
Schopenhof
Automuseum
Lucien Rosengart
Rather Mühle
Feuerwehrausbildungsstätte
Umspannwerk
Frauweilerhof
Groß-Mönchhof
Klein-Mönchhof
Gillbach
Ordenshof
Kraftwerk Niederaußem
Gewerbegebiet
Nord-Süd-Kohlenbahn
Pumpwerk
Hauptstraße
Venloer Str.
Vanikumer Str.
Nikolaus-Adams-Straße
Düsseldorfer Straße
Bergheimer Straße
Beckerhof
Woltershof
Milligansho f
Gertrudenhof
Steinbrinkerhof
Gewerbe- und Baugebiet
Tennisplätze
Sportplatz
Mehrzweckhalle
6 = Heinrich-Böll-Straße
7 = Friedrich-Hölderlin-Straße
8 = Gerhart-Hauptmann-Straße
9 = Mutter-Teresa-Straße
10 = Käthe-Kollwitz-Straße
11 = August-Macke-Straße
12 = Max-Ernst-Straße
13 = Paul-Klee-Straße
1 = Fritz-Walter-Weg
2 = Toni-Turek-Weg
3 = Sepp-Herberger-Weg
4 = Helmut-Schön-Weg
5 = Hennes-Weisweiler-Weg
1 = Lochnerweg
2 = Memlingweg
3 = Feldrosenweg
4 = Am Feldahorn
4 = Wiesenweg
59
59n
477
62
102
RE8, RB27
96
79
83

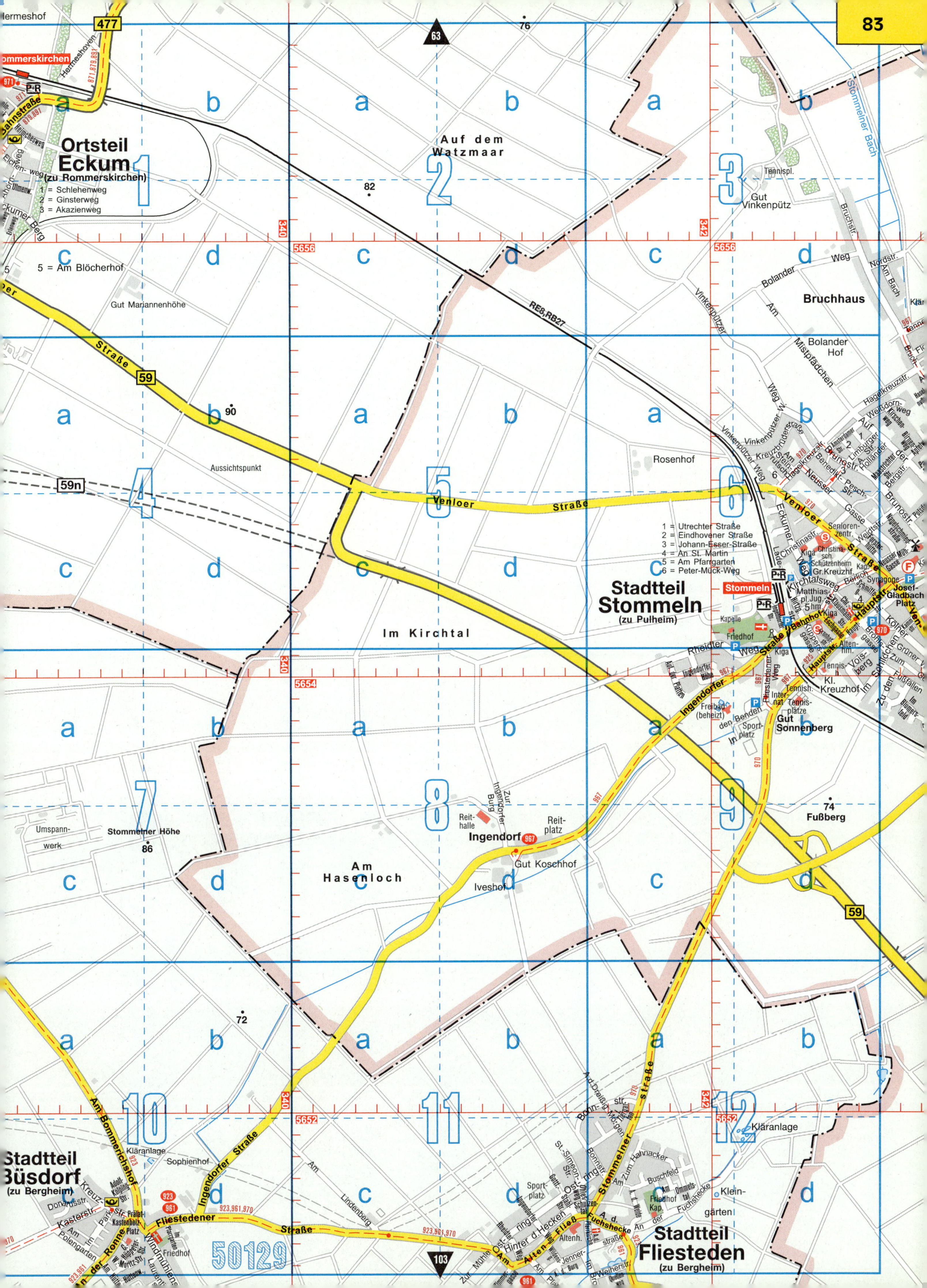
Hermeshof
Rommerskirchen
Ortsteil Eckum
(zu Rommerskirchen)
1 = Schlehenweg
2 = Ginsterweg
3 = Akazienweg
5 = Am Blöcherhof
Gut Mariannenhöhe
Auf dem Watzmaar
Gut Vinkenpütz
Tennispl.
Stommelner Bach
Bruchhaus
Bolander Hof
Bolander Weg
Mistpfädchen
Vinkenpützer Weg
Rosenhof
Aussichtspunkt
Straße 59
59n
Venloer Straße
Im Kirchtal
1 = Utrechter Straße
2 = Eindhovener Straße
3 = Johann-Esser-Straße
4 = An St. Martin
5 = Am Pfarrgarten
6 = Peter-Mück-Weg
Stadtteil Stommeln
(zu Pulheim)
Stommeln
Kapelle
Friedhof
Rheidter Weg
Ingendorfer Straße
Freibad (beheizt)
Sportplatz
Gut Sonnenberg
Kl. Kreuzhof
Fußberg
74
Stommelner Höhe
86
Umspannwerk
Ingendorf
Reithalle
Reitplatz
Gut Koschhof
Iveshof
Am Hasenloch
72
Am Bommerichshof
Stadtteil Büsdorf
(zu Bergheim)
Kläranlage
Sophienhof
Ingendorfer Straße
Fliestedener Straße
Lindenberg
Stommelner Straße
Kleingärten
Stadtteil Fliesteden
(zu Bergheim)
50129
63
103
82
90
76
340
342
5656
5654
5652
477
59
967
970
923
961

Stommeler-busch
Pumpwerk
Velderhof
Stommelner Bach
Kath. Kinderg.
Kapelle
Kapellenweg
Hahnenstraße
Ruckesweg
Golfplatz
Lärchenhof
Am Steinwerk
Birkenhof
Wiesenhof
Fliestedener Fließ
Hasselrather See
Gut Hasselrath
Bruchhaus
Kläranlage
Nordstr.
Am Bach
Bruchstr.
7 = Zur Windmühle
8 = Schlehdornweg
9 = Holunderweg
10 = Ginsterweg
11 = Dahlienweg
12 = Geranienweg
Reithalle
Scheurenhof
Gut Mutzenrath
Vogelschutzgebiet
NSG
Nettegasse
Am Kirpelsgraben
Paulshof
Altes Wasserwerk
Gutshof Lindenhof
13 = An der Rittersgrube
14 = Distelweg
Ganslacher Hof
Stadtteil Stommeln
(zu Pulheim)
Stommelner Straße
Mutzenrather Str.
Friedhof
Tennisplatz
Josef-Gladbach-Platz
Synagoge
Hauptstr.
Venloer Straße
Hackenbroicher Straße
Gut Tannenhof
Pulheimer Straße
Junkerhau
Junkerhauer Hof
Messegelände
Peter-Kanters-Allee
Bolzpl.
Mülldeponie
Fliestedener Graben
RE8, RB27
1 = Dornröschenweg
Parkfriedhof
Rodelbahn
Rollschuhbahn
Sportplätze
Sporthalle
Tennisplätze
Jugendheim
Im Waffental
Fuchspfad
Nordring
Escher Str.
Decker-Platz
Pulheim
Rathaus
Stadthalle
Cityplan S. 38
8 = Leipziger Straße
9 = Marienburger Straße
10 = Stettiner Straße
11 = Danziger Straße
12 = Pommernstraße
13 = Finkenweg
14 = Mengenicher Straße
15 = Rotdornweg
16 = Im Büngertchen
17 = Goethestraße
18 = Lessingstraße
19 = Im Heiligenfeldchen
Neubaugebiet (in Bau)
20 = Brüsseler Weg
21 = Madrider Straße
22 = Lissaboner Straße
23 = Den Haager Weg
24 = Luxemburger Weg
25 = Kopenhagener Weg
26 = Römischer Platz
27 = Athener Weg
Marienhof
1 = Kamillenweg
2 = Lavendelweg
3 = Veilchenweg
4 = Peringrasweg
5 = Maiglöckchenweg
Geyener Straße
Bonner Straße
Köhler Rand
Zentralkläranlage
64
104
59

Worringer
Bruch
Stadtteil
Roggendorf/
Thenhoven
(zu Köln)
Anschlussstelle
Worringen
1 = Thenhover-Escher Weg
Sinnersdorfer Straße
Thenhover-Escher Weg
Blumenbergsweg
Mercatorstraße
Bruchstraße
Am Blutberg
Mörterweg
Pletschbach
Lehmberg
Mottenkaul
Quettinghofstraße
Am Mörter
Dresenhofweg
50769
Kläranlage
Sportplatz
Reitpl.
Tannenbusch
Hasselrather Weg
Horionstraße
Aggerstraße
Roggendorfer Straße
Theuspfad
Wermelsacker
Kölner Straße
Infiltrationsbecken
Thenhovener Straße
Wasserwerk Weiler
Weiler
Blockstraße
Thujaweg
Stadtteil
Sinnersdorf
(zu Pulheim)
Sinnersdorfer Mühle
1 = Am Kirchberg
Esch
Frohnhof
Chorbusch-Straße
Volkhovener Str.
Donatusweg
Friedhof
50765
Pescher Holz
2 = Am Alten Weiher
Orrer Straße
50259
Pulheim
Heinenhof
Kriegshof
Orr
Rosenhof
Haus Orr
Stadtteil
Esch/Auweiler
(zu Köln)
Obstplantage
Nah-
Escher
erholungs-
gebiet
See
Baggerfeld
AS
Chorweiler
Freibad
Gewerbegebiet
Auweiler
Versuchsanst. für Obstbau
Pescher Straße
Auweilerweg
Gartenstraße
1 = Letterhausstraße
2 = Nikolaus-Groß-Str.
Kläranlage
2 = Elisabeth-Selbert-Straße
3 = Albert-Schweitzer-Straße
4 = Bertha-von-Suttner-Straße
5 = Käthe-Kollwitz-Straße
6 = Henri-Dunant-Straße
7 = Marie-Juchacz-Straße
28 = Saphirallee
29 = Achatweg
30 = Jadeweg
31 = Opalweg
32 = Granatweg
33 = Türkisweg
34 = Bernsteinweg
Gut Pletschmühle
Pulheimer
Auf den Steinen
Sportplatz
Naherholungsgebiet
(gepl.)
Stadtteil
Pesch
(zu Köln)
Am Pescher Holz
Johannesstr.
Donatusstr.
Fröbelstr.
Pestalozzistr.
Kapelle
Gymn.
E31
57
26
27
542
1
S11
5656
5654
5652
348
350
1
2
3
4
5
6
7
8
9
10
11
12
a
b
c
d

Stadtteil Blumenberg (zu Köln)
50765
Blumenberg
Stadtteil Chorweiler (zu Köln)
Chorweiler N.
Chorweiler
Stadtteil Fühlingen (zu Köln)
50769
Gewerbegebiet
Rheinkassel
Feldkassel
Kläranlage
Naherholungsgebiet Fühlinger See
Fühlinger See
Regatta-strecke
Regatta-turm
Ford-Werke Köln-Niehl
Verwaltungs-gebäude
Umspann-werk
Weiler
Stadtteil Volkhoven/Weiler (zu Köln)
Volkhovener Weg
Holz
1 = Lerchensporweg
2 = Trollblumenweg
3 = Pescher Holzweg
4 = Sanddornweg
5 = Anna-Langohr-Weg
1=Peter-Miebach-Weg
Olof-Palme-Park
Bundesamt für Verfassungsschutz
1 = Trondheimer Weg
2 = Oxforder Passage
3 = Derichsweilerweg
4 = Bauknechtweg
5 = Honigsheimstr.
6=Seerosenweg
Stadtteil Seeberg (zu Köln)
ESSO
Chemie
Stadtteil Lindweiler (zu Köln)
50767
AS Chorweiler
Heimersdf.
Stadtteil Heimersdorf (zu Köln)
50739
50737
Industriegebiet
Stadtteil Pesch (zu Köln)
Kreuz Köln-Nord
Stadtteil Longerich (zu Köln)
Longerich
Longerich Friedh.
Merianstraße
Mercatorstraße
Neusser Landstraße
Alte Römerstraße
Industriestraße
Oranjehofstraße
Militärringstraße
Longericher Str.
Blumenbergsweg
Mennweg
Robert-Bosch-Straße
Kasseler Weg
Kutzpfädchen
Volkhovener Weg
Heimersdorfer Str.
Johannesstraße
Geestemünder Str.
Freibad
Tennishalle Oranjehof
E37
E31

Stadtteil Bürrig
(zu Leverkusen)
Lagerplatz für feste Abfallstoffe
Gemeinschafts-klärwerk Leverkusen
Müllverbrennungs-anlage
Kassel-berg
Kreuz Leverkusen-West
Rhein
In den Auen
Alte Römerstraße
Leverkusener Brücke
Olof-Palme-Straße
LEV-Küppersteg
Europaring
Bismarckstraße
Kleingarten-anlage
Wasserturm
ehem. Landesgarten-schau
Rhein-ufer-park
Rheinallee
Erholungshaus-park
Wöhlerstr.
Dhünn
Wiesdorfer Platz
Markt-pl.
Rathaus
LEV-Mitte
Manforter Str.
Stadt-park
Sport-park
Leverkusen
Merkenich
Emdener Straße
Merkenicher Hauptstraße
1 = Ferdinand-Königshofen-Straße
2 = Pastor-Kastenholz-Weg
3 = Peter-Steinberg-Weg
4 = Brictiusstraße
Stadtteil Wiesdorf
(zu Leverkusen)
Stadtteil Merkenich
(zu Köln)
Kaplanshof
Ivenshof
Auf'm Alten Werth
Fühlingsweg
AS Köln-Niehl
Industriestraße
Industrie-gebiet
Ivenshofweg
Umspannwerk
Sport-platz
Heizkraftwerk Nord
Ölhafen Köln-Niehl II
Essostraße
51373
1 = Otto-Doermer-Str.
2 = Rudolf-Mann-Straße
Friedrich-Ebert-Straße
Bayer AG
AGFA Gevaert AG
Bayer Kreuz
Kaiser-Wilhelm-Allee
Carl-Duisberg-Park
Japan. Garten
Sport-plätze
Bayerwerk
Düsseldorfer Straße
Edith-Weyde-Straße
Kurtekottenweg
Ford-Werke AG
Köln-Niehl
Mainstraße
Donaustr.
Kompostier-anlage
Restmüll-verbrennungsanl.
Geestemünder Straße
Delmenhorster Str.
Bremerhavener Str.
50735
51061
1 = Frasengasse
2 = Wiedenhofgasse
Auf dem Ruwer
Hubertusstraße
Friedhof
1 = Wilhelm-Ostwald-Straße
2 = Gustav-Schultz-Straße
Stadtteil Flittard
(zu Köln)
Roggendorfstr.
Semmelweisstraße
Arthur-Hantzsch-Str.
Stadtteil Niehl
(zu Köln)
Merkenicher Str.
Hochwasserdamm
Paulinenhof
Klein-gärten
67
107

Leverkusen
Stadtteil Alkenrath
(zu Leverkusen)
Stadtteil Schlebusch
(zu Leverkusen)
Stadtteil Manfort
(zu Leverkusen)
Stadtteil Dünnwald
(zu Köln)
Dünnwalder Wald
Kreuz Leverkusen
AS Leverkusen
LEV-Schlebusch
Gbf LEV-Schlebusch
Schlebusch
Bayerwerk
Innovations-park Leverkusen
Dynamit-Nobel A.G.
Bergsee
Baggersee
Sonnecksee
Wuppermannpark
Freudenthal
Eisholz
Schlebuschrath
Kurtekotten
Segelflugplatz
Golfplatz
Paulinenhof
Scheuerhof
Kunstfeld
Umspannwerk
Friedhof
Schloss Morsbroich Museum
Stadion
EUMCO
TÜV
1 = Adolf-Reichwein-Str.
2 = Theodor-Haubach-Str.
1 = Ortelsburger Str.
1 = Heisterbachstr.
6=Diedenhofener Straße
7=Hagenauer Straße
6=An St.Andreas
Bismarckstraße
Robert-Blum-Str.
Willy-Brandt-Ring
W.-Brandt-Ring
Bensberger Straße
Mülheimer Straße
Berliner Straße
Odenthaler Straße
Carl-Leverkus-Str.
Manforter Straße
Rathenaustraße
Kalkstraße
Gustav-Heinemann-Str.
Herbert-Wehner-Straße
Opladener Straße
Schlebuscher Straße
Siemensstraße
Knochenbergsweg
Haldweg
Hornpottweg
Dünnwalder Kommunalweg
Mühlenweg
Prämonstratenser-str.
Nittumer Weg
Kurtekottenweg
Edith-Weyde-Straße
E37
E35
1
3
8
23
24
51
68
98
108
51377
51375
51373
51061
51069
4
5
7
8
9
10

Stadtteil Steinbüchel
(zu Leverkusen)
Mathildenhof
Ophovener Weiher
Wilmersdorfer Str.
Berliner Straße
Bergische Landstraße
Höfen
Fettehenne
Höfer Mühle
Engstenberg
51377
Längsleimbach
Teitscheid
Reithalle
Erberich
Glöbusch
Jungholz
Leye
Farzemich
Hahnenberg
(zu Odenthal)
Neuenhaus
Kinderheim
Leimbacher Hof
Faßbacher Hof
Edelrath
Edelrather Weg
Sheffershof
Osenau
Osenauerhof
Uppersberg
Dünnerhöfe
Altenberger-Dom-Str.
Hummelsheim
Hummelsheimerhof
Scherfenbrand
siedlung
Mühlgraben
Dhünn
Kläranlage
Küchenberg
Unterbach
Hoverhof
Schlebuscher Straße
Nittum
Rothbroich
Gewerbegeb. Zum Schleider Feld
Odenthal
51519
Oberbech
Kalmünten
Schwarzbroich
Hoppersheide
Leverkusener Straße
Stadtteil Schildgen
(zu Bergisch Gladbach)
Kempen
Buschhorn
Siefen
51467
Hüfe
Katterbach
Klutstein
Hardthof
Heidgen
Nußbaum
Steinknippen
Paffrath
Hardt
Trimm-Dich-Pfad
Waldsiedlung Heidgen
51469
Kölner Stadtwald
Jägerhof
Kempener Straße
Paffrather Str.

70
Neschen
Oberbreidbach
Bülsberg
Backesberg
213
Winkelhausen
Jungholz
186
Hoheberg
Groß Spezard
Scheuren
Wildpark
Menrath
Wirths-spezard
Königsberg
Scheurener Straße
Peter-Hecker-Straße
Schloss Strauweiler
Dhünn
Farzemich
Odenthal
Kümps
Meute
Wasser-mühle
Hahnenberg
Klauberg
185
51519
Pumpwerk
Pisters-hausen
Scherfbachtalstraße
Klasmühle
Hunger
Meegen
Steinhaus
Selbach
Schutzhütte
Lengsberg
206
Scherf
Schallemicher Straße
Oberkirsbach
Unterkirsbach
Amtmannscherf
Funkenhof
Hollands-mühle
Niederscherf
Schallemich
Höhe
Höffe
154
Oberbech
Höffer Wiebershausen
Ortsteil Voiswinkel
(zu Odenthal)
Hohenfeld
190
Oberborsbach
Hollweg
Oberkäsbach
Straßen
Altehufe
Grünen-bäumchen
Oberholz
Alte Wipperfürth
Rosenth
Unterboschbach
Unterholz
Siefen
Haus Hebborn
Gemarken-berg
Risch
113
173
51467
506
Combüchen
Friedhof
Büchel
Kuckelberg
Romaneyer Höhe
Romaney
Kinder-tagesstätte
Kleyer Hof
Kley
Reit-platz
Hebborn
Tennis-plätze
Tennis-halle
Dolomitabbau
Grube
Bergisch Gladbach
Strunderberg
Natur-schutzgebiet
Schiff
Weizenfeld
Engelsfuhr
51465
Irlenfelder Hof
Igeler Hof
Igeler Mühle
Jägerstraße
Rommerscheid
110
Kürtener Straße
5656
5654
5652
1 2 4 5 6 8 9 11 12

Landwehr
Große Heide
71
Wanderparkplatz
Wasserwerk
Rodenberg
Herrschertal
Knappstockberg
Kleinheide
506
Krautweg
Unterkalsbach
Kochsfeld
Wehrkotten
Busch
Keffermich
Neuensaal
Sportpl.
Tennispl.
Hachenberger Straße
Kölner Straße
Altenberger Straße
Mühlen
Im Kühlchen
Altensaal
Schwarzeln
Biesfelder Straße
Ortsteil
Bechen
(zu Kürten)
Kiga
Friedhof
Alten-Wohnungen
Liesenberger Mühle
Klev
Pohl
Ammerweg
Odenthaler
Cliev
Kläranlage
Holz
Gewerbegebiet
Herweg
Durhaus
Durhaus
Breibacher Weg
Nelsbach
Nelsbachstr.
Weyerbach
Hochscherf
Engelsgasse
Herweg
245
Bölsberg
Oberscheid
Rosau
Schanze
1=Bertha-von-Suttner-Straße
Kragau
Weyermühle
In der
Wungenburg
Lenzholz
Kindergarten
Trienenhaus
Nußbaum
Nußbaum
Blissenbacher Hof
Meiswinkel
Grundschule
Schallemicher Straße
Wipperfürther Straße
Alte
Bechener Straße
Oberblissenbach
Eikamp
Blissenbach
Hauserhof
Hove
Biesfeld
Steeger Berg
1=Kuckucksweg
2=Finkenweg
3=Schwalbenweg
Feldhaus
Oberthal
Miebach
Katharinaglück
Bölinghoven
Zwergenhöhle
Unterthal
Dorpe
1=Johann-Heinrich-Lieth-Straße
2=Miebacher Weg
Schimmelsberg
Grubenweg
Zur Kapelle
Friedhof
Steeg
Winterberg
Wipperfürther
Herrenstrunden
Komturei
Kita
Trotzenburg
Spitze
Steintor
Ortsteil
Dürscheid
(zu Kürten)
Hähn
Schladerweg
Trotzenburger Weg
Bensberger Straße
Dürschtalstraße
Oberbörsch
Calenberg
Schifferberg
Keller
Dürscheider Hütte
Jährhardt
51429
Asselborner Hof
Untersteinbach
111
Kläranlage
Unter-Broichhausen
Asselborner Mühle
Asselborn
Unterasselborn
Dürschbach

Kürten
51515
Hommermühle
Helfenberg
Bürgerhaus-Rathaus
Markt
Sportplatz
Hülsensteeg
Sporth.
Schulzentr.
Bücherei
Grundsch.
Hechelkotten
Stegerheide
Schlünke
Bornen
Turnh.
Sportpl.
Kotterhof
Offermannsberg
Unterkalsbach
Höchsten
Hachenberg
Hachenberger Weg
Hau
6 = Schneewittchenweg
7 = Rotkäppchenweg
Waldmühle
Hägen
Petersberg
Haus Olpe
Friedhof
Glockenberg
1 = An der Pasch
Löhfeld
Ortsteil Olpe
(zu Kürten)
Saaler Busch
Broich
Kettenberg
Sülz
Kürtener Sülz
Oberselbach
Weier
Hörnen
Kohlgrube
Breibacher Weg
Wipperfürther Straße
Sonnenhöhe
Gewerbegebiet
Heidschlade
Museumsdorf
Hungenbach
Mittelselbach
Selbach
Eichen
Kläranl.
Breibach
Röttgen
Kaas
Scheid
Neuensaaler Straße
Eiserwarr
Brücke
Senioren- u. Pflegeheim
Eichhof
Lindlarer Straße
Jugendheim
Kiga
Wiesenberg
238
Dahl
Tannenweg
Pumpwerk
Sülze
Wiesengrund
Grunderweg
Grundermühle
Kaltenborn
Unterreudenbach
Reudenbach
Ommerberg
250
Kindergarten
Lenninghausen
Sportpl.
Kap.
Friedhof
Turnh.
Hubertusstr.
Jugendheim
Ahlendung
Altendahl
Domberg
Heid
Hausgrund
Linde-Schümmerich
Biesfeld
1 = Schwalbenweg
Kirchenfeld
Kollenbacher Str.
Niederkollenbach
Rodenbach
Ahlen
Oberhausen
Reimelsberg
222
Diepenbach
Buchenweg
Offermannsheider Straße
Hufe
Oberkollenbach
Hähn
Tüschen
Quabach
Lindlarer Sülz
Hommericher Straße
Schmitte
Welpertsiefen
Theisberg
244
Bolzplatz
Oeldorf
Oberdelev
Hommerich
Umspannwerk
Hohenberg
221
Ebbinghausen
Unterbörsch
Welzen
112
72
5654
5652

Dörrenbach
Dörpe
Hembach
Olpebach
Erlenbusch
Delling
Friedhof
Schultheismühle
Freilicht-altar
(zu Wipperfürth)
Kap.
Kloster
Fried-hof
Ommerborn
303
Pferdskopf
Ober-steinbach
276
Vogelberg
Unter-steinbach
Olperhof
Haasbach
Kurtenbach
Mittel-steinbach
Stein-bach
Olper-mühle
Büchel
Oberkotten
Oberbersten
Stiche
Miebesberg
250
Kaufmanns-ommer
Spich
Süttenbach
Unterbersten
Bosbach
Rölenommer
Zur Ommer
Kapelle
Ober-breidenbach
Untersülze
Frangenberg
Hoffstadt
Sport-platz
Mittelbreidenbach
Müllers-ommer
Grillhütte
Unter-breidenbach
Schätzmühle
Auf dem Falkemich
Dörl
Friedhof
Kapelle
Auf dem Flux
Merlenbach
Unterkotten
Dolomit
Ortsteil Linde
(zu Lindlar)
Linder Straße
Bruch
Lindlar
Unterommer
Wilhelm-Müller-Str.
Brückerhof
Falkenhof
51789
Schlürscheid
Scheurenhof
Kläranlage
Reithalle
Rheinstraße
1 = Weißdornweg
Am Bahnhof
Lingenbach
Sülz
Bergisches Freilichtmuseum
Reuschhof
Kläranlage
Siebensiefen
Kemmerich
Steinscheid
Scheller
Steimel
266
Unterhürholz
247
Dörrenberg
293
Hahnenzell
Mühlenberg
259
Unter-heiligenhoven
Kapelle
Ruine
Heiligenhoven
Brandenberg
243
Oberhürholz
Waldbruch
Kapelle
Berg
Wöstenberg

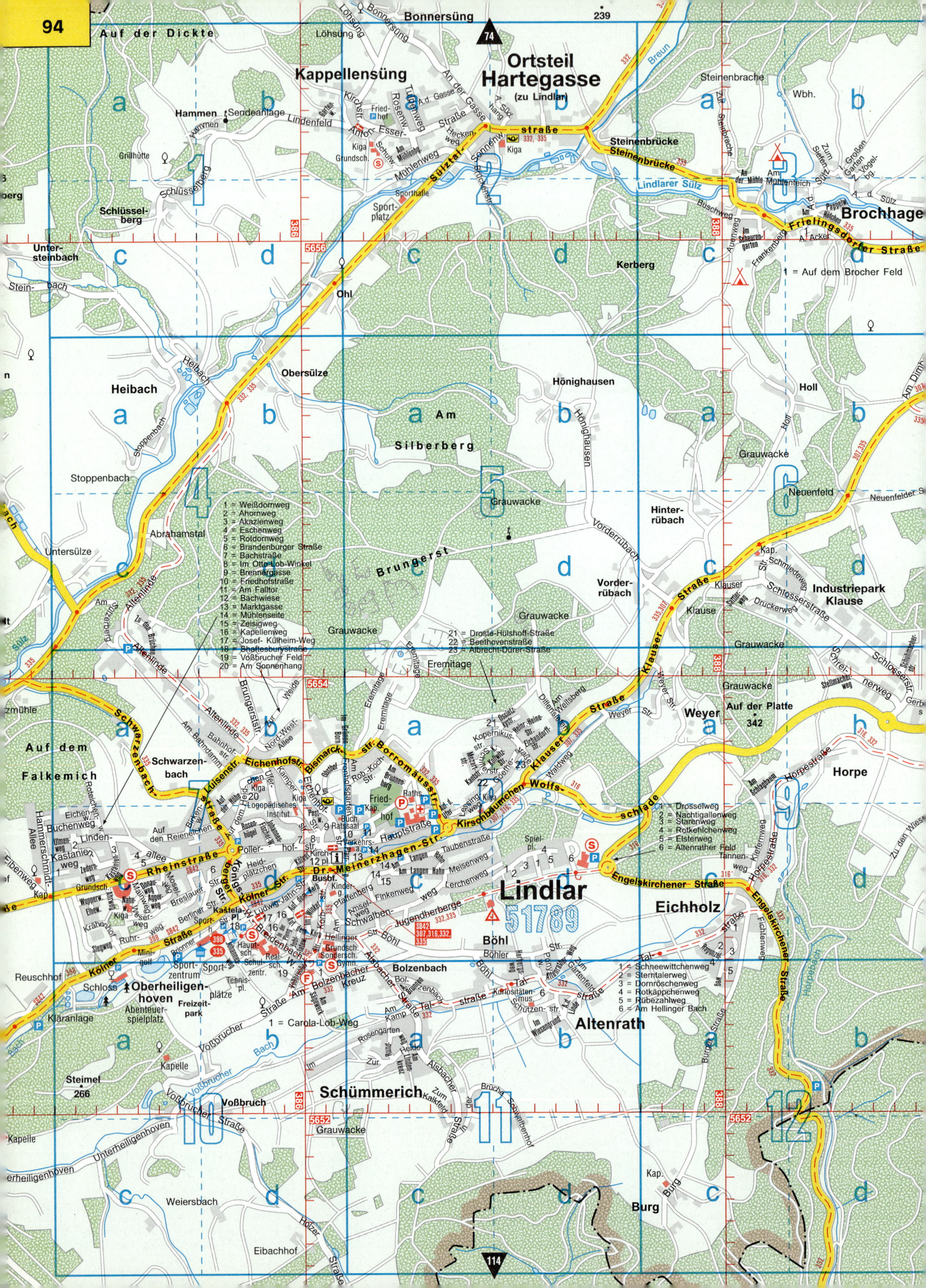
Auf der Dickte
Bonnersüng
Löhsung
Kappellensüng
Ortsteil
Hartegasse
(zu Lindlar)
Steinenbrache
Wbh.
Hammen
Sendeanlage
Lindenfeld
Grillhütte
Schlüsselberg
Steinenbrücke
Lindlarer Sülz
Brochhage
Frielingsdorfer Straße
1 = Auf dem Brocher Feld
Kerberg
Unter-
steinbach
Ohl
Sportplatz
Sülztal-
straße
Heibach
Obersülze
Hönighausen
Holl
Am
Silberberg
Grauwacke
Stoppenbach
Neuenfeld
Hinter-
rübach
Abrahamstal
Untersülze
Brungerst
Vorder-
rübach
Industriepark
Klause
1 = Weißdornweg
2 = Ahornweg
3 = Akazienweg
4 = Eschenweg
5 = Rotdornweg
6 = Brandenburger Straße
7 = Bachstraße
8 = Im Otto-Lob-Winkel
9 = Brennergasse
10 = Friedhofstraße
11 = Am Falltor
12 = Bachwiese
13 = Marktgasse
14 = Mühlenseite
15 = Zeisigweg
16 = Kapellenweg
17 = Josef- Külheim-Weg
18 = Shaftesburystraße
19 = Voßbrucher Feld
20 = Am Sonnenhang
21 = Droste-Hülshoff-Straße
22 = Beethovenstraße
23 = Albrecht-Dürer-Straße
Eremitage
Weyer
Auf der Platte
342
Horpe
Auf dem
Falkemich
Schwarzenbach
1 = Drosselweg
2 = Nachtigallenweg
3 = Starenweg
4 = Rotkehlchenweg
5 = Elsterweg
6 = Altenrather Feld
Lindlar
51789
Eichholz
Engelskirchener Straße
Böhl
Bolzenbach
1 = Schneewittchenweg
2 = Sterntalerweg
3 = Dornröschenweg
4 = Rotkäppchenweg
5 = Rübezahlweg
6 = Am Hellinger Bach
Reuschhof
Schloss
Oberheiligen-
hoven
Abenteuer-
spielplatz
Freizeit-
park
Kläranlage
1 = Carola-Lob-Weg
Altenrath
Steimel
266
Kapelle
Voßbruch
Schümmerich
Weiersbach
Eibachhof
Burg
Unterheiligenhoven

Nieder-
habbach
Scheel
Eibach
Ruine
Mühlenberg
293
(zu Marienheide)
Wilhelmsthal
Grauwacke
Recklinghausen
Dassiefen
Karlsthal
Gewerbe-
gebiet
Kläranlage
Eibacher-
hammer
Ortsteil
Frielingsdorf
(zu Lindlar)
Hoher Stein
304
Mehrzweck-
halle
Scheeler
Mühle
Thal
Oberleppe
Nordhelle
390
Kuhlbach
Gewerbe-
gebiet
Berghausen
(zu Gummersbach)
Kreuel
Fenke
Kaiserau
Golfplatz
Würden
Nieder-
gelpe
Kalk-
kuhl
Nochen
Grauwacke
Hagen
Felsenthal
1 = Friedrich-Leitgen-Straße
1 = Sauermannweg
2 = Am Hofanger
3 = Alte Ommerbornstraße
4 = Am Hang
5 = Zur Obstwiese
6 = Zur Hohen Tanne
Peisel
Elbach
51647
Remshagen
Grauwacke
Remhager
Berg
Neuremscheid
Flaberg
Espen
324
Steimelsberg
308
Wallefeld
Hahn
1 = Stockener Weg
Rennbrucher-
hammer
Rennbruch
Papiermühle
Bickenbach
Mülldeponie
Fuchskaule
1 = In der Burg
2 = Alfredstraße
3 = Sonnenau
4 = Claudiusweg
5 = Kastanienweg
1 = Kurheimweg
Löhberg
320
Heide
Leppe
Haus
Leppe
Remerscheid
Ortsteil
Schnellenbach
(zu Engelskirchen)
Ecke
283
Madonna
Neumoresnet
Müllensiefen
Kläranlage

Erlinghagen
(zu Marienheide)
Jedinghagen
Hüttenermühle
Im Steinberg
Stentenberg
387
Warenkopf
401
Grauwacke
Unter-erlinghagen
Leppe-straße
Nordhellerhammer
Herreshagen
Reithalle
Wegescheid
Wegescheidstraße
Windhagener Str.
Dorstelstr.
Arzhöhe
351
Sonnenberg
398
Sonnenberg
Ober-gelpe
Kreuel
Wervershoofer Straße
Kläranlage
Hülsenbusch
Gummershardt
437
Aussichtsturm
Gummeroth
Stahlberg
355
Nieder-gelpe
Gelpe-straße
Kalk-kuhl
Gemeindehaus
Bücherei
Schießstand
Friedhof
Kapelle
Reithalle
Reitplatz
Auf dem Berwel
369
51647
Lützinghausen
Waldesruh
Birnbaum
Nochener Straße
Apfelbaum
Steimel
Rodt
Hömerich
367
Veste
Strombach
Wiesengrund
Weststraße
Lopscheid
Zimmerberg
349
Lambach
Siebenbürgenstr.
Lope
1 = Schumannstraße
Wahlscheid
(zu Engelskirchen)
Thal
Langerscheid
Lobscheider Straße
Beethovenstraße
Lobscheider Berg
303
Eckkopf
376
Lobscheid
Ecke
283
Unter-hollenberg
Ober-hollenberg
Lambachtalstraße
Großer Borrberg
Oetterstal
Hundsknochen
367
76
116

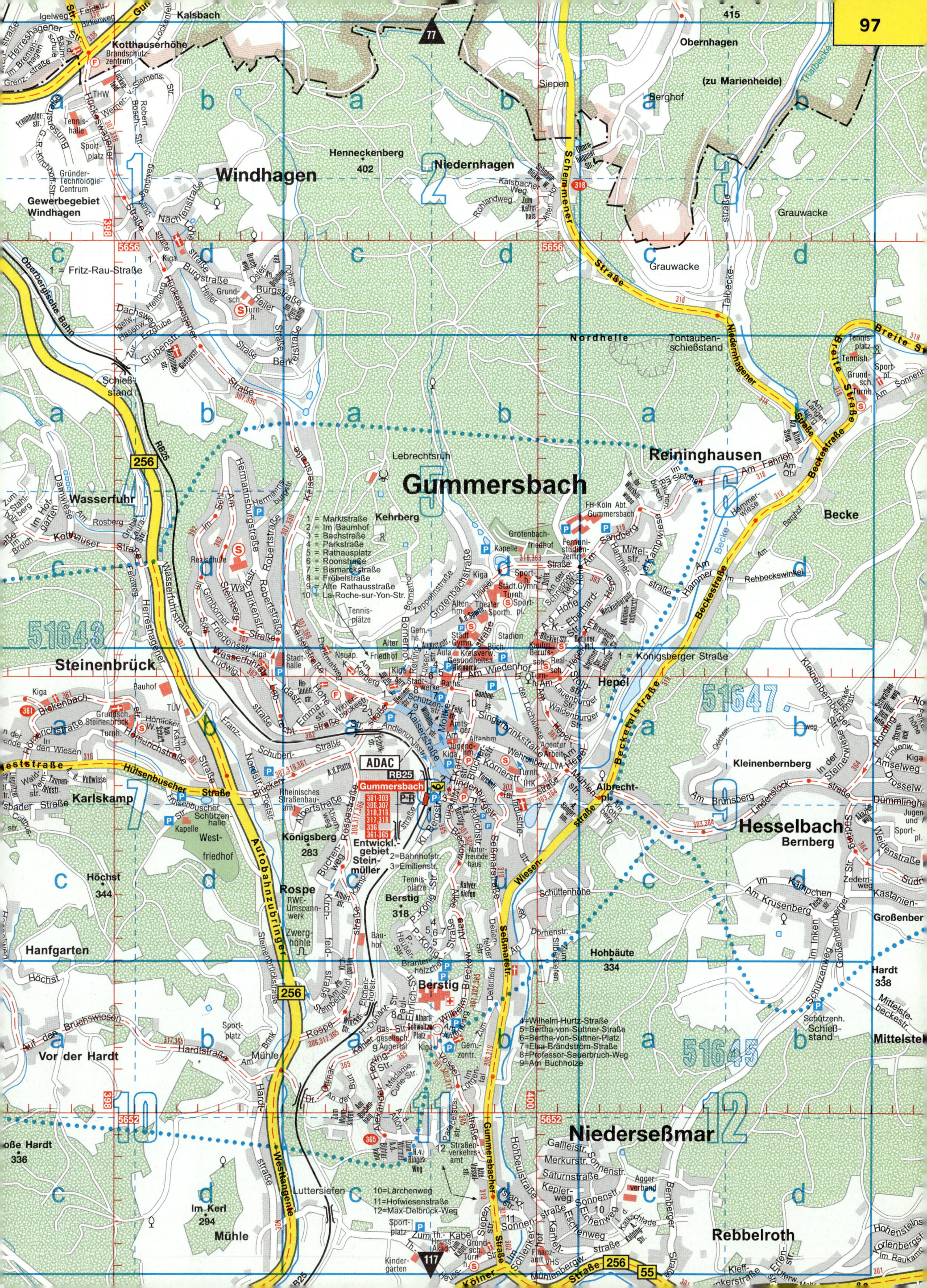
Kalsbach
Obernhagen
(zu Marienheide)
Kotthauserhöhe
Windhagen
Gewerbegebiet Windhagen
Henneckenberg
402
Niedernhagen
Berghof
Siepen
Grauwacke
Nordhelle
Tontaubenschießstand
Oberbergische Bahn
Schießstand
Reininghausen
Becke
Gummersbach
Lebrechtsruh
Kehrberg
Wasserfuhr
1 = Marktstraße
2 = Im Baumhof
3 = Bachstraße
4 = Parkstraße
5 = Rathausplatz
6 = Roonstraße
7 = Bismarckstraße
8 = Fröbelstraße
9 = Alte Rathausstraße
10 = La-Roche-sur-Yon-Str.
1 = Fritz-Rau-Straße
1 = Königsberger Straße
Steinenbrück
51643
51647
51645
Hepel
Kleinenbernberg
Hesselbach
Bernberg
Karlskamp
West-friedhof
Königsberg
283
ADAC
Gummersbach
Entwicklungsgebiet Steinmüller
2=Bahnhofstr.
3=Emilienstr.
Rospe
Berstig
318
Höchst
344
Hanfgarten
Autobahnzubringer
Schüttenhöhe
Hohbäute
334
Hardt
338
Mittelstebeckestr.
Mittelste
Vor der Hardt
Mühle
4=Wilhelm-Hurtz-Straße
5=Bertha-von-Suttner-Straße
6=Bertha-von-Suttner-Platz
7=Elsa-Brändström-Straße
8=Professor-Sauerbruch-Weg
9=Am Buchholze
Niederseßmar
Großenbernberg
Hohe Hardt
336
Im Kerl
294
Luttersiefen
10=Lärchenweg
11=Hofwiesenstraße
12=Max-Delbrück-Weg
Rebbelroth
Westtangente
Kölner Straße
Beckestraße
Niedernhagener Straße
Breite Straße
Hülsenbuscher Straße
Wiesenstraße
Gummersbacher Straße
Seßmarstr.
Hardtstraße

Lantenbach
Frömmersbach
Grauwacke
Kapelle
Kläranlage
Agger-
tal-
sperre
Meinerzhagener Straße
Derschlager Straße
Brink
Bruch
Breite Straße
Vor der Höhe
Lantenbacher Straße
Sonnenbergstr.
1=Am Lohhagen
Talsperrenweg
Steinweg
Wasserwerk
KD Die Burg
333
Wasserwerkstraße
Hofstraße
Erlenhagen
Lümer
Sperrmauer
Pumpwerk
Becke
Hackenberg
1 = Josef-von-Jeckel
Schullandheim des Förderkreises Schul- und Jugendfahrten
Danziger Str.
Königsberger Str.
Liegnitzer Str.
Hardtberg
389
2=Zur Steinebreche
3=Brunnenstraße
4=Butterwiese
5=Schwarzenbergstraße
6=Scheurenwiese
7=Blumenweg
Knollen
Hesselbach
(zu Gummersbach)
Dümmlinghausen
Dorfstraße
Hesselbacher Str.
Hagener Straße
Sundhelle
Leienbach
Sportzentrum Stentenberg
Stentenberg
396
Wilhelm-Bisterfeld-Stadion
Bursten
Klevestraße
Großenbernberg
1 = Pappelinstraße
Hardt
338
Mittelstebecke
Kalteneich
Derschlag
1 = Querstraße
2 = In der Mitte
Epelberg
284
Rennerpark
Klosterstraße
Galgenberg
314
Sessinghausen
Friedhof
Schönenthal
Kölner Straße
Olper Straße
In der Rostert
327
Naturdenkmal
Silberhal
51647
51645

Rosenthal-
seifen
Hundsrücken
Zum Springer
(zu Drolshagen)
Zur Feriensiedlung
Oberbergisches
Feriendorf
Wander-
parkplatz
Motor-und
Segelflugplatz
Niederrengse
Auf dem Dümpel
Natur-
denkmal
Rengse
NSG
Wander-
parkplatz
Höh
Pustenbach
Lieber-
hausener
Straße
Pernze
Heisterberg
384
Beulberg
480
Turn-
platz
Fest-
platz
Kreuz-
str.
Klosterweg
Sport-
platz
Olper
Straße
Belmicker Weg
In der
Schlade
An der Dörspe
Natur-
denkmal
Turn-
halle
Kapelle
Friedhof
348
Frümberg
Natur-
denkmal
A.-Nau-
Akademie
der Friedrich-
Ebert-Stiftung
Wander-
parkpl.
Heisterbacher
Dörspe
Alten-
heim
Ibitschenstraße
Petersberg
472
Sülemicker Feld
Kiga
1=Schürmannstraße
Hunde-
trainingspl.
Wander-
parkplatz
Wiedenest
382
Lauberg
Sülemicker
Straße
In der Eie
462
Zwerstall
Freibad
Kölner
Straße
55
THW
Heidchen
Fußgängerbrücke
8=Dietrich-Bonhoeffer-Weg
9=Heckenweg
10=Kirchstraße
11=Am Freien Stuhl
12=Schmittenloch
13=Am Heinzelmännchen
14=Vordere Ladestraße
15=Zum Rathaus
16=Graf-Eberhard-Platz
Schulandhm.
Haus Feste
Nyestadt
Dreiort
Bergneustadt
51702
Kulturdenkmal
Karrengleise
Altenothe
Sohl
Sohler Weg
Wolfskammer
Dorfgemeinsch.-
haus
Othe
Immicke
Brelöh
Sportplatz
Hackewiese
Hilgesbicke
Wolfschlade
Kapellenstraße
Neuenothe
Baldenberg
Wander-
parkplatz
Geschleide
Mühlhof
(zu Reichshof)
Natur-
denkmal
Gemeinde-
raum
Wander-
parkplatz
Hecke
Pump-
werk
79
119
5656
5654
5652
408
410

Immerath
80
Heidberg
Gaulshütte
Gut Etgendorf
Kläranlage
1 = Zum Brezelenberg
An der Spring
Jogelsang
Stein-Str.
Pt.-Stein-Str.
Im Kellergarten
Stadtbezirk
Kirchtroisdorf-Kleintroisdorf
(zu Bedburg)
Elsdorfer Straße
987
Am
Zollpfad
Lindenstraße
Kriegersweg
Friedhof
Sportplätze
61
Gewerbegebiet
1 = Am Majershof
2 = Am Priorshof
3 = Geddenberger Str.
Silverberg
Bleriche
Reithalle
Quadle
Maar
Am
Lindchen
Stadtbezirk
Blerichen-Kirdorf
(zu Bedburg)
Niederempter
Feld
Im Embegrund
1=Im Kirchblick
2=Kirchfeldstra
3=Echternache
Amleimann
Im Hofen
5650
Friedhof
Kirdorf
Kirdorfer Mühle
Wasserwerk
Kläranlage
Finkelbach
988
416
Sportpl.
Friedhof
Gut Richardshoven
Mühlenstr.
Neustraße
Ortsteil
Niederembt
(zu Elsdorf)
Martinusstr.
Kreuzstr.
Kirchstr.
Etgendorfer Weg
50126
5648
Windmühle
Gut Ohndorf
73
55
Schlemmers
Fleute
Hirtenkaul
Ortsteil
Tollhausen
(zu Elsdorf)
Ortsteil
Neu-Etzweiler
(zu Elsdorf)
50189
Elsdorf
Escher Fließ
1 = Sperberweg
2 = Falkenweg
3 = Lerchenweg
4 = Winterbach
Escher Straße
Reitweg
Zum Deetal
Ortsteil
Esch
(zu Elsdorf)
Gladbacher Straße
Finkenhof
Laurentiusstr.
Kläranlage
Carl-Diem-Straße
Gladbacher Straße
Desdorfer Straße
Gewerbe-
Friedhof
Busbf.
5646
1= Albert-Schweitzer-Str.
Ortsteil
Angelsdorf
128
Mittelstraße
Köln
283,940
941,988

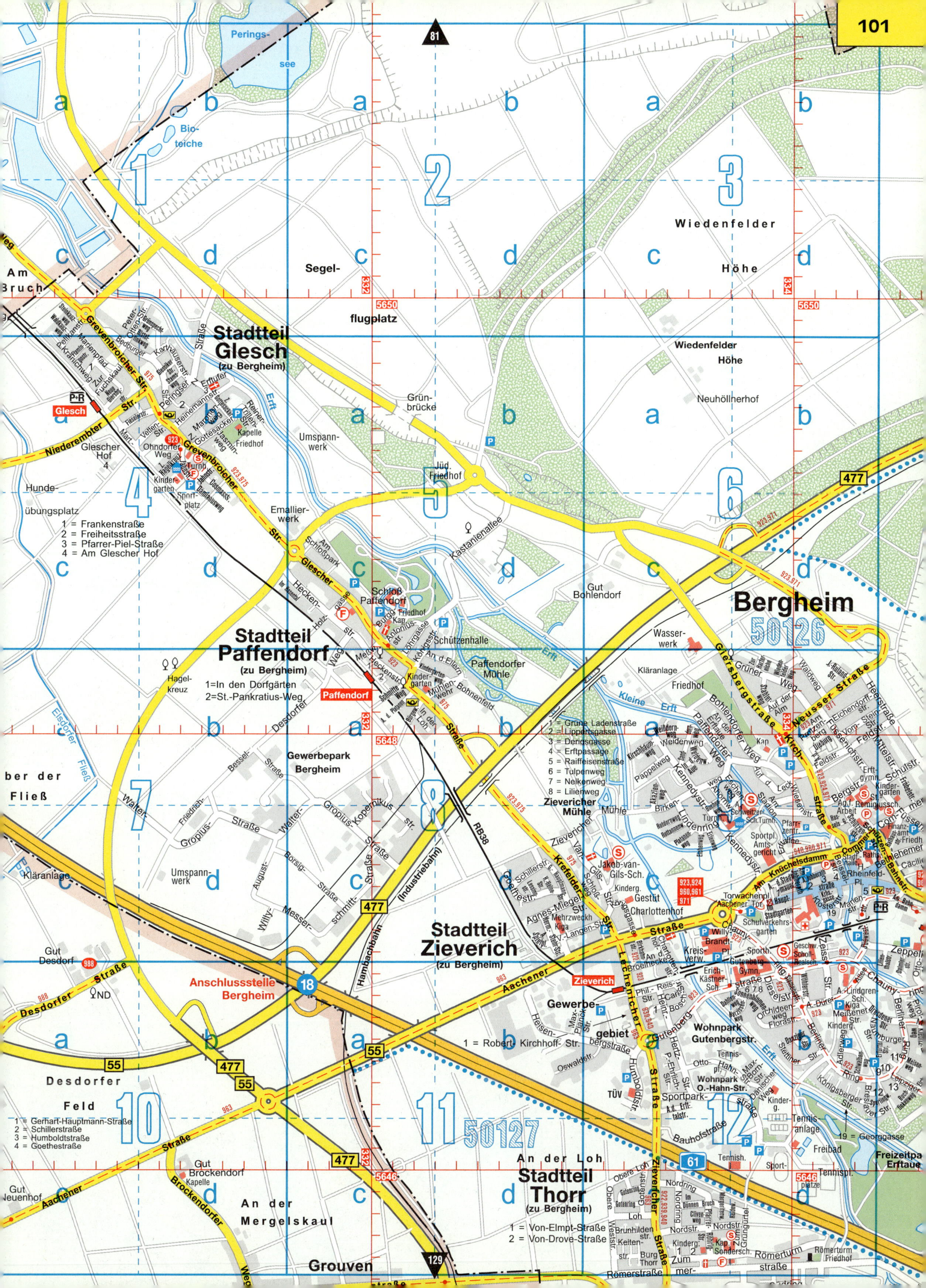
Perings-
see
Bio-
teiche
Am
Bruch
Segel-
flugplatz
Wiedenfelder
Höhe
Wiedenfelder
Höhe
Neuhöllnerhof
Stadtteil
Glesch
(zu Bergheim)
Glesch
Niederembter Str.
Glescher
Hof
Grevenbroicher Str.
Kapelle
Friedhof
Umspann-
werk
Grün-
brücke
Jüd.
Friedhof
Kastanienallee
Hunde-
übungsplatz
1 = Frankenstraße
2 = Freiheitsstraße
3 = Pfarrer-Piel-Straße
4 = Am Glescher Hof
Emallier-
werk
Glescher Str.
Schloß
Paffendorf
Friedhof
Schützenhalle
Paffendorfer
Mühle
Gut
Bohlendorf
Bergheim
50126
Wasser-
werk
Kläranlage
Friedhof
Kleine Erft
Erft
Stadtteil
Paffendorf
(zu Bergheim)
1=In den Dorfgärten
2=St.-Pankratius-Weg
Paffendorf
Hagel-
kreuz
Elsdorfer Fließ
ber der
Fließ
Gewerbepark
Bergheim
1 = Grüne Ladenstraße
2 = Lippertsgasse
3 = Derigsgasse
4 = Erftpassage
5 = Raiffeisenstraße
6 = Tulpenweg
7 = Nelkenweg
8 = Lilienweg
Zievericher
Mühle
Jakob-van-
Gils-Sch.
Charlottenhof
Kläranlage
Umspann-
werk
Industriebahn
Hambachbahn
RB38
Krefelder Str.
Stadtteil
Zieverich
(zu Bergheim)
Zieverich
Aachener Straße
Am Knüchelsdamm
Kennedyring
Gut
Desdorf
Desdorfer Straße
Anschlussstelle
Bergheim
ND
Gewerbe-
gebiet
1 = Robert-Kirchhoff-Str.
Wohnpark
Gutenbergstr.
Wohnpark
O.-Hahn-Str.
Desdorfer
Feld
1 = Gerhart-Hauptmann-Straße
2 = Schillerstraße
3 = Humboldtstraße
4 = Goethestraße
50127
TÜV
Sportpark-
Bahnstraße
Tennis-
anlage
Freibad
19 = Georggasse
Freizeitpa
Erftaue
Gut
Bröckendorf
Kapelle
Gut
Neuenhof
Aachener
An der
Mergelskaul
Grouven
An der Loh
Stadtteil
Thorr
(zu Bergheim)
1 = Von-Elmpt-Straße
2 = Von-Drove-Straße
Zievericher Straße
Römerturm
Friedhof
Römerstraße
5650
5648
5646
332
334
81
129
477
55
61
18

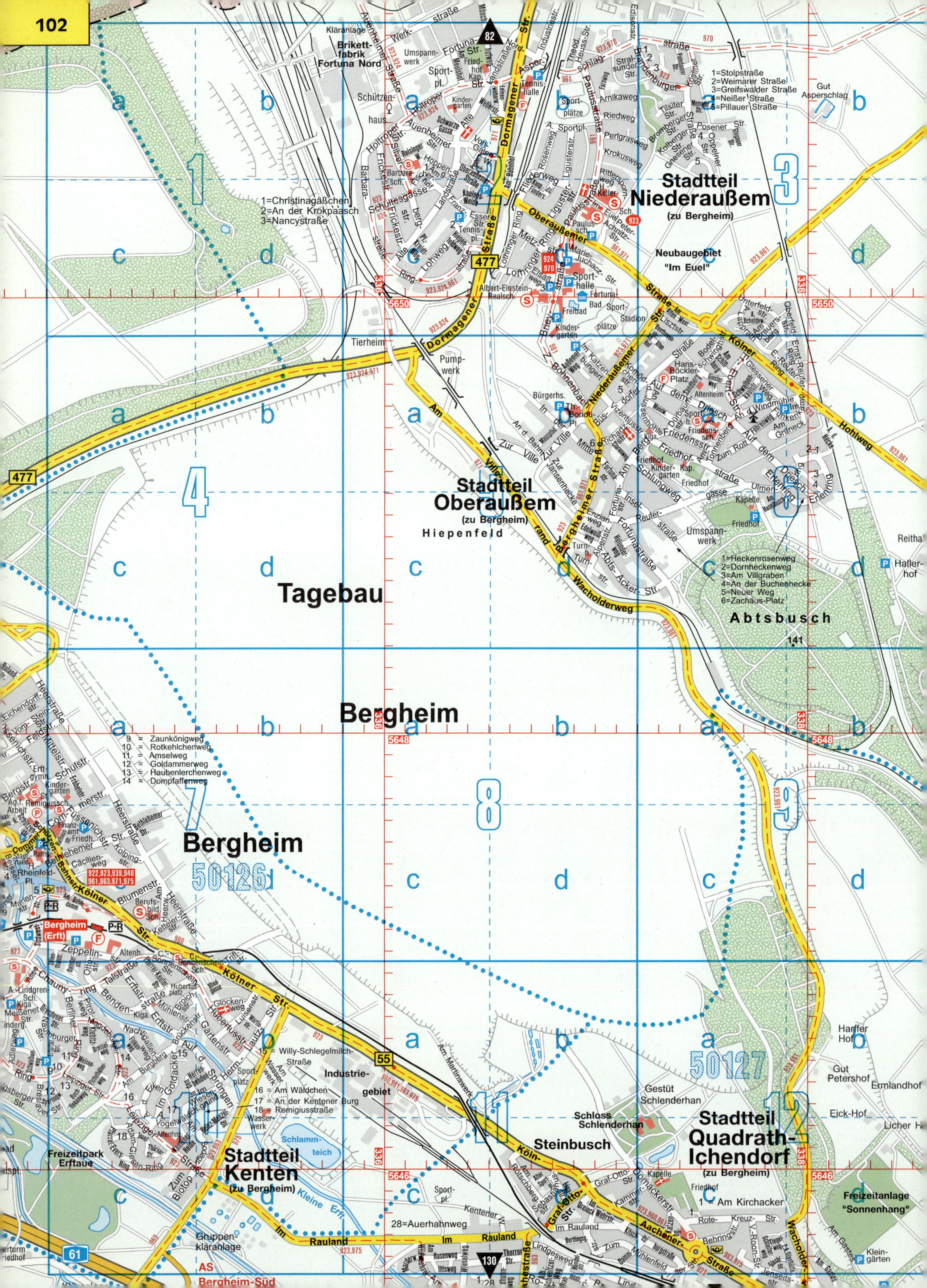
Stadtteil Niederaußem
(zu Bergheim)
Neubaugebiet "Im Euel"
1=Stolpstraße
2=Weimarer Straße
3=Greifswalder Straße
4=Neißer Straße
5=Pillauer Straße
1=Christinagäßchen
2=An der Krokpaasch
3=Nancystraße
Brikett-fabrik Fortuna Nord
Kläranlage
Stadtteil Oberaußem
(zu Bergheim)
Hiepenfeld
Tagebau
Abtsbusch
1=Heckenrosenweg
2=Dornheckenweg
3=Am Villgraben
4=An der Buchenhecke
5=Neuer Weg
6=Zachaus-Platz
Bergheim
Bergheim
50126
9 = Zaunkönigweg
10 = Rotkehlchenweg
11 = Amselweg
12 = Goldammerweg
13 = Haubenlerchenweg
14 = Dompfaffenweg
15 = Willy-Schlegelmilch-Straße
16 = Am Wäldchen
17 = An der Kentener Burg
18 = Remigiusstraße
Industriegebiet
Stadtteil Kenten
(zu Bergheim)
Schlammteich
Freizeitpark Erftaue
Steinbusch
Schloss Schlenderhan
Gestüt Schlenderhan
Stadtteil Quadrath-Ichendorf
(zu Bergheim)
50127
1 = Am Kirchacker
28=Auerhahnweg
Freizeitanlage "Sonnenhang"
Gut Asperschlag
Harffer Hof
Gut Petershof
Eick-Hof
Ermlandhof
Gruppenkläranlage
Bergheim-Süd
Dormagener Straße
Oberaußemer Straße
Kölner Straße
Hohlweg
Wacholderweg
Im Rauland
Aachener Straße

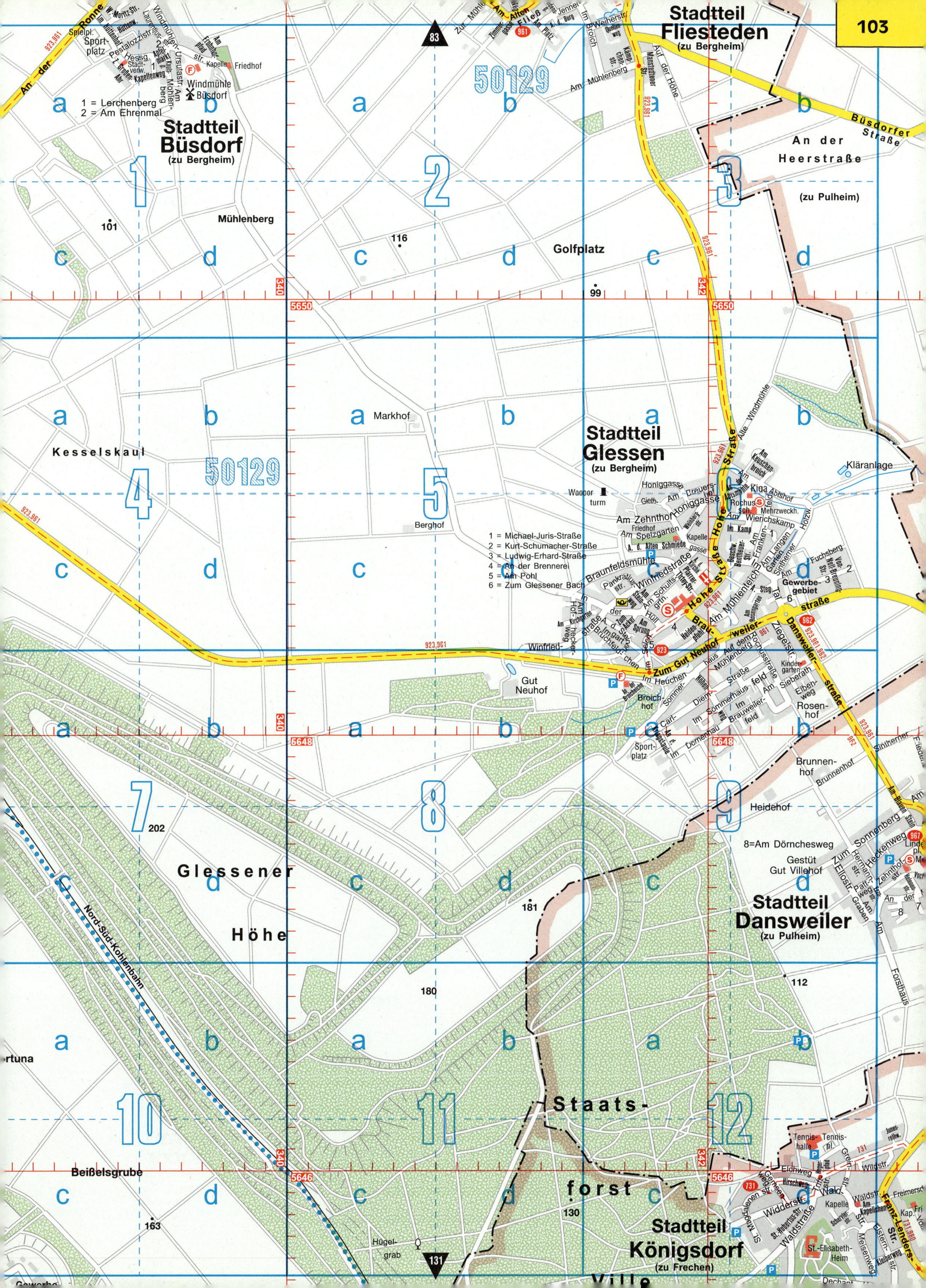
Stadtteil Fliesteden
(zu Bergheim)
Stadtteil Büsdorf
(zu Bergheim)
1 = Lerchenberg
2 = Am Ehrenmal
Windmühle Büsdorf
Friedhof
Sportplatz
Pestalozzistr.
Mühlenberg
50129
An der Heerstraße
(zu Pulheim)
Büsdorfer Straße
Golfplatz
Markhof
Berghof
Kesselskaul
Stadtteil Glessen
(zu Bergheim)
Kläranlage
Wasserturm
Honiggasse
Am Zehnthof
Am Spelzgarten
Braunfeldsmühle
Winfriedstraße
Höhe Straße
Gewerbegebiet
Dansweiler Straße
1 = Michael-Juris-Straße
2 = Kurt-Schumacher-Straße
3 = Ludwig-Erhard-Straße
4 = An der Brennerei
5 = Am Pohl
6 = Zum Glessener Bach
Zum Gut Neuhof
Gut Neuhof
Broichhof
Sportplatz
Rosenhof
Brunnenhof
Heidehof
8=Am Dörnchesweg
Gestüt Gut Villehof
Stadtteil Dansweiler
(zu Pulheim)
Forsthaus
Glessener Höhe
Nord-Süd-Kohlenbahn
Staatsforst Ville
Beißelsgrube
Hügelgrab
Stadtteil Königsdorf
(zu Frechen)
Tennishalle
St.-Elisabeth-Heim
Franz-Lenders-Str.
Waldstraße
Kapelle
1 2 3 4 5 6 7 8 9 10 11 12
83
131
101
116
99
202
181
180
112
130
163
5650
5648
5646
340
342

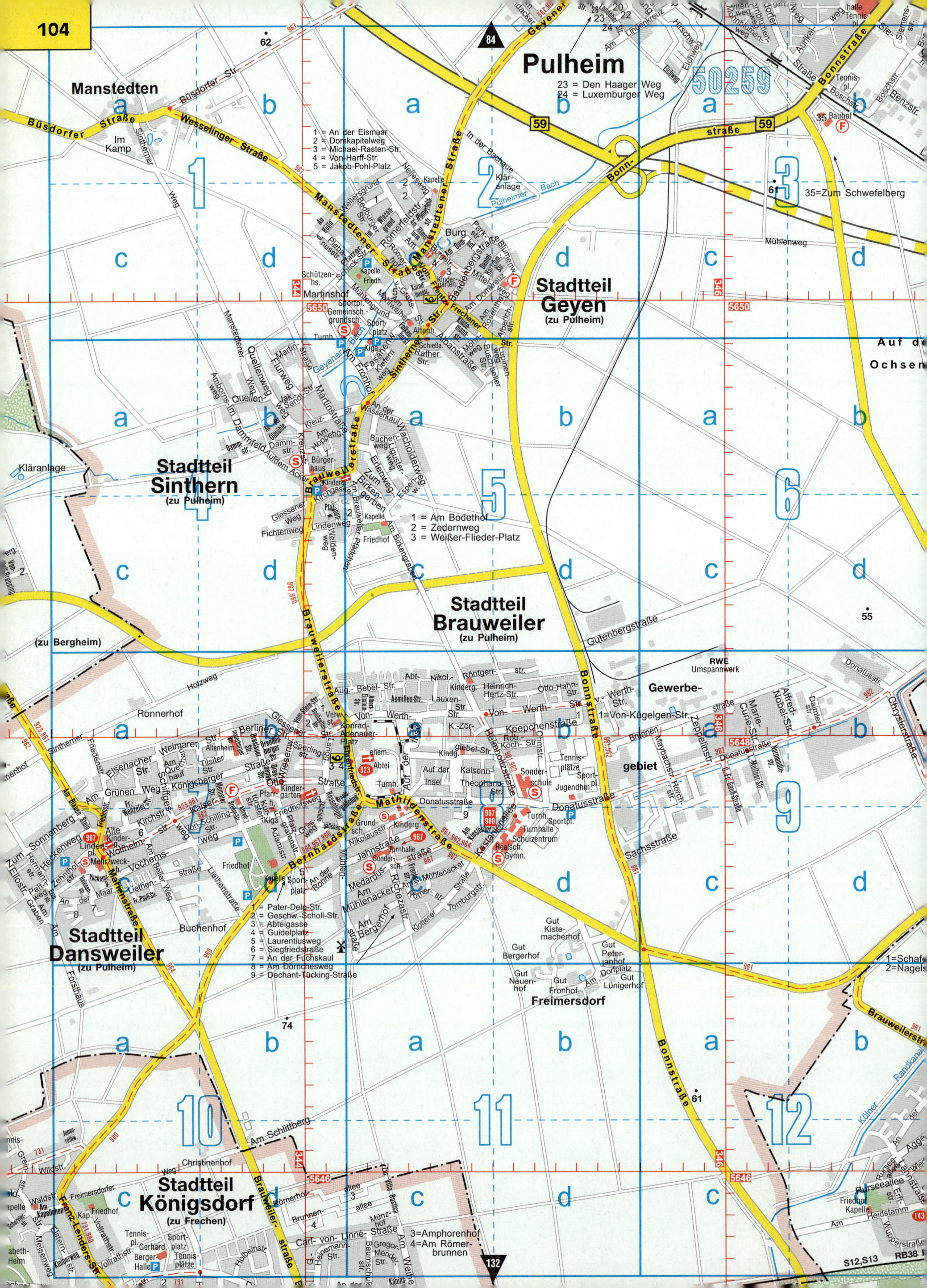
Pulheim
23 = Den Haager Weg
24 = Luxemburger Weg
50259
Manstedten
Büsdorfer Straße
Wesselinger Straße
Im Kamp
1 = An der Eismaar
2 = Domkapitelweg
3 = Michael-Rasten-Str.
4 = Von-Harff-Str.
5 = Jakob-Pohl-Platz
Manstedtener Straße
Geyener Straße
Bonnstraße
Kläranlage
Pulheimer Bach
35=Zum Schwefelberg
Mühlenweg
Burg
Martinshof
Stadtteil Geyen
(zu Pulheim)
Auf dem Ochsen
Stadtteil Sinthern
(zu Pulheim)
Kläranlage
Brauweilerstraße
1 = Am Bodethof
2 = Zedernweg
3 = Weißer-Flieder-Platz
Stadtteil Brauweiler
(zu Pulheim)
(zu Bergheim)
Gutenbergstraße
RWE Umspannwerk
Gewerbe-
gebiet
1=Von-Kügelgen-Str.
Ronnerhof
Holzweg
Donaustraße
Mathildenstraße
Bernhardstraße
Friedhof
Abtei
Sachsstraße
Stadtteil Dansweiler
(zu Pulheim)
1 = Pater-Delp-Str.
2 = Geschw.-Scholl-Str.
3 = Abteigasse
4 = Guidelplatz
5 = Laurentiusweg
6 = Siegfriedstraße
7 = An der Fuchskaul
8 = Am Dorncheswег
9 = Dechant-Tücking-Straße
Buchenhof
Gut Kistemacherhof
Gut Bergerhof
Gut Neuenhof
Gut Fronhof
Gut Peterjanhof
Gut Lünigerhof
Freimersdorf
1=Schaf
2=Nagels
Brauweilerstr.
Am Schlittberg
Christinenhof
Stadtteil Königsdorf
(zu Frechen)
3=Amphorenhof
4=Am Römerbrunnen
Carl-von-Linné-Straße
Kölner Randkanal
1
2
3
4
5
6
7
8
9
10
11
12
84
132
59
346
5650
5648
5646

50765
50767
50827
50829
50859
50933
Stadtteil Bocklemünd/ Mengenich
(zu Köln)
Mengenich
Nüssenberger Busch
Bocklemünd
Stadtteil Widdersdorf
(zu Köln)
Stadtteil Vogelsang
(zu Köln)
Stadtteil Lövenich
(zu Köln)
Stadtteil Müngersdorf
(zu Köln)
Pulheimer See
Gut Stöckheim
Gut Baddenberg
Hof Höchsten
Venloer Straße
Buschfeld
AS Köln-Bocklemünd
Westdeutscher Rundfunk (GEZ)
Haus Daveg
Haus Rath
Am Rather Bungert
Auf dem Sand
Westfriedhof
Krematorium
Schaffrathsgasse
Mengenich Ollenhauerring
Hugo-Eckener-Straße
Militärringstraße
Freimersdorfer Weg
Hauptstraße
Lise-Meitner-Ring
Gregor-Mendel-Ring
Widdersdorfer Straße
Brauweilerstraße
Gut Vogelsang
Max-Planck-Institut
Industriegebiet
Gewerbepark
Waldschule Belvedere
Bundesanstalt f. Sportwissenschaft
Lövenich
Bocklemünd
Westfriedhof
1 = Treptow-Straße
2 = Wolgograd-Straße
3 = In der Lößbörde
4 = Auf der Aspel
5 = Sibilla-Sester-Str.
1 = Hubert-Nathan-Weg
85
133

Stadtteil Longerich
(zu Köln)
Gewerbehof Ossendorf
Gewerbe im Park
50829
AS Longerich
Stadtteil Bilderstöckchen
(zu Köln)
50739
Verschiebebf K.-Nippes
Nord-friedhof
Stadtteil Ossendorf
(zu Köln)
50827
Friedhofserweiterung (geplant)
Justizvollzugsanstalt
Ossendorfpark
AS Bickendorf
1 = König-Baudouin-Platz
1 = Christoph-Probst-Str.
2 = Stauffenbergstr.
1 = Ruth-Hallensleben-Str.
1 = Deidesheimer Straße
2 = Scharfeneckweg
3 = Kropsburgweg
4 = Berwartsteinweg
5 = Madenburgweg
6 = Volkerweg
7 = Dietrichweg
8 = Gertr.-Robertz-Platz
KÖLN
Blücherpark
Stadtteil Vogelsang
(zu Köln)
Stadtteil Bickendorf
(zu Köln)
Industriegebiet
1 = Unter Bergamotten
2 = Am Brünnerbogen
3 = Rotdornweg
4 = An der Buchenhecke
5 = Schlehdornweg
6 = Wacholderweg
7 = Am Rosenhof
AS Ehrenfeld
Neuehrenfeld
50823
Güterbf Ehrenfeld
K.-Ehrenfeld
K.-Müngersdorf/Technologiepark
50825
Stadtteil Ehrenfeld
(zu Köln)
50672
Stadtteil Braunsfeld
(zu Köln)
50933
Bezirkssportanlage
K.-West
Heckpfad
Militärringstraße
Venloer Straße
Äußere Kanalstraße
Parkgürtel
Innere Kanalstraße

Stadtteil Niehl (zu Köln)
Stadtteil Flittard (zu Köln)
Stadtteil Stammheim (zu Köln)
Stadtteil Weidenpesch (zu Köln)
Stadtteil Nippes (zu Köln)
Stadtteil Riehl (zu Köln)
Stadtteil Buchforst (zu Köln)
Stadtt. Kalk (zu Köln)
Rhein
51061
50737
50735
50733
51063
50668
50670
50679
51065
Pferderennbahn
Weidenpescher Park
Heizkraftwerk Niehl
Cranachwäldchen
Niehler Hafen
Becken 1
Becken 2
Becken 3
Becken 4a
Zoologischer Garten
Bot. Garten
Flora
Rheinpark
Jugendpark
Mülheimer Hafen
Mülheimer Brücke
Zoobrücke
Neustadt-Nord
Altstadt-Nord
Güterbf. K.-Weidenpesch
Sebastianstr.
Nesselrodestr.
Neusser Str./Gürtel
Amsterdamer Str./Gürtel
Florastr.
Lohsestr.
Kinderkrankenhaus
Slabystr.
Boltensternstr.
Zoo/Flora
Reichenspgr.-pl.
Ebertpl.
K.-Hansaring
K.-Geldernstr./Parkgürtel
Cityplan S.37
Neusser Straße
Niehler Straße
Amsterdamer Straße
Boltensternstraße
Niehler Gürtel
Friedrich-Karl-Straße
Theodor-Heuss-Ring
Konrad-Adenauer-Ufer
Industriestraße
Düsseldorfer Straße
Pfälzischer Ring
1 = Lachsgasse
2 = Zoppenbroicher Str.
3 = Waldfriedstr.
4 = Hoppegartener Str.
5 = Ehreshover Str.
1=Siegstraße
2 = Münzstr.
3 = Lohmühlenstr.
4 = Flügelstr.
5 = Overbergstr.
6 = Lülsdorfstr.
1=Im Glockenring
2=Im Krahnenhof
3=Kunibertsklostergasse
87
135

Stadtteil Höhenhaus
(zu Köln)
Stadtteil Dünnwald
(zu Köln)
Stadtteil Mülheim
(zu Köln)
Stadtteil Holweide
(zu Köln)
Stadtteil Buchheim
(zu Köln)
Stadtteil Höhenberg
(zu Köln)
Stadtt. Buchforst
(zu Köln)
Stadtt. Merheim
(zu Köln)
Rhein
51061
51063
51065
51067
51103
K.-Stammheim
K.-Holweide
K.-Mülheim
K.-Buchforst
Köln-Buchforst
AS K.-Mülheim
Anschlussstelle Köln-Dellbrück
Kreuz Köln-Ost
AS Köln-Merheim
Kläranlage
Propfbusch
Höhenfelder See
Industriegebiet
Gewerbegeb. Köln-Buchhm.
Dünnwalder Kommunalweg
Berliner Straße
Bergisch Gladbacher Straße
Frankfurter Straße
Clevischer Ring
Buchheimer Ring
Herler Ring
Schlagbaumsweg
Colonia-Allee
Piccoloministraße
Höhenfelder Mauspfad
Kalkweg
Mauspfad
Höhenberger Ring
Rangierbf Kalk-Nord
Stadtbahn-Betriebshof KVB
Böcking-Park
1 = Ilfelder Weg
2 = Braunlager Weg
3 = Bleicheroder Weg
4 = Quedlinburger Weg
5 = Lauterberger Weg
6 = Harzgeroder Weg
7 = Gernroder Weg
8 = Clausthaler Weg
9 = Altenauer Weg
10 = Andreasberger Weg
1 = Gymnasiumstr.
2 = Münzstr.
3 = Lohmühlenstr.
4 = Flügelstr.
5 = Overbergstr.
6 = Lülsdorfstr.
8 = Carl-Brisch-Str.
2 = Heinrich-Gilsbach-Str.
1 = Edelrather Weg
2 = Sengbachweg
1 = Preußen-Dellbrück-Weg
1 = R.-Mayer-Str.
88
136

Kölner Stadtwald
Stadtwald
Diepeschrather Mühle
Tageserholungsanlage
3 = Memeler Straße
4 = Stettiner Straße
Bergisch Gladbach
Rückhaltebecken
Mutzbach
Thurner Wald
1 = Ottilienstraße
2 = Untereschbacher Str.
3 = Rosenkeppeler Str.
4 = Humperdinckstr.
Paffrath
Hand
Handstraße
Duckterath
Paffrather Str.
Am Stadion
Industriegebiet West
Industriegebiet
5 = Marie-Juchacz-Straße
Sportplatz
Kindergarten
Schießstand
Katharinenkammerweg
Hermann-Löns-Str.
Duckterather Busch
NSG
Walther-straße
Industriegebiet
K.-Dellbrück
Bergisch Gladbacher Straße
Mülheimer Straße
Gronau
Piddelbornsmühle
Schlodderdicht
Dännekamp
Gierather Str.
Am Rodenbach
Thielenbruch
Gierather Mühle
Gierath
Schluchter Staatsforst
Königsforst
Heide
1=Thielenbrucher Str.
2=Iddelsfeld
Hasselsbach
Friedhof
Kapelle
Refrather Weg
Dellbrücker Mauspfad
Kemperbachstr.
5 = Pfarrer-Hillmann-Weg
6 = Pfarrer-Buchbender-W.
Strundener Str.
Gipsmühle
Strunder Mühle
Strunden
Stadtteil Dellbrück (zu Köln)
1 = Im Dergbusch
Thurner Hof
Sportplätze
Tennis-pl.
Hardthof
Tennishalle
Mielenforst
Bensberger Marktweg
Rademacherweg
Ostfriedhof
Iddelsfelder Hardt
Jagdhaus
Eggerbach
Mielen-forst
Brandroster
Gewerbegeb.
Dolmanstraße
Sandbüchel
51069
51427
51465
51469
51109
Stadtteil Refrath (zu Bergisch Gladbach)
Wasserwerk
Kahnweiher
Frankenforstbach
Buchenkampsweg
Lustheide
3 = Peter-Bürling-Platz
4 = Peter-Bürling-Passage
Stadtteil Brück (zu Köln)
Flehbach
Olpener Straße
AS Refrath
E40
Kläranlage
Vürfels
Siegenstr.
Steinbrecher Weg
Neufeldweg
Kindergarten
Kinderheim
89
137
4
18
55
506
S11

Rommerscheid
90
Bergisch Gladbach
Sand
Heidkamp
Lichten
Oberlerbach
Scherpenbach
Kaltenbroich
Sander Heide
Grube Blücher
Staatsforst
Königsforst
Hardt
Stadtteil Bensberg
(zu Bergisch Gladbach)
Gronauer-Wald
Gewerbegebiet Zinkhütte
Eicherbusch
Dolomitabbau
Lückerath
Frankenforst
Saaler Mühle
Erholungspark
Golfplatz
Steinberg
159
Unterhombach
Eulenburg
Alte Dombach
Dombach
Häuser Dombach
Halfen Dombach
Steufelsberg
Quirlsberg
Industriegebiet Gohrsmühle
Wesselsteinbach
Hülsenfeld
Pumpwerk
Rochuskap.
Herkenrather Straße
Kürtener Straße
Odenthaler Straße
Bensberger Straße
Refrather Straße
Frankenforster Straße
Kölner Straße
Overather Straße
Wipperfürther Str.
Ottenweg
Erdenburg
Ringwall
Zuckerhütchen
Kardinal-Schulte-Hs. Altenheim
Thomas-Morus-Akademie
Vinzenz-Pallotti-Hospital
AS Moitzfeld
AS Bensberg
E40
4
19
20
138
Trimm-Dich-Pfad
Hexenteich
Kläranlage
51465
51469
51427
Bensberg
Berg. Gladbach
S11
ADAC
1 = Am Alten Pastorat
2 = K.-Adenauer-Pl.
3 = M.-Zanders-Anlage
1 = Paul-Ehrlich-Straße
2 = An der Eiche
3 = Anna-Zanders-Str.
4 = Im Lehmstich
5 = Sander Aue
3=Schneewittchenweg
4=Hänsel-u.-Gretel-Weg
5=An den Warden
1=Hofwiese
2=Am Zubusch
1 = Opladenstr.
2 = Wachendorffstr.
3 = Goerdelerstr.
1=Schmillengäßchen
2=Zum Wilden Jäger
16=Erna-Klug-Weg
17=Sonnenwinkel
6 = Nikolausstraße
7 = Stahlhutstr.
8 = An der Kirche
11 = Burggraben
12 = Wilhelm-Wagener-Platz
13 = Pehlengasse
14 = Pehlengarten
15 = Anna-Maria-Medici-Platz
182

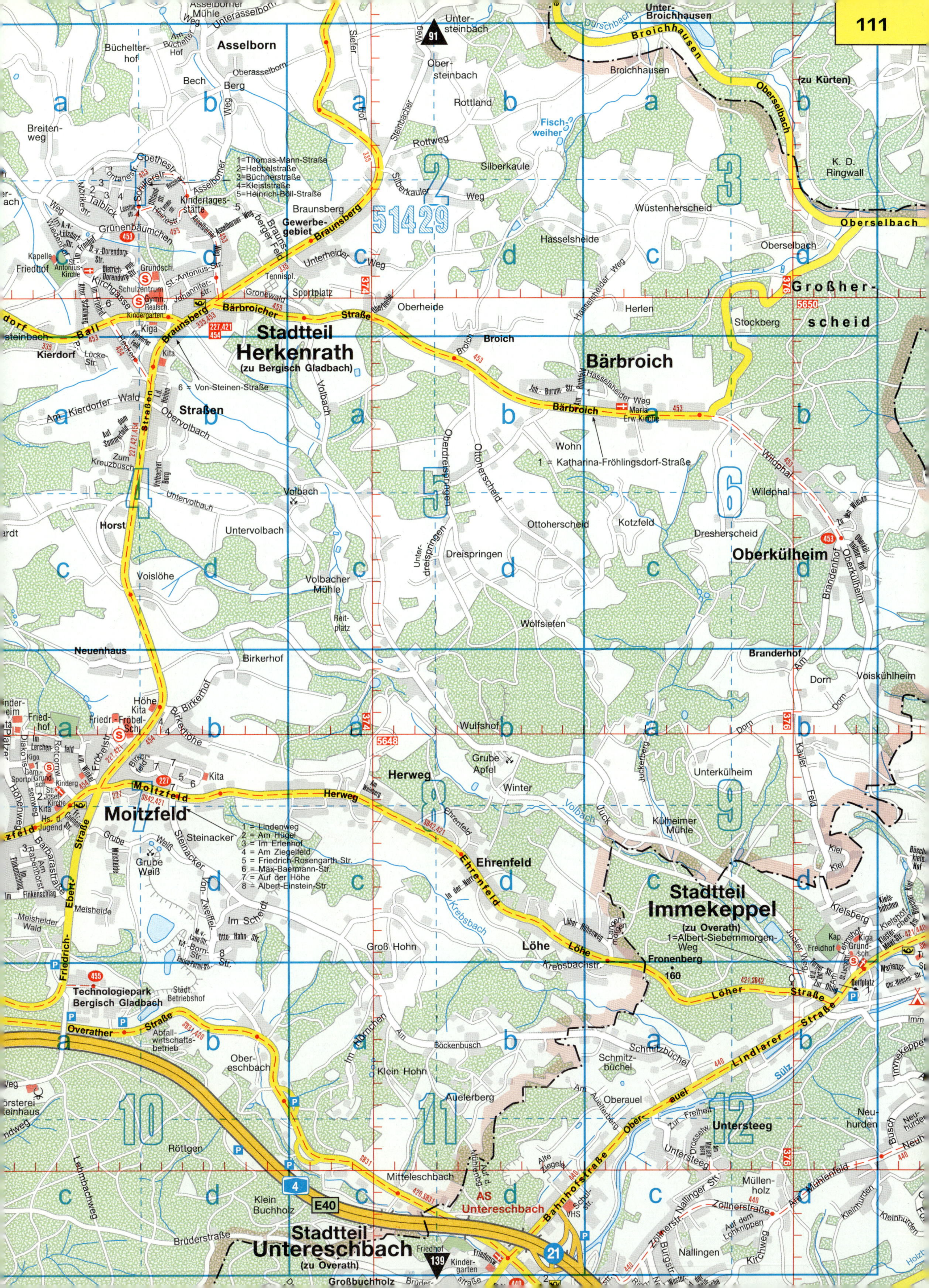
Asselborner Mühle
Unterasselborn
Büchelterhof
Am Büchelter Hof
Asselborn
Oberasselborn
Bech
Berg
Breitenweg
Unter-steinbach
Ober-steinbach
Rottland
Rottweg
Silberkaule
Fischweiher
Unter-Broichhausen
Dürschbach
Broichhausen
Oberselbach
(zu Kürten)
K. D. Ringwall
Wüstenherscheid
Oberselbach
Hasselsheide
Großherscheid
Stockberg
Herlen
Oberheide
Broich
Bärbroich
Bärbroicher Straße
1=Thomas-Mann-Straße
2=Hebbelstraße
3=Büchnerstraße
4=Kleiststraße
5=Heinrich-Böll-Straße
Braunsberg
Gewerbegebiet
Kindertagesstätte
Grünenbäumchen
Talblick
Friedhof
Kapelle
St.-Antonius-Kirche
Grundsch.
Gymn.
Realsch.
Schulzentrum
Kindergarten
Sportplatz
Tennispl.
Stadtteil Herkenrath
(zu Bergisch Gladbach)
Kierdorf
Kiga
Kita
6 = Von-Steinen-Straße
Straßen
Kierdorfer Wald
Volbach
Obervolbach
Kreuzbusch
Horst
Untervolbach
Voislöhe
Volbacher Mühle
Reitplatz
Oberdreispringen
Unterdreispringen
Dreispringen
Ottoherscheid
Wolfsiefen
Wohn
1 = Katharina-Fröhlingsdorf-Straße
Maria Erw. Kirche
Wildphal
Kotzfeld
Dresherscheid
Oberkülheim
Branderhof
Dorn
Voiskühlheim
51429
Neuenhaus
Birkerhof
Höhe
Friedr.-Fröbel-Sch.
Moitzfeld
Herweg
Grube Apfel
Winter
Wulfshof
Unterkülheim
Külheimer Mühle
Steinacker
1 = Lindenweg
2 = Am Hügel
3 = Im Erlenhof
4 = Am Ziegelfeld
5 = Friedrich-Rosengarth-Str.
6 = Max-Baermann-Str.
7 = Auf der Höhe
8 = Albert-Einstein-Str.
Grube Weiß
Ehrenfeld
Krebsbach
Meisheide
Meisheider Wald
Im Scheidt
Groß Hohn
Löhe
Stadtteil Immekeppel
(zu Overath)
1=Albert-Siebenmorgen-Weg
Fronenberg
Löher Straße
Technologiepark Bergisch Gladbach
Städt. Betriebshof
Abfallwirtschaftsbetrieb
Overather Straße
Friedrich-Ebert-Straße
Obereschbach
Böckenbusch
Klein Hohn
Auelerberg
Schmitzbüchel
Oberauel
Untersteeg
Lindlarer Straße
Sülz
Neuhurden
Röttgen
Lehmbachweg
Klein Buchholz
E40
Mitteleschbach
AS Untereschbach
Bahnhofstraße
Müllenholz
Zöllnerstraße
Nallingen
Kirchweg
Stadtteil Untereschbach
(zu Overath)
Großbuchholz
Friedhof
Kindergarten
Brüderstraße
Vorstereihaus

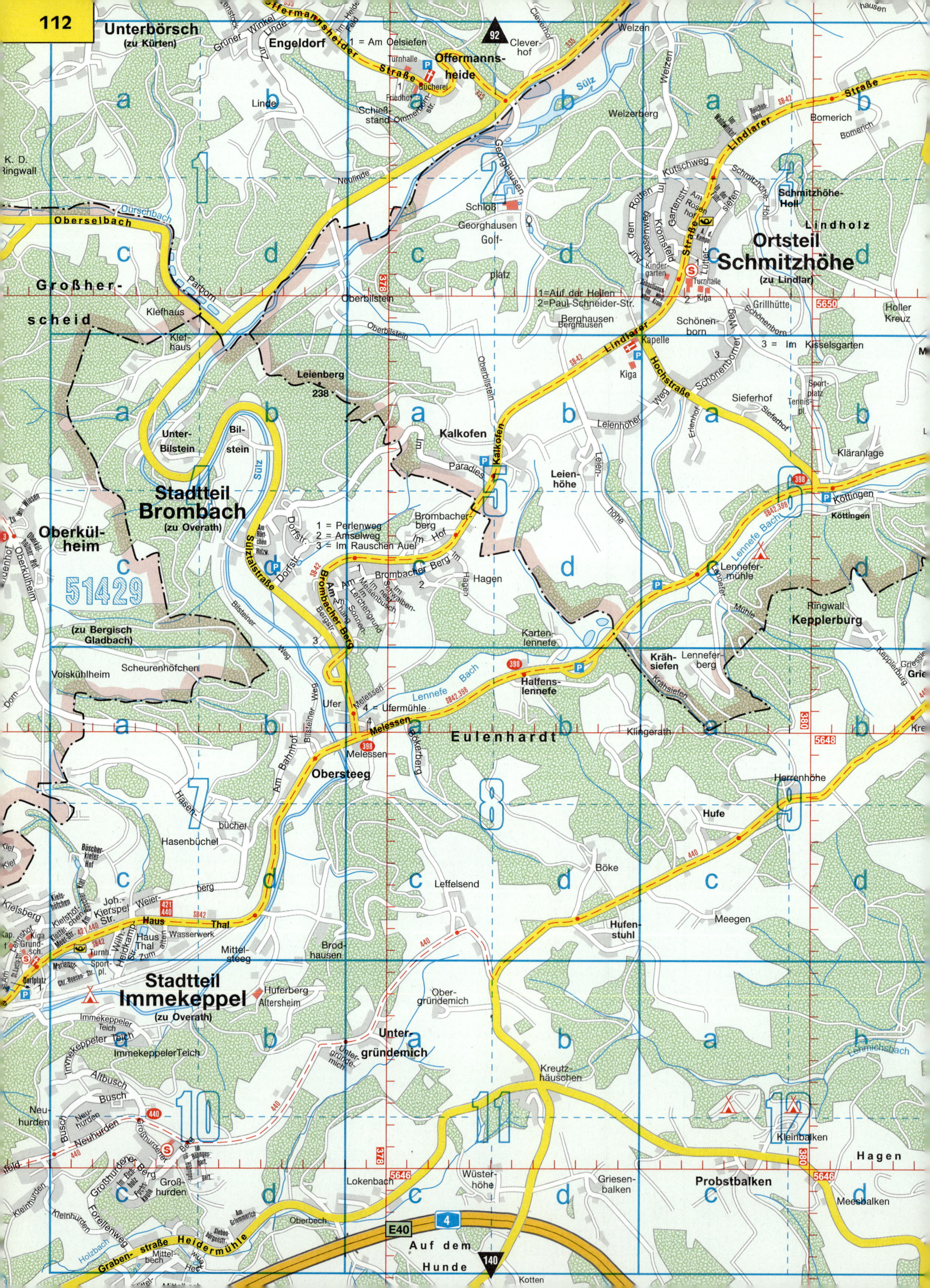
Unterbörsch
(zu Kürten)
Engeldorf
Offermannsheider Straße
1 = Am Oelsiefen
Offermanns-heide
Clever-hof
Welzen
Linde
Welzerberg
Bomerich
Lindlarer Straße
K. D. Ringwall
Neulinde
Georghausen
Schloß
Georghausen
Golf-platz
Schmitzhöhe-Holl
Lindholz
Ortsteil Schmitzhöhe
(zu Lindlar)
Oberselbach
Dürschbach
Großher-scheid
Klefhaus
Oberbilstein
1=Auf der Hellen
2=Paul-Schneider-Str.
Berghausen
Schönen-born
Grillhütte
Holler Kreuz
3 = Im Kisselsgarten
Leienberg
238
Hochstraße
Sieferhof
Sportplatz
Unter-Bilstein
Bil-stein
Kalkofen
Leien-höhe
Kläranlage
Stadtteil Brombach
(zu Overath)
1 = Perlenweg
2 = Amselweg
3 = Im Rauschen Auel
Brombacher-berg
Köttingen
Oberkül-heim
51429
(zu Bergisch Gladbach)
Sülztalstraße
Brombacher Berg
Hagen
Lennefer-mühle
Ringwall
Kepplerburg
Karten-lennefe
Scheurenhöfchen
Voiskühlheim
Kräh-siefen
Lennefer-berg
Halfens-lennefe
Lennefe Bach
Ufer
4 = Ufermühle
Melessen
Eulenhardt
Klingerath
Obersteeg
Herrenhöhe
Hufe
Hasenbüchel
Böke
Leffelsend
Meegen
Haus Thal
Wasserwerk
Mittel-steeg
Brod-hausen
Hufen-stuhl
Stadtteil Immekeppel
(zu Overath)
Huferberg
Altersheim
Ober-gründemich
Unter-gründemich
Immekeppeler Teich
Kreutz-häuschen
Lennefebach
Busch
Neuhurden
Groß-hurden
Kleinbalken
Hagen
Probstbalken
Wüster-höhe
Griesen-balken
Lokenbach
Meesbalken
Kleinhurden
Oberbech
E40
4
Auf dem Hunde
Heidermühle
Kotten
Graben-straße

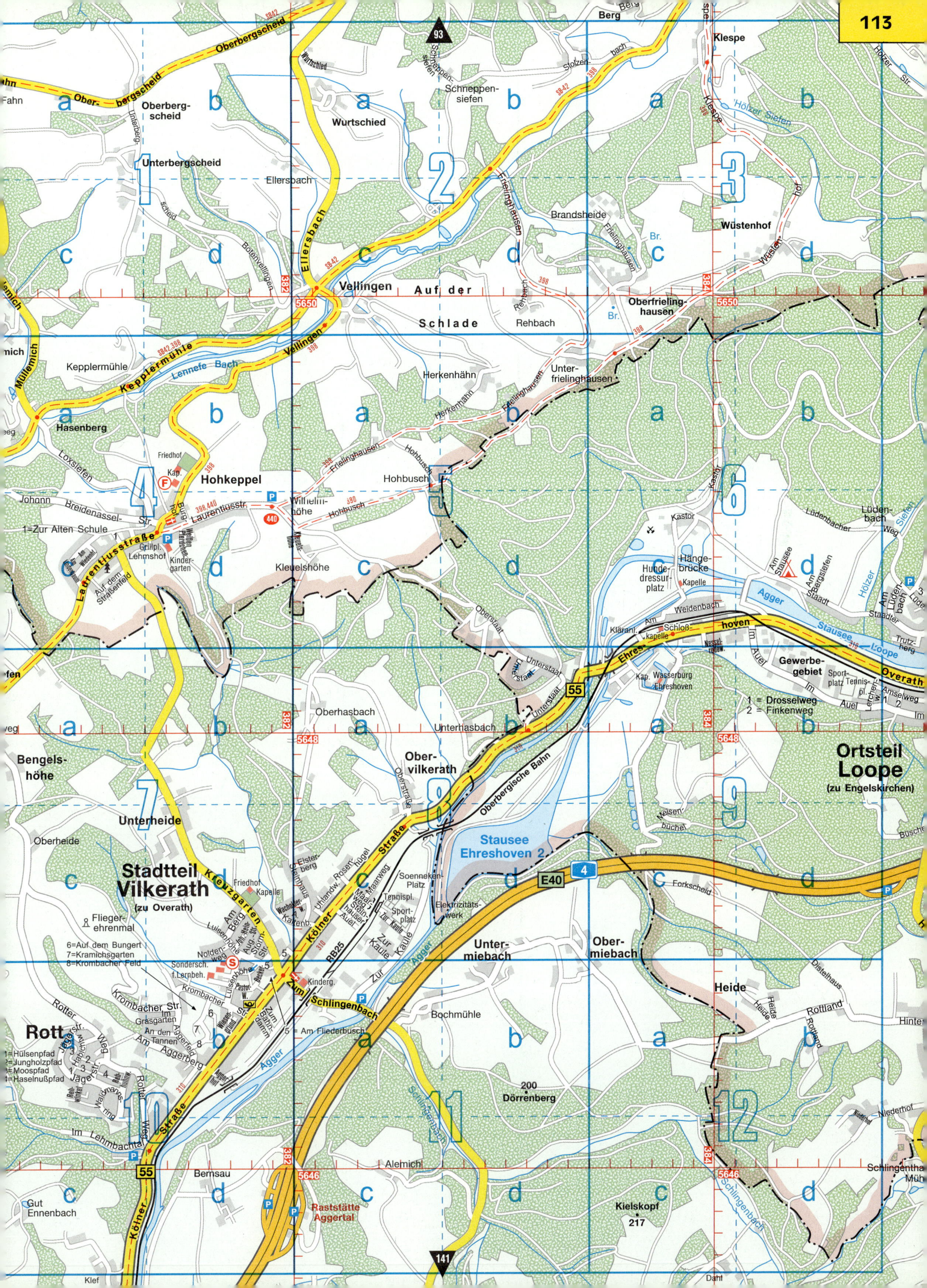

Oberbergscheid
Unterbergscheid
Wurtschied
Schneppensiefen
Berg
Klespe
Hölzer Siefen
Ellersbach
Brandsheide
Wüstenhof
Vellingen
Auf der Schlade
Rehbach
Oberfrielinghausen
Kepplermühle
Lennefe Bach
Herkenhähn
Unterfrielinghausen
Hasenberg
Hohkeppel
Hohbusch
Wilhelmshöhe
Laurentiusstraße
Zur Alten Schule
Lehmshof
Kleuelshöhe
Kastor
Hängebrücke
Hundedressurplatz
Kapelle
Am Weidenbach
Agger
Stausee Loope
Schloß Ehreshoven
Kap. Wasserburg Ehreshoven
Gewerbegebiet
Sportplatz
Tennispl.
Unterstaat
Oberhasbach
Unterhasbach
1 = Drosselweg
2 = Finkenweg
Ortsteil Loope
(zu Engelskirchen)
Bengelshöhe
Obervilkerath
Oberbergische Bahn
Stausee Ehreshoven 2
Unterheide
Oberheide
Stadtteil Vilkerath
(zu Overath)
Fliegerehrenmal
6=Auf dem Bungert
7=Kramichsgarten
8=Krombacher Feld
Kreuzgarten
Kölner Straße
Elektrizitätswerk
Forkscheid
Untermiebach
Obermiebach
Heide
Rottland
Rott
1=Hülsenpfad
2=Jungholzpfad
3=Moospfad
4=Haselnußpfad
Zum Schlingenbach
5 = Am Fliederbusch
Bochmühle
Dörrenberg
200
Schlingenbach
Niederhof
Im Lehmbachtal
Bernsau
Alemich
Raststätte Aggertal
Kielskopf
217
Gut Ennenbach
Klef
Dahl
E40
55
5650
5648
5646
382
384

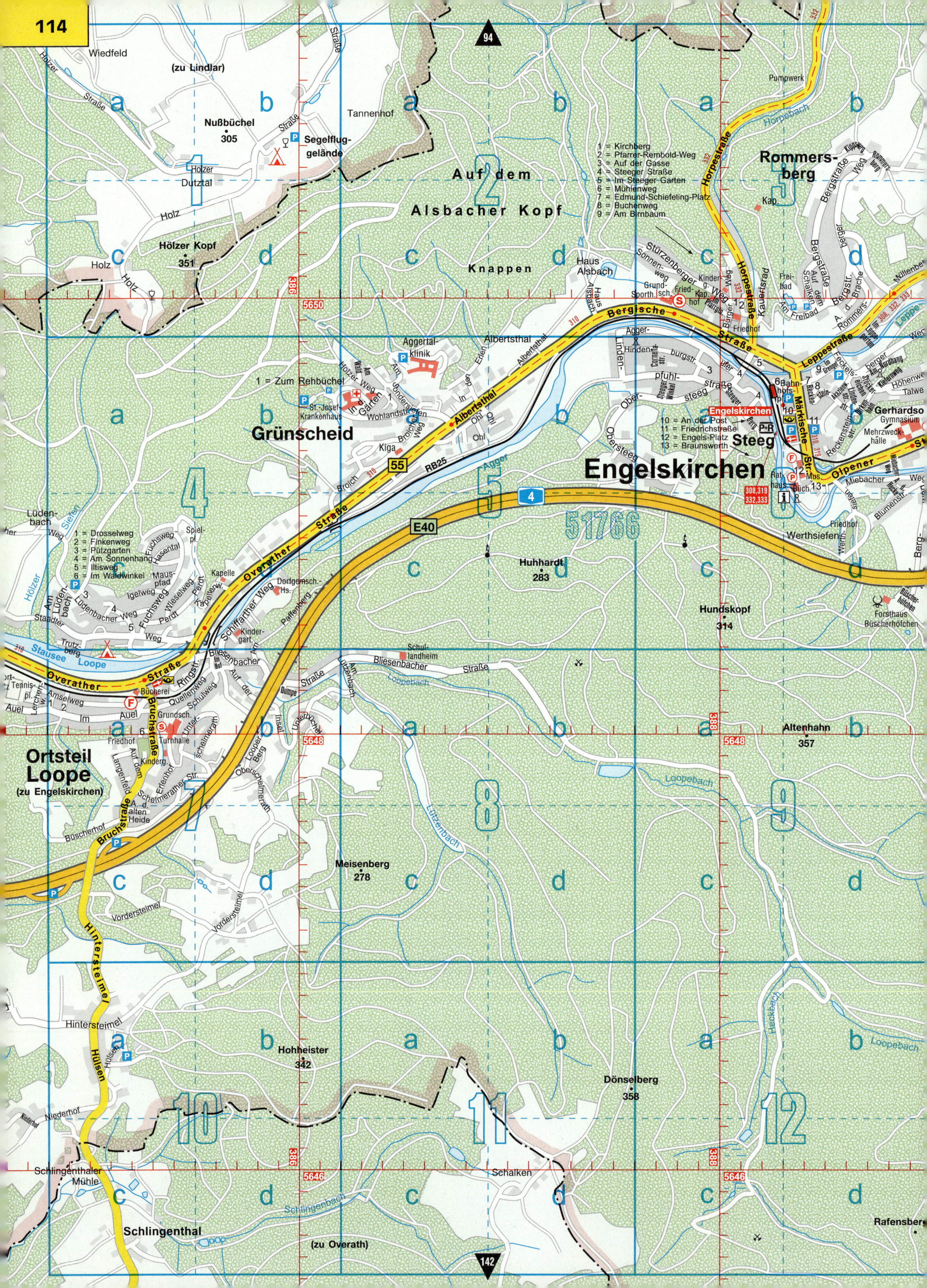
94
Wiedfeld
(zu Lindlar)
Nußbüchel
305
Segelflug-
gelände
Tannenhof
Holz
Dutztal
Auf dem
Alsbacher Kopf
Knappen
Hölzer Kopf
351
Haus
Alsbach
1 = Kirchberg
2 = Pfarrer-Rembold-Weg
3 = Auf der Gasse
4 = Steeger Straße
5 = Im Steeger Garten
6 = Mühlenweg
7 = Edmund-Schiefeling-Platz
8 = Buchenweg
9 = Am Birnbaum
Rommers-
berg
Pumpwerk
Horpestraße
Horpebach
Bergstraße
Stürzenberger
Sonnenweg
Grund-
Sportth.
Friedhof
Kauertsrad
Freibad
Am Freibad
Leppestraße
Leppe
5650
Aggertal-
klinik
Albertsthal
Bergische Straße
Agger
1 = Zum Rehbüchel
St.-Josef-
Krankenhaus
Grünscheid
Wohlandstr.
Kiga
Broich
Ohl
55
RB25
Albertsthal
Linden-
Hinden-
burgstr.
pfuhl-
straße
Oberstsiefen
Obersteeg
10 = An der Post
11 = Friedrichstraße
12 = Engels-Platz
13 = Braunswerth
Engelskirchen
Steeg
P+R
Märkische Str.
Olpener Str.
Gerhardsohe
Gymnasium
Mehrzweck-
halle
Engelskirchen
308,319
332,333
Rathaus
Mus.
Miebacher
Blumenstr.
Werthsiefen
Friedhof
Lüdenbach
Siefen
1 = Drosselweg
2 = Finkenweg
3 = Pützgarten
4 = Am Sonnenhang
5 = Iltisweg
6 = Im Waldwinkel
Kapelle
Overather Straße
Dorfgemsch.-
Hs.
Fuchsweg
Igelweg
Mauspfad
Wieselweg
Hölzer
Lüdenbacher Weg
Staader
Trutzberg
Stausee Loope
Schiffarther Weg
Kinder-
garten
Paffenberg
E40
4
51766
Huhhardt
283
Hundskopf
314
Forsthaus
Büscherhöfchen
Schul-
landheim
Bliesenbacher Straße
Loopebach
Lützenbach
Bücherei
Grundsch.
Turnhalle
Kinderg.
Auel
Amselweg
Friedhof
Bruchstraße
Quellenweg
Schulweg
Ortsteil
Loope
(zu Engelskirchen)
Scheimerather Str.
Büscherhof
5648
Altenhahn
357
Loopebach
Lützenbach
Meisenberg
278
Vordersteimel
Hintersteimel
Hülsen
Hohheister
342
Dönselberg
358
Heckbach
Loopebach
Niederhof
Schlingenthaler
Mühle
Schalken
5646
Schlingenbach
Schlingenthal
(zu Overath)
Rafensberg
142

Madonna
Neumoresnet
Ortsteil Schnellenbach
(zu Engelskirchen)
Müllen-
siefen
Blumenau
Rosenau
Feckelsberg
Neuenhaus
Haldyturm
Stiefel-
hagen
Hardt
Walbach
Gewerbe-
gebiet
Natur-
schutz-
gebiet
Aggertal-
höhle
Haus
Selbach
Mühlenberg
254
Rünnderoth
Busch-
hausen
Ortsteil
Hardt
(zu Engelskirchen)
Lepper-
hammer
1 = Dörrenbergplatz
2 = Bahnhofstraße
3 = Sternentalstraße
4 = Markt
5 = Friedhofstraße
6 = Verbindungsweg
7 = Im Baddem
8 = An der Hufschmiede
9 = Rathausplatz
Wiehl-
münden
Oberbergische Bahn
RB25
Agger
Kläranlage
Ortsteil
Ründeroth
(zu Engelskirchen)
Haus
Ley
Ohl
Brandskopf
290
Unter-
kaltenbach
Bellingroth
1 = Eichsiefen
Obercbüchol
AS
Engelskirchen
Hüttenberg
232
Sonnenscheinsberg
265
360
Aussichtsturm
Hohe Warte
E40
AS
Bielstein
Kaltenbach
Daxborn
Heskesberg
1 = Heinrich-Lambeck-Weg
2 = Brächer Weg
Forst
Schimmelhau
357
Hipperich
352
Buschhardt
Immerkopf
364
Steimel
351
Brächen
(zu Wiehl)
1 = Vogelsangerweg
2 = Eichenweg
3 = Ginsterweg
4 = Meisenweg
5 = Finkenweg
6 = Drosselweg
7 = Rotkehlchenweg
Verr
Niederhof
Hahn
Immen

Wahlscheidberg
342
Großer Borrberg
96
KD (Ringwall)
Hundsknochen
367
Lobscheid
51645
Stiefelhagen
Dörrenberg
Oesinghausen
Ortsteil Osberghsn.
(zu Engelskirchen)
Busch-hausen
1 = Alter Weg
Bingenhof
Agger
Stausee
Schönen-berg
Grauwacke
Burgberg
371
Schnepp-siefen
Kläranlage
Brunohl
Wiehlmünden
Vollmerh
293
Aussichtsturm
Meerhardt
Dieringhausen
(zu Gummersbach)
Erbland
Gummersbacher Str.
Kölner Straße
55
Hömel
305
ehemaliger Steinbruch Grauwacke
Kläranlage
Hömel
Bünghausen
4 = Andreasweg
5 = Im Hofkamp
Wiehlsiefen
Hunstig
Neu-dieringhausen
Ohmig
Hückhausen
E40
Heskesberg
Weiersh agen
Konradsberg
272
Ober-bantenberg
Bomig
Gummersbach
Kalk-stein
Bielsteiner-hammer
Wiehl
9 = Steinweg
1 = Im Dielcheskamp
2 = Pfenderstraße
3 = Am Plutenhöffchen
4 = Auf dem Anton
5 = Dr.-Hoffmann-Platz
6 = An der Mühle
7 = Repschenrother Straße
8 = Heinrich-Brindöpke-Platz
Kehlinghausen
Alperbrü
Burg
229
Wallanlage
Bielstein
Neuklef
9 = Damter Hofwiese
10 = Im Hüdigsgarten
Niederhof
Moto-Cross-Rennstrecke
Damte
Linden
Hengstenberg
1 = Im Hofwinkel
144

Liefenroth
Ahlefeld
Krummenohl
Rebbelroth
Stahlberg
301
Auf dem Alten Wahr
298
Friedrichstal
Remmelsohl
Merkausen
Alferzhagen
Im Dempel
Höfen
Dieringhausen
Kurtensiefen
Hollenhardt
290
Marienhagen
Seifen
Pergenroth
Ohlhagen
Halstenbach
Leutenberg
304
Breidenbruch
Gewerbegebiet
Alpermühle
(zu Reichshof)
Scherbusch
Koppelweide
Naturdenkmal
Enselskamp
Bomig- Ost
Morkepütz
Neuenhausen
Wohlsberg
338
NSG
Mühlhausen
Alpe
Oberholzen
Monsau
Drosselhardt
Soelsiefen
Dreisbach
Wiehl
51674
Kölner Straße
Vollmerhauser Straße
Alferzhagener Straße
Marienhagener Straße
Ohlhagener Straße
Halstenbachstraße
Mühlhausener Str.
Auf der Bitebach
Alpetal-straße
Autobahnzubringer
E40
4
55
56
256
97
145
5650
5648
5646

Derschlag
(zu Gummersbach)
51645
Gutenbergstr.
Eisenbahnstraße
Grauwacke
stillgelegt
Im Weidenbruch
Alpestraße
Aggertalsperre
Aussichtsturm
98
3=Baldenberger Weg
Am Bauweg
Derschlager Straße
Silberhal
Hunds-wald
NSG Mummicker Siefen
Zimmerseifen
Am Eichenholz
Am Bleiberg
312
Pochwerk
Eckenhagener Straße
Steinagger
Hammerhard
Auf dem Dörnchen
Dorn
Fahrenberg
Im Ürling
Alpe
Allenbach
Natur-denkmal
256
Berghausen
Allinghausen
Allenbacher Str.
Dorfstr.
Schurbach
Heider Weg
Heide
Mittel-agger
Gewerbegebiet
Kapelle
Breidenbacher Str.
Schönenbacher Str.
Hilligen
Siefenhardt
Breslauer Str.
Tennisplatz
Hauptstraße
Grüne Aue
Am Weiherberg
306
1 = Im Feldkamp
2 = August-Dresbach-Weg
Hunsheim
Berghausener Str.
Bockshard
Industriestraße
Gewerbegebiet
Waldmannsweg
Hunsheimer Straße
Am Hörtal
Euelsiefen
E40
4
26
Anschlussstelle Reichshof/ Bergneustadt
Pettseifen
Pettseifener Straße
Margeritenweg
Babenschlade
Schönenbach
Am Zehntmorgen
Breiden
1 = Am Birnbäumchen
Dreisbachufer
Eichhörnweg
Wolfkammer
Rabenschlader Str.
Komp
1=Kleekamp
Mennkausen
Mennkausener Straße
Freckhausen
1=Altengarten
2=Schevengarten
Am Schubbusch
Drepse
Dresper Straße
Fasanenweg
Eulenweg
Wald
Schäfersberg
339
Sieferkamp
Löffelberg
458
Volkenrath
Mühlenschlade
Burgmühle
An der Burgmühle
Volkenrather Bach
Volkenrather Straße
Im Grengarten
Friedhof
(zu Wiehl)
In der Burg
1 = An der Brücke
2 = Zur Schmiede
3 = Zum Steinstück
Rolandweg
Schutzhütte
Höhmelskopf
338
Wiehler Straße
1=Im Stillen W
Albert-Einstein-Str.
Heikausen
Heister
341
Kalbertal
146
5650
5648
5646
402
404

99
Mühlenberg
398
Halsterbach
Hecke
Wanderparkplatz
(zu Bergneustadt)
Hüngringhausen
Naturdenkmal
Branscheid
Branscheider Straße
Hahnbuche
Halsterbacher Str.
Eichenhof
Zelsigweg
Am Laubwald
An der Grubengarten
Schmittseifen
Wiedenhof
Schmittenseifen
Fringelsberg
362
Affen- und Vogelpark
Indoor-Erlebnishalle
Drachenflug- u. Gleitschirm-Schulungsgelände
Heißluftballongelände
Am Bromberg
Minigolf
Freibad
NSG
436
5650
406
410
1=Zum Faulenberg
2=Im Fuchsbau
3=Bachfeld
4=Schöne Aussicht
Oberagger
Reithalle
Reiterhof
Grillplatz
Aggerberg
350
Ortsteil
Eckenhagen
(zu Reichshof)
1=Dr.-Otto-Müller-Straße
Schutzhütte
Reha-Zentrum
Reichshof
Kurpark
Friedhof
Bauernhofmuseum
Museum
Hauptstraße
Hahnbucher Straße
Baugebiet
Auf der Höhe
Landwehrstraße
Kulturgeschichtl. Denkmal
Konradshof
Blockhausstraße
Sportplatz
Rodener Platz
Festplatz
Klärenlage
Fehlberg
345
Naturdenkmal Hohlweg
Gewerbegebiet
Waldlehrpfad
Puhlbruch
Eckenhagener Straße
Steinagger
322
Müllerheide
In der Alten Wiese
1=Bergstraße
2=Im Reichshof
3=Schützenstraße
4=Zur Reha-Klinik
Wolfseifen
Breselberg
362
Aggermühle
Zur Steinagger
Lepperhof
Lepperhofer Str.
Steinaggerufer
Hochwaldstraße
Quellenweg
Windfus
Am Rauhen Hahn
51580
Reichshof
5648
Mastemich
340
Blankenbach
1=Am Klasfeld
Nochenberg
Sportplatz
Kapellenweg
Auchelter Straße
321
Sinspert
1 = Tulpenweg
2 = Zur Vogelbeere
Wehnrather Straße
Ulmenweg
Reitplatz
Burgweg
Anschlussstelle Eckenhagen
27
Buchen
Buchener Straße
Schutzhütte
Am Fliederbäumchen
4
E40
Ober-wehnrath
Wehnrath
Heischeider Straße
Obersteimel
Steimeler Straße
Hasbach
422
Dreschhausener Str.
Niedersteimel
Stein
Steinstraße
Schutzhütte
Finkenrath
331
5646
147
1
2
3
4
5
6
7
8
9
10
11
12

Marienberg
Waubach
Ubach over Worms
(bij Landgraaf)
1= Wevervoetpad
2= Kemkervoetpad
3 = Herderstasje
4 = Kamille
5 = Duivekervel
6 = Korenbloem
7 = Klaproos
Rimburg
Rimburger Hof
Rimburger Mühle
Schloss Rimburg
Rimburger Wald
Recreatiecentrum Rimburg
Valkenhof-stadt
1= Gremelsbrugge
Ubach-Palenberg
Op de Hoven
Landgraaf
8= Bug. Dr. Geuljansstraat
9= Past. Kaulhausenstraat
10= Rector Ter Meerstraat
11= Pater Schaadtstraat
12= Rector Durystraat
13= Herman van der Loopstraat
14= Pater Decaestraat
3 = Im Mühlenhof
4 = Place de Rosny-Sous-Bois
5 = Frankenhof
6 = Ernst-Wiechert-Straße
7 = Schillerstraße
8 = Händelstraße
9 = Regewidisstraße
10 = Melcherstraße
11 = Floriansweg
B = Elsa-Brandström-Straße
C = Am Rimburger Acker
Eygelshoven
(bij Kerkrade)
Hofstadt
Herbach
Schouffertsbosch
4= Pastoor van Arsstaat
5= Burg. Dohmenplein
6= Pastoor Stevensstraat
7= Gulikstraat
8= Bockhoutstraat
9= Dautzenbergstraat
St.-Johannes de Doper
Vormingscentrum Wormdael
Wildnis
Worm
Herzogenrath-Alt-Merkstein
Carisborg
Vink
1 = Charley Tooropstraat
Zuiveringsinst.
Cranenweyer (Stuwmeer)
R.W.Z.T.
Klarenanstel
Kaffebergsbos
Chevremont
8=Valenciahof
Haanrade
Berenbos
Kerkrade
Eren-stein
Blijde Boodschap
150
2=Mr. Kuyperstraat
3=Kapelaan Lochtmanstraat
4=Drossaartstraat
Ritzerfeld
Kläranlage
Friedhof
N299
RB 20
RB 33, RE 4
euregiobahn
Worm
5644
5642

-Palenberg
Übach-
52531
Beggendorf
Holthausen
Boscheln
Stadtteil Merkstein
(zu Herzogenrath)
Stadtteil Busch
(zu Alsdorf)
Alsdorf
52477
Neuweiler
Gewerbegebiet
Weißenhaus
Regenrückhaltebecken
Gut Drinhausen
Helenenhof
Halde
Carolus-Magnus
A = Clara-Schumann-Weg
12 = Am Nützenberg
13 = Quäkergracht
1 = Am Steinbüchel
2 = Bongardstraße
3 = Waidmühlenstraße
(zu Baesweiler)
Am Galgenland
Übacher Weg
Gut Blaustein
Brunnen
Schlammweiher
14 = Op Rölkens
15 = Rembrandtstraße
16 = Anemonenweg
17 = Nelkenweg
18 = Tulpenweg
19 = Veilchenweg
20 = Rotdornweg
21 = Feuerdornweg
22 = Akazienweg
23 = Elbenweg
24 = Pappelweg
25 = Erlenweg
26 = Ulmenweg
Roermonder Straße
Annastraße
Kläranlage
Gut Ophoven
St. Tönisfloth
Plitschard
Besucherzentrum Grube-Adolf-Park
Grube-Adolf-Park
= Streiffelder Hof
= An der Ziegelei
= Martinshöhe
Gewerbegebiet Merkstein
Gut Neumerberen
15=Jasminweg
16=Oleanderweg
17=Lavendelweg
18=Distelweg
19=Schlehenweg
20=Ulmenweg
21=Kastanienweg
22=Eschenweg
Nordfriedhof
Im Kleinen Busch
Buschhof
Im Großen Busch
Herzogenrath-Aug.-Schmidt-Pl.
1 = Zum Beginnental
2 = Mittelplatz
3 = Vierzechenblick
4 = Winkelweg
5 = Kurzer Weg
6 = Baumhof
7 = Pastor-Josef-Borgmann-Str.
8 = Edith-Stein-Straße
1=Tischelkauler Weg
4 = Birkenstraße
5 = Ahornstraße
6 = Jacobstraße
7 = Am Lindenknipp
8 = Daelenstraße
9 = Plötzweide
10 = Lisztstraße
11 = Hindemithstraße
12 = Lortzingstraße
13 = Orffstraße
14 = Erikaweg
Schiffeld
Mitte
Burg
Kindergarten Altenheim
2 = Eduardschacht
3 = Wilhelmschacht
221
5644
5642
5640
151
57

Beggendorf
Loverich
1 = Am Steinbüchel
2 = Bongardstraße
3 = Waidmühlenstraße
Gewerbegebiet
Goethestraße
Erhard-Ring
Ludwig-Erhard-Ring
1 = Michael-Ende-Straße
2 = Astrid-Lindgren-Ring
3 = Lärchenweg
4 = Hans-Christian-Andersen-Straße
26=Brukenthalweg
27=Stefan-Ludwig-Roth-Weg
28=Bischof-Teutsch-Weg
29=Pastor-Stegers-Straße
Josefstraße
Bahnstraße
Hauptstraße
Schmiedstraße
Burg-park
3=An der Gnadenkirche
4=Tschippendorfer Straße
5=Erbdrostenallee
6=Lessingstraße
7=Glück-Auf-Straße
8=Sonnenweg
9=Krummerweg
10=Am Heckfeld
11=Novalisweg
12=Humboldtweg
13=Immanuel-Kant-Weg
14=Jenaer Weg
15=Magdeburger Weg
16=Berliner Weg
17=Agnes-Miegel-Weg
18=Gleiwitzer Weg
19=Danziger Weg
20=Königsberger Weg
21=Eichendorffweg
22=Breslauer Weg
23=Gerhart-Hauptmann-Weg
24=Jochen-Klepper-Weg
25=Potsdamer Weg
Stadtteil Setterich (zu Baesweiler)
Regenrückhaltebecken
1=Am Stippenweg
1 = Place de Montesson
Übacher Weg
Brunnen
Kapellenstraße
Aachener Straße
Setterichер Windmühle (Ruine)
52499
Baesweiler
2=Herzogstraße
3=Windmühlenstraße
4=Am Feuerwehrturm
5=In der Schaf
6 = Ludwigsplatz
7 = Karl-Theodor-Platz
Volkspark
Am Driesch
Am Sandberg
Stadtteil Oidtweiler (zu Baesweiler)
Auf dem Schimme
Oidtweiler
4 = Hoengener Weg
Bettendorfer Straße
Schwarzer Weg
Kirchstr.
Neuweiler
Pumpwerk
Aldenhovener Straße
Kläranlage
Bettendorf
Auf den Steinen
Rückhaltebecken
Schaufenberger Fließ
Schleidener Hügel
2 = Margarethe-Kreitz-Straße
3 = An der Gesamtschule
4 = Sudermannstraße
5 = Resi-Quint-Straße
52477
Alsdorf
Siersdorfer Straße
Schaufenberger Str.
Max-Planck-Str.
Gewerbegebiet
Stadtteil Schaufenberg (zu Alsdorf)
K.-Zuse-Str.
Industriepark Alsdorf
152

Freialdenhoven
Dorfstraße
Schulstraße
Althoffstraße
Jugendheim
Sandgracht
Im Weidenpesch
Im Hühnerkamp
Vikariestr.
Hüsgenstraße
Römerstr.
Friedhof
Kap.
1 = Pastoratsstraße
Hagedorn
(zu Jülich)
Gut Frauenrath
Kläranlage
Röttgens Weg
In der Mausdelle
Gut Ungershausen
5644
306
308
Industriepark Emil-Mayrisch
Sportplatz
Dürboslar
Geilenkirchener Straße
56
St.-Ursula-Str.
Maarstraße
Bolzpl.
Friedhof
Germaniapl.
Germaniaheim
Am Biemerhof
Burgstraße
Heerstraße
Brunnen
Sandgrube
Ortsteil Siersdorf
(zu Aldenhoven)
1=Altenbiesenstraße
2=Stanislaus-Klemme-Straße
3=Pfarrer-Steffens-Ring
Mühlenstraße
Schweitzer-Straße
Friedensstr.
Im Schleidener Thal
Im Uhrfeld
In der Mulde
Hof Küpper
Köttenicher Mühle
Anschlussstelle Aldenhoven
1 = Probsteistraße
Uhlandstr.
Frauenrather Straße
Martinusstr.
Martin-Luther-Str.
Knappen-str.
Barbarastr.
Glückauf-str.
Schwanen-str.
Wiesenstr.
Turmstraße
Marktplatz
Gartenstr.
Kapellen-str.
Kapuzinerstraße
Stadtverwaltung
Neu Patterner Hof
5642
44
6
In der Großen Heide
Alte Bundesstr.1
Wasserturm
Wasserwerk
Auf der Komm
Römerpark
Kiga
Pützdorf
Kläranlage
Schleiden
Sportplatz
Mörserstraße
Buchenweg
Birkenweg
Nikolausstr.
Nonnenhof
Große Heide
Siersdorfer Straße
Dreilindenstr.
Landstraße
Obermerzer Str.
Matthausstr.
Am Alten Bahnhof
K.-Adenauer-Str.
Niedermerzer Str.
Patterner Ring
Am Römerpark
Kulturdenkmal (Motte)
Kleingärten
An der Bergsmühle
Merzbach
Dürboslarer Str.
1 = Postgasse
Niedermerz
Von-Paland-Str.
Johannesstr.
Langweiler-straße
Hofbongardstr.
In der Gracht
Friedhof
Kap.
Sportpl.
Aldenhoven
52457
Am Feldkamp
Hoffs Gewann
153
5640
Kläranlage
10
11
12

1 = Fichtenweg
2 = Fritz-Deutemann-Str.
3 = K.-Schumacher-Str.
4 = Am Goldacker
Raststätte Ruraue
Gut Waldeck
Hasenfelder Straße
Mathildenhof
1=Schützenkaul
An der Mulde
Friedhof
Kapelle
St.-Adelgundis-K.
Jugendheim
Leisartstraße
Heuss-Straße
Lobsgasse
Am Peusch
Wolfsgracht
Bodengasse
Grundschule
Bürgerhalle
Rathaus
THW
Bauhof
Tennishalle
Kiga
Sportplatz
Bornstraße
Crombachstraße
Josefstr.
Kampstr.
Steffensrott
Genossenschaftsweg
Verkehrsübungsplatz
Ruarauenstraße
Rurauen-
Ring
Lindenrondell
Gut Nierstein
Naturdenkmal (Baumreihe)
Festplatz
Hasenfelder Weg
Stadtteil Koslar
(zu Jülich)
Theodor-Heuss-Straße
Janshof
Erdmannshof
Goethestr.
Lahngraben
5 = Pasqualinistraße
6 = Stiftsherrenstraße
7 = Kleine Kölnstraße
8 = Baierstraße
9 = Monschauer Straße
10 = Ravensberger Straße
Engelsdorfer Burg
Engelsdorf
Koslarer Straße
Lerchenweg
Kindergrt.
Merzbach
Anschlussstelle Jülich-West
Straßenmeisterei
Lorcher Hof
Nord-West-Ring
Aachener
Neubourheim
Mühlenteich
Trip
Westring
Königshäuschen
1 = Am Weihberg
Naturdenkmal (Aue)
Am Stein
Kläranlage
Köttenicher Mühle
Industriegebiet
Industriestraße
Wasserburg
Kapelle
Sportplatz
Bourheimer Burg
Adenauerstraße
Heilige-Maurische-Märtyrer-Kirche
St.-Mauri-Str.
Friedhof
Mehrzweckraum
Annaberg
Buschacker
Heinrichshof
Kiesgrube
Zur Fuchskaul
Im Hang
Stadtteil Bourheim
(zu Jülich)
Saarstraße
Engelsdorfer Weg
Martin-Luther-Str.
Wiesenstraße
Pestalozziring
Ostring
Westring
Bourheimer Weg
Jülicher Str.
Gerberstr.
Turmstraße
Marktplatz
Pützdorfer Straße
Erler-Ring
Kiga
Römerpark
2 = Am Köttenicher Weiher
3 = Käthe-Kollwitz-Ring
Aldenhoven
52457
Pützdorf
Zehnthofstr.
Naturdenkmal (Motte)
Tagebau
Inde
Kapelle
Ehrenfriedhof
Inden
154

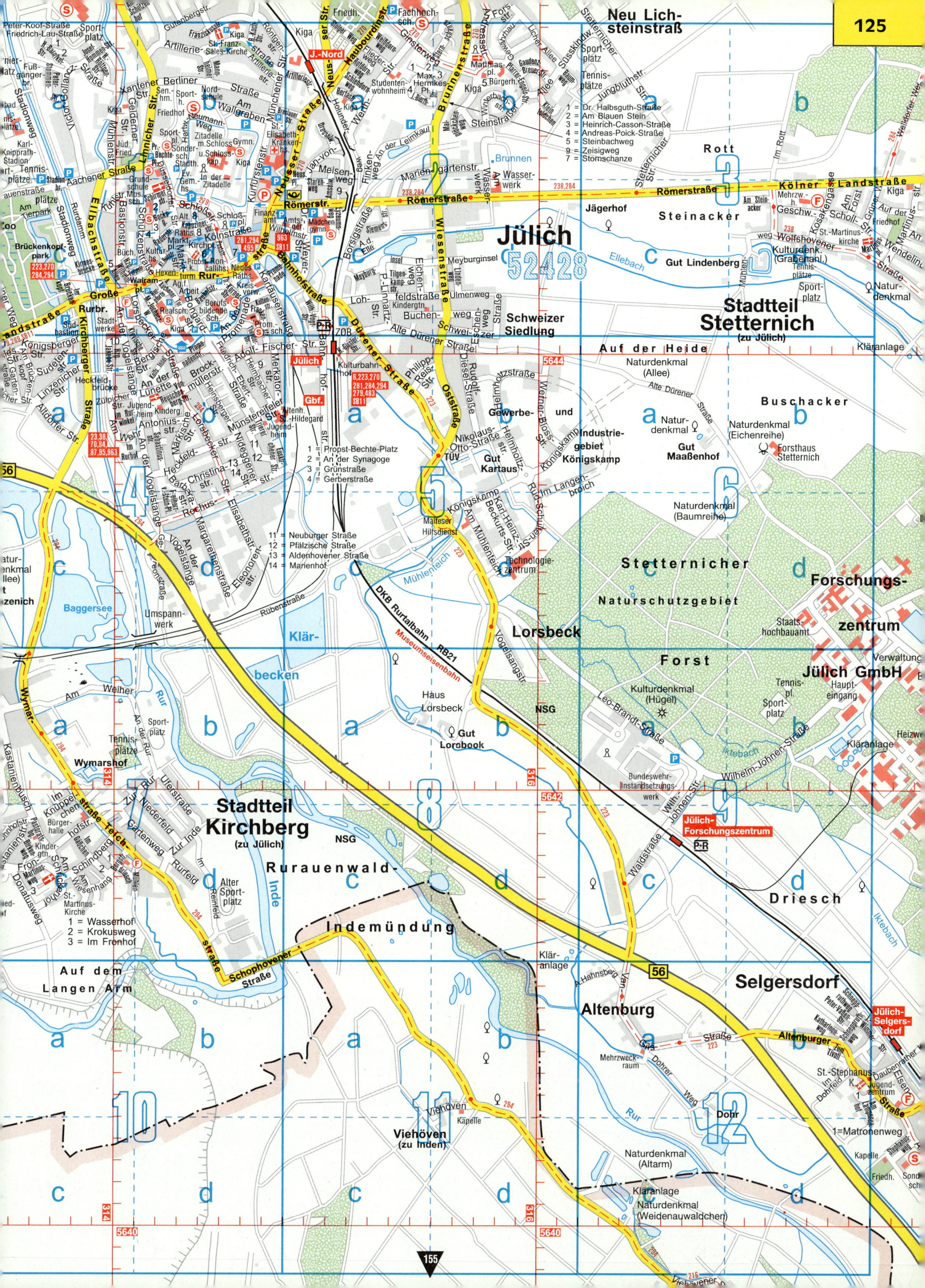
Jülich
52428
Stadtteil Stetternich
(zu Jülich)
Stadtteil Kirchberg
(zu Jülich)
Neu Lichsteinstraß
Rott
Steinacker
Jägerhof
Gut Lindenberg
Schweizer Siedlung
Auf der Heide
Buschacker
Gut Maaßenhof
Forsthaus Stetternich
Gewerbe- und Industriegebiet Königskamp
Gut Kartaus
Stetternicher Naturschutzgebiet
Forst
Forschungszentrum Jülich GmbH
Lorsbeck
Haus Lorsbeck
Gut Lorsbook
Rurauenwald-
Indemündung
Wymarshof
Auf dem Langen Arm
Baggersee
Klärbecken
Altenburg
Selgersdorf
Dohr
Viehöven
(zu Inden)
Driesch
Jülich-Forschungszentrum
Jülich-Selgersdorf
J.-Nord
Jülich
Römerstraße
Kölner Landstraße
Dürener Straße
Bahnhofstraße
Neusser Straße
Große Rurstraße
Elbachstraße
Kirchberger Straße
Wymarstraße
Schophovener Straße
Altenburger Straße
DKB Rurtalbahn RB21
Museumseisenbahn
Wilhelm-Johnen-Straße
Leo-Brandt-Straße
Mühlenteich
Ellebach
Rur
Inde
Iktebach
1 = Dr. Halbsguth-Straße
2 = Am Blauen Stein
3 = Heinrich-Casson-Straße
4 = Andreas-Poick-Straße
5 = Steinbachweg
6 = Zeisigweg
7 = Sternschanze
1 = Propst-Bechte-Platz
2 = An der Synagoge
3 = Grünstraße
4 = Gerberstraße
11 = Neuburger Straße
12 = Pfälzische Straße
13 = Aldenhovener Straße
14 = Marienhof
1 = Wasserhof
2 = Krokusweg
3 = Im Fronhof
1=Matronenweg

155

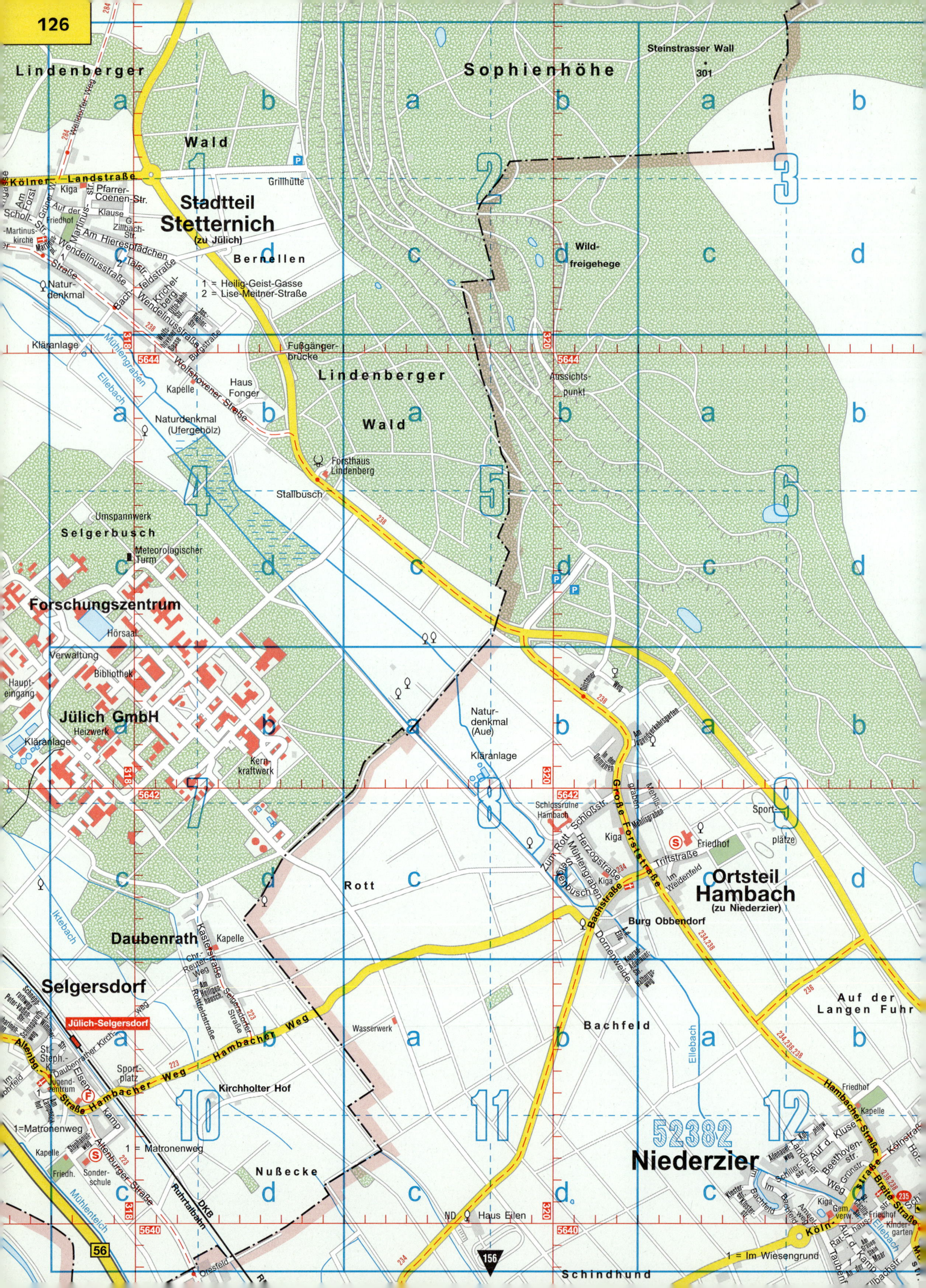

Lindenberger
Wald
Sophienhöhe
Steinstrasser Wall
301
Kölner Landstraße
Stadtteil
Stetternich
(zu Jülich)
Grillhütte
Kiga
Pfarrer-Coenen-Str.
Klause
Zillbach-Str.
Am Hierespfädchen
Wendelinusstraße
Bernellen
Natur-denkmal
1 = Heilig-Geist-Gasse
2 = Lise-Meitner-Straße
Wild-freigehege
Kläranlage
Mühlengraben
Ellebach
Fußgänger-brücke
Lindenberger
Wald
Aussichts-punkt
Kapelle
Haus Fonger
Wolfshovener Straße
Naturdenkmal (Ufergehölz)
Forsthaus Lindenberg
Stallbusch
Umspannwerk
Selgerbusch
Meteorologischer Turm
Forschungszentrum
Hörsaal
Verwaltung
Bibliothek
Haupt-eingang
Jülich GmbH
Heizwerk
Kläranlage
Kern-kraftwerk
Natur-denkmal (Aue)
Kläranlage
Schlossruine Hambach
Große Forststraße
Friedhof
Sport-plätze
Kiga
Triftstraße
Ortsteil
Hambach
(zu Niederzier)
Rott
Bachstraße
Burg Obbendorf
Dornenweide
Daubenrath
Kapelle
Ikkebach
Selgersdorf
Jülich-Selgersdorf
Hambacher Weg
Wasserwerk
Bachfeld
Ellebach
Auf der Langen Fuhr
Sport-platz
Kirchholter Hof
Straße Hambacher Weg
1=Matronenweg
1 = Matronenweg
Kapelle
Sonder-schule
Altenburger Straße
Nußecke
Rurtalbahn
DKB
Mühlenteich
Haus Eilen
52382
Niederzier
Hambacher Straße
Friedhof
Kapelle
Beethoven-str.
Kiga
Friedhof
Kinder-garten
Köln-Straße
1 = Im Wiesengrund
Schindhund
156

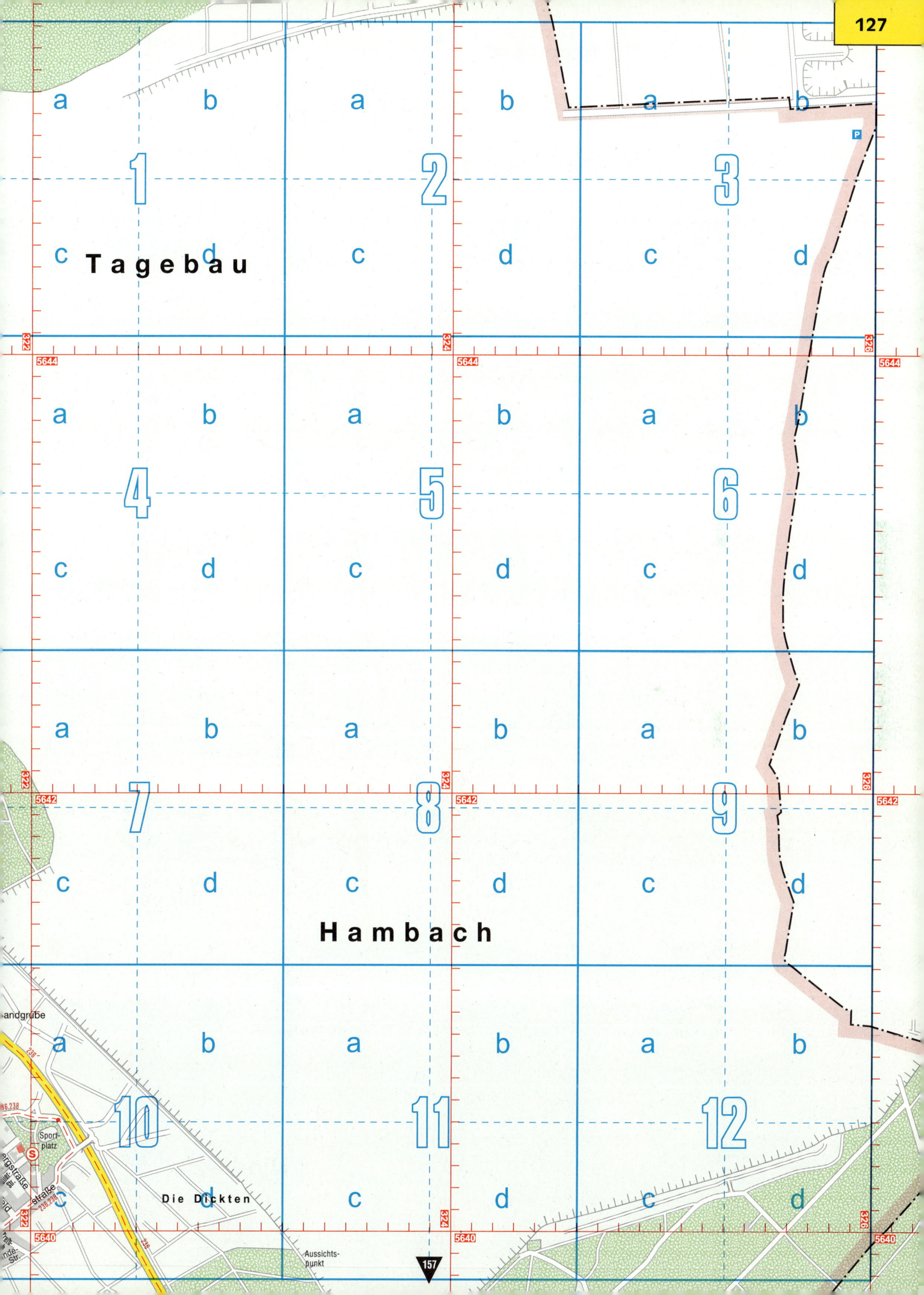
Tagebau
Hambach
Die Dickten
Sport-
platz
Aussichts-
punkt
5644
5642
5640
322
324
326
157

Ortsteil
Angelsdorf
(zu Elsdorf)
Elsdorf
50189
Angelsdorfer
Kaninhütte
Soldaten-
Waldfriedhof
Jüdischer
Friedhof
Kläranlage
Im Rott
Giesen-
dorf
Forsthaus
Elsdorfer Bürge
Dürener
Straße
Buirer
Straße
Ortsteil
Etzweiler
(zu Elsdorf)
Am
Portzenweg
Siedlung
Tanneck
Haus
Etzweiler
Hubertus-
hütte
Hambachbahn (Industriebahn)
Die Bürge
(zu Merzenich)
Anschlussstelle
Buir
E40
Wiebach
1=An der Dingskaul
2=Am Portzenweg
3=Am Heidehof
4=Ulmenweg
Aachener Straße
Buchenweg
Mausweg
Birkenweg
Nußbaum
Schaalenfeld
Im Schaalenfeld
Geranien-
Etzweiler
Süd-
Hermann-
Esser-
Str.
Jackerather Str.
Kindergarten
Zur Rauhen Eiche
Auf der Heide
Irtsweg
100
158
1
2
3
4
5
6
7
8
9
10
11
12
326
328
330
5644
5642
5640

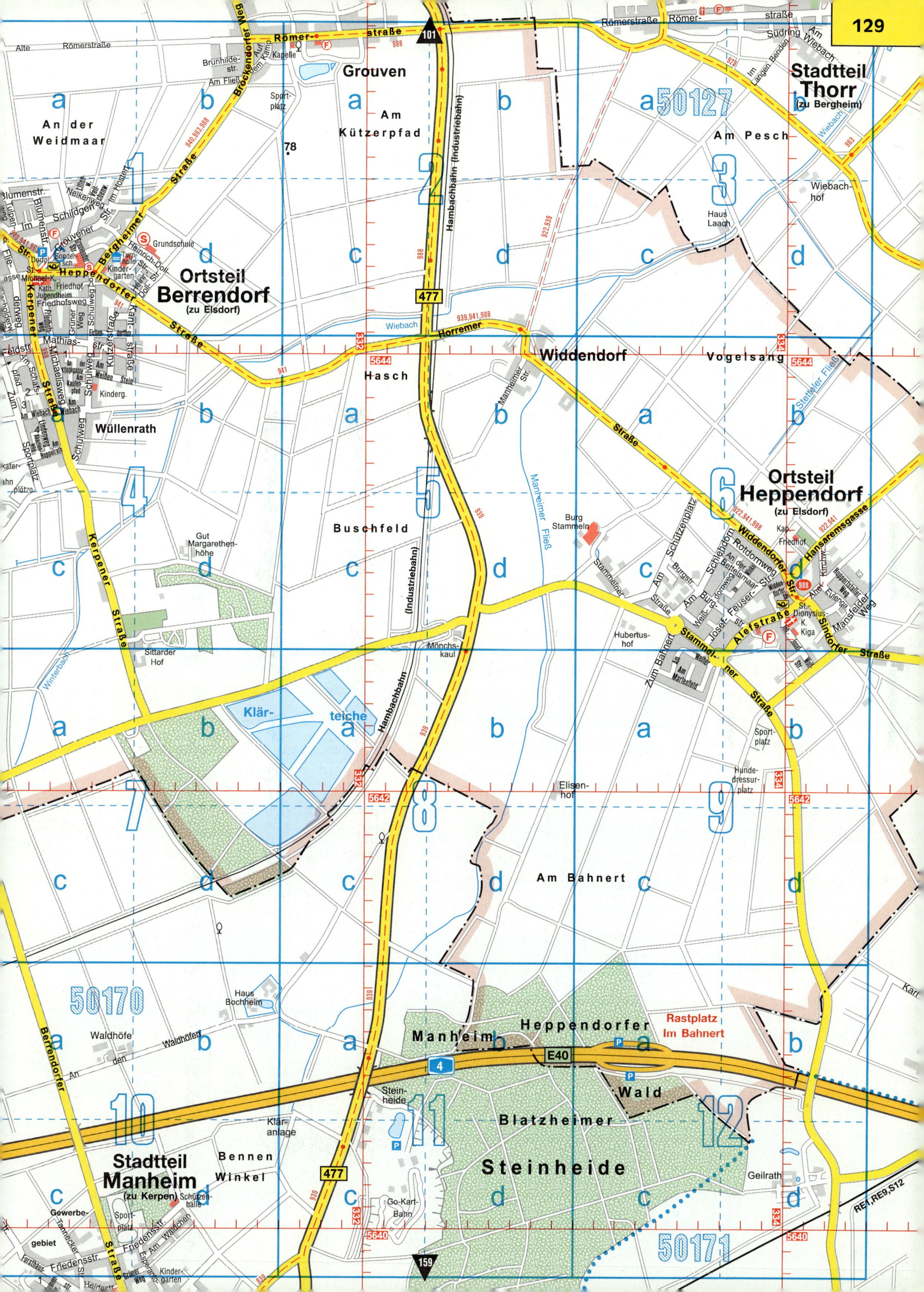
Grouven
Am Kützerpfad
An der Weidmaar
Römerstraße
Alte Römerstraße
Brockendorfer Weg
Brunhilde-str.
Am Fließ
Kapelle
Sport-platz
Hambachbahn (Industriebahn)
Stadtteil Thorr
(zu Bergheim)
50127
Am Pesch
Am Wiebach
Südring
Im Langen Benden
Wiebach
Wiebach-hof
Haus Laach
Ortsteil Berrendorf
(zu Elsdorf)
Bergheimer Straße
Heppendorfer Straße
Grundschule
Turnhalle
Kindergarten
Friedhof
Jugendheim
Friedhofsweg
Kerpener Straße
Schildgenweg
Blumenstr.
Mathias-str.
Michaelisweg
Schulweg
Kinderg.
Wüllenrath
Sportplatz
Horremer Straße
Widdendorf
Vogelsang
Hasch
Mannheimer Str.
Stetterner Fließ
Manheimer Fließ
Ortsteil Heppendorf
(zu Elsdorf)
Hansaremsgasse
Widdendorfer Str.
Friedhof
Burg Stammeln
Buschfeld
Gut Margarethen-höhe
(Industriebahn)
Mönchs-kaul
Am Schützenplatz
Burgstr.
Rotdornweg
Alefstraße
Sindorfer Straße
Stammelner Straße
Hubertus-hof
Zum Bahnert
Am Martenfeld
Mansfelder Weg
St.-Dionysius-K.
Kiga
Sittarder Hof
Winterbach
Klär-teiche
Hambachbahn
Sport-platz
Hunde-dressur-platz
Elisen-hof
Am Bahnert
50170
Haus Bochheim
Waldhöfe
An den Waldhöfen
Berrendorfer Straße
Heppendorfer Wald
Rastplatz Im Bahnert
Manheim
E40
Stein-heide
Klär-anlage
Blatzheimer
Steinheide
Bennen Winkel
Stadtteil Manheim
(zu Kerpen)
Schützen-halle
Sport-platz
Gewerbe-gebiet
Friedensstr.
Go-Kart-Bahn
Geilrath
RE1,RE9,S12
50171
Kinder-garten
101
477
159
4
5644
5642
5640
332
334
988
939
1
2
3
4
5
6
7
8
9
10
11
12
a
b
c
d

Anschlussstelle Bergheim-Süd
Ahebruch
18=Sterntalerweg
19=Hans-im-Glück-Straße
20=Schneewittchenstraße
21=Däumelingweg
22=Kleiner-Muck-Weg
23=Frau-Holle-Weg
24=Rotkäppchenweg
25=Dornröschenweg
26=Froschkönigweg
27=Aschenputtelweg
Escher Mühle
Große Erft
Erfthof
1 = Huppertstaler Weg
Laacher Straße
In der Spitze
In den Benden
Wohnpark Ahe
Am Kapellenkreuz
Wiedenaustraße
Stadtteil Ahe (zu Bergheim)
Haus Wiedenau
Ahestraße
Erftkanal
Kleine Erft
1 = Fasanenweg
2 = Rebhuhnweg
3 = Fresienweg
4 = Begonienweg
5 = Agavenweg
6 = Aralienweg
7 = Schlehdornweg
8 = Ölbaumweg
9 = Rabenweg
10 = Dohlenweg
11 = Taubenweg
12 = Buntspechtweg
13 = Stieglitzweg
14 = Wachtelweg
15 = Bachstelzenweg
16 = Kleiberweg
17 = Grasmückenweg
Oleanderstraße
Quadrath-Ichendorf
Köln-Aachener-Str.
Sandstraße
Stadtteil Quadrath-Ichendorf (zu Bergheim)
50127
Schloss Frens Vorburg
Schloss Frens
Fischbach
Im Mannsfeld
Ortsteil Heppendorf (zu Elsdorf)
Sindorfer Straße
Wasserwerk
Erfttalstraße
Sindorfer Mühle
Horremer Mühle
Hemmersbach
11=Möschenheck
12=Lammertsheck
13=Pferdbruchfeld
14=Dickelcherfeld
15=Vor dem Eschend
Heppendorfer Straße
Stadtteil Sindorf (zu Kerpen)
50170
Goldacker
16 = Sperlingweg
Goldammerweg
Sportplätze
Neuer Friedhof
Erft-straße
Bruchhöhe
Kläranlage
Freizeitbad "Erftlagune"
Im Broich
Broichhof
Sindorf
Sehnrath
Klein-bruch-feld
1 = Stralsunder Str.
2 = Rostocker Str.
3 = Nikolausweg
4 = Josefstraße
5 = Graf-von-Galen-Str.
6 = Pater-Delp-Str.
7 = Von-Stauffenberg-Str.
8 = Karl-Arnold-Str.
9 = Kurt-Schumacher-Str.
10 = Thomas-Münzer-Str.
Naturschutz-
Haus Breitmaar
Karl-Ferdinand-Braun-Str.
Hüttenstraße
Industriegebiet
Europa-ring
Hof Hahn
Haus Hahn
Johannes-Kepler-Straße
Marie-Curie-Str.
Heinrich-Hertz-Straße
Michael-Schumacher-Kartbahn
Kreuz Kerpen
AS Kerpen
E40
Klarahof
Pferdskopf
50171
Boelckekaserne
Kiesgrube
Lörsfelder Naturschutzgebiet Busch
Schloss Lörsfeld
Zum Parrig

Staats-
forst
Die Ville
Ville
Fischbachhöhe
Gewerbe-gebiet
Grill-hütte
Nord-Süd-Kohlenbahn
Alte Aachener Straße
Aachener Straße
Stadtteil Königsdorf (zu Frechen)
S12,S13
Waidmannsweg
Umspann-werk
RB38
Kiesgrube
Industrie-gebiet
Kläranlage
Quarzgrube
Neu-bottenbroich
Röttgen-höhe
Röttgenpfad
RB38,RE1,RE9
Horrem
Hauptstraße
Bahnhofstr.
Höhenweg
Mühlengr.
Schiefbahn
Stadtteil Horrem (zu Kerpen)
50169
Stadtteil Habbelrath (zu Frechen)
Dürener Straße
1=Georg-Felber-Gasse
2=Elisenhof
Rosmarhof
Sybillerhof
Schachtelhof
Habbelrather
Naherholungsgebiet
Hohe Scholle
Gewerbe-gebiet
Stadtteil Grefrath (zu Frechen)
Sonnenhof
E40
Außenkippe Frechen
Götzenkirchen
1 = Götzenkirchener Str.
Umspann-werk
Boisdorfer See
Erft
Randkanal
Privatstraße
Reit-halle
5644
5642
5640
340
342
103
161
1 2 3 4 5 6 7 8 9 10 11 12

Stadtteil Königsdorf
(zu Frechen)
Aachener Straße
Kölner Randkanal
Clarenhof
Bonnstraße
Frechener Weg
Anschlussstelle Bonnstraße (in Bau)
Mühlenweg
Frechen-Königsdorf
Gewerbegebiet
1 = Eichelhäherweg
2 = Am Sportplatz
Tank-u.Raststätte Frechen
E40
Stadtteil Buschbell
(zu Frechen)
Hücheln
Erlenbusch
5=Kamillenweg
6=Enzianweg
7=Oleanderweg
8=Eisenhutweg
9=Waldmeisterweg
10=Sanddornweg
11=Goldrutenweg
12=Holunderweg
13=Löwenzahnweg
Krankenhausstraße
1=Hopfengarten
2=Theodor-Lövenich-Straße
3=Thymianweg
4=Salbeiweg
Ville
Kaskadenweg
Erholungspark „An den 7 Bäumen"
Quarzsandabbau
Quarzwerke
14=Kirchweg
15=Johann-Heinrich-Pestalozzi-Weg
Grefrather Nord-Süd-Kohlenbahn
St.-Katharinen-Hospital
Gymnasium
16= Sebastian-Kneipp-Straße
17= Katharina-Schmitz-Straße
18= Hermann-Gmeiner-Straße
19= Marie-Juchacz-Straße
20= Wilhelm-Conrad-Röntgen-Straße
21= Bertha-von-Suttner-Straße
22= Marie-Curie-Straße
23= Rudolf-Virchow-Straße
24= Marienburger Weg
25= Stettiner Straße
26= Josef-von-Eichendorff-Weg
Lindenstraße
Hüchelner Straße
Toni-Ooms-Str.
Kölner Str.
Frechen Bf
Rosmarhof
Magdalenenhof
Sybillenhof
Stadtteil Grube Carl
(zu Frechen)
Schachtelberghof
Röttgenteich
Rosmarweg
Hauptstr.
Mühleng.
36 = Wolfgang-Giesen-Pl.
37 = Christian-Moll-Straße
Dürener Straße
Gewerbegebiet
Haus Radmacher
Stadtteil Grefrath
(zu Frechen)
Deponie
Stadtteil Benzelrath
(zu Frechen)
Fabrik Sybilla
Frechen-Benzelrath
Sportpark Herbertskaul
Friedhof
Kiesweiher
Brikettfabrik Wachtberg
27 = An der Synagoge
28 = Karl-Göbels-Straße
29 = Töpfergasse
30 = Ahrendgäßchen
31 = Rinkenpfuhl
32 = An St. Severin
33 = Mühlengasse
34 = Peterstraße
35 = Hermann-Balkhausen-Str.
Stadtteil Bachem
(zu Frechen)
Feldhof
Privatstraße
Nord-Süd-Kohlenbahn
Berrenrather Straße
AS Gleuel
Gleueler Str.
Rudolfstraße
Burg Bachem
Holzstraße

Stadtteil Müngersdorf
(zu Köln)
Stadtteil Weiden
(zu Köln)
Stadtteil Junkersdorf
(zu Köln)
Stadtteil Stotzheim
(zu Hürth)
Stadtteil Gleuel
(zu Hürth)
Frechen
Marsdorf
Gewerbegebiet
Köln-Marsdorf
Gewerbegebiet
Frechen-Ost
Sielsdorf
Horbell
Beller Feld
Vorster Benden
In den
Stadtwald
Aachener Straße
Dürener Straße
Kölner Straße
Bachemer Straße
Gleueler Straße
Horbeller Straße
Bonnstraße
Frechener Straße
Toyota-Allee
Europaallee
Max-Planck-Straße
Rheinenergie-Stadion
Junkersdorf
Weiden Zentrum
Weiden Schulstr.
Bahnstr.
Mohnweg
Alter Militärring
Haus Vorst
Stüttgenhof
Marsdf.
AS Köln-Lövenich
Kreuz Köln-West
AS Frechen
Adenauerweiher
Frechener Bach
Stiftung Keramion
Zentr.f. moderne u.hist. Keramik
Kläranlage Frechen
Straßenmeisterei Erftkreis
Hermannshof
Regenrückhaltebecken
50859
50858
50933
50935
50226
E40
E31
1 = Schützenweg
2 = Stettiner Weg
1=Johannes-Theodor-Baargeld-Weg
2=René-Magritte-Promenade
3=Wilhelm-Schlombs-Allee
4=Am Haelentor
5=Ulrich-Brisch-Weg
1=Sielsdorfer Mühle
1 = Zingelweg
2 = Bauerweg
3 = Brictiusweg
4 = Im Winkel
1 = Am Bachemer Pfädchen
5=Theo-Zimmermann-Straße
Kreuel 163
105

Stadtteil Braunsfeld (zu Köln)
Stadtteil Lindenthal (zu Köln)
Stadtteil Sülz (zu Köln)
Stadtteil Klettenberg (zu Köln)
Stadtteil Efferen (zu Hürth)
Stadtteil Zollstock (zu Köln)
Hürth
Stadt- wald
50933
50931
50672
50674
50935
50937
50939
50354
50969
50997
Aachener Straße
Dürener Straße
Militärring
Universitätsstraße
Luxemburger Straße
Berrenrather Straße
Zülpicher Str.
Gleueler Straße
Melaten
Friedhof
Universität
Decksteiner Weiher
Deck-steiner Weiher
Beethoven-park
Sülzgürtel
Klettenbergpark
Güterbahnhof
Eifeltor
Südfriedhof
AS Köln-Klettenberg
AS Containerbahnhof Köln-Eifeltor
Containerbf
Moltkestr.
Weißhausstr.
Arnulfstr.
Sülzburgstr.
Universitätsstr.
Hans-Böckler-Pl./Bf W.
K.-West
K. Süd
ADAC
Hiroshima-Nagasaki-Park
Kliniken Köln
Universitäts
Wildpark
1. FC Köln
Sportpark
Efferen
Eupener Str.
Maarweg
Clarenbachstift
Alter Militärring
Aachener Str./Gürtel
Rheinenergie-Stadion
1 = Kornelimünsterstr.
2 = Königsdorfer Str.
1 = Joseph-Teusch-Str.
1 = Remigius-
1 = Berlin-Kölnische Allee
1 = Himmerichstr.
2 = Abergstr.
1 = Paul-Gerhardt-Weg
2 = Bodelschwinghstraße
3 = Schaesbergstraße
4 = Fürstenbergstraße
5 = Coesenstraße
6 = Matthias-Erzberger-Weg
7 = Bertha-von-Suttner-Str.
8 = Fridtjof-Nansen-Weg
9 = Albert-Schweitzer-Str.
10 = Carl-von-Ossietzky-Str.
11 = Dietrich-Bonhoeffer-Str.
12 = Alfred-Delp-Straße
22 = Margarete-Köchner-Str.
23 = Alice-Neugebauer-Straße
24 = Am Schleifkotten
25 = Ernst-Wilhelm-Nay-Straße
26 = Heinrich-Hoerle-Straße
E40
4
55
264
265
106
164

Stadtteil Kalk
(zu Köln)
Innenstadt
Rhein
Altstadt-Süd
Neustadt-Süd
Stadtteil Deutz
(zu Köln)
KÖLN
Stadtteil Humboldt-Gremberg
(zu Köln)
Stadtteil Raderberg
(zu Köln)
Stadtteil Bayenthal
(zu Köln)
Stadtteil Poll
(zu Köln)
Stadtteil Marienburg
(zu Köln)
Stadtteil Raderthal
(zu Köln)
Stadtteil Rodenkirchen
(zu Köln)
Köln-Hbf
K.-Deutz
Messegelände
Koelnmesse Osthallen
Kölnarena
Deutzer Brücke
Severinsbrücke
Südbrücke
Rodenkirchener Brücke
Deutzer Hafen
Rheinauhafen
Cityplan S.37
Anschlussstelle Köln-Poll
Industriegebiet
Volkspark
Südpark
50679
51105
51103
50968
50996
50677
50678
50667
50668

Stadtteil
Vingst
(zu Köln)
Stadtteil
Humboldt-
Gremberg
(zu Köln)
Stadtteil
Ostheim
(zu Köln)
Stadtteil
Gremberghoven
(zu Köln)
Stadtteil
Westhoven
(zu Köln)
Stadtteil
Ensen
(zu Köln)
Gremberger
Wäldchen
Kreuz
Gremberg
Bagger-
see
Rhein
Kalk-Nord
Kalk Kapelle
Fuldaer Str.
Frankfurter Str.
Vingst
Verschiebebahnhof
Gremberg
K. Frankfurter Str.
Köln Airport-
Businesspark
Köln Steinstr.
Olpener Straße
Frankfurter Straße
Ostheimer Str.
Rösrather Straße
Kölner Straße
Porzer Ringstraße
Gremberger Ring
Vingster Ring
Zubringerstraße
Industrie-
gebiet
Gewerbegebiet
Herkenrathweg
Gewerbe
im Park
Anschlussstelle
Köln-Poll
AS
Gremberg-
hoven
Dreieck
Heumar
ICE-Neubaustrecke Köln-Rhein/Main
Freibad
Vingst
Köln-Vingst
Gremberger
Hof
51103
51105
51107
51149
E40
E35
108
166

Olpener Straße
Mittelbusch
E40
Berg. Gladbach
Kölner Stadtwald
Brücker Hardt
Wildgehege
Stadtteil Brück (zu Köln)
Neu-Brück
51109
Friedhof
Fleehbach
Kahnweiher
Erkermühle
Bensberger Berg
Baggersee
1 = Bernanosweg
2 = Max-Slevogt-Straße
Stadtteil Rath/Heumar (zu Köln)
1=Karl-Hüntemann-Weg
Königsforst
Rabenbruch
Rath
1 = Am Viereck
2 = Am Dreieck
Rösrather Straße
Lützerath-Straße
Mauspfad
Rather Burg
Hügelgrab
Hügelgräber
Steinbruchsweg
Heumar
Durchhäuserhof
Gut Maarhausen
Anschlussstelle Königsforst
Oberbergische Bahn
Anschlussstelle Rath
Maarhäuser Weg
Schloss Röttgen
Freibad
Industrie-Dreieck Porz
Industriegebiet
Frankfurter Straße
Eilerberg
Natur-schutzgebiet
Wahner Heide
51147
51145
Tankstelle Schloss Röttgen
Gut Leidenhausen
Haus des Waldes
Greifvogelschutzstation
Wildgehege
Wasserwerk Rösrath
Stadtteil Eil
Grengeler Mauspfad
Kurtenwaldbach

Königs-
forst
(zu Köln)
Ortsteil
Forsbach
(zu Rösrath)
Ortsteil
Kleineichen
(zu Rösrath)
Rösrath
Standort-
übungs-
platz
(zu Bergisch Gladbach)
51109
51427
51107
51503
Kl. Steinberg
98
Gr. Steinberg
132
Mergelsberg
136
Kaisereiche
128
Bahnhof
Forsbach
Dreiborn-
berg
Fuchskaul
Forsthaus
Forsbach
Kurtenwald
110
Dörneberg
68
Hügelgräber
Rösrather
Straße
Kölner
Straße
Bensberger
Straße
Klasheider
Weg
Possilweg
Bergmannspfad
Pionier-
Hüttenweg
Brück-Forsbacher Weg
Steinbruchsweg
Rennweg
Reitweg
Wolfsweg
Jägersweg
Flehbach
Sellbach
Wahlbach
Giesbach
Kurtenwaldbach
Krummbach
Königsforster Str.
Feldstraße
Rosenweg
Forsbacher
Mühle
Engels-
broich
Altvolberg
Weiershof
Ellersberg
Kreuz-
wegen
Paffrather
Hof
Sportplatz
FKK
Friedhof
Kapelle
Nonnenweg
Eiserweg
Birkenweg
Altenheim
Bismarckstr.
Grefenfurth
Stümpen
Dammels-
furth
Rösrath-
Stümpen
Raststätte
Königsforst
Am
Hahnenweiher
Am
Verbrannten
Mühlenweg
Baumschulenweg
RB25
E35
3
Zentral-
friedhof
Sommerberg
Steinknippen
Gerotten
Ahornweg
Lärchenw.
Buchenweg
Heinrich-Heine-
Weg
Paffrather Weg
Revierförsterei
Forsbach
Sommer-
Weschpc
Hedwigsh
Holzmarkt
Überhofe
Fuchs-
110
168
368
369
370
372
5640
5642
5644
4 = Hebbelstraße
5 = Eichendorffstr.
6 = Maria-Montessori-
Straße
7 = Kleiststraße
8 = Novalisstraße

Stadtteil Untereschbach
(zu Overath)
Großbuchholz
Klärteich
Grube Grünewald
Daubenbüchel
Mittelauel
Tütberg
Stadtteil Steinenbrück
(zu Overath)
Altenbrück
Neichen
Stichermühle
Forstweg
E40
Frielinghausen
Holzstraße
Olper Straße
Hoffnungsthaler Straße
2 = Pfarrer-Heinrich-Kugelmeier-Straße
Unterauel
Sülz
Hellenthal
Hellenthalweg
Büchel
Römerstr.
Grube Lüderich
1=Barbarastr.
226
Burgkopf
Klaranlage Lehmbach
Lehmbach
Zechenhäuschen
Zentralschacht
Katzemich
Talstraße
Kleindresbach
Steinberg
Lüderich
260
Ringwall
254
Grabhügel
219
Großlöderich
1=Hirtenweg
2=Am Fischweiher
1 = Holunderweg
Sülze
Entgesbüchel
2 = Zum Sülzufer
Bergische Landstraße
Steinefeldchen
Bleifeld
Breider Straße
Boddert
Breide
Hintersten Büchel
Rothenbach
ehem. Grube Lüderich
Johannisberg
Franziskaschacht
Schiehecker Str.
Frohnensiefen
Vordersten Büchel
Leibnizpark
1 = Gebrüder-Reusch-Straße
2 = Müllerdorf
Hove
Bergstraße
Lüderich
Durbusch
Durbuscher Str.
171
Blech
RB25
Oberbergische Bahn
Volberg
Friedhof
Anacker
Auf dem Durbusch
191
Eigen
Kleineigen
Großeigen
Brünsbach
Bergsegen
Vierkotten
Hauptstr.
Hoffnungsthal
Ortsteil Hoffnungsthal
(zu Rösrath)
Stöcken
Honrath
(zu Lohmar)
Hofferhof
168
Sportplätze
Hs.Venauen
Unterlüghausen
Lüghausen
Kleinbliersbach
Großbliersbach
Wickuhl
Schnellhaus
Meinenbroich
Stumpf
Hahnburg
Landschaftspark
Oberlüghausen
Ober-
Kupfersiefen
Großhecken
Broich
Weilerhohn
Höhnchen
Schiefelbusch
Kleinhecken
Fußheide
169
Am Dornstrauch
Jahnstraße
5640
5642
5644
374
376

Stadtteil Heiligenhaus
(zu Overath)
Auf dem Hunde
Kotten
Mittelbech
Unterbech
E40
Stich
Birken
Heide
Neuenhausen
Ulmenweg
Neuenhauser Str.
Bensberger Straße
Hohkeppeler Straße
Rappenhohner Straße
Weberhöhe
Wiedenhof
Rappenhohn
Höderath
Gewerbegeb. Diepenbroich
Friedhof
Ferrenberg
Kiga
Hammermühle
Kölner Straße
Mucher Straße
Alte Mucher Str.
Burgholz
Kleefberg
Steinberg
192
Groß-schwamborn
Klein-schwamborn
225
1=Soldiner Weg
2=Küstriner Straße
3=Landsberger Straße
4=Stargarder Straße
5=Stettiner Straße
6=Schneidemühler Straße
7=Jan-Wellem-Straße
8=Pfarrer-Schneider-Weg
9=Kemenat
10=Im Komp
11=An der Mühle
12=Auf dem Klarenberg
13=Steinhofplatz
14=Bahnhofplatz
Hauptstraße
Overath
Siegburger Straße
Durbuscher Straße
Großdorbusch
Voßwinkel
Voßwinkeler Str.
Schlehenweg
Wasser
Oberdahlhaus
1 = Im Hanfland
2 = Ober den Pöhlen
Dahlhauser Str.
Schlehecker Str.
15=Alter Sportplatz
16=Schwimmbadstraße
17=Waschmorgen
Overath
51491
Halfensbüchel
Brambach
Cyriax
Lölsberg
Dahlhaus
200
Unterdahlhaus
Durbusch
Kombach
Eichtal
Broich
Leyenhaus
Eulenthaler Straße
Eulenth
Hoven
Breideneichen
Bombach
Klein Bombach
178
Rohrbergstraße
Stöcken
Jexmühle
Grünagger
Aggerhütte
Weyerhof
Buschhoven
Oberbergische Bahn
Agger
Honrath
Hasenberg
Kulhoven
Windhausen
Windhauser Straße
186
Hasenberg
Kern
Rösrather Str.
Wolkenburgstr.
Kindergarten
Friedhof
Burg
Naafshäuschen
Honsbach
Hohnenberg
Golfplatz
Hähngen
Holl
Stumpf
Birken
Heiden
Golfplatz
Windlöck
Seelscheider Straße
Bachermühle
Kesselstraße
Stadtteil Neuhonrath
(zu Lohmar)
Fischteiche
Gut Rosauel
Haus Auel
Schloss
5644
5642
5640
484
55
112
170

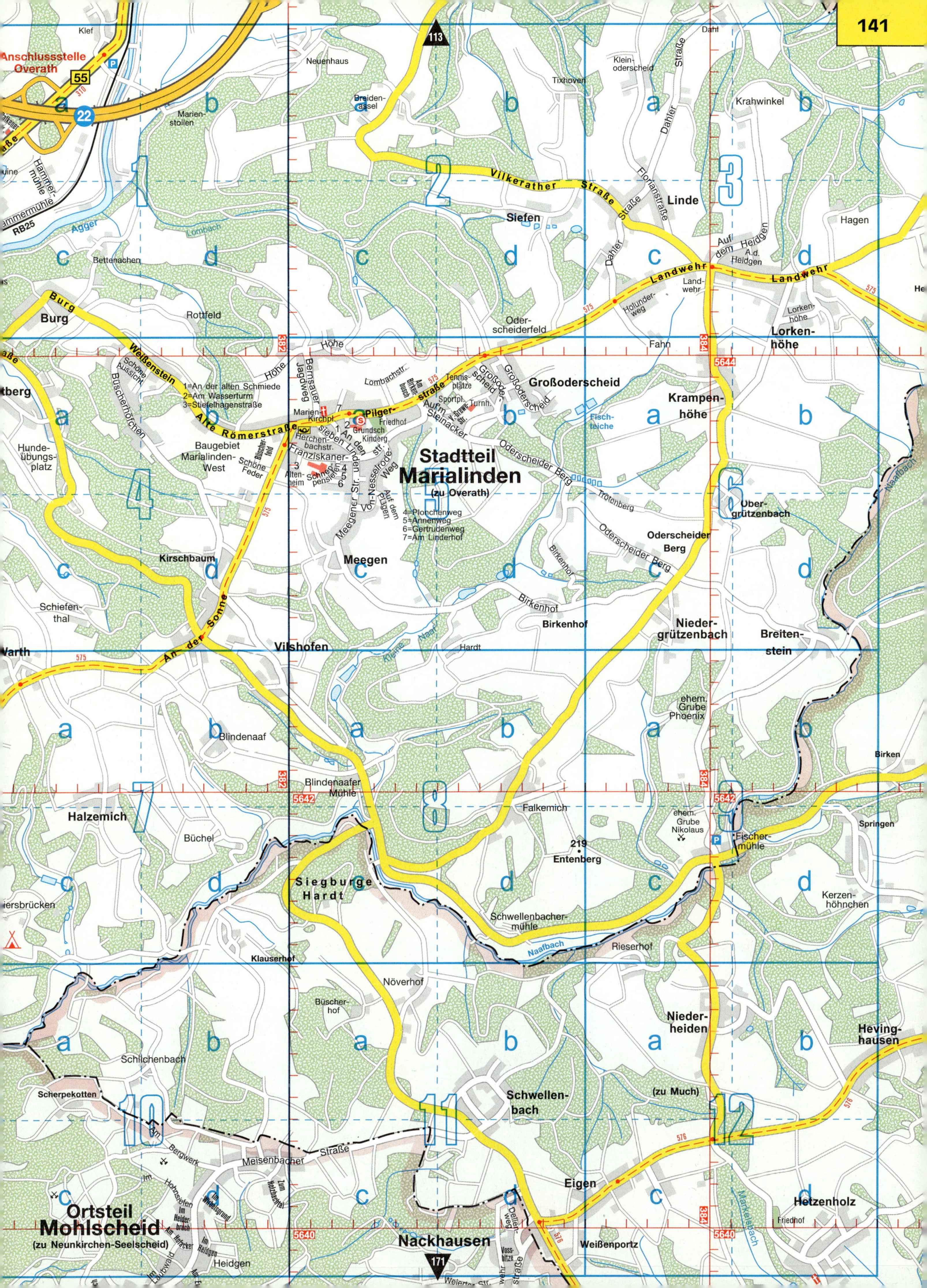
Klef
Anschlussstelle Overath
55
22
Neuenhaus
113
Breidenassel
Tixhoven
Kleinoderscheid
Dahl
Krahwinkel
Marienstollen
Hammermühle
RB25
Agger
Lombach
Vilkerather Straße
Dahler Straße
Florianstraße
Linde
Siefen
Hagen
Auf dem Heidgen
A.d. Heidgen
Bettenachen
Burg
Rottfeld
Landwehr
Landwehr
Holunderweg
Oderscheiderfeld
Lorkenhöhe
Fahn
Höhe
Weißenstein
Schöne Aussicht
Buschenhöhchen
1=An der alten Schmiede
2=Am Wasserturm
3=Stiefelhagenstraße
Alte Römerstraße
Bernsauer Jagdweg
Lombachstr.
Pilgerstraße
Großoderscheid
Großoderscheid
Tennisplätze
Sportpl.
Turnh.
Friedhof
Fischteiche
Krampenhöhe
Marien-Kirchpl.
Grundsch.
Kinderg.
Sieben Linden
An den Steinacker
Auf'm Steinacker
Oderscheider Berg
Hundeübungsplatz
Baugebiet Marialinden-West
Schöne Feder
Büschenfeld
Herchenbachstr.
Franziskanerweg
Altenheim
Sohnenpensionen
Stadtteil Marialinden
(zu Overath)
Nesselroder Weg
Auf dem Hagen
4=Plonchenweg
5=Annenweg
6=Gertrudenweg
7=Am Linderhof
Meegener Str.
Trotenberg
Obergrützenbach
Naafbach
Oderscheider Berg
Kirschbaum
Meegen
Birkenhof
Birkenhof
Schiefenthal
Niedergrützenbach
Breitenstein
An der Sonne
Warth
Vilshofen
Kleine Naaf
Hardt
ehem. Grube Phoenix
Blindenaaf
Birken
Halzemich
Blindenaafer Mühle
Falkemich
ehem. Grube Nikolaus
Fischermühle
Springen
Büchel
219
Entenberg
Siegburger Hardt
Schwellenbachermühle
Kerzenhöhnchen
Klauserhof
Naafbach
Rieserhof
Növerhof
Büscherhof
Niederheiden
Hevinghausen
Schlichenbach
Scherpekotten
(zu Much)
Schwellenbach
Meisenbacher Straße
Bergwerk
Eigen
Ortsteil Mohlscheid
(zu Neunkirchen-Seelscheid)
Nackhausen
Hetzenholz
Friedhof
Weißenportz
Markelsbach
Heidgen
171
Weiler Str.
Vossbitze Straße
575
576
382
384
5644
5642
5640

114
Wüststeimel
Kaldauer
Höhe
Kaltenborn
Kaldauer
Höhe
348
Kl. Heckberg
344
Kapelle
Federath
Federath
(zu Overath)
Hagen
Jagdhaus
Heckhaus
383
Heckberg
Siebelsnaaf
Abelsnaaf
Hentgesnaaf
Bixnaaf
Schommels-
naaf
Esinghausen
NSG
Henningen
5644
338
Bixnaafer
Mühle
575
Naafbach
Strünkerhof
Neverdorf
Gerling-
hausen
Eckhausen
301
Hohnsberg
Mühle
Gibbing-
hausen
Heinenbusch
Birken
Daushof
Ober-
heiden
Gewerbe-
gebiet
Bövingen
Tillinghausen
Roßhohn
5642
386
388
Springen
Bövingen
Siefen
Schutzhütte
Golf-
platz
Gibbinghauser Bach
Hevinghausen
Neuenhaus
Kapelle
Ober-
bruchhausen
53804
Kantstr.
Kapelle
Gippenstein
Kreizhof
Much
Krahm
6=Im Bonnenfeld
7=Buchenweg
Nieder-
Hohr
Hetzenholz
Scheidhof
5640
56
172
Fatima-
kapelle
1 = Am Weißen Kreuz
2 = Büchlerstraße
3 = Krüttengasse
4 = Kompsgasse
5 = Kirchplatz
Burg Over-
bach
Sport-
platz
Bockem
Freibad
Bockemsweg
Berghausenstr.
Schmerbach-
Wirtschaftsweg
Auf d.Kamp
Friedhof
Danziger Str.
Zander-
Hauptstraße
Kapellenweg
Zeithstraße
Marienfelder Straße
Eichenweg
Fichtenweg
Erlen-
weg
Eltersbach
Dörren-
bitze
Reichensteiner
Stein
Kleingartenanlage
575,576,577
578,577
319
576
577
578

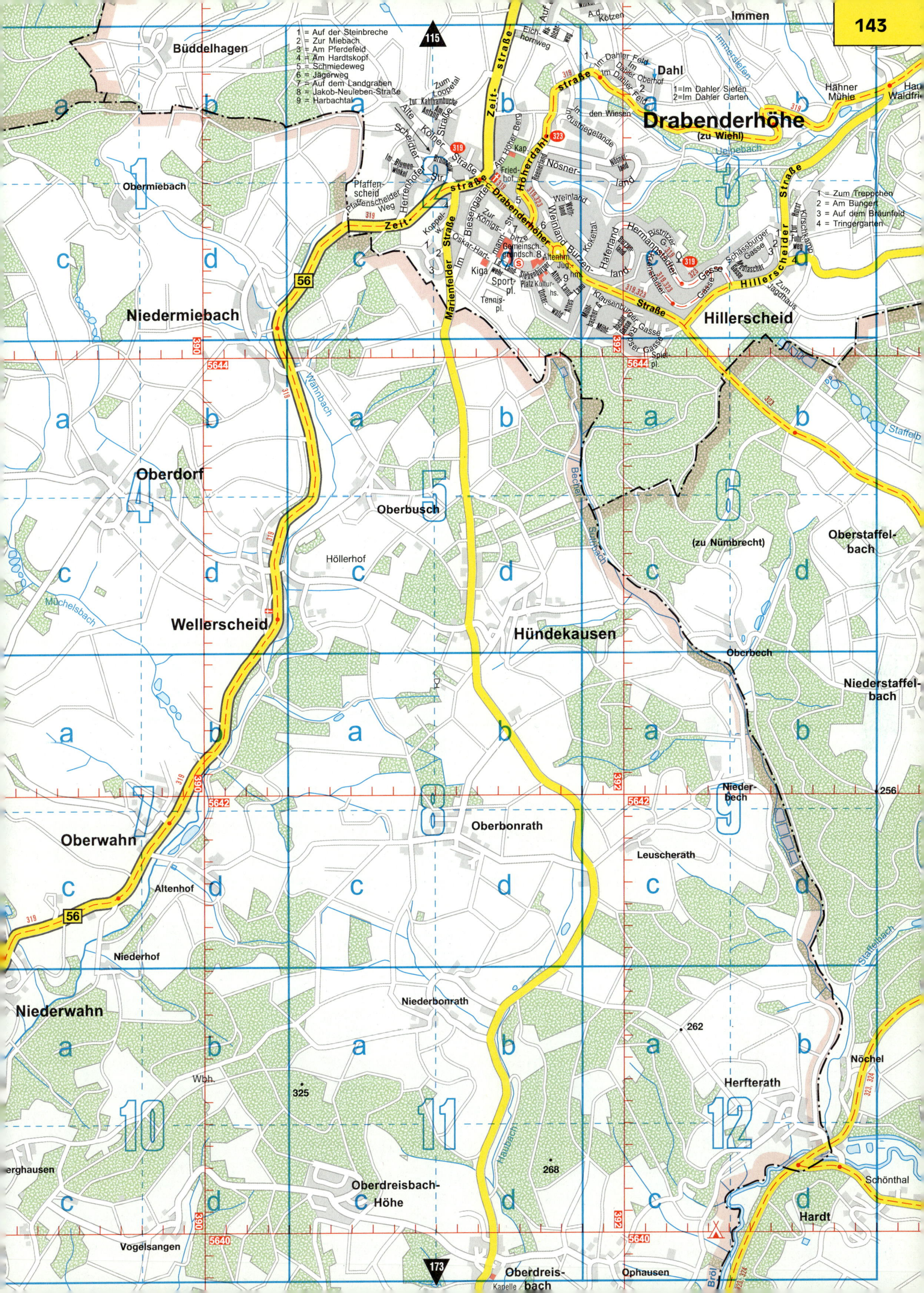
1 = Auf der Steinbreche
2 = Zur Miebach
3 = Am Pferdefeld
4 = Am Hardtskopf
5 = Schmiedeweg
6 = Jägerweg
7 = Auf dem Landgraben
8 = Jakob-Neuleben-Straße
9 = Harbachtal
115
Büddelhagen
Immen
Dahl
1=Im Dahler Siefen
2=Im Dahler Garten
Drabenderhöhe
(zu Wiehl)
Hähner Mühle
1 = Zum Treppchen
2 = Am Bungert
3 = Auf dem Bräunfeld
4 = Tringergarten
Obermiebach
Niedermiebach
Hillerscheid
Zeitstraße
Drabenderhöher Straße
Marienfelder Straße
Höherdahl
Hillerscheider Straße
Gemeinsch.-grundsch.
Altenheim
Kiga
Sport-pl.
Tennis-pl.
Kultur-hs.
Fried-hof
Weinland
Nösnerland
Burzenland
Haferland
Hermannstädter Straße
Schässburger Gasse
Bistritzer Gasse
Mediascher Gasse
Klausenburger Gasse
Pfaffenscheid
Pfaffenscheider Weg
Herrenhofer Str.
Alte Kölner Straße
den Wiesen
Uelpebach
Wahnbach
Bechbach
Staffelbach
Mücheisbach
Haubach
Bröl
Oberdorf
Oberbusch
Höllerhof
(zu Nümbrecht)
Oberstaffelbach
Hündekausen
Wellerscheid
Oberbech
Niederstaffelbach
Niederbech
Oberbonrath
Oberwahn
Altenhof
Leuscherath
Niederhof
Niederwahn
Niederbonrath
Herfterath
Nöchel
Wbh.
325
262
268
256
erghausen
Oberdreisbach-Höhe
Schönthal
Hardt
Vogelsangen
Oberdreisbach
Kapelle
Ophausen
173
56
319
323
390
392
5644
5642
5640
1
2
3
4
5
6
7
8
9
10
11
12
a
b
c
d

Hähner Mühle
Haus Waldfrieden
Jennecken
Zur Linde
1 = Zum Weiher
2 = Alter Milchweg
3 = Gimmicker Weg
Bergweg
Mühlen
Mühlener Straße
Am Lindenberg
Börnhausen
Börnhausener Str.
Theodor-Fliedner-Werk
Gut Waldruhe
Wald
1 = Börnhausener Siefen
2 = Börnhausener Burg
3 = Börnhausener Hof
4 = Börnhausener Blick
5 = Börnhausener Berg
Hengstenberg
1 = Im Hofwinkel
2 = Zum Bergerholz
Bruch
Faulmert
Im Staffel
Behindertenwerkstätte
Steinacker
Großfischbach
Großfischbacher Straße
Kleinfischbach
Krahm
Staffelbach
Überdorf
Kapelle
Nallingen
Gassenhagen
Hau
Fahlenbruch
Niederbellinghausen
Friedhof
Jägerhof
Gewerbepark
Jägerhofstr.
Alte Ziegelei
Oberstaffelbach
Birkenhof
Löhe
Sporthalle
Sportplatz
Tennispl.
Kreuzheide
Windhausen
Elsenroth
Kalverkamp
Forellenweg
Quellenweg
Hügel
1 = Im Winkel
2 = An der Fahrt
Hellberg
310
Homburger
Ländchen
Niederstaffelbach
Mühlenthal
316
Sonnenberg
Gerhardsiefen
NSG
Marienberghausen
Linde
Steinbruch
Beerser Weg
Hasenberg
Kaplansweg
Am Lindenstock
Höferhof
Hillenbach
Huppichteroth
Huppichteroither Str.
Holstemühle
Schloß Homburg
Museum
Erlinghausen
Homburger Papiermühle
Hochstraßen
Guxmühlen
Homburger Straße
Homburg-Bröl
Kläranlage
Bröl
Neuenberg
Nöchel
Göpringhausen
Göpringhauser Straße
Steinsheide
Bergstraße
Bahnhofstr.
Kleinhöhe
Grünthal
Schönthal
Vorholz
Riechenbach
Dorfgem.-hs.
Hardt
Heddinghausen
7 = Kornblumenweg
8 = Heckenrosenweg
9 = Maiglöckchenweg
10 = Goldnesselweg
11 = Arnikaweg
12 = Anemonenweg
116
174

Wiehl 51674
117
Soelsiefen
Dreisbach
Dreisbacher Str.
Pützbach
270
Schlenke
Siefen
Oberwiehl
Sportplatz
Kurpark
Wiehler Park
Minigolf
Stadion
Hauptstr.
Homburger Str.
Forschungszentr. Sonnenenergie
Berufsbildungszentrum
Werksmuseum
Rettungswache
Kindergarten
Grundsch.
Angfurten
Büttinghausen
1 = Alter Schulweg
2 = Denkmalweg
3 = Hindelanger Straße
4 = Nümbrechter Straße
4=Wilhelm-Idel-Straße
5=Im Weiher
6=Weiher-Passage
7=Berta-Schulz-Straße
8=Am Lindenstock
9=Am Birnbäumchen
10 = An der Oelmühle
11 = Zur Dorfkrone
12 = Im Winkel
Bismarckwarte
Marienberghausener Straße
Wildpark
Tropfsteinhöhle
Hübender
Pfaffenberg
Rommelsdorf
1 =Berghang
Gewerbegebiet
Heckelsiefen
Perke
Wiehl
Naturdenkmal
Oberbierenbach
Abbenroth
1 = Kirschbaumweg
2 = Backhausweg
Wiehler Str.
Bierenbacher Bach
Grumeth
Stockheim
Grumether Straße
Kiga
Schulzentr.
Mühlenau
1 = Schmidtsweg
2 = Hermeshof
3 = Lingenhof
Prombach
Auf dem Hallöh
Gaderoth
Bierenbachtal
3=Eichelchen
Heltenberg
332
Oberbreidenbach
Oberbreidenbacher Str.
Unter der Hardt
Gadostraße
Gewerbegebiet
Wuppertaler Str.
"Dicke Steine" (Quarzitfelsen)
NSG
Breunfeld
"Gaderoth"
Auf dem Büchel
300
Mülldeponie
Grauwacke
1=Schoffenweg
Auf dem Löh
322
Winterborn
Winterborner Str.
Spreitgen
1 = Dorfplatz
2 = Parkstraße
3 = Meta-Herz-Straße
4 = Dr.-Rieck-Straße
5 = Schustergasse
6 = Överchen
Auf dem Lindechen
Aussichtsturm
Rehabilitationsklinik
Distelkamp
1 = Mittelweg
2 = Börnchenweg
Bruch
Brüchermühler Str.
Birkenbacher Bach
Im Steimel
Nümbrecht 51588
Kreuzberg
290
Grötzenberg
1 = Wendeweg
2 = Im Rehwinkel
Malzhagen
Malzhagener Bach
Homburger Bröl
Hammermühle
Golfplatz
Kurklinik
1 = Heckenweg
2 = Machels Hain
Ausbildungszentrum der Maschinenbau- und Kleineisenindustrie
175

Feld
N.D.
2=Biesenweiher
Heisterbach
Grillhütte
Sotterbach
Sotterbacher Straße
Blasseifen
Schutzhütte
Skilift
Schemmerhausener Straße
1=Glöckchenwinkel
Felder Straße
Kapelle
Dornhecke
Heckenweg
Müttererholungsheim
Feldermühle
Angfurten
Angfurtener Str.
Sangerweg
Sangenberg
299
Heienbach
Jagdwinkel
Zum Dornbusch
Schutzhütte
Bibersteiner Straße
(zu Wiehl)
Schutzfeldweg
Eichholz
Rosenhaan
Eichholzer Straße
Hofwiesen
Zu den
Am Feuerwehrturm
314
1=Am Birkeshaus
2=Heckenweg
Pumpwerk
Quellenweg
Remperger Str.
Remperg
Oberwiehler Straße
Mühlenauer Str.
Perker Str.
Mühlenau
Bieberstein
Forsthaus Bieberstein
Ruine
Bibersteiner Stausee
Kläranl.
Giershausen
Wiehl
Fürken
Eueln
Eueler Hügel
Gewerbegebiet
Talsperrenstraße
Tennisplatz
Olper
Euelerhammer
Schraubenberg
Auf dem Hallöh
Auf der Hardt
Altenheim
4=Rinnenweg
Heisterstocker Weg
Heisterstock
Oberbreidenbach
Sportpl.
Grünenbach
1=Kremberg
Grünenbacher Str.
Sengelbusch
Sengelbuscher Straße
stillgelegt
Kölner Straße
Akazienstr.
Ahornstr.
Eichenstr.
Bieshausen
Gewerbegebiet
Rotdornweg
Eibenweg
Brüchermühle
Bennerstraße
Hauptstraße
Rölefelder Straße
Rölefeld
Eiershagener Str.
Im Lindenwiesschen
Eiershagen
Sportplatz
1=Birkenweg
2=Sonnenweg
3=Kirchweg
Rathaus
Morsbacher Str.
Friedhof
Kap.
Dickhausen
(zu Waldbröl)
Dickhausener Str.
Eiershagener Weg
Birkenbach
Drinhausen
Rölefelder Str.
Ortsteil Denklingen
(zu Reichshof)
Alten Hof
4=Reichsbundweg
Hasenbach
Hasenbacher Straße
Hofwiese
Goldberg
352
Grossenseifen
Niederbröl
(zu Nümbrecht)
Niederbröler Str.
Thierseifener Weg
Friedhof
Bröl
Kirchblick
Schonfeld
1=Am Herberg
Wilkenroth
256
118
176
302
311
312
321
322
5642
5644
5640
402
404

Schutzhütte
Nothausen
Nothausener Str.
2 = Brunnenweg
Auf dem Kamp
Schutzhütte
Dresch-
hausen
Wiehl-
tal-
sperre
378
Schutzhütte
Natur-denkmal
Schutzhütte
388
Aussichtsturm
scheid
Kläranlage
Schutzhütte
Schutzhütte
Schutzhütte
Ulbert
Grünschlade
Grünschlader Str.
Meiswinkel
Meiswinkeler Straße
Dellenkamp
Kurpark
Rehwinkel
Friedhof
1=Im Engpaß
2=Haselnußweg
Odenspiel
(zu Reichshof)
Sportplatz
Elbach-Straße
Kapelle
Löffelsterz
1=Schanzenweg
Schalenbach
Naturdenkmal
419
Heseln
Reichshof
51580
Bitzer Busch
Oesinger Straße
Oesingen
ND
Schalenbacher Weg
Schneppenhurth
In der Hofwiese
Erdinger Straße
Ginsterweg
Mertshain
Schutzhütte
Erdingen
Römerstraße
1=Im Ginsterkamp
Sportplatz
Reiterhof
Sterzenbach
Tennisanlage
Burgberg
370
Sanatorium
Sterzenbach
Schneppenhurther Str.
Odenspieler Straße
Am Busch
Dreslingen
5=Grasmückenweg
6=Am Sonnenhang
Straße
Hähnen
Niederasbach
Oberasbach
Asbach
Wintersportanlage
Springe
Schneppenberg
Lichtenberg
(zu Morsbach)
Bettingen
(zu Waldbröl)
Bergstraße
119
177
5644
5642
5640
406
408
410

Natuurreservaat Kunderberg
Heerlen
Ziekenhuis De Wever
Psych. Centr. Welterhof
J.F. Kennedylaan
Keulseweg
Benzenrade
Benzenraderhof
Winthagen
Bergseweg
Kunderberg
Klein-Weegske
Breedenweg
166
Ubachsberg (bij Voerendaal)
Nertsfarm
Oude Schoolstr.
1 = Voetpad Gen Hunsch
187
Col-mont
Camping Colmont
Sportcomplex Ubachsberg
Kolmonterweg
Kerkstraat
Daelsweg
De Dael
Putberg
Imstenraderbos
Crematorium
Imstenrade
A76
E314
Keversberg
Vrakelbergerweg
Mingersborgweg
Wijnstraat
Scheepensweg
Imstenraderweg
Rukkerhof
201
Mingersborg
Vrouwenheide
Molen
Vrouwenheideweg
Wissemicherweg
Loevemicherweg
Peuschkensheide
Huls
Simpelveld
Achterweg
Trintelerboswe
Trintelen
192
Eikenraderweg
Eyserheide
Klingeleberg
195
Bosschenhuizen
Bosschenhuizerweg
1 = Vinkedelstraat
Sportveld
Bouwerweg
Remigiusstraat
Dr. Poelsplein
Kloosterstr.
Sportcomplex
Roldückerweg
Eyserweg
Kromhagerweg
Raffelsbergerweg
Kondeleweg
Zuiveringsinst.
Bulkemsbroek
Bulkemstraat
St. Nicolaasstr.
Stationstraat
Simpelveld
In de Gaas
Bulken Hve.
Vogelzand Hve.
Grachtstraat
3 = Kerkpad
Overeys
Mesweg
Mr. Dr. Froweinweg
Toeristische Spoorlijn
ZLSM
Bungalowpark
Nijswillerweg
Eys (bij Gulpen-Wittem)
Wittemerweg
Kleuterschool
1 = Van Breijlstraat
2 = Spoorstraat
Goedenraadsbergweg
Karstraat
Keulseweg
Fabrieken
Bocholtzerweg

178

Heerlerbaan
Kerkrade
Spekholzerheide
Locht
Gracht
Kaalheide
Terwinselen
Rukker
De Beitel
Industrieterrein De Beitel
Molsberg
Sweyer
Soureth
Beitel-Zuid
Waalbroek
Prickart
Zandberg
Bocholtz
Mirbelbaum
Mirbeltal
Frohnrather Acker
Unterfronrath
Mittelfronrath
Oberfronrath
Wimlehoeve
Stadtteil Horbach (zu Aachen)
Forster Heide
Gaia-Park Sportcomplex
Ham
Winselerhof
Parkstad Limburg Stadion
Roda J.C. Ring
Milieupark
Sportpark
Schifferheide
Hamweg
Grenzüberschreitendes Gewerbegebiet Avantis
Broicher Höfe
Bocholtzer Kreuz
Gut Rosenberg
Friedhof
Kapelle
Kloster (Paters)
Benzinestation Restaurant „Tienbaan"
Benzinestation Restaurant „Langeveld"
Grenzübergang Vetschau
Im Kitzwinkel
Rijtuigen-en Rariteiten-museum
Bijz. Begraafplaats
Woonwagencentrum
Vormingscentrum Sjoes
Fabriek
Sportpark West
Sporthal
Sancta Maria College
M.A.V.O.
O.L.Vrouw van Lourdes
Apostolische Kerk
Spekholzerheide
Schacht
Fabr.
Toeristische Spoorlijn
Heerlerbaan
Imstenraderweg
Heerlenersteenweg
Kaalheider-steenweg
Kerkrader-steenweg
Vauputsweg
Schifferheide-straat
Industriestraat
Drievogelstraat
Hamstraat
Roldruckerweg
Avantisallee
Horbacher Straße
Stevensweg
Tienbaan
Bocholtzerweg
Schoolstr.
Wienweg
Winckelen
Euregioweg
Strijthagenweg
Deltgenbachweg
Tunnelweg
Beitel
Locht
Waalbroekerweg
Alter Heerler Weg
Fronrather Weg
Oberdorfstraße
Crombacherbeek
N281
N300
A76
E314
ZLSM
52072
5636
5638
174
179
1 = Van Dietrichsteinstraat
2 = Conventuelenstraat
3 = Papaverplein
4 = Anjelierstraat
5 = Rozenstraat
6 = Meidoornstraat
8 = Jasmijnstraat
9 = Willem Sophiaplein
10 = Pastoor Vaessenstr.
11 = Ratastraat
12 = Coumansstraat
1= Gerarda-Gracht
2= Daniël-Eik
3= Constantijn-Eik
4= Dorothea-Gracht
1 = Bernhard-straat

Kerkrade
Gaia-Park
Sportcomplex
Stadspark
Rolduckerveld
Rolduc (Seminarie)
Mijnmuseum
N299
120
6 = Van Ederenstraat
7 = Pastoor de Grootstraat
8 = Valenciahof
Herzogenrath
Ham
9 = Mozartstraat
10 = Poststraat
11 = Kloosterraderplein
Herenanstelerweg
12 = Oranjeplein
13 = Pater Kreitenstraat
14 = Dr. Kreijenstraat
15 = Markt
16 = Engerweg
17 = Ravel Orlandopassage
18 = Kerkplein
19 = Eindervoetpad
20 = Deken de Hesselestr.
Bejaardencentrum Huize Elisabeth
Defensie-kantoor
1 = Rogge
2 = Tarwe
3 = Pastoor Mainsstr.
4 = Directeur Stassenstraat
Kerkrade-C
Vaupulsweg
Holz
Eurode Park
Maubach
Burg Rode
Bierstraß
Ruifer Weiden
Freibad
Schulzentrum
1 = In den Ruifer Weiden
2 = Ferdinand-Schmetz-Platz
Auf dem Kick
Friedhof
Hamweg
ZLSM
Hamstraat
Domaniale Mijnstraat
Nulland
N300
Finefrau
Stadtteil Straß (zu Herzogenrath)
1 = Astrid-Lindgren-Weg
2 = Krummer Weg
Am Hittenberg
Untermühle
Bleijerheide
Kohlberg
Kerkhof
3 = Köhlerweg
Kläranlage
euregiobahn
Gut Kuckum
Pley
1 = Dr. Ackensplein
2 = Catharinastraat
3 = Josephinaplein
4 = Husmannstraat
5 = Aemiliaanhof
M.A.V.O.
Pesch
RE 4
Stadtteil Bardenberg (zu Würselen)
Hühnernest
Haus Heyden
Pannesheide
1 = Am Zollhaus
2 = Katzer Feldchen
3 = Im Brunnenhof
4 = Am Hagedörnchen
5 = An der Windkunst
6 = Maria-Montessori-Str.
Stadtteil Klinkheide (zu Herzogenrath)
RB 20,33
Sportanlage
Obermühle
Mühlenbach
Mühlenbachstraße
Kläranl.
1 = Im Wiesengrund
Burg Wilhelmstein
Freilichtbühne
Kläranlage
Geuchter Hof
Altenheim Stadion
Gewerbegebiet
Barderberger Mühle
Ath
Stadtteil Horbach (zu Aachen)
52072
Kohlscheid
Vorscheid
Knopp
Forster Heide
Bank
Kohlscheid
Technologiepark
Forstheide
Pumpermühle
Forsterheider Straße
Amstelbach
Wilsberg
Mevenheide
1 = Schümmerstraße
2 = Dr.-Kremers-Str.
3 = Winkenstr.
4 = Dr.-Rosenbaum-Str.
5 = Mozartstraße
Kläranlage
Waldschenke
Großufersfeld
Uersfeld
Gewerbepark
180
Kircheich
6 = Millöckerstraße
7 = Friedenshof
8 = Gladiolenweg
9 = Tannenweg
Kämpchen
Teuterhof
Reithof

Schiffeld
52134
Herzogenrath
10=Heinrich-Stommel-Weg
Berghalde Anna-Nopfenberg
121
3 = Wilhelmschacht
4 = Denkmalplatz
5 = Alte Luisenstraße
6 = Bodelschwinghweg
Alsdorf
Berghalde Anna 2
52477
Stadtteil Kellersberg
(zu Alsdorf)
1 = Am Wasserlauf
Bierstraße
Prämienstraße
Noppenberg
=Else-Lasker-Schüler-Str.
=Otto-Blumenthal-Str.
=Isabellastraße
=Helene-Weber-Straße
=Elly-Heuss-Knapp-Str.
=Anne-Frank-Str.
=Place de Plérin str.
=Edith-Stein-Straße
Broichbach
Erlenbruch
Tennispl.
Zopperberg
152
Berghalde Anna 1
1 = Schützenstraße
2 = Otto-Brenner-Str.
3 = Uhlandstraße
4 = Virchowstraße
5 = Wilhelmstraße
6 = Konsumstraße
7 = Brentanostr.
8 = Fontanestr.
In Ruif
Bergermühle
Naherholungsgebiet Breichbachtal
NSG Broichbachtal
Zopp
Kläranlage
Bergbau
Lehrpad
Tierpark
Freibad
Herrenweg
Stadtteil Ofden
(zu Alsdorf)
Schloß Ottenfeld
Hundedressurplatz
Freizeitpark
Sportpl.
9 = Kleiststr.
10 = Roseggerstr.
11 = Dresdener Str.
12 = Sassenbergstr.
Kellersberger Hof
Forsthaus Kellersberg
Reifeld
Duffesheide
Feldgen
Sportplatz
Würselener Str.
57
44 = Eulenweg
45 = Falkenweg
46 = Fasanenweg
47 = Finkenweg
48 = Forellenweg
49 = Fuchsweg
50 = Grillenweg
51 = Hamsterweg
52 = Hasenweg
53 = Lerchenweg
54 = Nachtigallenweg
55 = Rabenweg
56 = Rotkehlchenweg
57 = Schwalbenweg
58 = Starenweg
59 = Taubenweg
60 = Wachtelweg
Niederbardenberg
Grubenschacht Gemeinschaft
1 = Azaleenweg
2 = Binsenweg
3 = Brombeerweg
4 = Dornbuschweg
5 = Asternweg
6 = Aurikelweg
7 = Dahlienweg
8 = Berberitzenweg
9 = Akeleiweg
Radsberg
Schleibacher Hof
10 = Immergrünweg
11 = Buchsbaumweg
12 = Goldlackweg
13 = Himmelschlüsselweg
14 = Lupinenweg
15 = Lobelienweg
16 = Ligusterweg
17 = Margaritenweg
18 = Primelweg
19 = Rittersporneweg
20 = Eschenweg
21 = Fenchelweg
22 = Flachsweg
23 = Farnkrautweg
24 = Fichtenweg
25 = Kornblumenweg
26 = Maiglöckchenweg
27 = Orchideenweg
28 = Resedaweg
29 = Rotdornweg
30 = Schneeglöckchenweg
31 = Seerosenweg
32 = Seidelbastweg
33 = Sonnenblumenweg
34 = Tulpenweg
35 = Wacholderweg
36 = Waldmeisterweg
37 = Adlerweg
38 = Biberweg
39 = Bussardweg
40 = Dohlenweg
41 = Drosselweg
42 = Eichhörnchenweg
43 = Elsterweg
Broicher Mühle
Forstum
Schleibach
Kläranlage
Euchen
5 = Schönbrunner Straße
6 = Nellessenstraße
7 = Knappschaftsstraße
8 = Kelleterstraße
Gut Paffenholz
Carlshof
Birk
St.-Peter-u.-Paul-Kirche
Friedhof
1 = Am Neuhof
2 = Am Kuckhof
3 = Alter Schulhof
4 = Alter Schüttsberg
Broicher Str.
Sportplatz
St. Willibrord-K.
= Balbinastraße
= Pfarrer-Thomé-Straße
= Wilhelm-Gülpen-Straße
= Rotdornweg
= Drosselweg
= Finkenweg
= Amselweg
Tellebenden
Gewerbegebiet Weiweg
Auf der Höhe
Stadtteil Morsbach
(zu Würselen)
Stadtteil Elchenrath
(zu Würselen)
Stadtteil Broichweiden
(zu Würselen)
Am Großen Pohl
Skaterbahn
1=Kaiserfeldchen
52146
Würselen
181
Schweilbacher Straße
Kaiserstraße
Krefelder Straße
Willy-Brandt-Ring
Eschweiler Straße

Stadtteil Hoengen
(zu Alsdorf)
Stadtteil Kellersberg
(zu Alsdorf)
Stadtteil Mariadorf
(zu Alsdorf)
Stadtteil Blumenrath
(zu Alsdorf)
Stadtteil Warden
(zu Alsdorf)
Stadtteil Begau
(zu Alsdorf)
Kinzweiler
Stadtteil Broicher Siedlung
(zu Alsdorf)
Broich
Stadtteil Neusen
(zu Würselen)
Stadtteil Broichweiden
(zu Würselen)
St. Jöris
Linden
Ost
Südpark
Gewerbegebiet
Berghalde Maria Hauptschacht
Naherholungsgebiet Broichtal
Broicher Weiher
Broicher Mühle
Krantentalsmühle
AS Alsdorf
Anschlussstelle Broichweiden
Am Fluthgraben
Burgacker
Auf der Merz
Golfanlage
Rotthof
Braunfelder Hof
Buschfuhrer Hof
Obere Mühle
6=Am Bürgerhof
7=Am Anger
8=Am Hagfeld
1=An den Hainbuchen
2=Anni-Keller-Straße
3=Veilchenstraße
4=Edelweißstraße
5=Kroetchensweide
6=An der Mönch Hof Sod
7=Abraham-Lucas-Straße
8=Kleiberstraße
9=Am Schöttel Eng
10=Im Rosenhof
11=Dresdener Straße
1 = An der Burgmaar
2 = Zur Alten Gießerei
3 = Am Neuen Markt
4 = Ahornstraße
5 = Birkenhof
6 = Holunderstraße
7 = Bachstraße
17=Am Wardener Bach
9 = Knappenweg
10 = Im Busch
11 = Platanenstraße
12 = Mozartstraße
13 = Gaußstraße
14 = Karlstraße
15 = Rembrandtstr.
16 = Adenauerring
1 = Viktoriastraße
2 = Valentinstraße
3 = Obermerzer S
4 = Kettelerstraße
5 = Von-Trips-P
6 = Lürkener Weg
7 = Laurenzberge
8 = Langweilerwe
1 = Wagnerstraße
2 = Bachstraße
3 = Pestalozzistr.
1 = Am Klosterweiher
2 = Auf der Merz
1 = Kaiserfeldchen
Hoengener Str.
Eschweiler Straße
Carl-Zeiss-Straße
Jülicher Straße
Aachener Straße
Neusener Straße
Endstraße
Merzbach-straße
Mariadorfer
Broicher Bach
Lindchensweg
Begauer Mühlenweg
Merzbrücker Straße
Georgsweg
Hubschrauber-

Hoffs Gewann
123
Weiler Langweiler (zu Aldenhoven)
Langweiler Straße
44
An der Gasse
An der Johannesfuhr
Die Hofwiesen
Am Hausener Weg
Weiler Hausen
Am Schwalbenberg
Merzer Weg
Hinter dem Schildchen
Am Viehweg
Fronhoven
Kläranlage
Bournheimer Straße
Aldenhovener Straße
Wahnheide
Blausteinsee
Freizeit-und Erholungszentrum
Am Drehpunkt
Burgacker
Sandkuhl
Wattrelos Straße
Rue de Wattrelos
Langendorfer Hof
Erholungszentrum
Trimmpfad
Spielplatz
Jugendverkehrsgarten
Minigolfplatz
Tennisplatz
Freibad
Jülicher Straße
Sportzentrum Dürwiß
Burgbend
9 = Westerwaldstraße
Rauscher Feld
Laurenzberger Kreuz
Lindenhof
1 = Bonifatiusstraße
2 = Dürwißer Kirchweg
Tannenhof-Dürwiß
Friedhof
Hehlrath
Am grünen Weg
Dürwiß (zu Eschweiler)
Alsdorfer Straße
Grünstraße
Schießstand
1 = An der Waidmühle
2 = Am Vogelschuß
3 = Auf dem Bend
4 = Zukunft
5 = Knappenweg
6 = Am Hochhaus
Reithalle
Festhalle
Weisweiler Straße
Helrather Kreuz
Obermerzer Hof
Buchenhof
Neu-Broicher-Hof
Giersmaar
52249 Eschweiler
Rodelberg
Auf der langen Flur
Dürwißer Gr.
Am Römerberg
Röhe
AS Eschweiler
Neulandhof
1 = Albrecht-Dürer-Straße
2 = Mozartstraße
E40
4
Am Vöckelsberg
Bolzplatz
183
Wardener Straße
Schubbendenweg
Friedhof

124
Tagebau
Inden
Inde
Kläranlage
Schießstand
Fronhoven
1 = Maarstraße
2 = Silvesterstraße
3 = Langendorfer Straße
Spielplatz
Wiesenstr.
Wiesenstraße
St.-Silvester-Kirche
Kiga
Jugendheim
Neu- Lohn
Rosenstraße
Grillplatz u. Spielplatz
Friedhof
Kapelle
Sportplatz
Aldenhovener Straße
Tagesanlagen
Sandber
Deponie
Ortschaft Lamersdorf
(zu Inden)
Pützlohner Hof
Lohner Hof
Trimmpfad
Schutzhütte
Wolfskaul
Jülicher Straße
Umspannwerk
Mülldeponie
Sportzentrum Dürwiß
Weststraße
Sportplätze
Carl-Zeiss-Str.
Abbe-
Willh.-Lexis-Str.
Zum Hagelkreuz
Müllverbrennungsanlage
Grünstraße
Laurenzberger Hof
Industrie- und Gewerbepark
Ernst-
Kraftwerk Weisweiler
Friedhof
Schälmühle
Sportplatz
Kapelle
Friedhofstraße
Ortschaft Frenz
(zu Inden)
Driesc
Hermann-Hollerith-Str.
Am Kraftwerk
Kläranlage
Zum Hagelkreuz
Langgasse
Am Engelsberg
Dürwißer Straße
E40
AS Weisweiler
Haus Palant
Kläranlage
AS Elektrowerk i.Bau
In der Krause
Weisweiler
(zu Eschweiler)
Kläranlage
Max-Planck-
Gew.-geb.
Dürener Straße
Hauptstr.
Berliner Ring
Friedhof
Kapelle
Auferstehungsk.
Jugendhm.
Rößlers Mühle
1 = Pfarrer-Hoffmann-Straße
2 = Burgweg
3 = Severinstraße
4 = Klinkgasse
5 = Filzengraben
6 = In den Burgwiesen
Frenzerburg
Langenweher Str.
Im Haswinkel
Industriegebiet
184
264

125
Am Bromet
Ortschaft Schophoven
(zu Inden)
Viehövener
Zum Acker
Dunkelhof
Schlichstraße
Fuchsstr.
1=Schützenstraße
Kalkweg
Friedhof
Kiga
Krauthausener
Straße
Pumpwerk
KD (Motte)
Gut Müllenark
Müllenarker Mühle
Güldenberg
103
ND
Kapelle
Schlichbach
Schophovener Str.
314
316
5638
Altdorfer Str.
Marienstr.
Am Pierer
Grüntal
Kreuzstraße
Steinstraße
Ortschaft Pier
(zu Inden)
Auf der Trifft
Haus Pesch
Pierer Straße
Lucherberger Straße
Jakobstraße
Friedhof
Sportplatz
Pommenicher Straße
Pommenich
1 = Berensgasse
Scheeresgasse
Fr.-Engels-Str.
Haus Verken
Große Verkener Gewann
Inden
52459
Sportplatz
Tennisplatz
Skaterbahn
Hauptschule
Gut Merödgen
Goltsteinkuppe
Gewerbegebiet
Mittelstraße
Indestraße
Rathaus
Goltsteinstraße
Friedhof
Obstwiese
Ortschaft Lucherberg
(zu Inden)
Am Hasenpfad
Verkener Acker
5636
Hochstraße
Jugendheim
Kindergarten
Sportplatz
Talstraße
Hof Christine
Lucherberger
NSG
See
Unter der Mauweide
1 = Sebastian-Stassen-Straße
2 = Apfelberg
Wehebach
Waagmühle
Gut Lützeler
Ortschaft Inden/Altdorf
(zu Inden)
Haus Büttgen
Haus am See
Gewerbegebiet
Gedenkstätte Geuenich
Brunnen
E40
4
Am Stöckelche
Luchem
(zu Langerwehe)
Dürener Weg
Lennestr.
Hahnweg
Mittelstraße
Burgstraße
Hambusch
185
1
2
3
4
5
6
7
8
9
10
11
12

56
126
Schindhund
Haus Ores
Oresfeld
Kläranlage
Pump-werk
Ortsteil
Krauthausen
(zu Niederzier)
Krauthausen
P+R
Berg
Wasser-werk
ND Altarm
Gut Müllenark
Gewerbe-gebiet Pier
Gewerbe-gebiet
NSG
Pierer
Wald
ND Altarm
Auf der Rur
Dürener Kreisbahn
Im
Pescher
Busch
(DKB)
Umspann-werk
Selhausen
Weiddriesch
Auf der Trifft
Sport-platz
Pommenich
(zu Inden)
Haus Verken
ND
Pump-werk
Kläranlage
Ruhrstraße
Römerstraße
Dorfstraße
Rurtalbahn
Museumseisenbahn
Vilvenich
Stadtteil
Merken
(zu Düren)
1 = Nicolosengäßchen
2 = Schlichbachstraße
Kläranlage
Gewerbe-gebiet
Gewerbe-gebiet
Köttenich
Jülicher Straße
Ortsteil
Huchem-
Stammel
(zu Niederzier)
Stammeln
P+R
Huchen-Stammeln
Huchem
Haus Lürken
Im Frenksc
Oberzierer Straße
Hochheimer Straße
Eintrachtstr.
Bahnhofstraße
TÜV
Gewerbegebiet
Roermonder Straße
Friedhof
Wasser-turm
Rur
Mühle
Mühlenteich
RWE
Ausbildungs-zentrum
Gewerbe-gebiet
Talbenden
Merkener
Busch
Hunde-dressur-platz
Wasserverband
Eifel-Rur
Kinder-garten
Gewerbe-gebiet
Mühlenbach
Gertrudisstraße
Neffgens-häuser
52353
E40
4
7
AS
Düren
O.-Brenner-Str.
Willi-Bleicher-Straße
Gewerbe- und
Industriegebiet
Im Großen Tal
Autobahn-meisterei
Frohns-mühle
Wasser-werk
Birkesdorfer Straße
Stadtteil
Hoven
(zu Düren)
Wasserverband
Eifel-Ruhr
Hunde-dressur-platz
1 = Schmiedestraße
Am Gieselpfad
Wechselsaat
Merkener Weg
186
Tennis-halle
Am Langen
1
2
3
4
5
6
7
8
9
10
11
12

52382
Niederzier
Oberzierer
Förstchen
Weiherhof
Grillplatz
Kohlebunker
Hambachbahn
Tagesanlagen
Rheinbraun AG
Hambacher
Forst
Hambachbahn (Industriebahn)
E40
4
Gewerbe-
gebiet
Forstweg
Niederzierer Straße
Mühlen-
straße
Jäger-
hof
Senioren-
zentrum
Sport-
platz
Tennis-
plätze
Ortsteil
Oberzier
(zu Niederzier)
Dorfplatz
Kirch-
straße
Ellener
Straße
Fried-
hof
Heideweg
Ellebach
Ortsteil
Ellen
(zu Niederzier)
Friedhof
Kapelle
St.-Thomas-
Straße
Arnoldsweiler
Str.
Morschenicher Str.
Gartenstraße
Bachemer Burg
Gasse
Bürger-
haus
Linden-
str.
Erlenstr.
Bergstr.
Burg-
str.
Sportpl.
Kiga
Wasser-
werk
Großer Acker
Merzenicher
Heide
Merzenicher Heide
Haus an
Mühlenw
ND
5638
5636
322
324
326
127
187
Sport-
plätze
Sport-
heim
Tennis-
heim
Tennis-
platz
Turn-
halle
Stadtteil
Arnoldsweiler
(zu Düren)
1=Ginnizweilerstraße
Neusser
Straße
Rather
Straße
Arnoldusstr.
Trierer Straße
Th.-Mann-Str.
St.-Arnoldus
Kirche
Fried-
hof
Kiga
Grund-
sch.
Sonder-
sch.
Kleiststraße
Hunde-
dressur-
platz
In der Mulde
Kapelle
Maria Rast
Haus Wiese-
grade
Haus Rath
Merzenich
Oberez
Wolfsacker
Wolfsackerhof
Arnoldsweiler
Brücke
Düren
Im Großen Tal
S12
RE1,RE9
Klär-
anlage
52399
Merzenich
Auf
der Heide
Nah-
erhotungs-
gebiet
Friedhof
Kap.
Rather Str.
Steinweg
1=Am Olligsmaar
In der
Alten Burg
1
2
3
4
5
6
7
8
9
10
11
12

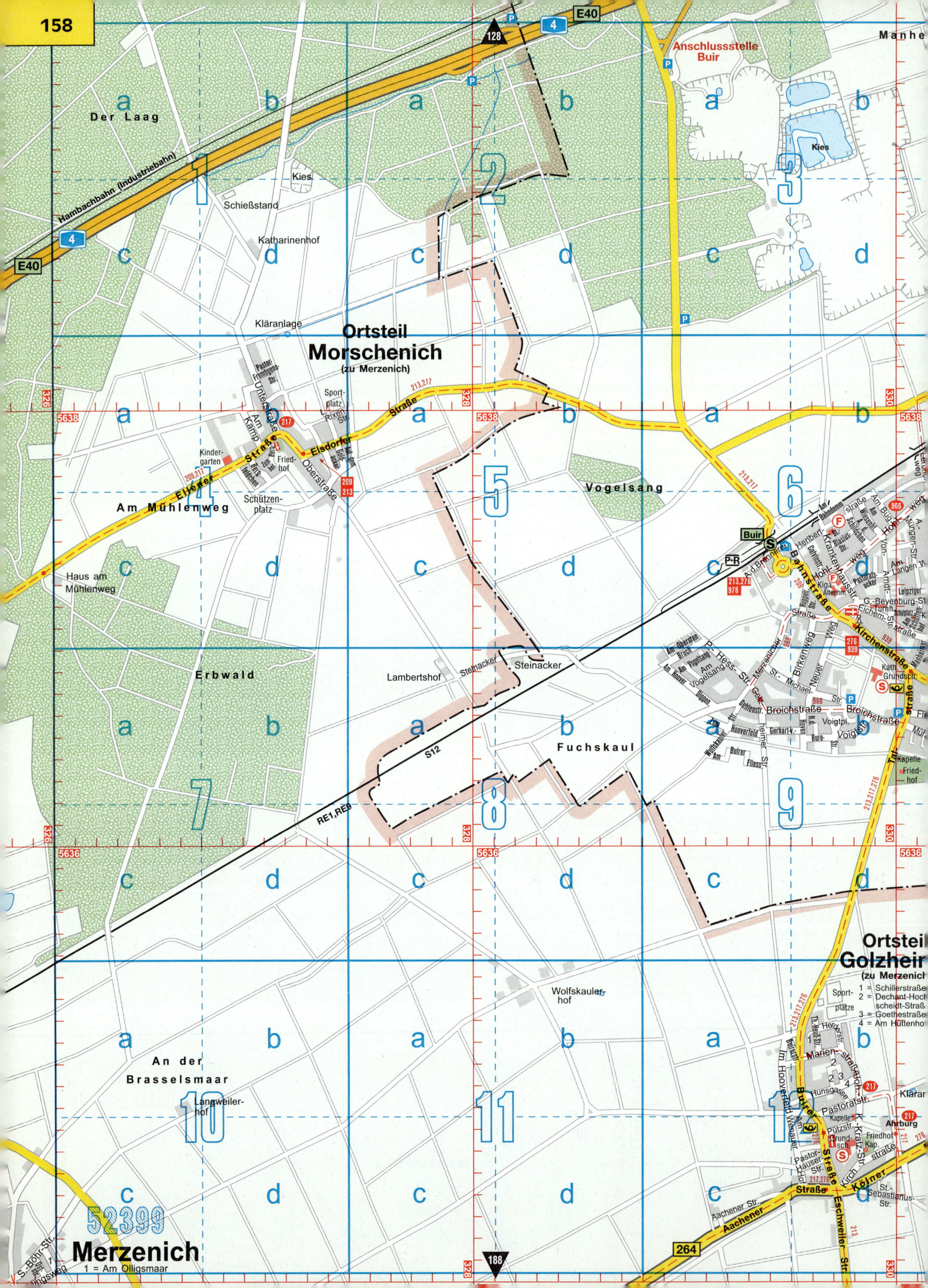
E40
Manhe
Anschlussstelle
Buir
Der Laag
Hambachbahn (Industriebahn)
Kies
Schießstand
Katharinenhof
Kläranlage
Ortsteil
Morschenich
(zu Merzenich)
Sport-
platz
Elsdorfer
Straße
Ellener
Kinder-
garten
Fried-
hof
Oberstraße
Unterstraße
Am
Kamp
Am Mühlenweg
Schützen-
platz
Vogelsang
Buir
Bahnstraße
Kirchenstraße
Haus am
Mühlenweg
Erbwald
Lambertshof
Steinacker
Fuchskaul
S12
RE1,RE9
Broichstraße
Birkenweg
Merzenicher
Kapelle
Fried-
hof
Ortsteil
Golzheim
(zu Merzenich)
1 = Schillerstraße
2 = Dechant-Hoch-
scheidt-Straße
3 = Goethestraße
4 = Am Hüttenhof
Sport-
plätze
Wolfskauler-
hof
An der
Brasselsmaar
Langweiler-
hof
Pastoratstr.
Ahrburg
Kölner
Aachener
Straße
Eschweiler
264
52399
Merzenich
1 = Am Olligsmaar
128
188

Erbwald
Heide
Siedlung
Haus Forst
Stadtteil
Manheim
(zu Kerpen)
1=Im Etschröttgen
2=St.-Albanus-Str.
3=Wilhelmshöhe
4=Kölnstadt
Forsthausstr.
Bergheimer Str.
Buirer Str.
An den Birkenhöfen
Friedhof
Kap.
Markt
Mülldeponie
Dorsfeld
Kiesgrube
Blatzheimer
Heide
Haus Forst
Haus Dorsfeld
RE1,RE9,S12
Burgecker
Stadtteil
Buir
(zu Kerpen)
50170
Am Hubertushof
Alte Str.
Dürener Straße
Burg Bergerhausen
Kapelle
Friedhof
Neffelbach
Kläranlage
Kommandeursburg
(Deutschordens-Kommende)
50171
Stadtteil
Blatzheim
(zu Kerpen)
1=Bugenhagenweg
Im Haasen
Gewerbegebiet
Neue Pforte
Haagstraße
Vogelruther Weg
Brauereigasse
Kuniberstusstraße
Kerpener Weg
Domkauler Weg
Lutherstr.
Kath. Grundsch.
Turnhalle
Sportplatz
Buschweg
Heerweg
Kiesgrube
Kläranlage
Buirer Weg
Golzheimer Weg
Dürener Weg
Sportpl.
Tennispl.
Am Ziegelgrund
Gut Seelrath
Katharinenhof
Buchenhof
Kiesgrube
Gut Neu-Seelrath
Burg Niederbolheim
Sophienhöhe
Heerweg
477
264
129
189
5638
5636
332
334

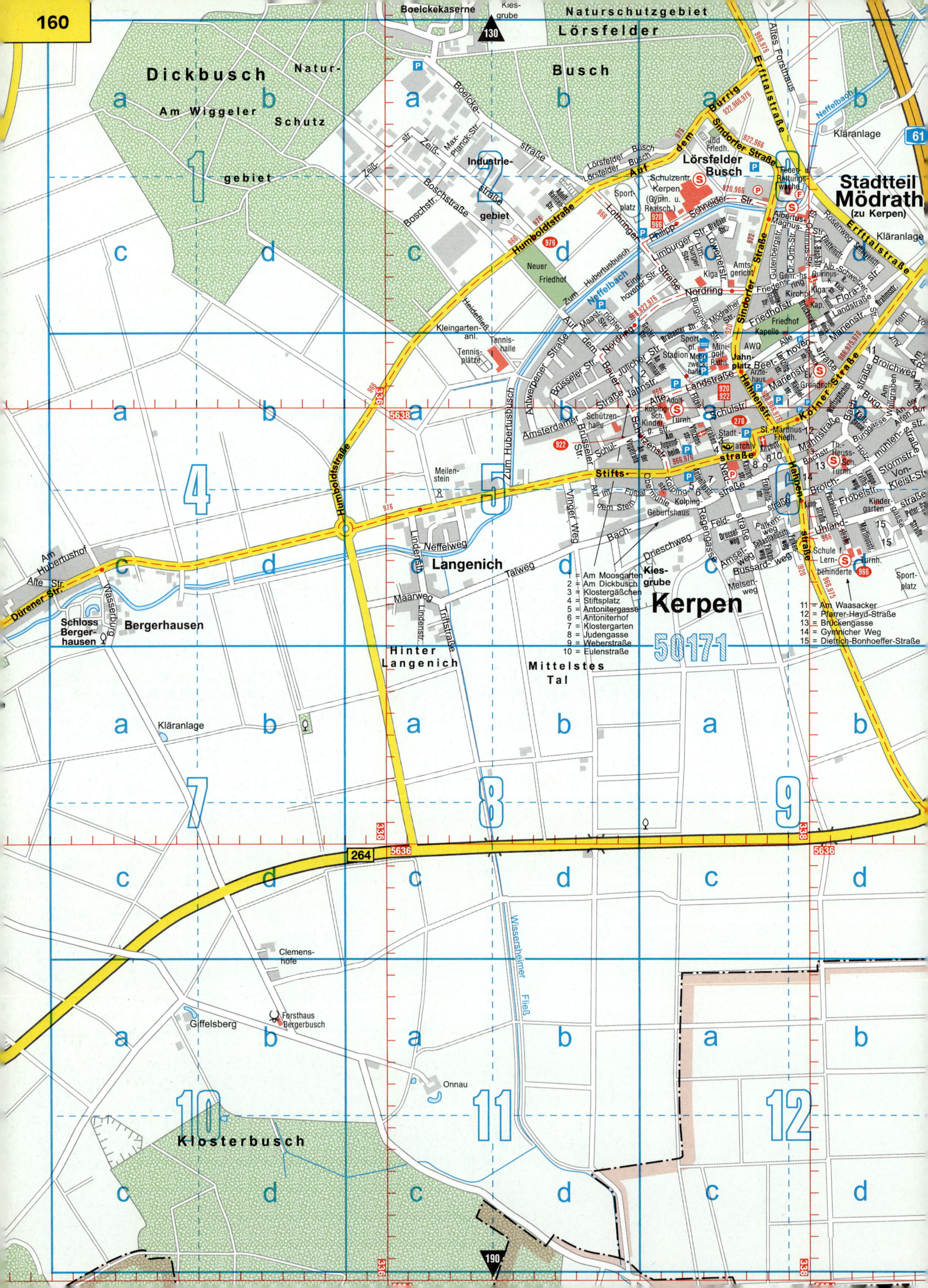
Boelckekaserne
Kies-grube
130
Naturschutzgebiet
Lörsfelder
Busch
Dickbusch
Natur-
Am Wiggeler
Schutz
gebiet
Boelcke-straße
Zeiß-str.
Max-Planck-Str.
Industrie-straße
gebiet
Boschstraße
Boschstr.
Humboldtstraße
Neuer Friedhof
Lörsfelder Busch
Auf dem Bürrig
Sindorfer Straße
Jüd. Friedh.
Lörsfelder Busch
Erfttalstraße
Altes Forsthaus
Neffelbach
Kläranlage
61
Stadtteil Mödrath
(zu Kerpen)
Kläranlage
Schulzentr. Kerpen (Gymn. u. Realsch.)
Sportplatz
Lothringer
Philipp-Schneider-Str.
Limburger Str.
Amtsgericht
Kiga
Nordring
Friedhofstr.
Friedhof
Kapelle
Hubertusbusch
Neffelbach
Eindhovener Str.
Zum Hubertusbusch
Kleingarten-anl.
Tennis-halle
Tennis-plätze
Antwerpener Straße
Brüsseler Str.
Amsterdamer Str.
Jülicher Str.
Jahnstr.
Stadion
Mini-golf
Mehrzweckhalle
Jahnplatz
Hahnenstr.
Landstraße
Schulstr.
Stadtarchiv
Stiftsstraße
Kölner Straße
Marienstr.
Broichweg
Schützenhalle
Adolf-Kolping-Sch.
Kinder-g.
Jugendheim
Meilenstein
Humboldtstraße
Zum Hubertusbusch
Vinger Weg
Obermühle
Kolping-Geburtshaus
Drieschweg
Regengasse
Feldstraße
Bussardweg
Meisenweg
Falkenweg
St.-Martinus-Friedh.
Hahnenstraße
Broichstr.
Fröbelstr.
Uhlandstr.
Kindergarten
Sportplatz
Schule f. Lernbehinderte
Turnh.
Kiesgrube
Kerpen
50171
1 = Am Moosgarten
2 = Am Dickbusch
3 = Klostergäßchen
4 = Stiftsplatz
5 = Antonitergasse
6 = Antoniterhof
7 = Klostergarten
8 = Judengasse
9 = Weberstraße
10 = Eulenstraße
11 = Am Waasacker
12 = Pfarrer-Hayd-Straße
13 = Brückengasse
14 = Gymnicher Weg
15 = Dietrich-Bonhoeffer-Straße
Neffelweg
Langenich
Talweg
Maarweg
Lindenstr.
Triftstraße
Am Hubertushof
Alte Str.
Dürener Str.
Wasserburg
Schloss Bergerhausen
Bergerhausen
Hinter Langenich
Mittelstes Tal
Kläranlage
264
5636
5638
336
338
Clemenshöfe
Wissersheimer Fließ
Giffelsberg
Forsthaus Bergerbusch
Onnau
Klosterbusch
190
1
2
3
4
5
6
7
8
9
10
11
12

131
Reit-
halle
Burg Mödrath
Gut Mödrath
Im Niederfeld
Erft
Erftkanal
(zu Frechen)
Umspann-
werk
Naturschutz-
gebiet
Kerpener
Bruch
Forsthaus
Broichmühle
Dürsfeld
Fürnicher
Mühlengraben
50169
Geigerstraße
Röntgen-
str.
Röntgenstraße
Röntgenstr.
Fraunhoferstr.
Industrie-
gebiet
Heisenbergstraße
Alfred-
Nobel-
Straße
Heinkelstr.
Otto-
Hahn-
Str.
Gut
Hohenholz
Heerstraße
Fuchskaul
Schwarze
Nachtigallenweg
Erde
Am Schloßpark
Klär-
anlage
1=Rotdornweg
Schloss-
park
Reithalle
Kapelle
Schloss
Türnich
Türnicher
Mühle
Maximilian-
Graf-
Rolshausen-
Stadtteil
Türnich
(zu Kerpen)
264
Kiesgrube
21
Anschlussstelle
Türnich
Kies-
grube
Fulleshof
Füllesgraben
Gücherggraben
3 = An den Wiesen
4 = Im Erftgrund
Poststraße
Sportfeldweg
Tennis-
halle
Freibad
Turnh.
Barbara-
schule
Rosentalstr.
Friedh.
Kapelle
Urfelder
broech
Am Markt
Rochusstr.
Berrenrather
Straße
Stadtteil
Balk-
hausen
(zu Kerpen)
Louisenthal
Colonialstraße
Gassenfeld
Kap.
Gücherweg
Kies-
grube
Gymnicher
Mühle
Golf-
platz
Sport-
platz
1=Kolpingstraße
Minigolf
Heerstr.
Turnhalle
Kinderg.
Friedhof
Kapelle
61
Gymnicher Mühle
Klär-
anlage
5=Am Burggraben
Stadtteil
Brüggen
(zu Kerpen)
1 = Pfarrer-Keyers-Platz
Kleine Erft
Schloss-
park
Schloss
Gymnich
Tennis-
plätze
Gut
Fuchswinkel
Pilgerweg
Kerpener
Straße
Gymnicher Hauptstr.
Burgweg
Erftstraße
Ehrenstr.
Brüggener
Straße
Ottostr.
Im Grisfeld
Heimchenstr.
Schützen-
pl.
22
Erftmühlenbach
Pump-
Werk
Erftkanal
AS Gymnich
Stadtteil
Gymnich
(zu Erftstadt)
Friedhof
Kapelle
Kehler
Weg
Pater-
Kentenich-Pl.
191

Umspannwerk
Fürstenbergmaar
Frechener Straße
Wilhelmshöhe
155
Nord-Süd-Kohlenbahn
Die
Ville
Anschlussstelle Gleuel
1 = Stegerwaldstraße
2 = Walpurgisstraße
3 = Ginsterhang
4 = An den Zehn Morgen
Gottes-Hülfe-Teich
Burg Schallmauer
Kläranlage
Stadtteil Berrenrath (zu Hürth)
1 = Ernst-Schmidt-Straße
Wendelinusstraße
Weiherdamm
Kapelle
Friedhof
Buchenstr.
Kierdorfer Str.
Bruchstr.
Sportplatz
Spielplatz
Grundsch.
Wendelinus-K.
Weiler Berrenrath
Gut Hohenholz
Louisenteich
Nord-Süd-Kohlenbahn
Villenstraße
Regenrückhaltebecken
Berrenrather Straße
Stadtteil Balkhausen (zu Kerpen)
Berrenrather Börde
Tank-und Raststätte Ville
Weiler Brüggen
Barbarahof
50169
Zieselsmaarsee
Villesee
Tonstraße
3=Michaelweg
4=Gabrielweg
5=Am Burggraben
Heerstraße
Eifelstraße
Anschlussstelle Hürth
Stadtteil Kierdorf (zu Erftstadt)
Stadtteil Brüggen (zu Kerpen)
Pump-Werk
Erftmühlenbach
Concordiasee
Köttinger See
Erholungspark
Dinnendahlsee
Schutzhütte
Johann-Arenz-Brücke
Friedhof
Wasserwerk
Gotenbergstraße
Ebertstraße
Kocherbach
Roggendorfer Weg
Zum Schlagbaum
Schildgen
E31
105
106
132
192
264
711
978
5636
5638

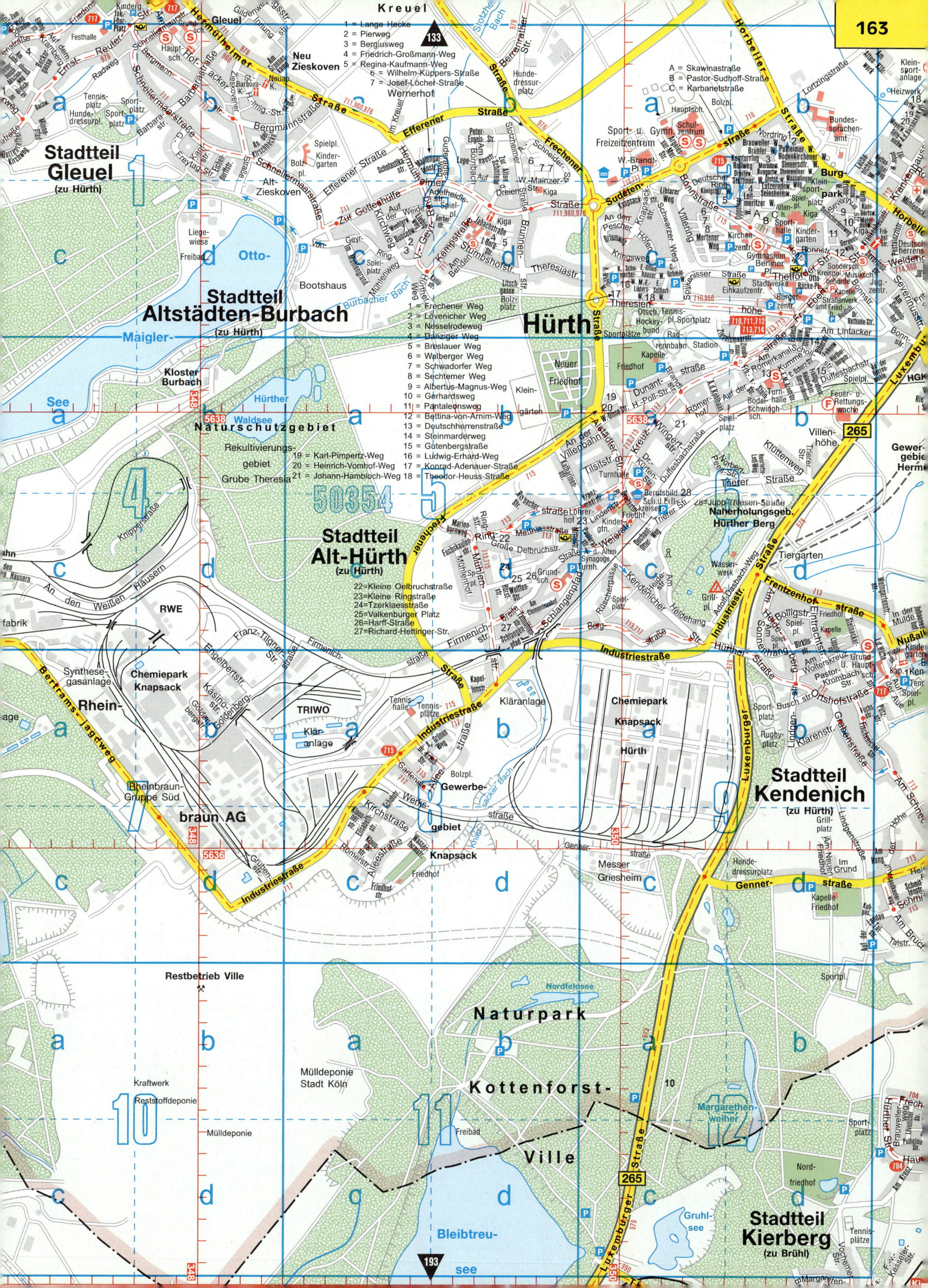
Kreuel
133
1 = Lange Hecke
2 = Pierweg
3 = Bergiusweg
4 = Friedrich-Großmann-Weg
5 = Regina-Kaufmann-Weg
6 = Wilhelm-Küppers-Straße
7 = Josef-Löcher-Straße
Wernerhof
A = Skawinastraße
B = Pastor-Sudhoff-Straße
C = Karbanetstraße
Gleuel
Neu Zieskoven
Alt-Zieskoven
Stadtteil Gleuel
(zu Hürth)
Efferener Straße
Frechener Straße
Sport- u. Freizeitzentrum
Schulzentrum
Hauptsch.
Burgpark
Horbeller Straße
Bundessprachenamt
Otto-Maigler-See
Bootshaus
Stadtteil Altstädten-Burbach
(zu Hürth)
Kloster Burbach
Hürth
Neuer Friedhof
Theresienhöhe
Rathaus
Einkaufzentr.
Stadion
Feuer- u. Rettungswache
1 = Frechener Weg
2 = Lövenicher Weg
3 = Nesselrodeweg
4 = Danziger Weg
5 = Breslauer Weg
6 = Walberger Weg
7 = Schwadorfer Weg
8 = Sechtemer Weg
9 = Albertus-Magnus-Weg
10 = Gerhardsweg
11 = Pantaleonsweg
12 = Bettina-von-Arnim-Weg
13 = Deutschherrenstraße
14 = Steinmarderweg
15 = Gutenbergstraße
16 = Ludwig-Erhard-Weg
17 = Konrad-Adenauer-Straße
18 = Theodor-Heuss-Straße
19 = Karl-Pimpertz-Weg
20 = Heinrich-Vomhof-Weg
21 = Johann-Hambloch-Weg
Waldsee
Hürther
Naturschutzgebiet
Rekultivierungsgebiet
Grube Theresia
50354
Stadtteil Alt-Hürth
(zu Hürth)
22=Kleine Oelbruchstraße
23=Kleine Ringstraße
24=Tzerklasstraße
25=Valkenburger Platz
26=Harff-Straße
27=Richard-Hettinger-Str.
28=Jupp-Thiesen-Straße
Naherholungsgeb. Hürther Berg
Tiergarten
Villenhöhe
265
RWE
Knippstraße
Franz-Tilgner-Str.
Industriestraße
Synthesegasanlage
Chemiepark Knapsack
Rhein-braun AG
Rheinbraun-Gruppe Süd
Bertrams-Jagdweg
TRIWO
Kläranlage
Chemiepark Knapsack
Hürth
Gewerbegebiet Knapsack
Messer Griesheim
Luxemburger Straße
Stadtteil Kendenich
(zu Hürth)
Frentzenhof
Gennerstraße
Restbetrieb Ville
Naturpark Kottenforst-Ville
Mülldeponie Stadt Köln
Kraftwerk
Reststoffdeponie
Mülldeponie
Nordfeldsee
Margarethenweiher
Bleibtreusee
Freibad
Gruhlsee
Nordfriedhof
Stadtteil Kierberg
(zu Brühl)
193

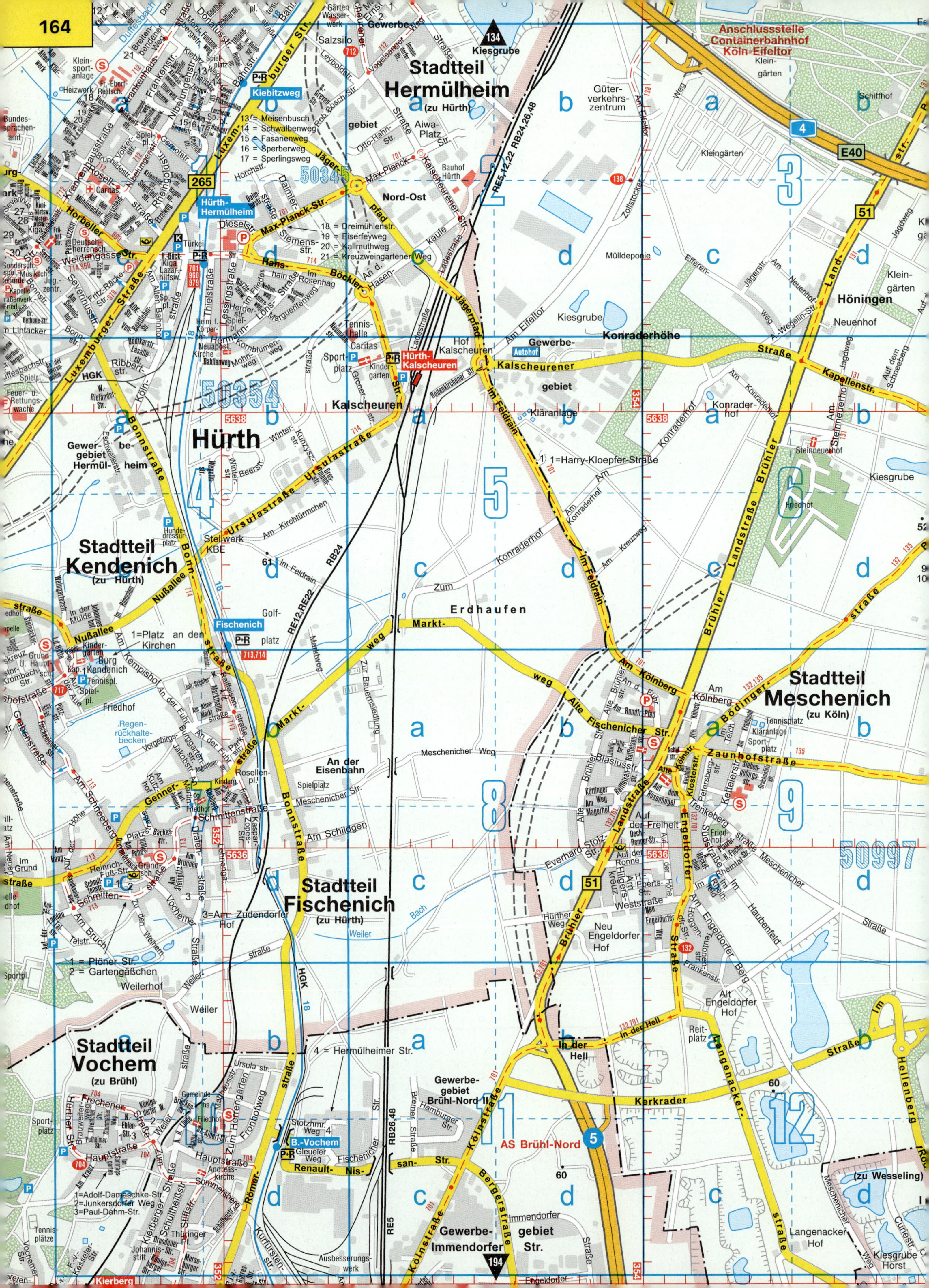
Stadtteil Hermülheim
(zu Hürth)
Anschlussstelle Containerbahnhof Köln-Eifeltor
Kiesgrube
Güterverkehrszentrum
Kleingärten
E40
Nord-Ost
Hürth-Hermülheim
Kiebitzweg
Mülldeponie
Höningen
Neuenhof
Konraderhöhe
Gewerbegebiet
Kalscheuren
Hürth-Kalscheuren
Kalscheurener Straße
Kapellenstr.
Hürth
Stadtteil Kendenich
(zu Hürth)
Erdhaufen
Fischenich
Stadtteil Meschenich
(zu Köln)
Brühler Landstraße
Zaunhofstraße
Stadtteil Fischenich
(zu Hürth)
Stadtteil Vochem
(zu Brühl)
Gewerbegebiet Brühl-Nord II
AS Brühl-Nord
Gewerbegebiet Immendorfer Str.
Kerkrader Straße
Langenacker Hof
(zu Wesseling)
Kiesgrube Horst
B.-Vochem
Kierberg
13 = Meisenbusch
14 = Schwalbenweg
15 = Fasanenweg
16 = Sperberweg
17 = Sperlingsweg
18 = Dreimühlenstr.
19 = Eiserfeyweg
20 = Kallmuthweg
21 = Kreuzweingartener Weg
1=Harry-Kloepfer-Straße
1=Platz an den Kirchen
1 = Plöner Str.
2 = Gartengäßchen
3=Am Zudendorfer Hof
4 = Hermülheimer Str.
1=Adolf-Damaschke-Str.
2=Junkersdorfer Weg
3=Paul-Dahm-Str.
50354
50345
50997

Anschlussstelle Verteilerkreis Köln
Golfplatz
Kreuz Köln-Süd
E40
555
Am Zollstock
Rodenkirchen Bf
Forstbotanischer Garten
Stadtteil Rodenkirchen
(zu Köln)
Friedenswald
50996
Auf dem Galgenberg
Hochkirchen
1 = Froschkönigweg
2 = Rumpelstilzchenweg
3 = Schneewittchenweg
4 = Rotkehlchenweg
5 = Aschenputtelweg
6 = Rotkäppchenweg
7 = Dornröschenweg
8 = Sterntalerweg
9=An der Sophienhöhe
Stadtteil Rondorf
(zu Köln)
Bonner Landstraße
Siegstr.
Grüngürtelstr.
1 = Kirschblütenweg
2 = Im Lerchenfeld
3 = Michaelshovener Str.
Michaelshoven
Stadtteil Hahnwald
(zu Köln)
Reissdorf Kölsch
50999
Industriegebiet
Wattigniesstraße
Krauskaul
Giesdorf
Am Giesdorfer Grund
Kiesgrubenweg
Anschlussstelle Rodenkirchen
Stadtteil Sürth
(zu Köln)
Sürth Bf
Deutsche Shell AG
Stadtteil Immendorf
(zu Köln)
1=Dahlemer Straße
Raffinerie
Godorf
Stadtteil Godorf
(zu Köln)
1 = Narzissenweg
2 = Hyazinthenweg
2 = Bergwinkel
3 = Im Weingarten
Industriestraße
Kerkrader Straße
1 = Dompfaffenweg
2 = An der Alten Mühle
Anschlussstelle Godorf
Godorf Bf
Hafen
Rhein
Stadtteil Langel
(zu Köln)
Rheinische Olefin Werke GmbH
(zu Wesseling)
In den Weiden
51143
1 = Am Viehpörtchen
2 = Am Rehpörtchen
3 = Hinter der Kirche
135
195

Rhein
Stadtteil Rodenkirchen (zu Köln)
Stadtteil Porz (zu Köln)
Auf dem Frasen
NSG
Malersiedlung
1 = Vincent-van-Gogh-Straße
2 = Käthe-Kollwitz-Straße
Michaelshoven
Stadtteil Weiß (zu Köln)
In den Frasen
4=Bennauer Str.
5=Fischerweg
6=Hackenbroichsgäßchen
1=Hermannstr.
2=Max-v.-Schenkendorf-Str.
3=Heinr.-v.-Kleist-Str.
7=Freesienweg
8=Christrosenw.
50999
51143
Gewerbegebiet
Untere Groov
Obere Groov
Zündorfer Bucht
Stadtteil Sürth (zu Köln)
1=Auferstehungskirchweg
In der Aue
Stadtteil Zündorf (zu Köln)
1 = Johann-Beckschäfer-Str.
2 = Albert-Tobias-Weg
3 = Am Therse
4 = Bitzweg
5 = Stahlsweg
Auf dem Heckelsberg
4=Auf dem Weiler
In der Mohle
Stadtteil Langel (zu Köln)
Am Eifelstein
Golfplatz
(zu Niederkassel)
136
196

Stadtteil Eil
(zu Köln)
Kreuz Flughafen
Kennedystraße
Flughafen Köln/Bonn
"Konrad Adenauer"
Köln/Bonn Flughafen
Terminal 2
Terminal 1
Flugsteig C
Flugsteig B
Köln-Porz-Grengel
Stadtteil Grengel
(zu Köln)
Die Hardt
Alte Kölner Straße
Porz (Rhein)
Kaiserstraße
Waldstraße
Stadtteil Urbach
(zu Köln)
51145
Frankfurter Straße
Grengeler Mauspfad
Stadtteil Elsdorf
(zu Köln)
Stadtteil Wahnheide
(zu Köln)
Beißel
51147
Porz-Wahn
AS Wahn
Heidestraße
Perbandthügel
Scheuermühlenteich
Deutsches Zentrum für Luft- und Raumfahrt e.V.
Stadtteil Wahn
(zu Köln)
Stadtteil Lind
(zu Köln)
Anschlussstelle Lind
53842
(zu Troisdorf)
Müllkippe Porz
Jungfernkaul
Paulsmaar
Urbanskreuz
1 = Im Grünen Winkel
2 = Schmale Gasse
3 = Metzgersgäßchen
4 = Leuschholgasse
5 = Staelsweg
1 = Am Distelkampsgarten
2 = Am Heepsgarten
3 = Im Roggenfeld
4 = Im Haferfeld
5 = Am Kindergarten

Standort-
übungs-
platz
Geisterbusch
Flughafen
Köln/Bonn
"Konrad Adenauer"
Terminal 2
Flugsteig C
Terminal 1
Flugsteig B
Alte Kölner Straße
Rösrather Weg
Querschneise
Obere
Wolfsweg
Pestalozziweg
Soldatenfriedhof
Kinderdorf Stephansheide
Sportplatz
Kapelle
Kalmusweiher
Brander Straße
Brand
Busenberg
Plantage
6=Maria-Montessori-Str.
Waldweg
May
Kammerbroich
Auf dem Neuen Feld
Hasbach
Rösrath
Wolfsheide
Große Brandschneise
Auf der Maar
Sandbach
Scheffereiweg
Auf der Fuchskaule
Hasbacher Straße
Großer Stern
ASR-Turm
Erdkaule
Luftpost
Flugzeughallen
Frachthalle
Heinrich-Steinmann-Straße
Herfeldweg
Camp Altenrath
Hügelgräber
Sportplatz
Hohe Schanze
127
Naturschutzgebie
Hühnerbruch
119
Wahner
Heide
Truppenübungsplatz
Scheuerbach
Planitzweg
Hirzenbach
Hirzenbachweiher
Iberjägerweiher
Schießstand
Roonhügel
Dieff
Bismarckberg
106
Kaiserweg
51147
E35
RB25
138
198
5638
5636
368
370
372
1
2
3
4
5
6
7
8
9
10
11
12

Rösrath
10 = Anton-Webern-Straße
11 = Alban-Berg-Straße
12 = Paul-Hindemith-Straße
Menzlingen
Oberschönrath
Münchenberg
Schönrather Straße
Mittelberg
13 = Nonnenstrombergweg
14 = Wolkenburgweg
15 = Drachenfelsweg
16 = Ludwig-Erhard-Straße
17 = Karl-Schiller-Straße
18 = Oswald-von-Nell-Breuning-Straße
19 = Hanns-Martin-Schleyer-Straße
Ortsteil Rambrücken
(zu Rösrath)
2=Quellenweg
Körferhof
1=Zur Gerberei
Sülztalstraße
Georgshof
Knipscherhof
Burg Schönrath
Rodderhof
Mühlenberg
Gammersbacher Mühle
Gammersbach
Dachskuhl
1=Kirchenberg
Auf dem Hirzberg
Neuenhof
Scheid
Spechtsberg
Oberscheid
Muchensiefen
Kreuzhäuschen
Kleinhecken
Schiffarth
51503
Kellershohn
Klasberg
Hagerhof
138
Brückerhof
Hitzhof
Schöpcherhof
Luftfahrtfeuer
118
Krühmerich
Kirschneiderbroich
Gew.park Sülz
Hoverhof
Hüllen
Kirchscheider Feld
163
Kirchscheid
Scheiderhöhe
Friedhof
Turnhalle
Kindergarten
Hammerschbüchel
Krewelshof
Burg
Haus Sülz
E35
Feienberg
Bach
Meigerhof
Hähnen
128
Hörwies
Helmgesmühle
Heckenfeld
Wielpütz
Scherferhof
Reelsiefen
Höngesberg
Schauenbergweg
Bundesforstamt Schauenberg
Meigermühle
Steinhauerhäuschen
Autobahnpolizei
Euelen
Feuerwachturm
Weier
Donrath
(zu Lohmar)
Heppenberg
Besenbroich
Ungertz
Flughafenstraße
Dorf
Forstwarte
Dahl
1 = Im Hölzchen
2 = Im Kaltsiefen
3 = Zur Grube Versöhnung
Stadtteil Altenrath
(zu Troisdorf)
130
Scharfeberg
53842
Kläranlage
484n
Weißes Haus
Höngen
1=Donrather Kreuzung
53797
Lohmar
Anschlussstelle Lohmar-Nord
Waldsiedlung
Ziegenberg
123
Elsternweg
Eichen
St.-Isidor-Kapelle
Halberg
Kinderdorf Hs. Hollenberg
Weegen
5=Weihenweg
Kindergarten
Tennisplätze
Stadion
Gymn.
Realsch.
Jabachhalle
Jabachtalstraße
Fuchsfarm
507
199
139
30b
Rambusch
Heidegraben
Altenrather Straße

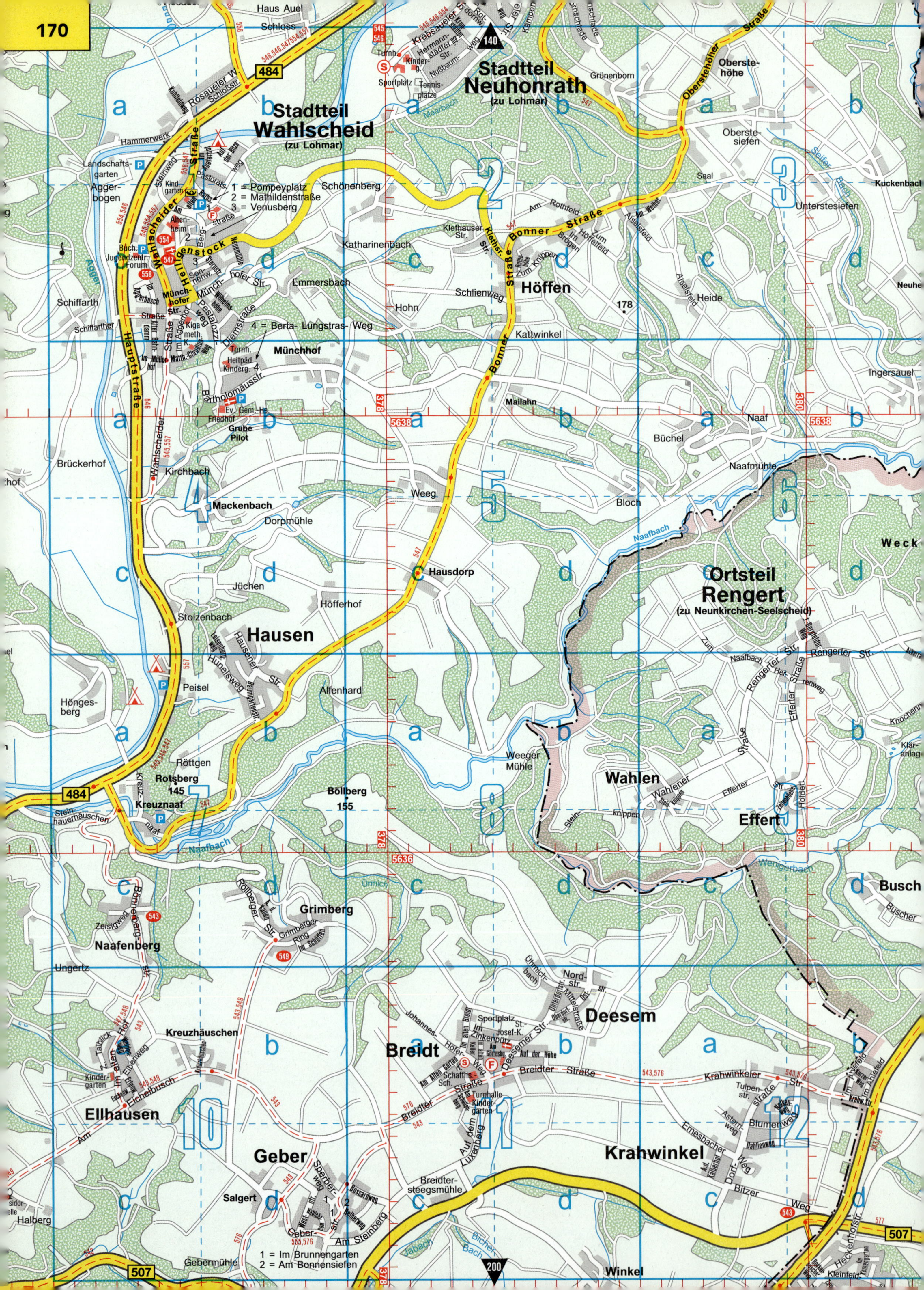

Stadtteil Wahlscheid
(zu Lohmar)
Stadtteil Neuhonrath
(zu Lohmar)
Haus Auel
Schloss
484
Hammerwerk
Landschaftsgarten
Aggerbogen
Schiffarth
Schönenberg
Katharinenbach
Emmersbach
Hohn
Schlienweg
Höffen
Kattwinkel
Münchhof
1 = Pompeyplatz
2 = Mathildenstraße
3 = Venusberg
4 = Berta- Lungstras- Weg
Grünenborn
Oberstehöhe
Obersteheider Straße
Obersteseifen
Saal
Unterstesiefen
Kuckenbach
Heide
Ingersauel
Bonner Straße
Mailahn
Büchel
Naaf
Naafmühle
Bloch
Brückerhof
Kirchbach
Mackenbach
Dorpmühle
Weeg
Hausdorp
Jüchen
Höfferhof
Stolzenbach
Hausen
Peisel
Hönges-berg
Alfenhard
Röttgen
Rotsberg
145
Kreuznaaf
Böllberg
155
Weeger Mühle
Naafbach
Ortsteil Rengert
(zu Neunkirchen-Seelscheid)
Wahlen
Effert
Weck
Grimberg
Naafenberg
Ungertz
Kreuzhäuschen
Ellhausen
Deesem
Breidt
Breidter Straße
Krahwinkeler Str.
Krahwinkel
Geber
Salgert
Breidtersteegsmühle
Gebermühle
Winkel
Busch
Halberg
1 = Im Brunnengarten
2 = Am Bonnensiefen
507
140
200
5638
5636

Ortsteil Mohlscheid
(zu Neunkirchen-Seelscheid)
Meisenbach
Heidgen
Auf der Burg
Weiert
Nackhausen
Oberdorst
Ober-heimbach
Nieder-heimbach
1 = Niederfeldstraße
2 = Wildsiefen
Ohlig
Hohn
Roseelsberg
Kuhlen
Broich
Pütz
(zu Much)
Pillenhof
Sonnenberg
Ingersaueler Mühle
Breiderheide
Bitzen
Huven
Siefen
Oberbitzen
Eich
Heister
Oberheister
Meistershofen
Kläranlage
1 = Pfarrer-Julius-Smend-Platz
2 = Querweg
3 = Erlengrund
4 = Neuer Graben
5 = Uhlandstr.
6 = Claudiusstr.
7 = Höfelsfeld
Stein
Steinermühle
Todtenmann
Scherpemich
8 = Ginsterhang
9 = Drosselweg
10 = Dompfaffweg
11 = Starenweg
12 = Forellenweg
Rippert
Grasgarten
Dorfmühle
Ortsteil Seelscheid
(zu Neunkirchen-Seelscheid)
13 = Untersberg
15=Herderstraße
16=Karl-Simrock-Straße
14=Iltisweg
Hausen
Gutmühle
Ober-wennerscheid
Söntgerath
Mitteldorf
Auf dem Hochstock
211
Wendmühle
Hardt
Hausermühle
Heister
Nieder-wennerscheid
Herrenwiesermühle
Höfferhof
Neunkirchen-Seelscheid
53819
Ortsteil Neunkirchen
(zu Neunkirchen-Seelscheid)
Bennenberg
Dahlerhof
Herkenrath
1 = Auf dem Bruch
2 = Leipziger Straße
235
Zeithstraße
Wahnbachtalstraße
Overather Straße
56
141
201
576
578
5638
382
384

Scheidhof
Reithalle
Scheid
Markelsbach
Markelsbach
Scheidbach
56
142
576
Küttensiefen
228
Schutzhütte
Sommerhausener W.
Im Reichen-
Grasgarten
Loßkittel
Wahnbachtal str.
Reichensteiner Mühle
Germanakapelle
Schutzhütte
576
Amtsknechtswahn
Roßbruch
576.577
Sommerhausen
Leverath
Wahnbach
Breuch
Herrenteich
576.577
247
Stompen
Herchenrath
Hillesheim
Steinhaus
Friedhof
Kiga
Kreuzkap.
Wiese
Kreuzkapelle
Bennrath
Walterscheid
Hohn
5638
386
388
Huppenhardt
Kranüchel
233
Poststraße
Alte
Sportplatz
Rothenkreuz
Höhnchen
Hohner Bach
Zum Grengel
Im Rosental
Senschenhöhe
577
Wohlfahrt
Engeld
Auf dem Hau
Hirtsiefen
Hardt
Oberholz
Oberdorf
Mitteldorf
Söntgerather Str.
Schlader Weg
Zum Schwarzenhof
Feld
577
Auf der Pferdsharth
Herchenbach
Oberhausen
Söntgerath
Köbach
5636
Balensiefen
Balensiefener Straße
Birrenbachshöhe
Auf den Steinen
Söntgerather Straße
Zur Wende
Hardt
Brackemich (zu Neunkirchen-Seelscheid)
216
Brackemicher Str.
Köbacher Straße
Köbach
Birkenfeld
Kindergarten
Birkenfelder Straße
Köbach
Löbach
Hasenbach
Aschenbrödelweg
Dornröschenweg
2 = Rosenrotweg
3 = Sterntalerweg
4 = Rotkäppchenweg
5 = Hänselweg
6 = Gretelweg
7 = Drosselbartweg
8 = Klausnerweg
Hermerather Mühle
Hülscheid
Hasenbacher Straße
Schneewittchenweg
Rübezahlw.
Kläranlage
1 = Im Dönengarten
Hermerath
Schommerstückstr.
Hermerather
Zum Wirbel
Leitheckenstr.
Annastr.
Straße
Friedhof
Derscheid
Freibad
202
Auf dem Höchsten
Wenigerbach

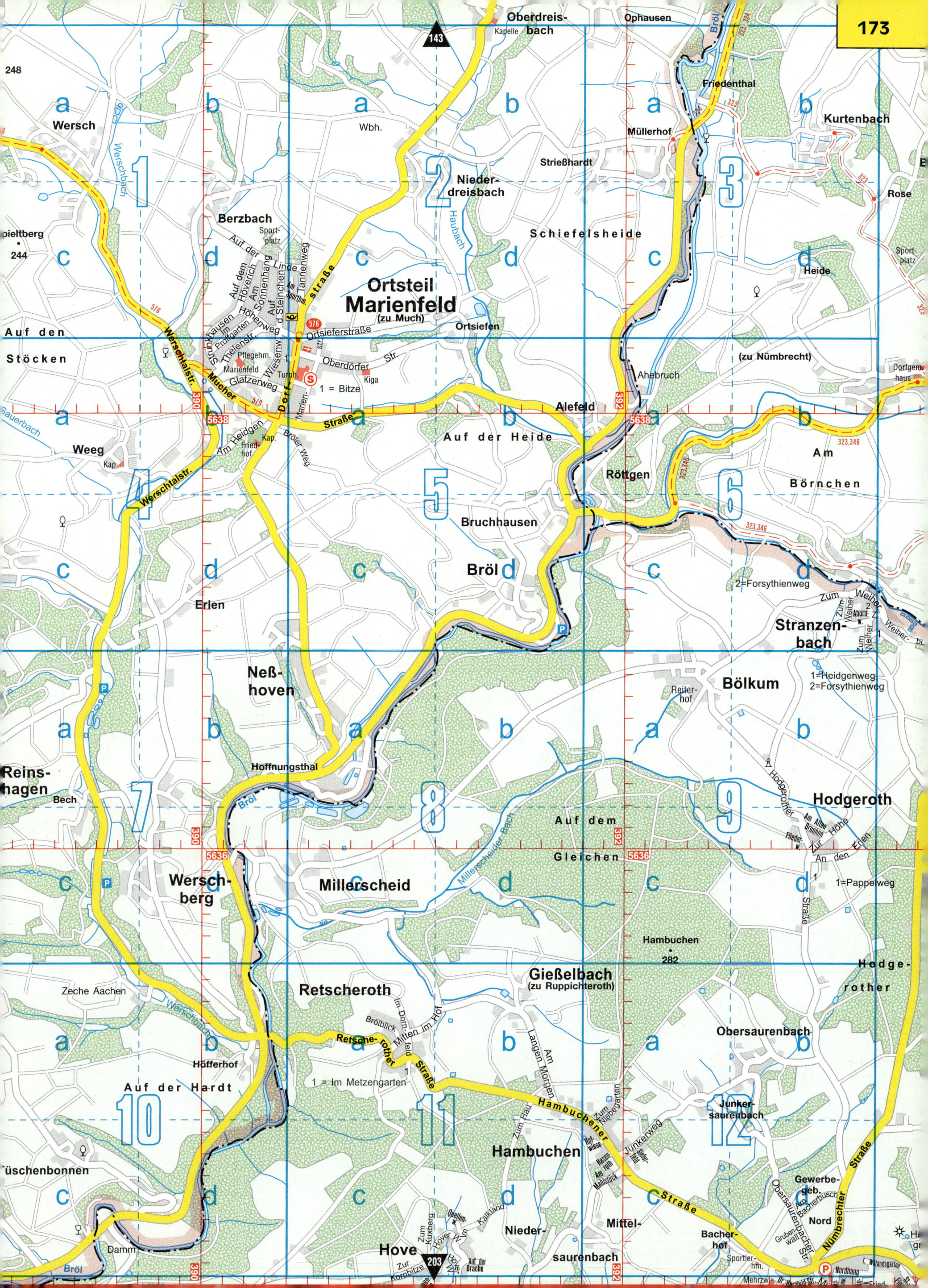
Oberdreis-
bach
Kapelle
Ophausen
143
Bröl
248
Wersch
Werschbach
Wbh.
Niederdreisbach
Haubach
Friedenthal
Müllerhof
Strießhardt
Kurtenbach
Rose
323
Berzbach
Sportplatz
Auf der Linde
Auf dem Höverich
Am Sonnenhang
Auf d. Steinchen
Tannenweg
Am Sportpl.
Straße
Ortsteil
Marienfeld
(zu Much)
Schiefelsheide
Heide
Sportplatz
Spieltberg
244
Auf den
Stöcken
Werschtalstr.
576
Strunkhausen
Im Krautgarten
Theilenstr.
Höhenweg
Wiesenw.
Ortsieferstraße
Ortsiefen
Pflegehm.
Marienfeld
Glatzerweg
Muchér
Turnh.
Oberdörfer Str.
Kiga
1 = Bitze
Dorf-
Marien-
(zu Nümbrecht)
Ahebruch
Dorfgem.-
haus
Sauerbach
330
5638
Am Heidgen
Kap.
Friedhof
Bröler Weg
Straße
Alefeld
392
Auf der Heide
Weeg
Kap.
Röttgen
Am
Börnchen
323,346
Werschtalstr.
Bruchhausen
Bröl
Erlen
2=Forsythienweg
Zum Weiher
Ahorn
Weiher-
Stranzen-
bach
Neß-
hoven
Reiter-
hof
Bölkum
1=Heidgenweg
2=Forsythienweg
Reins-
hagen
Bech
Hoffnungsthal
Hodgerother
Hodgeroth
Am Alten Brunnen
Zur Höhe
An den Erlen
Auf dem
Gleichen
5636
Wersch-
berg
Millerscheid
Millerscheider Bach
Straße
1=Pappelweg
Hambuchen
282
Hodge-
rother
Zeche Aachen
Werschbach
Retscheroth
Im Dorn
Bröliblick
Mitten im Hof
Gießelbach
(zu Ruppichteroth)
Obersaurenbach
Langen Morgen
Am
Retsche-
rother
Straße
Höfferhof
Auf der Hardt
1 = Im Metzengarten
Hambuchener
Zum Hau
Zum Wiesengarten
Junkerweg
Junker-
saurenbach
Hambuchen
Tüschenbonnen
Straße
Gewerbe-
geb.
Am Bacherbusch
Nord
Obersaurenbacher Str.
Nümbrechter
Kalkland
Nieder-
saurenbach
Mittel-
Bacher-
hof
Damm
Bröl
Hove
Zum Kuxberg
Zur Kombitze
203
Auf der Brache
Sportler-
hm.
Nordhang
390
10
11
12

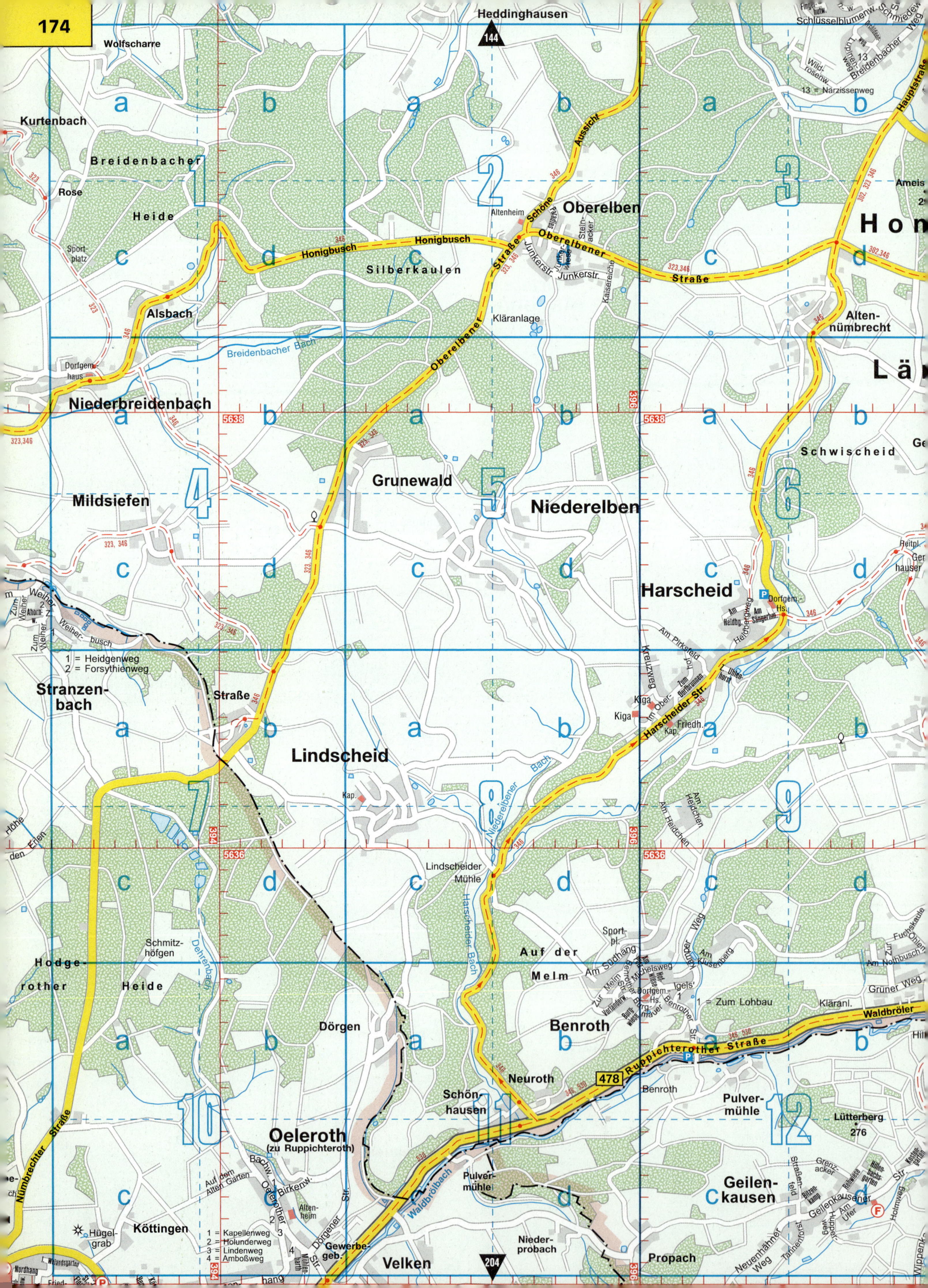

Heddinghausen
Wolfscharre
Kurtenbach
Breidenbacher
Heide
Rose
Sportplatz
Alsbach
Honigbusch
Silberkaulen
Oberelben
Altenheim
Oberelbener Straße
Junkerstr.
Kläranlage
Kaiserreiche
Hom
Altennümbrecht
Lä
Breidenbacher Bach
Dorfgemeinschaftshaus
Niederbreidenbach
Grunewald
Niederelben
Schwischeid
Mildsiefen
Harscheid
Weiherbusch
1 = Heidgenweg
2 = Forsythienweg
Stranzenbach
Straße
Lindscheid
Niederelbener Bach
Harscheider Str.
Kiga
Friedh.
Kap.
Lindscheider Mühle
Harscheider Bach
Schmitzhöfgen
Hodgerother Heide
Dehrenbach
Dörgen
Auf der Melm
Sportpl.
Benroth
1 = Zum Lohbau
Kläranl.
Waldbröler
Rupichterother Straße
Neuroth
Schönhausen
Oeleroth
(zu Ruppichteroth)
Pulvermühle
Lütterberg
276
Geilenkausen
Nümbrechter Straße
Waldbröhlbach
Köttingen
Hügelgrab
1 = Kapellenweg
2 = Holunderweg
3 = Lindenweg
4 = Amboßweg
Gewerbegeb.
Velken
Niederprobach
Propach
13 = Narzissenweg

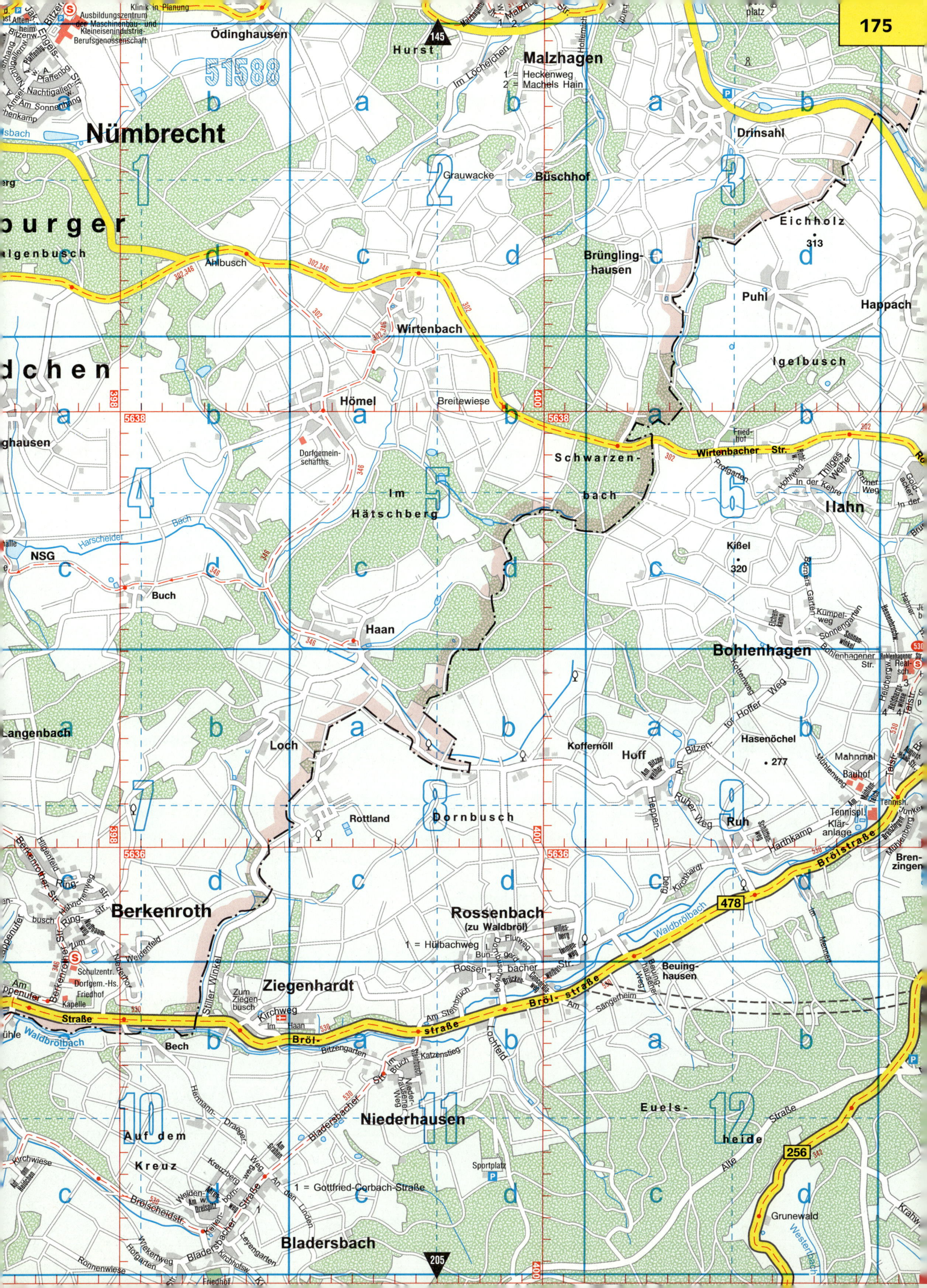
Nümbrecht
Ödinghausen
51588
Hurst
Malzhagen
1 = Heckenweg
2 = Machels Hain
Drinsahl
Grauwacke
Büschhof
Eichholz
313
Ahlbusch
Brüngling-
hausen
Puhl
Happach
Wirtenbach
Igelbusch
Hömel
Breitewiese
Dorfgemein-
schaftshs.
Schwarzen-
bach
Wirtenbacher Str.
Ilahn
Im
Hätschberg
NSG
Buch
Kißel
320
Haan
Bohlenhagen
Langenbach
Loch
Koffernöll
Hoff
Hasenöchel
277
Mahnmal
Bauhof
Rottland
Dornbusch
Ruh
Brölstraße
Berkenroth
Rossenbach
(zu Waldbröl)
1 = Hülbachweg
Beuing-
hausen
Ziegenhardt
Bech
Waldbröl
Niederhausen
Euels-
heide
Auf dem
Kreuz
Sportplatz
1 = Gottfried-Corbach-Straße
Grunewald
Bladersbach
145
205
478
256
5638
5636
398
400
1
2
3
4
5
6
7
8
9
10
11
12

(zu Nümbrecht)
Bröl
Steinbusch
Happach
Happacher Weg
Reithalle Turnierpl.
Brölerhütte
Niederhof
Oberbröl
Denklinger Str.
Thierseifen
Wilkenroth
Stungsberg
370
Fahrenseifen
Steinigenfeld
Hermesdorf
Gewerbepark Hermesdorf
Helzberg
306
Diezenkausen
1=Bremer Straße
2=Eulenflucht
3=Falkenhorst
4=Pommernstraße
5=Hessenstraße
6=Sachsenstraße
7=Sauerbruchweg
8=Virchowweg
9=Albert-Schweitzer-Weg
10=Brandenburger Straße
11=Waldstraße
Birkenhof
Menonnit. kirche
Wolfsschlucht
Isengarten
Romberg
Romberger Str.
Homburger Straße
Hauptstraße
Gewerbepark
Boxberg
Industriestraße
Wiehler Str.
Biebelshof
Morsbacher Straße
Bocksheide
Neuenhof
Dahl
Siegener Straße
1=Heinrich-Heine-Straße
2=In der Baumwiese
3=An der Realschule
4=Auf der Taschen
Kaiserstraße
Königsborn-park
Kreiskrankenhaus
Escherhof
Dahlberg
366
398
Freiheit
Lützingen
Westerwaldstraße
Waldbröl
51545
Berg-friedhof
Cityplan S. 39
Sportpark
Waldbröl
Brenzingen
Altehufen
Hecke
Hufen
Heide
Bruchhausen
Auf der Huth
354
Baumen
Herfen
Faule Schlade
Schnörringen
Krahwinkel
Hochwald
256
478
146
206

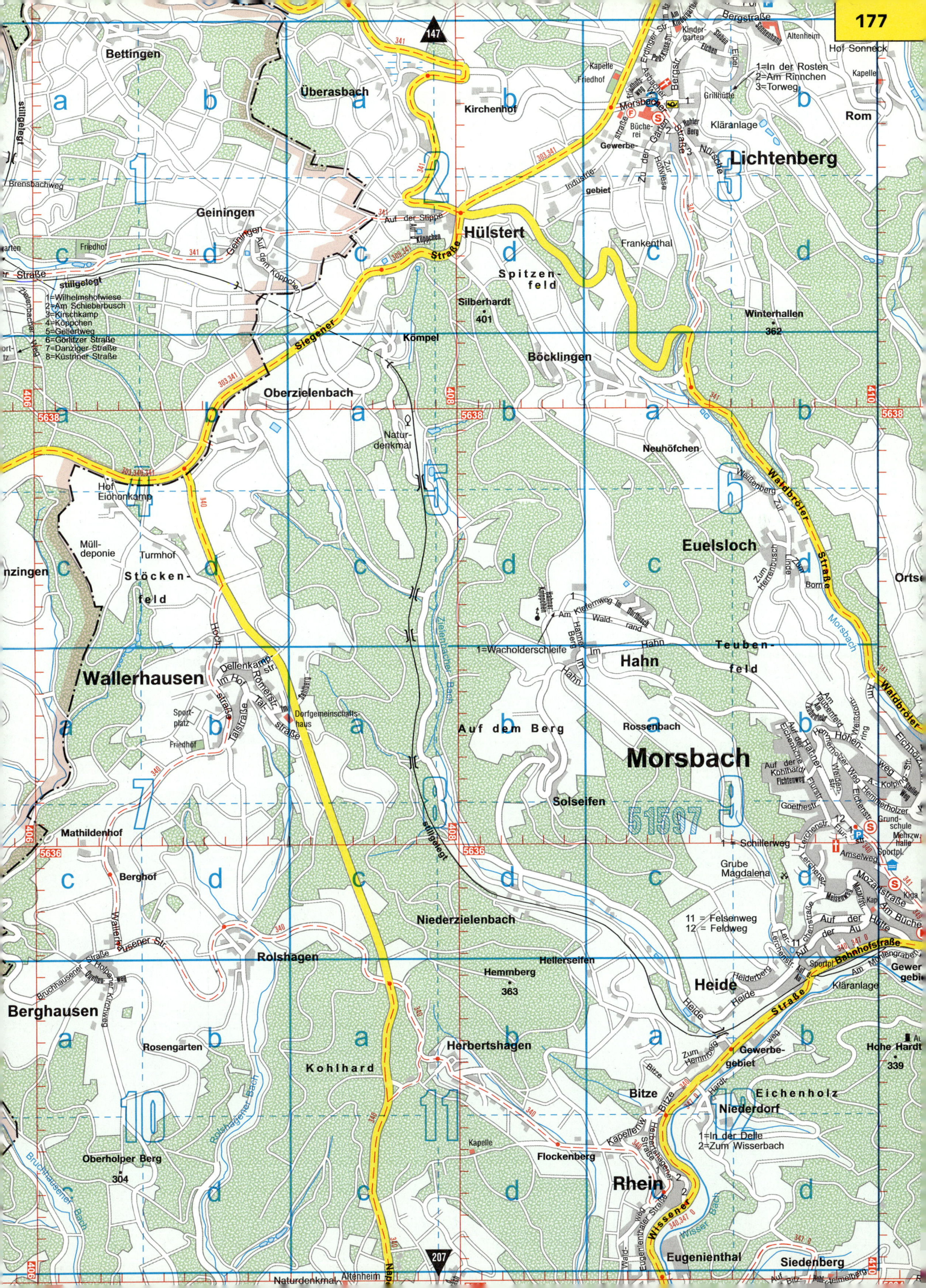

Bettingen
Überasbach
Kirchenhof
Morsbach
Lichtenberg
Rom
Hof Sonneck
Kindergarten
Altenheim
Kapelle
Friedhof
Grillhütte
Kläranlage
1=In der Rosten
2=Am Rinnchen
3=Torweg
Bergstraße
Gewerbe-
Industriegebiet
Brensbachweg
Geiningen
Auf der Stippe
Hülstert
Frankenthal
Spitzenfeld
Silberhardt
401
Winterhallen
362
stillgelegt
1=Wilhelmshofwiese
2=Am Schieberbusch
3=Kirschkamp
4=Köppchen
5=Gellertweg
6=Görlitzer Straße
7=Danziger Straße
8=Küstriner Straße
Siegener Straße
Kömpel
Böcklingen
Oberzielenbach
Naturdenkmal
Neuhöfchen
Waldbröler Straße
Hof Eichenkamp
Mülldeponie
Turmhof
Stöckenfeld
Euelsloch
Ortse
1=Wacholderschleife
Hahn
Teubenfeld
Wallerhausen
Sportplatz
Friedhof
Dorfgemeinschaftshaus
Auf dem Berg
Rossenbach
Morsbach
Solseifen
51597
Mathildenhof
Berghof
1 = Schillerweg
Grube Magdalena
Niederzielenbach
11 = Felsenweg
12 = Feldweg
Rolshagen
Hellerseifen
Hemmberg
363
Bahnhofstraße
Heide
Kläranlage
Berghausen
Rosengarten
Kohlhard
Herbertshagen
Gewerbegebiet
Hohe Hardt
339
Bitze
Eichenholz
Niederdorf
1=In der Delle
2=Zum Wisserbach
Oberholper Berg
304
Kapelle
Flockenberg
Rhein
Wissener Straße
Eugenienthal
Siedenberg
Naturdenkmal
Altenheim
147
207

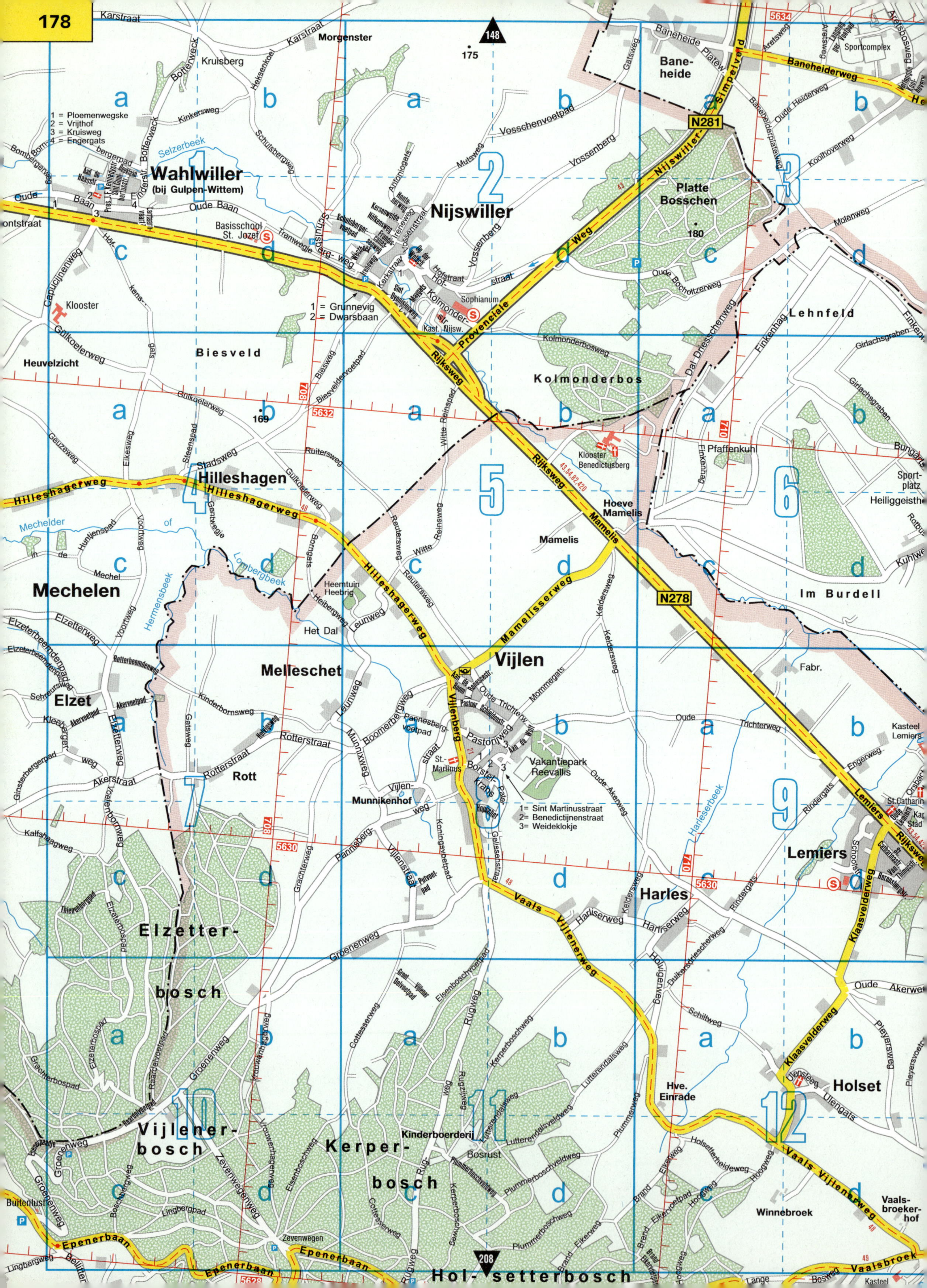
148
208
Karstraat
Morgenster
175
Kruisberg
Heksenkoel
Botterweck
Kinkersweg
Schuisbergweg
1 = Ploemenwegske
2 = Vrijthof
3 = Kruisweg
4 = Engergats
Selzerbeek
Wahlwiller
(bij Gulpen-Wittem)
Oude Baan
Basisschool St. Jozef
Tramwegje
Capucijnenweg
Klooster
Heuvelzicht
Gulkoelerweg
Biesveld
169
Vosschenvoetpad
Vossenberg
Nijswiller
Mutsweg
Antoniogats
Kerkstraat
Holstraat
Sophianum
Kolmonderstr.
Kast. Nijsw.
1 = Grunnevig
2 = Dwarsbaan
Provenciale Weg
Nijswiller Weg
N281
Baneheide
Baneheideplatsweg
Simpelveld
Baneheiderweg
Sportcomplex
Oude Heiderweg
Koolhoverweg
Platte Bosschen
180
Molenweg
Oude Bocholtzerweg
Lehnfeld
Finkenhag
Dal Driesschenweg
Girlachsgraben
Kolmonderbosweg
Kolmonderbos
Rijksweg
Biesvelderveopad
Witte Reinspad
5632
708
710
Pfaffenkuhl
Klooster Benedictusberg
Bungalis
Sportplatz
Heiliggeisth
Hoeve Mamelis
Mamelis
Ruitersweg
Stadsweg
Hilleshageweg
Hilleshagen
Hilleshagerweg
Mechelder
Mechelen
Hermensbeek
Lombergbeek
Heemtuin Heebrig
Het Dal
Heibergweg
Leunweg
Mamelisserweg
N278
Im Burdell
Kuhlwe
Vijlen
Elzet
Elzetterweg
Melleschet
Kinderbornsweg
Rotterstraat
Rott
Akerstraat
Vijlenberg
Oude Trichterw.
Mommegats
Pastorijweg
Vakantiepark Reevallis
St.-Martinus
Munnikenhof
Vijlenweg
1= Sint Martinusstraat
2= Benedictijnenstraat
3= Weideklokje
Oude Akerweg
Kelderswegs
Fabr.
Oude Trichterweg
Kasteel Lemiers
Lemiers
Rijksweg
Schoolstr.
Engerweg
Rindergats
Harleserbeek
5630
Harles
Harlserweg
Vaals Vijlenerweg
Groenenweg
Elzetterbosch
Kalfsheggweg
Grachtenweg
Koningsvoetpad
Geilsestraat
Klaasvelderweg
Oude Akerweg
Duikersdriescherweg
Schilfweg
Holveligerweg
Hve. Einrade
Holset
Uensteeg
Pleyersweg
Elsenboschvoetpad
Rugweg
Kerperboschweg
Lutterendalsweg
Cottesserweg
Vijlenerbosch
Kerperbosch
Kinderboerderij
Bosrust
Plummerweg
Zevenwegenweg
Lingbergpad
Buitenlust
Epenerbaan
Zevenwegen
Lingbergweg
Winnebroek
Vaalsbroekerhof
Vaalsbroek
5628
Hol-setterbosch
Kasteel
Lange
Bosweg

Im Kitzwinkel
Bocholtz
(bij Simpelveld)
Hve.
Overhuizen
Grenzübergang
Vetschau
Vetschau
52072
Vetschauer
Schmiede
Huf
Kleiner
Hof
Großer Hof
Linde
Stadtteil
Richterich
(zu Aachen)
1= Bernhardstraat
2= Schuttershof
3= Salviastraat
4= Seringenstraat
5 = Dahliastraat
6 = Begoniastraat
7 = Anjerstraat
ZLSM
Sporthal
Basisschool
Wijngracht
Vlengendaal
Puthof
Hve.
188
Butterweiden
Ochsenstock
Nier-
stein
Grünenthal
ehem.Grube
Karl- Friedrich
E314
4
Vetschauer Berg
233
Gut Vetschauer
Berg
Paulinen-
hof
1 = Fitzeberg
Friedhof
Schulzentrum
Anne-Frank-
Schulen
Sand-
häuschen
5632
Kirschbäumchen
Orsbacher Straße
Orsbach
St.-Peter-
Kirche
Düser-
hof
Nonnenhof
Oberster Hof
Im Jüttenkuhl
52074
Bergerhoch-
kirchen
Stadtteil
Laurensberg
(zu Aachen)
Lemierser
Mühle
Naturschutz-
gebiet
Seffenter
Burg
Seffent
Natur-
schutz-
gebiet
Mühlengraben
Inst. für
Rheologie
Lagerhallen
Höchstdruck-
versuchsanl.
Heiz-
werk
Laser-
technik
Prod.
Technik
Fraunhofer
Inst.
Maschinen-
wesen
Pavillon
Melaten
ACIM-Center
RWTH
Schneeberg
256
5630
Golfplatz
Clubhaus
Gaßmühle
Camping
"Hoeve De
Gastmolen"
Karting-
baan
Kapelle
Wachtelkopf
Zuiveringsinst.
N278
1 = Sommerfeldstraße
Melaten
Gut
Melaten
Med. Fakultät
Klinikum
Krähwinkel
Königshügel
Westfriedhof II
1= Irmgardstraat
2= Aan de Twijnerij
3= Prins Bernhardstraat
4= Kerkveldstraat
5= Mrg. Nolensstraat
6= Patersweg
7= Pater Janssenstraat
8= Schepenbankstraat
9= Aan de Noot
13 = De lange Akker
Vakantie-
park
Volmolen
Weijerhof
Landal Green Parks
Hoog Vaals
Golfclub
Hoog Vaals
Eschberg
Vaals
1 = Reutershaswinkel
2 = Konradstraße
3 = Burgwinkel
Pfaffen-
broich
Neuenhof
Vaalser Straße
209
Stadion
West

1 = Am Brombeerhang
2 = Am Schönauer Hang
3 = Am Schönauer Acker
4 = Auf der Schönauer Höhe
5 = Berensberger Winkel
9 = Tannenweg
10 = Eichenweg
Uersfeld
Kämpchen
(zu Herzogenrath)
Naherholungs-
gebiet
Adamsmühle
Stadt
Scherberg
(zu Würselen)
Mittel-
uersfeld
Hasenwalder
Feld
Rumpen
Hof
Dornkaul
Wiedbusch
Dicke
Eiche
Paulinen
Wäldchen
Wolfsfurth
Kahlen
Stadtteil
Richterich
(zu Aachen)
ehem. Grube
Karl- Friedrich
Berensberg
St.-Mathias-
Berensberger
Hof
Kleine
Gasse
Große
Gasse
Berger-
busch
Wurm
Alexander-
eiche
Kaisersruh
AS Aachen-
Zentrum
AS Aachen-
Laurensberg
Haus
Ferber
Acker
Sieb
2 = Am Pannhaus
3 = Rastfeldchen
Schulzentrum
Haus
Linde
52072
Beulardstein
Stock-
heide
Biese
Sonne
Linde
Soers
Hochbrücker
Mühle
ADAC
Justiz-
vollzugs-
anstalt
Eulershof
Stockheider
Mühle
Kuckesrath
Wildbach
Speckheuer
Follmühle
Poch
Soerser
Hochkirchen
Hockey-
anlage
Heumesser
Wildbach
Hausen
Schloss
Rahe
Schlossparkstraße
An der
Rahemühle
Polizei-
präsidium
Reitturnier-
platz
52070
Strüver
Müsch
Friedhof
Kloster
St. Raphael
Finanzamts-
zentrum
Wolf
Eichamt
Toledo-
Stadion
Tivoli
Stadtteil
Hörn
(zu Aachen)
Europadorf
Lousberg
Obelisk
Dreh-
turm
Salvator-
berg
Farwick-
park
Lehm-
kühlchen
1 = Heinrich-Hollands-Straße
2 = Burgrafenstraße
3 = Gut Lehmkühlchen
Aachen
52074
Aachen-
West
Königshügel
Kur-
garten
Stadt
garten
Euro-
gress
Cityplan S.32
AS Aachen-
Europaplatz
Europa-
platz
Blücher-
platz
52062
Markt
Dom
Theater-
platz
Westpark
West-
friedhof II
Ostfriedhof
Adalbert
Stolberger
E314
Kreuzerstraße
Roermonder Straße
Soerser Weg
Krefelder Straße
Ponttor
Templergraben
Hirsch-Seilgraben
Monheimsallee
Heinrichsallee
Vaalser
Sport-
platz

Würselen
Stadtteil Schweilbach (zu Würselen)
Stadtteil Haal-Oppen (zu Würselen)
Stadtteil Weiden (zu Würselen)
Stadtteil Haaren (zu Aachen)
Stadtteil Verlautenheide (zu Aachen)
Stadtteil Rothe Erde (zu Aachen)
Stadtteil Eilendorf (zu Aachen)
52146
52080
52068
Dobach
Maarhof
Maarbenden
Salmanus-mühle
Gewerbegebiet "Aachener Kreuz"
Haarenheidchen
Kreuz Aachen
AS Würselen
Kahlgrachter Mühle
Scheidmühle
Quinx
Nirm
Haarener Wald
Haarener Hof
AS Rothe Erde
Gut Kalkofen
Friedhof Hüls
Industriegelände "Rothe Erde"
Kennedypark
Eilendorf
Wesselsaat
StVA Stadt und Kreis Aachen
TÜV
E314
E40
Willy-Brandt-Ring
Hauptstraße
Stolberger Str.
Haarener Gracht
Verlautenheidener Straße
Von-Coels-Straße
Berliner Straße
Madrider Ring
Heckstraße
Schweilbacher Straße
Ravelsberger Str.
1 = Elisabeth-Englerth-Str.
2 = Elsa-Brändström-Str.
3 = Elly-Heuss-Knapp-Str.
1 = Granitweg
2 = Am Alten Kloster
1 = Pastoratsweg
2 = Schwester-Zita-Weg
1 = Kuckelkornweg
2 = Fingerhutsmühlenweg
3 = Mühlenweidweg
4 = Schüttenhofweg
5 = Markusstraße
3 = Franz-Marc-Straße
4 = Otto-Dix-Straße
5 = Emil-Nolde-Straße
6 = Drosselweg
7 = Finkenweg
8 = Amselweg
9 = Zeisigweg
10 = Zaunkönigweg
11 = Starenweg
12 = Scherberger Feld
13 = Maria-Merian-Weg
2 = Droste-Hulshoff-Str.
2 = Severinusplatz
3 = Kirchplatz
4 = Kirchgäßchen
5 = Galmeistraße
6 = Hans-Haase-Weg
RB20 euregiobahn
RE1,RE9
151
211

Hubschrauber-landeplatz
Verkehrslande- und Segelflugsportanlage Merzbrück
Merzbrück (zu Würselen)
Gut Merzbrück
Merzbrücker Str.
Sterz-busch
Aachener
Wasser-werk
Raststätte Aachener Land
Reitanlage
Gut Klösterchen
Auf dem Klösterchen
Kuckhof-mühle
Ellerberg
Glücksburg
Reithalle
Friedhof
Weidener Graben
Merzbach
Huferhof
Gut Wambach
Jüd. Friedhof
Weidener Hof
Naherholungsgeb. Stadtwald Würselen
Steinbruch-haus
Kläranlage
Tennis-platz
Propsteier Wald
Sauach
Camp Astrid
Kreuz Aachen
E40
Broichweidener Weg
Hochwaldweg
Grillplatz
Forsthaus Weiden
Reichswald
Wasser-werk
Steinbachs-hochwald
Steinbachstraße
Glücksburg
Stolberg (Rheinl.) Hbf.
Vennbahn-mus.
Probsteistr.
Klär-anlage
52080
Haarener Hof
Verlautenheidener Straße
Schutz-hütte
Trockenbusch
Forsthaus Schwarzenbruch
Würselener Wald
RE1,RE9
euregiobahn
RB20
Gbf
Umspann-werk
Glücksburgweg
Halde
Steinbach-straße
Halden-straße
Rhenaniastr.
Münsterbachstr.
B.-Wolff-Park
Eschweiler Straße
Steinfurt
Gewerbe-gebiet
Leimberg
Heckstraße
Würselener Straße
Gut Schwarzenbruch
52222
Stadtteil Atsch (zu Stolberg)
Stbg.-Schneid-mühle
Hamm
Birkengang
Birkengangstraße
Lehmsief
Wald
Sebastianusstraße
Fried-hof
Kohl-busch
Stadtteil Unter-stolberg (zu Stolberg)
Inde
21 = Krautlade
22 = Mühlener Markt
23 = Roderburgmühle
24 = Kleefeldstraße
25 = Pümpchen
26 = Jordanplatz
27 = Jordanstraße
28 = Aug.-Junker-Pl.
29 = Am Bastinsweiher
30 = Olof-Palme-Friedenspl.
31 = Kaplan-Josef-Dunkel-Pl.
Nepomucenus-mühle
Von-Coels-Straße
Deltourserb
Stadtteil Eilendorf (zu Aachen)
Geisberg
Buschmühle
Busch-mühle
Hunde-dressurpl.
Cockerill-
Gewerbe-gebiet
Stbg.-Mühlener Bahnhof
Europastraße
Mauerstr.
England

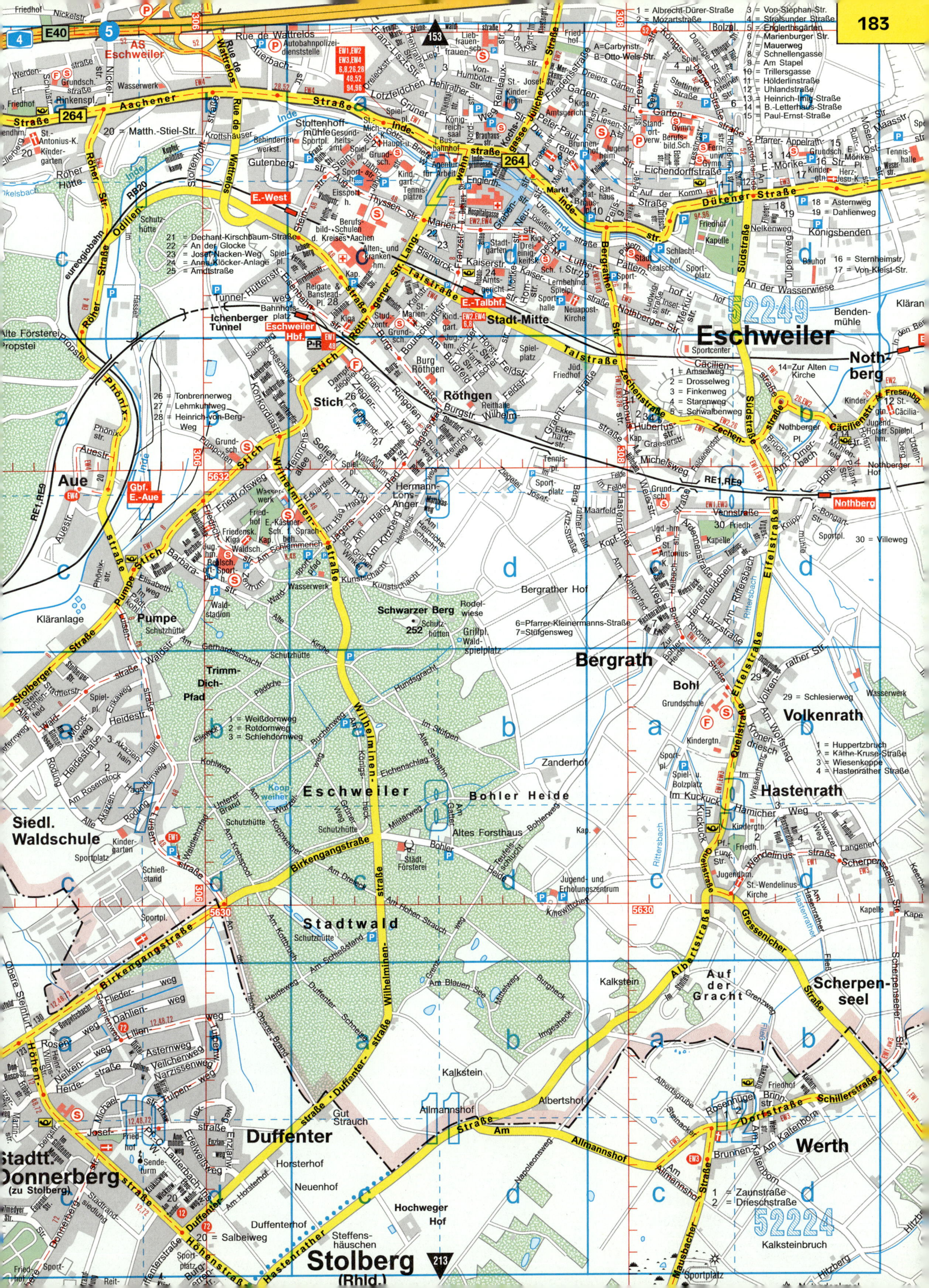
1 = Albrecht-Dürer-Straße
2 = Mozartstraße
3 = Von-Stephan-Str.
4 = Stralsunder Straße
5 = Englerthsgärten
6 = Marienburger Str.
7 = Mauerweg
8 = Schnellengasse
9 = Am Stapel
10 = Trillersgasse
11 = Hölderlinstraße
12 = Uhlandstraße
13 = Heinrich-Imig-Straße
14 = B.-Letterhaus-Straße
15 = Paul-Ernst-Straße
A=Carbynstr.
B=Otto-Wels-Str.
20 = Matth.-Stiel-Str.
21 = Dechant-Kirschbaum-Straße
22 = An der Glocke
23 = Josef-Nacken-Weg
24 = Anna-Klöcker-Anlage
25 = Amtstraße
26 = Tonbrennerweg
27 = Lehmkuhlweg
28 = Heinrich-von-Berg-Weg
18 = Asternweg
19 = Dahlienweg
16 = Sternheimstr.
17 = Von-Kleist-Str.
14=Zur Alten Kirche
1 = Amselweg
2 = Drosselweg
3 = Finkenweg
4 = Starenweg
5 = Schwalbenweg
30 = Villeweg
6=Pfarrer-Kleinermanns-Straße
7=Stüfgensweg
29 = Schlesierweg
1 = Weißdornweg
2 = Rotdornweg
3 = Schlehdornweg
1 = Huppertzbruch
2 = Käthe-Kruse-Straße
3 = Wiesenkoppe
4 = Hastenrather Straße
1 = Zaunstraße
2 = Drieschstraße
20 = Salbeiweg
E40
AS Eschweiler
Aachener Straße
Eschweiler
E.-West
Eschweiler Hbf.
E.-Talbhf.
Stadt-Mitte
Ichenberger Tunnel
Stich
Röthgen
Aue
Gbf. E.-Aue
Pumpe
Kläranlage
Nothberg
Bergrath
Bohl
Volkenrath
Hastenrath
Scherpenseel
Siedl. Waldschule
Schwarzer Berg
Eschweiler
Bohler Heide
Stadtwald
Kalkstein
Auf der Gracht
Duffenter
Stadtt. Donnerberg (zu Stolberg)
Werth
Stolberg (Rhld.)
Hochweger Hof
Allmannshof
Albertshof
Gut Strauch
Horsterhof
Neuenhof
Duffenterhof
Steffenshäuschen
Kalksteinbruch
52249
52224
Dürener Straße
Talstraße
Zechenstraße
Südstraße
Eifelstraße
Quellstraße
Gressenicher Straße
Birkengangstraße
Wilhelminenstraße
Dorfstraße
Schillerstraße
Höhenstraße
Hastenrather Weg
Indestraße
Rue de Wattrelos
Jülicher Straße
Langwahn
Bergrather Straße
Röher Straße
Phönixstraße
Pumpe-Stich
Stolberger Straße
Zanderhof
Bergrather Hof
Altes Forsthaus
Jugend- und Erholungszentrum
Stadt. Försterei
Bendenmühle
Königsbenden
An der Wasserwiese

Industriegebiet
Weisweiler
7=Brigidastraße
Dürener Straße
Kölner Straße
Am Tannenwäldchen
Eschweiler-Weisweiler
Floraweg
Kopernikusstr.
Kantstraße
Blumenstraße
Freibad
Auf dem
Am Schildchen
Jüd. Friedhof
Langenweher
Ziegelei Lehmgrube
Heidesiedlung
Sportpl.
Bolzplatz
Tennishalle
Gewerbegebiet
Vollmühle
Reitsportzentrum
Sportplätze
Hüchelner Straße
Tannenbergstraße
Wilhelmshöhe
Trimm-Dich-Pfad
Rodelbahn
Schutzhütten
Hovermühle
Mühlengraben
Inde
52249
Eschweiler
Kläranlage
RB20 euregiobahn
Hücheln
1=Hüchelner Benden
Auf der Gracht
Auf dem
Windkraftanlagen
Nierchen
Lärchenhof
E.-Nothberg
12=Zur Alten Kirche
13=Pfarrer-Krings-Straße
Steinbüchel
Burg Nothberg
Nothberg
Bovenberg
Bongarder Hof
Holzheimer Graben
Wenauer Straße
Gut Kammerbusch
6=Hans-Böckler-Straße
Gut Merberich
Sophienhof
RE1,RE9
Heisterner Straße
Nothberger Hof
Friedhof
Sandgrube
Ruine Karlsburg
Kapelle
Gut Schönthal
Kulturdenkmal (Wall)
Bovenberger
Blumental
Nierchen
Kläranlage
Am Steinknipp
Buschhof
Wasserwerk
Im Korkus
Wald
Burg Holzheim
Nothberger Weg
Klein-schönthal
1=Steinweg
2=Zum Laufenberg-blick
Heistern
Schönthaler Hof
Pützmühle
Polchstein
Hastenrath
Gut Tannenhof
Gut Lamerdriesch
Forsthaus Bovenberg
Wenaucher Höfchen
Hamicher Straße
Weisweilerstraße
Gressenicher Mühle
Gut Eichenhof
Am Oberen Stein
Wenau
Klosterhof
An der Dostel
Scherpenseel
Halde
Sportplätze
Gut Atzenau
Gut Köttenich
52224
Hamicher Höfchen
Klosterstraße
Krichelsmühle
Altenheim
Wehebach
Orchelsberg
Werth (zu Stolberg)
Kläranlage
Hamich
Römerfeld
Stadtteil Gressenich (zu Stolberg)
Römerstraße
Forsthaus Wenau
Haus Wehetal
Im Kannenhau
(zu Stolberg)
Gewerbe-
5632
5630
310
312
264
154
214

Langerwehe
52379
52353
52355
Stadtteil Echtz (zu Düren)
Kölner Straße
Lindenhof
Kläranlage
Ölmühle
Wehebach
Stütgerhof
Metter-mühle
Umspann-werk
Stütgerloch
1=Im Birkengrund
2= Felix-Schleicher-Straße
Kindergarten
Kath.K.
Kulturhalle
Sportplätze
Töpferei-Mus.
Friedhof
Kapelle
Sport-pl.
Loch-mühle
Schönthaler Straße
Jüngersdorfer Straße
Knotstraße
Apolloniastraße
In der Peitsch
Neuer Töpferw.
Obergeich
Geich
Gansbecker Hof
Kapelle St.Nikolaus
Echtzer Straße
Wasserfeld
Barrierhaus
Gewerbe-gebiet
Bundesstraße
264
In den Benden
Pützhecke
Bongen-haus
Rothaus
D'horn
237
Jüngersdorf
7 = Arnold-Homberg-Straße
Kiga Kapelle
Am Weiherhof
8 = Der Fußhof
9 = Lerchenweg
10 = An der Erk
11 = Im Baumgarten
12 = Auf dem Berg
Forsthaus Jüngersdorf
Rothammer
Oligsdriesch
Holzstr.
Bachstr.
Palmohaus
Friedhof
RE1
SE 1
Prälat-Dr.-Selung-Str.
Schönthal
Erbs-
Eifelstraße
D'horner Straße
Kindergtn.
1 = Rektor-Niederau-Str.
2 = Gysemanns Weg
Schloss Merode
Merode
Schlich
Kirchstraße
Weierstraße
Derichsweilerstr.
Martinusstraße
3=Schützenplatz
Tennis-platz
Sport-platz
Peters-hof
Schlicher Bach
Forsthaus Schlich
Wilhelms-hof
Laufenburg
Aussichtsturm
Meroder
busch
Wald
Soldaten-friedhof
Forellenbach
Verdrügte Hau
(zu Düren)
Rottfeld
Schlich-d'horner Wald
Franzosenkreuz
Haus Hardt
Schevenhüttener Straße
Hardter Hof
155
215
In der Loh

Stadtteil Echtz (zu Düren)
Stadtteil Hoven (zu Düren)
Stadtteil Mariaweiler (zu Düren)
Stadtteil Konzendorf (zu Düren)
Stadtteil Derichsweiler (zu Düren)
Stadtteil Gürzenich (zu Düren)
Düren
52353
52349
52355
Echtzer See
Badesee Düren
Langenbenden
Meerbenden
Schubig
Entenpfuhl
Große Schelle
Mühlhoven
Getzerhof
Grünthal
Palmshaus
Mariahof
(zu Langerwehe)
Langerweher Straße
Valenciennner Straße
Mariaweilerstraße
Schillingsstraße
Schlicher Straße
Echtzer Straße
Aldenhovener Straße
Hovener Straße
Birkesdorfer Str.
Bundesstraße
Kallsgasse
Birgeler Straße
Scheveniütener Straße
Monschauer Straße
Rur
Golfplatz
Gürzenicher Burg
Weyerhof
Hubertushof
Gürzenicher Mühle
1 = Fasanenweg
2 = Wachtelweg
3 = Finkenweg
4 = Josef-Ebertz-Platz
2 = Dr.-Robert-Pütz-Straße
3 = Im Weidchen
1 = Draemannsmühle
2 = Sauerbruchstraße
1=Erftstraße
2=Klostergasse
4 = Dr.-Antonie-Krebs-Str.
1 = Zum Pastorsweiher
2 = Am Maisbusch
24=Am Knozwinkel
25=Schröderstraße
21 = Montessorieweg
22 = Zur Rölsdorfer Burg
23 = Zum Volkspark
1 = Auf dem Büchel
2 = Maarstraße
3 = Stockpfad
RE1,RE9
156
216
264
399
56

Stadtteil Birkesdorf (zu Düren)
Merzenich
52399
Grüngürtel
Distelrath
Wörthsiedlung
Am Duppersmaar
In der Alten Burg
Am Scheiderweg
Stadtrand-siedlung
Auf dem Krey
(zu Nörvenich)
Am Maar
Gewerbegebiet
52351
Cityplan S. 33
Kuhbrücke
Düren
ZOB
ADAC
Kölner Landstraße
Dürener Kreisbahn (DKB)
Dürener-Kreisbahn
Distelrather Straße
Binsfelder Straße
Euskirchener Straße
Stockheimer Straße
Nideggener Straße
Bismarckstraße
Kölnstraße
Schoellerstraße
Arnoldsweiler Straße
Römerstraße
Siebenicher Straße
Dürener Straße
Rotes Haus
Brückenstraße
Gewerbegebiet Distelrather Straße
Schafshof
Umspann-werk
Forsthaus Weyern
1 = An der Wasserburg
2 = Friedensplatz
3 = Kastanienweg
4 = Am Lindenbaum
2 = Kleiner Weinberg
3 = Mozartstraße
5 = Albert-Schweitzer-Straße
6 = Hans-Holbein-Straße
7 = Stephanstraße
8 = August-Schoop-Straße
9 = Edmund-Kurtz-Straße
10 = Saarstraße
11 = Merowingerweg
12 = Karolingerweg
13 = Nibelungenweg
14 = Alemannenweg
15 = Rotterdamer Straße
16 = Löwener Straße
17 = Echternacher Straße
18 = Steufmehlweg
19 = August-Lüdenbach-Straße
20 = Miesheimer Weg

52399
Merzenich
Peters-
hof
In den
Rödden
264
Schöne
Aussicht
Sport-
platz
Wasser-
turm
1=An der
Wintermaar
Grund-
schule
Gewerbe-
gebiet
Ortsteil
Girbelsrath
(zu Merzenich)
Am Molder
Rossprad
Buchfeld
Matthias-von-der-Driesch-Straße
Merzenicher Weg
Grill-
platz
Klär-
anlage
Sport-
plätze
Tennis-
plätze
Friedhof
Kinder-
garten
Sport-
halle
Ringstraße
Mittelstr.
Binsfelder
Maar-
weg
Königsforst
1 = Im Bongert
2 = Am Ringsheimer Hof
3 = Alter Kirchpfad
Heribert-
straße
Rote
Buntwolf-
straße
Golzheimer
Straße
Jugend-
heim
Gut
Hermannshof
Sport-
platz
Kapelle
Friedhof
Honig-
loch
Kivitt
Klär-
anlage
Ortsteil
Binsfeld
(zu Nörvenich)
1 = Henri-Dunant-Weg
2 = Josef-Kirchartz-Weg
Dürener
Straße
Sport-
plätze
Fried-
hof
Frauwüllesheimer Straße
Friedhof
Kapelle.
Lührfeld
Ortsteil
Frauwüllesheim
(zu Nörvenich)
Kreuzstraße
Bürger-
halle
Sport-
platz
Dreikönigenstraße
Binsfelder
Str.
Weißfrauenhofstraße
Brigidastr.
Eintrachtstr.
Friedhof
Binsfelder
Burg
Altenheim
(Seniorenresidenz)
Ellebach
Am Maar
Bahnposten
Hubertushof
Rommelsheim
Sport-
platz
Kettelerstr.
Römer-
straße
Jahnstr.
Schreber-
str.
Kapelle
Isweiler
Zedel-
maarer-
hof
158
218

Niederbolheim
Sophienhöhe
50171
477
Schoellerhof
Bauweiler Hof
Niederbolheim (zu Kerpen)
Neffelbach
Nörvenicher
Auf dem Bolheimer Berge
Alt-Oberbolheim
Antoniterstraße
Fliegerhorst
Rather Mühlenweg
Am Lindenkreuz
Siedlung Lindenkreuz
Kläranlage
Ortsteil Eschweiler über Feld (zu Nörvenich)
Gut Kauweiler
Antoniterhof
Wald
Engelshof
Gut Ollesheim
Kapelle
Am Lindenkreuz
Heusenhof
Alte Burg (Kulturdenkmal)
Der Hahn
Sportplätze
Birkenhof
Marienhof
Freudenthalerhof
Im Freudental
Bahnhofstraße
Am Kreuzberg
52388
Nörvenich
Schloss Nörvenich
Markt-pl.
Friedhof
Altenheim
Sportplatz
Haus Hardt
Promenadenweg
Zülpicher Straße
Hommelsheimer Weg
Jülicher Str.
An der Hühnermaar
Gut Hommelsheim
Umspannwerk
1 = Dauzenbergstraße
2 = Borromäerinnenstraße
3 = Dechant-Flocken-Straße
4 = Elbinger Straße
5 = Tilsiter Straße
6=Barrensteinstraße
7=Barbaraweg
8=Boelckestraße
9=Frankenstraße
10=Ubierstraße
11=Hohenstaufenstraße
12=Hohenzollernstraße
13=Lüxheimer Straße
14=Vettweißer Straße
15=Plessastraße
16=Sebastianusstraße
17=Schloss Nörvenich
Kläranlage
Steinfelderhof
Friedhof
Im Bärental
Am Weiherschleiden
Neffeltalstr.
Dorweilerstraße
Hochkirchen
Irresheim
Annastraße
Hochkirchener Str.
Festhalle
Brunnenplatz
Angelteich
1 = An der Goldkaul
Eggersheim
Kapellenstr.
Festhalle
In der Mühle
Neffelbach
(zu Vettweiß)
Hasental
159
219

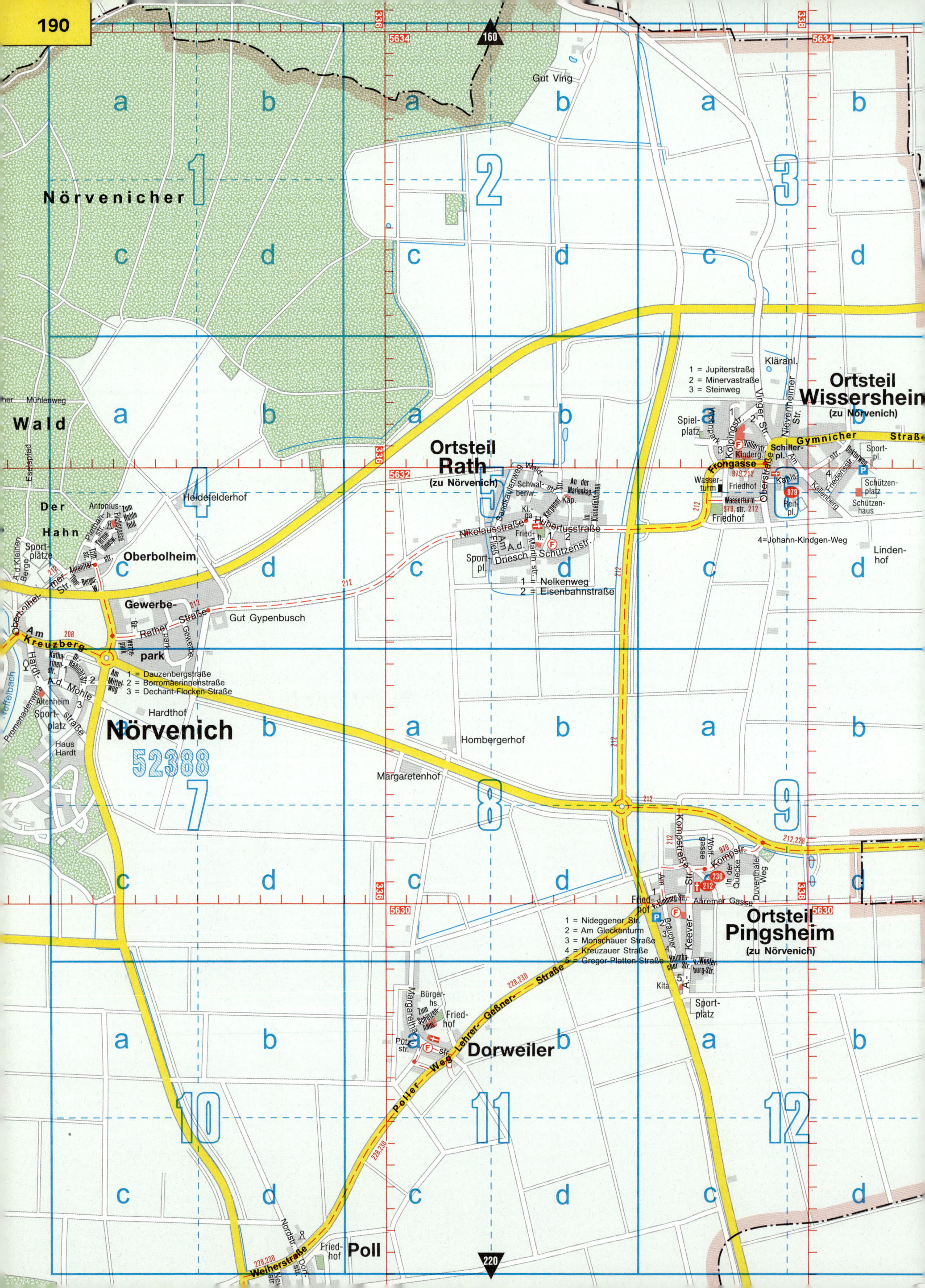
160
220
Gut Ving
Nörvenicher
Wald
Mühlenweg
Der
Hahn
Heidefelderhof
Oberbolheim
Gewerbe-
park
Gut Gypenbusch
Rather Straße
Am Kreuzberg
1 = Dauzenbergstraße
2 = Borromäerinnenstraße
3 = Dechant-Flocken-Straße
Hardthof
Nörvenich
52388
Altenheim
Sport-
platz
Haus
Hardt
Ortsteil
Rath
(zu Nörvenich)
Nikolausstraße
Hubertusstraße
Schützenstr.
1 = Nelkenweg
2 = Eisenbahnstraße
Hombergerhof
Margaretenhof
1 = Jupiterstraße
2 = Minervastraße
3 = Steinweg
Kläranl.
Ortsteil
Wissersheim
(zu Nörvenich)
Gymnicher Straße
Frongasse
Friedhof
4=Johann-Kindgen-Weg
Linden-
hof
Schützen-
platz
Schützen-
haus
Ortsteil
Pingsheim
(zu Nörvenich)
1 = Nideggener Str.
2 = Am Glockenturm
3 = Monschauer Straße
4 = Kreuzauer Straße
5 = Gregor-Platten-Straße
Ahremer Gasse
Kompstraße
Sport-
platz
Kita
Dorweiler
Lehrer-Geßner-Straße
Poller Weg
Friedhof
Poll
Weiherstraße
Nordstr.
Dorfstr.
5634
5632
5630
336
338

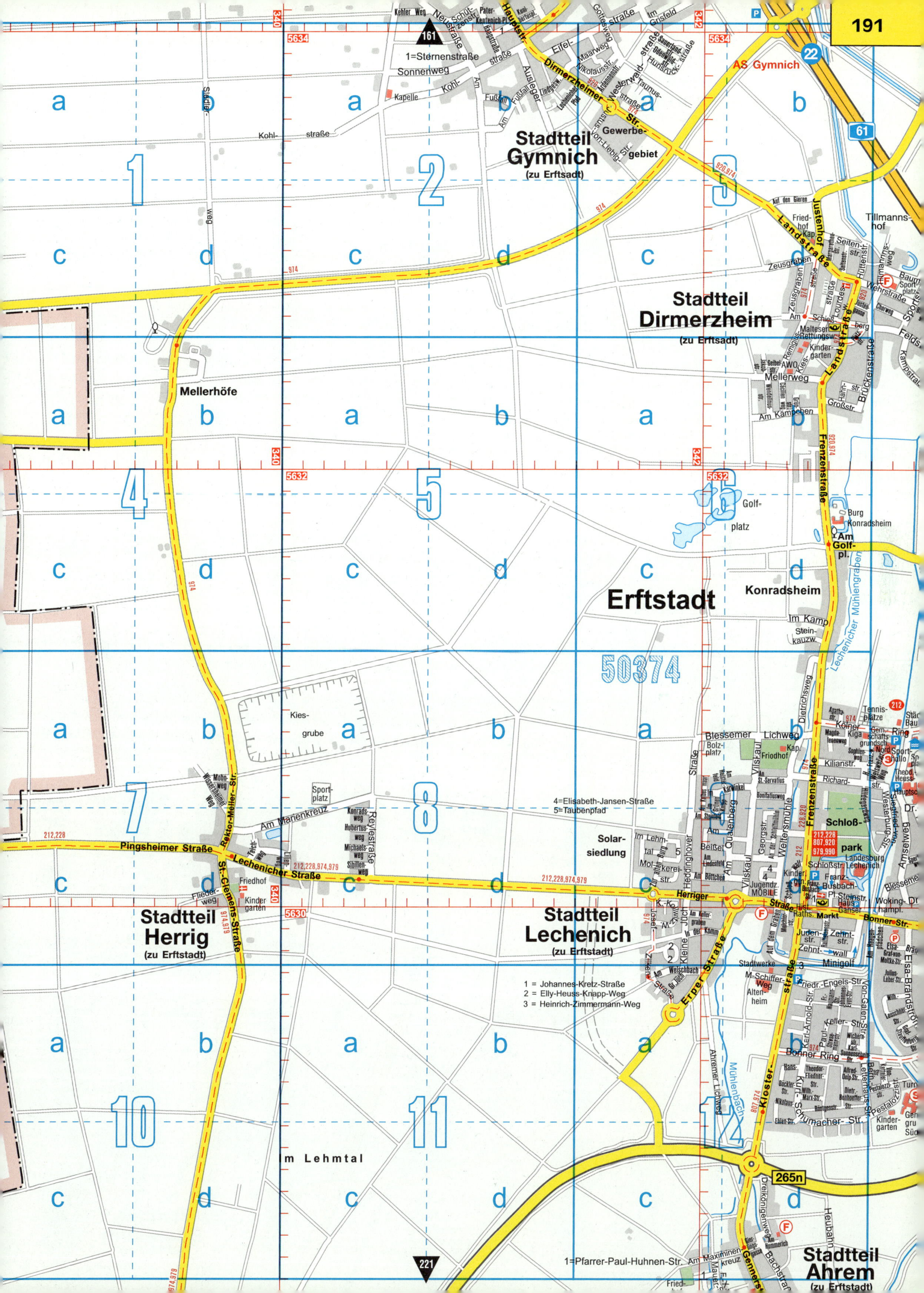
Stadtteil Gymnich
(zu Erftsadt)
Gewerbegebiet
AS Gymnich
Hauptstr.
Dirmerzheimer Str.
1=Sternenstraße
Sonnenweg
Kapelle
Kohlstraße
Ausleger
Fußfall
Tillmannshof
Justenhof
Landstraße
Zeusgraben
Stadtteil Dirmerzheim
(zu Erftsadt)
Mellerweg
Am Kämpchen
Großstr.
Brückenstraße
Mellerhöfe
Frenzenstraße
Golfplatz
Burg Konradsheim
Am Golf-pl.
Erftstadt
Konradsheim
Im Kamp
Steinkauzw.
Lechenicher Mühlengraben
50374
Kiesgrube
Sportplatz
Am Marienkreuz
Reyestraße
Rektor-Meller-Str.
St.-Clemens-Straße
Pingsheimer Straße
Lechenicher Straße
Friedhof
Kindergarten
Stadtteil Herrig
(zu Erftstadt)
4=Elisabeth-Jansen-Straße
5=Taubenpfad
Solarsiedlung
Blessemer Lichweg
Dietrichsweg
Schloßpark
Herriger Straße
Markt
Bonner Str.
Stadtteil Lechenich
(zu Erftstadt)
1 = Johannes-Kretz-Straße
2 = Elly-Heuss-Knapp-Weg
3 = Heinrich-Zimmermann-Weg
Stadtwerke
Altenheim
Minigolf
Erper Straße
Klosterstraße
Bonner Ring
Ahremer Lichweg
Mühlenbach
Im Lehmtal
265n
Dreikönigenweg
Heubahn
1=Pfarrer-Paul-Huhnen-Str.
Stadtteil Ahrem
(zu Erftstadt)
161
221

Schildgen
1=Im Gratessengarten
Stadtteil
Kierdorf
(zu Erftstadt)
Roggendorf
Wasserwerk
Erft
Zentralkläranlage Erftstadt
Stadtteil
Köttingen
(zu Erftstadt)
Gewerbe-
gebiet
Peter-May-Straße
Staatsforst
Ville
1 = Zum Alten Bahndamm
Schutzhütte
Forellenteich
Kläranlage
Liblarer Mühlengraben
An der Schwarzau
Tillmannshof
Stadtteil
Dirmerzheim
(zu Erftstadt)
Golfplatz
Rotbach
Burg Konradsheim
Kies
Dreieck Erfttal
Wasserwerk
Tennishalle
Tennisplätze
Burg Blessem
Radmacherstraße
Stadtteil
Blessem
(zu Erftstadt)
Friedhof
Kap.
Gewerbegebiet
Lechenicher Mühlengraben
Am
Rottfeld
Erftstadt
50374
Frauenthaler Straße
Frauenthal
Hühnerfarm
Anschlussstelle Erftstadt
Pendlerparkpl.
P+R
Stadtteil
Lechenich
(zu Erftstadt)
Bonner Straße
An der Patria
Bliesheimer Straße
Parkanlage
Am Spürkerkreuz
Schloß-
park
Landesburg Lechenich
Hotzdamm
Rathaus
Merowinger-Str.
gepl.
Wirtschafts Park
Erftstadt
Gestüt Römerhof
Gestüt Bona
Römerstraße
Konradsheimer Weg
Buschfelder Mühle
Haus Buschfeld
Kindergarten
Gewerbegebiet
Gemeinsch.-grundschule Süd
1 = Marienburger Weg
2 = Graf-Wolff-Metternich-Stra
3 = Bertha-von-Suttner-Straß
4 = An der Waldorfschule
5 = Platanenweg
6 = Josef-Zimmermann-Straß
7 = Am Tunnel
Stadtteil
Bliesheim
(zu Erftstadt)
Bliesheimer Mühle
Lauerbu
162
222
E31
61
1
23
107
108
265
265n
5632
5634
344
346

Stadtteil Kierberg
(zu Brühl)
Bleibtreu-see
Knapsacker See
Luxemburger Str.
Theodor-Heuss-Straße
Stadtteil Heide
(zu Brühl)
1 = Härriskuhl
2 = Im Klostergarten
3 = Seeweg
4 = Margarethe-von-Hersel-Straße
Deponie-gelände
Albert-see
Schwarzer Weg
Heider Bergsee
Seglerhafen
Freibad
Bundes-akademien
Willy-Brandt-Str.
Bergstraße
Winterburg
West
Kolonie Roddergrube
Roddergweg
Franziskus-see
Strand-bad
Ka-rauschen-weiher
Nord-Süd-Weg
Hohlweg
Schlucht-see
Brühl
Stadtteil Pingsdorf
(zu Brühl)
Liblarer See
Erholungspark
Natur-
Unter-see
Großer Stern
Fasanen-weiher
Maigler-wiese
Wasserturmweg
Krausholz
Vor-
50321
Kolonie Pingsdorf
Pings-dorfer See
Kottenforst
Stadtteil Liblar
(zu Erftstadt)
Hultanus-platz
Enten-weiher
ge-
Mittelsee
Obersee
Rennweg
schutzgebiet
Revierförsterei
Erftstadt
Donatusweg
Aussichts-punkt
Villeseen
birge
Euskirchener Straße
Donatus-see
Villenhofer Maar
Schnorrenberg
Forsthaus-weiher
Stadtteil Badorf
(zu Brühl)
Kluggenberg
Waldorf-schule
Zwillings-see
Ton-gruben
Stiefelweiher
Phantasialandstraße
Phantasialand
Die
Schnacker
Enten-teich
Kuhgasse
Anschlussstelle Brühl-Süd
Lucretia-see
ehem. Grube Colonia
Silbersee
Kapelle
Berggeistsee
Birkhof
(zu Bornheim)
Staatsforst
Ville
Schutzhütte
Hochmaar
Kluttenweg
RE12,RE22,RB24
265
553
163
223

Stadtteil Berzdorf (zu Wesseling)
Gewerbegebiet Am Langenacker
Industrie-
HGK
Brühl Nord
Mitte
Ost
AS Brühl-Ost
Schloßpark Brühl
Naturschutzgebiet
50321
Südfriedhof
Brühl Süd
B. Mitte
Brühl
Jagdschloß Falkenlust
Falkenluster Hof
Palmersdorfer Hof
Großer Inselweiher
Kleiner Inselweiher
Kiesgrube
Zehntfreihof
Godorfer Hof
1 = An der Bleiche
2 = Heinr.-Fetten-Platz
3 = Kirchstraße
4 = Franziskanerhof
1 = Schwestern-Brünell-Weg
2 = Anna-Schmitz-Straße
3 = Irmgard-Keun-Weg
4 = Hannah-Arendt-Straße
5 = Gabriele-Münter-Weg
6 = Ida-Ehre-Weg
7 = Maja-Lex-Weg
8 = Helma-Meyers-Straße
9 = Marie-Schlei-Straße
1 = Arminiusw.
2 = An der Ziegelei
Theodor-Heuss-Straße
Bonnstraße
Otto-Wels-Straße
Euskirchener Straße
Römerstraße
Badorf
3 = Heinrich-Spoerl-Str.
4 = Theodor-Storm-Str.
5 = Gottfried-Keller-Str.
6 = Bertolt-Brecht-Str.
7 = von-Droste-Hülshoff-Str.
8 = Geb.-Grimm-Straße
9 = Wilhelm-Busch-Str.
10 = Erich-Kästner-Straße
1 = Eifelstraße
2 = Taunusstraße
Stadtteil Schwadorf (zu Brühl)
1=Laurentiusweg
Schallenburg
Schwadorfer Hof
Stadtteil Badorf (zu Brühl)
Geildorf
AS Brühl/Bornheim
Eckdorf
Schwadorf
Walberberger Str.
1 = Kapitelweg
2 = Am Goldacker
Stadtteil Walberberg (zu Bornheim)
Auf der Sandkaut
Kitzburg
Walberberg
Stadtteil Sechtem (zu Bornheim)
1 = An der grauen Burg
2 = Jenaer Straße
3 = Im Grommesgarten
4 = Meißener Straße
5 = Alter Sportplatz
ehem. Grube Colonia
Albert-Magnus-Akademie (Phil.-Theol. Hochsch.)
Siebenbach
Dickopsbach
553
164
224
1 2 3 4 5 6 7 8 9 10 11 12

Rheinische
Olefin Werke GmbH
Degussa Hüls-AG
Basell
Industriegebiet
Rhein
(zu Köln)
Stadtteil Lülsdorf
(zu Niederkassel)
1 = Humperdinckstraße
2 = Elly-Ney-Straße
3 = Ebner-Eschenbach-Weg
Brühler Straße
Wesseling Nord
Moschee
Kindergarten
10=Schützenplatz
1 = Langgasse
2 = Am Markt
3 = Am Schulpfad
4 = Alfons-Müller-Platz
5 = Am St.Germanus
6 = Wilh.-Rieländer-Straße
Köln-Düsseldorfer Dampfschiffges.
Wasserschutzpolizei
Rheinpark
Personenfähre
Uferstraße
Konrad-Adenauer-Straße
1=Godorfer Weg
2=Mathias-Leyendecker-Straße
3=Dahlienweg
Galgenberg
Wesseling
50389
Naherholungsgebiet Entenfang
NSG
1=Krefelder Str.
2=Neusser Str.
Wesseling
Sionter Hof
Kläranlage
7=Raiffeisenstraße
8=Am Sionterhof
9=Albert-Einstein-Straße
Gartenstadion
Industriegebiet
DEA (Union Rheinische Braunko
Rheinbogen
Willy-Brandt-Straße
Ahrstraße
Freibad
Wesseling Süd
Umspannwerk
Stadtteil Keldenich
(zu Wesseling)
St. Andreas Friedhof
Eichholzer Straße
Versuchsgut Maarhof
1 = Verdiweg
2 = Wagnerweg
3 = Mozartweg
4 = Beethoven-weg
5 = Brahmsweg
6 = Händelweg
7 = Haydnweg
8 = Reichenberger Straße
9 = Breslauer Straße
10 = Stolper Straße
11 = Wichernstraße
12 = Igelweg
13 = Oppelner Straße
AS Wesseling
Kläranlage
Stadtteil Urfeld
(zu Wesseling)
Gewerbepark Eichholz
Urfelder Straße
15 = Stieglitzweg
16 = Feiningerweg
17 = Corinthstraße
18 = Max-Ernst-Straße
19 = Mathias-Grünewald-Weg
20 = Max-Liebermann-Straße
21 = Balth.-Neumann-Weg
22 = Reinhartweg
23 = Rungeweg
24 = Rottmannweg
25 = Paul-Klee-Straße
26 = Käthe-Kollwitz-Straße
27 = Heinrich-Zille-Weg
28 = Oskar-Kokoschka-Weg
29 = Emil-Nolde-Straße
30 = Fritz-Uhde-Weg
31 = Roisdorfer Straße
32 = Böcklinstraße
33 = Widdiger Straße
1 = Krähenweg
2 = Eulenweg
3 = Sperberweg
4 = Kranichweg
5 = Dohlenweg
6 = Kiebitzweg
7 = Kleiberweg
8 = Kuckucksweg
9 = Dompfaffenweg
10 = Nachtigallenweg
11 = Bachstelzenweg
12 = Rotkehlchenweg
13 = Zaunkönigweg
14 = Buchfinkenweg
Eichholz
Sechtem
6 = Aarhusweg
7 = Brabantweg
8 = Hollandweg
9 = Champagneweg
10 = Dublinweg
11 = Elsaßweg
12 = Flandernweg
13 = Gotlandweg
Umspannwerk
Eichholzweg
14 = Käthe-Kollwitz-Weg
15 = Schwester-Ermelindis-Weg
Am Widdiger Berg
165
225

Stadtteil Ranzel (zu Niederkassel)
166
Stadtteil Ranzel (zu Niederkassel)
Stadtteil Lülsdorf (zu Niederkassel)
Industriegebiet
Werk Lülsdorf
Niederkassel
53859
Stadtteil Uckendorf (zu Niederkassel)
DEA (Union Rheinische Braunkohlen Kraftstoff AG)
Rhein
Stadtteil Urfeld (zu Wesseling)
Stadtteil Widdig (zu Bornheim)
Stadtteil Rheidt (zu Niederkassel)
Rheidter
226
Weilerhof
Gewerbe-geb.
7 = Stettiner Weg
8 = Pfauenweg
9 = Krakauer Weg
10 = Buchfinkenweg
11 = August-Macke-Weg
12 = Gabriele-Münter-Weg
13 = Franz-Marc-Weg
14 = Paula-Modersohn-Weg
15 = Emil-Nolde-Weg
1 = Elbinger Weg
2 = Wilnaer Weg
3 = Wippinger Weg
4 = Rostocker Weg
5 = Schweriner Weg
6 = Dohlenweg
1 = Kranichstraße
2 = Finkenweg
3 = Starenweg
4 = Sperberweg
5 = Milanstraße
6 = Am Petershof
7 = Eulenweg
8 = Zaunkönigweg
9 = Pirolweg
10 = Dietrich-Bonhoeffer-Str.
11 = Edith-Stein-Straße
12 = Strundener Straße
16 = Händelstraße
17 = Elsper Straße
18 = Arnsberger Straße
19 = Meschede Straße
20 = Briloner Straße
21 = Nelly-Sachs-Straße
22 = Agnes-Miegel-Straße
23 = Elsa-Brandström-Straße
24 = Bertha-von-Suttner-Straße
25 = Christine-Teusch-Straße
26 = Käthe-Kollwitz-Straße
1 = St.-Josef-Plätzchen
2 = In den Schnittlingen
3 = Espenweg
4 = Platanenweg
5 = Coburger Weg
6 = Bayreuther Weg
7 = Bamberger Weg
1 = Drachenfelsweg
2 = Ölbergweg
3 = Cassiusweg
8 = P.-Hecker-Straße
9 = Wacholderweg
10 = Rathausplatz
11 = Annostraße
12 = M.-Buber-Straße
13 = Blankenbergweg
14 = Tulpenweg
3 = Am Hagen
4 = Am Eulenflug
5 = An der Meile
1 = Augustaweg
2 = Luisenweg
3 = Katharinenweg
4 = Cäcilienweg
5 = Viktoriaweg
1 = Dietkirchener Str.
2 = Am Zinnwald
1 = Cheruskerstraße
2 = Sachsenstraße
3 = Kimbernweg
Tempelsgasse
Kronenweg
Wahner Straße
Porzer Straße
Berliner Straße
Feldmühle-Straße
Hauptstraße
Niederkasseler Str.
Spicher Straße
Feldhofstraße
Rheinstraße
Kölner Landstraße
Marktstraße
Deutzer Straße
Uferstraße
Leinpfad
Kläranlage
Urfeld
Widdig
555

Stadtteil Libur
(zu Köln)
51147
Industrie-
gebiet
Camp
Spich
Molch-
weiher
Storchen-
see
Krötenweiher
Schwalben-
see
Grüner
See
Schilfsee
Burg-
park
Stockem
Heerstr
Golf-
platz
Golfplatz
Gewerbe-
park
Junkersring
Anschlussstelle
Spich
Troisdorf
Stadtteil
Spich
(zu Troisdorf)
53842
Freizeit-
park
Stadtteil
Rotter See
(zu Troisdorf)
Rotter
See
Stadtteil
Kriegsdorf
(zu Troisdorf)
1 = Lortzingstraße
2 = Flotowstraße
3 = Weberstr.
4 = Schumannstr.
5 = Haydnstr.
6=Schwarzwaldweg
7=Bergischer Ring
8=Rheinischer Ring
6=Stockemer Weg
7=Jean-Schmitz-Str.
3 = Flintweg
4 = Moosbeerenweg
5 = Im Eisenfeld
1 = Auf dem Zechenacker
2 = An der Alaunhütte
53844
Eschmarer
See
Stadtteil
Eschmar
(zu Troisdorf)
Garten-
stadt
m Holldorn
Stadtteil
Sieglar
(zu Troisdorf)
1 = Auf dem Oligswerth
2 = Heidelbeergarten
3 = Brombeergarten
4 = Kirschgarten
5 = Eschmarer Dorfplatz
6 = Mirabellengarten
7 = Pänzelsgarten
Uckendorfer Straße
Niederkasseler Str.
Stockemer Straße
Kriegsdorfer Weg
Hauptstraße
Frankfurter Str.
Mauspfad
Rathausstraße
Larstraße
Kirchtal
Spicher Straße
Bonner Straße
Belgische Allee
Siegstrecke
167
227

NSG
Wahner Heide
Kriegsdorfer Wald
Eschmarer Wald
Sallbachhügel 101
Moltkeberg 119
Kaiserhöhe
Fliegenberg
Eisenweg
Planitzweg
53842
53840
53844
Truppenübungsplatz
Ravensberg 123
Forsthaus Telegraph
Troisdorf
Stadtteil Spich (zu Troisdorf)
Stadtteil Oberlar (zu Troisdorf)
Industriegebiet
Gewerbegebiet
Mauspfad
Eremitage
Waldpark
Hirschpark
Waldfriedhof
Hauptstraße
Mülheimer Straße
Frankfurter Straße
Theodor-Heuss-Ring
Willy-Brandt-Ring
Poststraße
Stationsweg
Kölner Straße
Troisdorf
Cityplan S.39
Stadtteilpark
Friedrich-Wilhelms-Hütte (zu Troisdorf)
Stadtteil Troisdorf-West (zu Troisdorf)
Industriegebiet
12 = Innenhof
13 = Drachenfelsstraße
14 = Petersbergstraße
15 = Hornackerstraße
Fr.-Wilhelms-Hütte
Mendener Straße
Uferstraße
Sieg
Agger
Mühlengraben
Schmelzer Weg
Roncallistraße
Larstraße
Spicher Straße
Anschlussstelle Troisdorf
Anschlussstelle St. Augustin
Dreieck Sankt Augustin West
Stadtteil Sieglar (zu Troisdorf)
Stadtteil Menden (zu St. Augustin)
Am Bauhof
1=An der Alten Kirche
1=Piusstraße
2=Antoniusstraße
3=Bertramstraße
4=Pestalozzistraße
9 = Am Eichenkamp
10 = Eisenplatz
11 = Gerhardstraße
9=Bergerbitze
10=Parsevalstraße
11=Blumenhof
12=Jasminweg
13=Lavendelweg
14=Oleanderweg
15=Lupinenweg
16=Hyazinthenfeld
17=Henschelweg
18=Edisonplatz
19=Fraunhoferweg
20=Zeißweg
21=Otto-Wels-Str.
22=Marie-Juchacz-Str.
23=Christian-Esch-Straße
23=Windgassenplatz
24=Martinstr.
25=Thomasstr.
26=Gilchriststr.
27=Robert-Müller-Platz
28=Karl-Kuhn-Platz
29=Dieselstraße
168
228
5634
5632
5630
370
372

Lohmar
53797
Lohmarer Wald
Staatsforst
Siegburg
53721
Siegburg
Anschlussstelle Lohmar
Naturschutzgebiet
Fischteiche
Hügelgräberfeld
Zwölfapostelbuche
NSG
Schutzhütte
Forsthaus Rothenbach
Lohmarberg
Luftfahrtfeuer
112
Güldenberg
Ingerberg
115
Lohmarhohn
Auelsbach
Agger
Quarzitsteinsee
Aggerstadion
Pumpwerk
Reitanlage
Gewerbegebiet
1=Heinrich-Heine-Straße
2=Adolf-Kolping-Weg
3=Clara-Fey-Straße
4=Grüner Weg
5=Am alten Sportpl.
Hauptstraße
Aggerstr.
Kirchstr.
Bachstr.
Auelsweg
Alte Lohmarer Str.
Finkenweg
Lerchenweg
Pützerau
Tank- und Raststätte Siegburg-Ost
Tank- u. Raststätte Siegburg-West
Stadtteil Stallberg (zu Siegburg)
Aulgasse
Brückberg
Driesch
Stadtteil Zange (zu Siegburg)
Michaelsberg
Wolsdorf
Kaldauer Straße
Zeithstraße
Luisenstraße
Wilhelmstraße
Wolsdorfer Str.
Alfred-Keller-Str.
Seidenbergstraße
Jägerstr.
Rothenbacher Str.
Im Schlangensiefen
Hufwald
Tannenhof
Junkersbusch
Mühlenhofweg
Alexianerallee
Haus zur Mühlen
Altenheim
Wahnbachtalstraße
Kleingärten
Cityplan S.39
Siegburg/Bonn
ADAC
Neuenhof
Gewerbegebiet
Ruine
Industriestraße
Kaserne
1=Jean-Bück-Straße
Justizvollzugsanstalt
Kirche
Nordfriedhof
E35
3
31
56
8
484
507
169
229
5632
5630
5634

Winkel
Fischburg
Algert
Bich
Birkhof
Hove
Ortsteil Pohlhausen
(zu Neunkirchen-Seelscheid)
Inger
Hs. Freiheit
Hagen
Birk
(zu Lohmar)
Wahn
Hasenk
Marienhöhe
Krölenbroich
1 = An der Schlade
2 = Am Dreieck
3 = Am Brandweiher
4 = Im Dellchen
5 = Eppendorfer Platz
6 = Eppendorfer Straße
Albach
Hochhausen
Büchel
Fernsehturm
Breidenbach
Kellersbusch
Heide
Stadtteil Braschoß
(zu Siegburg)
Stadtteil Schreck
(zu Siegburg)
Broichshof
Berghof
1=Am Alten Sägewerk
2=Am Spargelfeld
Franzhäuschen
Hs. Derenbach
1 = Kümpelersbitze
2 = Schützenstraße
3 = Am Zemmerhof
4 = Leo-Faustmann-Straße
5 = Flachsweg
6 = Schnepfenweg
Braschosser
Kläranlage
Wald
Im Strickbusch
Kaldauer
Schneffelrath
Trinkwasseraufbereitungsanlage
Wald
Breitschoß
Münchelbach
171
1=Wolkenburgstraße
2=Ebereschenweg
3=Ahornweg
4=Ulmenweg
5=Erlenweg
Auf dem großen Busch
Wahnbachtal
sperre
Gut Umschloß
Stadtteil Kaldauen
(zu Siegburg)
198
Steimelskopf
Basalt
Scheidsberg
Kläranlage
11=Alter Kirchweg
12=Franziskanerweg
Münchshecke
Friedhof
Stadtteil Seligenthal
(zu Siegburg)
Kloster
Rochuskap.
6=Im Alten Garten
7=Willi-Stroß-Weg
8=Müschbungert
9=Zissendorfer Weg
10=Pferdewiese
Münchshecke
Bürgerhaus
1 = In der Flent
2 = Krummer Weg
3 = Am Lorenzgarten
4 = In der Ecke
5 = Annoplatz
6 = Rundweg
7 = Kirchgasse
8 = Happerschosser Dorfplatz
Aue
Sieg
Kath. Jugendwerk St.Ansgar
170
230

Ortsteil Neunkirchen
(zu Neunkirchen-Seelscheid)
Kirchfeld
Bruchhausen
Neunkirchen-Seelscheid
53819
Kruchsberg
Eischeid
1 = Zimmermannsweg
Auf der Schanze
Niederhorbach
Ohmerath
Ingersau
Pixhof
Kaule
Rehwiese
Kläranlage
Hohn
Renzert
Ortsteil Wolperath
(zu Neunkirchen-Seelscheid)
Wahn-
Wiescheid
Ringelstein
201
Schöneshof
1 = Am Heiligenstock
Birken
Remschoß
Birkenmühle
Winterscheiderbröl
Kapelle
Ingersauelerhof
Pinn
Stadtteil Heisterschoß
(zu Hennef)
10 = Im Hof
11 = Turmstraße
12 = Am Flutgraben
13 = Am Alten Weiher
Schreckenberg
(zu Ruppichteroth)
Auf der Bitze
Schutzhütte
Rennenberg
Kläranlage
Stadtteil Happerschoß
(zu Hennef)
Wahlbach
Bröl
Dehrenbach
200
Pumpwerk
3=Poststraße
4=St.Margarethen
5=Am Wiedenhof
6=Parkstraße
7=Schulstraße
8=Meisenweg
9=Hermann-Löns-Straße
10=Gottfried-Keller-Straße
11=St.-Franziskus-Weg
Hauptstraße
Henneferstraße
Henneferstraße
Zur Bröl
Bröltalstraße
Bergische
507
478
171
231
Kindergarten
Klär-anlage
Don-Bosco-Halle
Tennis-plätze
Grund-sch.
Realsch.
Rat-hs.
Kap.
Fried-hof
Bauhof
Immenthal
Hasselsiefen
Ohmerather Str.
Niederhorbacher Straße
Oberhorbacher Str.
Renzertstr.
Wolperather W.
Schöneshofer Straße
Kleinscheider Str.
Leyenweg
Rennenbergblick
Großscheider Str.
Winterscheider Str.
Hölergarten
Birkenmühler Weg
Schönfelder Str.
Gelbach
Seelbachweg
Wiesengrund
Pinner Straße
Schreckenberger Straße
Schutzhütte
Kinderg.
Sportpl.
Am Schmalen Patt
Steinkauler weg
Wiesenstr.
Zur Hustert
Buchenbitze
1 2 3 4 5 6 7 8 9 10 11 12
a b c d

Krawinkel
(zu Neunkirchen-Seelscheid)
Ober-
horbach
Niederhorbach
Beiert
Kapelle
Broscheid
Reiferscheid
Herrnstein
Burg
Thilhove
Büchel
Brölerhof
Kläranlage
(zu Much)
Im
Höverberg
Eichhof
Bröleck
1 = Alte Dorfstraße
2 = Am Kreuz
198
Bröler Berg
Wisselstein
208
Brucher Berg
478
Ortsteil
Winterscheid
(zu Ruppichteroth)
1 = Zum Ortsiefen
Kapelle
Hatterscheid
Im Gerotten
Bechlingen
Derenbach
Holenfeld
Tanneck
Kläranlage
Winterscheider
Mühle
Im Aleroth
Fußhollen
1 = Leyenweg
Schmitz-
dörfgen
1 = Im Winkel
Bechlinger
Heide
Litterscheid
Schutz-
hütte
265
Römerstraße
Baumhof
Stockum
200
Pumpwerk
172
232
5634
5632
5630
386
388
531
530

Hove
Jünkersfeld
Etzenbach
Scheid
Ruppichteroth
53809
Eisenberg
Schönenberg
Kalkstein
Harth
Herrenbröl
Ahe
NSG
Hänscheid
Fußberg
Kammerich
Rose
Im Stillen Frieden
Heide
Buch
Kesselscheid
Thal
Schulzhütte
1 = Blumenweg
2 = Kastanienweg
3 = Fichtenweg
4 = Ober der Schmitte
5 = Bussardweg
6 = Meisenweg
7 = Johann-Happ-Platz
8 = Sperlingweg
9 = Zeisigweg
10 = Drosselweg
11 = Dorfplatz
2 = Severinusstraße
3 = Burgplatz
4 = Schustergasse
5 = Schönblick
9 = Bitzenweg
10 = Im Auelsfeld
11 = Lärchenweg
Neuenhof
Paulinenthal
Niederlückerath
Kämerscheider Berg
262
Kuchem
Berg
Wingenbacher Hof
Kämerscheid
Oberlückerath
Bornscheid
Wingenbach
Kapelle
Brunnenwiese
284 1 = Cäcilienweg
2 = Aspen
Lüttershausen (zu Windeck)
Schellenbruch
Schneppe
Römerstraße
Hohe Kuppel
Hönscheid
274
Ikomsfeld
Plackenhohn
Nannenhohn
Rankenhohn (zu Eitorf)
Kreisfeld
Hensberg
Fockenhohn
Oberottersbach
Mittelottersbach
Steimelskopf
Rathausstraße
Bröltalstraße
Wingenbacher Straße
Schmelztalstraße
Brölstraße
Gewerbegebiet Süd
Kreisfelder Str.
Hofstraße
Zum Forsthaus
173
233
478
530
533
5634
5632
5630
390
392

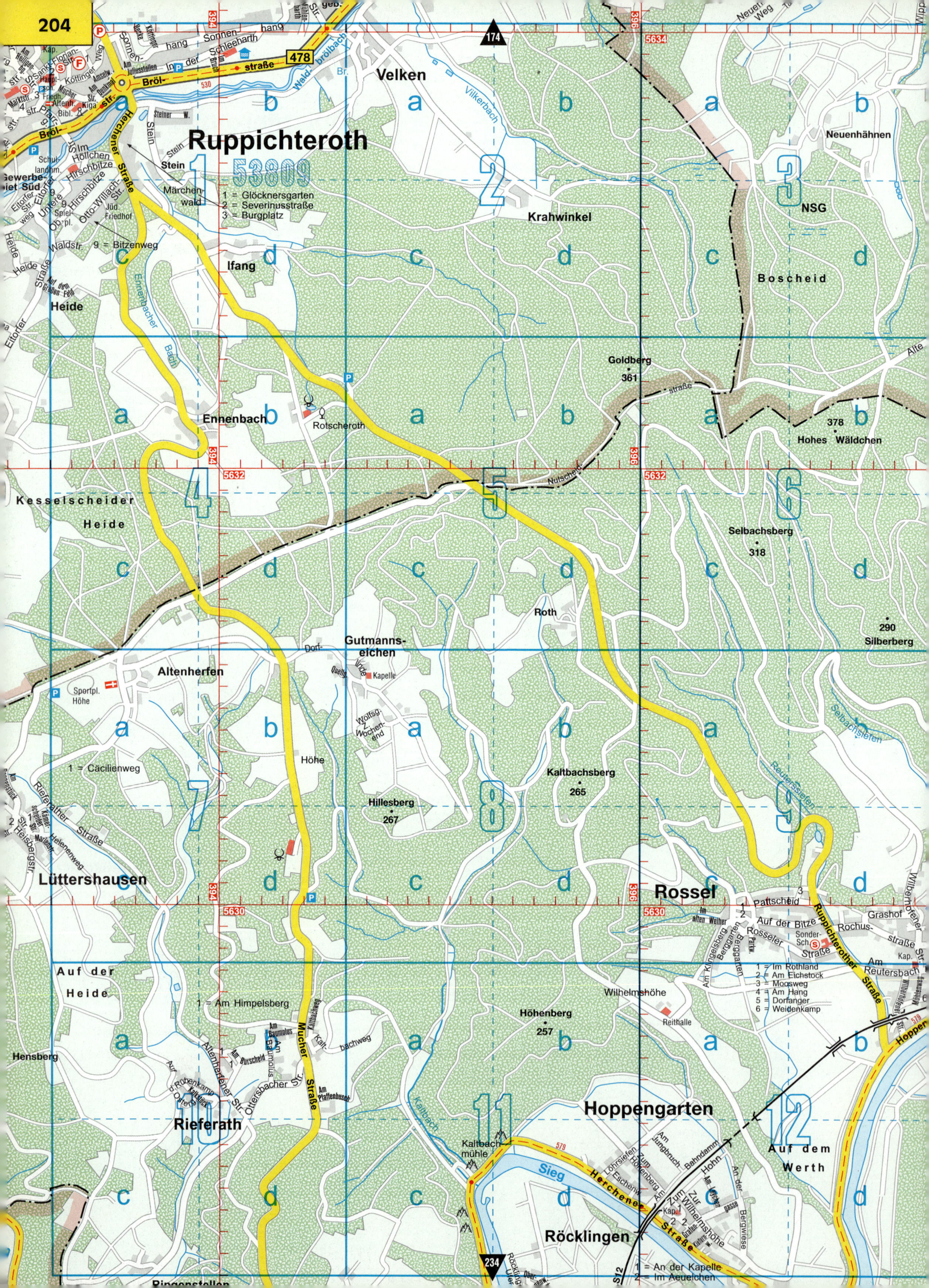
Ruppichteroth
53809
1 = Glöcknersgarten
2 = Severinusstraße
3 = Burgplatz
9 = Bitzenweg
Velken
Krahwinkel
Neuenhähnen
NSG
Boscheid
Ifang
Heide
Goldberg
361
Ennenbach
Rotscheroth
378
Hohes Wäldchen
Kesselscheider Heide
Selbachsberg
318
Roth
Gutmanns-eichen
Kapelle
290
Silberberg
Altenherfen
Sportpl.
Höhe
1 = Cäcilienweg
Höhe
Kaltbachsberg
265
Hillesberg
267
Lüttershausen
Rossel
Auf der Heide
1 = Am Himpelsberg
Wilhelmshöhe
Reithalle
Höhenberg
257
1 = Im Rothland
2 = Am Eichstock
3 = Moosweg
4 = Am Hang
5 = Dorfanger
6 = Weidenkamp
Hensberg
Rieferath
Hoppengarten
Auf dem Werth
Kaltbachmühle
Sieg
Röcklingen
1 = An der Kapelle
2 = Im Aeuelchen
Herchener Straße
Mucher Straße
Ruppichterother Straße
Bröl-straße
478
174
234
5634
5632
5630
394
396
Ringenstellen

Bladersbach
(zu Waldböl)
Wippenkausen
Galgenberg
356
Olmenbachsberg
Spurken-
bach
Seifen
Nutscheid
NSG
Hahnenbach
Ommeroth
Schönen-
bach
Mühlenbach
Auf dem
304
Höchsten
Dreiortsberg
287
Schlichberg
298
Großer
Sieferberg
Hohenbenst
Höhnrath
Jucht
Bodenberg
296
Hohnsberg
274
Windeck
Engbachskopf
284
Bergscheidsberg
271
Elisental
51570
Altwindeck
Schladern
Wilberhofen
Dattenfeld (Sieg)
In der Helte
1 = Im Scheunenweiher
Natur-
schutz-
gebiet
NSG
1 = Am Tennisplatz
2 = Nachtigallengasse
Schladern (Sieg)
Übersetzig
1 = Am Tannenwald
2 = An der alten Mühle
Feriendorf
"Übersetziger Berg"
Auenberg
228
Auelsberg
227
2 = Holunderweg
Schöneck
Dattenfeld
Dreisel
Mauel
Linden-
pütz
Sieg
Präsidentenbrücke
Gewerbe-
gebiet
Heimat-
museum
Ruine
Burg
Windeck
Siegstrecke
RE9,S12
256
175
235

Krahwinkel
Hochwald
Diepenthal
Wies
Helten
(zu Waldbröl)
Wehn
Seifen
Erblinger
Steimel
347
Am Stein
1 = Am Stein
Altenheim
Eichenhof
Schönenbach
Scheid
Brettberg
Vierbuchermühle
260
Vierbuchen
Bettenhagen
Reinshagen
Hau
Helzen
Straßerhof
Mittel
Rommen
Perseifen
Überholz
Oettershagen
Oberbergische Straße
Sportplatz
Eisenberg-straße
Am Weiher
Kohlberg
Gierzhagener Berg
270
Gierzhagen
Friedhof
Kapelle
Grauwacke
Bauhof
1 = Kreuzhahn
Bergscheid
Natur-
schutz-
gebiet
1 = Höhenweg
Langenberg
Distelshausen
Kläranlage
Maueler Mühle
Präsidentenbrücke
Poche
Sieg
Windeck
Naturschutz-
gebiet
Rockendellsberg
266
Im Rötz
Rötzhardt
Baiershahnshöchste
355
Bachmühle
1 = Maueler Weg
2 = Am alten Friedhof
3 = Am Denkmal
4 = Zum alten Stuhl
5 = Hangstraße
6 = Pfarrer-Stiesch-Pl.
Wardenbach
Rosbach
Loch
Hurster Straße
Waldkrankenhaus der Stadt Köln
Altenhof
51570
176
236
256

Eugenienthal
Katzenbach
Siedenberg
Appenhagen
(zu Morsbach)
Oberholpe
Allerhahn
Holpe
Breitgen
Buchhard
Strick
Gewerbegebiet
Ritterseifen
Bruchen
Im kalten Brunnen
Volperhausen
Steckelbach
Steimelhagen
Ölmühle
Burg Volperhausen
Kläranlage
Euelbach
(zu Birken-Honigsessen)
Mühle
Schmackelshardt
Zinshardt
Ley
Kaltau
Lechenbach
Widderbach
Niederstenhof
Seifen
Seifermühle
Hagdorn
Ponyhof
Dellingen
Galgenberg
Stöcken
Neuhöfchen
(zu Wissen)
Bellingen
Wisserhof
Forst
(zu VBG Hamm(Sieg))
1 = Auf dem Kamp
2 = Dorfstraße
Hof Holpe
Holpe
Ellingshagen
Halscheid
Wendlingen
Morsbacher Straße
Hauptstraße
1 = Rolshagener Weg
2 = In der Lambach
3 = Kirchweg
4 = Pfarrer-Pflugfelder-Weg
1 = Im Buchenfeld
1 = Auf dem Kohlknippen

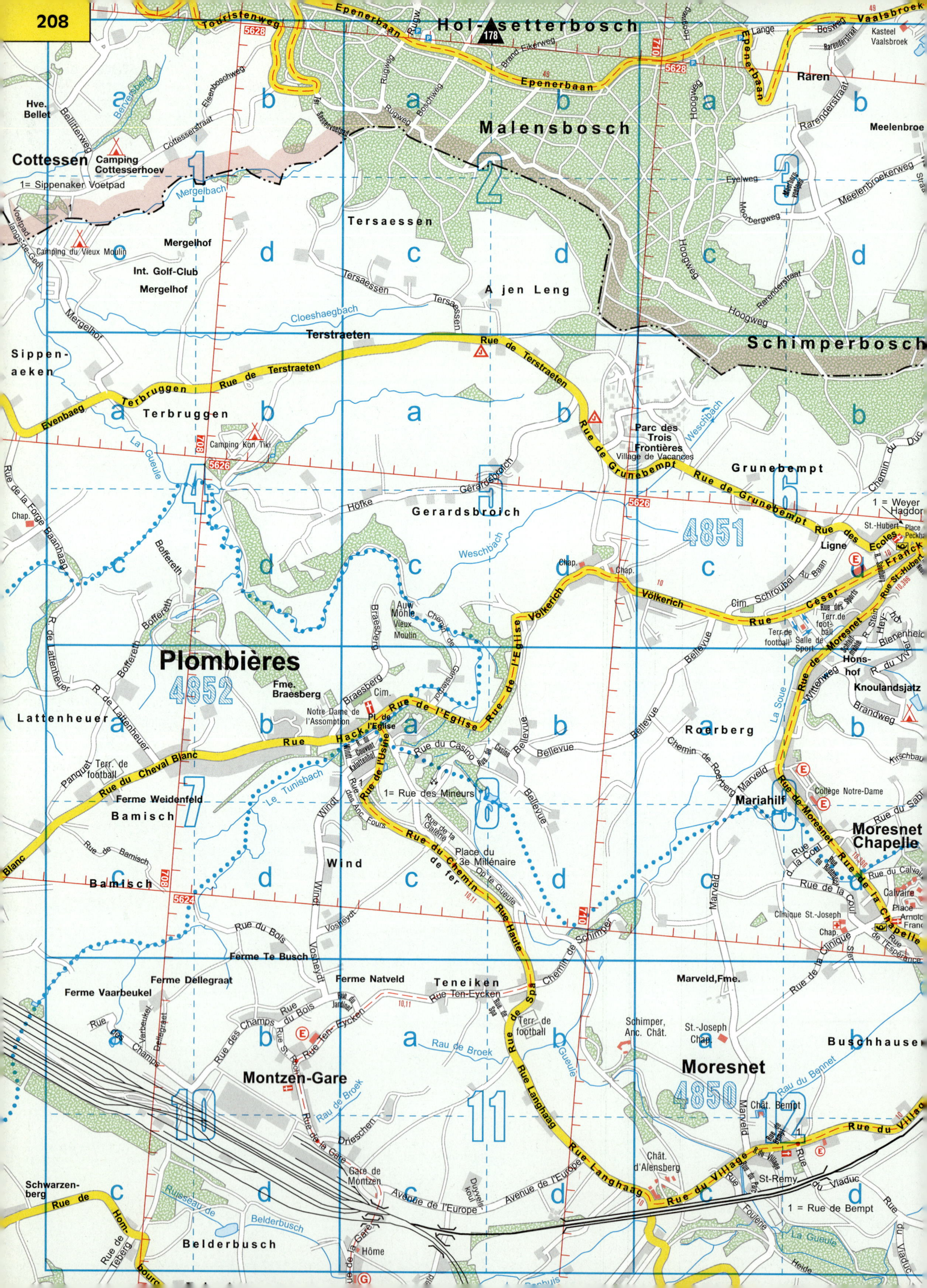
Hol-Asetterbosch
178
Epenerbaan
Touristenweg
5628
Rugw.
Brand Eikerweg
Hoogweg
Lange
Bosweg
Vaalsbroek
Kasteel
Vaalsbroek
Rarendersstraat
Raren
Meelenbroe
Malensbosch
Rugweg
Boschweg
Ter Sieverbeekweg
Eisenboschweg
Cottesserstraat
Belliltterweg
Hve.
Bellet
Berversberg
Cottessen
Camping
Cottesserhoev
1= Sippenaker Voetpad
Mergelbach
Voetpad langs de Geul
Camping du Vieux Moulin
Mergelhof
Int. Golf-Club
Mergelhof
Tersaessen
A jen Leng
Eyelweg
Moorbergweg
Meelenbroekerweg
Schimperbosch
Cloeshaegbach
Terstraeten
Rue de Terstraeten
Sippen-
aeken
Evenbaeg
Terbruggen
Camping Kon Tiki
La Gueule
5626
Parc des
Trois
Frontières
Village de Vacances
Weschbach
Grunebempt
Rue de Grunebempt
Rue des Ecoles
Gerardsbroich
Höfke
Rue de la Forge
Baanhaag
Chap.
Boffereth
4851
Ligne
St.-Hubert
1 = Weyer
Hagdor
Place
Rue Franck
Rue St.-Hubert
Völkerich
Cim.
Schroubal
Au Baan
Rue César
Terr. de football
Salle de Sport
Auw Möhle
Vieux Moulin
Chemin de Gensterbrof
Rue de l'Eglise
Braesberg
Plombières
4852
Fme.
Braesberg
R. de Lattenheuer
Lattenheuer
Notre Dame de l'Assomption
Pl. de l'Eglise
Rue de Moresnet
Hons-hof
Knoulandsjatz
Brandweg
Bienenheid
Bellevue
Roerberg
Chemin de Roerberg
La Soue
Rue du Cheval Blanc
Terr. de football
Panquet
Hack
Rue du Casino
Rue de l'Usine
1= Rue des Mineurs
Ferme Weidenfeld
Bamisch
Le Tunisbach
Windt
Rue des Anc. Fours
Rue de la Galène
Place du 3e Millénaire
Rue du Chemin de fer
Op te Gueule
Mariahilf
Collège Notre-Dame
Moresnet
Chapelle
Rue de la Chapelle
Calvaire
Rue de Bamisch
Bamisch
5624
Wind
Marveld
Rue de la Cour
Clinique St.-Joseph
Chap.
Rue de la Clinique
Rue de l'Espérance
Rue du Bois
Ferme Te Busch
Vosheydt
Rue Haute
Chemin de Schimper
Ferme Dellegraat
Ferme Vaarbeukel
Ferme Natveld
Teneiken
Rue Ten-Eycken
Rue de Spa
Marveld,Fme.
Rue des Champs
Rue du Bois
Terr. de football
Schimper,
Anc. Chât.
St.-Joseph
Chap.
Buschhause
Rau de Broek
Montzen-Gare
Rue Langhaag
Moresnet
4850
Rau du Bennet
Chât. Bempt
Rue du Village
Drieschen
Rue de la Gare
Gare de Montzen
Avenue de l'Europe
Chât. d'Alensberg
St-Remy
Viaduc
1 = Rue de Bempt
Schwarzen-
berg
Rue de Hom
Ruisseau de Belderbusch
Belderbusch
Hôme
Foulerie
La Gueule
Heide
Rue du Viaduc

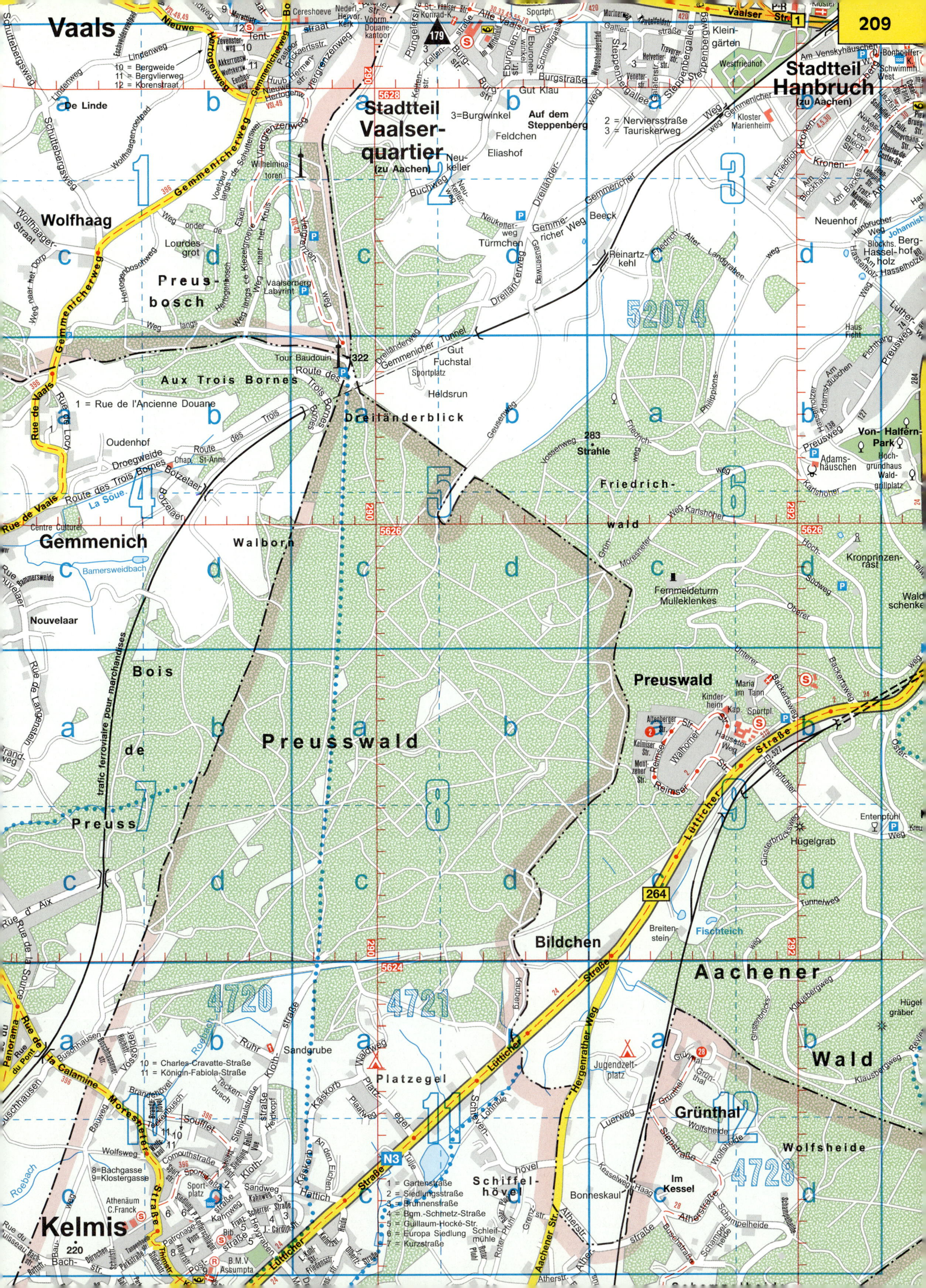
Vaals
Stadtteil Vaalser-quartier (zu Aachen)
Stadtteil Hanbruch (zu Aachen)
10 = Bergweide
11 = Bergvlierweg
12 = Korenstraat
De Linde
Wolfhaag
Preus-bosch
Lourdes-grot
Wilhelmina-toren
Vaalserberg Labyrint
3=Burgwinkel
Auf dem Steppenberg
Feldchen
Eliashof
2 = Nerviersstraße
3 = Tauriskerweg
Klein-gärten
Westfriedhof
Kloster Marienheim
Neuenhof
Türmchen
Beeck
Reinartz-kehl
52074
Tour Baudouin
322
Gemmenicher Tunnel
Gut Fuchstal
Sportplatz
Heldsrun
Aux Trois Bornes
1 = Rue de l'Ancienne Douane
Dreiländerblick
Oudenhof
Droegweide
Chap. St-Anne
Route des Trois Bornes
La Soue
Strahle
283
Friedrich-wald
Adams-häuschen
Von-Halfern-Park
Hoch-grundhaus
Wald-grillplatz
Gemmenich
Centre Culturel
Bamersweidbach
Walborn
Nouvelaar
Fernmeldeturm Mulleklenkes
Kronprinzen-rast
Wald-schenke
Bois de Preuss
trafic ferroviaire pour marchandises
Preusswald
Preuswald
Maria im Tann
Kinder-heim
Kap.
Sportpl.
Lütticher Straße
264
Entenpfuhl
Hügelgrab
Bildchen
Breiten-stein
Fischteich
Aachener Wald
4720
4721
4728
Sandgrube
Platzegel
10 = Charles-Cravatte-Straße
11 = Königin-Fabiola-Straße
8=Bachgasse
9=Klostergasse
Athenäum C.Franck
Kelmis
220
B.M.V. Assumpta
1 = Gartenstraße
2 = Siedlungsstraße
3 = Brunnenstraße
4 = Bgm.-Schmetz-Straße
5 = Guillaum-Hocké-Str.
6 = Europa Siedlung
7 = Kurzstraße
Schiffel-hövel
Bonneskaul
Im Kessel
Grünthal
Wolfsheide
Jugendzelt-platz
N3
Hügel-gräber

Stadtteil Hanbruch
(zu Aachen)
Stadtteil Burtscheid
(zu Aachen)
Stadtteil Beverau
(zu Aachen)
Buschhausen
5=Klosterweiher
6=Berdolestraße
Stadtteil Steinebrück
(zu Aachen)
Ronheide
Siegel
Ferberpark
Hangeweiher
Friedrich-
Kaiser-
Park
52074
52067
52066
52076
Cityplan S.32
AC-Schanz
AC- Hbf.
Von-Halfern-Park
Scherpenberg
269
Grundhaus
Kronprinzenrast
Waldschenke
Weyern
Tönnesrath
Stauanlage Diepenbenden
Stauanlage Kupferbach
Waldhausen
Hohenwaldhausen
Waldfriedhof
Ehrenfriedhof
Bismarckturm
Buschtunnel
(in Bau)
Kreuzertal
Klausberg
355
Dusbergkopf
Alt Linzenshäuschen
Grindel
Neu-Lizenshäuschen
Heidchen
Pommerotter
Herrfs Erb
Hirtzpley
Königsberg
308
Gut Grenzhof
Köpfchen
Zyklopensteine
Schellartshof
Eichstätterhof
Forsthaus Grüne Eiche
Bingeberg
(chez Raeren)
Flög
Hügelgräber
Aachener Wald
Stadtwald
1 = Zweiweiherweg
Lütticher Straße
Luxemburger Ring
Siegelallee
Adenauerallee
Monschauer Straße
Eupener Straße
Brüsseler
Ring
264
57
N68
5624
5626
4730
4731
1
2
3
4
5
6
7
8
9
10
11
12
a
b
c
d

Stadtteil Forst (zu Aachen)
Stadtteil Krummerück (zu Aachen)
Stadtteil Freund (zu Aachen)
Stadtteil Brand (zu Aachen)
Stadtteil Niederforstbach (zu Aachen)
Stadtteil Kornelimünster (zu Aachen)
Stadtteil Oberforstbach (zu Aachen)
Stadtteil Schleckheim (zu Aachen)
Aachen
Augustinerwald
52080
52078
Gewerbegebiet
AS Aachen-Brand
Anschlussstelle Aachen-Lichtenbusch
Trierer Straße
Debyestraße
Freunder Landstraße
Münsterstraße
Niederforstbacher Straße
Aachener Straße
Schleckheimer Straße
Monschauer Straße
Adenauerallee
Lintert
Hitfeld
Hitfelder Hof
Grauenhof
Kronhof
Haarhof
Gut Schöntal
Gut Heidbeuden
Drieschen Hof
Schießstand
Pforte
Kläranlage
Eich
Bierstrauch
Entenplatz
Ritscheider Hof
Hebscheider Hof
Im Krebsloch
Gut Lufterhof
Bilstermühle
Gut Gracht
Am Bolasch
2 = Am Bilderstock
1 = Am Finkenschlag
2 = Drosselpfad
3 = Amselweg
4 = Eichelhäherweg
5 = Fuchspfad
6 = Wolfsacker
7 = Hamsterweg
8 = Kitzenpfad
9 = Im Krähenfeld
1 = Steinkaulweid
2 = Cyrianusweg
1 = Am Wackerpütz
2 = Marderweg
3 = Iltisweg
4 = Wieringspfad
E40
44
258

Stadtteil Münsterbusch
(zu Stolberg)
Stadtt. Liester
Stolberg-Altstadt
Stbg.-Rathaus
Standort-übungsplatz
Brander
Standort-übungsplatz
Wald
Naherholungs-gebiet Gedautal
Stadtteil Freund
(zu Aachen)
Stadtteil Büsbach
(zu Stolberg)
Bauschenberg
NSG
Kalkstein
Tiefental
Brockenberg
Münster-ländchen
Dorff
Krauthausen
Steinebrück
Wingertsberg
Kläranlage
Stadtteil Kornelimünster
(zu Aachen)
Naturschutz-gebiet
Stadtteil Breinigerheide
(zu Stolberg)
Stadtteil Breinig
(zu Stolberg)
Schomet
Brauneberg
284
Jakobsberg
257
Iternberg
NSG
52080
52078
52076
England
Gut Gracht
Komerich
Gut Tannenbusch
Fuchskaul
Gut Schwarzenburg
Hassenberg
ehem. Kalksteinbruch
18 = Habichtweg
30 = O.-Palme-Friedenspl.
31 = Grüntalstraße
32 = Ludw.-Ph.-Lude-Platz
33 = Kortumstraße
34 = Stielsgasse
34 = Schöne Aussicht
12 = Pfauenweg
13 = Falkenweg
14 = Gimpelweg
15 = Kiebitzweg
16 = Spechtweg
17 = Starweg
6 = Am Anger
3 = Abteigarten
4 = Korneliusmarkt
5 = Antoniusberg
1 = In der Fahrt
2 = Kranichweg
3 = Ahornweg
4 = Borngasse
5 = Rektor-Kranzhoff-Platz

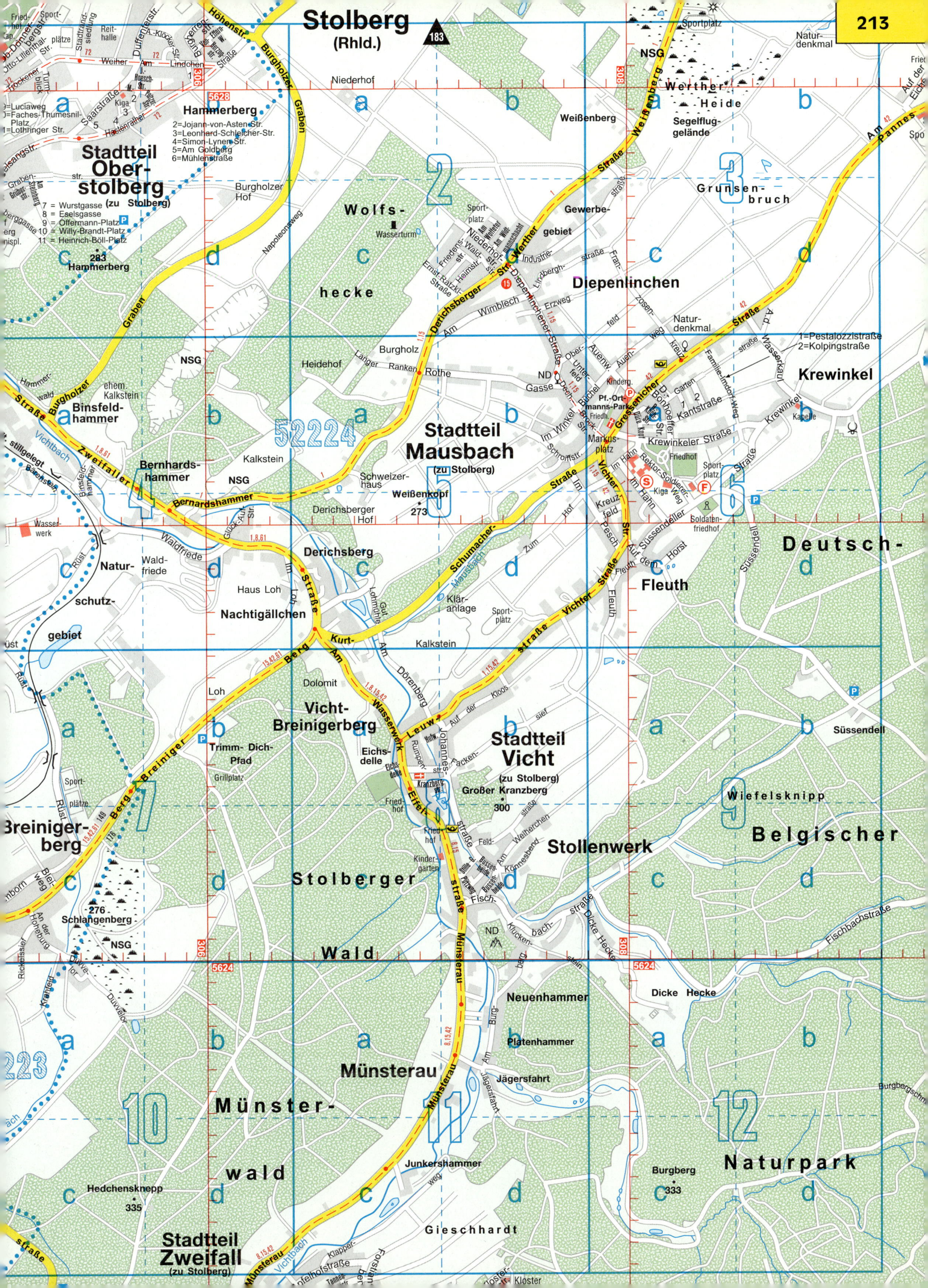
Stolberg (Rhld.)
Hammerberg
Stadtteil Oberstolberg (zu Stolberg)
Wolfshecke
Diepenlinchen
Gewerbegebiet
Werther Heide
Segelfluggelände
Grunsenbruch
Weißenberg
Krewinkel
Stadtteil Mausbach (zu Stolberg)
Binsfeldhammer
Bernhardshammer
Derichsberg
Nachtigällchen
Fleuth
Deutsch-
Stadtteil Vicht (zu Stolberg)
Vicht-Breinigerberg
Breinigerberg
Stollenwerk
Belgischer
Stolberger Wald
Süssendell
Wiefelsknipp
Schlangenberg
Neuenhammer
Platenhammer
Jägersfahrt
Münsterau
Münsterwald
Junkershammer
Naturpark
Burgberg
Hedchensknepp
Stadtteil Zweifall (zu Stolberg)
Gieschhardt
Dicke Hecke
Naturschutzgebiet
1=Pestalozzistraße
2=Kolpingstraße
2=Jojann-von-Asten-Str.
3=Leonhard-Schleicher-Str.
4=Simon-Lynen-Str.
5=Am Goldberg
6=Mühlenstraße
7 = Wurstgasse
8 = Eselsgasse
9 = Offermann-Platz
10 = Willy-Brandt-Platz
11 = Heinrich-Böll-Platz
52224

Stadtteil Gressenich
(zu Stolberg)
Schevenhütte
52224
Haus Gracht
Bleimühle
Kläranlage
Laufenburger
Wald
Buschhausen
Ellerberg
Joaswerk
Triffelsberg
287
Gressenicher
Kre-winkel
Helenasruh
Minigolfplatz
Schiefersteinbruch
Bend
Kapelle
Kulturdenkmal (Ringwall)
Wasserwerk
Wald
Deutsch-Belgischer
Kläranlage
Wehebach-
talsperre
Hügelgräber
Weißer Stein
Süssendell
Rothsiefen
Gottfriedskreuz
Naturpark
Rabenheck
Hardthover Weg
Nideggener Str.
Wehebach
Omerbach
Lamersiefen
Burgbergschneise
Hülsensiefen

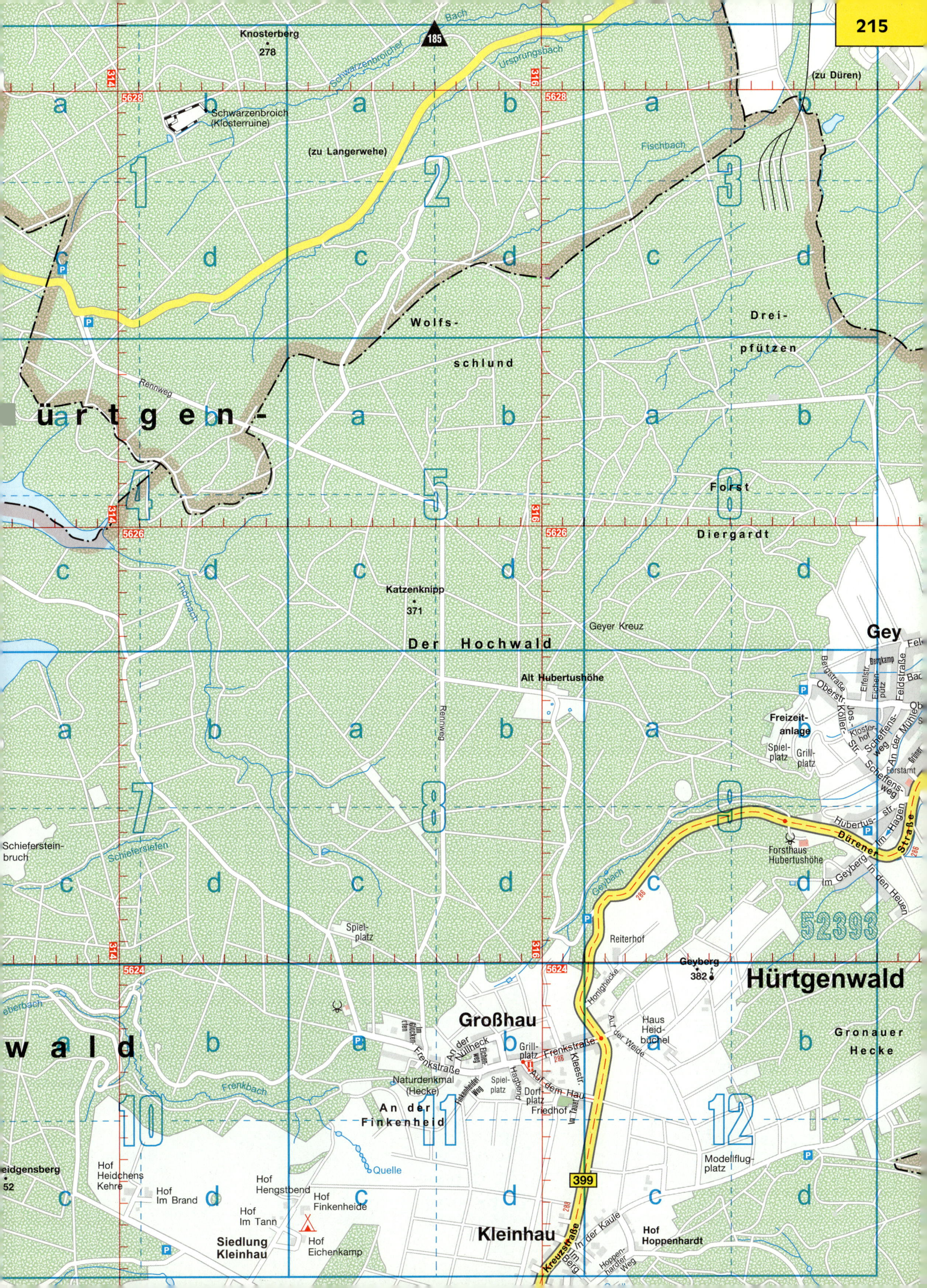
Knosterberg
278
185
Schwarzenbroicher Bach
Ursprungsbach
(zu Düren)
Schwarzenbroich
(Klosterruine)
(zu Langerwehe)
Fischbach
Wolfs-
schlund
Drei-
pfützen
Rennweg
ürtgen-
Forst
Diergardt
Thönbach
Katzenknipp
371
Der Hochwald
Geyer Kreuz
Gey
Alt Hubertushöhe
Rennweg
Freizeit-
anlage
Spiel-
platz
Grill-
platz
Forstamt
Schieferstein-
bruch
Schiefersiefen
Forsthaus
Hubertushöhe
Dürener Straße
Im Geyberg
In den Heuen
Geibach
Spiel-
platz
Reiterhof
52393
Geyberg
382
Hürtgenwald
Großhau
Haus
Heid-
büchel
Gronauer
Hecke
wald
Frenkbach
Frenkstraße
Grill-
platz
Naturdenkmal
(Hecke)
Spiel-
platz
Dorf-
platz
Auf dem Hau
Friedhof
An der
Finkenheid
Quelle
Modellflug-
platz
399
Hof
Heidchens
Kehre
Hof
Im Brand
Hof
Hengstbend
Hof
Finkenheide
Hof
Im Tann
Hof
Eichenkamp
Siedlung
Kleinhau
Kleinhau
Kreuzstraße
Hof
Hoppenhardt
5628
5626
5624
314
316

Dornheck
186
Bundeswehr Depot
Gürzenicher Bruch
Klär-anlage
Waldbach
52355
Stadtteil Birgel
(zu Düren)
Weyerhof
Lindenhof
Bendenhof
Niederhof
Kirche St. Martinus
Friedhof
1 = Pastor-Hessler-Straße
Hauweide
Birgeler Knipp
Beybach
Monschauer Landstraße
399
In den Blanken
4 = In der Kaul
5 = Blochfeld
6 = Buschbenden
Renkerstraße
Regenrückhaltebecken
Kleingärten
1 = Jakob-Boltersdorf-Straße
2 = Am Alten Kirchweg
3 = Pfarrer-Füssenich-Straße
Stadtteil Lendersdorf
(zu Düren)
Schandeloch
Stadtteil Berzbuir
(zu Düren)
Berzbuir Knipp
215
1 = Berzberger Fahrt
2 = Zum Bauschhof
Friedhof
Umspannwerk
Kindergarten
ND
Geybach
Bey-thal
Villkauel
Klär-anlage
Tennisplatz
Gey
Dürener Straße
Schöllershof
Stadtteil Kufferath
(zu Düren)
1 = Kufferather Platz
Haus Bonsbu
Binnesburg KD
Gewerbegebiet
Industriestraße
Horm
Friedhofstraße
Broichstraße
Gut Hocherbach
Wollebach
Mülldeponie Horm
Tommekamp
Friesenhof
Forstamt
Hof Gronau
1 = Kapellenstraße
Maubacher Straße
Straß
Langenbroich
1 = Kastanienweg
Bergheim
Klär-anlage
Krebsbe
209
Rosenh
52393
Hürtgenwald
Gronauer Hecke
Schafberg
Langenbroicher Straße
Schützenheim
Im Grubeng
Blauer See
Auf der Heide
Wasserbehälter
Hemgenberg
253
2=Im Weierfeld
1=Schleckswelde
2=Am Hauweg
376
Scharberg
Bogheim
Kapelle
Ortsteil Untermaubach
(zu Kreuzau)
Bürgerhaus
Sportplatz
Bilstein
1 = Hoechstraße
Kulturdenkma (Keltischer Wa
Rurstraße
Naturdenkmal
Rauvsauel
1 2 3 4 5 6 7 8 9 10 11 12

Haus Boisdorf
Gut Boisdorf
Kläranlage
Gewerbegebiet
Lendersdorf
1=Maria-Johnen-Straße
2=Am Alten Eisenhammer
Stadtteil Krauthausen (zu Düren)
Binsfelder Bruch
Hinzenbusch
52351
Gewerbegebiet
Tennisplatz
Stockheimer Landstraße
Gut Stepprath
Stepprath
Renkerstraße
DN Renkerstr.
Lendersdorfer Brücke
St. Augustinus Krankenhaus
Sportplatz
Schloss Burgau
Grillplatz
Tierheim
Friedhof
Kloster und Altenheim
Mutterhaus d. Cellitinnen
4=Heinrich-Hansen-Straße
5=Eifelplatz
Am Sandberg
Am Hinzenbusch
Burgholz
Niederau-Tuchmühle
Schwannenbrücke
NSG
Stadtteil Niederau (zu Düren)
Wasserwerk
Gut Pimnich
Kindergarten
Regenrückhaltebecken
Gewerbegebiet
Am Schäfersgraben
1 = Erlenweg
2 = Ulmenweg
3 = Fichtenweg
Kläranlage
Auf der Wick
Schneidhausen
Friedenau
Dürener Straße
Kreisbrandschutzzentrale
Ortsteil Stockheim (zu Kreuzau)
Am Boten
52372
Kreuzau
Dürener Stadtwald
ND Marieneiche
4 = Am Vikariegarten
Sand
Hauptstraße
Windener Weg
Kreuzau Eifelstraße
TROPIC Freizeitbad
Sporthalle
Drover Bach
Lüntheck
1 = Von-Ketteler-Straße
2 = Auf der neuen Ahr
3 = An Burg Kreuzau
4 = Kirchweg
5 = Schützenstraße
6 = Im Hanfgarten
7 = Tillmann-Gottschalk-Straße
8 = Zum Wiesenbach
9 = Zur alten Pumpe
10 = Am Rebstock
11 = Bildergarten
12 = Rosa-Schubert-Straße
Ortsteil Winden (zu Kreuzau)
Vollsteiner Mühle
Standortübungsplatz
Fuchskaul
Hackfurth
Oberschneidhausen
Drover Berg
Wasserbehälter
Dorfstraße
Üdingen
Prontz
Ortsteil Drove (zu Kreuzau)
Droverstraße
Wewordenstraße
Burg
Naturdenkm.

188
238
Z ü l p i c h e r B
(zu Nörvenich)
Ruppen-
busch
Gut
Bubenheim
Burg
Bubenheim
KD
Wallanlage
Bahnhof
Bubenheim
Kant-
weg
Hühnerbach
Ellebach
An der Hardt
Scheidtweilerhof
Maarfelder
Hof
Finkenhof
Simons-
hardt
Hof
Eich
Ortsteil
Kelz
(zu Vettweiß)
Gut
Paffenlich
Kapelle
Friedhof
Peschfeld
Am
Schäfersgraben
Klär-
anlage
Bubenheimer Str.
Jakobusstr.
Dürener Str.
Ober-Weg
Jakobholz
Friedhof
Schul-
pl.
Sport-
pl.
Veitzheimer Str.
Hahnenfeld
Sollerweg
Kapellen-
weg
Kapelle
Jakobusstraße
Vettweißer Straße
Ortsteil
Jakobwüllesheim
(zu Vettweiß)
Auf der Heide
An der
Vogelmaar
Fried-
hof
Ortsteil
Stockheim
(zu Kreuzau)
Am Boten
Thing straße
Zum Schmitzbusch
Stückchen
ND
(Biotop)
Lüntheck
ND
KD
Römischer
Brunnen
Weg
Kelzer
Veitzheim
Kettenheimer Graben
Dürener
2 = Immeneck
3 = Am Bachhof
4 = Maiglöckchenweg
5 = Rosenweg
6 = Roseneck
Budepützhof
1 = An der Grotte
Friedhof
Klär-
anlage
Marienstr.
Mönch-
hof
Bachstr.
Am Ziegel-
feld
Am Wolfsgraben
Gangolfusstraße
Drover Str.
Lehrer-Rösler-Str.
Demmerweg
Hampesch-
Im Juhl
Ortsteil
Soller
(zu Vettweiß)
Sport-
platz
Kiefernhof
Hackfurth
Vettweißer
Busch
ND
56
298
231
5628
5626
5624
326
328
330
1 2 3 4 5 6 7 8 9 10 11 12
a b c d

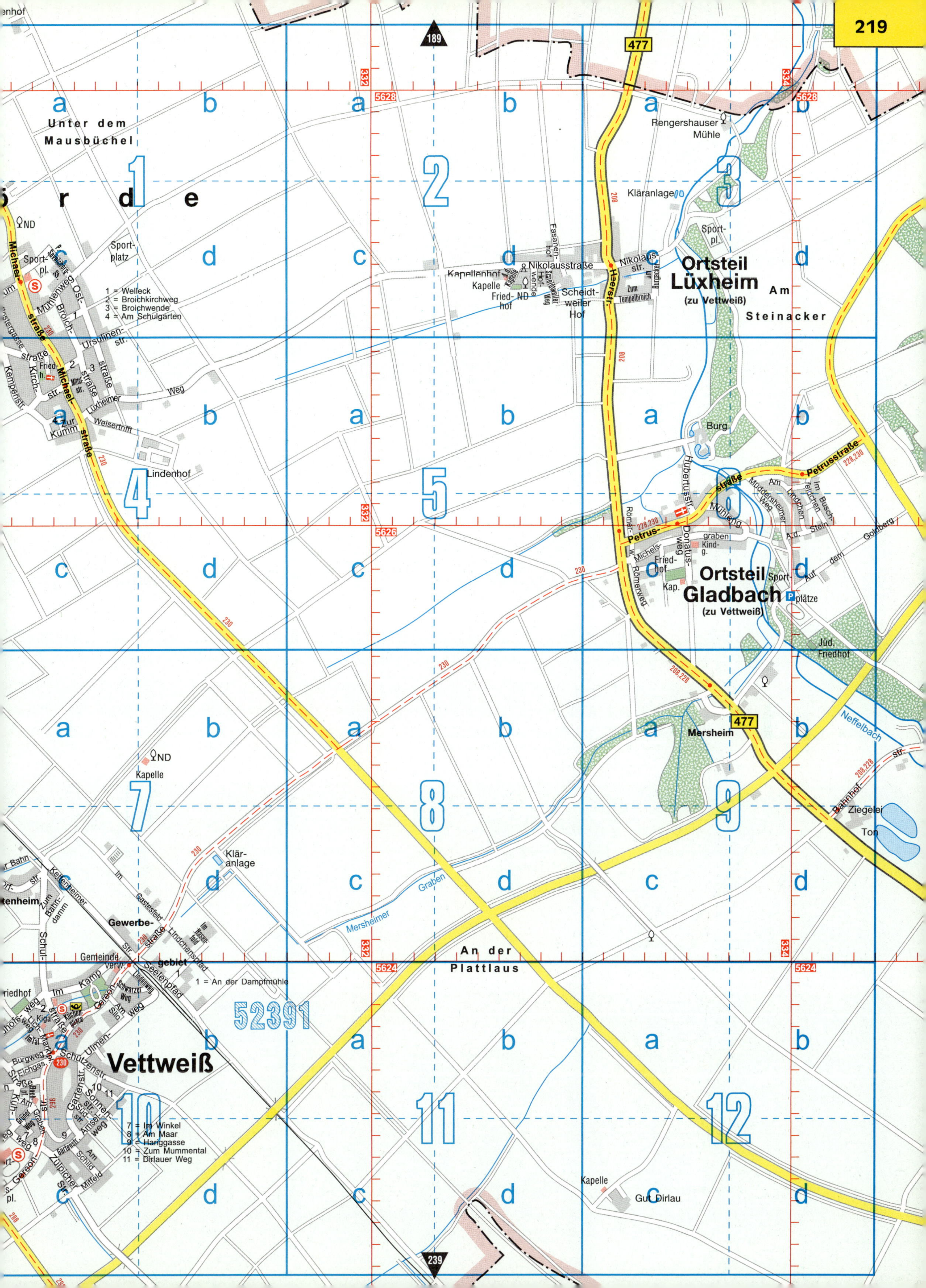
189
477
Unter dem Mausbüchel
Rengershauser Mühle
Kläranlage
Sport-pl.
Ortsteil Lüxheim (zu Vettweiß)
Am Steinacker
Nikolausstraße
Kapellenhof
Kapelle
Fried-hof
ND
Scheidt-weiler Hof
Heerstr.
Fasanen-hof
Zum Tempelbroich
Sport-platz
1 = Welleck
2 = Broichkirchweg
3 = Broichwende
4 = Am Schulgarten
Michael-straße
Mühlenweg
Ursulinen-str.
Lüxheimer Weg
Welsertrifft
Lindenhof
Burg
Hubertusstr.
Petrusstraße
Am Muddersheimer Weg
Im Buschfeldchen
Ortsteil Gladbach (zu Vettweiß)
Sport-plätze
Fried-hof
Kap.
Kind-g.
Römerweg
Donatus-weg
Jüd. Friedhof
Mersheim
Neffelbach
Bahnhofstr.
Ziegelei
Ton
Kapelle
Klär-anlage
Mersheimer Graben
An der Plattlaus
Gewerbe-gebiet
Gastesfeld
Lindchenspfad
Seetenpfad
1 = An der Dampfmühle
52391
Vettweiß
Schützenstr.
Gartenstr.
Zülpicher Str.
7 = Im Winkel
8 = Am Maar
9 = Hariggasse
10 = Zum Mummental
11 = Dirlauer Weg
Kapelle
Gut Dirlau
239

Poll
Friedhof
Weiherstr.
Dorfstr.
Neustr.
Gladbacher Str.
Petrusstr.
Erper Str.
Karlstr.
An den Dorfwiesen
An der Gärtnerei
Elmaar
190
(zu Nörvenich)
Buschfeld
133
Am Gier
Bärenkaul
An der Grasmaar
An der Kieselmaar
Modellflugplatz
Am Hasenpfad
Hochstraße
Erpa
Ortsteil
Müddersheim
(zu Vettweiß)
Sportpl.
Friedhof
Neffelbach
Bahnhof
Ziegelei
Ton
Amandusstr.
Heidegasse
Frankenstr.
Am Schmittenkreuz
Am Wald
Grünstr.
Pfr.-Lemmen-Str.
Hinter den Gärten
Kölner Str.
Am Heidegraben
Am Regensbusch
Disternicher Weg
Burgstraße
Burg
1 = Normannenstraße
Kapelle
Amandusstraße
Der Große Busch
Kulturdenkmal (Wüstung)
Wintermaar
Galgenmaar
Stadtteil
Weiler i.d.Ebene
(zu Zülpich)
Sportpl.
1=An der Kirche
A.d. Tränke
Friedhof
Disternicher Str.
Gladbacher Str.
Stevernicher Str.
Ulrichstr.
Maarweg
Trierer Straße
Borrer Straße
Bouliger Str.
Turnh.
Bolz- u. Sp.-pl.
Römerstraße
265
477
Gestüt Holtscheider
Bürgerhaus
Sportplatz
Sportpl.
Hallenburg
Burghof
Friedh.
Kölnstraße
Im Neffeltal
Heimesser Berg
Am Berg
Hallenacker
Barbarastr.
Kreuzstraße
Neustr.
Weilerweg
Am Kapuch
In der Schlade
Kiga
Tälstraße
Weilerweg
Giersberg
Neffelbach
Marienhof
Ortsteil
Disternich
(zu Vettweiß)
Marienholz
Kamp-
240
Goldberg
dem
228.230
208.228
807.974.979
979
336
338
5628
5626
5624
1
2
3
4
5
6
7
8
9
10
11
12
a
b
c
d

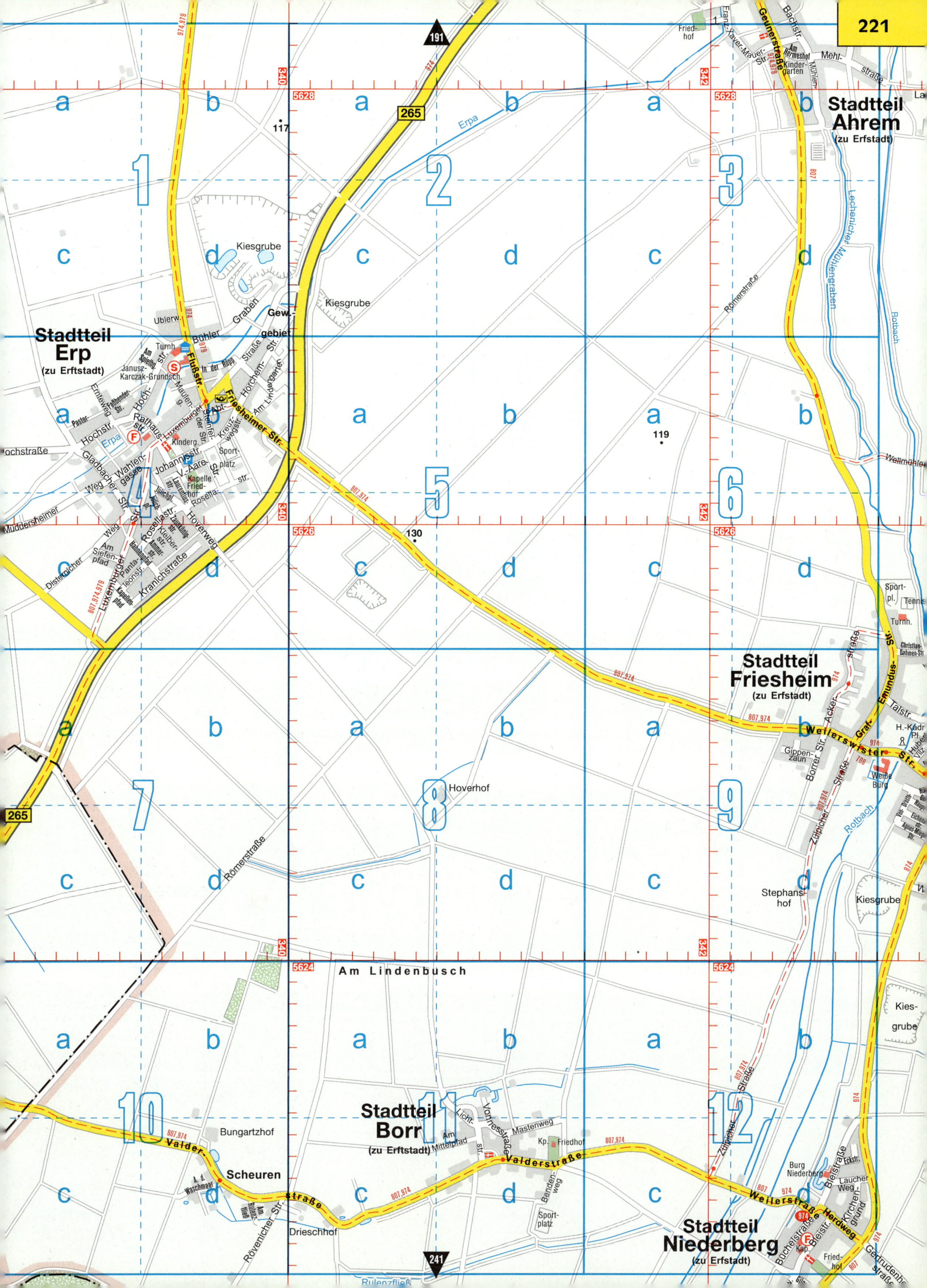
Stadtteil Erp
(zu Erftstadt)
Stadtteil Ahrem
(zu Erfstadt)
Stadtteil Friesheim
(zu Erfstadt)
Stadtteil Borr
(zu Erftstadt)
Stadtteil Niederberg
(zu Erfstadt)
Kiesgrube
Gew.-gebiet
Erpa
Friesheimer Str.
Geilnerstraße
Lechenicher Mühlengraben
Rotbach
Römerstraße
Weilerswister Str.
Graf-Emundus-Str.
Hoverhof
Hoverweg
Kranichstraße
Luxemburger Str.
Am Lindenbusch
Bungartzhof
Scheuren
Valderstraße
Drieschhof
Rövenicher Str.
Zülpicher Str.
Zülpicher Straße
Stephanshof
Weiße Burg
Burg Niederberg
Herdweg
Weilerstraße
Mastenweg
Bendenweg
Sportplatz
Friedhof
Rulenzfließ
Gertrudenstraße
Kiesgrube
Muddersheimer Weg
Gladbacher Str.
Wahlengasse
Hochstraße
Rathausstr.
Johannisstr.
Wellmühle
Talstr.
119
117
130
191
241
265
5628
5626
5624
340
342

Zülpicher
Börde
Friesheimer
Naturschutz-
Busch
gebiet
Stadtteil
Friesheim
(zu Erftstadt)
Stadtteil
Bliesheim
(zu Erftstadt)
Stadtteil
Niederberg
(zu Erftstadt)
Ortsteil
Vernich
(zu Weilerswist)
Kleinvernich
Siedlung
Neuheim
Kreuz
Bliesheim
Rastplatz
Oberste Heide
Dachskaul
Laacherhof
Sportplatz
Kläranlage
Umweltzentrum
Sand
Gewerbegebiet
Kiesgrube
Gut Neuheim
Lindenhof
Tönneshof
Chlorenhof
Bliesheimer Mühle
Weiße Burg
Redinghovener Burg
Friedhof
Wellmühlenweg
Lechenicher Mühlengraben
Rotbach
Erft
Kleinbach
Weilerswister Straße
Graf-Emundus-Str.
Matthias-Curt-Straße
Lindenstraße
Ulmenstr.
Birkenstr.
Wilhelmstr.
Fr.-Stryck-Str.
Rotbachstr.
Boxerweg
Talstraße
Bolzeng.
Heinestr.
Strunkpfad
Wildweg
Am Weilerweg
Friesheimer Busch
Jagdweg
Erlauer Weg
Lechenicher Weg
Karolingerstr.
Karolingerstraße
Merowingerstr.
Merowingerstraße
Kallenhofstraße
Lambertusstr.
Frankenstr.
Kreuzstraße
Vorgebirgsstr.
Kruggenberg
Am Kirchstr.
Rochusstr.
Auf dem Acker
Turnhalle
Tennisplatz
Kiga
Kapelle
1 = Jakob-Giesen-Platz
Müddesheimer Str.
Zülpicher Str.
Blumenstr.
Mühlenstr.
Tönnespfad
Heimbacher Str.
Borrer Straße
Lorchheimer Straße
Gertrudenstr.
10 = Mainstraße
11 = Neckarstraße
12 = Swiststraße
13 = Siegstraße
14 = Lahnstraße
15 = Lippestraße
16 = Whitnash-Platz
5628
5626
5624
344
346
192
242
112
127
134
136
1
61
109
553
24
E31
E29
974
1
2
3
4
5
6
7
8
9
10
11
12
a
b
c
d

Schutzhütte
Hochmaar
Naturpark
Staatsforst
Die
Kottenforst-Ville
Ville
Im Langen Berg
Pöhlweg
Haus Londorf
Minigolf
Sportplatz
Kies
Sand/Kies
Swister Türmchen
Am Swister berg
Dobschleider Hof
Theisenkreuzweg
Piefsacksweg
Auf der Anhöhe
155
Burg Kühlseggen
Anschlussstelle Weilerswist
Karolinger Str.
Swistbach
Erft
Reithalle
Quarzwerk
Dobschleider Straße
Kölner Straße
Am Ellernpesch
Weilerswist
53919
(zu Bornheim)
Modellflugplatz
Swister Busch
Kläranlage
5 = Auf dem Hostert
6 = Starenweg
1 = Akazienweg
2 = Fichtenweg
3 = Erlenweg
4 = Birkenweg
Bliesheimer Straße
Bachstraße
Autobahnmeisterei
Maarweg
Kies
Swisterhof
Gewerbegebiet
7 = Sofienweg
8 = Luisenweg
9 = Gertrudenweg
Gewerbegebiet
Robert-Bosch-Str.
Bonner Straße
Mühlenbach
Weilerswist
Kläranlage
Swistbach
Hovenerhof
E31
61
25
553
193
243
986
Sportzentrum
Gewerbegebiet
ADAC Verkehrsübungsgelände
(geplant)
17 = Willi-Ostermann-Str.
18 = Gottfried-Keller-Str.
19 = Hölderlinstr.
20 = Grillparzerstr.
21 = Wilhelm-Busch-Str.
22 = Schillerstr.
Peter-Vey-Str.
Trierer Straße
Kölner Straße
Ortsteil Metternich
(zu Weilerswist)
Wilhelmshof
Sand
Swistbach
Meckenheimer Straße
Wasserburgstr.
Burg
2=Velbrückweg
Großvernich
Mehlemer Straße
Am Bernhardsmärchen
Müggenhausener Str.
Friedhof
Kap.
Jägerhof
Burgruine Großvernich
Kläranl.
Swister Hof
5628
5626
5624
348
350
1
2
3
4
5
6
7
8
9
10
11
12
a
b
c
d

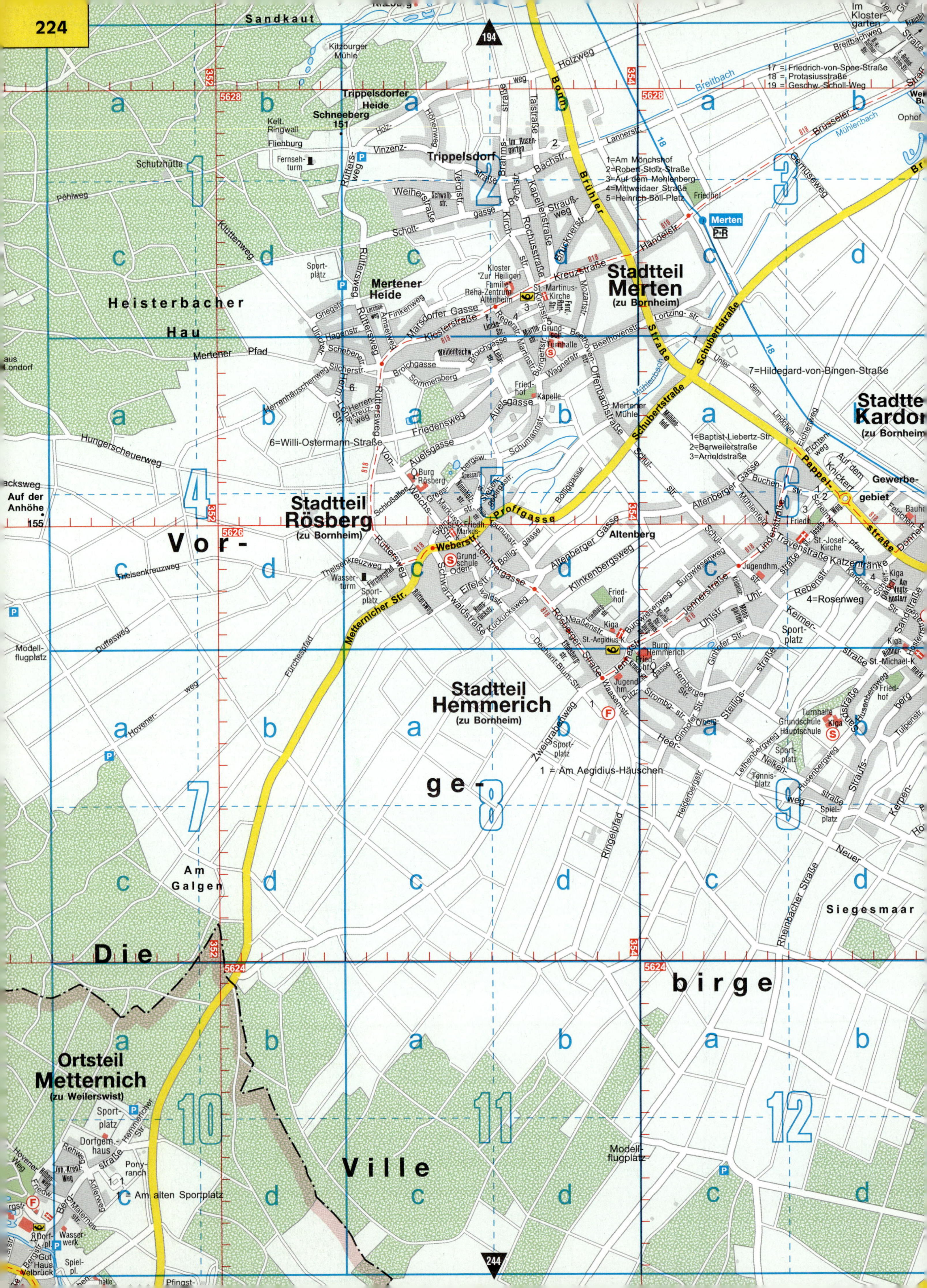
Sandkaut
Kitzburger Mühle
Trippelsdorfer Heide
Schneeberg 151
Kelt. Ringwall
Fliehburg
Fernsehturm
Schutzhütte
Pöhlweg
Trippelsdorf
Heisterbacher Hau
Mertener Heide
Mertener Pfad
Stadtteil Merten (zu Bornheim)
Merten
P+R
Brühler Straße
Schubertstraße
Kreuzstraße
Kloster "Zur Heiligen Familie"
Reha-Zentrum Altenheim
St. Martinus-Kirche
Turnhalle
Friedhof
Kapelle
Mertener Mühle
Mühlenbach
Breitbach
Brüsseler Str.
Gemüseweg
1=Am Mönchshof
2=Robert-Stolz-Straße
3=Auf dem Mohlenberg
4=Mittweidaer Straße
5=Heinrich-Böll-Platz
17 = Friedrich-von-Spee-Straße
18 = Protasiusstraße
19 = Geschw.-Scholl-Weg
Im Klostergarten
Breitbachweg
Ophof
6=Willi-Ostermann-Straße
7=Hildegard-von-Bingen-Straße
1=Baptist-Liebertz-Str.
2=Barweilerstraße
3=Arnoldstraße
4=Rosenweg
Stadtteil Kardorf (zu Bornheim)
Gewerbegebiet
Pappelstraße
Hungerscheuerweg
Auf der Anhöhe 155
Stadtteil Rösberg (zu Bornheim)
Burg Rösberg
Proffgasse
Weberstr.
Metternicher Str.
Rüttersweg
Theisenkreuzweg
Wasserturm
Sportplatz
Grundschule
Altenberg
Altenberger Gasse
Klinkenbergsweg
St.-Aegidius-K.
Burg Hemmerich
Stadtteil Hemmerich (zu Bornheim)
Jugendhm.
1 = Am Aegidius-Häuschen
Modellflugplatz
Duffesweg
Hovenerweg
Füchsepfad
Am Galgen
Ringelpfad
Rheinbacher Straße
Siegesmaar
Vor-ge-birge
Die Ville
Ortsteil Metternich (zu Weilerswist)
Dorfgemeinschaftshaus
Ponyranch
1 = Am alten Sportplatz
Wasserwerk
Gut Haus Velbrück
St.-Michael-K.
Grundschule Hauptschule
Tennisplatz
Spielplatz
Turnhalle
Kiga
Friedhof
5628
5626
5624
352
354
194
244
1
2
3
4
5
6
7
8
9
10
11
12

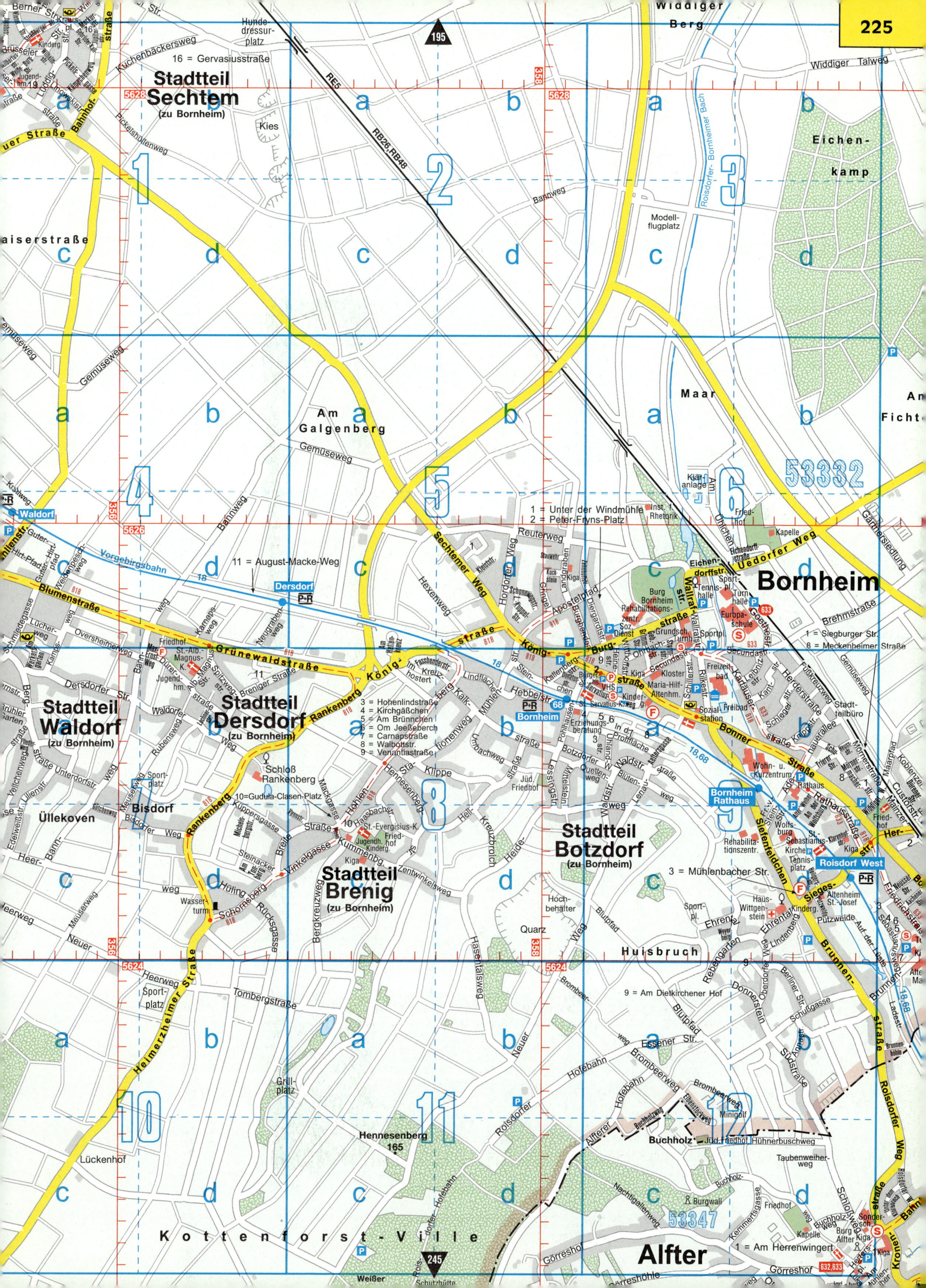
Stadtteil Sechtem
(zu Bornheim)
16 = Gervasiusstraße
Hundedressurplatz
Kuchenbäckersweg
Kies
Pickelsmühlenweg
Bannweg
Modellflugplatz
Roisdorfer- Bornheimer Bach
Widdiger Berg
Widdiger Talweg
Eichenkamp
Kaiserstraße
Gemüseweg
Am Galgenberg
Maar
Am Ficht
53332
Kläranlage
Inst. f. Rhetorik
Friedhof
Kapelle
Uedorfer Weg
Waldorf
Vorgebirgsbahn
11 = August-Macke-Weg
Dersdorf
1 = Unter der Windmühle
2 = Peter-Fryns-Platz
Reuterweg
Sechtemer Weg
Hexenweg
Hordorfer Weg
Apostelpfad
Burg Bornheim
Rehabilitationszentr.
Bornheim
Brehmstraße
1 = Siegburger Str.
8 = Meckenheimer Straße
Blumenstraße
Grünewaldstraße
Königstraße
Burgstraße
Stadtteil Waldorf
(zu Bornheim)
Stadtteil Dersdorf
(zu Bornheim)
Rankenberg
3 = Hohenlindstraße
4 = Kirchgäßchen
5 = Am Brünnchen
6 = Om Jeeßeberch
7 = Carnapstraße
8 = Walbotstr.
9 = Venantiastraße
Bornheim
Kloster
Maria-Hilf-Altenhm.
Sozialstation
Freibad
Bonner Straße
Stadtteilbüro
Schloß Rankenberg
10=Gudula-Clasen-Platz
Bisdorf
Üllekoven
Sportplatz
Hennesenberg
Klippe
Stadtteil Botzdorf
(zu Bornheim)
Bornheim Rathaus
Wohn- u. Kurzentrum
Rathaus
Roisdorf West
3 = Mühlenbacher Str.
Stadtteil Brenig
(zu Bornheim)
Kreuzbroich
Wasserturm
Hochbehälter
Quarz
Huisbruch
Altenheim St. Josef
Pützweide
Heerweg
Tombergstraße
Helmerzheimer Straße
9 = Am Dietkirchener Hof
Essener Str.
Brombeerweg
Minigolf
Buchholz
Jüd.Friedhof
Hühnerbuschweg
Taubenweiherweg
Grillplatz
Hennesenberg
165
Lückenhof
Burgwall
53347
Friedhof
Kapelle
Kottenforst-Ville
Alfter
1 = Am Herrenwingert
Görreshof
Roisdorfer Weg
Brunnenstraße
195
245
5628
5626
5624
356
358

Stadtteil Uedorf
(zu Bornheim)
1 = Hohes Ufer
Rastplatz Im Eichkamp
ADAC-Testplatz
Uedorfer Mühle (Ruine)
Rheidter Werth
Rhein
Herseler Werth
Bornheimer Straße
Wasserwerk
Am Fichtenbusch
Sand
Stadtteil Hersel
(zu Bornheim)
Richard-Piel-Str.
Elbestraße
1 = Am Marienhof
Bootshaus
Bayerhof
1=Illerstraße
2=Lechstraße
3=Innstraße
4=Egerstraße
Kläranlage Hersel
2 = Auf der Höhe
3 = Nachtigallenweg
4 = Alemannenstraße
5 = Am Kurscheidshof
6 = Römerstraße
7 = Herseler Weg
8 = Keltenstraße
9 = Gottfried-Kinkel-Str.
10 = Gimbernstraße
11 = Hohenzollernstraße
12 = Riedstraße
13 = Am Deich
14 = Biggeweg
Gärtnersiedlung
Roisdorfer Straße
Gewerbegebiet
Anschlussstelle Bornheim (Rheinland)
Mülldeponie
1 = Siegburger Straße
2 = Frankfurter Straße
3 = Mühlenbacher Straße
4 = Lucie-Simon-Weg
5 = Josef-Görtz-Straße
6 = Johann-Heister-Weg
7 = Hilger-Thiesen-Straße
8 = Meckenheimer Straße
Stadtteil Roisdorf
(zu Bornheim)
Gewerbegeb. Bornheim-Süd (in Bau)
Alexander-Bell-Straße
9 = Naumburger Str.
53117
Ortsteil Buschdorf
(zu Bonn)
6=Adolf-Heuser-Weg
7=Ernst-Meurer-Weg
8=Heinrich-Nauen-Straße
Buschdorf
Roisdorf West
Roisdorf
Central-Markt
Rosental
Grünzug
Bonn-Nord
1=Amselweg
2=Spargelweg
3=Am Kalkofen
Altenheim Maria Hilf
5 = Zoppoter Str.
Gewerbepark
Schlesienstraße
Hans-Herter-Str.
Oppelner Straße
Tannenb. Mitte
RE5, RB26, RB48
1 = Löwenberger Weg
2 = Gleiwitzer Weg
3 = Reichenbacher Straße
4 = Münsterberger Weg
Ortsteil Dransdorf
(zu Bonn)
53121
Gewerbegeb. Bonn West
Grootestraße
Ortsteil Tannenbusch
(zu Bonn)
Tannenbusch Süd
NSG Düne
Alfter
Wasserland
53347
Brühler Straße
Maxim.-Kolbe-Brücke
Justus-von-Liebig-Straße
Wasserfeld
Mörikestraße
Bendenweg
Betriebshof

Stadtteil Mondorf
(zu Niederkassel)
1=Auf den Scholfen
2=Adenauerplatz
Mondorfer See
Kapelle
Stadtteil Müllekoven
(zu Troisdorf)
Tiefental
Stadtteil Eschmar
(zu Troisdorf)
In der Gesellschaft
Eschmarer Mühle
Wasserwerk
5=Bottemelechsplatz
6=Mirabellengarten
7=Panzelsgarten
197
Rheidter Straße
Provinzialstraße
Bergheimer Straße
Mondorfer Straße
Raiffeisenstraße
Eschmarer Str.
Bergheimer Str.
Heerstraße
Auelsgasse
Hundesportpl.
Tennisplätze
Sportplatz
Gewerbegebiet
Balkanroute
Am Kraus acker
Max-Hirsch-Str.
Auf dem Junker
Glockenstr.
Nachtigallenweg
Junkershof
Fischereimuseum
Bootshaus
Mondorfer Hafen
Alte Sieg
Auf dem Eiländchen
Diescholl
Naherholungsbereich "Untere Sied"
Stadtteil Bergheim
(zu Troisdorf)
Oberste Fahr
Kläranlage
Mühlengraben
2=Elly-Heuss-Knapp-Platz
3=Christine-Siegberg-Straße
4=Elsa-Brandström-Straße
53844
NSG
Sieg
Siegdeich
Am Marienhof
NSG Siegaue
Die Gyssel
Am Mühlenpfad
Weg auf's Meindorfer Fahr
Ortsteil Graurheindorf
(zu Bonn)
Kemper Werth
Naturschutzgebiet
Im Siegbett
Ahl Sieg
Altarm
Schlenken
565
AS Bonn-Beuel-Nord
1=Im Kremerich
2=Julius-Palm-Straße
53225
Ortsteil Geislar
(zu Bonn)
Lehberg
Nieder-kasseler Straße
Schwarzrheindorf
Vilicher Bach
Jüd. Friedhof
Rhein
Friedrich-Ebert-Br.
Lausacker
Gewerbegebiet
Handelswerft
Rheindorfer Hafen
5=Salierweg
Ortsteil Auerberg
(zu Bonn)
Josefstraße
Kölnstraße
AS Bonn-Auerberg
Bonn
Ortsteil Bonn-Castell
(zu Bonn)
53119
53111
Augustusring
Kaiser-Karl-Ring
Römerstraße
Graurheindorfer Str.
Kölnstraße
Ortsteil Schwarzrheindorf/ Vilich-Rheindorf
(zu Bonn)
5=Wolfsgasse
5=H.-Parisot-Str.
3=An der Wolfsburg
4=Tentenstraße
Adelheidisstr.
Ortsteil Vilich
(zu Bonn)
1=An der Kuppe
2=Gustav-Kessler-Str.
56
Ortsteil Bonn-Zentrum
(zu Bonn)
Cityplan S.34
Beuel Raths
Ob.Wilh.
Konrad-Adenauer-Platz
Kreuz Bonn-Nord
AS Verteilerkreis Bonn
AS Bonn-Tannenbusch
Ortsteil Nordstadt
(zu Bonn)
Potsdamer Platz
Gew.-geb.
Vert.-kreis
H.-Böll-Ring
Kaiser-Karl-Ring
247

Dreieck Sankt Augustin-West
Sieglarer See
Natur-schutz-gebiet
(zu Troisdorf)
Kläranlage
Stadtteil Meindorf
(zu St. Augustin)
Menden (Rheinl.)
Meindorfer Straße
Bahnhofstr.
1=Rubensstraße
2=Henri-Dunant-Straße
3=Martin-Luther-Straße
4=Schildhofstraße
5=Maria-Montessori-Straße
6=Helene-Lange-Straße
Stadtteil Menden
(zu St. Augustin)
1=Enggasse
Siegstraße
Martinstraße
Siegburger Straße
Gewerbegebiet
1=Straßburger Straße
2=Luxemburger Straße
3=Brüsseler Straße
4=Auf dem Butterberg
Fachhochschule Bonn-Rhein-Sieg
Stadtteil Mülldorf
(zu St. Augustin)
Friedhof
Stadtteil Ort
(zu St. Augustin)
St. Augustin Ort
Arnold-Janssen-Straße
Steyler Mission
Sportflugplatz Bonn-Hangelar Verkehrslandeplatz
1 = Franz-Jacobi-Str.
2 = Florianstr.
3 = An der Evangelischen Kirche
4 = Weilbergweg
Dreieck Bonn-Beuel
53225
Wohn-u. Technologiepark Bonn/Sankt Augustin (geplant)
Stadtteil Hangelar
(zu St. Augustin)
Hangelar Ost
Hangelar Mitte
Hangelar West
Hauptverband der gewerbl. Berufsgenossenschaften
Bonner Straße
Ortsteil Geislar
(zu Bonn)
6=Anne-Marie-Prévot-Straße
7=Hermann-Gmeiner-Straße
8=Richard-Schirrer-Straße
9=Maria-Tiefenbacher-Straße
Ortsteil Vilich-Müldorf
(zu Bonn)
Vilich-Müldorf
53229
1 = Hangelarer Weg
2 = Stiftsmühlenweg
Konrad-Adenauer-Straße
Sankt Augustiner Straße
Telekom Express
AS Beuel-Ost
Ortsteil Vilich
(zu Bonn)
Neu Vilich
Ortsteil Pützchen/Bechlinghoven
(zu Bonn)
AS Pützchen
Siegburger Straße
Reinhold-Hagen-Straße
Gewerbegebiet Holzlar
Kohlkaul
Müldorfer Str.
Hauptstraße
7=Jasminweg
8=Narzissenweg
9=Krokusweg
10=Falkenbergweg
1=Rhedenstraße
2=Am Karmelkloster
1 = Am Pappelhain
2 = Espeler Wiese
3 = Braunkehlchenweg
4 = Am Tiebes Eiche
5 = Am Weinstock
6 = Kleingärten
3=Käthe-Kollwitz-Str.
4=K.-Kollwitz-Str.
Ortsteil Beuel-Ost
(zu Bonn)
Ortsteil Holzlar
(zu Bonn)

Stadtteil Zange (zu Siegburg)
Siegburg
53721
Stadtteil Buisdorf (zu St. Augustin)
Gewerbegebiet "Am Turm"
1 = Stoffenhofstraße
2 = Maarstraße
3 = St.-Georgs-Weg
4 = Kreuzstraße
AS Siegburg
St. Augustin-Mülldorf
Cityplan S.39
Frankfurter Straße
Wilhelm-Ostwald-Straße
Wahnbachtalstraße
Bonner Straße
Meerstraße
Schulstraße
Hauptstraße
Mülldorfer Str.
Niederpleiser Str.
Pleiser Park
Kreuz Bonn/ Siegburg
AS Niederpleis
Entsorgungs-u. Verwertungspark
1 = Alte Schulstr.
3=Karl-Gatzweiler-Platz
1 = Ina-Seidel-Straße
2 = Nelly-Sachs-Straße
Hennefer Straße
Burg Niederpleis
Ton
Stadtteil Niederpleis (zu St. Augustin)
ICE-Neubaustrecke Köln-Rhein/Main
Pleistalstraße
Niederpleiser Mühle
Gewerbegebiet
Gemeindewald
Sankt Augustin
53757
Golfplatz
Birlinghover Wald
Gut Großenbusch
Fraunhofer-Gesellschaft
Schloß Birlinghoven
Stadtteil Birlinghoven (zu St. Augustin)
Konrad-Adenauer-Straße
1 = An der Kirche
2 = Am Knippchen
Haus Sonnenuhr
Tennisplatz
Stadtteil Dambroich (zu Hennef)
3 = Am Gänsepütz
(zu Königswinter)
Gielgen
Hähnchen
Siegstraße
Sieg
Pleisbach
Lauterbach
E35
3
560
56
484
199
249
8
32
4
5

(zu Siegburg)
200
Stadtteil Stoßdorf
(zu Hennef)
1=Scherengasse
2=Weißdornweg
Königsberger
Ringstr.
Gut
Löhe-
Reisert-
Gewerbe-
Quadenhof
Frankfurter
Straße
Gewerbepark Hennef (Sieg)
gebiet West
Josef-Dietzgen-Str.
Reuther-
Meysstraße
Tennishalle
Heidestr.
DRK
RE9
Stoßdorfer Straße
Kleingärten
Kolberger
Schlesische Str.
Siegburger
Bonner
Kolping-
Kapelle
Abtshof
Schul-
Geistinger
Tannenweg
Wanderparkplatz
Stadtteil Geistingen
(zu Hennef)
Trimm-Dich-Pfad
Haus Ölgarten
Weingartsberg
157
Sporthalle
Sportplätze
Siegaue
Helenenhof
Aue
1=Brückenweg
Versuchsgut Wiesengut
Weingartsgasse
Zeithstraße
Kläranlage
Frankfurter Straße
Anschlussstelle Hennef (Sieg)-West
560
Sportpl.
Kreisberufsschule
Gymnasium
Kinderg.
Kopernikus-Realsch.
Kegelsweg
Kleingärten
Cecilienstr.
Kronprinzen-
Bismarckstraße
Deich-
Ufer-
Wasserburg
Marktpl.
Rathaus
Bahnhof
Hennef (Sieg)
S12
Bonner Straße
Mittelstr.
Kurhausstr.
Kurpark
Wildgehege
Seniorenresidenz
Kindergarten
Kloster
Friedhof
Eschenberg-Wildpark
Klinik
Akademie
Hennef
(Sieg)
53773
Zum
Bildungs- und Begegnungsstätte "Haus Hochheide"
Sportplatz
6=Hans-Böhm-Straße
7=Lippengshof
8=Heinz-Bohlscheid-Weg
9=Stadtsoldatenplatz
Söven
Söverer Straße
Freibad
Sportplatz
Sportschule
Wolfsbach
Wippenhohn
Golfplatz
Siegenhardt
Stadtteil Allner
(zu Hennef)
Mühlenberg
175
1 = Rathausweg
2 = Im Schloßpark
In der Bergwiese
Siegburger Str.
Neurolog. Klinik
Friedhof
Schloßpark
Schloß
Allner-
see
1 = Meisenweg
2 = Am Hennefer Damm
3 = Rathausplatz
4 = Willy-Brandt-Platz
5 = Chronos-Platz
Wanderparkplatz
1= Dr.-Pagenstecher-Straße
Anschlussstelle Hennef (Sieg)-Ost
Bauhof
7
An der Bröhlbahn
Bröltal-
Straße
Blankenberger
Marienfried
Wingens-
Edgoven
Gut Warther Höhe
Steimelsberg
Wippenhohner
Im Katzenbusch
Kümpel
Kümpeler Hof
Ingenbach
Golfplatz
Reitanlage Haus Dürresbach
Am Telegraph
Steinenkreuz
Stadtteil Söven
(zu Hennef)
Finkelsberg
167
Gottessegen
Auf den Hähnen
Dambroicher
Straße
Rotter
Grundsch.
Friedhof
1 = Marienkirchstraße
Stadtteil Rott
(zu Hennef)
Eichkuhle
Ackerchen
Ölgartenstraße
Geistinger Mark
Kapelle
Alter Garten
Rosentaler Bach
Hommerich
Selbach
250

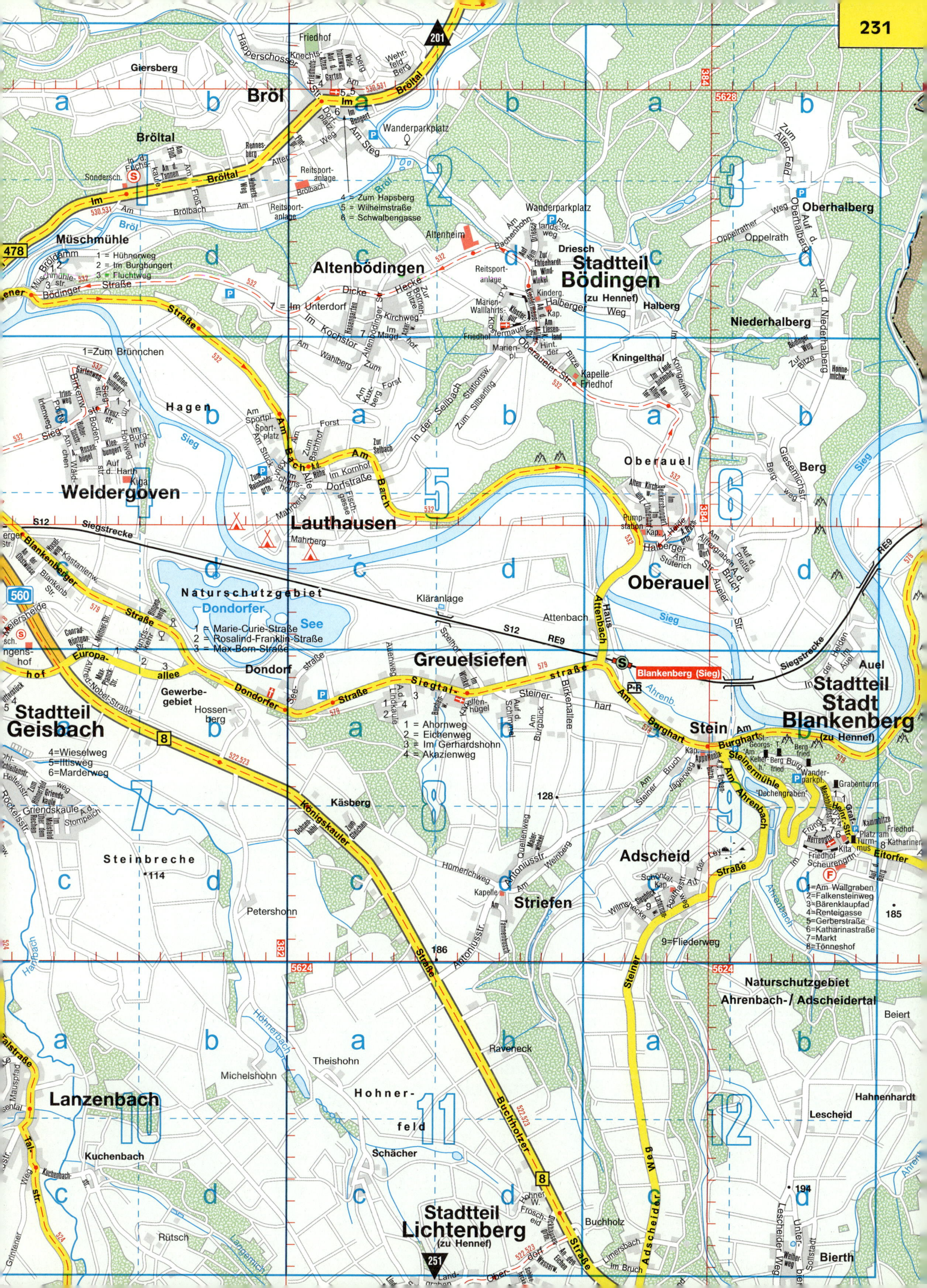
Giersberg
Bröl
Friedhof
Bröltal
Wanderparkplatz
Müschmühle
1 = Hühnerweg
2 = Im Burgbungert
3 = Fluchtweg
Altenbödingen
4 = Zum Hapsberg
5 = Wilhelmstraße
6 = Schwalbengasse
7 = Im Unterdorf
Altenheim
Driesch
Stadtteil Bödingen
(zu Hennef)
Halberg
Oberhalberg
Oppelrath
Niederhalberg
Kningelthal
1=Zum Brünnchen
Hagen
Weldergoven
Lauthausen
Oberauel
Berg
Oberauel
Naturschutzgebiet
Dondorfer See
1 = Marie-Curie-Straße
2 = Rosalind-Franklin-Straße
3 = Max-Born-Straße
Kläranlage
Attenbach
Greuelsiefen
Dondorf
Gewerbegebiet
Hossenberg
Stadtteil Geisbach
4=Wieselweg
5=Iltisweg
6=Marderweg
1 = Ahornweg
2 = Eichenweg
3 = Im Gerhardshohn
4 = Akazienweg
Blankenberg (Sieg)
Stein
Auel
Stadtteil Stadt Blankenberg
(zu Hennef)
Käsberg
128
Steinbreche
114
Petershohn
Adscheid
Striefen
186
9=Fliederweg
1=Am Wallgraben
2=Falkensteinweg
3=Bärenklaupfad
4=Renteigasse
5=Gerberstraße
6=Katharinastraße
7=Markt
8=Tönneshof
185
Naturschutzgebiet
Ahrenbach-/ Adscheidertal
Beiert
Theishohn
Michelshohn
Raveneck
Lanzenbach
Hohner-feld
Schächer
Kuchenbach
Rütsch
Stadtteil Lichtenberg
(zu Hennef)
Buchholz
Hahnenhardt
Lescheid
194
Bierth
Sieg
Bröl
Siegstrecke
Königskauler Straße
Buchholzer Straße
Europaallee
Siegtalstraße
Dondorfer Straße
Adscheider Weg
Steiner Weg
Eitorfer Straße
201
251
478
560
8
S12
RE9
5628
5624
1 2 3 4 5 6 7 8 9 10 11 12

Die
Gecksbitze
Kreuzbach
202
227
Honscheid
(zu Ruppichteroth)
Kapelle
Neuenhof
Balenbach
Kapelle
Weiden
Bruch
Hohn
206
Stachelberg
Schutzhütte
210
Drachenflieger
Büsch
Leye
Mosbach
Hohner Weg
Zum Paus
234
Hohner
Bouraueler Str.
Lützgenauel
Sieg
Im Sand
Kläranlage
Siegstrecke
Alte Sieg
Zum Bruch
Untenrother Str.
Blei
Markbach
208
S12
RE9
Siegener Straße
Bülgenauel
1 = Zum Alten Brunnen
Auel
Merten (Sieg)
Mosbach
Happacher Str.
175
Hennefer Straße
Merten
Friedhof
Kiga
Gestüt
1 = Weinbergstraße
2 = Zur Bacher Mühle
Bach
Am Sportpl.
Zum
Krabach
Uckerather Str.
Schäferstr.
Fichtenweg
Schützenau
Golfpl
177
Stadtteil Stadt Blankenberg
(zu Hennef)
Grabenturm
Katharinenturm
Friedhof
Attenberger
Eitorfer Straße
Attenberg
Neuenhofer
185
8=Tönneshof
Hof
Mergelstück
182
Niederscheid
Krummer Morgen
Straße
183
Kapelle
Mittelscheid
Wassack
Krabachtal- straße
Rottfeld
Naturschutzgebiet
Ahrenbach- / Adscheidertal
Beiert
Ahrenbach
Hahnenhardt
Stadtteil Süchterscheid
(zu Hennef)
Pumpwerk
Mertener Straße
Hohlenbacher Weg
Zum Katharinentor
In der Dränk
Kindergarten
Kreuz
Mühlental
Biohaus
252
1=Im Übergarten
2=Mittelweg
Hause
Krabach

Steimelskopf
250
203
Mittel-
ottersbach
Kapelle
5628
Herrenschleif
Bohlscheid
Wilbertzhohn
Nieder-
ottersbach
Hatzfeld
Baleroth
Schmelze
Köttingen
Steinbruch
Kehlen-
bach
Hombacher
Straße
Kelterser
Straße
Probacher
Str.
Halfter
Halft
Industrie-
gebiet
West
Bourauelder
Str.
Harmonie-
straße
Spinnerweg
Pletsch
Wasem
Eitorf
Bahnhofstraße
Hochstraße
Siegstraße
Gewerbegebiet
Im
Auel
Industrie-
gebiet
Windecker
Str.
Siegtalstr.
Siegstrecke
Sieg
Ost
Alte-
Gewerbegebiet
Altebach
Neubau-
gebiet
15 = Dr.-Martin-Thilo-Straße
16 = Heinrich-Lichius-Straße
17 = Dechant-Lapp-Straße
1 = Eintrachtstraße
2 = Zum Nussbaums
Kreuz
Wollsbach
Blumenhof
53783
Josefs-
höhe
Heckerhof
Hecker
Höhe
Golfplatz
Asbacher
Straße
4 = Beckersgasse
5 = Eipstraße
6 = Turmgasse
7 = Amselweg
8 = Kirchgasse
9 = Kurzgasse
10 = Hövergasse
11 = Zum Höhichen
12 = Müllerweg
13 = Im Höhlchen
Nenns-
berg
236
Höhensteine
Rosenthal
5 = Weingartssiefen
6 = Alter Brunnen
7 = Am Weilherstück
8 = Zur Gartenwiese
5624
Bitze
Käsberg
Scheids-
bach
Welterode
Stebigteroth
Lascheid
Irlenborn
3=Im Gässchen
Mierscheid
Schaden
Hurst
288
Obenroth
253

Ringenstellen
Neuenhof
Bonscheid
Röcklingen
Türmchenseiche
Herchen
Gerressen
Appelhof
Kehlenbach
Übersehn
Werfen
Igelshof
Richardshohn
Paulinenhof
Sommerhof
Herchen-Bahnhof
Unkelmühle
Alzenbach (zu Eitorf)
Stromberg
Haus Herchen
Bitze
Greescheider Siefen
Gree-scheid
Rodder
Dickersbach
Hecke
Schneppe
Hüngenhard 335
Ringwälle
Quaden
Sieg
Siegstrecke
Siegpromenade
Ennenbacher Straße
Höher Landstr.
Siegtal
Strombergerstraße
Eitorfer Straße
Siegtalstr.
Bitzer Straße
Alzenbacher Straße
Sieglarer Str.
Herchener Str.
3 = Im Obersten Garten
1 = Spülgasse
2 = Zur alten Schmiede
1 = Tannenstraße
2 = Am Bienenhof
3 = Uferweg
4 = Zur Kapelle
8=Zur Gartenwiese
1 = Rundweg
2 = Uhrengasse
3 = Dorfkapelle
4 = Oberdorf
5 = Eichhorn
6 = Gänsepfad
7 = Karolinenweg
204
254

Sonnenberg
Dreisel
Lommerbruch
Im Damm
Kettenroth
Sportplatz
Löh
Linden-
pütz
Rother Straße
Roth
Steinbach
Steinbachskopf
301
Natur
schutz-
gebiet
1 = Eckweg
2 = Kastanienweg
Dammsbachstraße
Delchen
Stockwiese
Im Schiebels
Helpenstell
Im Reisbruch
Leuscheider Straße
Heidebusch
10=Kußgasse
Dichterweg
Scheid
262
Pumpwerk
Ohmbach
Eichstumpf
1 = Kniescheibe
2 = Ludwigsgarten
3 = Schützenstraße
Ohmbachstr.
Westerwaldstraße
Zum Jagdhaus
Rosbacher Straße
Locksiefener Ring
Langer W.
Auf der Heide
Heideblick
Locksiefen
Saal
Bitzchen
Saalplatz
Nieder
Zur Sang
Windeck
51570
Leidhecke
Reidershofer Str.
Reidershof
Leuscheid
Sportpl.
Kiga
Grundsch.
Sonnenstr.
Kehlenberg
Kläranlage
Sangerhof
1 = Gluckstraße
Leidhecker Weg
Dahlhausen
Studchen
312
Mathildenstr.
Waldstr.
Kath. Pfarra.
Agnesstraße
Ev. Pfarra.
Friedhof
Ehrenhausener Straße
Niederleuscheid
Niederleuscheider Bach
Mühlental
1 = Sonnenberg
2 = Sparkassenweg
Himmeroth
Landstraße
Ehrenhausen
Kläranlage
Zum Hirzel
Alser Weg
Beethovenstr.
Brahmsweg
Lisztstr.
Eutscheider Straße
Röhrigshofer Weg
Röhrigshof
Ehrentalsmühle
Mühlenberg
Buchhardt
Weyerbuscher Straße
3 = Johann-Strauß-Straße
Alsen
Eutscheider Str.
Eutscheid
Kocherscheider Bach
Kocherscheid
Friedrichstr.
Mittelirsener Str.
Kuchhausener Str.
Auf dem Jagen
(zu Niederirsen)
Schmittnahn
Dahlhauser Weg
Humperdinckweg
Bergsiefen
Kuchhausener Kirchweg
Rottland
Basaltstr.
Junkersweg
Kuchhausen
Heckenweg
Irsenbach
Irser Mühle
Irser Straße
Kuchhauser Bach
Irsen
205
255

Rosbach
Lindenpütz
Rosbach (Sieg)
Hurst
Altenhof
Roth
Rüddel
Eulenbruch
Eich
Obernau
Windeck
Auer Wald
Hundhausen
Hausen
Gansau
Opsen
Imhausen
Wiedenhof
Au
Au (Sieg)
Schabernack
Geilhausen
Niederhausen
Bitzbruch
Pracht
(zu VBG Hamm(Sieg))
Hohegrete
Wickhausen
Hassel
Niederirsen
(zu VBG Hamm (Sieg))
Mühlental
Breitscheidt
(zu VBG Hamm(Sieg))
Flemmershof
Unterschützen
Heide
Ückertseifen
Kratzhahn
Weißenbrüchen
(zu Birkenbeul)
Breitscheidt (Kr. Altenkchn.)
ehemaliges Silberbergwerk
Steinbruch Grauwacke
Sieg
Bach
Kläranlage
1 = Flurweg
2 = Im Ort
3 = Heiligenkamp
4 = Gänseblumenweg
5 = Dahlienweg
6 = Margeritenweg
1=Kellerstraße
2=Zillegasse
3=Laubestraße
6=Pfarrer-Stiesch-Pl.
7=Alte Dorfstraße
8=Kirchplatz
9=Wieshof
10=Kußgasse
11=Spitzweggasse
12=Im Gasschen
1 = Kleine Ecke
2 = Kornblumenweg
3 = Walkweg
1 = Unter den Birken
2 = Grenzstraße
3 = Auf dem Langert
4 = Krämers Garten
5 = Am Dorfplatz
6 = In den Gärten
1=Eichenweg
1=Hardtsweg
51570
57589
57539
256
206

Halscheid
Sportplatz
St.-Andreas-Haus
St.-Andreas
Holschbach
Hufe
Streitholz
Bitzen
(zu VBG Hamm(Sieg))
57539
57537
Wissen
Alserberg
Hassenthal
Opperzau
Fürthen
(zu VBG Hamm (Sieg))
Oppertsau
Dünebusch
Industriepark
Etzbach
Siegstrecke
Sieg
Hauptschule
Gymnasium
Sporthalle
Freibad
Stadion
Bootshaus Kanuclub
Brunnen
Pirzenthal
Hufenhardt
Friedhof
Nistermühle
Nisterbrück
Gewerbegebiet
Etzbach
(zu VBG Hamm(Sieg))
Herrgottsau
Oetters-hagen
Heckenhof
Industriegebiet
Hamm
(Sieg)
57577
Roth
(zu VBG Hamm(Sieg))
Nisterau
Nistertal
Hahnhof
Weidacker
Hohensayner Kopf
Hämmer-holz
Mühlental
Thal-hausen
Thalhauser Mühle
Freibad
Seelbach
Pumpwerk
Handwerkerpark
Hohensayn
Thal
Pfannen-schoppen
Niederseelbach
Oberseelbach
Seelbach
bei Hamm (Sieg)
(zu VBG Hamm(Sieg))
Sportplatz
Nisterstein
Brucher-seifen
(zu VBG Hamm

218
Am Feldchen
Waldstraße
Am Hang
1 = Am Schnocksgraben
2 = Auf dem Heidchen
Frangenheim
Umspannwerk
Eifelstraße
ND
Vettweißer
Busch
Schafsma
Standort-
übungsplatz
Am Flipsmaar
56
Ortsteil
Froitzheim
(zu Vettweiß)
Kindergarten
Friedhof
Kap.
Martinusstraße
Thurmer Weg
In der Komm
An den Wiesen
Martinusstr.
Kläranlage
Am Pesch
Kapelle
Froitzheimer
Heide
Uxmaar
Ginnicker Heide
Sportplatz
Wasserturm
Ortsteil
Ginnick
(zu Vettweiß)
Buschweg
Friedhof
Antoniusstraße
1 = Auf der Schildhecke
2 = Herrenweingärten
3 = Pützgasse
4 = Hompeschbenden
Weiersbach
Auf der Heid
Kuhpescher
Acker
Steinbach
NSG
Müldenauer Bach
Im Broich
Postacker
Muldenau
Ulmenstraße
Groven
Manteuffelkreuz
Gew.-
geb.
Friedhof
Embken
(zu Nideggen)
Cremermühle
Kläranlage
Mühlenbach
Neffelbach
Muldenauer Str.
Liebergstraße
Neffeltalstr.
1=Dorfplatz
Wasserwerk
Nicksmühle
Antoniushäuschen
Galgenberg
229
Sportplatz
Tennispl.
St.-Antonius-str.
Wattlingsgraben
Rentmühle
258
5622
5620
5618
326
328
330

Im Miloch
Pietschol
Zülpicher
Rurtalbahn (Bördebahn)
Kemperhof
Gewerbegebiet Geich
Römerstraße
Stadtteil Bessenich (zu Zülpich)
Galgendriesch
Alderikus-Brunnen
St.-Alderikus-Kapelle
Stadtteil Geich (zu Zülpich)
Stadtteil Füssenich (zu Zülpich)
Thomashof
Rosengarten
Aachener Straße
Veilchenstr.
Brüsseler Straße
St.-Nikolaus-Straße
St.-Nikolaus-Stift
Berufsfachsch.
Friedhof
Fest- und Bolzplatz
1=Am Steenere Hus
Kläranlage
Neffelbach
Gewerbegebiet
Papierfabrik
Stadtwald
Naturschutzgebiet
Naturschutzsee (Neffelsee)
53909
Zülpich
Luisges Mühle
Eulenberg
Mühlengr.
Langendorfer Fließ
1 = Ulmenweg
2 = Lindenweg
3 = Buchenweg
4 = Tannenweg
5 = Karl-Esser-Str.
12 = Normannengasse
13 = Am Bildchen
14 = Rathausgasse
15 = Josef-Peiffer-Platz
16 = Kleine Grüne Gasse
17 = Käsmarkt
18 = Schmittgasse
19 = Gasthausberg
20 = Guinbertstraße
21 = Mühlenberg
22 = Juhlsgasse
23 = Brauersgasse
24 = Quirinusbrücke
25 = Annogasse
Bolz- u. Dorfplatz
NSG
Burg Juntersdorf
Seelenacker
Stadtteil Juntersdorf (zu Zülpich)
Gertrudisstraße
Hovener Straße
Füssenicher Weg
Auf der Heide
30=Am Baumgarten
Kloster Marienborn
Stadtteil Hoven (zu Zülpich)
26 = Merowinger Straße
27 = Schleidener Straße
28 = Adenauerplatz
gepl. Naherholungsgebiet
Freibad
Broi
Kläranlage

220
Kamp-hof
Ortsteil Sievernich
(zu Vettweiß)
1 = Zur Alten Schule
Johannes-Hochstr.
Fried-hof
Rövenicher Straße
Burg
Tennis-pl.
Sportplatz
Broichfeld
152
Schlausberg
Marien-holz
Am Rott
265
5622
477
NSG
Adelsbach
Kläranlage
Neffelbach
Marienholz
Oberstes Gerardsmaar
Mönchhof
Kapelle
Siechhaus
Börde
Besse-nicher Mühle
Stadtteil Bessenich
(zu Zülpich)
Stadtteil Rövenich
(zu Zülpich)
Galgenberg
Im Odenthal
Friedhof
Vogelsangstraße
Spiel-platz
5620
56n
Bessenicher Weg
5 = Karl-Esser-Straße
Industrie-gebiet
"An der Römerallee"
Wasser-werk
Stadtteil Oberelvenich
(zu Zülpich)
Rotbach
Im Tal
Gbf.
Hubertushof
Korn-mühle
1 = Im Bungert
2 = Kornmühlenweg
Haus Bollheim
Baseball-platz
Kapelle
Friedhof
Lüssem
Kornmühle
Schlömersacker
6 = Von-Westerburg-Straße
7 = Tarregastraße
8 = Rövenicher Straße
9 = Neffeltalstraße
10 = Leiwener Straße
11 = Marienburger Straße
Zülpich
1 = Rotbachstraße
5618
In der Herfahrt
Regen-rückhalte-becken
53909
Stadtteil Nemmenich
(zu Zülpich)
Haus Lauvenburg
Schnorrenberg
Tennispl.
Sportplatz
Rochushof
Wassersport See
(Zülpicher See)
56
Mühlengraben
In den Herbst-benden
Haus Dürffenthal
Rurtalbahn (Bördebahn)
260
Freibad

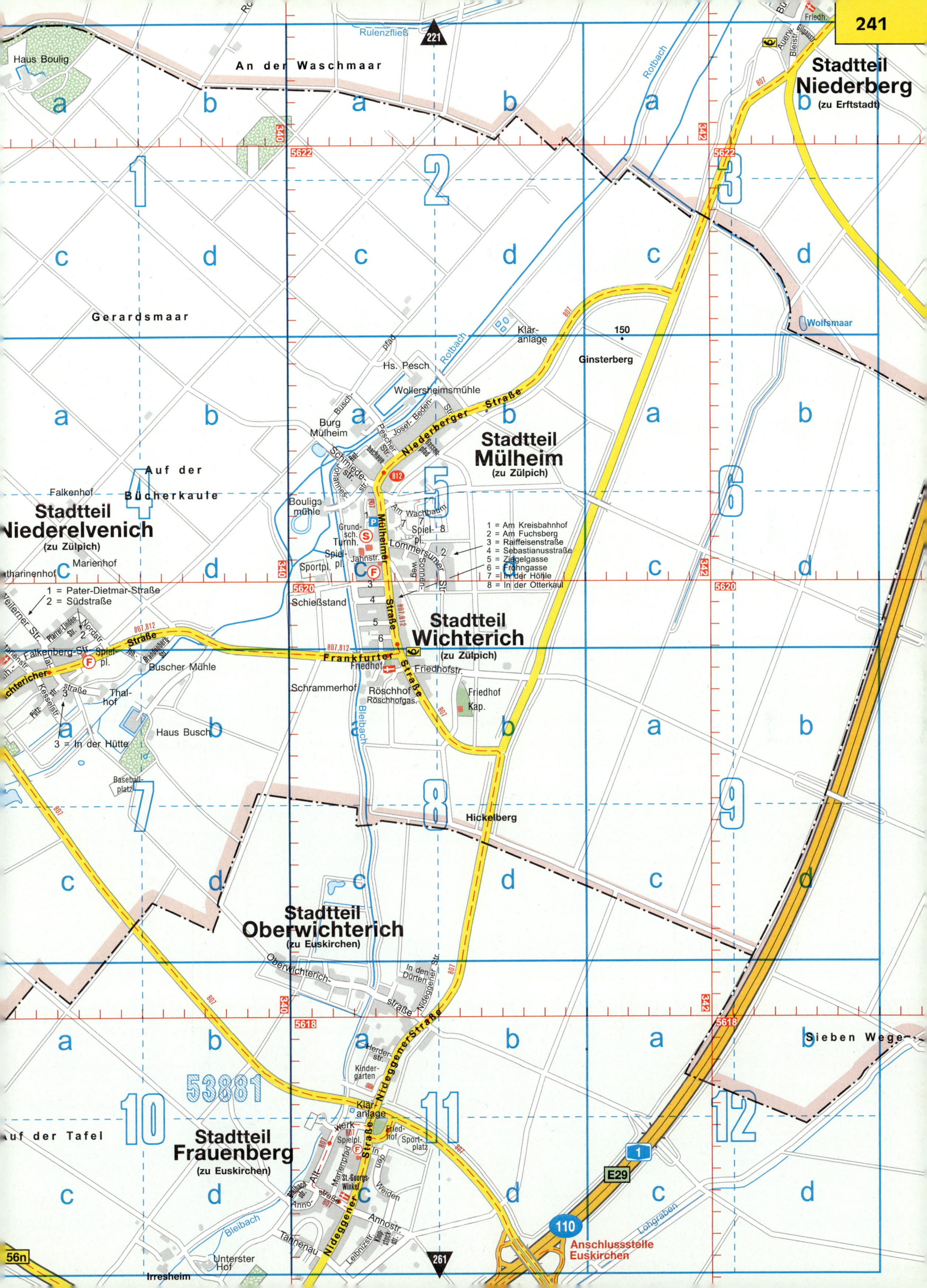
Haus Boulig
An der Waschmaar
Rulenzfließ
221
Rotbach
Stadtteil Niederberg
(zu Erftstadt)
Friedh.
Auerw.
Bleistr.
Gerardsmaar
Klär-anlage
150
Ginsterberg
Wolfsmaar
Hs. Pesch
Wollersheimsmühle
Burg Mülheim
Niederberger Straße
Stadtteil Mülheim
(zu Zülpich)
Auf der Bücherkaule
Falkenhof
Stadtteil Niederelvenich
(zu Zülpich)
Marienhof
Bouligs mühle
Mülheimer Straße
Lommersumer Str.
Sportpl.
Jahnstr.
Schießstand
1 = Am Kreisbahnhof
2 = Am Fuchsberg
3 = Raiffeisenstraße
4 = Sebastianusstraße
5 = Ziegelgasse
6 = Frohngasse
7 = In der Höhle
8 = In der Otterkaul
1 = Pater-Dietmar-Straße
2 = Südstraße
Stadtteil Wichterich
(zu Zülpich)
Frankfurter Straße
Friedhof
Friedhofstr.
Buscher Mühle
Schrammerhof
Röschhof
Röschhofgas.
Friedhof
Kap.
Thal-hof
Haus Busch
3 = In der Hütte
Bleibach
Baseball-platz
Hickelberg
Stadtteil Oberwichterich
(zu Euskirchen)
Oberwichterich-straße
In den Dürten
Nideggener Straße
Sieben Wege
53881
Kinder-garten
Klär-anlage
Stadtteil Frauenberg
(zu Euskirchen)
Auf der Tafel
Sport-platz
St.-Georgs-Winkel
Weiden
Annostr.
Tannenau
Leibnizstr.
Bleibach
Unterster Hof
Irresheim
261
1
E29
110
Anschlussstelle Euskirchen
Lohgraben
56n

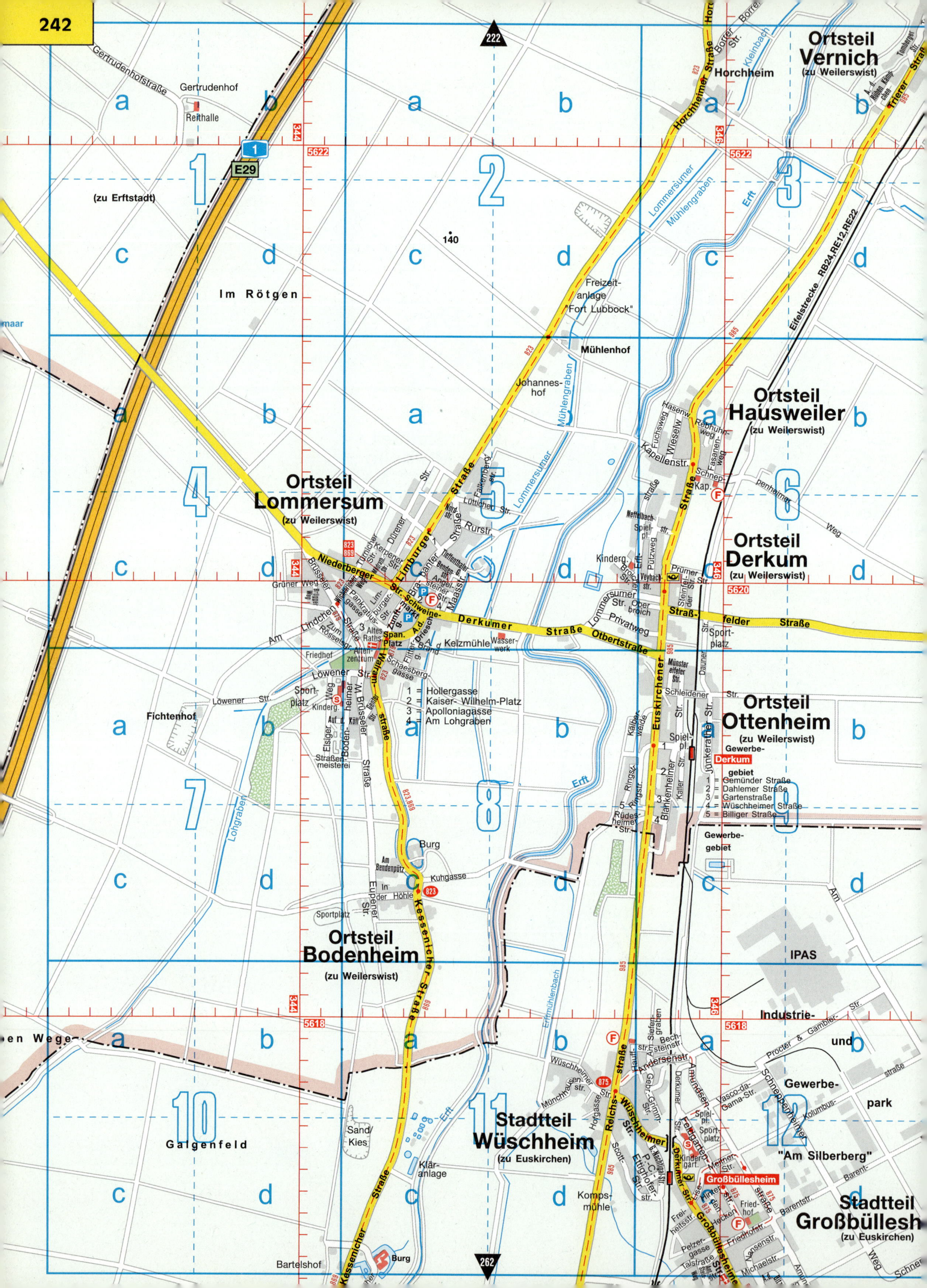
222
Ortsteil Vernich
(zu Weilerswist)
Horchheim
Gertrudenhof
Reithalle
Gertrudenhofstraße
(zu Erftstadt)
Im Rötgen
140
Freizeit-anlage "Fort Lubbock"
Mühlenhof
Johannes-hof
Lommersumer Mühlengraben
Erft
Eifelstrecke RB24,RE12,RE22
Ortsteil Hausweiler
(zu Weilerswist)
Ortsteil Lommersum
(zu Weilerswist)
Ortsteil Derkum
(zu Weilerswist)
Niederberger Str.
Derkumer Straße
Otbertstraße
Straßfelder Straße
Kelzmühle
Wasser-werk
Friedhof
Fichtenhof
Löwener Str.
1 = Hollergasse
2 = Kaiser-Wilhelm-Platz
3 = Apolloniagasse
4 = Am Lohgraben
Ortsteil Ottenheim
(zu Weilerswist)
Gewerbe-gebiet Derkum
1 = Gemünder Straße
2 = Dahlemer Straße
3 = Gartenstraße
4 = Wüschheimer Straße
5 = Billiger Straße
Gewerbe-gebiet
Lohgraben
Burg
Kuhgasse
Sportplatz
Ortsteil Bodenheim
(zu Weilerswist)
Kessenicher Straße
Euskirchener Straße
IPAS
Industrie- und Gewerbe-park
"Am Silberberg"
Erftmühlenbach
Galgenfeld
Sand/Kies
Klär-anlage
Stadtteil Wüschheim
(zu Euskirchen)
Kompsmühle
Reichsstraße
Großbüllesheim
Stadtteil Großbüllesh
(zu Euskirchen)
Bartelshof
Burg
262

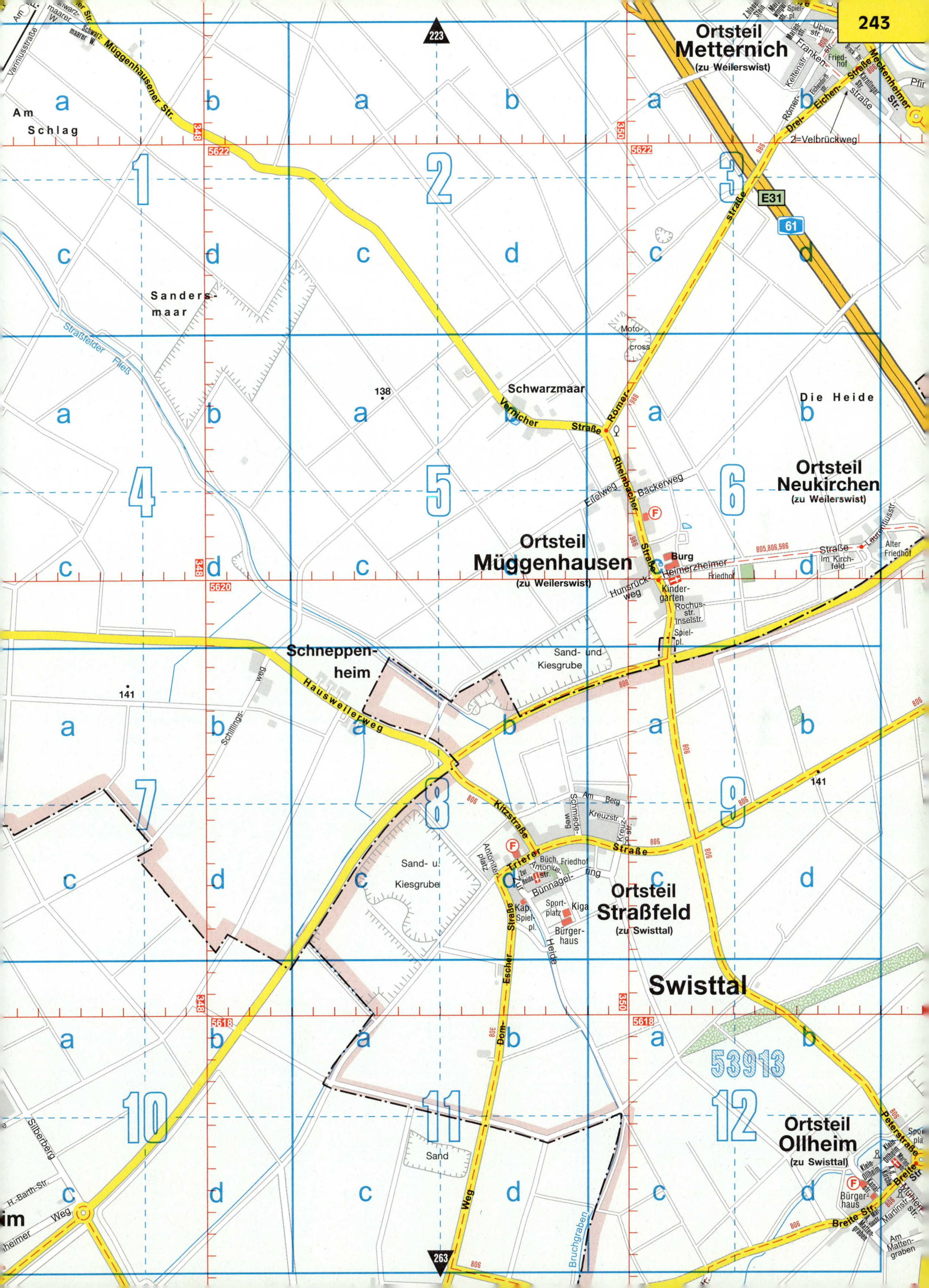
223
Ortsteil Metternich
(zu Weilerswist)
Am Schlag
Müggenhausener Str.
Sandersmaar
Straßfelder Fleiß
Velbrückweg
E31
61
Moto-cross
138
Schwarzmaar
Vernicher Straße
Römer-straße
Rheinbacher Straße
Eifelweg
Bäckerweg
Die Heide
Ortsteil Neukirchen
(zu Weilerswist)
Ortsteil Müggenhausen
(zu Weilerswist)
Burg
Heimerzheimer Straße
Friedhof
Im Kirchfeld
Alter Friedhof
Hunsrückweg
Kindergarten
Rochusstr.
Inselstr.
Spielpl.
Schneppenheim
Hausweilerweg
Schillingsweg
141
Sand- und Kiesgrube
Am Berg
Schmiedeweg
Kreuzstr.
Kitzstraße
Antoniterplatz
Trierer Straße
Antoniusstr.
Bünnagelring
Friedhof
Sportplatz
Kiga
Bürgerhaus
Sand- u. Kiesgrube
Ortsteil Straßfeld
(zu Swisttal)
Escher Straße
Heide
Swisttal
Dom-Weg
53913
Sand
Bruchgraben
Silberberg
H.-Barth-Str.
Ortsteil Ollheim
(zu Swisttal)
Peterstraße
Breite Str.
Bürgerhaus
Martinstr.
Am Mattengraben
263
1
2
3
4
5
6
7
8
9
10
11
12

224
264
Ortsteil Metternich
(zu Weilerswist)
Ortsteil Heimerzheim
(zu Swisttal)
Ortsteil Neukirchen
(zu Weilerswist)
Ortsteil Ollheim
(zu Swisttal)
Swisttal
53913
Dünstekoven
Dützhöfe
Die Ville
Dützhofer Busch
Zur Heide
Zent
Großes Cent
Bundesinstitut (BICT)
Burg Kriegshoven
Kläranlage
Wüllinghof
Anschlussstelle Swisttal
26
E31
61
Meckenheimer Straße
Pfingstmühlenweg
1=Drei-Eichen-Straße
Grundschule
Pfingstmühle
Kölner Straße
Euskirchener Straße
Bornheimer Straße
Waldstraße
Schillingsstr.
Schillings-straße
Dünstekovener Weg
Peterstraße
Ludendorfer Straße
Vershovener Weg
Parkstraße
Swistbach
Schießbach
Mühlengraben
Duvenmaar
Kottengrover Maar
Bundesgrenzschutz
Bundesschule
Gabrielweg
Pumpwerk
Gut Vershoven
Gut Capellen
Capellenstr.
Biotop
NSG
Sport-platz
Sand
Alter Friedhof
Friedhof
Bürger-haus
8=Am Fronhof
6 = Am Burglindchen
7 = Am Steinacker
1 = Kunibertusweg
2 = Sebastianusweg
3 = Peter-Esser-Platz
4 = Ballenpfad
5 = Dorfplatz
1 = Kirggäßchen
Zum Eisernen Mann
Am dicken Stein
Goethestr.
Schillerstr.
Lessingstr.
Kommerweg
Mirgelweg
Quellenstr.
Pützgasse
Steingasse
Centweg
Blütenweg
Balleng.
Jagdweg
Heckenweg
Schäfers Kreuz
Breite Str.
Am Mattengraben
135
134
5622
5620
5618
352
354

Kottenforst-
Ville
An den Beißelbäumen
Großes
Schutzhütte
Weißer Stein
225
Römerhof
Alfter
Görreshof
Görreshöhle
Olsdorf
Alter Hufebahn
Fuchskaulbahn
Tennisplatz
Sportplatz
53347
Alanus-Hochsch.
Stranghetigesweg
Apfelmaar
Herrenweiher
(zu Bornheim)
Jagdweg
Pferdekopfsbahn
Olsdorfer Bahn
Lohheckenweg
Hirnsberg
Steinergasse
Eulengasse
Birrekoven
Am Domplatz
Knippweidenbahn
An den vier Wegen
Steingasserbahn
Wasserbruchsbahn
Auf dem Rott
Kapelle
Kamelienbaum
Schutzhütte
In den Putzbrüchen Weg
Wolfskauler Bahn
Steingasser-bahn
Judas-Thadäus-Kapelle
Mirbach
Putzweg
Neuer Weg
Um die Sang
Die Sang
Zum Sängerkreuz
Auf dem Hardtberg
Friedhof
Zenthecken-weg
Breite Allee
Ortsteil Oedekoven
(zu Alfter)
Naturpark
Neuer Weg
Reitplatz
Mittelpfad
Am Herkenbusch
Am Goldberg
Steingasse
Am Weißen Lott
Kompelsbrücker Weg
Ortsteil Impekoven
(zu Alfter)
Markesklauenbach
Eiserner Mann
Schmale Allee
Zur Kessenichs Buche
Kessenichs Buche
Kottenforst-
Heppertsberg
155
Heppertsweg
Ramelshoven
Staatsforst
Kottenforst
Römische Wasserleitung
Dürrenbruchsweg
Waidlerpfad
Katzenlochbach
Thalenbergweg
Ville
56
5622
5620
5618
Schneppen-
flucht
Thalenberg
169
845
Buschbach
Grillplatz
Ortsteil Buschhoven
(zu Swisttal)
Sportplatz
846
265
An der Eselsmaar
Hinter der Saumaar
Lüsbacher Weg
Umspannwerk
Heidehof
Marienhof
Margaretenhof
Bundesstr.

Alfter
53347
Bonner Weg
Vorgebirgsbahn
Dransdorf
Robert-Kirchhoff-Str.
Siemensstr.
BN-Hügel (gepl.)
Birrekoven
Ortsteil Gielsdorf (zu Alfter)
Ortsteil Lessenich/ Meßdorf (zu Bonn)
53121
Ortsteil Endenich (zu Bonn)
Meßdorf
LSG Meßdorfer Feld
Pumpwerk
1=In den Weingärten
2=Am Weingut
1=Pützgäßchen
2=Im Ellingsfeld
3=Pappelweg
BN-Helmholtzstr. (gepl.)
Lessenich
Businesspark
Ortsteil Oedekoven (zu Alfter)
Bonn-Duisdorf
Rochusstraße
Am Burgweiher
AS Bonn-Lengsdorf
Ortsteil Impekoven (zu Alfter)
Nettekoven
Medinghoven
Ortst. Duisdorf (zu Bonn)
Stadtbez. HARDTBERG
Finkenhof
AS Bonn-Hardtberg
Ramelshoven
53123
Konrad-Adenauer-Damm
Trimm-Dich-Pfad
Bundesministerium für Verteidigung
Euskirchener Straße
Hauptstraße
Ortsteil Hardthöhe (zu Bonn)
Brüser Berg
Ortsteil Witterschlick (zu Alfter)
1=Am Birkenhof
2=Pfarrer-Kupper-Straße
3=Am Lambertushof
4=Pfarrer-Monten-Str.
5=Quirinusplatz
An der Kreyenmaar
53125
Ortsteil Brüser Berg (zu Bonn)
1 = Hermann-Schlösser-Straße
2 = Johann-Wilhelm-Schirmer-Straße
3 = Emanuel-Leutze-Straße
Am Berschensumpf
Witterschlick
NSG
266
226
565
Waldfriedhof

Ortst. Nordstadt (zu Bonn)
Konrad-Adenauer-Platz
Kennedybrücke
Güterbf.
Bonn-West
Gewerbegebiet
Ortst. Weststadt (zu Bonn)
Bornheimer Straße
Rabinstraße
Bonn Hbf
Beuel Bf.
Bonn-Beuel
AS Bonn-Endenich
Endenicher Straße
Ortst. Südstadt (zu Bonn)
Ortsteil Beuel-Mitte (zu Bonn)
Universitäts-bibliothek
Beethoven-Gymnasium
Bonn-Poppelsdf.
Schloss Poppelsdorf
Botanischer Garten
Cityplan S.34
Reuterstraße
Rhein
Ortsteil Gronau (zu Bonn)
Museum Koenig
Bundes-rechn.-hof/ Ausw. A.
1 = Poppelsdorfer Pl.
2 = Pfarrer-Hürth-Straße
3 = Im jungen Wingert
Ortsteil Poppelsdorf (zu Bonn)
Botanischer Garten (Außenst.)
Kreuzberg
Kreuzbergallee
Heussall./Museumsm.
Ortsteil Kessenich (zu Bonn)
1 = Füssenichg.
Bonn
Venusberg
Ollenhauerstr.
Deut. Telekom
Ortsteil Lengsdorf (zu Bonn)
1 = Eibenweg
2 = Holunderweg
3 = Wacholderweg
4 = Eberescheweg
5 = Brombeerweg
6 = Sauerbrunnstr.
7 = Paul-Martini-Straße
Universitätsklinikum
Ortsteil Dottendorf (zu Bonn)
Ortsteil Ippendorf (zu Bonn)
1 = Balthasar-Neumann-Straße
2 = Karl-Friedrich-Schinkel-Straße
3 = Bernhard-Berzheim-Platz
1 = Im Maigarten
Waldgut Rochusberg
Ortsteil Venusberg (zu Bonn)
Kahlenberg
Im Sack
Ortsteil Ückesdorf (zu Bonn)
Ortsteil Friesdorf (zu Bonn)
Staatsforst Kottenforst
53115
53111
53225
53127
53129
53175
Klufterberg

Ortsteil Beuel-Ost
Stadtbezirk BEUEL
Naturpark
Ortsteil Küdinghoven (zu Bonn)
Ennert
Siebengebirge
NSG
Ortsteil Holtorf (zu Bonn)
Ortsteil Limperich (zu Bonn)
Ortsteil Beuel-Mitte (zu Bonn)
Ortsteil Ramersdorf (zu Bonn)
Kreuz Bonn-Ost
Oberholtorf
Bonn
Natur-
Ortsteil Gronau (zu Bonn)
Ortsteil Oberkassel (zu Bonn)
Freizeitpark
Rheinaue
Stadtbezirk BAD GODESBERG
Ortsteil Hochkreuz (zu Bonn)
Rhein
Ortsteil Plittersdorf (zu Bonn)
Ortst. Godesbg.-Villenviertel (zu Bonn)
Stadtteil Niederdollendorf
Stadtteil Röm
Bonn-Beuel
Ramersdorf
AS Bonn-Beuel-Süd
Bonn-Oberkassel
Oberkassel Nord
Oberkassel Mitte
Oberkassel Süd Römlinghoven
Oberdollendorf Nord
Oberdollendorf
AS Bonn-Rheinaue
AS Bonn-Bad Godesbg.
Robert-Schuman-Platz
Hochkreuz Dt. Mus.
Wurzerstr.
M.-Löbner-Str./Friesdorf
Königswinterer Straße
Oberkasseler Straße
Konrad-Adenauer-Brücke
Ludwig-Erhard-Allee
Mittelstraße
Friesdorfer Straße
Bonner Straße
Löwenburgstraße
Landgrabenweg
Cityplan S.33
1 = Rheinwerkallee
1 = Im Bungert
2 = Auf den sechs Morgen
1 = Adolf-Hombitzer-Str.
2 = An der Post
3 = Am Bürgerpark
1=Auf dem Teich
2=Königstraße
3=Herzogstraße
4=Frankenstraße
5=Auf dem Hövel
6=An der Logmühle
7=Cahns Berg
53229
53227
53225
53113
53173
228
268

Ortsteil Holzholz
(zu Bonn)
1 = Heinrich-Behr-Straße
Stadtteil Rauschendorf
(zu Königswinter)
1 = Steinpützweg
2 = Kl. Schulweg
3 = Im Heidegarten
4 = Kapellenplatz
Oberscheuren
Niederscheuren
Bockeroth
1 = Im Burggarten
2 = Schwalbenweg
Stadtteil Stieldorf
(zu Königswinter)
6 = Käferweg
7 = Nelkenweg
8 = Alte Poststraße
Stadtteil Vinxel
(zu Königswinter)
Stadtteil Oelinghoven
(zu Königswinter)
9 = Josef-Müller-Straße
10 = Schwester-Timothea-Straße
11 = Margarete-Reißner-Straße
Pleiser Ländchen
1 = Peter-Weyler-Straße
2 = Auf der Bonnenbitze
3 = Johann-Lütz-Straße
4 = Auf der Königsbitze
5 = Im Sönning
6 = Im Lohrsgarten
7 = Im Taufenbachsgarten
Stieldorferhohn
Versuchsgut Frankenforst
Kasseler Heide
Sonderbusch
Scharfenberg
Dollendorfer Hardt
Siegburg gebiet
Stadtteil Heisterbacherrott
(zu Königswinter)
Stadtteil Thomasberg
(zu Königswinter)
1=Möwenweg
2=Am Kirchplatz
Stadtteil Oberdollendorf
(zu Königswinter)
Naturpark Siebengebirge
Falkenberg 210
Stenzelberg 286
Jungfernbusch
Dissenbachtalstraße
Thomasberger Straße
Dollendorfer Straße
Heisterbacher Straße
ICE-Neubaustrecke Köln-Rhein/Main
E35
229
269

Pleiser
Ländchen
Hommerich
Scheurenmühle
Niederscheuren
Im Neuen Garten
Weidfeld
Hofen
Reitplatz
Blankenbach
Stadtteil Uthweiler
(zu Königswinter)
Oberbuchholz
Niederbuchholz
Freckwinkel
Siegburger Straße
Düferoth
Stadtteil Westerhausen
(zu Hennef)
Rheinstraße
An der Kirche
1=Schmiedegasse
Broichhausen
Broichhausener Straße
Elsfeld
Jüngsfeld
Pleiserhohn
Hammelsberg
Thelenbitze
Hinsberg
200
Wahlfeld
Gewerbegebiet
Rübhausen
NSG
Pleiserhohner Straße
Bönnschenhof
Reitschule Rübhausen
Pütztstück
Eisbach
Eisbacher Straße
Kuckucks-w.
Fasanenweg
1 = An der Alten Schule
2 = Nonnenstromberger Weg
3 = Schumannstraße
4 = Jasminweg
220
Löhberg
Weiler
Hartenberg
Zweikreuzen
1 = Auf dem Büchel
Frohnhardt
6=Im Schultheißgarten
Uckerather Straße
Frohnhardter Straße
Dollendorfer Straße
Bellinghausen
Bellinghauserhohn
Stadtteil Oberpleis
(zu Königswinter)
Herresbach
5=Am Herresbacher Bahnhof
Bellinghauser Hof
Stadtteil Thomasberg
(zu Königswinter)
Hasenboseroth
Hünscheider Hof
Hebbig
1 = Wiesenweg
2 = Im Feldgarten
3 = Im Schiefengarten
Dahlhausen
Gewerbepark
Siebengebirge
Siefen
Heisternbusch
4=In den Pferdswiesen
Gut Kippenhohn
Kellersboseroth
Höhnchen
Nonnenberg
Nonnenberger Straße
Winterer Str.
Siebengebirgsstraße
Eggekeul
Ruttscheid
Hüscheid
Hüscheider Weg
ICE-Neubaustrecke
E35
3
Laubach
Pleisbach
Lützbach
Eisbach
Blankenbach
230
270
5622
5620
5618
378
380

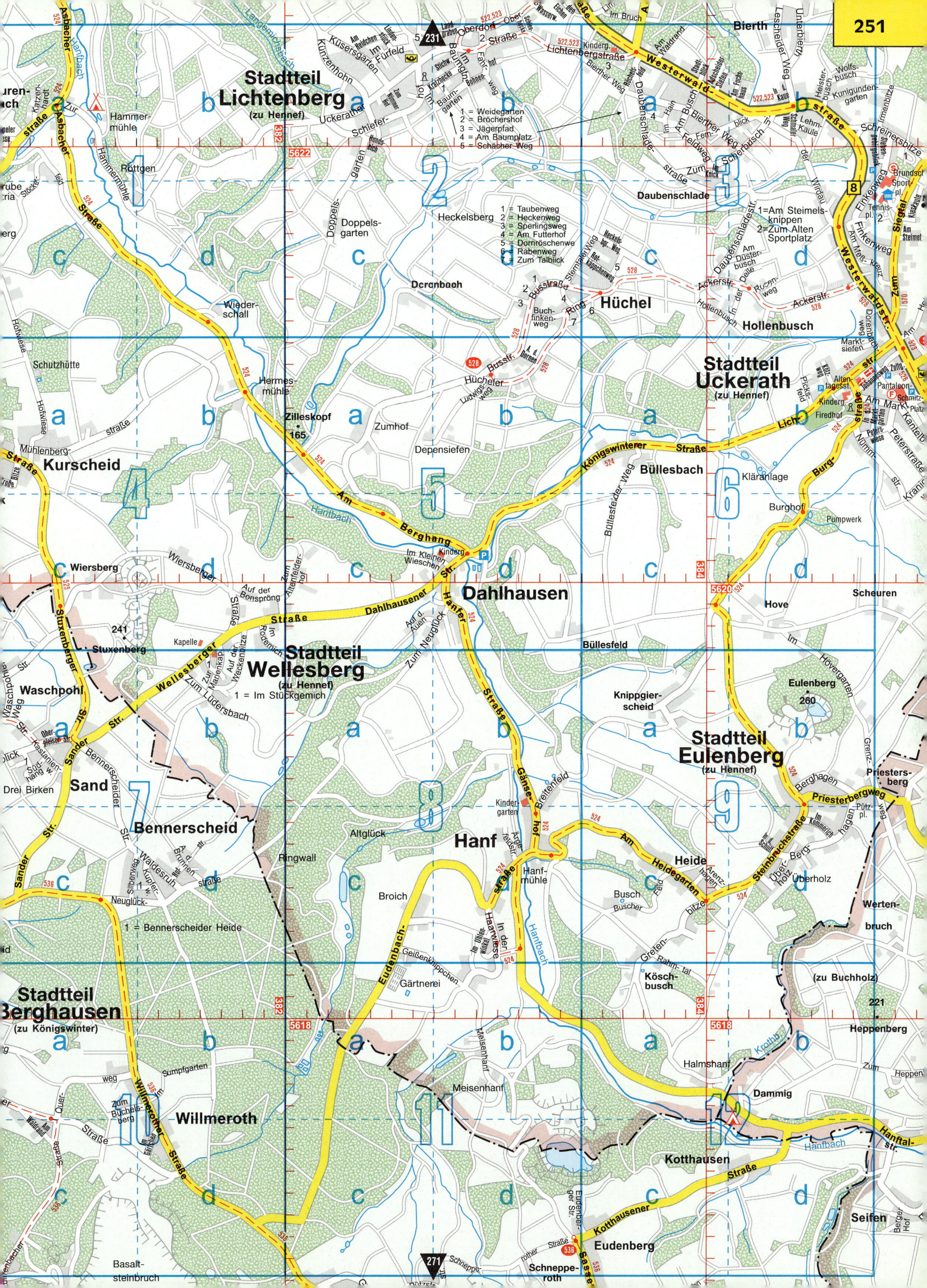
Stadtteil Lichtenberg
(zu Hennef)
Bierth
Hammermühle
Röttgen
Heckelsberg
Doppelsgarten
Dornbach
Daubenschlade
Hüchel
Hollenbusch
Stadtteil Uckerath
(zu Hennef)
Wiederschall
Hermesmühle
Zilleskopf
165
Zumhof
Depensiefen
Büllesbach
Kläranlage
Burghof
Pumpwerk
Schutzhütte
Kurscheid
Wiersberg
Dahlhausen
Hove
Scheuren
Büllesfeld
241
Stuxenberg
Kapelle
Stadtteil Wellesberg
(zu Hennef)
1 = Im Stückgemich
Waschpohl
Knippgierscheid
Eulenberg
260
Stadtteil Eulenberg
(zu Hennef)
Priestersberg
Drei Birken
Sand
Bennerscheid
Ringwall
Altglück
Hanf
Hanfmühle
Heide
Busch
Überholz
Wertenbruch
Broich
Neuglück
1 = Bennerscheider Heide
Gärtnerei
Köschbusch
(zu Buchholz)
221
Heppenberg
Stadtteil Berghausen
(zu Königswinter)
Meisenhanf
Halmshanf
Dammig
Willmeroth
Kotthausen
Seifen
Eudenberg
Schneppe-roth
Basaltsteinbruch
Hanfbach
1 = Weidegarten
2 = Bröchershof
3 = Jägerpfad
4 = Am Baumplatz
5 = Schächer Weg
1 = Taubenweg
2 = Heckenweg
3 = Sperlingsweg
4 = Am Futterhof
6 = Rabenweg
7 = Zum Talblick
1=Am Steimelsknippen
2=Zum Alten Sportplatz
Westerwaldstraße
Königswinterer Straße
Dahlhausener Straße
Wellesberger Straße
Am Berghang
Hanfer Straße
Gänsehof
Am Heidegarten
Priesterbergweg
Steinbruchstraße
Kotthausener Straße
Hanftal-Str.
Eudenbach-
231
271
5622
5620
5618
382
384

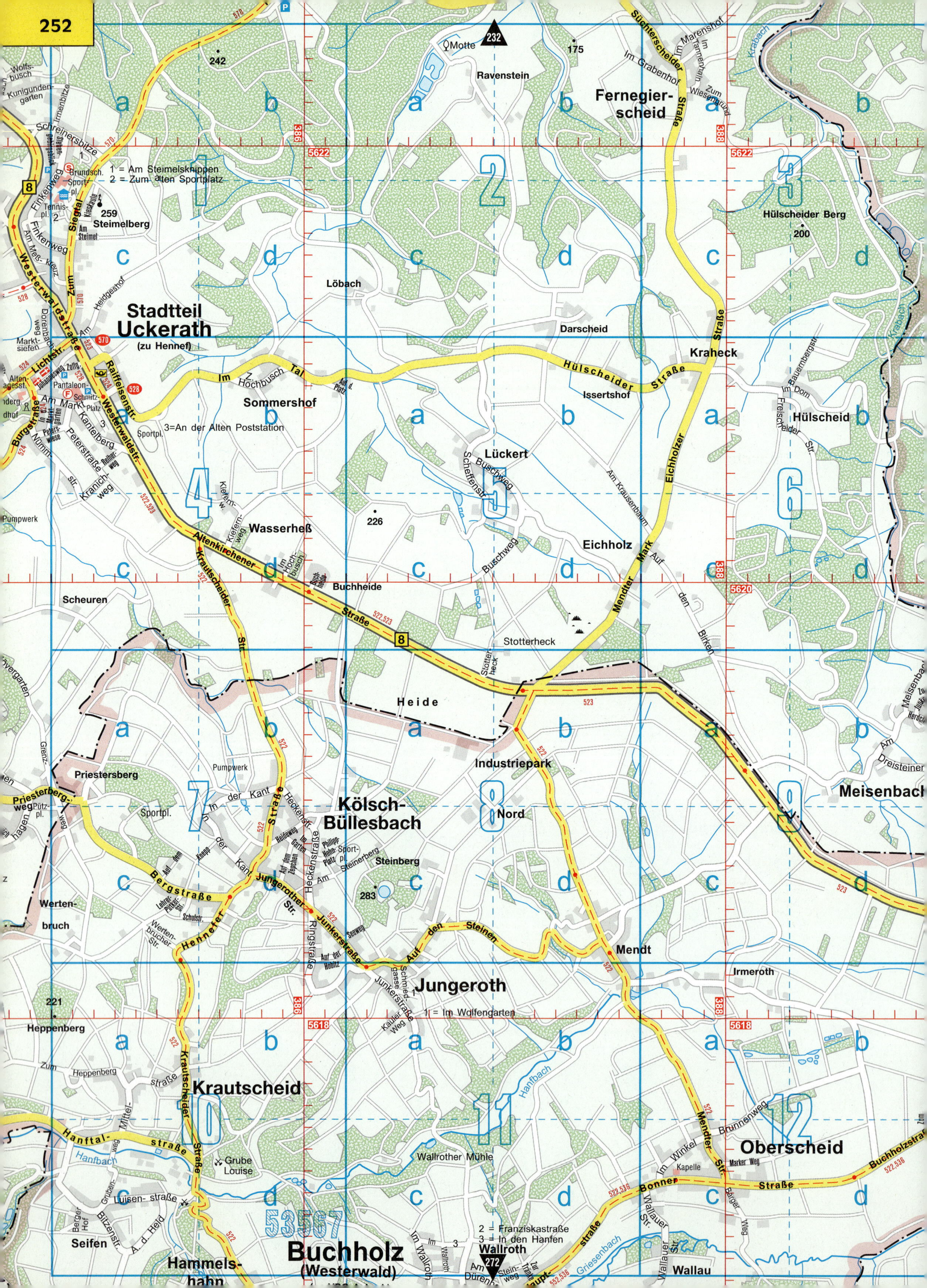
Stadtteil Uckerath
(zu Hennef)
Fernegierscheid
Ravenstein
Motte
Löbach
Darscheid
Kraheck
Hülscheider Berg
Hülscheid
Sommershof
Issertshof
Lückert
Wasserheß
Eichholz
Buchheide
Scheuren
Stotterheck
Heide
Industriepark
Nord
Priestersberg
Kölsch-Büllesbach
Steinberg
Meisenbach
Wertenbruch
Mendt
Jungeroth
Irmeroth
Heppenberg
Krautscheid
Oberscheid
Wallrother Mühle
Grube Louise
Seifen
Hammelshahn
Buchholz
(Westerwald)
Wallroth
Wallau
Steimelberg
Kapelle
1 = Am Steimelsknippen
2 = Zum alten Sportplatz
3=An der Alten Poststation
1 = Im Wolfengarten
2 = Franziskastraße
3 = In den Hanfen
Westerwaldstraße
Hülscheider Straße
Eichholzer Straße
Altenkirchener Straße
Krautscheider Straße
Bergstraße
Hennefer Straße
Junkerstraße
Auf den Steinen
Mendter Straße
Bonner Straße
Buchholzstraße
Hanftalstraße
53567

Hausen
Obenroth
Büsch
Eipbach
Höhberg
260
Linkenbach
Talstraße
Höhbergstraße
Keuenhof
Hove
Dorfpl.
Eichstraße
Kistenstr.
Jägerstraße
Lünenbach
Keuenhofer Bach
Kindergarten
Hundedressurpl.
Staatsforst
Eitorf
Hüppelröttchen
Stein
3 = Am Dorfplatz
Steiner Straße
Steiner Höhe
Stephansstr.
Schulweg
Friedhof
Kapelle
St.-Jakobus-Str.
Grundsch.
Turnh.
Kiga
2 = Steimelswiese
Hegen-
Kalksiefen
Vogtlandweg
Giesenbach
Giesenbachweg
Z.d. Mühlen
1 = Klusenweg
Lindscheider
Wiesenweg
Dammweg
Mühleip
(zu Eitorf)
Eitorfer Straße
Eitorfer Str.
Bungert
Büscher Str.
Gartenweg
Krahhecke
Sportplatz
Kalkstraße
Überdorfstr.
Heiderweg
Zum Heckerbusch
Lindscheid
Reitpl.
Wohmbach
Obereipermühle
Obereip
Wohmbachstr.
Kircheiber
Heckenweg
Friedhof
Kreuzberg
Schellberg
Mühleiper Straße
Wolfgangsee
Auf der Hardt
Wochenendhäuser
Kircheiber
Born
Obereiper Straße
Hauptstraße
Kirchstr.
Friedhof
NSG
Bleckhauserstraße
Vierwinden
57612
Kircheib
(zu VBG Altenkirchen (Westerwald))
Auf dem Weisenland
Verbindungsstr.
Reisbitzen
Schulstr.
Grünewald
Limbacher Straße
Fiersbacher Straße
Eckenbach
(zu Fiersbach)
Bleckhausen
Neuwieder Straße
Griesenbach
Hutholzstr.
Zum Rausch
Hotterscheid
Übersehns
Elles
Eckenbach
Röttgen
Röttgenstr.
Burgstr.
Burg
Neuenhof
Limbacher Straße
Griesenbach
Hau
233
273
8
563
573
5622
5620
5618
390
392
1
2
3
4
5
6
7
8
9
10
11
12

Staatsforst
Friedrichsquelle
Quaden
324
234
Mönchskopf
Staatsforst
Neunkirchen-
Staatst
388
Hoher Schaden
(zu Eitorf)
Hüppelröttchen
Eitorf
Moos-
hütte
Seelscheid
Altenkirch
Richardsberg
Überdorf
57635
Ochsenbruch
Acker
Werkhausen
(zu VBG Altenkirchen (Westerwald))
Leingen
Hasselbach
(zu VBG Altenkirchen(Westerwald))
Roßberg
Freibad
Rettersen
(zu VBG Altenkirchen(Westerwald))
Frankfurter
Straße
Kölner
Straße
Witthecke
Hahn
Klär-
anlage
Forstmehren
(zu VBG Altenkirchen(Westerwald))
Kriegershof
Dickten
Heckengartenweg
57612
Fiersbach
(zu VBG Altenkirchen
(Westerwald))
Huwen
Heiderseifen
Ersfeld
(zu VBG Altenkirchen
274
(zu Kraam)
Heuberg
Mehrbach

Irsen
Friedenthal
235
Markhohn
(zu Windeck)
1 = Hofstatt
2 = Rimbacher Weg
3 = Mühlengraben
Bitze
Mittelirsen
Irsertalstraße
57612
Ölsen
(zu VBG Altenkirchen (Westerwald))
Dorfstraße
599
Auf den
Schachten
Steinchenweg
Waldweg
Siegstraße
Burgweg
Birkenweg
Gartenweg
Rimbach
Oberirsen
(zu VBG Altenkirchen(Westerwald))
57635
Erlenweg
Sport-pl.
Schützenhaus
Schulstraße
Buchenweg
Unterdorf
Marenbach
Hundedressurpl.
Friedhof
Herchener Straße
Birkenstr.
Am alten Born
Lindenstr.
Walzweg
Spielplatz
Industriegebiet
Stöber-Frankfurter Straße
Fichtenstr.
Eichen
Kap.
Friedhof
Lerchenweg
Finkenweg
Kölner Straße
evang. Gemeindezentr.
St.-Josef-Kirche
Schulstr.
Turnhalle
Mehrzweckhalle
Sportpl.
1=Im Hasengarten
2=Im Winkel
3=August-Schneider Straße
Weyerbusch
VBG Altenkirchen(Westerwald))
57635
Irlen
Marenbacher Str.
291
57612
Birnbach
(zu VBG Altenkirchen (Westerwald))
Wölmersen
(zu VBG Altenkirchen(Westerwald))
57635
Raiffeisenstraße
Parkstr.
Zum Rottfeld
Am Wald
Pumpwerk
Helmenzer Weg
Wölmerser Str.
315
Alte Kohlstraße
Auf der Höhe
Sportlerheim
Kindergarten
Bolzpl.
Im Hähnchen
Friedhofstraße
Friedhof
Hilkhausen
Michaelshof
Freibad
Alte Dorfstraße
Dorfgem.-schaftshs.
Talweg
Im Dorfgarten
Kirchstraße
Lerchenweg
Bergstraße
Heisterholz
Hemmelzer Straße
Wieslpacken
Gehren
Asberg
334
Hemmelzen
(zu VBG Altenkirchen)
57612
275
Waldweg
Heisterholzstr.
1 = Im Prinzengarten
Oberölfen
(zu Helmenzen)
Kölner
Im den Gärten
Löhrsgarten

Weißen-brüchen
1=Rosenhang
Pfaffenseifen
(zu Breitscheidt)
Breitscheidt (Kr. Altenkchn.)
Ölsen
(zu VBG Altenkirchen (Westerwald))
57612
Birken-beul
(zu VBG Hamm (Sieg))
57589
Naturdenkmal Wunderbuche
2=Auf der Bitze
Hilgenroth
(zu VBG Altenkirchen (Westerwald))
1=Birkenweg
2=Zum Beulsgarten
Naturdenkmal
Beulskopf 388
Raiffeisen Aussichtsturm
Beul
Friedhof
Bürgehaus
Hauptstr.
Heupelzen
(zu VBG Altenkirchen (Westerwald))
Obererbach (Westerwald)
(zu VBG Altenkirchen (Westerwal
Dorfgemeinschaftshaus
Busenhausen
(zu VBG Altenkirchen (Westerwald))
Kindergarten
Bachenberg
(zu VBG Altenkirchen (Westerwald))
57610
Nieder-erbach
Pumpwerk
(zu Wölmersen)
Kettenhausen
(zu VGB Altenkirchen (Westerwald))
Koberstein
Köbersteiner Mühle
Dieperzen
Stadtteil Honneroth
(zu Altenkirchen (Westerwald))
Hoffnungsthal
Helmenzen
(zu VBG Altenkirchen (Westerwald))
Stein-chen
Gräul-seifen
Oberölfen
Kölner Straße
Siegener Straße
Oberwesterwaldbahn
236
276
256
8

Hümerich
337
57539
Bruchertseifen
(zu VBG Hamm (Sieg))
Staatsforst
Wochenendhäuser
Haderschen
Hofacker
Naturdenkmal
Neuschlade
(zu Helmeroth)
Kloster Marienthal
Altenkirchen
Marienthal
Kurwald
Friedhof
57612
Racksen
(zu VBG Altenkirchen (Westerwald))
Kohlhardt
Höhenstraße
Grillplatz
Helmerotherhöhe
Seelbach
Koblenzer Straße
Siegener Str.
Sonnenplatz
Isert
(zu VBG Altenkirchen (Westerwald))
Nassen
Bürgerhaus
Alhausen
(zu Stein-Wingert)
Nister
Volkerzen
Sportplatz (zu VBG Altenkirchen (Westerwald))
Eichelhardt
(zu VBG Altenkirchen (Westerwald))
Idelberg
(zu VBG Altenkirchen (Westerwald))
1=Im alten Garten
Kindergarten
Petersbach
2 = Dr. Heinrich-Stein-Str.
Mehrzweckhalle
Hacksen
Hof Talblick
Birkenhof
Brunnen
256
Siegener Straße
Hüttenhofen
Reuffelbach
Weidchen
Giesenhausen
(zu VBG Hachenburg)
57612
Mammelzen
(zu VBG Altenkirchen (Westerwald))
57636
Sörth
(zu VBG Altenkirchen (Westerwald))
57636
Kläranlage
Hauptstraße
Wissener Straße
Sörther Bach
237
277

238
Neffelbach
Rentmühle
Gödersheimer Ölmühle
Auf'm Heidling
Burg Gödersheim
Gödersheimer Mühle
Auf der Heide
Sportplatz
In den Weingartsfeldern
Bonner Str.
Bonner Straße
Kindergarten
Schulstr.
Kläranlage
Kapelle
Friedhof
Eisenstraße
Zehnthof
Vlattener Bach
Lehmgasse
Pützweg
Trierer Weg
Bürvenicher Straße
Wollersheim
(zu Nideggen)
265
Heimbacher Str.
Am Stein
Eppenich
Tennisplatz
Sportpl.
In der Pratel
Auf dem Stein
Nideggener Weg
Alte Burgstraße
Auf der Kante
Schluchtbach
Eppenicher Straße
Städt. Schule für Lernbehinderte
Friedhof
Stephanusstr.
Sportplatz
Triftstraße
Burg
Im Bruch
Burgpark
Burgweg
Bürgerhaus
Mönicher Heck
Auf der Hostert
Herrenberg
290
Felsenkeller
Eiskeller
Kellergasse
Waldstraße
Bürvenicher Bach
Heilpädagog. Eingliederungszentrum
Kriegerdenkmal
Wbh.
Schutzhütte
Boddental
Vlatten
(zu Heimbach)
Kapelle
Quellenstr.
St.-Michael-Str.
Lützenberg
346
NSG
Im Lützpütz
Vlattener Bach
Windpark
Auf der Warth
Friedhof
Mausbach
Gemünder Straße
Bergbach
Gräfenloch
Wbh.
Berg
896
278
5616
5614
5612
326
328
330

Stadtteil Langendorf (zu Zülpich)
Violenhof
Im Wehr
1 = Pfarrer-Ostwald-Straße
Eifelstraße
Friedhof
Spiel- und Bolzplatz
Antonius-
Burg
Reitpl.
Im Kirchfeld
Luxemburger Straße
Kläranlage
Clubheim Ruder- und Segelclub
Vlattener Bach
Floren
1=von-Hengebach-Straße
Nonnenfeld
Friedhof
Bolzplatz
Alter Weg
Sinzenicher Str.
Severinus-
Stadtteil Merzenich (zu Zülpich)
Weingartz-hof
Lövenicher Straße
Kläranlage
Sinzenicher Burg
Merzenicher
Römerstraße
Peter-Hett-Str.
Weingartz-
Spielpl.
Kommerner Str.
Mühle
Linzenicher Straße
Lohhof
Kläranlage
Wolfersheimer Bach
Am Heidenfeld
Heidenfeld
Stadtteil Sinzenich (zu Zülpich)
Kloster
Friedh.
Turnh.
Gartenstr.
Marienbach
1 = Mühlenstraße
2 = Auf dem Sand
3 = Mittelstraße
4 = Kirchstraße
5 = Schmausegasse
6 = Klostergarten
NSG Im Broich
Kommerner Straße
Gold-steinhof
Stadtteil Bürvenich (zu Zülpich)
Bürvenicher Bach
Bergbach
Mühlenbach
Rotbach
Marienbach
Lohmühle
Lohmühlen-straße
Grenicher Hof
Zum Grenicher Hof
Neustraße
In den Auen
Beuelsstraße
Spielpl.
Gülichs-burg
Provinzialstraße
Stadtteil Schwerfen (zu Zülpich)
Görresberg
230
Ton
Schrömbüchel
Achermer Mühle
Kalkstein
Burg Irnich
Irnicher Straße
Irnich
Hauptstr.
Im Haag
Virnicher Straße
Tötschberg
284
Am Toetschberg
Klär-anlage
Marienbach
Kalkstein
Floisdorf (zu Mechernich)
Schulstraße
Sportpl.
Spiel-pl.
Irnicher Berg
Wbh.
Floisdorfer Straße
Giersberg
Weststr.
Fried-hof
Sportpl.
Kiga
Bürgerhs.
Am Schützenhaus
Schützen-halle
1=Pfarrer-Krumscheidt-Straße
2=Im Meisenbusch
3=Thomas-Esser-Platz
4=Weingärten
Vogtei
Zülpicher Straße
Im Tal
Rabenberg
Fischteiche
Rotbach
Weingartener Höfe
Himmelsberg
Enzbach
Fischteich
Eickser Mühle
Weyerhof
Eicks
Gehn
265
239
279
477
233
332
334
811
810
5616
5614
5612

Wassersport See
(Zülpicher See)
Vogel-
insel
Clubheim
Ruder- und
Segelclub
Probstmühle
Kläranlage
Behinderten-
werkstatt
Sportpl.
Rheinstraße
Frauenberger Weg
Ahrstr.
Brückenstr.
Bergstr.
Moselstr.
Salamanderweg
Spielpl.
Friedhf.
Kigal
Ring-
Straße
Am Holzweg
Jägers Str.
Pf.-A.-d.-Acker
Kannengarten
Stadtteil
Ülpenich
(zu Zülpich)
Heerstr.
Petzestr.
Bahnhofstr.
Am Bahnhof
Mühlenhof
Vlattener Bach
Am Wehr
Stadtteil
Lövenich
(zu Zülpich)
Nonnenfeld
Fried-
hof
Spielpl.
Im Kamp
Pralat-Franken-Straße
Ölmühle
Bolz-
platz
Kinder-
garten
Im
Tiergarten
Im Tiergarten
Ülpenicher Weg
Kninnberg
1 = Lurchenweg
2 = Froschweg
3 = Libellenweg
4 = Schmetterlingsweg
5 = Hummelweg
6 = Kunibertstraße
7 = Fasanenweg
8 = Drosselweg
9 = Amselweg
Blockhaus
Schievelsberg
203
Schievelsheide
Auf dem
Hanfgarten
Mühlenbach
Rotbach
Linzenicher
Burg
An der
Burg
Spielpl.
1 = Am Sandberg
2 = von-Colyn-Straße
3 = von-Keverberg-Straße
Enzener Straße
Stadtteil
Linzenich
(zu Zülpich)
Kläranlage
Sinzenicher
Burg
Bleibach
Tissenicher
Mühle
Stadtteil
Enzen
(zu Zülpich)
Sportpl.
Firmenicher Str.
Tissenicher Str.
Enzbach
Kapellenstr.
Fried-
hof
An der Trift
1 = An der Drüghweide
2 = Pastoratsstraße
3 = Backesgarten
Turmberg
194
Theudebert-
str.
Burgstraße
Sport-
pl.
NSG
Im Broich
Grillhütte
Eulenberg
202
Kapelle
Auf dem
Pössenacker
Bungart-
hof
Reit-
pl.
Bend
Im
Plenkseling
Auf der
Heide
Modell-
fluggelände
Antoni-
gartzem
Görresberg
230
Ton
In der Delle
Lehmkaul
Enzener Straße
Gewerbe-
gebiet
Virnich
Virnicher
Burg
Kläranl.
Mühle
Am Lindenberg
Euskirchener Str.
Veynaustraße
Nikolausstr.
Stadtteil
Obergartzem
(zu Mechernich)
Enzbach
Ton
Eifel-Therme
Zikurrat
3 = Ublerstraße
Virnicher Str.
Burg
Firmenich
Friedhof
Bonner Straße
Pr.-Bergsch-Str.
Kinderg.
Sportpl.
Spiel-
pl.
1=Zum Sportplatz
Ton
Gertrudenhof
Lohmühle
Brühler
Firmenich
Gehn
56
240
266
477
280
5616
5614
5612
336
338
298
810
811
808
896

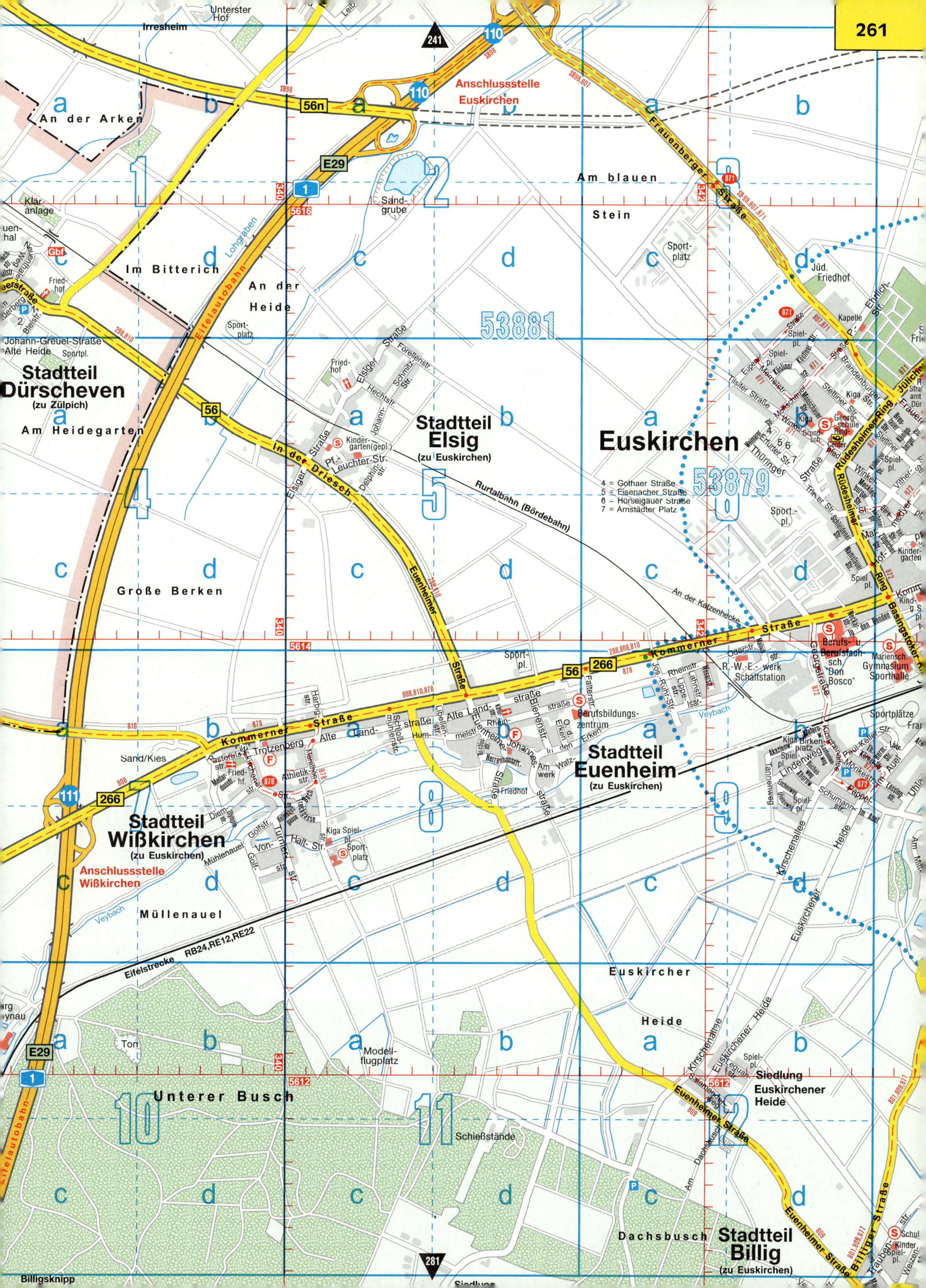
Unterster Hof
Irresheim
241
110
Anschlussstelle Euskirchen
56n
An der Arken
E29
1
Am blauen Stein
Frauenberger Straße
Kläranlage
Sandgrube
Im Bitterich
Lohgraben
Eifelautobahn
An der Heide
Sportplatz
Sportpl.
Jüd. Friedhof
53881
Kapelle
Johann-Greuel-Straße
Alte Heide
Stadtteil Dürscheven
(zu Zülpich)
Am Heidegarten
56
Friedhof
Elsiger Straße
Forellenstr.
Schmitz-Str.
Hechtstr.
Johann-
Kindergarten(gepl.)
Pf.-Leuchter-Str.
Delphinstr.
In der Driesch
Stadtteil Elsig
(zu Euskirchen)
Euskirchen
Rurtalbahn (Bördebahn)
4 = Gothaer Straße
5 = Eisenacher Straße
6 = Hörselgauer Straße
7 = Arnstädter Platz
53879
Georgschule
Kiga
Grundsch.
Rüdesheimer Ring
Thüringer Straße
Trierer Str.
Tilsiter Straße
Stettiner Str.
Brandenburger Str.
Kindergarten
Große Berken
Euenheimer Straße
An der Katzenhecke
Kommerner Straße
Sportpl.
266
Basingstoker Ring
Berufs- u. Berufsfachsch. „Don Bosco"
Mariensch. Gymnasium Sporthalle
Rheinstr.
Lippestr.
Isar-
Oderstr.
Georgstraße
R.-W.-E.-werk Schaltstation
Jos.-Ruhr-Str.
Veybach
Sportplätze
Berufsbildungszentrum
Bienenstr.
Falterstr.
Alte Landstraße
Herrenhausstr.
Johannesstraße
Friedhof
Stadtteil Euenheim
(zu Euskirchen)
Sand/Kies
Trotzenberg
Athletikstr.
Heidestr.
Stadtteil Wißkirchen
(zu Euskirchen)
111
Anschlussstelle Wißkirchen
Mühlenauel
Golfstr.
Von-Golf-
Turnerstr.
Halt.-Str.
Kiga Spielpl.
Sportplatz
Müllenauel
Kirschenallee
Heide
Lindenweg
Schumannstr.
Paul-Keller-Str.
Eifelstrecke RB24,RE12,RE22
Euskircher Heide
Euskirchener Heide
Tongrube
Modellflugplatz
Siedlung Euskirchener Heide
Unterer Busch
Schießstände
Am Dachsbusch
Dachsbusch
Stadtteil Billig
(zu Euskirchen)
Billiger Straße
Schule
Kindergarten Spielpl.
281
Billigsknipp
Siedlung
5616
5614
5612
340
342

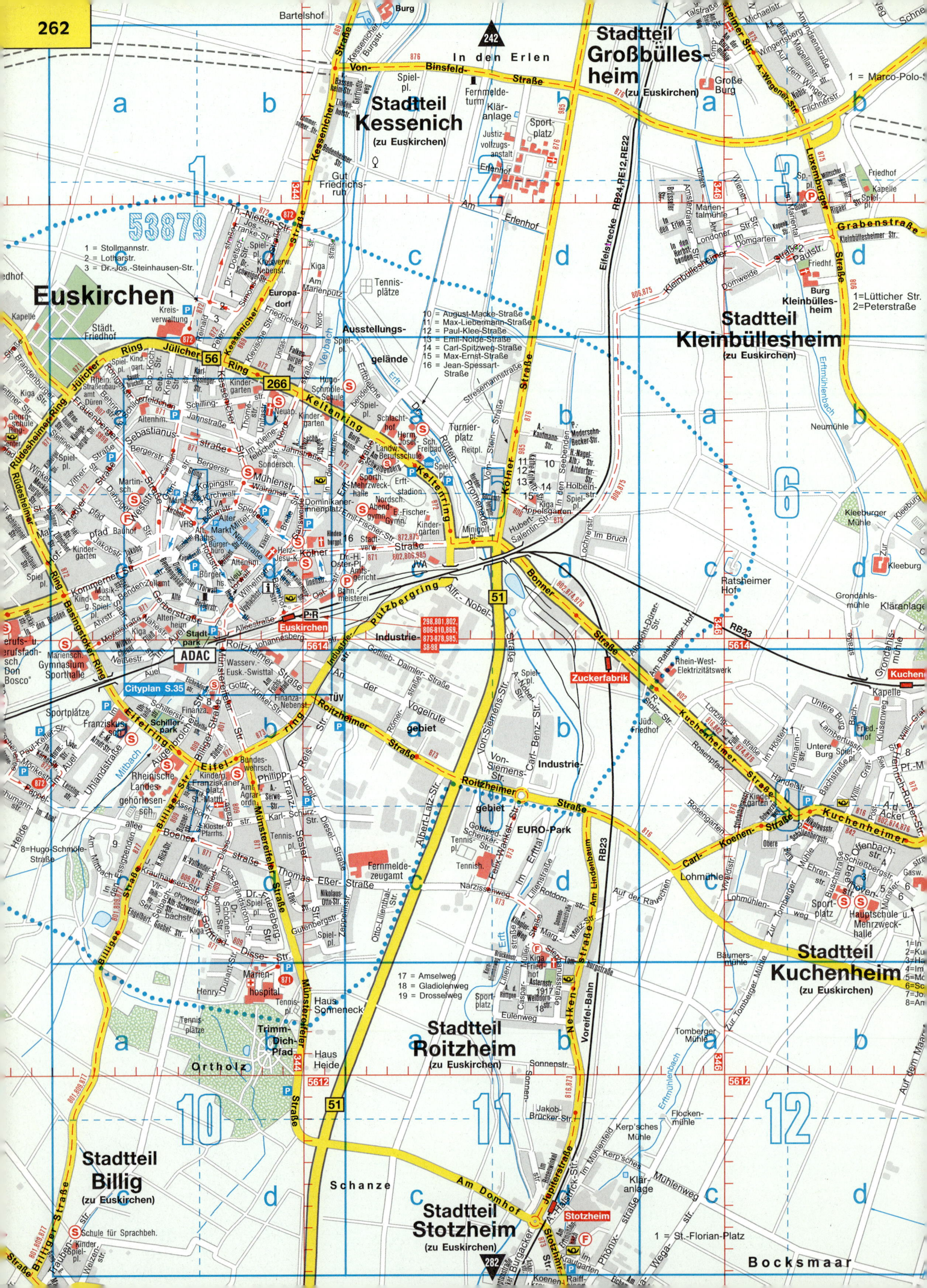
Stadtteil Kessenich
(zu Euskirchen)
Stadtteil Großbüllesheim
(zu Euskirchen)
Euskirchen
53879
Stadtteil Kleinbüllesheim
(zu Euskirchen)
Stadtteil Kuchenheim
(zu Euskirchen)
Stadtteil Roitzheim
(zu Euskirchen)
Stadtteil Billig
(zu Euskirchen)
Stadtteil Stotzheim
(zu Euskirchen)
1 = Stollmannstr.
2 = Lotharstr.
3 = Dr.-Jos.-Steinhausen-Str.
10 = August-Macke-Straße
11 = Max-Liebermann-Straße
12 = Paul-Klee-Straße
13 = Emil-Nolde-Straße
14 = Carl-Spitzweg-Straße
15 = Max-Ernst-Straße
16 = Jean-Spessart-Straße
1=Lütticher Str.
2=Peterstraße
1 = Marco-Polo-S
17 = Amselweg
18 = Gladiolenweg
19 = Drosselweg
8=Hugo-Schmolz-Straße
1 = St.-Florian-Platz
Cityplan S.35
ADAC
Euskirchen
Zuckerfabrik
Stotzheim
Kuchenheim
Bartelshof
Burg
In den Erlen
Von-Binsfeld-Straße
Fernmeldeturm
Kläranlage
Justizvollzugsanstalt
Sportplatz
Erlenhof
Gut Friedrichsruh
Große Burg
Friedhof
Kapelle
Grabenstraße
Kleinbüllesheimer Str.
Burg Kleinbüllesheim
Eifelstrecke RB24,RE12,RE22
Kessenicher Straße
Jülicher Ring
Keltenring
Kölner Straße
Bonner Straße
Ausstellungsgelände
Tennisplätze
Erftstadion
Turnierplatz
Neumühle
Kleeburger Mühle
Kleeburg
Ratsheimer Hof
Grondahlsmühle
Kläranlage
RB23
Rhein-West-Elektrizitätswerk
Kuchenheimer Straße
Industriegebiet
Gottlieb-Daimler-Straße
Vogelrute
Roitzheimer Straße
Carl-Benz-Str.
Von-Siemens-Str.
EURO-Park
Fernmeldezeugamt
Thomas-Eßer-Straße
Münstereifeler Straße
Marienhospital
Haus Sonneneck
Haus Heide
Ortholz
Trimm-Dich-Pfad
Eifelring
Rüdesheimer Ring
Basingstoker Ring
Billiger Straße
Pützbergring
Alfr.-Nobel-Straße
Carl-Koenen-Straße
Lohmühle
Tomberger Mühle
Flockenmühle
Kerp'sches Mühle
Mühlenweg
Am Domhof
Schanze
Jakob-Brücker-Str.
Sonnenstr.
Voreifel-Bahn
Nelkenstraße
Jupiterstraße
Bocksmaar
Hauptschule u. Mehrzweckhalle
Stadt. Friedhof
Kreisverwaltung
Gymnasium
Sportplätze
Mitbach
Erftmühlenbach
Veybach

Motocross-
bahn
Fried-
hof
Kapelle
Straßfelder Weg
Sandgrubenweg
Am Ruhmut
Elch-
str.
Altenheim
Marderstr.
Eichstraße
Dachs-
straße
Esch-
Luchsstr.
Reh-
Am Nonnenhof
Kiga
Spiel-
platz
Josef-
Schätterjan-
Sportanl.
Bruchstr.
Hasenpfad
Stadtteil
Dom-Esch
(zu Euskirchen)
Dom-
Dr.-Ströder-Str.
Am Mömerzheimer Weg
Kapelle
Mömerzheim
Stadtteil
Weidesheim
(zu Euskirchen)
Hinter der Pfaffenmaar
1 = Kreitzgasse
2 = Vikariegasse
3 = Pfarrer-Dr.-Kurthen-Str.
4 = Salierstr.
Burgacker
Schießbach
Swisttal
53913
Ortsteil
Ludendorf
(zu Swisttal)
Escher Str.
Weidesheimer Str.
Ollheimer Straße
Rathausstraße
Bauhof
Sport-
platz
Bolz-
pl.
Raths.
Rathausstr.
Ohrbach
Essig
ehem.
Kloster
Bürger-
haus
Friedhof
Kiga
Am Weidesheimer
Bataverstr.
Dorf-
graben
Voreifel-Bahn
Bajuwarenstr.
Stavenstr.
Cherusker-
straße
Auf der
Lohe
Benden-
weg
RB23
Gewerbe-
park Odendorf
Gewerbepark
Odendorf
Kirschenpfad
Bahnhofstr.
Baugebiet
Bendenweg-West
Südstraße
Jülicher Ring
Wilkens-
Karthäuserweg
Raiffeisenstr.
Tomberg-
Essiger Str.
Orbachstr.
Rob.-Koch-Str.
Ost-
Mieler
Dreeser Weg
1=Am Zehnthof
Bürgerhs
Büchel
Seniorenhm.
Jugendhs
Kinderg.
Frieden-
Franken-
Kellenring
Germanenstr.
Römerstr.
Gotenstr.
Fried-
hof
Turn-
halle
In der Freiheit
Köpen-
garten
Schornbusch
Speckelstein
Stein-
Flamersheimer
Tennis-
platz
Grill-
platz
Sport-
pl.
Schieß-
stand
Ortsteil
Odendorf
(zu Swisttal)
Schornbusch
Die Wässers
Meilenstein
Straße
Telemannstr.
Rodder-
benden
53881
Palmersheimer
Straße
Odendorfer Weg
Kläran-
lage
Krebs-
gasse
Hedwigstr.
Elisabethstr.
Schorn-
buschstr.
Kiga
Margareten-
str.
Friedhof
Hofgut
Palmers-
heim
Stadtteil
Palmersheim
(zu Euskirchen)
Monikastr.
Rodderbach
Lapper-
mühle
1 = Klunkert
2 = Flamersheimer Weg
3 = Cäcilienweg
Spiel-
pl.
243
283
56
266
5614
5616
5612
348
350

Swisttal
53913
Ortsteil Miel
(zu Swisttal)
Ortsteil Ludendorf
(zu Swisttal)
Stadtteil Niederdrees
(zu Rheinbach)
Stadtteil Oberdrees
(zu Rheinbach)
Rheinbach
53359
Peppenhoven
Hohn
Vier Bänke
Berghof
Müll-deponie
AS Miel
Golfplatz
Vollmar
Kläranlage
Burg Peppenhoven
Tank-und Raststätte Peppenhoven
Unten im Buschfeld
Hinkental
1=Schloßallee
1 = Auf dem Berggarten
2 = Hüllengarten
14 = Schweitzerstraße
15 = Von-Galen-Straße
16 = Heuss-Knapp-Straße
17 = Delpstraße
Bundesstraße
Mieler Straße
Heidgesweg
Bonner Str.
Rathausstraße
Swistbach
Wallbach
Ohrbach
Jungbach
Voreifel-Bahn
RB 23
244
284

An der Eselsmar
Kapelle
Heidehof
Marienhof
Margaretenhof
Wilhelmshof
Lusbacher Weg
Am Steinrausch
(zu Alfter)
Schmale Allee
4 = Eiselsmaar
1 = Am Schlagbaum
2 = Toniusplatz
3 = Joh.-Kohlmann-Straße
Karl-Kaufmann-Weg
Poststraße
Bundesstr.
Am Zuschlag
Steinrausch
Schießsport-anlage
Tennis-platz
Sport-platz
Spiel-platz
Bürger-haus
Jugend-treff
Baugebiet Buschhoven Süd
Ortsteil Buschhoven
(zu Swisttal)
Quarz-abbau
Forst
Wehrbusch
Rottpfädchen
Jagdweg
Ortsteil Morenhoven
(zu Swisttal)
Baugeb.
Bus-Halte- und Wendeplatz
Schießsport-anl.
Burg Morenhoven
1 = In der Sürst
Grill-platz
Mühlengraben
Auf dem Richterberg
Im Zuschlag
Kies
Eulenbach
Müttinghoven
Kolferbenden
Kläranlage
Kottenforst-weg
Hochbach
Swistbach
Konrad-Adenauer-Straße
1 = Klosteraue
Sport-platz
Fliesweg
Stadtteil Flerzheim
(zu Rheinbach)
Stadtteil Lüftelberg
(zu Meckenheim)
Flerzheimer
Haus Heisterbach
Altenheim
Kinder-garten
Gronauweg
Burg St. Petrus Lüftelberg
Marienhof
Obsthof
Bergerhof
Bonner Straße
Stadtteil Ramershoven
(zu Rheinbach)
Peppenhovener Straße
Hochbachweg
Mehrzweck-halle
Heerstraße
Flerzheimer Straße
Fuchskaul
An der Fuchskaul
Auf der Schöp
Im Bremeltal
Industriestr.
Rettungs-wache
Wasserweg
Swistaue
245
285
5616
5614
5612

Naturschutzgebiet
246
Staatsforst
Propst-forst
Kottenforst-
53125
Volmershoven
(zu Alfter)
Heidgen
Rulandsweg
Modersmaar
Pumpwerk
Borkeshof
Königsmaar
Kottenforst
Schutzhütte
Hubertusstein
Flerzheimer Allee
Forsthaus Röttgen
Reichsstraße
Schumacherkreuz
Staats-
Dickbaumskreuz
Rehsprungmaar
Zweibeinige Eiche
Naturpark
Kottenforst-
Ville
Kottenforst-
Königsbuche
Grillplatz
Am Vogelherd
Weingartsbahn
Starke Eiche
Prinz-Oskar-Eiche
Jägerhäuschen
Prinz-Eitel-Friedrich-Eiche
Kaisereiche
Dicke Eiche
Professorweg
Kotten-
Festeberg 181
Anschlussstelle Meckenheim-Nord
Mammuteiche
Sängerbüsch
Industriepark
Kottenforst
Meckenheim Industriepark
Obsthof
Bergerhof
Am Pannacker
1 = Sanddornweg
2 = Am Wäldchen
3 = Magnolienstraße
4 = Aprikosenstraße
5 = Kastanienstraße
6 = Ebereschenstraße
Forsthaus Lüftelberg
Bundeskriminalamt
Sängerhof
Stadtteil Merl
(zu Meckenheim)
286
Anschlussstelle Meckenheim-Merl
Meckenheimer Allee
Paul-Dickopf-Straße
Waldfriedhof Kottenforst
Haus Alfter
Wasserbehälter
Forstamt Bonn
Thomask. Schlossbachsch.
1 = Im Tonrevier

Staatsforst
Ortsteil Godesberg-Nord
(zu Bonn)
Ortsteil Röttgen
(zu Bonn)
1 = Wilhelm-Kerp-Straße
2 = Im Johengarten
3 = Karl-Meisen-Weg
Kottenforst
Bungeatsbusch
NSG Katzenlochbach
Hof Annaberg
Forsthaus Venne
Venner Straße
Schmale Allee
Marienforst
Naturpark
forst
Ville
forst
Wundertanne
Sonnenberg 178
Huppenberg
Haselingsberg
Ortsteil Pech
(zu Wachtberg)
Wachtberg
Ortsteil Villiprott
(zu Wachtberg)
1 = Gudenauer Busch
Ortsteil Villip
(zu Wachtberg)
Wohn- und Gewerbepark Villip
Im heiligen Stumpf
Wachtbergring
Pecher Straße
1 = Holzpfad
2=Im Scheidacker
53127
53175
53177
53343
247
287

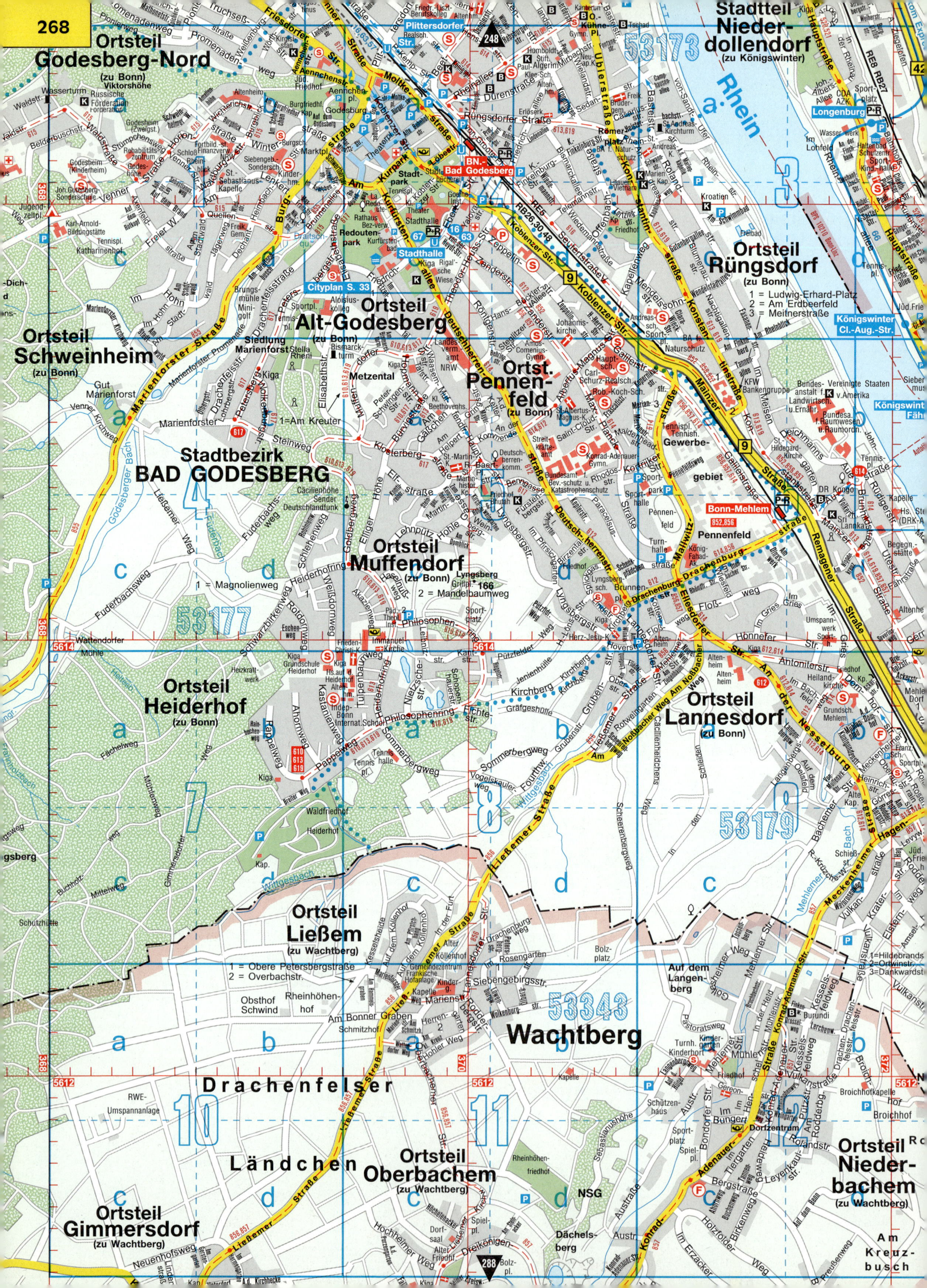
Ortsteil Godesberg-Nord (zu Bonn)
Stadtteil Nieder-dollendorf (zu Königswinter)
Rhein
Ortsteil Rüngsdorf (zu Bonn)
1 = Ludwig-Erhard-Platz
2 = Am Erdbeerfeld
3 = Meinertstraße
Ortsteil Schweinheim (zu Bonn)
Ortsteil Alt-Godesberg (zu Bonn)
Ortst. Pennenfeld (zu Bonn)
Stadtbezirk BAD GODESBERG
Ortsteil Muffendorf (zu Bonn)
2 = Mandelbaumweg
1 = Magnolienweg
1=Am Kreuter
Ortsteil Heiderhof (zu Bonn)
Ortsteil Lannesdorf (zu Bonn)
Ortsteil Ließem (zu Wachtberg)
1 = Obere Petersbergstraße
2 = Overbachstr.
Wachtberg
Drachenfelser Ländchen
Ortsteil Oberbachem (zu Wachtberg)
Ortsteil Gimmersdorf (zu Wachtberg)
Ortsteil Niederbachem (zu Wachtberg)
1=Hildebrands
2=Ortwinstr.
3=Dankwardst
Bad Godesberg
Bonn-Mehlem
Pennenfeld
Cityplan S. 33
Stadthalle
Redoutenpark
Plittersdorfer Str.
Koblenzer Str.
Mainzer Str.
Deutschherrenstr.
Marienforster Str.
Ließemer Straße
Konrad-Adenauer-Str.
Meckenheimer Str.
Drachenburgstraße
Longenburg
Königswinter Cl.-Aug.-Str.
53173
53177
53179
53343
248
288
5614
5612
368
369
370
372
1
2
3
4
5
6
7
8
9
10
11
12
Am Kreuz-busch

Naturpark
Petersberg
Königswinter
53639
Siebengebirge
Nonnenstromberg
335
Kutzenberg
145
Jungfernbusch
Kleiner Ölberg
332
Bröchen
Rosenau
323
Remscheid
261
Großer Ölberg
459
Ferdinand-Mülhens-Straße
Pottscheid
Tuffstein
Ofenkaul
Nachtigallental
Sieben-
Stadtteil Ittenbach
(zu Königswinter)
Lohrberg
435
Gertrudenhof
(Milchhäuschen)
Schallenberg
309
324
384
Wolkenburg
324
Bolvershahn
219
Schloss Drachenburg
Natur-
331
Drachenfels
Löwenburger Hof
Löwenburg
455
Cityplan S.35
Königswinter Denkmal
Stadtteil Rhöndorf
(zu Bad Honnef)
Beierscheid
Knelingshardt
318
schutz-
gebirge
gebiet
Rhein
Rhöndorf
Ortsteil Mehlem
(zu Bonn)
Mehlem
1=Dietrich-Glauner-Straße
1=Karl-Broel-Str.
Rommersdorf
Rommersdorfer Hütte
Bad Honnef
53604
Bondorf
Kitzenhardt
Bad Honnef Am Spitzenb.
Bad Honnef
Telekom Express
Yachthafen
Nonnen-
werth
Grafen-
werth
Stadtteil Rolandswerth
(zu Remagen)
Rodderberg
195
Rolandseck
Beuel
Steinbüscherhof
Schmelztalstraße
Selhof
1=Am Schwedenkreuz
2=Rheinstraße
1=Kapellenstraße
2=Haardweg
3=Schorbachweg
4=Martinsweg
Bad Honnef (Rhein)
249
289

Stadtteil Ittenbach
(zu Königswinter)
Gräfenhohn
Hüscheid
AS Siebengebirge
Döttscheid
Taubenberg 225
Grafen-busch 227
Scheffenberg
Laagbusch
Beuel 246
Brüngsberg
Margaretenhöhe
Lahr
Laagshof
Hartenbruch
Staatsforst
Siegburg
Scheerkopf 373
Langendörfer Hütte
Natur-
schutz-
gebiet
Hövel
Wehrhütte
Frühmeßeiche
Jagdhaus
Honnefer
Schellkopf 275
Stadtteil Aegidienberg
(zu Bad Honnef)
Hupperichsberg 309
Siefenhofen
Reisberg 268
Stadtwald
Stollen Johannisberg
Jagdhaus Schmelztal
Neichen
Servatiushof
Wingsberg
Kitzenhardt
Drei Eichen
Himberg
Himberg 335
Himberger See
Florianshütte (Grillhütte)
Himmerich 366
Broderkonsberg 377
NSG
Ravenbruchhütte
Mäckihütte
Im Schwarzen Bruch
1=Pfarrer-Franßen-Weg
2=Meisenweg
3=Finkenweg
4=Amselweg
5=Im Scheffenbungert
6=Im Kantegarten
7=Auf dem Strickart
8=Ittenbacher Harth
9=Am Westhang
10=Holunderweg
11=Pfarrer-Hambüchen-Weg
1 = Altenhofweg
Königswinterer Straße
Aegidienberger Straße
Ittenbacher Straße
Himberger Straße
Eudenbacher
ICE-Strecke
E35
33
3
250
290
5614
5612

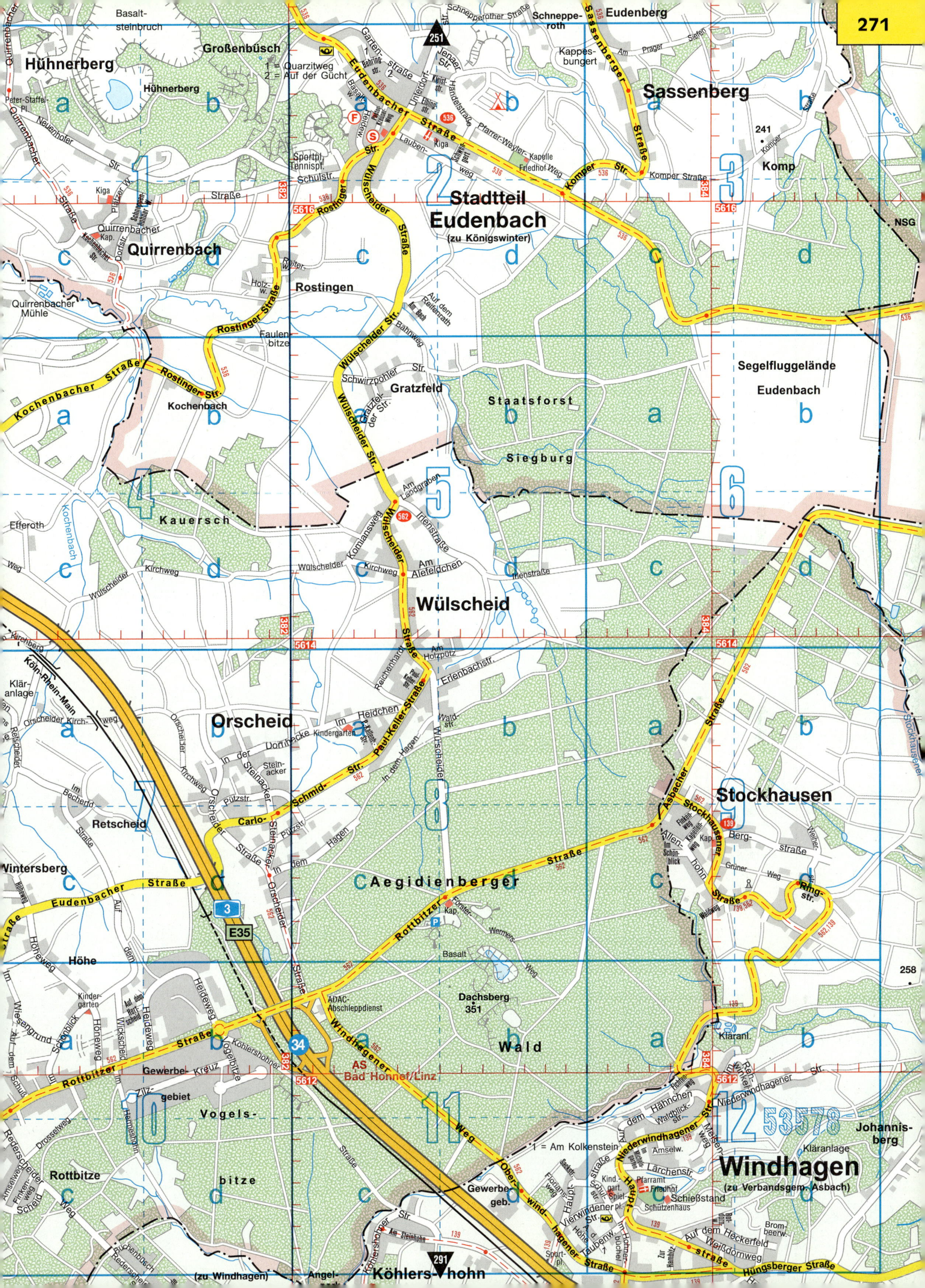
Hühnerberg
Großenbüsch
Basalt-steinbruch
Schneppe-roth
Eudenberg
Kappes-bungert
Sassenberg
Komp
241
Stadtteil Eudenbach
(zu Königswinter)
Quirrenbach
Quirrenbacher Mühle
Rostingen
Faulen-bitze
Gratzfeld
Staatsforst
Siegburg
Segelfluggelände Eudenbach
NSG
Kochenbach
Kauersch
Efferoth
Wülscheid
Orscheid
Retscheid
Wintersberg
Höhe
Klär-anlage
Stockhausen
Aegidienberger
Basalt
Dachsberg
351
Wald
ADAC-Abschleppdienst
AS Bad Honnef/Linz
Vogels-
bitze
Gewerbe-gebiet
Rottbitze
Gewerbe-geb.
Windhagen
(zu Verbandsgem. Asbach)
Johannis-berg
258
53578
Köhlershohn
(zu Windhagen)
Kochenbacher Straße
Rostinger Straße
Wülscheider Str.
Eudenbacher Straße
Sassenberger Straße
Komper Str.
Asbacher Straße
Stockhausener Straße
Rottbitzer Straße
Aegidienberger Straße
Windhagener Weg
Niederwindhagener Str.
Hüngsberger Straße
Ober-windhagener Straße
E35
3
34
251
291
1 = Quarzitweg
2 = Auf der Gücht
1 = Am Kolkenstein

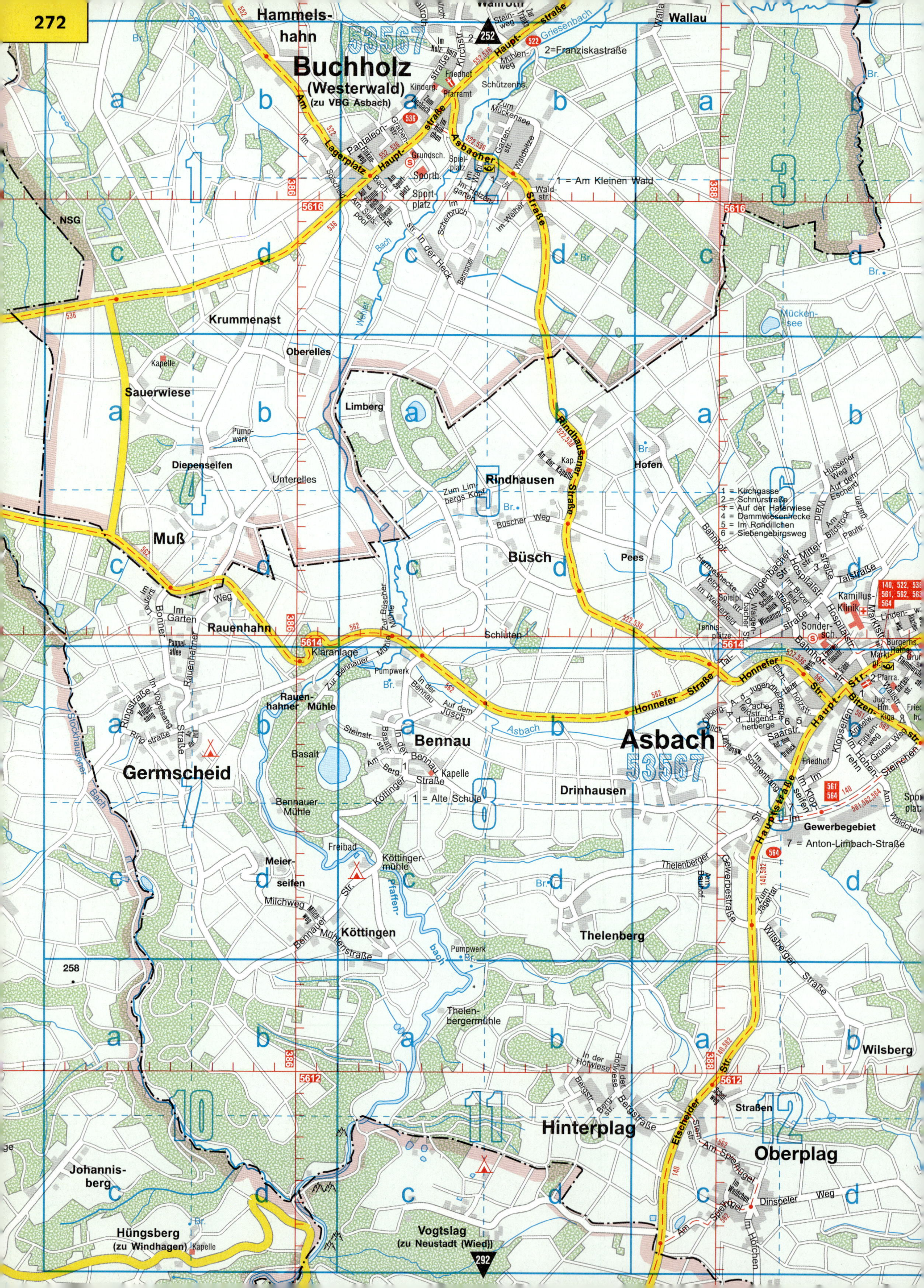
Hammels-
hahn
Buchholz
(Westerwald)
(zu VBG Asbach)
53567
Wallau
2=Franziskastraße
1 = Am Kleinen Wald
NSG
Krummenast
Oberelles
Kapelle
Sauerwiese
Limberg
Diepenseifen
Unterelles
Rindhausen
Hofen
Muß
Büsch
Pees
Mücken-
see
1 = Kirchgasse
2 = Schnurstraße
3 = Auf der Haferwiese
4 = Dammwiesenhecke
5 = Im Rondillchen
6 = Siebengebirgsweg
Rauenhahn
Kläranlage
Schluten
Kamillus-
Klinik
Rauen-
hahner Mühle
Germscheid
Bennau
1 = Alte Schule
Asbach
53567
Drinhausen
Gewerbegebiet
7 = Anton-Limbach-Straße
Bennauer
Mühle
Freibad
Köttinger-
mühle
Meier-
seifen
Köttingen
Thelenberg
258
Thelen-
bergermühle
Wilsberg
Hinterplag
Oberplag
Johannis-
berg
Hüngsberg
(zu Windhagen)
Vogtslag
(zu Neustadt (Wied))
292
252

Neuenhof (zu Kircheib)
Tente
Limbach
1=Im Johannisgarten
Löhe
Hussen
Hirz-Maulsbach (zu VBG Altenkirchen(Westerwald))
57635
Hähnen
Hirzbach
Maulsbach
Nieder-maulsbach
Ditscheid
Graben
Sessenhausen
Wester
1 = Birkenweg
Krumbach
Krumscheid
Zurheiden
Altenhofen
1 = Zur Wallfahrtskapelle
Niedermühlen
Krumbachsmühle
Schöneberg
57632
Kescheid (zu VBG Flammersfeld)
Krankel
Kapelle Utgenbach
Heide
Kapauns-mühle
Kalscheid
Diefenau
Mehrbach
253
293

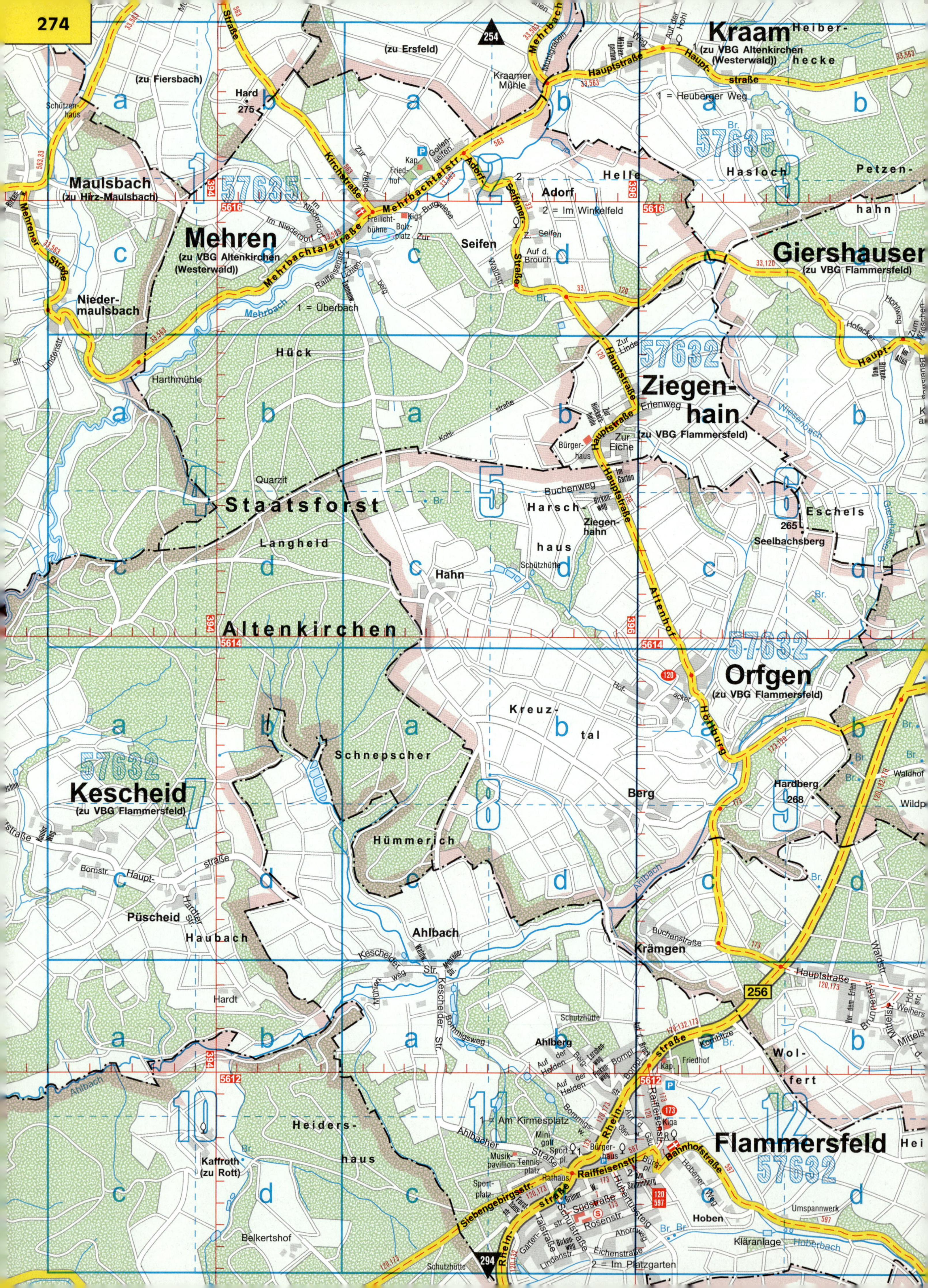
Kraam
(zu VBG Altenkirchen (Westerwald))
Heiber-hecke
Hauptstraße
1 = Heuberger Weg
57635
Hasloch
Petzen-hahn
Helle
(zu Ersfeld)
(zu Fiersbach)
Hard 275
Kraamer Mühle
Mehrbachtalstr.
Kirchstraße
Adorf
2 = Im Winkelfeld
Seifen
Seifener Straße
Auf d. Brouch
Maulsbach
(zu Hirz-Maulsbach)
Mehren
(zu VBG Altenkirchen (Westerwald))
Mehrbachtalstraße
Mehrener Straße
Nieder-maulsbach
Harthmühle
Mehrbach
1 = Überbach
Freilicht-bühne
Kiga
Bolz-platz
Giershausen
(zu VBG Flammersfeld)
Hück
Ziegen-hain
(zu VBG Flammersfeld)
57632
Hauptstraße
Erlenweg
Bürger-haus
Zur Eiche
Staatsforst
Quarzit
Langheld
Harsch-haus
Ziegen-hahn
Buchenweg
Schützhütte
Eschels
265
Seelbachsberg
Hahn
Altenkirchen
Altenhof
Orfgen
(zu VBG Flammersfeld)
Kreuz-tal
Höhburg
Kescheid
(zu VBG Flammersfeld)
Schnepscher
Hümmerich
Berg
Hardberg 268
Waldhof
Püscheid
Haubach
Hardt
Ahlbach
Krämgen
Buchenstraße
Hauptstraße
Kescheider Weg
Schutzhütte
Ahlberg
Wol-fert
Friedhof
Heiders-haus
Kaffroth
(zu Rott)
1 = Am Kirmesplatz
Flammersfeld
57632
Bahnhofstraße
Raiffeisenstr.
Rathaus
Siebengebirgsstr.
Rheinstraße
Südstraße
Rosenstr.
Hoben
Umspannwerk
Kläranlage
Hoberbach
Belkertshof
Eichenstraße
2 = Im Platzgarten
Schutzhütte
254
256
294

Hemmelzen
(zu VBG Altenkirchen(Westerwald))
57612
1 = Im Prinzengarten
Hofstadt
Stümpfen
Thor-
hecke
Schwisseln
1 = Hemmelzer Weg
Alter
Stall
Mühlenberg
Hähnen
57632
Walterschen
(zu VBG Flammersfeld)
Joch
Hauptstraße
Raiffeisenstraße
Langes Holz
Ohligsberg
266
Gay
Kallbitze
Reh-
hard
Schaffeld
Niederölfen
Ringstraße
Kiga
Lerchenweg
Sonnenhof
57638
Neitersen
(zu VBG Altenkirchen
(Westerwald))
1=Erlenweg
2=Bannerscheidt
3=Gartenwinkel
Fladersbach
Seibelberg
Obernau
(zu VBG Flammersfeld)
Rheinstraße
Gartenstraße
Rhein-
straße
Herrenwiese
Gbf
Wied
Wiedstraße
Kahlhardt
Obernauer Kopf
265
Neiterschen
Lohbitze
Schürdt
(zu VBG Flammersfeld)
= Finkenweg
= Fichtenweg
Bürgerhaus
Uhlenhorst
Dreisbachsfeld
Kläranlage
Strickhausen
Mühlenstraße
Hölchesberg
Berzhausen
(zu VBG Flammersfeld)
Hai-
nen
Schöneberg
(zu VBG Altenkirchen
(Westerwald))
1=Friedhofsweg
Sportplatz
Emma
Wohm-
born
257
Brunnen
Pumpwerk
Hauptstraße
1 = Auf der Helten
Reiferscheid
(zu VBG Flammersfeld)
Scheid
Westerwaldbahn
Breibacher
Hof
Brüchen
(zu Stürzelbach)
Altenkirchener Str.
Altrāusch
Wiesenhof
Die-
derscht
2 = Im Schülersgarten
Bettgenhausen
Breibach
Ortsteil
Breibach
(zu Niederwambach)
Waldhof
(zu Ratzert)
Naturdenkmal
Seelbach
(Westerwald)
(zu VBG Flammersfeld)
1 = Im Beulsgarten
Pumpwerk
Fuchsberg
Schulstr.
255
295
256
120
173
5616
5614
5612
398
400

Helmenzen
(zu VBG Altenkirchen (Westerwald))
Oberölfen
57612
Altenkirchen
(Westerwald)
57610
Gräulseifen
Kumphof
Parc de Tarbes
Löh
Umspannwerk
Sauer-wiese
Gleichen
Schießstand
Stadtteil
Leuzbach
(zu Altenkirchen (Westerwald))
Bergenhausen
Westerwaldbahn
Kläranlage
Roter
Park
Westerwaldheim
Fachklinik Altenkirchen
Johannisberg
Hochwald
Almersbach
(zu VBG Altenkirchen (Westerwald))
Naturdenkmal
Friedhof
Sportplatz
Pumpwerk
Staatsforst
Altenkirchen
Rauher Stein
Anwand
Amteroth
Seifen
Fluterschen
(zu VBG Altenkirchen (Westerwald))
57614
Brauershof
1=Auf dem Koppel
2=Wiesenstraße
3=Hohlweg
Pfarrfeld
Schöneberg
(zu VBG Altenkirchen (Westerwald))
57638
326 Erbel
Stein-kaul
Delle
Maywald
Forsthaus Fluterschen
Schutzhütte Fluterschen
Leisen-heck
Wormel
Staatsforst
Mahlert
Altenkirchen
Fuchshöhl
Oberwambach
(zu VGB Altenkirchen (Westerwald))
Nötert
Rübenbitze
Trinnhausen
Sportplatz
Heckel-chen
Hasen-hard
Stürzelbach
(zu VGB Altenkirchen (Westerwald))
Ortsteil
Neitzert
(zu Rodenbach)
Rippen-hähnen
(zu Ratzert)
Stucks
356
Koblenzer Straße
Kölner Straße
Frankfurter Straße
Steimeler Weg
Wied
Wambach
256
414
8
296
5616
5614
5612
402
404

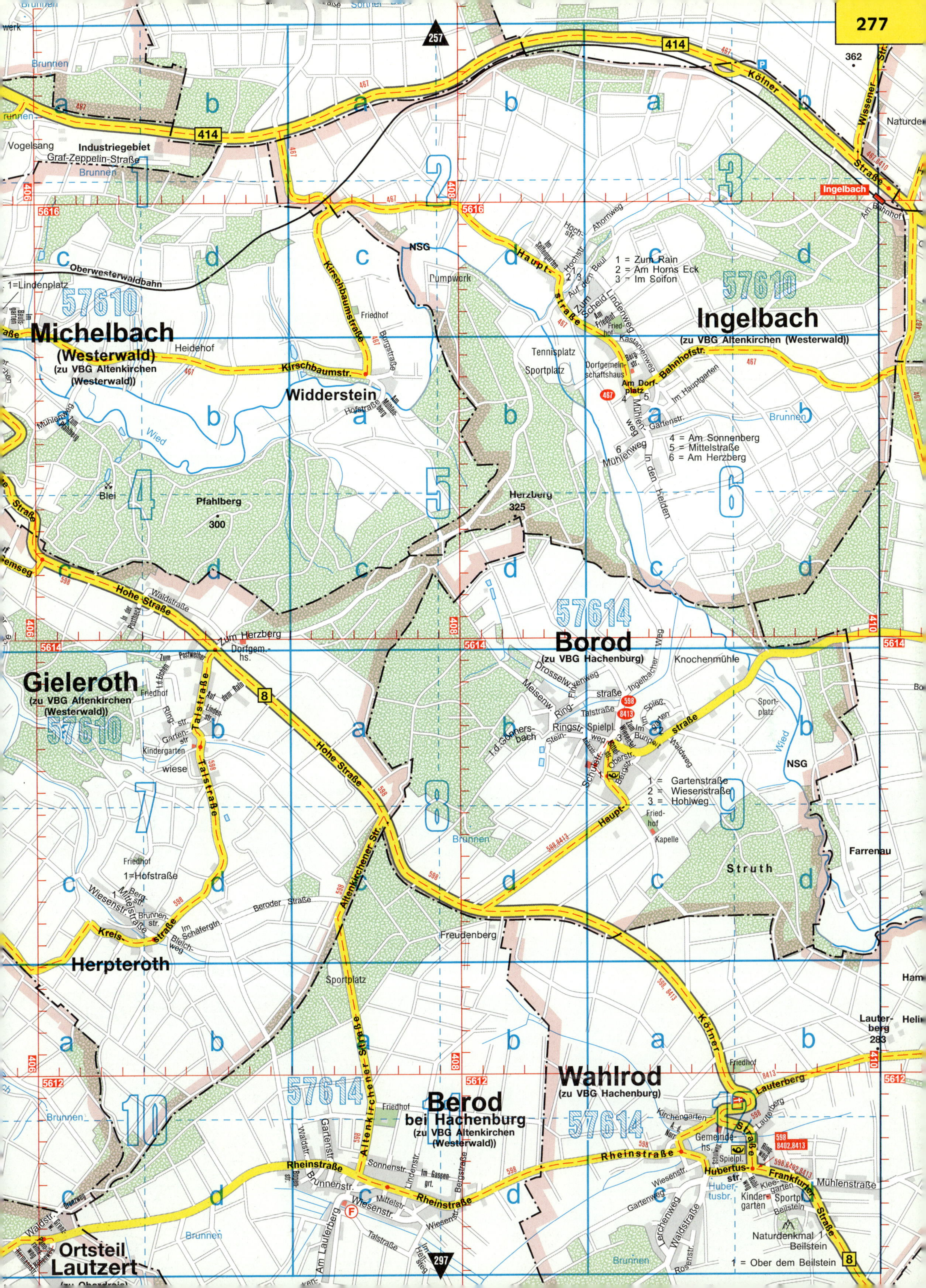
257
414
Industriegebiet
Graf-Zeppelin-Straße
Vogelsang
Brunnen
Kölner
Straße
Wissener Str.
Naturdenk
362
Ingelbach
Am Bahnhof
5616
Oberwesterwaldbahn
1=Lindenplatz
57610
Michelbach
(Westerwald)
(zu VBG Altenkirchen
(Westerwald))
Heidehof
Kirschbaumstraße
Kirschbaumstr.
Friedhof
Burgstraße
Widderstein
Hofstraße
NSG
Pumpwerk
Haupt-
straße
1 = Zum Rain
2 = Am Horns Eck
3 = Im Soifon
Ingelbach
(zu VBG Altenkirchen (Westerwald))
Tennisplatz
Sportplatz
Dorfgemeinschaftshaus
Am Dorfplatz
Bahnhofstr.
Im Hauptgarten
Gartenstr.
4 = Am Sonnenberg
5 = Mittelstraße
6 = Am Herzberg
Mühlenweg
In den Heiden
Wied
Blei
Pfahlberg
300
Herzberg
325
Hohe Straße
Waldstraße
Zum Herzberg
Dorfgem.-hs.
57614
Borod
(zu VBG Hachenburg)
Knochenmühle
Drosselweg
Finkenweg
Meisenw.
Ringstr.
Talstraße
Spielpl.
Schulstr.
Sportplatz
1 = Gartenstraße
2 = Wiesenstraße
3 = Hohlweg
Friedhof
Kapelle
Struth
Farrenau
5614
Gieleroth
(zu VBG Altenkirchen
(Westerwald))
Talstraße
Kindergarten
wiese
Friedhof
1=Hofstraße
Wiesenstraße
Beroder Straße
Altenkirchener Str.
Kreisstraße
Herpteroth
Freudenberg
Sportplatz
Brunnen
Lauterberg
283
Kölner
5612
Wahlrod
(zu VBG Hachenburg)
Friedhof
Lauterberg
Kirchengarten
Gemeindehs.
Spielpl.
Hubertusstr.
Frankfurter Straße
Mühlenstraße
Rheinstraße
Berod
bei Hachenburg
(zu VBG Altenkirchen
(Westerwald))
Gartenstr.
Waldstr.
Sonnenstr.
Lindenstr.
Brunnenstr.
Mittelstr.
Wiesenstr.
Talstraße
Am Lauterberg
Gartenweg
Wiesenstr.
Waldstraße
Lärchenweg
Naturdenkmal
Beilstein
1 = Ober dem Beilstein
Ortsteil
Lautzert
297
8

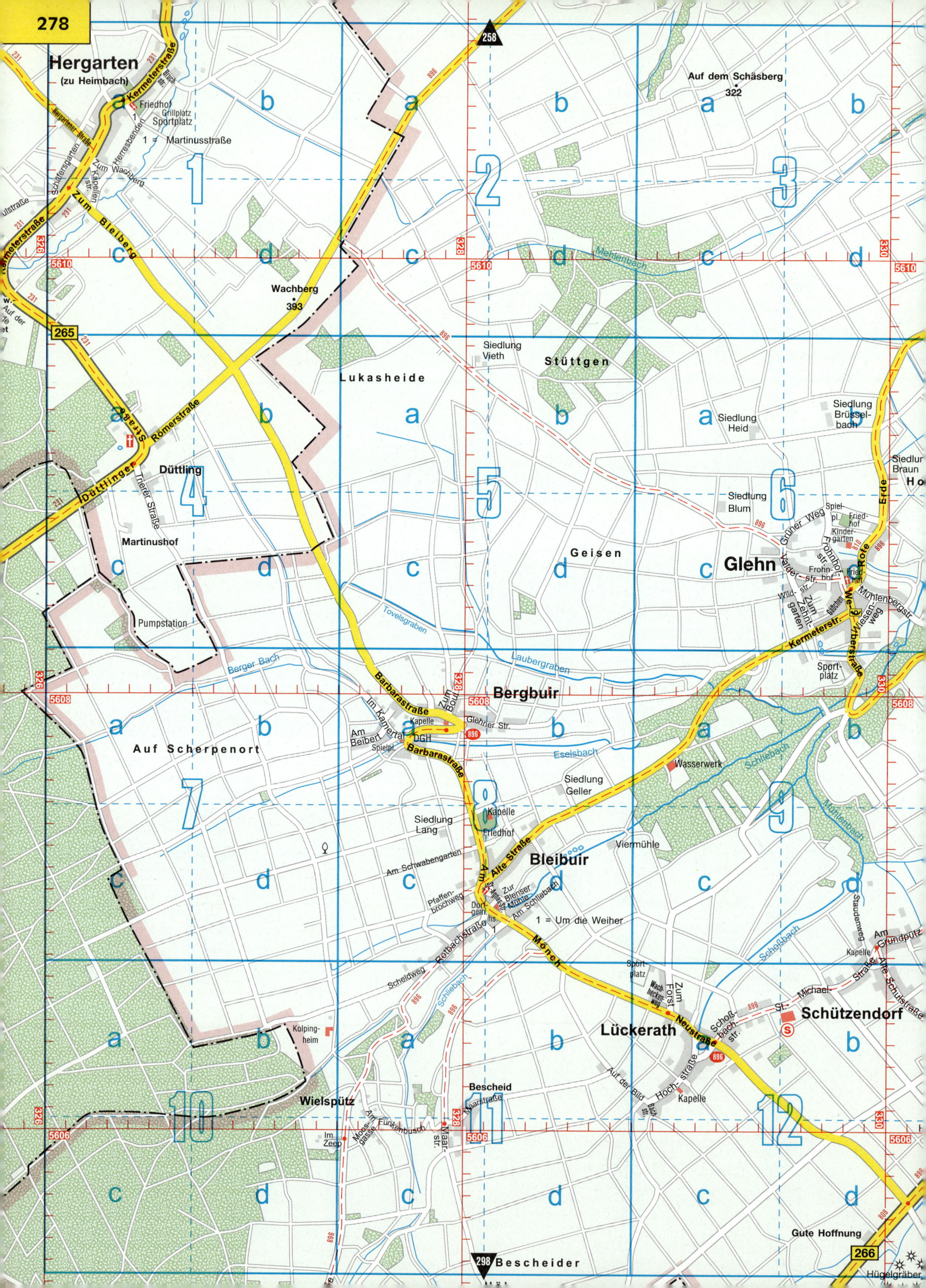
258
Hergarten
(zu Heimbach)
Kermeterstraße
Friedhof
Grillplatz
Sportplatz
1 = Martinusstraße
Zum Bleiberg
Wachberg
393
265
Römerstraße
Düttlinger Straße
Düttling
Trierer Straße
Martinushof
Pumpstation
Lukasheide
Siedlung Vieth
Stüttgen
Mehlenbach
Auf dem Schäsberg
322
Siedlung Heid
Siedlung Brüsselbach
Siedlung Blum
Glehn
Geisen
Tovelsgraben
Laubergraben
Berger Bach
Bergbuir
Barbarastraße
Glehner Str.
Kapelle
DGH
Eselsbach
Siedlung Geller
Auf Scherpenort
Siedlung Lang
Friedhof
Am Schwabengarten
Bleibuir
Alte Straße
Viermühle
Wasserwerk
Schliebach
Mühlenbach
1 = Um die Weiher
Mönch
Rotbachstraße
Scheidweg
Lückerath
Neustraße
Schützendorf
Kapelle
Schoßbach
Kolpingheim
Wielspütz
Bescheid
Maarstraße
Im Zeep
Gute Hoffnung
266
298
Bescheider
Hügelgräber
5610
5608
5606
326
328
330

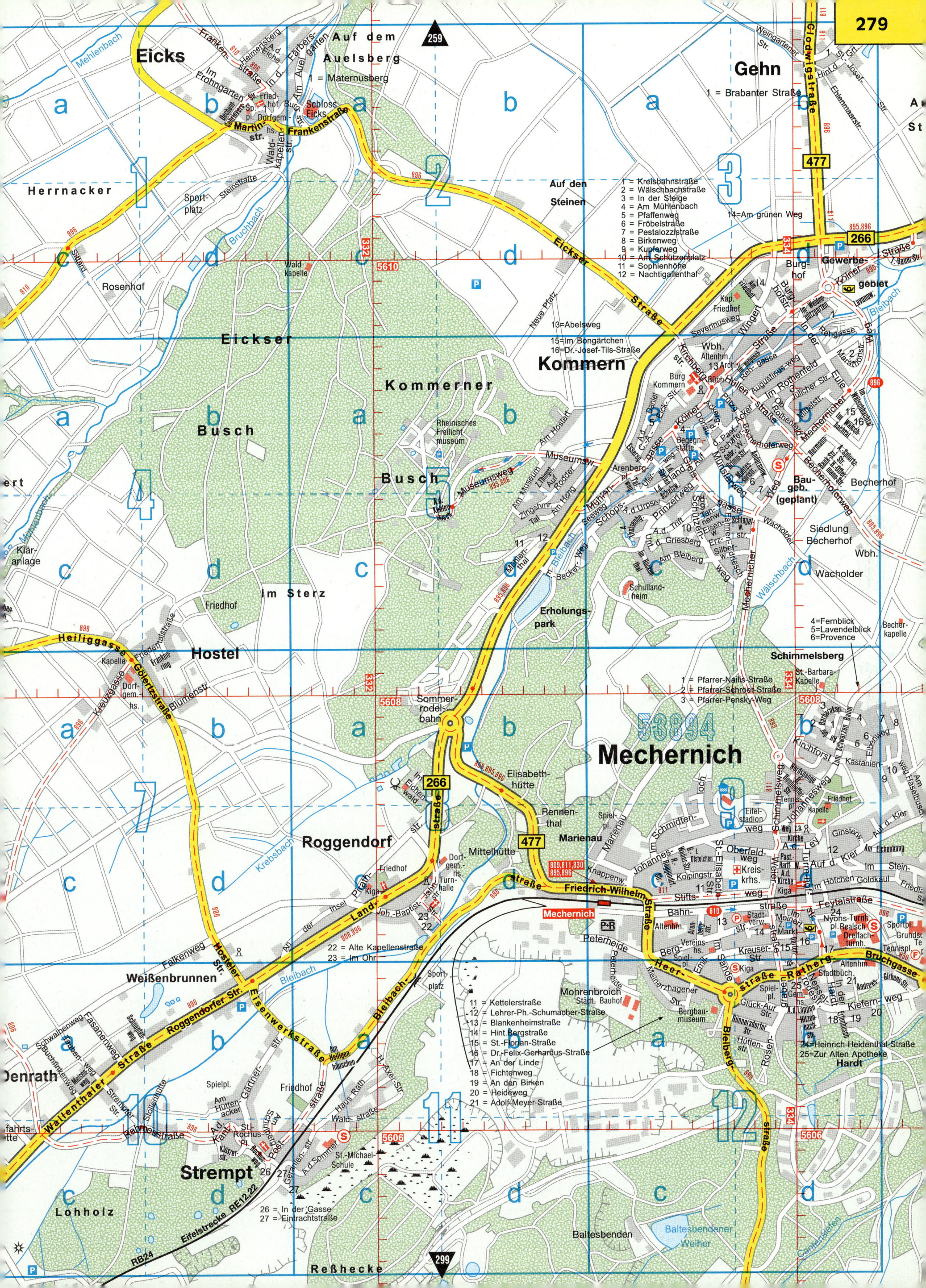
Eicks
Auf dem Auelsberg
1 = Maternusberg
Schloss Eicks
Martin-str.
Frankenstraße
Herrnacker
Sportplatz
Steinstraße
Bruchbach
Mehlenbach
Rosenhof
Waldkapelle
Gehn
1 = Brabanter Straße
Clodwigstraße
477
266
Auf den Steinen
1 = Kreisbahnstraße
2 = Wälschbachstraße
3 = In der Steige
4 = Am Mühlenbach
5 = Pfaffenweg
6 = Fröbelstraße
7 = Pestalozzistraße
8 = Birkenweg
9 = Kupferweg
10 = Am Schützenplatz
11 = Sophienhöhe
12 = Nachtigallenthal
14=Am grünen Weg
Eickser Straße
Gewerbegebiet
Burghof
Bleibach
13=Abelsweg
15=Im Bongärtchen
16=Dr.-Josef-Tils-Straße
Eickser
Kommern
Kommerner
Busch
Rheinisches Freilichtmuseum
Museumsweg
Becherhof
Bau-geb. (geplant)
Siedlung Becherhof
Wacholder
Kläranlage
Im Sterz
Friedhof
Erholungspark
Schullandheim
Wälschbach
4=Fernblick
5=Lavendelblick
6=Provence
Becherkapelle
Heiliggasse
Hostel
Kapelle
Schimmelsberg
1 = Pfarrer-Nailis-Straße
2 = Pfarrer-Schroet-Straße
3 = Pfarrer-Pensky-Weg
Sommerrodelbahn
53894
Mechernich
Elisabethhütte
Rennenthal
Marienau
Roggendorf
Mittelhütte
Krebsbach
Friedrich-Wilhelm-Straße
Mechernich
Peterheide
22 = Alte Kapellenstraße
23 = Im Ohr
Weißenbrunnen
Hosteler Str.
Roggendorfer Str.
Eisenwerkstraße
Bleibach
Mohrenbroich
Städt. Bauhof
Bergbaumuseum
Bruchgasse
11 = Kettelerstraße
12 = Lehrer-Ph.-Schumacher-Straße
13 = Blankenheimstraße
14 = Hint.Bergstraße
15 = St.-Florian-Straße
16 = Dr.-Felix-Gerhardus-Straße
17 = An der Linde
18 = Fichtenweg
19 = An den Birken
20 = Heideweg
21 = Adolf-Meyer-Straße
24=Heinrich-Heidenthal-Straße
25=Zur Alten Apotheke
Hardt
Denrath
Wallenthaler Straße
Strempt
St.-Michael-Schule
26 = In der Gasse
27 = Eintrachtstraße
Eifelstrecke RE12,22
RB24
Lohholz
Baltesbenden
Baltesbendener Weiher
Reßhecke
259
299
5610
5608
5606
332
334

Firmenich
Satzvey
Auf den Steinen
Pützberg 300
Schaven
Schavener Heide
Truppenübungsplatz
1 = Jacob-Katzvey-Straße
2 = Keltenstraße
3 = Ubierstraße
4 = Antoniusstraße
5 = Zur Wolfshöhle
Sportplatz
Kläranlage
Satzvey
Burg Satzvey
Josefshöhe
1 = Am Pfarrhaus
2 = An der Quelle
Eifelstrecke
Veybach
Bleibach
Zülpicher Hau 321
Hochwildschutzpark
15 = Im Bongärtchen
16 = Dr.-Josef-Tils-Straße
Becherhof
13 = Fichtenpfad
Eselsmaar
Krieger-Gedächtnisstätte
Kapelle
Friedhof
Lerchenhof
Kommern-Süd
Hochwildschutzpark Rheinland
Tennisplatz
Katzensteine
Röm. Wasserleitung
Katzvey
Kapelle
7=Olivenweg
8=Filskaul
9=Schwester-Anna-Huberta-Weg
10=Walnußweg
Tausendjährige Eiche
Burgfey
Kläranlage
Gut Hombusch
Spitzenbusch
Mechernich
53894
Tierheim
Mechernicher Wald
351
Fünfwegekreuz
Rißdorf
Fischteiche
Gew.-geb. (gepl.)
Vierwege
Feyermühle
Siedlung Zimmermann
Lingscheidt
Breitenbenden
Altenheim
Friedhof
Römerkanal
Siedl. Milde
Hardt
Röttgerhof
Weiler am Berge
Münstergasse
E29
266
477
896
336
338
260
300
5606
5608
5610
RE12, RE22
RB24

Billigsknipp
292
Billiger Wald
261
Siedlung
Billiger Wald
Truppenübungsplatz
Stadtteil
Billig
(zu Euskirchen)
53881
Lauersberg
314
Golf-
platz
Burg
Zievel
Kapelle
Kühlbach
Ton
Haus Riebel
Buschgasse
Lessenich
Ton
Zievel
Zieveler Str.
Veyer
Straße
Pastoratsweg
Wachendorfer
Straße
Am Eichenbusch
Zieveler Straße
Sport-
platz
Antweiler
Billiger Str.
Auf der Schwarte
Unter-
burg
Koloniestr.
Auf dem Bongart
Spiel-
platz
Kreuzweingartener
Straße
Jugendheim
Kleiner Gahn
Stifts-
Burg
Fabrikstr.
Oberburg
Am Holzgraben
Am Kirchfeld
Kirchfeld
Fried-
hof
Johannes-
pl.
Zinnenw.
Pappelstr.
Sittand
Krebsbach
Obere
Burg
Birken-
hof
Zur Linde
Heidekoppel
Heide-
hof
Gut von
Mallinckrodt
Dorfgraben
Wachenbach
Broicher Bruch
Friedhof
Forsthaus
Broich
Kapelle
Haus Broich
Haus Maria
Rast
Broicher
Hof
Mersbach
NSG
Kalkarer Arloff
Moorbruch
Kalkar
Natur-u. Umwelt-
station Kalkarer
Moor
Sport-
pl.
Tennis-
plätze
Albertinen-
hof
In der Rüsche
Rißdorfer Weg
Iversheimer
Petrus-
straße
Schloß
Wachendorf
Wachendorf
Forstweg
Am Wingert
Atmweg
Romulusstr.
Auf dem Junkert
Cäsarstraße
Nordstraße
Kreuzweingartener
Weg
Wbh.
NSG
Pohlenberg
295
306
Münsterberg
329
349
Rothenberg
314
NSG
Stadtteil
Iversheim
(zu Bad Münstereifel)
Antweiler
Röm.
Kalkbren-
nerei
275
Erft
Kalkarer Weg
Wachendorfer Weg
Hühlesberg
Iversheim
51
Eschweiler
Weg
Auf d. Wahnsberg
Peter-
Greven-Str.
Natur-
schutzgebiete
Schlangen-
berg
343
NSG
301
1 = Am Bloch
2 = In der Hütte
3 = Bahnweg

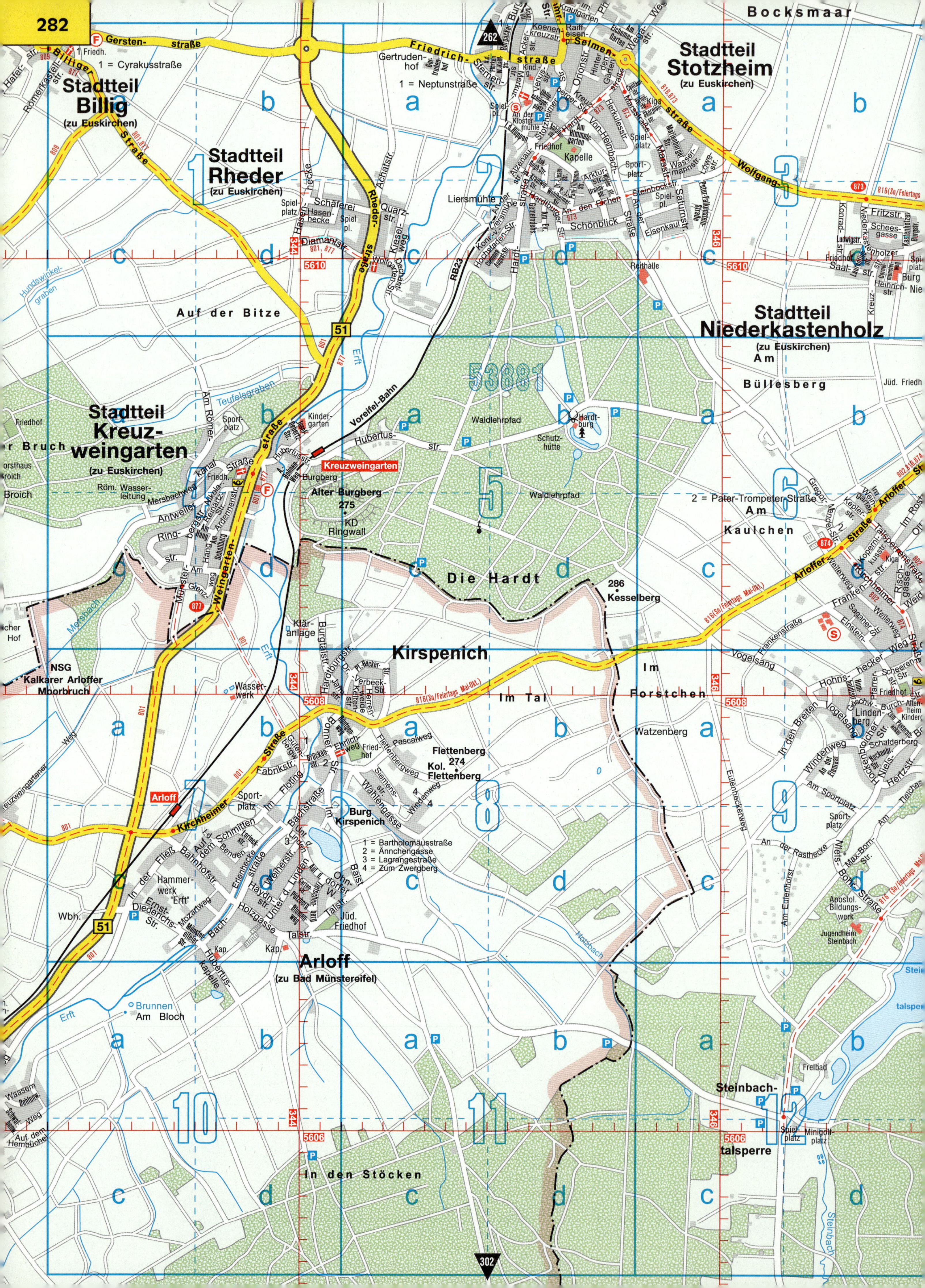
Bocksmaar
Stadtteil Billig
(zu Euskirchen)
Stadtteil Stotzheim
(zu Euskirchen)
Stadtteil Rheder
(zu Euskirchen)
Stadtteil Niederkastenholz
(zu Euskirchen)
Stadtteil Kreuzweingarten
(zu Euskirchen)
Kirspenich
Arloff
(zu Bad Münstereifel)
Gerstenstraße
1 = Cyrakusstraße
1 = Neptunstraße
Friedrichstraße
Selmenstraße
Wolfgangstraße
Rhederstraße
Gertrudenhof
Liersmühle
Schäferei
Hasenhecke
Diamantstr.
Quarzstr.
Kieselweg
Achatstr.
Auf der Bitze
Hundswinkelgraben
Erft
Teufelsgraben
Voreifel-Bahn
Hubertusstr.
Kreuzweingarten
Alter Burgberg
275
KD Ringwall
Burgberg
Waldlehrpfad
Hardtburg
Schutzhütte
Die Hardt
286
Kesselberg
Am Büllesberg
Am Kaulchen
2 = Pater-Trompeter-Straße
Arloffer Straße
Schönblick
Eisenkaul
Reithalle
Friedhof
Kapelle
Sportplatz
Am Römerkanal
Antweiler
Ringstr.
Münstergrenzweg
Weingartenstraße
Mersbachweg
Mersbach
Röm. Wasserleitung
Bruch
Broich
NSG Kalkarer Arloffer Moorbruch
Kläranlage
Wasserwerk
Im Tal
Im Forstchen
Watzenberg
Vogelsang
Flettenberg
274
Kol. Flettenberg
Burg Kirspenich
1 = Bartholomäusstraße
2 = Ännchengasse
3 = Lagrangestraße
4 = Zum Zwergberg
Kirchheimer Straße
Fabrikstr.
Bachstraße
Hammerwerk "Erft"
Holzgasse
Talstr.
Jüd. Friedhof
Brunnen
Am Bloch
Wbh.
Am Eulenhorst
Eulenheckerweg
An der Rasthecke
Apostol. Bildungswerk
Jugendheim Steinbach
Steinbach-talsperre
Freibad
Minigolfplatz
Steinbach
Hollbach
In den Stöcken
Auf dem Hembüchel
53881
5610
5608
5606
344
346
51
262
302
Jüd. Friedh
In den Breiten
Windenweg
Am Sportplatz
Frankenstraße
Auf der Ehenmar

263
Stadtteil Flamersheim
(zu Euskirchen)
Siedlung Schornbusch
Antoniushof
Neue Allee
Römerhof
Lindenhof
Margarether
Lappermühlen-allee
Hubertushof
Flamersheimer Allee
Kläranlage
Christian-Schaefer-Straße
Ringsheimer Weg
Kapelle
Burg Ringsheim
Alte Burg
Ringsheimer Allee
Forst
Dornsch
1 = Regenpfeiferweg
2 = Rauchschwalbenweg
3 = Rohrammerweg
4 = Rabenweg
5 = Rebhuhnweg
6 = Drosselweg
Hans-v.-Bemberg-Str.
Irmelsgasse
Schweizer Straße
Stadtteil Schweinheim
(zu Euskirchen)
Burg Schweinheim
Haus Schlangeneck
Sürstbach
Schweinheimer Allee
Speckelstein
Schweinheimer Pfad
Schornbusch
Planck-Straße
1 = Fraunhoferstraße
Stadtteil Kirchheim
(zu Euskirchen)
Am Flamerbach
Klosterberg
284
Kloster Schweinheim
Strohberg
Loch
Locher Straße
Im Langenbruch
Pommersbach
Düffelsiefen
Kloster
Schweinheimer
Wald
Dachsberg
364
Madbach
Stadtteil Queckenberg
(zu Rheinbach)
Kapelle
Madbach-talsperre
Sportplatz
Hs. Winterbu
Silberberg
363
Flamersheimer Wald
Hahnenberger Straße
Petersberg
303

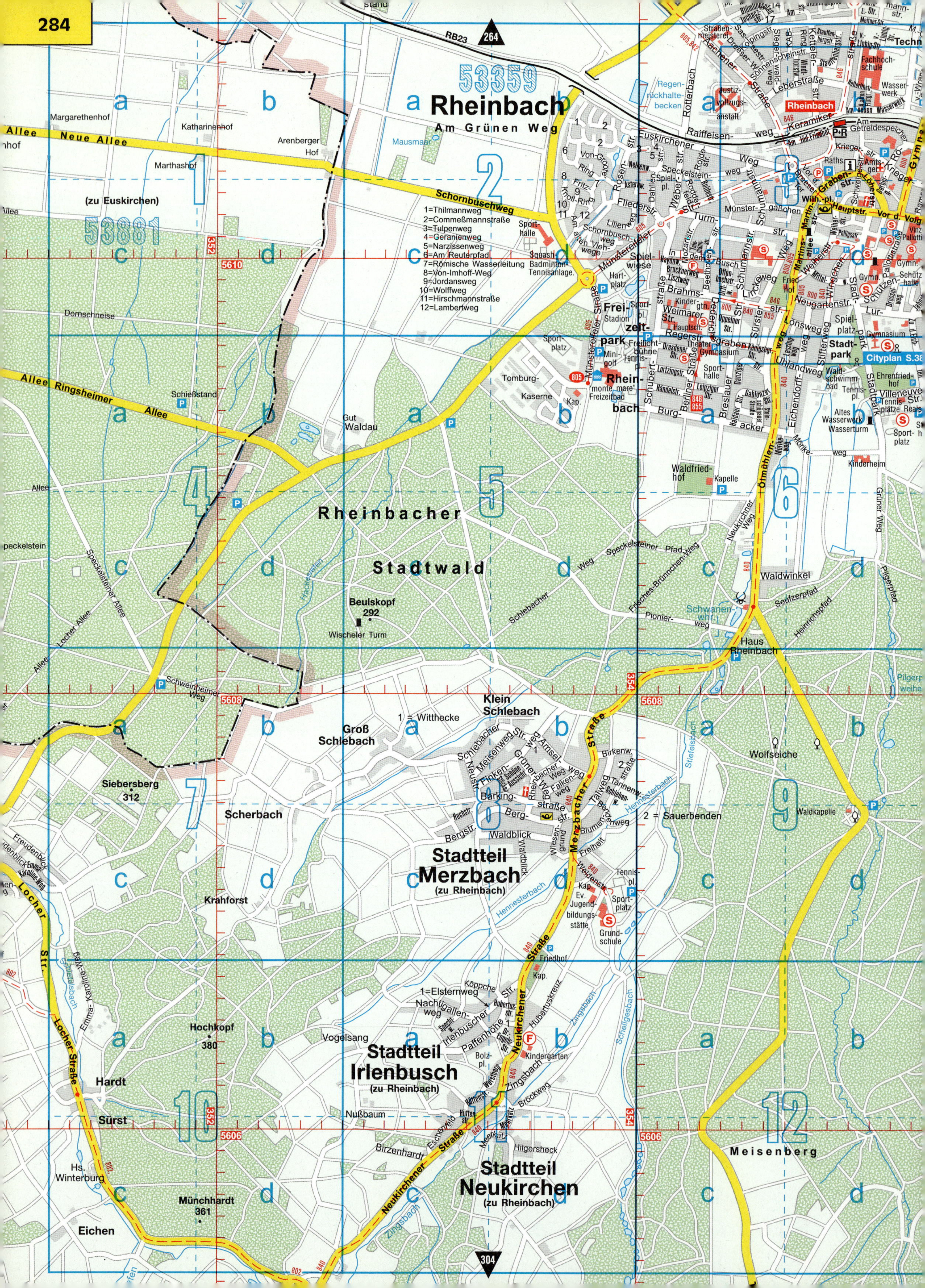
264
RB23
53359
Rheinbach
Am Grünen Weg
Margarethenhof
Katharinenhof
Arenberger Hof
Marthashof
Neue Allee
(zu Euskirchen)
53881
Schornbuschweg
Mausmaar
1=Thilmannweg
2=Commeßmannstraße
3=Tulpenweg
4=Geranienweg
5=Narzissenweg
6=Am Reutpfad
7=Römische Wasserleitung
8=Von-Imhoff-Weg
9=Jordansweg
10=Wolffweg
11=Hirschmannstraße
12=Lambertweg
Sporthalle
Squash-Badminton-Tennisanlage
Regenrückhaltebecken
Justizvollzugsanstalt
Keramiker
Raiffeisen-
Euskirchener Str.
Fliederstr.
Münsterstr.
Turmstr.
Hauptstr.
Wilh.-pl.
Grabenstr.
Dornschneise
Freizeitpark
Sportplatz
Stadion
Theater
Gymnasium
Stadtpark
Cityplan S.38
Freilichtbühne
Tomburg-Kaserne
Rheinbach
Freizeitbad
Minigolf
Kap.
Schießstand
Allee
Ringsheimer Allee
Gut Waldau
Rheinbacher
Stadtwald
Beulskopf 292
Wischeler Turm
Waldfriedhof
Kapelle
Ölmühlenweg
Neukirchner Weg
Waldwinkel
Speckelsteiner Pfad
Schlebacher Weg
Schwanenweiher
Pionierweg
Haus Rheinbach
Heinrichspfad
Seufzerpfad
Pilgerpfad
Pilgerweihe
Speckelsteiner Allee
Locher Allee
Schweinheimer Weg
5610
5608
352
354
Klein Schlebach
1 = Witthecke
Groß Schlebach
Siebersberg 312
Scherbach
Stadtteil
Merzbach
(zu Rheinbach)
Merzbacher Straße
Hennesterbach
2 = Sauerbenden
Wolfseiche
Waldkapelle
Krahforst
Waldblick
Bergstr.
Grundschule
Sportplatz
Jugendbildungsstätte
Friedhof
Locher Str.
Hochkopf 380
Vogelsang
1=Elsternweg
Stadtteil
Irlenbusch
(zu Rheinbach)
Kindergarten
Hardt
Sürst
Nußbaum
Birzenhardt
Hilgersheck
Stadtteil
Neukirchen
(zu Rheinbach)
Neukirchener Straße
Zingsbach
Schellgesbach
Meisenberg
Hs. Winterburg
Münchhardt 361
Eichen
5606
304
1 2 3 4 5 6 7 8 9 10 11 12

265
305
Meckenheim
53340
Stadtteil Wormersdorf (zu Rheinbach)
Stadtteil Ersdorf (zu Meckenheim)
Stadtteil Altendorf (zu Meckenheim)
Klein-Altendorf
Ipplendorf
Versuchsgut Klein-Altendorf
Anschlussstelle Rheinbach
Unter der Heerstraße
Am Blaustein
Auf dem Höcht
RB23 Voreifel-Bahn
Rheinbach Nord II
Büro- u. Gewerbepark
Gewerbegeb. (gepl.)
Gewerbegebiet
Wohnpark Weilerfeld
Römerkanal
Meckenheimer Straße
Koblenzer Straße
Rheinbacher Straße
Wormersdorfer Straße
Hilberather Straße
Baumschulenweg
Bahnhofstraße
Meckenheim P+R
E31
61
266
28
855
849
844
Kuckelsberg
Flachswinkel
Kirchfeld
Krummeich
Staatsforst
Ruine Tomberg
Umspannwerk
Steigerbach
Morsbach
Erdsdorfer Bach
Altendorfer Bach
Eulenbach
Widdenberg
13 = Alte Töpferei
18 = Holunderweg
19 = Ulmenweg
20 = Bei den Birken
21 = Ahornweg
22 = Ebereschenweg
23 = Josef-Geisel-Straße
1 = Klostergasse
2 = Im Gäßchen
1 = Im Gäßchen
2 = Auf dem Spinnweg
3 = Falkenweg
4 = Sperberweg
5610
5608
5606
356
358

Stadtteil Merl
(zu Meckenheim)
Anschlussstelle Meckenheim-Merl
Ortsteil Adendorf
(zu Wachtberg)
Meckenheim
53340
Stadtteil Altendorf
(zu Meckenheim)
Ortsteil Gelsdorf
(zu Grafschaft)
Ortsteil Eckendorf
(zu Grafschaft)
Kreuz Meckenheim
Anschlussstelle Gelsdorf
Rastplatz Swistbach
Gudenauer Allee
Töpferstraße
Adendorfer Straße
Altendorfer Straße
Meckenheimer Straße
Ahrstraße
Dürener Straße
Bonner Straße
Ackerstraße
Scheidtstraße
Graf-Otto-Straße
Ginngasse
Burg Münchhausen
Burg Adendorf
Kemper Mühle
Reit-turnierplatz
Waldhof
Obsthof Adendorf
Obsthof Plettenberg
Obsthof Manner
Obsthof Steinbüchel
Windmühlenhof
Kläranlage
Giersberg
Aussiedlung Schmitz
Wasserbehälter
Wasserburg
Schäfereihof
Wald-friedhof
Theresienhof
Swistbach
Altendorfer Bach
Altbach
E31
61
565
12
29
13
11
266
306
1
2
3
4
5
6
7
8
9
10
11
12
46 = Kleiststraße
47 = Christine-Teusch-Straße
48 = Luise-Albertz-Straße
49 = Willi-Weyer-Straße
50 = Markeeweg
51 = Thomas-Dehler-Straße
52 = Mozartstraße
53 = Lochnerweg
54 = Kirchnerweg
55 = Paul-Klee-Straße
56 = Schubertweg
57 = Schumannstraße
58 = Carl-Maria-von-Weber-Weg
59 = Otto-Hahn-Str.
60 = Einsteinplatz
61 = Keplerweg
62 = Carl-Carstens-Str.
77 = An der Villa Schmitz
71=Brombeerweg
72=Roidornstraße
73=Pappelweg
74=Cox-Orange-Weg
75=Berlepschweg
76=Renettenweg
63=Nönnenstrombergstraße
64=Drachenfelsstraße
65=Petersbergstraße
66=Lohrbergstraße
67=Löwenburgstraße
68=Wolkenburgstraße
69=Hirschbergweg
70=Rosenaustraße
2 = Auf der Hostert
1 = Sürst
1 = Niedertorplatz
2 = Marktplatz
2a= Marktgasse
3 = Mantelhofstraße
4 = Schwitzerstraße
5 = Synagogenplatz
6 = Prof.-Scheeben-Str.
7 = Hartsteinplatz
8 = Glockengasse
9 = Kirchplatz
10 = Frongasse
11 = Kölnstraße
12 = Schützenstraße
13 = Ohlengäßchen
14 = Novalisweg
15 = Arndtstraße
16 = Fontaneweg
17 = Hölderlinweg
18 = Birkenallee
19 = Stolper Straße
20 = Drei Linden
21 = Am Jungholz
22 = Am Ersdorfer Bach
23 = Bandkeramikstraße
24 = Eifelstraße
25 = Zoppoter Straße
26 = Kolberger Weg
27 = Allensteiner Straße
28 = Marienburger Straße
29 = Tilsiter Straße
30 = Liegnitzer Straße
31 = Joh.-Seb.-Bach-Weg
32 = Verdiweg
33 = Brucknerstraße
34 = Ortweg
35 = Am Jungholzhof
36 = Lortzingweg
37 = Werner-Egk-Straße
38 = Am Düsterbäumchen
39 = Münchhausenweg
40 = Kannenbäckerstraße
41 = Schäferhof
42 = An den Weihern
43 = Mahlerweg
44 = Wagnerstraße
45 = Brentanoweg
1 = Schulstraße
2 = Lappsgasse
3 = Hintere Gasse
4 = Auf dem Kutzenberg
1=Burghof
8=Auf den Planken

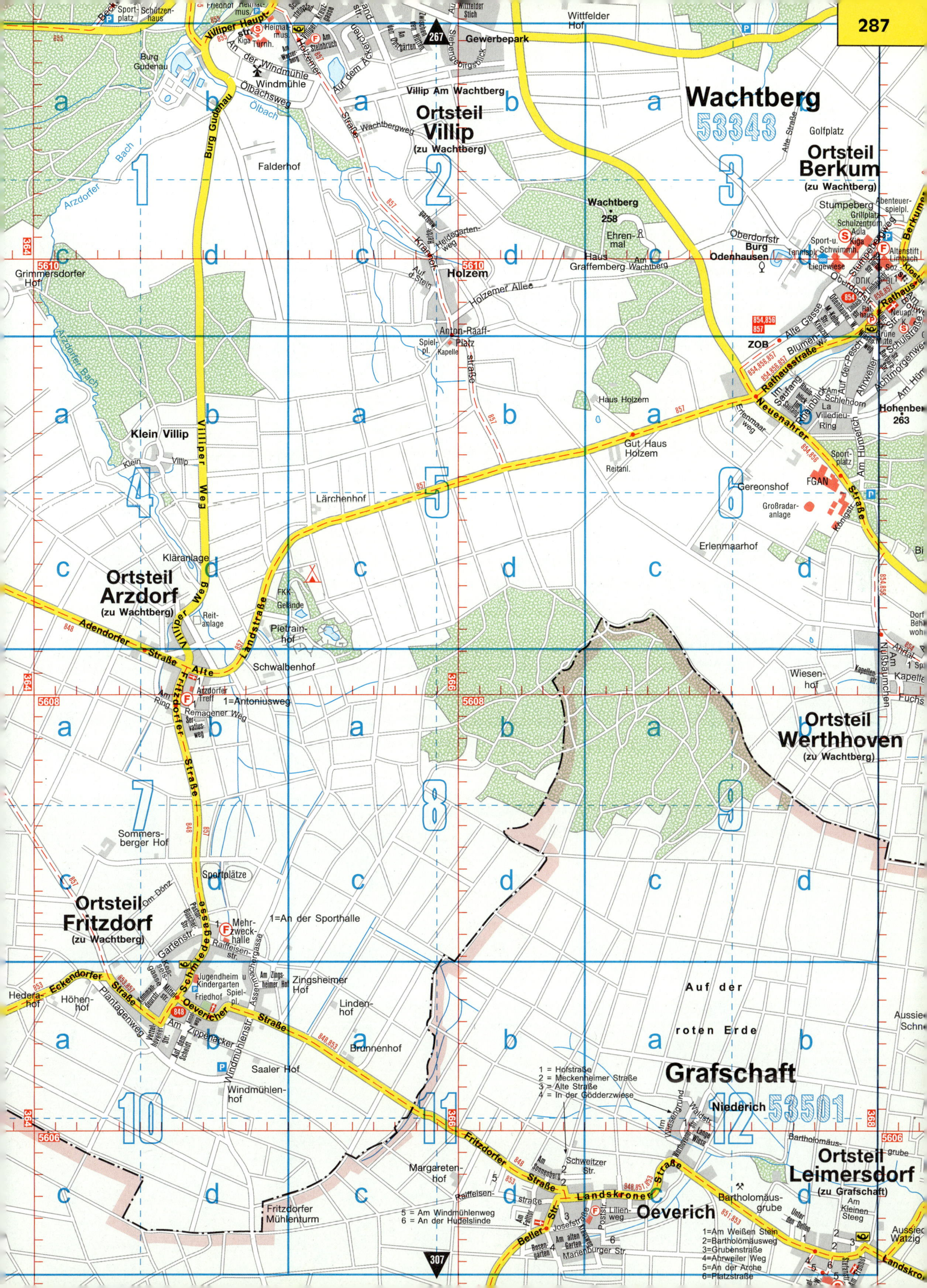
Wachtberg
53343
Ortsteil Villip
(zu Wachtberg)
Ortsteil Berkum
(zu Wachtberg)
Gewerbepark
Villip Am Wachtberg
Wittfelder Hof
Golfplatz
Burg Gudenau
Windmühle
Ölbach
Arzdorfer Bach
Falderhof
Wachtberg 258
Ehrenmal
Haus Graffemberg
Holzem
Holzemer Allee
Anton-Raaff-Platz
Burg Odenhausen
Stumpeberg
ZOB
Rathausstraße
Neuenahrer Straße
Grimmersdorfer Hof
Klein Villip
Villiper Weg
Burg Gudenau
Haus Holzem
Gut Haus Holzem
Lärchenhof
Gereonshof
Großradaranlage
FGAN
Erlenmaarhof
Kläranlage
Ortsteil Arzdorf
(zu Wachtberg)
Adendorfer Straße
Landstraße
Pietrainhof
Schwalbenhof
FKK-Gelände
1=Antoniusweg
Remagener Weg
Fritzdorfer Straße
Wiesenhof
Ortsteil Werthhoven
(zu Wachtberg)
Hohenberg 263
Sommersberger Hof
Sportplätze
Ortsteil Fritzdorf
(zu Wachtberg)
1=An der Sporthalle
Mehrzweckhalle
Schmiedegasse
Jugendheim u. Kindergarten
Friedhof
Zingsheimer Hof
Lindenhof
Hederahof
Höhenhof
Eckendorfer Straße
Plantagenweg
Oevericher Straße
Zippenacker
Windmühlenstr.
Brunnenhof
Saaler Hof
Windmühlenhof
Auf der roten Erde
Grafschaft
1 = Hofstraße
2 = Meckenheimer Straße
3 = Alte Straße
4 = In der Gödderzwiese
Niederich
53501
Ortsteil Leimersdorf
(zu Grafschaft)
Bartholomäusgrube
Margaretenhof
Fritzdorfer Straße
Landskroner Straße
Oeverich
Fritzdorfer Mühlenturm
5 = Am Windmühlenweg
6 = An der Hudelslinde
1=Am Weißen Stein
2=Bartholomäusweg
3=Grubenstraße
4=Ahrweiler Weg
5=An der Arche
6=Platzstraße
267
307

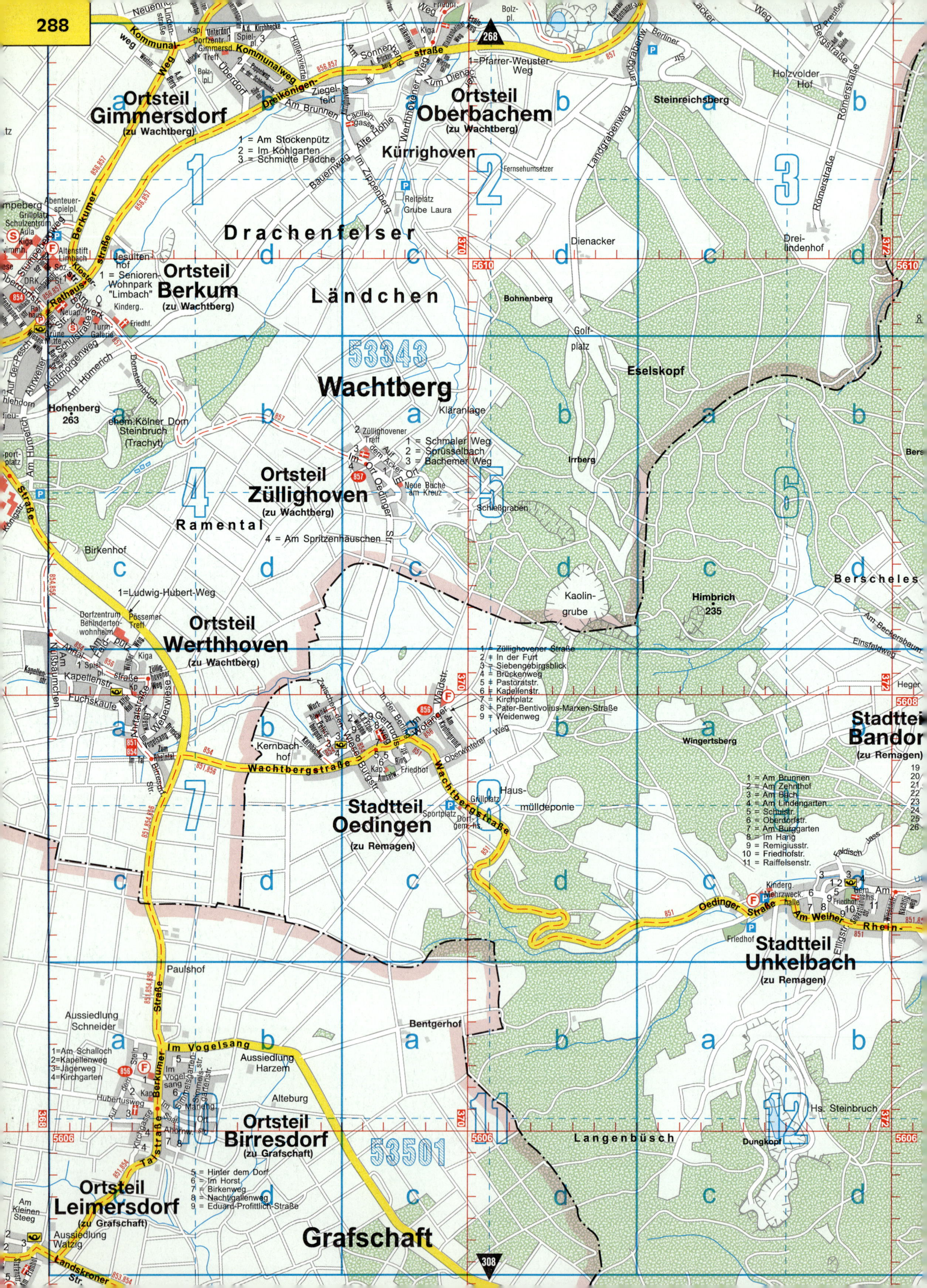
268
Ortsteil Gimmersdorf
(zu Wachtberg)
Ortsteil Oberbachem
(zu Wachtberg)
Kürrighoven
1 = Am Stockenpütz
2 = Im Kohlgarten
3 = Schmidte Pädche
1=Pfarrer-Weuster-Weg
Steinreichsberg
Holzvolder Hof
Drei-lindenhof
Dienacker
Drachenfelser
Ländchen
Ortsteil Berkum
(zu Wachtberg)
1 = Senioren-Wohnpark "Limbach"
Jesultenhof
Bohnenberg
Golfplatz
Eselskopf
53343
Wachtberg
Kläranlage
Hohenberg
263
ehem.Kölner Dom Steinbruch (Trachyt)
1 = Schmaler Weg
2 = Sprüsselbach
3 = Bachemer Weg
Irrberg
Ortsteil Züllighoven
(zu Wachtberg)
4 = Am Spritzenhäuschen
Ramental
Birkenhof
Schießgraben
Kaolingrube
Himbrich
235
Berscheles
1=Ludwig-Hubert-Weg
Ortsteil Werthhoven
(zu Wachtberg)
1 = Züllighovener Straße
2 = In der Furt
3 = Siebengebirgsblick
4 = Brückenweg
5 = Pastoratstr.
6 = Kapellenstr.
7 = Kirchplatz
8 = Pater-Bentivolius-Marxen-Straße
9 = Weidenweg
Kernbachhof
Wachtbergstraße
Wingertsberg
Stadtteil Bandorf
(zu Remagen)
1 = Am Brunnen
2 = Am Zehnthof
3 = Am Bach
4 = Am Lindengarten
5 = Schulstr.
6 = Oberdorfstr.
7 = Am Burggarten
8 = Im Hang
9 = Remigiusstr.
10 = Friedhofstr.
11 = Raiffeisenstr.
Stadtteil Oedingen
(zu Remagen)
Hausmülldeponie
Oedinger Straße
Stadtteil Unkelbach
(zu Remagen)
Paulshof
Aussiedlung Schneider
Bentgerhof
1=Am Schalloch
2=Kapellenweg
3=Jägerweg
4=Kirchgarten
Im Vogelsang
Aussiedlung Harzem
Alteburg
Ortsteil Birresdorf
(zu Grafschaft)
Hs. Steinbruch
Langenbüsch
Dungkopf
53501
5 = Hinter dem Dorf
6 = Im Horst
7 = Birkenweg
8 = Nachtigallenweg
9 = Eduard-Profittlich-Straße
Ortsteil Leimersdorf
(zu Grafschaft)
Aussiedlung Watzig
Grafschaft
Landskroner Str.
308

Bad Honnef
53604
Rheinbreitbach
(zu VBG Unkel)
53619
Stadtteil Rolandseck
(zu Remagen)
Stadtteil Oberwinter
(zu Remagen)
Bruchhausen
(zu VBG Unkel)
53572
Unkel
Erpel
(zu VBG Unkel)
53579
Scheuren
Rhein
Wilhelmsberg 175
Zickelburg 182
Heldenköpfchen 176
Birgeler Kopf 176
Müllershardt 178
Koppel 136
Menzenberg
Hagenberg
Mühlenberg
Ziegelei
Schmelze
Stocksheld
Kasselbachtal
Wildpark
Birgel
Bruchhauser Heide
Gut Hohenunkel
Gut Haanhof
Hähnen
Wiesbösch
Am Pfuhl
Orsberg
Leitzberg
Heister
Schloss Ernich
Schloss Marienfels
Herresberg
Unkelbrücker Mühle
Tonschiefer
Basalt
Selhof
Rolandseck
Oberwinter
Rolandsmühle
Gewerbegebiet
Linke Rheinstrecke
Rechte Rheinstrecke
Bonner Straße
Lohfelder Straße
Linzer Straße
Hauptstraße
Rolandsecker Weg
Neuwieder Straße
Unkelstein
Talstraße
1 = Brandgasse
2 = Im Kätzchen
3 = Mariengasse
4 = Schießbahnchen
5 = Kräuselgäßchen
6 = Laurentiusstraße
7 = Im Rosenpfad
8 = Pützgasse
9 = Rheingasse
10 = Deutscher Hof
11 = Ankergasse
12 = Holundergäßchen
13 = Pferdeweg
14 = Mauerstr.
15 = Franziskusgasse
16 = Klostergäßchen
17 = Pfarrer-Sachsse-Str.
18 = In den Gärten
1=Hans-Arp-Allee
2=Oskar-Kokoschka-Platz
3=Am Kasselbach
4=Freiligrathstr.
5=Bahnweg
5=Breitbacher Graben
6=Nonnenwehrterstraße
7 = Karlstraße
1 = Leybergweg
2 = Drachenfelsstraße
3 = Bergwerksweg
1 = In der Besserei
2 = Korfgasse
3=Im Irsbich
4=Kirchgasse
27 = Wolkenburgweg
28 = Löwenburgweg
29 = Im Bonnefeld
30 = Sonnenbergweg
31 = Zum Birgeler Kreuz
22=Alfed-Bierwirth-Weg
23=Willy-Brandt-Platz
1 = Von-Werner-Str.
2 = Lühlingsgasse
3 = Vogtsgasse
4 = Pützgasse
5 = Kirchstraße
6 = Lehngasse
7 = Corneliaweg
8 = Prälat-Schwamborn-Str.
9 = Amselweg
1=Weinbergstraße
2=Auf der Held
19=Heinrich-Böll-Straße
20=Joseph-Vaassen-Straße
21=Kapellenstraße
1=Lerchenweg
2=Finkenweg
3=Gartenweg
14 = Silvanerstraße
10=Schaaffhausenstr.
11=Schopenhauerweg
12=Von-Bothwell-Str.
13=Carl-Löwe-Str.
14=Auf dem Dom
15=Kaufmannweg
16=Von-Droste-Hülshoff-Str.
17=Beethovenstr.
Vorbereitungsstätte für Entwicklungszusammenarbeit
Gruppenkläranlage
Köln-Düsseldorfer Anlegestelle
Anlegestelle
Autofähre
269
309
42
9

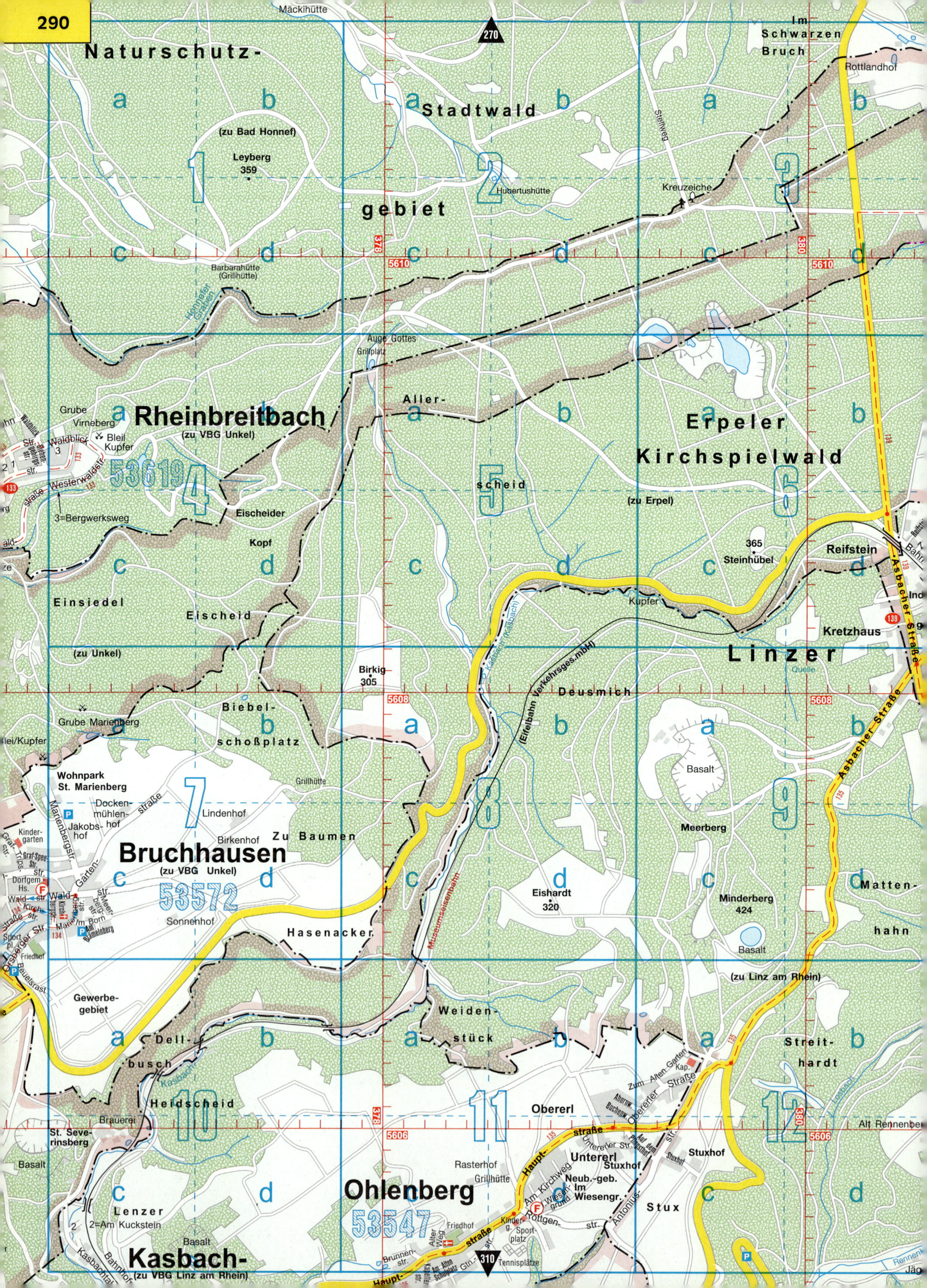

Mäckihütte
270
Im Schwarzen Bruch
Rottlandhof
Naturschutz-
Stadtwald
gebiet
(zu Bad Honnef)
Leyberg
359
Hubertushütte
Steinweg
Kreuzeiche
Barbarahütte (Grillhütte)
Honnefer Graben
5610
378
380
Auge Gottes
Grillplatz
Aller-
scheid
Rheinbreitbach
(zu VBG Unkel)
Grube Virneberg
Bleil Kupfer
Waldblick
3=Bergwerksweg
53619
Eischeider Kopf
Erpeler Kirchspielwald
(zu Erpel)
365 Steinhübel
Reifstein
Asbacher Straße
Einsiedel
Eischeid
(zu Unkel)
Kupfer
Kretzhaus
Linzer
Quelle
Birkig 305
Deusmich
5608
(Eifelbahn Verkehrsges.mbH)
Grube Marienberg
Biebel-schoßplatz
Wohnpark St. Marienberg
Docken-mühlen-hof
Jakobs-hof
Lindenhof
Grillhütte
Basalt
Meerberg
Birkenhof
Zu Baumen
Bruchhausen
(zu VBG Unkel)
53572
Sonnenhof
Hasenacker
Eishardt 320
Minderberg 424
Basalt
Matten-hahn
Museumseisenbahn
(zu Linz am Rhein)
Gewerbe-gebiet
Weiden-stück
Dell-busch
Streit-hardt
Kasbach
Heidscheid
Brauerei
Obererl
Alt Rennenberg
St. Severinsberg
5606
Basalt
Rasterhof
Grillhütte
Untererl
Stuxhof
Stux
Neub.-geb. Im Wiesengr.
Ohlenberg
53547
Friedhof
Lenzer
2=Am Kuckstein
Basalt
Kasbach-
(zu VBG Linz am Rhein)
Tennisplätze
310
Haupt-straße

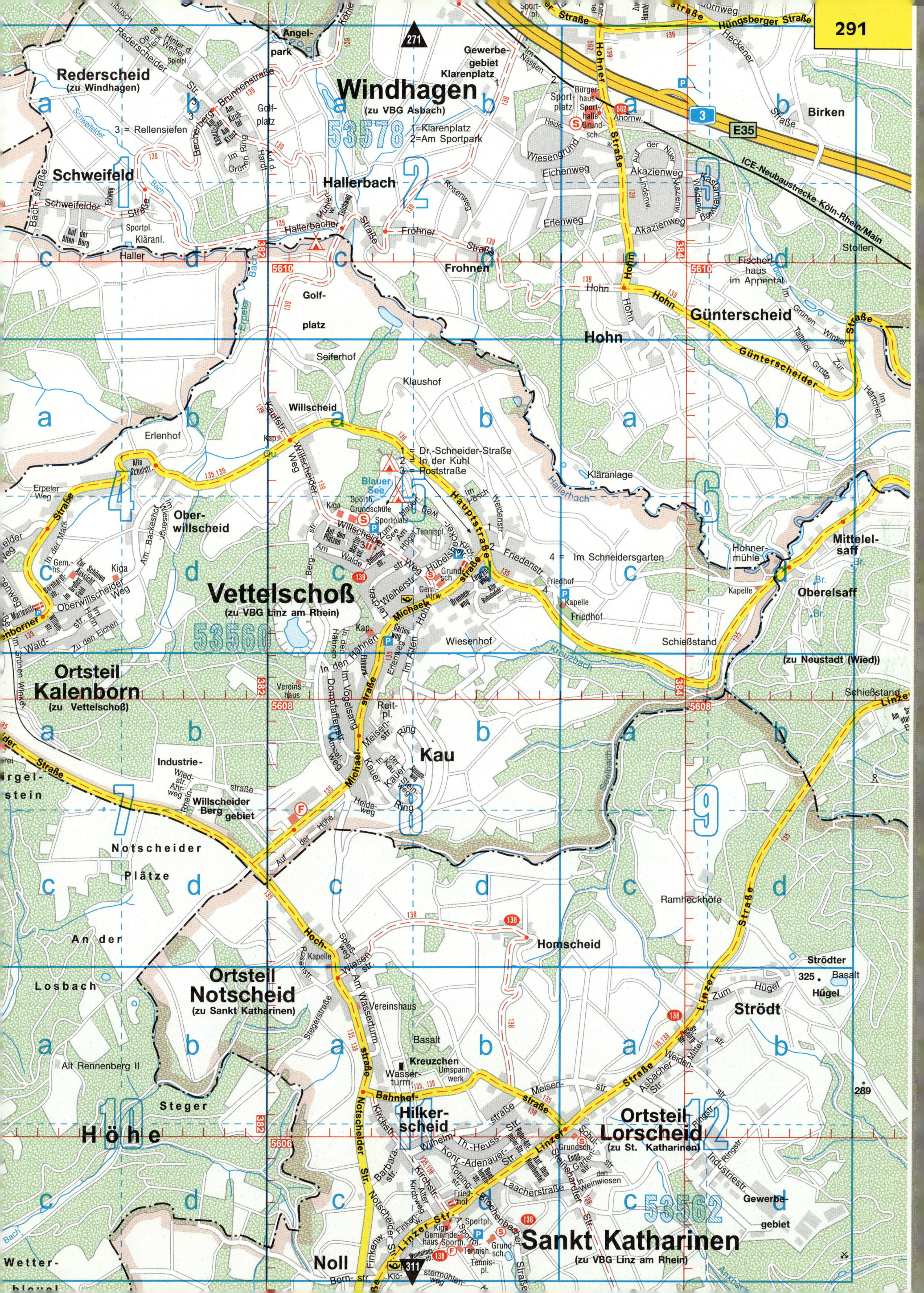

Windhagen
(zu VBG Asbach)
53578
1=Klarenplatz
2=Am Sportpark
Rederscheid
(zu Windhagen)
Schweifeld
3 = Rellensiefen
Hallerbach
Frohnen
Gewerbegebiet Klarenplatz
Birken
E35
ICE-Neubaustrecke Köln-Rhein/Main
Stollen
Günterscheid
Hohn
Golfplatz
Seiferhof
Klaushof
Willscheid
Erlenhof
Oberwillscheid
1 = Dr.-Schneider-Straße
2 = In der Kuhl
3 = Poststraße
Blauer See
4 = Im Schneidersgarten
Kläranlage
Hohnermühle
Mittelelsaff
Oberelsaff
(zu Neustadt (Wied))
Vettelschoß
(zu VBG Linz am Rhein)
53560
Wiesenhof
Schießstand
Ortsteil Kalenborn
(zu Vettelschoß)
Kau
Industriegebiet
Willscheider Berg
Notscheider Plätze
Ramheckhöfe
Homscheid
Strödter Hügel
325 Basalt
Strödt
Ortsteil Notscheid
(zu Sankt Katharinen)
Losbach
An der
Alt Rennenberg II
Steger
Höhe
Kreuzchen
Hilkerscheid
Ortsteil Lorscheid
(zu St. Katharinen)
Gewerbegebiet
53562
Sankt Katharinen
(zu VBG Linz am Rhein)
Noll
Wetter-
289
271
311

272
Prangenberg
Adamstal
Brüchen
Oberetscheid
Niederetscheid
Ehrenberg
Dinkelbach
Günterscheid
(zu Windhagen)
ICE-Neubaustrecke Köln-Rhein/Main
Stollen
Etscheid
Hammerhof
Gewerbegebiet
Rüddel
Wahrenberg
Unterelsaff
Wölsreeg
Mittelelsaff
Oberelsaff
Panau
Krummenau
Steeg
Pumpwerk
1 = Im Stich
2 = Zum Birkenfeld
Rotterheide
Gewerbegebiet
Wiedmühle
4=Zur Kaiserreiche
5=Im Scharenbüsche
Rott
Schloss Altenwied
Wied
Ammerich
Paffhausen
Forst
253
Rundkopf
Wied
Kodden
224
Hopper Berg
Autobahnmeisterei
Oberhoppen
Lange Wiese
Gerhardshahn
Strödter
325
Basalt
Hügel
Schießstand
Niederhoppen
289
Strauscheid
Scharenberg
Gewerbepark
Sengenau
Grube Anxbach
(zu St.Katharinen)
Rahms
1 = Meisenweg
Nescher-mühle
Schießstand
312
E35
3
5608
5606
5610
388

Bühlingen
1 = Auf der Geuen
Altenburg
(zu Asbach)
Dasbach
Thalhof
Reeg
Kaltehöhe
Heckenhahn
Mehrbach
Wied
NSG
1 = Im Engelsgarten
2 = Im Grünen Winkel
3 = Johann-Junior-Straße
Eilenberg
Kapelle
Friedhof
Kreuzbruderweg
Ruine Ehrenstein
Kloster
(zu Rott)
Kläranlage
53577
Obereilenberg
Neustadt (Wied)
(zu VBG Asbach)
Düsternau
Bertenauer
Natur-
schutz-
gebiet
Schießstand
Kopf
352
Bertenau
Mettelshahn
Wochenend-
häuser
Steins-
hof
Telegraf
Haus
Peterslahr
(zu VBG Flammersfeld)
Bahnhof
Peterslahr
(zu Burglahr)
57614
Manroth
Eulenberg
(zu VBG Flammersfeld)
Jungfern-
hof
Kläranlage
Staatsforst
Anschlussstelle
Neustadt (Wied)
Mülldeponie
Borscheid
Altehütte
Raststätte
Fernthal
Fernthal
Altenkirchen
Neschen
1 = Tulpenweg
2 = Im Wieschen
3 = Liliengarten
Sportpl.
Hom-
bachs-
mühle
Auf den Hähnen
(zu Obersteinebach)
Heiderhof
Grübelshof
Hombach
Industrie-
und
Gewerbe-

Lehmpfühlen
Rott
(zu VBG Flammersfeld)
57632
Asbacher Str.
Neuwieder Str.
Hauptstr.
Wiesen-
1 = Im Obstgarten
2 = Im Sonnenhang
Raiffeisenstr.
Egen
Gollershoben
Peitscheid
Eichen
(zu VBG Flammersfeld)
Hof Fernblick
256
Bornstraße
Mittelstraße
Weidengrube
1 = Im Allen
Hund-
scheid
Alte Silberwiese
Ginz-
heide
Silberwiese
Schutzhütte
1 = Schulstraße
2 = Im Allen
3 = Sonnenhang
Langenauer Str.
Im Klingenthal
Auf dem Hardtborn
Talblick
Bruchermühle
Deishardstr.
Schützenstr.
2 = Im Weiher
Wiedstraße
Lahrer
Herrlichkeit
Burglahr
(zu VBG Flammersfeld)
Burgruine
Lusthof
Wied
Oberlahr
(zu VBG Flammersfeld)
57641
Bahnhofstraße
Südstraße
Kirchstr.
Freibad
Raiffeisenstr.
Wochenendhausgebiet
"Lahrer Herrlichkeit"
1 = Berleburger Straße
2 = Wittgensteiner Straße
Bruch
230
Rauscheberg
Reuder-
tal
Wiedtalstraße
1 = Am Wiesenweg
2 = Buchenborn
Wochenend-
häuser
Am Lahrbach
Kläranlage
57614
Jähnen
Bahnhof Peterslahr
Pumpwerk
Kölner Str.
Heckerfeld
Langental
Haus Hoffnungstal
Pumpwerk
56593
Hölderstein
Lammerichskaul
Gullesheimer Bach
Bürdenbach
(zu VBG Flammersfeld)
Matten-
hohn
Grenzbach
Eremitenkopf
Grube Louise
Bergstraße
Ringstr.
Schulstr.
Hauptstr.
Pleckhauser Mühle (Gestüt)
Nieder-
steinebach
(zu VBG Flammersfeld)
Güllesheim
(zu VBG Flammersfeld)
Lindenstraße
1=Talweg
2=In den Birken
3=Höhenweg
4=Tannenstraße
Pleckhausen
(zu VBG Flammersfeld)
325
Gablerkopf
Paul-Schacht
Heiderhof
1 = Gartenweg
2 = Bergweg
Friedr.-Wilh.-Zeche
Sportplatz
Rheinstr.
Bürgerhaus
Obersteine-
bach
(zu VBG Flammersfeld)
Stausee
Luchert
Horhausen
(Westerwald)
(zu VBG Flammersfeld)
1 = Bornweg
2 = Im Rosengarten
3 = Eichenstraße
4 = Forststraße
4=Kindergarten
Huf
314
5610
5608
5606
396
394

Seelbach
(Westerwald)
(zu VBG Flammersfeld)
Heulbachsberg
57632
Fuchsberg
Seyen
275
Rothard
Ortsteil
Brubbach
(zu Ratzert)
Mühlen-
hard
Forst
Bun-
gert
Staatsforst
Altenkirchen
Schutzhütte
Ortsteil
Alberthofen
(zu Steimel)
Niederwambacher Mühle
Lichter
Holz
57614
Niederwambach
(zu VBG Puderbach)
Forsthaus Lichtenthal
57632
Seifen
(zu VBG Flammersfeld)
Junge
Eichen
Wochenendhäuser
Rathenberg
Uderts-
mühle
Wambach
Holzbach
Ziegenberg
Ortsteil
Lahrbach
(zu Niederwambach)
Döttesfeld
(zu VBG Puderbach)
56305
Ortsteil
Ascheid
(zu Niederwambach)
Strut
Niederähren
Juden-
hard
Ortsteil
Haberscheid
(zu Puderbach)
Stall-
stück
Wied
Westerwaldbahn
Oberähren
Faule
Heide
Strunkeich
Naturdenkmal
Breitscheid
Forst
Pumpwerk
Ortsteil
Richert
(zu Puderbach)
Burg
Reichenstein
Reichensteiner Berg
Wied
Berg-
seifen
Bauscheid
Schimmel
Ortsteil
Reichenstein
(zu Puderbach)
Gestüt
Altpeter
Alt-
räusch
Kläranlage
1 = Zum Mauseberg
2 = Im Georgengarten
3 = Am Bruchblitzgarten
56593
Werlenbach
(zu Dürrholz)
Puderbach
56305
Gewerbegeb.
Ortsteil
Daufenbach
(zu Dürrholz)
315
Daufenbacher Str.
Heidestraße
Hauptstraße

Stucks
Ratzert
(zu VBG Puderbach)
57614
Bitze
Neuer
Behang
Dorfgemeinschaftshaus
Rodenbach
bei Puderbach
(zu VBG Puderbach)
1=Bergstraße
Friedhof
57639
Gewerbegebiet
Schlabach
Hard
Ortsteil
Udert
(zu Rodenbach)
Giek-
sert
Unkel-
stein
1 = Austraße
2 = Oberstraße
Forst
Sang
Kläranlage
Wasser-
stück
Freibad
Scheid
Ortsteil
Sensenbach
(zu Steimel)
1=Am Spielplatz
2=Zur Eiche
Wied
Sauer-
Steimel
(zu VBG Puderbach)
Ortsteil
Dendert
(zu Oberdreis)
Gräbenhahn
Birkenhof
Marthaheim
Naturdenkmal
Kliniken Wied
Luisenhof
Pumpwerk
Kläranlage
Eich-
holz
Ortsteil
Weroth
(zu Steimel)
Haus
Osterberg
Ortsteil
Hilgert
(zu Woldert)
Berghof
Lim-
busch
Naturdenkmal
Wilder Stein
Mammel-
stück
Wollach
Puderbach
56305
Spies
Gerst-
hahn
Zehnt-
scheuer
Woldert
(zu VBG Puderbach)
Hut
Ortsteil
Niederdreis
(zu Puderbach)
1=Im Steinchen
Waldhof
Aussiedlerhof
Hommer
Dorfgemeinschafts-
haus/Bauhof
Sport-
platz
Umspannwerk
276
316

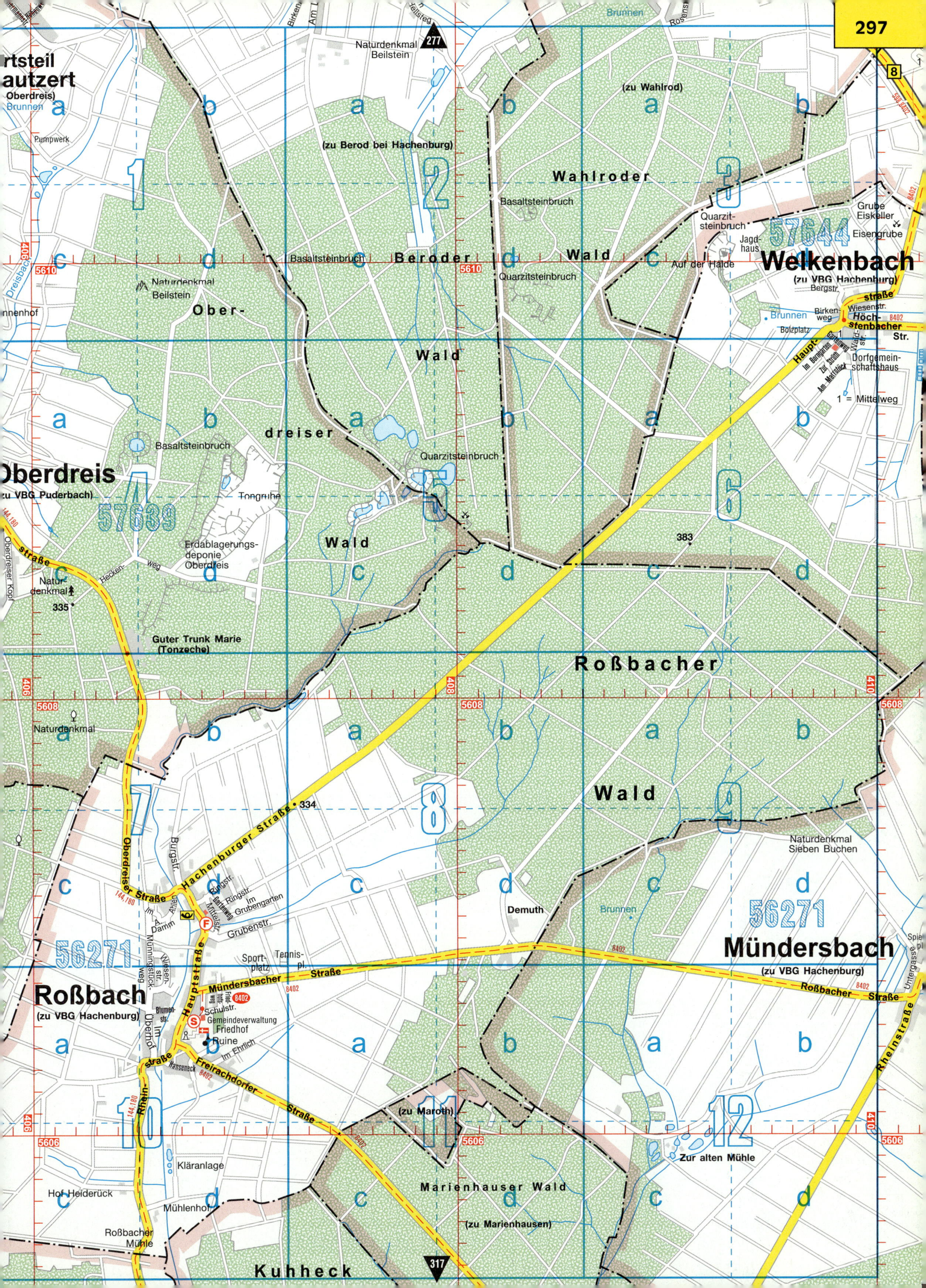
Naturdenkmal Beilstein
277
(zu Wahlrod)
rtsteil
autzert
Oberdreis)
Brunnen
Pumpwerk
(zu Berod bei Hachenburg)
Wahlroder
Basaltsteinbruch
Quarzit-
steinbruch
Grube
Eiskeller
57644
Eisengrube
Jagd-
haus
Welkenbach
(zu VBG Hachenburg)
Auf der Halde
Basaltsteinbruch
Beroder
Wald
5610
Quarzitsteinbruch
Naturdenkmal
Beilstein
Ober-
Wald
Brunnen
Bolzplatz
Wiesenstr.
Höch-
stenbacher
Str.
Hauptstraße
Dorfgemein-
schaftshaus
1 = Mittelweg
Oberdreis
(zu VBG Puderbach)
57639
Basaltsteinbruch
dreiser
Quarzitsteinbruch
Tongrube
Erdablagerungs-
deponie
Oberdreis
Wald
383
Natur-
denkmal
335
Heckenweg
Guter Trunk Marie
(Tonzeche)
Roßbacher
5608
Naturdenkmal
Hachenburger Straße
334
Wald
Naturdenkmal
Sieben Buchen
Oberdreiser Straße
Burgstr.
Ringstr.
Im Grubengarten
Grubenstr.
Demuth
Brunnen
56271
Mündersbach
(zu VBG Hachenburg)
56271
Sport-
platz
Tennis-
pl.
Mündersbacher Straße
Roßbacher Straße
Roßbach
(zu VBG Hachenburg)
Hauptstraße
Schulstr.
Gemeindeverwaltung
Friedhof
Ruine
Im Ehrlich
Freirachdorfer Straße
Rheinstraße
Rheinstraße
(zu Maroth)
5606
Zur alten Mühle
Kläranlage
Hof Heiderück
Marienhauser Wald
(zu Marienhausen)
Mühlenhof
Roßbacher
Mühle
Kuhheck
317

Bescheider Höhe
278
Hahnenberg
480
Voißel
(zu Mechernich)
Rütterstraße
Dorfgemeinschaftshaus
Triftstraße
Kapelle
Kapellenstr.
Hasselw.
1 = Kaigasse
Sportplatz
Umspannwerk
Bleibach
Wallenthal
Veitseler
Lückerather Straße
Nußbenden
Im Dahl
Auf dem Driesch
Siebertzfeld
Haus Breuer
Zur Ziska
266
Sportplatz
Ringstraße
Kalenberg
Wbh.
Spielpl.
Kapelle
Am Bodacker
Sternenbergstraße
Weesschachtstr.
Nonnenknipp
Faulenfeld
Scheven
Kindergarten
Wallenthaler Straße
Schmiedegasse
Klausstalstraße
Ringstraße
Friedhof
Kapelle
Bleibachstr.
Friedweg
Hühnergasse
Am Tunnel
Auf d. Bongart
Westschacht Blei
Wallenthalerhöhe
Beestental
Bruchgraben
Mastert
Mastertmühle
RB 98
Heidehof
RE12, RE22
Eifelstrecke
Pützberg
Gewerbegebiet II
Messerschmittstr.
Junkersstr.
Werner-Schumacher-Str.
Henkel-str.
Kläranlage
Kulturdenkmal (Steinbruch)
Kallerheistert
Umspannwerk
Reinartz-Straße
Friedhof
Kap.
Am Kreuzgarten
Güldenhof
RB24
Spielplatz
Dottel
Gute Hoffnung
Wacholderweg
Erlenweg
Lindenstr.
Scheveneer Straße
1=Zum Felsblick
2=Leiengarten
3=Im Sträßchen
4=Bucheleck
5=Neuer Markt
Tennishalle
Auel
Sport-
Bürgerhaus
Tennisplätze
Sporthalle
Natur-denkmal
Eisernes Kreuz
Hausacker
Goldkuhl
Bachweg
Gemünder Straße
Auf dem Fels
Sturzenhof
In der Laach
Hüttenstraße
Siemensring
Daimlerstraße
Industriegebiet
An der Schmelze
Gewerbegebiet I
Thyssenstraße
Steinbusch
Krupp-straße
Siemensring
Tanzbergstr.
Natzenstr.
Rinne
Grillhütte
Kapelle
Kölner Straße
Aachener Str.
Trierer Str.
Keldenicher Straße
Keltenstr.
Kindergarten
Eisenauerstr.
Grüner Weg
Auf dem Knoppen
Knipperweg
Weißdornweg
Friedhof
Hindenburg-str.
Bahnhofstr.
Kall
RB24
RB98
Gemeindeverw.
Kopelstraße
Geranienweg
Lilienstraße
Akazienweg
Beerenweg
Heidestr.
53925
Keldenich
7 = Auf der Kier
8 = Klein-Köln
9 = Fensvogel
10 = Tulpenweg
11 = Stolzenburgstraße
NSG
Frankenstraße
Sportplatz
Königsfelderstraße
Galgenberg
Brigidastraße
Dech.-Wolfgarten-Str.
Kapelle
Pützberg
Kindergtn.
Spielpl.
Dahlienweg
Urfeyer Str.
Talweg
Meurerhof
Fasanenweg
Elsterweg
Amselweg
Aachener Straße
Sporthalle
Kallbachstr.
Loshardt
Am Hüttengraben
Hallenbad
Kall
Kulturdenkmal (Erzbergbau)
Friedhof
Ahornweg
Hunksenkaule
Glertzenbergstr.
Römerstr.
Auf der Lehmaar
Birkenweg
Kastanienweg
Dionysiusstr.
Taubentaler Hof
6 = Stollenweg
Grubenstr.
Loshardt
483
Kulturdenkmal (Römische Wasserleitung)
Hügelgräber
Hügelgräber
Keldenicher Heide
Urft
Am Sägewerk
Am Pferdekopf
Golbacher Weg
Römische Wasserleitung
Auf dem Wolf
Kalkstein
Schwalbenhof
Hubertushof
Zum Elzenberg
Am der Hardt
Sportpl.
Sportplatz
Friedhof
Kinderg.
Spielplatz
Am Gartenstr.
Heuweg
12 = An St. Matthias
Bendenstraße
Brieversheck
Steinstr.
Pimmer Str.
Sötenich
Kalksteingrube
Hof

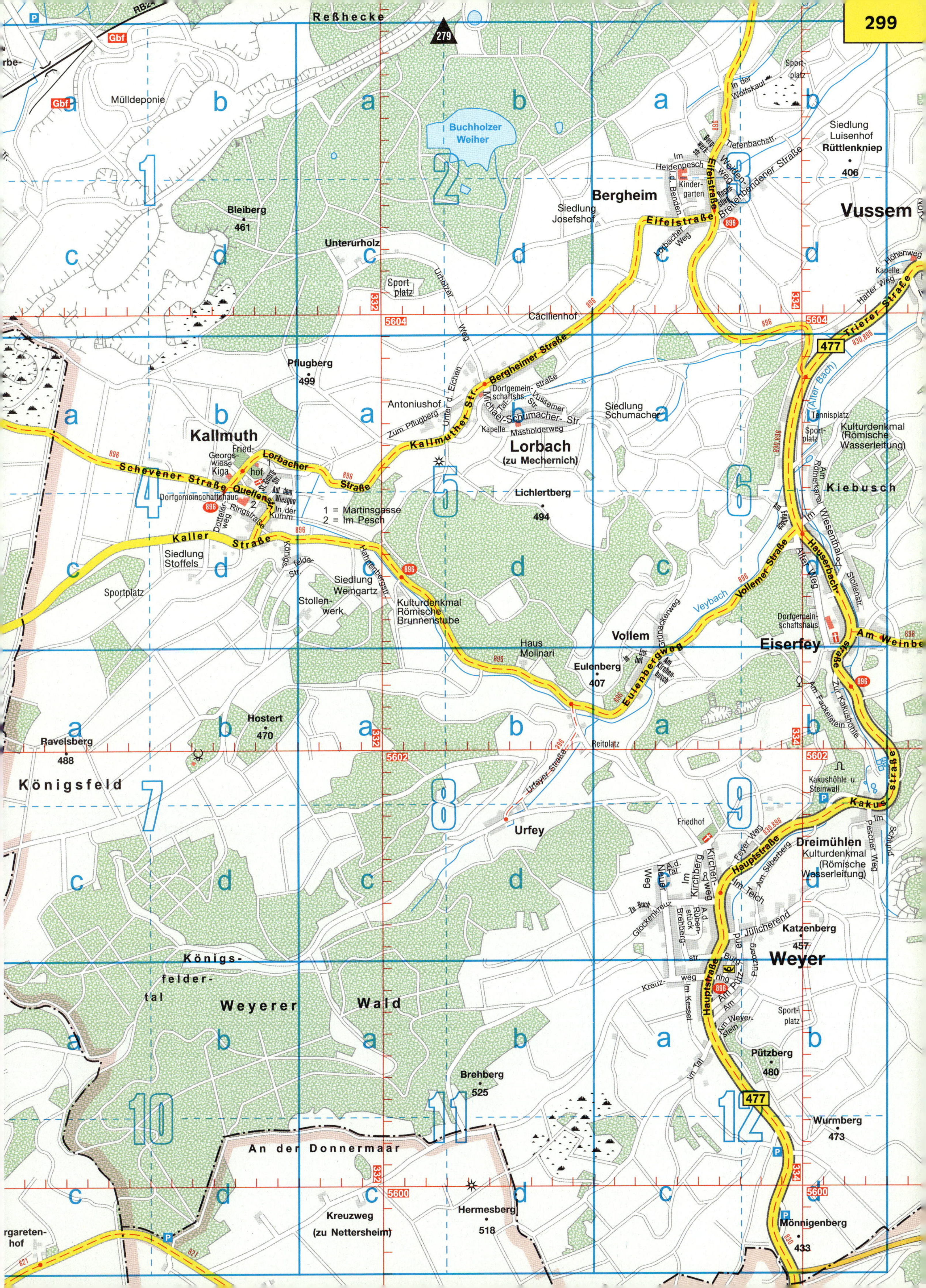

Reßhecke
279
Mülldeponie
Buchholzer Weiher
Bleiberg
461
Unterurholz
Sport platz
Bergheim
Siedlung Josefshof
Eifelstraße
Kinder-garten
Tiefenbachstr.
Breitenbendener Straße
In der Wolfskaul
Sport-platz
Siedlung Luisenhof
Rüttelnkniep
406
Vussem
Höhenweg
Kapelle
Cäcilienhof
Trierer Straße
477
Pflugberg
499
Antoniushof
Bergheimer Straße
Kallmuther Str.
Lorbach
(zu Mechernich)
Siedlung Schumacher
Michael-Schumacher-Str.
Masholderweg
Kapelle
Kallmuth
Schevener Straße
Lorbacher Straße
Quellenstr.
Ringstraße
Kaller Straße
Siedlung Stoffels
Sportplatz
1 = Martinsgasse
2 = Im Pesch
Lichlertberg
494
Siedlung Weingartz
Stollen-werk
Kulturdenkmal Römische Brunnenstube
Tennisplatz
Sport-platz
Kulturdenkmal (Römische Wasserleitung)
Kiebusch
Hausserbach-straße
Vollemer Straße
Veybach
Dorfgemein-schaftshaus
Eiserfey
Am Weinberg
Vollem
Grünackerweg
Eulenbergweg
Haus Molinari
Eulenberg
407
Hostert
470
Ravelsberg
488
Königsfeld
Reitplatz
Urfeyer Straße
Urfey
Friedhof
Kakushöhle u. Steinwall
Kakusstraße
Zur Kakushöhle
Dreimühlen
Kulturdenkmal (Römische Wasserleitung)
Hauptstraße
Feyer Weg
Am Silberberg
Im Teich
Pescher Weg
Kirchberg
Katzenberg
457
Weyer
Jülicherend
Glockenkreuz
Kreuzweg
Im Kessel
Sport-platz
Pützberg
480
Königs-felder-tal
Weyerer Wald
Brehberg
525
An der Donnermaar
Wurmberg
473
Kreuzweg
(zu Nettersheim)
Hermesberg
518
Mönnigenberg
433
5604
5602
5600
1
2
3
4
5
6
7
8
9
10
11
12

Weiler am Berge
Röttgerberg
Münstergasse
Trenkgasse
Am Kuhlbach
Herkelstein
435
280
Krebsbach
Kläranlage
Anschlussstelle Bad Münstereifel/ Mechernich
112
Karlshof
477
Tondorfer Str.
Veybach
Schneidmühle
Vussem
(zu Mechernich)
Altenheim
1 = Josef-Luxen-Straße
2 = Keilbergweg
Trierer Straße
Holzheimer Weg
Höhenweg
Harter Weg
Turnhalle
Im Feytal
Friedhof
Kapelle
Sportplatz
Titusstraße
Kulturdenkmal (Römischer Aquadukt)
Holzheim
In der Nück
Sandsteinbruch
Zur Nück
Heistardstr.
Weiler Str.
Im Hostert
Eschweiler
Friedhof
Heistard-straße
1 = Weingartskamp
2 = Schmiedegasse
Siedlung Lindenblatt
Am Kalkofen
Burg Heistard
Siedlung Burow
Siedlung Lippik
Lambertsberg
362
Siedlung Emonds
5604
336
338
809
896
Kulturdenkmal (Römische Wasserleitung)
busch
Siedlung Feuser
1
E29
Speerhaus
Gilsdorfer Heide
Natur-
schutz-
gebiet
Nöthener Mühle
Teufelsloch
Eschweilerbach
Am Weinberg
Kläranlage
383
Halsberg
Dorfstraße
Sportplatz
Kindergarten
Römerstraße
Harzheim
Schwammberger Weg
Friedhof
Birkenberg
446
Gilsdorf
In der Höll
Wollweg
Kapelle
Gilsdorfer Weg
1 = Am Siefen
Pescher Straße
Sportplatz
Brunnenstraße
Kleinbendchen
Nöthen
5602
Siedlung Heinen
Siedlung Breuer
Dreimühlen
Im Pescher Weg
Kakusstraße
Kulturdenkmal (Römerstraße)
Siedlung Hambach
Siedlung Zervos
Siedlung Schneider
Kronert
NSG
Siedlung Bädorf
und
Kurth
Bosset
393
Siedlung Fahl
Horntal
Hornbach
Wespelbach
Boch
438
Jakob-Kneip-Berg
Ortsteil Pesch
(zu Nettersheim)
Hardt
NSG
Altenheim
Auf der Jücht
Friedhof
Nöthener Straße
Sportplatz
Jakob-Kneip-Str.
Friedhof
Spielplatz
Zum Heidentempel
Kulturdenkmal (Römischer Tempel)
Addig
399
113
Anschlussstelle Nettersheim
Lindenweg
Quartbach
Auf dem Stucks
Burggasse
5600
821

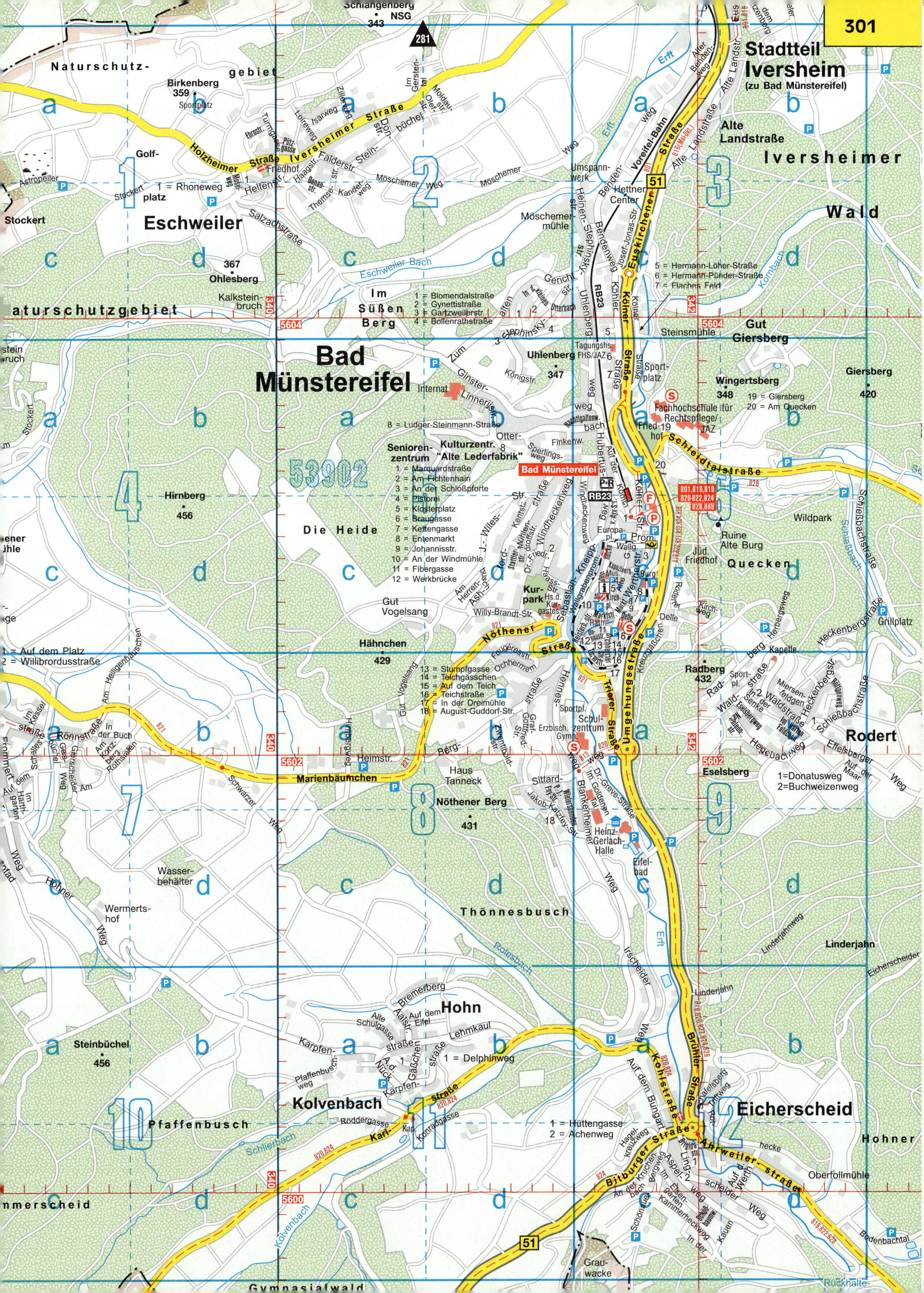
Stadtteil Iversheim
(zu Bad Münstereifel)
Alte Landstraße
Iversheimer
Wald
Naturschutzgebiet
Birkenberg 359
Sportplatz
Golfplatz
1 = Rhoneweg
Eschweiler
Stockert
Astropeiler
Holzheimer Straße
Iversheimer Straße
Friedhof
Helfenstr.
Salzachstraße
Möschemer Weg
Möschemermühle
Umspannwerk
Hettner Center
Voreifel-Bahn
Euskirchener Straße
Kölner Straße
Erft
367
Ohlesberg
Kalksteinbruch
Eschweiler Bach
Im Süßen Berg
1 = Blomendalstraße
2 = Gynettistraße
3 = Gartzweilerstr.
4 = Bollenrathstraße
5 = Hermann-Löher-Straße
6 = Hermann-Pünder-Straße
7 = Flaches Feld
Steinsmühle
Gut Giersberg
Giersberg 420
Wingertsberg 348
19 = Giersberg
20 = Am Quecken
Bad Münstereifel
Internat
Uhlenberg 347
Tagungshs. FHS/JAZ
Sportplatz
Fachhochschule für Rechtspflege/JAZ
Schleidtalstraße
53902
Hirnberg 456
Die Heide
8 = Ludger-Steinmann-Straße
Seniorenzentrum
Kulturzentr. "Alte Lederfabrik"
1 = Marquardstraße
2 = Am Fichtenhain
3 = An der Schloßpforte
4 = Pistorei
5 = Klosterplatz
6 = Braugasse
7 = Kettengasse
8 = Entenmarkt
9 = Johannisstr.
10 = An der Windmühle
11 = Fibergasse
12 = Werkbrücke
Bad Münstereifel
801,816,819
820-822,824
828,889
Wildpark
Ruine Alte Burg
Jüd. Friedhof
Quecken
Kurpark
Gut Vogelsang
Willy-Brandt-Str.
Nöthener Straße
Hähnchen 429
13 = Stumpfgasse
14 = Teichgässchen
15 = Auf dem Teich
16 = Teichstraße
17 = In der Dreimühle
18 = August-Guddorf-Str.
1 = Auf dem Platz
2 = Willibrordusstraße
Umgehungsstraße
Trierer Straße
Radberg 432
Kapelle
Heckenbergstraße
Grillplatz
Rodert
Eselsberg
1=Donatusweg
2=Buchweizenweg
Marienbäumchen
Heimstr.
Haus Tanneck
Nöthener Berg 431
Schulzentrum
Erzbisch. Gymn.
Heinz-Gerlach-Halle
Eifelbad
Wasserbehälter
Wermertshof
Thönnesbusch
Linderjahn
Hohn
Bremerberg
Lehmkaul
1 = Delphinweg
Steinbüchel 456
Kolvenbach
Pfaffenbusch
Karl-Straße
1 = Hüttengasse
2 = Achenweg
Eicherscheid
Brühler Straße
Kohlstraße
Bitburger Straße
Ahrweiler Straße
Hohner
Oberfollmühle
Gymnasialwald
Grauwacke
Rückhalte

Arloffer Wald
282
Iversheimer Wald
Hartenberg 390
Arloffer Berg 403
Kirchheimer Wald
(zu Euskirchen)
5604
Giersberg 420
Wehnsberg 375
Jägersruh
Schleidbach
Schießbachstraße
Schießbach
Lammertsberg 438
Stadtwald
Münstereifel
Arloffer Straße
Hülloch
Grillplatz
Heckenbergstraße
Haarscheid 451
Forsthaus Hülloch
Forsthaus
Graubach
Bollscheider Kopf 474
Rodert
(zu Bad Münstereifel)
Effelsberger Weg
Auf der Maar
Schießbachstraße
5602
Geißenbach
Kleebruch
Ahrstraße
Houverather Pfad
Effelsberger Weg
Trift
Linderjahn
Eicherscheider
Fanisberg 507
Knippberg 537
In der Hasselsde
Langer Kopf 524
Kapelle Decke Tönnes
Hohner Wald
Bodenbach
Effelsberger Wald
Oberfollmühle
Mahlberger Wald
5600
Bodenbachtal
Bodenbach
Rückhalte
1 2 3 4 5 6 7 8 9 10 11 12
344 346

Petersberg
347
Hahnenberg
411
Ärzenhecke
Am Heideberg
Am Salzweg
Beiselskopf
372
Kahlenberger Straße
Hahnenberger Straße
Rehbruch
Martinspfuhl
Kahlenberg
408
Dornbusch
Wolkenbruch
Scheuren
Scheurer Bruch
Gut Unterdickt
Ahrstraße
Im Rauenbruch
Unterdickt
Oberdickt
Houverath
(zu Bad Münstereifel)
Forsthaus Frauenhof
Happerich
Wald
Limbach
Scheuerheck
Neichen
Steinbach
Geißenbach
Eifelsberger Bach
3=Am Gieren 3
1 = Am Schoppesch

Kurtenberg
Berscheidt
Blitzenberg 392
Eckelsgrund
Stadtteil Todenfeld (zu Rheinbach)
Todenfelder Straße
Trittscheid
Blitzenhardt
(zu Euskirchen)
Mönchheide
Pfaffenholz
Matzenberg
53505
Scheuren
Wendelinusstraße
Essigstraße
Auf dem Hoest
Stucks
Rheinbacher Straße
Grabenberg
Maulbach
Ringstraße
Berg (zu VBG Altenahr)
5 = Auf der Zippheide
Friedhof
An der Maulbacher Nücke 403
Münstereifeler Straße
St. Rochus-Straße
Freisheim
1= Im Pesch
Harzberg
Naturfreundehaus Berg
2=Am alten Kirchweg
3=Weiherstraße
4=Am Kirchplatz
6 = Bonner Straße
Houverath (zu Bad Münstereifel)
Eiffeldomstraße
Houverather Bach
Im Seifen
Wochenendhäuser
Vor der Stappen
Eichen
Lanzerather Straße
Rothenberg
Friedhof
1= Im Kronenberg
2= Kanarienweg
Houverather Mühle
Lüsnück
Keutzhardt
Auf dem Urscheid 400
Lanzerath
Vellen

Ersdorfer Wald
Der Himmelberg
Hilberather Bach
dem Rott
Altendorfer Mühle
(zu Meckenheim)
Haus Schönseifen
Steinmenweg
Ober der Schwarzmaar
Altendorfer
Hohe Buchen
Wald
Hexenbuche
Kläranlage
1 = Kirchweg
Mehrzweckhalle
Stadtteil Hilberath
(zu Rheinbach)
Margarethenhof
Höhenhof
Gierenbach
Swistbach
NSG
(zu Grafschaft)
Haus Schönberg
Rodt
53505
Luisenhorst
Kalenborn
(zu VGB Altenahr)
Friedhof
Reithalle
Hilberather Straße
1=Winkelstraße
2=Steilstraße
3=Auf den Wiesen
4=In den Wiesen
Kalenborner Höhe
Hegehof
Gelsdorfer Straße
5 = Am Weidenhardt
Spielplatz
Sportplatz
Sommerrodelbahn
Haus Sonnenschein
Wochenendhäuser
Kreuznück
Am Bergwerk (Roßberghöhe)
Burg Vischel
Friedhof
Kap.
Vischelbach
Marienthaler Busch
Johannisberg
368
Burtscheider Hof
(zu Altenahr)
Weidenhardt
392
Müllenberg
350
Burtscheider-berg
358
257
Engelhardt
Forsthaus

AS Gelsdorf
Dürener Straße
Bonn
Neuenahrer Straße
Ortsteil Gelsdorf
(zu Grafschaft)
2=Auf dem Wachhaus
3=Stationsweg
4=Lärchenweg
5=Tannenweg
6=Fichtenweg
7=Wildacker
Altbroicher Weg
Altenahrer Str.
286
E31
Rastplatz Goldene Meile
61
Auf der Heid
Höhenhof
Grafschaft
53501
Eckendorfer Straße
Swistbach
In den Wiesen
Ahrweiler Straße
Schildchenstr.
Im Busch
Gewerbegebiet Gelsdorf
Gewerbe-und Industriegeb. Grafschaft-Gelsdorf
Max-Planck-Str.
Albert-Einstein-Straße
Otto-Hahn-Str.
Robert-Koch-Str.
Vogelsang
Amt für Nachrichtenwesen der Bundeswehr
Schloss
Ortsteil Vettelhofen
(zu Graftschaft)
Escher
Am Friedhof
Sportplatz
Vettelhovener Straße
Swistbl
Im Meißwinkel
Wochenendhäuser
Friedhof
Schillerstr.
Ortsteil Holzweiler
(zu Grafschaft)
Panoramasauna
1= Anton-Mönch-Straße
2= Waldweg
3= Jos.-v.-Eichendorff-Weg
4= Schultheissgäßchen
5= Panoramaweg
Ringener
Hubertushütte
Wbh.
Oberescher Weg
Schlehenweg
Haus Schönberg
Oberesch
Sportplatz
Schönberg
Esch
1= Am Sauerbach
2= Am Flipsbach
3= Kapellenstraße
Hauweg
Am Nonnenbach
Weststraße
Schönbergstraße
Friedhof
Mönchescher Weg
Kindergarten
Dernauer Straße
Niederesch
Swistbach
Buchenberg
295
Wald
Holzweiler Kreuz
Mönchescher Hof
Alteheck
Kuxberg
Schild
Kratzemich
Im Hummeltal
Sportplatz
53507
Dernau
(zu VBG Altenahr)
1 = Schulstraße
Ruine Kloster Marienthal
Klosterstraße
Stadtteil Marienthal
(zu Bad Neuenahr-Ahrweiler)
Försterhof
Altenwegshof
Im Teufenbach
Trotzenberg
118
Rotweinstraße
Schmittmannstraße
267
Ahr
Marienthaler Straße
Am Kaiserstuhl
Sport-u. Freizeitzentrum
Ahrweg
Wingertstraße
Kindergarten
Bachstr.
Römer
Bunte Kuh
5604
5602
5600
360
362

Ortsteil Leimersdorf
(zu Grafschaft)
Innovationspark Rheinland
Joseph-von-Fraunhofer-Straße
Carl-Bosch-Str.
Konrad-Zuse-Straße
Beller
1 = Baumchenstraße
2 = Im Blumengärtchen
3 = Am Bellerhof
4 = Ziemesgartenstraße
Dreieck Bad Neuenahr-Ahrweiler
An der weißen
Rastplatz Mühlenberg
Rastplatz Hassel
61
E31
30
287
1 = Fliederweg
2 = Fauviller Ring
3 = Grafschafter Weg
Ortsteil Ringen
(zu Grafschaft)
Tonwerk
4 = Auf dem Schießberg
Ahrtalstr.
Bölingen
Seeliger Hof
NSG
Ortsteil Karweiler
(zu Grafschaft)
Verkehrsübungsplatz
Tonwerk
Tornfelder Hof
Bengener Str.
Talbrücke Karweiler
Siedlung Tielenius
Brunnen
Ortsteil Bengen
(zu Grafschaft)
1=Leonhard-Scholz-Weg
2=Pfarrer-Frings-Weg
1 = Hostertsweg
2 = Katharinenweg
573
Assbacher Hof
Jagdhaus
Schießstand
Ortsteil Lantershofen
(zu Grafschaft)
1 = Am Pechweingarten
2 = Im Flachsgraben
3 = Lunkshöhle
4 = Effelweg
5 = Am Frumech
6 = Zum Forstberg
7 = An der Burg
8 = Ziegelweg
9 = Zum Ahrblick
Hemmessener Str.
AS Bad Neuenahr
1 = Silvanerstraße
2 = Winzerplatz
3 = Johannes-Kirschweng-Straße
4 = Erlenweg
5 = Rotdornweg
6 = Eichenweg
7 = Platanenweg
8 = Marienburger Straße
9 = Küstriner Straße
10 = Hunsrückstraße
190 Tritschkopf
Stadtteil Bad Neuenahr
(zu Bad Neuenahr-Ahrweiler)
Forstberg 201
266
267
Heerstraße
Steinräusch
Magdalenruh
Hochseilpark
Aussichtsturm Silberberg
Stadtteil Ahrweiler
(zu Bad Neuenahr-Ahrweiler)
Ahrweiler-Markt
Ahrweiler
Wilhelmstraße
Sebastianstraße
Ringener Straße
Ahrtalbahn
Stadtteil Bachem
(zu Bad Neuenahr-Ahrweiler)
Augustahöhe
Dahliengarten
Kurgarten
Ramersbacher Str.
Calvarienberg
Cityplan S.33
12 = Landrat-Joachim-Weller-Platz
13 = Lindenweg
14 = Giesenstraße
15 = Leonardusstraße
Bad Neuenahr-Ahrweiler
53474
Naturlehrpfad
Drei-Kaiser-Buche
16=Am Dahliengarten
Bachemer Bach
Hohenzollern
Landeslehr- und Versuchsanstalt Weinbau u. Landwirtschaft

Ortsteil Nierendorf (zu Grafschaft)
1 = Kurze Straße
2 = Tönnesgarten
3 = An den Linden
4 = Friedhofstr.
5 = Wellstr.
6 = Kastanienstraße
7 = Weidenstr.
8 = Im Hohlweg
9 = Am Unteren Seifen
Höhnsberg
Scheidskopf 280
Weißenberg
Filmstudio
Calmuth
Neuenhof
Birresdorfer Straße
Landskroner Straße
Rastplatz Mühlenberg
Mühlenberg 185
Sachsenburg
Rischmühle
Jagdhaus
1 = Felix-Blass-Straße
2 = Keltenstraße
3 = Im Wiesenpfad
4=Im Gässchen
5=Im Bornstück
Stadtteil Kirchdaun (zu Bad Neuenahr-Ahrweiler)
Urbersch
Straußenfarm
Auf Plattborn
Scheidskopf-straße
Deutsches Eck
Ortsteil Bengen (zu Grafschaft)
1 = Leonhard-Scholz-Weg
2 = Pfarrer-Frings-Weg
Wolfskaul
Gimmiger Straße
Landskronerhof
Köhlerhof
Golfplatz
Golfplatz Köhlerhof
Schutzhütte St. Katharinen
Leimersdorfer Bach
Bonner Str.
Stadtteil Gimmigen (zu Bad Neuenahr-Ahrweiler)
Sonderlandeplatz Segelflugplatz
Schießsportanlage Wurftauben Schießplatz
Heppinger Hütte
1 = Zum Furthbrunnen
2 = Am Petersberg
3 = Nikolaus-Molitor-Straße
Lohrsdorfer Kopf 181
1 = Kleiner Weg
Victoriahöhe
Stadtteil Bad Neuenahr (zu Bad Neuenahr-Ahrweiler)
Stadtteil Heppingen (zu Bad Neuenahr-Ahrweiler)
Kesselberg
Landskrone 272
Ruine Landskrone
Heuberg
Stadtteil Lohrsdorf (zu Bad Neuenahr-Ahrweiler)
Lohrsdorfer Hütte
Rotweinwanderweg
Apollinarisbrunnen
Heppinger Brunnen
Ahrtalbahn
Heimersheim
Ahr
Landskroner Brücke
Bad Neuenahr
Ahrtalbrücke
Stadtteil Green (zu Bad Neuenahr-Ahrweiler)
Kurpark
Kaiser-Wilhelm-Park
Lennépark
Schwanenteich
Beilratsberg
Johannisberg
Waldesruh
Wolfskaul
1 = Theodor-Klein-Straße
2 = Im Graben
3 = Josef-Schäfer-Weg
Stadtteil Heimersheim (zu Bad Neuenahr-Ahrweiler)
Bad Neuenahr-Ahrweiler
53474
E31
61
266
571
288

Erpel
(zu VBG Unkel)
53579
Rhein
Erpel (Rhein)
Erpeler-Ley-Plateau
Basalt
1=Unterste Gasse
2=Hospitalgasse
3=Pützgasse
4=Fährgasse
5=Frongasse
6=Marktgasse
7=Hündelsgasse
8=An der alten Stadtmauer
9=Trimbornstraße
10=Am Schleidentor
11=Marktplatz
12=An der alten Bleiche
13=Hochstraße
11 = Ackermannsgasse
12 = Hündelsgasse
13 = Josefstraße
14 = Kreuzgasse
15 = Alter Platz
15 = Frongasse
16 = Dr.-Peters-Straße
17 = Johanniterstraße
Waldschlößchen
Birresdorfer Straße
Schweisberger Höhe
1 = Am Spich
2 = Neipengasse
3 = Pintgasse
4 = Kirchstraße
5 = Drususplatz
6 = Milchgasse
7 = Schmiedegang
8 = An der Stadtmauer
9 = Grabenstraße
10 = Römerplatz
Remagen
53424
Victoriaberg
Angst
Kapellenhof
Forsthaus Erlenbusch
Frohnhof
Lützelbachhof
Hubertushof
Wolfskeller
Büschmarhof
Trimm-Dich-Pfad
Ahrplatte
Eifelblick
Hofricken
Südknoten
Gewerbegebiet
Hagelkreuz
Oberstental
Stadtteil Bad Bodendorf
(zu Sinzig)
Höchst
Peterstal
1=In den Dreizehnmorgen
Reisberg
192
Bauschuttdeponie
Bad Bodendorf
Ahrtalstraße
Ahrtalbahn
Eifel-Ardennen-Straße
1 = Eichendorffstr.
2 = Gerhart-Hauptmann-Str.
3 = In den Ahrwiesen
Goldgulden weg
Fitness-Anlage
Steinkaul
Sinziger Mineralbrunnen
Kläranlage
135
Ehlinger Lei
AS Ehlingen
Rohrberg
Stadtteil Ehlingen
(zu Bad-Neuenahr-Ahrweiler)
Im Berge
Schleiberberg
Trimmplatz
4 = Torhausgasse
143
Feltenturm
Hellenberg
Mühlenberg
234
1 = Am Ehrenmal
2 = St.-Hubertus-Straße
3 = Gäßchen
Stadtteil Westum
(zu Sinzig)
Sinzig
Wadenberg
139
53489
Haus Ehlenforst

Kasbach-
(zu VBG Linz am Rhein)
53547
Ohlen-
berg
290
Basalt
Bürgerhaus
1 = Im Winkel
2=St.-Donatusplatz
Auf der Höh
Braunkopf
Schloss Rennenberg
Peterhof
Sprendchen
Blumenau
53545
Ockenfels
(zu VBG Linz am Rhein)
Sterner Hütte
Stollsberg
Altenberg
Mittelsand
Burg Ockenfels
Friedenskapelle
Erinnerungskreuz Kriegsgefangenenlager 1945
1 = Am Balthasarkreuz
2 = An der Herskaul
3 = Heitemeyerweg
Linz (Rhein)
Linz
am Rhein
Sterner Mühle
Hammermühle
1=Am Mühlenfeld
Gut Frühscheid
Gewerbegebiet "Am Frühscheid"
Umspannwerk
Kraftversorgung Rhein-Wied
Birkel
Mariensäule
Kläranlage
Brungsberg
Hagelkreuz
Stadtteil
Kripp
(zu Remagen)
Maria-Luisen-Quelle
Auto-Großfähre
Kaiserberg 174
Stadion
Winzerhaus
Cityplan S. 35
Bauschuttdeponie
Angst
53547
Dattenberg
(zu VBG Linz am Rhein)
2 = Auf den drei Morgen
Basalt
Gewerbegebiet
Wallen
Burg Dattenberg
Hölle
1 = Friedrichstraße
Godenhaus
Goldene
Linzer Wiesen
Naturschutzgebiet
Kläranlage
Ahr
53489
Am Bohnenpösch
Sinzig
Rhein
Giersberg
Koppe
Grillhütte
Merzeter
Schießstand
Sinzig (Rhein)
Leubsdorf (Rhein)
Wassersport
Gewerbe-
Industriepark
Rastenweg und Zeugen Jehovas
Sandkaul
Meile
Leubsdorf
(zu VBG Linz am Rhein)
Neub.-geb. "Auf dem Eisel"
1=Faber Straße
Hubertushof
53547
Sayendreisch
Kies
Mohr Haus
(zu Bad Breisig)
Wasserturm
1 = Im Seifenbachtal
2 = Im Klostergarten
Seifen
Layen
Eich
318
42
9

Wetter-
bleuel
Hargarten
Noll
(zu Sankt Katharinen)
Klostermühle
Kaimig
Hummelsberg
389
Basalt
Grendel
Hinter-
lorscheid
Rödder
Rödderhof
Im
Brochenbach
Wochenend-
häuser
365
Brochenbach-
mühle
Brochenbach
Ginsterhahn
Wiesentaler
Hof
Klär-
anlage
Heidscheids-
weiher
Dattenberger
Wald
Steinbruch
Hähnen
Roniger Hof
331
Grendelberg
Römerich
386
Rothekreuz
Nurda-
Park
Hesseln
Krumscheid
Ronig
Kapelle
Schieß-
stand
Leubsdorfer
Wald
Kläranlage
Adamsberg
Flammert
Girgenrath
(zu Bad Hönningen)
Waldsee
Reidenbruch
Hohnbüchel
344
Hönninger Wald
Linzer Straße
291
319

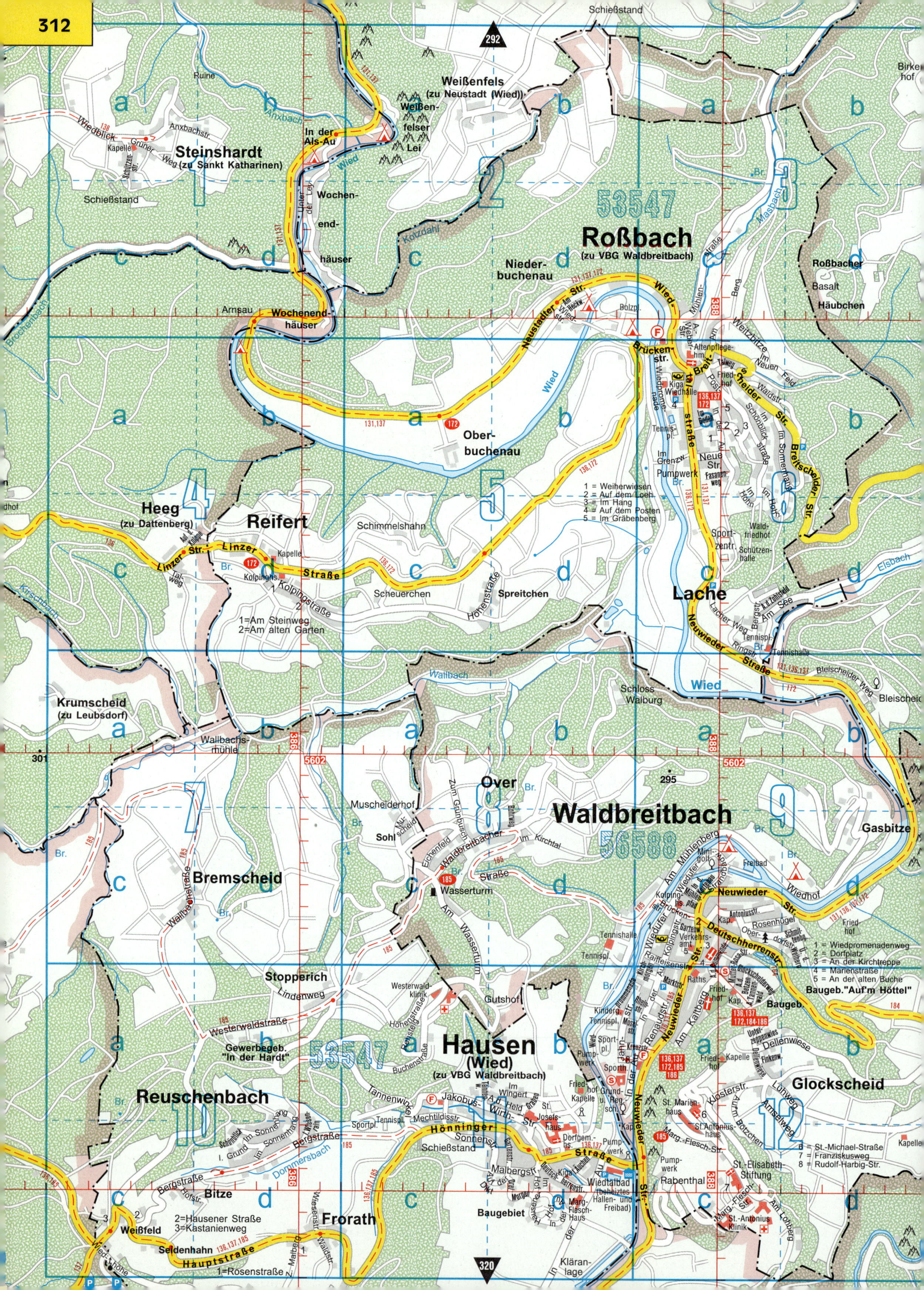
292
Schießstand
Weißenfels
(zu Neustadt (Wied))
Weißen-
felser
Lei
In der
Als-Au
Ruine
Anxbach
Steinshardt
(zu Sankt Katharinen)
Wiedblick
Anxbachstr.
Kapelle
Grüner Weg
Schießstand
Wochen-
end-
häuser
Katzdahl
53547
Roßbach
(zu VBG Waldbreitbach)
Nieder-
buchenau
Neustadter Str.
Wied
Wiedstr.
Maisbach
Roßbacher
Basalt
Häubchen
Arnsau
Wochenend-
häuser
Brückenstr.
Ober-
buchenau
Wied
Breitscheider Str.
Heeg
(zu Dattenberg)
Reifert
Linzer Str.
Linzer Straße
Kapelle
Kolpingstraße
Schimmelshahn
Scheuerchen
Spreitchen
Höhenstraße
1=Am Steinweg
2=Am alten Garten
1 = Weiherwiesen
2 = Auf dem Loeh
3 = Im Hang
4 = Auf dem Posten
5 = Im Gräbenberg
Pumpwerk
Waldfriedhof
Sportzentr.
Lache
Neuwieder Straße
Elsbach
Wallbach
Schloss
Walburg
Wied
Bleischeider Weg
Bleischeid
Krumscheid
(zu Leubsdorf)
Wallbachsmühle
301
5602
Over
295
Waldbreitbach
56588
Gasbitze
Muscheiderhof
Sohl
Waldbreitbacher Straße
Wasserturm
Am Wasserturm
Bremscheid
Neuwieder Str.
Deutschherrenstr.
Wiedhof
Freibad
Rosenhügel
1 = Wiedpromenadenweg
2 = Dorfplatz
3 = An der Kirchtreppe
4 = Marienstraße
5 = An der alten Buche
Baugeb. "Auf'm Höttel"
Baugeb.
Stopperich
Lindenweg
Westerwaldstraße
Gewerbegeb.
"In der Hardt"
53547
Westerwaldklinik
Gutshof
Hausen
(Wied)
(zu VBG Waldbreitbach)
Dellenwiese
Glockscheid
Reuschenbach
Hönninger Str.
Schießstand
Tennispl.
Sportpl.
St. Josefs-
haus
Dorfgem.-
haus
Rabenthal
St. Marienhaus
St. Antonius-
haus
Marg.-Flesch-Str.
St.-Elisabeth-
Stiftung
6 = St.-Michael-Straße
7 = Franziskusweg
8 = Rudolf-Harbig-Str.
Kapelle
Dommersbach
Bergstraße
Bitze
Frorath
Baugebiet
Wiedtalbad
(beheiztes
Hallen- und
Freibad)
St.-Antonius
Klinik
Weißfeld
2=Hausener Straße
3=Kastanienweg
Seidenhahn
Hauptstraße
1=Rosenstraße
Kläranlage
320

Hombach
(zu Neustadt (Wied))
Gewerbepark
293
Funkenhausen
Umspannwerk
Ferdinandgrube
Masbach
Marhähnerhof
(zu Obersteinebach)
1 = Verscheider Straße
Grübelsberg
Wochenendhäuser
Roßbacher Str.
Rengsdorfer Straße
Gruben-Str.
Neumannshöhe
ICE-Neubaustrecke Köln-Rhein/Main
E35
3
Epgert
(zu Krunkel)
Neustadter Str.
Schul-str.
Sportpl.
Bau-geb. "Sauerwiese"
Wald-Wochenendhäuser
Breitscheid
(zu VBG Waldbreitbach)
53547
Gewerbegebiet "Nassen"
Am Fahrhohn
Pumpwerk
Dasbach
5604
392
Jagdhaus Elsbach
Nassen
Baugeb. "Hinter der Siebenmorgener Kap."
Kapelle
Siebenmorgener Str.
Dasbacher Straße
Freizeitanlage
Fichtelshohn
Sportplatz
Gemeindehaus
Grundsch.
Kiga
Rosenstr.
1 = Alte Dorfstraße
2 = Im Kiesbaumgarten
Elsbach
Gersthahn
Siebenmorgen
Hümmerich
(zu VBG Rengsdorf)
Hümmericher Bach
Gewerbepark "Siebenmorgen"
Pumpwerk
Altes Jagdhaus
1 = Am Jagdhaus
Lindenstr.
Niederhümmerich
Karlshof
Ortsteil Hochscheid
(zu Breitscheid)
Poststr.
Kläranlage
Hollig
Pumpwerk
Goldscheid
Kapelle
5602
Kläranlage
Baugebiet
Waldbreitbacher Straße
Verscheid
Hubertushof
Fockenbachsmühle
Hümmericher Mühle
Fockenbach
Stangenstein
Forst
324
324
Hauptstraße
Wüscheid
Hangelei
370
(zu Straßenhaus)
Motzerhütte
10
11
Wied
12
390
5600
5600
Schießstand
Sportplatz
(zu Niederbreitbach)
Ruine Neuerburg
321
Escherwiese
(zu Kurtscheid)

Obersteinebach
(zu VBG Flammersfeld)
56593
Huf
294
Horhausen
(Westerwald)
(zu VBG Flammersfeld)
Horhausemühle
Kulturdenkmal
Krunkel
(zu VBG Flammersfeld)
56593
Epgert
E35
3
Industriegebiet
Industriepark
Willroth
(zu VBG Flammersfeld)
56594
Linkenbach
(zu VBG Puderbach)
56317
Linkenbach
Ober-
hümmerich
1= Alter Schulweg
2=Ober den Gärten
Forst
Wied
ICE-Neubaustrecke Köln-Rhein/Main
Hümmerich
(zu VBG Rengsdorf)
53547
Karlshof
Anschlussstelle
Neuwied
36
Gierender-
höhe
Kirchspiel-
Eisenstraße
Oberhonnefeld-
Gierend
(zu VBG Rengsdorf)
56587
Neubaugeb.
Ober dem
Kirchenpfad
Gewerbepark
"Gierender Höhe"
Ignaz-
van-
Roje-
Platz
1 = Im stillen Winkel
Klär-
anlage
Motzerhütte
Ellingen
1 = Platzstraße
2 = In den Gärten
3 = Bornsweg
4 = Im Burgert
1 = Lavendelweg
2 = Salbeiweg
3 = Johanniskrautweg
4 = Löwenzahnweg
Weyerbuscher Weg
Rhein-Wied-Str.
256
Oberraden
(zu VBG Rengsdorf)
56587
Niederhonnefeld
Straßenhaus
(zu VBG Rengsdorf)
6 = Industrieweg
56587
Gewerbe-
gebiet
Ost
Gewerbe-
park
Oberraden
Bornshof
7 = Paul-Mertgen-Str.
Raiffeisenstraße
Mittelstraße
5 = Hohlweg
322
3=Zum Talblick
Niederraden

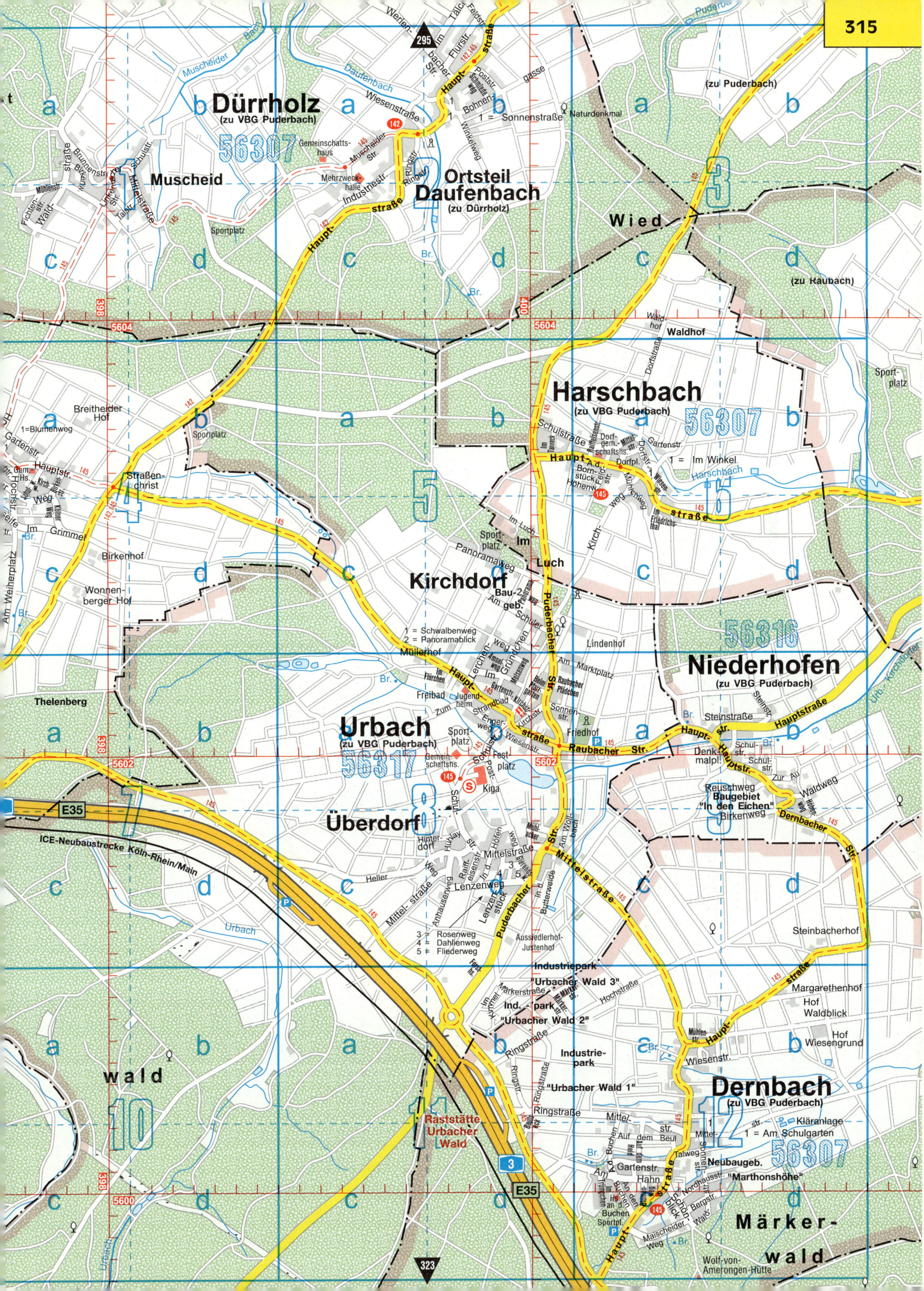

Dürrholz
(zu VBG Puderbach)
56307
Muscheid
Ortsteil
Daufenbach
(zu Dürrholz)
Wied
(zu Puderbach)
(zu Raubach)
Waldhof
Harschbach
(zu VBG Puderbach)
56307
Straßen-
christ
Birkenhof
Wonnen-
berger Hof
Breitheider
Hof
Kirchdorf
Luch
Lindenhof
56316
Niederhofen
(zu VBG Puderbach)
Müllerhof
Thelenberg
Urbach
(zu VBG Puderbach)
56317
Überdorf
Baugebiet
"In den Eichen"
Steinbacherhof
ICE-Neubaustrecke Köln-Rhein/Main
E35
Industriepark
"Urbacher Wald 3"
Ind.-park
"Urbacher Wald 2"
Industrie-
park
"Urbacher Wald 1"
Margarethenhof
Hof
Waldblick
Hof
Wiesengrund
Dernbach
(zu VBG Puderbach)
56307
Neubaugeb.
"Marthonshöhe"
Kläranlage
1 = Am Schulgarten
wald
Raststätte
Urbacher
Wald
Märker-
wald
Wolf-von-
Amerongen-Hütte
Aussiedlerhof-
Justenhof
1 = Schwalbenweg
2 = Panoramablick
3 = Rosenweg
4 = Dahlienweg
5 = Fliederweg
1 = Sonnenstraße
1 = Im Winkel
1=Blumenweg
Naturdenkmal
Sportplatz
Freibad
Jugend-
heim
Kiga
Fest-
platz
Friedhof
Hauptstraße
Raubacher Str.
Puderbacher Str.
Mittelstraße
Dernbacher Str.
Daufenbach
Muscheider Bach
Harschbach
Urbach
Puderbach
5604
5602
5600
295
323

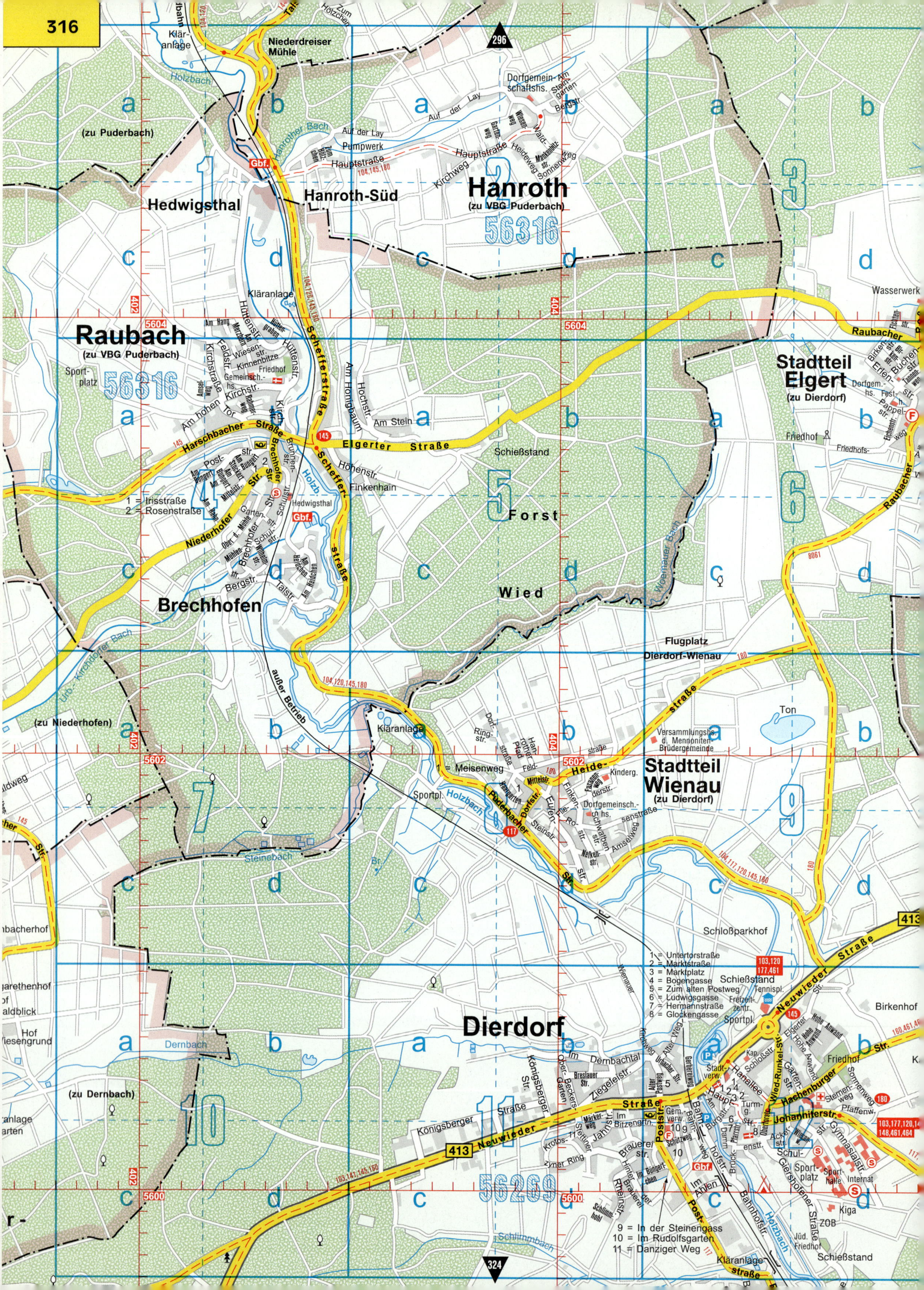
Niederdreiser Mühle
Hanroth
(zu VBG Puderbach)
56316
Hanroth-Süd
Hedwigsthal
(zu Puderbach)
Raubach
(zu VBG Puderbach)
56316
Brechhofen
Forst
Wied
Stadtteil Elgert
(zu Dierdorf)
Flugplatz Dierdorf-Wienau
Stadtteil Wienau
(zu Dierdorf)
(zu Niederhofen)
(zu Dernbach)
Dierdorf
56269
Schefflerstraße
Elgerter Straße
Harschbacher Straße
Niederhofer Str.
Neuwieder Straße
Raubacher Str.
Schießstand
Kläranlage
Wasserwerk
Schloßparkhof
Birkenhof
1 = Irisstraße
2 = Rosenstraße
1 = Meisenweg
1 = Untertorstraße
2 = Marktstraße
3 = Marktplatz
4 = Bogengasse
5 = Zum alten Postweg
6 = Ludwigsgasse
7 = Hermannstraße
8 = Glockengasse
9 = In der Steinengass
10 = Im Rudolfsgarten
11 = Danziger Weg
296
324

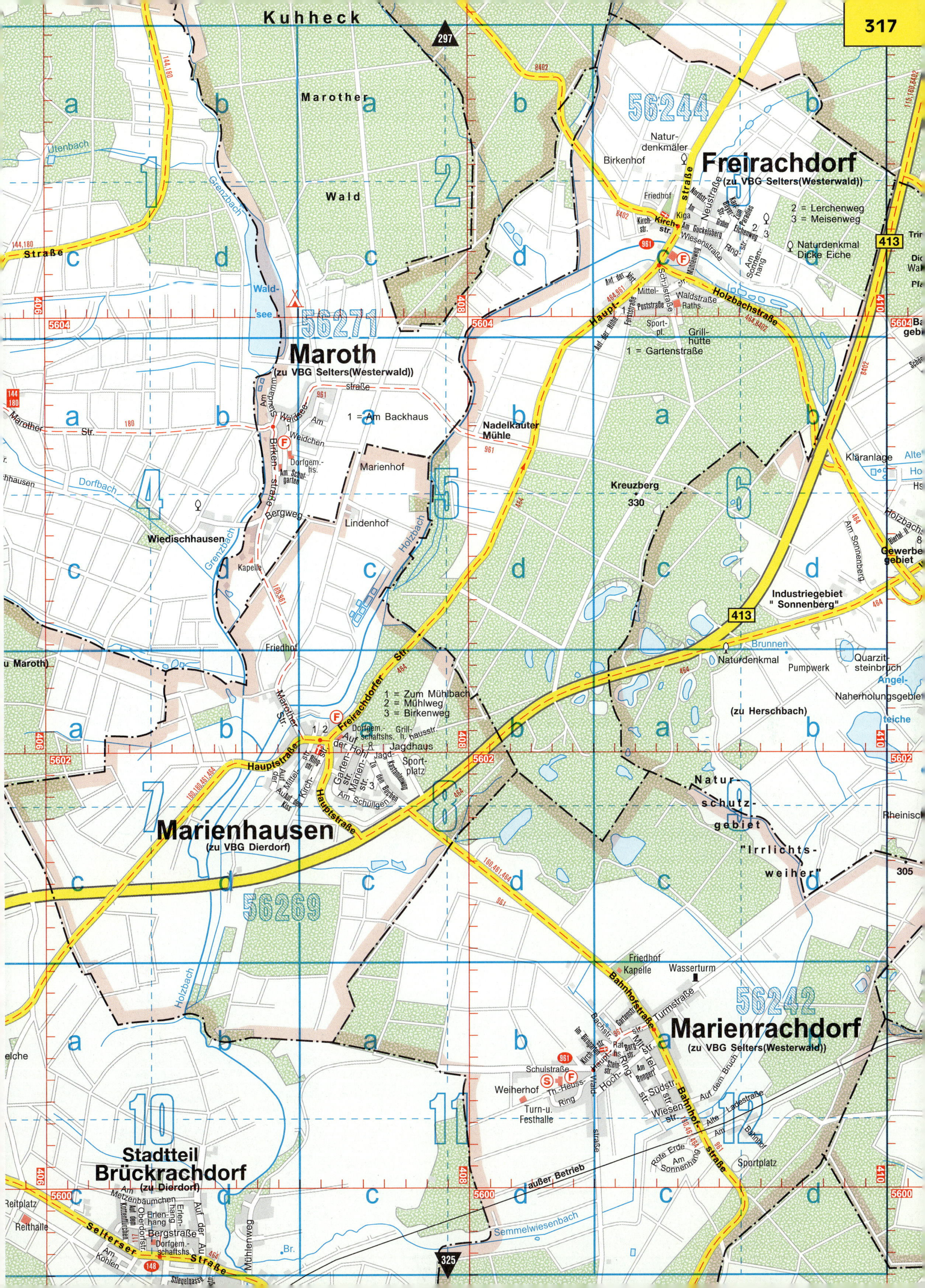
Kuhheck
297
Marother
Wald
56244
Natur-
denkmäler
Birkenhof
Freirachdorf
(zu VBG Selters(Westerwald))
Friedhof
2 = Lerchenweg
3 = Meisenweg
Naturdenkmal
Dicke Eiche
413
Wiesenstraße
Mittel-
Poststraße
Waldstraße
Holzbachstraße
Sport-
pl.
Grill-
hütte
1 = Gartenstraße
Utenbach
Grenzbach
Straße
Wald-
see
56271
Maroth
(zu VBG Selters(Westerwald))
Marother
Str.
1 = Am Backhaus
Nadelkauter
Mühle
Weidchen
Dorfgem.-
hs.
Marienhof
Lindenhof
Bergweg
Dorfbach
Wiedischhausen
Kapelle
Holzbach
Kreuzberg
330
Kläranlage
Am Sonnenberg
Industriegebiet
" Sonnenberg"
Brunnen
Naturdenkmal
Pumpwerk
Quarzit-
steinbruch
Naherholungsgebiet
(zu Herschbach)
Friedhof
Freiachdorfer Str.
1 = Zum Mühlbach
2 = Mühlweg
3 = Birkenweg
Jagdhaus
Sport-
platz
Hauptstraße
Marienhausen
(zu VBG Dierdorf)
Natur-
schutz-
gebiet
"Irrlichts-
weiher"
305
56269
Friedhof
Kapelle
Wasserturm
Bahnhofstraße
Turmstraße
56242
Marienrachdorf
(zu VBG Selters(Westerwald))
Schulstraße
Weiherhof
Th.-Heuss-
Ring
Turn-u.
Festhalle
Südstr.
Auf dem Bruch
Sportplatz
Stadtteil
Brückrachdorf
(zu Dierdorf)
Bergstraße
Dorfgem.-
schaftshs.
Selterser Straße
Mühlenweg
Semmelwiesenbach
außer Betrieb
325
Reithalle
1
2
4
5
6
7
8
9
10
11
12

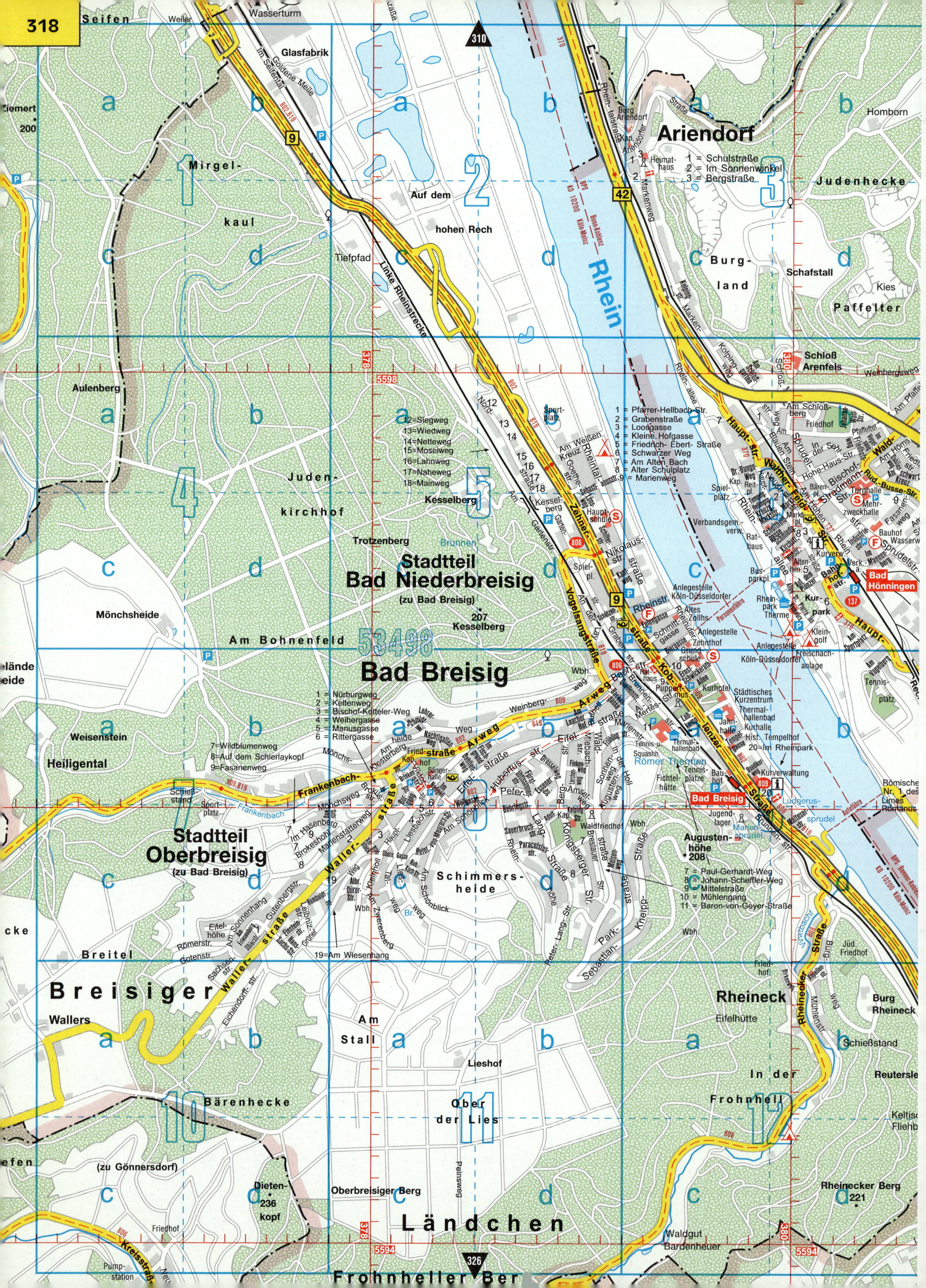
310
Seifen
Wasserturm
Glasfabrik
Goldene Meile
Im Seifental
Mirgel-
kaul
Tiefpfad
Auf dem
hohen Rech
Linke Rheinstrecke
Rhein
Ariendorf
1 = Schulstraße
2 = Im Sonnenwinkel
3 = Bergstraße
Heimat-
haus
Burg Ariendorf
Markenweg
Homborn
Judenhecke
Burg-
land
Schafstall
Kies
Paffelter
Schloß
Arenfels
Weinbergsweg
Aulenberg
Juden-
kirchhof
12=Siegweg
13=Wiedweg
14=Netteweg
15=Moselweg
16=Lahnweg
17=Naheweg
18=Mainweg
Kesselberg
Trotzenberg
Brunnen
Stadtteil
Bad Niederbreisig
(zu Bad Breisig)
207
Kesselberg
1 = Pfarrer-Hellbach-Str.
2 = Grabenstraße
3 = Loosgasse
4 = Kleine Hofgasse
5 = Friedrich-Ebert-Straße
6 = Schwarzer Weg
7 = Am Alten Bach
8 = Alter Schulplatz
9 = Marienweg
Zehnerstraße
Vogelsangstraße
Nikolausstraße
Rheinstr.
Anlegestelle
Köln-Düsseldorfer
Altes
Zollhs.
Anlegestelle
Zehnthof
Spielplatz
Verbandsgem.-
verw.
Rathaus
Busparkpl.
Rheinpark
Therme
Kurpark
Kleingolf
Anlegestelle
Köln-Düsseldorfer
Tennisplatz
Bad
Hönningen
Hauptstr.
Mönchsheide
Am Bohnenfeld
53498
Bad Breisig
1 = Nürburgweg
2 = Keltenweg
3 = Bischof-Ketteler-Weg
4 = Weihergasse
5 = Manusgasse
6 = Rittergasse
Weinbergweg
Arweg
Koblenzer Straße
Kurhotel
Städtisches
Kurzentrum
Thermalhallenbad
Kurhalle
Hist. Tempelhof
20=Im Rheinpark
Römer Thermen
Thermalhallenbad
Kurverwaltung
Bad Breisig
Ludgerus-
sprudel
Marien-
sprudel
Römisches
Nr. 1 des
Limes
Weisenstein
Heiligental
7=Wildblumenweg
8=Auf dem Schierlaykopf
9=Fasanenweg
Frankenbach
Frankenbachstr.
Schießstand
Sportplatz
Stadtteil
Oberbreisig
(zu Bad Breisig)
Wallerstraße
Schimmers-
heide
Augustenhöhe
208
7 = Paul-Gerhardt-Weg
8 = Johann-Scheffler-Weg
9 = Mittelstraße
10 = Mühlengang
11 = Baron-von-Geyer-Straße
Jüd.
Friedhof
Eifelhöhe
Römerstr.
Breitel
19=Am Wiesenhang
Breisiger
Wallers
Am
Stall
Lieshof
Rheineck
Eifelhütte
Burg
Rheineck
Schießstand
In der
Frohnhell
Reutersley
Keltisch
Fliehb
Bärenhecke
Ober
der Lies
(zu Gönnersdorf)
Dieten-
236
kopf
Oberbreisiger Berg
Peinsweg
Ländchen
Rheinecker Berg
221
Friedhof
Pumpstation
Kreisstraße
Waldgut
Bardenheuer
326
Frohnheller Berg

Hom-
born
Münchshöll
Prüngselter
Schießstand
Neubau-
gebiet
In der Au
211
Kronenberg
Moorbach
Steierbach
1 = Am Tannenbusch
Hoch-
behälter
Bad Hönningen
3=Fatimaweg
Blei
Kupfer
Ölsberg
212
Hubertus-
sprudel
Im Strang
Arienheller
Arienheller
Sprudel
Arienheller
Rheinwald-
Heim
Altenheim
1 = Kaiserwerther Straße
2 = Schwester-Urbita-Straße
3 = Pfarrer-Geyermann-Straße
179
Hungerberg
53557
Dorntalsweg
Bahlsbach
Römischer
Turm
Dielsberg
Limes
Römerturm
Steinbrink
Römerturm
Römerturm
Beulenberg
321
Römerturm
Ruine
Hammerstein
Rheinbrohler Wald
Nassenbach
Fischteiche
Lampenthalerhof
Jüd.
Friedhof
Hartmannshof
Römerturm
Maar
Gewerbe-
gebiet
Christinen-
höhe
Haus
Forst
Hoch-
behälter
4=Johanna-Löwenherz-Straße
56598
Haus Bergfriede
Rheinbrohl
(zu VBG Bad Hönningen)
6=Kehrstraße
7=Zehnthofplatz
Zur alte
Mühle
Schützenhalle
Kaltenbachtal
Pavillon
5=Fährstraße
Hafen-
anlage
Rhein
Hafen
Anlegestelle
1=Unter dem Eiberg
2=An der Goldgrube
3=Leo-Sausberg-Str.
Rheinbrohl
Hilgers-
park
Berghof
Magdalenen-
hof
Wasser-
behälter
(zu Hammerstein)
Kaltenbach
Annahof
Forsthof
Ortsteil
Brohl
311
327
42
9
137
310
5598
5596
5594
382
384

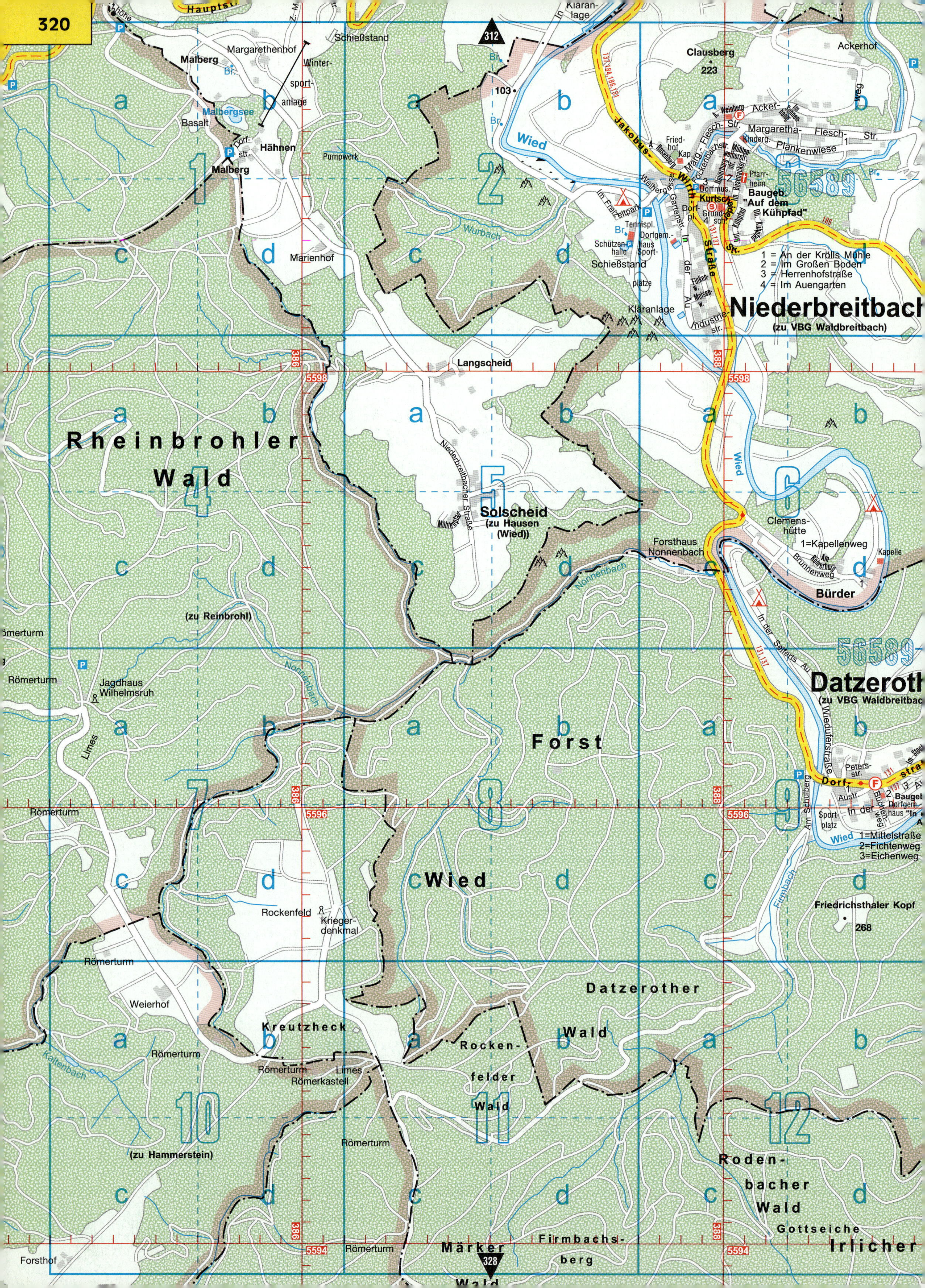

Malberg
Margarethenhof
Winter-
sport-
anlage
Malbergsee
Basalt
Hähnen
Pumpwerk
Schießstand
Marienhof
Wurbach
Wied
103
Klaran-
lage
Clausberg
223
Ackerhof
Jakobs-
Wirth-
Straße
Margaretha-
Flesch-
Str.
Plankenwiese
Baugeb.
"Auf dem
Kühpfad"
Schießstand
Kläranlage
1 = An der Krolls Mühle
2 = Im Großen Boden
3 = Herrenhofstraße
4 = Im Auengarten
Niederbreitbach
(zu VBG Waldbreitbach)
56589
Langscheid
Rheinbrohler
Wald
Niederbreitbacher Straße
Solscheid
(zu Hausen
(Wied))
Forsthaus
Nonnenbach
Nonnenbach
Clemens-
hütte
1=Kapellenweg
Kapelle
Bürder
(zu Reinbrohl)
Römerturm
Jagdhaus
Wilhelmsruh
Limes
Datzeroth
(zu VBG Waldbreitbach)
Forst
Wied
Wieduferstraße
Dorf-
Sport-
platz
1=Mittelstraße
2=Fichtenweg
3=Eichenweg
Friedrichsthaler Kopf
268
Rockenfeld
Krieger-
denkmal
Datzerother
Wald
Rocken-
felder
Wald
Weierhof
Kreutzheck
Römerkastell
(zu Hammerstein)
Roden-
bacher
Wald
Gottseiche
Irlicher
Märker
Wald
Firmbachs-
berg
Forsthof
312
328
5598
5596
5594
386
388

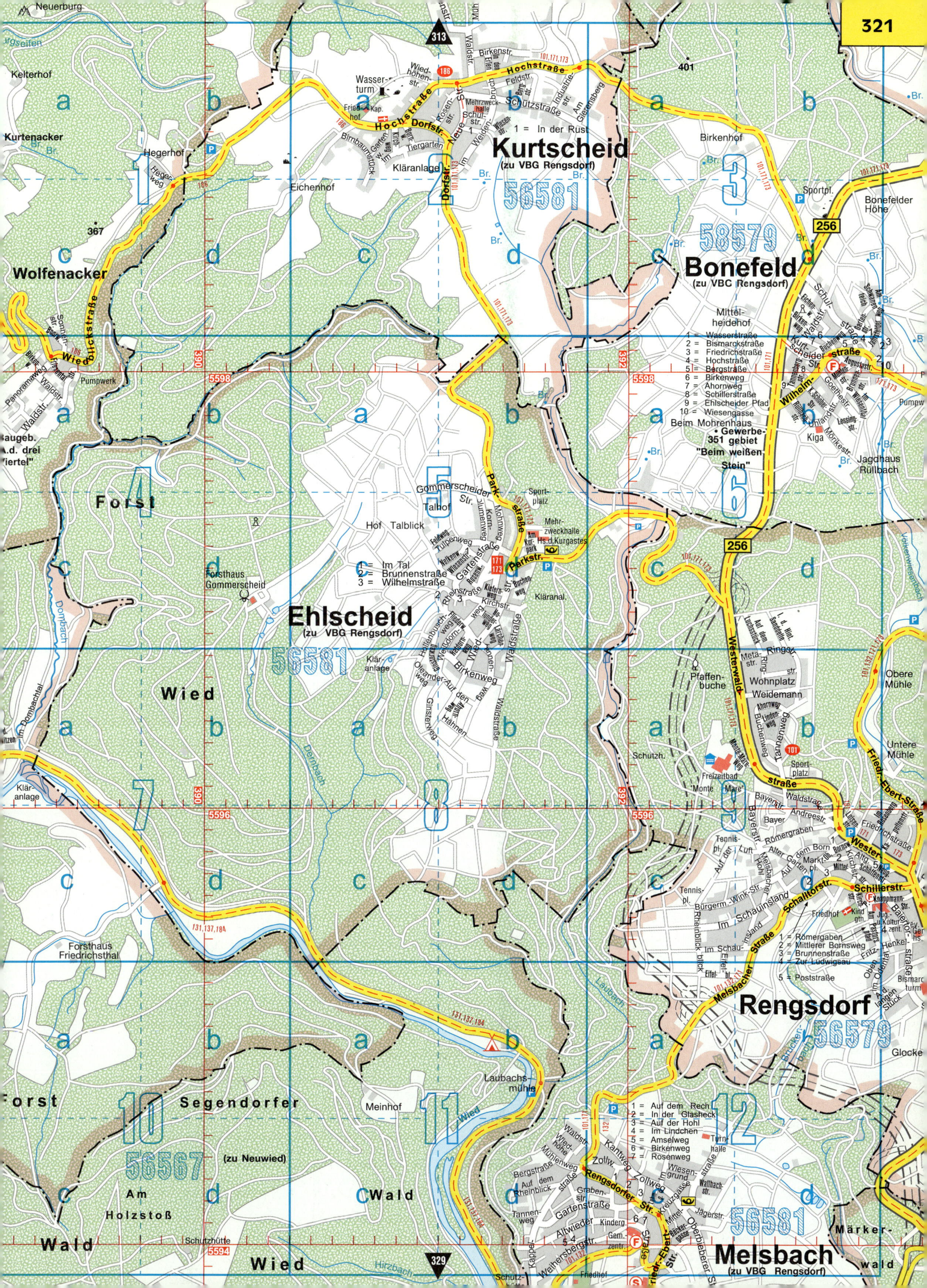
Neuerburg
Kelterhof
Kurtenacker
Hegerhof
Wolfenacker
Kurtscheid
(zu VBG Rengsdorf)
56581
1 = In der Rust
Hochstraße
Eichenhof
Kläranlage
Birkenhof
Bonefeld
(zu VBG Rengsdorf)
58579
Bonefelder Höhe
Mittelheidehof
1 = Wasserstraße
2 = Bismarckstraße
3 = Friedrichstraße
4 = Hochstraße
5 = Bergstraße
6 = Birkenweg
7 = Ahornweg
8 = Schillerstraße
9 = Ehlscheider Pfad
10 = Wiesengasse
Beim Mohrenhaus
Gewerbegebiet "Beim weißen Stein"
Jagdhaus Rüllbach
Forst
Hof Talblick
Talhof
Forsthaus Gommerscheid
Ehlscheid
(zu VBG Rengsdorf)
56581
1 = Im Tal
2 = Brunnenstraße
3 = Wilhelmstraße
Parkstraße
Westerwaldstraße
Pfaffenbuche
Wohnplatz Weidemann
Obere Mühle
Untere Mühle
Wied
Friedr.-Ebert-Straße
Freizeitbad "Monte Mare"
Forsthaus Friedrichsthal
Rengsdorf
56579
1 = Römergaben
2 = Mittlerer Bornsweg
3 = Brunnenstraße
4 = Zur Ludwigsau
5 = Poststraße
Glocke
Laubachsmühle
Meinhof
Forst
Segendorfer
56567
(zu Neuwied)
Am Holzstoß
Wald
Wied
Schutzhütte
1 = Auf dem Rech
2 = In der Glasheck
3 = Auf der Hohl
4 = Im Lindchen
5 = Amselweg
6 = Birkenweg
7 = Rosenweg
Rengsdorfer Str.
Melsbach
(zu VBG Rengsdorf)
56581
Märkerwald
256
313
329

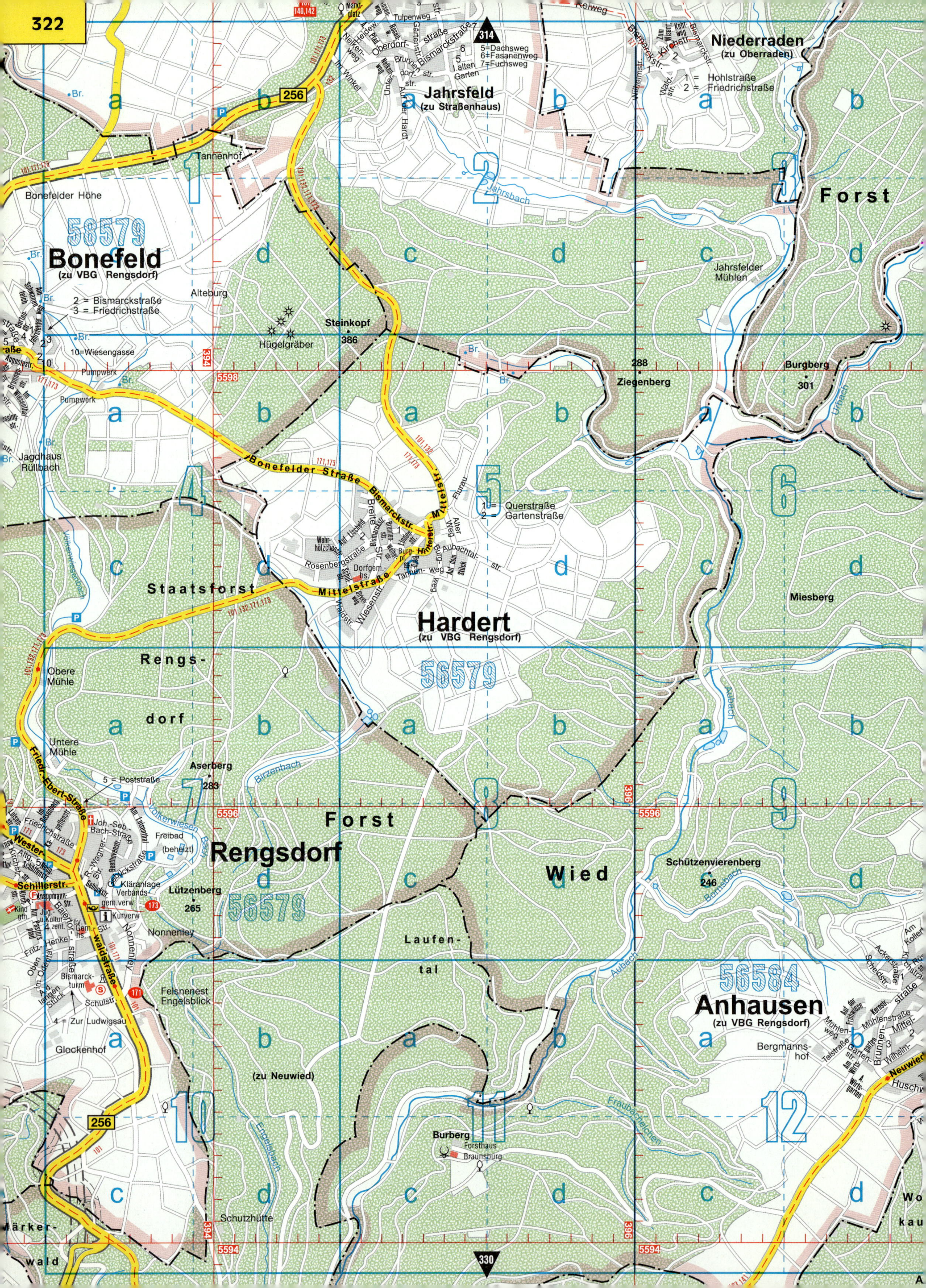

Bonefeld
(zu VBG Rengsdorf)
58579
2 = Bismarckstraße
3 = Friedrichstraße
10=Wiesengasse
Bonefelder Höhe
Tannenhof
Alteburg
Hügelgräber
Steinkopf
386
Pumpwerk
Jagdhaus Rüllbach
Jahrsfeld
(zu Straßenhaus)
5=Dachsweg
6=Fasanenweg
7=Fuchsweg
Jahrsbach
Niederraden
(zu Oberraden)
1 = Hohlstraße
2 = Friedrichstraße
Forst
Jahrsfelder Mühlen
Burgberg
301
Ziegenberg
288
Bonefelder Straße
Bismarckstr.
Mittelstraße
1= Querstraße
2 = Gartenstraße
Hardert
(zu VBG Rengsdorf)
56579
Staatsforst
Rengs-
dorf
Obere Mühle
Untere Mühle
Miesberg
Aserberg
283
5 = Poststraße
Friedr.-Ebert-Straße
Rengsdorf
56579
Forst
Wied
Schützenvierenberg
246
Lützenberg
265
Kläranlage
Freibad (beheizt)
Nonnenley
Schillerstr.
Westerwaldstraße
Bismarckturm
Schulstr.
4 = Zur Ludwigsau
Felsnenest
Engelsblick
Glockenhof
Laufen-
tal
(zu Neuwied)
Burberg
Forsthaus Braunsburg
Frauenbächelchen
Engelsbach
Schutzhütte
Aubach
Anhausen
(zu VBG Rengsdorf)
56584
Bergmannshof
Märker-
wald
256
314
330
5598
5596
5594
394
396

Märker-
wald
Dernbacher 427 Kopf
315
Hügelgräber
Wolf-von-Amerongen-Hütte
Anschlussstelle Dierdorf
37
3
E35
(zu Dierdorf)
Anhäuser
Kirchspiel
Rehhof
Kläranlage
4 = Im Nachbarsgarten
56584
Rüscheid
(zu VBG Rengsdorf)
1 = Am Bergwerk
2 = Ackerstraße
3 = Im Engelsgarten
Dierdorfer Str.
Wied
Rosenhof
Peters-hof
Bucherstraße
Gewerbe-gebiet
56271
Kleinmaischeid
(zu VBG Dierdorf)
Grillhütte
Sportplatz
Wasserwerk
413
Hauptstraße
Iserstr.
Friedhof
Maischeider Str.
1=Menkelweg
Gewerbegebiet Larsheck
Industriestr.
Kläranlage
Siehrsbach
56584
Thalhausen
(zu VBG Rengsdorf)
1 = Auf dem alten Garten
2 = Finkenstraße
3 = Ringstraße
4 = Auf dem Keiertstück
5 = Hochstraße
1 = Bornberg
2 = Schultheißenstraße
3 = Schmiedestraße
4 = Auf der Zeilheg
5 = Meisenweg
6 = Finkenweg
Forsthaus
Burbach
Mittelstraße
Maischeider
Iserstraße
Mühlenhof
Mehrzweckhalle Gemeindehs.
Sportplatz
Düngert
Reitbach
Iserbach
Thalhausen Mühle
Hahnsberg
Pöschtberg 266
Meinborn
(zu VBG Rengdorf)
56584
Lindenstraße
Thielsbungerten
Huschweg
Forst
Wied
(zu Großmaischeid)
Schelde-
bach
Dürrwiesenberg 273
331
Ebenfeld
5598
5596
5594

Stadtteil Giershofen
(zu Dierdorf)
1 = Am Sonnenhang
2 = Mühlengasse
3 = Hochgasse
4 = Flurstraße
5 = Im Kurstengarten
6 = Am Schlimmberg
Kläranlage
Bochowstr.
Raiffeisenstr.
Rotherhof
Brückendorfer Str.
außer Betrieb
Forst
Ochsenbruchbach
Oelsbach
Fisch-
weiher
Hof Roth
Rother Hof
Neuwiesenbach
ICE-Neubaustrecke Köln-Rhein/Main
Hügelgräber
E35
3
413
Wied
339
Wald-
see
56271
56276
Stebach
(zu VBG Dierdorf)
Haupt-str.
Hochstraße
Maischeider Str.
Waldhof
Adenrother Weg
Kleinmaischeid
(zu VBG Dierdorf)
Kleinmaischeider Straße
Industriestraße
Dierdorfer Straße
1 = Im Bärengarten
Gutscheider Hof
Birkenstr.
Lindenstr.
Stebacher Str.
Finkenstr.
Eulenw.
Beetstr.
Stadion
Sport-pl.
Reit-pl.
Grill-hütte
Kirchstr.
Marktstr.
Kauseper Straße
Friedhof
Luxemburger Str.
Isenburger Str.
Saynhofstr.
Großmaischeid
(zu VBG Dierdorf)
2 = Am Spaniergarten
3 = Brentanoweg
4 = Heinrich-v.-Kleist-Straße
5 = Schillerstraße
Kausen
Großmaischeider Str.
Saynbach
Sayntalstraße
Forst
Steinkaul
Rodert
Lang-
Kläranlage
Großmaischeider
Wald
273
316
332
5598
5596
5594
402
404

Stadtteil Brückrachdorf
(zu Dierdorf)
Kohlen
Friedhof
Kapelle
Eichenhof
Weidenbuschhof
Schießstand
286
317
56244 Krümmel
(zu VBG Selters(Westerwald))
Naturdenkmal
Berghof
Spielplatz
Hauptstraße
Waldstr.
Schulstr.
1 = Mittelstraße
Brunnen
Holzbach
Friedhof
Am Heller
Forst
Hinterdorf
Im Wiesengrund
Schulstr.
Lindenstr.
Friedrich-Wilhelm-Str.
Brunnenstr.
Kirchweg
Krümmeler Weg
56244 Sessenhausen
(zu VBG Selters(Westerwald))
In der Dasbach
Am Steinacker
Freiherr-vom-Stein-Str.
Kiga
Baugeb. (geplant)
Tennisplatz
Sportplatz
1 = Im Neuen Garten
Ellenhauser Straße
Hauptstraße
5598
Sessenhausen
Raststätte Landsberg a. d. Warthe
Kapelle
CE-Neubaustrecke Köln -Rhein/Main
Kutscheid
Wied
56242 Ellenhausen
(zu VBG Selters(Westerwald))
Tannenhof
Friedhof
Am Tannenhain
Hochstr.
Neubaugebiet (gepl.)
Saynbach
Schneidmühle
Berghof
Saynstalstraße
Pumpwerk
1=Im Borngarten
2=Mittelstraße
Sportplatz
Zum Sportplatz
272
56237 Deesen
(zu VBG Ransbach-Baumbach)
Kirchscheider Weg
Gartenstraße
Neustr.
Eulenweg
Weststraße
Bergstraße
Saynbach
56237 Oberhaid
(zu VBG Ransbach-Baumbach)
Kläranlage
Hurzaunstr.
Zum Friedhof
Friedhof
Hauptstraße
Waldstraße
Fuchsmühle
(zu Ellenhausen)
5596
Saynstalstraße
Schulstr.
Waldstr.
Lindenbergstr.
E35
3
56237 Breitenau
(zu VBG Ransbach-Baumbach)
Hirzen
Brückenstr.
Straße
Wittgert
(zu VBG Ransbach-Baumbach)
Schulstr.
Grundsch.
Haiderbachhalle
Kindergarten
Gartenstr.
Rosenstr.
Naurother Straße
Kapelle
Beulersahlen
Hauptstr.
Wolfserlen
Im Nassen
Saynstalstraße
Dierdorfer Str.
Kirchstr.
Im Anen
Friedhof
Hauptstraße
Rhein-straße
Wiesenpfad
56237
(zu Deesen)
Deesener Wald
Gleichenplatz
Rastplatz Welschehahn
Im Steinchen
Rennstr.
Brunnenstr.
Grenzweg
Waldweg
Rehweg
Hohlweg
1 = Pfarrer-Wilhelm-Reuter-Weg
2 = Hirzener Mühle
Adenroth
Wittgerter Wald
Staatsforst
Neunhäusel
5594
333

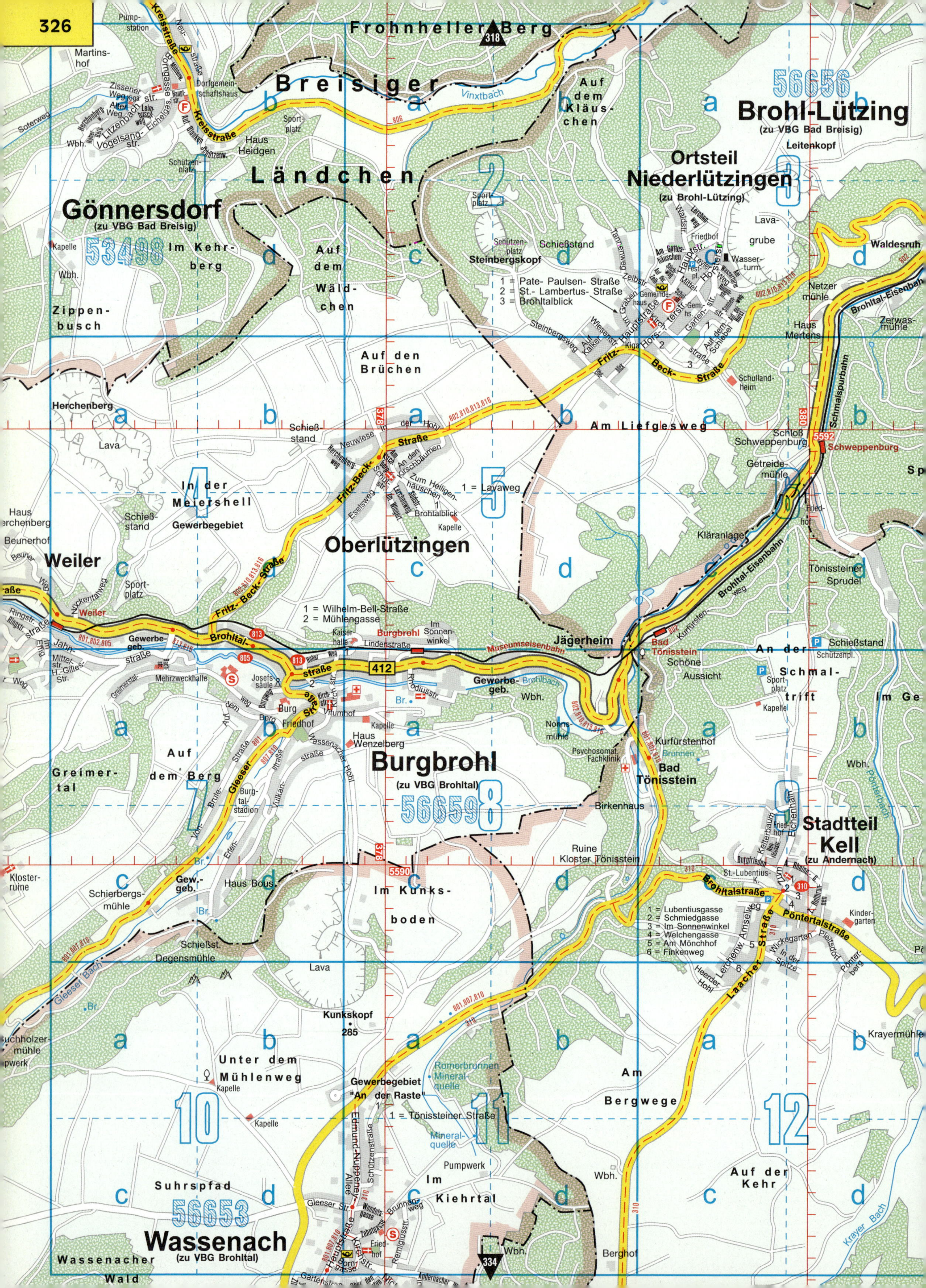
Frohnheller Berg
318
Breisiger
Ländchen
Vinxtbach
Auf dem Kläuschen
56656
Brohl-Lützing
(zu VBG Bad Breisig)
Leitenkopf
Ortsteil
Niederlützingen
(zu Brohl-Lützing)
Lava-
grube
Waldesruh
Gönnersdorf
(zu VBG Bad Breisig)
53498
Im Kehrberg
Auf dem Wäldchen
Kapelle
Wbh.
Zippenbusch
Martinshof
Pumpstation
Kreisstraße
Soterweg
Dorfgemeinschaftshaus
Sportplatz
Haus Heidgen
Schützenplatz
Steinbergskopf
Schießstand
Schützenplatz
1 = Pate- Paulsen- Straße
2 = St.- Lambertus- Straße
3 = Brohltalblick
Friedhof
Wasserturm
Netzer mühle
Brohltal-Eisenbahn
Zerwasmühle
Haus Mertens
Auf den Brüchen
Fritz-Beck-Straße
Schullandheim
Schmalspurbahn
Herchenberg
Lava
Schießstand
Am Liefgesweg
Schloß Schweppenburg
Schweppenburg
5592
Getreidemühle
Friedhof
Haus Herchenberg
Beunerhof
In der Meiershell
Gewerbegebiet
Schießstand
1 = Lavaweg
Brohltalblick
Kapelle
Oberlützingen
Kläranlage
Tönissteiner Sprudel
Weiler
Sportplatz
1 = Wilhelm-Bell-Straße
2 = Mühlengasse
Burgbrohl
Im Sonnenwinkel
Museumseisenbahn
Jägerheim
Bad Tönisstein
Schöne Aussicht
An der Schmaltrift
Schießstand
Sportplatz
Kapelle
Im Ge
Brohltal-straße
412
813
805
Gewerbegeb.
Mehrzweckhalle
Josefssäule
Burg
Friedhof
Vitumhof
Kapelle
Haus Wenzelberg
Wbh.
Nonnsmühle
Psychosomat. Fachklinik
Kurfürstenhof
Bad Tönisstein
Greimertal
Auf dem Berg
Gleeser Straße
Burgtalstadion
Burgbrohl
(zu VBG Brohltal)
56659
Birkenhaus
Ruine Kloster Tönisstein
Stadtteil
Kell
(zu Andernach)
Wbh.
Klosterruine
Schierbergsmühle
Gew.-geb.
Haus Bous
Im Kunksboden
5590
Brohltalstraße
Pöntertalstraße
1 = Lubentiusgasse
2 = Schmiedgasse
3 = Im Sonnenwinkel
4 = Welchengasse
5 = Am Mönchhof
6 = Finkenweg
Kindergarten
Laacher Straße
Schießst.
Degensmühle
Lava
Gleeser Bach
Kunkskopf
285
Buchholzermühle
Krayermühle
Unter dem Mühlenweg
Kapelle
Kapelle
Gewerbegebiet
"An der Raste"
1 = Tönissteiner Straße
Römerbrunnen
Mineralquelle
Mineralquelle
Am Bergwege
Pumpwerk
Im Kiehrtal
Wbh.
Auf der Kehr
Krayer Bach
Suhrspfad
56653
Wassenach
(zu VBG Brohltal)
Wassenacher Wald
Edmund-Nuppeney-Allee
Schützenstraße
Gleeser Str.
Kirchstr.
Friedhof
334
Wbh.
Berghof
310

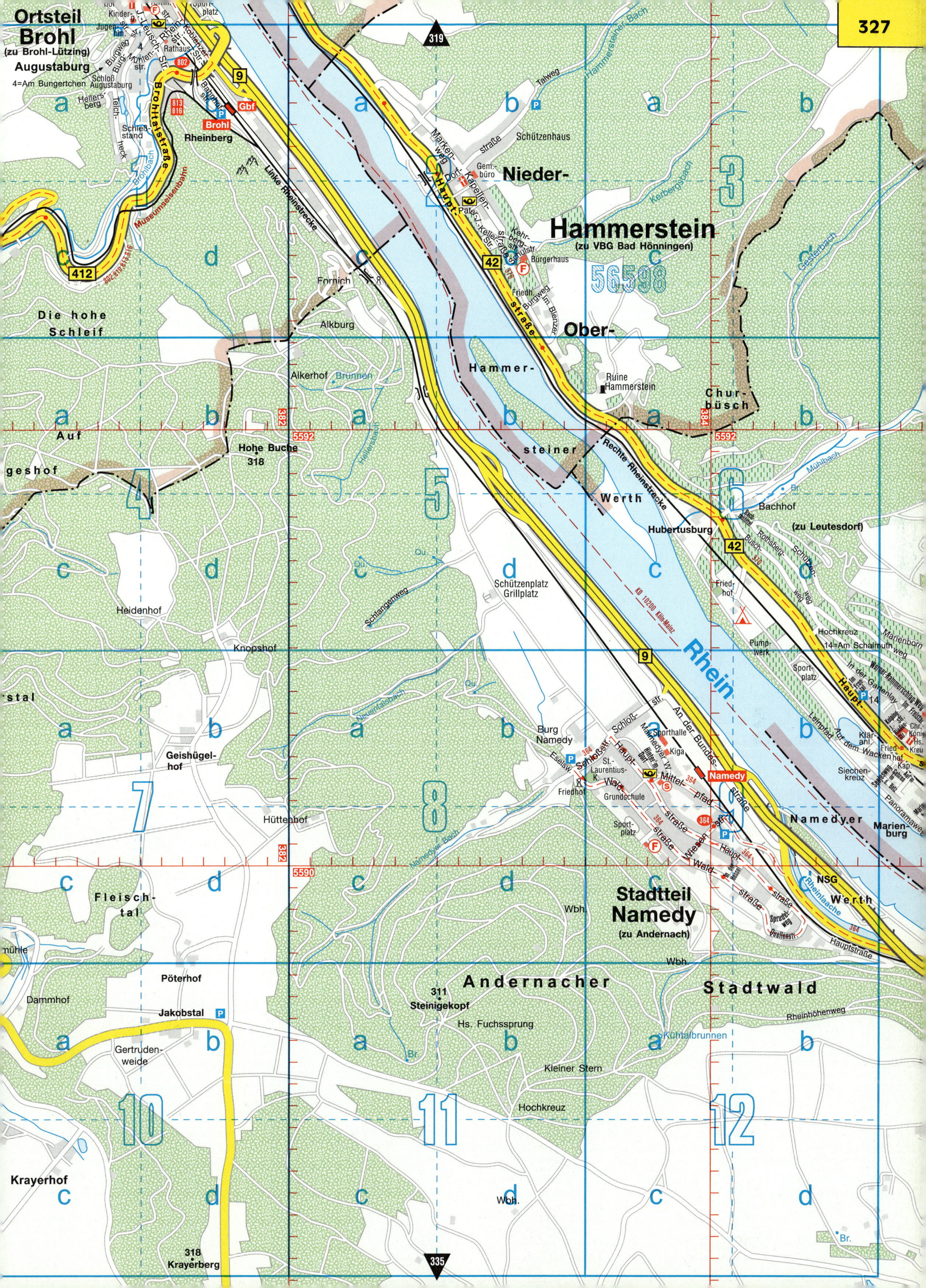
Ortsteil
Brohl
(zu Brohl-Lützing)
Augustaburg
4=Am Bungertchen
Brohltalstraße
Gbf
Brohl
Rheinberg
Linke Rheinstrecke
Museumseisenbahn
Die hohe
Schleif
Fornich
Alkburg
Alkerhof
Brunnen
Nieder-
Hammerstein
(zu VBG Bad Hönningen)
56598
Ober-
Ruine
Hammerstein
Schützenhaus
Bürgerhaus
Hammer-
steiner
Werth
Churbüsch
Rechte Rheinstrecke
Auf
geshof
Hohe Buche
318
Hubertusburg
Bachhof
(zu Leutesdorf)
Heidenhof
Schlangenweg
Schützenplatz
Grillplatz
Rhein
Knopshof
Hochkreuz
14=Am Schalmuth
Geishügel-
hof
Hüttenhof
Burg
Namedy
Namedy
Grundschule
Namedyer
Marien-
burg
Fleisch-
tal
Stadtteil
Namedy
(zu Andernach)
NSG
Werth
Hauptstraße
Pöterhof
Dammhof
Jakobstal
Andernacher
Stadtwald
311
Steinigekopf
Hs. Fuchssprung
Kühtalbrunnen
Rheinhöhenweg
Gertruden-
weide
Kleiner Stern
Hochkreuz
Krayerhof
318
Krayerberg
319
335
4
5
6
7
8
9
10
11
12

Märker
Wald
Christianhütte
Römerturm
Limes
Jägerstuhl
Schutzhütte
Auf dem
Gebrannten
Feld-
kirchen
Arzhohl
Assels-
grund
Scheid
Quelle
Mühlbach
Löhner-
loch
Zwingelsbach
Oestbich
Petersberg
Schutzhütte
Jakobshof
Gebranntehof
Lücken-
berg
Brunnen
Sensels-
bach
Kehlbach
Buchbach
Wbh.
Haus Haselberg
Eckerhof
Freibad
Sportplatz
Schießstand
56599
Leutesdorf
(zu VBG Bad Hönningen)
1 = Langenbergsweg
2 = Stracker Pfad
3 = Brandgasse
4 = Laachergasse
5 = Am Türmchen
6 = Drosselgasse
7 = Pflanzergasse
8 = Kleine Pützgasse
9 = Große Pützgasse
10 = Kleine Fischergasse
11 = Kleine Fährgasse
12 = Große Fährgasse
13 = Allergasse
Langen-
bergs-
kopf
Edmundhütte
Wind-
häuser
Feld
Windhäuser Hof
Hüllen-
berg
Johannishöhe
Stadtteil
Feldkirchen
(zu Neuwied)
1 = Franz-Werfel-Straße
2 = Gottfried-Keller-Straße
3 = Im Kövig
4 = Auf dem Bungert
5 = Schöne Aussicht
6 = Hinter der Hohl
7 = Hans-Christian-Andersen-Str.
8 = Kurt-Tucholsky-Straße
9 = Große Brunnengasse
10 = Kleine Brunnengasse
1=Ricarda-Huch-Straße
2=Hans-Fallada-Straße
3=Georg-Büchner-Str.
Landesschule für Blinde u. Sehb.
Gerichtsl.
Feldkircher
Linzer Straße
Kurtrierer
Leutesdorf
Marienburg
Hauptstraße
Rhein
Linke Rheinstrecke
Rechte Rheinstrecke
11=Franz-Kafka-Straße
12=Ernst-Barlach-Straße
13=Auf'm Kocheberg
Pegelhaus
Alter Kranen
Kanzel
Krahnenberg
Cityplan S.33
Konrad-Adenauer-Allee
Kölner Straße
Hafen
Nordkai
Südkai
Kläranlage
Städt. Baubetriebshof
Pumpwerk
Hafenstr.
Gbf
Friedhof
Jüd. Friedhof
priv. Kläranlage
56626
Andernach
Gbf. Andernach
Koblenzer Straße
Breite Straße
Jugendheim
Grundschule
320
336
9
42

Melsbach
(zu VBG Rengsdorf)
56581
Buchlöh
Forst
Wied
Sterngarten
Mammutbaum
Eiszeitmuseum
Monrepos
Hanhof
Thalbusch
Skihütte
Segenhaus
Fürst. Friedhof
Tierheim
Ludwigshof
Stadtteil Altwied
(zu Neuwied)
Burgruine Altwied
Schutzhütte
Moorbach
Kümmelberg
Kreuzberg
Ruine Kreuzkirch
Femeeiche
Landwirt
Stadtteil Segendorf
(zu Neuwied)
Parkwald
Stadtteil Oberbieber
(zu Neuwied)
Stadtteil Niederbieber
(zu Neuwied)
Aubach
Austraße
Augustenthaler Straße
Melsbacher Straße
Segendorfer Str.
Niederbieberer Straße
Dorfstraße
Aubachstraße
Torneystraße
Stadtteil Torney
(zu Neuwied)
Stadtteil Rodenbach
(zu Neuwied)
56567
Nodhausen
Schießstand
Wiedbachstraße
Dierdorfer Straße
Friedhof
Stadtgärtnerei
56564
Stadtteil Heddesdorf
(zu Neuwied)
56566
Raab
Stadtteil Irlich
(zu Neuwied)
Rodenbacher Straße
Kurtrierer Straße
Hafen
Rhein
Hammergraben
Rechte Rheinstrecke
Schloßpark
Schloßgarten
Neuwied
Industrie-
Breslauer Straße
Allensteiner Straße
Langendorfer Str.
Kaufm. Sch.
Ludwig-Erhard
Kinzigschule
Beverwijker Ring
Bergstraße
Gärtenstraße
Prof.-Hüppe-Stadion
Kläranlage
1 = Grabenweg
2 = Wiesenstraße
9=Ginsterweg
10=Jasminstraße
1 = Oberer Kümmelbergsweg
16 = Azaleenstraße
17 = Enzianstraße
3 = Nordsteg
4 = Gabelsbergerstraße
1 = Im Bruchborn
2 = Am Mühlengraben
1 = Nachtigallenweg
2 = Sperberweg
3 = Elsternweg
4 = Sperlingsweg
5 = Eulenweg
6=Michael-Ende-Straße
7=Selma-Lagerlöf-Straße
8=James-Krüss-Straße
9=Emmy-von-Rhoden-Straße
10=Johanna-Spyri-Straße
1 = Auf der Hohl
2 = Im Funkenstück
3 = Auf dem Molkeisen
4 = Schäferweg
5 = St.-Georg-Straße
6 = Fischergasse
7 = Am Lotzebach
8 = Weiherstraße
9 = Von-der-Leyen-Str.
10 = Nonnenpfad
1=Bischofsburger Straße
1=Wedesdorfer Straße
321
337
256
42

Windelberg
275
Kehrwiese
Köppel
Schutzhütte
Aubachtal
Gladbacher
Wald
Römerturm
Römerkastell
Heimbacher
Meilerhütte
Schutzhütte
Wingertsberg
Römerturm
Reithalle
1 = Wallbachstraße
2 = Hinter der Kirche
3 = Am Ecklentor
4 = Töpferstraße
5 = Über dem Aubach
6 = Fasanenstraße
7 = Holunderweg
8 = Kakteenstraße
10 = Jasminstraße
11 = Am Zollhäuschen
12 = Wacholderweg
13 = Rosmarinweg
14 = Lavendelweg
15 = Mohnweg
Alteck
Am Pilz
Friedrich-Rech-Straße
Gladbacher Straße
Dierdorfer Straße
Stadtteil Oberbieber
(zu Neuwied)
Chauseehaus
Wulfersberg-kapelle
Stadtteil Gladbach
(zu Neuwied)
Wald
1 = Müllergasse
2 = Bleinsgasse
3 = Auf dem Berg
4 = Fergengasse
5 = Pasteurstraße
6 = Kelterweg
9 = Saphirstraße
10 = Smaragdstraße
11 = Rubinstraße
12 = Granatstraße
13 = Opalstraße
14 = Brillantstraße
15 = Bernsteinstraße
16 = Diamantstraße
17 = Türkisstraße
18 = Topasstraße
7 = Dürerstraße
8 = Holbeinstraße
Hundert Morgen
Kloster Rommersdorf
Stadtarchiv
Landesarchiv
ehem. Prämonstratenser Abtei
Berufsbildungswerk
Stadtteil Heimbach-Weis
(zu Neuwied)
Hauptstraße
Schönfeldstraße
56566
Raab
Gladbacher Feld
Industriegeb. Friedrichshof
Industriegebiet
1 = Kleine Wilhelmsgasse
2 = Burggasse
3 = Bungartstraße
4 = Hausenborner Straße
5 = Auf der Bing
10 = Trierer Straße
11 = Wiesbadener Straße
12 = Am Siebenschläfer
13 = In den Wickenbitzen
Rommersdorf-Hauptschule
Maria-Goretti-Grundsch.
1 = Bischofsburger Straße
2 = Gumbinnenstraße
Gewerbegeb. Distelfeld
Stadtteil Block
(zu Neuwied)
NSG Meerheck
Kies
Gewerbegebiet
Blocker Straße
Mittelweg
Sayner Straße
322
338
256
42

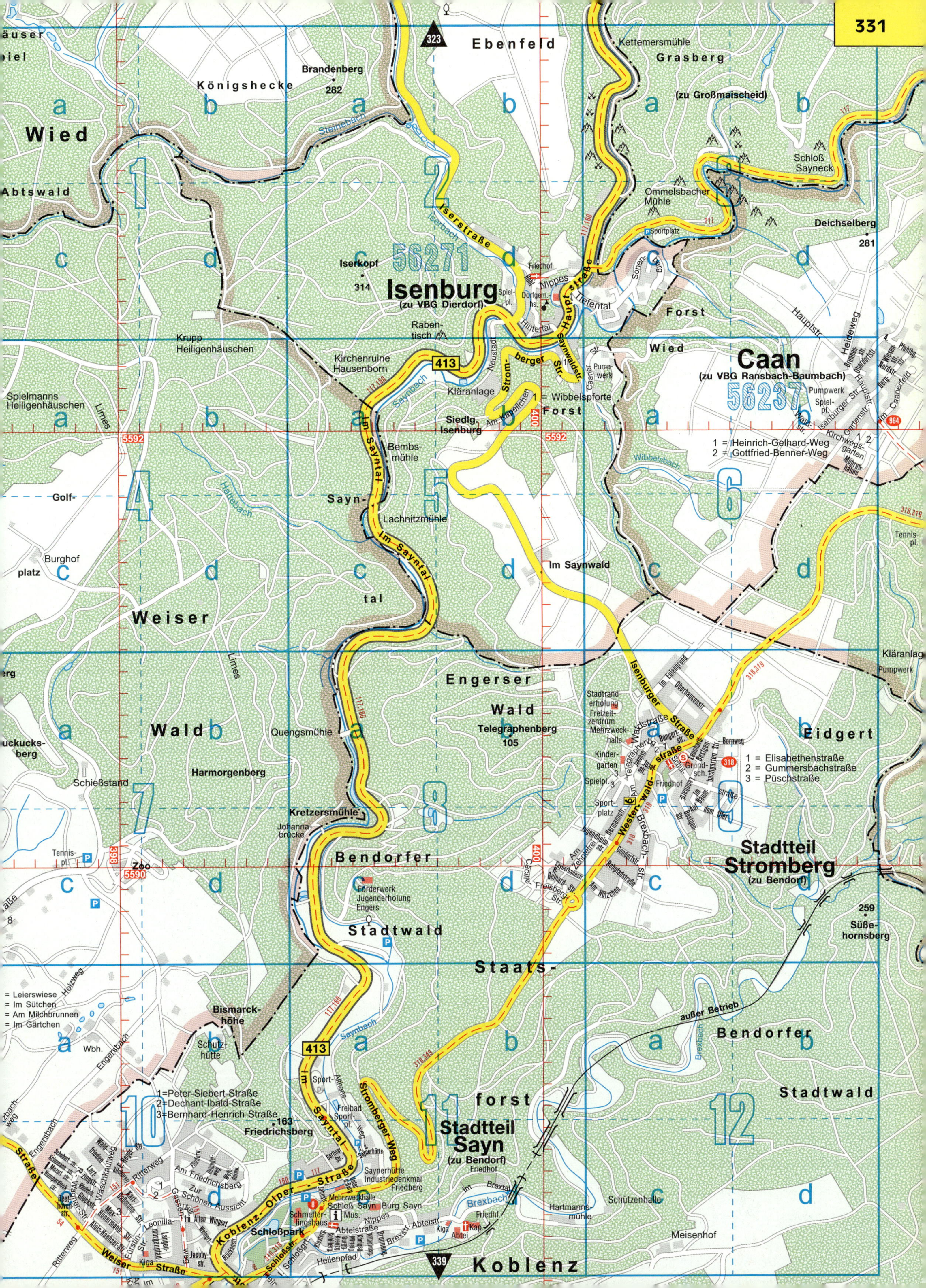
Ebenfeld
Kettemersmühle
Grasberg
(zu Großmaischeid)
Schloß Sayneck
Königshecke
Brandenberg
282
Wied
Abtswald
Ommelsbacher Mühle
Deichselberg
281
Iserstraße
56271
Isenburg
(zu VBG Dierdorf)
Iserkopf
314
Friedhof
Nippes
Tiefental
Sportplatz
Forst
Hauptstr.
Rabentisch
Hinterfeld
Hauptstraße
Saynwaldstr.
Wied
Caan
(zu VBG Ransbach-Baumbach)
56237
Krupp Heiligenhäuschen
Kirchenruine Hausenborn
Strom-berger Str.
Kläranlage
1 = Wibbelspforte
Forst
Siedlg. Isenburg
Am Kapellchen
Spielmanns Heiligenhäuschen
Limes
Im Sayntal
Bembsmühle
Pumpwerk
1 = Heinrich-Gelhard-Weg
2 = Gottfried-Benner-Weg
Wibbelsbach
Golf-
Sayn-
Lachnitzmühle
Burghof
platz
Im Saynwald
Tennis-pl.
tal
Weiser
Engerser
Wald
Telegraphenberg
105
Isenburger Straße
Kläranlage
Pumpwerk
Eidgert
Wald
Quengsmühle
Kuckucksberg
Harmorgenberg
1 = Elisabethenstraße
2 = Gummersbachstraße
3 = Püschstraße
Schießstand
Kretzersmühle
Johannabrücke
Bendorfer
Westerwaldstraße
Brexbachstr.
Stadtteil Stromberg
(zu Bendorf)
Tennis-pl.
Zoo
5590
Förderwerk Jugenderholung Engers
Stadtwald
259
Süßehornsberg
Staats-
Bismarckhöhe
Schutzhütte
Wbh.
413
Im Sayntal
Saynbach
außer Betrieb
Bendorfer
Stadtwald
1=Peter-Siebert-Straße
2=Dechant-Ibald-Straße
3=Bernhard-Henrich-Straße
163
Friedrichsberg
Strombergerweg
forst
Stadtteil Sayn
(zu Bendorf)
Friedhof
Sayner Hütte Industriedenkmal
Schloß Sayn
Burg Sayn
Mus.
Abteistraße
Brexbach
Hartmannsmühle
Schützenhalle
Meisenhof
Koblenz-Olper-Straße
Schloßpark
Am Friedrichsberg
Zur Schönen Aussicht
Weiser Straße
Koblenz
339
323
5592
400

Großmaischeider Wald
324
Teufels-
burg
Marx-
grund
Caaner
Forst
Staatsforst
Schopp
Wied
Wald
56237
Wirscheid
(zu VBG Ransbach- Baumbach)
Deichselberg
281
Pfahlberg
346
Sessenbach
(zu VBG Ransbach- Baumbach)
Caan
(zu VBG Ransbach-Baumbach)
Friedhof
Kläranlage
Sessenbacher Straße
Kirchstraße
Brunnen
Augustushof
1 = Schulstraße
2 = Vorm. Arhecken-
garten
Winscheider
Lichtheck
Wald
Sportplatz
Alsbach
(zu VBG Ransbach-
Baumbach)
Rheinstraße
Hauptstraße
1=Katharinenstraße
2=Im Frohnchen
3=Kasperhäuschen
Gewerbegebiet
„Im Hahn"
Waldfelderhof
Kläranlage
Pumpwerk
Nauort
(zu VBG Ransbach-Baumbach)
1=Im Wickenstück
Leutersberg
303
Tiergarten-
wies
Brexbe
Hoch-
wald
Bendorfer
Hinterwald
259
Süße-
hornsberg
Hoffelde
Grenzau
Hof Grenzau
Kaiser-
stuhl
Ruine
Grenzau
Schloß-
berg
Mühle
Grenzau
Moorsberg
Tennishalle
Moorsberg-
Stadion
1 = Kasinostraße
2 = Schenkendorfplatz
3 = Martin-Luther-Straße
4 = Friedrich-Corzilius-
5 = Laiguéglia-Platz
6 = Kirchstraße
7 = Händelstraße
8 = Kastanienweg
9 = Katharinenstraße
außer Betrieb
Grillhütte
Meiers-
berg
Friedhof
Schießstand
Sonnenhof
Haus
Waldeck
Anschlussstelle
Höhr-
Grenzhausen
E44
48
12
Lindenstr.
Schillerstr.
Westerwaldstr.
Schulzentr.
NSG
(zu Bendorf)
Umspann-
werk
Uhlen-
horst
Römer-
turm
340
Stadtteil
Grenzhsn.
(zu Höhr-Grenzhsn.)

Staatsforst
Rödersberg
283
Breite- nauer
Wald
Backesberg
268
Breitenauer
Kirchwald
Malbergskopf
356
(zu Breitenau)
Neuhäusel
Neuhäusel
Bernshahn
Dick
Naturdenkmal
Fuchshohl
Forsthaus
Rembserhof
Hof Rembs
Junker-
Kirchen-
wald
3 = Am Dornbusch
Schoppmanneiche
Alsbacher
56235
56235
391
Hölzberg
wald
Ransbach-
Baumbach
Welschenberg
326
Sonnenhof
Wald
außer Betrieb
Schieß-
stand
Friedhof
Scheyermühle
Masselbach
Mühlberg
Hundsdorfer Str.
Westallee
Schulstr.
Rheinstraße
Kläranlage
333
Hardt
Galgenberg
312
Hüttenmühle
Jagd-
haus
Hundsdorf
(zu VBG Ransb.-Baumbach)
Hubertus-
quelle
1 = Auf dem Hügel
2 = Mittelstraße
3 = Kirchstraße
4 = Marktstraße
5 = Bachstraße
Faulbach
Forst
Wied
Hüttenrain
Marienmühle
Faulbacher Str.
11 = Zur alten Villa
Kammerforst
(zu VBG Höhr-Grenzhausen)
Staudchen
Desperweg
Spielplatz
Friedhof
348
Köpfchen
Höhe
56206
Industriegebiet
"Struth"
Wiesenberg
56206
Hilgert
(zu VBG Höhr-Grenzhausen)
1 = Auf dem Hüwel
2 = Höhlchen
Grillhütte
Bornwiese
Rheinstraße
Bühl
12 = Glockengasse
13 = Albertstraße
14 = Ludwigstraße
Industriegebiet
Mühlholz
Dicke Buche
E44
48
Forst
Im Mühlholz
Seelbach
Forsthaus
Landshube
Neuhäusel
Freibad
Forst
Wied
Landshube
Wasserwerk
Niesmühle
Fisch-
teiche
Gitzenheide
Schutzhütte
Höhr-
Grenzhausen
56203
Farb-
mühle
341
325
Schutzhütte

Wassenach
(zu VBG Brohltal)
56653
Wasse-nacher Wald
Veitskopf 428
Lydiaturm
Hotel Waldfrieden
Sport-platz
Schieß-stand
1= Am Kurbüsch
Kur-büsch
326
Am Süßen-born
Weygärten
Hasenhell
Nickenicher
Heimschule
Pumpwerk
Im Unself
Wald
Bei der
Hummerich
Jagdhaus Hummerich 425
Feld
Grillpl.
Hunde-dressurpl.
Laacher
Der Berg am Laach
Saustiebel
Kap.
Tennis-u. Sport-pl.
Schützen-halle
In der Muck
Biotop Saure Wies
See
Staats-
Nickenich
(zu VBG Pellenz)
56645
K.D. Alte Burg
Am Verbrannten
forst
Heidekopf 428
Bims
Jungebusch
Maria Laach
Roter Berg 385
Naturschutz-gebiet
(zu Glees)
Krufter Ofen 463
Teufels-kanzel
Andernach
Krufter
Wald-see
Scharfe Knüppchen 338
Wald
Bims
Tiefenburg 400
Laacherseehaus
Laacher Mühle
Lava
56743
Laachgraben
Wingertsberg 263
Anschlussstelle Mendig
61
E31
34
Steinbruch-pfad
Autobahn-meisterei
Gewerbe-park
A61/B262
Laacher-See-Straße
262
Fisch-teich
Brauer-hof
Basalt-
Vulkanbad Mendig
Mendig
Minigolf
lava
Mohl
Gehänge
Perig
Ohlig
5584
5586
5588
378
380
1
2
3
4
5
6
7
8
9
10
11
12

Krayerberg
Mittelsberg
Stadtteil Eich
(zu Andernach)
Breitholz
Nastberg 317
Mennoniten-Friedhof
Wassenacher
NSG
Im Breitholz
Nastberg Straße
Pölenweg
Harten-
Fraubirk
tal
Lavawerk
Gewerbegebiet II
Kieselberg
Andernacher Straße
Hauptstraße
Lauerloch
Kotz-
tal
Kleu-
wiese
Rosentalsweg
Freizeitbad Lavamaar
Gewerbegebiet I "Auf dem Teich"
Vorn in der Streng
6 = Von-Meinfelder-Straße
7 = Von-Winkelin-Straße
8 = Bürresheimer Straße
9 = Montfort-L'Amaury-Platz
10 = Galgenstraße
Sattelberg
Dürrwäldchen
Industriegebiet Im Pommerfeld
56630
Pellenz-Eifel-Bahn
Grube Zervas
Römerbergwerk
Traß Vulkanpark
Vulkanpark "Krufter Bach"
Meurin
Kretz
(zu VBG Pellenz)
1 = Auf dem Hügelchen
Krufter Bach
Gewerbegebiet
Kurzer Acker
(zu Plaidt)
Anschlussstelle Kruft
1 = Hinter der Kirche
2 = Dr.-Ockenfels-Weg
3 = Im Garten
4 = Am Sieger
5 = Kleiner Graben
6 = An der Kirche
7 = Brückenstraße
8=Kaspar-Schmitz-Straße
56642
Kruft
(zu VBG Pellenz)
Am Hummerich
Plaidter Hummerich
Hochkreuz Kapelle
E31
61
256
NSG

Andernach
56626
Stadtteil Miesenheim
(zu Andernach)
Plaidt
(zu VBG Pellenz)
56637
Saffig
(zu VBG Pellenz)
56648
Mohlenhof
Maus-loch
Neuborner Hof
Wil-berg
Burgerhaus
Blubrich
Dürrwäldchen (zu Kretz)
Lange-drog
Gut Nettehammer
Gieren
Rauscher-mühle
Gut zur Nette
Cityplan S.33
Koblenzer Straße
Linke Rheinstrecke
Pellenz-Eifel-Bahn
Bundesstraße
Umgehungsstraße
Andernacher Straße
Nettestraße
Rennweg
Aktienstraße
Kurzer Acker
Gewerbegebiet
Vulkanpark Osteifel
Miesenheim
8=Van-Gogh-Hof
9=Marc-Chagall-Hof
10=Kandinskyhof
11=Max-Slevogt-Hof
12=Paul-Klee-Hof
13=Emil-Nolde-Hof
1 = Amberger Straße
2 = Grünewaldstraße
3 = Brahmsstraße
4 = Händelstraße
5 = Herschel-Hof
6 = Galilei-Hof
7 = Newton-Hof
14 = Clara-Schumann-Hof
15 = Anne-Frank-Hof
16 = Käthe-Kollwitz-Hof
17 = Selma-Lagerlöf-Hof
18 = Marie-Curie-Straße
19 = Alte Schaftrift
20 = Zella-Mehlis-Hof
21 = Johann-Molitor-Straße
1 = Zu den Bergwingerten
1= Georgshof
2= Hermannshof
3= St.-Michaelshof
4= Walramshof
5= Nikolausstraße
6= Dr.-Wilhelm-Reuter-Straße
7= Dr.-Sonnenschein-Straße
8= Franz-Hitze-Straße
9= Georg-Breuer-Straße
10 = Emmanuel-von-Ketteler-Straße
11 = Sudermannhof
12 = Von-Eichendorff-Hof
13 = Gerhart-Hauptmann-Hof
14 = Heinehof
15 = Bassenheimer Weg
16 = Brentanohof
7=Am Sportplatz
1=An der Hauptschule
1 = Butzegäßchen
2 = Schravensgäßchen
3 = Hinter der Schule
4 = Scherersgäßchen
5 = Im Heumerich
6 = Korrelstraße
328
342
256
9
61
E31
5586
5584
5588

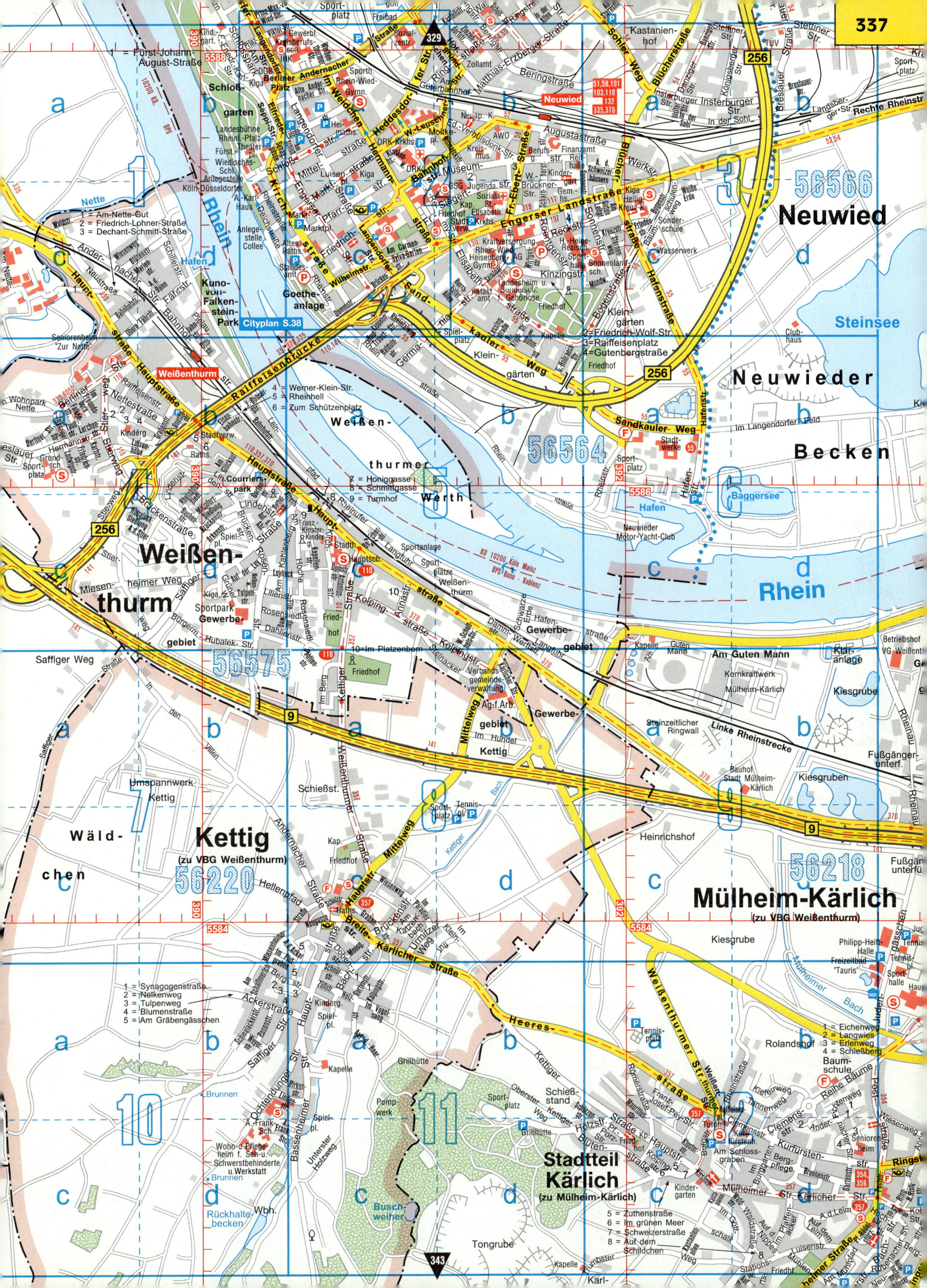
Neuwied
56566
Neuwieder Becken
Steinsee
Baggersee
Hafen
Neuwieder Motor-Yacht-Club
Rhein
Weißenthurmer Werth
56564
Weißenthurm
56575
Kettig
(zu VBG Weißenthurm)
56220
Mülheim-Kärlich
(zu VBG Weißenthurm)
56218
Stadtteil Kärlich
(zu Mülheim-Kärlich)
Raiffeisenbrücke
Cityplan S.38
Engerser Landstraße
Sandkauler Weg
Hauptstraße
Linke Rheinstrecke
Kernkraftwerk Mülheim-Kärlich
Am Guten Mann
Heinrichshof
Umspannwerk Kettig
Wäldchen
Tongrube
Buschweiher
Rückhaltebecken
Grillhütte
Kiesgrube
Kiesgruben
Rolandshof
1 = Fürst-Johann-August-Straße
1 = Am-Nette-Gut
2 = Friedrich-Lohner-Straße
3 = Dechant-Schmitt-Straße
4 = Werner-Klein-Str.
5 = Rheinhell
6 = Zum Schützenplatz
7 = Honiggasse
8 = Schmittgasse
9 = Turmhof
10 = Im Platzenborn
1 = Synagogenstraße
2 = Nelkenweg
3 = Tulpenweg
4 = Blumenstraße
5 = Am Grabengässchen
2 = Friedrich-Wolf-Str.
3 = Raiffeisenplatz
4 = Gutenbergstraße
1 = Eichenweg
2 = Langwies
3 = Erlenweg
4 = Schleßberg
5 = Zuthenstraße
6 = Im grünen Meer
7 = Schweizerstraße
8 = Auf dem Schildchen
329
343
256
9

Stadtteil Block
(zu Neuwied)
1 = Wichertweg
2 = Kopernikusweg
3 = Virchowweg
Wasserschutz-
gebiet
Engerser
Feld
Stein-
see
Kannsee
Kies
Neuwieder
Becken
Kläranlage
Natur-
schutz-
gebiet
Urmitzer
Werth
Rhein
Reller
Pütz
56566
Stadtteil
Engers
(zu Neuwied)
Sayner Landstr.
Neuwieder Straße
Bendorfer Straße
Engers
Schloss
Stiftung
Villa
Musica
Anlegestelle
Coleo
1 = Falksgasse
2 = Alte Schloßstr.
4 = Alte Kirchstr.
5 = Helle
6 = Kellersbunge
7 = Schüllergasse
8 = Grünewaldstr.
9 = Kunosteinplatz
Hauptstraße
Rhein-
anlagen
8 = Am Schinksbirnbaum
Kalten-
engers
(zu VBG Weißenthurm)
56220
1=Tulpenweg
2=Geranienweg
3=Veilchenweg
4=Distelweg
5=Asternweg
6=Kleestück
7=Margeritenweg
Urmitz
(zu VBG
Weißenthurm)
1 = St.-Nikolaus-Str.
2 = St.-Georg-Straße
3 = Amselweg
4 = Drosselweg
5 = Eichenweg
6 = Am alten Schloss
7 = Koblenzer Straße
8 = Wirthsgarten
9 = Im Feld
10 = Les-Noes-Platz
11 = Kreuzgässchen
Brückenstraße
Hofacker
Gewerbegebiet
Hofacker II
Stadtteil
Urmitz-Bahnhof
(zu Mülheim-Kärlich)
Baggerwehr
Urmitz
Gewerbe-
gebiet
Baggerweiher
Kiesgrube
Bagger-
see
Gewerbegebiet
Mülheim-Kärlich
Industriestraße
Mülheim-Kärlich
(zu VBG Weißenthurm)
56218
Siedlung
Depot
Stadtteil
Depot
(zu Mülheim-Kärlich)
Röm. Villa
(Ausgrabung)
Bubenheimer
Berg
121
AS Koblenz-Nord
Am Langen
Stein
Stadtteil
Mülheim
(zu Mülheim-Kärlich)
5=Hinter dem Backhaus
6=Am Katzenpfad
7=Alte Koblenzer Straße
Mailust
Am
roten Kreuz
330
344
E44
48

Stadtteil Sayn
(zu Bendorf)
331
56170
Bendorf
Goldberg
Am Schafstall
Schnatzberg
267
Gussie-Adenauer-Haus
Am Mühlenberg
Hedwig-Dransfeld-Haus
134
Galgenberg
Albrechtshof
Grenzhäuser Straße
Stadtteil Mühlhofen
(zu Bendorf)
Gewerbegebiet
Concordia
Rheinhafen
Vierwindenberg
Vierwindenhöhe
Schützenhöhe
56191
Weitersburg
(zu VBG Vallendar)
P.-1 = Goethestraße
P.-2 = Kirchstraße
E44
48
Schnatzenmühle
Wüstenhof
Rhein
1 = Merowingerweg
2 = Welfenweg
3 = Gotenweg
4 = Nibelungenweg
5 = Langobardenweg
6 = Normannenweg
Die Ketsch
11
413
NSG
Siedlung Mittelstadt
AS Bendf./Neuwied
Rechte Rheinstrecke
Naturschutzgebiet
Vallendarer Stromarm
Rothe Nahrung
Graswerth
Rheinstraße
42
56179
Rosenberg
Vallendar
Sankt Sebastian
56220
St. Michaelshof
Stadtteil Kesselheim
(zu Koblenz)
Kurfürstenstraße
Schönbornslust
1 = Am Aachener Hof
Kläranlage
8=D'esterstraße
9=Hühnergasse
10=Mühlenstraße
11=Burgplatz
12=Fischergasse
13=Dreifaltigkeitsgasse
14=Ankergasse
1 = Schultheissgang
Bundesamt für Gewässerkunde
Vallendarer Stromarm
56070
Industriegebiet
Rheinhafen
Handwerkskammer
Technologie-Zentrum
Hans-Böckler-Straße
Zollamt
Rheinisch-Westfälisches Elektrizitätswerk (RWE)
Stadtteil Wallersheim
(zu Koblenz)
Niederwerth
(zu VBG Vallendar)
Linke Rheinstrecke
345

Stadtteil
Grenzhsn.
(zu Höhr-Grenzhsn.)
Weiters-
burger
Wald
(zu Bendorf)
(zu Weitersburg)
Kraut-
seifen
Wald-
friede
Reitert
272
Vallendarer
Minisch-
191
lauerkopf
Puschenkopf
265
Bember-
mühle
Römerturm
Ton
Kapelle
Wasserwerk
Stadtwald
Wandhof
Haus
Marienland
Siedlung
Gummi-
werk
Wendelinushof
Gumschlag
186
Berg Schönstatt
Friedhof
Anbetungs-
kirche
Pedel
282
Kies
Schutzhütte
Brunnenstraße
Vallendar
Hillscheider
Straße
Höhrer
Straße
Tannenhof
Bollert
Berg Sion
Hillscheider
Bach
Feisternachtbach
56179
Jugend-
bildungsstätte
Krumme
Stücke
Berg Sion
Kapelle
Berg
Moriah
Kläranlage
Wiesenhof
Siebenborn-
Görgen-
Mallendarer
Berg
Naherholungs-
gebiet
Heidepark
Mallendar
Krummen-
acker
Hof Rheinblick
Krebs-
berg
182
(zu Urbar)
Vallendarer Strom
Rheinstraße
24% Steigung
im Winter gesperrt
Theodor-Heuss-Straße
15 = Auf der Alten Burg
1 = Borngasse
2 = Im Ahlen
3 = Aufm Nippes
4 = Lenzegasse
5 = Krummgasse
6 = Zur Bleiche
7 = Kreyes Wiese
1=Im Klosterfeld
2=Klostergut Besselich
3=Remigiusstraße
4=Franziskanerinnenstraße
10=Kleine Schützenstraße
11=Am Quarzsprung
Ferbach
Rhein
Achilles-
str.
Hollersborn
Schneidershöhe
Junglasstraße
E44
48
332
346
42
465
5586
5588
5584
402
404

Höhr-Grenzhausen
56203
Stadtteil Höhr
(zu Höhr-Grenzhsn.)
12=Auf der Insel
Kapelle
Eishaus
Schießstand
Wasserwerk
Reithalle
Reitplatz
Sportpl.
Grillhütte
Neumühle
Heidekopf
326
Kaltebornsberg
371
Schutzhütte
333
Grenzhauser
Stadtwald
Jagdhütte
Vorderster Bach
Brexbach
Vallendarer
Stadtwald
Montabaurer
Höhe
Thielshütte
545
Hubertushof
Kühlbach
An der Kreisviehweide
Im unteren Hau
Limesweg
Limesturm
Hof Hüttenhügel
Auf den Dorfwiesen
Industriegebiet
Hillscheid
Höhrer Str.
In der Struth
ehem. Tongrube
Am Scheid
Staats-
forst
Römerturm
Kastell
Römerturm
Bahnhofstraße
Ringstraße
1 = Brunnenweg
2 = Kolpingstraße
3 = Am Lübersch
4 = Mittelstraße
5 = Querstraße
6 = Freiherr-vom-Stein-Str.
Spielplatz
Jägerpfad
Oberwaldhalle
Rheinstraße
Kirmesplatz
Emser Straße
Friedhof
Tennisplätze
Waldsportplatz
56204
Hillscheid
(zu VBG Höhr-Grenzhausen)
Hirzbach
Lucksberg
284
Lausberg
255
Grundsmühle
7= Ignatius-Lötschert-Straße
8= Johann-Theodor-Kleudgen-Straße
Im Hahn
Josef-Kemperich-Hof
Vallerauer Hof
Lauers-kopf
322
Hütten-mühle
Pumpwerk
Kallerbach
Neuhäusel
Niessling
406
Kadenbacher
Wald
Eitelborner
Römerturm
Steinrausch
400
Wald
(zu Eitelborn)
Kannenbäckerstraße
Staatsforst
56337
344
Nonnenheck
Hügelgräber
Simmern
(zu VBG Montabaur)
Kapelle
Friedhof
Hauptstraße
Sportpl.
Dicke Buche
Hügelgräber
Neuhäusel
Hillscheider Bach
56335
Neuhäusel
(zu VBG Montabaur)
3=Im Litzeland
Eisenköppelberg
363
347
Kläranlage
49
Forsthaus Eitelborn
Steinrausch
12
56337
Kadenbach
(zu VBG Montabaur)
Sportpl.
Wasserwerk
2=Am Krämer
Römerstraße
Freiherr-vom-Stein-Str.

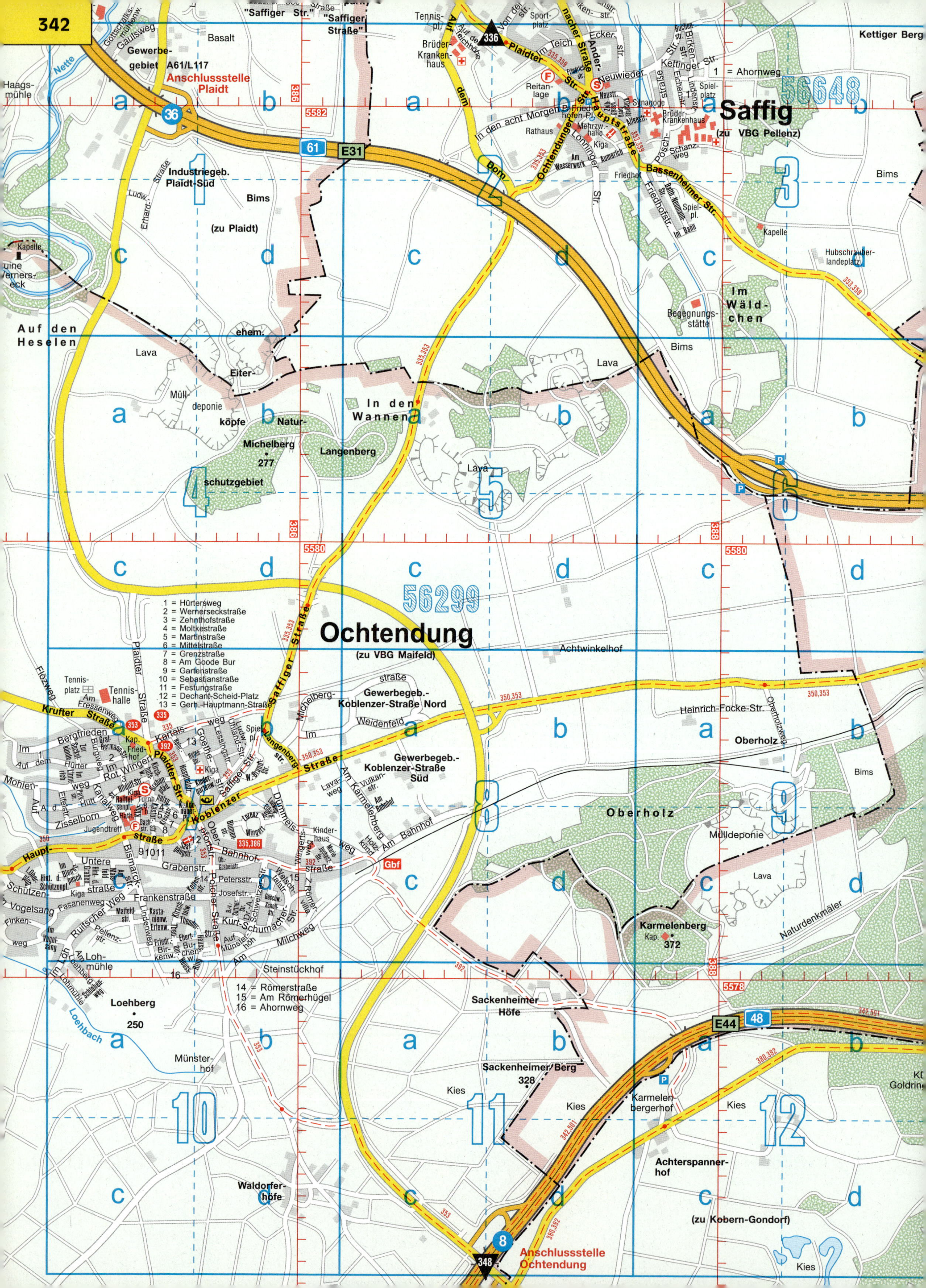
Saffig
(zu VBG Pellenz)
56648
Ochtendung
(zu VBG Maifeld)
56299
Kettiger Berg
Anschlussstelle Plaidt
Anschlussstelle Ochtendung
Gewerbegebiet A61/L117
Industriegeb. Plaidt-Süd
(zu Plaidt)
Bims
Basalt
Lava
Haagsmühle
Nette
Auf den Heselen
Müll-deponie
Naturschutzgebiet
Michelberg 277
Langenberg
In den Wannen
Eiterköpfe
Im Wäldchen
Begegnungsstätte
Hubschrauberlandeplatz
Kapelle
Brüder-Krankenhaus
Achtwinkelhof
Gewerbegeb. Koblenzer-Straße Nord
Gewerbegeb. Koblenzer-Straße Süd
Heinrich-Focke-Str.
Oberholz
Mülldeponie
Karmelenberg 372
Naturdenkmäler
Steinstückhof
Sackenheimer Höfe
Sackenheimer Berg 328
Karmelenbergerhof
Achterspannerhof
(zu Kobern-Gondorf)
Loehberg 250
Loehbach
Lohmühle
Münsterhof
Waldorferhöfe
Kies
1 = Hürtersweg
2 = Wernerseckstraße
3 = Zehnthofstraße
4 = Moltkestraße
5 = Martinstraße
6 = Mittelstraße
7 = Grenzstraße
8 = Am Goode Bur
9 = Gartenstraße
10 = Sebastianstraße
11 = Festungstraße
12 = Dechant-Scheid-Platz
13 = Gerh.-Hauptmann-Straße
14 = Römerstraße
15 = Am Römerhügel
16 = Ahornweg
1 = Ahornweg
Saffiger Straße
Koblenzer Straße
Krufter Straße
Plaidter Str.
Bassenheimer Str.
Hauptstraße
E31
E44
61
48
36
8
336
348

Stadtteil Kärlich
(zu Mülheim-Kärlich)
Bassenheim
(zu VBG Weißenthurm)
Wolken
(zu VBG Untermosel)
56220
56072
56332
Kreuz Koblenz
AS Koblenz-Metternich
(zu Kettig)
(zu Koblenz)
Im Weisplatz
202 Kärlicher Berg
Karl-Heinrich-Grube
Pfaffenbrucherhof
Pfaffen-bruch
Sonnenhof
Reitanlage
Naherholung Mülheim-Kärlich
Rückhaltebecken
Lucasweiher
Heckemühle
Lukasmühle
Korbsmühle
Bassenheimer Str.
Viehtriebsweg
Lohrbach
1 = Rosenstraße
2 = Birkenstraße
3 = Blumenstraße
4 = Lindenstraße
5 = Karthäuser Str.
Waldmühle
Müllersheck
Autobahnmeisterei u. Bauhof
Aussiedlerhof
Burgmühle
Tiergarten
Rosenberg 213
Schloss
Schloßpark
Saffiger Straße
Mülheimer Straße
Koblenzer Straße
Am Bahnhof
Gewerbegebiet Bassenheim
Eichenhof
Schießstand
Karmelenbergerhof
1 = Charlottenstraße
2 = An der neuen Scheune
Tennispl.
Schamberg 232
Katscheckerhof
Brandenholz
Steinkopf 271
Im Loch
Buchwald
Birkenkopf 284
Modellflugplatz
Hengsthof
Gollenbusch
Landstraße
Künsterhof
Gewerbegebiet Wolken
1=Auf der Höh
2=In den Obstwiesen
Bürgerhalle
An der Eisernen Hand
Naturschutzgebiet
Chorsang
Periger Hof
Baudert
Pumpwerk
Berghof
Kreuzer-
Friedhof
Hauptstr.
E31
E44
61
48
9
37
38
337
349

Stadtteil Mülheim (zu Mülheim-Kärlich)
Stadtteil Bubenheim (zu Koblenz)
Stadtteil Rübenach (zu Koblenz)
Stadtteil Metternich (zu Koblenz)
Stadtteil Güls (zu Koblenz)
56072
Koblenz
1=Am Alten Bierkeller
2=Pastor-Busenbender-Straße
3=Ausoniusstraße
4=Römerhügel
5=Siegburger Straße
6=Hersfelder Straße
7=Auf den Elf Morgen
8=Von-Lassaulx-Platz
9=Von-Lassaulx-Straße
Am roten Kreuz
Rübenacher Höhe 191
Winninger Höhe 192
Kimmelberg 178
Kriegerdenkmal
Antoniushof
Ludwigshöhe
Schießstand
Wald-u. Grillanlage
Alemannenstraße
Aachener Straße
Rübenacher Straße
Weißenthurmer Str.
Malterstraße
Im Metternicher Feld
Industriegebiet
Bundeswehr-Zentral-Krankenhaus
Provinzialat d. Schönstädter Marienschwestern
Reithalle
Trierer Straße
Modellflugplatz
Gewerbe- und Industriegebiet
Zaunheimer Straße
Regenrückhaltebecken
Anschlussstelle Koblenz-Metternich
Autohof
Im Sinderfeld
Am Rübenacher Wald
In der Loh
Gülser Wald
Rübenacher Wald
Am Mühlbach
Jufferwiese
Am Schwellenberg
Bisholder
Bisholderweg
Schießstände
Napoleons-Kapelle
Kapelle Mühlbach
Weißer Layen
Mosel
Moselweinstraße
Moselufer
Gülser Brücke
Sportplatz
Bootshafen
Spielwieserweg
Winninger Weg
Gülsastraße
Moselstrecke
Wilhelmsmühle
Doppelmühle
Kuffnermühle
Zilzemühle
Werlesmühle
Gappenachsmühle
Balmes-Mühle
Brücker Bach
Anderbach
Lützelbach
E44
48
E31
61
38
338
350
416
380
394
396
5582
5580
5578

Stadtteil Wallersheim (zu Koblenz)
Stadtt. Neuendorf (zu Koblenz)
Stadtteil Rauental (zu Koblenz)
Stadtteil Moselweiß (zu Koblenz)
Stadtteil Karthause (zu Koblenz)
Stadtt. Oberwerth (zu Koblenz)
Stadtteil Pfaffendorf (zu Koblenz)
Stadtteil Horchheim (zu Koblenz)
Neudorf
Gewerbe- und Technologie- park
Falkenstein- Kaserne
Hauptfriedhof
Koblenz Hbf.
Koblenz- Ehrenbreitstein
Koblenz- Moselweiß
K.- Lützel
Deutsches Eck
Festung Ehrenbreitstein
Cityplan S.36
ADAC
Mosel
Rhein
Bonner Straße
Europabrücke
Balduinbrücke
Pfaffendorfer Brücke
Moselweißer Str.
Mayener Str.
Koblenzer Str.
Simmerner Straße
Römerstraße
Hofstraße
Rechte Rheinstrecke
Moselstrecke
Rheinstrecke
56070
56072
56073
56075
56076
56077
1=Höfersgasse
2=Schmitzgasse
3=Owersgasse
4=Prümmsgasse
5=Pfarrgasse
6=Leimingsgasse
7=Hermannsgasse
8=Röhnsgasse
9=Jakobsstraße
10=Schiebegasse
11=Blumsgasse
12=Weltersgasse
13=Sabelsgasse
14=Karlsgasse
15=Müllersgasse
16=Backersgasse
1=Am Güterbahnhof
1=Auf dem Hellen
1=Lorenz-Kellner-Straße
1=Novarastraße
2=Haringeystraße
1=Hirspeler Pfad
339
351
42
49
416
9

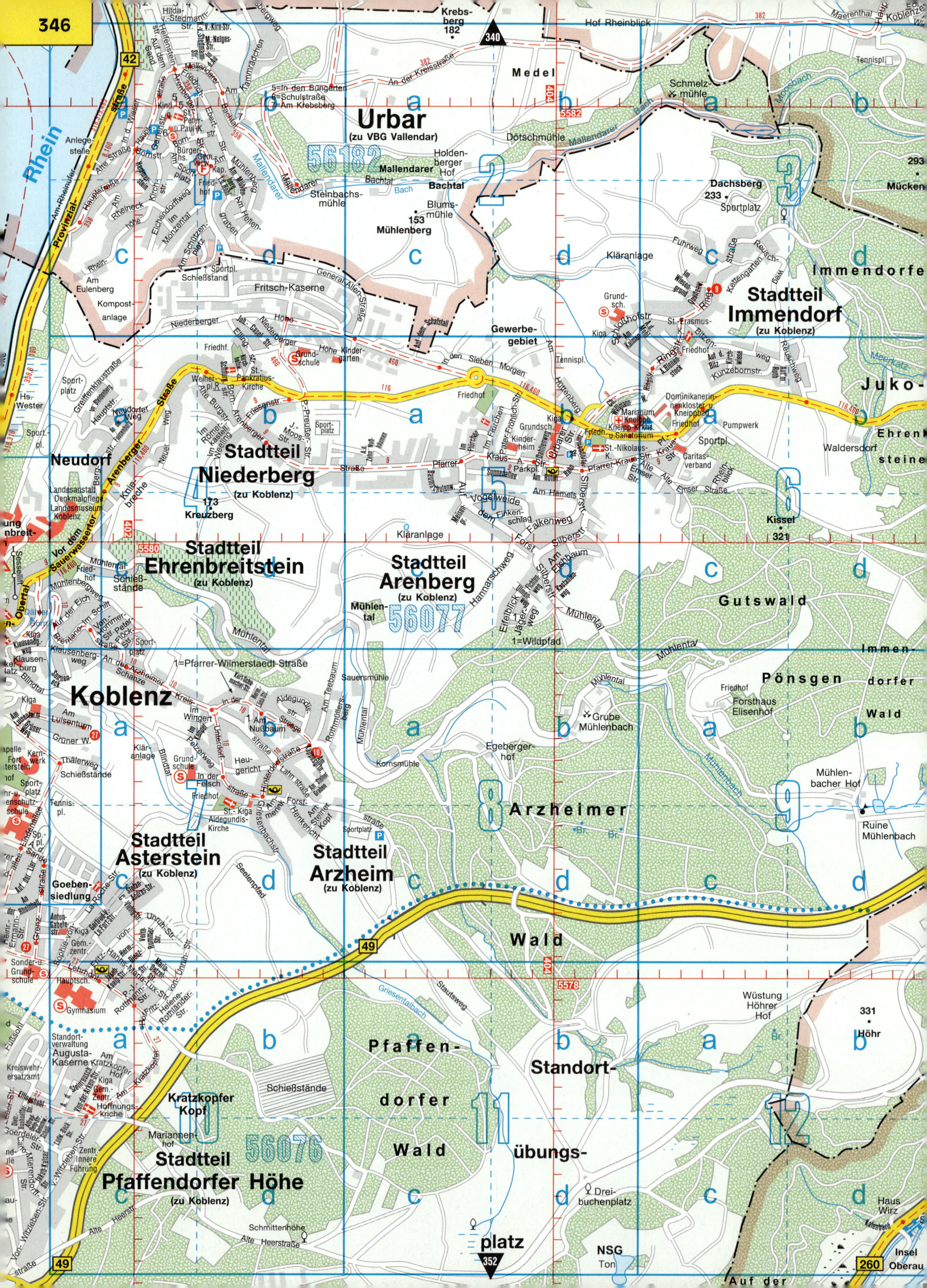
Urbar
(zu VBG Vallendar)
56182
Krebsberg
182
340
Medel
Hof Rheinblick
Schmelzmühle
Dötschmühle
Mallendarer Bach
Holdenberger Hof
Mallendarer Hof
Bachtal
Steinbachsmühle
Blumsmühle
153
Mühlenberg
Dachsberg
233
Sportplatz
Mücken
Immendorfer
Stadtteil
Immendorf
(zu Koblenz)
Kläranlage
Fritsch-Kaserne
Schießstand
Kompostanlage
Am Eulenberg
Rhein
Provinzialstraße
Anlegestelle
Gewerbegebiet
Juko-
Ehrenbreitsteiner
Waldersdorf
Pumpwerk
Sportpl.
Caritasverband
Dominikanerinnenkloster u. Kneippbad
Neudorf
Stadtteil
Niederberg
(zu Koblenz)
173
Kreuzberg
Landesanstalt Denkmalpflege
Landesmuseum Koblenz
Stadtteil
Ehrenbreitstein
(zu Koblenz)
Kläranlage
Stadtteil
Arenberg
(zu Koblenz)
56077
Mühlental
Kissel
321
Gutswald
Pönsgen
Immendorfer Wald
Forsthaus Elisenhof
Grube Mühlenbach
Mühlenbacher Hof
Ruine Mühlenbach
Egeberger Hof
Kornsmühle
Sauersmühle
Koblenz
1=Pfarrer-Wilmerstaedt-Straße
Stadtteil
Asterstein
(zu Koblenz)
Goebensiedlung
Stadtteil
Arzheim
(zu Koblenz)
Arzheimer
Wald
Schießstände
Gymnasium
Augusta-Kaserne
Wüstung Höhrer Hof
331
Höhr
Pfaffendorfer
Wald
Standortübungsplatz
Dreibuchenplatz
Kratzkopfer Kopf
Mariannenhof
56076
Stadtteil
Pfaffendorfer Höhe
(zu Koblenz)
Schmittenhöhe
Alte Heerstraße
NSG
Ton
Haus Wirz
Insel Oberau
352
49
260
402
404

Kadenbach
(zu VBG Montabaur)
56337
Neuhäusel
(zu VBG Montabaur)
56335
Eitelborn
(zu VBG Montabaur)
56337
Staatsforst
(zu Simmern)
Herzogsbusch
Himmerich
354
Wald
Urbarer
Nieder-
berger
Wald
Golf-
platz
Rabenkopf
368
Domäne
heide
Denzer-
Baumschule
Schießstand
Nörrberg
389
Rabenberg
353
Augst-
Stadion
Udilo-
park
1 = Mittelweg
2 = Kurfürstenweg
3 = Metternichweg
4 = Privatweg
5 = Pumpweg
6 = Kirchstraße
7 = Im Vogelsang
8 = Bienengarten
9 = Hahnengasse
Schloßberg
281
Ruine
Sporkenburg
Staats-
forst
Eichwald
Heinzenberg
Vorwerk
Kl.Hunert
325
Hunert
337
Neuhäusel
Forsthaus
Eichwald
Forstarbeiter-
siedlung
Kellersweiden
Bernsbach
Austerstücke
Straßen-
meisterei
Bad
Emser
Emser
Blöskopf
1=Zur Silberschmelze
Ruine
Kapelle
Römisches
Haus
Nieren-
tal
Brunnen-
wald
298
Grisselberg
Am
Klauspfad
Silber-
grund
Mergel-
kaut
Gewerbe-
gebiet
"Vor der
Hütthell"
Guts-
wald
Höhrberg
343
(zu Lahnstein)
Hügelgräber
Lahn-
berge
Lahnberger
hof
Jagdhaus
Gräveheid
Fachbach
(zu VBG Bad Ems)
56133
1=Taubengasse
2=Müllersgäßchen
Oberes
Weinberghs.
Unt.
Weinberghs.
Koblenzer Straße
Nievern
(zu VBG Bad Ems)
Wasserwerk
Adamsdickung
Buchwald
Linzkopf
Stadtwald
1 = Am Friedhof
2 = Ludwigstraße
3 = Zehntehofweg
4 = Schulgäßchen
5 = Weidheliweg
6 = In den Bachgärten
Seiterich
56130
Bad Ems
Trümmer-
born
Auf'm Klopp
Arzbacher Straße
Emser Straße
Arenberger Straße
Lahn
Stadion
Schleuse
49
261
260
353
341
5582
5580
5578
406
408
410
1
2
3
4
5
6
7
8
9
10
11
12

Anschlussstelle Ochtendung
Sürzerhof
Kies
Tönnchenkopf
302
Dreitonnenkuppe
Ton
An der Tongrube
3=Auf der Klostermauer
4=Im Steilen Stück
5=An der Römischen Villa
Römische Siedlung
56295
Lonnig
(zu VBG Maifeld)
Oberdorfstraße
Bergstraße
Untere Bergstraße
Auf der Klostermauer
Koblenzer Weg
Reiterport
Kirchstr.
Friedh.
Bürgerhalle
Kiga
Sportplatz
Am Dornberg
Am Hiest
Kebergrund
1 = In den fünf Morgen
2 = An der Kirche
Booser Berg
Brunnen
Br.
Schutzhütte
Keber-
grund
In der Stier
Dreckenacher Weg
Pelzerseit
Auf Banneid
269
Kleiderberg
284
Solligerhof
Lindenhof
Kapelle
Gewerbege
In der Kun
Manderscheider Hof
Scheidter Hof
Weidenhof
Schutzhütte
205
(zu Rüber)
Ortsteil
Dreckenach
(zu Kobern-Gondorf)
Rübener Weg
Dorfstraße
Hauptstraße
Im Steinkäulchen
Lochsmühle
Friedhof
Talhof
Nothenmühle
Nothbach
Brunnen
Münsterer Weg
Lehmener Weg
Fischbach
Kaspersmühle
Kläranlage
Heidgermühle
Kulturdenkmal
Engelshof
(zu Kalt)
Kalter Bach
Lehmerhöfe
Abt-Theoderich-Str.
Schutzhütte
5576
5574
5572

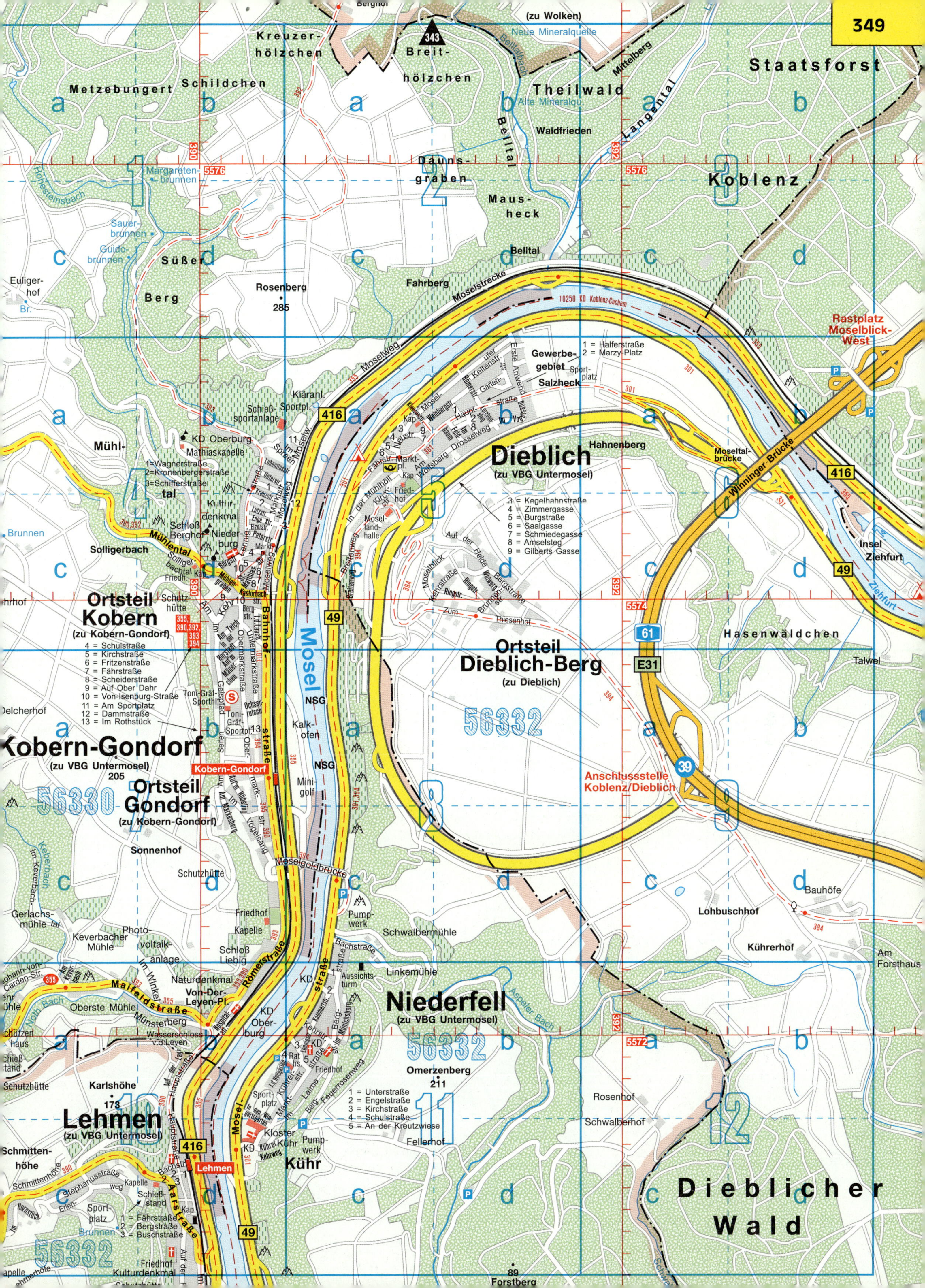
Kreuzer-hölzchen
Breit-hölzchen
(zu Wolken)
Neue Mineralquelle
Mittelberg
Staatsforst
Metzebungert
Schildchen
Theilwald
Alte Mineralqu.
Belltal
Waldfrieden
Langental
Margareten-brunnen
Dauns-graben
Koblenz
Mausheck
Sauer-brunnen
Guido-brunnen
Süßer Berg
Euliger-hof
Rosenberg
285
Fahrberg
Moselstrecke
Rastplatz Moselblick-West
Moselweg
Gewerbe-gebiet
Salzheck
1 = Halferstraße
2 = Marzy-Platz
Kläranl.
Sportpl.
Schieß-sportanlage
KD Oberburg
Mathiaskapelle
Mühl-tal
1=Wagnerstraße
2=Kronenbergerstraße
3=Schifferstraße
Kultur-denkmal
Schloß Berghof
Nieder-burg
Mühlental
Solligerbach
Brunnen
Dieblich
(zu VBG Untermosel)
Hahnenberg
Moseltal-brücke
Winninger Brücke
3 = Kegelhahnstraße
4 = Zimmergasse
5 = Burgstraße
6 = Saalgasse
7 = Schmiedegasse
8 = Amselsteg
9 = Gilberts Gasse
Insel Ziehfurt
Ortsteil Kobern
(zu Kobern-Gondorf)
4 = Schulstraße
5 = Kirchstraße
6 = Fritzenstraße
7 = Fährstraße
8 = Scheiderstraße
9 = Auf Ober Dahr
10 = Von-Isenburg-Straße
11 = Am Sportplatz
12 = Dammstraße
13 = Im Rothstück
Mosel
Bahnhofstraße
Hasenwäldchen
Talwei
Ortsteil Dieblich-Berg
(zu Dieblich)
56332
Kobern-Gondorf
(zu VBG Untermosel)
205
56330
Ortsteil Gondorf
(zu Kobern-Gondorf)
Kalk-ofen
NSG
Mini-golf
Anschlussstelle Koblenz/Dieblich
Sonnenhof
Schutzhütte
Moselgoldbrücke
Gerlachs-mühle
Friedhof
Kapelle
Schloß Liebig
Pump-werk
Schwalbermühle
Lohbuschhof
Bauhöfe
Kührerhof
Am Forsthaus
Keverbacher Mühle
Photo-voltaik-anlage
Römerstraße
Naturdenkmal
Von-Der-Leyen-Pl.
Linkemühle
Aussichts-turm
Niederfell
(zu VBG Untermosel)
Malfeldstraße
Oberste Mühle
Münsterberg
Wasserschloss v.d.Leyen
KD Ober-burg
Omerzenberg
211
Karlshöhe
173
Lehmen
(zu VBG Untermosel)
1 = Unterstraße
2 = Engelstraße
3 = Kirchstraße
4 = Schulstraße
5 = An der Kreutzwiese
Fellerhof
Rosenhof
Schwalberhof
Schmitten-höhe
Kloster Kühr
Kühr
Pump-werk
Lehmen
Aarstraße
Sport-platz
1 = Fährstraße
2 = Bergstraße
3 = Buschstraße
Dieblicher Wald
Kulturdenkmal
89
Forstberg
56332

Bisholder Höhe
225
Layerbach
56072
Gewerbegebiet
Landeplatz Koblenz-Winningen
1=Untere Karolastraße
2=Schwörstraße
3=Mosterplatz
4=Am Kirmesplatz
5=Schwedenpfad
Fahrstück
Mosel
Landstraße
Kapelle
Moselstrecke
Heideberg
Hexenhügel
1 = Im Domgarten
2 = Im Pfoffen
3 = Dr.-Arnoldi-Straße
4 = Schauben
5 = Dr.-Bellinghausen-Straße
Grillhütte
Rastplatz Moselblick-West
Rastplatz Moselblick-Ost
Röm Landgut
Distelberger-hof
56333
Winningen
(zu VBG Untermosel)
Dom-
Winningen
Stadtteil Lay
(zu Koblenz)
56073
Layer Kopf
313
Kollroths-wiese
Koblen
Sportplatz
Insel Ziehfurt
Löwensteinhof
Freibad
Kläranlage
6 = Burbädchen
7 = Spitalseck
8 = Osterstraße
9 = Moseluferr
Anlegestellen
Kondertal
Sauerbrunnen
Weltersbach
Talwel
Kinderspielplatz
Waldmuseum
Forsthaus Remstecken
Wildgehege
Eichenplatz
Silberberghof
Dreibuchenplatz
Kleinbornsbach
Hinterberg
234
Röm Gräberfeld
Pumpwerk
Am Forsthaus
Gärtnerei
Dieblich-Mariaroth
(zu Dieblich)
Schafheck
Dieblicher Wald
1 = König-von-Rom-Platz
2 = Ginsterweg
3 = Rotdornweg
4 = Weißdornweg
5 = Grüner Weg
6 = Am Holunderstrauch
7 = Am Haselbusch
8 = Steglitz-Platz
9 = Im Weidenbusch
56323
Waldesch
(zu VBG Rhens)
Kläranlage
Lindenplatz
10 = Am Halsebach
11 = Amselsteg
12 = Antoniusstraße
Tennisanlage
Sportplatz
354

Stadtteil Horchhm. (zu Koblenz)
Stadtteil Horchhmr. Höhe (zu Koblenz)
56076
56075
Stadtteil Nieder-lahnstein (zu Lahnstein)
1 = Hungergasse
2 = Katharinenstraße
3 = Im Weierchen
4 = An der grünen Bank
5 = Sperlingsweg
6 = Drosselweg
7 = Meisenweg
8 = Kuckucksweg
9 = Finkenweg
10 = Im Machert
11 = Dr.-Bachenheimer-Str.
12 = Sustaplast-Straße
Deines-Bruchmüller-Kaserne
Löhnberger Mühle
Industriegebiet Nord
Nieder-lahnstein
Rhein
Lahn
Lahnstein
56112
Ober-lahnstein
Cityplan S.35
13=Alter Bergweg
15=Wilhelm-Schröder-Str.
16=St.-Florian-Straße
Victoria-Brunnen
Stadtteil Stolzenfels (zu Koblenz)
Augustahöhe 349
Pavillon
Hasenberg 273
Dommelberg 225
Vorgeschichtl. Ringwall
Kühkopf 382
Fernmeldeturm
Schutzhütte
Forsthaus Kühkopf
Trimm-Dich-Pfad
Lichte Eichen
Waldspielplatz
Königsbach
Rittersturz
Schwedenschanze
Freizeitgelände
Grillplatz
Siechhaustal
Schüllerhof
Eiserne Hand
Merkurtempel
Stadtwald
Rhenser Wald
Maulbeerkopf 397
Hs. Waldfriede
Haus Philippsberg
Sanatorium Königsstuhl
Viktor-Jäger-Stiftung
Haus Wolfers
Eisenberg
Rhens
56321
Waldescher Str.
1 = Auf Wolfers
2 = Am Samberg
Jagdhaus
Am Siechhaustal
Linke Rheinstrecke
Rhenser Straße
An der Königsbach
Südbrücke
Rheintal-Radwanderweg
Emser Landstr.
Bergstraße
Braubacher Str.
Adolfstr.
Westallee
Brückenstr.
Kölner Straße
Hochstraße
Koblenzer Straße
327
49
9
42
260
345

Horchheimer Wald
Horchheimer Höhe
357
(zu Koblenz)
346
Esch-
heck
Alte
Hau
Auf der
Oberau
(zu Fachbach)
Koblenzer Straße
322
Geierkopf
Miellen
(zu VBG Bad Ems)
1 = Am Spielplatz
2 = Kapellenstraße
3 = Mittelstraße
260
Schutzhütte
Aussichtsturm Lichterkopf
Niederlahnsteiner
Ruppertsklamm
Natur-
schutz-
gebiet
Wald
Lahn
Schweizertal
Schweizer-
tal
Kapelle
Auf dem
Grün
Großer Mühlberg
235
Eichenstück
Hof Hahlgarten
Am weißen
Berg
2=Im vorderen Diebig
Friedrichssegen
Lahntalbahn
Emser Landstr.
Schleuse
Wolfs-
mühle
Friedland
1=Ostpreußenstraße
Raupen Berg
219
Erzbachstraße
Kapelle
Grundschule
Friedrichssegen
Hof Zehnthof
Brunnen
Kläranlage
Elektrizitäts-
werk
Stadtteil
Oberlahnstein
(zu Lahnstein)
Aussiedler-
höfe
Ahler Kopf
225
Süß-
grund
Biebricher
Kopf
225
166
Ober-
Lahnstein auf der Höhe
1=Am Rheinsteig
Kurklinik
Thermalbad
Kur-
zentrum
Kur-
park
Ferienpark
Rhein-Lahn
Sanatorium
Haus Jung-
fried
Altersheim
Hof
Jungfried
Biebricherhof
Rheinhöhenweg
Kurthermen
Rhein-Lahn
17=Weg zum Ehrenmal
Ehrenmal
Schrotwieser Berg
307
Lahnstein
Grenbach
Hof
Aspich
Tennis-
center
Minigolf
Trimm-
Dich-
Pfad
Rebenstein
227
Hügelgrab
Matzenhöll
42
Wochenend-
häuser
Am
Sechsseenplatz
14 = Helmestaler Pfad
Schutzhütte
Kulturdenkmal
Spießborn
lahnsteiner
Natur-
schutzgebiet
Oberhohl
279
Brunnen
Königstiel
Gewerbe-
gebiet
Süd
Braubacher Straße
Steinweg
145
Fladenberg
204
Kerkerts
Schacht
Königsstiel
Rhein
Anlegestelle
(zu Rhens)
Scharfer Turm
Im
Einmuth
(zu Braubach)
Hofgut
Bissingen
Neustadt
Lahnsteiner
Rheinstrecke
Königsstiel
256
Wald
56076
56132
56112
5576
5574
5572
402
404

Nievern
(zu VBG Bad Ems)
Schießstand
Bad Ems
56132
56130
Hühnerberg
Neu-Hühnerberg
Eckert 249
Predigtstuhl
Bad Ems West
Malbergs-kopf
Schönecks-wald
Küppel 295
Kleiner Mühlberg
Frücht
(zu VBG Bad Ems)
Hohen-Malberg 376
Gräfin-
Kappenberg
Nilgeskopf 225
Wintersberg
Löhr Berg 344
wald
Limes-Rekonstruktion
Heinrichshof
Neuborn
Ober-
lahnsteiner
Wald
Grenzloch
Hügelgräber
Tagesschacht
Am Forsthaus
Naturdenkmal
Pumpwerk
Römerturm
Kulturdenkmal
Kleiner Gübel 341
Deutschherrnhütte
Kirschheimersborn
Eisen-hölle
Buchenberg
Ginster Berg 336
Wolfsbusch 415
Becheln
(zu VBG Bad Ems)
Speierskopf
den Schlägen
Staats-forst
Platte 313
Micheltal
Kläranlage
Itelsberg 341
Kautersdell
Lahnstein
Heinzelmännchen 380
Schutzhütte
Unterhorst
Forstmühle
Wiesbach
Hullsbach
1 = Poststraße
2 = Steinäckerweg
3 = Brunnengasse
4 = Kirchgasse
7 = Friedrichstraße
8 = Lindenbach
9 = Am Quellenturm
10 = Alexanderstraße
11 = Bahnhofstraße

KEVELAER
Nationaal Park de Hamert
Wanssum
VENRAY
Meerlo-Wanssum
GELDERN
DEURNE
HORST an de Maas
Arcen
Straelen
Nieder-
en Velden
Sevenum
Peel
Wachtendonk
Maas-Schwalm-Nette-Route
KEMPE
VENLO
Maasbree
Meijel
Nationaal Park de Groote Peel
Panningen
Helden
TEGELEN
NETTE-TAL
Grefrath
Roggel en Neer
Kessel
Hout
Natur-
rheinisches
Heythuysen
Beesel
Brüggen
VIERSEN
Haelen
Swalmen
Schwalmtal
park
Elmpter Bruch
ROERMOND
Maas-
Niederkrüchten
Heel
Thorn
Forst Meinweg
Nationaal Park de Meinweg
Roerdalen
Wegberg
Maasbracht
Schwalm-
Nette
Ambt Montfort
ECHT
Wassenberg
Tiefland
Waldfeucht
ERKELENZ
HEINSBERG
HÜCKELHOVEN
358

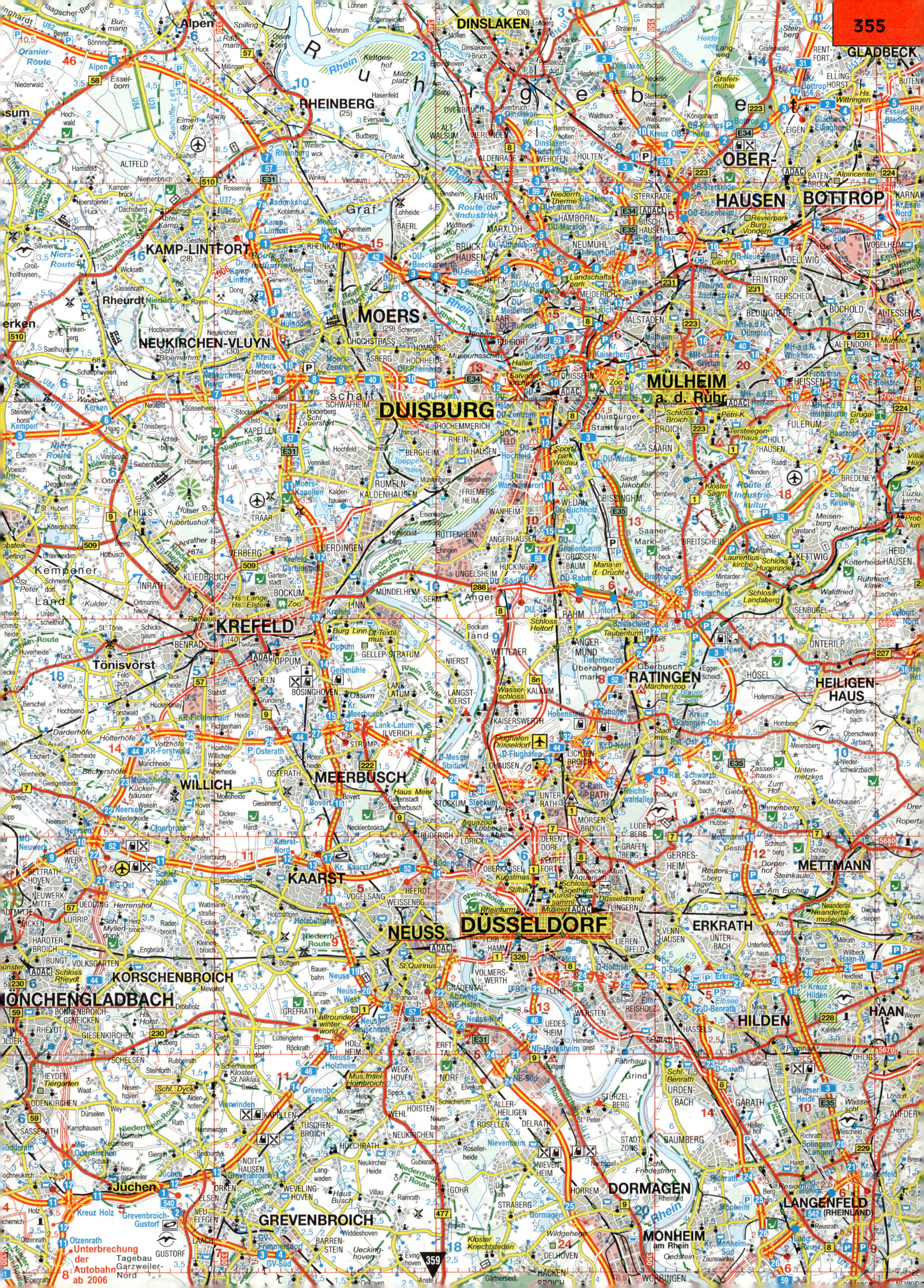
DINSLAKEN
GLADBECK
Alpen
RHEINBERG
OBER-
HAUSEN
BOTTROP
KAMP-LINTFORT
MOERS
NEUKIRCHEN-VLUYN
MÜLHEIM
a. d. Ruhr
DUISBURG
RATINGEN
HEILIGEN-
HAUS
KREFELD
Tönisvorst
WILLICH
MEERBUSCH
KAARST
METTMANN
NEUSS
DÜSSELDORF
ERKRATH
KORSCHENBROICH
HILDEN
HAAN
MÖNCHENGLADBACH
GREVENBROICH
DORMAGEN
MONHEIM
am Rhein
LANGENFELD
(RHEINLAND)
Jüchen
Rhein
Unterbrechung
der
Autobahn
ab 2006
359

GLADBECK
HERTEN
GELSENKIRCHEN
HERNE
BOCHUM
CASTROP-RAUXEL
DORTMUND
ESSEN
WITTEN
HATTINGEN
HERDECKE
WETTER (Ruhr)
HAGEN
SPROCKHÖVEL
GEVELSBERG
ENNEPETAL
HEILIGENHAUS
VELBERT
Bergisches
Wülfrath
SCHWELM
METTMANN
Breckerfeld
WUPPERTAL
HAAN
Naturpark
Radevormwald
SOLINGEN
REMSCHEID
Halver
Hückeswagen
WERMELSKIRCHEN
Bergisches
LEICHLINGEN (RHEINLAND)
Land
Wipperfürth
Burscheid
Marienheide

360

Kamen
Bönen
Unna
Werl
Soest
Wickede (Ruhr)
Holzwickede
Fröndenberg/Ruhr
Schwerte
Menden (Sauerland)
Iserlohn
Hemer
Hönnetal
Arnsberg
Neheim
Möhnesee
Arnsberger Stadtwald
Sundern (Sauerland)
Balve
Nachrodt
Altena
Neuenrade
Werdohl
Plettenberg
Lüdenscheid
Herscheid
Finnentrop
Attendorn
Lennestadt
Kirchhundem
Kierspe
Meinerzhagen
Ebbegebirge
Naturpark
Homert
Naturpark Homert
Biggesee
Listertalsperre
Haarstrang
Ense
Herdingen
Eichwald
Forst
Wiblingwerde
Hemmerde

Waldfeucht
HEINSBERG
ERKELENZ
HÜCKEL-HOVEN
Selfkant
Kölner
Jülicher Börde
SITTARD-
Gangelt
GELEEN
GEILENKIRCHEN
Linnich
Onderbanken
BRUNSSUM
Schinnen
Palenberg
JÜLICH
NIEDERLANDE
Nuth
HEERLEN
LANDGRAAF
Übach
BAESWEILER
Voerendaal
KERK-RADE
HERZOGEN-RATH
ALSDORF
Aldenhoven
Simpelveld
WÜRSELEN
ESCHWEILER
Langerwehe
Gulpen-Wittem
Vaals
STOLBERG (Rhld.)
Hürtgen-
Plombières
Kelmis (La Calamine)
AACHEN
Hürtgenwald
Forst Wenau
Aubel
Lontzen
Raeren
Deutsch-
Forst Rötgen
Welkenraedt
Thimister-Clermont
Roetgen
Rureifel
Baelen
Eupen
Hertogenwald
Limbourg
VERVIERS
BELGIEN
Hautes Fagnes (Hohes Venn)
Simmerath
Nationalpark Eifel
Jalhay
Monschau
354
362

GREVENBROICH
DORMAGEN
MONHEIM
Unterbrechung der Autobahn ab 2006
Tagebau Garzweiler-Süd
Rommerskirchen
PULHEIM
LEVERKUSEN
BEDBURG
KÖLN
BERGHEIM
Naturpark
Elsdorf
Tagebau Hambach
FRECHEN
Niederzier
KERPEN
HÜRTH
Merzenich
BRÜHL
WESSELING
DÜREN
Nörvenich
ERFTSTADT
Kreuzau
Vettweiß
Weilerswist
Ville
BORNHEIM
Alfter
Nideggen
Zülpich
EUSKIRCHEN
Swisttal
Heimbach
Belgischer
RHEINBACH
MECHERNICH
MECKENHEIM
Natur-
park

356
364
Burscheid
Naturpark
Bergisches
Bergisches Land
Kürten
Lindlar
Marienheide
Gummersbach
Odenthal
Leverkusen
Köln
Bergisch Gladbach
Engelskirchen
Wiehl
Overath
Rösrath
Much
Homburger Ländchen
Nümbrecht
Seelscheid
Neunkirchen-
Ruppichteroth
Lohmar
Troisdorf
Siegburg
Nieder-Kassel
Hennef (Sieg)
Eitorf
Sankt Augustin
Bornheim
Bonn
Alfter
Königswinter
Naturpark Siebengebirge
Bad Honnef
Rheinbreitbach
Meckenheim
Kottenforst
Wachtberg
Pleiser Ländchen
Buchholz (Westerwald)
Asbach
Windhagen
Neustadt (Wied)
Hasselbach
Weyerbusch
Kircheib
Unkel
Erpel
Remagen
Bruchhausen
Vettelschoß
St. Katharinen
Breitscheid
Flughafen Köln/Bonn
Wahner Heide
Königsforst

Kirchhundem
Naturpark
Biggesee
Ebbegebirge
Bergneustadt
Drolshagen
OLPE
Hilchenbach
Reichshof
Wenden
KREUZTAL
NETPHEN
Friesenhagen
Freudenberg
Siegerland
Waldbröl
Morsbach
SIEGEN
Wilnsdorf
Kirchen (Sieg)
Neunkirchen
Wissen
Betzdorf
Herdorf
Burbach
Hamm (Sieg)
Daaden
Kroppacher Schweiz
Altenkirchen (Westerwald)
Hoher Westerwald
Hachenburg
Bad Marienberg (Westerwald)
Höchstenbach
Rennerod
Westerburg
Flammersfeld

Jalhay
Parc
Hautes
(Hohes
Naturel-
Fagnes
Venn)
Monschau
National
park
Eifel
Spa
Forst Monschau
Hellenthal
Hautes-
Fagnes/Eifel
Zitter-
wald
(Naturpark
Malmedy
Waimes
(Weismes)
Bütgenbach
(Butgenbach)
Büllingen
(Bullange)
Stavelot
Trois-Ponts
Amel
(Amblève)
B E L G I E N
Vielsalm
Forêt
Domaniale
du
Grand
Bois
Sankt Vith
(Saint Vith)
Schnee
Oberlascheid
Winterscheid
Bleialf
Buchet
Sellerich
Groß-
langenfeld
Winter-
spelt
Burg-Reuland
Gouvy
Prüm
Habscheid
Heckhuscheid
Pitten-
bach
Troisvierges
Weiswampach
Heinerscheid
Lützkampen
Harspelt
Sevenig
(Our)
Großkampenberg
Kesfeld
Leiden-
born
Üttfeld
Roscheid
Sengerich
Eschfeld
Reiff
Masthorn
Strick-
scheid
Euscheid
Lichtenborn
Kinzenburg
Mander-
scheid
Waxweiler
Pintesfeld
Lambertsberg
Plütscheid
Hargarten
Lascheid
Irrhausen
Arzfeld
Lauperath
Reipel-
dingen
Dahnen
Daleiden
Kickes-
hausen
Clervaux
L U X E M B U R G
Heilenbach
Ormont
Rommers-
heim
Olz-
heim
Neuen-
dorf

Mechernich
Bad Münstereifel
Deutsch-
Belgischer-
Naturpark
Schleiden
Kall
Nettersheim
Blankenheim
Dahlem
Hohes Venn)
Stadtkyll
Jünkerath
Hillesheim
Gerolstein
Daun
Ulmen
Manderscheid
Adenau
Altenahr
Ahrgebirge
Hohe Eifel
Vulkaneifel
Nürburg
Kelberg
Hönningen
Berg
Lind
Dernau
Mayschoß
Kesseling
Wiesbaum
Dümpelfeld
Müllenbach
Gillenfeld
Strohn
Meerfeld
Sankt Thomas
Steinborn
Neroth
Mehren
Schalkenmehren
Salm
Meisburg
Hersdorf
Duppach
Birresborn
Lissendorf
Kerpen (Eifel)
Uxheim
Nohn
Pelm
Dockweiler
Dreis-Brück
Walsdorf
Daun
Bad Bertrich
Forst
Grüne Str. Eifel-Ardennen
Deutsche Wildstraße
Große Eifel-Route
Vulkan-Radweg

Bad Neuenahr
Ahrweiler
Remagen
Unkel
Erpel
Linz am Rhein
Sinzig
Bad Breisig
Bad Hönningen
Naturpark Rhein-Westerwald
Westerwald
Neuwied
Andernach
Koblenz
Mayen
Mendig
Plaidt
Kruft
Ochtendung
Polch
Maifeld
Pellenz
Neuwieder Becken
Laacher See
Maria Laach
Niederzissen
Burgbrohl
Rheinbrohl
Leutesdorf
Weißenthurm
Mülheim-Kärlich
Bendorf
Vallendar
Winningen
Kobern-Gondorf
Dieblich
Niederfell
Lehmen
Alken
Brodenbach
Burgen
Moselkern
Müden
Treis-Karden
Cochem
Klotten
Beilstein
Ellenz-Poltersdorf
Bremm
Ediger-Eller
Senheim
Neef
Kaisersesch
Ulmen
Vordereifel
Monreal
Münstermaifeld
Hatzenport
Boppard
Emmelshausen
Kastellaun
Altenahr
Mayschoß
Dernau
Kesseling
Rech
Grafschaft
Heckenbach
Kempenich
Weibern
Rieden
Volkesfeld
Langscheid
Arft
Welling
Gappenach
Kehrig
Düngenheim
Hambuch
Illerich
Wirfus
Landkern
Greimersburg
Faid
Valwig
Ernst
Bruttig-Fankel
Mörsdorf
Treis
Lütz
Dommershausen
Beltheim
Macken
Beulich
Halsenbach
Ehrbachklamm
Burg Eltz
Burg Thurant
Burg Pyrmont
Schloss Bürresheim
Vulkanpark
Rengsdorf
Anhausen
Dierdorf
Waldbreitbach
Hausen (Wied)
Neustadt (Wied)
Mosel
Rhein

Westerwald
Kannenbäcker land
Naturpark Nassau
Limburger Becken
Einrich
Taunus
Naturpark Rhein-Taunus
Puderbach
Roßbach
Mündersbach
Linden
Rotenhain
Stockum-Püschen
Höhn
Rennerod
Hanroth
Freirachdorf
Dreifelden
Bellingen
Langenhahn
Halbs
Pottum
Wald-mühlen
Westernohe
Oberrod
Raubach
Maroth
Schenkelberg
Steinen
Hergenroth
Stahlhofen am Wiesensee
Seck
Harschbach
Herschbach
Hartenfels
Freilingen
Winnen
Westerburg
Elsoff (Westerwald)
Mengerskirchen
Dierdorf
Marienhausen
Marienrachdorf
Rückeroth
Wölferlingen
Rothenbach
Brandscheid
Kölbingen
Gemünden
Hüblingen
Dernbach
Goddert
Kaden
Irmtraut
Neunkirchen
Krümmel
Maxsain
Weidenhahn
Arnshöfen
Härtlingen
Berzhahn
Selters (Westerwald)
Sessenhausen
Ewighausen
Kuhnhöfen
Hahn am See
Guckheim
Willmenrod
Elbingen
Weltersburg
Klein-maischeid
Stebach
Deesen
Ellenhausen
Quirnbach
Niedersayn
Mähren
Groß-maischeid
Breitenau
Oberhaid
Nordhofen
Helferskirchen
Ettinghausen
Girkenroth
Elbtal
Waldbrunn (Westerwald)
Wittgirt
Mogendorf
Vielbach
Ötzingen
Herschbach
Salz
Oberahr
Dornburg
Leuterod
Siershahn
Niederahr
Meudt
Bilkheim
Sayneck
Sessenbach
Wirscheid
Ransbach-Baumbach
Ebernhahn
Bannberscheid
Moschheim
Wallmerod
Molsberg
Zehnhausen b. Wallmerod
Berod b. Wallmerod
Caan
Nauort
Wirges
Boden
Ruppach-Goldhausen
Alsbach
Kammerforst
Hundsdorf
Hilgert
Staudt
Steinefrenz
Weroth
Hundsangen
Beselich
Höhr-Grenzhausen
Dernbach
Heiligenroth
Großholbach
Girod
Dreikirchen
Oberherbach
Hadamar
Höhr
Montabaur
Niedererbach
Nentershausen
Grenzhausen
Nomborn
Elz
Weitersburg
Hillscheid
Holler
Görgeshausen
Runkel
Vallendar
Niederelbert
Untershausen
Hellberscheid
Eppenrod
Gückingen
Niederwerth
Simmern
Neuhäusel
Kadenbach
Oberelbert
Daubach
Stahlhofen
Isselbach
Hambach
Aull
Limburg a. d. Lahn
Urbar
Arzbach
Horbach
Hirschberg
Heistenbach
Diez
Eitelborn
Welschneudorf
Gackenbach
Altendiez
Horhausen
Langenscheid
Ehrenbreitstein
Zimmerscheid
Hübingen
Holzappel
Geilnau
Balduinstein
Birlenbach
Holzheim
Koblenz
Kemmenau
Fachbach
Bad Ems
Charlottenberg
Winden
Cramberg
Flacht
Hünfelden
Niederneisen
Oberneisen
Dausenau
Hömberg
Scheidt
Laurenburg
Steinsberg
Dörnberg
Lahnstein
Miellen
Frücht
Weinähr
Nassau
Obernhof
Gutenacker
Wasenbach
Netzbach
Misselberg
Bremberg
Biebrich
Lohrheim
Hahnstätten
Sulzbach
Dienethal
Attenhausen
Seelbach
Schönborn
Kaltenholzhausen
Becheln
Schweighausen
Oberwies
Kördorf
Ebertshausen
Braubach
Dornholzhausen
Singhofen
Herold
Klingelbach
Mudershausen
Burgschwalbach
Brey
Dessighofen
Kehlbach
Geisig
Roth
Ergeshausen
Schiesheim
Spay
Dachsenhausen
Lollschied
Niedertiefenbach
Mittelfischbach
Katzenelnbogen
Allendorf
Berghausen
Aarbergen
Osterspai
Oberbachheim
Niederbachheim
Berg
Hunzel
Pohl
Obertiefenbach
Oberfischbach
Dörsdorf
Kamp-Bornhofen
Winterwerb
Gemmerich
Ehr
Marienfels
Bettendorf
Berndroth
Rettert
Eisighofen
Eschbach
Hainau
Miehlen
Reckenroth
Lykershausen
Dahlheim
Himmighofen
Kasdorf
Endlichhofen
Holzhausen an der Haide
Hohenstein
Prath
Weyer
Ruppertshofen
Oelsberg
Buch
Nastätten
Kestert
Nochern
Bogel
Lierschied
Auel
Oberwallmenach
Lautert
Diethardt
Heidenrod
Rhein-Taunus
Loreley
St. Goarshausen
Patersberg
Reichenberg
Reitzenhain
Weidenbach
Karbach
Hungenroth
Bad Schwalbach
St. Goar
Rettershain
Lipporn
Strüth
Utzenhain
Urbar
Niederburg
Badenhard
Bornich
Weisel
Welterod
Birkheim
Oberwesel
Damscheid
Dörscheid
Kaub
Sauerthal
Taunus
Schlangenbad
Rhein
Mittelrheintal

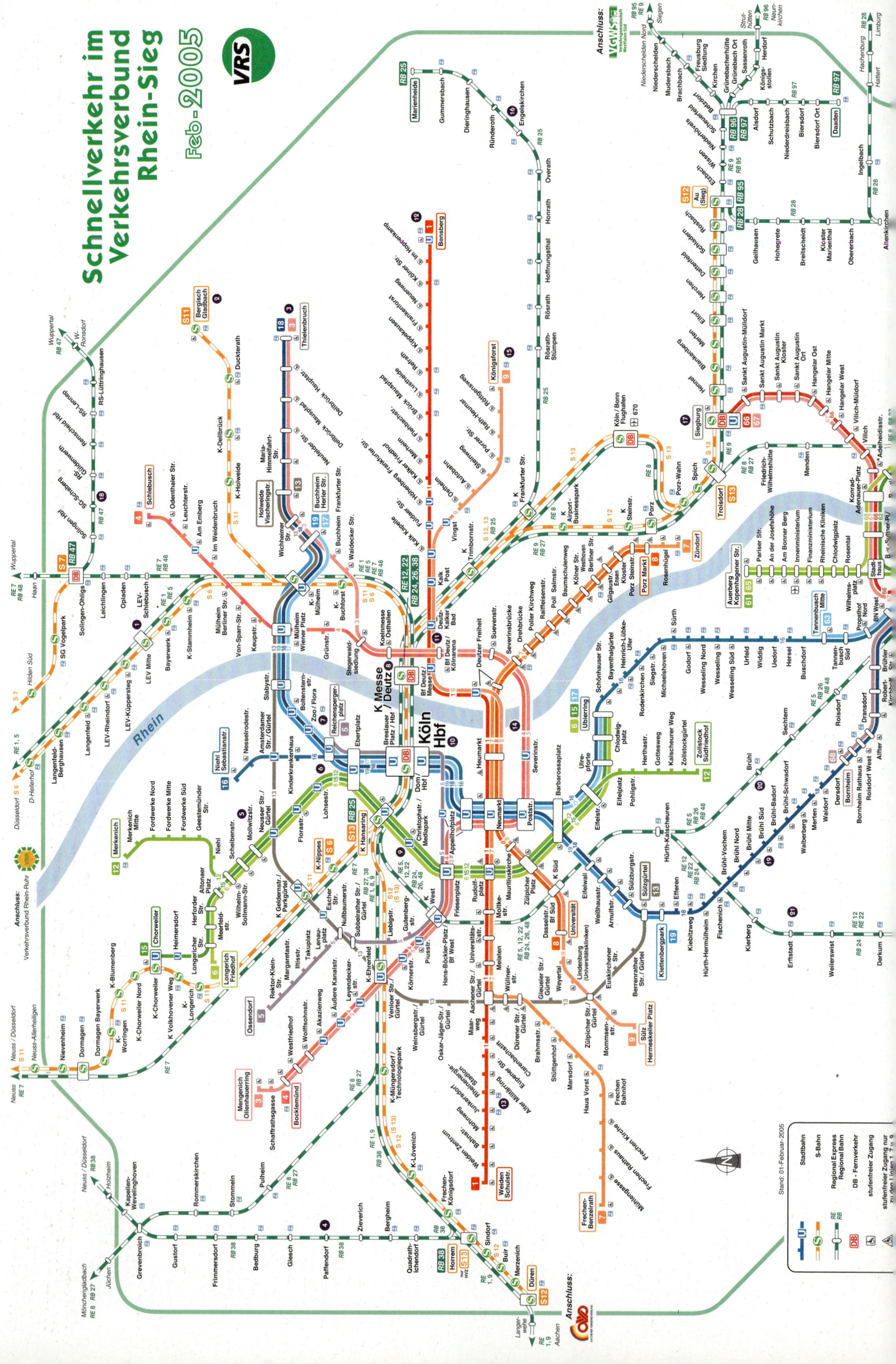
Schnellverkehr im
Verkehrsverbund
Rhein-Sieg
Feb-2005
VRS
Rhein
Köln
Hbf
K Messe / Deutz
Anschluss: Verkehrsverbund Rhein-Ruhr
Anschluss: VRM
Anschluss: AVV
Stand: 01-Februar-2005
Stadtbahn
S-Bahn
Regional Express
Regional Bahn
DB - Fernverkehr

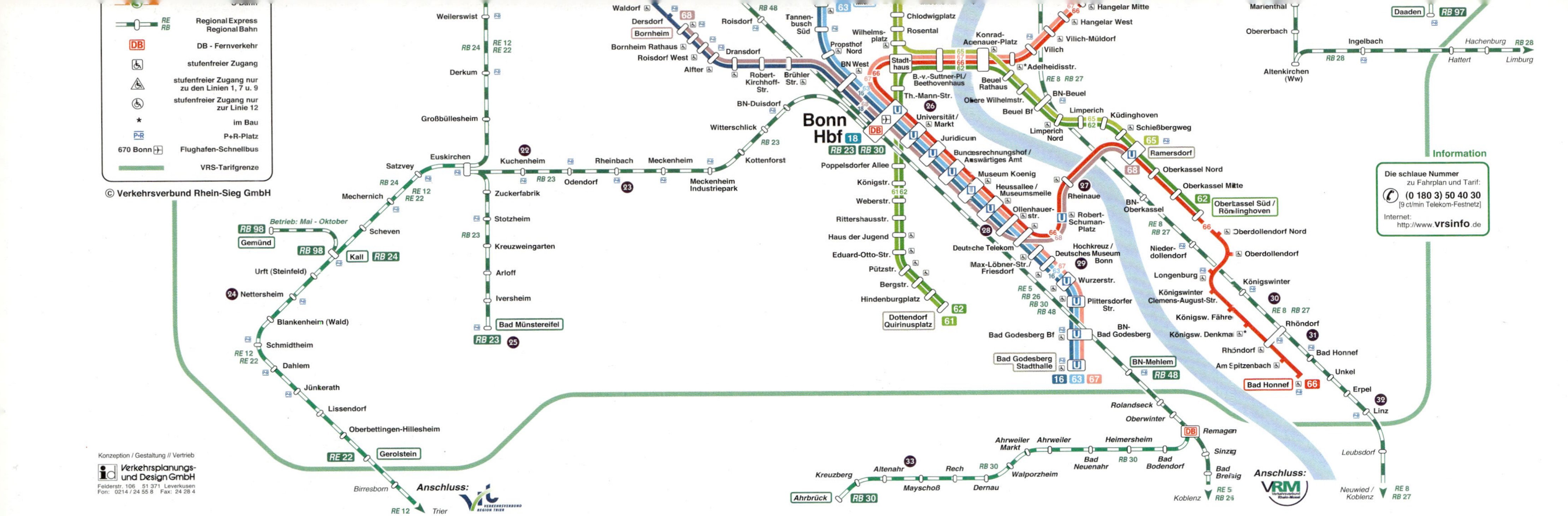

Ausflugsziele und Tipps für Einheimische und Touristen

Von Nord nach Süd:

1 BayArena, Leverkusen
Bundesliga-Stadion von Bayer04 Leverkusen, Restaurant mit Spielfeldblick, Führungen. www.bayer04.de

2 Rheinisches Industriemuseum Papiermühle „Alte Dombach", Bergisch-Gladbach
Geschichte der Papierherstellung, Geöffnet Di-So 10-17 Uhr, www.rim.lvr.de; Tel. 02202 / 93 66 823

3 Straßenbahnmuseum Thielenbruch
Bewegte Geschichte(n) des Öffentlichen Nahverkehrs. Geöffnet März-Oktober jeden 2. So. im Monat, 11–17 Uhr. www.hsk-koeln.de; Tel. 0221 / 28 34 771

4 Informationszentrum Schloss Paffendorf
Ausstellung zur rheinischen Braunkohle-Industrie, archäolog. Funde, Kunst-Galerie, Forstlehrgarten. Geöffnet Sa, So + Feiertage 10-17 Uhr. Tel. 02271 / 75 12 00 43

5 Pferde-Rennbahn Köln-Weidenpesch
Attraktive Galoppsport-Anlage, ca. 26 internationale Rennen pro Jahr, Gasthaus, Biergarten. www.koeln-galopp.de; Tel. 0221 / 9 74 50 50

6 Eis- und Schwimmstadion Köln
Schlittschuhspaß für jedermann. www.koelnersportstaetten.de; Tel. 0221 / 399710

7 Kölner Zoo / Flora / Rheinseilbahn
Einer der größten Tierparks Deutschlands, Terrarium, Aquarium. Botanischer Garten „Flora". Seilbahn über den Rhein zum Rheinpark (Tanzbrunnen, Messegelände). www.zoo-koeln.de; Tel. 0221 / 77 85 0 www.koelner-seilbahn.de Tel. 0221 / 547 41 83

8 Koelnmesse
Internationales Messegelände, 40 Messen und Fachausstellungen jährlich, 38 000 Aussteller und 2 Mio. Besucher. www.koelnmesse.de; Tel. 0221 / 82 10

9 Mediapark Köln
Großkino, Literaturhaus, Tanzarchiv, innovative Architektur und Medienunternehmen, Gastronomie. www.mediapark.de

10 Kölner Dom / Museen Köln / Historische Altstadt
Wahrzeichen Kölns und größte deutsche gotische Kathedrale. Ein MUSS für Besucher (97 m hohe Aussichtsplattform). In Domnähe: Museum Ludwig (moderne Kunst), Römisch-Germanisches Museum, Wallraf-Richartz-Museum (Kunst des 13.–19. Jhd.), Historische Altstadt, urige Brauhäuser und Kneipen. www.koeln.de; www.stadt-koeln.de

11 Kölnarena, Köln-Deutz
Deutschlands größte Veranstaltungshalle, 18.000 Plätze. Konzerte, Shows, Eishockey (KEC „Die Haie"). www.koelnarena.de; Tel. 0221 / 80 21

12 Bergisches Museum für Bergbau, Handwerk und Gewerbe, Bensberg
Geschichte des Bergbaus und Handwerks. Geöffnet Di-So 10-17 Uhr. www.bergischesmuseum.de; Tel. 02204 / 555 59

13 Rheinenergie-Stadion Köln
Fußballstadion des 1.FC Köln. 50.000 Plätze. Open-Air-Konzerte. Mitten im Stadtwald. www.stadion-koeln.de Tel. 0221 / 71 616 125

14 Schokoladenmuseum (Imhoff-Stollwerck-Museum)
Entstehung und Geschichte der Schokolade. Anschauungs-Anlage und – Naschen! www.schokoladenmuseum.de Tel. 0221 / 931 88 80

15 Naherholung Königsforst
Erholung im Grünen.

16 Rheinisches Industriemuseum Engelskirchen
Dauerausstellung zur Veränderung von Lebens- und Arbeitswelt durch die Elektrizität. Geöffnet Di-Fr 10-17 Uhr, Sa+So 11-18 Uhr. www.rim.lvr.de Tel. 02263 / 92 85 0

17 Stadt Siegburg
Historischer Marktplatz, Abtei auf dem Michaelsberg. Idealer Ausgangspunkt für Wanderungen und Radtouren. www.siegburg.de

18 Müngstener Brücke
Eisenbahnbrücke. Höchste Stahlgitterbrücke Deutschlands (107 m). Wandermöglichkeiten www.muengstener-bruecke.de

19 Freizeitpark „Phantasialand", Brühl
Eine „fantastische Reise durch eine Welt voller Abenteuer". Für die ganze Familie. Geöffnet 30. März–31. Oktober. www.phantasialand.de; Tel. 02232 / 36 200

20 Schloss Augustusburg, Brühl
Prachtvolle Rokoko-Schlossanlage des Kurfürsten und Erzbischofs Clemens August v. Wittelsbach. Auch in der „Bonner Republik" Schauplatz prunkvoller Staatsempfänge. www.schlossbruehl.de Tel. 02232 / 440 00

21 Naherholungsgebiet „Ville-Seenplatte"
Im Naturpark Kottenforst-Ville. Segeln, Surfen, Baden und Naturerholung an verschiedenen Seen.

22 Rheinisches Industriemuseum Euskirchen-Kuchenheim
Die am besten erhaltene Textilfabrik aus der Zeit um 1900 in Deutschland. Beeindruckende Textilmaschinen, Dokumentation der damaligen Arbeitswelt. Geöffnet Di-So 10-17 Uhr. www.rim.lvr.de; Tel. 02251 / 14 88 122

23 Glasmuseum Rheinbach
Glas als künstlerischer Werkstoff, sehenswerte Glaskunst-Exponate. www.glasmuseum-rheinbach.de Tel. 02226 / 91 75 00

24 Naturschutzzentrum Nettersheim (Römerkanal-Wanderweg)
Archäologische und naturkundliche Ausstellungen („40 Mio. Jahre Wald"), Erlebnis-Pfad für Jugendliche und Erwachsene. www.nettersheim.de; Tel. 02486 / 12 46

25 Historische Altstadt Bad Münstereifel
Schlendern, Shoppen und Verweilen im mittelalterlichen Ambiente. Stadtmauer mit Burg. www.bad-muenstereifel.de

26 Bundesstadt Bonn
Reizvolle Innenstadt, Beethoven-Geburtshaus und -Museum, Parlamentsbauten der „Bonner Republik", Hofgarten-Park. www.bonn.de; www.bonnxxl.de

27 Naherholung Rheinaue Bonn
Spazieren und Radwandern am – oder Schiffstouren auf dem – Rhein

28 Museumsmeile, Bonn
Haus der Geschichte (Freier Eintritt zur Wechsel- und Dauerausstellung „Erlebnis Geschichte" – Zeitgeschichte bis zur Gegenwart). Tel. 0228 / 91 65 0; Kunstmuseum Bonn (Moderne Kunst) Tel. 0228 / 77 62 60; Kunst- und Ausstellungshalle der BRD (u.a. internationale Wanderausstellungen). Tel. 0228 / 91 71 200; www.bonn.de

29 Deutsches Museum, Bonn
Ausstellung zu Forschung und Technik in Deutschland seit 1945. Experimente berühmter Wissenschaftler und Erfinder. www.bonn.de; Tel. 0228 / 30 22 55

30 Drachenfels / Siebengebirge, Königswinter
Zahnradseilbahn auf den Drachenfels, Wanderwege, rheinische Gastlichkeit im pittoresken Königswinter. Rhein-Schifffahrt. www.siebengebirge.com

31 Konrad-Adenauer Haus, Rhöndorf
Wohnhaus des ersten Kanzlers der BRD. Heute Museum. Tel. 02224 / 92 10

32 Historische Altstadt Linz
Malerische Gassen, Burg Linz mit Kinoptikum, Waffen- und Folterkammer, Puppenstube. Rhein-Schifffahrt. www.linz.de

33 Rotwein-Wanderweg, Altenahr
Insgesamt 35 km lange Wanderstrecke durch alle Ahr-Weinorte des „Tals der roten Traube". Feucht-fröhliche Einkehrmöglichkeiten. www.altenahr.de

Flughafen Köln/Bonn Parkwegweiser

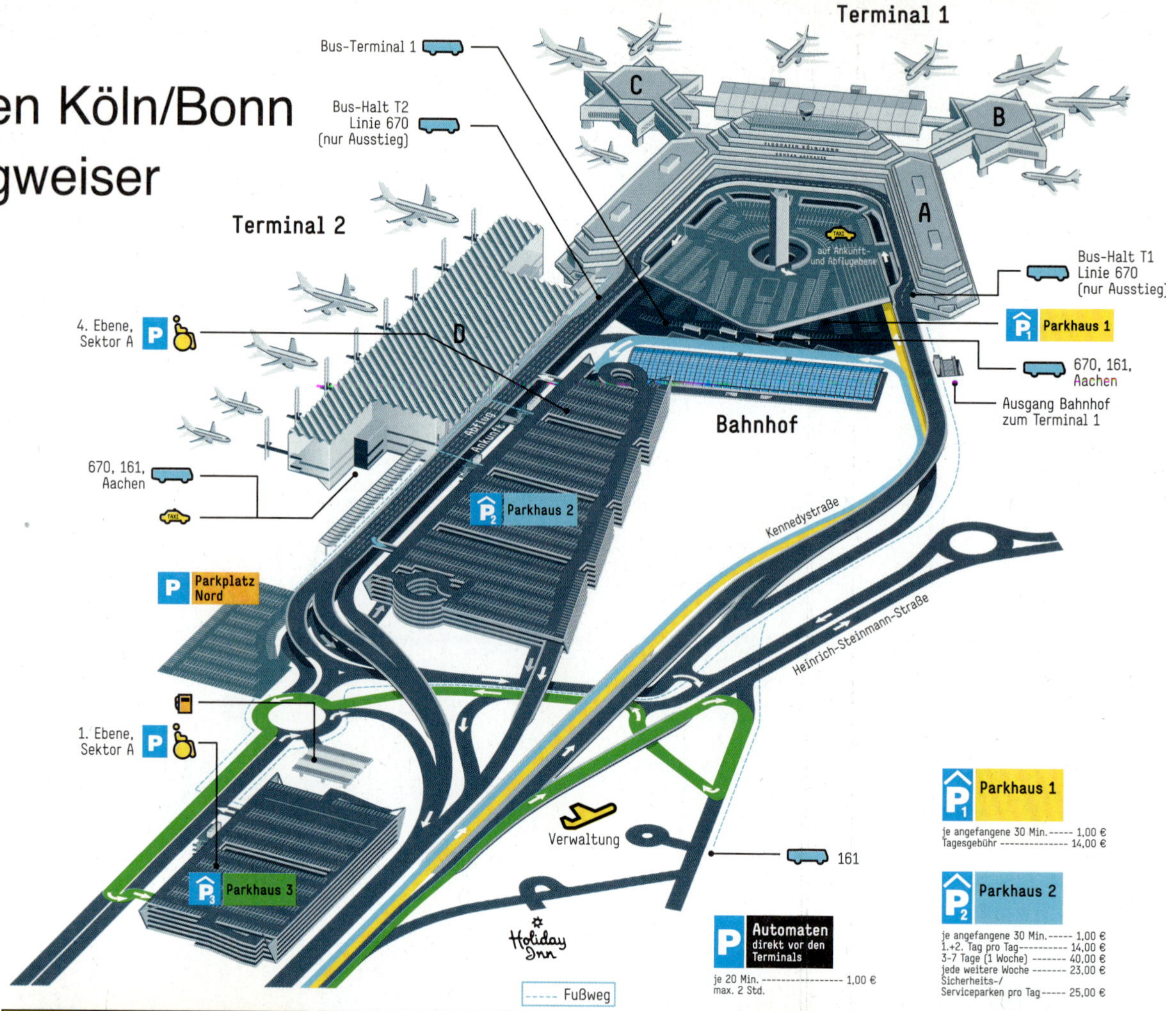

Parkhaus 1
je angefangene 30 Min. ----- 1,00 €
Tagesgebühr -------------- 14,00 €

Parkhaus 2
je angefangene 30 Min. ----- 1,00 €
1.+2. Tag pro Tag---------- 14,00 €
3-7 Tage (1 Woche) ------- 40,00 €
jede weitere Woche ------- 23,00 €
Sicherheits-/
Serviceparken pro Tag----- 25,00 €

Automaten direkt vor den Terminals
je 20 Min. ---------------- 1,00 €
max. 2 Std.

Parkplatz Nord
je angefangene 30 Min. ----- 1,00 €
1.+2. Tag pro Tag---------- 14,00 €
3-7 Tage (1 Woche)-------- 40,00 €
jede weitere Woche ------- 23,00 €

P-Nord ist geeignet für PKW mit Übergrößen

Parkhaus 3 Langzeitparken
je angefangene Std. -------- 1,00 €
1 Tag ------------------- 8,00 €
2 Tage ------------------ 12,00 €
3 Tage ------------------ 16,00 €
4-7 Tage (1 Woche)-------- 22,00 €
jede weitere Woche ------- 15,00 €

Für Besucher
Sonn- und Feiertags-Parktarif:
P2 + P3 – 8.00-20.00 Uhr
maximal 3,00 €

Parken mit Kreditkarte
Kunden der Parkhäuser/des P-Nord können auch mit ihrer Kreditkarte (American Express, Diners, Eurocard, VISA) sowohl ein- als auch ausfahren. An der Ausfahrtschranke wird nach Entnahme der Kreditkarte eine Quittung über die Parkgebühr ausgedruckt.

Terminalwegweiser

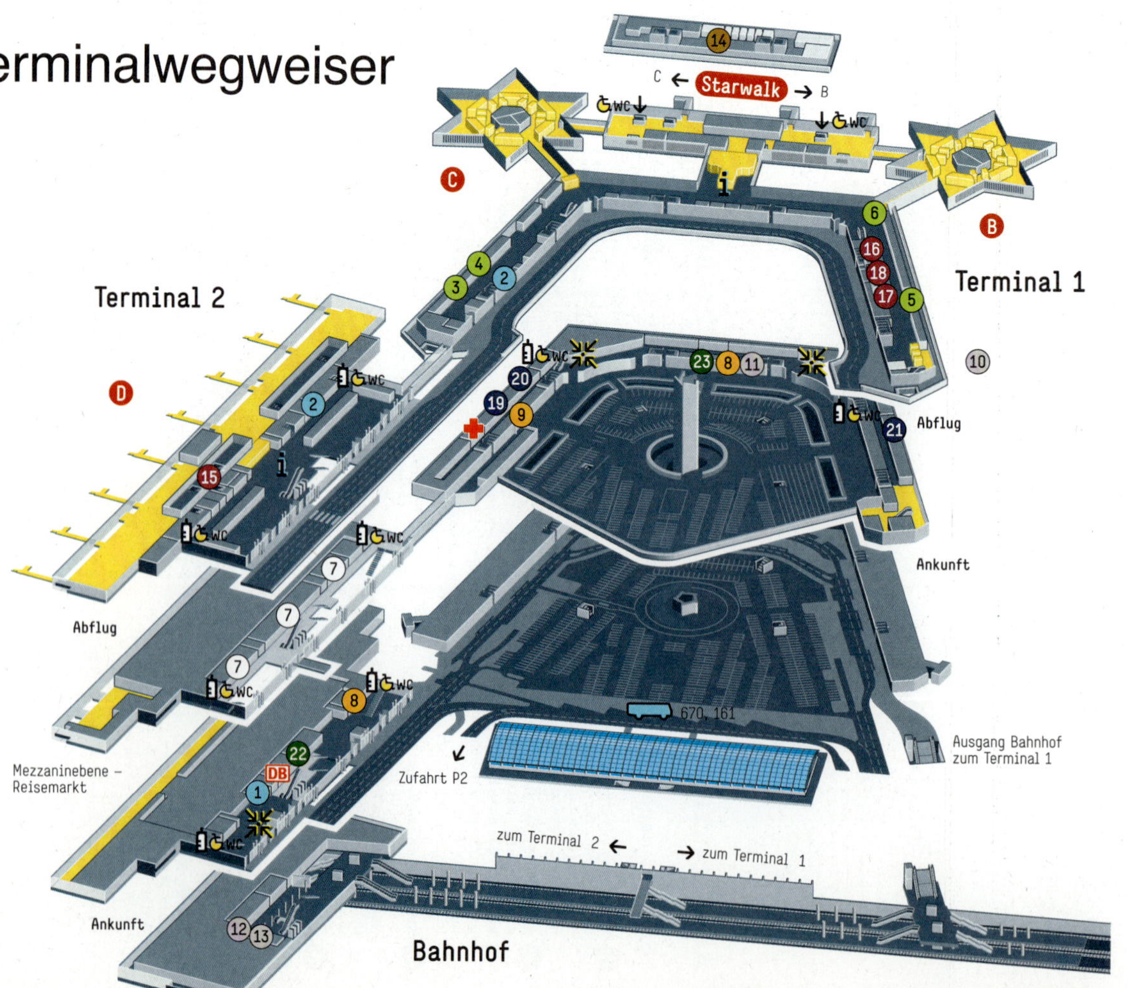

- i Information
- Treffpunkte | Meeting Points
- Erste Hilfe | First Aid
- Wickelräume | Baby-Care Room
- WC Behinderten WC
- DB DB-Reisezentrum
- B Flugsteige B-D | Gates B-D
- Wartebereiche/Sicherheitskontrollen | Waiting Areas/Security Checks
- 1 Post | Postal Office
- 2 Bank/Geldautomat | Bank Office
- 3 Germanwings Check-In
- 4 Germanwings Airport Sales
- 5 Lufthansa (Star Alliance) Check-In
- 6 Lufthansa (Star Alliance) Counter
- 7 Reisebüros | Travel Agents
- 8 Spielsalon | Gamesroom
- 9 Autovermietung | Car Rental
- 10 Besucherdienst 3. OG | Visitor Service
- 11 Lost & Found (Lufthansa)
- 12 Gepäckaufbewahrung | Luggage Deposit
- 13 Reinigung | Dry Cleaning
- 14 Konferenzzentrum (T1, 3. OG) | Conference Center
- 15 Airport Business Lounge
- 16 Frequent Traveler Lounge (Lufthansa)
- 17 Senator Lounge (Lufthansa)
- 18 Silverwings Lounge
- 19 BGS | German Border Police
- 20 Polizei | Police
- 21 Zoll | Customs
- 22 Floristik
- 23 Friseur

Hallen- und Geländeplan · *Plan of the Exhibition Centre*

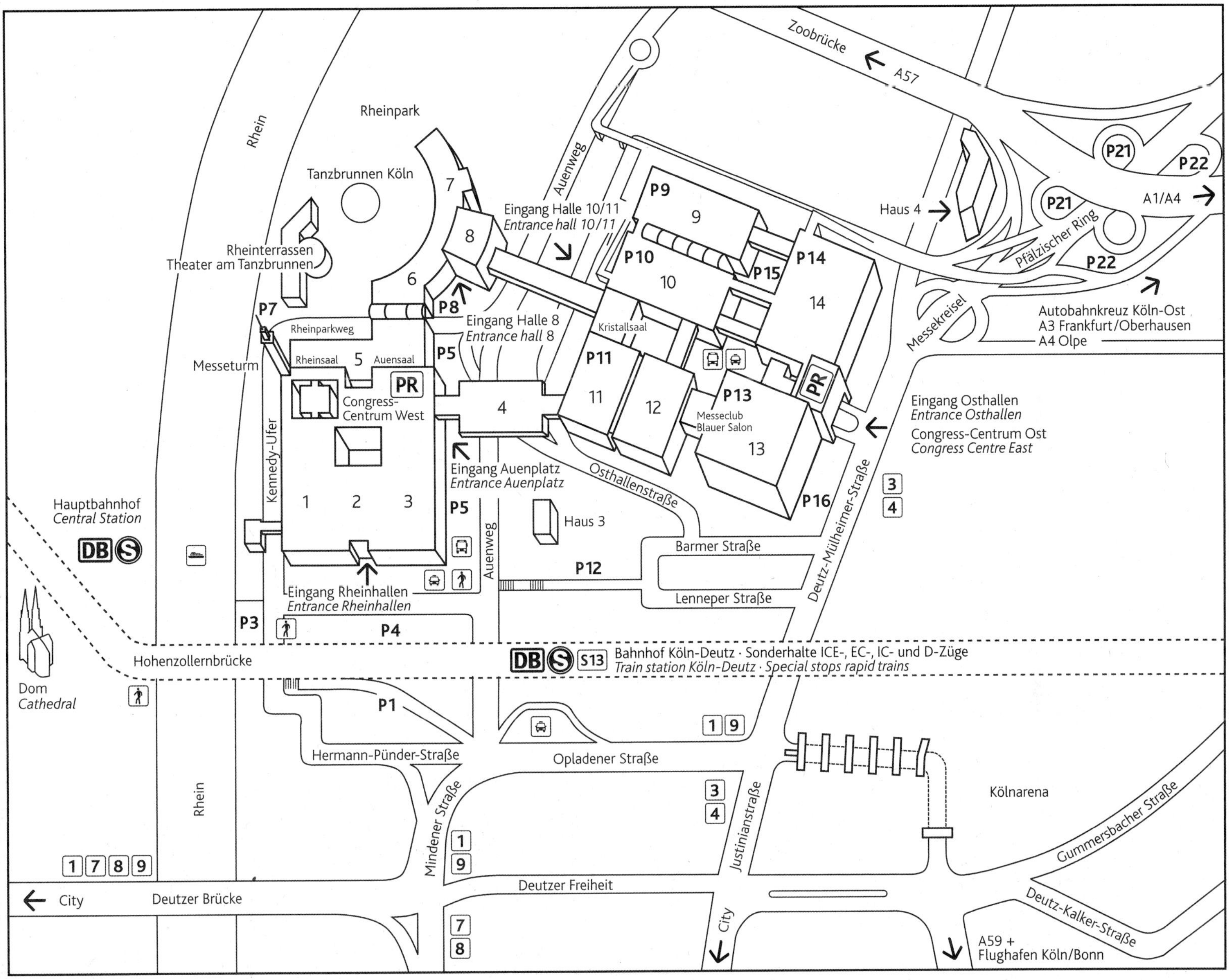

1 3 4 7 8 9 Straßenbahnhaltestelle *Tram stop*

S-Bahn *Suburban railway*

S13 S-Bahn Koelnmesse – Flughafen Köln/Bonn *Suburban railway from Koelnmesse to Cologne/Bonn Airport*

Pendelbus *Shuttle-bus*

Fähre: City/Hbf. – Koelnmesse *Ferry: City/Central Station – Koelnmesse*

Taxi

Fußweg *Pedestrian route*

P Parkplatz *Parking*

PR Presse-Centrum *Press-Centre*

Stadt Aachen

Liniennetzplan 2005/2006

KVS
Koblenzer Verkehrs-Service GmbH
Linienübersichtsplan Koblenz
350 Ochtendung - Mayen
353 Ochtendung - Polch
359 Saffig - Plaidt
357 Mülheim-Kärlich - Neuwied
370 Neuwied
356 Depot - Mülheim-Kärlich
354 Rheindörfer - Mülh.-Kärlich
318 Stromberg - Höhr-Grenzhausen
319 Stromberg - Siershahn
Rübenach
Bubenheim
Mittelweiden
Metternich
Industriegebiet
Kesselheim
Wallersheim
Lützel
Neuendorf
Sayn
Bendorf
Höhr-Grenzhausen
Vallendar
Urbar
Immendorf
Arenberg
Niederberg
Arzheim
Ehrenbreitstein
Asterstein
Pfaffendorf
Horchheimer Höhe
Horchheim
Lahnstein
Altstadt
Rauental
Moselweiß
Güls
Lay
Goldgrube
Karthause
Oberwerth
Stolzenfels
Koblenz Zentrum
Zentralplatz
Löhr-Center
Hauptbahnhof
Mosel
Rhein
Lahn
Hauptfriedhof
Sayn Schloß
Sayn Schloßpark
Sayn Schloßstr.
Sayn Bahnhof
Bendorf-Olper-Str.
Bendorf Nord
Im Andorf
Stadtpark
Bendorf Friedhof
Remystraße
Untere Vallend. Str.
Im Ohlenberg
Weitersburger Weg
Vallendar Nord
Vallendar Mitte
Vallendar Süd
Deutschherrenhof
Urbar/Wiese
Urbar/Kanuheim
Urbar/Süd
Wabengrenze
E'stein (Bf)
Kapuziner Platz
Untere Rampe
Brückenstr.
Seifenbachstr.
Schillerstr.
H.-Geisen-Str.
Höhenstr.
Hainchenweg
Rathaus
Bahnhofstr.
Semur-Pl.
Turnstr.
Teplitz-Schönauer-Str.
Alexanderplatz
Schützenstr.
Fachhochschule
Untere Rheinstr.
Nassau
Tarifgrenze
Waldfrieden
Fehrbachtal
Vall. Schönstatt
Jahnstr.
Westerwaldstr.
Vallendar Mitte
Quellenweg
Ringstr.
Arenberg Kloster
Dicke Eiche
Tankstelle
Arenberg Kirche
Pfarrer-Kraus-Straße
Alte Emser Str.
Silberstr.
Arenberg Mitte
Auf dem Forst
Jägerhaus
Ober Niederberg
Friesenstr.
Niederberg Schule
Am Brunnen
Unter Niederberg
Neudorf/Bergstr.
Mühlental
Brentanostr.
Auf der Eich
Klausenbergweg
Im Schilt
Arzh. Schanze
Am Kapellchen
Hermann-Löns-Str.
Im Pelzer
Jahnplatz
Schulplatz
In der Strenge
Unterer Asterstein
Luisenturm
Lindenallee
Am Sande
Goebensiedlung
Hotel Berghof
Bastion
Schulzentrum
P.-J.-Rottmann-Str.
B.-Neumann-Str.
Seifenbachstr.
Pfaffend. Kirche
Pfaffend. Mitte
Seizstr.
Emser-Str.
Raversteynstr.
Bächelstr.
Alte Heerstr./B42
Mendelssohn
Alter Weg
Alte Heerstr.
Oberhorchheim
Didierstr.
Kölner Str.
Niederlahnstein, Bf.
Markstr.
Bergstr.
Kirchplatz
576 Nassau
Lahnbrücke
Ev. Kirche
Westallee
Mitte
Salhofpl.
573 Friedland/Friedrichssegen - Frücht
571 Kurthermen
574 Lahnstein - Im Lag
570 Braubach
543 Braubach - Nastätten
Aachener Str.
Grabenstr.
Kriegerdenkmal
Kilianstraße
Brückerbach
BW-Krankenhaus
Trifter Weg
Bienenstück
Schmetterlingsweg
Pfaffengasse
Raiffeisenstr.
Am alten Schützenpl.
Eulenhorst
UNI-Metternich
Neugasse
Oberweiher (UNI)
Kimesplatz
Sportplatz
Im Acker
Rübenacher Str.
Closterbrauerei
Bubenh. Weg
Johannesstr.
Eisbreche
Langemarckplatz
Wiesenweg
Schüllerplatz
Balduinbrücke
Winninger Str.
Kapelle
Im Bieneng.
Friedhof
Alte Schule
Fährhaus Laach
Über'm Rath
Moselbrücke
Bisholderweg
Bisholder
Kurt-Schumacher-Brücke
Verwaltungszentrum
Ludwig-Erhard-Str.
Baedekerstr.
Altengraben
Kemperhof
Gülser Brücke
Burgweg
Backesgasse
Im Fronwingert
Heiligenweg
Kemperhof
Verwaltungszentrum II
Marienhof
Blücherstr.
St. Elisabeth-Kirche
Saarplatz
Fähre
Mostertplatz
Obermark
301 KVG Burgen
In der Rothenlänge
In den Mittelweiden
In der Wehring
Von-Kuhl-Str.
Falckensteinkaserne
Am Petersberg
Bodelschwinghstr.
Lützel, Bf.
An der Ringmauer
E.-Abbe-Str.
Hornbach
HWK
Foto Gauls
Mittelrhein-Verlag
C.-Spaeter-Str.
M. Trost
Bauhaus
Hoogovens
F.-Ludwig-Str.
TÜV
Nauweg
Wallersh. Weg
Herberichstr.
Friedhof
Kirche
Schule
Siedlung
August-Borsig-Str.
Kammertsweg
Deutschherrenstr.
Messeplatz
Max-Bär-Str.
Hans-Bellinghausen-Str.
Fritz-Michel-Str.
Langenaustr.
Plankenweg Nord
Plankenweg Süd
O.-Falckenberg-Str.
Memeler Str.
Hüttenstück
Brenderweg
Altstadt
Eltzerhofstr.
Kastorhof
Deutsches Eck
Rheinfähre
Görresplatz
Stadttheater
Tourist-Info Rathaus
Schloß
Schloßstr.
Rhein-Mosel-Halle
Christuskirche
Overbergplatz
Eduard-Müller-Str.
In der Goldgrube
Lindenstr.
Brüderhaus
Herz-Jesu-Kirche
Roonstr.
Waisenhausstr.
Hbf. West
Fort Konstantin
Hüberlingsweg
Simmerner Str.
Pionierhöhe
Zeisigstr.
Bundesarchiv
Magdeburger Str.
Friedhofskapelle
Am Vogelschutzpark
Kuckucksweg
Am Flugfeld
Cottbuser Str.
Greifswalder Str.
Meißener Str.
FH Zuse-Str.
Löwentor
Am Falkenhorst
Zeppelinstr.
Karthause Schulzentrum
Rüsternallee (FH)
Karthäuserhofweg
Akazienweg
Karl-Härle-Str.
Kühkopf
Remstecken
620 Emmelshausen - Simmern
621 Buchholz - Emmelshausen
Chlodwigstr.
Merowingerstr.
Schützenstr.
Schützenhof
Hauptverwaltung
Salierstr.
Laubach/Mitte
Laubach
Königsbach
Siechhaustal
Stolzenfels/Mitte
Stolzenfels/Kripp
650 Boppard
Markenbildchenweg
Sachsenstr.
Schenkendorfplatz
Augusta-Denkmal
Anschützstr.
Mozartstraße
Mozartplatz
Freibad
Händelplatz
Schillerstr.
Weberplatz
Jahnstr.
Sporthalle Oberwerth
Sporthalle - Stadion Oberwerth
Tourist-Info Bus-Info
KEVAG
Wir sind Partner im
VRM Verkehrsverbund Rhein-Mosel
Zeichenerklärung
Linien mit Liniennummern
Richtungsangabe
KVS
RMV, KVG
Zickenheiner
Bedienung:
Halt
kein Halt
Haltestellen
Umsteigehaltestelle
normale Haltestelle
wird nur in einer Richtung angefahren
Park + Ride
Endhaltestelle mit Linien-Nr.
Haltestelle in einer Überlappungszone
Waben-/Tarifgrenze
sonstige Zeichen
Tarifwabe
Überlappungszone
Camping
DB-Bahnhof
Jugendherberge
Krankenhaus
Informationen
Infozentrum Löhr-Center
0261 - 392 1777
www.kevag.de
www.rmv-bus.de
© KEVAG, VF-P 12/2004

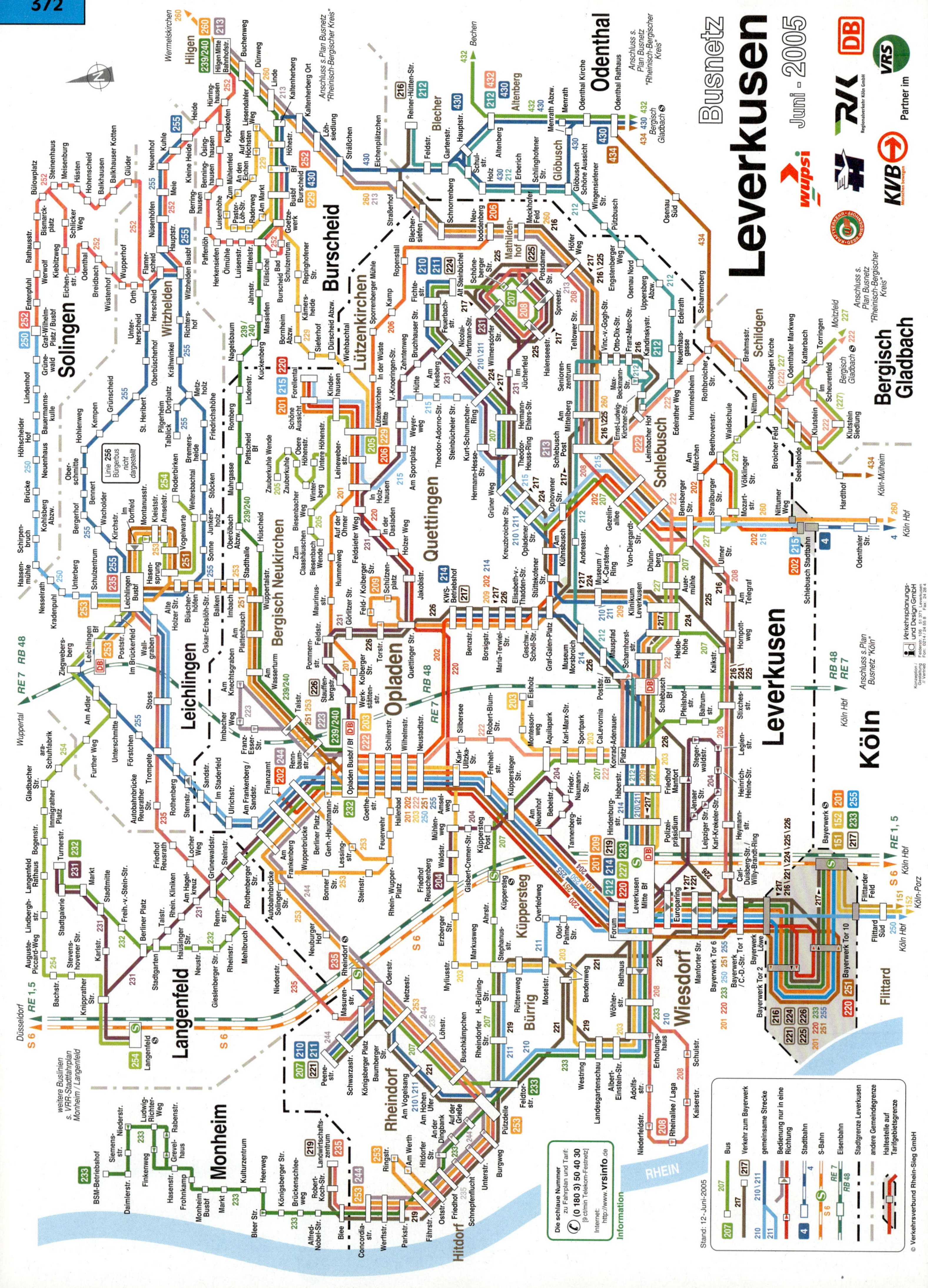
Busnetz
Leverkusen
Juni - 2005
Partner im VRS
Solingen
Witzhelden
Burscheid
Odenthal
Altenberg
Lützenkirchen
Bergisch Neukirchen
Leichlingen
Quettingen
Opladen
Schlebusch
Schildgen
Bergisch Gladbach
Leverkusen
Köln
Langenfeld
Monheim
Küppersteg
Bürrig
Rheindorf
Hitdorf
Wiesdorf
Flittard
Anschluss s. Plan Busnetz "Rheinisch-Bergischer Kreis"
Anschluss s. Plan Busnetz "Köln"
weitere Buslinien s. VRR-Stadtfahrplan Monheim / Langenfeld
Linie 256 Bürgerbus nicht dargestellt
RHEIN
Information
Die schlaue Nummer zu Fahrplan und Tarif:
(0 180 3) 50 40 30
[9 ct/min Telekom-Festnetz]
Internet: http://www.vrsinfo.de
Stand: 12.-Juni-2005
Bus
Verkehr zum Bayerwerk
gemeinsame Strecke
Bedienung nur in eine Richtung
Stadtbahn
S-Bahn
Eisenbahn
Stadtgrenze Leverkusen
andere Gemeindegrenze
Haltestelle auf Tarifgebietsgrenze
© Verkehrsverbund Rhein-Sieg GmbH
Konzeption / Gestaltung / Vertrieb: Verkehrsplanungs- und Design GmbH

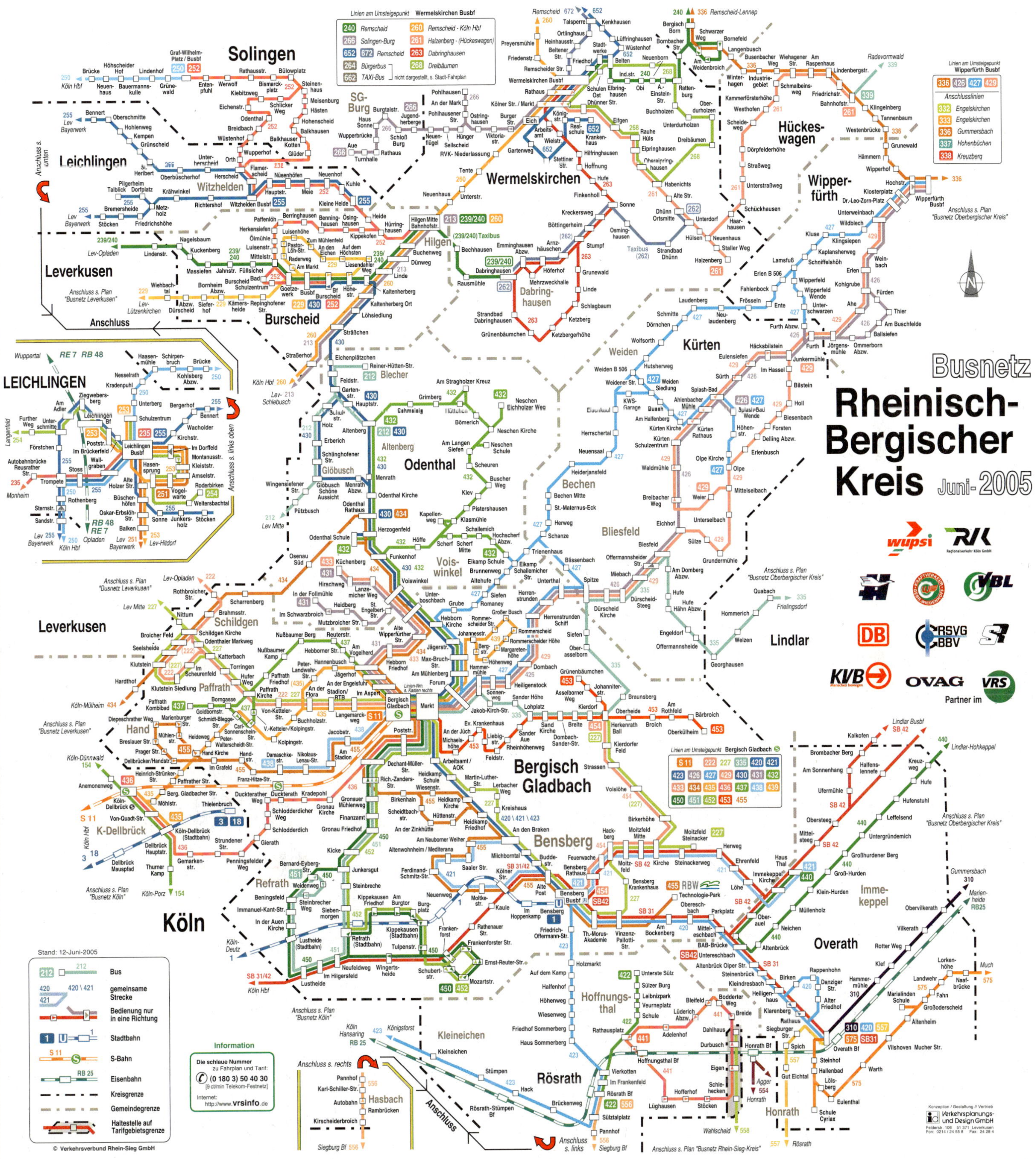
Busnetz
Rheinisch-Bergischer Kreis
Juni-2005
Partner im VRS
wupsi
RVK
DB
KVB
OVAG
RSVG
BBV
Solingen
Leichlingen
Leverkusen
LEICHLINGEN
Witzhelden
Burscheid
Hilgen
Wermelskirchen
Dabringhausen
Hückeswagen
Wipperfürth
Kürten
Weiden
Bechen
Bliesfeld
Odenthal
Altenberg
Glöbusch
Blecher
Voiswinkel
Schildgen
Paffrath
Hand
K-Dellbrück
Refrath
Köln
Bergisch Gladbach
Bensberg
Moitzfeld
Immekeppel
Overath
Hoffnungsthal
Rösrath
Kleineichen
Hasbach
Honrath
Lindlar
Linien am Umsteigepunkt Wermelskirchen Busbf
240 Remscheid
260 Remscheid - Köln Hbf
266 Solingen-Burg
261 Halzenberg - (Hückeswagen)
652 672 Remscheid
263 Dabringhausen
264 Bürgerbus
268 Dreibäumen
662 TAXI-Bus
nicht dargestellt, s. Stadt-Fahrplan
Linien am Umsteigepunkt Wipperfürth Busbf
336 426 427 429
Anschlusslinien
332 Engelskirchen
333 Engelskirchen
336 Gummersbach
337 Hohenbüchen
338 Kreuzberg
Linien am Umsteigepunkt Bergisch Gladbach
Stand: 12-Juni-2005
Bus
gemeinsame Strecke
Bedienung nur in eine Richtung
Stadtbahn
S-Bahn
Eisenbahn
Kreisgrenze
Gemeindegrenze
Haltestelle auf Tarifgebietsgrenze
Information
Die schlaue Nummer zu Fahrplan und Tarif:
(0 180 3) 50 40 30
[9 ct/min Telekom-Festnetz]
Internet: http://www.vrsinfo.de
© Verkehrsverbund Rhein-Sieg GmbH
Konzeption / Gestaltung // Vertrieb
Verkehrsplanungs- und Design GmbH

Städte, Stadtteile, Gemeinden und Ortsteile in alphabethischer Reihenfolge

Die in halbfett abgedruckten Seitenzahlen beziehen sich auf den Hauptort

Fortsetzung Seite 375

Fortsetzung von Seite 374

Fortsetzung Seite 376

Fortsetzung von Seite 375

Fortsetzung Seite 377

Fortsetzung von Seite 376

Fortsetzung Seite 378

Fortsetzung von Seite 377

ADAC Notruf und Geschäftsstellen im Großraum Köln, Bonn, Aachen, Koblenz

ADAC-Pannenhilfe

0-24.00 Uhr

☎ 0 180 2 22 22 22
(0,062 € pro Anruf)

in allen Mobilfunknetzen 22 22 22
(nur Verbindungskosten des Netzbetreibers)

ADAC-Informationsservice

0-24.00 Uhr

☎ 0 180 5 10 11 12
(0,123 € pro Minute)

Fax 0 180 5 30 29 28
(0,123 € pro Minute)

ADAC-VerkehrsService

persönliche Beratung rund um die Uhr

T-Mobile, Vodafone, O_2 .... ☎ 22 4 11
(1,10 € / Minute zuzüglich Verbindungskosten abhängig vom Netzbetreiber)

e-plus .... ☎ 11 4 11
(1,10 € / Minute zuzüglich Verbindungskosten abhängig vom Netzbetreiber)

ADAC-Nordrhein e.V.

Luxemburger Straße 169 , 50939 Köln

☎ .... 02 21 / 47 27 47

Fax .... 02 21 / 4 72 74 52

ADAC-Mittelrhein e.V.

Hohenzollernstraße 34, 56068 Koblenz

☎ .... 02 61 / 13 03-32

Fax .... 02 61 / 13 03-78

ADAC-Geschäftsstellen

52070 Aachen, Strangenhäuschen 16
51465 Bergisch Gladbach, Kürtener Straße 5a
53175 Bonn, Godesberger Allee 127
52351 Düren, Kölnstraße 52
53879 Euskirchen, Hochstraße 64
51643 Gummersbach, Moltkestraße 19
51065 Köln, Frankfurter Straße 200
51373 Leverkusen, Dönhoffstraße 40
53721 Siegburg, Humperdinckstraße 64

1	2	3
4	5	6
7	8	9
10	11	12

Seitenübersicht der Straßenverzeichnisse der abgebildeten Städte und Gemeinden

Hinweis zur Benutzung der Straßenverzeichnisse: In die Planseiten ist in blauer Farbe ein Suchnetz eingedruckt wie hier als Beispiel abgebildet. Die erste Zahl hinter den Straßennamen gibt die Atlasseite an, die zweite das mit der Nummer auf dieser Seite versehene Feld. Steht hinter dem Straßennamen eine einzelne Zahl in Klammern, z.B. (4), so ist diese Straße aus Platzmangel in der Karte mit dieser Nummer versehen. Straßennamen, die ebenfalls im Cityplan zu finden sind, wurden den normalen Suchfeldzahlen hintenangestellt, z.B. (37/B3).

Fortsetzung auf Seite380

Fortsetzung von Seite 379

Straßenverzeichnisse in alphabetischer Reihenfolge mit Postleitzahlen

Vor den Straßennamen erscheinen in diesem Verzeichnis die Postleitzahlen (PLZ). Bei Straßen die mehrere PLZ erhalten haben, erscheinen diese vor den entsprechenden Hausnummern. Ein Strich (-) erscheint vor den Straßen, die keine PLZ erhalten haben, weil sie z. B. ohne Bebauung sind. Bei den Gemeinden, die nur eine PLZ erhalten haben, erscheint diese rechts neben dem Gemeindenamen, z. B.:

Alfter PLZ 53347

Aachen

Straßennamen mit Suchfeldangaben in Klammern befinden sich im Cityplan auf Seite 32.

52076 **A**achener Straße 211-8c
52074 Aachener- und Münchener Allee 210-1d
52076 Abteigarten (3) 212-10a
52066 Abteiplatz 210-2d
52066 Abteistraße 210-2d
52062 Achterstraße 180-11b (32/A3)
52074 Ackerstraße 179-6d
52062 Adalbertsberg 180-11d (32/B3)
Adalbertsteinweg 180-12c (32/B4)
52070 Nr. 1-132, Nr. 2-112
52066 Nr. 114-282, Nr. 125-287
52062 Adalbertstift (32/B4)
52078 Adalbert-Stifter-Straße 211-5a
52062 Adalbertstraße 180-11d (32/B3)
52072 Adele-Weidtman-Straße 180-4d
52066 Adenauerallee 210-6a
52066 Adlerberg 210-2d
52078 Agnes-Miegel-Straße 211-5c
52074 Ahornstraße 180-10a
52080 Ahornweg 181-4d
52080 Akazienstraße 181-7b
52078 Albert-Maas-Straße 211-1d
52078 Albert-Schweitzer-Straße 211-9a
52070 Albert-Servais-Allee 180-9a
52062 Alexanderstraße 180-11b (32/B3)
Alexianergraben 180-11c (32/C2)
52064 Nr. 1-31
52062 Nr. 2-44, Nr. 33-47
52076 Alfons-Gerson-Straße 211-12b
52070 Alfonsstraße 180-12c (32/C4)
52070 Alkuinstraße 180-9c
52068 Alsenstraße 180-12d
52066 Altdorfstraße 210-2d
52074 Alte Vaalser Straße 179-11c
52080 Alte Würselener Straße 181-5d
52074 Altenberger Straße 209-9a
52072 Alter Heerler Weg 149-8a
52072 Alter Landgraben 209-3c
52062 Alter Posthof (32/C3)
52080 Alt-Haarener-Straße 181-7a
52066 Altstraße 211-1a
52074 Am Adamshäuschen 209-6b
52072 Am Alten Bahndamm 180-4c
52080 Am Alten Kloster (2) 181-4d
52078 Am Alten Wasserwerk 211-5d
52080 Am Bach 181-12a
52074 Am Backes 209-3d
52076 Am Bahnhof 211-12b
52080 Am Bayerhaus 182-10a
52076 Am Berg 212-10a
52080 Am Berghang 181-9b
52072 Am Beulardstein 180-4b
52066 Am Beverbach 210-3d
52078 Am Bilderstock (2) 211-5d
52074 Am Blockhaus 209-3d
52076 Am Bolasch 211-12d
52078 Am Bollet 211-5d
52080 Am Bongard 181-11b
52066 Am Branderhof 210-3c
52072 Am Brombeerhang (1) 180-1d
52080 Am Burgberg 181-4c
52072 Am Büschchen 180-4c
52076 Am Chorusberg 210-5c
52076 Am Dorbach 210-8a
52076 Am Finkenschlag (1) 211-9a
52078 Am Forsthaus 212-4a
52074 Am Friedrich 209-3d
52080 Am Gastes 181-7a
52072 Am Gut Bau 180-1a
52072 Am Gut Wolf 180-9a
52080 Am Haarberg 181-4d
52074 Am Hangeweiher 210-1d
52074 Am Hasselholz 209-3d
52078 Am Hoerfeld 211-6d
52066 Am Höfling 210-3c
52074 Am Hügel 180-10c
52080 Am Kaninsberg 181-4d
52080 Am Keilbusch 181-9b
52078 Am Kelk 211-9b
52080 Am Kleebach 181-11d
52072 Am Kreuz 180-1c
52066 Am Kupferofen 211-1c
52064 Am Lavenstein (32/D1)
52072 Am Lütterbüschgen 179-3b
52080 Am Mühlenteich 181-7b
52074 Am Neuenhof 209-3d
52078 Am Pannes 211-8b
52072 Am Pannhaus (2) 180-4c
52066 Am Pappelweiher 211-1c
52080 Am Ravelsberg 181-4c
52076 Am Reulert 211-6d
52076 Am Rollefer Berg 211-9a
52066 Am Römerhof 210-3d
52080 Am Rosengarten 181-7b
52072 Am Rosenhügel 180-4a
52064 Am Roskapellchen (32/C1)
52078 Am Schiefen Eck 211-5b
52072 Am Schloßteich 180-1d
52072 Am Schönauer Acker (3) 180-1d
52072 Am Schönauer Hang (2) 180-1d
52072 Am Sonnenlehen 180-1d
52078 Am Tiergarten 211-6b
52070 Am Tivoli 180-8b
52072 Am Treut 180-4c
52080 Am Tunnel 181-9c
52074 Am Venskyhäuschen 209-3b
52066 Am Viadukt 210-2b (32/D4)
52076 Am Wackerpütz (1) 211-11d
52074 Am Wassersprung 210-4b
52070 Am Weberhof 180-8b
52074 Am Weißenberg 180-10c
52074 Am Weyenberg 179-6d
52070 Am Wolf 180-8d
52066 Am Ziegelweiher 210-6b
52078 Ambrosiusstraße 211-4b
52078 Amselweg (3) 211-9a
52072 Amstelbachstraße 180-1a
52074 Amsterdamer Ring 210-1a
52066 Amyastraße 210-2d
52066 An den Birkenweiden 210-3d
52074 An den Finkenweiden 179-12b
52076 An den Frauenbrüdern (8) (32/C2)
52076 An den Warmquellen 210-8a
52066 An der Ellermühle 210-2d
52064 An der Junkersmühle 210-1b
52066 An der Kapelle 211-4c
52076 An der Kirschkaul 211-8a
52066 An der Kulprie 210-5b
52062 An der Nikolauskirche (32/B2)
52074 An der Ölmühle 179-9b
52072 An der Rahemühle 180-4d
52072 An der Rast 180-4c
52064 An der Schanz 180-10d (32/C1)
52078 An der Schmiede 211-5d
52074 An der Schurzelter Brücke 180-7a
52078 An der Unterbahn 211-5b
52072 An der Vorburg 180-1d
52080 An der Weide 181-6c
52072 An der Weingass 179-3b
52080 An der Wurm 181-7a
52078 Andréstraße 211-2c
52064 Anna-Sittarz-Platz (32/B1)
52062 Annastraße 180-11c (32/C2)
52062 Annuntiatenbach 180-11c (32/B2)
52076 Antoniusberg (5) 212-10b
52062 Antoniusstraße 180-11d (32/B3)
52064 Anton-Kurze-Allee 210-2c
52080 Apolloniastraße 181-12b
52080 Apolloniaweg 181-12d
52078 Arensgasse 211-8b
52070 Aretzstraße 180-12a (32/B5)
52064 Arndtstraße 210-2c
52078 Arnoldstraße 211-5a
52066 Arthur-Kampf-Straße 210-5b
52078 Astenetweg 211-8b
52074 Atherstraße 209-11d
52080 Auenrathweg 181-9a
52066 Auf Beverau 210-3d
52076 Auf dem Anger 211-12b
52080 Auf dem Foerbrich 181-12a
52080 Auf dem Juch 181-11c
52078 Auf dem Plue 211-1d
52078 Auf der Ell 211-6c
52076 Auf der Gallich 211-12b
52074 Auf der Hörn 179-12b
Auf der Hüls 181-10b
52080 Nr. 1-107, Nr. 2-98
52068 Nr. 163-Ende, Nr. 164-Ende
52072 Auf der Maar 179-6d
52072 Auf der Schönauer Höhe (4) 180-1d
52078 Auf Krummerück 211-5b
52080 Auf Trimpersfeld 181-11d
52080 Auf Überhaaren 181-7b
52066 Auf Vogelsang 210-6b
52070 Augustastraße 180-12c (32/C4)
52068 Auguste-von-Sartorius-Weg 211-1a
52062 Augustinerbach (32/B2)
52062 Augustinergasse (32/B2)
52062 Augustinerplatz (32/B2)
52076 Augustinerweg 210-11d
52064 Aureliusstraße 210-2b (32/C3)
52066 Aussemstraße 211-1a
52066 Austraße 210-3d
52072 Avantisallee 149-8c

52066 **B**achstraße 210-3a (32/D4)
52062 Bädersteig (1) (32/B3)
52064 Bahnhofplatz (32/D3)
52064 Bahnhofstraße 210-2b (32/D3)
52072 Banker-Feld-Straße 180-1a
52068 Barbarastraße 181-11c
52064 Barbarossaplatz 210-1b
52064 Bärenstraße 180-10d (32/B1)
52066 Bastogne City 210-5b
52066 Bayernallee 210-5b
52080 Bayersbusch 181-12d
52078 Beckerstraße 211-9a
52074 Beeck 209-3c
52062 Beeckstraße 180-11d (32/C4)
52064 Beethovenstraße 210-2a (32/D2)
52062 Beginenstraße 180-11a (32/B1)
52070 Belvedereallee 180-8c
52062 Bendelstraße 180-11c (32/C2)
52072 Bendplatz 180-7d
52064 Bendstraße 210-2b (32/D3)
52066 Benediktinerstraße 210-2d
52076 Benediktinerweg 211-12b
52076 Benediktusplatz 212-10a
52078 Benediktusstraße 211-9a
52080 Benno-Levy-Weg 181-4c
52066 Berdoletstraße (6) 210-2d
52072 Berensberger Straße 180-1c
52072 Berensberger Winkel (5) 180-4b
52070 Berg (Wildbach) 180-8a
52074 Berg 179-6a
52062 Bergdriesch 180-11a (32/A2)
52070 Bergerbusch 180-3c
52074 Bergerhochkirchen 179-6d
52074 Berghof 210-1c
52066 Bergische Gasse 210-3a (32/D5)
52062 Bergstraße 180-11b (32/A3)
52068 Berliner Ring 181-7a
52066 Bertholdstraße 210-5b
52080 Betzelterstraße 181-12a
52072 Beulardstein 180-4b
52072 Beulardsteiner Feld 180-4a
52066 Beverstraße 210-3b (32/D6)
52076 Biberweg 211-11d
52076 Bierstrauch 211-8c
52070 Biese 180-5c
52074 Bildchen 209-8d
52076 Bilstermühle 212-7c
52076 Bilstermühler Straße 212-7c
52066 Birkengrund 210-6c
52078 Birkenstraße 212-4b
52080 Birkenweg 181-4d
52080 Birkstraße 181-12a
52076 Bischof-Hemmerle-Weg 210-7b
52068 Bischofstraße 180-12b (32/B6)
52066 Bismarckstraße 210-3a (32/D4)
52074 Bleiberger Straße 179-12d
52076 Bleihütte 212-10d
52062 Blondelstraße (32/B3)
52068 Blücherplatz 180-12a (32/A5)
52080 Blumenstraße 181-9a
52078 Bobenden 211-5d
52072 Bocholtzer Straße 179-3c
52072 Bocholtzer Weg 149-11b
52078 Bodelschwinghstraße 211-2c
52080 Bogenstraße 181-7b
52078 Bonhoefferstraße 211-6b
52068 Bonifatiusweg 211-1a
52074 Bonneskaul 209-11d
52072 Borchersstraße 180-7c
Borngasse 180-11d (32/C3)
52062 Nr. 1-5
52064 Nr. 2-34, Nr. 7-45
52064 Boxgraben 210-1b (32/D1)
52070 Brabantstraße 180-12c (32/C5)
52078 Brahmsstraße 211-6a
52078 Brändchen 212-4d
52068 Brandenburgweg 211-1b
52078 Brander Heide 211-3d
52080 Brander Straße 181-12c
52066 Branderhofer Weg 210-3c
52076 Braunebusch 212-11c
52076 Breininger Straße 212-10b
52080 Breitbendenstraße 181-11d
52074 Breitenstein 209-9c
52072 Bremenberg 149-12b
52068 Breslauer Straße 181-10a
52072 Broicher Höfe 149-12a
52080 Broichweidener Weg 182-4c
52080 Bruchstraße 181-12d
52076 Brückchenweg 210-9b
52080 Brückstraße 181-11b
52072 Brüggemannstraße 180-7d
52080 Brühlstraße 181-11b
52074 Brunnenstraße 179-6d
52072 Brunnenweg 179-6d
52074 Brunssumstraße 180-10a
52074 Brüsseler Ring 210-1c
52062 Büchel 180-11d (32/B3)
52070 Buchenallee 180-7b
52078 Buchenheck 212-4b
52072 Buchenweg 180-4c
52062 Buchkremerstraße (32/B3)
52074 Buchweg 209-2c
52072 Buckerhofer Weg 150-4a
52076 Büfferweg 211-7c
52074 Bungartsweg 178-6b
52068 Bungert 181-11c
52072 Bunsenstraße 180-10b (32/A1)
52080 Burghöhenweg 181-4d
52068 Burgrafenstraße (2) 180-9d
52074 Burgstraße 209-2b
52074 Burgwinkel (3) 179-11c
52066 Burtscheider Markt 210-2d
52064 Burtscheider Straße 210-2b (32/D3)
52080 Buschbenden 181-12b
52080 Buschfeldweg 181-5d
52066 Buschhausen 210-6b
52066 Buschhäuserweg 210-3c
52078 Buschmühle (2) 211-1d
52078 Buschstraße 212-4c
52070 Buschweg 180-6a
52072 Butzweide 180-1d

52080 **C**äcilienstraße 182-10a
52070 Carlasiedlung 181-7a
52074 César-Franck-Straße 210-1a
52070 Champierweg 180-8d
52074 Charles-de-Coster-Straße 210-1a
52068 Charlottenburger Allee 181-10b
52070 Charlottenstraße 180-12c (32/C5)
52070 Chlodwigstraße 180-8d
52072 Claßenstraße 180-10b (32/A1)
52066 Clermontstraße 210-3b
52074 Colynshof 210-4b
52074 Colynshofstraße 210-4b
52076 Corrgasse 211-12c
52066 Coudenhovestraße 210-6a
52062 Couvenstraße 180-11b (32/B3)
52076 Cyrianusweg (2) 211-12b

52066 **D**achsbau 210-6c
52078 Dahlienweg 211-1d
52062 Dahmengraben (32/B3)
52066 Damaschkestraße 210-6b
52066 Dammstraße 210-2b (32/D4)
52078 Danziger Straße 211-5a
52080 Däuffenbachstraße 181-6c
52078 Debyestraße 211-5b
52066 Dedolphstraße 210-3d
52064 Deliusstraße 180-10d (32/C1)
52072 Dellstraße 180-1a
52080 Deltourserb 181-12d
52068 Dennewartstraße 180-12a (32/A5)
52072 Dicker-Busch-Weg 150-10a
52066 Diemstraße 210-6c
52070 Diepekuhl 180-5a
52076 Diepenbende 210-5c
52080 Dirgeltweg 181-8a
52062 Domhof (Fischmarkt) (32/B2)
52078 Donatusplatz 211-6c
52078 Donatusstraße 211-6c
52078 Don-Bosco-Straße 211-2c
52076 Dorffer-Straße 212-10a
52076 Dornbruchweg 210-9b
52078 Dr.-Bernhard-Klein-Straße 211-8b
52066 Dr.-Hahn-Straße 210-3c
52078 Dr.-Josef-Lamby-Straße 211-6c
52064 Dr.-Vitus-von-Metz-Straße (9) (32/C2)
52074 Dreiländerweg 209-5a
52066 Drei-Rosen-Straße 211-1a
52066 Drei-Rosen-Winkel 211-1a
52068 Dresdener Straße 181-10a
52078 Driescher Hof 211-4b (32/A2)
52066 Drimbornstraße 210-3b (32/D6)
52062 Drischer Gässchen (32/A2)
52078 Drosselpfad (2) 211-9a
52078 Drosselweg 211-1b
52064 Dunantstraße (32/D4)
52068 Düppelstraße 180-12d
52076 Düsbergweg 210-8c
52074 Düserhof 179-4c
52074 Düserhofstraße 179-4c
52074 Düstergasse 210-1a

52076 **E**berburgweg 210-4d
52074 Eburonenstraße 209-2b
52074 Eburonenwinkel 209-2b
52066 Eckenberger Straße 210-2d
52078 Eckenerstraße 211-5b
52074 Eckertweg 180-10b (32/B1)
52070 Eginhardstraße 180-9c
52080 Eibenweg 181-4d
52076 Eich 211-8c
52078 Eichelhäherweg (4) 211-9a
52064 Eichendorffweg 210-1b (32/D1)
52076 Eichenheck 211-11d
52080 Eichenstraße 181-4d
52076 Eicher Weg 211-8c
52066 Eichhörnchenweg 210-6c
52068 Eifelstraße 180-12d (32/B6)
52078 Eilendorfer Straße 211-3d
52062 Eilfschornsteinstraße 180-11a (32/B2)
52068 Eintrachtstraße 180-12a (32/B5)
52078 Eisenbahnweg 211-1a
52074 Eliashof 209-2b
52062 Elisabethstraße 180-11c (32/C2)
52078 Ellerhofweg 211-6d
52078 Ellerstraße 211-6c
52076 Elleterweg 210-8b
52070 Elsa-Brändström-Straße 180-8d
52068 Elsaßplatz 180-12d
52068 Elsaßstraße 180-12d
52072 Elsenborn 180-4b
52078 Elsternweg (1) 211-1b
52070 Emmastraße 180-8b
52064 Emmi-Welter-Straße 210-1b (32/D1)
52080 Endstraße 181-8b
52078 Engelbertstraße 211-1d
52080 England 212-1a
52070 Entenfeld 181-7a
52074 Entenpfuhler Weg 209-9b
52076 Entenplatz 211-11b
52078 Erberichshofstraße 211-6b
52066 Erckensstraße 210-5b
52078 Erftstraße 211-6a
52072 Erkwiesenstraße 180-1d
52074 Erlenweg 179-9d
52066 Erzbergerallee 210-3d
52078 Eschenallee 211-6c
52066 Eselsweg 210-3d
52070 Eulersweg 180-6c
Eupener Straße 210-11d
52066 Nr. 1-233, Nr. 2-262
52076 Nr. 235-409, Nr. 264-418
52072 Europadorf 180-7c
52068 Europaplatz 180-12b (32/A6)
52064 Eynattener Straße 210-2a

52070 **F**arwickpark 180-9c
52072 Fassinstraße 180-1a
52070 Feldchen (Haaren) 180-6d
52074 Feldchen (Vaalserquartier) 209-2b
52070 Feldstraße 180-9d
52074 Felix-Timmermann-Straße 210-1a
52070 Ferberberg 180-5c
52066 Ferberpark 210-2d
52078 Fichtestraße 211-1d
52074 Fichthang 209-6b
52080 Fingerhutsmühlenweg (2) 181-8d
52074 Finkenhag (Orsbach) 179-4c
52074 Finkenhag 178-6a
52062 Fischmarkt (6) (32/B2)
52072 Fischweiher 180-1d
52072 Fitzeberg (1) 179-6d
52076 Flandrische Straße 210-5d
52078 Fliederweg 211-1d
52074 Forckenbeckstraße 179-9d
52074 Forellenweg 179-6d
52072 Forster Heide 149-12b
52078 Forster Linde 211-1d
52080 Forster Straße 181-11d
52066 Forster Weg 210-3c
52072 Forsterheider Straße 149-12b
52072 Försterstraße 180-8c
52072 Forum 149-11a
52066 Frankenberger Straße (32/D5)
52066 Frankenberger Straße 210-3a
52076 Frankensteg 212-10a
52070 Frankenstraße 180-12c (32/C5)
52074 Franziskusweg 210-1a
52074 Franz-Masereel-Straße 209-3d
52072 Franzosenweg 150-10c
52080 Franz-Pauly-Straße 181-12d
52064 Franzstraße 180-11c (32/C2)
52078 Franz-Wallraff-Straße 211-8b
52072 Freiherrenstraße 180-1d
52078 Freunder Heideweg 212-4a
52078 Freunder Landstraße 211-6d
52080 Freunder Straße 211-3b
52068 Freunder Weg 211-1a
52080 Friedenstraße 180-6d
52064 Friedlandstraße 210-2a (32/D2)
52066 Friedrich-Ebert-Allee 210-3c
52070 Friedrichstraße 180-12c (32/C4)
52074 Friedrichweg 209-3c
52062 Friedrich-Wilhelm-Platz 180-11d (32/C3)
52000 Friedrich-Wilhelm-Straße 181-12a
52062 Friesenstraße (32/A2)
52068 Fringsgraben 181-11c
52076 Fronhofer Weg 212-10b
52072 Fronrather Feldweg 149-9d
52072 Fronrather Weg 149-9a
52066 Fuchserde 210-6c
52078 Fuchspfad (5) 211-9a

52074 **G**alaterstraße 209-3a
52074 Gallierstraße 209-3a
52080 Galmeistraße (5) 181-11d
52076 Gangolfsweg 212-10a
52064 Gartenstraße 180-10d
52080 Gärtnerstraße 181-7b
52062 Gasborn 180-11b (32/B4)
52074 Gaßmühle 179-7d
52074 Gemmericher Weg 209-2d
52078 Georgstraße 211-6d
52078 Gerhart-Hauptmann-Straße 211-5c
52064 Gerlachstraße 180-10d (32/C1)
52080 Germanusstraße 181-7b
52072 Geschwister-Scholl-Straße 180-10b (32/A1)
52072 Geuchter Hof 150-7c
52072 Geuchter Weg 150-7c
52074 Geusenweg 209-5b
52072 Gewerbegebiet Avatis 149-8c
52072 Gierstraße 180-1a
52074 Ginstenbrücksweg 209-12b
52074 Girlachsgraben 178-6b
52066 Giselastraße 210-5a
52078 Glatzer Straße 211-5c
52078 Gleiwitzer Straße 211-5a
52068 Gneisenaustraße 180-12b (32/B6)
52066 Goerdelerstraße 180-12d
52078 Goertzbrunnstraße 212-4c
52064 Goethestraße 210-1d
52066 Goffartstraße 210-3a (32/D5)
52078 Goldammerweg 211-1b
52066 Goldbachstraße 210-5a
52078 Goldberg 211-1d
52062 Gottfriedstraße 180-11d (32/C4)
52076 Grachtstraße 211-6d
52066 Graf-Schwerin-Straße 210-6a
52080 Granitweg (1) 181-4d
52078 Grauenhof 211-4d
52078 Grauenhofer Weg 211-4b
52066 Gregorstraße 210-2d
52076 Grindelweg 210-8a
52080 Gringelsbach 181-12d
52080 Gringeltstraße 181-8d
52070 Große Gasse 180-3c
52072 Großer Hof 179-3c
52074 Großer Neuenhof 179-12c
52080 Großheidstraße 181-9a
52062 Großkölnstraße 180-11a (32/B2)
52070 Großstück 180-9a
52080 Grubenstraße 181-11d
52076 Grüne Eiche 210-12b
52074 Grüneck 210-1b
52072 Grünenthal 179-3d
52072 Grünenthaler Straße 179-3b
52070 Grüner Weg 180-9c
52070 Grüner Winkel 180-9b
52076 Grüntal 210-8b
52074 Grünweg 209-6c
52064 Guaitastraße 180-11c (32/C2)
52074 Gulpener Straße 179-12d
52078 Gustav-Freytag-Straße 211-5c
52074 Gut Fuchstal 209-5b
52076 Gut Gracht 211-9b
52076 Gut Grenzhof 210-11a
52066 Gut Heidbeuden 211-4b
52068 Gut Kalkofen 181-7c
52074 Gut Klau 209-2b
52070 Gut Lehmkühlchen (3) 180-9c
52076 Gut Lufterhof 211-9d
52078 Gut Neuenhof 211-2d
52072 Gut Rosenberg 149-12b
52078 Gut Schöntal 211-1c
52074 Gut Steeg 210-4b
52074 Gut Vetschauer Berg 179-5b
52078 Gut Weide 211-2d
52070 Gut-Dämme-Straße 180-9b
52080 Gut-Knapp-Straße 181-5d

52080 **H**aarbachtalstraße 181-7b
52080 Haarener Allee 181-7a
52080 Haarener Gracht 181-7b
52080 Haarener Hof 182-7a
52078 Haarhof 211-3c
52080 Haarhofstraße 181-11d
52061 Habsburger Allee 210 2a
52064 Hackländerstraße 210-2b (32/D3)
52080 Hahnweg 181-12a
52074 Hainbuchenstraße 180-10a
52080 Hainbuchenweg 181-5c
52080 Halfendriesch 181-11d
52080 Halfenstraße 181-11d
52074 Halifaxstraße 180-10c
52074 Hammerweg 180-10c
52078 Hamsterweg (7) 211-9a
52074 Hanbrucher Straße 210-1a
52074 Hanbrucher Weg 209-3d
52074 Händelstraße 210-1a
52072 Hander Weg 179-6b
52076 Hangstraße 210-5c
52072 Hangweg 180-4a
52074 Hans-Böckler-Allee 179-11d
52062 Hansemannplatz (32/B4)
52080 Hans-Haase-Weg (6) 181-11b
52080 Hansmannstraße 181-9c
52062 Hans-Stercken-Platz 180-11c (32/C2)
52062 Hans-von-Reutling-Gasse (12) (32/B2)
52062 Harskampstraße 180-11d (32/B3)
52062 Hartmannstraße (32/B3)
52074 Haselsteig 210-1c
52066 Hasencleverstraße 211-1a
52066 Hasenfeld 210-6c
52072 Hasenwaldstraße 180-1d
52074 Hasselholz 209-3d
52074 Hasselholzer Weg 210-1c
52066 Haßlerstraße 210-3a (32/D5)
52066 Hauptstraße 210-2b
52070 Haus Ferber 180-5b
52072 Hausener Gasse 180-4d
52074 Hauseter Weg 209-9a
52072 Haus-Heyden Straße 149-9d
52076 Hebscheider Hof 211-10c
52080 Heckenweg 181-5d
52080 Heckstraße 181-12b
52074 Heerlener Straße 180-10c
52076 Heidchen (Steinebrück) 210-8b
52080 Heidchenweg 181-4d
52080 Heider-Hof-Weg 181-5d
52078 Heidestraße 211-6c
52076 Heidweg 210-8b
52074 Heiliggeisthof 178-6d
52066 Hein-Görgen-Straße 210-5b
52070 Hein-Janssen-Straße 180-12a (32/B4)
52080 Heinrich-Heusser-Weg 181-4c
52070 Heinrich-Hollands-Straße (1) 181-7c
52072 Heinrich-Lehmann-Platz 180-1a
52062 Heinrichsallee 180-11b (32/B4)
52080 Heinrich-Thomas-Platz 181-11b
52062 Heinzenstraße 180-11b (32/A3)
52066 Heißbergstraße 210-2d
52074 Heldsrun 209-5a
52074 Helmertweg 179-12b
52074 Helvetierstraße 209-3a
52072 Henricistraße 180-7d
52066 Henselstraße 210-3c
52078 Herbartstraße 211-1d
52078 Herderstraße 211-5a
52080 Hergelsbendenstraße 181-4c
52080 Hergelsmühle 181-4c
52080 Hergelsmühlenweg 181-4c
52074 Hergenrather Weg 209-11b
52062 Hermann-Heusch-Platz (32/C2)
52074 Hermann-Löns-Allee 210-4a
52078 Hermann-Löns-Straße 211-6a
52062 Hermannstraße 180-11a (32/A2)

52078 Hermann-Sudermann-Straße 211-5c
52080 Herrenbergstraße 181-9c
52076 Herrfs Erb 210-8b
52074 Herstaler Straße 180-10d (32/B1)
52070 Herzogstraße 210-3a (32/D4)
52074 Herzogsweg 179-8d
52070 Heumesser 180-6c
52078 Heussstraße 211-5d
52074 Hexenberg 180-10b
52072 Heyder Feldweg 150-7a
52068 Hickelweg 211-1b
52062 Hirschgraben 180-11a (32/A2)
52076 Hirschweg 210-11b
52076 Hitfeld 211-7b
52076 Hitfelder Hof 211-7a
52076 Hitfelder Straße 211-7a
52070 Hochbrück 180-6d
52070 Hochbrücker Mühle 180-6d
52078 Hochstraße 211-6c
52080 Hochwaldweg 182-4c
52062 Hof (32/B2)
Höfchensweg 210-5c
52076 Nr. 1-57, Nr. 2-64
52066 Nr. 59-123, Nr. 66-120
52080 Hofenbornstraße 181-7a
52080 Hofenburger Straße 181-7b
52070 Hoffmannallee 180-8c
52072 Hofweg 179-6d
Hohenstaufenallee 210-1d
52064 Nr. 1-35, Nr. 18-30
52074 Nr. 32-86, Nr. 37-65
52076 Hohenwaldhausen 210-9a
52074 Höhenweg 180-10c
52068 Hohenzollernplatz 180-12d (32/B6)
52074 Hohlweg 179-4c
52068 Holsteinstraße 180-12d (32/C6)
52062 Holzgraben (32/B3)
52072 Horbacher Straße (Horbach) 149-8b
52072 Horbacher Straße (Richterich) 180-1a
52064 Horngasse 210-2b (32/C3)
52074 Hörnstieg 180-7c
52078 Hötenigweg 211-6b
52064 Hubertusplatz (32/D1)
52064 Hubertusstraße 210-2a (32/D1)
52078 Hubertusweg 212-4b
52070 Hubert-Wienen-Straße 180-9a
52072 Hufer Fußpfad 179-3b
52062 Hühnermarkt (2) (32/B2)
52078 Hühnertalweg 210-10a
52068 Hüls 181-10b
52078 Hünefeldstraße 211-1b
52068 Hüttenstraße 181-10d
52074 Huyskensweg 179-9d

52076 **I**ltisweg (3) 211-11d
52078 Im Brander Feld 211-8b
52074 Im Brockenfeld 210-1d
52080 Im Ellerbruch 181-11d
52078 Im Erb 211-6b
52072 Im Erkfeld 180-1d
52066 Im Gillesbachtal 210-3c
52078 Im Ginster 211-3d
52066 Im Grüntal 210-3b
52080 Im Hesselter 181-9a
52074 Im Johannistal 210-1b
52078 Im Kollenbruch 211-9a
52078 Im Krähenfeld (9) 211-9b
52064 Im Mariental (32/C2)
52074 Im Mittelfeld 209-2b
52070 Im Purweider Feld 180-8b
52080 Im Reichswald 181-9b
52076 Im Steinfeld 211-11c
52074 Im Süsterfeld 180-7c
52078 Im Tannengrund 212-4b
52074 Im Wein 179-6d
52078 Im Wiesengrund 211-6c
52080 In den Atzenbenden 181-4c
52066 In den Heimgärten 210-3c
52078 In den Heimstätten 211-6b
52066 In den Küpperbenden 210-3d
52066 In den Zwanzigmorgen 210-3c
52072 In der Heide 180-1d
52076 In der Lohn 211-12b
52072 In der Schönauer Aue 180-1d
52072 In Grafen Weid 179-3b
52076 Indeweg 211-9b
52068 Industriegelände Rothe Erde 181-10d
52072 Intzestraße 180-10b (32/A1)

52078 **J**ackstraße 211-6c
52062 Jacques-Königstein-Promenade (32/A3)
52078 Jägerspfad 212-4d
52066 Jägerstraße 210-2b (32/D3)
52066 Jahnplatz 210-5c
52066 Jahnstraße 210-5d
52064 Jakobsplatz (32/C1)
52064 Jakobstraße 210-1b (32/C1)
52080 Jean-Bremen-Straße 181-4c
52074 Jean-Lejeune-Straße 209-3b
52062 Jesuitenstraße 180-11c (32/C2)
52074 Johannes-Ernst-Platz (1) 210-1a
52080 Johannesstraße 181-12a
52074 Johannes-von-der-Driesch-Weg 180-10a
52080 Johanneswinkel 181-12a
52064 Johanniterstraße 180-11c (32/B1)
52078 Johannstraße 211-2c
52072 Josef-Ponten-Straße 180-1d
52078 Josefsallee 211-6d
52080 Josefstraße 181-11a
52068 Joseph-von-Görres-Straße 180-12b (32/A6)
52062 Judengasse 180-11c (32/B2)
52070 Jülicher Straße 180-12a (32/B4)

52064 Junkerstraße 180-10d
52064 Junkerstraße 180-10d (32/B1)
52072 Jupp-Müller-Straße 180-7d
52066 Juttastraße 210-3c

52072 **K**ackertstraße 180-7a
52080 Kahlgrachter Mühle 181-8a
52080 Kahlgrachtstraße 181-8b
52074 Kaiser-Friedrich-Allee 210-4b
52074 Kaiser-Friedrich-Park 210-1d
52062 Kaiserplatz (32/B4)
52080 Kaiserstraße 181-11b
52080 Kalkbergstraße 181-9a
52066 Kaltenbachgässchen (1) 210-2b
52066 Kalverbenden 210-6a
52064 Kamper Straße 210-2c (32/D3)
52074 Kandelfeldstraße 179-12c
52074 Kannegießerstraße 210-4b
52070 Kanonenwiese 181-7a
52078 Kantstraße 211-1d
52076 Kapellenberg 212-10b
52066 Kapellenstraße 210-2d
52066 Kapitelstraße 210-2b (32/D3)
52068 Kapuzinergasse 180-12a (32/A5)
52062 Kapuzinergraben 180-11c (32/C3)
52070 Kardinalstraße 180-8d
52072 Karl-Friedrich-Straße 179-3b
52078 Karl-Kuck-Straße 211-6a
52066 Karl-Marx-Allee 210-3c
52070 Karlsburgweg 180-12a (32/A5)
52064 Karlsgraben 180-11c (32/B1)
52074 Karlshöher Hochweg 209-6c
52074 Karlshöher Talweg 209-6b
52080 Karlstraße 181-11d
52066 Karlstreppe (3) 210-2d
52062 Karmanstraße 180-11a (32/B2)
52064 Karmeliterstraße 210-2a (32/D2)
52070 Karolingerstraße 180-8d
52064 Kasernenstraße 180-11c (32/C2)
52066 Kasinostraße 210-2b (32/D3)
52074 Kastanienweg 179-9d
52068 Katharinenstraße 181-11c
52072 Katschenbruchstraße 149-9d
52062 Katschhof (32/B2)
52072 Katzenpolsweg 149-6c
52076 Katzenpützweg 210-8c
52078 Katzensteinweg 212-4b
52078 Kaubendenstraße 211-2b
52072 Kavenstraße 180-7d
52080 Kehrbrückstraße 181-8d
52078 Kellershaustraße 211-3a
52080 Kelmesbergweg 181-9b
52074 Kelmiser Straße 209-9a
52074 Keltenstraße 209-2a
52068 Kennedypark 181-10c
52074 Kesselweg 209-12c
52078 Kettelerstraße 211-2c
52066 Kirberichshofer Weg 180-12d (32/C6)
52080 Kirchfeldstraße 181-11b
52080 Kirchgäßchen (4) 181-11b
52078 Kirchheidstraße 211-6c
52080 Kirchplatz (3) 181-11b
52074 Kirchrather Straße 179-12d
52078 Kirchstraße 211-1d
52080 Kirchweg 181-7b
52080 Kirchweidweg 181-11b
52078 Kitzenpfad (8) 211-9a
52080 Kitzeter Weg 181-4d
52062 Klappergasse (32/B2)
52066 Klara-Fey-Straße 210-3c
52074 Klausbergweg 209-12b
52066 Klausener Straße 210-2d
52076 Klauser Straße 212-10a
52080 Kleebachstraße 181-11d
52078 Kleinbahnstraße 211-6d
52070 Kleine Gasse 180-2d
52072 Kleiner Hof 179-3a
52080 Kleinheider Weg 181-6c
52080 Kleinheidstraße 181-9a
52062 Kleinkölnstraße 180-11d (32/B3)
52062 Kleinmaschierstraße (32/C2)
52076 Kleinmühlchen 212-10d
52074 Klemensstraße 210-1d
52066 Kleverstraße 210-2d
52078 Klierstraße 211-12c
52062 Klostergasse (32/B2)
52062 Klosterplatz 180-11c (32/B2)
52066 Klostertreppe (4) 210-2d
52066 Klosterweiher (5) 210-2d
52074 Knöpgerweg 210-1a
52080 Kochstraße 181-4d
52062 Kockerellstraße 180-11a (32/B2)
52072 Kohlgasse 180-1d
52072 Kohlscheider Straße 180-7b
52076 Kohlshof 210-12d
52068 Köhlstraße 211-1b
52072 Kohlweg 180-1d
52078 Kolberger Straße 211-5a
52078 Kolpingstraße 211-6a
52078 Komericher Weg 212-4d
52062 Komphausbadstraße (32/B3)
52070 Kongressstraße 180-12c (32/C5)
52078 Königsberger Straße 211-5c
52074 Königshügel 180-10c
52062 Königstraße 180-10d (32/B1)
52074 Konradstraße (2) 179-11d
52074 Kopernikusstraße 180-10a
52076 Köpfchen 210-11c
52062 Körbergasse (3) (32/B3)
52066 Kornelimünsterweg 210-6d
52076 Korneliusmarkt (4) 212-10a
52076 Korneliusstraße 212-10a
52064 Körnerstraße 210-1b (32/D1)
52066 Krähenwäldchen 210-3d
52064 Krakaustraße 180-11c (32/C2)
52062 Krämerstraße (32/B2)
52070 Krantzstraße 180-9d
52076 Krauthausen 212-7d
52076 Krauthausener Heide 212-7b
52076 Krauthausener Straße 212-7b

52066 Krautmühlenweg 210-3b
52080 Krebsstraße 181-11d
52070 Krefelder Straße 180-8d (32/A3)
52076 Kreuzerdriesch 211-7a
52074 Kreuzertal 210-7c
52062 Kreuzherrenstraße 180-11a (32/A2)
52080 Kreuzstraße 181-7b
52076 Kroitzheider Weg 211-11d
52074 Kronenberg 209-3b
52076 Kronhof 211-5c
52066 Kronprinzenstraße 180-12d (32/D6)
52066 Krugenofen 210-2d
52072 Kruppstraße 180-10b (32/A1)
52080 Kuckelkornweg (1) 181-8d
52070 Kuckesrath 180-5d
52064 Kuckhoffstraße 180-10d (32/C1)
52074 Kuhlweg 178-6d
52072 Kühlwetterstraße 180-7d
52074 Kullenhofstraße 179-12c
52074 Kullenhofwinkel 179-12c
52070 Kupferstraße 180-8c
52072 Küppershof 180-1b
52072 Küppershofweg 180-1b
52066 Küpperstraße 210-2b
52066 Kurbrunnenstraße 210-2b (32/D4)
52066 Kurfürstenstraße 180-12d (32/C6)
52070 Kurgarten 180-8d (32/A4)
52066 Kurgarten 210-2b
52062 Kurhausstraße 180-11b (32/B3)

52080 **L**aachgasse 181-7a
52064 Lagerhausstraße 210-2b (32/D3)
52078 Landdrostenstraße 211-5a
52072 Landgraben 180-4b
52074 Landoltweg 180-10b (32/B1)
52080 Langenbruchweg 181-7b
52072 Laurensberger Straße 149-12a
52072 Laurentinushang 180-4a
52072 Laurentiusstraße 179-6d
52070 Lehmkühlchen 180-9c
52072 Lehnsherrenstraße 149-9d
52068 Leipziger Straße 180-12d
52074 Lemierser Berg 179-7a
52074 Lemierser Mühle 179-7a
52074 Lemierser Straße 179-12d
52074 Lennéstraße 180-10c
52074 Leo-Blech-Straße 209-3b
52064 Leonhardplatz (32/D2)
52064 Leonhardstraße 210-2a (32/D2)
52078 Lerchenweg 211-2c
52064 Leydelstraße 210-2b (32/D3)
52070 Liebigstraße 180-9b
52078 Liefenweg 211-8b
52068 Lilienthalstraße 181-10d
52064 Limburger Straße 210-1b (32/D1)
52064 Lindenplatz 180-11c (32/B1)
52080 Lindenstraße 181-12c
52080 Lindenweg 181-7b
52076 Lintert 211-7a
52078 Lintertstraße 211-1d
Lintertstraße 211-7a
52078 Nr. 1-29, Nr. 2-60
52076 Nr. 31-155, Nr. 62-154
52066 Lintertweg 211-4c
52074 Lisztstraße 209-3b
52064 Lochnerstraße 180-10d (32/C1)
52064 Löhergraben 180-11c (32/C1)
52074 Lohmühlenstraße 210-4b
52070 Lombardenstraße 180-9c (32/A5)
52078 Lontzenweg 211-5d
52072 Lonweg 180-1c
52074 Lortzingstraße 210-1a
52070 Lotharstraße 180-8d
Lothringerstraße 180-11d (32/C4)
52062 Nr. 1-45, Nr. 2-14
52070 Nr. 16-108, Nr. 47-111
52076 Louis-Beißel-Straße 210-5d
52072 Lousbergstraße 180-8c
52062 Ludwigsallee 180-11a (32/A2)
52074 Luerweg 209-12c
52072 Lufter Weg 211-12b
52076 Lufterweid 211-12b
52070 Luisenstraße 180-12c (32/C4)
52070 Lukasstraße 180-9b
52074 Lutherweg 210-1c
Lütticher Straße 209-11b (32/D1)
52064 Nr. 1-39, Nr. 2-62, Nr. 158-206
52074 Nr. 41-597, Nr. 64-156, Nr. 220-588
52068 Lützowstraße 181-10c
52066 Luxemburger Ring 210-4d

52074 **M**aastrichter Straße 180-10d
52068 Madrider Ring 211-1b
52066 Mallinckrodtstraße 210-3c
52066 Malmedyer Straße 210-5b
52062 Malteserstraße 180-11a (32/A2)
52076 Marderweg (2) 211-11d
52070 Margaretastraße 180-8d
52064 Mariabrunnstraße 210-2a (32/D1)
52062 Mariahilfstraße 180-11b (32/A3)
Maria-Theresia-Allee 210-4b
52064 Nr. 1-93, Nr. 2-40
52074 Nr. 42-260, Nr. 95-295
52062 Marienbongard 180-11a (32/A2)
52078 Marienburger Straße 211-5a
52064 Marienplatz (32/C3)
52080 Marienstraße 181-11d
52062 Markt 180-11c (32/B2)
52078 Marktplatz 211-6c
52078 Marktstraße 211-6c
52080 Markusstraße (5) 181-12a

52062 Marschiertor (32/D3)
52066 Marshallstraße 210-6b
Martelenberger Weg 210-4b
52076 Nr. 1-17, Nr. 2-28
52066 Nr. 19-Ende, Nr. 30-Ende
52062 Martin-Luther-Straße 180-11d (32/C4)
52062 Martinstraße 180-11b (32/A3)
52072 Martinusstraße 180-1a
52068 Mataréstraße 211-1a
52074 Mathieustraße 179-9d
52064 Matthiashofstraße 180-11c (32/C2)
52064 Mattschö-Moll-Weg 210-1d
52064 Mauerstraße 180-10d (32/C1)
52070 Maxstraße 180-12a (32/B4)
52066 Mechtildisstraße 210-3c
52074 Meerssener Straße 180-10d
52062 Mefferdatisstraße 180-11b (32/B3)
52076 Meischenfeld 211-12d
52078 Meisenweg 211-1b
52072 Melanieweg 179-3b
52074 Melaten 179-12a
Melatener Straße 179-12b (32/B1)
52072 Nr. 1-43, Nr. 2-60
52074 Nr. 45-163, Nr. 62-138
52074 Melatener Weg 179-12b
52076 Merkesdellweg 210-8a
52076 Merlepützweg 210-7c
52070 Merowingerstraße 180-8b
52070 Metzgerstraße 180-9d
52066 Michaelsbergstraße 210-2b (32/D4)
52062 Michaelstraße (32/C2)
52066 Michaelstreppe (32/D3)
52066 Middeldorfstraße 210-5b
52074 Mies-van-der-Rohe-Straße 180-10a
52062 Minoritenstraße (32/B3)
52072 Mittelfronrath 149-6c
52072 Mittelstraße 180-4c
52066 Moltkestraße 210-3a (32/D4)
52062 Monheimsallee 180-11b (32/A3)
52066 Monnetweg 210-6a
52076 Monschauer Straße 210-6a
52074 Montzener Straße 209-9a
52074 Moreller Weg 210-1c
52074 Moresneter Weg 209-6c
52064 Mörgensstraße 180-11c (32/C2)
Morillenhang 210-1a
52064 Nr. 1-25, Nr. 2-4a
52074 Nr. 6-Ende, Nr. 27-Ende
52074 Morinerweg 179-12c
52080 Moritz-Braun-Straße 181-11b
52062 Mostardstraße (32/B2)
52064 Mozartstraße 210-2a (32/D2)
52074 Muffeter Weg 180-10c
52064 Mühlenberg 180-11c (32/C1)
52072 Mühlenfeldweg 150-10c
52080 Mühlenstraße 181-7b
52066 Mühlental 210-5b
52076 Mühlenweg 212-10d
52080 Mühlenweidweg (3) 181-9c
52066 Mühlradstraße (2) 210-2b
52076 Münstergracht 210-11b
52076 Münsterpfad 211-11d
52062 Münsterplatz (32/B2)
52076 Münsterstraße 211-5d
52070 Müsch 180-8a
52080 Müselterweg 181-12c
52080 Müselterwinkel 181-12c

52078 **N**achtigallenweg 211-1b
52076 Napoleonsberg 211-9d
52076 Napoleonsberg 212-10a
52076 Natternweg 210-7d
52074 Nekesstraße 209-3b
52078 Nelkenweg 211-1d
52066 Nellessenpark 210-6b
52066 Nellessenstraße 210-3d
52074 Nerviersstraße (2) 209-3a
52074 Neuenhof 209-3d
52074 Neuenhofer Weg 179-12c
52078 Neuenhofstraße 211-2a
52078 Neuhausstraße 211-4b
52074 Neukeller 209-2b
52074 Neukellerweg 209-2d
52068 Neuköllner Straße 181-7c
52066 Neumarkt 210-3b (32/D5)
52062 Neupforte (32/B2)
52066 Neustraße 210-2d
Niederforstbacher Straße 211-11a
52078 Nr. 1-181, Nr. 2-100
52076 Nr. 210-240, Nr. 241-247
52076 Nievelsheckerstraße 211-11a
52062 Nikolausstraße (32/B2)
52080 Nirm 181-9c
52080 Nirmer Platz 181-9c
52080 Nirmer Straße 181-9c
52072 Nizzaallee 180-7d
52074 Nonnenhof 179-4c
52074 Nonnenhofstraße 179-4c
52062 Noppiusstraße (32/C4)
52074 Nordhoffstraße 180-10a
52078 Nordstraße 211-6c
52070 Normannenstraße 180-9c

52072 **O**berdorfstraße 149-12a
52066 Obere Drimbornstraße 210-3b
52074 Oberer Backertsweg 209-6d
52076 Oberforstbacher Straße (Oberforstbach) 211-11c
52072 Oberfronrath 149-6c
52072 Obermühle 150-7a
52074 Oberster Hof 179-4c
52070 Oberstraße 180-12c (32/B5)
52074 Ochsenstock 179-5a
52070 Oligsbendengasse 180-12c (32/C4)

52066 Oppenhoffallee 210-3a (32/D5)
52066 Oranienstraße 180-12d (32/C6)
52074 Orsbacher Straße 179-5c
52072 Orthstraße 180-4c
52074 Osterweg 210-7a
52070 Ottostraße 180-12a (32/B4)

52072 **P**annhauser Straße 179-6d
52080 Pappelweg 181-4c
52074 Pariser Ring 179-12d
52072 Parkstraße 180-1c
52072 Parkstraße 180-1d
52070 Paßstraße 180-12a (32/A4)
52080 Pastoratsweg (1) 181-9a
52070 Pastorplatz 180-12c (32/C5)
52064 Paugasse 180-11c (32/C1)
52072 Paul-Gerhardt-Straße 180-1d
52074 Paulinenhof 179-5b
52078 Paul-Köpper-Platz 211-6c
52072 Paul-Röntgen-Straße 180-7d
52062 Paulusstraße 180-11c (32/B1)
52074 Pauwelsstraße 179-12a
52068 Peliserkerstraße 180-12a (32/B5)
52062 Peterskirchhof (32/B3)
52062 Peterstraße 180-11d (32/B3)
52066 Petronellastraße 210-6a
52074 Pfaffenkuhl 178-6a
52072 Pfalzgrafenstraße 179-3b
52066 Pfeilstraße 210-2b (32/D4)
52076 Pforte 211-7d
52074 Philippionsweg 209-6a
52074 Philipp-Neri-Weg 179-12c
52068 Philipsstraße 181-10d
52064 Piefenhäuschenweg (10) (32/C1)
52074 Pieter-Bruegel-Straße 210-1a
52070 Pippinstraße 180-8d
52066 Piusstraße 210-5a
52070 Poch 180-5d
52076 Pommerotter Weg 210-8b
52062 Pontdriesch 180-11a (32/A2)
52062 Pontstraße 180-11a (32/A2)
52062 Ponttor (32/A2)
52062 Pontwall 180-11a (32/A1)
52064 Pottenmühlenweg 210-1b
52070 Prager Ring 180-6d
52074 Preusweg 209-6b
52062 Prinzenhofstraße (32/C2)
52066 Prinz-Eugen-Straße 210-5b
52074 Prof.-Beltz-Weg 210-2c
52074 Prof.-Pirlet-Straße 180-10b
52074 Professor-Pirlet-Straße (32/A1)
52076 Promenade 212-10a
52062 Promenadenstraße 180-11d (32/B4)
52080 Prunkweg 181-9a
52074 Püngelerstraße 209-2a
52070 Purweider Weg 180-8a
52070 Purweider Winkel 180-8b
52072 Pützdriesch 180-1a
52072 Pütz-Eich-Weg 150-7c
52076 Pützgasse 211-8d

52074 **Q**uellenweg 179-12b
52080 Quinx 181-9b
52080 Quinxer Straße 181-9a

52074 **R**abentalweg 179-9c
52076 Raerener Gracht 210-11b
52068 Rahrfeldweg 181-11a
52078 Rasostraße 211-2c
52072 Rastfeldchen (3) 180-4c
52072 Rathausplatz 180-1c
52072 Rathausstraße 179-6d
52066 Rathenauallee 210-3c
52066 Rehmannstraße 210-3a (32/D5)
52070 Rehmplatz 180-12c (32/B5)
52068 Reichsweg 181-10c
52062 Reihstraße 180-11d (32/C3)
52070 Reimanstraße 180-12a (32/B5)
52074 Reimser Straße 209-9a
52074 Reinartzkehl 209-3c
52078 Reinhardstraße 211-2c
52072 Republikplatz (32/A1)
52064 Reumontstraße 210-2a (32/D2)
52074 Reutershagweg 179-12c
52074 Reutershaswinkel (1) 179-12c
52080 Reuterweg 181-7b
52074 Revierweg 210-10a
52066 Rhein-Maas-Straße 210-2c
52062 Richardstraße 180-11d (32/C4)
52078 Richard-Wagner-Straße 211-6a
52072 Richterricher Straße 180-4b
52076 Rindsbergweg 211-11b
52078 Ringstraße 211-6c
52076 Ritscheider Hof 211-10b
52076 Ritscheider Weg 211-10d
52062 Ritter-Chorus-Straße (32/B2)
52072 Ritterstraße 180-7b
52070 Robensstraße 180-12a (32/A4)
52066 Robert-Koch-Straße 211-1a
52066 Robert-Schumann-Straße 210-5b
52062 Rochusstraße 180-11a (32/A2)
52072 Roder Weg 180-1b
52080 Rödgener Straße 181-11a
52080 Rödgerbachstraße 181-11d
52068 Rödgerheidweg 181-11a
52072 Roermonder Straße 180-4a
52074 Rohrbergweg 179-9a
52078 Röhrigstraße 211-6c
52070 Rolandplatz 180-8d
52070 Rolandstraße 180-8d (32/A3)
52078 Rollefbachweg 211-9b
52078 Rollefhof 211-9b
52078 Rollefstraße 211-9a
52062 Romaneygasse (5) (32/B2)
52078 Rombachstraße 211-5d
52076 Romerich 211-12d
52064 Römerstraße 210-2b (32/D3)
52070 Römerweg (32/D5)

52062 Rommelsgasse (4) (32/B3)
52076 Ronheider Berg 210-4c
52076 Ronheider Weg 210-4b
52066 Ronheider Winkel 210-5a
52070 Roonstraße 210-3a (32/C5)
52074 Rosberg 210-1a
52072 Rosenstraße 149-9d
52078 Rosenweg 211-1b
52074 Rosfeld 210-1a
52064 Rosstraße 180-11c (32/C1)
52076 Rotbendenstraße 210-5d
52074 Rotbusch 178-6d
52076 Rote Gasse 211-11b
52076 Rote-Haag-Weg I. 210-5d
52076 Rote-Haag-Weg II. 210-5d
52076 Rotsiefweg 210-11a
52068 Rotter Bruch 181-10b
52068 Rottstraße 181-10d
52068 Rudolf-Schwarz-Weg 181-10c
52070 Rudolfstraße 180-12a (32/B4)
52070 Rütsch 180-7b
Rütscher Straße 180-7b
52072 Nr. 1-175, Nr. 2-182
52070 Nr. 191-257, Nr. 224-304

52062 **S**aarstrasse 180-11a (32/A2)
52080 Sackgasse 181-4d
52066 Salierallee 210-5a
52070 Salvatorberg 180-8d
52076 Sanatoriumstraße 210-1b
52062 Sandkaulbach 180-11b (32/A3)
52062 Sandkaulstraße 180-11b (32/A3)
52078 Sandkull 212-4a
52072 Sandweg 180-4c
52080 Saurensgasse 181-7b
52078 Schagenstraße 211-5d
52080 Scharbüchelweg 181-7b
52070 Scheibenstraße 180-12a (32/B5)
52080 Scheidmühle 181-8b
52080 Scheidmühlenweg 181-8b
52076 Schellartshof 210-12d
52072 Schelmshager Weg 149-12d
52066 Schenkendorfstraße 210-3b (32/D6)
52072 Scherbstraße 149-12b
52066 Scherviersstraße 210-2d
52070 Scheuer 180-5c
52074 Scheurenstraße 210-4b
52072 Schiefdell 179-8a
52076 Schieferstraße 211-11d
52076 Schießweg 210-7a
52076 Schildchenweg 212-10a
52080 Schilderstraße 181-12a
52080 Schilderweg 181-12d
52062 Schildstraße 180-11d (32/C3)
52064 Schillerstraße 210-2a
52080 Schiltsgasse 181-12d
52074 Schindlerstraße 209-3b
52062 Schinkelstraße 180-11a (32/B1)
52080 Schlackstraße 181-11d
52074 Schlangenweg 179-8d
52076 Schleckheimer Straße 211-11d
52068 Schleswigstraße 180-12d (32/C6)
52072 Schlossparkstraße 180-4b
52072 Schloss-Rahe-Straße 180-4d
52072 Schloss-Schönau-Straße 180-1d
52066 Schlossstraße 210-3a (32/D5)
52074 Schlottfelder Straße 180-7a
52074 Schlottfelder Winkel 180-7a
52074 Schmiedgasse 209-2b
52062 Schmiedstraße (32/B2)
52074 Schneeberg 179-7c
52074 Schneebergweg 179-11b
52072 Schönauer Allee 180-1c
52072 Schönauer Bach 180-1d
52072 Schönauer Friede 180-1b
52072 Schönauer Pfad 180-1d
52080 Schönebergstraße 181-8a
52078 Schönforststraße 211-1d
52078 Schönforstwinkel 211-1d
52066 Schönrathstraße 211-1a
52066 Schöntal 210-6d
52078 Schopenhauerstraße 211-1d
52076 Schraungracht 212-10a
52072 Schreberstraße 180-1a
52078 Schroufstraße 211-6d
52080 Schubertstraße 182-10a
52076 Schulberg 212-10a
52080 Schulstraße 181-12a
52062 Schumacherstraße 180-11b (32/B3)
52074 Schurzelt 179-9b
52074 Schurzelter Mühle 179-6d
52074 Schurzelter Straße 179-11b
52074 Schurzelter Winkel 180-7a
52080 Schuttenhofweg (4) 181-9c
52062 Schützenstraße (32/C3)
52078 Schwalbenweg 211-1b
52070 Schwarzer Weg 180-9b
52080 Schwester-Sibylla-Weg 181-9c
52080 Schwester-Zita-Weg (2) 181-9a
52076 Schwinningstraße 211-11c
52066 Sebastianstraße 210-2d
52080 Sebastianusweg 212-1c
52068 Sedanstraße 180-12d (32/B6)
52074 Seffnet 179-9a
52074 Seffenter Berg 179-9a
52074 Seffenter Burg 179-9a
52074 Seffenter Weg 179-9d
52066 Segnistraße 210-6b
52062 Seilgraben 180-11a (32/B3)
52074 Senserbachweg 179-7c
52074 Septfontainesweg 179-9a
52080 Severinstraße 181-11d
52080 Severinusplatz (2) 181-11b
52072 Siebweg 180-4b
52062 Siederstraße (32/B3)
52070 Siedlung Daheim 180-9b
52066 Siegelallee 210-5b
52074 Siemensstraße 179-12b
52070 Sigmundstraße 180-12a (32/B4)

52078 Sigsfeldstraße 211-3d
52074 Simpelvelder Straße 179-12d
52078 Sittarder Straße 211-1d
52070 Soers 180-5d
52070 Soerser Au 180-8b
52070 Soerser Haus 180-6a
52070 Soerser Hochkirchen 180-5d
52070 Soerser Tal 180-8b
52070 Soerser Weg 180-8b
52070 Soerser Winkel 180-8b
52066 Soldatengässchen 210-2d
52074 Sommerfeldstraße (1) 179-9d
52078 Sonnenscheinstraße 211-2c
52070 Sonnenweg 180-5a
52070 Sophienstraße 180-12c (32/C5)
52066 Spaakallee 210-6a
52070 Speckheuer Follmühle 180-5c
52062 Spitzgässchen (7) (32/B2)
52078 St.-Annaberg-Straße 211-5a
52076 St.-Gangolfsberg 212-10a
52068 St.-Josefs-Platz 180-12d (32/B6)
52066 St.-Vither-Straße 210-5d
52076 Stachelkreuzweg 210-11b
52070 Stadtgarten 180-12a (32/A3)
52080 Stapperstraße 181-8d
52078 Starenweg 211-9a
52078 Staudenweg 211-1d
52070 Steffensplatz 180-12c (32/C4)
52074 Steinbachstraße 179-9d
52074 Steinbergweg 179-12a
52076 Steinebrück 212-7a
52072 Steinkauler Weg 149-12c
52076 Steinkaulplatz 212-10a
52070 Steinkaulstraße 180-12c (32/B5)
52076 Steinkaulweid (1) 211-12b
52080 Steinmühlenweg 181-7a
52080 Steinstraße 181-11b
52064 Stephanstraße 180-11c (32/C2)
52074 Steppenbergallee 209-3a
52074 Steppenbergweg 209-3a
52078 Stettiner Straße 211-5c
52068 Steubenstraße 180-12d
52074 Stiewistraße 179-12d
52062 Stiftstraße (32/B4)
52070 Stockheide 180-5a
52070 Stockheider Mühle 180-5c
52068 Stolberger Straße 180-12d
52076 Stollenmundloch 211-4d
52080 Stollenweg 181-12a
52070 Strangenhäuschen 180-6d
52066 Sträterstraße 211-1a
52064 Stromgasse 180-11c (32/C1)
52070 Strüver 180-8b
52070 Strüverweg 180-8a
52064 Südstraße 210-2a (32/D2)
52074 Südweg 209-6d
52062 Suermondtplatz (32/C3)
52072 Süsterau 180-7c
52074 Süsterfeldstraße 180-7a (32/A1)
52080 Suttnerstraße 181-11a
52062 Synagogenplatz (32/B3)

52070 **T**albothof 180-8d
52068 Talbotstraße 180-9d
52068 Talstraße 180-12a (32/B5)
52078 Taubengasse 211-1d
52074 Tauriskerweg (3) 209-3a
52074 Teichstraße 180-7a
52074 Teichwinkel 180-7a
52068 Tempelhofer Straße 181-10b
52062 Templergraben 180-11a (32/B1)
52062 Theaterplatz 180-11d (32/C3)
52062 Theaterstraße 180-11d (32/C3)
52072 Theresienstraße 180-8c
52066 Thiensweg 211-1a
52070 Thomashofstraße 180-12a (32/A5)
52074 Tielmanweg 180-10c
52066 Tierpark Drimborner Wäldchen 210-3d
52078 Tilsiter Straße 211-5a
52072 Tittardsfeld 180-4a
52072 Tittardshang 180-4a
52072 Toledoring 180-7a
52080 Tonbrenner Straße 181-7b
52076 Tönnesrath 210-4d
52076 Tönnesrather Weg 210-7b
52076 Trappenweg 210-11a
52066 Trautnerstraße 210-5a
52074 Trevererstraße 209-3a
52064 Trichtergasse (32/B2)
52066 Triebelsstraße 210-3b (32/D5)
52078 Trierer Platz 211-2c
Trierer Straße 211-1a
52078 Nr. 1-877, Nr. 2-866
52076 Nr. 886-958, Nr. 931-939
52070 Tuchmacherweg (1) 181-7a
52078 Tulpenweg 211-1d
52074 Tunnelweg 209-9d
52074 Türmchen 209-2d
52080 Türmchenweg 181-9a
Turmstraße 180-10d (32/B1)
52072 Nr. 1-3, Nr. 2-34
52064 Nr. 5-101, Nr. 36-192
52066 Turpinstraße 210-3a (32/D5)
52072 Tute Patt 149-9b

52072 **U**ersfeld 150-10d
52072 Uersfelder Fußpfad 180-1b
52080 Ulmenstraße 181-12c
52070 Ungarnplatz 180-12a (32/A4)
52070 Ungarnstraße 180-12a (32/A5)
52076 Unter den Weiden 212-10a
52074 Unterer Backertsweg 209-9a
52072 Unterfronrath 149-6c
52072 Untermühle 150-4a
52080 Urbanstraße 181-12a
52062 Ursulinerstraße 180-11d (32/B3)
Vaalser Straße 179-11c (32/C1)
52064 Nr. 1-15, Nr. 2-74
52074 Nr. 37-549, Nr. 78-540

52074 **V**alkenburger Straße 179-12d
52062 Veltmanplatz 180-11a (32/A2)
52074 Veneterstraße 209-3a
52062 Venn (32/C2)
52076 Vennbahnweg 211-12b
52078 Vennblick 211-9b
52076 Venwegener Straße 212-10d
52080 Verbindungsstraße 181-9a
52062 Vereinsstraße 210-2b (32/D4)
52080 Verlautenheidener Straße 181-5d
52072 Vetschauer Schmiede 179-3a
52072 Vetschauer Straße 179-6b
52072 Vetschauer Weg 179-3b
52066 Viehhofstraße 210-2d
52070 Viehweg 180-6d
52066 Viktoriaallee 210-3b (32/C6)
52066 Viktoriastraße 180-12d (32/C6)
52078 Vinzenzstraße 211-9a
52066 Virchowstraße 211-1a
52064 Von-Brandis-Straße (11) (32/C1)
52072 Von-Broich-Straße 180-1d
52080 Von-Coels-Straße 181-11c
52066 Von-Görschen-Straße 210-3b (32/D6)
52074 Von-Halfern-Park 209-6b
52074 Von-Halfern-Weg 210-4c
52066 Von-Pastor-Straße 210-2d
52080 Von-Stauffenberg-Straße 181-11b
52074 Vossenweg 209-5b

52078 **W**aldenburger Straße 211-5a
52076 Waldhausen 210-5d
52080 Waldstraße 181-9a
52074 Walhorner Straße 209-9a
52074 Walkmühlenstraße 180-4c
52078 Walkweg 211-9b
52064 Wallstraße 210-2b (32/D3)
52080 Wambacher Straße 181-5d
52080 Wamichstraße 181-11a
52066 Warmweiherstraße 210-3a (32/D4)
52064 Weberstraße 210-1b (32/D1)
52074 Wegscheiderpfad 209-3a
52080 Weidener Viehweg 181-5d
52074 Weidenweg 179-9d
52078 Weiern 211-6a
52066 Weingartsberg 210-3c
52072 Weinhauser Weid 180-1a
52072 Weinweg 149-12a
52080 Weißdornweg 181-12c
52074 Weißenbergweg 180-10d
52068 Weißenburger Straße 181-10c
52066 Weißhausstraße 210-2c
52068 Weißwasserstraße 181-11c
52074 Welkenrather Straße 180-10c
52078 Wendelinstraße 211-9b
52074 Wendlingweg 179-12b
52070 Wenzelstraße 180-12c (32/B4)
52062 Wespienstraße 180-11d (32/C3)
52074 Westend 210-1b
52074 Westpark 180-10d
52074 Weststraße 180-10c
52076 Weyern 210-4d
52072 Weyhestraße 180-11a
52064 Wichernstraße 210-1b (32/D1)
52076 Wierigsweg 211-11d
52076 Wieringspfad (4) 211-11d
52064 Wiesenstraße 210-2a
52068 Wiesental (32/A6)
52072 Wiesenweg 149-12a
52076 Wilburgpfad 211-11d
52074 Wildbacher Mühle 180-4c
52074 Wildbachstraße 180-7a
52066 Wildparkweg 210-9b
52078 Wilhelm Grasmer-Straße 211-5b
52066 Wilhelm-Pitz-Weg 210-3c
52070 Wilhelmstraße 210-3a (32/C4)
52078 Wilhelm-Ziemons-Straße 211-8b
52074 Willkommensweg 179-9c
52062 Willy-Brandt-Platz (32/B3)
52068 Wilmersdorfer Straße 181-8c
52062 Wirichsbongardstraße 180-11d (32/C3)
52078 Wirtzstraße 211-9a
52062 Wittekindstraße (32/A2)
52078 Wolferskaul 211-6c
52078 Wolfsacker (6) 211-9a
52080 Wolfsbendenstraße 181-8d
52076 Wolfsschluchtweg 210-8c
52074 Worringerweg 179-12b
52062 Wüllnerstraße 180-11a (32/A1)
52070 Wurmbenden 181-7a
52080 Würselener Straße 181-4d

52074 **Y**orckstraße 210-4b

52068 **Z**ehnthofweg 181-11a
52076 Zehntstraße 212-7c
52078 Zehntweg 211-9a
52066 Zeise 210-2d
52068 Zeppelinstraße 211-1a
52066 Ziegelweg 210-3d
52078 Zieglersteg 211-2b
52078 Zieglerstraße 211-2b
52064 Zollamtstraße 210-2b (32/D3)
52070 Zollernstraße 210-2b (32/D4)
52070 Zum Blauen Stein 180-3c
52070 Zum Kirschbäumchen 180-9b
52080 Zur Scheidmühle 181-8d
52076 Zweiweiherweg (1) 210-8a

Aldenhoven

PLZ 52457

Albert-Schweitzer-Straße 122-9b
Alte Bundesstraße 1 123-9c
Alte Turmstraße 123-9d
Altenbiesenstraße (1) 123-7a
Althoffstraße 123-1b
Am Alten Bahnhof 123-9c
Am Biemerhof 123-5c
Am Feldrain 123-11b
Am Köttenicher Weiher (2) 124-7a
Am Krichelberg 123-10b
Am Merzbach 123-11d
Am Nonnenhof 123-10b
Am Römerpark 123-12b
Am Schwanenkamp 123-12b
Am Steinacker 122-9d
Am Stippchen 123-9d
Am Wasserturm 123-9d
Am Wehrgang 123-9d
Am Weidberg 124-4b
Am Wiesenhang 123-11d
Am Wittstock 123-7a
An den Pferdsbenden 123-12a
An der Bergsmühle 123-12b
An der Bleiche 124-7c
Auf dem Kamp 124-4b
Auf dem Schimmel 122-9d
Auf dem Wall 123-9d
Auf der Komm 123-9d

Barbarastraße 123-9b
Bettendorfer Straße 122-9c
Birkenweg 123-10b
Blumenstraße 123-9d
Bourheimer Weg 124-7c
Breslauer Straße 124-7c
Buchenweg 123-10b
Burgstraße 123-5c

Dietrich-Mülfahrt-Straße 123-9d
Dorfstraße 123-2a
Dreilindenstraße 123-10a
Driesch 123-12c
Dürboslarer Straße 123-11b

Eichendorffstraße 123-9b
Elsa-Brändström-Straße 123-7a
Engelsdorfer Burg 124-1d
Engelsdorfer Weg 124-7a
Englerthstraße 123-7a

Feldkamp 123-11b
Frauenrather Straße 123-9b
Friedensstraße 123-7c
Fritz-Erler-Ring 124-7c
Fronhofstraße 122-9b

Gartenstraße 123-9d
Geilenkirchener Straße 123-5d
Gerberstraße 124-7c
Gerhard-Heusch-Platz 123-7a
Germaniaplatz 123-5c
Geuenicher Straße 123-12a
Geusenstraße 123-12a
Glückaufstraße 123-9d
Graeserstraße 123-7a
Große Heide 123-10b
Grünstraße 122-9d
Gut Ungershausen 123-5b

Hans-Böckler-Weg 123-9b
Hausener Weg 123-11d
Heerstraße 123-5c
Heidgasse 122-9b
Heinrich-Franken-Straße 122-9b
Heinrichshof 124-7a
Hoengener Weg (4) 122-9d
Hof Küpper 123-9b
Hofbongardstraße 123-11d
Honigmannstraße 123-7a
Hüsgenstraße 123-2a

Im Doppeland 123-10b
Im Dümpel 124-7c
Im Graben 123-9d
Im Hüherkamp 123-2a
Im Lohfeld 123-7a
Im Schleidener Thal 123-7c
Im Uhrfeld 123-7a
Im Weidenpesch 123-2a
In der Gracht 123-11d
Industriepark Emil-Mayrisch 122-6b
Industriestraße 124-7b

Jahnstraße 123-9d
Johannesstraße 123-11d
Jülicher Straße 124-7c

Kampstraße 122-9d
Kapellenplatz 123-9d
Kapuzinerstraße 123-9c
Karl-Arnold-Ring 123-12a
Käthe-Kollwitz-Ring (3) 124-7c
Kirchstraße 122-9b
Knappenstraße 123-9b
Königsberger Straße 124-7c
Konrad-Adenauer-Straße 123-9c
Koslarer Straße 124-4b
Köttenicher Mühle 123-9b

Landstraße 123-10d
Langweilerstraße 123-11d
Lanzenweg 122-9b
Laurenzberger Straße 123-11d
Lerchenweg 124-4b
Lindenstraße 122-9d

Maarstraße 123-5c
Marcel-Breuer-Straße 123-12a
Maria-Paula-Emunds-Straße 123-10b
Marienstraße 123-9b
Marktfestestraße 124-7c
Marktstraße 122-9b
Martin-Luther-Straße 123-9b
Martinusstraße 123-9b
Matthäusstraße 123-9c
Mies-van-der-Rohe-Straße 123-12a
Mittelweg 124-7c
Mörserstraße 123-10b
Mühlenstraße 123-7a

Neu Patterner Hof 123-9c
Niedermerzer Straße 123-12a
Nikolausstraße 123-10b

Obermerzer Straße 123-10d
Oidtweiler Weg 122-9c
Ostring 124-7a

Pastoratsstraße (1) 123-2a
Patterner Ring 123-12a
Pestalozziring 124-7a
Pfarrer-Steffens-Ring (3) 123-7a
Postgasse (1) 123-11d
Probsteistraße (1) 123-9b
Pützdorf 124-10a
Pützdorfer Straße 124-7c
Pützgracht 122-9d

Römerpark 123-9d
Römerstraße 123-2a
Rössener Ring 123-12b
Röttgens Weg 123-1c

Saarstraße 124-7a
Sandgracht 123-2a
Schleidener Straße 122-9b
Schulstraße 123-2a
Schützenstraße 123-10b
Schwanenstraße 123-9d
Siersdorfer Straße 123-10a
St.-Georg-Straße 122-9b
St.-Ursula-Straße 123-5c
Stanislaus-Klemme-Straße (2) 122-9b
Sudetenstraße 124-7a
Südstraße 122-9d

Teutonenstraße 123-11d
Theodor-Hürth-Straße 123-9d

Uhlandstraße 123-9b
Urweg 124-7c

Verbindungsstraße 122-9d
Vikariestraße 123-2a
Volkwinstraße 123-7a
Von-Goer-Straße 123-7a
Von-Paland-Straße 123-11d
Von-Pforzheim-Straße 123-9d
Von-Reuschenberg-Straße 123-7a
Von-Rump-Straße 123-4c

Weiler Hausen 153-2d
Weiler Langweiler 153-1b
Westring 124-7c
Wiesenstraße 124-7c

Zehnthofstraße 123-12b

Alfter

PLZ 53347

Adolphsgasse 246-10d
Ahornweg 246-7c
Ahrweg 246-7a
Alfterer Hufebahn 245-2c
Alfterer Straße 246-1c
Almaweg 246-4d
Alter Heerweg 246-5c
Am Bähnchen 226-10c
Am Birkenhof (1) 246-10b
Am Bockshof 266-1a
Am Burggarten 246-7c
Am Domplatz 245-3d
Am Gärtchen 246-10a
Am Hardtbach 246-7a
Am Herkenbusch 245-6d
Am Herrenwingert (1) 225-12d
Am Junker 246-7c
Am Kalkofen (3) 226-10b
Am Lambertushof (3) 246-10b
Am Lindchen 246-1b
Am Mühlenweiher 245-3b
Am Pützberg 245-3b
Am Rathaus 246-4b
Am Reichshof 246-7c
Am Rennerkirchen (1) 246-7c
Am Steinling 246-1c
Am Tempelhof 246-4d
Am Tonschuppen 266-1a
Am Villepohl 266-1a
Am Wassergraben 246-10a
Am Weingut (2) 246-1c
Am Weißen Licht 245-6d
Am Wormshof 246-7c
Am Wurmerich 246-1c
Amselweg (1) 226-10b
An den vier Wegen 245-3c
An der Wicke 246-1c
Auf dem Acker 266-1c
Auf dem Büchel 246-4a
Auf dem Goldberg 246-4c
Auf dem Hardtberg 245-6b
Auf dem Heidgen 266-1c
Auf dem Hügel 246-1a
Auf dem Mühlenbungert 226-10c
Auf dem Patt 246-4c
Auf dem Polacker 226-10b
Auf dem Rott 245-3d
Auf dem Schurweßel 246-10a
Auf der Bitze 245-3b
Auf der Fittel 246-1c
Auf der Heide 246-4a

Bachstraße 245-3b
Bahnhofstraße 226-10c
Barbarastraße 266-1c
Belderberg 246-7a
Bendenweg 246-4c
Birkenweg 245-4a
Birrekoven 246-1c
Blechgasse 246-4a
Bonn-Brühler-Straße 226-10a
Bonner Weg 246-1a
Borkeshof 266-4b
Breite Allee 245-4d
Brunnenstraße 246-4a
Bücheler Weg 246-4b
Buchenweg 246-4a
Buchholz 225-12c
Buchholzweg 225-12c
Burgstraße 245-9d
Burgweg 246-1b
Buschdorfer Weg 226-10b
Buschhovener Straße 246-10c
Buschkauler Weg 246-10a

Cassiushof 245-3b
Châteauneufstraße 246-4b
Cordulastraße 245-3b

Danielspfad 266-1c
Dechant-Bergené-Straße 226-10b
Dransdorfer Straße 246-1d
Drosselweg 246-10d
Duisdorfer Straße 246-10b
Dürrenbruchsweg 245-8d

Eichenweg 246-4a
Eichhörnchenweg 246-10b
Eisensteingrube 245-3b
Engelsgasse 246-4c
Eschenweg 246-10c
Eselspfad 246-1c
Esserstraße 246-10d
Eulengasse 245-3d
Euskirchener Straße 245-9d

Finkenweg 246-11c
Flerzheimer Allee 266-5c
Franzstraße 245-3b
Freudiger Weg 226-10c
Fuchskaulbahn 245-2b
Fürst-Franz-Josef-Straße 226-10d
Fürstin-Cecilie-Straße 226-10b

Gartenweg 246-10b
Geltorfstraße 246-10d
Gielsdorfer Weg 246-1a
Ginggasse 246-4a
Görreshof 225-11d
Görreshöhle 245-3a
Grüner Weg 266-1c

Hartweg 246-5c
Hauptstraße 266-4a
Heerstraße 266-1d
Heidehof 245-12c
Heideweg 246-4a
Hellweg 245-3d
Henri-Spaak-Straße 246-7b
Heppertsweg 245-9d
Herbstbenden 246-10d
Hermann-Löns-Straße 246-5c
Herseler Weg 226-10b
Hertersplatz 225-12d
Hirnsberg 245-3c
Höhenweg 246-4a
Holzgasse 245-3b
Holzweg 246-4c
Hüffelweg 226-10c
Hühnerbuschweg 225-12d

Im Benden 226-10c
Im Ellingsfeld (2) 246-5a
Im Erlengrund 246-7a
Im Kauten 246-7d
Im Klostergarten 246-4d
Im Tonrevier (1) 266-1a
Im Wiesengrund 246-7a
Im Wingert 246-4a
Impekovener Straße 246-4c
In den Pützbrüchen 245-5b
In den Weingärten (1) 246-1c
In der Asbach 246-7c
In der Eiche 266-1a
In der Proffen 246-7a

Jacobusweg 246-1c
Jagdweg 245-2d
Jägerstraße 226-10b
Jungfernpfad 246-4b
Justus-von-Liebig-Weg 246-7c

Kemmertsgasse 225-12d
Kiefernweg 246-10c
Kirchgasse 246-4a
Kirchweg 246-7c
Klausenweg 246-10b
Knippweidenbahn 245-3c
Knipsgasse 245-3b
Knochenberg 245-3b
Kölner Pfad 226-10a
Kompelsbrücker Weg 245-9b
Kottenforststraße 266-1c
Kramersbruch 246-4c
Kronenstraße 226-10c
Kumpelsgarten 246-10d
Kunibertstraße 246-10a

Lahnweg 246-4c
Lambertusstraße 246-10c
Landgraben 246-1a
Lärchenweg 246-10a
Laurentiusweg 246-1d
Lehmkaulenweg 246-4c
Lessenicher Weg 246-1a
Lindenweg 246-4c
Lohheckenweg 245-3b
Lorenweg 246-10c
Lukasgasse 245-3b
Lüsbacher Weg 265-3a

Maarbachstraße 246-5c
Malteserweg 246-4d
Margaretenhof 265-3a
Margaretenweg 246-1c
Marienhof 265-3a
Marienstraße 266-1c
Martinstraße 245-3b
Medinghovener Straße 246-4d
Meiersgasse 245-3b
Mirbachstraße 245-3b
Mirbachsweg 246-1a
Mittelacker 246-7a
Mittelpfad 245-6d
Morenhovener Straße 265-3d
Moselweg 246-4c
Möthengasse 246-1a
Möthenpfad 246-1a
Mühlenstraße 246-5c

Nachtigallenweg 225-12c
Naheweg 246-4c
Nettekoven 246-7a
Nettekovener Straße 246-10c
Neuer Weg (Oedekoven) 245-5d
Neuer Weg (Olsdorf) 245-5b
Neuer Weg 246-1a
Neustraße 246-10a
Nordstraße 246-10b

Oberdorf 245-9b
Olsdorf 245-3b
Olsdorfer Bahn 245-3c
Olsdorfer Heide 245-3c

Pappelweg (3) 246-5c
Pastoratsgasse 246-10d
Pelzstraße 246-1a
Pfaffenweg 246-1a
Pfarrer-Küpper-Straße (2) 246-10b
Pfarrer-Monten-Straße (4) 246-10a
Pferdekopfsbahn 245-2d
Prinzgasse 246-1c
Prof.-Hippchen-Straße 245-3b
Pützgäßchen (1) 246-4d
Pützweg 245-5a

Quirinuspfad (5) 246-10d
Quirinusstraße 246-10d

Raiffeisenstraße 246-7c
Ramelshoven 245-9d
Ramelshovener Straße 246-7c
Rektor-Baum-Straße 226-10b
Reuterpfad 246-10d
Rheinbacher Straße 266-1c
Rheinweg 226-8c
Roisdorfer Weg 226-10a
Rosenweg 246-7c
Rottpfädchen 265-3d
Rulandsweg 266-1d

Scharpmannstraße 246-10a
Schlebendgesweg 245-3d
Schloßweg 225-12d
Schmale Allee 245-8a
Schöntalweg 246-4d
Schwarzer Weg 266-1c
Servaisstraße 246-10d
Spargelweg (2) 226-10b
Staffelsgasse 246-4a
Steinergasse 245-3d
Steingasse 246-4c
Steingasserbahn 245-6a
Strangheidgesweg 245-2b
Stühleshof 226-10c

Tannenweg 246-11c
Taubenweiherweg 225-12d
Tempelmühle 246-5a
Tempelstraße 246-4d
Thalenbergweg 245-9c
Tonnenpütz 245-3b
Tonweg 246-4d
Tulpenstraße 246-5a

Uhlgasse 245-3b
Ulmenweg 246-10a
Um die Sang 245-6a
Unter dem Klorenrech 226-10c
Unterdorf 246-4c

Villestraße 226-10b
Vorgebirgsbahn 246-1b

Waldstraße 246-4c
Wasserbroichsbahn 245-3c
Weberstraße 226-7c
Wegscheid 246-4d
Weidenstraße 246-5c
Wiesenstraße 246-5c
Wilde Straße 246-10c
Wilhelmshof 265-3a
Willy-Haas-Straße 246-10d
Witterschlicker Allee 246-10d
Wolfskauler Bahn 245-6a
Wolfsweg 266-1b

Zentheckenweg 245-4b
Ziegelweg 246-4d
Zum Sängerkreuz 245-6b
Zur Belsmühle 246-5a
Zur Degensmühle 246-7a
Zur Kessenichs Buche 245-8b
Zur Ölmühle 246-7a
Zur Schneidemühle 246-5c

Bad Hönningen

auf der Sonnenseite des Rheins

Der kleine Bade- und Weinort am Mittelrhein zwischen Bonn und Koblenz wird geprägt durch seine sonnigen Weinberge, die ausgedehnten Wälder und das Heilwasser der Thermalquellen. Hier findet der Besucher alles, was er sich für einen erholsamen Urlaub oder auch für einen Tagesausflug wünscht. Unsere vielfältigen Pauschalangebote - Wandern auf den Spuren der Römer - Radlerpauschalen - oder Beautytage in unserer Kristall Rheinpark-Therme - bieten für jeden Geschmack das Richtige.

Veranstaltungen 2006:

03. - 05.06	Pfingstspectaculum auf Schloß Arenfels
09. - 11.06	Weinblütenfest
29.07	Sommernachtsfest auf Schloß Arenfels
03. - 05.11	Federweißefest

Information:
Tourist-Information Bad Hönningen
Neustraße 2a · 53557 Bad Hönningen
Telefon 0 26 35 / 22 73 · Telefax 0 26 35 / 27 36
e-mail: info@bad-hoenningen.de
Internet: www.bad-hoenningen.de

Erleben Sie den Vulkanpark Brohltal/ Laacher See

- Besichtigung der Burg Olbrück
- Fahrten mit dem Vulkan-Expreß
- Mineralwasserprobe am Sauerbrunnen
- Geführte Wanderungen, Mountainbike-touren
- Naturkundemuseum Maria Laach
- Steinmetzvorführungen im Tuffsteinzentrum Weibern u.v.m.

Wir helfen Ihnen gerne weiter:
Zimmervermittlung- Tourenvorschläge- Pauschalangebote- Tagesprogramme etc.

Nationaler Geopark
VULKANLAND EIFEL
Vulkanpark Brohltal/Laacher See

Vulkanpark Info-Zentrum/
Tourist-Information Brohltal
Kapellenstraße 12
56651 Niederzissen
Telefon: 0 26 36/ 1 94 33
Fax: 0 26 36/ 8 01 46
Internet: www.brohltal.de
e-mail: tourist@brohltal.de

AUTOSCHNELLFÄHRE
Bad Breisig - Bad Hönningen

Hirzmann GmbH Fährbetrieb
Telefon 0 26 35 / 39 71 • Fax 0 26 35 / 39 51

FAHRZEITEN:	Mo – Sa	5.30 – 23.00 Uhr
	Sonn- und Feiertag	7.00 – 23.00 Uhr

speziell Schwertransporte und Busse
(Brückenklasse 60, Tragfähigkeit 175 to.)
PKW incl. Fahrer 2,10 Euro

Willkommen in Bad Breisig

- Ausgezeichnetes Wellness- und Fitnessangebot in den Römer-Thermen
- Attraktives Kurzentrum direkt am Rhein
- Vielfältiges Kultur- und Sportangebot
- Hervorragende Hotellerie und Gastronomie
- Rad- und Wanderwege an Rhein und Ahr
- ausgewiesene Nordic-Walking-Routen

Tourist-Information Bad Breisig
Koblenzer Str. 59, 53498 Bad Breisig
Fon 02633-4563-0, Fax -50
tourist-info@bad-breisig.de
www.bad-breisig.de

Bad Breisig
Quellenstadt am Rhein

Sommer-Rodelbahn Altenahr

Rodeln – Spaß – Natur

Ausserdem:

- **viele kostenlose Angebote wie Tret-Karts, Spielgeräte, Streichelzoo**
- **attraktive, preisgünstige Aussen-gastronomie**

Rodeln und Spielen –

in schönster Voreifellandschaft, ein Ausflug für die ganze Familie!

Am Eingang zum romantischen Ahrtal,
18 km von Bonn. Vom „Meckenheimer Kreuz"
der BAB Richtung Altenahr an der B 257 6 km.

Telefon 0 26 43 / 23 21
www.sommerrodelbahn-altenahr.de

Almersbach
PLZ 57610

(zu VBG Altenkirchen (Westerwald))

Auf der Hardt 276-5c
Auf'm Eichhahn 276-5c

Hoffnungstal 276-5c

Im Auen 276-4d
Im Hirtzberg 276-4d
Im Hohlgarten 276-4d
Im Unterdorf 276-4d

Kirchweg 276-4d
Koblenzer Straße 276-4d

Schulweg 276-5c

Alsbach
PLZ 56237

(zu VBG Ransbach-Baumbach)

Bahnhofstraße 332-9a
Bergstraße 332-9a
Burgstraße 332-9a

Gartenstraße 332-6c

Hauptstraße 332-6c
Hof Rembs 333-1d
Hüttenmühle 333-4c

Im Haidchen 332-9a
Im Lustgarten 332-6c
Im Wickenstück (1) 332-6c
In der Dell 332-9b

Kornbitzweg 332-6c

Schulstraße 332-6c
Sonnenberg 332-6d

Alsdorf
PLZ 52477

Aachener Straße 152-8a
Abraham-Lucas-Straße (7) 152-6a
Ackerstraße 152-2b
Adenauerring (16) 152-5c
Adlerweg (37) 151-6a
Adolf-Kolping-Straße 152-4b
Ahornstraße (4) 152-4b
Ahrweg 121-12c
Akazienweg 151-5b
Akeleiweg (9) 151-6a
Albert-Schweitzer-Straße 152-5a
Albertstraße 151-3d
Albrecht Dürer Straße 151-3b
Aldenhovener Straße 122-11b
Alfred-Brehm-Straße 151-6c
Algenweg 151-5b
Alleestraße 121-12c
Allensteiner Straße 152-1a
Alte Aachener Straße 151-2a
Alte Luisenstraße (5) 151-3b
Alte Wardener Straße 152-5b
Alter Römerweg 152-8b
Am Alten Gericht 152-6b
Am Anger (7) 152-1b
Am Bahndamm 152-2b
Am Bürgerhof (6) 152-1b
Am Driesch 152-1b
Am Ehrenmal 151-2c
Am Falter 152-2b
Am Feldrain 121-11d
Am Feuerwehrhaus 152-1a
Am Ginsterberg 152-7b
Am Güterbahnhof 151-3a
Am Hagfeld (8) 152-1b
Am Hang 121-11c
Am Höfchen 152-6a
Am Holzplatz 121-12c
Am Kellersberg 151-3d
Am Kiesschacht 152-4a
Am Klött 122-10c
Am Kraftwerk 151-3a
Am Kreuzberg 152-1b
Am Langen Pfädchen 151-3b
Am Müschekamp 152-3c
Am Neuen Markt (3) 152-4b
Am Nießen Bend 122-10c
Am Rodelberg 152-4b
Am Rosenkränzchen 122-10a
Am Sägewerk 151-3a
Am Schildchen 152-1a
Am Schmiedsend 152-3a
Am Schöttel Eng (9) 152-2b
Am Siefengraben 152-8a
Am Südpark 152-5a
Am Waldsaum 121-11c
Am Wardener Bach (17) 152-5d
Am Wasserlauf (1) 151-2a
Ammerweg 151-6a
Amselweg 152-5b
An dem Ohligsberg 151-2c
An den Eldern 121-11b
An den Hainbuchen (1) 152-2d
An den Linden 152-7b
An der Alten Grube 152-2c
An der Burgmaar (1) 152-4b
An der Gesamtschule (3) 122-10c
An der Kirche 122-11b
An der Mariensäule 121-12d
An der Mönch Hof Sod (6) 152-6a
An der Tröt 121-12a
An der Ziegelei 151-3b
An Feldgemeinschaft 151-4b
Anemonenweg 151-6a
Annaplatz 151-3b
Annastraße 151-3b
Änni-Keller-Straße (2) 152-2d
Apfelweg 151-6a
Arnikaweg 151-6a
Asternweg (5) 151-5b
Auerhahnweg 151-6a
Auf dem Bungart 152-6c
Auf dem Kamp 121-12a
Auf dem Pütz 121-12d
Auf der Weide 152-5d
August-Schmidt-Straße 152-5c
Aurikelweg (6) 151-5b
Azaleenweg (1) 151-5b

Bachstelzenweg 151-6a
Bachstraße (7) 152-5c
Baesweilerstraße 122-11a
Bahnhofsplatz 151-3a
Bahnhofstraße 151-3a
Bahnstraße 151-3d
Barbarastraße 152-5d
Baumhof (6) 121-11c
Baurstraße 151-3d
Beethovenstraße 152-4b
Begaustraße 152-6a
Begonienweg 151-5b
Behringstraße 152-5a
Bellisweg 151-5b
Bendenstraße 152-3a
Berberitzenweg (8) 151-6a
Bergstraße 152-2d
Berliner Platz 152-1c
Bettendorfer Straße 152-2b
Biberweg (38) 151-6a
Binsenweg (2) 151-5b
Birkenhof (5) 152-4b
Birkenstraße 121-11c
Blumenrather Straße 152-4b
Blumenstraße 121-11d
Böckerweg 121-12a
Bodelschwinghweg (6) 151-3b
Bonhoefferstraße 151-5b
Brahmsstraße 122-10a
Brandenburger Straße 152-1a
Brasseltstraße 152-2c
Brentanostraße (7) 151-3c
Breslauer Straße 152-1a
Broicher Mühle 151-6d
Broicher Straße 151-3d
Brombeerweg (3) 151-5b
Brucknerstraße 122-10c
Brunnenweg 151-1d
Buchenstraße 121-11c
Buchsbaumweg (11) 151-5b
Burggasse 121-12d
Burgstraße 121-12d
Buschhof 121-11a
Buschhofer Weg 121-11a
Buschstraße 121-11a
Bussardweg (39) 151-6a

Cäcilienstraße 121-12d
Carl-Diem-Straße 152-5d
Carl-von-Ossietzky-Straße 121-11d
Carl-Zeiss-Straße 152-1b
Castorstraße 121-12d
Christ-König-Straße 121-11c
Corneliusstraße 152-3a

Dahlienweg (7) 151-5b
Dämmstraße 152-6a
Daniel-Schreber-Straße 151-6a
Danziger Straße 152-1a
Denkmalplatz (4) 151-3b
Distelweg 151-6a
Dohlenweg (40) 151-6a
Dorfstraße 151-6c
Dornbuschweg (4) 151-5b
Dr.-Lausberg-Straße 152-6b
Dresdener Straße (11) 151-3d
Drosselweg (41) 151-6a
Duckweiler Straße 122-11b
Duffesheider Weg 151-5c
Düppeler Straße 152-2c

Eckstraße 121-12d
Edelstraße 152-5b
Edelweißstraße (4) 152-2d
Edith-Stein-Straße (8) 121-11d
Eduardschacht (2) 121-11d
Ehrenstraße 152-5b
Eibenstraße 121-11c
Eichendorffstraße 152-5a
Eichenstraße 152-5a
Eichhörnchenweg (42) 151-6a
Eidechsenweg 151-6c
Eifelstraße 152-1b
Eisenbahnstraße 121-11c
Elbinger Straße 152-1a
Elisabethstraße 121-12c
Elsa-Brändström-Straße 152-1a
Elsterweg (43) 151-6a
Emundtsgäßchen 152-2d
Endstraße 152-5c
Engelstraße 122-10c
Englerthring 151-3d
Entenweg 151-6a
Enzianstraße 152-2d
Erholungsstraße 151-3c
Erikaweg 152-4d
Erlenstraße 152-5a
Ernst-Abbe-Straße 152-1b
Erzbergerstraße 151-2c
Eschenweg (20) 151-6a
Eschweiler Straße 152-1a
Euchener Weg 151-8b
Eulenweg (44) 151-6a

Falkenweg (45) 151-6a
Falterstraße 152-2b
Farnkrautweg (23) 151-6a
Fasanenweg (46) 151-6a
Feldstraße 152-1d
Fenchelweg (21) 151-6a
Fichtenweg (24) 151-6a
Finkenweg (47) 151-6a
Flachsweg (22) 151-6a
Fliederstraße 152-5b
Florianstraße 152-1a
Flözstraße 151-3a
Flurweg 122-8d
Fohlenweg 151-6a
Fontanestraße (8) 151-3d
Forellenweg (48) 151-6a
Forsthaus Kellersberg 151-6b
Frankenstraße 152-6a
Franz-Engländer-Straße 152-5b
Franz-Rotthäuser-Straße 151-2a
Franzstraße 152-1a
Freiheitsstraße 152-5d
Friedensplatz 151-3d
Friedensstraße 151-3d
Friedrich-Ebert-Straße 151-2a
Frietjof-Nansen-Ring 121-12d
Fuchsweg (49) 151-6a
Fußgängerbrücke 151-3c

Gartenstraße 152-5d
Gaußstraße (13) 152-5b
Geilenkirchener Straße 121-12a
Genuitstraße 151-5a
Georgstraße 151-3d
Geranienweg 151-6a
Gerhart-Hauptmann-Platz 152-1a
Gladiolenweg 151-5b
Gleiwitzer Straße 152-1a
Glück-Auf-Straße 151-2c
Goethestraße 152-3c
Goldlackweg (12) 151-5b
Görlitzer Straße 152-1a
Gottfried-Wacker-Straße 152-3c
Grabenstraße 152-7b
Gräserstraße 151-3d
Greifswalder Straße 152-7a
Grenzweg 151-3b
Grillenweg (50) 151-6a
Gronsfeldweg 151-5d
Großstraße 151-3d
Grüner Platz 121-11c
Grünstraße 121-12d
Gutenbergstraße 152-5c

Habichtweg 151-6a
Hahnengasse 152-3a
Hamsterweg (51) 151-6c
Hans-Böckler-Straße 152-2d
Hasenweg (52) 151-6c
Hauerweg 151-2b
Hauptstraße 122-10c
Hebbelstraße 151-3c
Heckenstraße 121-11d
Hedwigstraße 122-10a
Hegelstraße 152-1d
Heidestraße 152-4d
Heidweg 151-3c
Heimstraße 121-11c
Heinrich-Heine-Straße 152-5d
Heinrich-von-Stephan-Straße 152-5d
Hennigsdorfer Platz 151-3b
Henri-Dunant-Straße 121-12b
Herderstraße 151-3c
Hermann-Josef-Straße 151-6a
Hermann-Löns-Straße 152-5d
Hermannstraße 151-3d
Herrenweg 151-3c
Herzogenrather Straße 121-11d
Himmelschlüsselweg (13) 151-5b
Hoengener Straße 152-1b
Holbeinstraße 152-4d
Holunderstraße (6) 152-4b
Hubertusstraße 121-12d
Hunsrückstraße 152-1a
Husemannstraße 151-3d

Im Birnbaumswinkel 121-11a
Im Blumenfeld 152-4b
Im Broichbachtal 151-2c
Im Brühl 121-12d
Im Busch (10) 152-5a
Im Feldchen 122-11b
Im Franchsfeld 152-2d
Im Grüngürtel 152-8b
Im Haag 121-12a
Im Kleefeld 121-12a
Im Kranental 151-6b
Im Rosenhain 151-2a
Im Rosenhof (10) 152-2d
Im Vogelsang 151-2a
Im Winkel 152-5a
Imigstraße 152-5c
Immergrünweg (10) 151-5b
In der Burgweid 121-12d
Industriepark Alsdorf 122-12c
Industriestraße 152-4b

Jägerweg 121-12a
Jahnstraße 152-2d
Jakobstraße 152-6c
Jasminstraße 152-2d
Josefstraße 152-5d
Joseph-von-Fraunhofer-Straße 152-1b
Jülicher Straße 152-5b
Juliusstraße 151-3d

Kantgasse 121-12c
Kapellenstraße 152-6a
Karlstraße (14) 152-5d
Kastanienstraße 152-5a
Käthe-Kollwitz-Straße 152-2d
Kellerberger Straße 152-1d
Kellersberger Hof 151-6b
Kiefernweg 151-5b
Kimbernstraße 152-6b
Kinzweiler Straße 152-6a
Kirchgäßchen 152-3a
Kirchstraße 152-2b
Kleiberstraße (8) 152-5b
Kleine Tröt 121-12a
Kleiststraße (9) 151-3d
Knappenweg (9) 152-5a
Kolberger Straße 152-1a
Königsberger Straße 152-1a
Konrad-Adenauer-Allee 151-3a
Konrad-Zuse-Straße 122-12c
Konsumstraße (6) 151-3d
Kopernikusstraße 152-4c
Kornblumenweg (25) 151-6a
Körnerstraße 121-12d
Kösliner Straße 152-1a
Kranentalsmühle 151-6b
Kranichstraße 152-5b
Kressenweg 151-6a
Kreuzstraße 152-2b
Krickelsberg 152-2d
Kroetchensweide (5) 152-3c
Kurt-Koblitz-Ring 151-3c
Kurzer Weg (5) 121-11c

Lahnweg 121-12c
Langstraße 152-2d
Langweilerstraße 152-5b
Lassallestraße 151-3d
Lausitzer Straße 152-4d
Lavendelweg 151-5d
Leibnizstraße 152-7a
Leidesheimer Weiden 122-10d
Leipziger Straße 152-7a
Leo-Meurer-Weg 152-6c
Leostraße 151-3d
Lerchenweg (53) 151-6c
Lessingstraße 152-3c
Liebigstraße 152-1b
Liegnitzer Straße 152-1a
Ligusterweg (16) 151-5b
Lilienstraße 152-5a
Lindenplatz 121-12c
Lindenstraße 152-5a
Linnicher Straße 121-12d
Lobelienweg (15) 151-5b
Lortzingstraße 152-4b
Lotosweg 151-5b
Ludwig-Kessing-Straße 121-11d
Luisenhof 151-3b
Luisenstraße 152-1a
Lupinenweg (14) 151-5b

Maiglöckchenweg (26) 151-6a
Malvenweg 151-5d
Margarethe-Kreitz-Straße (2) 122-10a
Margaritenweg (17) 151-5b
Marie-Juchacz-Straße 121-12b
Marienburger Straße 152-7b
Mariendorfer Straße 152-1c
Marienstraße 152-2c
Marktstraße 152-2d
Martin-Luther-Straße 151-3b
Martinstraße 121-12c
Martin-Stuff-Straße 152-3c
Maschinistenweg 151-3a
Maurerstraße 122-10c
Max-Planck-Straße 122-10d
Max-Reger-Straße 152-5a
Max-von-Laue-Straße 152-1b
Meisenweg 151-6c
Mertzstraße 152-4d
Michaelstraße 152-5d
Mitsubishistraße 122-12d
Mittelplatz (2) 121-11b
Mittelstraße 121-11c
Moerstorper Straße 152-3c
Montanstraße 152-5a
Mörickestraße 152-4c
Moselstraße 121-12c
Mozartstraße (12) 152-5c
Mühlengracht 151-3a
Mühlenweg 122-10c

Nachtigallenweg (54) 151-6c
Naheweg 121-12c
Narzissenstraße 152-2d
Nelkenstraße 152-5b
Neulütticher Straße 152-5a
Neustraße 152-2d
Neuweiler Straße 122-10c
Nievelsteiner Weg 151-8b
Nikolaus-Cüpper-Straße 152-6a
Nordring 151-3d
Nordsternweg 121-11a
Nordstraße 122-10d

Oberer Heidweg 151-3c
Ofdener Gracht 151-6b
Ohligsweg 151-3b
Oidtweiler 121-12d
Olefstraße 121-12c
Ophovenstraße 152-2b
Oppelner Straße 152-1a
Orchideenweg (27) 151-6a
Osterfeldstraße 152-4d
Ostlandstraße 152-2c
Ostpreußenstraße 152-1a
Ostring 151-3d
Oststraße 152-7b
Othbergstraße 151-3d
Ottenfelder Allee 151-1d
Ottenfelder Straße 151-2d
Otto-Brenner-Straße (2) 151-3c
Otto-Hahn-Straße 122-10d
Otto-Lilienthal-Straße 152-3b
Otto-Wels-Straße 151-3b

Pappelstraße 121-11c
Pastor-Josef-Borgmann-Straße (7) 121-11d
Paul-Dorn-Straße 122-10c
Paul-Gerhard-Straße 152-5a
Paul-Kaußen-Straße 152-3a
Paulstraße 152-5d
Pestalozzistraße 152-4b
Peterstraße 151-3d
Plantanenstraße (11) 152-5a
Pommernstraße 152-1a
Posener Straße 152-1a
Poststraße 152-5c
Potsdamer Straße 151-3d
Pottgießerspfad 152-3c
Prämienstraße 151-2a
Primelweg (18) 151-5d
Pützbruchstraße 152-5d
Pützdrieschstraße 152-5a

Quellenstraße 152-6c
Querstraße 152-5a

Rabenweg (55) 151-6c
Raderstraße 152-2b
Radsberg 151-5c
Randstraße 152-5b
Rathausstraße 151-3b
Rathenaustraße 151-2a
Rebenstraße 151-3b
Reifeld 151-4b
Rembrandtstraße (15) 152-5c
Resedaweg (28) 151-6c
Resi-Quint-Straße (5) 122-10c
Rethelstraße 152-5c
Rhönweg 152-1b
Rilkestraße 152-5d
Ringstraße 151-3c
Ritterspornweg (19) 151-5d
Robert-Koch-Straße 121-12c
Rolandstraße 152-5d
Römerstraße 121-12c
Röntgenweg 121-12d
Roseggerstraße (10) 151-3d
Rosenstraße 152-5b
Rostocker Straße 152-7b
Rotdornweg (29) 151-6c
Rotkehlchenweg (56) 151-6c
Rudolfstraße 151-3d
Rue de Wattrelos 152-3d

Saarstraße 121-12c
Safranweg 151-5d
Saint-Brieuc-Platz 151-3b
Salbeiweg 151-6c
Sassenbergstraße (12) 151-3d
Schachtstraße 121-12c
Schaufenberger Straße 121-12d
Scheidemannstraße 151-2a
Scheidfuhr 122-10c
Schillerstraße 152-2b
Schleibacher Hof 151-5d
Schleibacher Weg 151-5d
Schleidener Straße 122-10d
Schlesische Straße 152-7a
Schloß Ottenfeld 151-2c
Schlosserstraße 121-12c
Schloßstraße 152-7b
Schmiedstraße 122-10c
Schneeglöckchenweg (30) 151-6c
Schopenhauerstraße 152-1d
Schubertstraße 122-10a
Schulstraße 152-3a
Schützenstraße (1) 151-3a
Schwalbenweg (57) 151-6c
Schweriner Straße 151-3b
Seerosenweg (31) 151-6a
Seidelbastweg (32) 151-6c
Siedlerweg 152-5d
Siersdorfer Straße 122-10c
Sonnenblumenweg (33) 151-6c
Sophie-Scholl-Straße 121-12b
Sperberstraße 152-5b
Sperlingsweg 151-6c
Spessartstraße 152-1b
St.-Jöris-Straße 152-5d
Starenweg (58) 151-6c
Steigerweg 151-3a
Stettiner Straße 151-3b
Straßburger Straße 152-4b
Stresemannstraße 152-7b
Sudermannstraße (4) 122-10c
Sudetenstraße 152-1a
Südpark 152-5b
Südring 151-3d
Südstraße 152-4b

Talstraße 152-5a
Tannenstraße 151-2c
Taspersberg 152-2c
Taubenweg (59) 151-6c
Teutonenstraße 152-6a
Theodor-Seipp-Straße 151-6a
Theodor-Storm-Straße 152-6c
Thomas-Mann-Straße 152-3c
Thorner Straße 152-4d
Tilsiter Straße 152-7b
Tischelkauler Weg (1) 121-12d
Trommsdorffstraße 122-10d
Tröter Weg 121-12d
Tulpenweg (34) 151-6c

Übacher Weg 121-8d
Uhlandstraße (3) 151-3c
Ulmenstraße 152-5a
Unterm Hang 121-11c
Urftstraße 121-12c

Veilchenstraße (3) 152-2d
Vennweg 122-10d
Verbindungsstraße 152-3c
Viehaustraße 152-5a
Vierzechenblick (3) 121-11b
Virchowstraße (4) 151-3c
Von-Beust-Straße 152-2c
Von-Blanckart-Straße 151-5a
Von-Harff-Straße 121-12d
Von-Ketteler-Straße 121-12b
Voßpfädchen 122-10d

Wacholderweg (35) 151-6c
Wachtelweg (60) 151-6c
Wagnerstraße 122-10a
Waldmeisterweg (36) 151-6c
Waldstraße 121-12c
Walterstraße 152-5d
Wardener Straße 152-5b
Weberstraße 122-10c
Weidenhof 152-4b
Weidgenstraße 151-2a
Weilerstraße 152-2b
Weimarer Straße 151-3b
Weinstraße 151-3a
Wendelinusstraße 122-11b
Werner-Heisenberg-Straße 152-1b
Werner-von-Siemens-Straße 152-3c
Werthmannstraße 122-10a
Westring 151-3d
Weststraße 152-4b
Wichernstraße 121-12d
Wiesenstraße 152-2d
Wilhelmschacht (3) 121-11d
Wilhelmstraße (5) 151-3c
William-Prym-Straße 152-1c
Willy-Brandt-Ring 121-12c
Winkelweg (4) 121-11b
Wirthstraße 152-2d
Würselener Straße 151-8a

Zedernstraße 152-5a
Zeisigstraße 152-5b
Zollernstraße 151-3b
Zum Beginnental (1) 121-11a
Zum Maria-Hauptschacht 152-2c
Zur Alten Gießerei (2) 152-4b

Altenahr
PLZ 53505

Am Bergwerk (Roßberghöhe) 305-12a

Burtscheider Hof 305-11d

Gelsdorfer Straße 305-12a

Haus Sonnenschein 305-12a
Hegehof 305-9c

Altenkirchen (Westerwald)
PLZ 57610

Ahornweg 276-2c
Almersbacher Straße 276-4b
Am Dorn 276-3c
Auf dem Altdriesch 276-3b
Auf dem Eichelchen 276-1d
Auf dem Rähnchen 276-2b
Auf dem Steinchen 276-2b
August-Horch-Straße 276-2a

Bachstraße 276-2d
Bahnhofstraße 276-2d
Bergenhausen 276-4a
Bergstraße 276-5b
Birkenweg 276-1d
Bleichweg 276-2d
Buchenweg 276-4b
Büchnerstraße 256-11b

Dammweg 276-2d
Dieperzbergweg 276-3a
Dieperzen 256-12a
Dorfstraße 256-12a
Driescheider Weg 276-2b

Eichendorffstraße 256-11d
Erlenweg 276-1d

Feldstraße 276-3a
Finkenweg 276-2b
Fontanestraße 256-11b
Frankfurter Straße 276-3c
Friedrich-Emmerich-Straße 276-2d
Friesenstraße 276-3c

Gartenstraße 276-2d
Gerhart-Hauptmann-Straße 256-11d
Glockenspitze 276-3a
Goethestraße 276-2b
Graf-Zeppelin-Straße 277-1a

Heimstraße 276-2d
Heinestraße 256-11d
Helmenzer Straße 276-4b
Hermann-Löns-Straße 276-5b
Heuweg 276-3c
Hochstraße 276-3a
Hofstraße (5) 276-2d

Im Hähnchen 276-2d
Im Kortenthal 276-2c

Im Mühlberg 276-3a
Im Schleedörn 276-3d
Im Sportzentrum 276-3b
Im Vogelsang 276-3c
Im Wolfsacker 276-3c
In den Gärten 276-3c
In der Bellersbach 276-2c
In der Matzdürre 276-3c

Karlstraße 276-3c
Kastanienweg 276-5a
Kästnerstraße 256-11d
Kiefernweg 276-2c
Kirchstraße (3) 276-2d
Klingelstraße 256-12d
Koblenzer Straße 276-5a
Kölner Straße 276-1b
Konrad-Adenauer-Platz 276-2c
Kumphof 276-2b
Kumpstraße 276-2d

Lärchenweg 276-4b
Lessingstraße 256-11d
Leuzbacher Weg 276-2c
Lindenstraße 276-2c
Lise-Meitner-Straße 276-1b
Lohmühlenweg 276-2b
Ludwig-Jahn-Straße 276-3c

Marktplatz (6) 276-2d
Marktstraße (7) 276-2d
Mörikestraße 256-11b
Mühlengasse 276-2d

Ölfer Weg 276-4a

Parc de Tarbes 276-2b
Parkstraße 276-3c
Pestalozzistraße 276-2d
Petersbachweg 276-2c
Philipp-Reis-Straße 276-1d

Quengelstraße 276-2d

Raiffeisenstraße 276-4b
Rathausstraße 276-3c
Rehhardt 276-1b
Rudolf-Diesel-Straße 276-1b

Saynstraße (9) 276-3c
Schillerstraße 256-11d
Schloßplatz (4) 276-3c
Schloßweg (2) 276-2d
Schulstraße 276-2c
Schützenstraße 276-2d
Schützenweg 276-4b
Schwalbenweg 276-2b
Sehrtenbachstraße 276-3c
Siegener Straße 276-3a
Stadthallenweg 276-3a

Tannenweg 276-4b
Theodor-Fliedner-Straße 276-2c

Uhlandstraße 256-11d
Ulmenweg 276-5a

Verbindungsweg 276-2c
Vogelsang 277-1a
Von-Kleist-Straße 256-11d

Wallstraße (8) 276-2d
Wiedstraße 276-4b
Wiesenstraße 276-3a
Wilhelmstraße 276-2d

Ziegelweg 276-2d
Zum Johannistal 276-5b
Zum Löh 276-3c
Zum Pfarracker 276-2c
Zum Weyerdamm (1) 276-2d

Andernach

PLZ 56626

Straßennamen mit Suchfeldangaben in Klammern befinden sich im Cityplan auf Seite 33.

Agrippastraße 328-10d (33/A1)
Ahornweg 336-5a
Aktienhof 336-2a (33/A3)
Aktienstraße 336-2a (33/A3)
Alberthof 336-2a
Albert-Schweitzer-Straße 336-2d
Albertstraße 336-2a
Alkburg 327-2c
Alkerhof 327-5a
Altdorfer Straße 336-1b
Alte Mayener Straße 336-1d
Alte Schaftrift (19) 336-4b
Alter Krufter Weg 336-1c
Am Bur 335-2b
Am Hackenborn 336-1d
Am Helmwartsturm (8) (33/A2)
Am Mäusepfad 336-4b
Am Mönchhof (5) 326-9c
Am Mühlbach 336-8b
Am Nastberg 335-2c
Am Nettegut 337-1c
Am Rabenborn 336-1d
Am Rheinecker Garten 326-9c
Am Roten Kreuz 336-8b
Am Stadtgraben 328-11c (33/A2)
Am Weißen Haus 336-5d
Amberger Straße (1) 336-1b
Amselweg 326-9c
An der Bundesstraße 327-9a
An der Mohrsmühle 336-2c
An der Trassmühle 336-8b
Andernacher Straße 336-8a
Anleft 336-8c
Annastraße 335-2b
Anne-Frank-Hof (15) 336-1d
Antel 328-10c
Antoniushof 336-2b
Auf den fünf Morgen 335-2c
Auf der Jaugel 335-2d
Auf der Portenlay 336-8b
Auf der Schmitt 336-1a
Auf der Wick (33/A2)
Auf'm Hügelchen (5) (33/A1)
Auf'm Kickel 336-1b
Augsbergweg 328-11d

Bachstraße 336-8d
Bad Tönisstein 326-9a
Bahnhofstraße 328-11c (33/A2)
Bahnweg 336-8c
Balduinstraße (10) (33/A2)
Bassenheimer Weg (15) 336-3d
Beckstraße 328-10d
Beethovenstraße 336-2a (33/B3)
Berghof 326-11d
Bettina-von-Arnim-Straße 336-1d
Birkenhaus 326-8d
Birkenring 336-5a
Bismarckstraße 328-10d
Blumenstraße 336-8c
Brahmsstraße (3) 336-2a
Breite Straße 328-10d (33/A2)
Brentanohof (16) 336-2d
Breslauer Platz 336-2d
Brohltalstraße 326-9c
Buchenstraße 336-5a
Burg Namedy 327-8b
Burgerbergweg 336-1d
Burgerhaus 336-4c
Burgfrieden 326-9c
Burgstraße 335-2b
Bürresheimer Gasse (33/B1)

Cäcilienstraße 335-2b
Clara-Schumann-Hof (14) 336-4b
Claude-Monet-Hof 336-1b
Cranachstraße 336-1b

Dahlienstraße 336-8c
Dammhof 327-10a
Danziger Straße 336-1d
Deubach-Siedlung 336-1d
Dimonastraße 336-4b
Dorfplatz 336-8d
Dr.-Röder-Straße 336-8b
Dr.-Schwab-Straße 336-5a
Dr.-Sonnenschein-Straße (7) 336-2d
Dr.-Wilhelm-Reuter-Straße (6) 336-2d
Dresdener Straße 336-2c
Drususstraße 328-11c (33/A2)
Dürerstraße 336-1b

Edith-Stein-Straße 336-1d
Egerstraße 336-1d
Eichenstraße 336-5a
Eicher Straße 335-2d
Eifelstraße 336-8c
Eisenbahnstraße 336-2b
Eisengasse (33/A1)
Eisenhand 336-2d
Ekerenstraße 336-4b
Elsa-Brändström-Straße 336-1a
Emil-Nolde-Hof (13) 336-1b
Emmanuel-von-Ketteler-Straße (10) 336-2d
Engelbertshof 336-2b
Erfurter Straße 336-2c
Erlenweg 336-5a
Eselsweg 327-8b

Farnhamhof 336-4b
Feldfrieden 336-3a
Fichtenstraße 336-5a
Fielenmacherspfad 336-1b (33/A3)
Finkenweg (6) 326-12a
Florianstraße 335-2b
Frankenstraße 328-10d (33/A2)
Franz-Hitze-Straße (8) 336-2d
Franz-Peter-Straße 336-8c
Fraukircher Straße (1) 335-2d
Fraunhofer Straße 336-1a
Friedhofstraße 336-8c
Friedlandstraße 336-2d
Friedrich-Ebert-Straße 336-2d
Friedrichstraße 328-11c (33/A2)
Füllscheuerweg 328-11d

Galilei-Hof (6) 336-1a
Gartenstraße (33/A1)
Geishügelhof 327-7b
Genossenschaftsstraße 328-11d
Georg-Breuer-Straße (9) 336-2d
Georgshof (1) 336-2d
Gerhart-Hauptmann-Hof (13) 336-2d
Gertrudenweide 327-10a
Goebenstraße 328-11c (33/B2)
Goethestraße 336-2b
Grabenstraße 336-8d
Grüner Weg 328-11c (33/B2)
Grünewaldstraße (2) 336-1b
Güntherstraße 328-11c (33/B2)
Gut Nettehammer 336-6c
Gut zur Nette 336-3d

Hafenstraße 328-12d
Hahnengäßchen (9) (33/A2)
Hammerweg 336-2d
Händelstraße (4) 336-2a
Hans-Julius-Ahlmann-Straße 328-12c
Haubsgasse (4) (33/A1)
Hauptstraße 327-9a
Haus Fuchssprung 327-11b
Heerder Hohl 326-12a
Heidenhof 327-4c
Heinehof (14) 336-2d
Heintgesstraße 336-2d
Henricusstraße 326-9c
Herderhof 336-2d
Hermannshof (2) 336-2d
Herschel-Hof (5) 336-1a
Himmeroder Hof (7) (33/A2)
Himmeroder Straße 336-8c
Hindenburgwall 328-11c (33/B1)
Hintergasse 335-2b
Hinter'm Dorf 327-9a
Hochkreuz 327-11b
Hochkreuzstraße 335-2b
Hochstraße 328-11c (33/A1)
Holbeinstraße 336-1b
Holzgasse (33/A1)
Hundsgasse 335-2d
Hüttenhof 327-7d

Im Boden 328-10b
Im Brandweiher 336-8d
Im Breitholz 335-2c
Im Entenacker 336-2d
Im Hartental 336-1c
Im Hasenfänger 336-2c
Im Mühlstück 336-8b
Im Niederhof 336-2b (33/B3)
Im Römergraben 336-8b
Im Rosental 336-1b
Im Sonnenwinkel (3) 326-9d
Im Winkel 336-2a (33/A3)
In den Arken 336-8a
In der Beun 335-2b
In der Felster 328-10c
In der Hessel 327-9c
In der Pill 336-2d
In der Spitze 326-9c
In der Trift 335-2d
In der Wassergall 336-2b
In der Wenk 335-2d
In der Wiese 335-2d
Industriestraße 328-12c

Jahnstraße 336-8d
Jakobstal 327-10b
Johannishof 336-2c
Johann-Molitor-Straße (21) 336-5a
Josef-Neuss-Straße 336-2d
Josefstraße 335-2b

Kandinskyhof (10) 336-1b
Kantstraße 336-2d
Kanzel 328-10b
Karlstraße 336-2a (33/B3)
Karolingerstraße 328-11c (33/B2)
Kastanienallee 336-2a (33/A3)
Kastorstraße 336-8a
Katharinastraße 335-2a
Käthe-Kollwitz-Hof (16) 336-4b
Keller Hohl 328-10d
Keltenweg 336-1b (33/A3)
Kelterbaum 326-9c
Kennelstraße 336-2a (33/A3)
Keppler Hof 336-1a
Kettiger Weg 336-8d
Kirchberg 336-1a
Kirchgäßchen (33/A1)
Kirchhofsweg 328-10b
Kirchstraße 328-10d
Kleiner Stern 327-11b
Klingelswiese 336-1c
Knopshof 327-7b
Koblenzer Straße 328-11c (33/B1)
Koblenzer Tor (33/B1)
Kölner Straße 328-10b
Kolpingstraße 336-2d
Königsberger Straße 336-1d
Konrad-Adenauer-Allee 328-10b (33/A1)
Kopernikusstraße 336-1a
Krahnenberg 328-10a
Krahnenbergkaserne 336-2c
Krahnenbergstraße 328-10d
Krahnenbergweg 328-10d
Kramgasse (33/A1)
Kräwerweg 336-8a
Krayerstraße 335-2b
Krayerhof 327-10c
Krayermühle 326-9c
Krufter Straße 336-8c
Krumme Hohl 336-1b
Künstersgäßchen (3) (33/A1)
Kurfürstendamm (33/A2)
Kurfürstenhof 326-9a
Kurfürstenweg 326-6c
Kurt-Schumacher-Straße 336-1d
Kurze Straße 336-2a (33/B3)

Laacher Straße 326-12a
Landsegnung 328-11d (33/B2)
Läufstraße (6) (33/B1)
Leibnizhof 336-2d
Leinpfad 329-10c
Leipziger Straße 336-1d
Lenaustraße 336-2b
Lerchenweg 326-12a
Lessingstraße 336-2d
Lohmannstraße 336-5b
Löhrstraße 336-8a
Lubentiusgasse (1) 326-9d
Ludwig-Hillesheim-Straße 336-2a (33/B3)
Ludwig-Rosenberg-Straße 328-11d
Ludwigstraße 328-11c (33/B2)

Malmedyer Weg 327-9a
Marc-Chagall-Hof (9) 336-1b
Margarethenhof 335-3b
Marie-Curie-Straße (18) 336-1d
Marienstätter Hof 335-3b
Marienstraße 335-2b
Markt 328-11c (33/A2)
Marktgasse 328-11c (33/A1)
Martinsbergstraße 328-10d (33/A3)
Masastraße 336-5b
Matthäus-Kreuz-Straße 328-11c (33/B2)
Mauerstraße 328-11a (33/A1)
Max-Slevogt-Hof (11) 336-1b
Mayener Hohl 336-1b
Merianstraße 336-1b
Meringstraße 328-11c (33/A1)
Merowingerstraße 336-8b
Mittelpfad 327-9a
Mittelstraße 336-8d
Mohlenhof 335-3b
Mohlenweg 335-3b
Mohrsmühlenweg 336-2c
Moltkestraße 328-11c
Mozartstraße (33/B3)
Mühlenstraße 336-8d
Mühlgraben 336-8b

Nelly-Sachs-Hof 336-1d
Nettestraße 336-8d
Neuborner Hof 336-4b
Neugasse 328-11c (33/B1)
Neuwieder Straße 336-8d
Newton-Hof (7) 336-1a
Nickenicher Straße 335-2c
Nikolausstraße (5) 336-2d
Nordkai 328-12b

Obere Fischgasse (2) (33/A1)
Obere Richthöll 328-10c
Obere Wallstraße (33/A2)
Ochsentor (11) (33/A2)
Olbrücker Straße 335-2d
Orensteinstraße 336-5c
Ostkai 328-12d
Otto-Dix-Hof 336-1b
Otto-Wolff-Straße 336-3b

Paul-Klee-Hof (12) 336-1b
Paulshof 336-2d
Pellenzstraße 336-8c
Pferdältgesweg 336-4d
Picassoring 336-1b
Plaidter Straße 336-8c
Pleitsdorf 326-9d
Pölenweg 335-3c
Pönterberg 326-12b
Pöntermühle 326-9d
Pöntertalstraße 326-9c
Poststraße 328-11c (33/A2)
Pöterhof 327-10b
Privatstraße 328-11d
Prof.-Müller-Straße 336-8b

Quellenstraße 327-9d

Raiffeisenstraße 336-8c
Rampenstraße 328-11d
Rasselsteinstraße 336-3a
Rauscherstraße 336-11a
Rembrandtplatz 336-1b
Rennweg 336-1c
Rheinhöhenwanderweg 336-12a
Rheinhöhenweg 327-12b
Rheinstraße (33/A1)
Rheintor (33/A1)
Richthöll 328-10c
Ringstraße 336-8d
Robert-Koch-Straße 336-1a
Römerweg 336-1b (33/A3)
Roonstraße 336-1b (33/A3)
Rubensstraße 336-1b

Saarlandstraße 336-2a
Saffiger Weg 337-7a
Saint-Amand-Straße 336-1d
Salentinstraße 336-2a (33/B3)
Salierstraße 328-11c (33/B2)
Sandweg 336-8b
Schaarstraße 328-11c (33/A1)
Schafbachstraße (33/A2)
Scheidsgasse 328-11d
Schillerring 336-2b
Schlangenweg 327-5c
Schloßstraße 327-8b
Schmiedgasse (2) 326-9c
Schöne Aussicht 326-9a
Schubertstraße 336-2a
Schulstraße 335-2b
Selma-Lagerlöf-Hof (17) 336-4b
Sprudelweg 327-9d
St.-Michaelshof (3) 336-2d
St.-Peterhof 328-11d
St.-Thomaser-Hohl 336-2c (33/B3)
Stadionstraße 336-2b
Steinweg 328-10d
Stephan-Wiedenbach-Straße 336-4b
Stettiner Straße 336-1d
Stifterstraße 336-2b
Stockeraustraße 336-5a
Sudermannhof (11) 336-2d
Südkai 328-12a

Tannenstraße 336-5a
Taubenstränke 336-2c
Texwindisstraße 336-2b
Theodor-Heuss-Straße 336-5a
Thyssenstraße 336-3a
Trevererweg 336-1b (33/A3)

Ubierstraße 328-10d (33/A2)
Uferstraße 328-11b (33/B1)
Uhlandhof 336-2b
Untere Fischgasse (1) (33/A1)
Untere Wallstraße 328-11c (33/A2)

Van-Gogh-Hof (8) 336-1b
Von-Bodelschwingh-Straße 336-2d
Von-der-Leyen-Straße 336-8b
Von-Eichendorff-Hof (12) 336-2d
Vulkanstraße 336-2a (33/A3)

Waldstraße 327-9a
Walramshof (4) 336-2d
Wartburgstraße 336-2c
Wassenacher Straße 335-1b
Wegelerstraße 335-2d
Weißenthurmer Straße 336-8d
Weitersfelder Straße 336-8b
Welchengasse (4) 326-9d
Werftstraße 336-2b
Wernershof 335-1a
Wickegarten 326-9c
Wielandhof 336-2d
Wiesenstraße 327-9c
Wiesenweg 336-8d
Wilhelm-Bedenknecht-Straße 336-2d
Wilhelm-Conrad-Roentgen-Hof 328-10c
Wilhelmstraße 328-11c (33/A2)
Willy-Brandt-Allee 328-11c (33/B1)
Wollgasse 328-11c (33/A1)

Zella-Mehlis-Hof (20) 336-4b
Zu den Bergwingerten (1) 336-5c
Zum Eichenhain 326-9c
Zum Heilbrunnen 326-9d
Zum Kögelsborn 336-8a
Zum Münstrum 336-8a

Anhausen

PLZ 56584

(zu VBG Rengsdorf)

Ackerstraße 322-9d
Am Kaisergarten 323-10a
Am Kollert 322-9d
Am Weinpfad 322-12b
Am Wirtsgarten 322-12b
Amselweg 323-10a
Auf dem Löh 323-10a
Auf der Frühwiese 322-12b
Auf der Zeilheg (4) 323-10a

Bachstraße 323-10a
Bergmannshof 322-12a
Bergstraße 323-10a
Birkenstraße 323-7d
Bornberg (1) 322-12b
Brunnenstraße 322-12b
Buchenstraße 323-7b

Drosselweg 323-10a

Eichenstraße 323-7b

Fichtenstraße 323-7d
Finkenweg (6) 323-10a
Forsthaus Braunsburg 322-11c

Gartenstraße 322-12b
Goethestraße 323-10a

Haydnweg 323-10a
Hohlstraße 323-10a
Huschweg 322-12b

Jahnstraße 323-10a

Kernstraße 322-12b
Kirchstraße 322-9d

Lessingstraße 323-10a

Meisenweg (5) 323-10a
Mittelstraße 322-12b
Mühlenstraße 322-12b
Mühlenweg 322-12b

Neuwieder Straße 322-12b

Petershof 323-7b

Raiffeisenstraße 323-10a
Remy-Und-Geiser-Straße 323-7b
Rosenhof 323-7b
Rüscheider Weg 322-12b

Scheidstraße 322-9d
Schilllerstraße 323-10a
Schmiedestraße (3) 322-12b
Schulstraße 322-12b
Schultheißenstraße (2) 322-12b

Talstraße 322-12b
Taubenweg 323-10a

Wilhelmstraße 322-12b

Asbach

PLZ 53567

Akazienweg 272-6d
Alte Schule (1) 272-8a
Altenburger Straße 273-11a
Altenkirchener Straße 273-1c
Am Allen 273-8b
Am Bauhof 272-9c
Am Berg 272-8a
Am Bildstock 272-6d
Am Spielhügel 272-12c
Am Wäldchen 272-9b
Amselweg 272-9b
An der Dachskaul 273-8b
An der Holl 272-7a
An der Jugendherberge 272-9a
An der Kapelle 272-5b
Andreas-Hermes-Straße 273-7a
Anton-Limbach-Straße (7) 272-9d
Asbacher Straße 273-1c
Auf dem Dreieck 272-9a
Auf dem Escherd 272-6b
Auf dem Haarstück 273-5d
Auf dem Jüsch 272-8a
Auf dem Mergel 273-1d
Auf der Haferwiese (3) 272-6d
Auf der Heide 273-7a

Bahnhofstraße 272-6c
Basaltstraße 272-8a
Bennauer Mühle 272-7d
Bennauer Straße 272-7d
Bergstraße 272-11b
Birkenweg (1) 273-4c
Bitzenstraße 272-9b
Bonner Straße 272-4c
Burgstraße 293-2c
Büsch 272-5d
Büscher Weg 272-5d

Dammwiesenhecke (4) 272-6d
Dasbach 293-3c
Diefenau 273-12c
Diefenauer Weg 273-11a
Dinspel 273-10c
Dinspeler Weg 272-12c
Ditscheid 273-2c
Drachenfeldstraße 272-9a
Drinhausen 272-8b

Eichenweg 273-4c
Eichholzstraße 272-9a
Eitorfer Straße 273-1c
Etscheider Straße 272-12c

Finkenweg 272-9b
Flammersfelder straße 272-9b
Fuhrweg 273-7c

Gartenstraße 272-9b
Gewerbestraße 272-9c
Graben 273-2c
Grabenstraße 272-9b
Grüner Weg 272-9b

Hardtweg 273-9c
Hauptstraße 272-9c
Heckenhahn 293-6a
Hermeshecke 272-6c
Hochstraße 273-7c
Hofen 272-5b
Hofstraße 273-4a
Honnefer Straße 272-9a
Hospitalstraße 272-6d
Hurtenbacher Straße 273-1b
Hussener Weg 272-6b

Im Bitzenfeld 272-6d
Im Eichholz 293-2c
Im Garten 272-4c
Im Höfchen 272-12c
Im Hohenrehn 272-9b
Im Johannisgarten (1) 273-1b
Im Junkersgarten 273-1a
Im Klopseifen 272-9b
Im Leuters 272-4c
Im Pillig 293-2d
Im Rondillchen (5) 272-9b
Im Schönblick 272-6c
Im Sonnenhang 272-9a
Im Steinchen 272-9d
Im Stuß 273-1c
Im Überdorf 273-9a
Im Vogelsang 272-7a
Im Weidchen 272-12c
Im Weiherfeld 272-6c
Im Winkel 273-1d
In den Erlen 273-7a
In der Bennau 272-8a
In der Hofwiese 272-11b
In der Kau 293-2d

Kalscheid 273-10d
Kaltehöhe 293-5a
Kapaunsmühle 273-12a
Kapellenweg 293-2d
Kirchgasse (1) 272-9b
Kirchspitz 273-4c
Köttingen 272-8c
Köttingermühle 272-8c
Köttinger Straße 272-8c
Kreuzbruderweg 293-5c
Krumbach 273-5c
Krumbachsmühle 273-8a
Krumbachtalstraße 273-1d

Langer Weg 273-9a
Laternenstraße 273-2c
Laurentiusstraße 272-9b
Lenzenstraße 273-5d
Limberg 272-5a
Lindenweg 272-6d
Linzer Weg 272-9b
Lohrbergweg 272-9a

Marktplatz 272-9b
Marktstraße 272-6d
Mehrbachstraße 273-8c
Meierseifen 272-7d
Milchweg 272-7d
Mittelstraße 272-6d
Mühlenstraße 272-7d
Müllerstraße 273-7a

BEDEUTENDE ADRESSEN

Offizielles HOTEL-Reservierungs-System

Köln
KölnTourismus GmbH

+49 (0)221. 221 304 00 . www.koelntourismus.de

HBK

Abgabe auch in Kleinmengen

HBK GmbH & Co.KG

Sand- und Kieswerk	Kiesgrube
Kampstr. 30	Rösrather Str. 303
50354 Hürth	51107 Köln
Tel. 02233 / 709788	Tel. 0221 / 8901718
	(Planquadrat Seite 137-4a)

Bruno Schulz GmbH

Kies-Deponie-Baustelle
Werk Pulheim, Telefon 02233 / 3779-0
Otto-Lilienthal-Straße (Planquadrat Seite 105-1c)

KFH NW

Katholische Fachhochschule Nordrhein-Westfalen

University of Applied Sciences

KFH NW · Abteilung Aachen · Robert-Schuman-Straße 25 · 52066 Aachen (210-5b)

DEUTSCHE WELLE

Information. Weltweit. Rund um die Uhr.

Kurt-Schumacher-Str. 3
53113 Bonn
T 0228.429-0
F 0228.429-3000
www.dw-world.de

DW-TV DW-RADIO DW-WORLD.DE

Andernach,
die Stadt wo Rhein und Eifel aufeinandertreffen und die auch als das Tor zum Vulkanpark bezeichnet wird, besticht nicht nur durch seine über 2000-jährige Geschichte. Entdecken Sie auch die Gassen, die zum Rhein und zu den Uferpromenaden führen, genießen Sie die romantischen Restaurants mit ihren rheinischen und internationalen Spezialitäten und hören Sie von der Sage der Bäckerjungen.

Andernach

Veranstaltungen der Stadt Andernach:

- Andernacher Frühlingsmarkt mit verkaufsoffenem Sonntag
- Fest der 1000 Lichter
- Michelsmarkt mit verkaufsoffenem Sonntag
- Andernacher St. Martinstag mit verkaufsoffenem Sonntag
- Adventsmarkt mit lebender Krippe

Wir sind Ihr Ansprechpartner für:

- Stadtführungen durch die über 2000 Jahre alte Geschichte der Stadt
- Pauschalangebote für Gruppen und Einzeltouristen
- kostenlose Zimmervermittlung
- individuelle Programmgestaltung von Betriebs- und Vereinsausflügen
- geführte Wanderungen
- Fahrradverleih
- Prospektmaterial der Stadt Andernach

Wo der Rhein die Eifel trifft...

Mehr Informationen unter:
www.andernach.net

Andernach.net - Gesellschaft für Stadtmarketing, Wirtschaft und Tourismus mbH

Läufstraße 4	Tel.: 02632/298-420	www.andernach.net
56626 Andernach	Fax: 02632/298-440	info@andernach.net

KONZERTE DER BUNDESSTADT BONN

BEETHOVEN ORCHESTER BONN

www.beethoven-orchester.de
Kartentelefon / Abonnementbüro (0228) 77 80 08
Informationen (0228) 45 49 3-0

ROMAN KOFMAN
GENERALMUSIKDIREKTOR

ORCHESTERDIREKTOR
LAURENTIUS BONITZ

AKADEMISCHES KUNSTMUSEUM

Antikensammlung der Universität Bonn

Abgüsse griechischer Plastik: So-Fr 10-13 Uhr, Do 16-18 Uhr
Originalwerke der Antike: So+Di 10-13 Uhr, Do 16-18 Uhr
Feiertags und im August geschlossen
Am Hofgarten 21 · Tel. 73 77 38 · Fax 73 72 82
www.antikensammlung.uni-bonn.de

(34/C4-C5)

StadtMuseum
Bonn
Franziskanerstraße 9, Bonn

2000 JAHRE BONNER GESCHICHTE
SOWIE LITERATUR-, MUSIK- UND FIRMENGESCHICHTE

Mo 9.30-14 h, Do-Sa 13-18 h, So 11.30-17 h
Tel. (Kasse) zu den Öffnungszeiten: 0228-772877

ERNST-MORITZ-ARNDT-HAUS
Adenauerallee 79, Bonn, nur zu Sonderausstellungen geöffnet

www.bonn.de/stadtmuseum

SIE FINDEN UNS IN DEN PLANQUADRATEN:
Ernst-Moritz-Arndt-Haus (34/C5)
Stadtmuseum (34/B4-B5)

KUNST AUS NORDRHEIN-WESTFALEN

Förderankäufe seit 1945
Ausstellung und Verwaltung
Staatskanzlei des Landes Nordrhein-Westfalen

NRW.

Ehemalige Reichsabtei, Abteigarten 6, 52076 Aachen
Tel.: 02408 / 6492 www.kunst-aus-nrw.nrw.de

Öffnungszeiten: Sa + So 15-18 Uhr, Di + Mi 10-13 u. 15-17 Uhr und nach Vereinbarung. Der Eintritt ist frei.

Ständige Präsentation einer Auswahl der Förderankäufe der Landesregierung aus den vergangenen sechs Jahrzehnten im reizvollen spätbarocken Ambiente der ehemaligen Reichsabtei, Überblick über die Kunstgeschichte des Landes anhand von rund 200 ausgewählten Kunstwerken, zehn Wechselausstellungen im Jahr für jüngere und ältere geförderte Künstlerinnen und Künstler.

GOETHE-INSTITUT
BONN

Friedrich-Ebert-Straße 11
53177 Bonn
Telefon 02 28 / 957 56-0
Telefax 02 28 / 957 56-23
bonn@goethe.de
www.goethe.de/bonn

(Sie finden uns im Planquadrat [33/B3])

Bachenberg

PLZ 57610

(zu VBG Altenkirchen (Westerwald))

Bad Breisig

PLZ 53498

Bad Ems

PLZ 56130

Bad Honnef

PLZ 53604

Zilz-Kreuz 271-10a
Zum Steinchen 269-7b

Bad Hönningen
PLZ 53557

Allee St. Pierre les Nemours 318-6d
Alter Schulplatz (8) 318-6d
Am Alten Bach (7) 318-6a
Am Bahlsbach 319-7a
Am Blauen Stein 318-6a
Am Ginsterbusch 319-4a
Am Hohen Rhein 318-6b
Am Höms 318-6b
Am Kleinen Bäumchen 319-4a
Am Mönchhof 319-4a
Am Oelsberg 319-4a
Am Pfaffelter 318-6b
Am Schafhaus 318-6d
Am Schloßberg 318-6b
Am Schloßgarten 318-6a
Am schwarzen Kreuz 318-6b
Am Sportplatz 318-6d
Am Tannenbusch (1) 319-4a
Am versunkenen Schloß 319-1c
Am Vogelberg 318-9b
Ariendorfer Straße 318-2b
Arienheller Weg 319-4c
Auf dem Plänzer 318-6d

Bahnhofstraße 318-6d
Bärenplatz 318-6b
Bergstraße (3) 318-3a
Birkenweg 319-4a
Bischof-Stradmann-Straße 318-6b
Burg Ariendorf 318-2b

Dahlienweg 318-6b
Dr.-Bunge-Weg 318-6a

Fasanenweg 318-6d
Fatimaweg (3) 319-4a
Feldhofstraße 319-7a
Friedhofsweg 318-6b
Friedlandstraße 318-6b
Friedrich-Ebert-Straße (5) 318-6d

Gartenstraße 319-7a
Girgenrath 311-12b
Grabenstraße (2) 318-6d

Hauptstraße 318-6a
Hellingsgasse 318-6c
Hofstraße 318-6d
Hohe-Haus-Straße 318-6b
Homborn 318-3b
Hömshohl 319-4a

Im Mannenberg 318-6d
Im Sonnenwinkel (2) 318-3a
Im Strang 319-4c
Im Theißfloß 319-7a
Im Vogelsang 318-6b
In der Au 319-1c
In der Bütz 319-4a
In der Sehl 318-6b
In der Silbergrube 319-4a
Industriestraße 318-6d

Johanna-Wolf-Straße 318-6b

Kapellenweg 319-4a
Kirchstraße 318-6d
Kleine Hofgasse (4) 318-6d
Kleine Marktstraße 318-6d
Kolpingstraße 318-3c
Kreuzgasse 318-6c
Kurpark 318-6d

Loosgasse (3) 318-6d

Marienweg (9) 318-6d
Markenweg 318-3a
Marktplatz 318-6d
Marktstraße 318-6c
Melkenweg 319-4c

Neubaugebiet In der Au 319-1c
Neustraße 318-6a

Pfarrer-Hellbach-Straße 318-6a

Reidenbruch 311-12a
Rheinallee 318-6a
Rheinblick 319-4a
Rheinpark 318-6c
Rheintalstraße 318-2b
Ringstraße 319-4a
Rudolph-Busse-Straße 318-6b

Sarmatiastraße 319-7a
Sarmatiaweg 319-7a
Schafstall 318-3d
Schloß Ahrenfels 318-6b
Schloßweg 318-6b
Schmiedgasse 318-6d
Schulstraße (1) 318-3a
Schultheißgasse 318-6c
Schwarzer Weg (6) 318-6d
Sprudelstraße 318-6b

Tempelgasse 318-6c

Waldbreitbacher Straße 318-6b
Walther-Feld-Straße 318-6a
Weinbergsweg 318-6b

Zum Kronenborn 319-4a

Bad Münstereifel
PLZ 53902

Aalstraße 301-11a
Achenweg (2) 301-12c
Ahrstraße (Rodert) 302-8c
Ahrstraße (Wald) 303-8a
Ahrweilerstraße 301-12c
Alte Gasse 301-6c
Alte Landstraße 301-3a
Alte Schulgasse 301-11a
Alter Bendenweg 301-3a
Am Bloch (Arloff) 282-10a
Am Bloch (Iversheim) (1) 281-12d
Am Breiten Weg 303-11d
Am Fichtenhain (2) 301-5d
Am Füssig 303-12a
Am Gieren (3) 303-9d
Am Graben 304-7c
Am Heidberg 304-10b
Am Heiligenhäuschen 301-7a
Am Herrenbusch 301-5d
Am Konzberg 301-7a
Am Quecken (20) 301-6a
Am Rothsiefen 301-7a
Am Schoppesch (1) 303-11b
Am Siefen (1) 300-9b
Am Stockert 301-4a
Am Weyersberg 304-10b
Amselweg 281-12d
An der Kruchenbach 301-12c
An der Ley 281-12d
An der Schloßpforte (3) 301-6c
An der Windmühle (10) 301-6c
Ännchengasse (2) 282-7b
Antoniusstraße 303-11b
Antweiler Höll 281-12a
Antweiler Weg 281-9a
Arloffer Straße 302-5d
Arloffer Weg 281-12b
Ashfordstraße 301-5d
Aspelweg 301-12c
Astropeiler Stockert 301-1c
Auf dem Bungart 301-12a
Auf dem Dreesch 303-10b
Auf dem Eifel 301-11a
Auf dem Garten 303-12b
Auf dem Hembüchel 281-12d
Auf dem Junker 281-9d
Auf dem Katzenberg 281-12d
Auf dem Platz (1) 301-7a
Auf dem Sand 281-9d
Auf dem Schelles 301-7a
Auf dem Schmitten 282-7d
Auf dem Sturtz 304-7b
Auf dem Teich (15) 301-9a
Auf dem Tietschenberg 282-7d
Auf dem Waasem 281-12d
Auf dem Wahnsberg 281-12c
Auf dem Werth 301-12d
Auf dem Wieler 281-12d
Auf der Komm 301-6a
Auf der Kumm 281-12b
Auf der Lach 304-7c
Auf der Maar 301-9b
Auf der Nück 301-11a
Auf'm Pesch 304-10b
August-Guddorf-Straße (18) 301-8d

Bachstraße 282-7d
Bahnhofstraße 282-7c
Bahnweg (3) 281-12c
Bartholomäusstraße (1) 282-7b
Bendenweg 301-3c
Bergstraße 301-8b
Bitburger Straße 301-12c
Bitzenweg 303-6d
Blankenheimer Weg 301-9a
Blomendalstraße (1) 301-2d
Blumenweg 282-7d
Bodenbachtal 301-12d
Bollenrathstraße (4) 301-2d
Bonner Straße 282-7b
Braugasse (6) 301-6c
Bremerberg 301-11a
Brigidastraße 301-12c
Brückenstraße 282-7b
Brühler Straße 301-12a
Brunnenstraße 300-9b
Buchweizenweg (2) 301-9b
Burg Kirspenich 282-8c
Burgtalstraße 282-4d
Buschhöhlenweg 281-12d

Cäsarstraße 281-9d
Cicerostraße 281-9d

Delle 301-6c
Delphinweg (1) 301-11a
Dohlenweg 281-12b
Donatusweg (1) 301-9b
Donaustraße 301-2a
Donnstraße 301-2a
Dr.-Friedrich-Haass-Straße 301-5d
Dr.-Greve-Straße 301-9a
Dr.-Verbeek-Straße 282-7b
Drosselweg 304-10a

Ebrostraße 301-1b
Effelsberger Weg 301-9b
Ehrlichweg 282-7b
Eichener Straße 304-10a
Eicherscheider Trift 302-10a
Eifeldomstraße 304-7c
Entenmarkt (8) 301-6c
Erlenhecke 282-7d
Ernst-Diederichs-Straße 282-7c
Eschweiler Weg 281-12c
Eselsbergweg 301-9b
Essigstraße 304-4c
Europaplatz 301-6c
Euskirchener Straße (Iversheim) 281-12d
Euskirchener Straße 301-3c

Fabrikstraße 282-7b
Falderstraße 301-2a
Fibergasse (11) 301-6c
Finkenweg 301-5b
Flaches Feld (7) 301-6a
Flettenbergweg 282-8a
Forsthaus Frauenhof 303-10b
Forsthaus Hülloch 302-9b
Fougèresstraße 301-8b
Frauenhofer Weg 303-10b
Friedrich-Ebert-Straße 281-12c
Frommert 301-7a

Gartenstraße 282-7d
Gartzweilerstraße (3) 301-5b
Gäßchen 301-11a
Geisbüchel 301-7a
Giersberg (19) 301-6a
Gierscheider Weg 301-7a
Gilsdorf 300-9a
Gilsdorfer Weg 300-9b
Ginsterweg 301-5b
Graf-Gottfried-Straße 301-8b
Gromischweg 303-11b
Grüner Weg 281-12d
Gut Giersberg 301-3d
Gut Unterdickt 303-8b
Gut Vogelsang 301-8a
Gutenbergweg 282-7b
Gynettistraße (2) 301-2d

Haagstraße 301-2c
Hagelkreuzweg 301-12c
Hardtburgstraße 282-7b
Hartweg 304-7a
Hasenbach 304-10b
Hasenbergstraße 304-10d
Hasenpfad 301-7c
Haus Tanneck 301-8b
Haydnstraße 282-7d
Heckenbergstraße 301-9b
Hegebachweg 301-9b
Heideweg 303-10d
Heimstraße 301-8a
Heinenstraße 301-3c
Heinz-Mauel-Straße 304-7c
Heisterbachstraße 301-6c
Heltenstraße 301-1d
Hennesweg 301-8b
Herbergsweg 301-6d
Hermann-Löher-Straße (5) 301-3c
Hermann-Pünder-Straße (6) 301-6a
Herrenweide 282-8a
Hirnbergweg 301-8a
Hochtürmer Straße 304-10b
Hohner Weg 301-7a
Hohweg 303-11b
Holzgasse 282-7d
Holzheimer Straße 301-1b
Houverather Mühle 304-10c
Houverather Pfad 302-8c
Houverather Straße 303-12a
Hubertuskapelle 282-7d
Hubertusweg 301-6a
Hüllenweg 303-9d
Hüttengasse (1) 301-12c

Im Baist 282-7d
Im Bendchen 303-12b
Im Elsengarten 301-12c
Im Floting 282-7d
Im Gerstental 301-2a
Im Goldenen Tal 301-9a
Im Großengarten 304-10d
Im Harten Feldchen 301-9b
Im Harthgarten 301-7a
Im Kessel 301-7a
Im Kronenberg (1) 304-10a
Im Meisenberg 304-7d
Im Quersiefen 303-12a
Im Schürenberg 304-7a
Im Schwanel 304-7c
Im Wiesengrund 304-7b
In den Benden 282-7d
In den Weiden 303-10c
In der Aspel 304-7b
In der Buch 301-7a
In der Dreimühle (17) 301-9a
In der Fließ 282-7c
In der Heilenbach 304-10b
In der Höll 300-9a
In der Hütte (2) 281-12d
In der Kauen 301-12c
In der kleinen Otterbach 301-2d
In der Senke 301-9b
Irscheider Weg 301-9c
Isarweg 301-2a
Iversheimer Straße 301-2a

Jägersruh 302-4b
Jahnstraße 282-7b
Jakob-Katzfey-Straße 301-8b
Jakobsweg 303-12c
Johannisstraße (9) 301-6c
John-Wiles-Straße 301-5d
Josef-Jonas-Straße 301-3c
Judenweg 303-7c

Kalkarer Weg 281-12b
Kammerheckweg 301-12c
Kanarienweg (2) 304-10a
Kanderweg 301-2c
Kapellenweg 304-10b
Kapuzinergasse 301-6c
Karlstraße 301-11c
Karpfenstraße 301-11a
Keltenstraße 282-8a
Kempensiefen 303-11a
Kentstraße 301-5d
Kettengasse (7) 301-6c
Kirchert 304-4c
Kirchheimer Straße 282-7c
Kirchplatz 301-6c
Kleinbendchen 300-9d
Klosterplatz (5) 301-6c
Kohlstraße (Eicherscheidt) 301-12a
Kohlstraße (Houverath) 303-5d
Kölner Straße 301-3c
Kolonie Flettenberg 282-8a
Königstraße 301-5b
Konrad-Adenauer-Höhe 303-11a
Konradgasse 301-11c
Kreuzgäßchen 301-9a
Kreuznücke 303-9d
Kreuzweingartener Weg 281-9d
Kurpark 301-5d

Lagrangestraße (3) 282-7d
Langenhecke 301-6c
Lanzerather Straße 304-7d
Lehmkaul 301-11b
Limbach 303-12b
Limbacher Straße 303-12b
Linderjahn 301-12a
Linderjahnweg 301-9d
Lingscheider Weg 301-12c
Linnerijstraße 301-5b
Loireweg 301-2a
Lorinckstraße 282-7d
Ludger-Steinmann-Straße (8) 301-5b

Mainzerbruch 303-9c
Maria-Rast-Straße 281-9d
Marienbäumchen 301-8a
Markt 301-6c
Marktstraße 301-6c
Marquardstraße (1) 301-6c
Matthias-Bell-Straße 281-9d
Maulbacher Weg 304-7c
Miersenfeldgen 301-9b
Moldaustraße 301-2b
Möschemer Weg 301-2a
Möschemermühle 301-2d
Moselweg 301-1b
Mozartweg 282-7c
Mühlenberg 304-10a
Mühlendroffstraße 301-5d
Mühlengasse 281-12d
Münstereifeler Straße 282-7c

Nachtigallenweg 301-5b
Napoleonstraße 301-9b
Neichen 303-11c
Nelkenstraße 304-4c
Nordstraße 281-9d
Nöthener Mühle 300-6d
Nöthener Straße 301-5d

Oberfollmühle 301-12d
Obergasse 281-12d
Oberste Kumm 281-12c
Ochhermem 301-8b
Ochsenbendchen 303-9d
Ohndorfer Weg 282-7d
Olefstraße 301-2b
Orchheimer Straße 301-6c
Otterbach 301-5b

Pascalweg 282-8a
Pater-Hilger-Straße 303-11b
Pescher Straße 300-9a
Peter-Greven-Straße 301-3a
Peter-Josef-Fey-Straße 301-8b
Pfaffenbuschweg 301-11a
Pfarrer-Alertz-Straße 304-10a
Pfarrer-Becker-Straße 282-8a
Pistorei (4) 301-6c
Pützberg 282-7d
Pützgasse 301-2a

Radberg 301-9a
Reuterweg 304-10a
Rheinbacher Straße 304-10d
Rhoneweg (1) 301-1d
Riehler Weg 304-10d
Ringstraße 304-7b
Röddergasse 301-11c
Roderter Kirchweg 301-6c
Romulusstraße 281-9b
Rönnstraße 301-7a
Röntgenweg 282-7b
Rosenhecke 304-7d
Rothecke 301-12a
Röttgenweg 301-9b

Salzachstraße 301-1d
Schafelsberg 301-12a
Scheuerhecker Straße 303-10c
Schießbachstraße 301-9b
Schleidtalstraße 301-6a
Schönauer Bergweg 301-12c
Schößbaumweg 301-12c
Schwalbenweg 281-12b
Schwarzer Weg 301-7b
Sebastian-Kneipp-Promenade 301-5d
Siedlung Bädorf und Kurth 300-9c
Siedlung Fahl 300-12a
Siemensstraße 282-8a
Sittardweg 301-8b
Speerhaus 300-6d
Sperlingsweg 301-5b
Starenweg 303-11d
Stattlerstraße 301-5d
Steinbüchel 301-2a
Steinsmühle 301-3c
Stephinskystraße 301-5b
Stockert 301-1c
Stumpfgasse (13) 301-6c

Talstraße 282-7d
Tannenweg 304-7a
Teichgässchen (14) 301-6c
Teichstraße (16) 301-9a
Tellenweg 304-7b
Teufelsloch 300-6d
Themsestraße 301-2c
Thomasstraße 303-11b
Trierer Straße 301-9a
Triftweg 301-12a
Turmgasse 301-1b
Turmstraße 301-6c

Uhlenbergweg 301-3c
Umgehungsstraße 301-9a
Unnaustraße 301-6c
Unter den Linden 282-7d
Unterste Gasse 281-12d

Varusstraße 281-9d
Vogelsangstraße 303-11b
Von-Ayx-Straße 301-6c

Wachendorfer Weg 281-12c
Wahlengasse 282-8a
Waldstraße 301-9b
Wallgasse 301-6c
Wallgrabenpromenade 301-6c
Webersbenden 303-12a
Weberstraße 303-11b
Weidenweg 303-12a
Weiherstraße 282-7d
Wendelinusstraße 304-4c
Wenkelsweg 303-9d
Werkbrücke (12) 301-6c
Wermertshof 301-7c
Wertherstraße 301-6c
Wielersbenden 301-8b
Willibrordusstraße (2) 301-7a
Willy-Brandt-Straße 301-5d
Windenweg 282-8c
Windheckenweg 301-5d
Wollweg 300-9b

Zeisigweg 281-12b
Zillerweg 301-2a
Zum alten Gericht 301-5b
Zum Schützenplatz 303-11b
Zum Sommerberg 303-11b
Zum Stuckental 303-11b
Zum Zwergberg (4) 282-8a
Zur alten Kirche 304-10a
Zur Hardt 303-11b
Zur Linde 303-12b
Zwentiboldstraße 301-8b

Bad Neuenahr-Ahrweiler
PLZ 53474

Straßennamen mit Suchfeldangaben in Klammern befinden sich im Cityplan auf Seite 33.

Adenbachhutstraße 307-10b (33/A1)
Adenbachhütte 307-7d
Ahrallee 307-11a
Ahrhutstraße 307-10b (33/A2)
Ahrstraße 308-10a
Ahrtalbrücke 308-8c
Ahrweilerstraße 307-8d
Albert-Federle-Straße (33/B2)
Albert-Schweitzer-Straße 307-11b
Aloisiusgasse (3) (33/B1)
Alte Ziegelei 307-11c (33/B3)
Altenbaustraße 307-10b (33/A2)
Altenwegshof 306-12d
Alveradisstraße 307-10b (33/A2)
Am Backesgarten 308-12b
Am Brünnchen 308-8a
Am Dahliengarten (16) 307-12b
Am Gartenschwimmbad 308-10a
Am Glöcknersberg 307-12d
Am Heidenpost 308-12b
Am Johannisberg 308-10c
Am Kaiserstuhl 306-12c
Am Kirchberg 308-5a
Am Königsgraben 308-5b
Am Mühlenbüsch 306-11d
Am Mühlenteich 307-11a (33/B1)
Am Petersberg (2) 308-8a
Am Schwanenteich 308-10b
Am Schwimmbad 307-11c (33/B3)
Am Silberberg 307-10c
Am Springborn 308-5a
Am Thurmberg 307-10a
Am Weiherberg 307-10a (33/A1)
Am Weißen Berg 308-2d
Amseltalbrücke 307-12a
An der Burgpforte 308-8b
Annastraße 307-11b
Antoniusstraße 307-12b
Apollinarisstraße 308-10b
Ardennenplatz 307-11c (33/B3)
Auf dem Flachsmarkt 308-12a
Auf dem Green 307-11a (33/B2)
Auf dem Krammerich 308-11a
Auf dem Teich (33/A2)
Auf den Steinen 307-11b
Auf der Häckelsgaß 308-12c
Auf der Rausch (33/A2)

Bachemer Straße 307-11a (33/B2)
Bachstraße 308-11d
Bahnhofstraße 307-8d
Bahnweg 308-9d
Barbarossastraße 308-10b
Bauser Weg 308-11b
Beethovenstraße 308-10a
Bergstraße 308-7c
Beuler Weg 308-10a
Birkenweg 307-11b
Blandine-Merten-Straße 307-10d (33/A3)
Blankartshof (33/A2)
Blankartstraße 307-11a (33/B2)
Blankenheimer Straße 307-8d
Blenzer Weg 308-12c
Bodendorfer Straße 308-12b
Bonner Straße 308-8d
Bossardstraße 307-10b (33/A1)
Breslauer Straße 307-12a
Brückenstraße 307-10d (33/A2)
Brunnenstraße 308-5a
Büllesheimer Straße 307-11a
Burgstraße 308-8c
Burgunderstraße 307-8c (33/B1)
Burgweg 307-12d

Carl-Weisgerber-Weg 307-8c
Casinostraße 308-10a
Christian-Develich-Straße 308-12a
Christian-Ulrich-Straße (13) (33/B2)
Cyrillus-Jarre-Straße (12) (33/A2)

Dahliengarten 307-12a
Dahlienweg 307-12a
Danziger Straße 307-9c
Delderstraße 307-10c
Dombergstraße 307-10c
Dorotheenweg 307-12c
Dr.-Weißenfeld-Straße 307-12a
Drosselweg 308-10d

Edith-Stein-Straße 307-12b
Ehlinger Straße 308-12a
Eichendorffstraße 307-12a
Eichenweg (6) 307-12a
Eifelstraße 307-11c (33/B3)
Elligstraße 307-8c (33/B1)
Erlenweg (4) 307-11b
Ernst-Karl-Plachner-Weg (14) (33/B2)
Ernst-Kley-Straße (33/B2)
Ernst-Thrasolt-Straße 308-12a
Eulenstraße 308-9c

Felix-Blass-Straße (1) 308-5b
Felix-Rütten-Straße 308-10a
Ferdinand-Gies-Straße 307-10c
Ferdinand-Schroeder-Straße 307-12b
Finkenweg 308-10c
Firststraße 308-11a
Försterhof 306-12d
Frankenstraße 308-12a
Franziskusstraße 307-11c
Franz-Wenzel-Straße 307-10c
Freiherr-vom-Stein-Straße 308-12a
Friedenstraße 308-11b
Friedrichstraße 307-10b (33/A2)

Gartenstraße 307-9d
Georg-Habighorst-Straße (33/B3)
Georg-Kreuzberg-Straße 307-12b
Gierenzheimer Straße 307-10d (33/A3)
Giesenstraße (14) 307-11c
Goethestraße 307-10d (33/B3)
Göppinger Straße 308-12a
Grabenstraße 308-11b
Gradenhofstraße 308-8c
Graf-Are-Straße 307-11a
Graf-Otto-Straße 307-12b
Grafschafter Straße 307-10b (33/B1)
Greener Weg 308-9c
Großer Weg 308-9a
Grüner Weg 308-12b

Hans-Frick-Straße 308-10a
Hans-Hammes-Straße (2) (33/B1)
Hardtstraße 307-12b
Hauptstraße 307-12b
Havinganstraße 308-8c
Heerstraße 307-9c
Heinrich-Winter-Straße 308-11b
Heldenstraße 308-11b
Hemmessener Hütte 307-9c
Hemmesser Straße 307-9d
Heppinger Hütte 308-7b
Heppinger Straße 308-11b
Herderweg 307-12a
Herrestorffstraße 307-10d
Himmelsburger Straße 307-11d
Hochstadenstraße 307-11a
Hochstraße 307-12b
Hostertsgäßchen (7) (33/B2)
Hostertsgasse (33/B2)
Houverathsgasse (11) (33/A2)
Hubertusstraße 308-12b
Hubertusweg 308-12c
Hückenweg 308-12b
Hunsrückstraße (10) 307-9c

Idienstraße 308-11a
Im Auelsgarten 308-12d
Im Bornstück (5) 308-5b
Im Bülland 308-12a
Im Dellmich 307-9d
Im Gässchen (4) 308-5b
Im Graben (2) 308-11b
Im Idienbachtal 308-11c
Im Küppelfeld 307-11c
Im Muckental 307-9d
Im Plänzert 307-10c
Im Schwertstal 308-7d
Im Seifelsgraben 308-8b
Im Teufenbach 306-12d
Im Weitgarten 308-8c
Im Wiesengrund 308-12b
Im Wiesenpfad (3) 308-5a
Im Winkel 308-11b

In den Auen 308-9d
In der Held 308-10b
In der Hostert 307-11b

Jahnstraße 308-8c
Jakob-Rausch-Straße (33/A1)
Jesuitenstraße 308-10a
Joerresstraße (33/B1)
Johannes-Kirschweng-Straße (3) 307-11b
Johannes-Müller-Straße (9) (33/A2)
Johannisstraße 308-11b
Johanniswall 307-10b (33/A2)
Josef-Dickopf-Straße (5) (33/A1)
Josef-Schäfer-Weg (3) 308-11d
Jülichstraße 308-10a

Kaiserin-Auguste-Viktoria-Park 307-12a
Kaiser-Wilhelm-Park 308-10b
Kalvarienbergstraße 307-10d (33/A3)
Kanonenwall 307-10b (33/B2)
Kapellenstraße 308-8b
Karl-von-Ehrenwall-Allee 307-10d (33/A2)
Katharinenplatz (4) (33/B1)
Keltenstraße (2) 308-5a
Kinkelstraße 307-10c
Kirchenpfad 308-10c
Kirchstraße 308-5b
Kirperichsweg 308-11d
Kleiner Weg (1) 308-9c
Kloster-Prüm-Straße 308-12a
Köhlerhof 308-6d
Köhlerhofweg 308-9a
Kölner Straße 308-7c
Kolpingstraße (33/B2)
Königsberger Straße 307-9c
Königsfelder Straße 307-12d
Königstraße 307-11d
Konsumsgasse 308-8c
Kreuzstraße 308-10a
Kurgarten 307-12b
Kurgartenstraße 307-12b
Küstriner Straße (9) 307-12a

Landgrafenstraße 308-10a
Landrat-Joachim-Weiler-Platz (12) 307-11a
Landskroner Brücke 308-12a
Landskroner Straße 308-8c
Landskronerhof 308-5d
Laurentiusstraße 307-11c
Leimlochweg 308-11d
Leipziger Straße 307-12a
Lennépark 308-10b
Leonardusstraße (15) 307-11d
Lerchenweg 308-10c
Lessingstraße 307-12a
Lindenstraße 308-10a
Lindenweg (13) 307-11a
Löhndorfer Weg 308-12a
Lohrsdorfer Hütte 308-9d
Ludwig-Wirtz-Straße 307-10c

Margarethenweg 307-12d
Marienburger Straße (8) 307-12a
Marienthaler Straße 306-12c
Marienweg 307-12d
Marktplatz 307-10b (33/A2)
Martinusstraße 308-8c
Mauritiusstraße 308-11b
Max-Planck-Straße 307-11b
Meisenweg 308-10d
Mittelstraße 308-10a
Monschauer Straße 307-11b
Mörikestraße 307-12a
Mühlenstraße 308-12a

Nachigallenschlag 308-10c
Nelkenweg 308-10c
Neuenahrer Straße 307-11b
Niederhutstraße 307-10b (33/A2)
Nikolas-Bahles-Straße 308-12a
Nikolaus-Molitor-Straße (3) 308-8c
Nordstraße 307-9d

Oberhutstraße 307-10b (33/A2)
Oberstraße 307-12b
Obertorbrücke (33/A3)
Orsbeckstraße 307-11a
Oststraße 308-10a
Otlerstraße 307-11c (33/B2)

Pantaleonsplatz 308-8c
Peter-Develich-Straße (33/B1)
Peter-Fix-Straße 307-9c
Peter-Friedhofen-Straße 307-11a (33/B2)
Peter-Jansen-Straße 307-11a
Pfarrweg 307-11b
Platanenweg (7) 307-12a
Platz an der Linde (11) 308-10a
Plätzerstraße 307-10b (33/A2)
Portugieserstraße 307-9c
Poststraße 308-10a

Quellenstraße 308-8c

Ramersbacher Straße 307-10d (33/B2)
Rathausstraße 307-9d
Ravensberger Straße 308-10a
Remagener Weg 308-8b
Rieslingstraße 307-9c
Ringener Straße 307-8d
Ringstraße 308-11b
Ritterstraße 308-9c
Robert-Koch-Straße 307-11b
Roesgenstraße 307-10d (33/A2)
Römerstraße 307-11a (33/B1)
Rosenweg 308-10a
Rotdornweg (5) 307-12a
Rotweinstraße 307-8d
Rotweinwanderweg 307-7d
Rüstringer Straße 308-11b

Sanitätsrat-Dr.-Niessen-Straße 307-12d
Scheidskopfstraße 308-5a
Schillerstraße 307-10d (33/A3)
Schulhofstraße (6) (33/B2)
Schulstraße 308-8c
Schülzchenstraße 307-11a
Schützbahn 307-10b (33/A2)
Schützenstraße 307-11a (33/B2)
Schweizer Straße 308-10c
Sebastianstraße 307-11b
Sebastianuswall 307-10b (33/A1)
Silvanerstraße (1) 307-9c
Simrockstraße 307-11c (33/B3)
Sinziger Straße 308-9c
Sonnenbergstraße 307-11c
Speerbaumweg 307-9d
St.-Pius-Brücke 307-11b
St.-Pius-Straße 307-11b
Staffeler Straße 307-10d (33/A3)
Staufenstraße 308-12a
Steinfelder Gasse (10) (33/A2)
Steinkauler Straße 307-11d
Stettiner Straße 307-9c
Stummerichsweg 307-7d

Talweg 307-11d
Taunusstraße 307-9d
Teichstraße 307-12a
Telegrafenstraße 307-12b
Theodor-Klein-Straße (1) 308-11b
Thurgauer Straße 307-9c
Tilsiter Straße 307-9c
Tulpenweg 308-10c

Uhlandstraße 307-12a
Unterstraße 308-10a
Ursulinenbrücke (33/A3)
Ursulinenstraße 307-10d (33/A3)

Vehner Weg 308-12a
Veltenstraße 307-10c

Wadenheimer Platz 308-10a
Wadenheimer Straße 308-10a
Walburgisstraße 308-10b
Waldesruh 308-10c
Waldstraße 307-12d
Walporzheimer Straße 307-10c
Wehrscheid (33/B2)
Weinbergstraße 307-12a
Wendelstraße 308-10a
Westerwaldstraße 307-12a
Weststraße 307-12b
Wiesenweg 308-11b
Wilhelmstraße 307-11a (33/B1)
Willibrordusstraße 307-12b
Winzerplatz (2) 307-8d
Wolfgang-Müller-Straße 307-12b
Wolfsgäßchen (8) (33/A2)
Wolfsgasse (33/A2)
Wolfskaul 308-10d

Zum Furthbrunnen (1) 308-8a
Zum Gierschberg 308-12a

Baesweiler

PLZ 52499

Aachener Straße 122-7b
Adenauerring 122-2d
Agnes-Miegel-Weg (17) 122-3a
Albert-Schweitzer-Straße 122-4b
Albertstraße 122-4a
Alexanderstraße 122-5a
Alsdorfer Straße 122-7b
Am Beeckfließ 122-1a
Am Bildchen 121-3b
Am Brückchen 121-3b
Am Feuerwehrturm (4) 122-4d
Am Hasenpfuhl 122-2b
Am Heckfeld (10) 122-2b
Am Klärwerk 122-3a
Am Klostergarten 122-2d
Am Lindchen 122-7b
Am Muldenpfad 122-3c
Am Ringofen 122-1a
Am Steinbüchel (1) 122-1a
Am Stiefel 122-5a
Am Stippenweg (1) 122-4a
Am Streitberg 122-5c
Am Weiher 122-3a
An der Brauerei 122-4d
An der Burg 122-2b
An der Gnadenkirche (3) 122-2b
An der Maar 122-4b
An der Waad 122-4a
An Gut Driesch 122-4b
Andreasstraße 122-2d
Anne-Frank-Ring 122-7b
Antoniusstraße 122-4d
Anton-Klein-Straße 122-2d
Arnold-Sommerfeld-Ring 122-1c
Astrid-Lindgren-Ring (2) 122-1d
Auf der Mooth 122-7b
Auguste-Renoir-Straße 122-5a
August-Peters-Straße 122-2d

Bachstraße 122-4a
Bahnhofstraße 122-4d
Bahnstraße 122-2b
Barbarastraße 122-2b
Berliner Weg (16) 122-3a
Birkenstraße 122-4c
Bischof-Teutsch-Weg (28) 122-2a
Bongardstraße (2) 121-3b
Brabantstraße 122-5a
Breite Straße 122-4b
Breslauer Weg (22) 122-3a
Brukenthalweg (26) 122-2b
Buchenstraße 122-4c
Burgpark 122-2b
Burgstraße 122-4b
Buschstraße 122-4c

Cäcilienstraße 122-1a
Carl-Alexander-Straße 122-1a
Carlstraße 122-4a
Christine-Englerth-Ring 122-3a
Claude-Monet-Ring 122-5a

Danziger Weg (19) 122-3a
Dietrich-Bonhoeffer-Straße 122-5a
Dilgenshof 122-4a
Drosselstraße 122-4c

Easingtonstraße 122-4b
Eduardstraße 122-4d
Egerlandweg 122-3a
Eichendorffweg (21) 122-3a
Eichenstraße 122-4a
Elisabethstraße 122-2d
Emil-Mayrisch-Straße 122-2b
Erbdrostenallee (5) 122-3a
Erich-Kästner-Straße 122-2c
Erich-Klausener-Straße 122-1d
Ernststraße 122-2c
Eschweilerstraße 122-7d

Feldstraße 122-4a
Fichtenweg 122-1d
Fidelisstraße 122-4b
Finkenstraße 122-4c
Fischgracht 121-3b
Florianstraße 122-5a
Flutgasse 122-5a
Fontaneweg 122-3a
Freiheitsstraße 122-8c
Friedensplatz 122-3a
Friedensstraße 122-4d
Friedrichsstraße 122-5a
Fringsstraße 122-4d
Fuchsengasse 122-4b

Gartenstraße 122-2b
Gasperswinkel 122-4a
Gebrüder-Grimm-Straße 122-1d
Geilenkirchener Straße 122-1c
Georgstraße 122-4a
Gerhart-Hauptmann-Weg (23) 122-3a
Geschwister-Scholl-Straße 122-7b
Gleiwitzer Weg (18) 122-3a
Glück-Auf-Straße (7) 122-3a
Goerdelerstraße 122-7b
Grabenstraße 122-5a
Grengracht 122-4a

Hans-Böckler-Straße 122-3a
Hans-Christian-Andersen-Straße (4) 122-2c
Hans-Lothar-Straße 122-7b
Hauptstraße 122-2d
Heidweg 122-2b
Heinrich-Heine-Ring 122-2c
Heinrich-Imbusch-Straße 122-4b
Heinrich-Kemp-Weg 122-7b
Hellweg 122-2b
Herderstraße 122-2b
Hermann-Hesse-Straße 122-2c
Hermann-Hollerith-Straße 122-1d
Hermannstraße 122-5a
Herzogenrather Weg 122-4a
Herzogstraße (2) 122-5a
Hofgracht 122-4b
Honterusstraße 122-2a
Hubertusstraße 121-3b
Hügelstraße 122-2c
Humboldtweg (12) 122-3a

Im Bongert 122-2b
Im Brühl 122-7a
Im Forst 122-4b
Im Kamp 122-7d
Im Kirchwinkel 122-4c
Im Sack 122-4d
Im Weinkeller 122-2a
Im Wiesengrund 122-2d
Immanuel-Kant-Weg (13) 122-3a
In den Füllen 122-7b
In der Schaf (5) 122-4d

Jakob-Kaiser-Straße 122-7b
Jenaer Weg (14) 122-3a
Jochen-Klepper-Weg (24) 122-3a
Johannes-Gutenberg-Straße 122-1c
Johannesstraße 122-2d
Jülicher Straße 122-5a
Julius-Leber-Straße 122-7b
Junkerfuhr 122-4c

Kampstraße 122-4b
Kapellenstraße 122-4a
Kaplan-Küppers-Straße 122-4d
Karl-Theodor-Platz (7) 122-4c
Karl-Theodor-Straße 122-4c
Keufengasse 121-3b
Kirchgasse 122-7d
Kirchstraße 122-4d
Kloshaus 122-7c
Knappenstraße 122-4a
Königsberger Straße 122-4c
Königsberger Weg (20) 122-3a
Krummer Weg (9) 122-2b
Kückstraße 122-4b
Kurt-Schumacher-Straße 122-1d

Langgasse 122-1a
Lärchenweg (3) 122-4b
Leipziger Weg 122-3a
Leostraße 122-4c
Leppersweg 122-1d
Lessingstraße (6) 122-2b
Liegnitzer Straße 122-4c
Lindenstraße 122-1a
Löffelstraße 122-4d
Ludwig-Erhard-Ring 122-1c
Ludwigsplatz (6) 122-4d
Lutherstraße 122-2a

Maarstraße 122-4b
Magdeburger Weg (15) 122-3a
Mariastraße 122-4b
Martinstraße 122-7d
Max-Beckmann-Straße 122-5a
Max-Planck-Straße 122-1d
Max-von-Laue-Straße 122-1c
Merberener Weg 122-7a
Merberenkamp 122-4d
Michael-Ende-Straße (1) 122-1d
Mittelstraße 122-4a
Mühlenbach 122-4c
Mühlenstraße 122-2b

Neue Heimat 122-2b
Neue Weide 122-3c
Novalisweg (11) 122-3a

Offermannsstraße 122-2b
Ostlandstraße 122-3a
Otto-Hahn-Straße 122-5a

Pablo-Picasso-Straße 122-5a
Pankratiusstraße 122-1a
Parkstraße 122-5c
Pascalstraße 122-1c
Pastor-Stegers-Straße (29) 122-2d
Pastor-Strang-Straße 122-7b
Pastorsweide 122-3a
Pater-Dr.-Pohlen-Straße 122-7d
Paulskamp 122-4c
Paulstraße 122-7a
Peter-Debye-Straße 122-1c
Peterstraße 122-7a
Petronellastraße 122-4d
Place de Montesson (1) 122-5a
Potsdamer Weg (25) 122-3a
Pützstraße 122-1a

Raiffeisenstraße 122-2d
Reyplatz 122-4b
Ringstraße 122-4c
Robertstraße 122-2c
Rohgasse 122-4b
Römerweg 122-2d
Roskaul 122-4c
Rote Gasse 122-4c

Saarstraße 122-4c
Schmiedstraße 122-2d
Schnitzelgasse 122-2d
Schugansgasse 122-4b
Schulstraße 122-7d
Schwarzer Weg 122-7d
Sebastianusstraße 122-2d
Selfkantstraße 122-2b
Siebenbürgenstraße 122-3a
Siegenkamp 122-5a
Siersdorfer Straße 122-5c
Simon-Ohler-Straße 122-2a
Sonnenweg (8) 122-2b
Stefan-Ludwig-Roth-Weg (27) 122-2b
Stegerhüttestraße 122-4b
Steingäßchen 122-4b
Straußende 122-2d

Talstraße 122-2c
Tannenweg 122-4b
Thomas-Edison-Straße 122-1d
Tschippendorfer Straße (4) 122-3a

Übacher Weg 121-6b
Urweg 122-1d

Vietenfuhr 122-4a
Vincent-van-Gogh-Ring 122-5a
Volkspark 122-4d
Von-Galen-Straße 122-7b
Von-Reuschenberg-Straße 122-2a
Von-Stauffenberg-Straße 122-7b

Waidmühlenstraße (3) 122-1a
Werner-Reinartz-Straße 122-1a
Werner-von-Siemens-Straße 122-1c
Wilhelm-Busch-Straße 122-1d
Wilhelm-Röntgen-Straße 122-1c
Willy-Brandt-Straße 122-2c
Windmühlenstraße (3) 122-5c
Wingsstraße 122-4d
Wolfsgasse 122-2d
Wolfsweg 122-4a

Ziegelei 122-1a
Zur Lohe 122-5c

Bassenheim

PLZ 56220

(zu VBG Weißenthurm)

Altengärtenweg 343-4d
Am Bahnhof 343-5d
Am Gaukesberg 343-7b
Am Gülser Weg 343-8b
An der Kond 343-7b
An der neuen Scheune (2) 343-8a
Auf dem Schamberg 343-8a
Auf'm Rausch 343-8a
Aussiedlerhof 343-4b

Bachstraße 343-7b
Bischof-Wehr-Straße 343-8a
Burgmühle 343-5a

Charlottenstraße (1) 343-4d

Dreifaltigkeitsstraße 343-8a

Eichenhof 343-4c

Fasanenweg 343-8a
Freiherr-vom-Stein-Straße 343-4d

Gartenstraße 343-5c
Gensstraße 343-4d
Gewerbegebiet Bassenheim 343-5d

Hengsthof 343-9a
Hohlweg 343-4d
Hospitalstraße 343-4d

Im Sässel 343-8a

Jahnstraße 343-5c

Karmelenbergerhof 343-7a
Karmelenbergerweg 343-7b
Katscheckerhof 343-7d
Katscheckerweg 343-8a
Kettiger Weg 343-5c
Kirchstraße 343-4d
Koblenzer Straße 343-5c

Martinshöhe 343-7b
Martinstal 343-8a
Mayener Straße 343-4d
Mozartstraße 343-4d
Mülheimer Straße 343-5c

Neugasse 343-4d

Pfaffenbrucherhof 343-1c

Raiffeisenstraße 343-8a

Saffiger Straße 343-4d
Schloßpark 343-5c
Schubertstraße 343-4d

Unter den Pelzen 343-4d

Von Oppenheimstraße 343-4d
Von Waldthausenstraße 343-8a

Waldstraße 343-8a
Walpot-Platz 343-5c
Wiesenweg 343-4d
Wolkener Weg 343-8a

Becheln

PLZ 56132

(zu VBG Bad Ems)

Auf dem Klopp 353-12c

Braubacher Weg 353-11d
Brunnengasse (3) 353-12a

Emser Straße 353-11b
Endstraße 353-12a

Kirchgasse (4) 353-12a

Limesweg 353-12a
Lindenweg 353-12a

Marksburgstraße 353-11b

Poststraße (1) 353-11b

Rathausstraße 353-12a
Römerweg 353-12a

Schulstraße 353-11b
Sportplatzstraße 353-12a
Steinäckerweg (2) 353-12a

Taunusstraße 353-11b

Waldstraße 353-11b

Bedburg

PLZ 50181

Adenauerstraße (3) 80-8b
Adolf-Silverberg-Straße 80-12c
Agathastraße 80-9d
Ahornweg 80-11b
Akazienweg 100-3a
Albert-Einstein-Straße (9) 80-12c
Albert-Schlangen-Straße 80-8c
Albert-Schweitzer-Straße 80-8b
Allhovener Straße 80-8a
Am alten Bahndamm 80-8b
Am Bach 100-3d
Am Berghof 100-3a
Am Finkelbach 100-3b
Am Glockenpütz 80-8d
Am Glockensprung 100-6b
Am Kleefeldchen 100-3c
Am Kriegersweg 100-6b
Am Majershof (1) 100-3a
Am Mühlenkreuz 80-8a
Am Pielshof 80-8c
Am Priorshof (2) 100-3a
Am Pützbach 80-12a
Am Rathaus 80-8b
Am Ringofen 80-12a
Am Sandberg 81-10a
Am Schirkerhof 80-9d
Am Schwarzen Kreuz 100-3a
Am Sprung (2) 80-8b
Am Tiergarten 80-8a
Am Tripskreuz 81-10c
Am Wiedenhof 80-8d
Am Zelenberg 80-8c
Am Zuggraben (6) 80-12a
Amelner Weg 100-6a
Amselweg 80-12b
An den Benden 80-12b
An der Bieverschell 80-9d
An der Schießbahn 80-8d
Annastraße 80-12b
Anton-Heinen-Straße 100-3d
Antoniusstraße (1) 80-12b
Arnold-Freund-Straße 80-12b
Auf dem Wall 80-8b
Augustinerallee 80-12b
August-Macke-Straße 80-11a

Bahnstraße 80-12d
Barbarastraße 80-8d
Beatrixstraße 80-9c
Bedburger Schweiz 100-3a
Beethovenstraße 100-3c
Belmener Höfe 80-10c
Bergheimer Straße 80-12b
Birkenweg 81-9d
Brahmsstraße 100-3c
Brandenburger Straße 80-9c
Breslauer Straße (7) 80-8d
Bruchstraße 100-3b
Brucknerstraße 100-3c
Brunnenstraße 80-7b
Buchholzer Straße 100-3c
Burgring 81-9d
Burgstraße 80-12a
Burgundische Straße 80-8d
Buschacker 81-7c

Carl-Benz-Straße 80-6d
Carl-Leyhausen-Allee 80-11b

Darshovener Straße 80-8d
Desdorfer Weg 100-6a
De-Werth-Straße 80-8d
Drosselweg 80-12b

Echternacher Weg (3) 100-3d
Eduard-Beerbaum-Straße 80-12a
Eichendorffstraße 80-12c
Eichenweg 80-8d
Eifelstraße 80-12c
Epprather Straße 80-9a
Erftstraße 80-12b
Erkelenzer Straße 80-11d
Erlenweg 80-8d
Etgendorfer Straße 80-11d
Eulengasse 80-8b

Farnweg 81-9d
Fasanenweg 80-12b
Feldstraße 100-3c
Finkenweg 80-9d
Flemingstraße 80-12c
Fliederweg 81-9b
Frankengasse 80-8d
Frauweiler Weg 82-7d
Frauweilerhof 82-7d
Frauweilerring 81-9d
Friedensstraße 81-9d
Friedhofstraße 81-10a
Friedlandstraße 80-11b
Friedrich-Ebert-Straße 80-8d
Friedrich-Neukirchen-Straße 80-11d
Friedrich-Wilhelm-Straße 80-12b

Garsdorfer Straße 81-9d
Gartenstraße 80-12d
Gaulshütte 100-2a
Geddenberger Straße (3) 100-3a
Gerhardstraße 80-8d
Gerhard-vom-Brugh-Straße 80-9d
Germaniastraße 80-8c
Gewerbegebiet Silverberg 100-3a
Ginnerstraße 80-7b
Ginsterweg 81-9d
Glescher Weg 100-3b
Goethestraße 80-12c
Gommershoven 81-6c
Gommershovener Weg 81-9d
Gorch-Fock-Straße 100-3a
Gottlieb-Daimler-Straße 80-9b
Graf-Salm-Straße 80-12d
Graf-Wilhelm-Straße 80-8d
Grevenbroicher Straße 81-9b
Grüner Weg 100-3b
Gustav-Heinemann-Straße 80-8a
Gut Etgendorf 100-1b
Gut Stolzenberg 81-9d

Hans-Böckler-Straße 80-8a
Harffer Schloßallee 80-8c
Hasselberg 80-7d
Hauptstraße 80-8b
Heidberg 80-11d
Heidklift 80-7d
Heinrich-Campendonk-Straße 80-11b
Heinrich-Hertz-Straße 80-9b
Heinrich-Lübke-Straße 80-12a
Heinrichstraße 80-8d
Herderstraße 100-2b
Hermann-Löns-Straße 100-3a
Hirtenend 100-3b

Hohenholzer Straße 80-7d
Höhenweg 80-12c
Holtroper Straße 81-9d
Hubert-Hachenberg-Straße 100-3b
Hubertusstraße 80-11c
Humboldtstraße 80-12b
Hundsgasse (3) 80-12b

Im Embegrund 100-6a
Im Erftbusch 80-12d
Im Grund 81-9d
Im Hamm 80-7d
Im Kirchblick (1) 100-3d
In der Aue 80-9d
Industriepark Mühlenerft 80-6d

Jahnstraße 80-7d
Johanneslust 81-10a
Johannesstraße 81-10a
Josef-Schnitzler-Straße 80-7d
Josefstraße 81-9d
Josef-Weckopp-Straße 80-8c
Jülicher Straße 80-8c

Kardinal-Frings-Straße 80-11b
Karl-Arnold-Straße 80-8d
Karlstraße 80-12c
Käthe-Kollwitz-Straße 80-11a
Kettelerstraße 80-8d
Kiefernweg 80-11b
Kirchfeldstraße (2) 100-6b
Kirchplatz 80-7b
Kirchstraße 80-8b
Kirdorf 100-6a
Kirdorfer Allee 100-3d
Klosterstraße 80-12b
Kölner Straße 81-10a
Kolpingstraße 100-3b
Königsberger Straße (5) 80-8d
Kurt-Schumacher-Straße 80-8d
Kurt-Stöbe-Straße 100-3c

Ladestraße 80-12d
Lambertusstraße (2) 80-12b
Langemarckstraße 80-12d
Leitweg 100-3c
Lerchenweg 80-9d
Lessingstraße 100-3a
Leuwenend 80-8d
Lichweg 80-11d
Lindenstraße 100-2b
Lipper Berg 80-12c
Lipper Markt 80-12c
Ludwig-Uhland-Straße 100-3a

Maarweg 81-9d
Margaretenhöhe (8) 80-12c
Margaritenweg 81-9b
Marie-Nauen-Straße 80-11b
Marktplatz 80-12b
Matthias-Lammet-Straße (7) 80-12b
Max-Beckmann-Straße 80-11b
Max-Ernst-Straße 80-11b
Maximilianstraße 80-8d
Meisenweg 80-12b
Meßweg 80-8c
Millendorf 80-11d
Millendorfer Straße 80-11b
Mittelstraße 81-10a
Mohnweg 81-9b
Morkener Straße 80-8c
Mozartstraße 100-3a
Muchhauser Straße 100-3a

Nachtigallenweg 80-12b
Neu Garsdorf 81-9c
Neue Bergstraße 80-8a
Neusser Straße 80-12a
Neustraße 80-12b
Niederembler Weg 100-6a
Nikolaus-Otto-Straße (1) 80-6d

Oberschlager Straße 100-3a
Oeppenstraße 81-10a
Offenbachstraße 100-3c
Ohndorfer Weg 100-6a
Omagener Straße (1) 80-8b
Oppendorf 80-11c
Oppendorfer Straße 80-11d
Oranienstraße 80-9c
Otto-Hahn-Straße 80-12a

Pannengasse 80-7b
Pappelallee 80-9d
Pastor-Busch-Straße 80-9d
Paul-Klee-Straße 80-11a
Pestalozzistraße 100-3d
Pfarrer-Bodden-Straße 100-3c
Pfarrer-Müllejans-Straße 100-3d
Planstraße 1 80-8d

Rainer-Zimmermann-Straße 80-9a
Rather Mühle 82-7c
Rather Weg 81-9d
Reinhardstraße 80-8d
Ricardastraße 80-9a
Richard-Wagner-Straße 100-3a
Robert-Bosch-Straße 80-9b
Robert-Koch-Straße 80-12a
Römerstraße 80-8d
Röntgenstraße 80-12c
Rosenweg 81-9d
Rotdornweg 80-8d
Rudolf-Diesel-Straße 80-6d
Rupperburg 81-10a

Sauerbruchstraße 80-12c
Schillerstraße 100-3a
Schloßallee 81-10a
Schopenhof 82-7c
Schubertstraße 80-8a
Schulpfad 80-11d
Schumannstraße 100-3c
Schunkenhof 80-11c
Schützendelle 80-8c
Schützenstraße 81-10a
St.-Lucia-Straße 81-9d
St.-Rochus-Straße 80-7d
St.-Sebastianus-Straße 80-8c
St.-Ursula-Weg 80-12c
Starenweg 80-9d
Steifensandstraße 80-11b
Stettiner Straße (6) 80-8d
Stresemannstraße 80-8b

Talstraße 80-7d
Theodor-Heuss-Straße 100-3c

Ulmenweg 80-12c

Verschönerung (5) 80-12b
Vetschauer Straße 81-10a
Vikariestraße 80-8b
Virchowstraße 80-12c
Vom-Stein-Straße 80-7d
Von-Hochstaden-Straße (4) 80-8c
Von-Neuenahr-Straße 80-8d
Von-Sparr-Straße 80-8d

Wallstraße 80-8b
Weiherstraße 80-12b
Weiler Königshoven 80-7d
Werner-von-Siemens-Straße 80-9b
Wiesenstraße 80-12a
Wilhelm-Warsch-Straße 80-8d
Willibrordusstraße 100-3d
Willy-Brandt-Straße 80-12c
Winkelheimer Straße 100-3c

Zenshof 82-7c
Ziegeleistraße 80-12a
Zollhausstraße 80-8d
Zollweg 80-8d
Zum Brezelenberg (1) 100-1a
Zur alten Mühle 100-6b
Zur Gaulshütte 80-11c

Bendorf

PLZ 56170

Abteistraße 331-11c
Ahlbacher Weg 339-3a
Ahornweg 338-3d
Akazienweg 338-3d
Albrechtshof 339-3c
Alemannenweg 339-5a
Alois-Haehser-Straße 331-10c
Alter Weg 339-1d
Althansweg 331-11a
Am Bungert 339-1b
Am Friedrichsberg 331-10d
Am Goldberg 339-2c
Am Hammerwerk 339-1c
Am Hängelbach 339-1c
Am Hölzchen 331-9c
Am Hüttengraben 339-1a
Am Kreutz 339-5c
Am Mühlenberg 339-2c
Am Röttchenshammer 339-1a
Am Sayner Bahnhof 339-1b
Am Schulenberg 338-3d
Am Silbecher 339-1b
Am Steinchen 339-2c
Am Telegraphenberg 331-9a
Am Zehntefrei 331-8d
Amselweg (6) 339-1a
An der Bleiche 339-4b
An der Concordiahütte 339-1a
An der Gießerei (8) 339-1a
An der Kapelle 339-1a
An der Rothen Mühle 339-1b
An der Seilerbahn 339-4b
Auf dem Röttchen 338-3d
Auf dem Ufer 331-9c
Auf der Schützenhöhe 339-5b
August-Thyssen-Straße 339-1c
August-Wacker-Straße 339-2a

Bachstraße 339-5a
Bahnhofstraße 339-5a
Beethovenstraße 331-10c
Bendorfer Straße 338-6b
Benzenhahn 339-2c
Bergstraße 339-2c
Berliner Straße 331-11c
Bernhard-Henrich-Straße (3) 331-10c
Birkenweg 339-1a
Bongertstraße 331-9a
Bornweg 331-9a
Brauereistraße 339-4b
Breslauer Straße 339-4b
Brexbachstraße 331-9c
Brexstraße 331-11c
Brückenstraße 331-10d
Brunnengasse 331-11c
Buchfinkenweg (5) 339-1a
Burggasse 331-11c

Cäcilie-Freisberg-Straße 331-8d
Clemens-Maria-Hofbauer-Straße 339-1c
Colmantstraße 339-1d
Concordiastraße 339-1d

Danngasse 339-2c
Danziger Straße 339-1d
Dechant-Ibald-Straße (2) 331-10d
Die Ketsch 339-4d
Dieter-Trennheuser-Straße 339-1c
Dohlenweg (7) 339-1a
Dr.-Otto-Siedlung 339-5c
Drosselweg 339-1a

Eichendorffstraße 339-2c
Eisenbahnstraße 339-4d
Elisabethenstraße (1) 331-9a
Engerser Landstraße 339-1a
Engerser Straße 339-4a
Engersport 339-4b
Entengasse 339-5a
Eric-Reger-Straße 331-10c
Erlenmeyerstraße 339-4b

Falkenstraße 339-1a
Fasanenstraße 339-1a
Feld-Vorstmann-Straße 339-1d
Finklerweg 339-5a
Fliederweg 331-10d
Fontanestraße 339-2c
Frankenstraße 339-4b
Friedensstraße 339-1c
Friedrich-Ebert-Siedlung 339-1d
Fürstin-Leonilla-Straße 331-10c

Gartenstraße 339-5c
Gassenweg 331-10d
Geibelstraße 339-2c
Gewerbegebiet Langfuhr 339-1c
Gewerbegebiete Rheinau Rheinhafen 339-4b
Gewerbepark Concordia 339-1a
Gluckstraße 331-10c
Gondorfstraße 331-9c
Gotenweg (3) 339-4d
Grenzhäuser Straße 339-5a
Grubenweg 339-5a
Gummersbachstraße (2) 331-9a
Gussie-Adenauer-Haus 339-2b
Gustav-Braubach-Straße 339-1a

Händelstraße 331-10c
Hanswiesenweg 339-4b
Hartmannsmühle 331-11d
Hauptstraße 339-1d
Hedwig-Dransfeld-Haus 339-2d
Heinsmühle 339-2a
Heinzenweg 331-10d
Hellenpfad 339-1b
Hermannstraße 331-9c
Himmerichspfad 339-5a
Hinterm Backofen 339-5a
Hinterm Lenchens Haus 339-4b
Hohlweg 339-2c
Holunderweg 331-10d
Horchemsweg 339-1b
Humperdinckstraße 331-10c
Hüttenstraße 339-4a

Im Alten Wingert 331-10d
Im Andorf 339-1d
Im Baumbachgarten 331-9a
Im Brextal 331-11d
Im Eulengrund 331-9a
Im Gräflichen Weingarten 331-10d
Im Großbachtal 339-2d
Im Ohlenberg 339-5c
Im Sayntal 331-11a
Im Schloßgarten 339-1b
Im Stadtpark 339-1d
Im Stein-Reich 339-1b
Im Stillen Winkel 339-1b
Im Wenigerbachtal 339-2d
In den tiefen Wiesen 339-4b
In der Hohl 339-2c
In der Langfuhr 339-4a
In der Saynerhütte 331-11c
Isenburger Straße 331-9a

Jacobystraße 331-10d
Jahnstraße 331-11c
Jakobstraße 331-9a
Josefstraße 331-9a
Judengasse 339-5a
Jugendheimstraße 331-8d

Karl-Fries-Straße 339-1d
Karl-Gaßmann-Straße 331-10c
Karolingerweg 339-5c
Kastanienweg 338-3d
Kastell-Siedlung 339-4a
Keltenstraße 339-4b
Kirchhofsweg 338-3d
Kirchplatz 339-5a
Klostergasse 331-11c
Koblenz-Olper-Straße 339-1b
Königsberger Straße 339-4b
Königsgasse 331-11c
Krausweg 340-1a
Kreuzgasse 331-11c

Langenmorgenpfad 331-10d
Langobardenweg (5) 339-5c
Leonhard-Bestgen-Straße 331-9a
Lerchenweg (4) 339-1a
Lessingstraße 339-2c
Lindenweg 338-3d
Lohweg 339-1d
Lortzingstraße 331-10c
Lossenweg 339-1b
Luisenstraße 339-4b

Max-Hünermann-Straße 331-10c
Meisenhof 331-12c
Meisenhofweg 339-2a
Merowingerweg (1) 339-5a
Mittelgasse 331-11c
Mittelstraße 339-5c
Möwenweg (3) 339-1a
Mozartstraße 331-10c
Mühlenstraße 339-2c

Neubergsweg 339-5a
Nibelungenweg (4) 339-5c
Nippes 331-11c
Normannenweg (6) 339-5c

Ober dem Grubenhaus 339-5a
Obere Bleiche 339-2c
Obere Rheinau 339-4b
Oberhausenstraße 331-9a

Peter-Siebert-Straße (1) 331-10d
Poststraße 339-4b
Prof.-Herrn-Jonker-Straße 339-1d
Püschstraße (3) 331-9a

Raabestraße 339-2c
Rehpfadstraße 331-9c
Remystraße 339-5a
Rhein-Dinas-Straße 339-1d
Rheinpfad 339-4b
Rheinstraße 339-4b
Rheinwerft 339-4a
Richard-Wagner-Straße 331-10c
Ringstraße 339-4b
Ritterweg 331-10c
Römerstraße 339-4b
Rotkehlchenweg (1) 339-1a
Rudolf-Gelhard-Straße 331-8d

Sayner Straße 339-1d
Saynerhahnstraße 331-8d
Schillergasse 331-11c
Schloßpark 331-10c
Schloßstraße 331-10d
Schubertstraße 331-10c
Schulstraße 331-9a
Schumannstraße 331-10c
Siedlung Mittelstadt 339-5c
Siegburger Straße 339-2c
Silcherstraße 331-10c
Simrockstraße 339-2c
Staufenstraße 339-4b
Steinstraße 339-5a
Streckenpfad 339-2c
Stromberger Weg 331-11a

Taubenstraße 339-1a
Theodor-Heuss-Straße 339-4b
Theodor-Neizert-Straße 339-1d

Unter der Burg 331-11c
Untere Rheinau 339-4b
Untere Vallendarer Straße 339-4b

Vallendarer Straße 339-5a
Vierwindenberg 339-5b
Vierwindenhöhe 339-5a

Waldfrieden 331-10c
Waldstraße 331-9a
Waschkaulweg 331-10c
Weiser Straße 331-10c
Weißdornweg 331-10d
Weitersburger Weg 339-5d
Welfenweg (2) 339-4d
Werftstraße 339-4a
Wernerstraße 339-5a
Westerwaldstraße 331-9c
Wiegandstraße 339-1d
Wikingerstraße 339-5a
Wilhelmsgasse 331-11c

Yzeurer Platz 339-5a

Zeisigweg (2) 339-1a
Zur Schönen Aussicht 331-10d

Berg

PLZ 53505

(zu VBG Altenahr)

Am alten Kirchweg (2) 304-9a
Am alten Örtchen 304-9b
Am Eicherbusch 304-8a
Am Grabenberg 304-6d
Am Hügel 304-9a
Am Kirchplatz (4) 304-9a
Am Steinbusch 304-6c
Auf der Zippheide (5) 304-9a

Birkenweg 304-8b
Bonner Straße (6) 304-6c
Burg Vischel 305-10a

Dorfstraße 305-10a

Grabenberg 304-6d
Grabenweg 304-6c

Harzberg 304-9a
Hilberather Weg 304-6d
Höhenweg 304-6c

Im Acker 304-8d
Im Auel 304-8d
Im Pesch (1) 304-8b
Im Seifen 304-8c

Kuhgasse 304-8a
Kurtenbusch 304-8c

Lange Heide 304-8d
Liesenfelder Straße 304-6c

Markusstraße 304-8b
Münstereifeler Straße 304-8a

Naturfreundeweg 304-9a

Rheinbacher Straße 304-6c

St.-Rochus-Straße 304-8d

Talweg 304-9a

Vischeler Straße 304-9b
Vor der Stappen 304-9c

Waldweg 304-9a
Weiherstraße (3) 304-9a
Wilgenberg 304-9b

Zum Hellental 304-6c

Bergheim

50126 Aachener Straße 101-11b
50129 Abts-Acker-Straße 102-5d
50126 Adam-Giesen-Ring 102-10c
50126 Adlerweg 101-12b
50129 Adolf-Kolping-Straße 83-10c
50127 Agavenweg (5) 130-2b
50126 Agnes-Miegel-Straße 101-8d
50127 Ahestraße 130-2a
50126 Ahornweg 101-9a
50126 Akazienweg 101-9a
50127 Albert-Schweitzer-Straße 130-2b
50126 Albrecht-Dürer-Allee 101-12b
50127 Alpenkönigweg 130-2a
50129 Alpenstraße 102-5d
50129 Alte Landstraße 102-2c
50129 Alte Windmühle 103-6b
50127 Alter Sportplatz 102-11d
50129 Am Abtshof 103-6b
50129 Am Alten Fließ 83-11d
50129 Am Alten Hof 102-6a
50129 Am Alten Maar 102-3c
50126 Am Bahndamm 102-7c
50129 Am Bahnhof 102-2d
50129 Am Berg 102-5b
50129 Am Bommerichshof 83-10a
50129 Am Breuersberg 102-6a
50129 Am Breuershof 103-6c
50126 Am Burgberg 102-10a
50129 Am Buschfeld 83-12c
50129 Am Ehrenmal (2) 103-1b
50129 Am Feldahorn (4) 82-8b
50129 Am Fischerhof 102-2c
50129 Am Frankenfeld 103-6d
50129 Am Frohnhofpfad 103-1b
50129 Am Fuchsberg 103-6d
50127 Am Gastes 102-12d
50129 Am Gillbach 82-9c
50126 Am Glescher Hof (4) 101-4a
50129 Am Grüneck 102-6a
50129 Am Haselbusch 102-6c
50126 Am Heerwege 102-7c
50129 Am Hengert 82-9c
50129 Am Hofheckerweg 103-5d
50129 Am Hüttenhof 83-10c
50126 Am Jobberath 101-9d
50126 Am Jobberathstraße 101-9d
50127 Am Kapellenkreuz 130-4a
50129 Am Keuschenbroich 103-6b
50127 Am Kirchacker (1) 102-12c
50129 Am Kirchgarten 103-5d
50126 Am Knüchelsdamm 101-9d
50129 Am Krahnacker 82-9a
50129 Am Langen Garten 103-6d
50129 Am Langgraben 82-11c
50129 Am Lapprath 102-3c
50129 Am Lindenberg 83-11c
50127 Am Martinswerk 102-11a
50129 Am Meulshof 102-2a
50129 Am Mohlenberg 103-1b
50129 Am Mühlenberg 103-2b
50129 Am Mühlenteich 103-6c
50129 Am Ommelstal 83-12c
50129 Am Platz 83-11d
50129 Am Pohl (5) 103-6c
50129 Am Polengarten 83-10c
50129 Am Protzenberg 101-9b
50129 Am Rosengarten 103-6d
50127 Am Rötschberg 102-11d
50129 Am Schaltwerk 82-9d
50129 Am Scheideweg 102-3c
50129 Am Schillberg 102-6a
50126 Am Schloßpark 101-5c
50129 Am Schultsgarten 103-6c
50127 Am Schwarzwasser 130-1d
50129 Am Sieberath 103-9b
50126 Am Sodagraben 102-10c
50129 Am Spelzgarten 103-6c
50126 Am Spielplatz 101-8d
50127 Am Sportplatz 102-2b
50129 Am Sprung 103-6c
50126 Am Stadion 101-9b
50129 Am Steg 103 6d
50129 Am Steinweg 103-6c
50129 Am Tonnenberg 102-6a
50129 Am Villerand 102-5a
50129 Am Villgraben (3) 102-6b
50126 Am Vogelwäldchen 102-10c
50126 Am Wäldchen (16) 102-10a
50127 Am Wasserwerk 102-10b
50129 Am Werkstor 82-9b
50127 Am Wiebach 129-3b
50129 Am Wierichskamp 103-6c
50127 Am Wildwechsel 130-2a
50129 Am Zehnthof 103-6c
50126 Amselweg (11) 102-10a
50129 An den Dreißig Morgen 83-11b
50126 An den Ellern 101-8a
50126 An den Erken 102-10a
50126 An den Platanen 101-8a
50127 An den Quellen 130-1d
50129 An den Wiesen 82-9a
50129 An der Abtsmühle 103-6c
50129 An der Alten Schmiede 103-6c
50129 An der Bahn 102-5b
50129 An der Brennerei (4) 103-6c
50126 An der Broelhecke 101-12a
50129 An der Broicheiche 103-9a
50129 An der Buchenhecke (4) 102-6b
50129 An der Burg 103-2b
50127 An der Erft 130-1d
50126 An der Erftaue 101-9a
50126 An der Erfttalstraße 101-12a
50129 An der Fronbrücke 82-9a
50129 An der Fuchshecke 83-11d
50129 An der Hecke 102-6b
50129 An der Höferstraße 82-9a
50129 An der Jussenhöhle 102-6a
50126 An der Kentener Burg (17) 102-10a
50129 An der Kirche 103-6c
50129 An der Kläranlage 82-11a
50129 An der Kriegskaule 103-9a
50129 An der Krokpaasch (2) 102-2c
50127 An der Marienburg 130-3a
50129 An der Pfarrkirche 83-11d
50129 An der Ronne 103-1a
50126 An der Stadtmauer 101-9d
50126 An der Üleburg 101-9b
50129 An der Weide 83-12c
50129 An der Windmühle 102-6a
50127 Andersenstraße 130-3a
50127 Annoweg 130-2a
50126 Antoniusstraße 101-5c
50129 Apfelmarkt 103-1b
50127 Aralienweg (6) 130-2b
50129 Arnikaweg 102-2b
50127 Arratosstraße 130-2a
50127 Aschenputtelweg (27) 130-2a
50129 Asperschlagstraße 102-2b
50127 Asternweg 130-4b
50129 Auenheimer Straße 82-10d
50127 Auerhahnweg (28) 130-2a
50127 Auerweg 130-3a
50129 Auf dem Driesch 102-6a
50129 Auf dem Mühlenberg 103-9a
50129 Auf dem Steinengarten 103-6c
50127 Auf den Sprüngen 102-10a
50126 Auf der Alm 101-9b
50127 Auf der Helle 130-2b
50129 Auf der Höhe 103-3a
50126 Auf der Leck 101-9b
50126 August-Borsig-Straße 101-7d
50129 Außemer Weg 102-5b

50127 Bachstelzenweg (15) 130-2b
50127 Bachstraße 130-2b
50129 Bahnhof 82-9b
50126 Bahnstraße 102-7c
50129 Barbarastraße 102-2a
50126 Bauhofstraße 101-12c
50129 Beckerhof 82-9a
50126 Bedburger Straße 101-4a
50129 Beethovenstraße 102-3c
50129 Begonienweg (4) 130-2a
50127 Behringstraße 102-12c
50126 Beisselstraße 101-9d
50126 Bendenstraße 102-10a
50129 Bergergasse 82-6c
50129 Bergerhof 82-5d
50129 Bergheimer Straße 102-5d
50129 Berghof 103-5c
50129 Bergmannstraße 82-9a
50126 Bergstraße 101-9b
50126 Berliner Ring 101-12b
50127 Bertlingsgasse 102-11d
50126 Bethlehemer Straße 102-7c
50126 Birkenweg 101-9c
50126 Birkhahnstraße 101-9c
50126 Blindgasse 102-10b
50126 Blumenstraße 102-7c
50129 Bodelschwinghstraße 102-6a
50126 Bohlendorfer Weg 101-9a
50126 Bohnenfeld 101-8b
50129 Bonnstraße 83-11d
50127 Brahmsstraße 130-2b
50129 Brandenburger Straße 102-2b
50129 Braunfeldsmühle 103-6c
50129 Brauweilerstraße 103-6c
50126 Breslauer Straße 101-12b
50129 Brieystraße 102-5b
50129 Broichhof 103-9a
50126 Broichstraße 102-10a
50129 Bromberger Straße 102-3a
50126 Brückenstraße 102-10a
50127 Brucknerstraße 130-2b
50129 Brühler Straße 82-9a
50127 Brunhildenstraße 101-12c
50129 Brunnenstraße 82-9a
50126 Buchenweg 101-9c
50126 Buchfinkenweg 102-10a
50127 Buntspechtweg (12) 130-2b
50129 Burg Geretzhoven 82-8a
- Burg Thorr 101-12c
50126 Bürgeweg 101-8a
50126 Burggasse 101-5c
50129 Büsdorfer Straße 102-5b
50127 Bussardstraße 130-2b

50126 Cäcilienweg 102-7c
50126 Carl-Bosch-Straße 101-12a
50129 Carl-Diem-Straße 103-9a
50126 Carl-Sonnenschein-Straße 102-7c
50127 Carl-Spitzweg-Straße 131-1a
50126 Charlottenhofstraße 101-9c
50126 Chaunyring 101-9c
50129 Christian-Hüppeler-Straße 83-10c
50129 Christinagäßchen (1) 102-2a
50129 Clarenweg 102-5b
50127 Clivenweg 101-12c
50126 Commerstraße 101-9d
50126 Cosmasstraße 101-4b

50127 Dachsweg 130-2a
50126 Dahlienweg 101-12a

50126 Daimlerstraße 102-10a
50126 Damianusweg 101-4b
50127 Dammstraße 102-11d
50126 Dänischer Weg 101-12b
50129 Dansweilerstraße 103-6d
50126 Danziger Straße 101-12b
50127 Däumelingweg (21) 130-2a
50126 Derigsgasse (3) 101-9d
50126 Desdorfer Weg 101-7b
50126 Dieselstraße 101-12b
50126 Distelfinkweg 101-1c
50127 Dohlenweg (10) 130-2b
50127 Domackerstraße 102-11d
50126 Dompfaffenweg (14) 102-10a
50129 Donatusstraße 83-10c
50129 Dorfplatz 82-9c
50129 Dormagener Straße 102-5a
50129 Dornheckenweg (2) 102-6b
50127 Dornröschenweg (25) 130-2a
50126 Dresdener Straße 101-12b
50126 Drosselweg 102-10a
50129 Dürbaumstraße 102-6a
50129 Düsseldorfer Straße 82-9c

50129 **E**delweißweg 102-5d
50129 Edisonstraße 82-11d
50129 Efeuweg 82-9c
50129 Eibenweg 103-9b
50126 Eichelhäherweg 102-10a
50126 Eichendorffstraße 101-9b
50126 Eichenweg 101-9c
50127 Eick-Hof 102-12b
50129 Elsaßweg 102-2d
50127 Elsterweg 130-2b
50129 Enzianweg 102-5d
50126 Erftallee 101-9d
50127 Erfthof 130-1d
50126 Erftpassage (4) 101-9d
50126 Erftstraße 102-10a
50126 Erfurter Straße 102-10a
50129 Erlenring 102-6a
50126 Erlenweg 101-9c
50127 Ermlandhof 102-12b
50129 Ernst-Reuter-Ring 102-6a
50126 Eschenweg 101-9a
50126 Escher Mühle 130-1a
50127 Espenweg 130-2b

50127 **F**alkenweg 130-3c
50129 Faradaystraße 82-11d
50129 Farnweg 102-2b
50127 Fasanenweg (1) 130-2a
50127 Feldhuhnweg 130-2b
50129 Feldrosenweg (3) 82-8b
50126 Feldstraße 101-9b
50127 Feuerdornweg 130-3b
50127 Fichtenweg 130-2b
50126 Fieselerstraße 101-4a
50126 Finkenweg 102-10a
50127 Fischbachstraße 130-3b
50126 Flamingostraße 101-4a
50129 Fliederweg 102-2d
50129 Fliestedener Straße 83-10d
50126 Florastraße 101-12b
50127 Florianstraße 130-1d
50129 Föhrenweg 102-6a
50129 Forellenweg 82-10b
50129 Fortuna-Nord-Straße 102-2a
50129 Fortunastraße 102-5b
50126 Frankenstraßen (1) 101-4a
50129 Franz-Esser-Straße 102-2c
50127 Frau-Holle-Weg (23) 130-2a
50127 Freesienweg (3) 130-2a
50126 Freiheitsstraße (2) 101-4b
- Freizeitanlage "Sonnenhang" 102-12d
50126 Freizeitpark Erftaue 101-12d
50127 Frenser Allee 130-3a
50127 Frenser Straße 130-3a
50126 Frickestraße 102-2a
50129 Friedensstraße 102-6a
50129 Friedhofstraße 102-6a
50127 Friedlandstraße 130-3a
50126 Friedrich-Bessel-Straße 101-7d
50129 Friedrich-Ebert-Straße 102-6a
50127 Friedrichstraße 130-3b
50126 Fröbelstraße 102-7a
50127 Froschkönigweg (26) 130-2a
50127 Fuchsienweg 130-2a
50127 Fuchsweg 130-2a
50126 Füssenichstraße 101-9b

50129 **G**arsdorfer Straße 82-10d
50126 Gartenstraße 102-10b
50126 Georggasse (19) 101-9d
50127 Geranienweg 130-2a
50126 Gerhart-Hauptmann-Straße 101-8d
50129 Gertrudenhof 82-9b
50129 Gertrudenstraße 82-9c
50129 Geschwister-Bentheuer-Straße 103-6d
50129 Geuelweg 82-11c
- Gewerbepark Bergheim 101-7b
50126 Giersbergstraße 101-6c
50129 Giethgasse 103-6c
50129 Gillbachstraße 82-10d
50127 Gimpelweg 130-2d
50129 Ginsterweg 102-6a
50127 Gladiolenweg 130-2a
50127 Glasbläserstraße 102-12c
50126 Gleschener Hof 101-4a
50126 Glescher Straße 101-5c
50129 Glessener Weg 102-6a
50126 Glessiker Straße 101-4b
50126 Glockenweg 102-10b
50129 Glogauer Straße 102-3a
50127 Glückaufstraße 130-3b
50129 Gnesener Straße 102-3a
50126 Goethestraße 101-8d
50126 Goldammerweg (12) 101-12b
50127 Gotenring 101-12c
50127 Gotenstraße 101-12c
50129 Gottfried-Stahl-Straße 83-11d
50127 Graf-Beissel-Platz 130-3a
50127 Graf-Otto-Straße 102-11d
50127 Grasmückenweg (17) 130-3c
50129 Greifswalder Straße (3) 102-3a
50126 Grevenbroicher Straße 101-1c
50127 Grimmstraße 130-3a
50129 Groß-Mönchhof 82-8c
- Grünbrücke 101-5a
50126 Grüne Ladenstraße (1) 101-9d
50126 Grüner Weg 101-9b
50129 Grünewaldstraße 82-9a
50126 Grünspechtweg 101-1d
50129 Gut Asperschlag 102-3b
50126 Gut Bohlendorf 101-6c
50129 Gut Neuhof 103-8b
50127 Gut Petershof 102-12b
50126 Gutenbergstraße 101-12a

50127 **H**ainbuchenweg 130-2b
50129 Hallerhof 102-6d
50127 Händelstraße 102-11d
50127 Hänflingweg 130-3c
50129 Hans-Böckler-Platz 102-6a
50126 Hans-im-Glück-Straße (19) 130-2a
50127 Harffer Hof 102-12b
50127 Hasenweg 102-11c
50126 Hassels Gässchen 101-9d
50126 Haubenlerchenweg (13) 102-10a
50126 Hauptstraße 101-9d
50127 Haus Laach 129-3c
50127 Haus Wiedenau 130-5a
50127 Hebelstraße 130-3a
50129 Heckenrosenweg (1) 102-6b
50126 Heckenstraße 101-5c
50126 Heerstraße 101-9b
50129 Heidenpfuhl 103-6c
50127 Heideweg 101-12d
50126 Heinemannstraße 101-4b
50126 Heinrich-Heine-Straße 101-8d
50126 Heinrich-Hertz-Straße 101-12a
50127 Heinzelmännchenweg 130-2a
50126 Heinz-Menzel-Straße 102-10d
50126 Heisenbergstraße 101-11b
50126 Heppendorfer Straße 130-4b
50127 Herbergerstraße 130-2b
50127 Herderstraße 130-3a
50126 Hermann-Lautz-Straße 102-10b
50127 Hermann-Löns-Straße 130-3a
50126 Hermann-Stehr-Straße 101-8d
50129 Herrenhof 82-8a
50129 Hessgasse 103-1a
50129 Hiepenfeldweg 102-2c
50129 Hinter den Hecken 83-11d
50129 Hohe Straße 103-6c
50129 Höhenweg 103-9a
50129 Holbeinweg 82-5d
50129 Holtroper Straße 102-2a
50129 Holunderweg 102-5d
50126 Holzgasse 101-5c
50129 Honiggasse 103-6c
50129 Hoppengasse 102-2a
50126 Hubert-Rheinfeld-Platz 101-9d
50126 Hubertusplatz 102-10a
50126 Hubertusstraße 102-10b
50129 Hüchelhovener Weg 82-9a
50126 Humboldtstraße 101-12a
50127 Huppertstaler Weg (1) 130-1d
50129 Hüttenweg 103-1a

50127 **I**ltisweg 102-11c
50129 Im Brauweilerfeld 103-9b
50129 Im Broich 83-11d
50129 Im Bruchfeldchen 103-6c
50129 Im Dornenhau 103-9a
50129 Im Dreieck 102-11d
50127 Im Dünnen Bruch 101-12c
50129 Im Euel 102-2d
50129 Im Funkenkamp 102-6a
50126 Im Goldacker 102-10a
50126 Im Hasental 101-4d
50129 Im Heuchen 103-9a
50129 Im Kamp 103-6c
50129 Im Katzenbungert 102-5b
50127 Im Kleinfeldchen 130-4b
50127 Im Langen Benden 129-3b
50129 Im Park 83-10c
50129 Im Pfarrgarten 83-10d
50127 Im Rauland 102-10d
50129 Im Selch 103-9a
50129 Im Sommerhausfeld 103-9a
50126 Im Stadtgarten 101-9d
50129 Im Tal 103-6d
50129 Im Tiergarten 83-12c
50126 Im Wiesengrund 102-10a
50127 Im Wohnpark 130-1c
50127 In den Benden 130-1d
50126 In den Dorfgärten (1) 101-8a
50126 In den Herrenbenden 102-10b
50126 In der Aue 101-9a
50127 In der Freiheit 130-1d
50129 In der Hüll 103-5d
50126 In der Loh 101-8a
50129 In der Mitte 102-5b
50127 In der Spitze 130-1d
50129 Industriestraße 102-2b
50129 Ingendorfer Straße 83-10d
50129 Ingendorfer Weg 83-11d
50129 Inselstraße 102-5d
50127 Irisweg 130-2a

50126 **J**ahnstraße 101-4b
50127 Jakob-Bühr-Platz (2) 130-3b
50126 Jasminweg 101-4b
50129 Jennerstraße 83-11d
50127 Jenseitsstraße 130-3a
50126 Johann-Ruland-Straße 101-9b
50126 Josef-Thürner-Straße 102-10c

50127 **K**ammerstraße 102-11d
50129 Kämpchenstraße 103-3a
50129 Kapellenweg 103-1a
50126 Karthäuserstraße 101-4b
50129 Kaspar-Fünders-Straße 102-2d
50126 Kastanienallee 101-5d
50129 Kasterstraße 83-10c
50127 Katzenberg 102-12c
50129 Kaulens-Weide 102-2c
50129 Kaulsgasse 103-1b
50127 Keltenstraße 101-12c
50126 Kennedystraße 101-9a
50126 Kentener Heide 102-10c
50127 Kentener Weg 102-11c
50126 Kettelerstraße 102-7c
50126 Kiebitzweg 102-10a
50127 Kiefernweg 130-2b
50126 Kindergartenweg 101-8a
50126 Kirchstraße 101-9b
50126 Kirdorfer Mühle 100-6a
50126 Kirdorfer Straße 100-6b
50126 Kirschbaumweg 101-9a
50127 Kitschburgstraße 102-11d
50127 Kleiberweg (16) 130-2b
50127 Kleiner-Muck-Weg (22) 130-2a
50129 Klein-Mönchhof 82-11a
50127 Klosterhütte 130-1d
50126 Klosterstraße 101-9d
50127 Knospenweg 130-1d
50129 Kolberger Straße 102-3a
50127 Köln-Aachener-Straße 102-11d
50129 Kölner Hohlweg 102-6a
50126 Kölner Straße 102-7c
50126 Kolpingstraße 102-7c
50129 Komödchenstraße 102-5b
50126 Königsberger Straße 101-12b
50126 Königsgasse 101-9c
50126 Königsstraße 101-8a
50126 Kopernikusstraße 101-8c
50127 Koppelsweg 130-1d
50129 Kösliner Straße 102-3a
50126 Kranichweg 101-4a
50126 Krankenhausgasse 101-9d
50126 Krefelder Straße 101-8d
50129 Kreuzstraße 83-10c
50129 Krokusweg 102-2b
50129 Kurt-Schumacher-Straße (2) 103-6d
50127 Kurzer Weg 130-3a

50127 **L**aacher Straße 130-1c
50129 Laurentiusstraße 83-10d
50126 Lechenicher Straße 101-9c
50129 Leinenweberweg 102-2b
50126 Leipziger Straße 102-10a
50129 Lerchenberg (1) 103-1b
50126 Lessingstraße 101-8d
50127 Licher Hof 102-12d
50127 Ligastraße 102-11d
50129 Ligusterstraße 102-2d
50126 Lilienthalstraße 102-10a
50126 Lilienweg (8) 101-12b
50129 Lindenplatz 82-9c
50126 Lindenring 101-9c
50127 Lindgesweg 102-11d
50126 Lippertsgasse (2) 101-9d
50129 Lisztstraße 102-3c
50129 Lochnerweg (1) 82-6c
50126 Löhrgasse 101-8a
50129 Lohweg 102-2c
50127 Lombardring 130-2a
50129 Lothringer Ring 102-2d
50129 Lourther Weg 82-10d
50129 Ludwig-Erhard-Straße (3) 103-6d
50126 Luisenstraße 102-10b
50127 Lupinenweg 130-2b
50127 Lutherstraße 130-3a

50126 **M**agdeburger Straße 102-10a
50127 Maiblumenweg 130-2d
50127 Malvenweg 130-2d
50127 Mandelweg 130-2b
50129 Manstedtener Straße 103-3a
50127 Märchenring 130-2a
50127 Marderweg 102-11c
50127 Margeritenweg 101-12c
50129 Marie-Juchacz-Straße 102-2d
50126 Marienpfad 101-4a
50126 Marienstraße 101-9d
50129 Markhof 103-5a
50126 Maronenweg 101-4b
50126 Martinstraße 102-10b
50126 Martin-Vetten-Straße 101-4a
50129 Mauspfad 102-5b
50127 Max-Beckmann-Straße 130-3b
50126 Max-Born-Straße 101-12b
50126 Max-Planck-Straße 101-11b
50126 Meisenweg 102-10a
50126 Meißener Straße 101-12b
50129 Memeler Straße 102-3a
50129 Memlingweg (2) 82-5d
50126 Meßweg 101-8a
50129 Metzstraße 102-2d
50129 Michael-Juris-Straße (1) 103-6d
50127 Michaelplatz 130-1d
50129 Milliganshof 82-9a
50127 Mimosenweg 130-2d
50126 Mittelstraße 101-9b
50127 Mohnweg 130-2b
50129 Mönchhofweg 82-11c
50129 Moosweg 102-6a
50129 Möwenweg 103-3c
50127 Mozartstraße 130-2b
50126 Mühlenstraße 102-10a
50126 Mühlenwehr 101-8a
50127 Myrtenweg 130-2d

50126 **N**achtigallenweg 102-10a
50129 Nancystraße (3) 102-2d
50129 Narzissenweg 101-12a
50126 Naumburger Straße 101-12b
50129 Neißer Straße (4) 102-3a
50126 Nelkenweg (7) 101-12b
50127 Nesselweg 130-4b
50126 Neue Giersbergstraße 101-4a
50129 Neuer Weg (5) 102-5b
50126 Neuhöllnerhof 101-6a
50126 Neusser Straße 101-9b
50129 Niederaußemer Straße 102-5b
50126 Niederembter Straße 101-4a
50129 Nikolaus-Adams-Straße 82-8b
50127 Nordring 101-12c
50127 Nordstraße 101-12c
50127 Nußbaumweg 130-2b

50129 **O**beraußemer Straße 102-2a
50127 Obere Loh 101-12c
50129 Oberfeldstraße 102-3c
50129 Ohlesweg 83-11d
50129 Ohmstraße 82-11d
50126 Ohndorfer Weg 101-4b
50127 Ölbaumweg (8) 130-2b
50127 Oleanderstraße 130-2b
50129 Oppelner Straße 102-3a
50126 Orchideenweg 101-12b
50129 Ordenshof 82-10d
50129 Ordensstraße 82-10d
50129 Ostring 83-11d
50126 Oswaldstraße 101-11b
50126 Otto-Hahn-Straße 101-12a
50126 Ottostraße 102-10a

50126 **P**affendorfer Mühle 101-8b
50126 Paffendorfer Weg 101-9a
50127 Palmenweg 130-2d
50129 Pankratiusstraße 103-6c
50129 Pannesser Weg 82-10d
50126 Pappelweg 101-9a
50129 Pastorsgasse 102-2a
50126 Paul-Ehrlich-Straße 101-12a
50129 Paulusstraße 102-2b
50126 Pelikanstraße 101-4a
50126 Peringser Straße 101-4b
50129 Perlgrasweg 102-2b
50129 Pestalozzistraße 103-1a
50129 Peter-Achnitz-Straße 102-2d
50126 Peter-Otten-Straße 101-4a
50127 Petunienweg 130-2d
50126 Pfarrer-Evers-Ring 102-10c
50126 Pfarrer-Keuter-Straße 102-7c
50127 Pfarrer-Kreidt-Weg 102-2c
50126 Pfarrer-Pesch-Straße 82-9a
50126 Pfarrer-Piel-Straße (3) 101-4b
50127 Pfarrer-Röhrig-Straße 101-12c
50127 Pfarrer-Schlich-Straße 130-2b
50129 Pfarrer-Tirtey-Straße 103-6c
50126 Philipp-Reis-Straße 101-12a
50129 Pillauer Straße (5) 102-3a
50129 Pirolweg 102-10a
50126 Platanenweg 101-9c
50127 Pliesmühle 130-3c
50127 Pliesmühlenstraße 130-2b
50129 Posener Straße 102-3a
50129 Potsdamer Straße 102-3a
50129 Prälat-Kastenholz-Platz 83-10c
50127 Priamosstraße 130-2a
50127 Primelweg 130-2d

50129 **Q**uellenweg 103-3a

50127 **R**abenweg (9) 130-2b
50126 Raiffeisenstraße (5) 101-9d
50127 Rapunzelweg 130-1b
50126 Rathausstraße 102-7c
50127 Rebhuhnweg (2) 130-2a
50127 Reiherweg 130-3c
50126 Reiner-Trillen-Straße 101-4b
50129 Reisinger Weg 102-2a
50126 Remigiusstraße (18) 102-10c
50129 Reutergasse 102-5b
50129 Rheidter Weg 83-11d
50129 Richartzstraße 102-5b
50129 Riedweg 102-2b
50127 Rilkestraße 130-3a
50129 Ringstraße 102-2c
50127 Rispenweg 130-4b
50129 Rittersspornweg 102-2b
50126 Robert-Kirchhoff-Straße (1) 101-12a
50127 Robert-Koch-Straße 130-2b
50129 Rochusstraße 103-6d
50127 Römerstraße 129-3a
50129 Röntgenstraße 82-11d
50129 Rosenhof 103-9b
50129 Rosenweg 102-2b
50126 Rotdornweg 101-9c
50127 Rote-Kreuz-Straße 102-12c
50127 Rotkäppchenweg (24) 130-2a
50126 Rotkehlchenweg (10) 102-10a
50126 Rottannenweg 101-9c
50129 Rudolf-Harbig-Straße 82-5d

50129 **S**andberg 102-6a
50126 Sanddornweg 101-9a
50127 Sandstraße 130-5b
50126 Schillerstraße 101-8d
50127 Schlehdornweg (7) 130-2b
50127 Schleiferweg 102-12c
50127 Schlenderhan 102-12a
50127 Schlenderhanplatz 130-2a
50127 Schloss Frens 130-3c
50127 Schloss Frens Vorburg 130-3d
50126 Schloß Paffendorf 101-5c
50127 Schloss Schlenderhan 102-11d
50126 Schloßweg 101-8d
50129 Schlungweg 102-5b
50126 Schmitte Weg 101-8a
50127 Schneewittchenstraße (20) 130-2a
50127 Schnepfenweg 130-3c
50129 Schongauer Weg 82-6c
50126 Schulstraße 102-7a
50129 Schultesgasse 102-2c
50129 Schulzental 83-11d
50126 Schützenstraße 101-9d
50129 Schwalbenkaulstraße 102-6a
50126 Schwalbenweg 101-12b
50129 Schwarze Gasse 102-2a
50127 Schwarz-Gold-Weg 130-2a
50127 Sebastianusstraße 102-11d
50127 Seerosenweg 130-2d
50127 Seidelstraße 130-3a
50126 Siemensstraße 101-12b
50129 Silverbergstraße 102-2a
50127 Sindorfer Straße 130-1d
50129 Sintherner Holzweg 103-6d
50129 Sommerhaus 103-9a
50126 Sonnenblumenweg 101-12b
50127 Sonnenhang 130-3b
50129 Sophienhof 83-10d
50127 Sperberstraße 130-3c
50126 Sperlingweg 101-12b
50126 Sportparkstraße 101-12a
50129 St.-Michael-Straße 82-9a
50126 St.-Pankratius-Weg (2) 101-8a
50129 St.-Simeon-Straße 83-11d
50126 Stahlerweg 101-9b
50126 Stamsweg 101-4b
50127 Starenweg 130-2d
50126 Steinkauzweg 101-1c
50127 Sterntalerweg (18) 130-2a
50126 Stettiner Straße 101-12b
50127 Stieglitzweg (13) 130-2b
50129 Stolpstraße (1) 102-3a
50129 Stommelner Straße 83-12c
50127 Storchenweg 130-2d
50129 Stralsunder Straße 102-2b
50129 Stromstraße 82-11d
50127 Südring 129-3b
50126 Südweststraße 101-9d

50126 **T**alstraße 102-10a
50127 Tannenweg 130-2b
50127 Taubenweg (11) 130-2b
50129 Theodor-Bondü-Platz 102-5b
50129 Theodor-Heuss-Straße 102-2b
50129 Theo-Philipps-Ring 82-8b
50127 Thorrer Straße 102-11c
50127 Tiegelweg 102-12c
50129 Tilsiter Straße 102-3a
50129 Tirrillstraße 82-12c
50126 Torwachenplatz 101-9c
50129 Triftstraße 102-10b
50126 Tulpenweg (6) 101-12b
50129 Turnstraße 102-5d

50127 **U**hlandstraße 130-3a
50129 Ulmenring 102-6a
50129 Unter den Ulmen 82-8b
50129 Unterfeldstraße 102-3c
50129 Ursulastraße 103-1b

50126 **V**an-Gils-Straße 101-8d
50129 Vizentiusstraße 102-5b
50129 Voltastraße 82-11d
50126 Vom-Stein-Straße 101-9b
50127 Von-Drove-Straße (2) 101-12c
50127 Von-Elmpt-Straße (1) 101-12c
50129 Von-Galen-Weg 102-2a
50126 Von-Langen-Straße 101-8d
50129 Von-Nell-Breuning-Straße 103-6d
50127 Von-Roon-Straße 102-12c

50127 **W**acholderweg (Oberaußem) 102-5d
50127 Wacholderweg (Quadrath-Ichendorf) 102-12d
50127 Wachtelweg (14) 130-2b
50126 Waldkauzweg 101-1c
50126 Waldweg 101-9b
50126 Walter-Gropius-Straße 101-7a
50129 Weberstraße 102-2a
50127 Wehrstraße 102-11d
50126 Weidenweg 101-9a
50129 Weiherstraße 103-3a
50129 Weimarer Straße (2) 102-3a
50129 Weinbergstraße 103-6c
50126 Weißdornweg 101-9a
50129 Werkstraße 102-2a
50127 Weststraße 101-12c
50127 Wiebachhof 129-3d
50127 Wiedenaustraße 130-1d
50126 Wiedenfelder Höhe 101-6a
50126 Wiedenfelder Weg 101-9b
50127 Wieselweg 130-2a
50126 Wiesenstraße 101-9b
50129 Wildensgasse 83-11d
50127 Wildentenweg 130-2b
50129 Wilhelm-Moritz-Straße 83-10c
50126 Willy-Brandt-Platz 101-9c
50126 Willy-Messerschmitt-Straße 101-7d
50126 Willy-Schlegelmilch-Straße (15) 102-10a
50129 Windmühle Büsdorf 103-1b
50129 Windmühlenstraße 83-10d
50129 Winfriedstraße 103-8b
50126 Wöhlerstraße 101-12b
- Wohnpark Ahe 130-1c
- Wohnpark Gutenbergstraße 101-12a
- Wohnpark Otto-Hahn-Straße 101-12a
50129 Woltershof 82-9a

50129 **Z**achäus-Platz (6) 102-5b
50126 Zaunkönigweg (9) 102-10a
50127 Zedernweg 130-2b
50127 Zeisigweg 130-2d
50126 Zeiss-Straße 101-9d
50126 Zeppelinstraße 102-7c
50129 Ziegelstraße 103-6d
50126 Zievericher Mühle 101-8d
50127 Zievericher Straße 101-12c
50129 Zimmergasse 103-2b
50129 Zum Acker 103-6c
50126 Zum Biotop 102-10c
50129 Zum Bohnenbach 102-5b
50126 Zum Erftufer 101-4b
50127 Zum Frenser Feld 130-3d
50129 Zum Glessener Bach (6) 103-6d
50126 Zum Gottesacker 101-4b
50129 Zum Großen Ahr 103-1a
50127 Zum Grüngürtel 101-12d
50129 Zum Gut Neuhof 103-9a
50126 Zum Hagelkreuz 101-4b
50129 Zum Hahnacker 83-12c
50127 Zum Mühlenfeld 102-11d
50127 Zum Römerturm 101-12c
50129 Zum Rott 102-6a
50127 Zur Alten Glashütte 102-12c
50126 Zur Fuchskaul 101-4a
50126 Zur Harfeeiche 101-9b
50129 Zur Jansenhecke 102-5b
50129 Zur Mühle 103-2b
50129 Zur Ville 102-5b
50127 Zypressenweg 130-2b

Bergisch Gladbach

51427 **A**ckerstraße 109-11b
51427 Adalbert-Stifter-Straße 109-9c
51427 Agnes-Miegel-Straße 109-9c
51469 Ahornweg 110-4a
51467 Akazienweg 89-8d
51469 Albert-Dimmers-Straße 89-11d
51429 Albert-Einstein-Straße (8) 111-7d
51429 Albert-Schweitzer-Straße 110-8c
51429 Alt Lückerath 110-8a
51427 Alt Refrath 109-9d
51465 Alte Dombach 110-2b
51469 Alte Kölnische Straße 110-4b
51427 Alte Marktstraße 109-8d
Alte Wipperfürther Straße 109-3b
51469 Nr. 1-85, Nr. 2-76
51467 Nr. 78-262, Nr. 87-155
51467 Altenberger-Dom-Straße 89-10b
51429 Alter Schulweg 111-1c
51427 Alter Traßweg 109-9d
51429 Am Alten Forsthaus 110-8d
51465 Am Alten Pastorat (1) 110-1c
51427 Am Anger 109-12c
51427 Am Bach 109-12a
51469 Am Birkenbusch 110-4a
51429 Am Böckenbusch 111-11a
51427 Am Böttcherberg 110-11a
51427 Am Brandenhof 111-9b
51465 Am Broich 110-1b
51427 Am Brücker Bach 109-11b
51465 Am Büchelter Hof 111-1b
51427 Am Burgtor 110-10a
51469 Am Dännekamp 109-6a
51427 Am Ecksberg 89-7d
51465 Am Eichenberg 110-1b
51429 Am Eichenkamp 109-11b
51427 Am Fischweiher 109-12a
51429 Am Fürstenbrünnchen 110-7b
51467 Am Gänschenwald 89-11a
51429 Am Gräfenweiher 110-9c
51427 Am Grenzstein 89-7d
51427 Am Grünen Wäldchen 109-9b
51467 Am Grünen Weiher 89-12a
51429 Am Hang 110-8b
51467 Am Heidetor 90-10a
51467 Am Hermannshof 89-7d
51469 Am Hohnshäuschen 110-5a
51429 Am Hügel (2) 111-7a
51469 Am Kamelsbuckel 109-3b
51467 Am Katterbach 89-10b
51429 Am Kierdorfer Wald 111-4a
51465 Am Kleyberg 110-2d
51467 Am Klutstein 89-10b
51427 Am Köhler 109-9c
51469 Am Kuhlerbusch 109-3d
51427 Am Lehmbruch 109-12a
51427 Am Lichtor 109-9b
51469 Am Lindenhof 110-4a
51427 Am Meiler 109-9c
51429 Am Milchbornbach 110-8b
51429 Am Milchbornsberg 110-8b
51465 Am Mühlenberg 110-1b
51429 Am Neuborner Weiher 110-8a
51429 Am Pangenfeld 110-8d
51427 Am Pützchen 110-7b
51429 Am Rabenhorst 111-7c
51465 Am Reiferbusch 110-1b
51427 Am Rittersteg 110-10a
51469 Am Rodenbach 109-6b
51429 Am Rothfeld 111-5b
51469 Am Rübezahlwald 110-5c
51467 Am Schild 89-8c
51429 Am Schloß 110-9a
51465 Am Stadion 109-3d
51465 Am Steinberg 110-1b
51427 Am Steinboden 109-12a
51467 Am Steinernen Kreuz 89-12d
51429 Am Stockbrunnen 110-9c
51427 Am Ufer 109-12a
51429 Am Uhlenbruch 110-11a
51467 Am Urnenfeld 90-10a
51467 Am Vogelherd 89-12d
51467 Am Vorend 89-7d
51469 Am Wäldchen 110-4a
51469 Am Wapelsberg 109-3b
51429 Am Weinberg 111-8a
51427 Am Wiesenhäuschen 109-9c
51465 Am Wildberg 110-2a
51429 Am Winkel 111-7a
51427 Am Zaarshäuschen 109-9c
51429 Am Ziegelfeld (4) 111-7b

51429 Am Ziehenberg 110-11b
51429 Am Zubusch (2) 110-8a
51469 Am Zuckerberg 109-2b
51467 Amselweg 89-12d
51429 An den Braken 110-8a
51469 An den Warden (5) 110-4d
51467 An den Weihern 89-7b
51427 An der Bahn 110-11a
51469 An der Eiche (2) 110-4a
51467 An der Engelsfuhr 90-10c
51469 An der Flora 109-3b
51465 An der Gohrsmühle 110-1c
51465 An der Jüch 110-1d
51429 An der Kirche (8) 110-8b
51469 An der Kittelburg 109-2c
51465 An der Lohe 110-2d
51427 An der Refrather Heide 109-9b
51429 An der Schmitten 110-11a
51465 An der Strunde 110-1b
51469 An der Tent 110-4a
51427 An der Wallburg 109-9d
51427 An der Wasserdelle 109-12d
51427 An der Wolfsmaar 109-9d
51469 An der Zinkhütte 110-4c
51469 An Vierhäuschen 109-6b
51427 Anemonenweg 109-12c
51465 Anna-Maria-Medici-Platz (15) 110-9a
51469 Anna-Zanders-Straße (3) 110-4a
51429 Anne-Frank-Straße 110-8c
51429 Arnold-von-Lülsdorf-Straße 111-1c
51429 Asselborn 111-1b
51465 Asselborner Hof 91-10c
51429 Asselborner Mühle 91-10d
51465 Asselborner Weg 90-12d
51427 Asternstraße 109-11b
51429 Auelerberg 111-11b
51465 Auf dem Horn 110-1a
51427 Auf dem Kamm 109-12a
51467 Auf dem Kirchenfeld 89-9a
51467 Auf dem Krämersfeld 89-8a
51467 Auf dem Lichmich 89-9a
51427 Auf dem Schmillenberg 109-12b
51429 Auf dem Sommerfeld 111-4a
51429 Auf der Halde 110-8d
51429 Auf der Höhe (7) 111-7b
51427 Auf der Kaule 109-9c
51429 Auf der Wildbahn 110-11a
51467 Auf'm Büchel 109-2b
51469 August-Clostermann-Straße 109-2b
51469 August-Kierspel-Straße 109-2b

51467 **B**achstraße 89-8a
51469 Badstraße 89-11c
- Bahnhof Forsbach 138-5b
51429 Ball 111-4a
51429 Barbarastraße 111-7c
51429 Bärbroich 111-5b
51429 Bärbroicher Straße 111-1d
51429 Baumgarten 110-8b
51429 Bech 111-1b
51427 Beckershäuschen 109-12a
51427 Beethovenstraße 110-10b
51427 Belgischer Platz 110-7d
51427 Beningsfeld 109-8d
Bensberger Straße 110-1d
51465 Nr. 1-89, Nr. 2-76
51469 Nr. 78-300, Nr. 91-265
51429 Berg 111-1b
51429 Bergmannsweg 110-9d
51465 Bergstraße 110-1b
51427 Bernard-Eyberg-Straße 109-9c
51427 Bertram-Blank-Straße 109-12b
51429 Berzeliusstraße 110-8a
51467 Biese 89-9c
51429 Binsenweg 89-11d
51469 Birkenhain 110-4a
51465 Birkenhöhenweg 110-1b
51467 Birkenweg 89-7b
51429 Birkerfeld 111-7a
51429 Birkerhof 111-7b
51429 Birkerhöhe 111-7b
51465 Bonnschlade 110-5a
51467 Börnchen 89-10b
51469 Borngasse 89-11d
51469 Bourgoinstraße 110-4c
51467 Brahmsstraße 89-8a
51429 Branderhof 111-9b
51427 Brandroster 109-8d
51469 Braunkohlenstraße 110-4b
51429 Braunsberg 111-4b
51429 Braunsberger Feld 111-1d
51429 Breite 110-3d
51429 Breitenweg 111-1a
51465 Breslauer Straße 109-2a
51469 Britanniahütte 109-3d
51429 Broich 111-5b
51429 Broichen 110-11b
51467 Broicher Feld 89-7d
51429 Broicher Straße 110-11b
51429 Broichhausen 111-3a
51469 Bromberger Straße 109-2a
- Brück-Forsbacher Weg 138-1d
51467 Brucknerstraße 89-8a
- Brüderstraße 110-10d
51469 Brunhildenpfad 110-4a
51465 Büchel 90-12b
51465 Bücheler Weg 90-12b
51429 Büchelterhof 111-1a
51427 Buchenallee 110-10b
51427 Buchenkampsweg 109-11d
51469 Buchholzstraße 109-3a
51465 Buchmühlenstraße 110-1b
51429 Büchnerstraße (3) 111-1c
51427 Buchweizenweg 109-12c
51429 Buddestraße 110-8b
51465 Burg Zweiffel 90-12b
51469 Burggraben (11) 110-9c
51427 Burgherrenweg 110-10a
51427 Burgplatz 110-10a
51427 Burgstraße 110-7c
51427 Büschemerstraße 109-9c
51467 Buschhorn 89-8d
51467 Buschhorner Weg 89-12a

51469 **C**arl-Sonnenschein-Straße 109-3a
51469 Carl-von-Ossietzky-Straße 109-3c
51465 Cederstraße 110-4a
51465 Cederwald 110-4a
51465 Cederwaldstraße 110-1c
51427 Chlodwigstraße 110-10b
51469 Christophorusstraße 110-4b
51469 Clemensstraße 109-3a
51465 Combüchen 90-12a
51467 Concordiaweg 89-8a
51467 Curiestraße 89-4d

51469 **D**ählchen 89-11d
51469 Damaschkestraße 109-3c
51429 Danielsweg 110-8a
51469 Danziger Straße 109-2c
51429 Dariusstraße 110-8c
51465 Dechant-Müller-Straße 110-1c
51469 De-Gasperi-Straße 110-4c
51469 Dellbrücker Straße 109-2c
51429 Deutscher Platz 110-8d
51429 Diakonissenweg 111-7a
51469 Diepeschrath 109-1b
51469 Diepeschrather Mühle 109-1b
51469 Diepeschrather Weg 109-1d
51429 Dietrich-von-Dorendorp-Straße 111-1c
51427 Dolmanstraße 109-9b
51465 Dombach 110-2b
51465 Dombach-Sander-Straße 110-2b
51469 Don-Bosco-Straße 109-3a
51429 Dorn 111-9b
51469 Dornröschenpfad 110-5a
51427 Dr.-Lautz-Weg 109-12b
51465 Dr.-Robert-Koch-Straße 110-1b
51469 Drecker Wiese 109-3a
51429 Dreispringen 111-5d
51429 Dresherscheid 111-6c
51467 Drosselweg 89-7b
51429 Duckmaus 110-8d
51469 Duckterather Busch 109-2d
51469 Duckterather Weg 109-2d
51467 Duisbergstraße 89-4d
51469 Dünnhofsweg 109-6b
51467 Dünnwalder Weg 89-7a

- **E**ffenberger Weg 138-2b
51429 Ehrenfeld 111-8d
51467 Eibenweg 89-8b
51429 Eichelstraße 110-8d
51467 Eichen 89-8c
51427 Eichendorffstraße 109-12a
51427 Eichenhainallee 110-10b
51467 Eichenweg 89-8b
51465 Eicherhof 110-5d
51427 Eidechsenweg 110-10a
51429 Eintrachtstraße 110-8d
51469 Elfenpfad 110-5c
51429 Elisabethstraße 110-8a
51427 Elsa-Brändström-Straße 109-3a
51427 Elsterstraße 110-10a
51429 Emilie-Schmitz-Weg 110-8d
51429 Engelbertstraße 110-9c
51467 Engelsgut 90-10c
51429 Enrico-Fermi-Straße 111-7d
51427 Erholungspark Saaler Mühle 110-7d
51427 Erikastraße 109-12a
51429 Erlengrund 110-8c
51467 Erlenweg 89-8b
51429 Erna-Klug-Weg (16) 110-8d
51427 Ernst-Moritz-Arndt-Straße 109-12a
51427 Ernst-Reuter-Straße 110-10b
51427 Erntestraße 109-12c
51469 Eschenbroichstraße 109-2a
51467 Eschenweg 89-8d
51427 Eugen-Langen-Straße 110-10a
51465 Eulenburg 110-3a
51427 Eulenweg 110-10a

51467 **F**ahn 89-8a
51467 Fahner Weg 89-8a
51427 Falkenstraße 110-10a
51429 Falltorstraße 110-8d
51429 Farnweg 89-11d
51427 Fasanenstraße 110-10b
51465 Fauthstraße 110-2c
51469 Feldstraße 110-4b
51429 Ferdinand-Schmitz-Straße 110-7b
51469 Ferdinandstraße 109-6a
51429 Ferdinand-Stucker-Straße 110-8d
Ferrenbergstraße 110-1d
51465 Nr. 1-131, Nr. 2-148
51469 Nr. 133-Ende, Nr. 150-Ende
51467 Fichtenweg 89-8d
51467 Finkenweg 89-7b
51429 Fischbachstraße (10) 110-9c
51469 Flachsberg 89-12c
51427 Flehbachmühlenweg 109-12c
51429 Fliederweg 110-9c
51427 Flurstraße 109-12c
51467 Föhrenhöfchen 89-12b
51427 Föhrenweg 110-8c
51429 Fontanestraße 111-1a
51427 Forellenweg 109-12d
51429 Forstamt Königsforst 110-11b
51429 Försterei Steinhaus 111-10a
51429 Försterweg 110-11b
51429 Forststraße 110-8d
51427 Frankenforster Straße 109-12d
51427 Frankenstraße 110-10b
51429 Franz-Coenen-Straße 111-7c
51469 Franz-Heider-Straße 109-2b
51469 Franz-Hitze-Straße 109-2d
51429 Freiheit 110-8d
51429 Friedhofsweg (5) 110-8b
51429 Friedrich-Ebert-Straße 111-10a
51429 Friedrich-Offermann-Straße 110-9c
51429 Friedrich-Rosengarth-Straße (5) 111-7b
51465 Friedrichstraße 109-3d
51469 Friedrich-Westphal-Weg 110-1d
51427 Friesenstraße 109-12b
51429 Fröbelstraße 111-7a
51427 Froschpfad 110-10a
51467 Fuchskaule 90-10d

51429 **G**artenstraße 110-8d
51467 Gemarkenberg 90-11a
51467 Gemarkenweg 89-8d
51429 Gerberlohe 110-9c
51429 Gerberweg 110-9c
51469 Gerhart-Hauptmann-Platz 109-5b
51467 Gerotenschlag 90-10c
51465 Gertrudenstraße 110-1b
51427 Geschwister-Scholl-Straße 110-7c
- Gewerbegebiet Zinkhütte 110-4d
- Gewerbegebiet Zum Schleider Feld 89-8b
51469 Gewerbehof 110-4d
51469 Gierath 109-5d
- Gierather Mühle 109-5d
51469 Gierather Mühlenweg 109-5d
51469 Gierather Straße 109-6c
51469 Gierather Wald 109-6c
51469 Gierather Wiese 109-5d
51427 Ginsterweg 109-9c
51429 Giselbertstraße 110-12a
51429 Gladbacher Straße 110-5c
51429 Goerdelerstraße (3) 110-8c
51429 Goethestraße 111-1a
51469 Goldbornstraße 89-11d
51427 Golfplatzstraße 110-7a
51469 Görlitzer Straße 109-2c
51429 Graf-Adolf-Straße 110-8c
51469 Graf-Bernadotte-Straße 109-3a
51429 Graf-Galen-Straße 110-8c
51429 Graf-Hermann-Straße 110-12a
51429 Graf-von-Spee-Straße 110-8a
51465 Greuel 110-2c
51427 Grometstraße 109-12b
51465 Gronauer Mühlenweg 110-4a
Gronauer Waldweg 110-4a
51465 Nr. 1-19, Nr. 2-16
51469 Nr. 18-Ende, Nr. 21-Ende
51429 Gronewald 111-1d
51429 Groß Hohn 111-8c
51467 Großer Busch 90-11c
51429 Grube Apfel 111-8b
51429 Grube Blücher 110-6b
51429 Grube Weiß 111-7c
51467 Grube 90-11d
51467 Grubenfeld 90-11d
51429 Grünenbäumchen 111-1c
51429 Grüner Weg (Moitzfeld) 110-12b
- Grüner Weg 110-4b
51469 Gudrunweg 109-6b
51469 Gustav-Stresemann-Straße 109-3c
51469 Gutenbergstraße 109-2d

51467 **H**aberlandstraße 89-4d
51429 Habichtweg 110-9d
51429 Hackberg 110-9d
51467 Haferbusch 90-10c
51427 Halbenmorgen 109-9c
51465 Halfen Dombach 110-3a
51465 Hammermühle 110-1b
51427 Hand 109-2b
51427 Händelstraße 110-10b
51469 Handstraße 109-2d
51469 Handwerkshof 110-4d
51467 Hannenbusch 90-10c
51429 Hans-Böckler-Straße 110-8c
51469 Hänsel-und-Gretel-Weg (4) 110-4d
51465 Hans-Zanders-Straße 110-1d
51429 Hardt 111-4c
51429 Hardtblick 110-8b
51429 Hardtknippen 110-6d
51429 Hardtweg 110-8b
51467 Haselbusch (3) 89-11b
51427 Hasenweg 110-10a
51429 Hasselsheide 111-2d
51429 Hasselsheider Weg 111-6a
51427 Hasselstraße 109-9c
51465 Hauptstraße 109-6b
51467 Haus Hebborn 90-10a
51465 Haus Lerbach 110-5b
51465 Häuser Dombach 110-3c
51467 Haydnstraße 89-8a
51429 Hebbelstraße (2) 111-1c
51467 Hebborner Berg 90-10c
51467 Hebborner Feld 90-10c
51467 Hebborner Hof 90-10b
51467 Hebborner Kirchweg 90-10c
51469 Hebborner Straße 89-12c
51429 Hecken 111-4a
51469 Heideweg 109-2b
51467 Heidgen 89-10b
51469 Heidkamper Straße 110-4a
51429 Heidplätzchen 110-8d
51465 Heiligenstock 110-2a
51469 Heimstättenweg 109-2d
51429 Heinestraße 111-1d
51429 Heinrich-Böll-Straße (5) 111-1d
51469 Heinrich-Klerx-Straße 110-4d
51469 Heinrich-Strünker-Straße 109-2c
51427 Heitberg 109-9b
51429 Henri-Dunant-Straße 110-8c
51427 Herderstraße 109-12a
51467 Herkenfelder Weg 89-11c
51465 Herkenrather Straße 110-3c
51429 Herlen 111-3c
51429 Hermann-Josef-Hecker-Straße (9) 110-8d
51469 Hermann-Löns-Straße 109-2d
51465 Herrenstrunden 90-12d
51429 Herweg 111-8a
51429 Hessestraße 111-1d
51427 Heuweg 109-11d
51469 Hexenweg 110-4b
51429 Hindenburgplatz 110-8d
51427 Hirschanger 109-9d
51469 Hoffeldstraße 109-6a
51469 Höffenstraße 89-11d
51429 Hofwiese (1) 110-8a
51465 Höhenweg 110-1b
51427 Holunderweg 109-9c
51429 Hombacher Weg 110-3b
51467 Hoppersheide 89-7c
51467 Hoppersheider Busch 89-7b
51467 Hoppersheider Weg 89-7b
51465 Hornstraße 90-10c
51429 Horst 111-4c
51467 Hoverhof 89-5d
51429 Hubertushöhe 110-12b
51465 Hubertusstraße 90-10c
51467 Hüfe 89-11b
Hufer Weg 89-11b
51469 Nr. 1-51, Nr. 2-42
51467 Nr. 44-Ende, Nr. 53-Ende
51467 Hülsenanger 89-11a
51429 Hülsenfeld 110-6b
51427 Hummelsbroich 110-10b
51467 Humperdinckstraße 89-8a
51429 Hundsiefen 110-9c
51429 Hungenberg 110-8b
51427 Hüttenfeld 109-12a
51469 Hüttenstraße 110-4d

51427 **I**ddelsfeld (2) 109-9a
51465 Igeler Hof 90-12c
51465 Igeler Mühle 90-12c
51467 Im Aehlemaar 89-8c
51429 Im Alten Feld 110-8c
51465 Im Aspert 110-1a
51467 Im Birkelshof 89-5c
51427 Im Bruch 109-9c
51469 Im Buchholz 109-3a
51429 Im Bungert 110-8b
51429 Im Dornbusch 110-9d
51467 Im Drosselhain 89-12d
51469 Im Eichhölzchen 109-3b
51429 Im Erlenhof (3) 111-7c
51427 Im Feld 109-11b
51429 Im Finkenschlag 111-7c
51429 Im Fronhof 111-1c
51469 Im Grafeld 109-2d
51427 Im Grunde 109-9c
51427 Im Haferkamp 109-12c
51427 Im Hag 109-12c
51427 Im Hain 110-10b
51427 Im Hilgersfeld 109-12c
51427 Im Höffgen 109-12a
51427 Im Holz 109-12b
51429 Im Hoppenkamp 110-8d
51429 Im Hörnchen 111-11a
51467 Im Kleefeld 90-10c
51429 Im Krähenwinkel 110-11a
51465 Im Lehmstich (4) 110-2c
51429 Im Lerchenfeld 111-7a
51427 Im Letsch 109-12a
51429 Im Luchsfeld 110-8a
51427 Im Lüh 109-11b
51467 Im Merzfeld 89-8c
51429 Im Mondsröttchen 110-11b
51467 Im Neuen Feld 89-7d
51467 Im Odinshof 89-8c
51467 Im Plackenbruch 89-8c
51429 Im Scheidt 111-7d
51467 Im Scheurenfeld 89-11a
51427 Im Schlag 109-12b
51427 Im Schlangenhöfchen 110-10c
51429 Im Schloßpark 111-9a
51467 Im Schönen Feld 89-11a
51427 Im Vogelsang 109-12d
51467 Im Waldwinkel 89-7d
51467 Im Weidenbusch 89-11b
51429 Im Wiedenhof 111-1c
51469 Im Wiesenfeld 109-6a
51429 Imbuschstraße 110-8c
51427 Immanuel-Kant-Straße 109-12a
51429 Immenzaun 110-11a
51467 In den Stämmen 89-12b
51467 In den Wiesen 89-5c
51427 In der Auen 109-8d
51467 In der Broicher Aue 89-8a
51429 In der Heilen 111-4b
51469 In der Krabb 109-2b
51465 In der Kümp 110-2a
51465 In der Mühlenwiese (1) 90-12b
51429 In der Norr 111-8d
51467 In der Schlade 90-11c
51427 In der Taufe 109-12a
51465 Industriegebiet Gohrsmühle 110-1c
51465 Industriegebiet West 109-3d
51429 Industrieweg 110-8c
51465 Irlenfelder Hof 90-11c
51465 Irlenfelder Kamp 90-11d
51467 Irlenfelder Weg 90-10d
51467 Isbornweg 89-7b

- **J**agdweg 110-11c
51467 Jägerhof 89-12d
51467 Jägerstraße 90-10c
51427 Jägersweg 138-5a
51429 Jägerweg 110-11d
51427 Jahnstraße 109-12b
51429 Jakob-Busch-Straße 110-8a
51429 Jakob-Euler-Straße 110-8a
51465 Jakob-Kirch-Straße 110-2c
51465 Jakobstraße 109-3b
51429 Jan-Wellem-Straße 110-8b
51429 Johann-Bendel-Straße 110-8d
51429 Johann-Burum-Straße 111-5b
51467 Johannesstraße 90-10d
51429 Johanniterstraße 111-1d
51465 Johann-Wilhelm-Lindlar-Straße 110-1a
51469 Josef-Roemer-Straße 89-11d
51429 Juck 111-9c
51427 Juckerberg 111-9a
51427 Julius-Leber-Straße 110-7c
51427 Junkersgut 109-9d

51429 **K**adettenstraße 110-8b
51429 Kadettenweiherweg 110-9a
51465 Kalkstraße 110-1c
51467 Kalmünten 89-9a
51467 Kalmüntener Straße 89-8d
51465 Kaltenbroich 110-6a
51469 Kamp 109-2b
51469 Kämperfeld 109-2b
51429 Kardinal-Schulte-Straße 110-9d
51469 Karl-Ernst-Rahtgens-Straße (2) 89-12c
51467 Karl-Giesen-Straße 89-8c
51429 Karl-Philipp-Straße 110-8a
51465 Karl-Schmidt-Weg 110-1b
51429 Karl-Theodor-Straße 110-8a
51427 Kastanienallee 110-8c
51429 Katharina-Fröhlingsdorf-Straße (1) 111-6a
51467 Katharinental 89-10b
51467 Katterbach 89-11a
51467 Katterbachstraße 89-10d
51427 Kauertweg 109-9c
51429 Kaule 110-8c
51429 Kauler Feld 111-9b
51429 Kauler Kreuzgasse 110-11b
51429 Kauler Straße 110-8d
51467 Keltenweg 90-10a
51467 Kempen 89-8c
Kempener Straße 89-8c
51469 Nr. 1-97, Nr. 2-98
51467 Nr. 99-259, Nr. 100-258
51469 Kemperhäuschen 109-12b
51429 Kettnerweg 110-8a
51427 Kicke 109-9b
51427 Kiebitzstraße 110-10b
51469 Kiefernweg 110-4b
51429 Kiel 111-9d
51427 Kieppemühlenweg 109-9b
51429 Kierdorf 111-4a
51429 Kierdorfer Feld 111-1c
51427 Kierspelstraße 109-12b
51427 Kippekausen 109-12b
51427 Kirchfeld 109-9b
51429 Kirchgasse 111-1c
51429 Kirchplatz 109-12b
51427 Klafterweg 109-8d
- Klasheider Weg 138-2b
51429 Klausenberg 110-9c
51429 Klein Buchholz 111-10d
51429 Klein Hohn 111-11a
51429 Kleiststraße (4) 111-1c
51467 Kley 90-11b
51467 Kleyer Hof 90-11b
51467 Klutstein 89-10b
51465 Knoppenbissen 110-5d
51427 Kochsgut 109-9b
51427 Köhlerweg 109-9c
51429 Kölner Straße 110-8c
51469 Kolpingstraße 109-3a
51469 Königsberger Straße 109-2a
51465 Konrad-Adenauer-Platz (2) 110-1b
51427 Kopernikusstraße 109-9c
51427 Kornstraße 109-12c
51429 Kotzfeld 111-6c
51469 Kradepohlsmühle 109-6a
51469 Kradepohlsmühlenweg 109-6a
51429 Krebsbachstraße 111-11b
51427 Krebsweg 109-12d
51469 Kriemhildenpfad 110-4a
51467 Kuckelberg 90-11b
51427 Kuckucksweg 109-9c
51429 Külheimer Mühle 111-9c
51467 Kümperfeld 89-7d
51465 Kürtener Straße 110-3a
51427 Kurt-Schumacher-Straße 110-11c

51427 **L**achsweg 109-12d
51465 Langemarckweg 110-1a
51427 Langenbrück 109-9d
51429 Langenmorgen 111-9c
51429 Lärchenweg 110-8b
51465 Laurentiusstraße 110-1b
- Lehmbachweg 111-10c
51429 Lehmpöhle 110-8c
51469 Leibnizstraße 109-6a
51429 Lenaustraße 111-1d
51469 Lerbacher Weg 110-4b
51429 Lessingstraße 111-1c
51467 Leuchter Gemark 89-7d
51467 Leverkusener Straße 89-7b
51465 Lichten 110-2d
51465 Lichtenweg 110-2c
51465 Liebigstraße 110-1d
51427 Lilienweg 109-12c
51429 Lindenweg (1) 111-7a
51467 Lisztstraße 89-8a
51465 Lochermühle 110-2b
51465 Lochsberg 110-2a
51429 Löhe 111-8d
51429 Löher Höhenweg 111-8d
51465 Lohplatz 110-2b
51467 Lortzingstraße 89-8a
51469 Lothar-Kreyssig-Straße 109-3a
51469 Lubahnstraße 110-8d
51427 Lucie-Kahlenborn-Straße 109-9a
51429 Lückerath 110-8a
51429 Lückerather Weg 110-8a
51469 Ludwig-Quidde-Straße 109-3c
51427 Lustheide 109-12c
51427 Lustheider Mühlenweg 137-3a
51469 Lutonstraße 110-4c

51465 **M**alteserweg 90-12b
51465 Margaretenhöhe 110-2a
51465 Maria-Zanders-Anlage (3) 110-1d
51467 Marie-Juchacz-Straße (5) 109-3a
51469 Marienburger Straße 109-2a
51465 Marienhöhe 110-1a
51469 Marijampolestraße 109-2b
51429 Markt 110-8d
51469 Martin-Luther-King-Straße 109-2d
51469 Martin-Luther-Straße 110-5a
51469 Mathilde-Wrede-Straße 109-3a
51429 Max-Baermann-Straße (6) 111-7b
51429 Max-Born-Straße 111-7d
51465 Max-Bruch-Straße 110-1b
51429 Max-Joseph-Straße 110-8a
51467 Max-Planck-Straße 89-5c
51429 Max-von-Laue-Straße 111-7d
51467 Meisenweg 89-12d
51429 Meisheide 111-7c
51429 Meisheider Wald 111-7c
51469 Memeler Straße (3) 109-2a
51467 Mendelssohnstraße 89-8a
51427 Menzelstraße 109-12a
51427 Merkelweg 109-9c
51465 Michaelshöhe 110-1d
51429 Milchbornhöhe 110-8b
51429 Milchborntalweg 110-8b
51429 Mitteleschbach 111-11c
51427 Mohnweg 109-9c
51429 Moitzfeld 110-9d
51429 Moltkestraße 110-8c
51429 Montanusstraße 110-8c
51429 Mörikestraße 111-1c
51429 Moureauxstraße 110-11b
51427 Mozartstraße 110-10b
51469 Mühlenstraße 109-2c
51469 Mülheimer Straße 109-5b
51467 Mutzer Feld 89-12b
51467 Mutzer Heide 89-12d
51467 Mutzer Straße 90-10a

51427 **N**achtigallenstraße 110-10a
51429 Neuborn 110-7b
51469 Neudiepeschrath 89-11c
51469 Neue Nußbaumer Straße (1) 89-12c
51429 Neuenhaus 111-7a
51467 Neuenhauser Weg 89-8c
51429 Neuenweg 110-8c
51427 Neuer Traßweg 109-12b
51469 Neufeldweg 109-12d
51427 Niedenhof 109-12a
51427 Niedenhofsbusch 109-11d
51427 Nikolaus-Groß-Straße 110-7c
51469 Nikolaus-Lenau-Straße 109-3c
51429 Nikolausstraße (6) 110-8b
51467 Nittum 89-7b
51467 Nittumer Weg 89-7b
51467 Nußbaum 89-12a
51467 Nußbaumer Berg 89-12a
51467 Nußbaumer Bungert 89-12c
51467 Nußbaumer Feld 89-12a
51467 Nußbaumer Garten 89-12b
51467 Nußbaumer Kamp 89-12c
Nußbaumer Straße 89-12c
51469 Nr. 1-43, Nr. 2-28
51467 Nr. 30-Ende, Nr. 45-Ende
51467 Nußbaumer Wiese 89-12c
51467 Nußbaumer Winkel 89-12a

51429 **O**berasselborn 111-1b
51429 Oberdreispringen 111-5b
51429 Obereschbach 111-10b
51429 Oberheide 111-2c
51469 Oberheidkamper Straße 110-4b
51467 Oberholz 90-8c
51429 Oberhombach 110-3d
51429 Oberkülheim 111-6d
51465 Oberlerbach 110-6a
51429 Oberlückerath 110-8a
51429 Obersaal 110-7b
51429 Oberselbach 112-1c
51429 Obersteinbach 111-2a
51429 Oberthal 91-7d
51429 Obervolbach 111-4b
51467 Odenthaler Markweg 89-8c
Odenthaler Straße 90-10b
51465 Nr. 1-165, Nr. 2-164
51467 Nr. 167-Ende, Nr. 168-Ende
51429 Odinweg 110-9c
51469 Oehmchenstraße 110-4b
51467 Offenbachstraße 89-8a
51429 Olefant 110-11a
51467 Olpensgut 90-10c
51427 Om Rodde 109-12a
51465 Ommerbornstraße 110-5b
51429 Opladenstraße (1) 110-8c
51429 Otto-Hahn-Straße 111-7d
51429 Ottoherscheid 111-5b
51427 Ottostraße 110-10a
51429 Overather Straße 110-9c

51469 **P**affrath 89-11d
51469 Paffrather Mühle 109-2b
Paffrather Straße 89-12c
51465 Nr. 1-175, Nr. 2-150
51469 Nr. 152-320, Nr. 177-315
51469 Pannenberg 89-12c
51467 Pappelweg 89-8d
51465 Paracelsusstraße 110-2c
51427 Parkstraße 110-10b

51465 Paul-Ehrlich-Straße (1) 110-1d
51427 Paul-Gerhardt-Straße 109-12b
51429 Paul-Lücke-Straße 111-4a
51469 Paulusstraße 110-5a
51429 Pehlengarten (14) 110-8d
51429 Pehlengasse (13) 110-8d
51427 Pestalozzistraße 109-9c
51427 Peter-Bürling-Passage (4) 109-12b
51427 Peter-Bürling-Platz (3) 109-12b
51469 Peter-Landwehr-Straße 89-12d
51469 Peter-Walterscheidt-Straße 109-2b
51427 Petriweg 109-12d
51429 Pfarrer-Körner-Straße 110-8d
51469 Piddelbornsmühle 109-6a
51469 Piddelbornstraße 109-6a
51427 Pippelstein 109-12d
51467 Platanenweg (1) 89-8d
51465 Plätz 110-3d
51429 Platzer Höhenweg 111-7a
51469 Plesser Straße 109-2b
\- Poinier-Hüttenweg 138-2a
51465 Portzenbusch 91-10c
51469 Posener Straße 109-2a
\- Possilweg 138-2c
51465 Poststraße 110-1c
51469 Prager Straße 109-2c
51467 Pützweg 89-7b

51429 Quellenweg 110-9c
51465 Quirlsberg 110-1d

51427 Rathenaustraße 110-11a
51427 Rather Weg 110-10c
51469 Refrather Weg 109-6d
51429 Reginharstraße 110-12a
51469 Reineckeweg 109-3c
51429 Reiser 110-11b
51429 Reisergrund 110-8d
51427 Rennweg 138-1a
Reuterstraße 89-12c
51465 Nr. 1-51, Nr. 2-104
51467 Nr. 53-231, Nr. 106-230
51465 Rheinhöhenweg 110-2c
51465 Richard-Dehmel-Straße 109-3c
51469 Richard-Seiffert-Straße 110-4b
Richard-Zanders-Straße 110-1c
51465 Nr. 1-29, Nr. 2-32
51469 Nr. 31-111, Nr. 34-110
51429 Richard-Zörner-Straße 110-7b
51429 Riedweg 110-9d
51427 Rinderweg 109-8d
51467 Risch 90-11a
51469 Rispenweg 89-11d
51429 Ritzenberg 110-9a
51469 Robert-Schuhman-Straße 110-4c
51469 Rodemich 109-6b
51467 Roggenacker 90-10c
51467 Romaney 90-11b
51467 Romaneyer Höhe 90-12a
51467 Romaneyer Straße 90-10d
51467 Römerfeld 89-12a
51465 Rommerscheid 110-2b
51465 Rommerscheider Höhe 110-2a
51465 Rommerscheider Straße 110-1b
51465 Röntgenstraße 110-1a
51469 Rosenhag 109-5d
51429 Rosenhecke 110-8d
51427 Rosenstraße 110-10b
51465 Rosenthaler Weg 90-12b
51467 Rotdornbusch 89-11b
51429 Rotdornweg 111-7a
51467 Rothbroich 89-8a
51467 Rothbroicher Straße 89-8a
51469 Rotkäppchenweg 110-5c
51429 Röttgen 111-10d
51429 Rottland 111-2b
51429 Rottweg 111-2a

51429 Saaler Mühle 110-7b
51429 Saaler Straße 110-7b
51427 Saalermühlenweg 110-10a
51429 Salamanderweg 110-10a
51427 Sandberg 109-12b
51427 Sandbüchel 109-9d
51465 Sander Aue (5) 110-2c
51465 Sander Heide 110-6a
51465 Sander Höhe 110-2c
51465 Sander Straße 110-2c
51429 Sandweg 111-10c
51429 Sattlerweg 110-9c
51465 Sauerbruchstraße 110-2c
51427 Scharrenbroichweg 109-9a
51429 Schau ins Land 110-9a
51469 Scheidtbachstraße 110-4b
51465 Scherpenbach 110-6a
51429 Scheurenhöfchen 112-7a
51465 Schiff 90-12d
51465 Schifferberg 91-10c
51469 Schilfweg 89-11d
51429 Schillerstraße 111-1d
51467 Schlagbaumweg 89-7d
51467 Schlebuscher Straße 89-5c
51429 Schlehecken 110-9a
51469 Schlodderdich 109-6c
51469 Schlodderdicher Weg 109-5b
51429 Schloßfeldweg 110-11b
\- Schloßpark 110-9a
51429 Schloßstraße 110-8b
51429 Schluchterheide 109-6a
51465 Schmalzgrube 110-5b
51429 Schmidt-Blegge-Straße 109-2b
51467 Schmillenburg 89-11a
51427 Schmillengäßchen (1) 110-10a
51465 Schmitzheide 110-2d
51465 Schnabelsmühle 110-1d
51469 Schneewittchenweg (3) 110-5a
51429 Schneppruthe 109-3a
51469 Schreibersheide 110-5a
51427 Schubertstraße 110-10b
51467 Schüllenbusch (2) 89-8c
51465 Schulstraße 110-2d
51465 Schützenstraße 110-2c
51465 Schützheide 110-2c
51465 Schützheider Weg 110-2c
51467 Schwalbenweg 89-7b
51427 Schwerfelstraße 109-11b
51469 Schwester-Consolata-Platz 137-3b
51429 Schwester-Matthia-Weg 110-9c
51467 Seelsheide 89-10b
51467 Seelsheider Wiese 89-10b
51469 Senefelder Straße 110-4a
51427 Siebenmorgen 109-12b
51427 Siedlerstraße 110-10a
51467 Siefen 90-9c
51429 Siefer Hof 111-2a
51427 Siegenstraße 109-12c
51469 Sieglindenweg 109-6b
51427 Sigbertstraße 110-10b
51429 Silberkaule 111-2b
51429 Silberkauler Weg 111-2a
51427 Simonswiese 109-9d
51465 Sonnenweg 110-2a
51427 Sonnenwinkel (17) 110-9c
51427 Sperberweg 109-9c
51429 St.-Antonius-Straße 111-1d
51469 St.-Josef-Straße 110-5a
51469 St.-Konrad-Straße 109-2d
51427 Stachelsgut 109-9d
51429 Stahlhuthstraße (7) 110-8b
51467 Starenweg 89-7b
51465 Stationsstraße 110-1c
51427 Stauffenbergstraße 110-7c
51427 Stegerwaldstraße 110-11a
51429 Steinacker 111-7d
51429 Steinbacher Weg 111-2a
51427 Steinbreche 109-12b
51427 Steinbrecher Weg 109-9c
51429 Steinenberg 110-8a
51469 Steinenkamp 89-12c
51465 Steingartenweg 110-2c
51429 Steinhaus 110-12b
51429 Steinknippen 89-11d
51427 Steinmetzstraße 109-9a
51429 Steinstraße 110-8d
51469 Sterntalerweg 110-4d
51469 Stettiner Straße (4) 109-2a
51465 Steufelsberg 110-2a
51465 Steufelsberg 110-2c
51429 Stockberg 111-3d
51467 Sträßchen Siefen 89-11b
51429 Straßen 111-4b
51465 Strunder Delle 91-10c
51427 Strunder Weg 109-9a
51427 Sudermannstraße 109-12a

51429 Talblick 111-1c
51469 Talweg 110-4b
51469 Tannenbergstraße 109-3d
51467 Tannenweg 89-8b
51427 Taubenstraße 110-10a
51429 Technologiepark Bergisch-Gladbach 111-10a
51469 Theodor-Fliedner-Straße 109-3a
51429 Theodor-Storm-Straße 110-11a
51467 Theodorstraße 90-10d
51469 Thielenbrucher Hof 109-5d
51427 Thielenbrucher Straße (1) 109-9a
51429 Thomas-Mann-Straße (1) 111-1a
51469 Thorner Straße 109-2a
51469 Thüringer Straße 109-2a
51469 Töpferweg 109-3b
51467 Torringen 89-11a
51465 Trotzenburg 91-10b
51465 Trotzenburger Weg 91-10a
51427 Tulpenstraße 110-10a
51429 Tütberg 139-1a
\- Tütbergweg 138-3d

51465 Überm Rost 110-1b
51429 Uhlandstraße 111-1d
51429 Uhlweg 110-11a
51427 Ulmenallee 110-10b
51469 Unter den Buchen 110-4a
51469 Unter den Ulmen 110-4a
51429 Unterasselborn 111-1b
51467 Unterboschbach 90-7c
51429 Unterdreispringen 111-5c
51467 Unterhebborn 90-10d
51429 Unterheider Weg 111-2c
51467 Unterholz 90-8c
51429 Unterhombach 110-3b
51429 Unterkülheim 111-9a
51467 Unterscheider Weg 89-8a
51429 Untersteinbach 91-11c
51465 Unterthal 91-7d
51429 Untervolbach 111-4d
51469 Urbanstraße 109-6a

51427 Veilchenweg 109-12a
51469 Velsenstraße 110-4c
\- Viehweg 110-11c
51469 Vinzenz-Feckter-Straße 109-2b
51469 Vinzenz-Pallotti-Straße 110-12b
51427 Virchowstraße 109-12a
51429 Voiskühlheim 112-7a
51429 Voislöhe 111-4c
51467 Voiswinkeler Straße 89-8a
51429 Volbach 111-5a
51429 Volbacher Berg 111-4b
51429 Volbacher Mühle 111-5c
51465 Vollmühlenweg 110-2a
51427 Von-Andreae-Straße 109-11d
51469 Von-Bodelschwingh-Straße 109-3a
51469 Von-Ketteler-Straße 109-3a
51465 Von-Steinen-Straße (6) 111-1c
51429 Von-Zweiffel-Straße 111-7d
51467 Vorend 89-7d
51427 Vürfels 109-12c
51427 Vürfelser Kaule 109-12b

51429 Wachendorffstraße (2) 110-8c
51467 Wagnerstraße 89-8a
\- Wahlbachweg 138-3b
51427 Waidmannstraße 110-10a
51427 Waldgürtel 110-10b
51467 Waldsiedlung Heidgen 89-10d
51467 Waldstraße 89-8b
51429 Warder Hof 110-4d
51467 Weidenbuscher Weg 89-11b
51427 Weidenweg 109-9c
51467 Weißdornbusch 89-11b
51467 Weizenfeld 90-10c
51429 Welscher Busch 110-11b
51429 Welscher Forst 110-11a
51429 Welscher Heide 110-11a
51429 Welscher Wiese 110-11a
51427 Werheide 109-9d
51429 Wesselsteinbach 110-3d
51429 Weyerhardt 110-9c
51429 Weyerhof 110-9c
51469 Wichernstraße 109-3a
51469 Wichtelpfad 110-4b
51427 Wickenpfädchen 109-12b
51427 Wieselplatz 109-9c
51469 Wiesenstraße 110-4b
51465 Wiesenthal 90-9d
51429 Wiesenwinkel 110-8c
51427 Wildpfad 110-10a
51429 Wildphal 111-6b
51427 Wilhelm-Klein-Straße 109-12b
51427 Wilhelm-Ostwald-Straße 109-12a
51465 Wilhelmshöhe 110-2b
51429 Wilhelm-Wagener-Platz (12) 110-9c
51427 Willweg 109-9b
51469 Willy-Brandt-Straße 109-3c
51427 Wingertsheide 109-12b
51429 Winter 111-8b
51429 Wipperfürther Straße 110-9a
51427 Wittenbergstraße 109-12b
51429 Wohn 111-5b
51429 Wolfsiefen 111-5d
51429 Wulfshof 111-8b
51429 Wüstenherscheid 111-3c

51467 Zaunkönigweg 89-12d
51467 Zehntweg 89-7d
51427 Zeisigweg 109-9c
51469 Zu den Sieben Zwergen 110-5a
51429 Zu den Wiesen 111-6d
51429 Zuckerhütchen 110-9a
51469 Zum Froschkönig 110-4d
51429 Zum Kreuzbusch 111-4a
51467 Zum Schneider Feld 89-8b
51427 Zum Steinrutsch 109-9a
51467 Zum Waschbach 89-9a
51427 Zum Wilden Jäger (2) 110-10a
51429 Zur Hardt 110-9a

Bergneustadt

PLZ 51702

Ackerstraße 98-6c
Aehlenbergstraße 98-8b
Ahornweg 99-7b
Alte Halde 98-8d
Alte Straße 99-5d
Altenastraße 99-4c
Altenothe 99-8d
Altenother Weg 99-12b
Am alten Friedhof 98-9d
Am Dümpel 99-6a
Am Freien Stuhl (11) 98-9d
Am Fuchsberg 99-5d
Am Grafweg 98-9b
Am Hang 99-8c
Am Heidchen 99-8a
Am Heinzelmännchen (13) 98-9c
Am Heshahn 99-12a
Am Höfchen 99-8a
Am Holzweg 99-8b
Am Klitgen 99-7a
Am Laubberg 99-8b
Am Leiweg 98-5d
Am Müllersberg 99-3c
Am Ohl 98-12b
Am Räschen 98-9a
Am Schlöten 99-5d
Am Silberhalter 98-12d
Am Stadtwald 99-7a
Am Steimel 99-8a
Am Stentenberg 98-9c
Am Stockhahn 99-5b
Am Wäcker 98-11b
Amickeweg 98-8d
An der Dörspe 99-5b
Asternweg 98-12b
Auf dem Dümpel 99-3d
Auf dem Kamp 99-7c
Auf dem Nochen 99-6b
Auf dem Rosten 99-8a
Auf dem Stein 98-9c
Auf der Hardt 98-9b

Bahnhofstraße 99-8b
Bahnstraße 98-9d
Baldenberger Weg 98-12b
Baldenbergstraße 98-12a
Belmicker Weg 99-6b
Bergstraße 98-9a
Birkenstraße 99-7a
Blumenweg (7) 99-7a
Bösinghausen 79-11d
Breite Straße 98-6c
Breitegarten 99-12b
Breiter Weg 99-7a
Brelöh 99-11a
Breslauer Straße 98-6c
Bruchhausener Straße 99-8a
Bruchstraße 98-9c
Brückenstraße 98-9d
Brunnenstraße (3) 98-6c
Buchenstraße 99-7a
Burgstraße 98-9d
Burstenstraße 99-7c
Burstenweg 98-9d
Buschweg 98-8d
Butterwiese (4) 98-9a

Danziger Straße 98-6c
Denklinger Straße 98-12b
Derschlager Straße 118-3a
Dietrich-Bonhoeffer-Weg (8) 99-7a
Dorfplatz 98-12d
Dorfstraße 98-8b
Dörspestraße 98-11b
Drostenweg 98-9b
Druchtemicke 99-7a

Eckenhagener Straße 119-1b
Eichendorffstraße 99-8c
Eichenstraße 99-7a
Eifeler Straße 98-9a
Enneststraße 98-12a
Entgarten 99-12d
Erlenweg 99-7a
Ersbacher Weg 119-1b
Eschenstraße 99-7a

Feldstraße 98-9b
Fichtenstraße 99-7b
Fliederstraße 99-7a
Flurstraße 99-12b
Friedhofstraße 98-12a
Friedrich-Ebert-Straße 99-7a
Fritz-Rau-Straße 99-5d
Frümbergstraße 99-5d

Gartenstraße 98-9c
Gasstraße 98-9d
Geesthölzchen 98-9a
Geschleide 99-11d
Gimbornstraße 98-8d
Glockenbergstraße 98-9b
Goethestraße 98-9b
Graf-Eberhard-Platz (16) 98-9d

Hackenberger Weg 98-9a
Hackewiese 99-10c
Hahnefeld 99-10d
Hanenstraße 119-1b
Hannemicker Weg 99-5b
Hardtstraße 98-9c
Hartemicker Weg 99-5c
Hauptstraße 98-9d
Heckenweg (9) 99-7a
Heerstraße 98-12c
Heideweg 99-8b
Heisterbacher Weg 99-5c
Henneweide 99-7a
Hepperblick 99-12b
Hermicker Weg 99-8b
Herweg 98-11b
Hilgesbicke 99-11c
Hirschweg 98-12b
Höchstenstraße 99-10c
Hofstraße 98-6c
Hofwiese 99-10d
Höh 99-1d
Höhenweg 98-9a
Hohle Straße 98-6c
Hohler Weg 98-9d
Hüngringhausen 119-1b
Hunschlade 98-9a

Ibitschenstraße 99-5d
Im Dickfeld 99-5b
Im Eichenfeld 98-6c
Im Espenhagen 99-6a
Im Stadtgraben 98-9c
Im Strick 98-9a
Immicke 99-10b
Immickestraße 99-7d
In der Bockemühle 99-8a
In der Delle 99-8a
In der Fuhr 98-9c
In der Leie 98-9d
Industriestraße 98-12a

Jahnstraße 98-9d
Johann-Budde-Straße 98-12b
Johann-Hackenberg-Straße 98-6d
Josef-von-Jechner-Straße (1) 98-6c

Kampgarten 99-7c
Kampstraße 98-9d
Kapellenstraße 99-12d
Karlstraße 98-9d
Kastanienweg 99-7a
Kellerseifen 99-12b
Kirchstraße (10) 98-9d
Klevestraße 98-9b
Klosterweg 99-6a
Kölner Straße 98-11d
Königsberger Straße 98-6c
Kortemicker Straße 99-8a
Kreuzstraße 99-6a

Ladestraße 98-9d
Langenlöhstraße 98-9c
Längestenstraße 98-9b
Leopold-Krawinkel-Straße 98-9d
Lieberhausener Straße 99-2d
Liegnitzer Straße 98-6c
Lilienstraße 99-7a
Lindenstraße 99-7a
Löhstraße 98-9a
Lützenbergstraße 99-6a

Marktstraße 98-9b
Martin-Luther-Straße 99-8c
Meerschlader Weg 99-5d
Mühlenstraße 99-7c
Mühlhof 99-12d
Mühlhofer Weg 99-12d
Müllerstraße 98-9d

Nelkenstraße 99-7a
Neue Siedlung 99-6a
Niederrengse 99-2c
Nistenbergstraße 99-7d
Nordstraße 98-12a
Nyestadt 99-10a

Oberbergisches Feriendorf 99-2b
Oberhof 99-10d
Olper Straße 99-8c
Oststraße 98-12a
Othestraße 98-9d

Paulstraße 99-6a
Pieper-Keller-Straße 99-5d
Pustenbach 99-2c

Quellenweg 98-9a

Ravensbergstraße 99-7a
Rehwinkel 98-9b
Rengsestraße 98-6c
Renneweg 99-6a
Rerkausenstraße 98-9b
Richtstraße 98-11b
Rosenstraße 99-7a
Rosenthal 79-10d
Rosenthalseifen 99-1b
Rudolf-Harbig-Straße 98-9a

Saltemertstraße 99-7d
Sauerstraße 98-11b
Scheurenwiese (6) 98-9b
Schillerstraße 99-7a
Schmittenloch (12) 98-9d
Schöne Aussicht 98-5d
Schönenthal 98-11d
Schulstraße 98-12d
Schürmannstraße (1) 99-5d
Schwarzenbergstraße (5) 98-9b
Sessinghausen 98-12a
Seutenstraße 98-8b
Siedlungsstraße 99-12b
Silbergstraße 98-12b
Sohl 99-9d
Sohler Weg 99-12b
Sonnenkamp 98-6c
Sonnenweg 99-8a
Stadionstraße 98-9c
Steilweg 98-9c
Steimelstraße 99-8a
Steinstraße 98-9d
Stentenbergsiepen 98-9c
Stentenbergstraße 98-9c
Stettiner Straße 98-6a
Südring 98-11d
Südstraße 98-12b
Sülemicker Feld 99-9b
Sülemicker Straße 99-8b
Sundhelle 98-8a

Talsperrenstraße 98-5d
Talstraße 98-9d
Teichstraße 98-6c
Töschenwiese 99-11c
Tulpenweg 99-7a
Turnerstraße 98-9d

Unter dem Löh 98-9a

Veilchenstraße 99-7a
Vor der Alten Höh 119-1a
Vor der Platte 99-8a
Vordere Ladestraße (14) 98-9d
Vossbicke 99-7a

Waldstraße 98-8a
Wallstraße 98-9d
Wasserstraße 98-9a
Weidenweg 99-7b
Weststraße 98-12b
Wiedenbruchstraße 99-7a
Wiedenester Blick 99-8a
Wiedeneststraße 99-7a
Wiesenstraße 98-9d
Wilhelm-Schriever-Straße 99-8a
Wilhelmstraße 98-9c
Wolfschlade 99-12c
Wolfschlader Weg 99-12c
Wolfskammer 99-12b

Zum Bauckmert 99-8a
Zum Beul 98-6a
Zum Bornacker 98-12b
Zum Bürgen 99-6b
Zum Dreiort 98-12b
Zum Grünen Siepen 98-12b
Zum Hornbruch 99-5d
Zum Jettholz 99-5c
Zum Knollen 98-6c
Zum Krähenacker 98-8d
Zum Lichtenbruch 99-6b
Zum Rathaus (15) 98-9d
Zum Steinbruch 98-8c
Zum Wiebusch 98-6c
Zur alten Wiese 98-6b
Zur Bretschlade 99-4c
Zur Drift 99-11a
Zur Feriensiedlung 99-2a
Zur Nordhelle 98-5d
Zur Steinebreche (2) 98-6c
Zwerstall 99-9d

Berod bei Hachenburg

PLZ 57614

(zu VBG Altenkirchen (Westerwald))

Altenkirchener Straße 277-11c
Am Lauterberg 277-11c

Bergstraße 277-11d
Birkenweg 297-2a
Bogenstraße 277-11c
Brunnenstraße 277-11c

Freudenberg 277-8d

Gartenstraße 277-11a

Im Gassengarten 277-11c
Im Hellsteg 277-11c

Lindenstraße 277-11c

Mittelstraße 277-11c

Rheinstraße 277-10d

Sonnenstraße 277-11c

Talstraße 277-11c

Waldstraße 277-11c
Wiesenstraße 277-11c

Berzhausen

PLZ 57632

(zu VBG Flammersfeld)

Am Fäule Weg 275-7d
Auf der Helten (1) 275-8c

Bergstraße 275-7d

Hauptstraße 275-7d

Mühlenstraße 275-7d

Schulstraße 275-8c

Uhlenhorst 275-7c

Wiesenhof 275-11b
Wiesenstraße 275-11a

Birkenbeul

PLZ 57589

(zu VBG Hamm (Sieg))

Am Wolfsmorgen 256-1d
Auf der Bitze (2) 256-1d

Bergstraße 236-10d
Birkenweg 236-11c
Buchenweg 236-11c

Eckenhof 256-1d
Eichenweg 236-11c

Friedhofstraße 256-1b

Gartenstraße 256-2a

Hardtsweg 236-11c
Hauptstraße 236-10d
Höhenstraße 236-11c

Kratzhahn 236-10d
Kuhgasse 256-1b

Lärchenweg 256-2a

Mittelstraße 236-10d

Ochsenbitze 256-1d

Pappelweg 256-1d
Pfaffenseifen 256-2b

Ringstraße 236-10d
Rosenhang (1) 256-2a
Rosenstraße 256-2a

Schulstraße 256-1d
Sonnenhang 256-2a

Talstraße 256-2a

Wiesenstraße 236-10d

Birnbach

PLZ 57612

(zu VBG Altenkirchen (Westerwald))

Auf dem Berg 255-12a
Auf der Höhe 255-8c

Auf der Hohl 255-11b

Bergstraße 255-12a

Friedhofstraße 255-11b

Hemmelzer Straße 255-11d

Im Hähnchen 255-11b

Kirchstraße 255-11b
Kölner Straße 255-8c

Lerchenweg 255-12a

Marenbacher Straße 255-8c
Michaelshof 255-11a

Wölmerser Straße 255-12a

Zum Heisterholz 255-12a

Bitzen

PLZ 57539

(zu VBG Hamm (Sieg))

Auf dem Hähnchen 237-5b
Auf dem Hasenberg 237-2a
Auf dem Köppel 237-2c

Bergstraße 237-2d
Birkenweg 237-2c
Breitenacker 237-2c
Brunnenstraße (4) 237-2c
Brunnenstraße (Dünebusch) 237-5b

Eichenweg 237-2c

Feldstraße 237-5a
Fichtenweg 237-2c

Gartenstraße 237-2c

Hardtsweg 237-5a
Hauptstraße 237-2c
Heltengarten (2) 237-2a

Im Wahlenborn 237-2a

Kampstraße 237-2d

Mittelstraße (1) 237-2a
Mömelshof 237-2a

Poststraße 237-2a

Schulstraße 237 2c
Siegstraße 237-2c
St.-Andreas 237-2a

Talstraße 237-2a
Tannenweg 237-2c

Waldstraße 237-2a
Wiesenstraße 237-2c

Zum Rödert 237-2c
Zum Rosenbörnchen (3) 237-2c

Bonefeld

PLZ 56579

(zu VBG Rengsdorf)

Ahornweg (7) 321-6b
Alteburg 322-1c
Am Schwanenteich 321-3d
Augustastraße 321-6b

Beim Mohrenhaus 321-6a
Bergstraße (5) 321-6b
Birkenhof 321-3a
Birkenweg 321-3d
Bismarckstraße (2) 321-6b
Bonefelder Höhe 321-3d
Brunnenstraße 321-6b
Buchenweg 321-6b

Ehlscheider Pfad (9) 321-6b
Eichenweg 321-3d

Friedrichstraße (3) 322-4a

Gartenstraße 321-3d
Gewerbegebiet "Beim weißen Stein" 321-6a
Goethestraße 321-6b

Hochstraße (4) 321-6b

Im Wiesenthal 321-6b

Jagdhaus Rüllbach 321-6b
Jahrsfelderweg 321-6b

Karl-Schober-Straße 321-6b
Kurtscheider Straße 321-6b

Lessingstraße 321-6b

Mittelheidehof 321-3c
Mörikestraße 321-6b
Mühlenstraße 321-6b

Rüllbachstraße 321-6b

Schillerstraße (8) 321-6b
Schulstraße 321-3d

Tannenbergstraße 321-6b
Tannenhof 322-1b

Uhlandstraße 321-6b

Waldstraße 321-6b
Wasserstraße (1) 321-3d
Wiesengasse (10) 321-6b
Wilhelmstraße 321-6b

Bonn

Straßennamen mit Suchfeldangaben in Klammern befinden sich im Cityplan auf den Seiten 33 und 34.

53125 Abenteuerweg 246-11d
53225 Abtstraße 227-9b
53111 Acherstraße (34/B4)
53113 Achim-von-Arnim-Straße 248-7a
53179 Ackerstraße 268-9b
53113 Adalbert-Stifter-Straße 247-9b
53229 Adelheidisplatz 228-11c
53225 Adelheidisstraße 227-12b
Adenauerallee 247-2b (34/B5)
53113 Nr. 4-214, Nr. 31-139
53111 Nr. 7-25
\- Adendorfer Allee 266-12d
\- Adendorfer Bahn 267-4c
53117 Adolf-Heuser-Weg (6) 226-9a
53227 Adolf-Hombitzer-Straße (1) 248-8b
53229 Adolf-Quad-Straße 228-7d
53111 Adolfstraße 247-1b (34/A2)
53227 Adrianstraße 248-5d
53117 Aegidienstraße 226-8d
53173 Aennchenplatz 268-1b (33/A2)
53177 Aennchenstraße 268-1b (33/A1)
53175 Aggerstraße 248-11a
53225 Agnesstraße 247-3a (34/A6)
53119 Agnetendorfer Straße 226-8d
53115 Agrippinenstraße 247-2c (34/C3)
53177 Ahornweg 268-7b
53175 Ahrstraße 248-10b
53129 Ahrweg 247-6c
53177 Akazienweg 268-5c
53229 Alaunbachweg 228-11c
53179 Albericheträße 269-7c
53175 Albert-Cahn-Weg 248-11a
53115 Albert-Schweitzer-Straße 247-4a
53177 Albertus-Magnus-Straße 268-5b
53175 Alemannenstraße (2) 248-10b
53119 Alemannenweg 227-10d (34/A2)
53115 Alexander-Koenig-Straße 247-5c
53111 Alexanderstraße 247-2a (34/A3)
53115 Alfred-Bucherer-Straße 247-1c (34/D1)
53121 Alfterer Straße 246-2a
53229 Alice-Salomon-Straße 228-10a
53117 Allensteiner Straße 226-9b
53129 Aloys-Schulte-Straße 247-5d
53227 Alsstraße 248-5d
53225 Alt Gensem 227-9c
53173 Alte Bahnhofstraße 268-2a (33/B2)
53229 Alte Bonner Straße 228-11b
53121 Alte Heerstraße 246-6b
53229 Alte Schulstraße 228-11a
53123 Alte Straße 246-5d
53123 Altenburgstraße 246-12b
53115 Alter Fahrweg 247-5c
53123 Alter Heerweg 246-5b
53123 Alter Römerweg 246-7b
53227 Altrheinstraße 248-9a
53117 Am Agnesstift 227-10b
53125 Am Alfterhof 246-12d
53125 Am Alten Forsthaus 266-6b
53111 Am Alten Friedhof 247-2a (34/B2)
53125 Am Alten Pütz 227-9b
53227 Am Alten Rheinarm (1) 248-4b
53127 Am Arndtplatz 248-11c
53123 Am Bach 246-5b
53175 Am Baumgarten 248-11b
53229 Am Berghang 248-3b
53127 Am Birkenbruch 247-10d
53177 Am Bismarckturm 268-2c
53121 Am Bleichgraben 246-3d
53129 Am Bleidriesch 247-9c
53111 Am Boeselagerhof (34/B5)
53125 Am Bogen 266-3b
53229 Am Bolzplatz 248-3c
53175 Am Bommerich 247-12c
53117 Am Bonner Berg 227-7d
53115 Am Botanischen Garten 247-4b (34/D3)
53179 Am Botten 268-9b
53227 Am Brünnchen 248-1c
53173 Am Büchel 248-11b
53115 Am Buchenhang 247-5c
53227 Am Bungert 248-5a
53125 Am Bungertsbusch 267-1c
53227 Am Bürgerpark (3) 248-8b
53177 Am Burgfriedhof 268-1b
53121 Am Burggraben 247-4a
53225 Am Burgpark 228-7c
53123 Am Burgweiher 246-5d
53175 Am Buschacker 248-10c
53227 Am Buschhof 248-5d
53121 Am Cöllenhof 247-4a
53227 Am Conzberg 248-5a
53123 Am Dichbach 246-8b
53121 Am Dickobskreuz 247-1a
53179 Am Dinaswerk 268-6c
53177 Am Domblick 268-5c
53121 Am Dörnchen 246-2b
53177 Am Draitschbusch 268-1d
53127 Am Ehrenmal 246-9b
53121 Am Eichkamp 246-6b
53127 Am Engelsbach 247-7d
53127 Am Engelspfad 247-7d
53229 Am Ennertbad 248-2a
53179 Am Erdbeerfeld (2) 268-6a
53123 Am Fahrweg 246-6d
53229 Am Fasanenhang 228-12d
53227 Am Finkenberg 248-1c
53179 Am Finkenherd 268-6a
Am Frankenbad 247-1b (34/A2)
53111 Nr. 1-13, Nr. 2
53117 Nr. 15
53229 Am Friedhof 228-12d
53177 Am Fronhof (33/A2)
53177 Am Gäßchen 268-5a
53119 Am Gerhardsplatz 227-10d
53179 Am Glückshaus 269-7a
53125 Am Götgesbach 246-12d
53175 Am Güsgensberg 247-12d
53111 Am Gymnicher Hof (34/A4)
53229 Am Hähnchen 249-1b
53229 Am Hang 228-12d
53111 Am Hauptbahnhof 247-2a (34/B3)
53177 Am Helpert 268-5a
53229 Am Herrengarten 228-7d
53229 Am Herz-Jesu-Kloster 228-10d
53113 Am Hof 247-2b (34/B4)
53113 Am Hofgarten 247-2d (34/C4)
53127 Am Höhnchen 247-7c
53125 Am Hölder 266-3b
\- Am Holzlarer See 248-3b
53117 Am Jesuitenhof 227-11b
53111 Am Johanneskreuz 227-11c
53227 Am Johannisberg 248-5d
53117 Am Josephinum 227-10a
53127 Am Käferberg 247-4c
53229 Am Kamin 248-3d
53229 Am Karmelkloster (2) 228-11c
53125 Am Katzenlochbach 267-1a
53121 Am Kettelerplatz 246-2b
53121 Am Klostergarten 247-4a
53175 Am Klufterhof 247-12d
53229 Am Knippchen 248-1b
53125 Am Kottenforst 266-6b
53119 Am Krähenhorst 226-12d
53177 Am Kreuter (1) 268-2c
53227 Am Kriegersgraben 248-9a
53127 Am Kümpel 247-7d
53127 Am Kurfürstenkreuz 247-10a
53177 Am Kurpark 268-2c (33/A2)
53227 Am Langen Graben 228-10d
53127 Am Lappenweiher 247-7b
53225 Am Ledenhof 227-9d
53177 Am Lenkert 268-1d
53179 Am Lindenbach 268-8b
53227 Am Magdalenenkreuz 248-8b
53225 Am Marienhof 227-6b
53115 Am Marienhospital 247-5c
53111 Am Marthashof (34/A4)
53111 Am Metternicher Hof (5) (34/B5)
53177 Am Michealshof (33/A2)
53227 Am Mönchshof 248-5d
53127 Am Mühlenberg 247-7b
53227 Am Müllestump 248-4a
53111 Am Nesselroderhof (2) (34/A4)
53117 Am Neuen Lindenhof 227-10b
53113 Am Neutor 247-2b (34/B4)
53179 Am Nippenkreuz 268-6d
53117 Am Nordpark 227-10b
53179 Am Noßbacher Weg 268-8b
53229 Am Pappelhain (2) 228-11d
53127 Am Paulshof 247-8c
53117 Am Paulusacker 226-9d
53117 Am Petrusacker 226-9d
53115 Am Poppelsdorfer Weiher 247-5a (34/D3)
53127 Am Prinzenrain 247-4c
53121 Am Propsthof 246-3d
53229 Am Quintengarten 228-11b
53129 Am Quirinusbrunnen 247-8d
53229 Am Rehsprung 248-2b
53179 Am Rheinblick 268-6a
53117 Am Rheindorfer Hafen 227-8c
53117 Am Rheindorfer Ufer 227-7b
53119 Am Ringwall 226-12c
53111 Am Römerkastell 227-11c
53117 Am Römerlager 227-11b
53179 Am Rosenrain 268-6b
53111 Am Schänzchen 227-11d
53175 Am Schaumburger Hof 248-11b
53123 Am Schickshof 246-5d
53125 Am Schloßbach 266-3d
53125 Am Schloßplatz 267-1c
53177 Am Schörnchen 268-1b
53119 Am Schützenhof 226-12c
53121 Am Schwanenmorgen 247-1c
53179 Am Schwimmbad 268-3c
53123 Am Sennertspfad 246-8b
53129 Am Siepen 247-8b
53227 Am Sonnenberg 248-1d
53227 Am Sonnenhang 247-7c
53117 Am Spielplatz 226-9a
53229 Am Sportplatz 229-10c
53225 Am Stadion 247-3b
53123 Am Stadtkanal 246-2d
53127 Am Stadtwald 268-1c
53229 Am Steinbach 228-12a
53227 Am Stingenberg 248-9a
53175 Am Südfriedhof 247-9d
53229 Am Tanzberg 228-12b
53229 Am Tiergarten 228-12c
53123 Am Tönnessenkreuz 246-5a
53227 Am Trajekt 248-5a
53175 Am Turmhof 248-11b
53125 Am Vogelherd 266-3b
53127 Am Waldhang 247-10a
53229 Am Waldrand 248-3c
53175 Am Weckhasen 247-12b
53229 Am Weidenbach 228-11c
53229 Am Weidenstück 248-3d
53229 Am Weiher 228-12a
53229 Am Weinstock (6) 228-12c
53227 Am Weißen Stein 248-9c
53227 Am Weitgarten 248-5d
53123 Am Wesselpütz 246-8b
53111 Am Wichelshof 227-11d
53179 Am Winkel 268-5d
53229 Am Wolfsbach 228-12d
53175 Am Woltersweiher 247-12d
53179 Am Ziegenbaum 268-9a
53129 Am Zinnbruch 247-9c
53177 Amalienhöhe 268-1b
53179 Amselhang 268-9d
53119 Amselweg 227-10a
53117 Amsterdamer Straße 227-7c
53125 An den Buchen 266-3d
53125 An den Eichen 266-3d
53229 An den Hecken 248-2a
53125 An den Kiefern 266-6b
53125 An den Kreuzen 246-12b
53119 An den Markthallen (34/A2)
53175 An der Arndtruhe 247-12d
53229 An der Bärenwiese 248-3d
53225 An der Burg Lede 228-7c
53123 An der Burg Medinghoven 246-8a
53117 An der Buschdorfer Burg 226-8b
53127 An der Casselsruhe 247-8a
53121 An der Dransdorfer Burg 246-3a
53119 An der Düne 226-12d
53113 An der Elisabethkirche 247-5b (34/D5)
53111 An der Esche 227-11c
53113 An der Evangelischen Kirche (12) (34/C4)
53125 An der Haeschmaar 246-11a
53121 An der Immenburg 247-1c
53117 An der Josefshöhe 227-10a
53177 An der Kelter 268-5a
53123 An der Knappenmühle 246-5a
53177 An der Kommende 268-5a
53225 An der Küppe (1) 227-12d
53123 An der Kurfürstenquelle 246-8b
53117 An der Landstraße 226-9d
53227 An der Linde 248-5a
53117 An der Margarethenkirche 227-7a
53179 An der Marienkapelle 268-3a
53179 An der Nesselburg 268-9a
53127 An der Ohligsmühle 247-4c
53117 An der Pfaffenmütze 227-4c
53227 An der Post (2) 248-8b
53117 An der Rheindorfer Burg 227-7a
53111 An der Schloßkirche (34/B4)
53121 An der Schwarzen Brücke 246-3a
53227 An der Siebengebirgsbahn 248-1d
53119 An der Steinbrücke 226-12d
53227 An der Umkehr 248-4b
53229 An der Vogelweide 228-11d
53127 An der Waldau 247-10b
53121 An der Weißen Brücke 246-3c
53111 An der Windmühle (34/A5)
53225 An der Wolfsburg (3) 227-12a
53227 An der Ziegelei 246-9b
53225 An Sankt Josef 247-3a
53229 An Tiebes Eiche (5) 228-12c
53175 Andreas-Hermes-Straße 248-7d
53179 Andreasstraße 268-2b
53127 Anemonenweg 247-8c
53119 Angelbisstraße 227-10d
53175 Anhalter Straße 248-7d
53227 Ankerbachtalweg 248-2c
53175 Annaberger Straße 247-12c
\- Annaberger Weg 267-2a
53111 Annagraben (34/A3)
53125 Annaweg 246-12b
53229 Anne-Marie-Prévot-Straße (6) 228-10a
53175 Annettenstraße 248-11a
53117 Antilopenweg 226-9d
53117 Anton-Engels-Straße 226-9a
53179 Antoniterstraße 268-9a
53125 Antoniusplatz 248-3d
53229 Antoniusweg 248-6b
\- Arboretum-Park Härle 248-5d
53115 Argelanderstraße 247-5c (34/D3)
53117 Arkadiapassage (33/A2)
53117 Arminiusstraße 227-11a
53117 Arndtplatz 248-11c
53113 Arndtstraße 247-5b (34/D5)
53225 Arnoldstraße 227-12a
53117 Athener Straße (4) 227-7c
53117 Auerberger Allee 227-7c
53117 Auerberger Mitte 227-7c
\- Auerberger Weg 226-6d
53175 Auerhofstraße 248-11b
53225 Auestraße 227-9d
53229 Auf dem Bachfeld 228-7d
53177 Auf dem Brand 268-1c
53179 Auf dem Domhof 268-9b
53121 Auf dem Dransdorfer Berg 246-3a
53127 Auf dem Essig 247-10b
53127 Auf dem Freibogen 247-7a
53127 Auf dem Gierolsrott 247-10b
53177 Auf dem Godesberg 268-1b (33/A2)
53225 Auf dem Grendt 248-1c
53127 Auf dem Heidgen 247-10a
53225 Auf dem Hirschberg 227-12a
53117 Auf dem Huckstein 227-10b
53121 Auf dem Hügel 246-3a
53129 Auf dem Junkerfeld 247-8d
53127 Auf dem Kirchbüchel 246-9a
53125 Auf dem Kirchweg 267-1a
53127 Auf dem Maar 247-10b
53225 Auf dem Mühlenberg 227-12b
53179 Auf dem Oelsfeld 268-9b
53125 Auf dem Rabenplatz 267-1c
53177 Auf dem Rotkopf 268-1c
53127 Auf dem Schellenberg 247-7a
53117 Auf dem Schleifacker 227-7d
53127 Auf dem Steinchen 247-7c
53123 Auf dem Tonnenpfad 246-2b
53127 Auf dem Uhlberg 247-7a
53125 Auf dem Weiler 246-12d
53227 Auf den sechs Morgen (2) 248-9a
53125 Auf den Steinen 246-12b
53125 Auf der Bitzen 267-1c
53225 Auf der Clemensbitze 228-7c
53123 Auf der Erk 246-5b
53125 Auf der Heide 266-3d
53173 Auf der Hostert 248-11b
53127 Auf der Kaiserfuhr 246-9d
53177 Auf der Ley 268-1c
53225 Auf der Rötschen 227-9b
53225 Auf der Schleide 247-3b
53129 Auf der Steige 247-8b
53229 Auf der Steinkaule (3) 228-10d
53173 Augustastraße 248-10d (33/A1)
53175 August-Bebel-Allee 247-9d
53129 August-Bier-Straße 247-5d
53123 Augustinusstraße 246-6c
53119 August-Macke-Platz 227-10d (34/A2)
53229 Auguststraße 227-12d
53111 Augustusring 227-11d
53225 Aurelianastraße 228-7a
53179 Austraße 268-6d
53177 Axenfeldstraße 268-1c
53117 Azaleenweg 226-9a

53121 Babette-Koch-Weg 246-3d
53179 Bachemer Straße 268-9d
53115 Bachstraße (34/C3)
53111 Badener Straße 227-11d
53225 Baguettestraße 227-9b
53123 Bahnhofstraße 246-5a
53175 Bahnstraße (1) 248-10a
53127 Balthasar-Neumann-Straße (1) 247-10b
53125 Barbaraweg 246-12b
53227 Basaltstraße 248-8b
Basteistraße 248-11d
53179 Nr. 1-13, Nr. 2-12
53173 Nr. 14-Ende, Nr. 19-Ende
53117 Bataverweg 227-8c
53115 Baumschulallee 247-2c (34/C3)
53227 Baumstraße 248-8b
53113 Baunscheidtstraße 247-9b
53123 Beckstraße 246-8d
53173 Beethovenallee 268-2a (33/B2)
53115 Beethovenplatz 247-1d (34/C2)
53115 Beethovenstraße 247-1d (34/C2)
\- Begmannspfad 267-5d
53177 Behringstraße 268-5a
Belderberg 247-2b (34/B4)
53111 Nr. 2-22, Nr. 5-7
53113 Nr. 9-19, Nr. 24 32
53177 Belderbuschstraße 267-3b
\- Bellerbuschallee 267-6c
53121 Bendenweg 246-2b
53115 Bennauerstraße 247-5a
53229 Bennerscheidweg 248-3b
53177 Benngasse 268-5b
53225 Bergergasse 227-9b
\- Bergeortsweg 266-5c
53121 Bergfeldstraße 247-4a
53225 Bergheimer Straße 227-9c
53227 Berghovener Straße 248-9a
53121 Bergiusstraße 226-12d
53229 Bergmeisterstück 228-11b
53129 Bergstraße 247-8c
53225 Bergweg 247-9d
53115 Beringstraße 247-2c (34/D3)
53111 Berliner Freiheit 247-2b (34/A4)
53111 Berliner Platz 247-2a (34/B3)
53175 Berliner Ring 248-7d
53117 Berner Straße (1) 227-7c
53127 Bernhard-Berzheim-Platz (3) 247-10a
53113 Bernhard-Custodis-Straße 247-5b
53227 Bernhardstraße 248-8b
53175 Bernkasteler Straße 247-12b
53119 Berta-Lungstras-Straße 226-12b
53111 Bertha-von-Suttner-Platz (34/A4)
53225 Beueler Bahnhofsplatz (3) 247-3b
53229 Beueler Straße 228-10a
53117 Beuthener Straße 226-8d
53123 Billrothstraße 246-9a
53125 Birkenweg 266-6b
53117 Birkheuserstraße 227-7d
53229 Birlinghovener Straße 229-10d
53177 Birzentalstraße 268-5d
53111 Bischofsplatz (34/B4)
53173 Bismarckallee 268-2b
53113 Bismarckstraße 247-5a (34/D4)
53229 Bitzerweg 229-10c
53229 Blankenbergweg 228-11a
53127 Blaukehlchenweg 247-10d
53123 Blaumeisenweg 246-6a
\- Blausteinallee 266-3c
53229 Bleibtreustraße 248-3b
53115 Blücherstraße 247-5a
53179 Blumenaustraße 268-3c
53119 Blumenhof 247-1b (34/A2)
53125 Blumenstraße 267-1a
53175 Bodelschwinghstraße 247-12b
53127 Bodelschwinghweg 247-7d
53179 Bodenstaffstraße 269-7a
\- Bommerichshüll 267-3a
53119 Bonifatiusstraße 227-10d
\- Bonn Visio-Innovationspark am Rhein 248-4d
53123 Bonner Logsweg 246-5b
53173 Bonner Straße 248-10d (33/A1)
Bonner Talweg 247-2c (34/C4)
53113 Nr. 1-121, Nr. 4-150
53129 Nr. 135-335, Nr. 176-344d
53123 Bonner Weg 246-2d
53111 Bonngasse 247-2b (34/B4)
53127 Borkenweg 247-8c
Bornheimer Straße 227-10c (34/A1)
53111 Nr. 15-43, Nr. 20-94
53119 Nr. 55-165, Nr. 96-236
53125 Borsigallee 246-12a
\- Botanischer Garten 247-5a
53111 Bottlerplatz (34/B4)
53121 Brahmsstraße 247-1c (34/D1)
53175 Brandenburger Straße 248-7d
53111 Brassertufer 247-2b (34/A5)
53229 Braunkehlchenweg (4) 228-12c
53125 Bredowallee 246-12a
53111 Breite Straße 247-2a (34/A3)
\- Breiter Jagdweg 266-7b
53177 Breiter Weg 268-7b
53113 Brentanostraße 248-7a
53175 Breslauer Straße 248-11a
53123 Driandstraße 246 7b
53119 Brieger Weg 226-11b
53229 Bröhlweg 228-11a
53227 Broichstraße 248-1b
53225 Bröltalbahnweg 227-12c
53127 Brombeerweg (5) 247-8c
53127 Brückenstraße 246-9b
53115 Brucknerstraße 247-1c (34/C2)
53111 Brüdergasse 247-2b (34/B4)
53119 Brühler Straße 226-12d
53117 Brungsgasse 227-7a
\- Brungsmühle 268-1d
53179 Brunhildstraße 268-6b
53177 Brunnenallee 268-1d (33/A3)
53179 Brunnenplatz 268-5d
53123 Brunnenstraße 246-8b
53229 Brunnenweg 228-10d
53125 Brüser Damm 246-11b
53117 Brüsseler Straße 227-7c
53225 Büchelgarten 227-12b
53227 Büchelstraße 248-5d
53227 Buchenweg 248-1d
53123 Buchfinkenweg 246-6c
53127 Buchholzstraße 247-10a
\- Buchholzweg 268-7c
53111 Budapester Straße 247-2a (34/B3)
53117 Bukarester Straße (3) 227-7c
53229 Bundesgrenzschutzstraße 228-7b
53113 Bundeskanzlerplatz 247-6c
53111 Bungartstraße 227-11a
53121 Bunsenstraße 226-12c
53123 Buntspechtweg 246-5d
53119 Bunzlauer Weg 226-11b
53129 Burbacher Straße 247-5d
53229 Burbankstraße 228-7d
\- Burg Medinghoven 246-5c
53177 Burgblick 268-1b
53173 Bürgerstraße 268-2a (33/A2)
53115 Burggartenstraße 247-4b
53227 Burggrafenstraße 248-1c
53229 Burghof 248-6b
53229 Burghofstraße 248-6b
53177 Burgstraße 268-1d (33/A2)
53123 Burgweg 246-2d
53177 Bürvigstraße 268-5a
53123 Buschackerweg 246-5c
53117 Buschdorfer Kirchweg 227-7a
53117 Buschdorfer Straße 226-8b
53229 Buschgarten 229-10c
53113 Buschstraße 247-6a
\- Buschweg (Röttgen) 267-1c
53229 Buschweg (Vilich-Müldorf) 228-8c
53129 Büttinghausenstraße 247-8b

53179 Cäcilienheidchens Weg 268-9a
53227 Cäcilienstraße 248-8b
53119 Camminer Straße 226-12a
53173 Camphausenallee 268-3a
53121 Carl-Duisberg-Straße 226-11d
53121 Carl-Justi-Straße 246-3b
53117 Carlo-Mense-Straße 226-8d
53123 Carl-Schurz-Straße 246-6c
53115 Carl-Troll-Straße 247-4b (34/D2)
53121 Carmen-Sylva-Weg (1) 246-3a
53173 Cäsariusstraße 268-2b
53125 Caspar-David-Friedrich-Straße 246-12d
53111 Cassiusgraben 247-2a (34/B3)
\- Cassiuspassage (8) (34/B4)
53125 Celsiusstraße 246-9c
53113 Charles-de-Gaulle-Straße 247-6d
53125 Charles-Wimar-Straße 246-12d
53119 Chemnitzer Weg 226-11b
53175 Cheruskerstraße 248-10b
53119 Chlodwigplatz 227-10d
53227 Christian-Kölbach-Straße 248-1a
53117 Christian-Lassen-Straße 226-9c
53129 Christian-Miesen-Straße 247-9a
53229 Christ-König-Straße 228-12d
53129 Christoph-Fischer-Weg 247-9c
\- Citypassage (7) (34/B4)
53123 Clara-Viebig-Straße 246-5b
53179 Clara-Wieck-Straße 268-3c
53113 Clausiusstraße 247-5b (34/D4)
53127 Clematisweg 246-9b
53115 Clemens-August-Platz 247-4b
53115 Clemens-August-Straße 247-4b
53225 Clemensstraße 227-12a
53125 Clementiaweg 267-1a
53113 Coburger Straße 247-6c
53115 Colmantstraße 247-2c (34/C3)
53225 Combahnstraße 227-12c (34/A6)
53125 Communicationsweg 266-9d

53125 Dachsweg 246-11a
53229 Dahlienweg 228-12d
53113 Dahlmannstraße 247-6d
53129 Damaschkestraße 247-9c
53179 Dankwardstraße (3) 269-7c
53175 Danziger Straße 248-11a
53179 De-Brezé-Straße (4) 269-7a
53177 Dechant-Heimbach-Straße 268-1d
53115 Decherstraße 247-2c
53123 De-Gasperi-Straße 246-8a
53179 Deichmanns Aue 268-6a
53117 Dellweg 226-9a
53123 Delpstraße 246-9a
53173 Denglerstraße 268-2a (33/B1)
53123 Derlestraße 246-8a
53125 Dessaustraße 246-12b
- Deutscher Garten 248-7b
Deutschherrenstraße 268-2c
53177 Nr. 3-99, Nr. 2-120a
53179 Nr. 115-Ende, Nr. 124-Ende
- Dicker Weg 246-11d
53111 Dietkirchenstraße 227-11c
53227 Dietrich-Bonhoeffer-Straße 248-4a
53179 Dietrich-Glauner-Straße (1) 268-9b
53175 Dietrichstraße 248-10c
53113 Diezstraße 247-5b
53123 Distelfinkweg 246-6a
53225 Dixstraße 227-12a
53111 Doetschstraße 247-2b (34/A5)
53121 Dohmsstraße 247-4a
53227 Dollendorfer Allee 248-9a
53173 Dollendorfer Straße 248-11b
53179 Domhofstraße 268-9b
53123 Dompfaffenweg 246-5a
53175 Donatusstraße 248-8c
53127 Don-Bosco-Straße 247-11a
- Dorfplatz Lessenich 246-5b
53125 Dorfstraße 267-1a
53227 Dornenkreuzstraße 248-1d
53227 Dornheckenstraße 248-5c
53125 Dornierstraße 246-12c
Dorotheenstraße 227-10c (34/A2)
53111 Nr. 1-155, Nr. 2-126
53119 Nr. 128-Ende, Nr. 157-Ende
53127 Dottendorfer Allee 247-10d
53129 Dottendorfer Straße 247-9c
53225 Dr.-Weis-Platz 227-12d
53179 Drachenburgstraße 268-5d
53177 Drachenfelsstraße 268-4b (33/A3)
53227 Drachenfelsweg 248-1c
- Drachensteinpark 269-7a
53179 Dreholzstraße 268-9b
53111 Dreieck (34/B4)
53175 Dreizehnmorgenweg 248-7c
53117 Dresdener Straße 226-9a
53175 Dromersheimer Straße 248-10a
53229 Drosselstraße 248-3d
53119 Drosselweg 226-12d
53129 Droste-Hülshoff-Straße 247-9c
53111 Drususstraße 227-11a
53117 Dubliner Straße 227-7c
53225 Dunantstraße 227-12d
53173 Dürenstraße 268-2a (33/B2)
53113 Dyroffstraße 247-2d (34/C4)

53113 E.-T.-A.-Hoffmann-Straße 248-7a
53127 Ebereschenweg (4) 247-8c
53125 Edisonallee 246-12a
53123 Edith-Stein-Anlage 246-9a
53129 Eduard-Otto-Straße 247-5d
53113 Eduard-Pflüger-Straße 247-6c
53117 Eduard-Spoelgen-Straße 227-8c
53121 Effertzstraße 246-3d
53117 Egerstraße 226-9a
53127 Ehrlichstraße 247-8c
53127 Eibenweg (1) 247-8c
53227 Eichendorffstraße 247-3d
53229 Eichenweg 228-7d
53125 Eichhörnchenweg 246-10b
53119 Eifelstraße 247-1b (34/A1)
53123 Einsteinstraße 246-6a
53117 Eintrachtstraße 227-11a
53117 Eisenacher Straße 226-9a
53125 Eislebenstraße 246-12a
53127 Elbestraße 247-10b
53117 Elbingstraße 226-9a
53117 Elfstraße 268-5a
53123 Elisabeth-Enseling-Straße 246-2b
53177 Elisabeth-Mayer-Straße 268-5a
53177 Elisabethstraße 268-4b (33/A3)
- Ellches-Maar-Allee 266-5d
- Ellches-Maar-Alleechen 266-5a
53119 Ellerstraße 247-1b (34/A1)
53179 Ellesdorfer Straße 268-6c
53177 Elliger Höhe 268-5c
Elsa-Brändström-Straße 247-3d
53225 Nr. 1-53, Nr. 4-64
53227 Nr. 55-217, Nr. 68-186
53175 Elsässer Straße 248-10d
53179 Elsternweg 268-9d
53175 Eltviller Straße 248-10a
53125 Emanuel-Leutze-Straße (3) 246-12c
53177 Embavenhof (33/A2)
53113 Emil-Nolde-Straße 247-6c
Endenicher Allee 247-4a (34/D1)
53115 Nr. 1-19, Nr. 2-70
53121 Nr. 21-63, Nr. 82-146
Endenicher Straße 247-4a (34/C1)
53115 Nr. 8-142, Nr. 41-193
53121 Nr. 211-377, Nr. 220-336
53121 Engelbertzstraße 246-3d
53111 Engeltalstraße (34/A4)
53127 Enggasse 246-9b
53117 Engländerweg 226-6d
53119 Ennemoserstraße 247-1a (34/A1)
53227 Ennerthang 248-2c
- Ennerthütte 248-2c
- Ennert-Rundweg 248-2c
53229 Ennertstraße 228-11b
- Ennertweg 248-2c
53175 Erftstraße 248-11a
53129 Erftweg 247-9a
53125 Erfurtstraße 246-9d
53127 Erich-Böger-Straße 247-7c
53121 Erich-Hoffmann-Straße 246-3d
53227 Erlenweg 248-1d
53113 Ermekeilstraße 247-5a (34/D4)
53123 Ermlandstraße 246-5b
53127 Ernst-Abbe-Straße 247-8c
53117 Ernst-Meurer-Weg (7) 226-9c
53225 Ernst-Moritz-Arndt-Straße 247-3c
53117 Ernst-Robert-Curtius-Straße 226-9c
53227 Ernststraße (1) 248-9c
53113 Erste Fährgasse 247-2d (34/C5)
53111 Erzbergerufer 247-2b (34/A5)
53129 Eschelbachstraße 247-12a
53177 Eschenweg 268-4d
53229 Espeler Wiese (3) 228-11d
53127 Espenweg 247-8c
53117 Estermannstraße 227-7a
53117 Estermannufer 227-4c
53229 Ettenhausener Straße 249-1a
53123 Ettighofferstraße 246-6c
53179 Etzelstraße 269-7c
53129 Eulenweg 247-9c
53117 Eupener Straße 226-9d
53123 Europaring 246-7b
53175 Europastraße 248-8c
53121 Euskirchener Bahnweg 246-3a
53121 Euskirchener Straße 246-6b
53229 Everhardstraße 228-11c
53225 Ewigstraße 227-12b

53129 F.-A.-Schmidt-Weg 247-9c
53225 Fabristraße 227-9b
- Fächelweg 266-7a
53125 Fahrenheitsstraße 246-11b
53179 Fährstraße 268-6d
53229 Falkenbergweg (10) 228-12d
53125 Falkenweg 266-3d
53179 Fasanenstraße 268-3c
53127 Fasanenweg 247-10d
53225 Feldstraße 247-3a
53175 Ferdinand-Lassalle-Straße 248-7d
53123 Ferdinand-Porsche-Straße 246-5b
53127 Ferdinandstraße 247-7d
- Festebergweg 266-7b
53125 Fichtenweg 266-6b
53177 Fichtestraße 268-8a
- Finkenbergpark 248-1d
53227 Finkenbergstraße 248-1c
53123 Finkenhof 246-9a
- Finkenhofpark 246-8d
53229 Finkenweg 228-11b
53123 Flemingstraße 246-9a
53117 Flensburger Straße 226-9b
53125 Flerzheimer Allee 266-5b
53179 Fliederstraße 268-8b
53121 Flodelingsweg 246-6b
53125 Florastraße 246-12d
53111 Florentiusgraben 247-2a (34/B3)
53225 Florusstraße 228-7c
53179 Floßweg 268-6c
53229 Flughafenstraße 228-7d
53227 Flutgraben 248-4b
53125 Fockestraße 246-12a
53125 Fonckstraße 246-12d
53123 Fontainengraben 246-8d
53173 Fontanestraße 268-2b
53123 Forellstraße 246-5a
53125 Forststraße 266-3d
53227 Forstweg 248-1d
53179 Fourthweg 268-8b
- Foveaux-Häuschen 248-2c
- Foveauxweg 248-2a
53175 Frankengraben 247-9d
53175 Frankenstraße 248-7d
53225 Frankenweg 227-12b
53125 Franz-Böckle-Straße 246-12b
53129 Franz-Bücheler-Straße 247-9a
53117 Franz-Grünkorn-Straße 226-9a
53113 Franziskanerstraße (34/B4)
53113 Franz-Josef-Strauß-Allee 247-9b
53175 Franz-Linz-Straße 247-12b
53129 Franz-Lohe-Straße 247-6c
53111 Franzstraße 247-2a (34/A3)
53177 Frascatistraße 268-5b
53121 Fraunhoferstraße 226-12c
53127 Frechengasse 246-6d
53177 Freier Weg 268-1c
53123 Freiligrathstraße 246-6c
- Freizeitpark Rheinaue 248-4c
53127 Fridtjof-Nansen-Straße 247-7b
53111 Friedensplatz 247-2a (34/B4)
- Friedensplatzpassage (6) (34/A4)
53229 Friedenstraße 228-11a
53229 Friedensweg 249-1a
53225 Friedhofstraße 227-12d
53117 Friedlandstraße 226-9a
53173 Friedrichallee 268-2b
53225 Friedrich-Breuer-Straße 247-3a (34/A6)
53113 Friedrich-Ebert-Allee 247-9b
53225 Friedrich-Ebert-Brücke 227-8c
Friedrich-Ebert-Straße 268-2c (33/A3)
53173 Nr. 1-3
53177 Nr. 11-Ende, Nr. 32-Ende
53225 Friedrich-Friesen-Straße 247-3b
53127 Friedrich-Schultze-Straße 247-8c
53111 Friedrichstraße 247-2a (34/B4)
53113 Friedrich-Wilhelm-Straße 247-9b
53117 Friedrich-Wöhler-Straße 227-10a
Friesdorfer Straße 248-10c (33/A1)
53173 Nr. 1-115, Nr. 2-140
53175 Nr. 127-271, Nr. 160-292
53175 Friesenstraße 248-11c
53117 Friesenweg 227-7d
53125 Fritz-Eggeling-Platz 246-9c
53113 Fritz-Erler-Straße 247-6d
53113 Fritz-Schäffer-Straße 247-6d
53111 Fritz-Schroeder-Ufer 227-11d (34/A5)
53113 Fritz-Tillmann-Straße 247-2d (34/C4)
53179 Fröbelstraße 269-7a
53121 Frongasse 247-1c
53177 Fronhofpassage (3) (33/A2)
- Fuchskaulenweg 248-2d
53125 Fuchsweg 246-11c
53177 Fuderbachsweg 268-4c
53229 Fuhrweg 249-1a
53177 Fürstenbergstraße 268-5d
53111 Fürstenstraße 247-2b (34/B4)
53129 Füssenichgasse (1) 247-5d

53119 Gabelsbergerstraße (34/A2)
53177 Galileistraße 268-5b
53117 Gallierweg 227-8c
53227 Gallusstraße 248-1d
53121 Gandhistraße 246-3d
53111 Gangolfstraße (34/B4)
53127 Garréstraße 247-11a
Gartenstraße 227-12b
53229 Nr. 1-123, Nr. 2-98
53225 Nr. 135, Nr. 146
53229 Gartenweg 228-12a
53125 Gaußstraße 246-9c
53125 Gebrüder-Wright-Straße 246-12c
53225 Geislarstraße 227-9b
53115 Geißlerstraße 247-5c
53123 Gellertstraße 246-6c
- Gensemer Gasse 227-9c
53225 Gensemer Straße 227-9c
53111 Georgstraße 227-11c
53117 Georg-von-Boeselager-Straße 227-10a
53125 Georg-Weiß-Weg 246-12b
53125 Gerastraße 246-12a
53123 Gerberaweg 246-5d
53121 Gerhard-Domagk-Straße 247-1a
53127 Gerhard-Krause-Weg 247-7c
53173 Gerhard-Rohlfs-Straße 268-2b (33/B2)
53119 Gerhardsplatz 227-10d
53229 Gerhardstraße 227-12b
53111 Gerhard-von-Are-Straße (10) (34/B4)
53121 Gerhart-Hauptmann-Straße 246-3a
53227 Gerichtsweg 248-4b
53175 Germanenstraße 248-10d
53179 Gernotstraße 268-6d
53123 Geschwister-Scholl-Straße 246-9a
- Gewerbe- und Gründungszentrum (Alter Schlachthof) (34/B1)
- Gewerbe- und Technologiezentrum Bonn 246-3b
- Gewerbegebiet Bad Godesberg-Nord 248-10c
- Gewerbegebiet Beuel-Ost 248-1a
- Gewerbegebiet Bonn West 226-11c
- Gewerbegebiet Hohe Straße 226-11a
- Gewerbegebiet Holzlar 228-11b
- Gewerbegebiet Justus-von-Liebig-Straße 226-12c
- Gewerbegebiet Pennenfeld 268-6a
- Gewerbegebiet Rheindorfer Hafen 227-7b
- Gewerbegebiet Verteilerkreis 227-10c (34/A1)
- Gewerbepark Buschdorf 226-9c
- Gewerbepark Pützchen 228-11c
- Gewerbezentrum Mehlen 269-7c
53229 Gielgen 229-10c
53229 Gielgenstraße 249-1a
53123 Gielsdorfer Straße 246-2c
53129 Gierenweg 247-9a
53113 Giergasse (34/B5)
53127 Gierolstraße 247-10b
53229 Giersbergstraße 228-12d
- Gieveningsweg 247-11d
- Gimmersdorfer Weg 268-7c
53229 Ginsterweg 228-12d
53179 Giselherstraße 268-9d
53119 Glatzer Straße 226-12a
53119 Gleiwitzer Weg (2) 226-11a
53123 Glockenstraße 246-6d
53117 Glogauer Straße 226-8d
53229 Glückstraße 228-11d (34/B2)
53115 Gluckstraße 247-2a
53173 Gneisenaustraße (1) 248-11d
53125 Goddardstraße 246-12a
53175 Godesberger Allee 248-7c
53175 Godesberger Straße 248-10a
53177 Godesburg 268-1b (33/A2)
53113 Goebenstraße 247-5a (34/D4)
53123 Goerdelerstraße 246-8d
53225 Goetheallee 247-3b
53113 Goethestraße 247-5b (34/D4)
53177 Goldbergweg 268-5c
53125 Goldfußstraße (1) 246-12a
53229 Gorch-Fock-Straße 228-10c
53119 Görlitzer Straße 226-12b
53113 Görresstraße (Gronau) 247-6d
53179 Görresstraße (Mehlem) 268-9b
53175 Gotenstraße 248-10b
53125 Gothastraße 246-12b
53117 Gottbergstraße 227-4c
53225 Gottfried-Claren-Straße 247-3a (34/A6)
53123 Gottfried-Kinkel-Straße 246-6c
53227 Grabengasse 248-1d
53225 Grabenstraße 227-12b
53129 Graf-Galen-Straße 247-5d
53179 Gräfgeshülle 268-8b
53115 Graf-Stauffenberg-Straße 247-5c
53123 Grasmückenweg 246-6a
Graurheindorfer Straße 227-8c
53111 Nr. 1-101, Nr. 2-84
53117 Nr. 90-Ende, Nr. 103-Ende
53115 Gregor-Mendel-Straße 247-5d
53119 Greifswalder Weg 226-12a
53123 Grimmgasse 246-8b
53177 Gringsstraße 268-5a
53121 Grootestraße 226-11c
53229 Großenbuschstraße 228-12a
- Großer Schnacke-Eiche-Weg 267-10c
53179 Grubenstraße 268-8b
53175 Grüner Weg 248-10a
53229 Guardinistraße 248-3d
- Gudenauer Weg (Röttgen) 267-5c
53127 Gundenauer Weg (Ückesdorf) 247-10a
53179 Gunterstraße 269-7a
53227 Güßgasse 248-1d
53225 Gustav-Kessler-Straße (2) 227-12d
53129 Gustav-Oel-Straße 247-8b
53127 Gustav-von-Veit-Straße 247-8c
- Gut Ettenhausen 249-1c
- Gut Marienforst 268-4a
53179 Gutenbergallee 268-3c
53123 Gutenbergstraße 246-6c

53127 Haager Weg 247-10d
53229 Haberbitze 228-11a
53121 Haberstraße 226-12c
53173 Habsburgerstraße 268-2b (33/B1)
53117 Hafenstraße 227-7d
53225 Haffstraße 227-9d
53179 Hagenstraße 268-9d
53177 Hainbuchenweg 268-7b
53121 Hainstraße 246-6b
53125 Halberstadtstraße 246-9c
53227 Haldenstraße 248-1d
53125 Hallestraße 246-9c
53225 Hammstraße 228-7c
53115 Händelstraße 247-1d (34/C2)
53229 Hangelarer Straße 228-12a
53229 Hangelarer Weg (1) 228-7d
53227 Hangstraße 248-2c
53125 Hankelstraße 246-12a
53177 Hans-Böckler-Allee 268-2d
53225 Hans-Böckler-Straße 227-12d
53121 Hans-Cloos-Straße 246-3d
53125 Hans-Grade-Straße 246-12a
53117 Hans-Herter-Straße 226-9d
53113 Hans-Iwand-Straße (34/C4)
53129 Hans-Riegel-Straße 247-9a
53175 Hans-Rosenberg-Straße 247-12b
53121 Hans-Sachs-Straße 246-3a
53225 Hans-Steger-Ufer 247-3a (34/A6)
53123 Hans-Welzel-Straße 246-2d
53127 Hardtbergstraße 246-9b
53125 Hardthöhe 246-8d
53175 Hardtstraße 248-11b
53229 Hardtweg 249-1a
- Hardtweiher-Rundweg 248-3a
53229 Hardtweiherstraße 248-3a
53129 Harleßstraße 247-8d
53115 Hartsteinstraße 247-5a (34/D3)
53227 Hartwig-Hüser-Straße 248-8d
- Haselingsweg 267-9d
53177 Haselnußweg 268-5c
53125 Hasenweg 246-11c
53229 Hasertstraße 228-11d
53111 Hatschiergasse 247-2b (34/A4)
53123 Haubenlerchenweg (2) 246-6a
53229 Hauptstraße 228-11d
- Haus Alfter 266-3b
53129 Hausdorffstraße 247-5b
53127 Hauweg 247-8a
53127 Havelstraße 247-10b
53115 Haydnstraße 247-1b (34/B2)
53225 Heckelsbergplatz 247-3b
53227 Heckelsgasse 248-5d
53229 Heckenweg 228-8d
53111 Heerstraße 247-1b (34/B2)
53121 Heerweg 246-6a
53177 Hegelstraße 268-8b
53229 Heidebergen 228-12d
53229 Heidebergenstraße 228-12d
53125 Heidegartenstraße 266-3b
53177 Heiderhofring 268-4d
53229 Heideweg 228-12c
53125 Heidegsallee 266-3d
53123 Heilsbachstraße 246-5c
- Heimkehrerweg 248-4c
53175 Heinemannstraße 248-7d
53125 Heinkelstraße 246-12c
53115 Hein-Moeller-Straße 247-1b (34/B1)
53229 Heinrich-Behr-Straße (1) 249-1a
53127 Heinrich-Blömer-Weg 247-11a
53119 Heinrich-Böll-Ring 227-10c (34/A1)
53113 Heinrich-Brüning-Straße 247-6d
53117 Heinrich-Bursch-Straße 226-9a
53125 Heinrich-Dittmaier-Straße 246-12b
53127 Heinrich-Els-Straße 247-8c
53127 Heinrich-Fritsch-Straße 247-8c
53225 Heinrich-Heine-Straße 247-3d
53177 Heinrich-Hertz-Straße 268-2d
53227 Heinrich-Konen-Straße 248-5c
53129 Heinrich-Körner-Straße 247-5d
53113 Heinrich-Lübke-Straße 247-9b
53115 Heinrich-Lützeler-Straße 247-5c
53117 Heinrich-Nauen-Straße (8) 226-9c
53111 Heinrich-Sauer-Straße 227-11d
53129 Heinrich-Schneiders-Straße 247-12a
53117 Heinrich-Settels-Straße 226-9c
53179 Heinrichstraße 268-9b
53113 Heinrich-von-Kleist-Straße 247-2c (34/C4)
53175 Heinrich-von-Stephan-Straße 248-7d
53129 Heinrich-Winand-Weg 247-9c
53227 Heinrich-Wolsing-Weg 248-2c
53121 Heinz-Stelling-Weg 246-3d
53229 Heisenbergstraße 249-1a
53111 Heisterbacherhofstraße (4) (34/A5)
53173 Heisterbachstraße 268-2b
53225 Helenenstraße 247-3a (34/B6)
53229 Helene-Weber-Straße 228-10a
53123 Helmholtzstraße 246-6a
53117 Helsinkistraße 227-7c
53125 Henriettenstraße 246-12b
53225 Henri-Parisot-Straße (5) 227-12a
53123 Henri-Spaak-Straße 246-7d
53173 Hensstraße 268-2a (33/B1)
53225 Herbert-Rabius-Straße 227-12d
53173 Herderstraße 248-11d
53227 Hermann-Bleibtreu-Ufer 248-5c
53117 Hermann-Dienz-Straße 226-8d
53113 Hermann-Ehlers-Straße 247-6d
53229 Hermann-Gmeiner-Straße (7) 228-10a
53177 Hermann-Löns-Straße 268-5d
53129 Hermann-Milde-Straße 247-9a
53125 Hermann-Schlösser-Straße (1) 246-12c
53119 Hermannstädter Straße 226-11b
53225 Hermannstraße 247-3a (34/A6)
53121 Hermann-Wandersleb-Ring 246-6b
53117 Herpenstraße 227-7d
53229 Herrenacker 248-3d
53117 Herseler Straße 227-7d
53115 Herwarthstraße 247-1b (34/B2)
53125 Herzogsfreudenweg 266-3d
53113 Heussallee 247-6d
53179 Hildebrandstraße (1) 269-7c
53229 Himmelsweg 249-1b
53227 Himmerichweg 248-4a
53175 Hindenburgallee 248-10b
53129 Hindenburgplatz 247-8d
53129 Hinsenkampstraße 247-8d
53123 Hinter Aue 246-6c
53129 Hinter Hoben 247-9c
53119 Hirschberger Straße 226-11b
53121 Hirschgasse 247-4a
53129 Hittorfstraße 247-8d
53125 Hobsweg 267-4a
53125 Hochkreuzallee 247-12d
53119 Hochstadenring 247-1b (34/B2)
- Hof Annaberg 267-2b
- Hofgarten 247-2d (34/B4)
53175 Hofstraße 248-11b
53119 Hohe Straße 226-11a
53127 Höhenweg 247-10a
53173 Hohenzollernplatz 248-11c
Hohenzollernstraße 248-10d
53173 Nr. 2-68, Nr. 1-73
53175 Nr. 70-Ende, Nr. 75-Ende
53177 Hohle Gasse 268-5c
53125 Höhlenweg 246-12d
53229 Hoholzstraße 249-1b
- Höhweg 227-10a
53175 Holbeinstraße 248-7c
53121 Hölderlinstraße 226-11d
53229 Holtorfer Straße 228-11c
53229 Holtorfer Weg 248-3b
53127 Holunderweg (2) 247-8c
53229 Hölzebergstraße 228-12d
53227 Holzgasse 248-5a
53229 Holzlarer Straße 228-12c
53229 Holzlarer Weg 228-11c
53179 Honnefer Straße 268-6c
53177 Hopmannstraße 268-5a
53177 Horionstraße 268-1a
53115 Hospitalweg 247-5c
53227 Hosterbacher Straße 248-5b
53227 Hosterstraße 248-5d
53229 Hövelweg 228-12c
53179 Hoverstraße 268-5d
53173 Hubertinumshof (33/B2)
53123 Hubert-Jedin-Straße 246-5a
53127 Hubert-Maurer-Straße 246-9b
53175 Hubert-Peter-Straße 247-12b
53125 Hubertusallee 266-3d
53125 Hubertusstraße 246-12d
53129 Hugo-Haelschner-Straße 247-6c
53125 Hugo-Junkers-Straße 246-12c
53115 Humboldtstraße 247-1d (34/C2)
53227 Humbroichweg 248-9b
53229 Hummerichs Bitze 228-7d
- Hummerichsweg 267-6a
53121 Humperdinckstraße 247-1c
53121 Humperdinkstraße (34/C2)
53225 Hundeshagenstraße 227-12a
53119 Hunsrückstraße (34/B2)
53117 Husarenstraße 227-11a
53123 Hüttenweg 246-5d

53125 Igelweg 246-11c
53125 Iltisweg 246-10b
53127 Im Acker 247-7c
53123 Im Ahlgasserfeld (5) 246-8b
53227 Im Alten Wingert 248-5a
53177 Im Apfelgarten 268-5d
53177 Im Äuelchen 268-1d (33/A2)
53175 Im Bachele 247-12b
53179 Im Bachfeld 268-9b
53175 Im Bendel 248-10c
53127 Im Bendenberg 247-4c
53229 Im Birkenfeld 228-7b
53229 Im Blankert 228-11a
53127 Im Blumengarten 247-7c
53229 Im Bonnet 228-11a
53127 Im Brandengarten 247-7a
53123 Im Brocken 246-2d
53175 Im Buchengrund 248-10c
53227 Im Bungert (1) 248-9a
53123 Im Burgacker 246-5d
53117 Im Dahl 226-9c
53225 Im Dohm 227-9b
53129 Im Dottenberg 247-12a
53121 Im Dransdorfer Feld 246-3a
53127 Im Eichholz 247-7a
53127 Im Ellig 246-9b
53127 Im Erlenbusch 247-10d
53175 Im Erlengrund 248-10c
- Im Erlenpesch 248-3c
53177 Im Etzental 268-2c
53123 Im Feldpütz 246-6d
53179 Im Frankenkeller 269-7a
53225 Im Gensem 227-9c
53229 Im Gerott 228-11b
53227 Im Gesetz 248-1b
53123 Im Göseler 246-8b
53123 Im Gries 266-6b
53179 Im Hag 268-9d
53227 Im Heckengarten 248-8b
53127 Im Hellengarten 246-9b
53125 Im Herrngarten 267-1a
53177 Im Hohn 268-1c
53127 Im Hohnderfeld 246-9b
53125 Im Jagdfeld 267-1a
53227 Im Johdorf 248-1c
53125 Im Jonengarten (2) 267-1c
53121 Im jungen Wingert (3) 247-4a
53129 Im Kirchenbenden 247-9c
53111 Im Krausfeld 227-11c (34/A3)
53225 Im Kremerich (1) 227-9b
53129 Im Maigarten (1) 247-12a
53179 Im Meisengarten 268-6a
53227 Im Meisengrund 248-2c
53227 Im Michelsfeld 248-9c
53227 Im Mohrenfeld 248-9a
53127 Im Mühlenbach 246-9b
53123 Im Mühlenfeld 246-5d
53127 Im Pesch 247-7a
53177 Im Pfirsichgarten 268-5d
53123 Im Pützengarten (2) 246-5c
53125 Im Pützfeld 267-1c
53127 Im Rebgarten 247-4c
53225 Im Rheinfeld 247-3d
53225 Im Rheingarten 247-3d
53123 Im Ringelsacker 246-6d
53229 Im Röhfeld 228-10c
53179 Im Rosenberg 269-10a
53125 Im Rosenhag 246-12d
53225 Im Sand 227-9b
53117 Im Schildchen 226-8d
53125 Im Schmalzacker 246-12d
53129 Im Sonnenpütz 247-8b
53127 Im Sonnenwinkel 247-10d
53119 Im Tannenbusch 226-12c
53229 Im Thelenpfand 228-10d
53127 Im Uckerfeld 247-7d
53121 Im Uhlengarten 246-2b
53229 Im Verbott 228-12a
53229 Im Versteck 228-11b
53179 Im Vogelsang 269-7a
53123 Im Weiler 246-6d
53175 Im Weingarten 248-10c
53175 Im Wiesengrund 247-12a
53179 Im Wiesfeld 268-6c
53115 Im Wingert 247-4d
53117 Im Winkel 226-9a
53125 Im Wolfsgraben 266-3d
53127 Im Wurzelbusch 247-10d
53229 Im Ziegelfeld 228-10b
53121 Immenburgstraße 247-1c (34/B1)
53229 In den Bieshecken 228-11d
53117 In den Dauen 226-12a
53227 In den Erlen 248-5c
53179 In den Schleiden 268-9c
53227 In den Wiesen 228-10d
53127 In der Aue 246-6d
53227 In der Dahlbitze 248-1d
53125 In der Dehlen 246-8c
53127 In der Grächt 246-9b
53175 In der Kumme 247-12b
53125 In der Langhecke 246-12d
53129 In der Lies 247-5d
53175 In der Maar 247-12d
53229 In der Persch 248-9a
53227 In der Proffe 248-9c
53129 In der Raste 247-9d
53127 In der Roten Kanne 247-4c
53111 In der Sürst (34/B4)
53125 In der Wehrhecke 266-3d
53125 In der Wieste 246-12b
53117 Insterburger Straße 226-9d
53127 Ippendorfer Allee 247-7d
- Ippendorfer Heuweg 267-2c
53127 Ippendorfer Weg 247-7a
53111 Irmintrudisstraße 227-11c
- Ispelsgäßchen 227-9b
53179 Ittenbacher Straße 268-6c

53115 Jagdweg 247-5c
53125 Jägerstraße 266-3d
53177 Jägerweg 268-1d
53173 Jahnallee 248-10d
53225 Jahnstraße 227-12c
53119 Jakob-Hengstler-Straße 226-12d
53225 Jakob-Kaiser-Straße 227-12b
53117 Jakob-Mager-Straße 226-9c
53227 Jakobstraße 248-8b
53229 Jasminweg (7) 228-12a
53175 Jean-Monnet-Straße 248-7c
53173 Jean-Paul-Straße 268-2b
53125 Jenastraße 246-9d
53179 Jenienhülle 268-8b
53113 Joachimstraße 247-5b (34/D5)
53175 Johanna-Kinkel-Straße 248-7d
53123 Johanna-Kirchner-Straße 246-8b
53225 Johannes-Bücher-Ufer 247-3c (34/B6)
53113 Johannes-Henry-Straße 247-5b (34/D5)
53127 Johannes-Müller-Straße 247-8c
53229 Johannes-Norbisrath-Straße 228-10a
53225 Johannesstraße 247-3a (34/B6)
53115 Johannes-von-Hanstein-Straße 247-5a
53113 Johanniterstraße 248-7a
53225 Johann-Link-Straße 247-3a (34/B6)
53125 Johann-Wilhelm-Schirmer-Straße (2) 246-12d
53117 Johann-Wirtz-Straße 226-8b
53179 John-McCloy-Ufer 268-6b
53115 Jonas-Cahn-Straße 247-1b (34/B1)
53123 Josef-Böcker-Straße 246-5c
53117 Josef-Kuth-Straße 226-9c
53121 Josef-Schell-Straße 247-4a
53111 Josefstraße 247-2b (34/A4)
53227 Josef-Thiebes-Straße 227-12d
53123 Josef-Wirmer-Straße 246-9c
53113 Joseph-Beuys-Allee 247-6c
53175 Joseph-Roth-Straße 248-10a
53227 Joseph-Schumpeter-Allee 248-4d
53123 Julius-Leber-Straße 246-9a
53225 Julius-Palm-Straße (2) 227-9b
53115 Julius-Plücker-Straße 247-5a
53227 Julius-Vorster-Straße 248-8b
53177 Junkerstraße 268-1b (33/A2)
53121 Justus-von-Liebig-Straße 226-11d

53113 Kaiser-Friedrich-Straße 247-6a (34/D6)
Kaiser-Karl-Ring 227-10d (34/A2)
53111 Nr. 1-63
53117 Nr. 2-40c
53119 Nr. 42-64
53225 Kaiser-Konrad-Straße 227-12c
53111 Kaiserpassage (11) (34/B4)
53113 Kaiserplatz 247-2d (34/C4)
53113 Kaiserstraße 247-2d (34/C4)
53227 Kalkuhlstraße 248-5d
53129 Kallenweg 247-8b
53175 Kanalstraße 248-11b
53229 Kaninsberg 249-1b
53123 Kannheideweg 246-8a
53177 Kantstraße 268-8a
Kapellenstraße 247-4a
53121 Nr. 1-41, Nr. 2-42
53115 Nr. 44-48
53179 Kapellenweg 268-2d
53229 Kapitelshof 228-11a
53111 Kapuzinerstraße (34/B5)
53175 Kardinal-Galen-Weg 247-12d
53225 Karl-Arnold-Straße 227-12b
53129 Karl-Barth-Straße 247-6c
53227 Karl-Duwe-Straße 248-5c
53173 Karl-Finkelnburg-Straße 268-2d
53127 Karl-Friedrich-Schinkel-Straße (2) 247-10b
53115 Karl-Frowein-Straße 247-1b (34/B2)
53117 Karl-Hoch-Straße 227-7a
53229 Karl-Lambertz-Straße 228-7d
53127 Karl-Landsteiner-Straße 247-11b
53117 Karl-Legien-Straße 227-7b
53123 Karl-Leisner-Straße 246-9a
53113 Karl-Marx-Straße 247-9b
53125 Karl-Meisen-Weg (3) 267-1c
53115 Karlrobert-Kreiten-Straße 247-4b (34/D2)
53117 Karlsbader Straße 226-9a
53115 Karlstraße 247-1b (34/B1)
53123 Karl-Wiltberger-Straße 246-5a
53229 Karmeliterstraße 228-11c
53129 Karthäuserplatz 247-8b
53129 Karthäuserstraße 247-8b
53225 Käsbergstraße 227-9d
53111 Kasernenstraße 247-2a (34/A4)
53227 Kasseler Ley 248-9c
53177 Kastanienweg 268-7b
53227 Kastellstraße 248-8b
53177 Katharinenhof 268-1c
53123 Katharinenstraße 246-8b
53229 Käthe-Kollwitz-Straße (4) 228-10d
53119 Kattowitzer Weg 226-11b
53115 Katzenburgweg 247-1d (34/D2)
53115 Kaufmannstraße 247-1d (34/C2)
53229 Kautexstraße 228-11b
53115 Kekuléstraße 247-4b
53117 Keltenweg 227-7d
53227 Keltersbachweg 248-5a
53175 Kelzenbergstraße 247-12b
53175 Kennedyallee 248-10b
53225 Kennedybrücke 247-2b (34/A5)
53177 Keplerstraße 268-5d
53111 Kesselgasse (34/A4)
53129 Kessenicher Straße 247-8b
53127 Kiefernweg 247-11a
53229 Kinkelplatz 228-12b
53227 Kinkelstraße 248-8b
53179 Kirchberg 268-8b
53225 Kirchfeldstraße 227-9d
53123 Kirchplatz 246-5d
53227 Kirchstraße 248-1d
53123 Kirchweg 246-8b
53177 Kirchweingarten 268-5c
53115 Kirschallee 247-5a
53121 Klara-Maria-Faßbinder-Straße 226-11d
53123 Klarastraße (4) 246-8b
53229 Klausgarten 228-12a
53121 Kleine Straße 226-11d
53175 Kleinefeldsweg 248-10a
53229 Kleinfeldstraße 229-10d
53117 Klemens-Hofbauer-Straße 227-10a
53177 Klosterbergstraße 268-5a
53123 Klosterstraße 246-6c
53177 Klosterweg 226-8b
53175 Klufterbachtal 247-12d
53175 Klufterhof 247-12b
53175 Klufterplatz 247-12b
53175 Klufterstraße 247-12b
53177 Kluttenweg 267-2d
Koblenzer Straße 268-2a (33/A2)
53173 Nr. 75-103, Nr. 76-98
53177 Nr. 1-67, Nr. 105-201, Nr. 2-64d, Nr. 112-156
- Koblenzer Tor (33/B5)
53123 Koernickestraße 246-5b
53229 Kohlbergstraße 229-10c
53229 Kohlkaul 228-11b
53229 Kohlkauler Platz 228-12a
53125 Köhlstraße 246-11b
53175 Kolberger Straße 248-11a
53173 Kolfhausstraße 268-2a (33/A1)
53121 Kollegienweg 246-6b
53179 Kollgasse 269-7a
Kölnstraße 226-9a (34/A4)
53111 Nr. 1-199a, Nr. 6-208
53117 Nr. 224-600, Nr. 231-657
53121 Kolpingstraße 246-3b
53175 Kolumbusring 248-8c
53111 Kommanderiestraße (3) (34/A4)
53227 Kommendeweg 248-5a
53225 Kommentalstraße 227-12a
53177 Komturestraße 268-5c
53119 Königsberger Straße 226-12b
53123 Königsberger Weg 246-5d
53225 Königsheimstraße 247-3c
53173 Königsplatz 268-2a (33/B1)
Königstraße 247-5a (34/D3)
53113 Nr. 1-37, Nr. 2-40
53115 Nr. 39-Ende, Nr. 50-Ende
53227 Königswinterer Straße 227-12d
- Konrad Adenauer-Brücke 248-4d
53123 Konrad-Adenauer-Damm 246-4d
53225 Konrad-Adenauer-Platz (34/A6)
53121 Konradstraße 247-4a
53227 Konrad-Zuse-Platz 248-5c
53179 Konstantinstraße 268-2b
53113 Konviktstraße 247-2b (34/B5)
53117 Kopenhagener Straße 227-7c
53177 Kopernikusstraße 268-5b
- Koppelichter Weg 267-7d
Körnerstraße 248-11c
53173 Nr. 1-31
53175 Nr. 2-28
53177 Kortrijker Straße 268-5b
53123 Köslinstraße 246-6c
53179 Kottenstraße 268-6c
53123 Kragstraße (3) 246-8a
53117 Kranenweg 227-7b
53179 Kraterstraße 268-9d
53123 Krausgäßchen 246-5b
53175 Kreisauer Straße 248-11a
53125 Kreuzbergallee 247-4d
53125 Kreuzberger Allee 267-1b
53127 Kreuzbergpark 247-7a
53127 Kreuzbergstraße 247-7a
53115 Kreuzbergweg 247-2c (34/C3)
53227 Kreuzherrenstraße 247-6b
53227 Kreuzritterstraße 248-5a
53225 Kreuzstraße 227-12d
53179 Kriemhildstraße 269-7a
53229 Krokusweg (9) 228-12c
53173 Kronprinzenstraße 248-11c
53119 Kronstädter Straße 226-8d
53229 Krummfuhr 249-1a
53227 Kucksteinweg 248-9b
53123 Kuckucksweg 246-5b
Küdinghovener Straße 248-1c
53227 Nr. 2-62, Nr. 11-55
53225 Nr. 63-157, Nr. 64-142
53129 Kuhgasse 247-8b
- Kuhscheppsweg 266-8a
53179 Kunigundenstraße 268-9b
53229 Küppersgarten 228-12c
53177 Kurfürstenallee 268-2c (33/A3)
53125 Kurfürstenplatz 267-1a
53115 Kurfürstenstraße 247-5a (34/D3)
53225 Kurlandstraße 227-9d
53175 Kurt-Georg-Kiesinger-Allee 248-7c
53113 Kurt-Schumacher-Straße 247-6d
53123 Küstriner Straße 246-6c

53123 Ladestraße 246-5c
53175 Lahnstraße 248-11a
53179 Lahnweg 247-6c
53119 Lambarenweg 226-12d
53121 Lambertusweg 226-11d
53227 Landgrabenweg 248-4a
53119 Landsberger Straße 226-12a
53177 Langemarckstraße 248-8b
53113 Langenbachstraße 247-9b
53179 Langenbergsweg 268-9a
- Langer Dicktweg 266-2d
53175 Langer Grabenweg 248-7d
- Langer Weg 267-7d
53111 Langgasse (34/A4)
53129 Langwartweg 247-9a
53179 Lannesdorfer Straße 268-5d
53117 Lärchenstraße 226-9a
53173 Laufenbergstraße 268-1b (33/A1)
53123 Laurentiusstraße 246-5a
53111 Lausacker 227-7b
- Lausbergweg 248-2d
- Ledenhof 227-9d
53117 Legionsweg 227-11a
53177 Lehnpütz 268-5c
- Lehweg 227-9d
53177 Leibnizstraße 268-5c
- Leinpfad 227-8c
- Leinweberweg 266-12d
53119 Leipziger Straße 226-12b
53121 Lenaustraße 226-11d
53127 Lengsdorfer Hauptstraße 246-9b
53127 Lengsdorfer Straße 247-7c
53113 Lennéstraße 247-2d (34/C5)
53117 Leo-Breuer-Weg 226-9c
53175 Leonardusstraße 248-11a
53119 Lerchenweg 226-12d
- Leserpark 248-11d
53123 Lessenicher Straße 246-5b
53113 Lessingstraße 247-5b (34/D5)
53123 Letterhausstraße 246-9a
53123 Leuschnerstraße 246-9a
53179 Levyweg 268-9d
53125 Liebfrauenweg 246-12d
53119 Liegnitzer Straße 226-12b
53179 Ließemer Straße 268-8d
- Ließemer Weg 268-4a
53225 Liestraße 227-9d
53119 Lievelingsweg 226-12d
53127 Ligusterweg 247-7c
53125 Lilienthalstraße 246-12a
53123 Lilienweg 246-5d
53225 Limpericher Straße 247-3a
53173 Lindenallee 268-2b
53227 Lindenstraße 248-5a
53125 Lindenweg 266-6b
53229 Lindershausweg 228-12c
53177 Lindstraße 268-5d
53127 Lingsgasse 246-9b
53121 Lipschitzstraße 246-3b
53117 Lissaboner-Straße 227-7c
53115 Lisztstraße 247-1d (34/B2)
53173 Löbestraße 268-2a (33/B2)
53129 Loeschckestraße 247-9a
53113 Loestraße 247-2d (34/D4)
53177 Lohrbergstraße 268-4b
53227 Lohrbergweg 248-4a
53117 Londoner Straße 227-7d
53179 Lortzingstraße 268-2d
53115 Lotharstraße 247-5c
53119 Löwenberger Weg (1) 226-11a
53229 Löwenburgstraße 248-3a
53229 Löwenburgweg 229-10c
53119 Lübener Weg 226-12a
53175 Lucas-Cranach-Straße 248-10b
53127 Lückingstraße 247-7c
53175 Ludwig-Erhard-Allee 248-7a
53179 Ludwig-Erhard-Platz (1) 268-6a
53123 Ludwig-Richter-Straße 246-6c
53117 Ludwig-Schopp-Straße 226-9c
53127 Luigi-Pirandello-Straße 247-7d
53129 Luisenstraße 247-5a
53229 Lupinenweg 228-12d
53121 Lutfridstraße 247-4a
53173 Lützowstraße 248-10d
53117 Luxemburger Straße 227-7c
53127 Lyngsbergstraße 268-5d

53113 Maarflach 247-2d (34/C5)
53227 Maarstraße 248-1a
53123 Maarweg 246-6c
53119 Mackestraße 227-10a
53117 Madridstraße 227-7c
53121 Magdalenenstraße 247-1c
53125 Magdalenenweg 246-12b
53119 Magdeburger Straße 226-12b
53177 Magnolienweg (1) 268-4d
53177 Maidenheadstraße 268-5b
53179 Mainzer Straße 268-6a
53123 Malgisostraße 246-5b
53177 Mallwitzstraße 268-6c
53115 Malteserstraße 247-1d (34/C2)
53121 Malusiusstraße 247-4a
53177 Mandelbaumweg (2) 268-5c
53225 Marchstraße 247-3c
53175 Margaretenstraße 247-12b
53117 Margarethenplatz 227-7a
53229 Maria-Montessori-Allee 228-10a
53229 Maria-Tiefenbacher-Straße (9) 228-10c
53121 Maria-von-Linden-Weg 246-3d
53125 Marie-Curie-Straße 246-12a
53113 Marie-Kahle-Allee 247-9b
53119 Marienburger Straße 226-12a
- Marienforster Allee 267-6c
53177 Marienforster Kirchweg 268-1c
53177 Marienforster Promenade 268-4a
53177 Marienforster Steinweg 268-4a
53177 Marienforster Straße 268-4a
53225 Marienstraße 247-3a (34/B6)
53111 Markt 247-2b (34/B4)
53111 Marktbrücke (34/B4)
53177 Marktplatz 268-1b (33/A2)
53229 Marktstraße 228-11c (34/B4)
53129 Markusplatz 247-5d
53129 Markusstraße 247-6c
53229 Marquartstraße 227-12d
53129 Martin-Görgens-Straße 226-9c
53123 Martin-Legros-Straße 246-2d
53175 Martin-Luther-Allee 248-10a
53175 Martin-Luther-King-Straße 248-8a
53113 Martinsplatz 247-2a (34/B4)
53177 Martinstraße 268-5c
53119 Masurenweg 226-11b
53175 Mathonetstraße 248-10c
53123 Matthäistraße 246-6c
53175 Matthias-Grünewald-Straße 248-10b
53127 Mauerseglerweg 247-10b
53111 Mauspfad 247-2a (34/B4)
53229 Max-Born-Straße 249-1a
53125 Max-Braubach-Straße 246-12d
53121 Max-Bruch-Straße 247-1c (34/D1)
53121 Max-Cohen-Straße (1) 246-6b
53125 Max-Ernst-Straße 246-12c
53177 Max-Franz-Straße 268-1d (33/A3)
53123 Max-Habermann-Straße 246-9c
53119 Maximilian-Kolbe-Brücke 226-11d
53111 Maximilianpassage (9) (34/B4)
53111 Maximilianstraße 247-2a (34/B4)
53175 Max-Löbner-Straße 248-7c
53177 Max-Planck-Straße 268-5b
53111 Maxstraße 247-2a (34/A3)
53129 Mechenstraße 247-8b
53115 Meckenheimer Allee 247-5a (34/D3)
53179 Meckenheimer Straße 268-9d
53175 Mecklenburger Straße 248-7d
53123 Medinghoven 246-5c
53227 Meerhausener Straße 248-9a
53175 Meersburgstraße 248-11a
53227 Mehlbergweg 248-4b
53179 Mehlemer Dorfplatz 268-9b
53179 Mehlemer Straße 268-9a
53227 Mehlemstraße 248-5a
53225 Meindorfer Straße 227-9b
53119 Meisenweg 227-10c
53179 Meitnerstraße (3) 268-6a
53127 Melbweg 247-4d
53119 Memelweg 226-12a
53179 Mendelssohnstraße 268-2d
53229 Mendener Weg 228-7d
53177 Merianstraße 268-5b
53125 Merler Allee 266-6b
- Merler Bahn 266-12c
53117 Mertensgasse 227-7b
53121 Meßdorf 246-2d
- Meßdorfer Feldweg 246-3c
Meßdorfer Straße 246-5a
53121 Nr. 1-109, Nr. 2-80
53123 Nr. 111-247, Nr. 132-340
53125 Messerschmittstraße 246-12a
53177 Metzental 268-5a
53127 Michael-Leveilly-Straße 247-7d
53111 Michaelpassage (2) (33/A2)
53229 Michael-Piel-Straße 228-10a
53177 Michaelplatz (33/A2)
53111 Michaelstraße 227-11c
53173 Milchgäßchen (33/B2)
- Milchgasserweg 227-4c
53175 Mildred-Scheel-Straße 248-7d
53173 Mirbachstraße 268-2b
53225 Mirecourtstraße 227-12c
53175 Mittelstraße 248-8c
- Mittelweg 268-7c
53229 Modestusstraße 228-11c
53229 Mohnweg 248-3d
53173 Mohrenstraße 248-11b
53121 Mohrstraße 246-3b
53173 Moltkeplatz 268-2a (33/A2)
53173 Moltkestraße 268-2a (33/A1)
53177 Mondorfer Straße 227-10b
53229 Monheimstraße 228-11c
53129 Mönkemöllerstraße 247-8d
53121 Monschauer Straße 246-6b
53115 Mordkapellenpfad 247-4c
53121 Mörikestraße 246-2b
53125 Morseweg 246-12a
53175 Moselstraße 248-11a
53129 Moselweg 247-6c
53115 Mozartstraße 247-1b (34/B2)
53177 Muffendorfer Hauptstraße 268-5a
53177 Muffendorfer Straße 268-5a
53229 Mühlenbachstraße 228-7d
53179 Mühlenpfad 268-9b
53173 Mühlenstraße 248-11b
- Mühlenweg (Heiderhof) 268-7a
53229 Mühlenweg (Holzlar) 228-12c
53229 Müldorfer Straße 228-11a
53111 Mülheimer Platz (34/B3)
53119 Münsterberger Weg (4) 226-8c
53111 Münsterplatz 247-2a (34/B4)
53111 Münsterstraße 247-2a (34/B3)
53229 Mutter-Barat-Straße 228-11a
53227 Mutter-Teresa-Straße 228-10c

53179 Nachtigallenstraße 268-3c
Nachtigallenweg 247-4d
53115 Nr. 1-25, Nr. 36-66
53127 Nr. 86-90, Nr. 101-171
53175 Nahestraße 248-11a
53129 Naheweg 247-9a
53113 Nahum-Goldmann-Allee 247-9b
53229 Narzissenweg (8) 228-12c
53113 Nassestraße 247-2d (34/C5)
53177 Naumburger Straße (9) 226-9a
53175 Neckarstraße 248-11a
53115 Neefestraße 247-2c (34/C3)
53127 Neißestraße 247-10d
53123 Nelkenweg 246-5c
53227 Nesselroder Straße 248-1d
53127 Netzestraße 247-10b
53115 Neuenahrer Straße 247-1d (34/C2)
53179 Neuer Weg 268-6c
53225 Neustraße 247-3b
53125 Newtonstraße 246-9c
53179 Nibelungenstraße 269-7a
53115 Nideggerstraße 247-1b (34/B1)
53113 Niebuhrstraße 247-5b (34/D5)
53225 Niederkasseler Straße 227-9c
53175 Niersteiner Straße 248-10a
53177 Nietzschestraße 268-8a
53177 Nikolaus-Becker-Straße 268-1d
53127 Nikolaus-Groß-Straße 247-4c
53129 Nikolausstraße 247-5d
53125 Nipkowstraße 246-11b
53111 Noeggerathstraße 247-2a (34/B3)
53229 Nonnenpfad 228-10a
53123 Nonnenstrombergstraße (1) 246-5c
53119 Nonnstraße 227-10d
53111 Nordstraße 227-11c
53115 Nußallee 247-1d (34/C2)

53227 Ober den Erlen 248-5b
53179 Oberaustraße 268-9b
53225 Oberdorfstraße 227-9b
53225 Obere Wilhelmstraße 227-12d
53129 Oberer Lindweg 247-9c
- Oberholtorfer Kirchweg 248-5b
53227 Oberkasseler Straße 248-5a
53227 Oberkasseler Ufer 248-5c
53119 Obernierstraße 227-10b
53179 Oberstraße 268-8b
53127 Oderstraße 247-10b
53123 Oedekovener Straße 246-5a
53129 Oeliedenweg 247-9c
53117 Oelser Straße 226-8d
53173 Offenbachstraße 268-2d
53177 Ölbergstraße 268-4b
53227 Ölbergweg 248-4a
53113 Ollenhauerstraße 247-9b
53113 Olof-Palme-Allee 247-9d
53119 Oppelner Straße 226-11b
53111 Oppenhoffstraße (34/A2)
53123 Orchideenweg 246-5d
53179 Ortwinstraße (2) 269-7c
53113 Oscar-Romero-Allee 247-9b
53113 Oskar-Walzel-Straße 247-5b
53117 Osloer Straße 227-7a
53123 Ossietzkystraße 246-8b
53119 Ostpreußenstraße 226-11b
53175 Ostseestraße 248-11a
53173 Oststraße 268-2a (33/A2)
53115 Ostwaldstraße 247-4a (34/D1)
53125 Oswald-Achenbach-Straße 246-12c
53117 Otto-Hahn-Straße 226-9a
53173 Otto-Kühne-Platz 248-11d
53127 Otto-Müller-Straße 246-9b
53111 Oxfordstraße 247-2a (34/A3)

53227 Paffelsbergplatz 248-9a
- Paffelsbergweg 249-4c
53173 Panoramaplatz 248-11d
- Pappelsweg 248-6d
53177 Pappelweg 268-7b
53177 Paracelsusstraße 268-5d
53117 Pariser Straße 227-7c
53179 Parkweg 269-7a
53125 Pascalstraße 246-11b
53121 Pastoratsgasse 247-4a
53113 Paul-Clemen-Straße 247-6c
53173 Paul-Kemp-Straße 268-2a (33/A1)
53229 Paul-Langen-Straße 228-12c
53127 Paul-Martini-Straße (7) 247-8d
53229 Paul-Schumacher-Straße 228-10a
53111 Paulstraße 227-11c (34/A3)
53119 Paulusplatz 226-12b
53227 Paulusstraße 248-1a
53177 Pecher Straße 267-9b
53127 Peenestraße 247-10d
53177 Pennefeldsweg 268-6a
53119 Perthesanlage 227-10d
53127 Peter-Clever-Straße 247-10b
53225 Peter-Heider-Straße 228-7a
53175 Peter-Hensen-Straße 248-7c
53117 Peter-Klein-Straße 226-9c
53127 Peter-Ohlenhardt-Straße 247-10b
53111 Peter-Ruster-Straße 227-11c
53177 Petersbergstraße 268-4b (33/A3)
53227 Petersbergweg 248-4a
53177 Peter-Schwingen-Straße 268-5a
53111 Peterstraße 227-11c (34/A3)
53229 Peterweg 249-1a
53225 Petrusstraße 227-12a
53227 Pfaffenweg 228-10c
53121 Pfaffenweiherweg 246-3b
53111 Pfälzer Straße 227-11d
53121 Pfarrer-Byns-Straße 246-6b
53115 Pfarrer-Hürth-Straße (2) 247-4b
53229 Pfarrer-Marten-Straße 228-11c
53121 Pfarrer-Martini-Straße 247-4a
53175 Pfarrer-Merck-Straße 247-12d
53177 Pfarrer-Minartz-Straße 268-1b (33/A2)
53121 Pfarrer-Schneider-Straße 226-11d
53125 Philipp-Reis-Straße 246-9c
53125 Philippsonstraße 246-12a
53177 Philosophenring 268-5c
53229 Pilgerweg 228-10c
53175 Pionierstraße 268-1a
53175 Pionierweg 267-3b
53111 Pipinstraße 227-11c
53179 Pirolweg 268-9d
53225 Platanenweg 227-12d
53113 Platz der Deutschen Post 248-4c
53175 Platz der Vereinten Nationen 248-7c
53129 Pleimesstraße 247-9c
53173 Plittersdorfer Straße 268-2a (33/A1)
- Pohlengäßchen 227-9d
53119 Pommernstraße 226-8d
53115 Poppelsdorfer Allee 247-5a (34/D3)
53115 Poppelsdorfer Platz (1) 247-4b
53119 Posener Weg 226-11b
53111 Poststraße 247-2a (34/B3)
53119 Potsdamer Platz 227-10c
53117 Prager Straße 227-7c
53127 Pregelstraße 247-10b
53229 Primelweg 228-12c
53113 Prinz-Albert-Straße 247-2d (34/C4)
53175 Prinzenstraße 247-12b
53173 Prof.-Dennert-Straße 268-2a (33/B2)
53123 Prof.-Huber-Straße 246-9a
53225 Prof.-Neu-Allee 227-12c (34/A6)
- Professorenweg 266-9d
Promenadenweg 248-10c
53175 Nr. 24-Ende, Nr. 69-Ende
53177 Nr. 1-67, Nr. 2-22
- Propstforster Weg 266-2a
53127 Provinzialstraße 246-6b
Pützchens Chaussee 228-10c
53227 Nr. 12-98, Nr. 43-97
53229 Nr. 109-229, Nr. 112-228
53227 Pützchensweg 248-1b
53177 Pützfelder Weg 268-8b
53229 Pützhecke 249-1a
53129 Pützstraße 247-8b
53227 Pützweg 248-1c

Quantiusstraße (34/C3)
53111 Nr. 22
53115 Nr. 1-17, Nr. 2-18
53177 Quellenstraße 268-1d
53127 Quellenweg 247-10b
53129 Quirinstraße 247-9c
53129 Quirinusplatz 247-9c

53111 Rabinstraße 247-2a (34/B3)
53113 Raiffeisenstraße 247-6a (34/D6)
53229 Ramersdorfer Straße 248-3c
53227 Rastenweg 248-5a
53111 Rathausgasse 247-2b (34/B4)
53225 Rathausstraße 227-12c
53113 Rathenauufer 247-3c (34/C5)
53117 Ratiborstraße 226-9a
53227 Rauchlochweg 248-5d
53125 Réaumurstraße 246-11b
- Redoutenpark 268-1d (33/A3)
53177 Redoutenweg 268-2c (33/A3)
53121 Regerstraße 247-1c
53113 Regina-Pacis-Weg 247-2b (34/B4)
53115 Rehfuesstraße 247-4b
53119 Reichenbacher Straße (3) 226-11a
53125 Reichsstraße 266-6b
53227 Reifenbergstraße 248-5d
53229 Reinold-Hagen-Straße 228-11a
53179 Remagener Straße 268-6d
53177 Remi-Baert-Platz 268-5a
53111 Remigiusplatz 247-2b (34/B4)
53111 Remigiusstraße (34/B4)
53123 René-Schickele-Straße 246-8a
- Rennweg 266-2d
53129 Renoisstraße 247-5a
Reuterstraße 247-5a
53115 Nr. 1-67, Nr. 2-38
53113 Nr. 40-76, Nr. 69-241
53129 Nr. 100-132
53117 Reykjavikstraße 227-7c
53229 Rhedenstraße (1) 228-11c
53173 Rheinallee 268-2a (33/B2)
Rheinaustraße 227-12c (34/B6)
53225 Nr. 7-247, Nr. 22-212
53227 Nr. 287-289
53115 Rheinbacher Straße 247-1d (34/C2)
53225 Rheindorfer Straße 227-12a
53113 Rheingasse 247-2b (34/B5)
- Rheinhöhenweg (Holtorf) 248-5b
- Rheinhöhenweg (Venusberg) 247-11d
53179 Rheinstraße 268-2b
53179 Rheinufer 269-7d
- Rheinweg (Dransdorf) 226-11c
Rheinweg (Gronau, Kessenich) 247-8b
53113 Nr. 1-41, Nr. 2-34
53129 Nr. 38-Ende, Nr. 67-Ende
53227 Rheinwerkallee (1) 248-5c
53227 Rhenusallee 248-4a
53177 Rhodosstraße 268-5b
53179 Rhöndorfer Straße 268-6c
53173 Ria-Maternus-Platz (33/B2)
53229 Richard-Scherer-Straße (8) 228-10a
53115 Richard-Wagner-Straße 247-1d (34/C2)
53117 Richthofenstraße 227-7c
53127 Rieckweg 247-10b
53119 Riegelerstraße 227-10d
53125 Riemannstraße 246-12a
53175 Riemenschneiderstraße 248-7c
53119 Riesengebirgsstraße 226-11b
- Riesenweg 267-7b
53115 Riesstraße 247-2d (34/C4)
53225 Rilkestraße 247-3b
53225 Ringstraße 247-3c (34/C6)
53113 Rittershausstraße 247-5b
53123 Robelstraße 246-8b
53129 Robert-Brach-Gasse 247-9a
53121 Robert-Kirchhoff-Straße 226-12c

Bornheim

PLZ 53332

Greesbergsweg 224-5c
Grenzstraße 226-10a
Griegstraße 224-1d
Gringel 225-5d
Grommeshofstraße 194-12d
Grüner Weg 226-6c
Grünewaldstraße 225-7b
Gudula-Clasen-Platz (10) 225-8c
Gütchenweg 225-7c
Gutenbergstraße 195-10a
Güterbahnhofstraße 226-7c
Guter-Hirt-Pfad 225-4c

Haasbachstraße 225-8c
Hagenstraße 224-4b
Händelstraße 224-3c
Hanrathstraße 194-10d
Haselpfad 245-1a
Hasentalsweg 225-8d
Hauptstraße 194-10b
Haus Londorf 223-6b
Havelstraße 226-5d
Hebbelstraße 225-8b
Heerweg 224-9a
Heiderbergstraße 224-9c
Heideweg 225-8d
Heilgersstraße 225-9d
Heimerzheimer Straße 225-10a
Heinestraße 225-6c
Heinrich-Böll-Platz (5) 224-2d
Heinrich-von-Berge-Weg 194-11c
Heisterbacher Straße 226-2a
Hellstraße 225-8d
Hemberger Straße 224-9a
Hemmergasse 224-5c
Hennesenbergstraße 225-8a
Herderstraße 225-9b
Hermann-Löns-Straße 224-4b
Herrenhäuschenweg 224-4b
Herrenkreuzweg 224-5a
Herseler Straße 226-7c
Hessenweg 194-11b
Heusstraße 225-9b
Hexenweg 225-5c
Hildegard-von-Bingen-Straße (7) 224-6a
Hilger-Thiesen-Straße (7) 226-7c
Hohenlindstraße (3) 225-9a
Höhenweg 224-2a
Hohes Ufer (1) 226-2c
Hohlenberg 225-8c
Hohlgasse 194-10b
Höhnenstraße 226-6c
Hollandweg (8) 195-10c
Holzweg 224-2a
Hordorfer Weg 225-5d
Hostertstraße 224-9b
Hovenerweg 224-7a
Hovergasse 224-9d
Hubertusstraße 226-5d
Hühnermarkt 224-9b
Hüling 225-7d
Hungerscheuerweg 224-4a
Hunsrückstraße 224-5c
Husenbergweg 224-9b
Hüttengarten 196-10d

Illerstraße (1) 226-6c
Im Grommesgarten (3) 195-10c
Im Klostergarten 194-12d
Im König 194-11a
Im Kreuzhostert 225-8a
Im Rosengarten 224-2b
In der Proffläche 225-9a
Innstraße (3) 226-6c
Inselstraße 226-2c
Irlenpütz 194-11c
Isarstraße 226-2c

Jakobstraße 195-10c
Jenaer Straße (2) 195-10c
Jennerstraße 224-8b
Jesuitenbungert 194-11c
Jodokusstraße 194-10b
Johann-Heister-Weg (6) 226-7c
Johann-Philipp-Reis-Straße 226-7b
Josef-Görtz-Straße (5) 226-7c
Jupiterstraße 225-1a

Kaiserstraße 224-3b
Kalkstraße 225-8b
Kallenbergstraße 225-8b
Kämpchenweg 225-1a
Kampsweg 225-7a
Kantstraße 225-9b
Kapellenstraße 224-2d
Kapitelweg (1) 194-11a
Kardorfer Straße 224-6d
Karnapsweg 225-4d
Karolingerstraße 196-10b
Kartäuserstraße 225-9b
Käthe-Kollwitz-Weg (14) 195-10c
Katzentränke 224-6d
Keimerstraße 224-6c
Keldenicher Straße 195-10b
Keltenweg 196-10b
Kerpengasse 224-9d
Kimbernweg (3) 196-10b
Kirchacker 226-5a
Kirchgäßchen (4) 225-8b
Kirchstraße 224-2d
Kitzburg 194-11c
Kitzburger Mühle 224-1b
Kitzburger Straße 194-11c
Klarenhofstraße 225-9d
Kleinstraße 226-5d
Kleiststraße 225-5d
Klinkenbergsweg 224-5d
Klippe 225-8a
Klosterrather Weg 226-5d
Klosterstraße 224-5a

Klütschpfad 194-11c
Klüttenweg 193-12d
Kneusgenweg 226-6c
Knippstraße 225-9b
Koblenzer Straße 226-7a
Kolberger Straße 195-10a
Kölner Landstraße 196-10a
Kolpingweg 195-10c
Königsberger Straße 195-10a
Königstraße 225-8a
Krausbitzchen 224-3b
Krausplatz 195-10c
Kräwinkel 194-11c
Kreuzbergstraße 224-8b
Kreuzbroich 225-8d
Kreuzstraße 224-2d
Kronprinzenstraße 194-12d
Krüpelstraße 224-6c
Kuchenbäckersweg 225-1a
Kuckstein 225-5d
Kuckucksweg 224-5c
Kummenberg 225-8c
Küppersgasse 225-7d

Ladestraße 226-10a
Lahnstraße 226-5d
Landgraben 225-5d
Lange Fuhr 194-11a
Lannerstraße 224-2b
Lechstraße (2) 226-6c
Lehárstraße 224-5b
Leibnizstraße 225-9b
Leipziger Straße 195-10d
Lenaustraße 225-9a
Leo-Koppel-Straße 225-5d
Lerchenweg 224-2c
Lessingstraße 225-8b
Lethenbergweg 224-9a
Lichtweg 196-10b
Lilienstraße 225-7a
Lilienthalweg 195-10a
Limburger Gasse 194-11c
Lindenberg 225-9d
Lindenstraße 224-6c
Lindfläche 225-8b
Linowskistraße 225-1a
Lise-Meitner-Straße 195-10a
Lochnerstraße 225-7b
Lortzingstraße 224-3c
Lücherweg 225-4c
Lucie-Simon-Weg (4) 226-7c
Lückenhof 225-10c
Lüddigstraße 225-1a

Maarpfad 226-7a
Maaßenstraße 224-5d
Mackgasse 225-8a
Mainzer Straße 226-7a
Mannheimer Straße 226-7a
Margaretenstraße 194-11a
Marie-Curie Straße 195-7c
Marienstraße 226-5b
Markusstraße 224-5c
Marsdorfer Gasse 224-5a
Martinstraße 224-5b
Matthias-Claudius-Weg 194-10d
Max-Ernst-Weg 225-7b
Meckenheimer Straße (8) 225-9b
Meißener Straße (4) 195-10c
Merkurstraße 225-1a
Mertener Heide 224-2c
Mertener Mühle 224-5b
Mertener Pfad 224-4a
Mertensgasse 226-5d
Metternicher Straße 224-5c
Meuserweg 225-7c
Michaelsweg 224-6d
Michelsbergstraße 225-7d
Mielweg 226-2c
Mittelstein 225-8b
Mittelstraße 224-6d
Mittelweg 226-5a
Mittweidaer Straße (4) 224-2d
Mönchfuhrweg 194-10d
Moosgarten 224-6c
Mörnerstraße 225-9b
Moselstraße 226-5b
Mozartstraße 224-2d
Mühlenbacher Straße (3) 225-9d
Mühlenfeld 224-6a
Mühlenstraße 225-8b
Münstergarten 195-10c
Münzstraße 195-10c

Nahestraße 226-5d
Naumburger Straße 224-3b
Neckarstraße 226-5b
Neißestraße 226-6c
Nelkenstraße 224-9a
Neuer Heerweg 224-9d
Neuer Weg 225-11b
Neugrabenweg 225-4d
Neusser Straße 226-7c
Neuweg 245-2a
Nonnenweg 194-11a
Nonnholzstraße 224-5a

Oberdorfer Weg 225-12b
Oberstraße 194-11a
Odenwaldstraße 224-5c
Oderstraße 226-6c
Offenbachstraße 224-5b
Ohrbachstraße 225-9a
Ölbergstraße 224-9a
Om Jeeßeberch (6) 225-9a
Ophof 224-3b
Ophofstraße 224-3b
Ottostraße 195-10a
Oversheimerweg 225-4c

Pappelstraße 224-6b
Parkstraße 226-2a
Paul-Gerhardt-Straße 194-10d
Paul-Lincke-Straße 224-2c
Peter-Fryns-Platz (2) 225-9a
Petersbergstraße 224-6c
Pickelsgasse 225-1a
Pickelshüllenweg 225-1a
Piefsacksweg 223-6b
Pingenstraße 195-10a
Ploon 225-8c
Pohlhausenstraße 225-8b
Pöhlweg 224-1c
Proffgasse 224-5d
Protasiusstraße (18) 224-3b
Pützgasse 224-8b
Pützweide 225-9d

Quellenweg 225-8b

Raiffeisenstraße 226-7b
Rankenberg 225-7d
Rathausstraße 225-9b
Rebengarten 225-12a
Rebenstraße 224-6d
Regerstraße 224-2d
Reuterweg 225-5d
Rheinbacher Straße 224-9c
Rheindorfer Acker 194-10b
Rheindorfer Straße 226-6c
Rheindorfer-Burg-Weg 194-10a
Rheinstraße 226-2d
Rheinuferbahn 226-1b
Rheinuferweg 196-11c
Richard-Piel-Straße 226-5a
Rilkestraße 225-9a
Ringelpfad 224-8d
Robert-Stolz-Straße (2) 224-2b
Rochusstraße 224-2d
Roisdorfer Hofebahn 245-2a
Roisdorfer Straße 226-7b
Römerhof 245-1b
Römerstraße 196-10d
Röntgenstraße 194-10d
Rösberger Straße 224-5d
Rosental 226-7c
Rosenweg (4) 224-6d
Rosenweiherweg 194-12b
Rubensweg 225-7b
Rücksgasse 225-7d
Ruhrstraße 226-6c
Rüttersweg 224-2c

Saalestraße 226-6c
Saarstraße 226-5b
Sachsenstraße (2) 196-10d
Salierweg 196-10c
Salzachstraße 226-2c
Sandstraße 224-9b
Schallenberg 194-11c
Schebenstraße 224-4b
Schelmenpfad 224-6d
Schenkgasse 196-10d
Schillerstraße 225-9a
Schlegelstraße 225-9b
Schleifgäßchen 224-6d
Schloß Rankenberg 225-7b
Schloßallee 224-5c
Schmiedegasse 225-7a
Schnacker Jagdweg 223-3c
Schonewegstraße 225-5d
Schornsberg 225-7d
Schottgasse 224-2c
Schubertstraße 224-5b
Schulstraße 224-5b
Schumacherstraße 225-9b
Schumannstraße 224-5b
Schußgasse 225-12b
Schützenstraße 194-10d
Schwadorfer Kreuz 194-11a
Schwalbstraße 224-2c
Schwarzwaldstraße 224-5c
Schweizstraße 196-10d
Schweppenburgstraße 194-12d
Schwester-Ermelindis-Weg (15) 195-10c
Sebastianstraße 226-5c
Sebastiansweg 225-9d
Sechtemer Weg 225-5c
Secundastraße 225-9a
Servatiusweg 225-9a
Siebengebirgsstraße 224-5c
Siefenfeldchen 225-9b
Siegburger Straße (1) 225-9b
Siegesstraße 225-9d
Siegstraße 226-5b
Siemenacker 226-5d
Silcherstraße 224-4b
Simon-Arzt-Straße 226-5d
Sommersberg 224-5a
Spessartstraße 224-5a
Spitzwegstraße 225-7b
St.-Agatha-Straße 224-6c
St.-Georg-Straße 196-10b
St.-Josefs-Weg 224-6d
Staffelsweg 195-10b
Stationenweg 225-8a
Stauwehr 225-5d
Steiligsstraße 224-9a
Steinacker 225-7d
Steinchen 225-8b
Steinstraße 224-5c
Stormstraße 225-6c
Straßburger Straße 225-1a
Straufsberg 224-9b
Straußweg 224-2d
Strombergstraße 224-9a
Südstraße 225-12b

Talstraße 224-2b
Taunusstraße 224-5c
Teutonenstraße 196-10b
Theisenkreuzweg 223-6a
Tombergstraße 225-10b
Trakehnenstraße 195-10c
Tränkerhofstraße 195-10c
Travenstraße 224-6c
Trierer Straße 225-9b
Trippelsdorf 224-2a
Tulpenstraße 224-9b

Ubierweg 196-10b
Uedorfer Weg 225-6d
Uhlandstraße 225-9a
Uhlstraße 224-6c
Üllekoven 225-7c
Ulrichstraße 224-1d
Umbachweg 225-8b
Unter dem Lindchen 224-6a
Unter der Windmühle (1) 225-5d
Unterdorfstraße 225-7a
Ursulinenstraße 226-5b

Veilchenweg 225-7a
Venantiastraße (9) 225-9a
Vennstraße 225-7d
Verdistraße 224-2a
Vinkelgasse 225-7d
Vinzenzstraße 224-2a
Von-Groote-Straße 194-11c
Von-Weichs-Straße 224-5a
Vorgebirgsstraße 226-5d
Vorzepfweg 195-10c

Waasemstraße 224-8b
Wagnerstraße 224-5b
Walberberger Straße 194-11a
Walbottstraße (8) 225-9a
Walburgisstraße 194-11a
Waldorfer Weg (Dersdorf) 225-7b
Waldorfer Weg (Widdig) 226-1a
Waldstraße 225-9c
Wallrafstraße 225-6c
Weberstraße 224-5c
Weidenbachweg 224-5a
Weidenpeschweg 225-4c
Weiherstraße 224-2c
Weilerstraße 195-10c
Weimarer Straße 195-10c
Weingarten 226-6a
Weiße Burg 224-3b
Weiße-Burg-Straße 225-1a
Wendelinusstraße 195-10c
Werrastraße 226-5c
Werthstraße 226-2c
Weserstraße 226-5b
Weyerberg 225-9c
Widdiger Talweg 225-3b
Widdiger Weg 225-9d
Wiener Straße 195-10c
Wiesenstraße 196-10d
Wikingerstraße 196-10d
Wilhelmstraße 225-1a
Willi-Ostermann-Straße (6) 224-5a
Willmuthstraße 195-10c
Windmühlenstraße 226-2a
Wingert 194-10d
Witthoffstraße 226-6c
Wöhlerstraße 226-6c
Wolfsgasse 195-10c
Wupperstraße 226-5d

Zehnhoffstraße 225-5d
Zentwinkelsweg 225-8c
Zerrespfad 196-10d
Zisterzienserweg 194-11a
Zweigrabenweg 224-8b

Borod
PLZ 57614

(zu VBG Hachenburg)

Ackerstraße 277-8b

Bergstraße 277-9a

Drosselweg 277-8b

Finkenweg 277-8b

Gartenstraße (1) 277-9a

Hauptstraße 277-9c
Hohlweg (3) 277-9a

I.d.Gönnersbach 277-8b
Im Bungert 277-9a
Im Spießgarten 277-9a
Ingelbacher Weg 277-9a

Knochenmühle 277-9a

Meisenweg 277-8b
Mittelstraße 277-9a

Oberstraße 277-9a

Ringstraße 277-8b

Schulstraße 277-9a
Steinweg 277-8b

Talstraße 277-8b

Waldweg 277-9a
Wiesenstraße (2) 277-9a

Zum Wiesental 277-9a

Braubach
PLZ 56338

Blosbergstraße 352-10d

Dautenstielweg 352-10d

Einmuthstraße 352-10d

Freiherr-vom-Stein-Straße 352-10d

Hofgut Bissingen 352-11d

Im Rosenacker 352-10d
Im Schützweil 352-10d
Im Wiesengrund 352-10d

Königstiel 352-12c

Lahnsteiner Straße 352-10d

Oberhecker Weg 352-10d

Rheinblick 352-10d

Schlierbachstraße 352-10d
Steinwäldchen 352-11c

Breitenau
PLZ 56237

(zu VBG Ransbach-Baumbach)

Adenroth 325-10c

Beulersahlen 325-10b
Brückenstraße 325-8c
Brunnenstraße 325-10b

Dierdorfer Weg 325-10b

Forsthaus Rembserhof 333-1c

Grenzweg 325-11c

Hauptstraße 325-10b
Hirzen 325-8c
Hirzener Mühle (2) 325-11a
Hirzener Straße 325-11a

Im Ahlen 325-10b
Im Heidchen 325-11a
Im Nassen 325-11a
Im Steinchen 325-10a

Kapellenweg 325-8c
Kirchstraße 325-10b

Mühlenweg 325-8c

Nauorter Straße 325-11a

Pfarrer-Wilhelm-Reuter-Weg (1) 325-10b

Ransbacher Weg 325-10b

Sayntalstraße 325-10b

Waldweg 325-10d
Wolfserlen 325-10b

Breitscheid
PLZ 53547

(zu VBG Waldbreitbach)

Alte Dorfstraße (1) 313-5d
Altes Jagdhaus 313-5c
Am Alten Sportplatz 313-7b
Am Berg 313-7b
Am Jagdhaus (1) 313-8a
Am Schulweg 313-8a
Am Sonnenberg 313-5b
Amselstraße 313-5d
Auf dem Scheid 313-7b
Auf'm Ernsenhahn 313-1d
Auf'm Grendel 313-2c
Auf'm Thümels 313-7d

Baugebiet "Hinter der Siebenmorgener Kapelle" 313-5b
Baugebiet "Sauerwiese" 313-1c
Bergstraße 313-5d
Birkenhof 312-3b
Birkenweg 313-2d
Bleischeid 312-9b
Bleischeider Weg 312-9b
Brunnenstraße 313-1c
Buchenweg 313-2c
Burgweg 313-7b

Dasbach 313-6a
Dasbacher Straße 313-5d
Dorfstraße 313-8a
Drosselgasse 313-4b

Eichenweg 313-2c
Elsbacher Straße 313-4c

Fichtelshohn 313-4b
Finkenstraße 313-5d
Fockenbachsmühle 313-8d
Fockenbachstraße 313-7b
Forstackerweg 313-7b

Gartenstraße 313-4d
Gartenweg 313-6c
Gersthahn 313-4c
Gersthahnsmühle 313-4c
Gewerbegebiet "Nassen" 313-2c
Gewerbepark "Siebenmorgen" 313-5c
Ginsterweg 313-2c

Hauptstraße 313-7b
Hochscheider Straße 313-4c
Höhenweg 313-7b
Hollig 313-8b
Holunderweg 313-2c
Hubertushof 313-7d

Im Ahlen 313-1d
Im Dorf 313-6a
Im Erlengrund 313-4a
Im Kiesbaumgarten (2) 313-6a
Im Rehwinkel 313-7b

Jagdhaus Elsbach 313-5a
Josef-Reuschenbach-Straße 313-2c

Kapellenstraße 313-5b
Kirchstraße 313-1a

Lindenstraße 313-5c

Marienstraße (Nassen) 313-5a
Marienstraße (Siebenmorgen) 313-5b
Meisenweg 313-5d
Mühlenstraße 313-8b

Neue Straße 313-1c

Poststraße 313-7b

Rosenstraße 313-5b
Roßbacher Straße 313-4a

Sauerwiese 313-1c
Siebenmorgener Straße 313-5b

Talstraße 313-5d
Tannenstraße 313-5a

Waldbreitbacher Straße 313-7d
Waldstraße 313-1d
Weiherweg 313-2c
Weinbergstraße 313-8b
Wiesenstraße 313-5b

Zum alten Born 313-6c
Zum Häubchen 313-1c
Zum Seifen 313-7b
Zur Bahnheide 313-6c

Breitscheidt
PLZ 57539

(zu VBG Hamm (Sieg))

Am Bahnhof 236-12d
Am Forsthaus 236-12d
An den Zäunen (2) 236-12b
Auf dem Acker 236-12d

Bahnhofstraße 236-12b
Bergstraße 236-12b
Birkenweg 236-12c
Bogenstraße 236-12b
Brunnenweg 236-12c

Gartenstraße 236-12b

Heide 236-12d
Herzberg 236-12b

Im Kamp 236-12a
In den Eichen 236-12d
In der Hohl 236-9d

Lindenstraße 236-12c

Marienthaler Straße 236-12b
Mittelstraße 236-12b

Parkstraße 236-12d
Parrichsweg 237-10a
Pfannenschoppen 237-10c
Poststraße 236-12d
Prachter Straße 236-12c
Prachtstraße 236-12a

Raiffeisenstraße 236-12b

Talstraße 236-12b
Tannenweg 236-12c
Thalhausen 237-10a
Thalhauser Straße 237-10c

Unterschützen 236-12c

Waldstraße 236-12c
Wiesenstraße 236-12b
Wilhelmstraße (1) 236-12b

Brohl-Lützing
PLZ 56656

(zu VBG Bad Breisig)

Am Bungertchen (4) 327-1a

Am Gotteshäuschen 326-3c
Am Siegerborn 319-10c
Am Wasserturm 326-3c
Amselweg 319-10c
An der Goldgrube (2) 319-10c
Artilleriestraße 319-10a
Auf dem Schiebel 326-6a
Auf der Hurst 326-3c
Auf der Zeib 326-3c
Auf Kalker 326-5b
Augustaburg 327-1a

Bahnhofstraße 327-1b
Bergstraße 319-10c
Braunsbergweg 319-10c
Brohltalblick (3) 326-6a
Brohltalstraße 327-1b
Burgstraße 327-1a
Burgweg 327-1a

Eifelblick 326-5b

Fornich 327-2c
Fritz-Beck-Straße 326-5b

Gartenstraße 326-3c
Getreidemühle 326-6a

Hauptstraße 326-5b
Haus Mertens 326-3d
Hellersberg 327-1a
Horsterstraße 326-6a

Im Graben 326-2d
Im Lammertal 319-10c
Im Sauerhals 319-10c

Josef-Leusch-Straße 319-10c

Kirchstraße 326-3c
Koblenzer Straße 327-1b

Leo-Sausberg-Straße (3) 319-10d
Lerchenweg 326-3c
Leyler Weg 326-3c
Lützinger Straße 318-12d

Mittelstraße 326-3c
Mühlenstraße 327-1a

Netzermühle 326-3d

Pate-Paulsen-Straße (1) 326-3c

Quellenstraße 319-10c

Rheinstraße 327-1b
Rosenstraße 326-3c

Schloß Schweppenburg 326-6a
Schulstraße 326-3c
Sonnenweg 326-3c
St.-Lambertus-Straße (2) 326-6a
Steinbergsweg 326-2d
Stichweg 326-3c

Tannenweg 326-2d
Teichheck 327-1a

Unter dem Eiberg (1) 319-10c

Waldesruh 326-3d
Waldstraße 326-3c
Wiesenstraße 326-2d

Zeibstraße 326-2d
Zerwasmühle 326-3d

Bruchertseifen

PLZ 57539

(zu VBG Hamm (Sieg))

Alte Schulstraße 257-3a
Amselstraße 257-3a
Auf dem Rosack 257-3a
Auf der Hardt 257-3a

Birkenstraße 237-12c
Brunnenweg 237-12c
Buchenweg 237-12c

Dorfstraße 257-3a

Eichenweg 237-12d

Finkenstraße 257-3a
Friedhofstraße 257-3a

Gartenweg 237-12c
Güte Gottes 237-12d

Haderschen 257-2b
Haderschener Straße 257-3a
Hofacker 257-3a

Jägerweg 257-3b

Koblenzer Straße 257-3a

Lange Langenbacher Straße 257-3b

Neuschlade 257-3d

Ostweg 257-3b

Postweg 257-3a

Siegener Straße 237-12c
Südweg 257-3a

Talweg 257-3a

Waldweg 257-3c
Wiesenweg 257-3a

Bruchhausen

PLZ 53572

(zu VBG Unkel)

Am Brämelnberg 290-7c
Auf der Held (2) 289-9d

Beuelsrast 289-12b
Birkenhof 290-7d

Dockenmühlenhof 290-7c

Gartenstraße 290-7c
Grabenstraße 289-9d
Graf-Spee-Straße 289-9d
Graf-Trips-Straße 289-9d

Im Born 290-7c

Jakobshof 290-7c

Kirchbergstraße 290-7c
Kirchstraße 289-9d
Kobergstraße 289-9d

Lindenhof 290-7d

Marienbergstraße 290-7c
Meerbergstraße 290-7c

Orsberger Straße 289-12b

Siebengebirgsstraße 289-9d
Sonnenhof 290-7c

Unkeler Straße 289-9d

Waldstraße 289-9d
Weinbergstraße (1) 289-9d
Wohnpark St. Marienberg 290-7a

Brühl

PLZ 50321

Adolf-Damaschke-Straße (1) 164-10c
Agathastraße 164-10c
Ahornweg 193-9c
Akazienweg 193-9d
Alte Bohle 193-6b
Alte Bonnstraße 194-4c
Am Amtsgericht 194-1c
Am Birkhof 193-11d
Am Daberger Hof 193-3d
Am Eichenbusch 194-1c
Am Falter 194-8c
Am Hennebach 194-7d
Am Hohlweg 194-8c
Am Hülderberg 193-9b
Am Inselweiher 194-2c
Am Kirchberg 194-1a
Am Krausen Baum 193-3d
Am Kreuz 164-10c
Am Kuttenbusch 194-7a
Am Michelshof 194-7b
Am Mühlenhof 194-1a
Am Pappelbusch 193-6a
Am Pastorsgarten 194-7c
Am Petershof 194-7b
Am Rankewerk 194-3c
Am Rheindorfer Bach 194-8c
Am Ringofen 194-4c
Am Rolfsacker 194-1c
Am Römerkanal 194-4a
Am Rott 193-9b
Am Siegesbach 193-3a
Am Strauchshof 194-8c
Am Volkspark 194-1b
An der Alten Zuckerfabrik 194-2c
An der Bleiche (1) 194-1d
An der Brücke 193-3b
An der Hohlen Gasse 194-8c
An der Kapelle 194-7c
An der Linde 164-10c
An der Schallenburg 194-8c
An der Synagoge 194-1d
An der Ville-Bahn 194-1c
An der Ziegelei (2) 194-4a
An Haus Vendel 193-6b
An Hornsgarten 194-7d
An Maria Glück 193-6b
Anna-Schmitz-Straße (2) 194-2c
Anton-Ockenfels-Straße 193-9d
Arminiusweg (1) 194-4a
Arndtstraße 194-1b
Auf dem Gallberg 193-9d
Auf dem Kamm 193-9b
Auf den Steinen 194-7a
Auf der Burg 194-4d
Auf der Höhe 193-6d
Auf der Kehre 194-7a
Auf der Pehle 194-4a
Auguste-Viktoria-Straße 194-1b

Badorfer Straße 194-4c
Bahnhofstraße 194-1d
Balthasar-Neumann-Platz 194-1d
Barbarastraße 193-3a
Bendgespfad 194-4c
Bergerstraße 164-11c
Berggasse 194-7a
Berggeiststraße 193-12a
Bergstraße 193-3a
Berliner Ring 194-4c
Berrenrather Straße 193-3b
Bertolt-Brecht-Straße (6) 194-4c
Berzdorfer Straße 194-2b
Birkhof 193-12c
Bitterfelder Straße 194-1a
Bohle 194-4a
Böningergasse 194-4b
Bonnstraße 194-4b
Bootsweg 193-3a
Brauweilerweg 164-10c
Bremer Straße 164-11a
Breslauer Straße 194-1a
Brückenstraße 164-10a
Buchenweg 193-9d
Burgpfad 194-4c
Burgstraße 194-1d
Buschgasse 193-6d

Cäcilienstraße 194-2a
Carl-Schurz-Straße 194-1d
Chlodwigstraße 194-1c
Clemens-August-Straße 194-1c
Comesstraße 194-2c
Cottbuser Weg 194-1a

Daberger Höhe 193-3b
Daberger Weg 194-1c
Danziger Straße 194-1a
Donatusstraße 193-6b
Donatusweg 193-7b
Drachenfelsstraße 193-6b
Dreichtenweg 194-7b
Dresdener Straße 164-10c

Eckdorf 194-10a
Eckdorfer Mühlenweg 194-7c
Eckdorfer Straße 194-7c
Edelgasse 194-7a
Eibenweg 193-6b
Eichendorffstraße 194-4a
Eichweg 194-7a
Eifelstraße (1) 194-4c
Elisabethstraße 194-2d
Elsterpfad 193-3b
Engeldorfer Straße 194-2b
Erich-Kästner-Straße (10) 194-4c
Erlengrund 193-6a
Euskirchener Straße 193-9b

Falkenluster Allee 194-5a
Falkenluster Hof 194-6a
Fischenicher Straße 164-10d
Fischmarkt 194-4b
Flechtenweg 194-8c
Frankenstraße 194-1c
Franziskanerhof (4) 194-1d
Franzstraße 194-2c
Franz-von-Kesseler-Straße 194-1a
Frechener Straße 164-10a
Fredenbruch 193-3b
Freiheitstraße 193-3a
Freiherr-vom-Stein-Straße 194-1b
Friederikeweg 193-3a
Friedrich-Ebert-Straße 193-3b
Friedrichstraße 194-1d
Fritz-Wündisch-Straße 194-4d
Fronhofweg 164-10d
Fuchsstraße 194-8c

Gabriele-Münter-Weg (5) 194-2c
Gartenstraße 194-1d
Gebrüder-Grimm-Straße (8) 194-4d
Geildorf 194-7d
Geildorfer Bach 194-7c
Geildorfer Straße 194-7d
Georg-Grosser-Straße 194-1b
Georg-Sandmann-Straße 194-4a
Gertrudenstraße 194-2a
Gewerbegebiet Brühl-Nord II 164-11a
Gewerbegebiet Immendorfer Straße 164-11c
Ginsterhang 193-6a
Gleueler Weg 164-10d
Glizmudisstraße 194-7c
Godorfer Straße 194-2a
Goethestraße 194-4a
Gottfried-Keller-Straße (5) 194-4d
Grubenstraße 193-3c
Gruhlstraße 193-3a
Grünebergstraße 193-6b
Grüner Weg 194-10a
Gustav-Wegge-Straße 193-3a

Hainbuchenweg 193-6a
Hamburger Straße 164-11a
Hannah-Arendt-Straße (4) 194-2c
Härriskuhl (1) 193-3a
Hauptstraße 164-10c
Heinestraße 194-4a
Heinrich-Esser-Straße 194-1d
Heinrich-Fetten-Platz (2) 194-1d
Heinrich-Kreutzberg-Straße 194-1a
Heinrich-Lierz-Straße 194-7d
Heinrich-Spoerl-Straße (3) 194-4c
Helma-Meyers-Straße (8) 194-2d
Hennersweg 193-3c
Hermann-Faßbender-Straße 194-8c
Hermann-Gruhl-Straße 193-2b
Hermann-Löns-Straße 194-1d
Hermannstraße 194-1d
Hermülheimer Straße (4) 164-10d
Herseler Straße 194-4c
Himmelreich 193-3a
Hochstraße 193-3a
Höhenweg 193-3a
Hohlweg 193-5a
Hommelsheimstraße 194-8c
Hospitalstraße 194-1d
Hubert-Geuer-Straße 194-4b
Hubertusstraße 194-1d
Hüllenweg 193-9b
Hultanusplatz 193-8a
Hürther Straße 164-10a

Ida-Ehre-Weg (6) 194-2c
Im Bungarten 194-4a
Im Klostergarten (2) 193-3a
Im Mühlengrund 194-1a
Im Sonntagsgarten 164-10c
Im Vogelsang 193-9b
Immendorfer Straße 164-11d
In der Hell 164-11b
In der Maar 194-4b
Irmgard-Keun-Weg (3) 194-2c

Jagdschloß Falkenlust 194-6c
Janshof 194-1d
Jordanstraße 194-2a
Josef-Hürten-Straße 194-4c
Josefstraße 194-1d
Joseph-von-Görres-Straße 194-1b
Jülichsgasse 194-7c
Junkersdorfer Weg (2) 164-10c

Kaiserstraße 194-1a
Kämperpfad 194-7a
Kapellenweg 194-1a
Kastanienweg 193-9d
Kempishofstraße 194-1d
Kentenichstraße 194-1d
Kierberger Straße 194-1a
Kirchgasse 194-4c
Kirchstraße (3) 194-1d
Kirchweg 194-7a
Kleiststraße 194-4b
Kloster Benden 193-3a
Klosterstraße 193-3a
Kölnstraße 194-1d
Kolonie Pingsdorf 193-6c
Kolonie-Roddergrube 193-6a
Kolpingplatz 194-1a
Königsberger Straße 164-10c
Königsdorfer Weg 164-10a
Königstraße 194-1b
Konrad-Adenauer-Straße 194-1c
Kreuzhof 194-4c
Kuhgasse 193-12b
Kunibertweg 194-8d
Kurfürstenstraße 164-10d

Langenackerstraße 194-2c
Laurentiusweg (1) 194-8c
Leipziger Straße 194-1a
Lenterbachsweg 193-12b
Lessingstraße 194-4a
Letterhausstraße 194-1c
Liblarer Straße 193-6b
Lida-Gustava-Heymann-Straße 194-2c
Lindenhof 194-2c
Lindenstraße 194-8c
Lise-Meitner-Straße 194-2b
Lohmühle 194-1a
Lohrbergstraße 193-6b
Lövenicher Straße 164-10c
Löwenburgstraße 193-6b
Lucretiaweg 193-12b
Ludwig-Jahn-Straße 194-1b
Ludwig-Uhland-Straße 194-1b
Luisenstraße 194-1b
Lupinenweg 193-6a
Luxemburger Straße 193-3a

Maiglerstraße 193-6c
Maja-Lex-Weg (7) 194-2c
Margaretenstraße 193-3b
Margarethe-von-Hersel-Straße (4) 193-3a
Marienstraße 193-3a
Marie-Schlei-Straße (9) 194-2c
Markt 194-1d
Matthäusstraße 164-10b
Max-Ernst-Allee 194-2c
Maximilian-Franz-Straße 193-3d
Mayersweg 194-2c
Merricher Straße 194-1c
Merseburger Straße 164-10c
Mertener Straße 194-4b
Metzenmacherweg 193-9d
Mittelstraße 194-8c
Mönengasse 193-9b
Mühlenbach 194-1a
Mühlenberg 193-3b
Mühlenstraße 194-1d

Neue Bohle 193-6d
Neue Königstraße 194-1b
Niklaus-Ehlen-Straße 164-10c
Nord-Süd-Weg 194-4b
Nußbaumweg 193-9d

Obermühle 193-9b
Oberstraße 194-8c
Oelbergstraße 193-6b
Otto-Wels-Straße 194-5c

Palmersdorfer Hof 194-2d
Pantaleonstraße 194-4c
Parkstraße 194-2c
Pastoratstraße 194-1d
Paul-Dahm-Straße (3) 164-10c
Pehler Hülle 194-7a
Petersbergstraße 193-6b
Peter-Schmitter-Straße 194-1d
Peterstraße 194-2d
Phantasialandstraße 193-11d
Pingsdorfer Straße 194-4c
Platanenweg 193-9d
Poststraße 194-2c
Pulheimer Straße 164-10c
Pützgasse 194-7a

Renault-Nissan-Straße 164-10d
Rennweg 193-7b
Rheinstraße 194-2c
Ricarda-Huch-Weg 194-2d
Richard-Bertram-Straße 194-1d
Robertsstraße 193-9d
Rodderweg 193-6a
Roisdorfer Straße 194-4b
Römerhof 194-1c
Römerstraße 194-4a
Rondorfer Straße 194-2a
Rösberger Straße 194-4c
Rosenhof 194-2c

Schallenburg 194-8d
Schiffergasse 194-4c
Schildgesstraße 194-2a
Schillerstraße 194-1c
Schlaunstraße 194-1c
Schloß Augustusburg 194-2c
Schloßpark 194-4b
Schloßstraße 194-1d
Schlunkweg 193-8d
Schnacker Jagdweg 193-11b
Schnorrenberg 193-9c
Schöffenstraße 164-10d
Schulstraße 194-1a
Schultheißstraße 164-10c
Schützenstraße 194-1d
Schwadorfer Hof 194-9a
Schwarzer Weg 193-2c
Schwestern-Brünell-Weg (1) 194-2c
Sechtemer Straße 194-8d
Seeweg (3) 193-3a
Senecaweg 194-4a
Senftenberger Straße 194-1a
Servatiusstraße 193-3b
Severinstraße 194-8c
Sophienstraße 194-2c
Sophie-Scholl-Straße 194-2d
Spielmannsgasse 194-7c
Spremberger Weg 194-1a
Spürckstraße 194-8c
St.-Albert-Straße 164-10c
Steingasse 194-7a
Steinkleehang 193-6a
Steinweg 194-1d
Stephanstraße 194-2c
Stettiner Straße 194-1a
Stiftstraße 164-10c
Stommelner Weg 164-10c
Stotzheimer Weg 164-10d
Sürther Straße 194-2b

Tacitusweg 194-4a
Tafelhofstraße 194-7c
Talstraße 193-3b
Taunusstraße (2) 194-7a
Theismühle 193-3b
Theodor-Heuss-Straße 193-3a
Theodor-Körner-Straße 194-1b
Theodor-Storm-Straße (4) 194-4d
Thüringer Platz 164-10c
Tiergartenstraße 194-4b
Töpfergasse 194-7a

Ubierstraße 194-1c
Uhlstraße 194-4b
Ulmenweg 193-9c
Unter Birken 193-9d
Unter dem Dorf 194-8c
Unter Eschen 193-9d
Untermühle 194-4c
Urfelder Straße 194-4a
Ursulastraße 164-10b

Villestraße 193-3a
Vochemer Straße 193-3b
Volkwinsweg 194-1c
Von-Droste-Hülshoff-Straße (7) 194-4c
Von-Heinsberg-Straße 194-1c
Von-Hessen-Straße 193-3d
Von-Holte-Straße 194-1c
Von-Roll-Straße 194-1a
Von-Westerburg-Straße 193-3d
Von-Wied-Straße 194-1c
Vorgebirgsstraße 194-4c

Walberberger Straße (Schwadorf) 194-7d
Walberberger Straße 194-4b
Waldorfer Straße 194-4b
Waldweg 193-3b
Wallstraße 194-1d
Wasserturmweg 193-6c
Wehrbachsweg 193-6d
Weiherhofstraße 194-8d
Weilerstraße 164-10c
Weisser Straße 194-2d
Wesselinger Straße 194-2b
Wilhelm-Busch-Straße (9) 194-4c
Wilhelm-Kamm-Straße 194-1c
Wilhelmstraße 194-2c
Will-Küpper-Straße 194-2a
Willy-Brandt-Straße 193-3d
Wingertsberg 194-7a
Winterburg 193-3b
Wittelsbacher Straße 193-3d
Wolfsgasse 194-7a
Wolkenburgstraße 193-6b

Ziegelweg 194-4a
Zum Donnerbach 194-1c
Zum Herrengarten 164-10d
Zum Rodderbruch 194-1c
Zum Schützenplatz 194-4d
Zum Sommersberg 164-10c
Zur Gabjei 193-3d

Buchholz (Westerwald)

PLZ 53567

(zu VBG Asbach)

Am Dürenberg 272-2a
Am Kleinen Wald (1) 272-2d
Am Lagerplatz 272-1b
Am Sielspool 272-2c
Am Sportplatz 272-2c
Am Steinerberg 252-7d
Asbacher Straße 272-2a
Auf dem Knepp 252-7c
Auf dem Stumpeich 272-2c
Auf dem Zepchen 252-7d
Auf den Steinen 252-11a
Auf der Held 252-10c
Auf der Hobitz 252-7d

Bachstraße 272-2c
Barger Weg 252-12c
Bennauer Straße 272-2c
Berger Hof 252-10c
Bergstraße 252-7c
Bitzenstraße 252-10c
Bonner Straße 252-12c
Brunnenweg 252-12c
Buchholzstraße 252-12d

Dammig 251-12b
Diepenseifen 272-4a

Elles 253-10d

Finkenweg 272-2a
Franziskastraße (2) 272-2a

Gartenstraße 272-2b
Grabenstraße 272-2a
Grubenweg 252-10c

Hammelshahn 252-10d
Hanftalstraße 252-10c
Hauptstraße 272-2a
Heckenstraße 252-7b
Heideweg 252-7d
Hennefer Straße 252-7c
Hohlweg 253-10a
Hollerscheid 253-10c

Im Garten 252-7d
Im Höllchen 272-2a
Im Holzborn 272-2a
Im Holzengarten 272-2c
Im Scherbruch 272-2c
Im Solscheid 272-1b
Im Überdorf 253-10a
Im Wahl 272-2c
Im Wallroth 252-11c
Im Weiher 272-2d
Im Winkel 252-12c
Im Wolfengarten (1) 252-11a
In den Hanfen (3) 252-11c
In der Heck 272-2c
In der Kant 252-7d
Industriepark Nord 252-8a
Irmeroth 252-12a

Jungerother Straße 252-7d
Junkerstraße 252-7d

Kauler Weg 252-11a
Kirchstraße 272-2a
Krautscheider Straße 252-10a
Krummenast 272-1d

Lehrer-Pütker-Straße 252-7c
Luisenstraße 252-10c

Marker Weg 252-12c
Mendt 252-8d
Mendter Straße 252-12a
Mittelstraße 252-10c
Mühlenweg 272-2b
Muß 272-4c

Neuwieder Straße 253-10a

Oberelles 272-4b

Pantaleonstraße 272-2a
Philipp-Hohn-Platz 252-7d
Priestersberg 252-7a

Ringstraße 252-7d

Sauerwiese 272-4a
Schmiedgasse 252-11a
Schulstraße 252-7c
Seeweg 252-8c
Seifen 252-10c
Steinweg 272-2b

Übersehns 253-10c
Unterelles 272-4b

Vierwinden 253-7c

Waldbitze 272-2b
Waldstraße 272-2d
Wallau 252-12c
Wallauer Straße 272-3a
Wallrother Mühle 252-11c
Wertenbruch 251-9d
Wertenbrucher Straße 252-7c

Zum Bungarten 253-10c
Zum Elleser Tal 272-2c
Zum Heppenberg 251-12b

Zum Liesbach 272-2a
Zum Mückensee 272-2b
Zum Talblick 252-12d
Zur Rausch 253-10a
Zur Tränke 252-11d

Bürdenbach
PLZ 56593

(zu VBG Flammersfeld)

Bergstraße 294-7d
Berleburger Straße 294-6c
Bruch 294-6c
Brucher Straße 294-5d
Bruchermühle 294-6c
Brunnenstraße 294-8c

Forststraße 294-8d

Haldenweg 294-7d
Hauptstraße 294-11a

In den Birken 294-8c
In den Schlänken 294-8c
In der Huth 294-6c

Louisenstraße 294-8c

Raiffeisenstraße 294-6c
Ringstraße 294-8c

Sayner Straße 294-6c
Schulstraße 294-8c
Sonnenstraße 294-11a

Talweg 294-8d

Wittgensteiner Straße 294-6c
Wochenendhausgebiet
"Lahrer Herrlichkeit" 294-6c

Burgbrohl
PLZ 56659

(zu VBG Brohltal)

Am Kirchberg 326-5a
An den Kirschbäumen 326-5a
Auf dem Berg 326-7b

Bachstraße 326-7a
Brohltalstraße 326-4d
Brohtalblick 326-5c
Burgweg 326-7b

Erlenstraße 326-7d
Eselsweg 326-5c

Fritz-Beck-Straße 326-4d

Gleeser Straße 326-7b
Greimerstalweg 326-7a

Haus Bous 326-7d
Haus Wenzelberg 326-8a
Herchenbergweg 326-4b
Hermann-Gilles-Straße 326-7a
Hoher Weg 326-7b

Im Sonnenwinkel 326-5c
Im Wingert 326-5c
In der Hohl 326-5a

Jahnstraße 326-4c

Kirchstraße 326-7b

Lavaweg (1) 326-5c
Lerchenweg 326-5a
Lindenstraße 326-5c

Mittelstraße 326-7a
Mühlengasse (2) 326-7b

Neuwiese 326-4b
Nonnsmühle 326-8b
Nückentalweg 326-4c

Rhodiusstraße 326-8a

Schierbergsmühle 326-7c
Schulstraße 326 5a
Südstraße 326-5c

Vitumhof 326-7b
Von-Brule-Straße 326-7c
Vulkanstraße 326-7d

Wassenacher Hohl 326-7b
Wilhelm-Bell-Straße (1) 326-7b

Zum Heiligenhäuschen 326-5a

Burglahr
PLZ 57614

(zu VBG Flammersfeld)

Am Mühlengraben 294-4c
Am Sonnenhang 294-4c
Am Wiesenweg (1) 294-4c
Auf der Donau 294-4c
Baumgarten 294-4c
Buchenborn (2) 294-4c
Burgstraße 294-4c

Forstweg 294-7a

Heckerfeld 294-7a
Herzweg 294-4c

Jägerpfad 294-7a

Kapellenweg 294-4c
Kur-Kölner-Straße 294-4c

Lusthof 294-4d

Mittelweg 294-4c
Mühlweg 294-4c

Ritterstraße 294-4c

Webershahn 294-7a
Wiedtalstraße 294-4c

Burscheid
PLZ 51399

Adolf-Kolping-Straße 69-6b
Ahornweg 70-2b
Akazienweg 70-2b
Altenberger Straße 70-4a
Altenhilgen 70-3a
Am Bremsenfeld (2) 70-2d
Am Jungholzkamp 70-5a
Am Kreuzweg 70-2a
Am Markt 69-6b
Am Schlagbaum (1) 70-2d
Am Sieferbusch 50-11d
Am Sportfeld 70-4a
Am Weiher 70-4a
Am Ziegelfeld 69-6a
An den Eichen 70-4a
An den Hülsen 50-11d
An der Floßwiese 70-2b
An der Wiehbachquelle 70-4b
Anemonenweg 70-1b
Asternweg 70-2a
Auf dem Höchsten 70-4b
Auf dem Schulberg 69-6d
Auf der Schützen-Eich 70-4a

Bahnhofstraße 50-12c
Bechhausener Straße 50-12c
Bellinghausen 70-2c
Benninghausen 70-1c
Berghamberg 69-4d
Bergstraße 70-4a
Berringhausen 50-10c
Birkenweg 50-11d
Bismarckstraße 69-6d
Blasberg 69-3a
Bökershammer 70-8b
Bornheim 69-5b
Brucher Feld (1) 50-12c
Brucher Mühle 50-12a
Brucher Mühlenstraße 50-12a
Büchel 69-3d
Bücheler Straße 69-6b
Buchenweg 70-2b
Burbach 70-4a
Burbachstraße 69-6b
Bürgermeister-Schmidt-Straße 69-6c
Burgweg 69-4b

Carl-Lauterbach-Straße 69-6b
Claasmühle 70-1c

Dabringhausener Straße 70-2b
Dahlienweg 70-2a
Dammstraße 69-6b
Danziger Straße 70-1c
Dierath 69-4d
Dohm 69-2b
Drauberg 69-9b
Dünweg 70-2c
Dürscheid 69-8a
Dürscheider Mühle 69-8b
Dürscheider Straße 69-8a

Eichenplätzchen 70-7c
Eifgenweg 70-2d
Engelrath 70-7a
Erlenweg 70-2b
Eschenallee 70-1b
Eschenborn 69-6c
Eschhausen 70-3c
Eschhausener Straße 70-2d
Ewald-Sträßer-Weg 70-4a

Finkenweg 69-6b
Flügel 70-4b
Friedrich-Goetze-Straße 69-6b
Friedrich-Wilhelm-Raiffeisen-Platz
50-12c
Fritz-Halbach-Straße 50-11d
Füllsichel 69-3d

Gartenweg (3) 69-6b
Geilenbach 70-4c
Geilenbacher Straße 69-6d
Geilenbacher Weg 70-4c
Gerstenmühle 69-8b
Gladiolenweg 70-2a
Griesberg 70-1d
Griesberger Straße 70-1c
Großbruch 50-11b
Großhamberg 69-4d
Großösinghausen 70-2a
Grünscheid 69-2a
Grünscheider Mühle 69-2a
Gut Höfchen 70-7a

Hahnensiefen 69-8b
Hammerweg 70-4b
Handerfeld 69-4a
Hanscheider Hof 70-4d
Hartungshof 69-5c
Hauptstraße 69-6a
Haus am Eifgen 70-7b
Haus Landscheid 69-9b
Heddinghofen 69-6d
Heddinghofener Straße 69-6d
Heide 50-11c
Herbergsplatz 69-6b
Herkensiefen 69-3b
Hilgener Straße 50-10c
Hinterweg 50-12a
Höhestraße 70-4a
Hürringshausen 50-11d

Im Buschfeld 69-3d
Im Dorfeld 69-6b
Im Eulenflug 69-6b
Im Hagen 69-6a
Im Hintertal 69-8a
Im Südfeld 50-11d
Im Winkel 69-6b
Imelsbach 69-2a
In der Dellen 70-1c
Industriestraße 69-2c
Irlen 70-2c
Irlerhof 69-3c
Irlermühle 69-3c

Jahnstraße 69-6a

Kaltenherberg 70-4d
Kamberg 69-2c
Kämersheide 69-6c
Kamp 70-4d
Kämpchen 70-4b
Kapellenweg 69-8a
Kastanienallee 70-1b
Kiefernweg 69-6d
Kippekofen 50-11c
Kirchengasse (1) 69-6b
Kleinbruch 50-12a
Kleinbrucher Straße 50-12a
Kleinhamberg 69-4d
Kleinösinghausen 70-1b
Kölner Straße 70-2b
Königsberger Straße 70-4a
Kotten 70-2a
Kretzheide 70-2c
Kuckenberg 69-5a

Lambertsmühle 69-9a
Lamerbusch 70-3c
Lämgesmühle 69-2c
Lärchenweg 69-6c
Leie 50-12a
Liesendahl 70-1d
Liesendahler Feld 70-4b
Liesendahler Weg 70-4b
Linde 70-2c
Löh 70-4d
Löhsiedlung 70-4d
Luisenhöhe 69-3d
Luisenstraße 69-6b
Luisental 69-3d
Lungstraße 70-7c

Marktplatz (2) 69-6b
Massiefen 69-5b
Maxhan 70-7b
Max-Kohl-Straße 69-3d
Meisenweg 69-3d
Mittelstraße 69-6b
Montanusstraße 70-4a
Müllersbaum 70-2b

Nagelsbaum 69-2c
Neuenhaus 69-2c
Neuenhof 69-9a
Neusieferhof 69-7b
Niederrepinghofen 69-5d
Niklaus-Ehlen-Weg 70-2b
Nüxhausen 50-12c

Oberlandscheid 70-7a
Oberwietsche 49-12c
Ösinghausener Straße 70-2a

Paffenlöh 69-3b
Pastor-Löh-Straße 70-1c
Pastor-Wilhelm-Bruns-Weg (4) 70-4a
Pfarrstraße 69-6d

Raderweg 69-6b
Rat-Deycks-Straße 70-4a
Reigasse 50-11d
Repinghofen 69-6c
Repinghofener Straße 69-6c
Rosenkranz 70-2b
Rotdornallee 70-1b
Rötzinghofen 69-6a

Sauers Weiden 70-4a
Schneppendahl 50-11c
Schulstraße 50-11c
Sieferhof 69-5c
Spiegelhof 69-8a
Sportplatzweg 70-2b
Steinrütsche 50-11b
Steinweg 69-8a
Sträßchen 70-7b
Straßerhof 69-9d

Talstraße 50-12c
Tannenweg 69-6c
Thielenmühle 70-1c
Tulpenweg 70-1b

Ufer 69-6b
Ulmenweg 70-2c
Unterwietsche 69-2b

Veilchenweg 70-1b

Wahner Delle 70-1d
Waldstraße 70-2b
Weidenweg 70-1b
Weiherstraße 69-6b
Wietscher Mühle 49-11d
Witzheldener Straße 50-11d

Zedernweg 69-6c
Ziegeleiweg 50-12c
Zum Mühlenfeld 70-1c
Zum Sengbachtal 50-12a

Busenhausen
PLZ 57612

(zu VBG Altenkirchen (Westerwald))

Bachstraße 256-8c
Beul 256-5a
Brunnenweg 256-5c

Feldstraße 256-8a
Friedhofsweg 256-5a

Gartenweg 256-8a

Hauptstraße 256-8a
Höhenweg 256-5a
Hohlweg 256-8d

Im Grabenhof 256-8a
Im Gründelbruch 256-8a

Kirchweg 256-5a

Waldstraße 256-8a
Wiesenstraße 256-8c

Caan
PLZ 56237

(zu VBG Ransbach-Baumbach)

Am Pfahlberg 332-4a

Bergstraße 332-4a
Brunnenstraße 331-6b

Gartenstraße 331-6b
Gottfried-Benner-Weg (2) 331-6b

Hauptstraße 331-3d
Heideweg 331-6b
Heinrich-Gelhard-Weg (1) 331-6b

Im Caanerfeld 332-4a
Isenburger Straße 331-6b

Kirchwegsgarten 331-6b

Möhrenhähne 331-6b

Nordstraße 332-4a

Oberdorfstraße 331-6b

Waldstraße 331-6b
Wiesenstraße 332-4a

Dattenberg
PLZ 53547

(zu VBG Linz am Rhein)

Ahrblick 310-8b
Am Ginsterhahn 311-5a
Am Romerich 310-8b
Angstweg 310-8b
Arnsau 312-1d
Auf dem Hinterberg 310-8b
Auf dem Hüttenbaum 310-8d
Auf dem Spich 310-9c
Auf den drei Morgen (2) 310-8b
Auf der Gasse 310-8d
Auf der Hohl 310-9a
Auf der Hürth 310-8b
Auf der Knippe 312-4c
Auf der Köhne 310-8d
Auf der Ley 310-8d

Bergstraße 310-8d
Bornbergstraße 310-8a
Burg Dattenberg 310-8b
Burgstraße 310-8b

Dattenberger Spieß 310-9a

Eifelblick 310-8b

Friedrichstraße (1) 310-8d

Giersberg 310-8d

Hähnen 311-6b
Hauptstraße 310-8d
Hof Ronig 311-7a

Im Brochenbachtal 311-3c
Im Heister 310-9a

Kirchstraße 310-8d
Kurzentalsweg 310-8d

Linzer Straße 312-4c

Marktplatz 310-8d

Neuer Weg 310-8b
Neustraße 310-8d

Römerwall 310-8d
Ronig 311-7a

Talweg 312-4c

Wallen 310-8a

Zum Römerwall 310-8d
Zum Schwarzen See 310-9c
Zum Steinbruch 310-8b

Datzeroth
PLZ 56589

(zu VBG Waldbreitbach)

Am Schulberg 320-9d
Austraße 320-9b

Baugebiet "In der Au" 320-9b
Buchenweg 320-9b

Dorfstraße 320-9b

Eichenweg (3) 320-9b

Fichtenweg (2) 320-9b
Forsthaus Friedrichsthal 321-7c
Forsthaus Nonnenbach 320-6c

Im Dombachtal 321-7a
Im Stockig 320-9b
In den Bitzen 321-7a
In der Au 320-9d
In der Seiferts Au 320-6c

Mittelstraße (1) 320-9b

Petersstraße 320-9b

Wieduferstraße 320-9b

Deesen
PLZ 56237

(zu VBG Ransbach-Baumbach)

Bachstraße 325-8a
Bergstraße 325-8a
Brunnenstraße 325-8a

Eulenweg 325-8a

Gartenstraße 325-8a

Hochstraße 325-8a

Im Betterling 325-8a
Im Borngarten (1) 325-8a

Josefstraße 325-8a

Kutscheider Weg 325-8a

Lindenbergstraße 325-8c

Mittelstraße (2) 325-8a

Neustraße 325-8a
Nordstraße 325-8a

Sayntalstraße 325-8c
Schlenkstraße 325-8a
Schulstraße 325-8c
Sonnenweg 325-8a

Waldstraße 325-8c
Weststraße 325-8a

Zum Sportplatz 325-8a

Dernau
PLZ 53507

(zu VBG Altenahr)

Ahrweg 306-11c
Auf der Wacht 306-11c

Bachstraße 306-11c
Bonner Straße 306-10d
Burgstraße 306-11c
Burgunderstraße 306-11c

Dorfplatz 306-11c

Friedensstraße 306-11c

Gartenstraße 306-11c

Hardtbergstraße 306-11c
Hauptstraße 306-11c

Im guten Acker 306-11d
Im Hummeltal 306-10b

Klosterstraße 306-11d

Mahrweg 306-11c

Pfarrgarten 306-11c

Römerstraße 306-11c
Rotweinstraße 306-11d

Schulstraße (1) 306-11c

Wingertstraße 306-11c

Dernbach
PLZ 56307

(zu VBG Puderbach)

Am Hahn 315-12c
Am Schulgarten (1) 315-12c
An den Buchen 315-12c
Auf dem Beul 315-12c
Auf dem Held 315-12c

Bergstraße 315-12c
Beulseck 315-11d
Blumenweg 315-12c

Gartenstraße 315-12c

Hauptstraße 315-12c
Haus an den Buchen 315-12c
Hochstraße 315-12a
Hof Waldblick 315-12b
Hof Wiesengrund 315-12b

Im Trümpchen 315-12c
Industriepark "Urbacher Wald 1"
315-11b

Maischeider Weg 315-12c
Margarethenhof 315-12b
Märkerstraße 315-11b
Mittelstraße 315-12a
Mühlenstraße 315-12a

Neubaugebiet "Marthonshöhe"
315-12c
Nordhausstraße 315-12c

Ringstraße 315 11b

Schönblick 315-12c
Sonnenstraße 315-12c
Steinbacherhof 315-9d

Talweg 315-12c

Waldstraße 315-12c
Wiesenstraße 315-12a

Dieblich
PLZ 56332

(zu VBG Untermosel)

Am Forsthaus 350-7c
Am Sonnenhang 350-10b
Am Wolfsberg 349-5a
Amselsteg (8) 349-5b
Auf der Heide 349-5d

Bauhöfe 349-9d
Bergstraße 349-5d
Breitenweg 349-5c
Brunnenstraße 349-5d
Burgstraße (5) 349-5a

Dieblich-Mariaroth 350-10b
Drosselweg 349-5b

Erste Anwend 349-5b

Fährstraße 349-5a

Gartenstraße 349-5b
Gewerbegebiet Salzheck 349-5b
Gilberts Gasse (9) 349-5a

Halferstraße (1) 349-5b
Hauptstraße 349-5b
Hunsrücker Weg 350-10d

Im alten Kloster 350-10d
Im Feldbaum 349-5b
Im Vogelsang 349-5b
In der Mühlhöll 349-5c

Kegelbahnstraße (3) 349-5a
Kehrstraße 349-5c
Keltenstraße 349-5b
Kirchstraße 349-5c
Klausenstraße 349-5a
Kondertal 350-4d
Kührerhof 349-9d

Lerchensteg 349-5b
Lohbuschhof 349-9c

Marktplatz 349-5a
Marzy-Platz (2) 349-5b
Moselblick 349-5c
Moseltalbrücke 349-6a
Moselufer 349-5a

Neustraße 349-5a

Ringstraße 349-5d
Römerstraße 349-5b

Saalgasse (6) 349-5a
Schmiedegasse (7) 349-5a
Silberberghof 350-7a

Talwel 349-9b

Waldstraße 350-10d
Weinbergstraße 349-5a
Weltersbach 350-7a
Winninger Brücke 349-6d
Wolwergasse 349-5d

Zimmergasse (4) 349-5a
Zum Thiesenhof 349-5d

Dierdorf

PLZ 56269

Ackerstraße 316-12c
Ahornstraße 316-6b
Alter Postweg 316-12a
Alter Weg 316-12a
Am Damm 316-12a
Am Kohlen 317-10c
Am Metzenbäumchen 317-10c
Am Schlimmberg (6) 324-3a
Am Sonnenhang (1) 324-3a
Amselweg 316-8d
Auf dem Kottenflürchen 317-10c
Auf den schwarzen Morgen 324-3a
Auf den vier Morgen 324-3a
Auf der Au 317-10d
Auf der Bitz 324-3a

Bahnhofstraße 316-12a
Bahnweg 316-12a
Bergstraße 317-10c
Birkenhof 316-12b
Birkenstraße 316-6b
Blumenstraße 324-3a
Bochowstraße 324-3c
Bogengasse (4) 316-12a
Brauereistraße 316-11d
Breslauer Straße 316-11b
Brückenstraße 316-12c
Brückrachdorfer Straße 324-3b
Buchenstraße 316-6b
Burgstraße 316-12c

Danziger Weg (11) 316-11d
Denkmalstraße 324-3a
Dorfstraße 316-8d

Eichenhof 325-1b
Eichenstraße 316-6b
Elgerter Straße 316-12a
Erlenhang 317-10c
Erlenstraße 316-6b
Eulenstraße 316-8b

Fasanenweg 316-8b
Feldstraße 316-8b
Fichtenstraße 316-3d
Finkenstraße 316-8b
Fliederstraße 316-8d
Flurstraße (4) 324-3b
Friedhofsweg 316-6b

Gartenstraße 316-12a
Gerbereiweg 316-12a
Giershofener Straße 316-12c
Glockengasse (8) 316-12c
Gymnasialstraße 316-12b

Haargarten 316-8b
Hachenburger Straße 316-12a
Hanallee 316-12a
Hanrother Pfad 316-8b
Hauptstraße 316-12a
Heidestraße 316-8b
Hermannstraße (7) 316-12c
Hinter der Brauerei 316-11d
Hintergasse 324-3a
Hochgasse (3) 324-3a
Hof Roth 324-2d
Hohe Anwand 316-12b

Im Ahlen 316-12c
Im Bitzengarten 316-11b
Im Bretzengarten 325-1b
Im Büngertchen 316-11d
Im Dernbachtal 316-11b
Im Kurstengarten (5) 324-3b
Im Rudolfsgarten (10) 316-12c
In der Steinengass (9) 316-12c

Jahnstraße 316-11d
Johanniterstraße 316-12c

Königsberger Straße 316-11c
Krotoszyner Ring 316-11d

Lärchenstraße 316-6b
Ludwigsgasse (6) 316-12a

Märkerweg 316-11d
Marktplatz (3) 316-12a
Marktstraße (2) 316-12a
Marother Straße 317-4a
Meisenweg (1) 316-8b
Mittelstraße 316-8b
Mühlengasse (2) 324-3a
Mühlenweg 317-10d

Nelkenstraße 316-8d
Neuwieder Straße 316-11c

Ober-Beckers-Garten 316-11b
Oberdorfstraße 317-10c
Obertorstraße 316-12c
Offhäuser Weg 325-1a

Pappelstraße 316-6b
Pfaffenweg 316-12b
Pfarrstraße 316-12c
Poststraße 316-12c
Puderbacher Straße 316-8a

Raiffeisenstraße 324-3a
Raubacher Straße 316-6d
Rheinstraße 316-11d
Ringstraße 316-8a
Rosenstraße 316-8d
Roßbacher Straße 316-3d
Rother Hof 324-2d
Rotherhofstraße 324-3a

Schlimmhohl 316-11d
Schloßparkhof 316-9c
Schloßstraße 316-12a
Schulstraße 316-12c
Schützweg 316-12c
Schwalbenstraße 316-8d
Selterser Straße 317-10c
Sonnenweg 316-12b
Steinstraße 316-8d
Sternenweg 316-12b
Stettiner Straße 316-11d
Stiegelgasse 325-1b
Südhang 324-3a

Tannenweg 316-6b
Turmgasse 316-12a

Ulmenweg 316-6b
Untertorstraße (1) 316-12a
Urbacher Straße 316-12a

Vordergasse 324-3b

Weidenbuschhof 325-1a
Wiedischhausen 316-6b
Wiedischhausen 317-4c
Wied-Runkel-Straße 316-12a
Wienauer Kirchweg 316-11b
Wiesenweg 316-12d

Ziegeleistraße 316-11b
Zum alten Postweg (5) 316-12a
Zum Schönholz 324-3b

Dormagen

41542 Ackerstraße 44-5a
41539 Adolf-Kolping-Straße 45-10a
41539 Adolf-von-Menzel-Straße 45-10a
41540 Aggerstraße 64-9c
41540 Ahornweg 44-12d
41540 Ahrweg 64-9d
41540 Akazienweg 44-12c
41542 Albert-Schweitzer-Straße 44-5a
41542 Albertus-Magnus-Straße 44-7c
41541 Aldenhovenstraße 45-7d
41541 Alfons-Sahler-Straße 44-3d
41540 Aloysiushof 64-2b
41541 Aloysiusstraße 45-1d
41540 Alte Heerstraße 64-3b
41542 Alte Ziegelei 44-9a
41542 Am Alten Schlag (1) 63-3b
41541 Am Bergischen Hof 45-5d
41540 Am Burggraben 64-9b
41540 Am Chorbusch 64-4d
41542 Am Damschenpfad 44-4d
41542 Am Dreieck 44-5a
41542 Am Elsterbusch 43-12d
41542 Am Felder Hof 44-7b
41540 Am Fuchsbau 64-4b
41540 Am Hagedorn 44-12c
41542 Am Hahnen 44-7a
41539 Am jüdischen Bethaus (6) 65-2a
41542 Am Kamp 43-11a
41539 Am Kappesberg 65-2a
41540 Am Kiefernwäldchen 65-7c
41541 Am Kirchpfad 45-8b
41542 Am Kleinbüschchen 44-7a
41540 Am Klein-Sasserhof 65-4c
41539 Am Krahnenort 45-11b
41542 Am Krausberg 44-7b
41542 Am Kuckhofsweg 44-7b
41542 Am Latourshof 44-5c
41542 Am Lindgen 44-7b
41539 Am Lingenacker 45-11d
41539 Am Margarethenhof 45-12c
41542 Am Mellenberg 44-7b
41539 Am Mönchenpfädchen (1) 45-11d
41542 Am Mühlenpfad 44-7b
41539 Am Niederfeld 45-10d
41542 Am Norfbach 43-9d
41540 Am Pilgenbusch 64-9b
41542 Am Quirinushof 44-5d
41540 Am Rath 44-12d
41542 Am Rehwinkel 43-11a
41541 Am Römerfeld (8) 45-5d
41540 Am Rübenweg 44-12d
41539 Am Schierort 45-10d
41542 Am Schleyerbusch 44-8a
41541 Am Schneckenacker 44-3d
41542 Am Schwimmbad 44-5c
41542 Am Silbersee 44-2b
41542 Am Sportplatz 44-7c
41539 Am Steinpfahl 45-12c
41540 Am Stellwerk 44-12d
41542 Am Straberger See 44-10b
41542 Am Sülzhof 44-8a
41541 Am Wahler Berg 44-6d
41539 Am Wäldchen 65-2c
41542 Am Wasserwerk 43-8c
41539 Am Weißen Kreuz 45-11d
41541 Am Weißen Stein 44-3d
41542 Am Werres 44-7b
41542 Am Wittgeshof 44-8a
41540 Amselweg 64-5a
41539 An den Peschen 45-12c
41542 An der Bicker Hecke 44-7b
41542 An der Burg 64-1a
41542 An der Dinkbank 44-7b
41542 An der Kirschfuhr 44-4d
41542 An der Kultzkuhle (7) 44-4d
41539 An der Langenfuhr 45-10c
41542 An der Leykuhle 44-7b
41542 An der Pannesfuhr 44-4d
41539 An der Römerziegelei 65-2c
41542 An der Sausweide 44-4d
41540 An der Steinkaule 65-4c
41539 An der Wache 45-11c
41542 An der Weyhe 44-7c
41539 An der Windmühle 65-1b
41542 An der Zehnfuhr 44-4d
41540 An St. Josef 64-5a
41539 Andreashof 45-11c
41539 Andreasstraße 45-12a
41542 Anemonenweg (1) 43-11a
41542 Anstelner Straße 43-12b
41541 Antoniushof 45-5a
41541 Antoniusplatz 45-5d
41542 Apfelweg (4) 44-10d
41541 Arenzheide (2) 45-1c
41542 Asternweg (7) 43-11a
41542 Auf dem Kappus 44-7b
41539 Auf dem Sandberg 45-12a
41540 Auf der Au 64-9b
41542 Auf der Hardt 43-9d
41539 Auf'm Pohlacker 45-11d

41542 Bahner Weg 44-7a
41539 Bahnhofstraße 45-10c
41541 Bahnstraße 44-3c
41542 Balgheimer Straße 44-5a
41539 Baumberger Straße 65-2b
41542 Baumshof 44-10c
41539 Bayerstraße 65-1d
41539 Beethovenstraße 45-10c
41539 Begonienweg 65-2b
41539 Bendacker Hof 45-11a
41540 Benzstraße 65-7a
41542 Bergerhof 63-2a
41542 Bergheimer Straße 43-7b
41540 Bergiusstraße 65-7c
41539 Bertha-von-Suttner-Straße (7) 45-10c
41541 Biesenbachstraße 45-1c
41540 Biggeweg 64-9d
41542 Biniushof 43-10b
41542 Biniushof II 43-7d
41540 Birkenweg 64-9b
41542 Birnenweg (5) 44-10d
41542 Bismarckstraße 44-7b
41542 Bivetsweg 43-11a
41540 Blechhofweg 64-4d
41539 Blücherstraße 65-1b
41542 Blumenstraße 64-1a
41540 Boelckestraße 64-5a
41541 Borsigstraße 44-6a
41540 Böttgerstraße 65-10b
41541 Brahmsstraße 45-4a
41539 Brandenburger Straße 45-10d
41540 Brechtstraße 65-4c
41541 Brentanostraße 45-1c
41539 Breslauer Straße 65-1b
41542 Broicher Dorfstraße 43-11c
41542 Brombeerweg (1) 44-10d
41542 Bruchstraße 43-11a
41542 Brückenstraße 44-5b
41542 Bruderschaftsweg 43-10b
41539 Bruegelweg 44-12d
41541 Brühler Straße (3) 45-5c
41541 Brunnenstraße 45-1c
41542 Büchel 43-11c
41540 Buchenstraße 44-12d
41540 Büchnerstraße 64-9b
41540 Bunsenstraße 65-7c
41541 Bürgelstraße 45-5c
41539 Bürger-Schützen-Allee 45-11c
41540 Burgplatz 64-9b
41540 Burgstraße 64-9b
41540 Buschweg 64-5c
41540 Bussardweg (8) 64-5c

41539 Carl-Duisberg-Straße 45-10d
41539 Carl-Friedrich-Schinkel-Straße 45-10a
41539 Carl-Sonnschein-Weg (5) 45-10c
41539 Carl-von-Ossietzky-Straße (8) 45-10c
41539 Castellstraße 65-2a
41542 Christinenhof 43-11d
41540 Christoph-Hufeland-Straße 64-6d
41540 Chrysanthemenweg 64-4d
41542 Clashof 43-12b
41540 Claudiusstraße 65-7a
41541 Clausewitzstraße (6) 45-8a
41542 Clemens-August-Platz 44-7c
41542 Clemens-August-Straße 44-7c
41542 Conrad-Schlaun-Straße 44-7d
41542 Conradshof 64-1d
41539 Cranachweg (3) 44-12d

41542 Dachsweg 64-1a
41542 Dahlienweg 43-11a
41539 Dammweg 45-12c
41542 Dantestraße 44-7a
41539 Danziger Straße 45-10d
41541 Deichstraße 45-5a
41540 Delhovener Hubertushof 64-3c
41540 Delhovener Lindenhof 64-2d
41541 Delrather Straße 44-3d
41540 Dieplinghof (7) 44-12b
41541 Diergardthof 45-8d
41539 Distelweg 45-11d
41542 Donatushof 64-2a
41542 Donatusstraße 64-1a
41542 Dörerweg 44-8a
41540 Dorfstraße 64-9b
41540 Dormagener Straße 64-9b
41542 Dörnchesfuhr (10) 44-5c
41540 Dorothea-Erxleben-Straße 64-9b
41540 Dr.-Geldmacher-Straße 64-9a
41540 Drosselstraße 64-5a
41539 Dürerstraße 44-12b
41541 Düsseldorfer Straße 44-3c

41542 Edisonstraße 44-3c
41542 Eibenweg 44-7b
41541 Eichendorffstraße 45-8a
41540 Eichenweg 44-12d
41540 Eichhörnchenweg (10) 64-5a
41540 Elsa-Brändström-Straße 64-6d
41540 Elsterweg (4) 64-5b
41542 Elvekumer Weg 44-5a
41540 Emdener Straße 64-3b
41540 Emsweg (2) 65-7c
41542 Erdbeerweg (2) 44-10d
41540 Erftstraße 64-9b
41542 Erlenweg (9) 44-7a
41540 Ernst-von-Leyden-Straße 64-6c
41541 Erzweg 44-9a
41540 Eschenweg (6) 44-12d
41542 Espenstraße 44-7a
41540 Eulenweg (3) 64-5b
41539 Europastraße 65-1d

41541 Fahrtstraße 45-1c
41540 Falkenstraße 64-5a
41542 Fasanenweg 44-10c
41541 Feldstraße 45-1c
41539 Feuerbachstraße (1) 45-10a
41540 Fichtenweg 44-12b
41539 Fingerhutweg 45-11d
41540 Finkenstraße 64-5a
41542 Flexhof 63-2a
41542 Fliederweg 43-11c
41539 Florastraße 65-1b
41542 Florianergasse (12) 44-7d
- Flügeldeich 45-2b
41542 Föhrenweg 43-11a
41542 Forsthausstraße 43-9d
41539 Frankenstraße 65-2a
41540 Franz-Faßbender-Straße 64-5a
41539 Franz-Hitze-Weg (4) 45-10a
41541 Franziskanerstraße 45-5d
41541 Frau-Holle-Weg (12) 45-8a
41539 Friedenstraße 45-10c
41542 Friedhofsweg 43-11a
41539 Friedrich-Ebert-Straße 65-1b
41542 Friedrich-Hinsen-Straße 43-11a
41542 Fuchskaule (9) 44-5c
41540 Fuldaweg 64-9d

41542 Gabrielstraße 44-5a
41539 Garather Straße 45-12c
41542 Gartenstraße 44-7c
41540 Gärtnersiedlung Blechhof 64-4d
- Geopark 64-2d
41539 Geranienweg 45-11d
41541 Gerhard-Delhoven-Straße 44-3d
41540 Gerhard-Domagk-Straße 64-6c
41542 Gerhart-Hauptmann-Straße 43-9d
- Gewerbegebiet Hackenbroich 65-7c
41540 Geyr-von-Schweppenburg-Straße 64-9b
41540 Gilbachstraße 64-9b
41542 Ginsterweg 64-1a
41542 Gnadenthaler Weg 44-7c
41539 Gneisenaustraße 65-1b
41539 Goethestraße 45-10c
41542 Gohrer Hubertushof 63-2b
41542 Goldberger Hof 44-11b
41541 Goltsteinstraße 45-5c
41540 Gottfried-Breuer-Straße 44-12d
41541 Gottlieb-Daimler-Straße 44-3c
41542 Grenadierweg 43-10b
41541 Grenzhof 45-5a
41539 Grienskamp 45-11d
41540 Großsasserhof 65-4c
41541 Grüner Weg 45-8a
41542 Grüneschildplatz 44-7c
41541 Grünwaldstraße (10) 45-8b
41542 Gubisrather Weg 43-7d
41541 Gustav-Biesenbach-Platz 44-3d
41539 Gustav-Heinemann-Straße 45-10a
41540 Gutenbergstraße 64-5a

41539 Haberlandstraße 45-10a
41540 Habichtweg (9) 64-5c
41540 Hackenbroicher Straße 64-5d
41540 Hackhauser Straße 64-9d
41541 Hagelkreuzstraße 45-7b
41540 Hamburger Straße 64-3b
41541 Händelstraße 45-1c
41539 Hans-Böckler-Straße 45-10c
41542 Hans-Sachs-Straße 44-7c
41539 Hardenbergstraße 65-1b
41542 Haselnußweg 43-11a
41542 Hasenpfad 44-10c
41541 Hatzfeldstraße 45-5c
41540 Hauptstraße 64-4b
41539 Haus Piwipp 46-10c
41540 Haus-Arff-Weg 65-10a
41541 Hebbelstraße (4) 45-8b
41541 Heckhof 45-1d
41542 Heckmannstraße 44-5a
41542 Heerstraße 44-7a
41540 Heesenstraße 44-12d
41541 Heidehof 45-5c
41540 Heideweg 64-5a
41539 Heimbachstraße (4) 65-1d
41540 Heinestraße 65-4c
41540 Heinrich-Meising-Straße 44-12d
41540 Heinrich-Pfeiffer-Straße 64-9b
41540 Heinrichshof 64-3a
41539 Heinrich-van-Achten-Straße 65-1d
41539 Helbüchelstraße 65-1b
41542 Henri-Dunant-Straße 44-5a
41540 Henschelstraße 65-7c
41540 Herderstraße 64-5c
41541 Herrenweg 45-5d
41542 Himbeerweg 44-10d
41541 Himmelgeister Straße 44-3d
41542 Hindenburgstraße 44-7c
41542 Hinter den Höfen 44-7b
41539 Hitdorfer Straße 65-2b
41542 Hoeninger Straße 43-12b
41539 Höhenberg 65-2c
- Hoher Buschweg 45-4c
41541 Hohes Örtchen 45-8b
41539 Holbeinweg (1) 44-12b
41542 Hölderlinstraße 44-7a
41540 Holunderweg 44-12c
41540 Holzheimer Straße 64-9b
41540 Holzweg 64-5c
41542 Horremer Straße 64-1b
41542 Horrer Weg 43-7d
41541 Hospitalplatz (9) 45-8b
41541 Hubertusstraße 45-8b
41542 Hüttenstraße 44-5b

41540 Ignaz-Semmelweis-Straße 64-9b
41542 Iltisweg 43-12d
41539 Im Daubenthal 65-1b
41540 Im Gansdahl 64-4b
41542 Im Gerstenfeld 44-10c
41542 Im Grund 44-5b
41539 Im Grunewald 45-10d
41541 Im Hofstädtchen 45-8a
41539 Im Kleefeld 45-11d
41542 Im Knotfeld (5) 44-5c
41542 Im Kreuzfeld (1) 44-5c
41539 Im Merheimer Lehm 45-11b
41540 Im Mühlenend 64-4b
41542 Im Scheidpatt 44-7b
41542 Im Springfeld (6) 44-4d
41540 Im Tannenbusch 64-5a
41542 Im Thiebroich 43-9b
41539 Im Winkel 65-2b
41539 In den Benden 45-10b
41541 In den Rheingärten 45-5d
41539 In der Au 45-11d
41542 In der Birk 43-9d
41542 In der Furth (8) 44-8a
41541 In der Kuhtrift 44-3d
41542 In der Lüh 43-8c
41542 In Ückerath 43-9d
41542 Industriestraße 44-5b
41540 Isarstraße 64-9d
41540 Isselweg 64-9d
41541 Itterstraße 44-3d

41542 Jagdhaus 63-3a
41542 Jägerweg 43-10b
41541 Jahnstraße 45-1d
41540 Jansenstraße 64-2c
41541 Jan-von-Werth-Straße 45-5c
41539 Joan-Delhoven-Straße (3) 65-1d
41542 Johann-Blank-Weg 44-5b
41539 Johannes-Bock-Straße 65-1d
41542 Johannesstraße 44-5c
41542 Johann-Hendel-Straße 44-7b
41542 Josef-Schwartz-Straße 43-8c
41542 Josefshof 44-12c
41540 Josef-Steins-Straße 64-5a
41540 Jugendheimstraße (1) 64-9b
41540 Junkerstraße 65-7c
41540 Jussenhof 65-1d
41539 Jussenhovener Straße 65-2a

41539 Kamillenstraße 45-11d
41541 Kantstraße (7) 45-8a
41541 Kapellenberg 45-1a
41542 Karl-Küffler-Straße 43-8c
41542 Karlshof 63-2b
41540 Kastanienweg 44-12c
41540 Katharinenstraße 64-9b
41540 Kayserstraße 64-5a
41541 Kellerhof 45-5a
41542 Kemmerlingstraße 44-7c
41542 Kesselstraße 43-11c
41540 Kiebitzweg 64-5a
41542 Kiefernstraße 44-7a
41540 Kieler Straße 64-3b
41542 Kiesenbergstraße (11) 44-7b
41542 Kirchbergweg (2) 43-11a
41542 Kirchplatz 43-11a
41542 Kirchstraße 43-11a
41542 Kirschfeld 44-5d
41541 Kleiner Taubenweg 45-7a
41539 Klematisweg (13) 45-11d
- Kloster Knechtsteden 63-6b
41540 Klosterstraße 64-4b
41540 Knechtsteden 63-6a
41540 Knechtstedener Straße 44-12d
41539 Kneippstraße 45-10d
41539 Knorweg 44-7c
41542 Knohacker 44-8c
41539 Kölner Straße 65-2a
41541 Koloniestraße 44-6a
41542 Koniferenstraße 44-7a
41539 Königsberger Straße 65-1b
41539 Konrad-Adenauer-Straße 45-10c
41539 Kornblumenweg 45-11d
41541 Körnerstraße 45-5d
41540 Krähenweg 64-2c
41539 Krefelder Straße 45-10b
41539 Krisinger Straße 65-1b
41539 Krokusweg 45-11d
41542 Kronenpützchen 43-12d
41542 Kroschstraße 44-7c
41540 Kruppstraße 65-7c
41540 Kuckucksweg (6) 64-5a
41541 Kurfürstenstraße 45-5c
41542 Kurgrenzweg 43-11c
41542 Kurt-Schumacher-Straße 44-5a
41539 Kurt-Tucholsky-Straße (9) 45-10c
41539 Kurzer Weg 45-10c
41542 Kuttelweg (3) 44-4d

41540 Lahnstraße 64-9d
41542 Lange Kaule (4) 44-5c
41539 Langemarkstraße (5) 65-1b
41539 Langenfelder Straße 65-2b
41542 Latourshof 44-5c
41542 Latoursweg 44-5c
41539 Lavendelweg 45-11d
41542 Leckenhofstraße 44-5b
41539 Leiblstraße 45-10a
41540 Lenneweg (3) 65-7c
41540 Lerchenweg (1) 64-5a
41541 Lessingstraße 45-5c
41539 Liebermannstraße 45-10a
41542 Lilienweg (6) 43-11a
41539 Limesweg 65-2a
41542 Linden-Kirch-Platz 64-1a
41541 Lindenstraße 45-1c
41541 Linner Straße (2) 45-5c
41540 Lippeweg 65-7a
41541 Lisztstraße 45-1c
41539 Lochnerstraße 45-10a
41540 Lönsstraße 64-6d
41539 Löwenzahnweg (11) 45-11d
41540 Lübecker Straße 64-3b
41541 Lukasstraße 44-3d
41539 Lupinenweg 45-11c

41542 Magnolienstraße (10) 44-7a
41540 Mainstraße 64-9d
41542 Malteserstraße (1) 44-5d
41539 Malvenweg 45-11d
41541 Märchenallee 45-8a
41540 Marderweg 64-4b
41541 Margaretzenhof 45-7d
41542 Margeritenweg 43-11a
41541 Mariannenhof 45-7d
41542 Marie-Curie-Straße 44-3a
41542 Marienhof 43-12d
41542 Marienstraße 44-7b
41542 Marie-Schlei-Straße 44-8a
41542 Marineweg 43-10b
41539 Marktplatz 65-2a
41539 Marktstraße 65-2a
41539 Martin-Luther-King-Straße (6) 45-10c
41542 Martinshof 44-12c
41539 Martinskirchweg (1) 65-1b
41541 Martinushof 45-4b
41541 Martinusstraße 45-5c
41540 Mathias-Giesen-Straße 64-3b
41541 Mauerstraße 45-8b
41539 Maximilian-Kolbe-Straße 45-10c
41539 Max-Reger-Weg 45-10c
41540 Meerbuscher Straße 64-9b
41540 Meisenweg (5) 64-5b
41541 Melanderstraße 45-5d
41539 Melissenweg (12) 45-11d
41539 Memeler Straße 45-11c
41542 Meßweg (2) 44-4d
41539 Michaelsweg (2) 45-10a
41539 Mithrasweg (7) 65-2a
41542 Mittelstraße 44-5b
41539 Moltkestraße 65-1b
41539 Monheimer Straße 65-2b
41541 Mörikestraße 45-8a
41540 Moselstraße 64-12b
41540 Möwenweg 64-2c
41539 Mozartstraße 45-10d
41542 Mühlenbuschweg 63-3b
41542 Mühlenhof 64-1a
41541 Mühlenstraße 45-8b
41541 Museumstraße 45-8b

41542 Nachtigallenweg 63-2a
41540 Nahestraße 64-9b
41542 Narzissenweg 43-11a
41540 Neckarstraße 64-9c
41542 Nelkenweg 43-11a
41541 Nesselrodestraße 45-5c
41539 Nettergasse 65-1d
41541 Neuer Taubenweg 45-8a
41540 Neu-Horremer-Hof 64-2d
41542 Neukirchener Weg 43-7d
41542 Neusser Straße 44-7b
41542 Neustraße 44-7b
41539 Nicolaweg (2) 65-1b
41541 Nievenheimer Straße 45-7a
41541 Nikolausweg (4) 45-1c
41542 Norbertstraße 64-1a
41542 Nordstraße 44-7b
41539 Norfer Straße 45-7c

41539 Oberster Monheimer Weg 65-2b
41541 Oberstraße 45-1a
41542 Odilienstraße 43-11a
41542 Oehmenhof 64-1b
41541 Oleanderweg 45-1c
41542 Ölligrather Weg 43-10d
41539 Orchideenweg 65-2b
41540 Oscar-Gans-Straße 64-6c
41539 Ostpreußenallee 45-10d

41539 Oststraße 65-2b
41542 Otto-Schott-Straße 44-5b
41540 Ottostraße 65-7c

41542 **P**ankratiusstraße 44-8c
41542 Pappelweg (4) 43-11a
41539 Paracelsusstraße 45-10d
41540 Parallelweg 65-1d
41541 Parkstraße 45-5d
41540 Paul-Ehrlich-Straße 64-6c
41541 Paul-Huisgen-Straße 44-3d
41539 Paul-Wierich-Platz 65-2a
41542 Pestalozzistraße 44-5d
41540 Pfarrgasse 64-9b
41540 Pfauenstraße 64-5a
41542 Pinienweg 44-7a
41540 Pirolweg 64-5a
41539 Piwipper Straße 45-12c
41542 Platanenstraße 44-7a
41540 Pletschbachstraße 64-9d
41539 Pommernallee 45-10d
41542 Poststraße 44-7b
41540 Provinzialstraße 64-2d

41542 **Q**uittenweg (3) 44-10d

41541 **R**aabestraße 45-8a
41540 Raiffeisenstraße 64-9b
41542 Ramrather Weg 43-10b
41539 Raphaelsweg 45-10b
41541 Rapunzelweg 45-8a
41541 Reisholzer Straße (1) 45-1c
41539 Rembrandtstraße 44-12b
41541 Rheinau 45-5b
41541 Rheinauenhof 45-5a
41541 Rheinberger Straße 45-5c
41539 Rheindamm 65-2d
41539 Rheinfelder Lindenhof 45-10b
41539 Rheinfelder Straße 65-2b
41539 Rheinfelderhof 45-11b
41541 Rheinstraße 45-8b
41541 Richard-Wagner-Straße 45-1c
41539 Richrather Straße (2) 45-12c
41539 Richterstraße 45-10b
41540 Richthofenplatz 64-5a
41539 Riemenschneiderweg (2) 44-12b
41541 Rilkestraße 45-8a
41541 Robert-Bosch-Straße 44-3c
41539 Robert-Koch-Straße 45-10c
41541 Rochusweg 45-4a
41540 Roggendorfer Straße 65-7c
41539 Römerstraße 65-2a
41542 Roncalliplatz 44-5c
41539 Röntgenstraße 45-10b
41541 Roseggerstraße (5) 45-5d
41539 Roseller Straße 45-7c
41542 Rosenweg 43-11a
41541 Roßlenbroichstraße 44-3d
41540 Rostocker Straße 65-1a
41540 Rotdornweg (5) 44-12d
41541 Rotkäppchenweg 45-8a
41539 Rubensstraße 44-12b
41541 Rudolf-Diesel-Straße 44-3c
41540 Rudolf-Harbig-Weg 44-12a
41541 Ruhrstraße 64-9d
41542 Rumpenweg 44-7c
41540 Ruwerweg 64-9d

41540 **S**aarstraße 64-9d
41541 Saarwerdenstraße 45-5d
41541 Sachtlebenstraße 44-3a
41542 Saint-Andrè-Straße 44-7d
41541 Salentinstraße 45-5c
41539 Salierstraße 65-1b
41540 Salm-Reifferscheidt-Allee 64-9a
41542 Salvatorhof 44-11b
41542 Salvatorplatz (13) 44-7b
41542 Salvatorstraße (14) 44-7d
41542 Sanddornweg (5) 43-11a
41542 Sandweg 63-2c
41542 Sappeurweg (3) 43-11a
41539 Sasserstraße 65-2c
41539 Schillerstraße 65-1b
41540 Schlehenweg 64-4d
41542 Schlesierstraße 44-7b
41542 Schleyerhof 43-11c
41541 Schloßplatz 45-8b
41541 Schloßstraße 45-8b
41541 Schneewittchenweg 45-8a
41539 Schubertstraße 45-10d
41541 Schülgenstraße 44-3d
41541 Schulstraße 45-1c
41541 Schultheißstraße 45-5d
41539 Schumannstraße 45-10d
41542 Schützenstraße 44-10c
41540 Schwalbenstraße 64-5a
41541 Schwanenstraße 44-3d
41539 Schwarzer Weg 65-2c
41542 Schwiddenhofstraße 44-7a
41540 Schwiedessenstraße 64-9b
41539 Sebastian-Bach-Straße 45-10b
41542 Sebastianusstraße 44-7d
41542 Selde-Blömche-Platz (1) 43-9d
41540 Siegstraße 64-9c
41542 Siemensstraße 44-2c
41540 Sinnersdorfer Straße 64-9b
- Sinnersdorfer Weg 64-12b
41542 Sonnenstraße 44-5d
41540 Sperberstraße 64-5c
41540 Sperlingstraße 64-5a
41542 St.-Peter-Straße 44-5b
41539 Steinberger Straße 65-2b
41542 Steppenweidenhof 43-12d
41539 Stettiner Straße 45-10d
41541 Stifterstraße 45-1c
41540 Stommelner Straße 64-9c
41541 Stormstraße 45-8a
41542 Straberger Weg 44-7d
41541 Stürzelberger Lindenhof 45-4b
41541 Stürzelberger Straße 45-4b
41542 Stüttger Hof 44-2a
41542 Stüttger Weg 44-2a

41540 Sudetenstraße 44-12d
41542 Südstraße 44-7c
41542 Sülzhof 44-5c

41540 **T**annenbuschweg 64-5a
41539 Teuschstraße 45-10c
41541 Theo-Blum-Straße 45-8b
41540 Theodor-Billroth-Straße 64-9b
41539 Theodor-Bremer-Straße 45-12a
41541 Theodor-Fontane-Straße 45-5c
41539 Thomaweg 45-10a
41539 Tizianstraße 45-10a
41542 Tulpenweg 43-11a
41541 Turmstraße 45-8b

41539 **U**bierstraße 65-1b
41541 Uedesheimer Straße 45-1c
41541 Uerdinger Straße (1) 45-5c
41541 Uferstraße 44-3b
41542 Uhlandstraße 44-7a
41540 Uhuweg (7) 64-5b
41540 Ulmenallee 44-12d
41539 Unter den Hecken 45-11c
41541 Untorstraße 44-3b
41541 Urdenbacher Straße 45-1c

41542 **V**eilchenweg 43-11a
41540 Violenhof 43-12d
41539 Virchowstraße 45-10d
41539 Vom-Stein-Straße 65-2a
41539 Von-Galen-Straße (3) 45-10a
41539 Von-Ketteler-Straße 45-10a
41542 Von-Kleist-Straße 44-7a
41540 Von-Lauff-Straße 65-7a
41539 Von-Liebig-Straße 45-10d
41542 Von-Sack-Platz 44-5a
41541 Vor dem Rheintor 45-5d

41540 **W**achtelweg (2) 64-5a
41542 Waldstraße 64-1a
41539 Walhovener Straße 65-2a
41539 Walhover Hof 45-11a
41541 Wallgrabenstraße 45-5d
41539 Wartburgstraße 65-1b
41540 Wedaustraße 64-9d
41539 Weidenpescher Hof 45-12a
41542 Weidenstraße 44-8c
41542 Weidenstraßweg 43-11a
41540 Weilergasse 44-12d
41540 Weilerstraße 44-12c
41539 Weingartenstraße 45-11c
41540 Weißdornweg (4) 44-12d
41541 Wendelstraße 45-8b
41540 Werraweg 64-9d
41541 Wersteiner Straße (3) 45-1c
41540 Werther Hof 64-8b
41540 Wertherstraße 64-5c
41540 Weserstraße 64-9d
41541 Westerburgstraße 45-5c
41541 Weststraße 45-1c
41540 Wiedstraße 64-9d
41541 Wiesenstraße 45-8b
41540 Wieskirchenstraße 64-9b
41541 Wilhelm-Busch-Straße 45-5c
41540 Wilhelm-Opheys-Straße 64-9b
41541 Wilhelmshof 44-9b
41542 Wilhelm-Zaun-Straße 44-5c
41539 Willy-Brandt-Platz 45-10c
41542 Winand-Kayser-Straße 64-1a
41540 Winand-Lukas-Straße 64-9b
41540 Wisentstraße 64-4b
41542 Wittgeshof 44-8a
41540 Worringer Weg 64-9b
41540 Wupperstraße 65-7a

41541 **Z**edernweg 45-1c
41541 Zehntgasse (11) 45-8b
41540 Zeisigstraße 64-5a
41542 Zinkhüttenweg 44-5b
41541 Zollstraße 45-5d
41539 Zonser Hubertushof 45-8d
41539 Zonser Straße 45-10c
41539 Zu den Kuhbenden 45-11d
41539 Zu den Maieichen 45-12c
41541 Zülpicher Straße 45-5c
41539 Zum Weidenpesch 45-11b
41540 Zweite Gewanne 64-5a
41542 Zypressenweg 44-7a

Döttesfeld

PLZ 56305

(zu VBG Puderbach)

Ackerweg 295-8a
Am Hölderstein 294-9b
Auf dem Steinborn 295-4a

Bergstraße 295-10b

Deishardstraße 294-6b
Dorotheenstraße 295-7a

Feldstraße 294-9d

Gartenstraße 295-4a
Gestüt Altpeter 295-7c
Grenzbachstraße 295-7c

Hauptstraße 294-6d
Haus Hoffnungstal 294-9b
Heidestraße 295-7a
Hochstraße 295-7d
Hohlweg 294-6d

Im Flachswieschen (1) 294-6b
Im Kaulengarten 295-4a
Im Rauschen 294-6b
Im Vogelsang 294-6b
Im Weiher (2) 294-6b

Mittelstraße 295-8a
Mühlenweg 295-8c

Oberähren 295-8a

Parkstraße 295-7a

Ringstraße 295-7c

Schützenstraße 294-6d
Sonnenstraße 295-8a

Talstraße 294-6b

Waldstraße 295-7c
Wiedstraße 294-6b
Wiesenweg 294-6b

Drolshagen

PLZ 57489

Am Garten 79-12b
Am Kleefeld 79-12b
Aufm Kampe 79-12b

Graf-von-Löh-Straße 79-12a

Lüdespert 79-12b

Schlade 79-12d

Zum Springer 99-3b
Zur Deitmicke 79-12b

Düren

Straßennamen mit Suchfeldangaben in Klammern befinden sich im Cityplan auf Seite 33.

52349 **A**achener Straße 187-7c (33/A3)
52355 Ackerstraße 216-2b
52355 Agathastraße 186-7d
52351 Agnesstraße 187-11a
52353 Ahornstraße 187-1c
52353 Ahrweg 186-5b
52349 Ahrweilerplatz (33/B2)
52353 Akazienstraße 186-3d
52353 Alberoplatz 186-3b
52351 Albert-Schweitzer-Straße (5) 187-4d
52351 Albrecht-Dürer-Straße 187-4d
52353 Aldenhovener Straße 186-2d
52351 Alemannenweg (14) 187-8c
52353 Alexanderstraße 156-8c
52353 Alte Jülicher Straße 187-1c
52349 Altenteich 187-7a (33/A3)
52355 Altmünsterstraße 217-1d
52351 Am Adenauerpark 187-8a
52355 Am Alten Eisenhammer (2) 217-1c
52355 Am Alten Kirchweg (2) 217-1c
52349 Am Alten Wasserturm (1) 187-7c (33/A3)
52349 Am Badesee 186-8b
52353 Am Bilderstock 186-1a
52349 Am Breuershäuschen 186-9a
52355 Am Brummenberg 217-4a
52355 Am Burgauer Busch 217-5a
52349 Am Courtenbachshof 187-7d
52355 Am Dürener Weg 186-9c
52355 Am Ellernbusch 186-9d
52355 Am Fuchsberg 187-11c
52353 Am Getzer Acker 186-2a
52353 Am Gieselpfad 156-10c
52355 Am Hagedorn 216-2a
52355 Am Hagelkreuz 216-9b
52355 Am Hansgraben 157-11b
52355 Am Hinzenbusch 217-5a
52349 Am Jesuitenhof 187-7d
52355 Am Jugendstadion 187-10a
52351 Am Karmel 187-5d
52355 Am Kirchendriesch 186-8c
52355 Am Knozwinkel (24) 186-9c
52351 Am Krausberg 187-8a
52355 Am Kühlen Graben 186-7b
52353 Am Langen Graben 156-12d
52353 Am Lindenbaum (4) 187-1c
52355 Am Maisbusch (2) 186-7b
52351 Am Neuen Friedhof 187-8b
52349 Am Nordpark 187-4a
52349 Am Pletzerturm (33/D2)
52355 Am Rölsdorfer Weg 186-8d
52355 Am Römerbad 186-8d
52349 Am Rurufer 187-7c
52355 Am Sandberg 217-5a
52355 Am Scheppgraben 217-1d
52355 Am Schlagbaum 186-12a
52355 Am Sportheim 187-10a
52349 Am Stadtpark 187-7a
52353 Am Steinberg 156-11c
52355 Am Tierheim 217-5a
52353 Am Vorbahnhof 187-2c
52355 Am Weckshof 217-1c
52355 Am Wehr 217-4b
52355 Am Weinberg 217-4a
52355 Am Wingert 186-8d
52353 Amselweg 186-1b
52355 Amsterdamer Straße 187-8d
52351 An den Stadtwerken 187-4d
52349 An der Blockstelle 186-9a
52355 An der Erk 186-12d
52353 An der Festhalle 186-3a
52349 An der Garnbleiche 187-10b
52349 An der Gerstenmühle 187-7d (33/B3)
52355 An der Kette 186-12a
52353 An der Kreisbahn 186-6b
52355 An der Kuhbrücke 187-10d
52349 An der Ölmühle 187-10b
52349 An der Pulvermühle 186-9b
52353 An der Scheidheck 187-1c
52351 An der Schießruthe 187-5d
52355 An der Tränke 187-6a
52353 An der Wasserburg (1) 186-3b
52351 An der Windmühle 187-8a
52355 An der Ziegelei 186-12b
52355 An Gut Boisdorf 216-3b
52353 An Gut Nazareth 186-5b
52355 An St. Barbara 186-8d
52351 An St. Bonifatius 187-5d
52355 An St. Johannes 186-8d
52355 An St. Nikolaus 186-12a
52353 Andreas-Kufferth-Platz 186-5b
52353 Andreasstraße 156-7c
52353 Angelastraße 156-7d
52355 Annabergweg 216-3b
52349 Annakirmesplatz 187-7c
52349 Annaplatz 187-7b (33/B2)
52351 Antoniusstraße 187-4b
52351 Antwerpener Straße 187-8d
52355 Ardennenstraße 217-1c
52351 Arndtstraße 187-5d
52353 Arnold-Decker-Platz 156-11d
52353 Arnoldsweiler Brücke 187-4b
52351 Arnoldsweilerstraße 187-4d (33/B1)
52353 Arnoldsweilerweg 187-4b
52353 Arnoldusstraße 157-10b
52353 Asternstraße 186-5a
52355 Auf dem Broich 217-1c
52355 Auf dem Bruchkamp 217-1c
52355 Auf dem Büchel (1) 186-12d
52353 Auf dem Driesch 157-10b
52355 Auf dem Flabig 186-4c
52355 Auf dem Hahnberg 217-1c
52355 Auf dem Hammer 217-1c
52353 Auf dem Horstert 157-10d
52355 Auf der Alten Kirche 216-6a
52355 Auf der Kall 217-2c
52355 Auf der Komm 186-8a
52355 Auf der Roer 217-4b
52351 August-Bebel-Straße 187-8c
52349 August-Klotz-Straße 187-7a (33/A3)
52351 August-Lüdenbach-Straße (19) 187-11b
52351 August-Schoop-Straße (8) 187-8a
52349 Auweg 186-9a

52355 **B**achstraße 216-2a
52355 Bahnstraße 186-9d
52355 Baumschulenweg 216-3a
52349 Beethovenweg 187-11a
52353 Behringstraße 186-3d
52355 Bendenhof 216-2c
52355 Bergheimer Straße 216-9b
52355 Bergstraße 216-2b
52351 Berliner Straße 187-8a
52353 Berta-Timmermann-Straße 186-3d
52355 Bertramsweg 186-12b
52355 Berzberger Fahrt (1) 216-6a
52355 Berzbuirer Straße 216-6a
52355 Beybusch 216-6c
52355 Beythal 216-4b
52355 Beythaler Straße 216-2c
52351 Binsfelder Straße 187-8a
52355 Birgeler Knipp 216-2c
52355 Birgeler Straße 186-11a
52355 Birkenallee 186-3d
52353 Birkesdorfer Straße 156-11c
52349 Bismarckbrücke 186-9b
52351 Bismarckstraße 187-4d (33/B2)
52355 Blachweg 186-12d
52355 Bleiberg 216-3c
52355 Blochfeld (5) 216-3b
52351 Blücherstraße 187-5a
52351 Blumenthalstraße 187-5c
52355 Boisdorfer Weg 217-1a
52349 Bongard 187-7b (33/B3)
52351 Bonner Platz 187-7b
Bonner Straße 187-7b (33/B3)
52349 Nr. 1-21, Nr. 2-24
52351 Nr. 23-55, Nr. 26-54
52353 Borchertstraße 157-10b
52353 Böttcherstraße 186-2a
52353 Brändströmstraße 187-1d
52353 Breite Straße 186-1a
52355 Breitenbend 217-2c
52355 Brentanostraße 186-8d
52351 Breslauer Straße 187-8b
52353 Bretzelnweg 187-4a
52349 Briandstraße 187-11a
52353 Brigidastraße 156-7b
52353 Brückenstraße 187-5a
52351 Brüsseler-Straße 187-8d
52353 Buchenstraße 187-1c
52355 Buchheider Weg 216-3b
52351 Bücklersstraße 187-4d (33/B1)
52349 Büngelerstraße 187-7c
52355 Burgacker 186-11a
52349 Burgauer Allee 187-11a
52353 Bürgewaldstraße 157-10b
52355 Buschbenden (6) 217-1a
52355 Buschstraße 186-9d

52353 **C**äcilienstraße 156-7d
52355 Campingstraße 186-1a
52349 Cannstatter Straße 187-7c
52355 Carl-Weingartz-Straße 216-3d
52351 Chlodwigplatz 187-8c
52353 Clemensstraße 156-7c
52353 Cormeillesstraße 157-10b
52355 Cornetzhof 186-9d
52351 Cranachstraße 187-4d
52355 Cyriakusstraße 217-4b

52353 **D**ahlienstraße 186-2d
52351 Damaschkestraße 187-11a
52355 Dampfmühlenstraße 186-8a
52351 Danziger Straße 187-8a
52355 Darßer Weg 216-3b
52355 Daubenvaldersweg 216-2b
52349 Dechant-Bohnekamp-Straße 187-10b
52351 Dechant-Fröls-Straße 187-11b
52351 Dechant-Vaßen-Straße 187-7b (33/B2)
52355 Derichsweilerstraße 186-8a
52351 Dirichletweg 187-4d
52351 Distelrather Straße 187-5b
52355 Dorfplatz (Berzbuir) 216-6a
52353 Dorfplatz (Mariaweiler) 186-5b
52353 Dorfplatz (Merken) 156-7d
52355 Dorfplatz (Niederau) 217-5a
52353 Dorfstraße 186-3d
52355 Dornheckweg 216-2a
52349 Dr.-Antonie-Krebs-Straße (4) 186-6d
52349 Dr.-Christian-Seybold-Straße 186-6c
52355 Dr.-Decker-Straße 186-8d
52351 Dr.-Kotthaus-Straße 187-7b
52355 Dr.-Overhues-Allee 187-7c
52353 Dr.-Pesch-Straße 186-3b
52353 Dr.-Robert-Pütz-Straße (2) 186-2a
52353 Draemannsmühle (1) 186-3a
52349 Dreigurtbrücke 186-9b
52351 Dresdnerstraße 187-8b
52353 Drosselweg 186-1b
52355 Duffesbach 217-5a
52353 Dümpelgasse 156-7d
52355 Dunantstraße 216-3a
52351 Düppelstraße 187-11a

52351 **E**berhard-Hoesch-Straße 187-8c
52351 Echternacher Straße (17) 187-8d
52353 Echzer Straße 186-5a
52351 Edmund-Kurtz-Straße (9) 187-8a
52353 Effertzgasse 186-3d
52353 Eibenweg 187-1c
52353 Eichendorffstraße 157-10b
52355 Eifelplatz (5) 217-5a
52353 Einsteinstraße 186-3b
52353 Eintrachtstraße 186-3b
52351 Eisenbahnstraße 187-4c
52355 Eisenstraße 217-1c
52349 Eiswiese 187-7a
52349 Elbersfelder Straße 187-7c (33/A3)
52355 Eldernweg 186-12b
52353 Ellener Straße 157-10b
52353 Elsdorfer Straße 187-2c
52355 Elstergasse 217-4a
52355 Engelbert-Nyt-Straße 216-2b
52355 Engengraben 216-6a
52353 Erftstraße (1) 186-5b
52353 Erkensgasse 186-1a
52353 Erlenstraße 187-1c
52355 Ernst-Ohst-Straße 186-12b
52349 Ernst-Reuter-Straße 187-11a
52349 Erzbergerstraße 187-10b
52351 Eschstraße 187-8d
52351 Eupener-Straße 187-8a
52349 Europaplatz 187-7d
52351 Euskirchener Straße 187-8a

52353 **F**alkenweg 186-1b
52355 Farbmühlenstraße 186-12d
52353 Fasanenweg (1) 186-1b
52355 Feldstraße 186-7b
52351 Felix-Wankel-Straße 217-2b
52351 Fichtestraße 187-5d
52353 Finkenweg (3) 186-1c
52353 Flemingstraße 186-3b
52355 Fliederbusch 216-2a
52355 Flurstraße 186-12a
52353 Fontanestraße 157-10d
52355 Forsthaus Weyern 187-11c
52351 Frankenstraße 187-7b
52349 Franziskanerstraße (1) (33/A2)
52355 Franz-Offergeld Straße 186-8b
52353 Franzstraße 156-7d
52351 Freiheitsplatz 187-5a
52351 Freiheitsstraße 187-5a
52353 Friedensplatz (2) 186-3b
52353 Friedenstraße 187-8a
52353 Friedhofstraße 186-2a
52355 Friedlandstraße 186-8d
52351 Friedrich-Ebert-Platz 187-5c
52351 Friedrichplatz 187-7d
52351 Friedrichstraße 187-7b (33/B3)
52355 Friesenhof 216-9a
52349 Fritz-Erler-Straße 187-4c (33/A1)
52351 Fritz-Keller-Weg 187-4d (33/B1)
52353 Fritz-Pley-Straße 187-1c
52351 Fröbelstraße 187-4b
52353 Frohnhofstraße 157-11a
52353 Frohnsmühle 156-11a
52351 Fuggerstraße 187-8d

52351 **G**artenstraße 187-8a
52353 Gaußstraße 186-3a
52351 Genter Straße 187-8d
52353 Georgstraße 156-7d
52355 Gerhard-Fuß-Straße 217-1d
52355 Gerichtsweg 216-3b
52353 Gertrudisstraße 156-10a
52353 Getzerhof 186-2d
52353 Gewerbe- und Industriegebiet Im Großen Tal 156-12d
52349 Gewerbegebiet An der Molkerei 186-6c
52351 Gewerbegebiet Distelrather Straße 187-5b
52355 Gillesweg 186-11a
52353 Ginnizweilerstraße (1) 157-10d
52351 Girbelsrather Straße 187-8a
52349 Glashüttenstraße 186-6d
52351 Gneisenaustraße 187-5c
52351 Goebenplatz 187-5c
52351 Goebenstraße 187-5a
52349 Goethestraße 187-7a (33/A3)
52351 Gotenweg 187-8d
52355 Graf-Schellart-Platz 186-11a
52355 Graf-Schellart-Weg 186-11a
52355 Grävchen 216-6a
52353 Grube-Alfred-Straße 186-1a
52349 Grüner Weg 187-11c
52351 Grüngürtel 187-5c
52349 Grünthal 186-6a
52439 Günter-Peill-Straße (2) (33/A2)
52355 Gürzenicher Mühle 186-9a
52355 Gürzenicher Straße 186-9c
52355 Gut Pimnich 217-4c
52355 Gut Weyern 187-10d
52349 Gutenbergstraße 187-4c (33/A1)

52353 **H**aarweg 186-1a
52355 Hahnenkamp 217-1c
52355 Hainbuchenweg 217-1c
52355 Hallmannsstraße 186-7b
52355 Hammerau 186-12d
52355 Hammerbenden 217-1a
52349 Hämmerchensgässchen 187-7a (33/A2)
52355 Hammerstraße 217-1c
52349 Hans-Böckler-Straße (3) (33/B2)
52351 Hans-Brückmann-Straße 187-4d (33/B1)
52351 Hansemannstraße 187-8c
52351 Hans-Holbein-Straße (6) 187-4d
52355 Hardter Hof 185-12d
52355 Hardtstraße 186-7c
52351 Hauptbahnhof (4) (33/A1)
52355 Hauptstraße 217-1c
52355 Haus Boisdorf 217-1a
52355 Haus Hardt 185-12c
52353 Haus Wiesegrade 157-11b
52353 Hebbelstraße 157-11c
52353 Hedwigstraße 156-10a
52353 Heerweg 187-1d
52351 Hegelweg 187-5d
52351 Heinrich-Dauer-Straße 187-5c
52351 Heinrich-Gossen-Straße 187-4d (33/B1)
52355 Heinrich-Hansen-Straße (4) 217-5a
52349 Heinrich-Heine-Straße 187-7a (33/A3)
52351 Henry-Ford-Straße 187-11d
52353 Hermann-Hesse-Straße 157-10d
52349 Hirschgasse (33/B2)
- Hoesch Park (33/A3)
52349 Hoeschplatz (33/A2)
52355 Hof Rottfeld 186-7c
52353 Hofackerstraße 156-7c
52349 Höfchen (33/B3)
52349 Hohenzollernstraße 187-7b (33/B3)
52353 Hölderlinweg 157-10b
52349 Holzstraße 187-7a (33/A2)
52355 Hormer Straße 216-6d
52353 Hospitalstraße 186-3b
52353 Hovener Brücke 186-2b
52353 Hovener Straße 186-3a
52355 Hubert-Gasper-Straße 186-8a
52355 Hubertushof 186-10d
52355 Hubertusstraße 186-9c
52351 Humboldtstraße 187-5c
52355 Hüttenstraße 217-1c

52351 **I**m Altwerk 187-6c
52355 Im Dehnacker 217-1c
52355 Im Dunklen Berg 186-12b
52355 Im Eichenbruch 186-10c
52351 Im Eschfeld 187-8a
52353 Im Großen Tal 156-12c
52353 Im Jagdfeld 187-1d
52355 Im Kasteiengarten 216-6a
52355 Im Kleffert 217-1d
52353 Im Kohnental 156-9d
52355 Im Königshof 186-7d
52355 Im Levert 186-8c
52355 Im Lintes 186-7b
52355 Im Mühlenpark 186-12d
52355 Im Pützbroich 217-1b
52355 Im Reuter 186-7d
52351 Im Rossfeld 187-6c
52353 Im Schubigsfeld 186-5a
52355 Im Spich 217-4b
52355 Im Tiergarten 217-1c
52353 Im Weidchen 186-2b
52349 Im Weyerfeld 187-10b
52349 In Bethanien (33/A2)
52355 In den Benden 217-4b
52355 In der Kaul (4) 216-3b
52353 In der Laag 186-3b
52355 In der Mühlenau 186-12b
52353 In der Mulde 157-10d
52353 Indesstraße 186-5b
52355 Industriestraße 217-1a
52353 Irisweg 186-5a
52353 Isolaplatz 186-3a
52353 Isolastraße 186-3a

52353 **J**ahnstraße 157-11a
52355 Jakob-Boltersdorf-Straße (1) 217-1c
52353 Jakobusstraße 156-10b
52349 Jesuitengasse 187-7b (33/B2)
52353 Joachimstraße 187-4a
52355 Johann-Bergs-Straße 216-2b
52355 Johannesbrücke 187-7c
52349 Johanniterstraße 187-4c

52353 Josef-Ebertz-Platz (4) 186-1a
52355 Josef-Geuenich-Straße 187-10a
52349 Josef-Schregel-Straße 187-4c (33/A1)
52351 Josefstraße 187-4c

52349 Kaiserplatz 187-7b (33/A2)
52355 Kaisersbenden 186-7d
52355 Kallsgasse 186-11a
52349 Kämergasse 187-7b (33/B3)
52355 Kampstraße 186-12d
52351 Kantstraße 187-5d
52355 Kapellenstraße 186-12b
52349 Karl-Arnold-Straße 187-10b
52353 Karlstraße 187-4a
52351 Karolingerweg (12) 187-8c
52353 Kastanienweg (3) 187-1c
52353 Katharinenstraße 156-7d
52351 Keltenstraße 187-8a
52353 Keplerstraße 186-3b
52351 Kerpener Straße 187-6b
52353 Kettelerstraße 186-3d
52353 Kiefernweg 187-1c
52355 Kirchfeld 217-1c
52351 Kirchstraße 187-4a
52353 Klapperstraße 156-7d
52349 Kleine Zehnthofstraße (33/B2)
52355 Kleinhardt 186-10a
52353 Kleiststraße 157-11c
52353 Klostergasse (2) 186-5b
52349 Koenenstraße 187-7a (33/A2)
Kölner Landstraße 187-5c
52349 Nr. 1-43, Nr. 2-30
52351 Nr. 32-Ende, Nr. 45-Ende
52349 Kölnstraße 187-7b (33/B2)
52349 Kolpingstraße 186-6d
52355 Kommgartenweg 186-8d
52353 Kömpchen 186-6b
52351 Königsberger Straße 187-8b
52353 Königspfad 186-1b
52351 Konrad-Adenauer Park 187-8a
52355 Konzendorfer Straße 186-4c
52353 Kopernikusstraße 186-3a
52351 Körnerstraße 187-8a
52355 Krahkopfstraße 216-2b
52355 Krathausener Straße 217-1c
52355 Kreuzauer Straße 217-1b
52355 Kreuzauer Straße 217-2c
52355 Kreuzherrenstraße 186-7d
52351 Kreuzstraße 187-4d
52353 Krokusstraße 186-5a
52355 Kröngensgasse 186-7d
52353 Küferstraße 156-11c
52355 Kufferather Platz (1) 216-9b
52349 Kuhgasse 187-4c (33/A1)
52353 Kupfermühle 186-5b
52353 Küppersgasse 156-7c
52351 Kurfürstenstraße 187-7d
52353 Kurt-Schumacher-Straße 186-3b

52351 Lagerstraße 187-4d (33/B1)
52349 Langenberger Straße 187-7c
52355 Langerweher Straße 186-4c
52355 Lassallestraße 216-3b
52355 Laufenburgstraße 186-7b
52353 Lauscherstraße 187-4a
52353 Laute-Dei-Straße 187-4a
52355 Laverweg 186-9c
52351 Leibnizstraße 187-5d
52351 Leipziger Straße 187-8b
52355 Lendersdorfer Brücke 217-1d
52355 Lendersdorfer Straße 186-12d
52353 Leonhardsstraße 156-7c
52349 Leopoldstraße 187-7d (33/B3)
52355 Leo-Steiger-Straße 217-1c
52353 Lerchenweg 186-1b
52349 Lessingstraße 187-7a (33/A2)
52349 Liebigstraße 186-6d
52353 Lilienstraße 186-5a
52355 Lindenbergskamp 186-8a
52355 Lindenhof 216-1d
52351 Liststraße 187-8c
52355 Lommessemstraße 186-5b
52353 Lourdesstraße 186-1a
52351 Löwener Straße (16) 187-8d
52351 Ludwig-Erhard-Platz 187-4c (33/A1)
52353 Ludwigstraße 156-7b
52353 Luisenstraße 156-7d
52351 Lütticher Straße 187-8c
52351 Luxemburger Straße 187-8d

52355 Maarstraße (2) 186-12d
52353 Maasstraße 186-6a
52349 Malteserstraße 186-6d
52355 Maria-Johnen-Straße (1) 217-1c
52349 Mariaweilerstraße 186-6c
52349 Marie-Juchacz-Straße 187-7a
52351 Marienstraße 187-7b (33/B2)
52349 Markt (33/B2)
52353 Markusstraße 156-7d
52351 Martin-Luther-Platz 187-7b (33/B2)
52353 Martinusplatz 186-7c
52355 Martinusstraße 186-7b
52355 Masurenstraße 186-12d
52353 Maternusstraße 186-1a
52353 Matthias-Claudius-Straße 186-3b
52351 Max-Oppenheim-Platz (33/A2)
52353 Max-Planck-Straße 186-3b
52353 Meckerstraße 187-4a
52351 Meiringplatz 187-5c
52351 Meiringstraße 187-5c
52351 Merianstraße 187-8a
52353 Merkener Weg 156-11c
52355 Meroder Straße 186-4c
52351 Merowingerweg (11) 187-8c
52351 Merzenicher Straße 187-5c
52353 Metallweberstraße 186-5b
52351 Miesheimer Weg (20) 187-11b
52349 Mirweilerweg 186-5d

52351 Moltkestraße 187-4d (33/B1)
52355 Monschauer Landstraße 216-5a
52355 Monschauer Straße 186-12b
52355 Montessoriweg (21) 186-9c
52353 Mörikestraße 157-10b
52355 Möschengasse 186-11b
52353 Moselstraße 186-2d
52349 Mozartweg 187-11a
52355 Mozenborn 186-12c
52355 Mozenborner Straße 216-2b
52349 Mühlenweg 187-11a
52353 Mühlhovener Straße 186-2b
52355 Münsterweg 216-2a

52349 Nagelschmiedsgasse (33/A3)
52353 Neffgenshäuser 156-11a
52355 Neue Aue 186-8d
52353 Neue Jülicher Straße 187-4a
52353 Neue Straße 156-9d
52353 Neuhausgäßchen 156-7d
52355 Neukirchener Straße 217-1d
52355 Neumann-Neander-Straße 186-12b
52349 Neumühle 187-10b
52353 Neusser Straße 157-10b
52351 Nibelungenweg (13) 187-8c
52349 Nickepütz 186-6c
52353 Nicolosengäßchen (1) 156-7d
52349 Nideggener Straße 187-7d
52355 Niederhof 216-2c
52351 Nietscheweg 187-5d
52351 Nikolaus-Ehlen-Straße 187-8d
52351 Nikolaus-Otto-Straße 187-11d
52349 Nippesstraße 187-7d
52349 Nordpark 187-4a
52353 Nordstraße 156-12c
52351 Nörvenicher Straße 187-8a
52353 Novalisstraße 157-11c

52353 Oberez 157-11b
52349 Oberstraße 187-7b (33/B2)
52351 Odenthalstraße 187-11b
52353 Olefstraße 186-5b
52351 Oststraße 187-7b
52353 Ottensgasse 187-4a
52355 Otto-Brenner-Straße 156-12a
52353 Ottostraße 186-3b
52355 Otto-Suhr-Straße 217-1c

52355 Pankratiusstraße 186-4a
52349 Papiermühle 186-9a
52349 Paradiesbenden 187-4c (33/A1)
52349 Paradiesplatz 187-7a (33/A2)
52349 Paradiesstraße 186-6d
52349 Park Holzbenden 187-7d
52355 Parkstraße 186-9c
52355 Pastor-Hessler-Straße (1) 216-2d
52351 Pastor-Lüpschen-Straße 187-8d
52353 Paulstraße 156-7d
52355 Penzigstraße 186-12d
52351 Pestalozzistraße 187-5a
52353 Peterstraße 156-7d
52351 Pfalzstraße 187-8a
52355 Pfarrer-Füssenich-Straße (3) 217-4a
52355 Pfarrer-Ginnen-Straße 186-8a
52355 Pfarrer-Hecker-Straße 186-8c
52355 Pfarrer-Rody-Straße 186-3d
52355 Pfennigsweide 186-12d
52349 Philippstraße 187-4c (33/A1)
52355 Pimmenicher Weg 217-4a
52353 Pitzlergasse 186-3d
52349 Piusstraße 187-10b
52355 Platanenhof 217-4a
52349 Pletzergasse 187-7b (33/B2)
52349 Poliusstraße (33/A2)
52355 Pollesmaar 186-7d
52355 Poststraße 217-1d
52353 Prof.-Hann-Straße 186-3d
52355 Pützgesbenden 217-1c

52353 Quirinusstraße 156-7c

52353 Raiffeisenstraße 156-8a
52349 Rathenaustraße 187-10b
52353 Rather Straße 157-11a
52355 Ratsstraße 186-8d
52353 Reginastraße 156-7b
52355 Rektor-Pfeiffer-Straße 217-1c
52355 Renkerstraße 216-3c
52353 Rheinstraße 186-5b
52353 Rhönstraße 186-11a
52353 Ricarda-Huch-Straße 157-10d
52353 Rilkestraße 157-10b
52353 Ringstraße 186-3a
52355 Ritterstraße 216-2d
52351 Robert-Koch-Straße 187-5c
52353 Roermonder Straße 156-7a
52355 Rölsdorfer Straße 217-1c
52351 Römerstraße 187-8c
52351 Roncalistraße 187-8c
52351 Röntgenstraße 187-5c
52351 Roonstraße 187-5c
52355 Rosenweg 186-11a
52355 Rotdornweg 216-2a
52351 Rotterdamer Straße (15) 187-8d
52351 Rudolf-Diesel-Straße 187-11d
52349 Rudolf-Schock-Platz 187-4c (33/A1)
52353 Rurbenden 156-12a
52349 Rurdammweg 187-7c
52353 Rurpark 186-3c
52349 Rurstraße 186-6d (33/A3)
52349 Rütger-von-Scheven-Straße 187-7c (33/A3)

52351 Saarstraße (10) 187-8a
52351 Sachsenstraße 187-8a
52355 Saint-Hubert-Straße 216-6b
52351 Salierweg 187-8d
52355 Samlandweg 216-3b
52353 Sattlerstraße 156-11c

52353 Sauerbruchstraße (2) 186-3d
52349 Schafweg 187-7d
52351 Scharnhorststraße 187-5a
52355 Schelle 186-7d
52349 Schenkelstraße 187-7a (33/A2)
52355 Schevenhüttener Straße 185-12c
52355 Schieferbenden 216-2a
52349 Schillerstraße 187-7a
52355 Schillingsstraße 186-10b
52355 Schlehdornweg 216-2a
52353 Schlichbachstraße (2) 156-7b
52355 Schlicher Straße 186-7c
52355 Schlömersgasse 217-4a
52353 Schloßbergstraße 186-3b
52355 Schmalenburg 217-1c
52353 Schmiedestraße (1) 156-11d
52353 Schmittenfeldchen 157-10b
52355 Schneidhausener Weg 217-4a
52355 Schoellershammer 217-1b
52351 Schoellerstraße 187-4b
52355 Schöllershof 216-6c
52353 Schönwaldweg 186-2d
52355 Schröderstraße (25) 186-8d
52349 Schubertweg 187-11a
52353 Schüllsmühle 186-3c
52353 Schulstraße 187-4c
52349 Schumannweg 187-11a
52351 Schützenstraße 187-7b (33/B2)
52353 Schwalbenweg 186-1b
52355 Schwannenbrücke 217-4a
52355 Schwarzenbroichstraße 186-8c
52355 Schwarzer Weg 217-1c
52349 Schweringstraße 187-11a
52353 Sebastinusstraße 156-7d
52353 Seestraße 186-1c
52353 Senefelderstraße 186-2b
52349 Sepp-Herberger-Platz 186-6d
52351 Sievernicher Straße 187-11b
52355 Sittergraben 216-3d
52355 Sonnenweg 186-9c
52353 Sophienhof 186-3a
52353 Spenglerstraße 156-11c
52353 St.-Matthias-Straße 186-1a
52353 St.-Michael-Straße 186-1a
52351 Stadtrandsiedlung 187-6a
52353 Stammelner Fließ 186-3b
52351 Stauffenbergstraße 187-5d
52349 Stefan-Schwer-Straße (33/A1)
52353 Stefan-Zweig-Straße 157-10b
52355 Stegerwaldstraße 217-4a
52355 Steglitzstraße 186-12d
52353 Steinbißstraße 186-1a
52355 Steinmaar 186-8c
52349 Steinweg 187-7b (33/A3)
52351 Stephanstraße (7) 187-5c
52351 Stettiner Straße 187-8b
52351 Steufmehlweg (18) 187-11b
52351 Stockheimer Landstraße 187-11d
52355 Stockpfad (3) 186-12d
52349 Stolzestraße 187-4c (33/A1)
52349 Stressemannstraße 187-11a
52351 Sturmsberg 187-8c
52349 Stürtzstraße 187-7c (33/A3)
52351 Südstraße 187-8c

52353 Talbenden 156-12a
52353 Talstraße 157-10b
52351 Tannenbergstraße 187-11a
52355 Tannenweg 186-11a
52355 Taunusstraße 186-9d
52355 Teichstraße 217-1d
\- Theodor-Heuss-Park (33/B1)
52353 Thomas-Mann-Straße 157-10d
52353 Thomasstraße 156-7d
52353 Tischlerstraße 156-11d
52349 Tivolistraße 186-9d (33/A2)
52355 Traunseeweg 217-1d
52355 Trierbachweg 186-11a
52355 Trierer Straße 157-11a
52355 Trift 216-6a
52353 Tuchbleiche 186-3d
52355 Tuchmühle 217-4b
52353 Tulpenstraße 186-5a
52355 Turmstraße 216-3a

52351 Ubierstraße 187-8a
52355 Uferstraße 217-1c
52349 Uhlandstraße 187-7a
52353 Ulmenstraße 187-1c
52353 Urbanusstraße 157-10b
52353 Urftstraße 186-6a
52353 Ursulastraße 156-7d
52351 Ursulinenstraße 187-7b

52355 Valencienner Straße 186-8b
52351 Van-der-Giese-Straße 187-7b
52353 Van-der-Velden-Straße 186-3b
52349 Veldener Straße 187-4c (33/A1)
52353 Velinstraße 186-5b
52351 Viandener Straße 187-8d
52349 Victor-Gollancz-Straße 187-7a (33/A2)
52353 Vikar-Klein-Straße 157-11a
52351 Viktoriastraße 187-7d
52353 Vilvenchiner Weg 156-7a
52349 Violengasse (33/A2)
52355 Vischenichstraße 216-6a
52355 Volkspark 186-12b
52355 Von-Aue-Straße 217-4b
52355 Von-Elmpt-Straße 217-4b
52355 Von-Spee-Straße 216-2b

52353 Wachtelweg (2) 186-1b
52355 Waidfeld 186-12d
52349 Waisenhausstraße (33/B3)
52355 Waldstraße 186-7c
52349 Wallstraße (33/A3)
52349 Walzmühle 186-6b
52355 Warener Straße 216-3b
52349 Weberstraße 187-10b
52353 Wechselsaat 156-11c

52351 Weckspfad 187-5d
52353 Weidenpesch 186-3b
52353 Weidmühlenstraße 186-1a
52349 Weierstraße 187-7a (33/A3)
52349 Wenzel-Hollar-Straße (4) (33/B2)
52351 Werderstraße 187-5a
52351 Wernerstraße 187-7b
52351 Wewordenstraße 187-8d
52355 Weyerhof (Birgel) 216-2a
52355 Weyerhof (Gürzenich) 186-10d
52353 Wiechertstraße 157-11a
52355 Wieselmaar 186-8a
52353 Wiesenstraße 156-12c
52353 Wilhelm-Schüll-Straße 186-3c
52349 Wilhelmstraße 187-7b (33/A2)
52349 Wilhelm-Wester-Weg (33/A2)
52353 Willi-Bleicher-Straße 156-12d
52355 Willi-Rixen-Straße 217-5a
52349 Willy-Brandt-Park 186-9d
52353 Winand-Dammers-Straße 186-3c
52353 Windgensgasse 186-1a
52349 Wirtelstraße 187-7b (33/B2)
52351 Wirteltorplatz 187-7b (33/B2)
52355 Wittenauer Straße 187-10c
52355 Wittlicher Straße 216-2d
52355 Wolffsgasse 216-3d
52353 Wolfsackerhof 157-11d
52351 Wörthstraße 187-8d
52353 Wüstweilerstraße 157-11a

52351 Yorckstraße 187-5d

52349 Zehnthofstraße (33/B2)
52351 Zeppelinstraße 187-7d
52353 Zollhausplatz 186-3c
52353 Zollhausstraße 186-3d
52355 Zu den Blanken 216-3d
52355 Zu den Gärten 216-3d
52349 Zülpicher Straße 187-7d
52355 Zum Bauschhof (2) 216-6a
52355 Zum Berzberg 216-6c
52355 Zum Blümling 216-6b
52355 Zum Bruch 216-2a
52355 Zum Friesenhof 216-9a
52353 Zum Katzbach 156-12c
52355 Zum Kirchenpättchen 216-2b
52355 Zum Knipp 216-6a
52355 Zum Mühlengraben 186-12b
52355 Zum Pastorsweiher (1) 186-7b
52355 Zum Richelnberg 216-6b
52355 Zum Roten Kreuz 216-3d
52355 Zum Volkspark (23) 186-12b
52349 Zum Wibbelrusch 187-11a
52353 Zur Kesselkaul 186-3d
52353 Zur Lohe 186-1d
52355 Zur Rölsdorfer Burg (22) 186-12b
52355 Zur Ruraue 217-1c

Dürrholz

PLZ 56307

(zu VBG Puderbach)

Bergstraße 295-11c
Birkenweg 315-1a
Bohnengasse 315-2b
Brunnenstraße 315-1a

Feldstraße 295-11d
Fichtenstraße 315-1c
Flurstraße 315-2b

Gartenstraße 295-11c

Hangstraße 295-11c
Hardtstraße 295-11c
Hauptstraße 315-2c
Hochstraße 295-11c

Im Tälchen 315-2b
Industriestraße 315-2c

Linkenbacher Straße 315-1c

Mittelstraße 315-1b
Mühlenstraße 315-1c
Muscheider Straße 315-2a

Poststraße 315-2b

Ringstraße 315-2c

Schmiedeweg 315-2b
Schulstraße 315-1b
Sonnenstraße (1) 315-2b
Steinstraße 295-10d

Talstraße 315-1c

Waldstraße 315-1c
Werlenbacher Straße 295-11c
Wiesenstraße 315-2a
Winkelweg 315-2b

Düsseldorf

40595 Adalbert-Probst-Straße 46-2b
40595 Adam-Stegerwald-Straße 46-2b
40593 Adolf-Kolping-Straße 46-1a
40595 Alfred-Döblin-Straße 46-2c
40593 Am Ausleger 45-3c
40595 Am Garather Mühlenbach (6) 46-2d

40595 Am Kapeller Feld 46-2d
40595 Am Rittersberg 46-1a
40595 An den Garather Hütten 46-2b
40595 An der Garather Motte (5) 46-2b
40593 An der Ziegelei 46-1a
40593 Angerstraße 45-3b
40593 Auf dem Ufer 45-3b
40593 August-Clemens-Straße 46-1b

40595 Bad Harzburger Straße 46-2d
40593 Baumberger Weg 45-3b
40595 Bertha-von-Suttner-Straße 46-5b
40593 Bockhackstraße (3) 45-3b
40595 Bruno-Schmitz-Straße 46-1b
40593 Bücherstraße 45-3b

40593 Canstatter Straße 46-1a
40595 Carl-Friedrich-Goerdeler-Straße 46-2a
40595 Carl-Maria-Splett-Straße 46-5b
40595 Carlo-Schmid-Straße 46-5d
40595 Carl-Severing-Straße 46-2d
40595 Carl-von-Ossietzky-Straße 46-2a
40595 Clausthal-Zellerfelder-Straße 46-2d

40595 Dietrich-Bonhoeffer-Straße 46-5d
40593 Drängenburger Straße 45-3b
40595 Dresdener Straße 46-2d
40595 Duderstädter Straße 46-6a

40595 Eichsfelder Straße 46-5b
40595 Elly-Heuss-Knapp-Straße (4) 46-5d
40595 Elsa-Brändström-Straße (3) 46-5d
40595 Emil-Barth-Straße 46-2c
40593 Enge Gasse 45-3c
40595 Erich-Ollenhauer-Straße (3) 46-2c
40595 Ernst-Lemmer-Straße 46-5d

40593 Finschstraße 46-1b
40593 Franz-Hitze-Straße (2) 46-1a
40595 Freiherr-vom-Stein-Straße 46-5b
40595 Fritz-Erler-Straße 46-2a

40593 Gänsestraße 45-3b
40595 Garather Kirchweg 46-2d
40595 Garather Schloßallee 46-2d
40593 Garather Straße 45-3b
40595 Georg-Daniel-Teutsch-Straße (1) 46-5c
40593 Göppinger Straße 45-3b
40595 Goslarer Straße 46-5b
40595 Graf-von-Stauffenberg-Straße 46-5c

40595 Hans-Beckers-Straße 46-5d
40595 Hans-Christoph-Seebohm-Straße 46-5b
40595 Heiligenstädter Straße 46-5b
40595 Heinrich-Köppler-Straße (2) 46-5c
40595 Heinrich-Lersch-Straße 46-2c
40593 Heinrich-Opladen-Straße 46-1a
40595 Heinrich-von-Brentano-Platz 46-2a
40595 Hellerhofweg 46-5c
40595 Hermann-Ehlers-Straße (1) 46-2a
40595 Hermann-von-Endt-Straße 46-1a
40593 Hochstraße 45-3b
40595 Hüttenhof 46-2b

40595 Ingeborg-Bachmann-Straße 46-5b

40593 Jägerei 45-3b
40595 Jakob-Kneipp-Straße 46-5a
40595 James-von-Moltke-Platz 46-1d
40595 Johannes-Radke-Straße 46-2a
40595 Josef-Kleesattel-Straße 46-1b
40595 Josef-Maria-Olbrich-Straße 46-1b
40595 Josef-Ponten-Straße 46-2c
40595 Julius-Raschdorff-Straße 46-1b

40593 Kammerrathsfeldstraße 45-3b
40595 Kapeller Hof 46-2b
40595 Kapeller Hofweg 46-2b
40595 Karl-Jaspers-Straße 46-5c
40593 Kettelerstraße 46-1a
40595 Kurt-Schumacher-Straße 46-2a
40595 Kurt-Tucholsky-Straße 46-2b

40595 Leo-Baeck-Straße 46-5a
40595 Lore-Agnes-Weg 46-5a
40593 Lüderitzstraße 46-1a

40595 Matthias-Erzberger-Straße 46-2d
40595 Maximilian-Kolbe-Straße 46-5a

40595 Neubrandenburger Straße 46-2a
40595 Nikolaus-Groß-Platz (7) 46-2a
40595 Nordhausener Straße 46-5b

40593 Ortweg 45-3a
40595 Osteroder Straße 46-2d
40595 Otto-Braun-Straße 46-2d

40593 Pannebäckerstraße 45-3b
40595 Paul-Bonatz-Straße 46-1b
40595 Paul-Löbe-Straße 46-5a
40595 Peenemünder Straße 46-2a
40595 Peter-Behrens-Straße 46-1b
40595 Philipp-Scheidemann-Straße 46-5a

40593 Reinerstraße (1) 45-3b

40595 Reinhold-Schneider-Straße 46-2c
40595 René-Schickele-Straße 46-2c
40595 Ricarda-Huch-Straße 46-2c
40593 Rittersbergstraße 46-1a
40595 Rostocker Straße 46-1b
40595 Rudolf-Breitscheid-Straße 46-5a

\- Schloß Garath 46-2d
40595 Schuchardstraße 46-1b
40595 Seesener Straße 46-2d
40593 Solfstraße 46-1a
40595 Sonnenplatz (4) 46-2a
40595 Stettiner Straße 46-2a
40593 Stümpeweg 45-3b

40595 Thomas-Dehler-Straße 46-2a
40593 Töpferstraße 46-1a

40593 Urdenbacher Dorfstraße 45-3b

40595 Walter-Kyllmann-Straße 46-1a
40595 Wernigeroder Straße 46-5b
40595 Wiedenhofenstraße 46-5d
40595 Wilhelm-Kaisen-Straße 46-5c
40595 Wilhelm-Kreis-Straße 46-1b
40595 Wilhelm-Schmidtbonn-Straße 46-2c
40593 Woermannstraße 46-1a
40595 Wolfgang-Borchert-Straße 46-5c
40595 Wolfgang-Döhring-Straße (2) 46-2c

40595 Zellerfelder Straße 46-5b

Ehlscheid

PLZ 56581

(zu VBG Rengsdorf)

Ahornweg 321-8b
Am Kurpark 321-5d
Auf den Hähnen 321-8b

Birkenweg 321-8b
Brunnenstraße (2) 321-5c
Buchenweg 321-5d

Feldweg 321-5c
Fliederweg 321-5d
Forsthaus Gommerscheid 321-4d

Gartenstraße 321-5d
Ginsterweg 321-8b
Gommerscheider Straße 321-5c

Hof Talblick 321-5c
Hollenbuschweg 321-8a
Holunderweg 321-5d

Im Tal (1) 321-5d

Kiefernweg 321-5d
Kirchstraße 321-5d
Kornblumenweg 321-5d

Lärchenweg 321-5d

Mohnweg 321-5d

Nelkenweg 321-5d

Oleanderweg 321-8a

Parkstraße 321-5b

Rheinstraße 321-5d
Rosenweg 321-5d
Rotdornweg 321-8b

Talhof 321-5c
Tannenweg 321-5d
Tulpenweg 321-5c

Waldstraße 321-8b
Weißdornweg 321-8b
Wiedstraße 321-8b
Wiesenstraße 321-5d
Wilhelmstraße (3) 321-5d

Eichelhardt

PLZ 57612

(zu VBG Altenkirchen (Westerwald))

Auf dem Kornfeld 257-8b

Dr. Heinrich-Stein-Straße (2) 257-9a

Gartenstraße 257-8b
Goldwiese 257-8b

Hauptstraße 257-8b
Hof Talblick 257-7b
Hofstraße 257-8b

Im alten Garten (1) 257-8b

Kirchstraße 257-8b

Mittelstraße 257-8b

Petersbach 257-9a
Petersbacher Straße 257-8b

Raiffeisenstraße 257-8b

Schulstraße 257-8b
Siegener Straße 257-8b
Silberstraße 257-8a

Volkerzer Weg 257-8a

Zum Hasenborn 257-8b

Eichen
PLZ 57632

(zu VBG Flammersfeld)

Am Treppchen 294-3c
Auf der Freiheit 294-2b

Bornstraße 294-2d
Brunnenstraße 294-3a

Gartenstraße 294-3a
Gollershoben 294-3a
Gollershobener Straße 294-3a

Hauptstraße 294-2b

Im Allen (1) 294-3c
In der Seelbach 294-3c

Lindenweg 294-3c

Mittelstraße 294-3c

Oststraße 294-3c

Raiffeisenstraße 294-2b
Ringstraße 294-3a

Sonnenstraße 294-3a
Südstraße 294-3c

Talstraße 294-3c

Weidwiese 294-3a
Wiesenweg 294-3c

Eitelborn
PLZ 56337

(zu VBG Montabaur)

Ahornweg 347-2d
Am Nörrenpfad 347-3c
Am Wäldchen 347-3c

Bergstraße 347-3c
Bienengarten (8) 347-3d
Bodenweg 347-3c
Borngasse 347-3c
Burgweg 347-6a

Denzerheide 347-5c
Domäne 347-5c

Erlenweg 347-6a

Finkenweg 347-3d
Forsthaus Eitelborn 341-12c
Frankenweg 347-3c
Friedhofsweg 347-6a

Gartenstraße 347-3c

Hahnengasse (9) 347-3c
Heideweg 347-3d
Helfensteinstraße 347-2d
Hinterfeld 347-3d
Höhenweg 347-3c
Hohlweg 347-3d
Hunselweg 347-3c

Im Buchenstück 347-6b
Im Gehege 347-3c
Im Vogelsang (7) 347-3d

Kannenbäckerstraße 341-12a
Kellerweg 347-3d
Keltenstraße 347-3d
Kiefernweg 347-2d
Kirchstraße (6) 347-3c
Kurfürstenweg (2) 347-3c

Lärchenweg 347-2d
Limesweg 347-3c

Metternichweg (3) 347-3c
Mittelweg (1) 347-3c

Nassauer Weg 347-3d

Oberdorfstraße 347-3c

Privatweg (4) 347-3c
Pumpweg (5) 347-3c

Raiffeisenstraße 347-3d
Römerstraße 347-3d

Steinstraße 347-3c
Streimerich 347-3c
Struthweg 347-2d

Tannenweg 347-3c
Triftstraße 347-3c

Udilopark 347-6a
Unter dem Dorf 347-3c
Unterdorfstraße 347-3c

Vorwerk 347-5d

Wattehahn 347-3d
Wiesenweg 347-3c
Wilhelmshöhe 347-3c
Willy-Arndt-Straße 347-3d

Zum Heckelchen 347-3a

Eitorf
PLZ 53783

Adolph-Kolping-Straße 233-4c
Agnesstraße 232-8a
Ahornweg 233-8c
Akazienweg 233-8c
Alte Wiese 253-3a
Altebach 233-9b
Alter Brunnen (6) 233-9d
Alzenbacher Straße 233-12b
Am Altebach 233-12b
Am Alten Birnbaum 233-3d
Am Alten Weingarten 233-8c
Am Berg 233-12c
Am Bohlenbach 233-5a
Am Bonnenweg 233-2a
Am Dorfplatz (3) 253-2d
Am Dorfweiher 233-2c
Am Eichelkamp 233-4d
Am Erlenbach 233-4c
Am Ersfeld 233-8b
Am Forster Kreuz 233-9b
Am Fuhrweg 233-9b
Am Hägen 233-9d
Am Hang 233-4c
Am Hollenbach 234-7d
Am Kapellenhof 233-4d
Am Keltersberg 233-5a
Am Losental 233-2a
Am Maiberg 233-8b
Am Panneschopp 233-6d
Am Rahnscheid 234-7c
Am Sonnenhang 253-2c
Am Sportplatz 232-8b
Am Viehof 233-4d
Am Wacholderstrauch 234-10d
Am Weiherstück (7) 233-9d
Am Weissenstein 233-7d
Am Wollsbach 233-7a
Am Zolperhof 233-6c
Amselweg (7) 233-8a
An der Allmende 233-6c
An der Kammgarn 233-4b
An der Kirchenwiese 233-9d
An der Krautwiese 253-1a
An der Mühle 233-6d
Asbacher Straße 233-10b
Auelswiese 233-5d
Auf dem Erlenberg 233-8a
Auf dem Wissbonnen 233-6d
Auf den Brüchen 233-6c
Auf den Wiesen 253-4a
Auf der Bitze 233-2c
Auf der Heide 233-8c
Auf der Kante 233-4c
Auf Gauhes Wiese 233-4d

Bachgasse 233-8a
Bachstraße 233-8c
Bachweg 253-5a
Backesweg 253-2d
Bahnhofstraße 233-4d
Balenbach 232-2c
Baleroth 233-2d
Balerother Straße 233-6c
Bänstweg 253-8a
Baumhof 202-12a
Beckersgasse (4) 233-5c
Bergstraße 233-8c
Birkenweg 233-8b
Bitzer Straße 234-7a
Blumenhof 233-7b
Blumenweg 233-8a
Bogestraße 233-5d
Bonnengarten 203-11b
Bouraueler Straße 232-6b
Bruch 232-2d
Brückenstraße 233-5c
Brunnengarten 234-7a
Buchenweg 233-8a
Bungert 253-2c
Burgstraße 233-7d
Burgweg 232-8a
Büsch 232-5a
Büscher Straße 253-1d

Cäcilienstraße 233-8a
Canisiusstraße 233-9b

Dammweg 253-5a
Dechant-Lapp-Straße (17) 233-4c
Dehlenbachweg 233-8c
Denkmalstraße 233-2a
Dickersbach 234-10c
Dingwaltsgarten 234-10b
Dorfplatz (Bitze) 233-12b
Dorfplatz (Halft) 233-6d
Dorfplatz (Hove) 253-2b
Dorfplatz (Irlenborn) 233-10a
Dorfplatz (Käsberg) 233-12c
Dorfstraße 232-12d
Dr.-Martin-Thilo-Straße (15) 233-4c
Driescher Weg 232-12b
Drosselweg 233-8a

Edmund-Lohse-Straße 233-8b
Eichenbitze 234-10d
Eichenbusch 233-3d
Eichenweg 233-8b
Eintrachtstraße (1) 233-6d
Eiper Berg 253-1d
Eipstraße (5) 233-5c
Eitorfer Straße 253-2c
Elisenstraße 253-2b
Enkelsbitze 233-10a
Erlenstraße 232-12d
Ersfeldshof 233-4c
Eschenweg 233-8a

Färberweg 233-4d
Feldergasse 233-6c
Feldwiese 233-12a
Fichtenweg 232-9c
Finkenweg 233-8a
Florastraße 233-4c
Forster Straße 233-9b
Freiherr-vom-Stein-Straße 233-7b
Funkenbitze 234-7a

Gartenstraße 233-5c
Gartenweg 253-1d
Gassenkreuz 232-8a
Gewerbegebiet Altebach 233-9b
Gewerbegebiet Im Auel 233-6c
Giesenbachweg 253-4b
Ginsterweg 233-4d
Goethestraße 233-5c
Greescheider Siefen 234-10a
Grüner Weg 233-4d

Halfter Straße 233-6c
Happacher Straße 232-8b
Hardtstraße 233-4d
Harmoniestraße 233-4c
Hatzfeld 233-1c
Hauptstraße 233-10c
Hausen 232-12d
Hausmannswiese 233-6c
Hecke 234-10d
Heckenweg 253-5c
Heckerhof 233-7c
Hegenweg 253-2c
Hegerwiese 234-10d
Heiderweg 253-4a
Heilsharth 233-2c
Heinrich-Lichius-Straße (16) 233-4c
Heinrichstraße 233-9c
Heisterdelle 233-2c
Heltengarten 233-6b
Hennefer Straße 232-8b
Herbergsweg 233-8c
Herchener Straße 233-6d
Hochstraße 233-5c
Hofstraße 203-11b
Hofwiese 233-12c
Höhbergstraße 253-2d
Höhenstraße 233-8a
Höhenweg 233-12b
Hohn 232-2d
Hohner Weg 232-6a
Hombacher Straße 233-4a
Hönscheid 203-7d
Hospitalstraße 233-8a
Hover Garten 253-2b
Hover Wiese 253-2b
Hövergasse (10) 233-8a
Hövvelweg 253-1a
Huckenbröler Straße 233-8b
Hurststraße 233-12c

Im Appelhof 233-2c
Im Auel 233-5d
Im Bogen 233-2d
Im Diedrichshof 233-6c
Im Gässchen (3) 233-10c
Im Gerstenhohn 234-10d
Im Grasgarten 233-2d
Im Griend 233-4a
Im Grund 233-10a
Im Halfter Garten 233-6d
Im Hegen 232-12b
Im Höfchen 203-12a
Im Höhlchen (13) 233-8a
Im Hombacher Garten 233-4b
Im Kapellenpark 233-4d
Im Laach 233-5d
Im Lascheider Hof 233-11a
Im Mühlengarten 233-10a
Im Müllenacker 233-6d
Im Oberdorf 234-7a
Im Rehwinkel 233-5b
Im Sand 232-6d
Im Scheidshegen 233-10a
Im Steiner Hof 253-2d
Im Steingarten 233-2c
Im Übergarten (1) 232-12b
Immenweg 233-8d
In der Bleiche 233-6c
In der Feienwiese 233-5b
In der Gräfenwiese 233-9d
In der Helte 253-2b
In der Ringelswiese 233-5b
Industriegebiet Ost 233-8b
Industriegebiet West 233-4a
Irlenborner Straße 233-10a

Jägerstraße 253-2b
Jahnstraße 233-7b
Jakobstraße 233-7b
Johann-Honrath-Straße 233-4c
Josefshöhe 233-7d
Juckenbacher Straße 232-9d
Junkersgarten 203-12a

Kaiserhof 232-8a
Kalkbitze 233-11d
Kalkstraße 253-4a
Kapellengasse 234-7a
Kapellenweg 233-10a
Kappensteinstraße 232-8a
Karolinger Weg 233-12c
Kastanienweg 233-8a
Kehlenbach 234-4a
Kelterser Straße 233-4b
Keuenhof 253-2b
Kiefernweg 233-8b
Kircheiber Straße 253-5c
Kirchgasse (8) 233-8a
Kirchstraße 233-8a
Kirchweg 232-8b
Kisteneichstraße 253-2b
Klebeichenbach 233-6c
Klosterweg 232-8a
Klusenbitze 253-5a
Klusenweg (1) 253-5a
Königssiefen 233-7d
Kopfsiefen 233-6b
Kornbitze 234-7a
Köttingen 233-6b
Krabachtalstraße 232-12b
Krauthof 233-5c
Kreielsberg 253-5c
Kreisfeld 203-12a
Kreisfelder Straße 203-11b
Kreuzstraße 233-4d
Krewelstraße 233-4d
Kurzgasse (9) 233-8a

Langer Weg 233-6c
Lärchenweg 233-8a
Lascheid 233-11a
Lascheider Weg 233-7d
Lehrer-Stein-Straße 233-6d
Leienbergstraße 233-8a
Leye 232-5b
Lindenstraße 233-8a
Lindscheider Straße 253-4b
Linkenbacher Straße 253-2c
Lüchtesberg 233-3d
Lützgenauel 232-5b

Maibergstraße 233-8a
Margaritenweg 233-4c
Marienweg 232-8a
Markt 233-8a
Mierscheid 233-11c
Mittelottersbach 203-12d
Mittelstraße 233-8a
Mittelweg (2) 232-12d
Mühleiper Straße 253-5c
Mühlenstraße 233-8a
Müllerstraße 233-7b
Müllerweg (12) 233-8a

Nannenhohn 203-10d
Nelkenweg 233-4d
Nennsberg 233-9c
Nennsberger Weg 233-9c
Neuer Garten 232-12b
Niederottersbach 233-3d
Nikolausgarten 233-10b

Obenrother Straße 253-3a
Obere Hardt 233-4c
Obereipermühle 253-5c
Oberfeld 232-8a
Oberottersbach 203-12c
Orchideenweg 233-4d
Ottersbachtalstraße 233-3b

Pappelweg 233-8b
Parkstraße 233-5c
Paulinenhof 234-7a
Peter-Etzenbach-Straße 233-4c
Pfaffensiefen 233-7b
Plackenhohn 203-10a
Poststraße 233-5c
Probacher Straße 233-5b

Rehhecke 233-2d
Rektoratsweg 253-5c
Richardshohn 234-4d
Römerstraße 202-12b
Rosenthal 233-8c
Rosenweg 233-4d
Rother Weg 233-4c
Rothwiese 233-11d
Rottfeld 232-12b
Ruppichterother Straße 233-6d

Schäferstraße 232-9c
Scheiderweg 233-10a
Scheidsbach 233-10b
Scheidsbacher Weg 233-10b
Schellberg 253-4d
Schellenbruch 203-7d
Schiefener Straße 233-7a
Schiefener Weg 233-7b
Schloßstraße 232-8b
Schmelze 233-4a
Schmidtgasse 233-5c
Schoellerstraße 233-7b
Schönenberger Straße 233-6d
Schulgasse 233-5c
Schulweg 253-2c
Schümmerichstraße 233-8a
Schützenau 232-9c
Schweizer Weg 253-2b
Sehlenbach 234-7d
Siebigteroth 233-11b
Siefenweg 232-6d
Siegstraße 233-8a
Siegtalstraße 233-9b
Siegufer 233-4d
Silbersiefen 233-8d
Sommerichweg 233-11a
Sonnenweg 233-8a
Spinnerweg 233-4c
Sprüttenweg 233-3d
St.-Jakobus-Straße 253-2c
St.-Josef-Straße 233-4c
St.-Martins-Weg 233-4c
Steimelswiese (2) 253-2c
Steiner Straße 253-2d
Stephanstraße 253-2c
Stiftstraße 233-4d
Stockumweg 253-1a

Talblick 233-2a
Talstraße 253-2c
Talweg 233-4c
Tannenweg 233-8b
Theodor-Fontane-Straße 233-7a
Tönneshof 233-12a
Torgarten 234-7a
Torweg 233-9d
Tulpenweg 233-4d
Turmgasse (6) 233-8a

Überdorfstraße 253-4a
Uckerather Straße 232-8b
Uferstraße 233-4d
Uferweg (3) 234-7a
Ulmenweg 233-8b
Untenrother Straße 232-6d
Unterer Gartenweg 253-1d

Veilchenweg 233-4d
Vogtlandweg 253-1d
Vollmich 233-6c

Waldblick 233-2c
Waldweg 233-10c
Wassacker Weg 232-12b
Wasserstraße 233-7b
Wecostraße 233-9a
Weiden 232-2d
Weidenweg 233-9d
Weienhard 233-12b
Weiherdamm 233-4c
Weiherweg 234-4a
Weinbergstraße (1) 232-8b
Weingartssiefen (5) 233-9d
Welterode 233-10b
Weyergarten 233-6c
Wieneckestraße 233-7b
Wiesenau 233-12a
Wiesenweg 253-5a
Wilbertzhohn 233-3a
Wilkomsfeld 202-12b
Windecker Straße 233-9b
Wohmbachstraße 253-5c

Zu den Mühlen 253-4b
Zum Bäumchen 233-6d
Zum Bergwerk 233-4c
Zum Bocksberg 233-5b
Zum Bonnenfeld 233-9d
Zum Bruch 232-6d
Zum Brunnenplatz 253-4a
Zum Dicken Stein 253-2d
Zum Eschensiefen 234-10d
Zum Forsthaus 203-11b
Zum Gransbach 233-4c
Zum Hängesteg 233-6d
Zum Heckerbusch 253-4a
Zum Heckerhof 233-7a
Zum Höhbergblick 253-1d
Zum Hohen Schaden 233-11b
Zum Höhenstein 233-8a
Zum Höhlchen (11) 233-8a
Zum Holenbaum 233-3b
Zum Kirschbaum 253-2c
Zum Krabach 232-8b
Zum Nussbaums Kreuz (2) 233-6d
Zum Ommersberg 233-12b
Zum Paus 232-6b
Zum Rosengarten 233-2c
Zum Ruhr 234-7a
Zum Schlößchen 253-5a
Zum Schmitzpohl 253-2d
Zum Schornstein 233-4b
Zum Steinbruch 253-4a
Zum Weyerhof 233-6c
Zum Wingert 233-6c
Zur Alten Burg 233-9c
Zur Bacher Mühle (2) 232-8b
Zur Burg 233-2c
Zur Gartenwiese (8) 233-12b
Zur Junkerswiese 253-2d
Zur Kapelle (4) 234-7a
Zur Schönen Aussicht (14) 233-4c
Zur Schweizer Höhe 253-2d
Zur Stephansbitze 253-2c
Zur Storcker Hütte 232-6b

Ellenhausen
PLZ 56242

(zu VBG Selters (Westerwald))

Am Tannenhain 325-6d

Berghof 325-8b

Gartenstraße 325-9b

Hochstraße 325-9b

Im Rosenbusch 325-6d

Neustraße 325-6d

Sayntalstraße 325-6d
Schneidmühle 325-9a

Tannenhof 325-6c

Elsdorf
PLZ 50189

Adlerweg 100-11a
Aher Kirchweg 129-6d
Ahornweg 100-11d
Akazienweg 129-4a
Albert-Schweitzer-Straße 100-11c
Alefstraße 129-6d
Alemannenstraße 100-11b
Alte Römerstraße 129-1a
Am Apostelhof 100-5c
Am Finkelbach 100-4d
Am Fließ 129-1b
Am Heidehof (3) 129-4a
Am Huppelrath 129-4a
Am Kaulenpfad 129-4a
Am Marienfeld 129-9a
Am Portzenweg (2) 129-4a
Am Schafspfad 129-4a
Am Schlehdorn 129-6c
Am Schützenplatz 129-6c
Am Stöckelchen 100-10b
Am Triftweg 100-10a
Am Weiher 129-9a
Am Weißen Stein 129-4a
Am Wiebach 129-4a
Amselstraße 100-11b
An der Bettelsmaar 129-6c
An der Dingskaul (1) 129-4a
An der Kliegegasse 129-4a
An der Landstraße 100-12d
An der Ziegelei 100-12d
Arnoldusstraße 100-12a
Asternweg 128-3c
Auf dem Kamp 129-1b
Auf der Driesch 128-3a
Auf der Heide 128-2d

Bahnhofstraße 128-2b
Bedburger Straße 100-12c
Behrgasse 100-12c
Bergheimer Straße 129-1c
Birkenweg 128-2b
Blumenstraße 129-1c
Brandströmstraße 100-11c
Breite Straße 128-3c
Brockendorfer Weg 101-10d
Brunhildestraße 129-1b
Buchenweg 128-2b
Bugenhagenstraße 100-12d
Buirer Straße 128-8b
Burg Stammeln 129-5d
Burgstraße 129-6c
Bussardweg 100-11a

Carl-Diem-Straße 100-11d

Daimlerstraße 100-12d
Desdorfer Straße 100-12c
Dieselstraße 100-12d
Dorfplatz 129-1c
Drosselweg 100-12d
Dürener Straße 128-5b

Eichendorffstraße 129-4a
Eichenstraße 100-11b
Eifelstraße 128-3a
Eisenbahnstraße 128-2b
Elisenhof 129-8b
Elsternstraße 100-11c
Embestraße 100-4d
Erlenweg 128-2b
Escher Straße 100-10a
Etgendorfer Weg 100-5a
Etzweiler Straße 128-3c
Eugen-Langen-Straße 128-3a
Eulengasse 129-6d

Falkenweg (2) 100-11a
Fasanenweg 100-11c
Feldstraße 129-4a
Finkenhof 100-10a
Finkenweg 100-12d
Fliederweg 129-1c
Forststraße 100-11d
Frankenstraße 100-11d
Friedensweg 100-12c
Friedhofsweg 129-1c
Fröbelstraße 100-11d

Gartenstraße 100-12d
Geranienstraße 128-3c
Gerhart-Hauptmann-Straße (1) 100-12b
Gesoleistraße (Angelsdorf) 128-3c
Gesoleistraße (Neu-Etzweiler) 100-11b
Giesendorfer Straße 128-3d
Ginsterweg 128-3d
Gladbacher Straße 100-10b
Goethestraße (4) 100-12d
Gotenweg 100-11d
Gottfried-Kaneel-Straße 100-10d
Gottlieb-von-Langen-Straße 100-11d
Grouvener Straße 129-1c
Grüner Weg 129-4a
Gut Brockendorf 101-10d
Gut Desdorf 101-7c
Gut Margarethenhöhe 129-4d
Gut Neuenhof 101-10c
Gut Ohndorf 100-9a
Gut Richardshoven 100-4c

Habichtweg 100-11a
Hahnenstraße 100-4d
Händelstraße 100-12c
Hansaremsgasse 129-6d
Haus Etzweiler 128-9c
Heerstraße 100-5c
Heidehof 128-6d
Heideweg 100-11b

Heinrich-Doll-Straße 129-1c
Heppendorfer Straße 129-1c
Herderstraße 100-12b
Hermann-Esser-Straße 128-3c
Hinter den Gärten 128-3a
Hochstraße 100-4d
Holunderweg 128-3d
Holzgasse 100-10d
Horremer Straße 129-5b
Hubertushof 129-6c
Hubertusstraße 100-11b
Humboldtstraße (3) 100-12b
Huppertstaller Weg 129-6d

Im Hostert 129-1c
Im Schaalenfeld 128-3c
Im Schildgen 129-1c
Im Winkel 129-6d
In den Billen 100-11b
In der Speiche 100-5c
Irisweg (Angelsdorf) 128-3c
Irisweg (Neu-Etzweiler) 100-11b

Jackerater Straße 128-3a
Jagdweg 100-12a
Jahnstraße 100-12c
Jasminweg 100-11d
Jean-Klütsch-Platz 100-11d
Johann-Josef-Wolf-Straße 129-6d
Josef-Feuser-Straße 129-6c
Josefstraße 100-12d
Jugendstraße 100-11d

Kanalstraße 100-11a
Kantstraße 129-1c
Karolingerstraße 100-11b
Kastanienallee 100-11d
Keltenweg 100-11d
Kerpener Straße 129-1c
Kirchstraße 100-5c
Klinkenweg 100-12c
Klockstraße 100-11d
Köln-Aachener Straße 100-12d
Kolpingstraße 100-11c
Kopernikusstraße 100-12d
Kreuzstraße 100-5c
Kutzerstraße 129-4a

Langgasse 100-4d
Laurentiusstraße 100-10b
Lavendelweg 129-1c
Lerchenweg (3) 100-11a
Lessingstraße 100-12c
Liebfrauenstraße 100-12c
Lilienweg 129-1c
Lindenplatz 100-11b
Lindenweg 129-4a
Lindgesweg 100-11a

Maarstraße 128-3a
Magdalenenstraße 100-10b
Manheimer Straße 129-5b
Mansfelder Weg 129-6d
Margarethenstraße 100-10a
Marienstraße 100-12d
Martinusstraße 100-5c
Mathiasstraße 129-4a
Mauritiusweg 100-11a
Mausweg 100-11c
Max-Planck-Straße 100-12b
Meisenweg 100-11c
Michaelisweg 129-4a
Milanweg 100-11a
Mittelstraße 100-12c
Mönchskaul 129-5c
Mozartstraße 100-12a
Mühlenstraße 100-4d

Nachtigallenweg 100-11a
Nelkenweg 129-1c
Neustraße 100-4d
Nollstraße 100-11d
Nordstraße 100-12c
Nußbaumallee 128-3a

Oststraße 100-12b
Ottostraße 100-12b

Pestalozzistraße 100-11d
Prompersweg 100-12c
Pützgasse 128-3d

Randerathstraße 100-12d
Reitweg 100-10a
Reuschenberger Weg 100-11c
Richard-Wagner-Straße 100-12c
Rilkestraße 100-12c
Ringstraße 100-11c
Römerstraße 129-1b
Rosenweg 128-3d
Rotdornweg 129-6d
Rotkehlchenweg 100-11b

Schillerstraße (2) 100-12d
Schubertstraße 100-12c
Schulweg 129-4a
Schwalbenweg 100-12d
Sebastianusstraße 128-3d
Siedlung Tanneck 128-9b
Sindorfer Straße 129-6d
Sittarder Hof 129-7b
Sperberweg (1) 100-11a
Stadionweg 100-12c
Stammelner Straße 129-6c
Starenweg 100-11c
Steinweg 100-12c
Südstraße 128-3d

Tanneckstraße 100-12a
Teutonenstraße 100-11b
Tulpenweg 129-1c

Ubierstraße 100-11d
Ulmenweg (4) 129-4a

Valentin-Pfeifer-Straße 100-12c
Veilchenweg 129-1c

Wacholderweg 129-1c
Wahlenpfad 100-10b
Waldstraße 100-12a
Weißdornweg 129-6c
Widdendorfer Straße 129-6d
Wiesenstraße 100-11c
Wilhelm-Sommer-Straße 100-11d
Windmühle 100-7b
Winterbach (4) 100-12a
Wüllenrath 129-4a

Zaunkönigweg 100-11b
Zeisigweg 100-11b
Zum Bahnert 129-9a
Zum Deetal 100-10a
Zum Kapellchen 100-12c
Zum Ostbahnhof 128-3a
Zum Sportplatz 128-3d
Zur Rauhen Eiche 128-2d

Engelskirchen
PLZ 51766

Aggerufer 114-2d
Aggerwiese 115-6b
Ahornweg 95-11a
Akazienweg 114-6b
Albertsthal 114-5a
Alfredstraße (2) 95-11c
Allenkamp 115-3d
Alte Landstraße 115-2a
Alter Markt 115-3c
Alter Weg (1) 116-1d
Am Bergsiefen 113-6d
Am Birnbaum (9) 114-6b
Am Bleiberg 115-6a
Am Eiskeller 115-6b
Am Erlenhahn 116-1a
Am Freibad 114-3c
Am Giersberg 115-5b
Am Hagen 115-6a
Am Handbeil 115-1c
Am Hang 115-6a
Am Hasack 115-5b
Am Heidchen 96-10b
Am Himmelchen 115-3c
Am Leyer Feld 115-5a
Am Litz 115-8a
Am Lohmühlchen 115-5c
Am Lüdenbach 114-4c
Am Lützenbach 114-7b
Am Mühlenberg 115-2d
Am Nordhang 114-6b
Am Paffenberg 114-7b
Am Scheffert 115-5b
Am Sondersiefen 114-5a
Am Sonnenhang (4) 114-4c
Am Stausee 113-6d
Am Stetweg 116-1c
Am Stiegel 95-11d
Am Stielweg 116-1c
Am Uferbaum 96-7c
Am Wald 114-5a
Am Weidenbach 113-6c
Amselweg 113-9b
An der alten Heide 114-7c
An der Hecke 114-6b
An der Hufschmiede (8) 115-3c
An der Laufe 95-8d
An der Post (10) 114-6a
Auf dem Langenfeld 114-7a
Auf dem Schalken 114-3d
Auf dem Winkel 115-4a
Auf der Brache 114-3d
Auf der Ente 95-9d
Auf der Gasse (3) 114-6a
Auf der Holle 116-1d
Auf der Insel 114-7b
Auf der Kuhle 115-2a
Auf der Mauer 95-12b
Auf der Renn 115-4a
Auf'm Baumstück 115-3d
August-Dresbach-Straße 115-3d

Bahnhofsplatz 114-6a
Bahnhofstraße (2) 115-3c
Bellingrother Hof 115-5c
Bellingrother Straße 115-5d
Bergische Straße 114-2d
Bergstraße 114-3d
Bergweg 114-6d
Bickenbacher Straße 95-11c
Bingenhof 116-1c
Biobadstraße 95-9d
Birkenhain 114-6b
Birkenweg 115-3d
Bliesenbacher Straße 114-7b
Blumenau 115-1a
Blumenstraße 114-6d
Bogenweg 95-9d
Bonnerweg 95-12b
Brächer Weg (2) 115-8a
Brandenburger Straße 115-6a
Braunswerth (13) 114-6b
Breslauer Straße 95-12a
Broich 114-4b
Broicher Weg 114-5a
Bruchstraße 114-7c
Brückenstraße 115-2d
Brunnenweg 115-6b
Brunohler Straße 116-2a
Buchenweg (8) 114-6b
Büchlerhausen 115-5a
Burger Weg 114-3c
Büscherhof 114-7c
Büscherhöfchen 114-6d
Buschhausen 115-3d
Buschhausener Straße 116-1c

Claudiusweg (4) 95-11d
Corneliastraße 114-6a
Cronenburg 115-3c

Dammer Feld 115-2a
Daxborn 115-8b
Daxborner Weg 115-8a
Denkmalweg 95-11c
Distelhaus 113-12b
Dölper Garten 115-2a
Dorffeld 115-3c
Dorfstraße 115-2b
Dorner Weg 115-8a
Dörner Weg 95-12a
Dörrenberg 116-1a
Dörrenberger Weg 115-3d
Dörrenbergplatz (1) 115-3c
Drosselweg (1) 114-7a
Dumpe 114-7b
Dumperweg 95-11b

Edmund-Schiefeling-Platz (7) 114-6b
Ehreshoven 113-9a
Eibenweg 95-11a
Eichendorffstraße 115-3c
Eichhardtstraße 116-4a
Eichsiefen (1) 115-5c
Em Depensiefen 116-4b
Engelskirchener Straße 115-2a
Engels-Platz (12) 114-6b
Erlenhof 114-7a
Erlenweg 115-3d
Ernst-Jäger-Straße 115-6a
Eschenweg 95-11a
Espenweg 115-3d

Feckelsberg 115-1d
Feckelsberger Weg 114-6b
Feldstraße 95-9d
Fichtestraße 115-2d
Finkenweg (2) 114-7a
Flaberger Straße 95-8d
Forellenweg 95-11c
Forkscheid 113-9c
Forsthaus Büscherhöfchen 114-6d
Franz-Brovot-Straße 116-4b
Freumericher Weg 95-12a
Friedhofstraße (5) 115-3c
Friedrichstraße (11) 114-6b
Fuchsweg 114-4c

Gartenstraße 115-5b
Gelpestraße 95-10d
Gerhardsohl 114-6b
Goethestraße 115-2d
Gosser Berg 95-9d
Gosser Weg 95-12b
Gräfenhofweg 95-8d
Gummersbacher Straße 115-6b
Gustav-Schmidt-Straße 116-4b

Hahn 95-8d
Hahner Straße 95-12a
Hahner Weg 95-8c
Hammerweg 115-3a
Hammerwiese 115-6b
Hängebrücke 113-6c
Hardt 115-3a
Hasental 114-4c
Hauptstraße 115-3c
Haus Alsbach 114-2d
Haus Leppe 95-10d
Haus Ley 115-5a
Haus Ohl 115-5b
Haus Selbach 115-1d
Heide (Loope) 113-12b
Heider Weg 95-11c
Heideweg 115-4c
Heinrich-Lambeck-Weg (1) 115-8a
Heinrich-Schütte-Straße 95-9d
Herderstraße 115-2d
Hermann-Gösser-Weg 95-12a
Hermann-Löns-Weg 115-2a
Hermannstraße 115-3b
Hindenburgstraße 114-5b
Hintersteimel 114-10a
Hofstraße 115-5c
Hofweg 115-4c
Hohenstein 115-3c
Höhenweg 114-6b
Hohlweg 115-4a
Hollenberger Straße 96-7c
Hollenhagen 95-11d
Holunderweg 95-11a
Holzer Weg 114-4b
Hömelstraße 116-4b
Horpestraße 114-3c
Hubertusstraße 115-3c
Hülsen 114-10a
Hüttenstraße 115-5b

Igelweg 114-4c
Iltisweg (5) 114-4c
Im alten Garten 115-2b
Im Auel 113-6d
Im Baddem (7) 115-3c
Im Bruch 115-6a
Im Damm 115-2a
Im Grengel 114-6b
Im Hof 114-7b
Im Hornsiefen 115-2b
Im Kellerfeld 96-7c
Im Kräpel 116-1c
Im Krümmel 115-2d
Im Leppegarten 114-3d
Im Pfarrgarten 114-3c
Im Rodefeld 115-6b
Im Schimmelhau 115-8a
Im Schlund 115-3d
Im Steeger Garten (5) 114-6a
Im Waldwinkel (6) 114-7a
In den Erlen 114-5a
In den Gärten 114-5a
In den Steinen 115-6b
In der Burg (1) 95-11c

Jahnstraße 116-1d

Käferwiese 115-5c
Kaltenbacher Straße 115-5c
Kamperstraße 115-3c
Kapellenweg 114-4c
Karl-Demmer-Weg 116-1d
Kastanienweg (5) 95-11b
Kastor 113-6c
Katzelweg 116-2c
Kauertsrad 114-3c
Kiefernweg 114-6b
Kippsweg 114-3b
Kirchberg (1) 114-3c
Kirchweg 115-4a
Kleiststraße 115-2d
Kölner Straße 116-4a
Königsberger Straße 95-12a
Kuhler Berg (6) 115-2a
Kurheimweg (1) 95-12b

Lambachtalstraße 116-2a
Landwehrstraße 95-8d
Lepperfeld 95-11c
Lepperhammer 115-1c
Leppestraße 114-6b
Lerchenweg 113-9b
Lessingstraße 115-2d
Lindenpfuhlstraße 114-5b
Lindenstraße 114-6b
Lindenweg 115-3d
Löherweg 95-11c
Loehring 115-5c
Looper Berg 114-7b
Lüdenbach 113-6d
Lüdenbacher Weg 113-6d
Lutschlade 95-11d

Madonna 115-1b
Margartenweg 95-11a
Märkerweg 95-11b
Märkische Straße 114-6b
Markt (4) 115-3c
Martin-Luther-Straße 115-3c
Mauspfad 114-4c
Mecklenburger Straße 115-6a
Meisenbüchel 113-9c
Meisenweg 116-1b
Miebacher Weg 114-6b
Molbach 115-6d
Mühlenbergweg 115-2d
Mühlenweg (6) 114-6a
Müllenberg 114-3d
Müllensiefen 115-3b
Müllensiefener Straße 115-3b

Nesselrodeweg 113-9a
Neuenberger Weg 115-8a
Neuenhaus 115-2a
Neuhardt 115-4b
Neumoresnet 115-1b
Neuremscheid 95-8c
Niederhof 113-12b

Oberbüchel 115-4a
Oberdorfstraße 95-12b
Oberhardt 115-4a
Oberhollenberg 96-10c
Oberschelmerath 114-7b
Oberstaat 113-5d
Obersteeg 114-5b
Oberstraße 96-10c
Oelchensweg 95-11c
Oesinghausen 116-1b
Oesinghausener Straße 116-1d
Oetterstal 96-11d
Oetterstaler Straße 116-2c
Ohl (Grünscheid) 114-5a
Ohl (Ründeroth) 115-5b
Ohler Straße 115-3c
Olpener Straße 114-6b
Oskarstraße 115-3b
Oststraße 115-3c
Overather Straße 113-9b

Papiermühle 95-10b
Paul-Gerhardt-Straße 115-3c
Perdt 114-4c
Pfarrer-Rembold-Weg (2) 114-3c
Pfarrweg 116-1c
Pommernstraße 115-3c
Poststraße 95-11d
Pulvermühle 115-3a
Pützgarten (3) 114-4c

Quellenweg 114-7a

Rathausplatz (9) 115-3c
Rauscheider Straße 115-3c
Reckensteinstraße 114-6b
Remerscheider Straße 95-11d
Rennbruch 95-8c
Rennbrucherhammer 95-8c
Ringstraße 114-7a
Römerstraße 95-11b
Rommersberg 114-3b
Rommersberger Weg 114-3d
Rosenau 115-1a
Rosenstraße 116-1d
Rottland 113-12b
Ründerother Straße 95-11a

Saarstraße 95-11d
Sachsenweg 115-6a
Sandweg 115-4a
Saure Wiese 115-3c
Schelmerather Straße 114-7a
Scheurenfeld 95-11d
Schiffarther Weg 114-4d
Schillerstraße 115-2d
Schlade 115-1c
Schnellenbacher Straße 115-2b
Schulberg 115-4a
Schulstraße 95-11d
Schulweg 114-7a
Schürenhofweg 95-11c
Schwarzenbacher Straße 95-11d
Sonnenau (3) 95-11d
Sonnenborner Straße 116-1c
Sonnenweg 114-2d
Sportplatzweg 95-11d
Springerfeld 115-6b
Staadt 113-6d
Staadter Weg 113-6d
Steeger Berg 114-6a
Steeger Straße 114-6a
Steeger Winkel 114-6a
Sternentalstraße (3) 115-3c
Stiefelhagen 115-3b
Stiefelhagener Straße 115-3b
Stöckereichen 114-6b
Stürzenberger Weg 114-3c

Talblick 116-1d
Talweg 114-6b
Thal 96-10b
Thaler Weg 96-10b
Thüringer Straße 115-6a
Trutzberg 114-4c

Uhlandstraße 115-2d
Ulmenweg 95-11a
Unter der Hardt 115-3d
Unterbüchel 114-7b
Unterdorfstraße 95-12a
Unterhollenberg 96-10c
Unterkaltenbach 115-4a
Unterschelmerath 114-7a
Unterstaat 113-8b
Unterstraße 96-10c

Verbindungsweg (6) 115-3c
Vor der Hardt 95-10b
Vordersteimel 114-7c

Wacholderweg 95-11a
Wahlscheider Straße 95-12d
Walbach 115-2b
Waldstraße 95-12b
Wallefelder Straße 115-3a
Walnussweg 95-11d
Weiher Weg 115-8c
Werthsiefen 114-6d
Wescherweg 115-2b
Wiehlmündener Höhe 115-6b
Wiehlpuhl 116-4a
Wieselweg 114-4c
Wiesenstraße 95-12a
Wilhelm-Busch-Weg 95-11c
Wohlandstraße 114-5a

Zäunchen 115-1c
Zeithstraße 115-8a
Zum Dornbusch 95-11c
Zum Höchsten 115-2b
Zum Klei 95-12c
Zum Rehbüchel (1) 114-5a
Zum Rislöh 96-7c
Zur alten Schule 115-3c
Zur hohen Furche 95-12a
Zur Kamper Wiese 95-12a

Erftstadt
PLZ 50374

Abt-Horchem-Straße 221-4b
Ackerstraße 221-9b
Adlerweg 192-7a
Agathastraße 191-9b
Agnes-Miegel-Straße 222-7c
Ahornweg 192-9a
Ahremer Lichweg 191-12a
Akazienweg 192-7c
Alfred-Delp-Straße 191-12b
Alfred-Kubin-Weg 192-5b
Allensteiner Weg 192-9d
Alter Burgweg 161-11c
Am Anger 192-9d
Am Beißel 191-9c
Am Böttchen 191-9c
Am Burgfeld 192-7a
Am Büschel 161-11d
Am Flutgraben 161-11d
Am Fußfall 191-2b
Am Giezenbach 192-6a
Am Golfplatz 191-6d
Am Haagenpfädchen 192-7c
Am Hahnacker 192-6c
Am Hasenpfad 220-6b
Am Heidehang 222-3b
Am Heisterfeld 191-9b
Am Hermeshof 221-3b
Am Hommerich 191-12d
Am Kämpchen 191-6b
Am Kapellenbusch 192-9b
Am Kellergraben 191-9c
Am Kirchpfad 222-3a
Am Kolbesmaar 191-9c
Am Konradsheimer Weg 192-8c
Am Kreuz 222-3d
Am Lindenfeld 191-9c
Am Lindengarten 221-4b
Am Ludwigsacker 192-6c
Am Marienkreuz 191-7d
Am Maximinenkreuz 191-12c
Am Mittelpfad 221-11d
Am Mühlenbach 192-9a
Am Plexer 161-11d
Am Qualenberg 191-9d
Am Rottfeld 192-7a
Am Rulenzfließ 221-10d
Am Schießberg 191-3d
Am Schießendahl 192-9d
Am Siefenpfad 221-4c
Am Spielberg 221-4b
Am Spürkerkreuz 192-9a
Am Steinenkreuz 192-8a
Am Steinfeld 191-9c
Am Tunnel (7) 193-7c
Am Vogelsang 192-6d
Am Wachberg 192-12d
Am Weilerweg 222-7b
Am Welschbach 191-12a
Am Ziegelacker 192-9a
Ammerstraße 221-4d
Amselweg 192-7c
An den Eichen 192-9a
An der Baumschule 192-7c
An der Johannisbrücke 161-11b
An der Mirgelskaul 192-9d
An der Patria 192-7c
An der Schleifmühle 191-9d
An der Schwarzau 192-2c
An der Vogelrute 192-7c
An der Waldorfschule (4) 193-7c
An der Waschmaar 221-10d
An St.-Servatius 191-9b
Anemonenweg 192-6c
Annastraße 192-2d
Antonsgasse 192-6c
Ardennenstraße 191-3a
Asternsteg 192-6a
Auerweg 241-3b
Auf dem Acker 192-12c
Auf dem Deuschen 192-2a
Auf dem Graben 191-9d
Auf dem Hamm 222-3d
Auf dem Hostert 161-11d
Auf dem Kreuzberg 222-7a
Auf dem Rodt 222-3d
Auf den Gieren 191-3d
Auf der Höhe 223-1a
Auf der Steinhaage 192-8b
Augustinusweg 192-2a
August-Macke-Straße 192-5b
Ausleger 191-2b

Bachstraße 191-12d
Badorfer Weg 192-12d
Bahnhofstraße 192-6c
Balkhausener Straße 161-11d
Barbarahof 162-9c
Barbarastraße 192-9b
Baumstraße 192-1c
Beethovenstraße 162-10d
Behrensstraße 192-6c
Bendenweg 221-11d
Bergstraße 193-7a
Berliner Straße 192-9d
Bernd-Alois-Zimmermann-Straße 192-12d
Bernhard-Letterhaus-Straße 191-12b
Berrenrather Straße 162-10b
Bertha-von-Suttner-Straße (3) 192-9d
Bertolt-Brecht-Straße 192-9c
Birkenstraße 222-4d
Blankenheimer Weg 192-9a
Bleistraße 241-3b
Blessemer Lichweg 191-9a
Blessemer Straße 192-7c
Bliesgasse 222-3a
Bliesheimer Mühle 192-12c
Bliesheimer Straße 192-9a
Blumenstraße 192-1c
Bolzengasse 222-7a
Bonifatiusweg 191-9b
Bonner Ring 191-12b
Bonner Straße 191-9d
Borrer Straße 221-9b
Boxerweg 222-4c
Breslauer Straße 192-9c
Broichweg 162-11c
Brückenstraße 191-6b
Bruder-Edelfried-Straße 222-7a
Brüggener Straße 161-11d
Brühler Straße 192-6d
Büchelstraße 221-12d
Buchenweg 192-9d
Bühler Graben 221-4b
Bungartzhof 221-10d
Burg Blessem 192-5c
Bürgerplatz 192-9b
Buschfelder Mühle 192-12a
Buschfelder Weg 192-8b
Bussardweg 192-7c

Cäcilienweg 191-6b
Carl-Schurz-Platz 192-6c
Carl-Schurz-Straße 192-8b
Chorweg 192-1c
Christian-Dahmen-Straße 222-4c
Concordiastraße 162-10d

Dahlienweg 162-10d
Daimlerstraße 192-10a
Danziger Straße 192-9d
Dechant-Linden-Weg 192-8b
Dechant-Nöthen-Straße 162-11c
Dieselstraße 192-10a
Dietrich-Bonhoeffer-Straße 191-12b
Dietrichsweg 191-9b
Dirmerzheimer Straße 191-2b

Disternicher Weg 221-4c
Dohlenweg 192-7c
Donatusstraße 192-9b
Dr.-Josef-Fieger-Straße 192-7a
Dreikönigenweg 191-12d
Drieschhof 221-11c
Drieschstraße 192-1b
Drosselweg 192-7c

Eckstraße 221-12d
Ehrenstraße 161-12c
Eichendorffstraße 222-7c
Eichenweg 222-4c
Eifelstraße 191-2b
Eintrachtstraße 161-11a
Elderbachweg 192-6a
Elisabethenweg 192-8a
Elisabet-Jansen-Straße (4) 191-9d
Ellernstraße 161-11c
Elly-Heuss-Knapp-Weg (2) 191-9c
Elsa-Brändström-Straße 192-7c
Elsterstieg 192-3c
Elsterweg 192-7c
Erftstraße 161-11d
Erich-Schramm-Straße 222-4c
Ernteweg 221-4a
Erper Straße 191-12a
Eschenweg 192-5c

Falkenweg 192-7c
Fasanenaue 192-9b
Feldstraße 192-1c
Fichtenweg 222-4c
Finkenweg 192-7c
Fliederweg 191-7d
Flußstraße 221-4b
Forstweg 192-2b
Fortunastraße 192-1b
Frankenstraße 222-3a
Franz-Busbach-Platz 191-9d
Franz-Busbach-Straße 191-9d
Franziskaweg 192-7a
Franz-Lehnen-Straße 192-3c
Franz-Marc-Straße 192-5b
Franz-Rüth-Straße 193-7c
Franz-Stryck-Straße 222-4c
Franz-Xaver-Mauer-Straße 191-12c
Frauenthal 192-8b
Frauenthaler Straße 192-8a
Frenzenstraße (Dirmerzheim) 191-6b
Frenzenstraße (Lechenich) 191-9d
Friedhofsweg 161-11d
Friedrich-Ebert-Straße 162-10b
Friedrich-Engels-Straße 191-12b
Friedrich-Naumann-Straße 191-12b
Friesheimer Busch 222-7b
Friesheimer Straße 221-4b
Fritz-Erler-Straße 192-6c
Fuchsweg 192-2d
Fuhrmannsgasse 222-3a
Fülleshof 161-8a

Gabriele-Münter-Straße 192-5b
Gartenstraße 192-6c
Geibelstraße 191-6b
Gemünder Straße 192-9a
Gennerstraße 191-12d
Georgstraße 191-9d
Gerhart-Hauptmann-Straße 222-7a
Gertrudenhof 242-1a
Gertrudenhofstraße 221-12d
Geschwister-Scholl-Straße 192-7c
Gestüt Bona 192-10b
Gestüt Römerhof 192-11a
Gierlingsgasse 191-12d
Gildestraße 192-10b
Gilgaustraße 241-3b
Ginsterweg 192-12d
Gippenzaun 221-9b
Gladbacher Straße 221-4a
Glück-Auf-Straße 162-11c
Goerdelerstraße 192-10a
Goldenbergstraße 162-10d
Gottesweg 161-12c
Grachtstraße 192-9a
Graf-Emundus-Straße 221-9b
Graf-Stauffenberg-Straße 192-10a
Graf-von-Moltke-Straße 192-7c
Graf-Wolff-Metternich-Straße (2) 192-9c
Gregor-Vosen-Straße 192-12d
Große Jüch 191-12a
Großstraße 191-6b
Grubenweg 193-7a
Gruhlstraße 192-6a
Grünstraße 191-6b
Gustav-Heinemann-Straße 192-9c
Gut Fuchswinkel 161-10d
Gut Sophienwald 193-1c
Gymnicher Hauptstraße 161-11d
Gymnicher Mühle 161-10b

Haagstraße 161-11d
Hahnenpfad 221-4c
Hahnstraße 191-6b
Hans-Böckler-Straße 191-12b
Hans-Kadner-Platz 222-7a
Hauptstraße 191-2b
Haus Buschfeld 192-12a
Heddinghover Straße 191-9c
Heerstraße 222-3b
Heidebroichstraße 193-7a
Heimbacher Weg 192-9a
Heinestraße 222-7c
Heinrich-Lübke-Straße 192-9c
Heinrichstraße 161-12c
Heinrich-Zimmermann-Weg (3) 191-12b
Hellenthaler Weg 192-9c
Hennes-Weisweiler-Weg 191-9b
Henri-Dunant-Straße 192-9a
Herdweg 221-12d

Hermann-Köster-Straße 192-3a
Herriger Straße 191-9c
Heubahn 191-12d
Hildegardweg 191-9b
Hochstraße 221-4a
Hoechster Weg 162-11c
Hollerather Weg 192-9c
Holunderweg 192-12d
Hoverhof 221-8b
Hoverweg 221-4d
Hubert-Rüttger-Straße 192-3c
Hubertusweg 191-8c
Hubert-Vilz-Platz 222-7a
Hunsrückstraße 191-3a
Hüttenstraße 191-3d

Im Bungert 192-5c
Im Gratessengarten (1) 192-2a
Im Grisfeld 161-12c
Im Grünen Knipp 191-9c
Im Höhlchen 222-3d
Im Jagdfeld 192-3c
Im Kamp 191-6d
Im Korwinkel 191-9a
Im Laachenfeld 192-4a
Im Längsbusch 192-5b
Im Lehmtal 191-9c
Im Spürkergarten 192-9b
Im Wertchen 192-1b
Im Wieschen 162-10b
In den Barbenden 162-11a
In den Vierwinden 192-2d
In der Aue 192-5c
In der Komm 191-9c
In der Röpp 221-4b

Jagdweg 222-8a
Jägerweg 222-7a
Jahnstraße 192-6d
Jakob-Giesen-Platz (1) 222-3b
Jakobstraße 191-6b
Johann-Arenz-Brücke 162-11d
Johannes-Even-Straße 191-12b
Johannes-Kretz-Straße (1) 191-9d
Johannisstraße 221-4b
Josef-Nix-Straße 161-11d
Josefstraße 162-11c
Josef-Zilken-Straße 191-9c
Josef-Zimmermann-Straße (6) 193-7a
Judenstraße 191-9d
Jülichplatz 221-4b
Julius-Leber-Straße 192-10a
Justengasse 191-3d
Justenhof 191-3d
Justus-von-Liebig-Straße 191-3a

Kallenhofstraße 222-3a
Kampstraße 192-4a
Kantstraße 192-9d
Kapellenpfad 221-4c
Karl-Arnold-Straße 191-12b
Karl-Sonnenschein-Straße 191-12b
Karolingerstraße 222-3a
Kastanienweg 192-9a
Käthe-Kollwitz-Weg 191-9c
Kehler Weg 161-11c
Kerpener Straße 161-11c
Kiefernweg 222-4c
Kiesstraße 191-6b
Kilianstraße 191-9b
Kirchengrund 221-12d
Kirchplatz 192-2d
Kirchstraße 192-2d
Klarastraße 192-5c
Klaus-Schäfer-Straße 192-8a
Kleiberstraße 221-4d
Kleine Jüch 191-9c
Klosengartenstraße 192-6a
Klosterstraße 191-12b
Kocherbachweg 162-10d
Kohlstraße 191-1b
Kolberger Straße 192-9c
Kolibristraße 192-6d
Kölner Ring 191-9b
Kolpingstraße 192-3c
Königsberger Straße 192-9d
Konrad-Adenauer-Straße 192-9a
Konradsheim 191-6d
Konradsweg 191-8c
Köttinger Straße 192-6c
Kranichstraße 221-4d
Kreuzritterweg 192-3c
Kreuzwegstraße 221-4b
Kriegergasse 222-7a
Kruggenberg 192-12d
Kunibertusplatz 161-11d
Kurt-Schumacher-Straße 191-12b
Kyrionstraße 222-3b

Laacherhof 222-1a
Lambertusstraße 222-3a
Landstraße 191-3d
Lange Heide 222-3b
Laucher Weg 221-12d
Lauerheid 192-12d
Laurentiusstraße 221-4b
Lechenicher Pfad 191-2b
Lechenicher Straße 191-7d
Leipziger Ring 192-9b
Lerchenstraße 192-9b
Lichtstraße 221-11b
Lilienweg 191-8c
Lindenstraße 222-4c
Lindgesweg 191-2b
Louisenstraße 162-10d
Lourdesweg 191-3d
Lubilarweg 192-6c
Ludwigstraße 192-6c
Luxemburger Straße 221-4c

Maarweg 191-3a
Magdalenenweg 191-9b

Margarethenstraße 191-3d
Marienburger Weg (1) 192-9c
Mariengradenweg 222-3b
Marienplatz 192-6c
Marienstraße 222-3a
Markt 191-9d
Martin-Buber-Straße 192-9d
Martin-Luther-Straße 192-9b
Martinusplatz 162-11c
Martinusweg 162-11c
Mastenweg 221-11d
Matthias-Curt-Straße 222-7a
Matthias-Grell-Straße 162-11c
Maulengasse 221-4b
Max-Ernst-Straße 192-5b
Max-Liebermann-Straße 192-5b
Max-Planck-Straße 192-6d
Mechernicher Weg 192-9a
Mehlstraße 221-3b
Meisenstraße 192-6d
Melchiorstraße 191-9d
Mellerhöfe 191-4b
Mellerweg 191-6b
Merowingerstraße 222-3c
Mertensweg 162-10d
Michael-Schiffer-Weg 191-12b
Michaelsweg 191-8c
Mittelstraße 192-2d
Mohnweg 191-7b
Molkereistraße 191-9c
Monschauer Weg 192-9a
Moselstraße 161-12c
Möwenweg 192-6d
Müddersheimer Weg 221-4c
Mühlenstraße 221-3b
Münchweg 192-8b

Nachtigallenweg 192-7c
Nelkenweg 222-4c
Neuer Weg 193-7c
Neustraße 161-11c
Niederweg 222-7a
Nikolaus-Ehlen-Straße 191-12b
Nikolausstraße 191-2b
Nordstraße 161-11a

Notweg 192-2b

Odenwaldstraße 191-3a
Offenbachweg 162-10d
Oleanderweg 222-3b
Oststraße 162-11c
Osttangente 192-6a
Otterdriesch 192-7d
Otto-Hue-Straße 192-3c
Ottostraße 161-12c
Otto-Wels-Straße 192-3c

Pantaleonstraße 221-4c
Parkstraße 192-9a
Pastor-Faßbender-Straße 221-4a
Pater-Kentenich-Platz 161-11d
Paul-Keller-Straße 191-12b
Paul-Klee-Straße 192-5b
Pestalozzistraße 192-10a
Peter-May-Straße 192-2b
Pf.-Jaegers-Weg 222-7a
Pfarrer-Kaiser-Straße 161-12c
Pfarrer-Keyers-Platz (1) 161-11d
Pfarrer-Mathias-Hockelmann-Platz 193-7a
Pfarrer-Paul-Huhnen-Straße (1) 191-12c
Pfarrer-Weißenfeld-Straße 161-11d
Pilgerweg 161-11c
Pingsheimer Straße 191-7c
Platanenweg (5) 192-9a
Platzstraße 191-6b
Poststraße 192-6c

Radmacherstraße 192-5c
Raiffeisenstraße 191-9d
Rathausstraße 221-4a
Reiherweg 192-6d
Reinholdweg 192-8b
Rektor-Meller-Straße 191-7d
Rektor-Thar-Straße 192-2d
Remigiusstraße 191-6b
Rennweg 192-2d
Reylestraße 191-8c
Rheinflottenplatz 192-3c
Richardstraße 191-9b
Ritter-Arnold-Straße 161-12c
Rochusstraße 222-3a
Rodderweg 192-2a
Roggendorfer Weg 162-10d
Römerhofweg 192-7c
Römerstraße (Ahrem) 221-3c
Römerstraße (Lechenich) 192-10d
Roncallisstraße 193-7a
Röntgenstraße 191-12b
Rosellastraße 221-4d
Rosenstraße 192-6c
Rostocker Straße 192-9d
Rotbachstraße 222-4c
Rotdornweg 192-12d
Rothusener Weg 192-7a
Rövenicher Straße 221-10d
Ruhländerstraße 222-7a
Ruwerstraße 161-12c

Saarstraße 161-12c
Sanddornweg 192-12d
Sauerlandstraße 191-3a
Scherpengasse 222-3b
Scheuren 221-10d
Schildgensacker 162-10d
Schildgensweg 162-10d
Schlehenweg 192-12d
Schleidener Straße 192-9c
Schloss Gracht 192-9a
Schloss Gymnich 161-11d

Schlosspark 161-11b
Schloßpark 191-9d
Schloßstraße 191-9d
Schloßwall 191-9d
Schlunkweg 192-9b
Schulstraße 161-11d
Schützenplatz 161-12c
Schützenstraße 161-11d
Schwalbenstraße 192-6d
Schwanenstraße 192-6c
Schwarzer Weg 193-7a
Sebastianusstraße 161-12c
Seestraße 192-6b
Seitenstraße 191-3d
Sibillenweg 191-8c
Siedlerweg 191-1b
Siegfried-von Westerburg-Straße 192-7a
Sielstraße 192-4a
Siemensstraße 192-10a
Solarsiedlung 191-9c
Sonnenweg 191-2a
Sophienweg 191-9b
Spechtweg 192-7c
Sperberweg 192-7a
Sperlingsweg 192-7c
Spickweg 192-6d
Spillesstraße 161-11d
Sportstraße 192-1c
Spürkerau 192-9b
St.-Clemens-Straße 191-7d
Steinackerweg 192-12d
Steinfelder Straße 221-4b
Steinkauzweg 191-6d
Steinstraße 191-9d
Stephanshof 221-9d
Sternenstraße (1) 191-2b
Stettiner Straße 192-9d
Stieglitzweg 192-9b
Stockweg 192-2d
Stresemannstraße 191-12b
Strunkpfad 222-7c
Südstraße 192-2d

Talstraße 222-7a
Tannenweg 192-9d
Taubenpfad (5) 191-9c
Taubenstraße 192-6d
Taunusstraße 191-3a
Teichweg 191-7d
Theisengasse 222-3a
Theodor-Fliedner-Straße 191-12b
Theodor-Heuss-Straße 192-9c
Theo-Wollgarten-Straße 222-4c
Tillmannnsweg 192-1c
Tillmannshof 191-3d
Tonstraße 162-9c
Triftweg 192-2d
Tulpenweg 222-4c

Ubierweg 221-1d
Ulmenstraße 222-4c

Valderstraße 221-10d
Villenweg 192-2b
Vilskaul 191-9d
Viry-Châtillon-Platz 192-6c
Vogelstraße 192-1c
Von-Aare-Straße 221-4b
Von-Bodelschwingh-Weg 192-10a
Von-Droste-Hülshoff-Straße 222-7c
Von-Galen-Straße 191-12b
Von-Ketteler-Straße 192-10a
Von-Leibniz-Straße 192-8b
Von-Meer-Straße 192-8b
Vonnesstraße 221-11b
Von-Stephan-Straße 192-8b
Vorgebirgsstraße 222-3b
Vorpforte 161-11c

Wacholderweg 192-12d
Wahlengasse 221-4a
Waldstraße 192-2d
Walter-Tackenberg-Weg 222-4c
Wehrstraße 191-3d
Weiherstraße 222-3a
Weilerstraße 221-12d
Weilerswister Straße 221-9b
Weingartenacker 162-11a
Wellmühlenweg 222-4a
Weltersmühle 191-9d
Wendelinusstraße 191-6b
Westerwaldstraße 191-3a
Wichernstraße 191-12b
Wiesenstraße 162-10d
Wildweg 222-7c
Wilhelm-Leuschner-Straße 192-10a
Wilhelm-Marx-Straße 191-12b
Wilhelmstraße 222-4d
Willy-Brandt-Straße 192-12b
Winkelstraße 192-3c
Wissersheimer Weg 191-7b
Wokinghamplatz 192-7c
Wolfskaulstraße 222-7a

Zaunkönigstraße 221-4d
Zedernweg 192-9b
Zehntstraße 191-9d
Zehntwall 191-9d
Zeisigweg 192-7c
Zeusgraben 191-3d
Zieselsmaarer Straße 162-11c
Zu den Erlen 162-11c
Zülpicher Straße 221-12c
Zum Alten Bahndamm (1) 192-2d
Zum Forellenteich 192-3c
Zum Grünen Weg 192-6c
Zum Köttinger See 192-2d
Zum Renngraben 192-9b
Zum Schlagbaum 162-11c
Zunftstraße 192-10b
Zur alten Burg 191-9c

Erpel

PLZ 53579

(zu VBG Unkel)

Alte Scheid 309-3a
Am alten Wallgraben 309-2b
Am Liesenberg 289-11d
Am Rebenhang 289-12c
Am Schleidentor (10) 309-3a
Am Weinstock 289-12c
An der alten Bleiche (12) 309-3a
An der alten Stadtmauer (8) 309-3a

Bahnhofstraße 309-3a
Bergstraße 309-3a
Brunnengasse 289-12c
Burgunderstraße 289-11d

Deepenweg 289-11d

Erpeler Straße 289-12c
Erpeler-Ley-Straße 309-3a

Fährgasse (4) 309-3a
Finkenweg (2) 289-12a
Friedhofstraße 309-3a
Frongasse (5) 309-3a

Gartenweg (3) 289-12c
Grabenstraße 309-3a

Heisterer Straße 289-11d
Hochstraße (13) 309-3a
Hospitalgasse (2) 309-3a
Hündelsgasse (7) 309-3a

Im Vogelsang 289-12c
Im Winkel 289-12c
In der Lache 289-11d

Jahnstraße 289-11d
Johannesstraße 309-3a
Josefstraße 289-12c

Kapellenstraße (Orsberg) 289-12c
Kirchgasse 309-3a
Kölner Straße 309-3a

Lerchenweg (1) 289-12a
Leyweg 289-12d

Marienstraße 309-3a
Marktgasse (6) 309-3a
Marktplatz (11) 309-3a

Neustraße 289-12c

Orsberger Straße 309-3a

Pützgasse (3) 309-3a

Reifstein 290-6d
Rheinallee 309-2b
Rheinblickstraße 289-12c
Rheinstraße 309-2b
Rieslingstraße 289-12c
Ritterstraße 309-2b

Sebastianstraße 289-11d
Severinstraße 309-3a
Silvanerstraße (14) 289-12c
Sonnenstraße 289-12c
St. Severinsberg 290-10c
Steinstraße 309-3a

Talstraße 309-3a
Trimbornstraße (9) 309-3a

Unkeler Straße 309-2b
Unterste Gasse (1) 309-3a

Waldstraße 289-12a
Weinbergstraße 289-12c
Winzerstraße 309-3a

Ersfeld

PLZ 57635

(zu VBG Altenkirchen (Westerwald))

Am Peschbach 254-11c

Im Oberdorf 254-11c

Kraamer Mühle 274-2b

Mehrbachstraße 274-2b
Mühlgraben 274-2b

Unter den Eichen 254-11d

Eschweiler

PLZ 52249

Aachener Straße 182-3b
Abt-Simons-Straße 153-12b
Ackerstraße 152-9b
Ahornweg 153-12a
Akazienhain 183-7c
Albertshof 183-11b
Albertstraße 183-12a
Albrecht-Dürer-Straße (1) 153-11c
Aldenhovener Straße 153-3d

Allensteiner Straße 183-3a
Allmannshof 183-11a
Alsdorfer Straße 153-10b
Alte Kirche 183-4d
Alte Rodung 183-7a
Alte Seilbahn 183-8a
Alte Ziegelei 183-5b
Altes Forsthaus 183-8d
Am Bergamt 183-4d
Am Blauen See 183-11a
Am Bongert 153-9c
Am Buchenwald 183-4d
Am Burgbusch 152-12a
Am Burgfeld 183-2c
Am Buschend 184-2b
Am Dreieck 183-8c
Am Fließ 153-12c
Am Fresenberg 183-6b
Am Gatter 183-8b
Am Gerhardsschacht 183-4d
Am Ginsterbusch 183-7a
Am Goldberg 183-6c
Am Grünen Winkel 183-5c
Am Hang 183-5c
Am Hastenrather Fließ 183-9d
Am Heinrichsschacht 183-5c
Am Hochhaus (6) 153-12a
Am Hof 153-7d
Am Hohen Strauch 183-8c
Am Hörschberg 153-11d
Am Hovener Feld 184-2a
Am Kalkofen 183-6c
Am Kitzberg 183-5c
Am Kleekamp 153-12a
Am Klosterhof 152-11b
Am Klosterweiher (1) 152-12a
Am Köhlerpfad 183-6c
Am Königsheck 183-8a
Am Koppweiher 183-7b
Am Kottbruch 183-7d
Am Kraftwerk 154-11a
Am Krebspool 183-7d
Am Maxweiher 153-7c
Am Mühlenfeld 183-6b
Am Mühlengraben 184-1b
Am Nierchen 184-2b
Am Omerbach 183-6b
Am Otterbach 184-4c
Am Pütt 183-5a
Am Riffersbach 183-6c
Am Rodelberg 153-11d
Am Römerberg 153-10c
Am Rosenstock 183-7a
Am Schießstand 183-11a
Am Schildchen 184-2b
Am Schlemmerich 183-4d
Am Stapel (9) 183-2b
Am Steinacker 153-12a
Am Steinbüchel 184-4a
Am Vogelschuß (2) 153-12b
Am Waldsaum 183-5a
Am Wolfshag 183-9b
Amselweg (1) 183-6a
An der Burgmauer 154-11c
An der Fahrt 152-9d
An der Fauch 153-10b
An der Festhalle 152-9b
An der Glocke (22) 183-2c
An der Heide 183-7d
An der Waidmühle (1) 153-12b
An der Wasserwiese 183-3d
An Haus Palant 154-11d
An Wardenslinde 183-3b
Anna-Klöcker-Anlage (24) 183-2d
Antonuisstraße 183-6a
Ardennenstraße 183-6c
Arndtstraße (25) 183-2d
Asternweg (18) 183-3d
Auerbachstraße 183-1b
Auestraße 183-4c
Auf dem Bend (3) 153-12b
Auf dem Driesch 184-2a
Auf dem Ellerberg 182-3b
Auf dem Felde 153-10a
Auf dem Höfchen 183-6a
Auf dem Hügel 153-11b
Auf dem Pesch 154-10d
Auf den Hufen 153-7c
Auf der Heide 184-2d
Auf der Komm 183-3c
Auf der Merz (2) 152-12a
August-Bebel-Straße 153-7c
August-Schmidt-Straße 153-12b
August-Thyssen-Straße 183-2a

Bachstraße 154-11c
Backsteinweg 183-5a
Bahnhofsplatz 183-1d
Baptiststraße 184-2c
Barbarastraße 183-4d
Baumschulenweg 153-12a
Begauer Mühlenweg 152-9a
Begauer Straße 152-8d
Bendenmühle 183-3d
Bergrather Feld 183-5b
Bergrather Hof 183-5d
Bergrather Straße 183-3c
Bergstraße 184-2b
Berliner Ring 154-11c
Bernhard-Letterhaus-Straße (14) 183-3b
Berthold-Brecht-Straße 153-12b
Birkengangstraße 183-8c
Bismarckstraße 183-2c
Blumenstraße 184-2a
Bohl 183-9a
Bohler Heide 183-8c
Bohler Straße 183-6c
Bohlerweg 183-8d
Bongarder Hof 184-5a
Bonhoefferstraße 153-12c
Bonifatiusstraße (1) 153-9c

Bournheimer Straße 153-3d
Bourscheidtstraße 183-5a
Bovenberg 184-4b
Brauhausstraße 183-2b
Breslauer Straße 153-12b
Brigidastraße (7) 184-1b
Broicher Pfad 153-12a
Brückenstraße 183-6b
Brunnenhof 183-2b
Buchenhof 153-11a
Buchenweg 153-11b
Burgbend 153-7d
Burgheck 183-11b
Burgstraße 183-2c
Burgweg (2) 154-11d
Buschfuhrer Hof 152-12d
Buschhof 184-7b
Buschweg 183-5a

Cäcilienstraße 183-6a
Camp Astrid 182-5b
Carbynstraße (A) 183-3a
Carl-Zeiss-Straße 154-7d

Dahlienweg (19) 183-3d
Dampfziegelei 183-5a
Danziger Straße 183-3a
Dechant-Deckers-Straße 183-2d
Dechant-Kirschbaum-Straße (21) 183-2a
Domtalweg 154-4c
Dornweißstraße 153-12c
Dr.-Gilles-Straße 154-11c
Dreieckstraße 183-2a
Dreiers Gärten 183-2b
Drieschstraße 183-3c
Drimbornshof 153-9c
Drosselweg (2) 183-6a
Duffenter Schneise 183-11a
Duffenter 183-11a
Dürener Straße 183-2b
Dürwißer Kirchweg (2) 153-12a
Dürwißer Straße 154-10c

Eduard-Mörike-Platz 183-3b
Eduard-Mörike-Straße 183-3b
Eduardstraße 183-5c
Eiche 153-10a
Eichendorffstraße 183-3a
Eichenschlag 183-8a
Eichenstraße 153-8d
Eifelstraße 183-9b
Einhardstraße 183-5a
Eisenbahnstraße 183-1d
Eisenmühlenstraße 184-2c
Ekkehardstraße 183-5b
Elbinger Straße 183-3a
Elektrowerk 184-1b
Eliewick Päddche 183-7b
Elisabethweg 183-4c
Elsassstraße 153-7c
Englerthsgärten (5) 183-2b
Englerthstraße 183-2d
Erbericher Straße 154-4c
Erfstraße 183-1a
Erich-Kästner-Straße 153-12b
Erikaweg 183-7a
Erlenweg 153-11b
Ernst-Abbe-Straße 154-10a
Eschenweg 153-11b

Feldbrandweg 183-5a
Feldenendstraße 183-6a
Feldstraße 183-5b
Filzengraben (5) 154-11c
Finkenweg (3) 183-6a
Fischerstraße 183-5b
Fliederweg 183-3d
Floraweg 184-2a
Florianweg 183-5a
Fontanestraße (11) 183-3c
Frankenplatz 154-11c
Franz-Gessen-Straße 184-2b
Franz-Liszt-Straße 183-2a
Franz-Marc-Straße 183-2a
Franz-Rüth-Straße 183-2a
Franzstraße 183-2d
Freiherr-vom-Stein-Straße 153-12a
Friedensstraße 183-2b
Friedhofsweg 183-4d
Friedrich-Ebert-Straße 153-12a
Friedrichstraße 183-4d
Fronhoven 154-4a
Fronhovener Straße 153-9c
Fronstraße 154-4c
Fuchshofweg 153-12a
Funkengasse 183-3c

Gartenstraße 183-2b
Gasthausstraße 153-12a
Georgsweg 152-12a
Gerhard-Meiß-Straße 152-9b
Gerhart-Hauptmann-Straße 184-2a
Glücksburg 182-3c
Glücksburgweg 182-3c
Goerdtstraße 153-10c
Goethestraße 153-11b
Götz-Briefs-Weg 183-2a
Grabenstraße 183-2d
Grachtstraße 183-5b
Graeserstraße 183-6a
Grenzweg 183-12b
Gressenicher Mühle 184-7c
Gressenicher Straße 183-9d
Grüner Weg 183-2a
Grünewaldstraße 183-2a
Grünstraße 153-12a
Gutenbergstraße 183-1b

Hagedornweg 183-7a
Hainbuchenweg 153-11b
Haldenstraße 184-2a
Hamicher Weg 183-9d
Hans-Böckler-Straße 153-11b
Hans-Leyers Weg 154-11d
Harbigstraße 153-11b
Harzstraße 183-6c
Hastenrather Straße (4) 183-9d
Hastenrather Weg 183-6a
Hauptstraße 154-11c
Haus Kambach 152-9d
Haus Palant 154-11d
Hehlrather Straße 183-2a
Hehlrather Wäldchen 152-12b
Heibachstraße 183-6c
Heidesiedlung 184-3a
Heidestraße 183-7a
Heideweg 183-10b
Heinrich-Heine-Straße 153-12a
Heinrich-Imig-Straße (13) 183-3b
Heinrichsallee 183-5a
Heinrichsweg 183-5c
Heinrich-von-Berg-Weg (28) 183-2c
Heisterner Straße 184-4a
Hermann-Hollerith-Straße 154-10a
Hermann-Löns-Anger 183-5c
Hermann-Löns-Straße 184-2b
Herrenfeldchen 183-6c
Hochbrückerweg 154-11d
Hoeschweg 183-4b
Hofstraße 183-6b
Hohe Straße 183-6b
Höhenweg 184-2d
Hölderlinstraße 183-3a
Hompeschstraße 183-2d
Hospitalgasse 183-2d
Hovener Straße 184-1b
Hovermühle 184-1c
Hubertusstraße 183-6a
Hücheln 184-1d
Hüchelner Benden (1) 184-2c
Hüchelner Straße 184-4a
Hugo-Merckens-Straße 183-2b
Hundsgracht 183-8a
Hunsrückstraße 183-6c
Huppertzbruch (1) 183-9d
Hüttenstraße 183-1d

Ichenberg 183-2c
Im Busch 152-11b
Im Eichelkamp 184-2a
Im Felde 183-5b
Im Hag 183-5c
Im Hasselt 183-1c
Im Kamp 183-2c
Im Klostergarten 183-2b
Im Korkus 184-7a
Im Kuckuck 183-9a
Im Padtkohl 183-4c
Im Römerfeld 184-2c
Im Rott 152-11b
Im Steinbruch 184-4c
Im Stollen 183-12a
Im Stüfgen 183-8a
Im Tempel 183-9d
Im Wiesenhang 183-9b
Im Winkel 153-9d
Imgesheck 183-11b
In den Benden 184-4a
In den Burgwiesen (6) 154-11d
In der Gracht 184-2c
In der Krause 154-10d
In der Schleh 184-4a
Indepromenade 183-2b
Indestraße 183-2a
Inselstraße 183-3c
Invalidenstraße 183-2c

Jägerspfad 183-5c
Jahnstraße 183-2c
Jan-van-Werth-Straße 154-4c
Johanna-Neuman-Straße 183-2c
Johannisstraße 154-11c
Josef-Artz-Straße 183-5d
Josef-Nacken-Weg (23) 183-2d
Josefstraße 183-2d
Jülicher Straße 183-2b

Kaiserstraße 183-2d
Kalvarienbergstraße 152-9d
Kambachstraße 152-9d
Kantstraße 184-2a
Kapellenstraße 153-12a
Kapellenweg 184-7c
Karl-Arnold-Straße 153-12b
Karlstraße 183-2c
Kastanienweg 153-11b
Käthe-Kollwitz-Straße 153-12b
Käthe-Kruse-Straße (2) 183-9d
Keerbenden 184-7c
Kettelerstraße (4) 152-9b
Kiefernweg 183-7a
Killewittchen 183-8d
Kinzweiler Burg 152-9b
Kinzweilerstraße 153-7c
Kirchplatz 154-4c
Kirchstraße 152-9d
Klapperstraße 153-10b
Klinkgasse (4) 154-11c
Klosterweg 152-11b
Knappenweg (5) 153-12b
Knippmühle 183-6d
Kochsgasse 183-2b
Kohlweg 183-7b
Kölner Straße 184-2b
Kolpingstraße 183-3a
Kommendenstraße 154-4a
Königsbenden 183-3d
Königsberger Straße 183-3a
Konkordiasiedlung 183-4b
Konkordiastraße 183-4b
Konkordiaweg 183-4b
Konrad-Adenauer-Straße 153-12a
Konrad-Müller-Straße 152-9b
Kopernikusstraße 184-2a
Kopfstraße 183-6c
Kreuzstraße 153-10a
Kronendriesch 183-9b
Krottshäuser 183-1b
Kuckhoffmühle 182-3d
Kunstschacht 183-5c
Kupfermühlenkamp 183-1b
Kurt-Schumacher-Straße 153-9d
Kurt-Tucholsky-Straße 153-12b

Langendorfer Hof 153-7a
Langendorfer Straße (3) 154-4c
Langenerf 183-9d
Langerweher Straße 184-2b
Langgasse 154-10d
Langwahn 183-2c
Langweilerweg (8) 152-9b
Lärchenhof 184-1d
Laurentiusstraße 153-9c
Laurenzberger Hof 154-7c
Laurenzberger Straße 153-9d
Laurenzberger Weg (7) 152-9b
Lehmkuhlweg (27) 183-5a
Leo-Meuser-Straße 154-4c
Lessingstraße 183-3a
Liebfrauenstraße 183-2a
Lilienthalstraße 183-2b
Lindchensweg 152-8b
Lindenallee 184-2a
Lindenhof 153-8d
Lindenstraße 153-9c
Lohner Hof 154-7a
Lohner Straße 153-9c
Lotzfeldchen 183-2a
Ludwigstraße 183-3c
Luisenstraße 183-4c
Lürkener Straße 153-9d
Lürkener Weg (6) 152-9b

Maarfeld 183-5d
Maarstraße (1) 154-4c
Maasstraße 183-3b
Mariadorfer Straße 152-6c
Marie-Juchacz-Straße 153-11b
Marienburger Straße (6) 183-3a
Marienstraße 183-2c
Markt 183-2d
Marktstraße 183-2d
Martin-Luther-Straße 183-2d
Martinstraße 153-12a
Matthias-Stiel-Straße (20) 183-1a
Matthiasweg 183-5c
Mauerweg (7) 183-2b
Max-Planck-Straße 154-10d
Merkurstraße 183-3c
Merzbachstraße 152-9c
Merzbrück (Gut) 182-2b
Merzbrücker Straße 152-11d
Michelsweg 183-6a
Militärweg 183-8c
Mittelstraße 183-2c
Mittelweg 183-11b
Moltkestraße 183-2d
Moosweg 183-7a
Moselstraße 183-3b
Mozartstraße (2) 183-2b
Mühlenweg 152-9d

Nagelschmiedstraße 153-12a
Nelkenweg 183-3d
Neu-Broicher-Hof 153-11c
Neulandhof 153-11c
Neusener Straße 152-11b
Neustraße 183-2d
Nickelstraße 153-10c
Nierhausener Straße 153-7c
Nordstraße 183-2b
Nothberger Hof 183-6b
Nothberger Platz 183-6b
Nothberger Straße 183-3c

Oberdorf 183-5b
Obere Mühle 152-9d
Oberer Brand 183-10b
Obermerzer Hof 153-11a
Obermerzer Straße (3) 152-9b
Oberstraße 153-10a
Odilienstraße 183-1c
Olympiastraße 184-2d
Ostpreußenweg 183-9b
Oststraße 183-3b
Otto-Wels-Straße (B) 183-2d

Pannesstraße 152-9b
Parkstraße 183-3a
Patternhof 183-3c
Paul-Ernst-Straße (15) 183-3b
Peilsgasse 183-3c
Peter-Koch-Straße 152-9b
Peter-Liesen-Straße 183-3a
Peter-Paul-Straße 183-2b
Pfarrer-Appelrath-Straße 183-3b
Pfarrer-Bringmann-Platz 153-12a
Pfarrer-Funk-Straße 183-9c
Pfarrer-Hoffmann-Straße (1) 154-11d.
Pfarrer-Kleinermanns-Straße (6) 183-6c
Pfarrer-Krings-Straße (13) 184-4a
Pferdegasse 152-9b
Phönixstraße 183-4a
Platanenweg 153-11b
Preyerstraße 183-3c
Propstei 183-1c
Pümpchen 183-4b
Pumpe 183-4c
Pützfeldchen 152-9d
Pützlohner Hof 154-7b
Pützlohner Straße 154-4c

Quellstraße 183-9b

Raiffeisenweg 153-11b
Rathausplatz 183-2d
Reigate & Banstead-Platz 183-2c
Reuleauxstraße 183-2b
Rhönstraße 183-6c
Ringofen 183-5a
Ringstraße 154-4c
Rinkensplatz 183-1a
Robert-Koch-Straße 153-11b
Röher Hütte 183-1a
Röher Straße 183-1c
Römerstraße 153-12a
Rosenallee 183-2d
Rosenstraße 154-4c
Rößlers Mühle 154-11d
Rotdornweg (2) 183-7a
Röthgen 183-5b
Röthgener Straße 183-5a
Rue de Wattrelos 152-6b
Ruhrstraße 183-3b
Rundstraße 154-11c

Saarstraße 184-1a
Sandberg 183-4b
Sandkaulberg 184-2b
Scherpenseeler Straße 183-9d
Schillerstraße 153-12a
Schlehdornweg (3) 183-7a
Schlesierweg (29) 183-9b
Schnellengasse (8) 183-2b
Schubbendenweg 153-10c
Schubertweg 183-2b
Schulstraße 183-1a
Schützenstraße 184-2a
Schwalbenweg (5) 183-6a
Schwarzer Weg 183-9d
Schwarzwaldstraße 153-7c
Sebastianusstraße 153-12b
Sebastianusweg 183-4d
Severinstraße (3) 154-11c
Silvesterstraße (2) 154-4c
Sofienstraße 183-5a
Spessartstraße 153-10a
Stadionstraße 184-2c
Städtlerstraße 183-7a
Stadt-Mitte 183-2d
Starenweg (4) 183-6a
Steinkohlenfeld 183-7a
Steinstraße 183-2c
Sternheimstraße (16) 183-3b
Sterzbusch 182-3a
Stettiner Straße 183-3a
Stich 183-4c
Stolberger Straße 183-7a
Stoltenhoffmühle 183-2a
Stoltenhoffstraße 183-1d
Stormstraße 183-3b
Stralsunder Straße (4) 183-3a
Stresemannstraße 153-9d
Stüfgensweg (7) 183-6c
Südstraße 183-3d

Talstraße 183-2c
Tannenbergstraße 184-2c
Tannenhof-Dürwiß 153-9c
Taunusstraße 183-6c
Teufelsschlucht 183-8d
Theodor-Heuss-Ring 153-11b
Tillersgasse (10) 183-3c
Tilsiter Straße 183-3a
Tonbrennerweg (26) 183-5a
Tulpenweg 183-3d
Tunnelweg 183-1d

Udelinberg 184-4a
Uferstraße 183-2d
Uhlandstraße (12) 183-3d
Ulmenstraße 153-11b
Unterer Brand 183-7d

Valentinstraße (2) 152-9b
Velauer Straße 153-7c
Vennstraße 183-6c
Verbindungsstraße 154-11c
Vereinsstraße 183-2c
Viktoriastraße (1) 152-9b
Villeweg (30) 183-6c
Vogesenstraße 183-6d
Volkenrather Straße 183-9b
Vollmühle 184-1d
Von-Bongart-Straße 183-6d
Von-der-Horst-Straße 183-5b
Von-Harff-Straße 183-5b
Von-Hatzfeld-Straße 154-11d
Von-Humboldt-Straße 183-2b
Von-Kleist-Straße (17) 183-3b
Von-Palant-Straße 183-6b
Von-Stephan-Straße (3) 183-2b
Von-Trips-Platz (5) 152-9b
Von-Trips-Straße 152-9b
Vulligstraße 183-2c

Waldstraße 183-7a
Wardener Straße (Kinzweiler) 152-6d
Wardener Straße (Röhe) 153-10c
Weierstraße 183-6a
Weißdornweg (1) 183-7a
Weißer Weg 184-2b
Weisweilerstraße 153-12a
Wenauer Straße 184-5a
Wendelinusstraße 183-9d
Werdenstraße 183-1a
Werkstraße 153-9b
Weserstraße 184-1a
Westerwaldstraße 153-7c
Wiesenkoppe (3) 183-9d
Wiesenstraße 154-4a
Wilhelm-Dohmen-Straße 153-12a
Wilhelminenstraße 183-4b
Wilhelm-Proemper-Straße 153-9c
Wilhelmshöhe 184-2d
Wilhelmstraße 183-5b
Willh.-Lexis-Straße 154-7d
Wollenweberstraße 183-2d
Wültgensstraße 152-9d
Wurzelweg 183-7d

Zanderhof 183-8b
Zechenstraße 183-6a
Zehnthofstraße 153-12a
Zentrum 183-4d
Zieglerstraße 183-5a
Zukunft (4) 153-12b
Zum Blaustein-See 153-8b
Zum Hagelkreuz 154-10b
Zur Alten Kirche (12) 184-4a
Zur Bohler Heide 183-9a

Etzbach

PLZ 57539

(zu VBG Hamm (Sieg))

Ahornweg 237-8b
Am Siegtor 237-5a

Bahnhofstraße 237-5c
Bahnstraße 237-5a
Bergstraße 237-5c
Birkenweg 237-8b
Bogenstraße (2) 237-5c
Buchenweg 237-8b

Donnenstraße 237-5c
Dorfstraße (1) 237-5c
Drosselweg 237-5c

Eichenstraße 237-8b
Erlenweg 237-8d
Eschenweg 237-8b

Fichtenweg 237-8b
Finkenweg 237-5c
Friedhofstraße 237-5c

Gartenstraße 237-5c
Grabenstraße 237-5a

Hammer Straße 237-4d
Herrgottsau 237-8b
Holunderweg 237-8b

Im Acker 237-5c
Im Kornfeld 237-5c
Im Rain 237-5a
Im Wiesengrund 237-5c

Kampstraße 237-5a
Kastanienweg 237-8b
Kiefernweg 237-8d

Leystraße 237-5c

Martinstraße 237-5c
Mittelstraße 237-5c
Mühlenhardt 237-5a

Parkstraße 237-5c
Poststraße 237-5c

Rotdornweg 237-8b
Rother Straße 237-4d

Schulstraße 237-5c
Siegstraße 237-5a
Steinfeldstraße 237-5c

Ulmenweg 237-8b

Vor der Schnellert 237-5c

Waldstraße 237-5c
Weißdornweg 237-8b
Wiesenstraße 237-5c

Eulenberg

PLZ 57614

(zu VBG Flammersfeld)

Altehütte 293-11b

Bergstraße 293-9c

Neuer Weg 293-9c

Talstraße 293-9c

Euskirchen

Straßennamen mit Suchfeldangaben in Klammern befinden sich im Cityplan auf Seite 35.

53879 Aachener Straße 261-6d
53881 Achatstraße 282-2c
53881 Ackerstraße 282-2b
53881 Adlerstraße 283-2c
53881 Adolf-Bohnen-Weg 282-4b
53881 Adolf-Halstrick-Straße 262-11d
53879 Agnes-Deutschbein-Straße 262-4b (35/B1)
53879 Ahornweg 261-9b
53879 Ahrstraße 262-4c
53879 Akazienweg 261-9b
53879 Albert-Latz-Straße 262-8c
53879 Albert-Schweitzer-Straße 262-7c
53879 Albrecht-Altdorfer-Straße 262-5b
53879 Albrecht-Dürer-Straße 262-8b
53881 Alemannenstraße 263-4c
53879 Alfred-Nobel-Straße 262-5c
53881 Alfred-Wegener-Straße 262-3a
53879 Alleestraße 262-4d (35/B3)
53879 Alte Gerberstraße 262-4c (35/A3)
53881 Alte Landstraße 261-8a
53879 Alter Markt 262-4d (35/A2)
53881 Altwerk 241-11c
53881 Alzenaustraße 282-2b
53881 Am Bach 261-7d
53879 Am Bollwerk (35/B2)
53881 Am Bruchzaun (8) 262-9b
53881 Am Buschweg 283-4b
53881 Am Dachsbusch 261-12c
53881 Am Domhof 262-11c
53881 Am Dorfgraben 263-4c
53881 Am Eichemer Garten 282-2b
53881 Am Erftmühlenbach 262-11d
53881 Am Erlenhof 262-2c
53881 Am Eulenhorst 282-9d
53881 Am Evangelischen Gemeindehaus 282-2d
53881 Am Flämmerbach 283-4a
53879 Am Fuchspfad 262-7b (35/B3)
53881 Am Hang 282-4d
53881 Am Himmelsgarten 282-2b
53879 Am Kahlenturm (35/B2)
53881 Am Klosterberg 283-7c
53881 Am Kreuzberg 283-4c
53881 Am Lindenbaum 262-8d
53879 Am Marienpütz 262-1d
53879 Am Mittbach 262-7c
53881 Am Nonnenhof 263-2c
53879 Am Ratsheimer Hof 262-9a
53881 Am Raupenbusch 283-7a
53881 Am Römerkanal 282-4b
53881 Am Ruhmut 263-2a
53881 Am Schellberg 282-4d
53879 Am Schwalbenberg 262-5a
53881 Am Siefengraben 242-12a
53881 Am Silberberg 242-9d
53881 Am Sportplatz 282-9b
53881 Am Tielchesbusch 282-9d
53881 Am Walzwerk 261-8b
53881 Amselweg (Flamesheim) 283-1d
53881 Amselweg (Roitzheim) (17) 262-11b
53881 Amsterdamer Straße 262-3c
53881 Amundsenstraße 242-12a
53881 An den Eichen 282-2d
53879 An den Kapuzinern (35/B2)
53881 An der Burgmühle 262-3a
53881 An der Eisenkaul 282-2d
53881 An der Elemaar 282-9b
53881 An der Katzenhecke 261-6c
53881 An der Klostermühle 282-2b
53881 An der Liersmühle 282-2d
53881 An der Rasthecke 282-9c
53879 An der Vogelrute 262-7b (35/B3)
53881 Andersenstraße 242-12a
53879 Angelika-Kaufmann-Straße 262-5b
53881 Annastraße 263-11c
53879 Annaturmstraße 262-4a (35/A2)
53881 Annostraße 241-10d
53881 Antoniushof 283-3b
53881 Antonius-Stein-Weg 242-12c
53881 Antweiler Straße 282-4c
53879 Appelsgarten 262-5d
53881 Ardennenstraße 282-4d
53881 Arenberger Hof 284-1b
53881 Arkturstraße 282-2d
53881 Arloffer Straße 282-6d
53879 Arnstädter Platz (7) 261-6b
53879 Asselbornstraße 262-7a
53881 Asternstraße 262-11b
53881 Athletikstraße 261-7b
53881 Auf dem Acker 262-9d
53881 Auf dem Broich 263-7a
53881 Auf dem Maarpfad 262-12b
53881 Auf dem Röttgen 262-11b
53881 Auf dem Wingert 262-3a
53881 Auf den Flörken 282-2a
53881 Auf der Bitze 262-3a
53881 Auf der Fuhr 262-9a
53881 Auf der Rauschen 262-8d
53879 Augenbroicher Straße 262-7a
53881 Augustinerinnenweg 283-1d
53879 August-Macke-Straße (10) 262-5b
53879 August-Serwe-Straße 262-7b

53881 Bachstraße 262-9b
53879 Bahnhofstraße 262-4d (35/B2)
53881 Bajuwarenstraße 263-7a
53881 Barentstraße 242-12c
53881 Bartelshof 242-10d
53879 Basingstoker Ring 262-4c
53881 Bataverstraße 263-4c
53881 Bäumersmühle 262-9c
53879 Baumstraße 262-4d (35/A2)
53881 Bechsteinstraße 242-12a
53881 Beethovenstraße 262-9d
53879 Behringstraße 262-4a
53881 Belgienstraße 283-5c
53879 Bendengasse 262-4c (35/A2)
53879 Bendenstraße 262-4c (35/A2)
53879 Bergerstraße 262-4a (35/A1)
53879 Berliner Straße 262-4d (35/A2)
53881 Bienenstraße 261-8b
Billiger Straße 261-12d
53879 Nr. 1-151, Nr. 2-126
53881 Nr. 301-317, Nr. 302-318
53879 Birkenplatz 261-9b
53879 Bischofstraße 262-4c (35/A2)
53879 Bismarckstraße 262-7a

53881 Bleibachstraße 241-11c
53879 Bleigasse (35/A2)
53881 Bodenheimer Straße 262-1b
53879 Boenerstraße 262-7c
53879 Bonner Straße 262-5d
53879 Borgmannstraße 262-4b
53879 Brandenburger Straße 261-6b
53879 Breite Straße 262-4d (35/B2)
53879 Breslauer Straße 262-4a
53881 Brictiusstraße 261-8b
53881 Brigittestraße 263-11c
53881 Broicher Hof 281-6d
53881 Bruchstraße 263-2a
53881 Brückenstraße 262-8d
53881 Brunhildestraße 263-11c
53881 Brüsseler Straße 262-3c
53879 Buchenweg 261-9b
53879 Bunggasse 261-12d
53881 Burg Flamersheim 283-1d
53881 Burg Kleinbüllesheim 262-3d
53879 Burg Ringsheim 283-2d
53881 Burg Schweinheim 283-5d
53881 Burg Veynau 261-10a
53881 Burgacker 282-2b
53881 Burgberg 282-4b
53881 Burgunderstraße 263-4c
53881 Buschstraße 262-9d

53881 Cäcilienweg (3) 263-11c
53879 Carl-Benz-Straße 262-8b
53881 Carl-Koenen-Straße 262-9c
53879 Carl-Spitzweg-Straße (14) 262-5b
53879 Carmanstraße 262-4a (35/A1)
53881 Caspar-Müller-Straße 262-11b
53881 Centaurstraße 282-2b
53879 Charleviller Platz (35/A1)
53881 Cheruskerstraße 263-7b
53879 Chlodwigstraße (35/A2)
53881 Christian-Schaefer-Straße 283-1c
53881 Cimbernstraße 262-6d
53881 Clemens-August-Straße 282-2c
53881 Cornelimünsterweg 282-3d
53881 Cyriakusstraße 282-1a

53881 Dachsstraße 263-1d
53881 Dadenbergring 262-6d
53879 Danziger Straße 262-4a (35/A2)
53879 Dechant-Vogt-Straße (35/A2)
53881 Dechant-Wolfgarten-Straße 282-2c
53881 Delphinstraße 261-5a
53881 Derkumer Straße 242-12a
53881 Diamantstraße 282-1d
53881 Diemstraße 261-7d
53879 Disternicher Torwall 262-4c (35/A2)
53881 Dom-Esch-Straße 263-5a
53879 Dominikanerinnenplatz 262-4d (35/B2)
53881 Dompfaffstraße 283-4b
53881 Domweide 262-3c
\- Dornschneise 284-1c
53881 Dorotheastraße 263-11c
53881 Dr.-Bayer-Straße 263-2c
53879 Dr.-Doetsch-Straße 262-1d
53879 Dr.-Friedeberg-Straße 262-7d
53879 Dr.-Hugo-Oster-Platz 262-4d
53879 Dr.-Josef-Steinhausen-Straße (3) 262-1d
53881 Dr.-Lieser-Straße 282-2d
53881 Dr.-Rütten-Promenade 262-5a
53879 Dr.-Schönenborn-Straße 262-7d
53879 Dr.-Schweigel-Straße 262-1d
53881 Drosselweg (Flamersheim) (6) 283-1d
53881 Drosselweg (Roitzheim) (19) 262-11b
53879 Dürener Straße 262-4c

53881 Ehrenstraße 262-9d
53879 Eichendorffstraße 262-7a (35/A3)
53879 Eifelring 262-7a (35/B3)
53881 Einsteinstraße 282-6d
53879 Eisenacher Straße (5) 261-6b
53881 Elchstraße 263-2c
53881 Elisabethstraße 263-11c
53881 Ellerbachsweg 283-4b
53879 Elsa-Brändström-Straße 262-7d
53881 Elsiger Straße 261-5c
53879 Emil-Fischer-Straße 262-4d
53879 Emil-Nolde-Straße (13) 262-5b
53879 Engelbert-Goebel-Straße 262-7c
53879 Entenpfuhl (35/A2)
53879 Erftbleiche 262-5a
53879 Erftstraße 262-4d
53879 Erfurter Straße 261-6b
53881 Erikastraße 263-11c
53881 Erlenhof 262-2a
53881 Erlenweg 283-1d
53881 Ernastraße 263-11c
53879 Ernst-Moritz-Arndt-Straße 262-7a
53881 Eschenruhe 263-2a
53879 Eschenweg 261-9b
53881 Essiger Weg 263-2c
53881 Etruskerstraße 263-4c
53881 Euenheimer Straße (Billig) 261-12a
53881 Euenheimer Straße (Euenheim) 261-5c
53881 Eulenheckerweg 282-9a
53881 Eulenweg 262-11b
53879 Eupener Straße 261-6b
53879 Europadorf 262-1d
53881 Euskirchener Heide 261-12a

53879 Falkenburger Straße 262-4b
53881 Falkenweg 283-1d
53881 Falterstraße 261-9a
53881 Fasanenstraße 283-1d
53881 Feldgartenstraße 242-12a
53881 Felix-Wankel-Straße 262-8d
53881 Filchnerstraße 262-3b
53881 Finkenweg 283-1d
\- Flamersheimer Allee 283-3d
53881 Flamersheimer Weg (2) 263-11c
53881 Flockenmühle 262-12a
53881 Forellenstraße 261-5a
\- Forsthaus Steinbach 302-6b
53881 Frankenstraße 282-9a
53879 Franziskanerplatz 262-7a
53879 Franz-Sester-Straße 262-7b
53881 Frauenberger Straße 261-3a (35/A1)
53881 Fraunhoferstraße (1) 283-7a
53881 Freiheitsstraße 242-12c
53881 Friedhofstraße 242-12c
53879 Friedrichsruh 262-1d
53881 Friedrichstraße 282-2a
53881 Friesenstraße 263-7a
53881 Fritzstraße 282-3d

53881 Galileistraße 283-7a
53881 Gallierstraße 263-4c
53879 Gansweide 262-4d (35/B2)
53879 Gartenstraße (35/A3)
53881 Gebrüder-Grimm-Straße 242-12a
53881 Geierstraße 283-1b
53879 Georgstraße 261-6d
53879 Gerberstraße 262-4c (35/A3)
53881 Germanenstraße 263-4c
53881 Gerstenstraße 282-1a
53881 Gertrudenhof 282-2a
53881 Gertrudisweg 262-2a
53881 Geschwister-Burch-Straße 282-9b
53881 Gladiolenweg (18) 262-11b
53879 Goethestraße 262-7a
53881 Golfstraße 261-7d
53879 Görresstraße 262-5c
53881 Gotenstraße 263-4c
53879 Gothaer Straße (4) 261-6b
53879 Gottfried-Disse-Straße 262-7d
53879 Gottfried-Kinkel-Straße 262-7b (35/B3)
53881 Gottfried-Schenker-Straße 262-8c
53879 Gottlieb-Daimler-Straße 262-5c
53881 Grabenstraße 262-3d
53881 Gregor-Mendel-Straße 282-6b
53881 Grenzweg 282-4c
53881 Grondahlsmühle 262-9b
53881 Großbüllesheimer Straße 242-12c
53881 Große Burg 262-3a
53881 Große Höhle 283-1d
53879 Grüngasse 262-4a (35/A1)
53879 Grünstraße 262-4c (35/A2)
53881 Gustav-Nachtigal-Straße 242-12c
53881 Gut Friedrichsruh 262-1b
53879 Gutenbergstraße 262-7d

53881 Haferstraße 281-3b
\- Hahnenberger Straße 283-11a
\- Hahnentrift 283-11d
53881 Händelstraße 262-9a
53879 Hanna-Nagel-Straße 262-5b
53881 Hans-von-Bemberg-Straße 283-5b
53881 Harbigstraße 261-8a
53879 Hardenbergstraße 262-5a
53881 Hardtburg 282-5b
53881 Hardtburger Straße 282-2d
53881 Hardtstraße 282-2d
53881 Haselnußstraße 281-3b
53881 Hasenhecke 282-1d
53881 Hasenpfad 263-2c
53881 Hauffstraße 242-12a
53881 Haus Broich 281-6d
53881 Haus Heide 262-10b
53881 Haus Maria Rast 281-6d
53881 Haus Schlangeneck 283-5d
53881 Haus Sonneneck 262-10b
53879 Haydnstraße (3) 262-9d
53881 Hechtstraße 261-5a
53881 Hedwigstraße 263-11c
53881 Heinrich-Barth-Straße 243-10c
53879 Heinrich-Rick-Straße 262-7c
53879 Heinrich-Ruster-Straße 262-9b
53881 Heinrichstraße 282-3d
53881 Helmchesgasse 261-7d
53879 Henry-Dunant-Straße 262-10b
53881 Herderstraße 241-11a
53881 Herkulesstraße 282-2b
53879 Hermann-Löns-Straße 262-7a
53881 Herrenhausstraße 261-8b
53881 Hertzstraße 282-9b
53879 Herz-Jesus-Vorplatz (35/B2)
53879 Hindenburgplatz 262-4d
53881 Hinter den Gärten 282-2b
53881 Hinter den Hecken 242-12c
53881 Hirschstraße 263-2c
53879 Hochstraße 262-4d (35/A2)
53881 Hockenbroicher Straße 282-9b
53881 Hofgasse 242-11d
53879 Hofpfad 261-6d
53881 Hohnshecker Weg 282-9b
53879 Holbeinstraße 262-5b
53881 Hollandstraße 283-5a
53881 Horchheimer Straße 283-1d
53879 Hörselgauer Straße (6) 261-6b
53879 Hubert-Salentin-Straße 262-5d
53881 Hubertushof 283-2d
53881 Hubertusstraße 282-4b
53879 Hubert-Vallender-Straße 262-7c
53879 Hugo-Schmöle-Straße (9) 262-7c
53881 Humboldtstraße 282-9b
53881 Hummelstraße 261-8a
53881 Humperdinckstraße 263-7c

53879 Im Auel 262-7a (35/A3)
53879 Im Bruch 262-5d
53881 Im Bungert 283-4b
53881 Im Domgarten 262-3c
Im Erfttal 262-8d
53881 Nr. 1-37
53879 Nr. 41
53881 Im Forstchen 282-9a
53881 Im Höstert 262-9a
53881 Im Kirschgarten (4) 262-9d
53879 Im Kleinefeldchen 262-4b (35/B1)
53881 Im Klosterpfad 283-7c
53881 Im Klostertal 283-7c
53881 Im Krautgarten 262-11d
53881 Im Laach 263-7a
53881 Im Mariental 262-3c
53881 Im Mühlenfeld 262-11d
53881 Im Reiherflug 283-1c
53881 Im Rosenwinkel 262-11d
53881 Im Rosterfeld 282-6d
53879 Im Schilderfeldchen 262-4a (35/A1)
53881 Im Weingarten 282-6b
53879 In den Benden 261-6d
53881 In den Breiten 282-9a
53881 In den Dürten 241-11a
53881 In den Erken 261-8b
53881 In den Erlen 262-3c
53879 In den Essigbenden 262-7c
53881 In den Fließen 283-7a
53881 In den Herbstbenden 262-3c
53879 In den Herrenbenden 262-4b (35/B2)
53881 In den Hüppen 282-2b
53879 In den Seebenden 262-5d
53881 In den Weiden 241-11c
53881 In den Wiesen (1) 262-9b
53881 In der Comme 283-1d
53881 In der Driesch 261-4b
53881 Industriegebiet EURO-Park 262-8b
53879 Industriestraße 262-7b
53881 IPAS Industrie- und Gewerbepark "Am Silberberg" 242-9d
53881 Irmelsgasse 283-5a
53881 Irresheim 261-1b
53879 Isarstraße 261-9a

53879 Jahnstraße 262-4a (35/A1)
53881 Jakob-Brücker-Straße 262-11b
53881 Jakob-Regh-Straße 282-2b
53879 Jakobsgasse 262-4c
53879 Jakobstraße 262-4c
53879 Jean-Spessart-Straße (16) 262-5c
53879 Johannesbergstraße 262-4d (35/B3)
53881 Johannes-Brahms-Straße (7) 262-9b
53881 Johannesstraße 261-8b
53881 Johann-Schmitz-Straße 261-5a
53881 Johann-Strauß-Straße 263-7c
53879 Josef-Franke-Straße 262-1d
53881 Josef-Gebertz-Straße 282-4b
53879 Josef-Krauthausen-Straße 262-7c
53881 Josef-Krautwig-Straße 282-2b
53881 Josef-Ruhr-Straße 261-9a
53879 Josefstraße 262-4c
53879 Jülicher Ring 262-4a
53881 Jupiterstraße 262-11d

53881 Käferstraße 261-8b
\- Kahlenberger Straße 303-4a
53879 Kälkstraße 262-4d (35/B2)
53879 Kapellenstraße 262-4c (35/A2)
53879 Kaplan-Kellermann-Straße 262-4d (35/B2)
53879 Karl-Gissinger-Straße 262-4a
53879 Karl-Schurz-Straße 262-7d
53879 Kastanienweg 261-9b
53881 Kastenholzer Burgstraße 282-3d
53881 Katharinenhof 284-1a
53879 Käthe-Kollwitz-Straße 262-5b
53881 Kaumannstraße 262-9b
53879 Keltenring 262-4b (35/B1)
53881 Keplerstraße 282-6d
53881 Kerp'sches Mühle 262-11d
53881 Kerp'sches Mühlenweg 262-11d
53881 Kessenicher Burgstraße 262-2a
Kessenicher Straße 262-4b (35/A1)
53879 Nr. 1-127, Nr. 2-182
53881 Nr. 139-225, Nr. 210-244
53879 Kessenicher Torwall (35/B2)
53879 Kiefernweg 261-9b
53881 Kieselweg 282-2c
53881 Kirchheimer Straße 282-6d
53879 Kirchplatz (35/A2)
53879 Kirchstraße 262-4c (35/A2)
53879 Kirchwall 262-4d (35/A2)
53881 Kirschenallee 261-12a
53881 Kleeburger Mühle 262-6d
53881 Kleinbüllesheimer Straße 262-3c
53881 Kleine Höhle 283-1d
53881 Kleiststraße 283-7a
53879 Klevische Straße 262-4b
53881 Klopstockstraße 241-11c
\- Klostergarten (35/A2)
53881 Klosterpfad 283-7a
53879 Klosterstraße (35/A2)
53881 Klunkert (1) 263-11c
53881 Klusenweg 262-9b
53881 Koenenkreuzstraße 282-2b
53879 Kolberger Straße 261-6b
53879 Kölner Straße 262-4d (35/B2)
53879 Kolpingstraße 262-4b (35/A2)
53881 Kolumbusstraße 242-12b
Kommerner Straße 261-7b (35/A2)
53879 Nr. 1-149, Nr. 2-212
53881 Nr. 231-337, Nr. 314, Nr. 340-470, Nr. 381-409
53881 Kompsmühle 242-11d
53881 Kompstraße 262-3a
53879 Königsberger Straße 262-4a
53881 Konradstraße 282-3d
53881 Konrad-von-Hochstaden-Straße 282-2c
53881 Kopenhagener Straße 262-3c
53881 Kopernikusstraße 282-6d
53881 Kornblumenweg 262-11b
53879 Kösliner Straße 261-6b
53881 Kranichstraße 283-1b
53881 Krebsgasse 263-11a
53881 Kreitzgasse (1) 263-4c
53881 Kreuzberger Straße 282-2b
53881 Kreuzstraße 282-3d
53881 Kuchenheimer Markt (2) 262-9d
53881 Kuchenheimer Straße 262-9a

53881 Laachgasse 263-11c
53879 Lahnstraße 261-9a
53881 Lambertusstraße 262-9b
53881 Lappermühle 263-11d
53881 Lappermühlenallee 283-3a
53881 Laurentiusstraße 282-3d
53881 Leguanstraße 261-12a
53881 Leibnizstraße 241-11c
53881 Lerchenweg 283-1d
53879 Lessingstraße 262-7a
53881 Libellenstraße 261-8b
53881 Liersmühle 282-2c
53881 Lilienstraße 262-11b
53881 Lindenberg 282-9b
53881 Lindenhof 283-3b
53881 Lindenhofstraße 262-1b
53879 Lindenweg 261-9b
53879 Lippestraße 261-9a
53881 Lise-Meitner-Straße 242-12c
53881 Lisztstraße 262-6d
\- Locher Allee 283-9b
53879 Lochnerstraße 262-5d
53881 Lohmühle 262-9c
53881 Lohmühlenweg 262-9c
53881 Lommersumer Straße 262-1b
53881 Londoner Straße 262-3c
53881 Lortzingstraße 262-9a
53879 Lotharstraße (2) 262-1d
53881 Löwestraße 282-3a
53881 Luchsstraße 263-1d
53881 Ludwigstraße 282-3d
53879 Luisenplatz (35/A2)
53879 Luisenstraße (35/A2)
53881 Lütticher Straße (1) 262-3c
53881 Luxemburger Straße 262-3b

53881 Magellanstraße 262-3b
53879 Mainstraße 261-6d
53879 Malmedyer Straße 261-6d
53881 Mandtgasse 281-3b
53881 Marathonstraße 261-8a
53881 Marco-Polo-Straße (1) 262-3b
53881 Marderstraße 263-2c
53881 Margarete-Metz-Straße 262-8d
53881 Margaretenstraße 263-10d
53881 Margarethenhof 284-1a
53881 Marienburger Straße 282-3a
53881 Marienpfad 241-11c
53881 Marientalmühle 262-3c
53881 Markt Flamersheim 283-1d
53881 Marsstraße 282-2b
53881 Marthashof 284-1a
53879 Martinsgasse (35/A2)
53881 Max-Born-Straße 282-9d
53879 Max-Ernst-Straße (15) 262-5d
53879 Max-Liebermann-Straße (11) 262-5b
53881 Max-Planck-Straße 283-4c
53879 Mecklenburger Straße 261-6b
53881 Medardusstraße 261-7b
53881 Meisenweg 283-1d
53879 Memelstraße 261-6b
53881 Merkurstraße 282-2b
53881 Mersbachweg 282-4c
53881 Michaelstraße 242-12c
53881 Militscher Straße 262-3b
53879 Mittelstraße 262-4d (35/B2)
53881 Mönchstraße 283-1d
53881 Monikastraße 263-11c
53879 Monschauer Straße 261-6b
53879 Mörikestraße 261-9b
53879 Moselstraße 262-4c (35/A3)
53881 Möwenstraße 283-1b
53881 Mozartstraße (5) 262-9d
53881 Mühlenauel 261-7d
53879 Mühlenstraße 262-4b (35/B1)
53881 Münchhausenstraße 242-11b
53881 Münsterbergstraße 282-4c
53879 Münstereifeler Straße 262-4d (35/A3)
53881 Münsterstraße 262-9d

53881 Nachtigallenweg 283-1d
53879 Nahestraße 262-4c (35/A3)
53879 Namslauer Straße 261-6d
53881 Nansenstraße 242-12c
53881 Narzissenweg 262-8c
53879 Neckarstraße 261-6d
53879 Neißestraße 262-7a (35/A3)
53881 Nelkenstraße 262-11b
53881 Neptunstraße 282-2b
53881 Neue Allee 283-3b
53879 Neuer Markt (35/A1)
53881 Neuer Mönchhof 283-1a
53881 Neumühle 262-6b
53879 Neustraße 262-4d (35/B2)
53879 Neutorwall 262-4d (35/B2)
53881 Nideggener Straße 241-11c
53881 Niederkastenholzer Straße 282-3d
53881 Niels-Bohr-Straße 282-9b
53881 Nikola-Reinartz-Straße 282-4d
53879 Nikolaus-Otto-Straße 262-7d
53881 Nikolausstraße 262-9d
53881 Nobisstraße 262-3b
53879 Nordstraße 262-4b (35/B1)

53881 Ober den Erken 261-8b
53881 Obere Burg 262-9c
53881 Oberwichterichstraße 241-7d
53881 Odendorfer Weg 263-11c
53879 Oderstraße 261-9b
53881 Offenbachstraße 262-9d
53881 Ohligschlägerplatz 282-2b
53881 Ohmstraße 282-6d
53881 Olympiastraße 261-7d
53881 Orionstraße 282-2b
53881 Osloer Straße 262-3d
53879 Oststraße 262-4d (35/B3)
53881 Otto-Hahn-Straße 282-6d
53879 Otto-Lilienthal-Straße 262-8c

53881 P.-C.-Ettighofer-Straße 242-11d
53881 Palmersheimer Straße 263-10b
53879 Pappelallee 261-9b
53881 Pastoratsstraße 261-7b
53881 Pastor-Klingler-Weg 262-8d
53881 Pater-Trompeter-Straße (2) 282-6d
53879 Paula-Modersohn-Becker-Straße 262-5b
53879 Paul-Ehrlich-Straße 261-3d
53879 Paul-Keller-Straße 261-9b
53879 Paul-Klee-Straße (12) 262-5b
53881 Paulstraße 282-3d
53881 Paul-Tillmann-Straße 282-2d
53881 Pelzergasse 242-12c
53881 Peter-Falkenstein-Straße 282-3c
53881 Peter-Josef-Wohlheimer-Straße 282-2d
53879 Peter-Simons-Straße 262-4b
53881 Petersstraße (2) 261-6d
53881 Pfarrer-Dr.-Kurthen-Straße (3) 283-4c
53881 Pfarrer-Leuchter-Straße 261-5a
53881 Pfarrer-Müller-Straße 262-9b
53881 Pfarrer-Scheeren-Straße 282-9b
53881 Pfauenstraße 283-1d
53881 Pferdefriedhofgasse 283-5b
53879 Philipp-Reis-Straße 262-7b
53881 Phönixstraße 262-11d
53879 Pielsgasse (35/A2)
53881 Postweg 262-9d
53881 Procter & Gambler-Straße 242-12a
53879 Pützbergring 262-5c
53881 Pützgasse 283-1d

53881 Quarzstraße 282-2c

53881 Rabenweg (4) 283-1c
53881 Raiffeisenplatz 282-2b
53879 Rathausstraße (35/A2)
53879 Ratsheimer Hof 262-6c
53881 Rauchschwalbenweg (2) 283-1c
53881 Rebhuhnweg (5) 283-1d
53881 Regenpfeiferweg (1) 283-1c
53881 Rehstraße 263-2c
53881 Reichsstraße 242-11d
53879 Reinaldstraße 262-4b
53881 Rhederstraße 282-2c
53881 Rheinbacher Weg 262-9d
Rheinstraße 261-8b
53879 Nr. 1-3, Nr. 2-14
58881 Nr. 5-85, Nr. 68-118
53881 Rigaer Straße 262-3d
53881 Ringelstraße 281-3b
53881 Ringsheimer Allee 283-6a
53881 Ringsheimer Weg 283-1d
53881 Ringstraße 282-4c
53881 Rischgasse 282-6d
53879 Robert-Koch-Straße 262-4a (35/A1)
53881 Robert-Stolz-Straße 262-9a
53881 Rodderbach 263-10d
53881 Roggenstraße 281-3b
53881 Rohrammerweg (3) 283-1c
53879 Roitzheimer Straße 262-4d (35/B3)
53881 Römerhof 283-3b
53881 Römerkastellstraße 281-3b
53879 Römerstraße 262-8a
53879 Röntgenstraße 262-4a
53881 Rosengarten 262-9a
53881 Rosenpfad 262-9a
53881 Rotdornstraße 262-8d
53881 Rotkehlchenweg 283-1c
53879 Rüdesheimer Ring 261-6b
53879 Rüdesheimer Torwall (35/A2)
53879 Rudolf-Diesel-Straße 262-7b

53881 Saalstraße 282-3d
53879 Saarstraße 262-4c (35/A3)
53881 Sachsenstraße 263-4c
53881 Saganer Straße 282-6d
53881 Salamanderweg 261-12a
53881 Salierstraße (4) 263-4c
53881 Sandgrubenweg 263-2a
53881 Saturnstraße 282-3c
53879 Sauerbruchstraße 262-4a
53881 Schäferei 282-1d
53881 Schäferstraße 282-2b
53881 Schalderberg 282-9b
53881 Schallenbergstraße 262-9d
53881 Scheesgasse 282-3d
53881 Schießbergstraße 262-9d
\- Schillerpark 262-7a
53879 Schillerstraße 262-7a
53879 Schillingstraße 262-4a (35/A1)
53879 Schleidener Straße 261-6d
53881 Schloßmühlenstraße 261-8a
53881 Schneppenheimer Weg 242-12a (35/A1)
53881 Schönblick 282-2d
53881 Schornbuschstraße 263-11c
53881 Schubertstraße (6) 262-9d
53879 Schumannstraße 261-9b
53881 Schwarzer Weg 262-9c
53881 Schwedenstraße 283-5d
\- Schweinheimer Allee 283-6d
\- Schweinheimer Pfad 283-6c
53881 Schweinheimer Straße 283-5d
\- Schweinheimer Weg 284-7a
53881 Schweizer Straße 283-5b
53881 Scottstraße 242-11d
53879 Sebastian-Kneipp-Straße 262-4a (35/A1)
53879 Sebastianusstraße 262-4a (35/A1)
53879 Selbachstraße 262-7c
53881 Selmenstraße 282-2b
53881 Siedlung Billiger Wald 281-2b
53881 Siedlung Euskirchener Heide 261-12b
53881 Siedlung Schornbusch 283-3b
53881 Siriusstraße 282-2b
53881 Skorpionstraße 282-3a
53881 Slawenstraße 263-7a
53881 Sonnenblumenstraße 262-8d
53881 Sonnenstraße 262-11b
\- Speckelsteiner Allee 283-3d
53881 Speckelsteinstraße 283-1b
53881 Sperberstraße 283-1d
53881 Sperlingstraße 283-1b
53879 Spiegelstraße 262-4d (35/B2)
53881 St.-Florian-Platz (1) 262-11d
53881 St.-Georgs-Winkel 241-11c
53879 St.-Vither-Straße 261-6d
\- Stadtpark 262-4c (35/A3)
53881 Steinbachtalsperre 283-12a
53881 Steinbockstraße 282-2d
53881 Steinkaul 282-9b
53881 Stephanusstraße 262-8d
53881 Sternenstraße 282-2a
53879 Stettiner Straße 261-6b
53881 Stiefelhagenstraße 262-9c
53879 Stollmannstraße (1) 262-1d
53881 Storchenstraße 283-1b
53881 Stotzheimer Straße 282-2b
53881 Straßfelder Weg 263-2a
53879 Stresemannstraße 262-5a
53879 Südstraße 262-7b

53881 Talsperrenstraße 282-6d
53881 Talstraße 242-12c
53881 Tannenau 241-10d
53879 Tannenweg 261-9b
53881 Taubenstraße 283-1b
53881 Telemannstraße 263-7c
53881 Teutonenstraße 262-6d
53879 Theodor-Nießen-Straße 262-1d
53879 Thomas-Eßer-Straße 262-7d
53879 Thomas-Körner-Straße 261-9b
53879 Thomas-Mann-Straße (8) 262-7b
53879 Thoméstraße 262-4b (35/B1)
53879 Thüringer Straße 261-6b
53879 Tilsiter Straße 261-6a
53881 Tomberger Mühle 262-12a
53881 Tomburgstraße 262-11b
53881 Traubenstraße 262-10c
53881 Treckgasse 261-8a
53879 Trierer Straße 261-6b
53881 Trotzenberg 261-7b
53879 Tuchmacherweg (35/A3)
53881 Turnierstraße 261-7d

53881 Ubierstraße 263-4c
53879 Uhlandstraße 262-7a (35/A3)
53879 Ulmenweg 261-9b
53879 Unitastraße 262-4b (35/B1)
53881 Untere Ahr 262-3a
53881 Untere Burg 262-9b
53881 Unterster Hof 241-10d
53881 Uranusstraße 282-2d
53879 Ursulinenstraße 262-4d (35/B2)

53881 Valdergasse 283-1d
53881 Vasco-da-Gama-Straße 242-12a
53881 Venusstraße 282-2b
53881 Verdistraße 262-9d
53879 Veybachstraße 262-4d (35/B3)
53881 Veynauer Weg 281-3b
53881 Vikariegasse (2) 263-4c
53879 Viktoriastraße (35/B2)
53879 Virchowstraße 262-7c
53881 Vivaldistraße 262-9c
53881 Vogelsang 282-9a
53879 Vom-Stein-Straße 262-5a
53881 Von-Bassenheim-Straße 262-1b
53881 Von-Binsfeld-Straße 262-2a
53881 Von-Halt-Straße 261-7d
53881 Von-Heimbach-Straße 282-2b
53881 Von-Laue-Straße 283-7a
53879 Von-Siemens-Straße 262-8a
53879 Vuvenstraße (35/A2)

53881 Wagnerstraße 283-1d
53879 Walramstraße 262-4b (35/B2)
53881 Wassermannstraße 282-3a
53881 Wattstraße 283-7a
53881 Wegastraße 282-2b
53881 Weidenweg 282-6d
53881 Weidesheimer Straße 262-6d
53881 Weilerweg 282-6d
53879 Weimarer Straße 261-6b
53881 Weingartenstraße 282-4d
53881 Weingartsgasse 283-5b
53881 Weißdornstraße 262-11b
53881 Weizenstraße 262-10c
53879 Weserstraße 261-9a
53879 Weststraße 262-4c (35/A2)
53881 Widderstraße 282-2b

53881 Wiener Straße 262-3a
53881 Wieselstraße 263-2c
53881 Wikingerstraße 263-4c
53881 Wilhelm-Kalff-Straße 282-2b
53879 Wilhelmstraße 262-4d (35/B3)
53881 Willi-Graf-Straße 262-9b
53881 Windenweg 282-9b
53881 Wingertsberg 262-3a
53879 Winkelpfad 261-6b
53879 Wißkirchener Fließ 262-7a (35/A3)
53881 Wißkirchener Straße 261-7b
53881 Wolfgangstraße 282-3a
53879 Wolfsgasse (35/A2)
53881 Wolfskaul 283-1d
53881 Wüschheimer Straße 242-11b

53881 Zeisigstraße 283-1c
53879 Zeppelinstraße 262-7d
53879 Zülpicher Straße 262-4c
53881 Zum Pastoratsacker 282-9b
53881 Zur Kleeburg 262-6d
53881 Zur Tomberger Mühle 262-12a

Fachbach
PLZ 56133

(zu VBG Bad Ems)

Alter Postweg 347-10b
Auf der Oberau 352-3a

Furtweg 347-10d

Gartenweg 347-10d

Haus Wirz 346-12d
Hungerbachweg 347-10c

Im Bachberg 347-10d
Im Fachbachtal 347-10b
Im Weickert 347-10d
Insel Oberau 346-12d

Kalenbach 346-12d
Kapellenweg 347-10b
Koblenzer Straße 352-3a

Lahnweg 347-10d

Mittelstraße 347-10d
Mittlere Struth 347-10d
Müllersgäßchen (2) 347-10d

Oberes Weinberghaus 347-11c

Schlehenweg 352-3b
Schleusenhaus 346-12d
Sommerstraße 347-10c

Taubengasse (1) 347-10d

Untere Struth 347-10d
Unteres Weinberghaus 347-10d

Waldstraße 352-3a
Wiesenstraße 347-10d

Fiersbach
PLZ 57612

(zu VBG Altenkirchen (Westerwald))

Auf dem Platz 254-10a

Dickten 254-10a
Dicktener Straße 254-10c

Kriegershof 253-12b
Kriegshofer Straße 254-10c

Lindenstraße 254-10c

Mehrener Straße 254-10c
Mühlenweg 254-10c

Retterser Straße 254-10c
Ringstraße 254-10c

Zum Triesch 254-10c

Flammersfeld
PLZ 57632

Ahlbach 274-8c
Ahlbacher Straße 274-11c
Ahlberg 274-11b
Ahornweg 274-11d
Am Kirmesplatz (1) 274-11d
Am Sonnenberg 274-11d
Auf dem Gäu 274-11b
Auf der Brück 274-11b
Auf der Helden 274-11b

Bahnhofstraße 274-12c
Bergstraße 274-11b
Birkenweg 274-11d
Bommigsweg 274-11a
Bornplatz 274-11b
Burgplatz 274-12c

Eichenstraße 274-11d

Finkenweg 274-11b
Forsthausstraße 274-11d

Gartenstraße 274-11d
Gäuweg 274-11d
Grüner Weg 274-11d

Hoben 274-12c
Hobener Weg 274-12c
Hubertussteig 274-11d

Im Platzgarten (2) 274-11d

Kescheider Straße 274-8c
Kornbitze 274-12a

Lerchenweg 274-11b
Lindenstraße 274-11d

Mehrener Straße 274-11a
Mühlenweg 274-11a

Raiffeisenstraße 274-11d
Rheinstraße 274-11d
Rosenstraße 274-11d

Schulstraße 274-11d
Siebengebirgsstraße 274-11c
Südstraße 274-11d

Talstraße 274-11d

Waldweg 274-8c

Fluterschen
PLZ 57614

(zu VBG Altenkirchen (Westerwald))

Ahornweg 276-7b
Amselweg 276-8a
Auf dem Koppel (1) 276-7b
Auf dem Nassen 276-7b

Brauershof 276-8a
Brunnenstraße 276-7b
Bürgersgarten 276-7b

Eichweg 276-7b

Forsthaus Fluterschen 276-7d

Gartenweg 276-7b

Hohlweg (3) 276-8a

Kaulenweg 276-4d
Koblenzer Straße 276-7d

Lerchenweg 276-8a

Ringweg 276-8a

Steimeler Weg 276-8a

Talstraße 276-7b

Wasserberg 276-7b
Wiesenstraße (2) 276-7b

Zum Allen 276-7b

Forst
PLZ 57537

(zu VBG Hamm (Sieg))

Am Alten Berg 207-8c
Am Steimelskopf 207-10d
Am Wusthahn 207-7d
Auf dem Kamp (1) 207-10d
Auf den Heerden 207-10d

Dellingen 207-7d
Dellinger Straße 207-7d
Dorfstraße (2) 207-11d

Eichenweg 207-10d

Feldstraße 207-11c
Forster Straße 207-7b

Gartenstraße 207-10d

Hauptstraße 207-10b
Hof Holpe 207-11c
Holper Straße 207-8a

Im Alten Hof 207-8a
Im Garten 207-11d
In der Hardt 207-8a
Irlenweg 207-7b

Kaltau 207-8a
Kaltauer Straße 207-8a

Lechenbach 207-8a
Leyer Weg 207-7b

Neuhöfchen 207-11a
Neuhöfcher Straße 207-11a
Nordstraße 207-10d

Oberseifener Straße 207-7b
Oststraße 207-11c

Schulweg 207-10b
Seifen 207-7b
Seifermühle 207-8c
Südstraße 207-10d

Talstraße 207-11b

Wäldchen 206-9b
Waldstraße 207-10b
Weststraße 207-10d
Wiesenstraße 207-11c

Zinshardter Weg 207-8a

Forstmehren
PLZ 57635

(zu VBG Altenkirchen (Westerwald))

Am Mühlengraben 254-12a

Der alte Hohlweg 254-11b

Heckengartenweg (1) 254-12a

Kuhweg 254-12a

Mehrbachstraße 254-11d
Mittelweg 254-12a
Mühlenweg 254-12c

Schulweg 254-11b

Frechen
PLZ 50226

Aachener Straße 131-3c
Adam-Schall-Straße 132-5b
Adam-Stegerwald-Straße 132-9d
Adolf-Vogt-Straße 131-9d
Adolph-Kolping-Straße 132-5d
Aegidiusstraße 132-5b
Ahornweg 132-9a
Ahrendgäßchen (30) 132-8d
Akazienweg 132-6c
Albert-Einstein-Straße 132-6d
Albert-Schweitzer-Straße 132-5d
Alfred-Nobel-Straße 132-9b
Allee zum Sportpark 132-5d
Alte Aachener Straße 131-3a
Alte Bachstraße 132-12b
Alte Landstraße 132-8c
Alte Straße 132-8b
Am Apostelhof 132-2d
Am Bitzenkamp 132-12a
Am Buschacker 132-1a
Am Dachsbau 132-12d
Am Hang 132-8c
Am Haus Broich 132-12c
Am Judenbroich 132-9c
Am Kaninsberg 132-2a
Am Kapellchen 103-12d
Am Lindchen 132-6d
Am Rinnenfeld 132-8c
Am Rittersberg 132-8c
Am Römerbrunnen (4) 104-10d
Am Sartoriushof 132-5b
Am Sportplatz (2) 132-1a
Am Stollenweg 132-9c
Am Wachtberg 132-11b
Am Wasserturm 132-8c
Am Weiher 104-11c
Am Weingartsberg 132-5b
Am Weyerhof 132-9d
Am Windmühlenfeld 132-1b
Am Zehnthof 132-2d
Am Ziegelfeld 132-1a
Ammerstraße 131-9a
Amphorenhof (3) 104-11c
Amselstraße 131-9a
An der Fischmaar 132-6d
An der Fließ (1) 132-12b
An der Holzhecke 132-12a
An der Kemp 132-6a
An der Mergelskaul 132-6d
An der Ronne 132-1b
An der Synagoge (27) 132-9a
An der Vogtei 132-5b
An der Waidmaar 132-6d
An St. Maria-Königin 132-6c
An St. Severin (32) 132-8d
Angerweg 132-2a
Antoniterstraße 132-9a
Antoniusstraße 131-9a
Arnikastraße 132-6c
Arno-Klose-Straße 132-9d
Auenweg 132-6c
Auf dem Kreuzacker 132-9b
Auf dem Rotental 132-1d
Auf der Breide 132-8b
Augustinusstraße 132-1b

Bachemer Straße 133-7c
Badstraße 131-6d
Bahnstraße 132-8b
Barbarastraße 132-9d
Bartmannstraße 132-6c
Baumannshof 132-6a
Baumannstraße 132-6a
Baumschulenstraße 104-11c
Bayerstraße 132-11b
Beethovenstraße 131-9c
Benzelrather Straße 132-7c
Bergstraße 132-1b
Bernhard-Letterhaus-Straße 132-12b
Berrenrather Straße 132-11d
Bertha-von-Suttner-Straße (21) 132-8b
Beyerhahnstraße 132-1a
Birkenweg 132-6b
Blindgasse 132-8b
Blumenstraße 131-9a
Bongenbergstraße 131-9b
Bonnstraße 132-3b
Brahmsstraße 131-9d
Brauweilerstraße 104-10d
Breite Straße 132-9c
Breslauer Straße 131-9b
Broichgasse 132-8d
Brückenstraße 132-2d
Brucknerstraße 131-9d
Brunnenallee 104-10d
Buchenweg 132-9a
Bükersberg 131-9b
Bungertweg 132-6d
Burg Bachem 132-12c
Burggraben 132-12b
Burghofstraße 132-2c
Burgstraße 132-9a

Camphausenstraße 132-2a
Carl-Benz-Straße 132-6d
Carl-Diem-Allee 132-8b
Carl-Goerdeler-Straße 133-10a
Carlstraße 131-9c
Carl-Sutor-Straße 132-8c
Carl-von-Linné-Straße 104-10d
Christian-Beu-Straße 132-5b
Christian-Moll-Straße (37) 132-8c
Christian-Mörs-Straße 132-9a
Christinenhof 104-10c
Christine-Plück-Straße 132-9b
Clarenbergweg 132-12b
Clarenhof 132-3a

DAF-Allee 133-4b
Danziger Straße 132-7d
Dechant-Hansen-Allee 131-3b
Dohlenweg 132-1a
Dornhaustraße 131-9d
Dr.-Schultz-Straße 132-11b
Dr.-Toll-Straße 132-12a
Dr.-Tusch-Straße 132-9a
Dr.-Vetter-Straße 131-12b
Drosselstraße 131-9a
Dürener Straße 131-9a
Dürerstraße 132-1b
Dürling 132-5b

Efeuweg 132-2a
Eichelhäherweg (1) 132-1a
Eisenhutweg (8) 132-6a
Elchweg 103-12d
Elisabethstraße 132-6c
Elisenhof (2) 131-9b
Ellernbende 132-12a
Elsa-Brändström-Straße 132-5d
Elsternstraße 103-12d
Enzianweg (6) 132-6a
Erholungspark "An den 7 Bäumen" 132-5d
Ermlandstraße 132-8a
Ernst-Heinrich-Geist-Straße 132-9d
Eschenweg 131-9c
Europaallee 133-4a

Farnweg 132-2a
Fasanenweg 131-3b
Feldhof 132-12c
Feltenstraße (2) 132-12b
Fingerhutweg 132-6c
Finkenstraße 131-9a
Fliederweg 132-6c
Försterstraße 132-12c
Forststraße 132-1c
Franz-Hennes-Straße 132-9c
Franz-Lenders-Straße 104-10c
Franzstraße 132-9c
Frechener Straße 131-9c
Frechener Weg 132-3d
Freiheitsring 132-8b
Freiligrathstraße 132-1a
Freimersdorfer Weg 104-10c
Freizeitpark Rosmarstraße 132-8c
Fridtjof-Nansen-Straße 132-8b
Friedenstraße 132-9a
Friedrich-Ebert-Straße 132-1a
Friedrichstraße 132-6c
Friedrich-von-Bodelschwingh-Weg 132-8b
Fritz-Zumpe-Straße 132-2a
Funkenstraße 132-9c
Fürstenbergstraße 132-12c

Gartenweg 132-9a
Gedingstraße 132-5b
Geibelstraße 131-6c
Geldernstraße 132-12b
Gemsenweg 103-12d
Georg-Felber-Gasse (1) 131-9a
Georgstraße 131-9d
Gerhart-Hauptmann-Straße 132-8a
Gertrud-Schmitz-Straße 132-8c
Geschwister-Schieffer-Straße 132-1a
Gewerbegebiet Frechen-Ost 133-4a
Ginsterbergstraße 131-6d
Gisbertstraße 132-8d
Gleueler Straße 132-12b
Goethestraße 131-9d
Goldrutenweg (11) 132-6b
Gottlieb-Daimler-Straße 132-6b
Grachtenhofstraße 132-12b
Grefrather Weg 131-6d
Gregor-Mendel-Straße 104-11c
Greinstraße 103-12d
Grüner Weg 132-9c
Günter-Wiebke-Straße 132-7c
Gustav-Heinemann-Straße 104-10d

Habbelrather Straße 131-9d
Habbelrather Weg 131-9b
Habichtweg 132-12d
Hahnstraße 131-9a
Halfmannstraße 132-6a
Hambloch-Mühlen-Straße 132-1a
Händelstraße 131-6c
Hans-Böckler-Straße 132-6c
Hans-Schaeven-Weg 132-5d
Hasenweide 132-9a
Hauptstraße 132-8b
Haus Radmacher 132-7c
Haus Vorst 133-7b
Haydnstraße 131-6c
Hebbelstraße 131-6c
Hegerpfad 103-12d
Heideweg 132-2a
Heidgesweg 132-8c
Heinrich-Hertz-Weg 132-6d
Heinrich-Höschler-Straße 132-3c
Heinrich-Imig-Straße 132-9d
Heinrichstraße 132-9a
Heinrich-Wolf-Straße 132-6c
Heinz-Köhler-Weg 132-8c
Hembergstraße 132-12b
Hemmericher Straße 132-12b
Henri-Dunant-Weg 132-8b
Herbertskaul 132-12a
Hermann-Balkhausen-Straße (35) 132-9c
Hermann-Gmeiner-Straße (18) 132-8b
Hermann-Seger-Straße 133-4a
Hermannstraße 131-9d
Hildeboldstraße 132-1a
Hirschweg 103-12d
Hochstedenstraße 132-9d
Hohenschutzstraße 132-8a
Hohlweg 132-1a
Holbeinstraße 104-10d
Holunderweg (12) 132-6a
Holzhausenstraße 131-6d
Holzstraße 132-12a
Hopfengarten (1) 132-5b
Hubert-Prott-Straße 132-9c
Hubert-Thelen-Straße 132-5b
Hüchelner Straße 132-6c
Hüttenweg 132-1c

Ichendorfer Weg 132-4d
Im Bachgarten 132-9c
Im Flachsgarten 132-6a
Im Kirschgarten 132-6a
Im Klarenpesch 132-9c
Im Klosterhof 131-3b
Im Putzgarten 132-5b
Im Rosengarten 132-5b
Im Wingert 132-5b
Im Winkel 132-6c
Im Würzgarten 132-6a
Imbuschstraße 132-9d
Immanuel-Kant-Straße 132-8a
Immanuel-von-Ketteler-Weg 132-5d
Immergrünweg 132-6c
In der Fuchshöhle 132-12b

Jagdfeld 132-12d
Jägerstraße 132-8d
Jakob-Cremer-Straße 132-8b
Jakobstraße 131-9d
Johannesstraße 131-9d
Johann-Heinrich-Pestalozzi-Weg (15) 132-8b
Johann-Hinrich-Wichern-Straße 132-8b
Johannisstraße 132-6d
Johann-Schmitz-Platz 132-9c
Johann-Simon-Straße 132-12a
Josef-Eberle-Straße 131-9c
Josefstraße 132-9a
Josef-von-Eichendorff-Weg (26) 132-8a
Junesrothweg 104-10c

Kamillenweg (5) 132-6c
Kapellenstraße 132-6a
Kapfenberger Straße 132-9c
Karl-Göbels-Straße (28) 132-9a
Karl-Löwe-Straße 132-1d
Kaskadenweg 132-5b
Kastanienweg 132-6c
Katharina-Schmitz-Straße (17) 132-8b
Keimesstraße 132-9a
Kirchenkamp 132-5b
Kirchplatz 132-6c
Kirchweg (14) 132-6c
Kirschhecke 132-9b
Klarengrundstraße 132-9a
Kleiberweg 104-10c
Klettenweg 132-2a
Klosterstraße 131-9a
Kölner Straße 132-9b
Kolpingplatz 132-9a
Königsberger Straße 131-6c
Kopernikusstraße 132-8c
Kranichweg 131-3b
Krankenhausstraße 132-6a
Kreuzbergstraße 132-9b
Kreuzstraße 132-12a
Kurhausstraße 131-9c

Lahnstraße 132-12c
Lavendelweg 131-9a
Lerchenweg 132-1a
Lessingstraße 131-6c
Lilienstraße 131-9a
Lilienthalstraße 131-6c
Lindenbuschweg 132-12d
Lindenstraße 132-6c
Linkholzweg 131-12b
Lochnerstraße 132-1b
Lönsstraße 131-9a
Löwenzahnweg (13) 132-6c
Ludwig-Jahn-Straße 132-1a
Ludwigstraße 132-11b
Lutherstraße 131-9b

Maarhufenweg 132-6d
Maarweg 132-6d
Magdalenenhof 132-7a
Malvenweg 132-6c
Malzweg 132-5b
Margaretenstraße 132-9c
Marie-Curie-Straße (22) 132-8b
Marie-Juchacz-Straße (19) 132-8b
Marienburger Weg (24) 132-8a
Marienhofer Weg 132-1c
Marienweg 131-9d
Marketenderstraße 131-9b
Masurenstraße 132-7b
Matthiasstraße 132-9c
Matthias-Werner-Straße 131-9d
Mauritiusstraße 132-12b
Maybachstraße 132-6d
Meisenweg 103-12d
Michaelstraße 132-9c
Minzestraße 132-6d
Mistelweg 132-2a
Moosweg 132-2a
Mozartstraße 131-9d
Mühlenbach 132-8d
Mühlengasse (33) 132-8d
Mühlenweg 132-2a
Münzhof 104-11c

Narzissenweg 131-9a
Nelkenstraße 131-9a
Neu Hemmerich 133-7c
Neubuschbeller Weg 132-1d
Neuenhof 132-6b
Neuer Weg 132-8d
Nikolaus-Ehlen-Straße 132-1d
Norkstraße 132-8d

Oleanderweg (7) 132-6a
Othmarstraße 132-9c
Otto-Hue-Straße 132-9d
Overbeckstraße 132-2a

Palantstraße 132-12a
Pappelweg 132-12c
Pater-Delp-Straße 132-12b
Paulistraße 132-1a
Paul-Silverberg-Straße 132-9d
Peltzerweg 132-12b
Peter-Pesch-Weg 132-7b
Peterstraße (34) 132-8d
Pfeilstraße 132-1a
Philipp-Faßbender-Straße 132-8c
Philippstraße 131-9d
Pirolweg 132-1a
Platz der Deutschen Einheit 132-9a
Plettenbergstraße 132-12b

Rebenhang 132-5b
Rehbergweg 132-7b
Rethelstraße 132-2a
Richard-Kuhlmann-Straße 132-9d
Ringelblumenweg 132-6c
Rinkenpfuhl (31) 132-8d
Robert-Koch-Straße 132-8b
Römerhofallee 104-10d
Römerstraße 132-2d
Rosenhügel 132-8c
Rosenstraße 131-9a
Rosmarhof 132-7a
Rosmarstraße 132-8c
Rosmarweg 132-7b
Rotdornweg 132-6c
Rothkampstraße 132-9a
Rubensstraße 131-9a
Rudolf-Diesel-Straße 132-6d
Rudolf-Niemann-Straße 132-5b
Rudolfstraße 132-12d
Rudolf-Virchow-Straße (23) 132-8b

Salbeiweg (4) 132-6c
Sanddornweg (10) 132-6b
Sandstraße 132-8d
Schachtelberghof 132-7a
Schachtelbergstraße 131-6d
Schallmauer 132-12d
Scheibenbuschstraße 131-9b
Schervierstraße 103-12d
Schildchesgraben 131-9b
Schillerstraße 131-6c
Schlehdornstraße 132-6c
Schloßstraße 132-12c
Schubertstraße 131-6c
Schulstraße 132-5b
Schumannstraße 131-9a
Schützenstraße 132-9c
Schwalbenweg 132-1a
Sebastian-Kneipp-Straße (16) 132-8b
Sebastianusstraße 131-3b
Sonnenhof 131-12b
Spechtweg 132-1a
Sperlingsweg 131-3b
St.-Hubertus-Straße 103-12d
St.-Magdalenen-Straße 103-12d
Starenweg 131-3b
Steinbergstraße 131-9a
Sternengasse 132-9a
Stettiner Straße (25) 132-8a
Stiftsanger 132-6a
Straße des 17. Juni 132-9c
Stresemannstraße 132-6c
Sybillenhof 132-7a

Talstraße 132-1c
Taubenstraße 131-9a
Theodor-Lövenich-Straße (2) 132-6a
Thymianweg (3) 132-6c
Tiefenbruchstraße 131-9b
Tiergartenstraße 131-6c
Toni-Ooms-Straße 132-9b
Töpfergasse (29) 132-8d

Triftstraße 103-12d
Tulpenweg 132-2d

Uesdorfer Straße 132-6d
Uhlandstraße 131-6c
Ulrichstraße 132-2c

Vellbrückstraße 132-9d
Villestraße 131-9c
Vogtsbell 132-3c
Vollrathstraße 104-10c
Von-Hasewinkel-Weg 132-1b
Von-Klespe-Straße 132-8c
Vorgebirgsweg 132-1c

Wachtberghöhle 132-9c
Wachtelweg 132-1a
Wagnerstraße 131-9a
Waidmannsweg 131-2d
Waldmeisterweg (9) 132-6b
Waldsiedlung 132-1d
Waldstraße 103-12d
Weidenpesch 132-1a
Welserstraße 132-9b
Werner-Erkens-Straße 132-8b
Werner-von-Siemens-Straße 133-4c
Widderstraße 103-12d
Wiesenweg 132-6c
Wildstraße 103-12d
Wilhelm-Conrad-Röntgen-Straße (20) 132-8b
Wilhelm-Hoffstadt-Straße 132-8c
Wilhelm-Leuschner-Straße 132-12b
Wilhelmsgrund 131-9b
Wimarusstraße 132-12a
Winand-Kaiser-Straße 132-12a
Winandswiese 132-6a
Wolfgang-Giesen-Platz (36) 132-8c

Zedernweg 132-6b
Zeisigweg 132-1a
Zenta-Kopp-Gastl-Weg 132-5d
Zum Bellerhammer 132-8c
Zum Kuckental 132-8b
Zur Grube Carl 132-8c
Zur Mühle 132-2a
Zur Villa Rustica 104-11c
Zur Ville 132-1c

Freirachdorf

PLZ 56244

(zu VBG Selters (Westerwald))

Am Graben 317-3c
Am Guckelsberg 317-3c
Am Sonnenhang 317-3d
Auf der Höhe 317-6a
Auf der Jöst 317-3c

Birkenhof 317-3a

Eichenweg 317-3c

Forststraße 317-3c

Gartenstraße (1) 317-3c

Hauptstraße 317-2d
Holzbachstraße 317-3c

Karl-Beyer-Straße 317-3c
Kirchstraße 317-3c

Lerchenweg (2) 317-3d

Meisenweg (3) 317-3d
Mittelstraße 317-3c
Mühlenweg 317-3c

Nadelkauter Mühle 317-5b
Neustraße 317-3c
Nordstraße 317-3c

Poststraße 317-3c

Ringstraße 317-3c

Schulstraße 317-3c

Waldstraße 317-3c
Wiesenstraße 317-3c

Zum Paradies 317-3d

Frücht

PLZ 56132

(zu VBG Bad Ems)

Alte Gasse 353-4c
Am Hofacker 353-4c
Auf dem Lehmacker 352-6b
Auf der Kratz 352-6d
Auf der Lay 353-4c

Bornweg 353-4c

Emser Straße 352-6d

Freiherr-vom-Stein-Straße 352-6d
Früchter Straße 352-5d

Hof Hahlgarten 352-6b

Im Vogelsang (1) 353-4c
Im vorderen Diebig (2) 352-6c
Im Vordertal 352-6b
In den Wiesen 353-4c

Kirchgasse 353-4c

Lindenweg 352-6d

Mühlenweg 353-4c

Schulweg 353-4c
Schweizertal 352-6b
Schweizertalstraße 353-4c

Waldfrieden 352-6b

Fürthen

PLZ 57539

(zu VBG Hamm (Sieg))

Am Friedhof 237-4a
Am Sportplatz 237-4d
Auf dem Höfchen (1) 237-4b

Bahndamm (2) 236-6d
Bahnstraße 236-6d
Bergstraße 237-4c
Birkenweg 237-4a
Bitzer Berg 237-4b
Blumenstraße 237-4b
Bogenstraße 236-6b
Buchenweg 237-4a
Buschweg 237-4c

Eichenweg 237-4a

Feldstraße 236-6b
Fichtenweg 237-4a
Friedhofstraße 237-4c

Gartenstraße 236-6d

Hammer Straße 237-4a
Höhenweg 237-4c

Im Sieggarten 237-4b
Im Weyerhof 237-4b
In der Mümmelbach 236-6d

Jahnstraße 237-4b

Kappenstein 236-6d

Lindenweg 237-4c

Mittelweg 236-6d
Mühlenstraße 237-4c
Mümmelbach 236-9b

Parkstraße 237-4c

Raiffeisenstraße 237-4a
Rosenstraße 237-4c

Schulstraße 237-4c
Siegstraße 236-6d

Uferstraße 236-6d

Waldstraße 236-6d
Weidenstraße 237-4c
Wiesenstraße 236-6d

Gieleroth

PLZ 57610

(zu VBG Altenkirchen (Westerwald))

Altenkirchener Straße 277-8c
Auf dem Alten Bitz 276-9b
Auf dem Rain 277-7b
Auf der Semseg 276-6d

Bergstraße 277-7c
Beroder Straße 277-7d
Bleichweg 277-7d
Brunnenstraße 277-7c

Gartenstraße 277-7b

Hauptstraße 276-9b
Hofstraße (1) 277-7c
Hohe Straße 277-4c
Hohlweg 276-9b

Im Schäfergarten 277-7d
In den Eichen 277-7b
In der Bornwiese 276-6d
In der Postheck 277-4c

Kreisstraße 277-7c

Lindenstraße 277-7b

Mittelstraße 277-7c

Ringstraße 277-7b

Talstraße 277-7b

Waldstraße 277-4d
Wiesenstraße 277-7c

Zum Herzberg 277-4d
Zum Postweiher 277-7b

Giershausen

PLZ 57632

(zu VBG Flammersfeld)

Beuelsweg 274-6b
Birkenweg 274-6b

Hauptstraße 274-6b
Hofacker 274-3d
Hohlweg 274-3d

Im Alten 274-6b

Raiffeisenstraße 275-1c

Zum Wieschen 274-6b

Giesenhausen

PLZ 57612

(zu VBG Hachenburg)

Auf der Bitz 257-12d

Bergstraße 257-12b
Brückenstraße 257-12c

Eichenweg 257-12d

Gartenstraße 257-12a

Hauptstraße 257-12d

In den Fuchskauten 257-12d

Kastanienstraße 257-12d
Kirchweg 257-12d

Lindenstraße 257-12d

Mittelweg 257-12d

Poststraße 257-12c

Ringstraße 257-12d

Talweg 257-12d

Wiesenstraße 257-12d
Wissener Straße 277-3b

Gönnersdorf

PLZ 53498

(zu VBG Bad Breisig)

Alter Weg 326-1a
Auf Blanken 326-1a

Borngasse 326-1a

Eichelgasse 326-1a

Hauptstraße 326-1a
Haus Heidgen 326-1b
Herchenbergweg 326-1a
Hoher Berg 326-1a

Kreisstraße 318-10c

Leimbuschweg 326-1a
Litzenbachstraße 326-1a

Martinshof 326-1a
Mühlenweg 326-1a

Neustraße 318-10c

Schützenweg 326-1b

Vogelsangstraße 326-1a

Zissener Weg 326-1a

Grafschaft

PLZ 53501

Achterbach 307-1d
Ackerstraße 286-11b
Ahornweg 288-10c
Ahrtalstraße 307-1d
Ahrweiler Straße 306-3c
Ahrweiler Weg (4) 287-12d
Akazienweg 308-1d
Albert-Einstein-Straße 306-4a
Altbachstraße 306-2d
Altbroicher Weg 306-1b
Alte Straße (3) 287-11d
Alteburg 288-10b
Alteheck 306-7d
Altenahrer Straße 306-1b
Am alten Bahndamm 307-5a
Am alten Garten 287-11d
Am Bellerhof (3) 307-2c
Am Burggraben 286-10d
Am Dockfüsschen 306-8b
Am Eltergraben 306-5d
Am Falltor 287-11d
Am Flipsbach (2) 306-7b
Am Fronhof 287-12d
Am Frumech (5) 307-8a
Am Hang 308-1b
Am Kleinen Steeg 287-12d
Am Mühlenbach 306-5b
Am Nonnenbach 306-7b
Am Pechweingarten (1) 307-8b
Am Rain 306-8a
Am Sauerbach (1) 306-7b
Am Schalloch (1) 288-10a
Am Seifen 308-1d
Am Sonnenberg 287-11d
Am Sportplatz 306-5b
Am Swistbach 306-8a
Am Unteren Seifen 308-1d
Am Weißen Stein (1) 287-12d
Am Windmühlenweg (5) 287-11d
Am Ziegelfeld 306-2d
Amselweg 307-5d
An den Linden (3) 308-1b
An der Arche (5) 287-12d
An der Burg (7) 307-8a
An der Hudelslinde (6) 287-12c
Anton-Mönch-Straße (1) 306-5d
Assbacher Hof 307-4d
Assbachstraße 307-4b
Auelsgarten 308-1b
Auf dem Bröhl 286-11c
Auf dem Burgweg 307-6b
Auf dem Damm 286-10d
Auf dem Kutzenberg (4) 286-12a
Auf dem Schießberg (4) 307-5a
Auf dem Seel 306-3c
Auf dem Stein 288-10c
Auf dem Wachhaus (2) 306-1b
Auf den Planken (8) 286-10d
Auf der Helten 307-4c
Auf der Miel 307-4a
Auf der Renn 306-5b
August-Dörner-Ring 307-8a
Aussiedlung Harzem 288-10b
Aussiedlung Nelles 308-1d
Aussiedlung Nolden 286-12a
Aussiedlung Schmitz 286-11b
Aussiedlung Schneider 288-10a
Aussiedlung Watzig 288-10c

Bachstraße 307-6b
Bahnhofstraße 307-1d
Barbarastraße 307-8a
Bartholomäusgrube 287-12d
Bartholomäusweg (2) 287-12d
Bäumchenstraße (1) 307-2c
Beller Straße 287-11d
Bengener Straße 307-5b
Bentger Feld 308-1b
Bentgerhof 288-11a
Bergstraße 307-6b
Berkumer Straße 288-10a
Birkenweg (7) 288-10c
Bogenstraße 307-6b
Bonner Straße 306-1b
Brenner Straße 307-8b
Brückenstraße 308-1b
Buchenweg 307-4c
Bungartenstraße 306-2d
Burghof (1) 286-10d
Burgstraße 286-10d

Carl-Bosch-Straße 307-1b

Dernauer Straße 306-7d
Dernauer Weg 306-5d
Dorfgraben 307-8a
Drosselweg 307-4a
Dürener Straße 286-10d

Eckendorfer Straße (Gelsdorf) 286-11c
Eckendorfer Straße (Vettelhofen) 306-3c
Eduard-Profittlich-Straße (9) 288-10a
Eichenweg 307-4a
Eifelweg (4) 307-8b
Elligstraße 307-4a
Enggasse 307-8b
Erleheckstraße 306-7b
Erlenhof 286-11c
Escher Straße 306-6a
Etzelstraße 286-11c
Eugen-Groß-Straße 307-4a

Fauviller Ring (2) 307-4b
Feldstraße 308-1d
Fichtenweg (6) 306-1b
Finkenstraße 307-4a
Fliederweg (1) 307-4a
Flurstraße 307-6b
Franz-Ellerbrock-Straße 308-1b
Franz-Wolf-Straße 307-4a
Friedhofstraße (4) 308-1b
Fritzdorfer Straße 287-11d
Fuchshöhle (3) 307-8b

Gartenstraße 307-8a
Gewerbe- und Industriegebiet Grafschaft-Gelsdorf 306-1d
Gimmiger Straße 307-6b
Ginngasse 286-12a
Goethestraße 306-5d
Graf-Blankard-Straße 307-8a
Graf-Otto-Straße 286-12a
Grafschafter Weg (3) 307-4b
Grasmühle 307-6a
Grubenstraße (3) 287-12d
Grünstraße 286-10d
Gudenauring 306-2d

Haus Schönberg 305-9b
Hauweg 306-7b
Heerstraße 286-11b
Heidestraße 307-4a
Heideweg 307-5d
Heinrich-Heine-Straße 306-5d
Hemmessener Straße 307-5c
Heppinger Straße 307-2c
Herrenwiesenring 308-1d
Hinter dem Dorf (5) 288-10a
Hinter der Hage 286-11c
Hintere Gasse (3) 286-12a
Hofstraße (1) 287-12c
Höhenhof 306-2d
Holunderweg 307-5a
Hostertsweg (1) 307-5d
Hubertushütte 306-6d
Hubertusweg 288-10a
Hüllenweg 286-11c

Im Blumengärtchen (2) 307-2c
Im Buschfeld 306-3c
Im Flachsgraben (2) 307-8a
Im Hohlweg (8) 308-2c
Im Horst (6) 288-10a
Im Kreuzerfeld 307-4a
Im Lädchensfeld 306-5d
Im Meisengarten 307-5d
Im Meißwinkel 306-4a
Im Ort 288 10a
Im Vogelsang 288-10a
Im Wickchen 307-8a
Im Wiesengrund 287-12c
Im Wiesenthal 307-5d
In den Gärten 307-1d
In den Wiesen 306-3c
In der Gödderzwiese (4) 287-11d
Innovationspark Rheinland 307-1b

Jägerweg (3) 288-10a
Johannes-Häbler-Straße 308-1b
Josef-Martin-Weg 307-3b
Josefstraße 287-11d
Josef-von-Eichendorff-Weg (3) 306-5d
Joseph-von-Fraunhofer-Straße 307-1b

Kantenstraße 307-2c
Kapellenstraße (3) 306-7b
Kapellenweg (2) 288-10a
Karweiler Straße 307-8b
Kastanienstraße (6) 308-1b
Katharinastraße 307-8a
Katharinenweg (2) 307-5d
Kefferberg 307-5d
Kirchgarten (4) 288-10c
Kirchgasse 288-10c
Kirchstraße 307-6b
Kleegartenstraße 307-2c
Kleiststraße 306-5d
Konrad-Zuse-Straße 307-2a
Krausweg 287-11d
Kurze Straße (1) 308-1b

Lambertusstraße 307-8a
Landhofer Straße 307-8b
Landskroner Straße (Leimersdorf) 288-10c
Landskroner Straße (Oeverich) 287-11d
Lange Wiese 287-12c
Lantershofener Straße 307-5d
Lappsgasse (2) 286-12a
Lärchenweg (4) 306-1b
Leonhard-Scholz-Weg (1) 307-6b
Lilienweg 287-12c
Lindenstraße 307-6b
Lise-Meitner-Straße 307-2a

Margaretenhof 287-11c
Marienburger Straße 287-11d
Mariengasse 288-10a
Marienthaler Straße 306-7d
Max-Planck-Straße 306-1d
Meckenheimer Straße (2) 287-11d
Meckenheimer Weg 286-10b
Michelsgang 307-5d
Mittelstraße 306-2d
Mönchescher Hof 306-7c
Mönchescher Weg 306-7d

Nachtigallenweg (8) 288-10c
Nelkenweg 286-11c
Neuenahrer Straße 306-1b
Neustraße 286-11c
Niederich 287-12a

Oberescher Weg 306-4d
Otto-Hahn-Straße 306-4b
Otto-Leininger-Straße 307-4a

Panoramaweg (5) 306-5d
Paradiesstraße 307-2c
Paulshof 288-10a
Peterstraße 306-8b
Pfarrer-Frings-Weg (2) 308-4a
Platzstraße (6) 287-12d
Poststraße 287-12c
Pützstraße 306-8b

Raiffeisenstraße 287-11d
Rheinbacher Straße 307-4a
Rheinstraße 307-8b
Ringener Straße 307-5d
Ringstraße 306-7b
Rischmühle 308-5a
Robert-Koch-Straße 306-4b
Römerstraße 308-1d
Rosengarten 287-11d
Rosenweg 286-11c

Saalstraße 288-10a
Scheidtstraße 286-12a
Schildchenstraße 306-3c
Schillerstraße 306-5c
Schlehenweg 306-5c
Schmaler Weg 286-11d
Schmittenweg 306-5c
Schmittstraße 307-8a
Schönbergstraße 306-7b
Schulstraße (1) 286-12a
Schultheissgäßchen (4) 306-8b
Schweitzer Straße 287-11d
Seeliger Hof 307-4a
Siedlung Tielenius 307-6b
Simmelsgartenstraße 288-10a
Stadtweg 307-4b
Stationsweg (3) 306-1b
Stefanstraße 287-12d
Südallee 306-7d
Swistbachstraße 306-2d

Talbrücke Karweiler 307-6a
Talstraße 288-10c
Tannenweg (5) 306-1b
Tintenstraße 307-2c
Tönnesgarten (2) 308-1b
Tornfelder Hof 307-5b
Traubenweg 307-8b
Tulpenweg 286-11c

Unter den Dellen 287-12d
Ursulastraße 307-5c

Vettelhovener Straße 306-8a
Von-der-Leyenstraße 286-12a
Vorstadtstraße 286-11b

Walburgisstraße 286-10d
Waldstraße 287-12a
Waldweg (2) 306-5d
Weidenstraße (7) 308-1d
Weidgenstraße 307-2c
Weierstraße 307-5d
Weingartenstraße 307-8a
Wellstraße (5) 308-1b
Wernher-von-Braun-Straße 306-1d
Werthovener Straße 287-12c
Weststraße 306-7b
Wiesenweg 307-4a
Wildacker (7) 306-1b
Winzerstraße 307-8b

Ziegelweg (8) 307-8a
Ziemesgartenstraße (4) 307-2c
Zum Ahrblick (9) 307-8b
Zum Ahrweiler Berg 307-8a
Zum Forstberg (6) 307-8a
Zum Josefshäuschen 306-5d
Zum Simmel 308-4a
Zur Bengener Heide 307-6b
Zweibrückenstraße 307-8b
Zweigstraße 307-2c

Grevenbroich

41516 Ackerstraße 42-6c
41517 Ahornstraße 61-4d
41517 Ahrstraße (15) 61-4b
41517 Akazienweg (23) 61-4d
41515 Albert-Schweitzer-Weg 61-1d
41515 Alfred-Nobel-Straße 61-3a
41515 Allensteiner Straße 41-10a
41515 Allrather Platz 61-9b
41517 Allrather Straße 81-2a
41515 Alte Bergheimer Straße 61-1a
41515 Alte Stadtgärtnerei 60-3d
41515 Alte Zollstraße 41-7d
41516 Altes Stadion 41-6d
41516 Alt-Mühlrath 42-4b
41515 Aluminiumstraße 61-2d
41515 Am Alten Hof 41-7d
41515 Am Bärenbroich 60-3c
41515 Am Bendgraben 61-1d
41517 Am Berg 61-4d
41516 Am Bierkeller 41-3c
41516 Am Blumenpfad 42-6a
41517 Am Blutgraben 61-10a
41515 Am Bodental 61-2d
41516 Am Böhnerfeld 41-11b
41516 Am Burghof 41-6a
41515 Am Burgturm 41-7d
41515 Am Busch 61-1d
41517 Am Dornbusch 81-2a
41517 Am Dürstenbach 61-10a
41516 Am Eichenbroich 42-7b
41515 Am Elsbach 61-1a
41516 Am Erlenkamp 42-5a
41515 Am Feldtor 61-9b
41517 Am Flachen Broich 60-6b
41516 Am Flockenhof 41-4b
41515 Am Flutgraben 61-1a
41517 Am Frohnhof (24) 61-4d
41515 Am Gasthausbusch 41-11d
41516 Am Gather Hof 41-6d
41517 Am Glockenstrauch 60-12d
41515 Am Graben 61-1a
41516 Am Gründchen (7) 41-9c
41516 Am Grünen Weg 41-9b
41515 Am Hagelkreuz 61-2c
41515 Am Hammerwerk 61-1a
41517 Am Hang 61-4d
41515 Am Heiland 40-9b
41517 Am Heiligenhäuschen 60-6a
41517 Am Ingenfelder Busch (1) 61-10d
41516 Am Jägerhof 42-5d
41517 Am Kleekamp 61-4d
41515 Am Klostereck 40-12c
41515 Am Knupp 61-2d
41515 Am Kruchenhof 61-6c
41516 Am Kühlchen 42-6c
41515 Am Laacher Haus 60-3d
41516 Am Langen Morgen 41-4b
41515 Am Limpertz-Hof 60-3a
41515 Am Markt (8) 61-1b
41515 Am Mausacker 61-2d
41516 Am Mühlenweg 41-11d
41517 Am Neurather See (1) 61-10d

41516 Am Nußbaum (5) 42-6c
41517 Am Pielsbusch 60-9c
41517 Am Pösenberg 60-9c
41516 Am Probstbusch 41-6c
41516 Am Reiherbusch 42-2c
41515 Am Rittergut 41-7c
41516 Am Rosenhaag (3) 41-12a
41517 Am Rückertsgraben 61-10a
41516 Am Sägewerk 41-12a
41516 Am Schellberg 41-3c
41517 Am Schillingshof 60-6c
41517 Am Schimmelsbusch 61-10d
41515 Am Schwanenhof 61-6d
41517 Am Siefweg 61-4b
41515 Am Sodbach 61-1a
41516 Am Sprenger 41-11d
41515 Am Stadtpark 61-1b
41515 Am Ständehaus 61-1b
41517 Am Steelchen 60-12d
41517 Am Steinacker 61-4c
41515 Am Steinbrink 40-12b
41517 Am Sturzbach 61-4d
41517 Am Stüßges End 60-12b
41515 Am Tackelgraben 61-1a
41515 Am Tolles 41-5d
41516 Am Unteren Bend 41-6b
41515 Am Waddenberg 40-12d
41516 Am Wehr 41-9d
41517 Am Welchenberg 61-7a
41517 Am Westrand 60-6c
41517 Am Windpark 61-9a
41515 Am Zehnthaus 60-3b
41515 Am Zehnthof 61-1b
41515 Am Ziegelhof 40-12d
41515 Am Ziegelkamp 41-10d
41363 Am Zollbrett 40-2d
41516 Am Zolltor 42-5c
41516 Amselweg 41-9b
41516 An den Dorfhecken 42-7b
41516 An den Hecken 42-6d
41516 An den Pappeln 42-5d
41515 An der Apfelwiese 61-2c
41516 An der Eiche 41-9d
41517 An der Erfthalle 60-12b
41516 An der Glashütte 41-3c
41516 An der Halde 61-9c
41515 An der Hülle 61-2d
41516 An der Kolpingschule 41-12a
41516 An der Kreuzkaul 61-2d
41515 An der Lohe 62-4a
41516 An der Obermühle 41-11b
41515 An der Sud 40-12c
41516 An der Südschule 41-12a
41516 An der Untermühle 41-9b
41515 An der Zuckerfabrik 41-11c
41517 An Haus Neurath 61-10d
41517 An Lingens 42-7b
41516 An Mevissen 41-11d
41515 An St. Georg 60-3d
41515 An St. Josef 61-2c
41517 An St. Lambertus 81-1b
41517 An St. Martin 60-12d
41515 An St. Nikolaus 61-6b
41515 Anne-Frank-Weg (4) 61-5a
41515 Arndtstraße 40-12d
41517 Asternweg 61-4d
41517 Äuelsbergstraße 61-10d
41517 Auf dem Broich 60-12b
41517 Auf dem Goldacker 61-10d
41515 Auf dem Griessen 40-12c
41517 Auf dem Hamm 60-6c
41517 Auf dem Kuchenacker 60-12b
41516 Auf dem Küpper 42-9b
41517 Auf dem Leuchtenberg 60-12b
41517 Auf dem Lieferchen 61-10d
41516 Auf dem Mergendahl 41-5a
41517 Auf dem Pesch (1) 60-12b
41517 Auf dem Strenkelrath (7) 61-10d
41517 Auf dem Wiler 60-6c
41516 Auf den Hundert Morgen 41-5b
41515 Auf der Artwick 60-3b
41516 Auf der Heide 42-5a
41515 Auf der Hoven 62-4a
41516 Auf der Metzenheide 42-5a
41515 Auf der Schanze 61-1b
41515 August-Dehl-Straße (6) 61-5a
41515 August-Münker-Straße 61-6c

41516 **B**achstraße (7) 41-4b
41515 Bahnhofsvorplatz 41-10c
41515 Bahnstraße 41-10c
41515 Barrensteiner Weg 61-6d
41516 Bedburdycker Straße 41-4c
41517 Bedburger Hüll 60-12d
41516 Beestger Höfgen 42-7a
41517 Beethovenstraße 60-6a
41515 Belmener Weg 60-3b
41515 Benzstraße 61-2d
41515 Berger Busch 40-12c
41515 Bergheimer Straße 60-3d
41515 Berliner Straße 41-10a
41515 Bernhard-Letterhaus-Weg (12) 61-5b
41516 Bilderstöckchen 42-6a
41516 Birkenstraße 41-12a
41515 Bischof-Nettekoven-Straße 61-5a
41515 Blumenstraße 41-10a
41515 Blütenstraße (2) 61-2c
41517 Böhlerstraße 60-6d
41515 Bongarder Straße 61-6c
41516 Borsigstraße 41-5c
41517 Brahmsstraße (3) 61-11c
41516 Brandenburger Straße 41-6b
41516 Braunsberger Straße 42-6c
41515 Breite Straße 61-1b
41516 Brentanostraße 41-5b
41515 Breslauer Straße 41-10a
41516 Broichstraße 42-5a
41516 Bromberger Straße 42-6c
41517 Bruchstraße 61-4d
41516 Brückenstraße 41-11b
41517 Brucknerstraße 60-6a
41516 Brunnenstraße 42-6c
41517 Buchenweg 61-4d
41517 Buchholzer Straße 81-2d
41515 Buckaustraße 61-2a
41516 Burghof 41-6a
41516 Burgstraße 41-9c
41517 Burgwall 61-4b
41516 Buscher Straße 41-4b
41517 Bussardweg (12) 81-1b

41516 **C**alvinerbuschstraße 42-5c
41516 Carl-Diem-Straße 60-6a
41517 Carl-Orff-Straße 60-6a
41515 Carl-Sonnenschein-Straße (9) 61-5b
41515 Celje-Park 61-2b
41517 Christian-Kropp-Straße 60-6a
41516 Copernicusstraße 41-3d
41517 Cyriakusplatz 61-4d
41517 Cyriakusstraße 61-4d

41517 **D**ahlienweg 61-4d
41516 Daimlerstraße 41-5a
41517 Damaschkestraße 61-4d
41516 Dannerhof 41-3a
41515 Danziger Straße (2) 41-10a
41516 Dechant-Kann-Straße 41-12a
41515 Dechant-Schütz-Straße 41-10c
41516 Degenhof 42-5c
41515 Deutsch-Ritter-Allee 40-12d
41517 Donaustraße 61-10d
41516 Dorfstraße 42-7b
41516 Dr.-Kottmann-Straße 41-12b
41516 Dr.-Widmann-Straße 41-12a
41517 Dreibergerstraße 60-6c
41516 Dresdener Straße 41-6b
41517 Drosselweg (11) 81-1b
41517 Dunantstraße 60-6d
41515 Düsseldorfer Straße 40-12c
41516 Dycker Mühlenweg 41-4b

41515 **E**dith-Stein-Straße 61-5a
41516 Effger-Busch-Weg (4) 42-5d
41516 Eichendorffplatz 41-6c
41517 Eichenweg 60-6a
41517 Eigerweg 60-12b
41515 Eintrachtstraße 41-10a
41515 Elbinger Straße 41-10a
41515 Elfgener Dorfstraße 60-2d
41515 Elfgener Platz 60-3b
41515 Elfgener Weg 60-3a
41515 Elsbachtunnel 40-12d
41515 Elsener Haus 40-12d
41515 Elsener Mühle 61-1b
41517 Energiestraße 61-7c
41517 Enge Gasse 60-6b
41516 Enzianweg (3) 41-4b
41515 Erckensstraße 41-10c
41516 Erftgraben 41-6b
41517 Erftstraße 60-12d
41517 Erftwerkstraße 61-2c
41515 Erich-Klausener-Straße (5) 61-5a
41517 Erlengasse 60-6b
41517 Erlenstraße 60-6d
41516 Ermlandstraße 41-3d
41515 Ernst-Reuter-Straße 61-5a
41517 Eschenstraße 60-6c

41517 **F**alkenstraße 81-1b
41515 Fasanenweg 41-11c
41515 Feilenhauerstraße 41-10c
41516 Feldstraße 41-9d
41516 Ferdinandstraße 42-5d
41516 Fichtenweg (2) 42-6c
41516 Finkenweg 41-9b
41516 Fischerstraße 41-6b
41516 Fleckenweiher 42-5a
41517 Fliederstraße 61-4d
41515 Flothbachgasse 61-6b
41515 Flothgasse 61-9a
41516 Flurweg 42-9b
41515 Fockstraße 61-2c
41515 Forstbauhof 61-1c
41517 Frankenstraße 60-12d
41517 Franz-Liszt-Straße 60-6a
41515 Freiherrenstraße 40-12d
41517 Frenzenhof 60-6d
41517 Frenzenhofstraße 60-6d
41517 Friedensstraße 60-9a
41517 Friedhofstraße 60-12d
41516 Friedrich-Bergius-Straße 41-9d
41515 Friedrich-Ebert-Straße 61-5a
41516 Friedrichstraße 41-5c
41517 Frimmersdorfer Straße 61-10c
41515 Frischmuthstraße 41-10d
41516 Fröbelstraße 41-7c
41515 Fürstenwalder Straße 41-10a
41515 Fürth 60-2b
41515 Fürther Berg 60-3a
41517 Fürther Straße 60-6a

41516 **G**artenstraße 41-6a
41516 Gartenweg (1) 41-9d
41516 Garzweiler Hof 41-4a
41516 Geranienweg (4) 41-4b
41515 Gerberstraße 41-10c
41516 Gerhart-Hauptmann-Straße (2) 41-6a
41515 Geschwister-Scholl-Straße 61-5a
41515 Gierather Weg 40-12b
41515 Giersbergstraße 41-10a
41515 Gilbachstraße 61-2a
41516 Gilverath 42-1c
41516 Gilverather Hof 42-1c
41516 Gilverather Straße 41-6b
41517 Ginsterweg 61-4d
41516 Gladiolenstraße 41-4b
41516 Gleiwitzer Straße 41-6a
41517 Glockenstraße 61-10c
41517 Glück-auf-Straße 61-10d
41515 Goethestraße 40-12d
41516 Goldregenstraße 41-4b
41516 Görlitzer Straße 41-6a
41515 Grabenstraße 41-10a
41515 Graf-Kessel-Straße 61-1a
41515 Greifswalder Weg 41-10a
41515 Grenzstraße 61-2a
41515 Grevenbroicher Straße 41-11d
41517 Grubenstraße 60-9a
41516 Gruissem 42-1a
41516 Grunewaldstraße 42-5d
41516 Grünstraße 41-9b
41516 Gubisrath 43-7a
41516 Gubisrather Straße 42-6d
41517 Gürather Straße 81-1b
41515 Gustav-Lück-Straße 61-2c
41517 Gustav-Mahler-Straße 60-6a
41515 Gustav-Stresemann-Straße (7) 61-5a
41517 Gustorfer Mühle 60-9b
41517 Gustorfer Straße 60-12b
41515 Gut Herkenbusch 61-5b
41517 Gut Heyderhof 61-3a
41517 Gut Ingenfeld 61-12c
41517 Gut Karlshof 81-3d
41515 Gut Krahwinkel 61-12a
41516 Gut Lübisrath 43-4c
41516 Gut Muchhausen 42-10d
41517 Gut Nanderath 81-3c
41516 Gut Neuhaus 42-6a
41516 Gut Neuhöfchen 81-3c
41516 Gut Norbisrath 42-8c
41515 Gut Schnabel 61-3a
41517 Gut Welchenberg 61-7a

41363 **H**aferweg 40-9a
41516 Hahnenpfädchen (4) 41-12a
41517 Händelstraße 61-10d
41515 Hans-Böckler-Straße (3) 61-2c
41517 Hansendstraße 60-12d
41515 Hans-Sachs-Straße 40-12d
41472 Harbernusstraße 42-2b
41517 Harffstraße 60-6d
41515 Harnischstraße 61-2a
41515 Hartmannweg 61-1b
41517 Hauptstraße 61-4c
41515 Haus Busch 42-10a
41516 Haus Horr 42-9d
41516 Haydnstraße 41-4b
41515 Hebbelstraße 40-12d
41516 Heckhauser Hof 41-2a
41516 Heckhauser Weg 41-2c
41516 Heiligenweg 42-1c
41516 Heinestraße 41-6c
41515 Heinrich-Goebel-Straße 61-3a
41516 Heinrich-Hertz-Straße 41-3c
41516 Heisterweg 41-6b
41516 Hellenbergweg 42-2c
41516 Helpensteiner Weg 42-2c
41516 Hemmerdener Weg 41-8b
41515 Henzenstraße 41-10c
41515 Herbert-Rubach-Straße 61-2d
41515 Herderstraße 40-12d
41515 Herkenbuscher Weg 61-2c
41515 Hermann-Ehlers-Straße 61-5a
41517 Hermann-Löns-Straße (1) 60-6b
41515 Herrenhof 60-3a
41516 Herzogstraße 42-5a
41515 Heyerbusch 61-2a
41516 Heyerweg 41-12a
41516 Heyerwinkel 41-12a
41516 Hibiskusstraße 41-4b
41515 Hoeninger Straße 62-4a
41516 Hofbuschweg 41-6c
41516 Hoffmannstraße 41-5b
41516 Hohle Straße 41-4b
41516 Hölderlinstraße 41-6a
41515 Hollenweg 60-3b
41517 Holunderstraße 61-4b
41363 Hubertusstraße 41-1a
41517 Hugo-Wolf-Straße 60-6a
41516 Hülchrather Straße 42-6c
41516 Hülserweg 41-12a
41516 Humboldtstraße 41-5a
41515 Hundhausenstraße 61-2a
41517 Hünselerstraße 60-6d

41515 **I**m Baumgarten 61-2c
41516 Im Bend 61-1d
41515 Im Buschfeld 60-3a
41516 Im Erftbend 41-6b
41516 Im Erftgrund 42-4b
41516 Im Feldwinkel 42-6d
41517 Im Hauster 61-10a
41516 Im Heidchenfeld 42-6c
41517 Im Herrenbusch 61-10c
41515 Im Kamp 61-9a
41517 Im Kirchental 60-12d
41516 Im Knauf 42-7d
41516 Im Kringsfeld 42-2c
41516 Im Krummen Bend 41-11b
41515 Im Lehrgarten 61-1d
41517 Im Meiswinkel 81-1b
41515 Im Ried 61-1d
41516 Im Rixenbend 42-7b
41516 Im Weidendahl 41-4a
41516 Im Wiesengrund (2) 42-5d
41516 Immermannstraße 41-6a
41516 In den Gärten 42-6d
41515 In der Demar 61-2d
41516 In der Gasse 42-6c
41515 In der Herrschaft 60-3a
41517 In der Laag 61-10a
41517 In der Tiefschley 61-10c
41515 Industriegebiet Ost 61-3c
41516 Industriestraße 41-3c
41516 Insterburger Straße 42-6c

41516 **J**ägerhof 42-5d
41515 Jahnstraße 42-5d
41515 Jakob-Dickers-Weg 61-2a
41516 Jakobusplatz 42-6c
41515 Joistenhof 62-4b
41517 Josef-Bremer-Platz 60-6d
41516 Josef-Lecher-Weg 42-5c
41517 Josef-Lützenkirchen-Straße 60-12b
41516 Josefstraße 41-5a
41516 Josef-Thienen-Straße 41-6a
41515 Joseph-Pannenbecker-Straße (1) 62-4a
41515 Joseph-Pick-Straße 40-12d
41515 Jülicher Straße 60-3a
41515 Julius-Leber-Weg (14) 61-5b
41516 Junkerstraße 41-5a

41516 **K**afkastraße 41-4d
41516 Kapellener Straße 41-6b
41515 Kaplan-Hahn-Straße 61-1a
41515 Karl-Arnold-Straße 61-5a
41515 Karl-Gördeler-Weg (11) 61-5b
41515 Karl-Herriger-Weg 62-4a
41515 Karl-Oberbach-Straße 61-1b
41516 Kastanienweg 42-6c
41517 Kasterstraße 60-12d
41516 Kästnerstraße 41-4d
41517 Kaulener Straße 81-2a
41517 Kauler Hüll 61-10c
41517 Kiebitzweg (10) 81-1b
41517 Kiefernweg 61-4d
41515 Kirchhofstraße 61-6c
41516 Kirchplatz 41-4d
41517 Kirchstraße 60-6b
41515 Kirschweg 61-2c
41517 Kleine Straße (2) 60-12d
41517 Kleinfelderhof 61-7a
41515 Kleiststraße 40-12d
41516 Klosterweg 41-9c
41516 Kolberger Straße (4) 42-6c
41515 Kölner Landstraße 61-6d
41515 Kölner Straße 61-1b
41515 Kolpingstraße 61-5a
41515 Komphof 62-4c
41515 Kompweg 62-4a
41516 Könensgasse (2) 41-9c
41515 Königsberger Straße 41-10a
41517 Königslindenstraße 61-4d
41515 Königstraße 40-12d
41515 Konrad-Thomas-Straße 60-3b
41516 Konrad-Zuse-Straße 41-3a
41516 Kornblumenweg 41-4b
41515 Kösliner Straße (1) 41-10a
41516 Kottenkamp 42-1c
41515 Krahwinkelsweg 61-9c
41515 Kreuzstraße 40-12c
41516 Krokusweg (1) 41-4b
41516 Krummstraße 41-11d
41515 Kuckucksweg 41-10d
41515 Kurt-Huber-Straße 61-5a
41515 Kurt-Schumacher-Straße 61-2c
41517 Kurt-Weill-Straße 60-6b
41516 Kurze Straße 41-6a
41517 Kyllstraße 61-4b

41515 **L**aacher Hamm 60-3d
41515 Laacher Straße 60-3a
41517 Lahnstraße (17) 61-4b
41516 Landsberger Straße 42-6c
41516 Landstraße 41-4d
41515 Langenplatz 61-2c
41517 Langer Weg 60-9d
41516 Langwadener Schulweg 42-7a
41516 Langwadener Straße 41-9d
41515 Lappenhof 60-3b
41516 Laubfroschweg 42-2d
41516 Lauffenberger Weg (1) 42-5d
41515 Lautawerkstraße 61-2c
41517 Leharstraße (6) 61-11c
41516 Leipziger Straße 41-6b
41516 Lerchenweg 41-9b
41515 Lessingstraße 40-12d
41515 Lilienthalstraße 61-2d
41516 Lindenhof 41-5a
41515 Lindenstraße 61-2a
41515 Lise-Meitner-Straße 61-3a
41516 Lohhof 42-6b
41516 Lohweg 42-6d
41516 Lortzingstraße (8) 41-4b
41515 Ludwig-Beck-Straße 61-5b
41515 Luise-Schröder-Straße 61-5a

41515 **M**aarstraße 61-6d
41515 Maiblumenweg (1) 61-2c
41517 Mainstraße 61-4b
41515 Marie-Curie-Straße 61-3d
41515 Marienburger Straße 41-10a
41516 Marienhof (Kapellen) 41-2b
41517 Marienhof (Neurath) 81-5a
41517 Marienplatz (2) 60-6d
41516 Marienstraße 42-6c
41516 Marienwerderstraße (1) 42-6c
41515 Markgrafenstraße 41-10c
41516 Marktplatz 41-9c
41516 Marktstraße 41-9d
41517 Markusplatz 60-6c
41517 Martin-Luther-Straße 81-1b
41515 Mathias-Esser-Straße 60-3b
41515 Matthäusplatz 61-6d
41515 Matthäusstraße 61-6c
41516 Mauristraße 41-4d
41516 Max-Planck-Straße 41-3c
41515 Mecklenburger Straße 40-12b
41515 Meisenweg 41-10d
41515 Memeler Straße (3) 41-10a
41517 Mendelssohnstraße (5) 61-11c
41515 Menzenweg 61-2c
41515 Merkatorstraße 41-10c
41517 Mittelstraße 60-6b
41515 Montanusstraße 61-2a
41515 Montzstraße 61-1a
41517 Mörikestraße 60-6b
41517 Morkener Straße 60-9a
41517 Moselstraße (19) 61-4b
41517 Mozartstraße 60-6a
41515 Muchhausener Straße 61-6d
41516 Mühlenhof 42-6d
41515 Mühleninsel 61-1b
41517 Mühlenstraße 60-9a
41516 Mühlrather Straße 42-5a
41516 Münchrather Straße 42-6c

41515 **N**achtigallenstraße 61-1b
41517 Nahestraße (18) 61-4b
41516 Narzissenweg (2) 41-4b
41517 Neckarstraße (21) 61-4b
41516 Neissestraße 41-3d
41517 Nelkenweg 61-5c
41515 Neu Elsener Haus 40-9b
41516 Neubrück 42-1c
41515 Neue Straße 61-6b
41515 Neuenhausener Straße 61-2c
41515 Neugasse 61-9b
41516 Neukircher Heide 42-9b
41515 Neurather Straße 61-9a
41516 Neusser Straße 41-6b
41515 Niermannstraße 61-2c
41515 Nikolaus-Otto-Straße 61-3c
41515 Noithausener Straße 41-10a
41515 Nordstraße 61-2a
41516 Novalisstraße 41-4d

41516 **O**bermühle 41-11b
41516 Oberstraße 41-11b
41516 Oderstraße 41-3d
41515 Oelgasse 61-1b
41517 Offenbachstraße (2) 61-10d
41516 Oleanderweg (5) 41-4b
41516 Olligsgasse (5) 41-12a
41516 Olligsschlägergasse (6) 41-12a
41515 Orkener Straße 41-10c
41515 Ostpreußenstraße 41-7d
41516 Oststraße 41-12a
41515 Ostwall 61-1b
41515 Otto-Hahn-Straße 61-3c

41515 **P**arkstraße 61-1b
41517 Pastoratstraße 61-4d
41516 Pastor-Dehnert-Straße 41-12a
41517 Paul-Hindemith-Straße 60-6a
41517 Pestalozzistraße 61-4d
41516 Pfannenschuppen 43-4c
41516 Pfannenstraße 41-4d
41515 Pillauer Weg 41-10a
41515 Platz der Deutschen Einheit (5) 41-10c
41515 Platz der Republik 61-1a
41515 Pommernstraße 41-7d
41516 Posener Straße (3) 42-6c
41516 Postgasse 41-9c
41516 Poststraße 41-9c
41515 Potsdamer Straße 40-12b
41517 Pötzplatz 61-4d
41517 Provinzstraße 60-6a

41516 **R**amrather Straße 42-9b
41517 Reisdorfer Straße 60-6b
41515 Rembrandtstraße (14) 61-2a
41517 Rheinstraße 61-4b
41516 Rhenaniastraße 41-9d
41515 Rheydter Straße 40-12c
41517 Richard-Strauß-Straße 60-6b
41515 Richard-Wagner-Straße 41-10c
41516 Rilkestraße 41-5d
Ringstraße 41-10b
41515 Nr. 5-19
41516 Nr. 25-27
41516 Robert-Bosch-Straße 41-5a
41516 Rochusweg 41-4b
41516 Römerstraße 41-9b
41515 Röntgenstraße 61-1b
41516 Roseller Straße 42-6d
41515 Rosenstraße 41-10a
41516 Rossinistraße 41-4b
41517 Rotdornstraße 61-4d
41516 Rudolf-Diesel-Straße 41-9d
41515 Rügenweg 41-7c
41517 Ruhrstraße (16) 61-4b

41517 **S**aarstraße (22) 61-4b
41517 Sanddornweg 61-4b
41516 Sandweg 41-3d
41517 Sauerbruchstraße 61-4d
41517 Schellestraße 60-6d
41516 Schildberghof 43-7a
41515 Schillerstraße 40-12b
41517 Schillingstraße 60-6c
41515 Schirnerstraße 61-2c
41516 Schloß Hülchrath 42-5c
41516 Schloß Langwaden 42-7b
41515 Schloßplatz (Place Saint Chamond) 61-1b
41515 Schloßstraße 61-1a
41516 Schnitzlerplatz 41-4b
41516 Schönbergweg 42-7b
41516 Schrieverspfad 41-4d
41516 Schubertstraße 41-6a
41516 Schulstraße 41-4b
41517 Schumannstraße (4) 61-11c
41516 Schwabstraße 41-4d
41517 Schwalbenweg (9) 81-1b
41515 Schwarzer Weg 61-1c
41515 Schweidweg 61-1a
41516 Sebastianusplatz 42-5c
41516 Sebastianusstraße 41-5a
41517 Siegstraße (20) 61-4b
41515 Siemensstraße 61-2b
41517 Sinstedenstraße 60-6c
41516 Sportplatzweg 41-11b
41516 Sportstraße 42-6c
41516 St.-Bernhard-Straße 42-7b
41516 St.-Clemens-Straße 41-6a
41516 St.-Johannis-Straße 41-6a
41517 St.-Leonhard-Straße 60-9a
41516 St.-Norbert-Straße 42-7b
41516 Stadionstraße 41-6c
\- Stadtpark (Wevelinghoven) 41-11b
\- Stadtpark 61-1b
41515 Stadtparkinsel 41-10d
41516 Stefan-Zweig-Straße 41-4c
41515 Steinmetzstraße 41-10c
41515 Steinweg (9) 61-1b
41515 Stephanstraße 40-12d
41515 Stettiner Straße 41-10a
41516 Stifterstraße 41-6a
41516 Stormstraße 41-5d
41516 Stövergasse 41-5d
41515 Stralsunder Straße 41-7c
41517 Südstraße 60-9a
41515 Südwall 61-1b
41515 Synagogenplatz (11) 61-1b

41516 **T**alstraße 41-3c
41517 Tannenstraße 61-4d
41517 Taubenweg (8) 81-1b
41515 Theodor-Fontane-Straße (4) 41-10c
41515 Theodor-Heuss-Straße 61-2d
41515 Theodor-Körner-Straße 61-9b
41515 Tilsiter Straße 41-10a
41515 Töpferstraße 41-10c
41517 Torfstecherweg 60-6d
41516 Tribünenweg 41-11a
41515 Trimbornstraße 61-2a
41517 Tulpenweg 61-4d
41517 Turmstraße 60-6c

41515 **U**hlandstraße 40-12d
41515 Uhlhornstraße 61-2a
41516 Ulmenstraße 42-6c
41517 Unterbruchstraße 60-12d
41516 Unterdorf 42-6a
41516 Untermühle 41-9b
41516 Unterstraße 41-9c
41515 Usedomweg 41-10a

41516 **V**eilchenweg (6) 41-4b
41516 Vellrather Weg 41-1d
41516 Vellratherhof 41-1c
41516 Verdistraße 41-4b
41516 Viehstraße 42-9a
41516 Vierwinden 41-2d
41517 Viktoriastraße 81-1b
41515 Vogteistraße 40-12c
41517 Vollrather Höhe 61-8b
41517 Vollrather Straße 61-4d
41517 Vollrather Weg (25) 61-4d
41515 Vom-Rath-Straße 60-3b
41515 Von-Arnim-Straße (1) 40-12d
41515 Von-Bodelschwingh-Straße 61-2d
41515 Von-der-Porten-Straße 61-2c
41515 Von-Droste-Straße 60-3b
41515 Von-Galen-Straße (10) 61-5b
41515 Von-Goldammer-Straße 41-10c
41516 Von-Heinsberg-Straße 41-9c
41517 Von-Hochstaden-Straße 61-10c
41515 Von-Immelhausen-Straße 41-10b
41515 Von-Ketteler-Straße 61-2c
41516 Von-Pröpper-Straße (3) 42-5d
41515 Von-Stauffenberg-Straße 61-5b
41515 Von-Werth-Straße 61-1b

41517 **W**acholderstraße 61-4b
41515 Waldweg 61-1d
41515 Wallgasse (12) 61-1b
41515 Walrafsgäßchen (13) 61-1b
41515 Walrafstraße 61-2a
41515 Walter-Rathenau-Straße (8) 61-5a
41515 Weberstraße 41-10c
41516 Wehler Straße 42-6a
41517 Weidenpeschstraße 60-12b
41515 Weidenweg 60-3d
41516 Weimarstraße 41-6c
41472 Weitzstraße 42-3c
41517 Welchenberger Straße 61-10d
41517 Westfeldstraße 60-6c
41517 Weststraße 60-12d
41515 Wevelinghovener Straße 61-3d
41515 Wiesenstraße 60-3d
41516 Wilhelm-Busch-Straße (1) 41-6a
41515 Wilhelm-Fulda-Straße 61-2c
41515 Wilhelm-Gräser-Straße 61-2d
41515 Wilhelmitenstraße (7) 61-1b
41515 Wilhelm-Leuschner-Weg (13) 61-5b
41517 Willibrordusstraße 61-4d
41516 Wingensteiner Weg 41-2c
41516 Winzerather Straße 41-4d
41516 Wittgesgasse 41-4d
41515 Wöhlerstraße 61-2c
41516 Wolliner Straße 42-6c
41517 Wupperstraße 61-4b

41515 **Z**edernstraße 61-2a
41569 Zedernweg (1) 62-6d
41516 Zehntstraße 41-9c
41515 Zeisigweg 41-10d
41516 Zelterstraße 41-4b
41515 Zeppelinstraße 61-2d
41516 Ziegeleistraße 41-6a
41517 Zum Bussebach 60-6a
41515 Zum Türling 41-10a
41516 Zum Vogelsang 42-4a
41515 Zumbuschstraße (6) 61-1a
41515 Zünftestraße (10) 61-1b
41517 Zur Dreikant 60-6c
41517 Zur Hammhöhe 60-6c
41517 Zur Mühlenerft 80-3a
41516 Zur Schwarzen Brücke 41-6b
41517 Zur Waldwiese 61-1d
41517 Zur Wassermühle 60-9b
41516 Zweifaltern 41-8a

Großmaischeid
PLZ 56276

(zu VBG Dierdorf)

Alfred-Krupp-Straße 324-7b
Am Kaisergarten 324-8c
Am Spaniergarten (2) 324-11a
Amselweg 324-8d
August-Horch-Straße 324-7d

Beetstraße 324-8c
Bergstraße 324-12a
Birkenstraße 324-8c
Brentanoweg (3) 324-7d
Brunnenstraße 324-8c
Buchenweg 324-8c
Burwiesenstraße 324-7d

Carl-Benz-Straße 324-8a
Clemens-Kern-Straße 324-7b

Dierdorfer Straße 324-8c
Drosselstraße 324-8d

Erlenweg 324-8d
Eulenweg 324-8c

Finkenstraße 324-8c
Fliederstraße 324-7d

Goethestraße 324-10b
Großmaischeider Straße 324-12c
Gutscheider Hof 324-8a
Gutscheider Höhe 324-8a

Hauptstraße 324-8c
Heinrich-Heine-Straße 324-7d
Heinrich-von-Kleist-Straße (4) 324-7d
Hochbitz 324-8c
Hochgasse 324-8c
Hochstraße 324-12a
Hohlstraße 324-12a

Im Bärengarten (1) 324-8c
Industriestraße 324-7b
Isenburger Straße 324-10b

Kausener Straße 324-8c
Kettemersmühle 331-3a
Kirchstraße 324-8c
Kleinmaischeider Straße 324-7b

Lärchenstraße 324-8c
Lilienweg 324-7d
Lindenstraße 324-8c
Luxemburger Straße 324-7d

Marktstraße 324-8c
Meisenweg 324-8c
Mittelstraße 324-8a

Ommelsbacher Mühle 331-3c

Poststraße 324-8c

Richard-Reuter-Straße 324-7d
Robert-Bosch-Straße 324-7b
Rommersdorfer Straße 324-7d
Rosenweg 324-7d

Saynbuschweg 324-11a
Saynhofstraße 324-10b
Sayntalstraße 324-12c
Schillerstraße (5) 324-10b
Schloß Sayneck 331-3b
Schulstraße 324-8c
Sonnenweg 324-12a
Stebacher Straße 324-8c

Tannenweg 324-8d
Tulpenstraße 324-7d

Überdorfstraße 324-7d

Von-Walderdorff-Straße 324-8c

Waldstraße 324-12a
Weidenweg 324-8c
Wiesenstraße 324-12a
Wilhelm-Busch-Straße 324-10b
Wilhelmstraße 324-12a

Zu den Auen 324-7d

Güllesheim
PLZ 56593

(zu VBG Flammersfeld)

Am Wiesenhang 294-11d
Amselweg 294-11b
Auf der Heide 294-12a

Eichenstraße 294-11b

Gartenstraße 294-11d

Höhenweg (3) 294-11b

Im Vogelsang 294-11b
In den Birken (2) 294-11b

Jahnstraße 294-11d

Kapellenstraße 294-11d

Lindenstraße 294-11a
Meisenweg 294-11b

Oklahoma Straße 294-11d

Raiffeisenstraße 294-11b
Rheinstraße 294-11d

Sonnenstraße 294-11d
Steinstraße 294-11b

Talweg (1) 294-11b
Tannenstraße (4) 294-11d

Weiherweg 294-11b

Gulpen-Wittem (NL)

Aad de Haasstraat 178-1c
Achter Trinteler Voetpad 148-7b
Achterweg 148-7a
Akervoetpad 178-7a
Antoniogats 178-2c

Bahnheiderbospad 148-11d
Beeklaan 178-1a
Bergstraat 148-10a
Biesveldervoetpad 178-4b
Biesweg 178-4b
Boerenbergpad 148-10a
Borngats 178-4d
Bosveld 148-7b
Botterweck 178-1a

Dal Driesschenweg 178-6a
De Gats 148-7a
Dr. Poelsstraat (Eys) 148-10a
Dwarsbaan (2) 178-2c

Eikesvoetpad 148-10b
Eikesweg 178-4a
Einderstraat 178-1c
Elzeterbospad 178-7c
Engergats (4) 178-1c
Eyserheidepad 148-7c
Eyserweg 148-7c

Franciscanessenweg 178-2c

Gentwegje 178-4d
Goedenraadsbergweg 148-11c
Goedenraadspad 148-11c
Grachtervoetpad 148-10a
Grachtstraat 148-10a
Groeneweg (Trintelen) 148-7b
Grunnevig (1) 178-2c

Hamerstraat 148-7b
Hanzonstraat 148-10a
Heksenkoel 178-1b
Hoebigerweg 148-10c
Höfkensgats 178-1c
Höfkensweg 178-2c
Hofstraat 178-2c
Hoge Bergpad 148-10b
Hontenerweg 178-2c
Horenspad 148-10a
Horensweg 148-10a
Huntjenspad 178-4c

In der Bend 148-10a
Ireneweg 178-2c

J.C. Schlaunstraat 148-10a

Kamphöfke 148-10d
Kampweg 148-7b
Kanariestraat 148-10a
Kelderweg 148-10d
Kerkpad (Eys) (3) 148-10a
Kerkstraat (Nijswiller) 178-2c
Kersenweide 178-2c
Keutersweg 148-8c
Kinkersweg 178-1a
Kleine Karstraat 148-11c
Kolmonderbosweg 178-5b
Kolmonderstraat 178-2c
Kromhagerweg 148-7d
Kruisprocessieweg 148-7c
Kruisweg (3) (Wahlwiller) 178-1c
Kuppervoetpad 148-7b

Lantaarnvaart 178-1c
Leeuwerikstraat 148-10c
Lijsterstraat 148-10a
Lodewijk XIV Straat 148-10b

Maygats 178-2c
Meester Dr. Froweinweg 148-11c
Mesweg 148-10a
Mr. Dr. Froweinweg 148-10b
Mutsweg 178-2a

Nachtegaalstraat 148-10a
Nijswillerpad 148-10d

Op de Kamp 148-10d
Op der Welsch 178-2c
Oude Bocholtzerweg 178-3c
Oude Schoolhof 148-10a

Pastoor Duckweilerweg 148-10a
Pleinweg 148-7b
Ploemenwegske (1) 178-1c
President John F. Kennedystraat 178-1c
Provenciale Weg Nijswiller-Simpelveld 178-5a
Putsteegje 148-10d
Putsvoetpad 148-11a

Rotterbeemdenweg 178-7a
Ruitersweg 178-4b

Schulsbergervoetpad 178-1d
Schulsbergweg 178-1b
Sint Agathastraat 148-10a
Sint Cunibertusstraat 178-1c
Sint Dyonisiusweg 178-2c
Spoorstraat (2) 148-10c
Stadsweg 178-4b
Steenspad 178-4a

Taan-Del 148-10c
Thienenbergpad 178-7c
Tramwegje 178-1d
Trintelerbosweg 148-4d

Van Breijlstraat (1) 148-10c
Verloren Kostweg (Eys) 148-11c
Vinkstraat 148-10a
Voelenbornweg 178-7a
Voetpad langs Vogelzang 148-8c
Vogelzand Hove 148-11a
Voortweg 178-4c
Vosschenvoetpad 178-2b
Vossenberg 178-2c
Vossenstraat 178-2c
Vrijthof (2) 178-1c
Vrouwenheide 148-4d

Weg langs 't Eikes 148-10b
Westhoek 178-2c
Wezelderweg 148-10a
Witte Reinspad 178-5a

Zwartebrugweg 148-10c

Gummersbach

51645 Abbenohler Weg 117-2b
51645 Adolf-Kolping-Straße 97-12c
51645 Aehlenberger Weg 98-7d
51645 Aggerstraße 116-5d
51645 Aggertalstraße 98-7b
51645 Aggerweg 117-2c
51645 Ahestraße 117-2b
51645 Ahlefeld 117-2a
51645 Ahlefelder Straße 117-1b
51643 Ahornweg 97-8c
51647 Akazienweg 97-9d
51643 Albert-Schweitzer-Platz 97-11a
51643 Albert-Stiefelhagen-Weg 96-5c
51643 Albertstraße 97-8c
51643 Albrechtplatz 97-9a
51643 Alexander-Fleming-Straße 97-11c
51643 Allensteiner Straße 97-7a
51643 Alpestraße 118-1b
51647 Alte Burgstraße 98-1c
51647 Alte Landstraße 95-8d
51645 Alte Mühlenstraße (3) 117-4a
51643 Alte Rathausstraße (9) 97-8a
51645 Alte Schule (2) 117-3b
51645 Alte Straße 116-6c
51645 Alte Vosselstraße 97-11d
51647 Alter Postweg 98-2b
51647 Alter Schulweg 79-11b
51645 Alter Weg 116-3c
51645 Am Alten Bahnhof 117-2b
51645 Am Alten Feld 117-2d
51645 Am Alten Steg 97-6b
51647 Am Anger 96-4b
51645 Am Bachersiefen 117-2c
51643 Am Bäckersberg 96-9b
51645 Am Bäuweg 118-2b
51647 Am Berghof 97-6d
51643 Am Brink 97-10b
51647 Am Brunsberg 97-9a
51643 Am Buchenhain 97-11c
51647 Am Buchhagen 98-3b
51643 Am Buchholze (9) 97-11a
51645 Am Bühl 116-6b
51647 Am Denscheid 98-7b
51647 Am Eichholz 96-6d
51643 Am Einhorn 97-8a
51645 Am Epelberg 98-10b
51647 Am Fahrlöh 97-6b
51645 Am Funkenberg 116-5d
51643 Am Hallöh 95-5d
51647 Am Hammer 97-6c
51647 Am Hang 96-4a
51645 Am Heerweg 98-8c
51645 Am Heidnocken 98-11c
51645 Am Heiligenstock 96-12c
51643 Am Hepel 97-8b
51643 Am Höchst 96-12b
51647 Am Hofacker 98-1d
51645 Am Homertsiefen 116-6a
51643 Am Hüttenberg 97-11b
51643 Am Kerberg 97-8a
51643 Am Kirchgarten 97-11a
51645 Am Kittelbusch 116-9a
51645 Am Knappen 95-8d
51643 Am Kohlberg 97-9c
51647 Am Kolmichsiefen 96-4c
51647 Am Krusenberg 97-9d
51647 Am Langenberg 97-6b
51645 Am Langenfeld 98-8a
51647 Am Lockfeld 95-6d
51645 Am Löh 78-12a
51647 Am Lohhagen (1) 98-2a
51645 Am Markt 98-2a
51645 Am Nordpol 98-4d
51645 Am Ohl 97-6b
51643 Am Ramskopf 96-9b
51645 Am Rennerpark 98-11a
51647 Am Rosberg 97-4c
51645 Am Rosenhügel 117-4a
51645 Am Rosenkamp 116-5d
51643 Am Sandberg 97-6c
51643 Am Sängerheim 97-8d
51647 Am Schmittenberg 95-9a
51643 Am Schütt 97-7b
51645 Am Schützenheim 117-5a
51645 Am Silbersee 116-5a
51647 Am Sonnenberg 98-4a
51647 Am Stahlberg 96-6b
51643 Am Steinberg 97-4d
51643 Am Steinbergshof 97-11a
51645 Am Steinweg 117-4c
51645 Am Stockweg 98-8a
51647 Am Strauch 96-5a
51643 Am Stutzemer 98-2a
51647 Am Vorbecken 98-3a
51645 Am Waldhang 98-10b
51643 Am Wehrenbeul 97-8b
51643 Am Wiedenhof 97-8b
51645 Am Wiesenhang 98-10c
51647 Am Windfuß 78-12c
51647 Ammerweg 98-7a
51647 Amselweg 98-7a
51647 An den Brüchen 97-1d
51647 An den Eichen 98-1c
51645 An der Agger 98-11c
51647 An der Aussicht 96-5a
51643 An der Berstig 97-8d
51647 An der Burg 78-9c
51647 An der Burt 97-11a
51643 An der Höhe 97-5d
51645 An der Kehre 116-5b
51645 An der Leye 117-5a
51645 An der Mauerwiese 117-3b
51645 An der Mühlwiese 98-11a
51645 An der Nordhelle 98-7b
51647 An der Nörre 98-3a
51643 An der Schneppenhardt 97-5d
51643 An der Schüttenhöhe 97-8d
51645 An der Sporthalle 97-5d
51643 An der Voßwiese 97-7a
51647 An der Wahr 79-10c
51643 An der Wende 97-7a
51643 Andienungsstraße 97-8a
51645 Andreasweg (4) 116-5d
51647 Apfelbaum 96-7a
51645 Arndtstraße 116-6c
51647 Auenweg 96-3c
51643 Auf dem Allöh 97-11a
51643 Auf dem Bühlerhahn 97-11c
51643 Auf dem Füllenkamp 96-9a
51645 Auf dem Höchsten 116-6c
51645 Auf dem Hohenstein 116-2d
51647 Auf dem Inken 98-2c
51645 Auf dem Kamp 98-5c
51647 Auf dem Leibel 117-2a
51645 Auf dem Schilde 117-4a
51645 Auf dem Tringelbusch 117-4a
51645 Auf dem Ufer 96-9c
51643 Auf den Bruchswiesen 97-10a
51647 Auf den Steinen 95-8b
51647 Auf der Breite 98-1c
51645 Auf der Brück 117-4c
51645 Auf der Ente 116-6c
51645 Auf der Gostert 116-6b
51647 Auf der Gummershardt 96-5c
51647 Auf der Hardt 79-10a
51643 Auf der Leie 98-3b
51645 Auf der Platte 97-8a
51647 Auf der Rosenthaler Höhe (2) 79-10d
51643 Augustastraße 97-8a
51643 Autobahnzubringer 97-7d

51643 Bachstraße (3) 97-8a
51643 Bahnhofstraße (2) 97-8b
51645 Bahnstraße 117-4b
51645 Baldenberger Weg (3) 118-2b
51647 Becke 97-6d
51643 Beckestraße 97-6c
Becketalstraße 97-9a
51643 Nr. 3-5
51647 Nr. 7-13
51643 Beethovenstraße 96-12a
51647 Berghausener Straße 95-9a
51645 Bergstraße 116-8b
51647 Bergwaldstraße 96-4a
51647 Berketstraße 97-4b
51643 Berliner Platz 97-5d
51645 Berlinstraße 116-9a
51643 Berlitzstraße 96-9d
51647 Bernberg 97-9d
51645 Bernberger Straße 97-12c
51643 Bertha-von-Suttner-Platz (6) 97-8d
51643 Bertha-von-Suttner-Straße (5) 97-8c
51645 Beseler Straße 116-6a
51645 Betriebsweg 116-5a
51647 Beulstraße 98-2a
51647 Beustenbach 79-9c
51647 Beustenbachstraße 79-11b
51643 Bickenbachstraße 97-7a
51643 Birkenstraße 97-4d
51647 Birnbaum 96-7b
51643 Bismarckplatz 97-8b
51643 Bismarckstraße (7) 97-8b
51645 Bleichweg 98-11c
51643 Blücherstraße 97-8b
51645 Bogengasse 98-7b
51645 Börnchen 98-10c
51645 Börnchenstraße 98-10c
51643 Bornerhof 97-5c
51647 Bracht 79-8b
51647 Brachweg 97-1d
51645 Branntenweg 117-2d
51645 Brantenhölzchen 97-11a
51647 Bredenbruch 78-12c
51647 Bredenbrucher Weg 78-12a
51647 Breite Straße 97-3d
51643 Breslauer Straße 97-6c
51647 Brink 78-12d
51647 Bruch 98-3b
51643 Brückenstraße 97-7b
51645 Brückenweg (4) 117-3b
51645 Brüder-Grimm-Straße 116-6c
51647 Brunnenweg 96-5a
51645 Brunohl 116-2d
51645 Brunohler Straße 116-2c
51643 Buchenweg 97-8c
51645 Bünghausen 116-5d
51645 Bünghauser Straße 116-5a
51647 Bunsenstraße 97-1a
51645 Burbachstraße 96-12c
51645 Burgbergstraße 116-6b
51647 Burgstraße 97-1d
51647 Burgwiesenstraße 96-6b

51647 Cäcilienstraße 96-5c
51643 Cottbusstraße 97-7c

51647 Dachsweg 97-1c
51647 Damwiese 97-4a
51647 Dannenberger Straße 78-11c
51643 Danziger Straße 97-9a
51647 Deitenbach 78-12c
51647 Deitenbacher Weg 78-12a
51643 Dellenfelder Straße 97-8d
51643 Denkmalweg 97-5c
51647 Derschlager Straße 98-2a
51647 Derstelstraße 96-3c
51645 Dieringhauser Straße 116-6c
51645 Dongenstraße 117-4a
51647 Dorfstraße 98-7a
51643 Dörnenstraße 97-8d
51645 Dörner Weg 118-2a
51647 Dr.-Meyer-Jagenberg-Weg 95-6a
51643 Dr.-Ottmar-Kohler-Straße 97-11a
51647 Dr.-Wiefel-Straße 96-4b
51647 Drieberhausen 79-7c
51647 Drosselweg 98-7a
51647 Dümmlinghauser Straße 97-9b

51645 Eckenhagener Straße 98-11c
51645 Eduard-Scheve-Straße 98-10c
51647 Eibenweg 98-7c
51645 Eichendorffstraße 116-6d
51643 Eichenhofstraße 97-11a
51645 Eichenkamp 116-5d
51645 Eichenweg 97-12c
51647 Eichholzweg 95-6a
51647 Eickenstraße 79-7c
51645 Eintrachtstraße 98-11c
51645 Eisenbahnstraße 117-3b
51647 Elbach 95-8b
51643 Elsa-Brändström-Straße (7) 97-8d
51643 Emilienstraße (3) 97-8b
51643 Emmastraße 97-8a
51647 Enkerlöhstraße 97-9b
51643 Entwicklungsgebiet Steinmüller 97-8c
51645 Epelstraße 98-10b
51645 Erbland 116-5a
51645 Erblandstraße 116-2c
51647 Erlenhagen 98-4a
51645 Erlenstraße 97-12d
51647 Erlenweg 78-11d
51645 Ernst-Zimmermann-Straße 117-4c
51645 Eschenweg 97-11d
51647 Espenweg 95-6a
51645 Eulenhardtstraße 117-1d
51645 Eulenhofstraße 98-10d

51643 Fabrikstraße 97-8a
51645 Fährstraße 117-3b
51647 Falkenhöhe 98-7a
51647 Fasanenweg 98-7a
51643 Feldstraße 97-8b
51643 Feldweg 97-4c
51647 Fichtenstraße 98-7c
51647 Finkenweg 98-7a
51647 Flaberg 95-8a
51643 Fliederstraße 96-12a
51643 Florastraße 96-9c
51645 Flurstraße 98-10d
51643 Franz-Schubert-Straße 97-7b
51647 Fraunhoferstraße 97-1a
51647 Freiheitsstraße 95-6a
51647 Freiherr-vom-Stein-Straße 95-6a
51643 Friedensstraße 97-4d
51645 Friedhofstraße 116-6b
51647 Friedrich-Leitgen-Straße (1) 95-6a
51645 Friedrichstal 117-2c
51645 Friedrichstaler Straße 117-2c
51643 Friedrichstraße 97-8b
51647 Fritz-Pregl-Straße 95-9a
51647 Fritz-Rau-Straße (1) 97-1d
51643 Fröbelstraße (8) 97-8a
51647 Frömmersbacher Straße 98-2c
51643 Furtwänglerstraße 96-12b

51645 Galileistraße 97-11d
51645 Ganghoferstraße 116-6d
51647 Gartenstraße 95-5b
51647 Gartenweg 79-10d
51647 Gelpestraße 95-8c
51647 Genkelsperre 78-11c
51643 Genklerhardt 98-2b
51645 Gerhart-Hauptmann-Straße 116-6d
51647 Gewerbegebiet Windhagen 97-1c
51643 Gimborner Straße 97-4d
51647 Ginsterweg 98-7c
51647 Glockenweg 95-6a
51643 Goebenstraße 97-8b
51645 Goethestraße 116-6d
51645 Grenzweg 116-6c
51647 Großenbernberg 98-7c
51647 Großenbernberger Straße 97-12b
51645 Großenohlstraße 98-10d
51643 Grotenbachstraße 97-5d
51647 Grube-Laura-Straße 97-4c
51647 Grubenstraße 97-4b
51647 Grünenthal 78-12b
51643 Grünstraße 116-5a
51647 Güberichweg 96-6c
51647 Gummarstraße 96-6a
51643 Gummerother Straße 96-9b
Gummersbacher Straße 97-11d
51645 Nr. 1-41, Nr. 2-70
51643 Nr. 43-67, Nr. 72-124
51647 Gummershardter Weg 96-3c
51645 Gustav-Adolf-Straße 116-6d
51647 Gustav-Robert-Kirchhoff-Straße 97-1a
51647 Gustavstraße 97-4b
51645 Gutenbergstraße 118-1a

51647 Hagen 95-5d
51645 Hagener Straße 98-7d
51645 Haidschlade 98-11c
51645 Halstenbach 117-7a
51645 Halstenbachstraße 117-4c
51645 Hambaumsiedlung 117-4c
51643 Hammerstraße 97-6c
51645 Hammertaler Straße 116-5d
51647 Hammerwiese 97-6d
51643 Hanfgarten 97-7c
51645 Hangweg 116-3a
51643 Hans-Böckler-Straße 97-5d
51647 Hardenbergstraße 95-6a
51643 Hardt 79-11a
51643 Hardtstraße 97-10b
51647 Hardtweg 79-11b
51643 Hardtwiesenstraße 96-12b
51647 Hasenweg 97-4a
51643 Hasselweg 97-7c
51647 Hauptstraße 95-2d
51645 Heckenweg 117-3a
51645 Heerstraße 98-11d
51645 Heideweg 96-12a
51647 Heiler Straße 97-1d
51645 Heinrich-Heine-Straße 116-6d
51647 Heinrich-Krapoth-Straße 96-4b
51643 Heisenbergstraße 96-9d
51647 Helberg 78-12a
51647 Helberger Straße 78-12c
51643 Helenenstraße 97-8a
51647 Helene-Ufer-Straße 95-6a
51647 Hellberg 97-1d
51643 Henri-Dunant-Straße 97-11a
51645 Hermann-Kind-Straße 116-5d
51645 Hermann-Löns-Straße 116-6c
51645 Hermann-Renner-Straße 98-11a
51643 Hermannsburgstraße 97-4b
51643 Herreshagener Straße 97-4d
51647 Hesselbacher Straße 98-7b
51645 Hildegard-von-Bingen-Weg 97-11c
51643 Hindenburgstraße 97-8b
51645 Hochstraße 116-6a
51645 Höfen 117-4b
51645 Höfenstraße 117-4b
51645 Höfer Ohl 117-4b
51647 Hofstraße 98-4a
51645 Hofwiesenstraße (11) 97-11d
51645 Hohbeulstraße 97-11d
51643 Hohe Straße 97-8a
51647 Hohefuhrweg 95-6a
51645 Hohensteinstraße 98-10c
51645 Höhenweg 116-9a
51645 Hohler Straße 116-3c
51645 Homburger Straße 116-6c
51645 Hömel 116-5c
51645 Hömelstraße 116-5a
51643 Hömerichstraße 97-7a
51647 Homertskamp 79-10b
51647 Homertstraße 79-10c
51643 Hömicker Weg 97-7b
51647 Höveler Weg 96-4b
51647 Hückeswagener Straße 97-1a
51645 Hügelstraße 117-4a
51643 Hülsenbuscher Straße 97-7a
51647 Hülsenweg 96-4b
51645 Hunstiger Straße 116-8b
51645 Hurststraße 116-5c

51643 Idastraße 97-7b
51647 Igelweg 97-1c
51645 Im Aggersiefen 116-6c
51643 Im Baumhof (2) 97-8a
51647 Im Bergsiepen 78-11d
51647 Im Beul 98-3a
51647 Im Bonnen 96-6b
51647 Im Broich 97-4c
51643 Im Bruch 98-3a
51645 Im Eichenhof 116-6b
51643 Im Füllenhof 98-2a
51645 Im Grünen 116-5c
51647 Im Hahn 98-1b
51645 Im Halken 116-8b
51643 Im Heuhof 79-10b
51647 Im Hof 96-6c
51647 Im Hofgarten 97-4c
51645 Im Hofkamp (5) 116-5d
51647 Im Höhgarten 98-1d
51647 Im Inken 97-9d
51643 Im Kamp 97-7b
51647 Im Kämpchen 97-9d
51645 Im Kirschenhof 116-3a
51645 Im Kloster 117-4a
51647 Im Leienkamp 97-2c
51647 Im Löe 78-11c
51645 Im Lütgental 97-11b
51645 Im Manshagen 98-10b
51645 Im Mühlengarten 117-4c
51647 Im Nöcher Hof 95-6d
51647 Im Nöckel 96-5a
51647 Im Peiseler Siepen 95-6c

51643 Im Rand 96-9d
51643 Im Rauhenbusch 97-6a
51645 Im Raukamp 98-10c
51647 Im Rehbockswinkel 97-6c
51647 Im Rodt 79-11b
51645 Im Schlenkerhof 97-11d
51643 Im Siefchen 97-6a
51645 Im Siepen 98-7b
51643 Im Sohl 97-4d
51643 Im Tal 96-9c
51645 Im Weidenbruch 118-1b
51645 Im Weiher 117-7a
51647 Im Winkel 96-3c
51647 Im Wolflöh 96-6a
51643 Immertweg 79-10a
51645 In den Buchen 117-4c
51645 In den Wiesen 97-7a
51643 In der Delle 97-5d
51647 In der Hülsbach 96-4c
51645 In der Kalkschlade 97-12c
51643 In der Kampwiese 97-6c
51647 In der Lantemicke 98-2a
51645 In der Leimicke 98-8c
51643 In der Lochwiese 97-8b
51645 In der Mitte (2) 98-11c
51645 In der Mühlhelle 98-11c
51647 In der Ratemicke 98-2b
51647 In der Schlaa 98-2c
51645 In der Schlade 117-4a
51647 In der Steinerwiese 97-9b
51643 In der Würdenwiese 97-6a
51643 Industriestraße 97-8b
51647 Inselweg 98-2b
51645 Islandstraße 97-11d

51645 Jägerstraße 116-5d
51645 Jahnstraße 98-7d
51645 Jasperweg 117-3b
51645 Junkerstraße 117-3a

51643 Kaiserstraße 97-5c
51647 Kalkkuhl 95-6d
51647 Kalsbacher Weg 97-2d
51645 Kalteneich 98-10b
51643 Kalversiefen 97-8d
51643 Kampstraße 97-8c
51645 Kantstraße 116-6d
51645 Kapellenstraße 117-4a
51645 Karhellstraße 97-11d
51643 Karl-Eberhard-Straße 97-5d
51643 Karlsbader Straße 97-7a
51643 Karlskamp 97-7a
51643 Karlstraße 97-8b
51643 Kastanienstraße 98-7c
51647 Käte-Strobel-Weg 79-8d
51645 Keplerweg 97-11d
51647 Kerbelweg 98-1b
51647 Kiefernweg 98-7c
51643 Kirchfeldstraße 97-8c
51645 Kirchhellstraße 117-4a
51647 Kirchplatz 79-10c
51647 Kirchstraße 95-6d
51645 Kirchweg 98-11c
51645 Kleffstraße 97-12d
51643 Kleine Bergstraße 97-8c
51647 Kleinenbernberg 97-9b
51647 Kleinenbernberger Straße 97-9b
51645 Klosterstraße 98-11a
51645 Kölner Straße 117-2b
51643 Königsberger Straße (1) 97-9a
51645 Königstraße 116-6c
51643 Kopernikusstraße 96-9b
51645 Korlenbergstraße 98-10c
51643 Körnerstraße 97-8b
51647 Korweg 95-9a
51647 Kotthauser Straße 96-6d
51647 Koverstein 78-12d
51643 Koversteiner Mühle 78-12d
51647 Koversteiner Weg 78-12d
51647 Kreuzstraße 95-5c
- Krummenohl 117-2b
51645 Krummenohler Straße 117-2b

51645 Lachtstraße 117-4c
51643 Lambacher Weg 96-9c
51647 Lambertiweg 79-10c
51647 Landstraße 97-1d
51647 Langenbergstraße 98-1c
51647 Lantenbacher Straße 98-1c
51645 Lärchenweg (10) 97-12c
51643 La-Roche-sur-Yon-Straße (10) 97-8b
51643 Lauenburger Straße 97-8b
51643 Lebrechtsruh 97-5a
51643 Lebrechtstraße 97-7b
51643 Leibnizstraße 96-9b
51645 Lichtstraße (2) 116-6d
51645 Liefenroth 117-1a
51643 Liegnitzer Straße 97-7a
51647 Lindenau 96-6c
51647 Lindenstockstraße 97-9d
51645 Lindenstraße 98-11a
51647 Lindlarer Straße 95-8b
51645 Lingestenstraße 98-11d
51643 Lobscheider Straße 96-12a
51647 Lockenfeld 97-1a
51647 Löhestraße 97-1d
51645 Löwenberger Straße 98-11d
51643 Ludwigstraße 97-7b
51643 Ludwig-Winckel-Straße 97-11a
51643 Luisenstraße 97-8a
51647 Lüttemicker Weg 78-12c
51645 Luttersiefen 97-11c
51647 Lützinghausen 96-8a

51643 Madame-Curie-Straße 97-11a
51645 Maibuchenweg 116-5c
51645 Marie-Juchacz-Straße 116-6d
51647 Märkerstraße 95-5b
51643 Marktstraße (1) 97-8a
51645 Martinstraße 116-6d
51647 Mathildenstraße 97-4b
51645 Mauerweg 117-3b
51645 Max-Delbrück-Weg (12) 97-11d
51643 Max-Planck-Straße 96-9b
51647 Meinerzhagener Straße 98-1d
51647 Meiseneck 98-7a
51645 Merhardtstraße 116-6c
51645 Merkurstraße 97-11d
51645 Mittelstebecke 98-10a
51645 Mittelstebeckestraße 98-10a
51643 Mittelstraße 97-6c
51645 Mittelweg (1) 117-3b
51643 Moltkestraße 97-8b
51645 Mörchenstraße 117-4b
51643 Mozartstraße 96-12a
51645 Mühle 97-10d
51645 Mühlenbergweg 117-2b
51643 Mühlenseßmarstraße 97-6c
51643 Mühlenstraße 97-8b
51647 Mühlenweg 98-7b

51647 Nächtenstraße 97-1d
51645 Neudieringhauser Straße 116-6c
51647 Neue Beckestraße 98-2b
51647 Neuenhaus 79-8b
51647 Neuenschmiede 79-9a
51647 Neuer Weg 78-11d
51647 Neusiedlerweg 96-4b
51647 Niedergelpe 95-6d
51647 Niedernhagen 97-2b
51647 Niedernhagener Straße 97-3d
51645 Nobelstraße 96-9d
51647 Nochen 95-6d
51647 Nochener Straße 95-6d
51643 Nockenweg 79-11b
51647 Nordheller Weg 96-4b
51647 Nording 98-7a
51643 Nordstraße 97-7b

51645 Obere Hardtstraße 116-6a
51647 Obergelpe 96-1d
51647 Obergelpestraße 96-4b
51643 Oberlope 96-12a
51647 Obernhagener Straße 97-2b
51647 Oberrengse 79-8d
51647 Oberrengseweg 79-11b
51643 Oberthstraße 96-9d
51645 Oberweg 116-3a
51647 Oelchenweg 97-9a
51645 Oesinghausener Straße 116-2c
51645 Oetterstaler Straße 116-2c
51643 Offenbachstraße 96-12a
51645 Ohler Straße 117-4b
51645 Ohlstraße 118-1b
51645 Ohmig 116-9a
51645 Ohmiger Straße 116-9a
51645 Ohmigskamp 116-9a
51645 Olper Straße 98-11c
51647 Ortsstraße 78-12b
51647 Osterholzstraße 96-1d
51647 Osternohstraße 97-1d
51645 Oststraße 116-6c
51647 Otto-Gebühr-Platz 96-4d
51643 Otto-Hahn-Straße 96-9b

51647 Pappelnstraße (1) 98-7c
51645 Paracelsusstraße 97-11d
51643 Parkstraße (4) 97-8b
51643 Pasteurstraße 96-9d
51643 Paul-Ehrlich-Straße 97-11a
51647 Peisel 95-9a
51643 Pernzestraße 79-10c
51643 Peter-Heuser-Straße 97-8c
51643 Peter-König-Straße 97-8c
- Piene 79-9c
51647 Piener Weg 79-9c
51643 Poststraße 97-7b
51643 Prinzwiese 96-12a
51643 Prof.-Sauerbruch-Weg (8) 97-11a

51647 Quellengrund 79-7c
51645 Quellenweg 116-5a
51645 Querstraße (1) 98-11c

51643 Rathausplatz (5) 97-8b
51645 Rebbelrother Straße 117-3b
51647 Recklinghausen 95-3b
51643 Reininghauser Straße 97-8a
- Remmelsohl 117-2d
51645 Remmelsohler Straße 117-2c
- Rennerpark 98-11a
51645 Richard-Sondermann-Straße 116-6a
51647 Robert-Bosch-Straße 97-1a
51643 Robert-Koch-Straße 96-9b
51643 Robertstraße 97-4d
51647 Rodt 96-7b
51647 Rohlandweg 97-2d
51643 Röntgenstraße 96-9b
51643 Roonstraße (6) 97-8a
51645 Rosenstraße 96-3c
51647 Rosenthaler Weg (1) 79-10c
51645 Rosenweg 116-2c
51643 Rospestraße 97-11a
51645 Rospetalstraße 117-1d
51645 Rundstraße 117-3b

51647 S+C Wohnterrassen 95-5b
51647 Sandweg 97-1d
51645 Saturnstraße 97-11d
51647 Schemmener Straße 97-2b
51645 Schillerstraße (1) 116-6c
51647 Schlader Weg 96-3c
51647 Schlehenweg 98-7c
51647 Schmiedeweg 96-6a
51647 Schneppbicker Weg 97-2b
51645 Schneppsiefen 116-2c
51645 Schneppsiefenstraße 116-5a
51647 Schnuter Weg 79-10c
51645 Schönenberg 116-2c
51645 Schönenberger Straße 116-2c
51645 Schulbergstraße 117-4a
51645 Schulstraße 116-6c
51647 Schulweg 96-3c
51643 Schumannstraße (1) 96-9c
51643 Schürweg 96-9c
51647 Schusterburg 79-11a
51643 Schützenstraße 97-8a
51647 Schützenweg 97-12b
51647 Schwalbenweg 98-7a
51647 Schwarzenberger Straße 96-4b
51643 Seßmarstraße 97-8d
51643 Siebenbürgenstraße 96-9d
51647 Siedlungsweg 79-9c
51645 Sienhardtstraße 98-10b
51645 Siepenstraße 97-11d
51643 Singerbrinkstraße 97-8b
51647 Sommerweg 96-3d
51647 Sonnenberg 96-3d
51647 Sonnenbergstraße 98-4a
51645 Sonneneck 98-11c
51645 Sonnenhelle 117-1b
51645 Sonnenstraße 97-11d
51647 Sonnenweg 98-1d
51647 Sperrmauer 98-5b
51645 Springer Weg 96-12c
51645 Stahlstraße 116-5b
51647 Stareneck 98-7a
51645 Stauweiher 98-10d
51643 Steinenbrückstraße 97-7d
51645 Steinstraße 116-6c
51647 Steinweg 98-2c
51645 Sternstraße 116-6c
51643 Stettiner Straße 97-9a
51645 Stockhardtweg 117-2c
51643 Stolpstraße 97-8b
51647 Stompenweg 96-5c
51647 Straße 79-9d
51643 Straußstraße 96-12a
51645 Strombachstraße 117-1c
51647 Strünkenweg 96-8a
51645 Stüfkenkamp 116-6a
51647 Südring 97-9d
51645 Südstraße 98-10d
51647 Sundhellener Weg 79-7c

51647 Talbeckestraße 97-3d
51645 Talblick 117-3a
51647 Talsperrenweg 98-2c
51643 Talstraße 97-8b
51643 Tannenfeldstraße 97-7a
51647 Tannenweg 98-7c
51647 Taubenweg 98-7a
51647 Teckenhahn 96-6a
51647 Teichstraße 97-9d
51647 Thal 95-3c
51647 Thaler Weg 95-6a
51647 Theis Straße 96-4a
51645 Theodor-Bräucker-Platz 98-11c
51645 Theodor-Heuss-Straße 97-11c
51647 Tiefentaler Weg 96-3c
51643 Tilsiter Straße 96-9d
51643 Tulpenstraße 96-12a
51645 Turmstraße 98-11c

51647 Über dem Hofe 98-7a
51645 Uferstraße 98-11c
51645 Uferweg 97-12d
51647 Ulmenweg 98-7c
51645 Ulrichstraße 116-6d
51647 Unnenberg 78-10d
51647 Unnenbergstraße 98-1d
51643 Unterlope 96-12a

51643 Veste 96-9a
51643 Virchowstraße 96-9b
51647 Vogteistraße 96-8a
51645 Vollmerhauser Straße 117-4b
51643 Von-Behring-Straße 96-9b
51643 Von-Steinen-Straße 97-8a
51647 Vor dem Blumberg 78-12c
51643 Vor dem Wald 96-9c
51643 Vor der Hardt 97-10a
51647 Vor der Höhe 98-4a
51645 Vosselstraße 97-11b

51643 Wagnerstraße 96-12b
51643 Waldenburger Straße 97-8b
51647 Waldesruh 96-8b
51645 Waldhaus Ahe 117-2b
51643 Waldheimstraße 97-7a
51643 Waldstraße 97-4d
51647 Waldweg 96-2c
51647 Wanderweg 95-8d
51647 Wasserfuhr 97-4c
51643 Wasserfuhrstraße 97-4d
51647 Wasserwerkstraße 98-4a
51643 Weckenbergstraße 97-6c
51647 Wegescheid 96-2c
51647 Wegescheidstraße 96-2c
51645 Wehrstraße 98-10c
51647 Weidenstraße 98-7c
51645 Weiherstraße (3) 117-3b
51643 Werner-von-Siemens-Straße 97-1a
51647 Wervershoofer Straße 96-4b
51643 Weststraße 96-9a
51645 Westtangente 97-10d
51643 Wiesengrund (1) 96-9b
51643 Wiesenstraße 97-8d
51643 Wilhelm-Breckow-Allee 97-11b
51643 Wilhelm-Hurtz-Straße (4) 97-8c
51643 Wilhelmstraße 97-8a
51647 Windhagener Straße 96-3c
51643 Winterbeckestraße 97-8a
51647 Wörde 79-11a
51647 Würden 95-5c
51647 Würdener Weg 95-5b

51643 Yorckstraße 97-8b

51647 Zaunkönigsteg 98-7a
51647 Zedernweg 97-9d
51647 Zeisigpfad 98-7a
51643 Zeppelinstraße 97-5c
51647 Zinnenweg 98-2b
51645 Zu den Fischteichen 116-8b
51647 Zu den Gärten 98-2a
51647 Zum Alten Hof 97-2d
51645 Zum Börnchen 98-10a
51645 Zum Burgberg 116-3a
51643 Zum Dellenfeld 97-11b
51645 Zum Eckkopf 96-12c
51643 Zum Hassel 96-9b
51645 Zum Herzsiefen 117-1c
51645 Zum Kabel 97-11c
51647 Zum Kellerhals 97-2d
51647 Zum Kranacker 95-6a
51643 Zum Mannsiefen 97-11c
51647 Zum Mühlenteich 98-7b
51645 Zum Niederfeld 96-12c
51645 Zum Nüchel 116-5d
51643 Zum Ötterstal 96-12a
51645 Zum Schießstand 116-5c
51645 Zum Schulzentrum 116-6c
51643 Zum Silbersiefen 97-8d
51645 Zum Sportplatz 116-5a
51647 Zum Stahlberg 97-4c
51645 Zum Steinacker 116-3a
51643 Zum Würmel 97-11c
51643 Zur Aggerhalle 116-6c
51645 Zur Dölpe 116-5d
51647 Zur Erzgrube 97-4a
51643 Zur Feste 96-9a
51647 Zur Gummershardt 96-5c
51647 Zur Linge 78-10d
51645 Zur Merhardt 116-3a
51647 Zur Mutzenwiese 95-6d

Halver
PLZ 58553

Auf dem Heede 56-4a

Bommert 56-2c
Borkshof 56-5b
Brocksiepen 56-1d

Engstfeld 56-1a

Giersiepen 56-2d

Hinter Hedfeld 56-3d

Nieder Bommert 56-5a
Nieder Hedfeld 56-3c

Ober Bommert 56-2c

Schanzmannsmühle 56-2d
Schlachtenrade 56-4b
Schulten Hedfeld 56-2b

Voswinkel 56-4c

Woeste 56-1a

Hamm (Sieg)
PLZ 57577

Albert-Schweitzer-Straße 237-7b
Am Bruch 237-7d
Am Neuen Friedhof 237-7a
Am Pfarrgarten 237-7a
Am Sportplatz 237-7c
Auermühle 236-9b
Auf dem Balkert 236-9d
Auf der Bitze 237-7d
Auf der Struth 237-7c
Auf'm Rottland 237-7d

Balkertsweg 237-7c
Beethovenstraße 237-7a
Bergstraße (4) 237-7c
Birkenweg 237-7c
Blumenstraße 236-9b
Brahmsstraße 237-7a
Brunnenweg 237-7c
Buchenweg 237-7c

Eichendorffstraße 237-7d
Eichenweg 237-7c
Eintrachtstraße 237-7d
Eisenkaul 237-8c
Erlenweg 237-7c

Feldweg 237-7a
Fichtenweg 237-7c
Friedhofstraße 237-7c
Friedrich-Ebert-Straße 237-7a
Fürthener Straße 237-7a

Gartenstraße 237-7d
Gerhart-Hauptmann-Straße 237-7b
Goethestraße 237-7b

Händelstraße 237-7a
Haydnstraße (1) 237-7a
Heinrich-Heine-Straße 237-7b
Heinrichshütte 236-9d
Hermann-Hesse-Straße 237-7b
Hermann-Löns-Straße 237-7b
Hölderlinweg (5) 237-7d
Huthsweg 237-7d
Hüttenberg 237-7c
Hüttengasse 236-9d

Im Scheidter Garten 237-7a
Im Wäschgarten 237-7c
Industriestraße 237-10b

Jahnstraße 237-7d

Kapellenweg (3) 237-7c
Kiefernweg 237-7c
Kirchplatz 237-7c
Kirchweg 237-7c

Lärchenweg 237-7c
Lessingstraße 237-7b
Lindenallee 237-7d
Lortzingstraße 237-7a

Marktplatz 237-7d
Martin-Luther-Straße 237-7c
Mozartstraße 237-7a
Mühlenstraße 237-7b
Mühlental 237-10a

Neuer Weg 237-7c

Parc de Roissy 237-7a
Parkstraße 237-7c

Raiffeisenstraße 237-7a
Richard-Wagner-Straße 236-9b
Ringelsmorgen 237-7a
Rosenweg 237-7a
Rudolf-Harbig-Straße 237-7d

Scheidter Hof 237-7a
Scheidter Straße 237-7a
Schillerstraße 237-7b
Schönblick 237-7a
Schubertstraße 237-7a
Schützenstraße 237-7d
Seelbacher Straße 237-7d
Siegstraße 237-7a
St.-Michaels-Weg 237-7d
Synagogenplatz 237-7c

Tannenweg 237-7c
Thalhauser Mühle 237-10a
Thalhauser Straße 237-10b
Theodor-Fontane-Straße 237-7b
Theodor-Storm-Straße 237-7b
Thomas-Mann-Straße 237-7b

Uhlandstraße 237-7b
Ulmenweg 236-9d

Von-Kleist-Straße 237-7b
Vor der Huth 237-7d

Walter-Kolb-Straße 237-7d
Wilhelm-Busch-Straße 237-7b
Wolbertsweg (2) 237-7b

Hammerstein
PLZ 56598

(zu VBG Bad Hönningen)

Burgweg 327-2d

Dorfstraße 327-2d

Forsthof 319-12d

Hauptstraße 327-2a

Im Blenzer 327-2d

Kapellenstraße 327-2b
Kehrbergstraße 327-2d

Markenweg 327-2a

Pater-J.-Keller-Straße 327-2d

Schulstraße 327-2d

Talweg 327-2b

Weierhof 320-10a

Hanroth
PLZ 56316

(zu VBG Puderbach)

Am Steingarten 316-2b
Auf der Lay 316-1b

Bergstraße 316-2b

Gartenweg 316-2a

Hanroth-Süd 316-1d
Hauptstraße 316-1b
Heideweg 316-2b

Kirchweg 316-2c

Mankenbitzstraße 316-2b

Sonnenweg 316-2b

Waldweg 316-2b
Wiesenweg 316-2b

Zum Hölzchen 316-1b

Hardert
PLZ 56579

(zu VBG Rengsdorf)

Alter Weg 322-5c
Aubachtalstraße 322-5c
Auf dem Stück 322-5c
Auf Lischeid 322-5c

Bergstraße 322-5c
Birkenweg 322-5c
Bismarckstraße 322-5a
Bonefelder Straße 322-4b
Breite Straße 322-5c
Brunnenstraße 322-5c
Burgplatz 322-5c
Burgweg 322-5c

Flurau 322-5c

Gartenstraße (2) 322-5c

Hinterstraße 322-5c

Lindenstraße 322-5c

Mittelstraße 322-4d

Querstraße (1) 322-5c

Rosenbergstraße 322-4d

Schulstraße 322-5c

Tannenweg 322-5c

Waldstraße 322-4d
Wehrhölzchenstraße 322-4d
Weiherstraße 322-5c
Wiesenstraße 322-5c

Harschbach
PLZ 56307

(zu VBG Puderbach)

Auf dem Bornstück 315-6a

Dorfplatz 315-6a
Dorfstraße 315-6a

Feldstraße 315-6a

Gartenstraße 315-6a

Hauptstraße 315-5b
Höhenweg 315-5b

Im Friedrichsthal 315-6c
Im Luch 315-5d
Im Tanneck 315-5b
Im Winkel (1) 315-6a

Kirchweg 315-6c

Mittelstraße 315-6a
Mühlenweg 315-6a

Raiffeisenstraße 315-6a

Schulstraße 315-5b

Waldhof 315-3c
Wiesenstraße 315-6a

Hasselbach
PLZ 57635

(zu VBG Altenkirchen (Westerwald))

Bergstraße 254-9c

Eitorfer Weg 254-8b

Hauptstraße 254-8b

Im Baienhof 254-9c
Im Seifen (1) 254-9c

Kölner Straße 254-8d

Mehrbachstraße 254-12a

Schulstraße 254-9c

Waldstraße 254-8b

Hausen (Wied)
PLZ 53547

(zu VBG Waldbreitbach)

Auf der Dikt 312-11d
Auf der Held 312-11b

Bergstraße 312-10c
Bitze 312-10d

Deutschherrenstraße 312-11d
Dorfstraße 320-1b
Drei Morgen 312-11d

Gartenstraße 312-11d
Gewerbegebiet "In der Hardt" 312-10b

Hähnen 320-1b
Hauptstraße 312-10c
Hausener Hof 312-11d
Hausener Straße (2) 312-10c
Hofstraße 312-10c
Höhenstraße 312-11a
Hönninger Straße 312-11c

Im Äuchen 312-11d
Im Graben 312-11b
Im Grund 312-10d
Im Hof 312-11d
Im Sonnenhang 312-10d
Im Wiesenrain 312-10d
Im Wingert 312-11b
In der Au 312-11d

Jakobus-Wirth-Straße 312-11a

Kastanienweg (3) 312-10c

Langscheid 320-5a
Lindenweg 312-10b

Malberg 320-1a
Malbergstraße 312-11d
Margarethenhof 320-1b
Marienhof 320-1d
Mechtildisstraße 312-11c
Mühlenpfad 320-5c
Muscheid 312-8c
Muscheiderhof 312-8a

Niederbreitbacher Straße 320-5a

Rehsteig 312-11a
Rosenstraße (1) 312-10d

Schönblick 312-10d
Seidenhahn 312-10c
Sohl 312-8c
Solscheid 320-5c
Sonnenstraße 312-11c
St. Josefshaus 312-11b
Stopperich 312-10b

Tannenweg 312-11a
Tannenwinkel 312-11a

Waldstraße 312-10d
Wallbachsmühle 312-7b
Wallbachstraße 312-7c
Weißfeld 312-10c
Westerwaldstraße 312-10b
Wiedhöhe 312-10c
Wiesenstraße 312-10d

Zum Malberg 312-10d

Heerlen (NL)

A. Gen. Giezen 149-1b
A. Lutulistraat 149-1a
Avantisallee 149-8a

Babylonstraat 149-1b
Bautscherweg 149-1b
Beitel 149-4d
Benzenrade 148-3c
Bergdriesch 149-1b
Bethlehemstraat 149-1b
Bovenste Caumer 149-1b
Bremersweg 148-3d
Bronnenstraat 149-1b
Buldersweg 148-3b
Bunderhof 149-2a

Caumerweg 149-1a
Cörverstraat (1) 148-3b

Daelsweg 148-3c
Damascusstraat 149-1b
De Euren 148-3b
De Kommert 148-2b
Dr. Clemens Meulemanstraat 149-1a
Drieoortsput 148-3b

Earl Bakkenstraat 149-7b
Egstraat 149-1b
Eisterweg 149-4a

Forum 149-11a

Gaffelhof 149-2a
Galileastraat 149-1b
Gewerbegebiet Avantis 149-8c
Giezenhof 149-1a
Guillaume Beckerslaan 148-3a

Hambeukerboord 149-1b
Hazensprong 149-1c
Heerepaalsweg 149-11a
Heerlerbaan 149-1a
Heliumstraat 149-7d
Herlongstraat 149-1a
Hondsrug 148-6b
Horicherhofstraat 149-1b

Imstenrade 148-6b
Imstenraderweg 148-6c

Jerichostraat 149-1b
Jeruzalemstraat 149-1b
John F. Kennedylaan 148-2b
Judeastraat 149-1b

Kanaalstraat 149-1b
Karmelstraat 149-2a
Kleekampsweg 148-3b
Koperslager 149-7b

Maaierhof 149-2a

Nazarethstraat 149-1b
Nijverheidsweg 149-4a

Op Gen Braak 149-1b
Oud Valkenhuizerstraat 149-1d
Oude Roderweg 149-4a

Parc Imstenrade 149-1a
Pastoor Erensstraat 149-1b
Peschstraat 148-3b
Peter Schunckstraat 149-1d
Ploeghof 149-2a

Ridderweg 149-1a
Riekhof 149-2a
Rolduckerweg 149-7a
Romeinenstraat 149-1b
Rukkerhof 148-6d
Rukkerweg 149-1d
Ruth Firststraat 149-1a

Samariastraat 149-1b
September 1944-Straat 149-1a
Sikkelhof 149-2a
Sinaistraat 149-1b
Sourethweg 148-6d
Stevensweg 149-11a

Taborstraat 149-1d
Tijmgaard 148-3b

Vrusschenhusken 149-7b
Vullingshof 149-1b

Wienweg 149-1c
Winckelen 149-2a

Zeishof 149-2a

Heimbach
PLZ 52396

Alte Burgstraße 258-4d
Am Burgpark 258-7b
Auf dem Stein 258-4c
Auf der Hostert 258-7a
Auf der Kante 258-4d

Bachstraße 258-7a
Bruchstraße 278-1a
Burgweg 258-7b

Düttling 278-4a
Düttlinger Straße 278-4c

Herresbenden 278-1a

Im Bruch 258-7a
Im Lützpütz 258-7c
In der Pratel 258-4b
In Feldersgarden 258-4d

Kapellenstraße 278-1a
Keltenweg 258-7a
Klosterweg 258-4c
Kollepötz 258-4c
Kupfergasse 258-7a

Martinushof 278-4c
Martinusstraße (1) 278-1a
Merodestraße 258-7b
Mönicher Heck 258-7a
Mühlengasse 258-7c

Nideggener Weg 258-4c

Quellenstraße 258-7c

Ringweg 258-4c
Römerstraße 278-4a

Schäfersgarten 278-1c
St.-Michael-Straße 258-7c

Trierer Straße 278-4a
Triftstraße 258-7a

Weberstraße 258-4c

Zum Bleiberg 278-1c
Zum Dich 258-7a
Zum Wachberg 278-1a

Helmenzen
PLZ 57612

(zu VBG Altenkirchen (Westerwald))

Altenkirchener Weg 276-1b
Auf der Wirtsbitze 276-1a

Backesfeld 276-1a
Bornenweg 276-1b

Gartenweg 256-10d

Hohlweg 256-10d

Im Heiter 276-2a
Im Löhrsgarten 256-10c
Im Stückgarten (1) 276-1b
In den Gärten 256-10c

Kölner Straße 256-10c
Kömbchesweg 256-10c

Mittelweg 276-1b
Mühlenweg 256-10d

Oberölfen 276-1a

Rehhardt 276-1a
Ringweg 276-1a

Schulweg 256-10d
Schwalbenweg 276-1b

Talweg 276-1a

Zum Galgenberg 276-1a
Zur Bitze 276-1b

Helmeroth
PLZ 57612

(zu VBG Altenkirchen (Westerwald))

Helmerotherhöhe 257-3d
Höhenstraße 257-3d

Kohlhardt 257-3c

Neuschlade 257-3d

Sonnenweg 257-3d

Talblick 257-3d

Hemmelzen
PLZ 57612

(zu VBG Altenkirchen (Westerwald))

Am Mühlenberg 275-2b

Gartenweg 255-11d

Hauptstraße 275-2b
Heisterholzstraße 255-11d

Im Prinzengarten (1) 255-11d

Mühlenberg 275-2d
Mühlenstraße 275-2d

Waldweg 255-11d
Weiherstraße 275-2b
Wiesenstraße 275-2a

Hennef (Sieg)
PLZ 53773

Abtsgartenstraße 230-2c
Ackerchen 230-10d
Ackerstraße 251-3c
Ackerweg 231-2c
Adenauerplatz 230-5d
Adscheider Siefen 251-3a
Adscheider Weg 231-12c
Agathastraße 231-9c
Ahornweg (1) 231-8a
Ahrenbach 232-10a
Akazienweg (4) 231-8a
Albertstraße 230-1c
Alfred-Nobel-Straße 231-7a
Allnerhof 230-6b
Allnerweg 230-6c
Alte Dorfstraße 231-5a
Altenbödinger Straße 231-5a
Altenkirchener Straße 252-4c
Alter Garten 230-11d
Alter Weg 231-1b
Altglück 251-8c
Am Ahrenbach 231-9a
Am Alftersgraben 231-6c
Am Allenter 231-6a
Am Alten Weiher (13) 201-10b
Am Bach 231-4b
Am Bachenhohn 231-2d
Am Bachgarten 231-6c
Am Baumplatz (4) 251-3a
Am Berg 231-2a
Am Berghang 251-5c
Am Bödinger Hof 230-9b
Am Brennofen 200-12d
Am Brölbach 231-1c
Am Burgblick 231-8b
Am Bürgerberg 230-9b
Am Burghart 231-9a
Am Busch 251-3a
Am Dich 230-9b
Am Düsterbusch 251-3d
Am Feldgarten 200-12d
Am Floß 231-1b
Am Flutgraben (12) 201-10b
Am Forst 231-5a
Am Frohnhof 230-11c
Am Fuchshaus 251-3b
Am Futterhof (4) 251-2d
Am Gerhardsbungert 200-12d
Am Hahnenweiher 229-12d
Am Hanfbach 230-9b
Am Hang 230-9b
Am Heidchen 251-2a
Am Heidegarten 251-9c
Am Heidgeshof 252-1c
Am Helenenstift 230-4d
Am Hennefer Damm (2) 230-5b
Am Kelterhaus 231-9b
Am Kirchtor 201-10b
Am Krausenbaum 252-5b
Am Kuckuck 230-4d
Am Kümpeler Busch 230-9b
Am Kuxberg 231-5a
Am Liesenland 231-2d
Am Limbachsgraben 230-9a
Am Lorenzgarten (3) 200-12d
Am Markt 251-6b
Am Meisenbach 252-9b
Am Moßkreuz 251-3d
Am Mittelfeld 230-6d
Am Mühlengraben 230-4b
Am Rosenhügel 231-4a
Am Scheidssiefen 201-10b
Am Schiefenberg 230-6d
Am Schildchen 232-7c
Am Schmalen Patt 201-10a
Am Schumachersgarten 201-7d
Am Sonnenhang 229-12d
Am Spielgarten 229-12b
Am Spitzengarten 230-1c
Am Sportplatz 231-4b
Am Steg 231-2a
Am Steimel 252-1c
Am Steimelsknippen (1) 252-1a
Am Steiner Bruch 231-9a
Am Steinkäulchen 230-9a
Am Steinweg 230-6d
Am Stück 231-4b
Am Stüterich 231-6c
Am Tannenbusch 231-8d
Am Telegraph 230-11b
Am Wahlberg 231-5a
Am Wäldchen 231-4a
Am Waldrand 251-3a
Am Wallgraben (1) 231-9b
Am Weinberg 231-8d
Am Wiesenhang 229-12b
Am Wolfsbach 230-5c
Amselweg 230-4a
An den Eichen 231-11d
An den Ellmen 230-2d
An den Tannen 231-1b
An der Alten Poststation (3) 252-4a
An der Alten Sieg 232-4d
An der Arndsbitze 232-7c
An der Brölbahn 230-6c
An der Kirche 250-3c
An der Klostermauer 231-2d
An der Lindkaule 231-8a
An der Obstwiese 231-4c
An der Stompeich 231-7c
An der Tränke 232-11b
Annoplatz (5) 200-12d
Annostraße 200-12d
Antoniusstraße 231-11b
Appolloniaweg 231-9a
Arenzhagen 231-9c
Ärgefeldstraße 251-8d
Asbacher Straße 251-1a
Attenbach 231-5d
Attenberg 232-7c
Attenberger Straße 232-7c
Auel 231-9b
Aueler Straße 231-6c
Auenweg 231-5c
Auf dem Alten Garten 231-2a
Auf dem Asbach 201-10a
Auf dem Berg 231-9d
Auf dem Beuel 230-4d
Auf dem Blocksberg 230-6c
Auf dem Bruch 231-6c
Auf dem Driesch 231-2d
Auf dem Futterstück 231-7a
Auf dem Hohn 230-2b
Auf dem Komp 230-10d
Auf dem Könzenacker 230-5a
Auf dem Krebs 250-6b
Auf dem Liemerich 230-9a
Auf dem Niederhalberg 231-3d
Auf dem Oberhalberg 231-3d
Auf dem Platz 252-4b
Auf dem Sand 230-4c
Auf dem Schimmel 231-8b
Auf den Auen 251-5c
Auf den Birken 252-6c
Auf den Dornen 251-5b
Auf den Hähnen 229-12d
Auf den Steinen 232-4c
Auf der Bonspröng 251-4d
Auf der Eichenbitze 231-9a
Auf der Gasse 230-6b
Auf der Harth 231-4a
Auf der Hochstadt 230-2c
Auf der Höhe 231-5a
Auf der Ley 231-9c
Auf der Löven 201-10b
Auf der Nachbarsheide 230-4c
Auf der Plette 231-6d
Auf der Sandkaule 232-10d
Auf der Steinkaule 201-10b
Auf der Weckenbitze 251-7b

Bachstraße 230-6c
Bahnhofpassage 230-5d
Bahnhofstraße 230-5d
Bahnweg 231-7c
Banbury-Platz 230-5d
Bärenklaupfad (3) 231-9d
Bauernbergstraße 252-6b
Beethovenstraße 230-5d
Beiert 232-10a
Berg 231-6b
Berghagen 251-9d
Bergische Straße 201-10a
Bergstraße 230-7b
Bergweg 231-6b
Bierther Weg 251-3a
Bingenberg 231-4d
Birkenallee 231-8b
Birkenweg 231-4a
Bismarckstraße 230-5b
Bitzerweg 250-6b
Blankenbach 250-2a
Blankenbacher Straße 230-11d
Blankenberger Straße 230-6d
Bleiche 230-6b
Bodelschwinghstraße 230-4c
Bodenstraße 231-4a
Bödinger Straße 231-1c
Bödinger Weg 231-6b
Bohnenhof 251-2b
Bonner Straße 230-4c
Breitenfeld 251-8d
Bröchershof (2) 251-2b
Broich 251-8c
Broichgarten 230-9b
Broichhausen 250-6b
Broichhausener Straße 250-6b
Bröldamm 231-1c
Brölstraße 200-12d
Bröltal 231-1a
Bröltalstraße 230-6c
Brückenweg (1) 230-2b
Brunnenweg 230-2b
Buchenbitze 201-7d
Buchenweg 231-8b
Buchfinkenweg 251-2d
Buchheide 252-4d
Buchholz 231-12c
Buchholzer Straße 231-11b
Buchwiese 201-10b
Büllesbach 251-6a
Büllesfeld 251-6a
Büllesfelder Weg 251-6c
Burg 231-9b
Bürgerweg 230-9b
Burggasse 230-5b
Burghof 251-6d
Burgstraße 251-6b
Busch 251-9c
Buscher Feld 251-9c
Buschweg 252-5c
Busstraße 251-5b

Cecilienstraße 230-5a
Chronos-Platz (5) 230-5b
Clara-Schumann-Straße 230-5d
Conrad-Röntgen-Straße 231-4c

Dahlhausener Straße 251-5c
Dambroicher Straße 230-10d
Darscheid 252-2d
Daubenschlade 251-3c
Daubenschladestraße 251-3a
Deichstraße 230-5b
Depensiefen 251-5a
Derenbach 251-2c
Dicke Hecke 231-2c
Dickhausengarten 231-11d
Dickstraße 230-5b
Dondorf 231-7b
Dondorfer Straße 231-7b
Doppelsgarten 251-2c
Dorenbachweg 251-3d
Dorfplatz 231-2a
Dornröschenweg (5) 251-3c
Dr.-Pagenstecher-Straße (1) 230-6b
Drachenfelsstraße 250-3c
Dreieck 230-11b
Drei-Kaiser-Eiche 230-5c
Dreisteinenweg 252-9b
Drosselweg 230-4a
Dürresbach 230-11a
Dürresbachstraße 230-5c

Edgoven 230-9a
Edgovener Straße 230-9a
Edgover Berg 230-9b
Eichenweg (2) 231-8a
Eichfeld 250-2d
Eichholz 252-5d
Eichholzer Straße 252-6a
Eichhornstraße 230-1c
Eichkuhle 230-10d
Eitorfer Straße 231-9d
Erlenweg 230-4d
Eudenbachstraße 251-11a
Europaallee 231-7a

Fährstraße 230-1c
Fahrweg 251-2b
Falkensteinweg (2) 231-9d
Falkenweg 230-9a
Fasanenweg 230-9a
Felderhauser Straße 230-11b
Feldgartenstraße 201-10b
Feldweg 251-3a
Fernblick 251-3a
Finkenweg 251-3d
Fischgasse 231-5a
Fliederweg (9) 231-9c
Fluchtweg (3) 231-1c
Flürchen 232-7c
Flutgraben 231-2a
Forellenweg 230-9b
Frankfurter Straße 230-1c
Freischeider Straße 252-6a
Friedensstraße 230-4b
Friedhofsstraße 200-12d
Friedhofsweg 231-2a
Friedrich-Ebert-Platz 230-5b
Fritz-Jacobi-Straße 230-5a
Fröbelweg 230-4c
Frohnenfeld 232-4d
Frohnsiegel 230-11c
Froscheid 231-11d
Funkgasse 230-1c

Gänsehof 251-8b
Gartenstraße 230-5a
Gartenweg 231-4a
Gaswerkstraße 230-5c
Geißenknippchen 251-8c
Geistinger Höhe 230-8a
Geistinger Platz 230-5c
Geistinger Straße 230-4d
Gerberstraße (5) 231-9d
Gertrudenhof 230-2c
Gertrudenstraße 230-5a
Gewerbegebiet West 230-1d
Gewerbepark Hennef (Sieg) 230-1c
Giesemichstraße 231-6b
Grafenbungert 231-4a
Graf-Heinrich-Straße 231-9b
Grenzweg 251-9b
Gretenbitze 251-9c
Griendskaule 231-7c
Grintener Weg 231-10c
Große Bitze 251-4a
Grubenstraße 250-3d
Grüner Weg 230-4d
Gut Warther Höhe 230-9a
Gut Zissendorf 230-1d
Gutsblick 230-9b
Gutsgarten 200-12d

Hähnenhof 250-2d
Hahnenhardt 231-12b
Halberg 231-3c
Halberger Straße 231-6c
Halberger Weg 231-2d
Halmshanf 251-12a
Hammermühle 251-1a
Hanfer Straße 251-5d
Hanfmühle 251-8d
Hanftalstraße 230-6d
Hans-Böckler-Straße 230-4c
Hans-Böhm-Straße (6) 230-6c
Hans-Weber-Straße 230-4d
Happerschosser Dorfplatz (8) 200-12d
Happerschosser Straße 231-1b
Haselweg 231-4c
Hasengarten 231-2c
Haus Attenbach 231-6c
Haus Dürresbach 230-11a
Haus Ölgarten 230-7c
Heckelsberg 251-2d
Heckelsberger Weg 251-3c
Heckenweg (2) 251-2d
Heide 251-9c
Heidestraße 230-4a
Heiligenstädter Platz 230-5d
Heilig-Kreuz-Straße 232-10d
Heinrich-Emans-Straße 232-10d
Heinz-Bohlscheid-Weg (8) 230-6c
Heisterbusch 251-3b
Helenenhof 230-2c
Helenenstraße 230-2c
Heltenstraße 231-7a
Hennefer Straße 229-12d
Hermann-Levy-Straße 230-4d
Hermann-Löns-Straße 230-10d
Hermesmühle 251-4b
Heymershof 230-5b
Hinter den Zäunen 230-4d
Hinter der Bitze 231-5b
Hof 232-7c
Hofen 250-3b
Hofener Straße 250-3c
Hofwiese 251-1c
Höhenstraße 230-12b
Hohlenbacher Weg 232-10d
Hohlweg 231-7a
Hohner Weg 231-11d
Hollenbusch 251-3c
Holzenbirken 201-10b
Holzgasse 201-7c
Hommerich 230-12c
Honnemichweg 231-6b
Hönscheidstraße 230-6d
Horstmannsteg 230-6c
Hossenberg 231-7b
Hove 251-6d
Huberts Weg 231-1b
Hubertusstraße 231-4a
Hücheler Ring 251-5b
Hühnerweg (1) 231-1c
Hülscheid 252-6b
Hülscheider Straße 252-5b
Hümerichweg 231-8d
Humperdinckstraße 230-5d
Hundseich 251-2a
Hundskehr 231-7a

Igelweg 230-9b
Iltisweg (5) 231-7a
Im Alten Garten 230-9b
Im Auel 231-9b
Im Auelchen 232-4c
Im Baumgarten 251-2a
Im Beckersbungert 231-6a
Im Bitzengarten 201-10b
Im Bödinger Garten 200-12c
Im Bogen 232-11b
Im Bröltal 230-3d
Im Bruch 231-12c
Im Bungert 231-2a
Im Burgbungert (2) 231-1c
Im Burghof 231-4a
Im Dom 252-6a
Im Dorf 231-6c

Im Dorfgarten 232-10b
Im Eremitengarten 200-12d
Im Früngt 231-9d
Im Fuchsdriesch 200-12b
Im Fürfeld 251-2a
Im Fußgarten 200-12d
Im Gerhardshohn (3) 231-8a
Im Grabenhof 252-2b
Im Großen Garten 230-10d
Im Hagen 230-6a
Im Hain 251-3a
Im Hartfeld 230-5d
Im Helltgen 230-6a
Im Hochbusch 252-4d
Im Hof (10) 201-10b
Im Hofgarten 230-2b
Im Höfgen 200-12d
Im Hohlweg 231-4a
Im Hövergarten 251-6d
Im Katzsiefen 232-4c
Im Käulchenshof 231-4b
Im Kierbusch 230-3c
Im Kleinen Wieschen 251-5c
Im Knick 251-3a
Im Kningelthal 231-3c
Im Kochsgarten 230-9d
Im Kochstor 231-2c
Im Kommerich 251-9d
Im Kornhof 231-5a
Im Landbotenberg 231-6a
Im Lindenhof 231-6c
Im Lohkamp 200-12d
Im Magdhof 231-2c
Im Maisfeld 231-7c
Im Marenshof 252-3a
Im Marienfried 230-6d
Im Nassen Hof 232-10d
Im Rodemich 251-4d
Im Rosental 230-12b
Im Rübengarten 230-6a
Im Scheidebungert 200-12d
Im Schloßpark (2) 230-3d
Im Schulgarten 230-10d
Im Siegfeld 232-4d
Im Stückgemich (1) 251-7b
Im Tal 252-4b
Im Tannenhain 252-3a
Im Tiefen Bruch 229-12b
Im Uhlenwinkel 251-8d
Im Unterdorf (7) 231-5a
Im Wald 230-3c
Im Windwinkel 231-2d
Im Wingert 230-3c
Im Winkel 231-8b
In den Erlen 232-4c
In den Marktgärten 252-4a
In der Aue 230-2c
In der Bergwiese 230-3c
In der Delle 251-3d
In der Dränk 232-10b
In der Ecke (4) 200-12d
In der Flent (1) 200-12b
In der Fuchskaule 231-1a
In der Haarwiese 251-8d
In der Helden 231-9b
In der Kaue 251-3b
In der Mark 251-4a
In der Schülf 251-9d
In der Sellbach 231-5a
In der Wirdau 251-3b
Irisweg 230-5d
Irlenweg 231-4a
Irmenbitze 252-1a
Issertshof 252-5b

Jägerpfad (3) 251-3a
Jägerweg 231-9a
Jahnstraße 230-5b
Johannesweg 251-6b
Johann-Strawe-Weg 230-5c
Josef-Dietzgen-Straße 230-4a
Jüchtstraße 230-12a

Kaiserstraße 230-5b
Kammbitze 231-9d
Kantelberg 252-4a
Kapellenhügel 231-8b
Kapellenstraße 230-9b
Kapellenweg 230-11d
Karl-Müller-Straße 231-2d
Käsberg 231-8a
Kastanienweg 231-4c
Katharinastraße (6) 231-9d
Katharinental 201-11c
Katzenhardt 251-1a
Kegelswies 230-5a
Keplerstraße 230-5a
Kiefernweg 252-4d
Kieskaule 252-1c
Kirchgasse (7) 200-12d
Kirchstraße 230-5b
Kirchweg 231-2c
Kleebungert 231-4a
Kleedriesch 232-10d
Klosberg 232-11b
Klostergut 231-2d
Klosterstraße 230-5c
Knechtsberg 231-2a
Kneippweg 230-5c
Kningelthal 231-6a
Knippgierscheid 251-9a
Kolberger Straße 230-4a
Kolpingstraße 230-4c
Kölzweg 251-6b
Königsberger Weg 230-1c
Königskauler Straße 231-8a
Königstraße 230-5a
Königswinterer Straße 251-6a
Köschbusch 251-12a
Kraheck 252-6a
Kranichweg 252-4c
Kratzhecke 251-2a
Krautscheider Straße 252-4c
Kreuzfeldstraße 230-12d
Kreuzstraße 231-4a
Kreuzweg 230-4c
Krokusweg 230-5d
Kronprinzenstraße 230-5b
Krummer Morgen 232-9c
Krummer Weg (2) 200-12d
Kuchenbach 231-10c
Kuchenbachstraße 231-10c
Kümpel 230-12a
Kümpeler Hof 230-12a
Kümpeler Straße 230-9c
Kümpeler Wiese 251-1a
Kunigundengarten 251-3b
Künzenhohn 251-2a
Kurhausstraße 230-5c
Kurparkstraße 230-5c
Kurt-Schumacher-Straße 230-6c
Küsersgarten 251-2a

Landgraben 251-2a
Landingersberg 230-9a
Langemichsiefen 250-3b
Laternenweg 231-9c
Lauthausener Straße 230-3d
Lehmkaule 251-3b
Lerchenweg 230-5a
Lescheid 231-12b
Lescheider Weg 231-12d
Lettestraße 230-6a
Lichstraße 251-6b
Lichtenbergstraße 251-2b
Liesberg 250-3d
Lilienweg 230-5d
Limersbach 231-12c
Lindenhof 230-5b
Lindenstraße 230-5d
Lindenstück 251-2a
Lipgenshof (7) 230-6c
Lise-Meitner-Straße 231-4c
Löbach 252-1d
Löhestraße 230-1d
Löwenburgstraße 250-3c
Lückert 252-5a
Ludwigsweg 251-5b

Mahrberg 231-4d
Malerwinkel 231-8d
Marderweg (6) 231-7a
Marie-Curie-Straße (1) 231-7a
Marienkirchstraße (1) 230-10d
Marienplatz 231-5b
Marienstraße 230-10d
Markt (7) 231-9d
Marktplatz 230-5b
Marktsiefen 251-6b
Mauspfad 231-10a
Max-Born-Straße (3) 231-7b
Max-Planck-Straße 231-7a
Mechthildisstraße 231-9b
Mecklenburger Straße 230-4a
Meiersheide 231-4c
Meisenhanf 251-11b
Meisenweg (1) 230-5a
Mendter Mark 252-5d
Mertener Straße 232-11b
Metzengasse 201-10a
Meysstraße 230-4b
Michelsbergweg 200-12d
Michelshohn 231-10b
Mintenweg 229-9c
Mittelstraße 230-5d
Motte 252-2a
Mozartstraße 230-5b
Mühlenbergstraße 251-4a
Mühlental 232-11c
Mühlenweg 230-6c
Müschmühle 231-1c
Müschmühlestraße 231-1c

Nachtigallenweg 230-4a
Neuenhofer Straße 232-7c
Niederhalberg 231-3c
Niederscheid 232-8d
Nordweg 250-3c
Nümmstraße 251-6b

Oberaueler Straße 231-5b
Oberbuchholz 250-2d
Oberdorf 231-11d
Obere Siegstraße 230-6c
Oberhalberg 231-3d
Oberpleiser Straße 230-11b
Ochsenhöhl 231-8c
Ölbergstraße 250-3c
Ölgartenstraße 230-10b
Oppelrath 231-3d
Oppelrather Weg 231-3c
Otterweg 230-6d

Pantaleon-Schmitz-Platz 252-4a
Pappelallee 230-1d
Peschhecke 250-3c
Petersgarten 250-3c
Petershohn 231-7d
Peterstraße 252-4a
Peterswiese 251-6b
Picksfeld 251-6b
Platz am Katharinenturm 231-9d
Pleistalstraße 229-12a
Pommernstraße 230-4d
Postweg 231-4a
Priesterbergweg 251-9b
Proffenhof 230-5b
Pützemichweg 200-12d
Pützplatz 251-9d

Quadenhof 230-1c
Quellenweg 231-8d
Querweg 232-4c

Rabenweg (6) 251-3c
Rahmtal 251-9c
Raiffeisenstraße 252-4a
Rathausplatz (3) 230-5b
Rathausweg (1) 230-3c
Rauschenbuchen 250-6b
Raveneck 231-11b
Ravenstein 252-2a
Reiherweg 252-4a
Reisertstraße 230-1d
Rennesberg 231-1b
Renteigasse (4) 231-9d
Rentmeisterberg 230-9a
Reutherstraße 230-4b
Rheinstraße 250-3c
Ringstraße 230-1c
Röchelsfeld 251-3a
Röckelsstraße 231-7a
Rosalind-Franklin-Straße (2) 231-7b
Rosenweg 251-3d
Rotdornweg 230-1c
Rotkäppchenweg 251-3c
Rotlandsweg 231-2d
Rotter Straße 230-11c
Röttgen 251-1a
Rundweg (6) 200-12d
Rütsch 231-10d

Sanddornweg 230-1c
Schächer 231-11c
Schächerweg 251-2a
Scheffenstraße 252-5a
Scheiderwiese 200-12d
Scherengasse (1) 230-1c
Scheuren 252-4c
Scheurengarten 231-9d
Scheurenmühle 250-1a
Schieferhof 251-2a
Schladersiefen 232-10d
Schleehecke 231-11d
Schleifenstraße 231-7a
Schlesische Straße 230-4a
Schloßstraße 230-3d
Schmaler Weg 251-3b
Schmiedegasse (1) 250-3c
Schmitzbitze 200-12d
Schönblick 230-10d
Schöntalweg 231-9c
Schorfbitze 250-6b
Schreinersbitze 251-3b
Schubertstraße 230-5d
Schulstraße 230-4d
Schulweg 200-12d
Schützenstraße 230-4d
Schwalbengasse (6) 231-2a
Schwarzdornweg 230-1c
Seestraße 231-8a
Selbachstraße 230-10d
Seligenthaler Weg 200-12c
Siebengebirgsblick 251-3b
Siebengebirgsstraße 250-6a
Siebengebirgsweg 200-12d
Siegallee 230-5b
Siegaue 230-2a
Siegblick 231-9c
Siegburger Straße 230-3c
Siegburger Weg 230-4a
Siegener Straße 232-4c
Siegfeldstraße 230-2d
Siegpromenade 230-5b
Siegstraße 231-4a
Siegtalstraße 231-8a
Sollstadt 231-12d
Sommershof 252-4b
Sonnenweg 201-10b
Sövener Straße 230-5c
Spelhof 231-5d
Sperlingsweg (3) 251-2d
St. Michaelstraße 230-8a
Stadtblick 251-3a
Stadtsoldatenplatz (9) 230-5d
Stationsweg 231-5b
Stein 231-9a
Steinbruchstraße 251-9d
Steinenkreuz 230-11b
Steiner Straße 231-12a
Steinerhart 231-8b
Steinermühle 231-9a
Steinkaulerweg 201-10a
Steinstraße 230-2c
Sterntaler Weg 251-2d
Stettiner Straße 230-4c
Stichweg 251-2b
Stillbungert 230-6b
Stöckerfeld 251-1c
Stoßdorfer Straße 230-4b
Stotterheck 252-8a
Süchterscheider Straße 232-11d
Südweg 201-10b

Talsperrenweg 200-12b
Talstraße 231-10a
Talweg 230-5c
Tannenweg 230-4d
Taubenweg (1) 251-2d
Taufenberg 250-3c
Teichstraße 201-10a
Theishohn 231-11a
Theodor-Heuss-Allee 230-5c
Tönneshof (8) 232-7c
Tulpenweg 230-8b
Turmstraße (11) 201-10b

Über dem Rechen 231-7c
Überholz 251-9d
Uckerather Straße 251-2a
Uferstraße 230-5b
Unter Birken 230-11c
Unter dem Dachsenberg 230-5d
Unterbierth 231-12d
Unterdorfstraße 250-6b
Untere Hardt 230-10d
Uthweiler Straße 250-2a

Versuchsgut 230-2a
Vogtstraße 232-7c
Von Nesselrodeweg 232-10d

Wahnbachweg 200-12d
Waldhornweg 231-2a
Waldstraße 230-5c
Warthstraße 230-6c
Wasserburg 230-5b
Wasserheß 252-4d
Wasserweg 231-11d
Wehrfeld 231-2a
Wehrstraße 230-4b
Weidegarten (1) 251-2b
Weidenbroich 230-6c
Weiherweg 231-12d
Weingartsgasse 230-2b
Weißdornweg (2) 230-1c
Weitblick 230-9b
Wellesberger Straße 251-7b
Westerwaldstraße 251-3a
Wiederschall 251-1d
Wiersberg 251-4c
Wiersberger Straße 251-4d
Wieselweg (4) 231-7a
Wiesengut 230-2d
Wiesenstraße 201-10b
Wiesenweg 229-12d
Wilhelmstraße (5) 231-2a
Willenbusch 250-6b
Willi-Lindlar-Straße 230-6d
Willy-Brandt-Platz (4) 230-5b
Wilmshecke 231-9c
Wingenshof 230-6d
Winkelweg 230-6b
Winzerstraße 232-4c
Wippenhohn 230-8d
Wippenhohner Straße 230-9a
Wolfsbusch 251-3b

Ziethenstraße 230-2b
Zinnestraße 230-11b
Zissendorfer Garten 230-2d
Zissendorfer Weg 230-1c
Zollgasse 252-4a
Zum Alten Brunnen (1) 232-4c
Zum Alten Feld 231-3b
Zum Alten Kirchweg 231-6a
Zum Alten Sportplatz (2) 252-1c
Zum Altenfelderhof 251-5c
Zum Bachhof 231-5a
Zum Brünnchen (1) 231-4a
Zum Forst 231-5a
Zum Gleichen 231-8c
Zum Hapsberg (4) 231-2a
Zum Haus Ölgarten 229-12b
Zum Herdchen 252-9b
Zum Herrengarten 231-9d
Zum Hexenbusch 230-10c
Zum Hochbusch 252-4b
Zum Höhnerfeld 231-7a
Zum Junkersfeld 252-9b
Zum Katharinentor 232-10b
Zum Kreuzgarten 232-4c
Zum Lüdersbach 251-7b
Zum Metzengarten 201-10b
Zum Neuglück 251-8a
Zum Nümmer Hof 251-2a
Zum Reinholdsgarten 231-4b
Zum Rosengarten 230-3c
Zum Scherbusch 251-3a
Zum Siegtal 252-1c
Zum Silberling 231-5b
Zum Steimel 200-12b
Zum Steimelsbach 200-12b
Zum Steimelsberg 230-8b
Zum Stolzwinkel 201-10b
Zum Talblick (7) 251-2d
Zum Wahlbach 201-10b
Zum Weingarten 230-3c
Zum Wiesengrund 252-3a
Zumhof 251-5a
Zur Bitze 231-6b
Zur Bornenbitze 231-2c
Zur Ehlenhardt 231-2d
Zur Eichenbitze 200-12b
Zur Geistinger Mark 230-10b
Zur Hammermühle 251-1a
Zur Hardt 230-10d
Zur Heide 231-6c
Zur Hustert 201-10b
Zur Hütte 201-10b
Zur Lorenzhöhe 230-4d
Zur Lüppich 230-11b
Zur Marienkapelle 251-7b
Zur Mühle 230-6d
Zur Selbach 231-5a
Zur Sieg 230-6b
Zur Stachelhardt 232-4c
Zur Thomaseiche 232-10d

Herzogenrath
PLZ 52134

Aachener Pfad 180-2d
Aachener Straße 150-2d
Aachener Weg 150-5c
Ackerstraße 150-5c
Adalbert-Stifter-Straße 120-9d
Adolfstraße 121-7d
Afdener Straße 150-3c
Afderfelder Straße 150-3d
Agnes-Miegel-Straße 120-9d
Ahornstraße (5) 121-7c
Akazienweg 121-10b
Albert-Schweitzer-Straße 121-10a
Albert-Steiner-Straße 150-3c
Albertusweg 120-12d
Alsdorfer Straße 150-3a
Alte Bahn 150-11b
Alte Straße 150-5a
Am Beckenberg 150-2d
Am Berg 151-1c
Am Boscheler Berg 121-8a
Am Denkmal 121-4c
Am Ehrenmal 150-11b
Am Eichenhang 151-1a
Am Erlenbruch 151-1c
Am Eselsweg 150-2b
Am Hagedörnchen (4) 150-7d
Am Heidberg 121-4c
Am Hillenberg 150-6b
Am Hoff 121-4a
Am Kiefekey 150-7d
Am Klösterchen 120-12d
Am Köck 121-4c
Am Laesberg 121-7a
Am Langenberg 150-12a
Am Langenpfahl 121-10a
Am Lindenknipp (7) 120-12b
Am Maar 120-9d
Am Marienanger 150-10d
Am Raubusch 121-7d
Am Schürhof 150-3c
Am Schweyerhof 150-12c
Am Stäsgen 150-3c
Am Vieslapp 150-8a
Am Wacholder 150-11b
Am Waldfriedhof 150-3d
Am Waldhang 150-8d
Am Wasserturm 121-10b
Am Zollhaus (1) 150-8a
Amselstraße 150-8c
Amstelbachstraße 150-10b
An der Herrenstraße 120-12b
An der Hohen Eiche 150-8d
An der Kant 150-5d
An der Rennbahn 150-5a
An der Waidmühl 120-9d
An der Windkunst (5) 150-8c
An der Wurm 150-3c
An der Ziegelei (2) 121-7c
An Gut Forensberg 150-8b
An Sichelscheid 150-8b
An Speenbruch 150-7d
Anemonenweg 121-10a
Anna-Klöckner-Straße 150-3c
Annastraße 150-12a
Anne-Frank-Straße (7) 150-3b
Apolloniastraße 150-3a
Asternstraße 121-10a
Astrid-Lindgren-Weg (1) 150-5b
Auf dem Fuchsberg 150-3b
Auf dem Kick 150-3d
Auf den Heggen 150-5b
Auf der Haag 120-12a
Auf der Pief 120-12d
Auf der Weide 150-8b
Auf'm Kraner 150-12c
Auf'm Schiff 150-7d
August-Schmidt-Platz 121-10b

Bachstraße 150-10b
Backesweider Weg 150-5b
Bahnhofstraße 150-3a
Bahnstraße 150-11a
Banker Straße 150-11a
Barbarastraße 150-12c
Bardenberger Straße 150-3c
Beethovenstraße 121-10b
Bendstraße 150-8b
Bennostraße 120-6c
Berensberger Hof 180-2d
Berensberger Straße 180-2d
Bergermühle 151-1c
Bergerstraße 150-3a
Bergstraße 180-2b
Bicherouxstraße 120-11b
Bierstraße 150-3b
Birkenstraße (4) 121-7c
Bleyerheider Straße 150-5c
Blücherstraße 151-4a
Blumenstraße 121-10a
Bockreiterstraße 150-3b
Bodelschwinghstraße 121-10a
Bongartzweg 151-4a
Brabanter Weg 150-3b
Brachthäuserstraße 121-10a
Brahmsstraße 121-10a
Breslauer Straße 120-12d
Broichbachtal 151-1d
Brückenstraße 120-12b
Brucknerstraße 150-11d
Brumerfeld 120-9d
Brunnengasse 151-1b
Brunnenstraße 150-8a
Buchenstraße 121-7c
Buchkremerstraße 150-5b
Bungartzstraße 120-12a
Burckhardtstraße 150-11c
Bürgerplatz 150-11d
Burgstraße 150-3c
Buschhofer Weg 121-7d
Buschstraße 150-12c
Bussardstraße 150-7d

Carl-Alexander-Straße 121-7d
Carl-Hilt-Straße 150-8b
Casinostraße 150-11b
Chorherrenweg 150-2d
Christian-Derichs-Straße 120-12b
Comeniusstraße 121-7b

Daelenstraße (8) 120-12a
Dahlemer Straße 120-12c
Dammstraße 150-3a
Danziger Straße 120-12b
Dechenstraße 121-7d
Dietrich-Bonhoeffer-Straße 121-7c
Distelweg (18) 121-7d
Dohlenweg 150-7d
Domaniale Weg 150-5a
Dornkautstraße 150-11c
Dr.-Kremers-Straße (2) 150-11a
Dr.-Rosenbaum-Straße (4) 150-11c
Driescher Straße 150-5b
Dunantstraße 150-5b
Dürerstraße 150-8d

Ebertstraße 150-11b
Edith-Stein-Straße (9) 150-3b
Eichenweg (10) 180-2b
Einsteinstraße 150-11b
Eintrachtstraße 121-7b
Eisenbahnstraße 150-3c
Elisabethstraße 150-5b
Elly-Heuss-Knapp-Straße (5) 150-3b
Elsa-Brändström-Straße 150-3d
Else-Lasker-Schüler-Straße (1) 150-3b
Enger Weg 151-1c
Englerthstraße 150-11a
Ericsson Allee 150-11a
Erikaweg (14) 121-10a
Erkensmühle 150-3a
Erkensstraße 150-3a
Eschenweg (22) 121-10b
Eurode Park 150-2d
Eygelshovener Straße 150-3a

Falkenweg 150-7d
Feldgen 151-4a
Feldgenstraße 151-4a
Feldstraße 150-8c
Ferdinand-Schmetz-Platz (2) 150-3a
Finkenrather Straße 120-8b
Finkenstraße 150-10d
Finkenweg 151-7a
Fliederstraße 121-10a
Floeßer Straße 121-7c
Florasstraße 151-4c
Flurstraße 150-3b
Forensberger Straße 150-8c
Formisch Weg 150-8b
Forstheide 150-12a
Forstheider Straße 150-12a
Forstum 151-4c
Forstumer Straße 151-4c
Freiburger Straße 120-12d
Freiheitsstraße 121-7d
Friedenshof (7) 150-11d
Friedensstraße 121-7d
Friedhofstraße 150-5b
Friedrichstraße 150-11b
Fröbelstraße 121-7c
Fuhrmannsstraße 120-12b
Fuhrter Straße 150-6a

Gartenstraße 121-10d
Geilenkirchener Straße 150-3a
Gerhard-Hauptmann-Straße 120-9d
Germersweg 150-10d
Gertrudisstraße 150-3b
Gewerbegebiet-Merkstein 121-8a
Gierlichstraße 150-2b
Ginsterweg 150-12a
Gladiolenweg (8) 150-11d
Glasstraße 150-3a
Glückaufstraße 121-10a
Goethestraße 121-7d
Grachtstraße 150-10b
Grenzstraße 120-8c
Grube-Adolf-Park 121-7c
Grünstraße 150-3d
Gut Neumerberen 121-8c
Gut Ophoven 121-4c
Gymnichweg 150-3b

Habichtstraße 150-8c
Hahnstraße 150-2d
Haldenweg 150-12c
Händelstraße 150-11d
Hangstraße 150-12c
Hankepark 150-12a
Hans-Böckler-Straße 121-7c
Hasenwald 180-2c
Hasenwaldstraße 180-2a
Hauptstraße 120-12b
Haus-Heyden-Straße 150-7d
Heidestraße 151-1a
Heidweg 180-2c
Heimstraße 120-12c
Heinitzstraße 121-7b
Heinrich-Stommel-Weg (10) 151-1a
Helene-Weber-Straße (4) 150-3b
Herderstraße 150-11b
Hermann-Löns-Straße 151-1a
Herz-Jesu-Straße 150-3b
Heydenstraße 150-7b
Hillenberger Straße 150-3c
Himmelreich 120-12b
Hindemithstraße (11) 121-10a
Hof Dornkaul 180-2b
Hoffeldchen 120-12b
Hofstadter Straße 120-6d
Hoheneichstraße 150-8d
Holbeinstraße 150-8d
Hölderlinweg 150-3a
Holzerstraße 150-8d
Honigmannstraße 150-8c
Hubertusstraße 151-4c
Humboldtstraße 121-7c
Hundforter Benden 150-3c
Hundforter Weg 150-2d

Im Anker 151-4c
Im Boventhal 150-6a
Im Brunnenhof (3) 150-8a
Im Buschfeld 150-8d
Im Dorf 120-6d
Im Gewann 121-10a

Im Grüntal 180-3a
Im Hochfeld 120-9c
Im Hohnbusch 120-12a
Im Straßer Feld 150-5a
Im Stütz 121-7a
Im Wiesengrund (1) 150-8d
Im Winkel 151-4a
In den Heimgärten 150-8d
In den Paggen 120-9c
In den Ruifer Weiden (1) 150-3d
In der Gracht 120-12b
In der Leer 150-11d
In der Linen 150-11d
In Pesch 150-5c
In Ruif 151-1c
Industriestraße 150-11a
Irisstraße 150-8c
Isabellastraße (3) 150-3b

Jacobistraße 121-10a
Jacobstraße (6) 120-12b
Jasminweg (15) 121-7d
Johannesstraße 121-10a
Josef-Lambertz-Straße 150-11b
Josefstraße 150-5a
Josef-Uebachs-Weg 120-8d
Jüderstraße 150-6b

Kaiserstraße 150-11c
Kämerhof 150-6b
Kämerhöfer Straße 151-4a
Kämpchenstraße 150-11d
Kamper Straße 150-12c
Kantstraße 120-9d
Karlstraße 150-12c
Karmeliterweg 120-12d
Kastanienweg (21) 121-10b
Katharinenstraße 150-8d
Katzer Feldchen (2) 150-7b
Kesselesstraße 150-12c
Kettelerstraße 121-10a
Kirchberg 120-12b
Kircheich 150-11d
Kircheichstraße 150-11c
Kirchfeldstraße 120-12b
Kirchrather Straße 120-11d
Kirchstraße 120-6c
Kirchweg 150-10b
Kleikstraße 150-3c
Klinkheider Straße 150-8b
Klosterlindenweg 150-2b
Klosterrather Straße 150-2b
Klosterstraße 150-12c
Knappenstraße 121-7d
Kohlberg 150-5a
Kohlberger Straße 150-5c
Köhlerweg (3) 150-5c
Kollwitzstraße 150-8d
Kolpingstraße 121-10a
Konrad-Zuse-Straße 150-11c
Kopernikusstraße 150-12c
Kreuzstraße 150-8d
Krummer Weg (2) 150-5b
Küppershofweg 180-1b
Kurt-Berkner-Straße 121-10d

Ladestraße 150-3a
Lange Hecke 120-12c
Laurwegstraße 150-11a
Lavendelweg (17) 121-7d
Leiendeckelstraße 150-5b
Leonhardstraße 150-3a
Lerchenstraße 150-10d
Ligusterstraße 121-10a
Limburger Straße 120-12b
Lindenstraße 150-11d
Lisztstraße (10) 121-10a
Lorbeerweg 121-10b
Lörschpülgen 120-12b
Lortzingstraße (12) 121-10a
Luhrweg 180-2c
Lutherstraße 150-11d
Luziastraße 150-2d

Maastrichter Straße 150-2d
Magerauer Straße 121-10a
Margarete-Schurz-Straße 150-3b
Maria-Montessori-Straße (6) 150-8c
Marie-Juchacz-Straße 120-12d
Marienstraße 150-2b
Markt 150-11b
Martin-Niemöller-Straße 180-3a
Martinshöhe (3) 120-12b
Martinusstraße 120-9d
Marzellinastraße 150-2d
Maubach 150-5b
Maubacher Straße 150-5b
Max-Planck-Straße 150-8a
Menzelstraße 150-8d
Meulenberghstraße 120-6c
Mevenheide 150-11c
Millöckerstraße (6) 150-11c
Mittelstraße 150-12c
Mörikestraße 150-11b
Möschepfad 150-8c
Mozartstraße (5) 150-11c
Mühlenbach 150-7d
Mühlenbachstraße 150-7a
Mühlenstraße 150-8c
Mühlenweg 120-11b

Nelkenstraße 121-10a
Neumerberen 121-8a
Neustraße 150-5a
Nivelsteiner Weg 120-8c
Nobelstraße 150-11d
Noppenberg 151-1a
Noppenberger Straße 121-10b
Nordsternstraße 121-10b
Nordstraße 150-8d

Oleanderweg (16) 121-7d
Orffstraße (13) 121-10a
Oststraße 150-9c
Otto-Blumenthal-Straße (2) 150-3b

Pannesheider Straße 150-4c
Paulinenhof 180-2d
Paul-Leitner-Straße 121-10a
Paul-Löbe-Straße 150-11d
Paulusstraße 150-11b
Pesch 150-8a
Pestalozzistraße 150-11b
Pfarrer-Michel-Weg 150-8b
Pilgramsweg 150-5b
Pintepützstraße 150-3a
Place de Plèrin (8) 150-3b
Platanenweg 121-10b
Plitschard 121-7a
Plitscharder Straße 121-7a
Plötzweide (9) 120-12a
Postropsweg 150-5c
Pöttgenstraße 150-9c
Poyckstraße 120-12b
Projektstraße 150-8b
Puetgasse 150-11b
Pützgasse (Niederbardenberg) 151-4a
Pützgasse 150-9a

Quadfliegstraße 120-12a

Raderstraße 121-4c
Raffaelstraße 150-8c
Raiffeisenstraße 150-8c
Rathausplatz 150-3b
Rather Heide 150-8a
Ratherfelder Straße 150-2d
Rehmannstraße 150-11a
Reifelder Weg 151-4a
Rembrandtstraße 150-8d
Resedastraße 121-10a
Rimburger Straße 120-6a
Ringstraße 150-8d
Ritzerfelder Straße 150-3b
Robert-Koch-Straße 180-2b
Rodastraße 150-3a
Roermonder Straße 150-8a
Roggenweg 120-12a
Rolandhof 150-12c
Rolandstraße 150-12c
Rolducer Straße 150-2d
Römergasse 151-1d
Römerplatz 121-7c
Römerstraße 120-12d
Römerweg 151-1c
Rosenstraße 121-10a
Rubensstraße 150-8d
Rue de Plèrin (6) 150-3b
Ruifer Straße 150-3d
Rumpener Straße 180-2b

Saarstraße 150-3a
Saffenberger-Straße 120-12d
Savelstraße 151-1a
Scherbstraße 120-12b
Schillerstraße 121-10a
Schlacker-Weg 150-3b
Schlehenweg (19) 121-7d
Schleypenhofer Weg 121-10c
Schmiedstraße 151-4c
Schönfelder Straße 150-12a
Schreberstraße 150-8d
Schubertstraße 150-11d
Schulstraße 150-8b
Schumannstraße 150-11d
Schümmerstraße (1) 150-11a
Schützenstraße 150-12a
Schütz-von-Rode-Straße 150-2d
Schwarzer Weg 150-5b
Schweyerstraße 150-12c
Sebastianusstraße 120-12b
Sommerweg 120-12b
Sophie-Scholl-Straße 150-3b
Sperberweg 150-11a
Spidellstraße 150-12c
Stegelstraße 150-4d
Steinweg 150-5d
Streiffelder Hof (1) 121-7c
Streiffelder Straße 121-7c
Stresemannstraße 121-7d
Südstraße 150-11b

Talstraße 150-12c
Tannenweg (9) 180-2b
Theklastraße 121-7b
Theodorstraße 151-4c
Theresienstraße 120-12c
Thiergartenstraße 120-12d
Triemstraße 150-11c
Tulpenstraße 121-10a

Übacher Straße 120-6c
Uferstraße 150-3a
Ulmenweg (20) 121-10b

Vennstraße 150-9c
Voccartstraße 150-8a
Vogelsang 120-12c
Vorscheid 150-12a
Voßstraße 120-12a

Wacholderweg 150-12a
Wagnerstraße 150-11c
Waidmühlenstraße 151-7a
Waldenburgerstraße 120-12b
Waldstraße 150-6a
Weberstraße 150-11c
Wefelen 151-4a
Weidenstraße 121-7d
Weidstraße 150-3c
Weiherstraße 150-11a
Weizenweg 120-12c
Wendelinusstraße 150-5b
Weststraße 150-11a
Wichernstraße 121-10a
Wiesenstraße 150-3c
Wildnis 120-8d
Willibrordstraße 120-12b
Wilsberger Straße 150-11a
Winkenstraße (3) 150-11c
Wolfstraße 150-6d
Woperstraße 150-2d
Worm 120-8d

Zechenstraße 150-5c
Zeisigweg 150-8c
Zellerstraße 150-11b
Zum Hagelkreuz 151-4c
Zum Heider Busch 180-3a
Zum Kalverhof 120-12b
Zum Pütz 121-4c
Zum Schleypenhof 121-7d
Zum Wurmtal 150-12a

Heupelzen

PLZ 57612

(zu VBG Altenkirchen (Westerwald))

Am Sonnenhang 256-4c
Am Waldrand 256-4d
Auf der Pferdsborn 256-4d

Birkenweg 256-5c

Gartenstraße 256-4d

Hauptstraße 256-4d

Im Winkel 256-4d

Hilden

40723 An den Gölden 46-3b
40723 Azaleenweg 47-1b

40721 Bolthaus 46-3a
40723 Bolthausener Weg 46-3b
40723 Bolthaushof 47-1a
40723 Buchenweg 47-1b

40723 Eibenweg 47-1b
40723 Erikaweg 47-1b

40723 Ginsterweg 47-1b

40723 Hagebuttenweg 47-1b
40723 Heideweg 47-1b

40723 In der Gemarke 47-1b

40723 Kniebachweg 47-1b

40721 Lehmkuhl 47-1b
40723 Lehmkuhler Weg 47-1a
40723 Ligusterweg 47-1b

40723 Örkhaus 47-1a
40723 Örkhaushof 47-1a

40723 Salzmannweg 47-1a
40723 Schlehenweg 47-1b

40723 Weißdornweg 47-1a

Hilgenroth

PLZ 57612

(zu VBG Altenkirchen (Westerwald))

Birkenweg (1) 256-3c
Blumenstraße 256-3c

Erbacher Straße 256-3c

Gartenstraße 256-3c

Hauptstraße 256-3c

Kiefernweg 256-3c

Lindenweg 256-3c

Marienthal 257-1c
Marienthaler Straße 256-3c

Tannenstraße 256-3c

Wiesenweg 256-3c

Zum Beulsgarten (2) 256-3c

Hilgert

PLZ 56206

(zu VBG Höhr-Grenzhausen)

Am Junkernberg 333-4d
Am Sportplatz 333-8c
Auf dem Hüwel (1) 333-7d

Bergstraße 333-7d
Böllershaid 333-7b
Brunnenweg 333-7d

Faulbach 333-4d

Gartenstraße 333-7b

Hauptstraße 333-7d
Höhenstraße 333-7d
Höhlchen (2) 333-7d
Hüttenrain 333-4c

Im Auengarten 333-7d
Im Borngarten 333-7d
Im Mühlholz 333-10a
Im Steinchen 333-7b
In den Erlen 333-10a
Industriegebiet Mühlholz 333-10a

Jagdhaus 333-4d

Kirchhohl 333-7d
Kirchweg 333-7d
Krugbäckerstraße 333-7b

Langestück 333-7b

Masselbach 333-5c

Nordstraße 333-7b

Ortsstraße 333-4d

Rheinstraße 333-10a

Schlafheckelchen 333-7d
Schulstraße 333-7d
Südstraße 333-7d

Töpferstraße 333-7d

Waldstraße 333-7b
Wiesenweg 333-7d

Hillscheid

PLZ 56204

(zu VBG Höhr-Grenzhausen)

Am alten Bahnhof 341-8a
Am Fichtenstrauch 341-4c
Am Hang 341-8a
Am Hartzberg 341-7b
Am Limes 341-4d
Am Lübersch (3) 341-8c
Am Scheid 341-4c
Am Sorchen 341-7d
Am Waldsportplatz 341-8c
An der Kreisviehweide 341-4b
Auf den Dorfwiesen 341-4d
Auf der Scheid 341-4c

Bahnhofstraße 341-7b
Bergstraße 341-8c
Birkenweg 341-8c
Brunnenweg (1) 341-8a

Eichenweg 341-8c
Emser Straße 341-8c

Franz-Schubert-Straße 341-7b
Freiherr-vom-Stein-Straße (6) 341-8c

Gartenstraße 341-7b
Goethestraße 341-7d
Grundsmühle 341-10b

Hauptstraße 341-8c
Hof Hüttenhügel 341-4c
Höhenstraße 341-8a
Höhrer Straße 341-4d
Hubertusstraße 341-8a
Hüttenmühle 341-11b

Ignatius-Lötschert-Straße (7) 341-7d
Im Hahn 341-11a
Im Kühlbach 341-5c
Im Niederfeld 341-8c
Im Ohndorf 341-8a
Im Rötchen 341-7b
Im unteren Hau 341-5c
In den Buchen 341-4d
In den Gärten 341-8c
In der Struth 341-7b
Industriegebiet Hillscheid 341-4d

Jägerpfad 341-8a
Jahnstraße 341-7d
Johann-Theodor-Kleudgen-Straße 341-8c
Josef-Kemperich-Hof 341-11a

Kastanienweg 341-8c
Kiefernweg 341-8c
Kirchstraße 341-8c
Kolpingstraße (2) 341-8a

Limesweg 341-4d
Lindenstraße 341-8c

Mittelstraße (4) 341-8c

Pfarrer-Keil-Straße 341-8c

Querstraße (5) 341-8c

Raiffeisenstraße 341-8a
Rheinstraße 341-7d
Ringstraße 341-7b
Römerstraße 341-8a
Rosenweg 341-7b
Schulstraße 341-8c
Sonnenweg 341-8a

Talweg 341-7b
Thielshütte 341-6a

Unter dem Dorf 341-8c

Vallerauer Hof 341-11a

Waldstraße 341-8a
Wiesenstraße 341-7d

Zum Hartzberg 341-7b

Hirz-Maulsbach

PLZ 57635

(zu VBG Altenkirchen (Westerwald))

Birkenweg 273-3d

Fiersbacher Straße 273-3c

Gartenstraße 273-3c

Hähnen 273-3c
Hauptstraße 273-3c
Hirzbach 273-3c

Limbacher Straße 273-3c
Lindenstraße 273-6b

Maulsbach 274-1c
Mehrener Straße 273-3d
Mittelstraße 273-3d

Niedermaulsbach 273-3d

Wiesenstraße 273-3d

Höhr-Grenzhausen

PLZ 56203

Achillesstraße 340-3c
Alexanderplatz 340-3b
Alfred-Hanke-Straße 341-1c
Am alten Bahnhof 340-3b
Am Damm 340-3b
Am Grübchen 340-3a
Am Moorsberg 332-12c
Am Park 340-3b
Am Quarzsprung (11) 340-3a
Am Rathaus 340-3b
Am Schneeberg 340-3d
Am Tonberg 332-12d
Am Völker 341-1c
Am Zoll 332-12c
Anno-Knütgen-Straße 341-1c
Auf dem Acker 340-3b
Auf dem Hähnchen 341-1a
Auf der Haide 332-12d
Auf der Insel (12) 341-1a

Bahnhofstraße 340-3b
Beethovenstraße 332-12c
Bergstraße 341-1a
Birkenflur 332-12a
Birkenweg 340-3a
Böcklerstraße 340-3d
Brexbachstraße 332-9c
Brunnenstraße 332-12c
Buchenweg 340-3a
Bunzlauer Straße 332-12c
Burgstraße 332-9c

Dammsweg 340-3a

Eduard-Berdel-Straße 341-1c
Eichendorffweg 332-12c
Emser Straße 341-1a
Erlenweg 340-3a
Eselweg 332-9c
Eulerstraße 332-12c

Farbmühle 333-10c
Ferbachstraße 340-3b
Ferbachtal 340-3b
Friedensweg 340-3d
Friedrich-Corzilius-Weg (4) 332-12c
Friedrich-Ebert-Straße 332-12c
Friedrichstraße 340-3d
Fröbelstraße 340-3d

Gartenstraße 340-3b
Georg-Steuler-Straße 332-12d
Gerhart-Hauptmann-Straße 332-12d
Gewerbegebiet Rudolf-Diesel-Straße 332-12d
Grenzau 332-12a

Hainchenweg 340-3a
Händelstraße (7) 332-12c
Haus Waldeck 332-12a
Heinrich-Meister-Straße 340-3b
Hermann-Geisen-Straße 332-12c
Hermannstraße 340-3a
Hof Grenzau 332-8d
Hoffelde 332-9c
Höhenstraße 332-12c
Hollersborn 340-3d
Hubertushof 341-4a
Hubertusstraße 340-3b
Im Hinterfeld 340-3a
Im Mühlholz 333-10a
Im Silbertal 340-3b
Im Sohr 332-12c
Im Zipfen 332-12d
In den Baumgärten 341-1a
In der Brex 333-10c
In der Trift 332-12c

Jahnplatz 332-12c
Jaques-Remy-Straße 341-1c
Johann-Kalb-Straße 341-1c
Juchaczstraße 340-3d
Junglasstraße 340-3c

Kasinostraße (1) 332-12c
Kastanienweg (8) 332-12c
Katharina-Kaspar-Straße 340-3d
Katharinenstraße (9) 332-12c
Kirchstraße (6) 332-12c
Kleine Emser Straße 340-3b
Kleine Schützenstraße (10) 340-3b
Kolpingweg 340-3d
Kreuzweg 340-3d
Kühnsmühle 332-12b

Ladestraße 332-9d
Laigueglia-Platz (5) 332-12c
Langeheck 332-12c
Lindenstraße 332-11d
Lönsweg 341-1a
Luisenstraße 332-12c

Marienweg 340-3b
Martin-Luther-Straße (3) 332-12c
Meiersberg 332-11b
Mittelstraße 340-3b
Moorsberg-Stadion 332-12b
Mühle Grenzau 332-12a

Neue Örter 332-12c
Neumühle 341-2c
Niesmühle 333-10c

Parkstraße 340-3a
Paul-Viehmann-Allee 332-12c
Peter-Dümler-Straße 341-1a

Rathausstraße 340-3b
Raubritterpfad 332-9c
Reinhold-Hanke-Straße 341-1c
Rheinstraße 340-3a
Ringstraße 341-1a
Robert-Koch-Straße 340-3d
Römerberg 341-1a
Rosenweg 341-1a
Rudolf-Diesel-Straße 332-12d

Scheidstraße 332-12c
Scheinbergstraße 340-3b
Schenkendorfplatz (2) 332-12c
Schillerstraße 332-12c
Schneebergstraße 340-3b
Schneidershöhe 340-3d
Schulstraße 340-3b
Schützenstraße 340-3c
Schweitzerstraße 340-3d
Seiferwiese 332-12c
Sonnenhof 332-12a
Sonnenweg 340-3a
St.-Georg-Weg 340-3b
St.-Martin-Weg 340-3d
Stammsbitz 332-12c
Steinreuschweg 332-12c
Südallee 341-1c

Teplitz-Schönauer-Straße 332-12c
Theodor-Storm-Straße 333-10c
Tiergartenwies 332-9c
Töpferstraße 340-3b
Turnstraße 332-12c

Uhlenhorst 332-11c

Wällerweg 341-1c
Weiherstraße 341-1c
Westerwaldstraße 332-12d
Wiesenstraße 341-1c

Horhausen (Westerwald)

PLZ 56593

(zu VBG Flammersfeld)

Alte Schulstraße 314-3a
Alter Mühlenweg 314 3a
Alter Weg 314-2b
Am Bach 314-2b
Am Born 314-2b
Am Wiesenhang 314-2b
Amselweg 314-2b
Auf dem Acker 314-2b

Beethovenstraße 314-3a
Bergstraße 314-3a
Bischof-Rüth-Straße 314-3a
Blumenstraße 314-2b

Floriansweg 314-3a
Forststraße 314-3a
Friedhofstraße 294-11d
Friedrich-Wilhelm-Zeche 294-11c

Gartenstraße 294-12c
Grenzbachstraße 314-3a
Grundstraße 294-11d

Haydnstraße 314-3a

Horhausemühle 314-3a
Huf 314-2a

Im Ahrensbitzchen 294-11d
Im Herrengarten 294-11d
Im Oberdorf (5) 314-2b
In der Dell 294-12c
In der Dorfwiese 314-2b
In der Hohl 314-2b
In der Pfuhlwiese 314-2b
Industriepark 314-2c

Kaplan-Dasbach-Straße (3) 314-2b
Kardinal-Höffner-Straße (2) 314-2b
Kindergarten (4) 294-11d
Kirchstraße 314-2b

Landblum 294-12c
Luchert 294-11c

Meisenweg 314-2b
Mozartstraße 314-3a
Mühlenweg 314-3a

Neue Schulstraße 294-11d

Raiffeisenstraße 294-12c
Rheinstraße 314-2d

Schubertstraße 314-3c

Talstraße 314-3a
Tannenstraße 314-2a
Tempelsberg (1) 314-2b

Waldweg 314-2d
Weiherstraße (6) 314-2b
Wiesenweg 314-2b

Zum Giersseifen 314-2b

Hückeswagen

PLZ 42499

Ahornweg 53-1b
Albert-Schweitzer-Weg (5) 53-3a
Altenberger Straße 53-2c
Altenhof 53-5a
Altenholte 53-8b
Am Kamp 53-3c
Am Raspenhaus 53-2c
Am Schwarzen Weg 53-3b
Am Sonnenplätzchen 53-3a
Am Tannenbaum 53-3d
Amselweg 53-2c
An der Schloßfabrik 53-6b
An der Wupperniederung 53-3b
Arnold-Hueck-Straße 53-1c
Asternweg 53-2c
Aue 53-3b
Auf'm Schloß 53-3a
August-Hermann-Francke-Straße 53-4a
August-Lütgenau-Straße 53-2d

Bachstraße 53-3c
Bahnhofstraße 53-3a
Bahnweg 53-3a
Beethovenstraße 53-2d
Berbeck 53-6d
Bergstraße 53-3a
Bevertalstraße 53-6b
Birkenweg 53-1d
Blumenstraße 53-2c
Bochen 53-7a
Bockhacken 52-12a
Bockhacker Straße 52-6b
Bongardstraße (8) 53-3c
Brücke 53-3a
Brückenstraße 53-3a
Brüder-Grimm-Straße 53-6a
Brunnenweg 53-2c
Brunsbach 53-2b
Busche 54-1a
Buschweg 53-3b
Busenbach 53-1b
Busenbacher Weg 53-1b
Busenberg 53-1a

Clarenbachstraße 52-6b
Corneliusweg 53-3a

Dierl 53-6b
Dörpersteeg 53-1a
Dörpfeld 52-6d
Dörpfelderhöhe 52-9b
Dreibäumen 52-5d
Drosselweg 53-2a
Droste-Hülshoff-Weg 53-6a

Eichendorffweg 53-6a
Eisenweg 53-2a
Elberhausen 54-4b
Erlensterz 53-2a
Ernst-Troost-Straße 53-2d
Etapler Platz 53-3a
Ewald-Gnau-Straße 53-2d

Falkenweg 53-2c
Färberweg (1) 53-3a
Feldstraße 53-3a
Finkenweg (3) 53-2c
Fliederweg 53-2c
Franz-Schnabel-Straße 53-3a
Friedhofsweg 53-3c
Friedrichstraße 53-3c
Fritz-Zoll-Straße 53-3d
Fuhr 53-3b
Fürstenbergstraße 53-3c
Fürweg 54-7b

Gardelenbergstraße 53-3d
Georg-Schaeffler-Straße 53-1c
Gerhart-Hauptmann-Straße 53-3c
Gerhart-Rottländer-Straße 53-2c
Gewerbestraße 53-1d
Goethestraße 53-3c
Grabenstraße 53-3a
Graf-Arnold-Platz 53-2c
Grenzstraße 53-3a
Großberghausen 54-1c
Großberghauser Straße 53-3b
Großeichen 54-4c
Großenscheidt 53-5b
Großkatern 53-7d
Grünental 53-2c
Grünestraße 53-5d
Gutenbergstraße 53-2c

Hambüchen 53-5b
Hambüchener Weg 53-3c
Hartkopsbever 54-4a
Haus Uhlenhorst 54-2c
Heide 54-4c
Heidenstraße 53-3c
Heidt 53-4b
Heinrich-Heine-Weg 53-6b
Heinrich-Schicht-Straße 53-1c
Hermann-Löns-Straße 53-3c
Hochstraße 53-3d
Höhe 54-2a
Höhenweg 53-3b
Höhsiepen 53-1b
Huckingerstraße 53-1d
Hugo-Hagenkötter-Straße 53-6a
Hülsenbusch 52-6d

Industriestraße 53-1c
Islandstraße 53-3c

Jahnplatz 53-3d
Johann-Clouth-Straße 52-6b
Jung-Stilling-Straße 54-4a
Junkernbusch 53-1d
Junkernweg 53-1d

Käfernberg 54-1b
Kaiserhöhe 53-3b
Kaisersbusch 53-11b
Kammerforsterhöhe 53-2c
Kastanienweg 53-1d
Kieköm 53-3a
Kleinberghausen 53-3b
Kleinberghauser Straße 53-3d
Kleineichenweg 53-6b
Kleinenscheidt 53-5a
Kleinkatern 53-7c
Knefelsberg 53-6a
Kobeshofen 53-6a
Kobeshofener Straße 53-6b
Kölner Straße 53-5b
Kolpingweg (10) 53-3c
Kotthausen 52-9c
Kurzfeld 52-6c

Lerchenweg (2) 53-2c
Lessingstraße 53-3c
Lindenberg 53-2b
Lindenbergstraße 53-2d

Maisdörpe 52-6a
Maria-Zanders-Straße 53-2d
Marienstraße 53-3c
Marktberg 53-3a
Marktstraße 53-3c
Meisenweg (4) 53-2c
Mittelstraße (6) 53-3a
Montanusstraße 53-6a
Mörikeweg (4) 53-6a
Mozartstraße 53-3c
Mühlenberg 53-6d
Mühlenstraße 53-3a
Mühlenweg 53-3a

Nelkenweg 53-2d
Neue Welt 53-3d
Neuenholte 53-8b
Niederburghof 53-11c
Niederdorp 52-6b
Niederlangenberg 54-2d
Nordstraße 53-3a

Oberburghof 53-11a
Oberdorp 52-6b
Oberlangenberg 54-2a
Odenholl 53-12c
Odenholler Mühle 53-11d
Oststraße 53-3a

Parkweg 53-2d
Peterstraße 53-3d
Pfarrer-Giesen-Straße 53-3c
Pixwaag 53-2b
Posthäuschen 53-6c
Purd 53-10c

Rader Straße 53-3a
Rautzenberg 53-11d
Reinsbach 53-3b
Reinshagensbever 54-4b
Richard-Leyhausen-Weg (5) 53-6a
Ringstraße 53-2d
Robert-Koch-Straße 52-6d
Robert-Schumann-Straße 53-2d
Rosenweg 53-2c
Rotdornweg 53-1d
Röttgen 53-5c
Ruhmeshalle 53-2d

Scheideweg 52-6b
Schillerplatz 53-3c
Schmalbeinsweg 53-1d
Schmittweg 53-3c
Schnabelsmühle 53-2b
Schneppenthal 53-4d
Schubertstraße (7) 53-3c
Schückhausen 52-12b
Schwalbenweg (1) 53-2c
Sohl 53-5d
Sperberstraße 53-2d
Stahlschmidtsbrücke 53-6c
Steinberg 54-4b
Stoote 52-6c
Straßburg 52-12b
Straßweg 52-9d
Strucksfeld 52-6c
Sudetenlandstraße 53-3a
Südstraße 53-2b

Talstraße 53-3a
Tannenbaum 54-1c
Teichstraße 53-3a
Theodor-Fontane-Weg (3) 53-6b
Theodor-Löbbecke-Straße 53-2d
Theodor-Storm-Weg (1) 53-3d
Tuchmacherweg (2) 53-3a
Tulpenweg 53-2d

Uhlandstraße 53-3c
Untere Straße 54-4a
Unterscheideweg 52-6d

Vogelsholl 53-8d

Waag 53-2d
Waager Delle 53-2a
Waager Hohlweg 53-2c
Waidmarktstraße (9) 53-3c
Waldstraße 54-4a
Walkerweg 53-3a
Warth 53-11d
Wefelsen 54-2a
Wegerhof 53-5a
Weierbachstraße 53-3c
Westenbrücke 53-6b
Westhofen 53-4b
Westhoferhöhe 53-4b
Weststraße 53-3a
Wickesberg 53-7c
Wiehagener Straße 53-1c
Wilhelm-Blankertz-Straße 53-2d
Wilhelm-Busch-Weg 53-6b
Wilhelm-Raabe-Weg (2) 53-3d
Winterhagen 53-4a
Wupperstraße (3) 53-3a

Zum Hasengrund 53-2c
Zum Johannisstift (4) 53-3b
Zum Sportzentrum 53-2d
Zur Landwehr 53-2a

Hümmerich

PLZ 53547

(zu VBG Rengsdorf)

Alter Schulweg (1) 314-4c
Auf dem Held 314-4c
Auf der Rosenheide 313-6d

Bergstraße 314-4c
Bismarckstraße 313-6d

Fockenbachstraße 313-6d
Friedrichstraße 314-4c

Gartenstraße 314-4c

Höhenstraße 314-4c
Hümmericher Mühle 313-9d

Im Rott 314-4c
Im Rotterberg 313-6d

Karlshof 313-9b

Mühlenstraße 314-7a

Ober den Gärten (2) 314-4c
Osterpfad 313-6d

Ringstraße 313-6d

Sonnenstraße 314-4c

Unterdorfstraße 314-4c

Waldstraße 313-6b

Hundsdorf

PLZ 56235

(zu VBG Ransbach-Baumbach)

Bergstraße 333-5b
Brunnenstraße 333-5c

Friedhofstraße 333-5b

Hardtweg 333-5d
Hauptstraße 333-5c
Hunostraße 333-5d

Masselbachstraße 333-5b
Mittelstraße 333-5c

Scheyermühle 333-5a
Schulstraße 333-5d
Sonnenhof 333-5b

Waldstraße 333-5c

Hürtgenwald

PLZ 52393

Alt Hubertushöhe 215-8b
Am Dehlbach 216-7a
Am Schafberg 216-10a
Am Sportplatz 216-7b
An der Binnesburg 216-8a
An der Mühle 216-7a
An der Nüllheck 215-11b
Antoniusstraße 216-7a
Auf dem Engel 216-10b
Auf dem Hau 215-11b
Auf der Weide 215-12a

Bachstraße 216-7a
Bergkamp 215-9b
Bergstraße 215-9b
Broichstraße 216-7a
Bruchweiher 216-7a

Christian-Werner-Straße 216-7d

Dollweg 216-7d
Dorfplatz (Großhau) 215-11b
Dorfstraße 216-8c
Dürener Straße 215-9d

Eichenpütz 216-7a
Eichenweg 215-11b
Eichgasse 216-7d
Eifelstraße 215-9b
Engpütz 216-7d

Feldstraße 216-7a
Finkenheider Weg 215-11b
Forststraße 216-4c
Frenkstraße 215-11a
Friedhofstraße 216-7a

Grüner Weg 216-7a
Gut Hocherbach 216-7b

Hagbend 215-11b
Haus Heidbüchel 215-12a
Heidestraße 216-10a
Hof Eichenkamp 215-11c
Hof Finkenheide 215-11c
Hof Gronau 216-7c
Hof Heidchens Kehre 215-10c
Hof Hengstbend 215-10d
Hof Hoppenhardt 215-12c
Hof Im Brand 215-10d
Hof Im Tann 215-10d
Hohlweg 216-7d
Honighecke 215-12a
Hormer Straße 216-7d
Hubertusstraße 215-9d

Im Berg 215-11d
Im Geyberg 215-9d
Im Glockenofen 215-11a
Im Hagen 216-7c
Im Löwenhof 216-7a
Im Pohl 216-7a
Im Tauet 215-11d
Im Tivoli 216-7d
In den Heuen 215-9d
In der Graat 216-7d
In der Kaule 215-11d
Industriestraße 216-8a

Josef-Köller-Straße 215-9b

Kapellenstraße (1) 216-7d
Kleestraße 215-11b
Klosterhof 215-9b

Lämmerstraße 216-8a
Leonhard-Zimmer-Straße 216-7b
Lerchenweg 216-7d

Maubacher Straße 216-7d

Oberstraße 215-9b

Pfarrer-Pleus-Straße 216-7b

Rennweg 215-8b

Scheffensweg 215-9b
Sonnenweg 216-7d
St.-Donatus-Straße 216-10b

Tannenweg 216-7d

Wacholderheide 216-10a
Waldweg 216-4c
Wiesenweg 216-7a

Hürth

PLZ 50354

Abtstraße 133-11d
Adelheidisstraße 163-2c
Adolf-Dasbach-Weg 163-6c
Afrastraße 134-10b
Aiwa-Platz 164-2a
Akazienweg 163-1a
Albericshstraße 164-1a
Albert-Schneider-Straße 163-2b
Albert-Schweitzer-Straße (9) 134-10c
Albertus-Magnus-Weg (9) 163-3d
Aldenrather Straße 162-3b
Alemannenstraße 164-1a
Alfred-Delp-Straße (12) 134-10c
Alice-Neugebauer-Straße (23) 134-10c
Alleestraße 163-8c
Alstädter Straße 163-6a
Alt-Zieskoven 163-1d
Am Acker 133-12c
Am Alten Bahnhof 164-1c
Am Alten Klärwerk 163-3b
Am Alten Markt 164-7a
Am Bachemer Pfädchen (1) 133-10c
Am Benden 163-2d
Am Bornbach 163-2b
Am Bruch 164-7c
Am Brunnen 164-7c
Am Clementinenhof 163-5d
Am Druvendriesch 164-7c
Am Gleueler Bach 133-11a
Am Groeneskamp 163-1b
Am Grünen Weg 163-8a
Am Grüngürtel 134-10b
Am Hang 163-9d
Am Heideberg 163-6d
Am Heidehang 163-6c
Am Hofacker 133-10d
Am Holderbusch 163-1a
Am Hummelsboor 132-12d
Am Kempishof 164-4c
Am Kichberg 164-7b
Am Kirchtürmchen 164-4d
Am Klostergarten 133-10c
Am Kutzhof 164-7a
Am Lindenbusch 163-1a
Am Lintacker 163-3d
Am Neuen Friedhof 163-9d
Am Römerkanal 163-6b
Am Sandweg 134-10d
Am Schänzjeskriemer 162-3d
Am Schildgen 164-7d
Am Schleifkotten (24) 134-10d
Am Schneeberg 164-7a
Am Simonishof 164-1c
Am Sonnenhang 163-6d
Am Steeg 133-11d
Am Steinpütz 164-7c
Am Waldschlößchen 162-3c
Am Weißen Kreuz 162-3c
Am Wolterskreuz 163-9b
Am Zudendorfer Hof (3) 164-7c
Amselweg 164-1b
An den Pescher Höfen 163-3c
An den Weißen Häusern 163-4c
An den Zehn Morgen (4) 163-1a
An der Alten Synagoge 163-6c
An der Bauerbank 164-7b
An der Eisenbahn 164-7b
An der Fuhr 164-7a
An der Hasenkaule 164-2c
An der Herrenmühle 163-6b
An der Kirschhecke 163-1b
An der Kohlhaasmühle 163-6a
An der Markthalle 164-7b
An der Villenbahn 163-5b
An Maria Bronn 162-6b
An St. Martin 164-7a
Annenstraße 134-10c
Annoweg 163-3d
AOK-Straße 164-1c
Argelès-sur-Mer-Straße 163-3a
Asternweg 164-1d
Auf dem Bachacker 164-1a
Auf dem Klee 133-12c
Auf dem Kramberg 163-1a
Auf dem Mühlenacker 164-1c
Auf dem Schnorrenberg 162-3c
Auf den Dreien 163-2b
Auf der Aue 164-7a
Auf der Höhe 164-7c
Auf der Kumme 163-6a
Auf der Landau 163-9d
Auf der Weide 163-2c
Augustinerstraße 164-7a

Bachemer Straße 133-10c
Bachstraße 134-10c
Bachweg 163-1a
Backesstraße 164-7c
Bahnstraße 164-1b
Balkhausener Straße 162-3c
Balthasarstraße 134-10b
Barbarastraße 163-1b
Bärengasse 162-3c
Bauerweg (2) 133-12c
Beckergasse 163-1a
Beerstraße 164-4b
Beethovenstraße 134-10c
Behrensstraße 162-3c
Bellerstraße 134-10a
Bergiusweg (3) 163-2c
Bergmannstraße 163-1b
Bergstraße 163-6c
Berliner Platz 163-3d
Berrenrather Kirchweg 163-1a
Berrenrather Straße (Efferen) 134-10c
Berrenrather Straße (Stotzheim) 163-2b
Bertha-von-Suttner-Straße (7) 134-10c
Bertramsjagdweg 163-7a
Beselerstraße 134-10d
Bettina-von-Arnim-Weg (12) 163-3d
Biberstraße 163-6b
Birkenhusstraße 134-10d
Birklinstraße 163-6d
Bodelschwinghstraße (2) 134-10b
Bödikerstraße 164-4a
Bolligstraße 163-6d
Bonnstraße 163-3a
Bourtscheidstraße 134-10d
Brabanter Platz 163-6a
Brandlstraße 163-6a
Brauweiler Weg 163-3b
Breite Straße 163-5d
Breitenbendener Weg 164-1a
Brentenstraße 134-10b
Breslauer Weg (5) 163-3c
Brictiusweg (3) 133-12c
Briemweg 163-3c
Bruchstraße 162-3c
Brüggener Straße 162-6a
Brühler Weg 163-3b
Brunhildstraße 164-1a
Brunnenstraße 163-2d
Brunoweg 163-3b
Buchenstraße 162-3b
Bungartweg 163-3b
Bunsenweg 163-2c
Burbacher Straße 163-5d
Burg Efferen 134-10d
Burg Gleuel 133-10d
Burg Kendenich 164-7a
Burg Schallmauer 162-3a
Burggartenstraße 164-7a
Burgpark 163-3b
Burgstraße 133-10c
Burgunderweg 164-1a
Burgweg 134-10c
Buschstraße 163-9b
Bussardweg 164-1b

Cäcilienstraße 162-6a
Carlo-Schmid-Weg 163-3c
Carl-Schurz-Straße 163-6b
Carl-von-Ossietzky-Straße (10) 134-10c
Chemiepark Knapsack Hürth 163-9a
Chemiepark Knapsack 163-7a
Coesenstraße (5) 134-10d

Dahlienweg 164-4b
Daimlerstraße 164-1d
Dankwartstraße 164-1a
Danziger Weg (4) 163-3d
Dechant-Otter-Weg 163-6c
Decksteiner Straße 133-11d
Deutscher Ring 163-3c
Deutschherrenstraße (13) 163-6b
Deutschordensweg 163-3d
Diepenbroichstraße 134-10d
Dieselstraße 164-1d
Dietrich-Bonhoeffer-Straße (11) 134-10c
Dionysiusstraße 162-3b
Dohlenweg 164-1a
Donatusstraße 134-10c
Dorfstraße 133-11a
Dr.-Bethune-Straße 163-3d
Dr.-Herbert-Sinz-Straße 133-11d
Dr.-Krauß-Straße 163-8a
Dr.-Kürten-Straße 163-6a
Drafenstraße 164-7c
Drafweg 134-10c
Dreikönigenstraße 134-10b
Dreimühlenstraße (18) 164-1a
Drosselweg 164-1a
Drosteweg 163-3b
Duffesbachstraße 163-6a
Dunantstraße 163-6a

Efferener Straße 163-2c
Eichendorffstraße 163-1b
Eidechsenweg 163-6b
Eifelstraße 162-6d
Eintrachtstraße 163-6d
Eiserfeyweg (19) 164-1a
Elbingstraße 133-10c
Elisabeth-Selbert-Weg 163-3c
Elisabethstraße 163-8c
Engelbertstraße 163-4d
Erderstraße 162-3d
Erftstraße 162-6d
Erich-Ollenhauser-Weg 163-3c
Erlenweg 162-3b
Ernst-Moritz-Arndt-Straße 163-6b
Ernst-Reuter-Straße 163-1a
Ernst-Schmidt-Straße (1) 162-3c
Ernst-Wilhelm-Nay-Straße (25) 134-11c
Eschweilerstraße 164-4a
Esserstraße 134-10c
Etzelweg 164-1c

Falkenweg 163-6b
Fasanenweg (15) 164-1a
Fichtenweg 134-11c
Finkenschlag 164-1b
Firmenichstraße 163-5c
Fischenicher Straße 163-9b
Florianstraße 133-10c
Fontaneweg 164-1b
Frankenhof 134-10d
Frankenstraße 164-1a
Franziskusstraße 164-1a
Franz-Tilgner-Straße 163-4d
Frechener Straße 133-11a
Frechener Weg (1) 163-3b
Freiherr-vom-Stein-Straße 163-6b
Freiligrathstraße 163-6b
Frentzenhofstraße 163-6d
Fridtjof-Nansen-Weg (8) 134-10c
Friedenstraße 163-1a
Friedhofstraße 163-8c
Friedrich-Ebert-Straße 163-3d
Friedrich-Großmann-Weg (4) 163-2d
Frielsweg 133-12a
Fritz-Räcke-Straße 164-1c
Fröbelstraße 164-1c
Frongasse 134-10d
Fronhofstraße 164-7b
Fuchskaulenstraße 163-5d
Fuchsstraße 163-9b
Fühlingstraße 133-11a
Fürstenbergstraße (4) 134-10d

Gartengäßchen (2) 164-7c
Gartenstraße 163-8a
Gennerstraße 163-8d
Georg-Elser-Straße 134-10c
Gerbergisstraße 134-10d
Gerberstraße 163-2d
Gereonsweg 163-3d
Gerhardsweg (10) 163-3d
Gernotstraße 164-1a
Gertrudenstraße 163-6b
Gewerbegebiet Gleuel 133-10d
Gewerbegebiet Hermülheim 164-4a
Gewerbegebiet Knapsack 163-8b
Gewerbegebiet Nord-Ost 164-2a
Gielenstraße 133-10d
Gielsdorfweg 163-3b
Gildenweg 133-10d
Ginsterhang (3) 163-1a
Giselherweg 164-1a
Gleueler Straße 133-9c
Glückaufstraße 162-6d
Goethestraße 134-10d
Goldenbergstraße 163-7b
Gotenweg 164-1a
Grabenstraße 163-9b
Graf-Stauffenberg-Straße 134-10c
Grenzweg 133-10c
Grippekovener Straße 133-10c
Gronerstraße 164-5a
Grosmannstraße 164-4b
Große Delbruchstraße 163-5d
Grubenstraße 163-7d
Guderadisweg 163-2b
Guntherstraße 164-1a
Gustav-Freytag-Straße 163-1b
Gustav-Stresemann-Ring 134-10c
Gutenbergstraße (15) 163-6b

Habichtweg 164-1b
Hagenstraße 164-1c
Hahnenstraße 134-11c
Hans-Böckler-Straße 164-1c
Hans-Pauli-Straße 163-1b
Harff-Straße (26) 163-5d
Hebbelstraße 164-1b
Heidestraße 163-6c
Heidtstraße 163-3d
Heinrich-Fuß-Straße 164-7c
Heinrich-Heine-Straße 164-1b
Heinrich-Hoerle-Straße (26) 134-11c
Heinrich-Imig-Straße 163-1b
Heinrich-Poll-Straße 163-6a
Heinrich-Sürth-Weg 133-12c
Heinrich-Vomhof-Weg (20) 163-6a
Heisterbusch 133-12c
Helenenstraße 163-6b
Helene-Weber-Weg 163-3c
Henriette-Lott-Weg 163-6b
Herderstraße 164-1d
Heribertsweg 163-3d
Heristalstraße 133-12c
Hermann-Löns-Straße 164-4b
Hermannshof 133-8d
Hermülheimer Straße 133-10d
Hertzstraße 134-10a
Hof Kalscheuren 164-5a
Hohlweg 163-3d
Höninger Weg 134-11c
Horbeller Straße 133-9c
Horchstraße 164-1b
Horststraße 163-5d
Hospitalstraße 133-12c
Hubertushof 133-11a
Hubertusstraße 162-6a
Hürther Straße 163-6c
Hürther Weg 163-2c
Hürtherbergstraße 163-6b

Iltisweg 163-6b
Im Bachholz 162-3c
Im Broichtal 163-1a
Im Feldrain (Kalscheuren) 164-5a
Im Feldrain (Kenderich) 164-4d
Im Fliederhain 164-1d
Im Grund 163-9d
Im Hasenbusch 134-11c
Im Heidgen 162-6b
Im Kreuel 163-2a
Im Mühlengrund 163-2c
Im Rönnchen 164-4c
Im Rosenhag 164-1d
Im Rottland 162-3d
Im Schetteling 164-1c
Im Wiesengrund 134-10d
Im Winkel (4) 133-12c
Immendorfer Straße 164-2a
In den Höhen 133-12d
In der Henn 162-3c
In der Hütte 163-6d
In der Kau 162-6a
In der Mulde 164-4c
Industriestraße 163-7d
Innungstraße 133-10d

Jabachstraße 163-2d
Jägerpfad 164-1b
Jahnstraße 162-6a
Jakob-Eßer-Platz 133-10c
Jakob-Schorn-Straße 133-12c
Jakobstraße 164-7a
Johanna-Löwenstein-Straße 134-10c
Johanneshof 164-4c
Johann-Hambloch-Weg (21) 163-6a
Johann-Schäfer-Weg 164-7a
Josef-Haefner-Straße 133-12c
Josef-Löcher-Straße (7) 163-2b
Jülichstraße 134-10d
Julius-Leber-Straße 134-10c
Jupp-Thiesen-Straße (28) 163-6c

Kallmuthweg (20) 164-1a
Kallweg 164-1a
Kalscheuren 164-4b
Kalscheurener Straße 134-10d
Kampstraße 163-2d
Kantstraße 163-1b
Kapellenstraße 163-8b
Kapitolstraße 134-10d
Karbanetstraße (C) 163-3d
Kardinal-von-Galen-Straße 134-10c
Karl-Kuenen-Straße 134-10b
Karl-Pimpertz-Weg (19) 163-6a
Karthäusergasse 164-7a
Kasinostraße 163-7b
Kasparstraße 134-10a
Kaspar-Zopes-Straße 164-7d
Katharinenstraße 163-5b
Kaulardstraße 134-10d
Kendenicher Straße 163-6c
Keutenstraße 133-11d
Kiebitzweg 164-1a
Kiefernweg 134-11c
Kierdorfer Straße 162-6a
Kirchstraße 163-8a
Kirchweg 163-2c
Klarenstraße 163-9b
Klausnerstraße 163-8c
Kleine Oelbruchstraße (22) 163-5d
Kleine Ringstraße (23) 163-5d
Kloster Burbach 163-4b
Klosterstraße 134-10d
Klüttenweg 163-6b
Knapsackstraße 163-3c
Knipperstraße (Alt-Hürth) 163-4c
Knipperstraße (Berrenrath) 162-3d
Kochstraße 134-10d
Kölner Straße 133-10d
Kölnstraße 164-4a
Kolpingstraße 134-10d
Komturring 163-3b
Königsberger Weg 163-3c
Konrad-Adenauer-Straße (17) 163-3c
Kornblumenweg 164-4b
Krankenhausstraße 163-3d
Kranzmaarstraße 163-6c
Kreuzstraße 163-6a
Kreuzweingartener Weg (21) 164-1a
Kriemhildstraße 164-1a
Kringsweg 163-3c
Kuhgasse 163-9d
Kunibertsweg 163-3d
Kunzyszstraße 164-4b
Kurt-Schumacher-Weg 163-3c

Ladestraße 164-5a
Lange Hecke (1) 163-2c
Lasallestraße 164-4a
Laubenweg 134-10c
Lechenicher Weg 163-3b
Lehnengasse 164-7d
Leitmeritzer Weg 163-3d
Leopold-Freter-Straße 134-10b
Lerchenweg 164-1b
Lessingstraße 164-1d
Leyboldstraße 164-1b
Liblarer Weg 163-3c
Liebigweg 163-2c
Lindenplatz 134-10b
Lindenstraße 163-6c
Lindgenstraße 163-9b
Lippoldstraße 163-6d
Litschgasse 163-2d
Löhrerhof 163-5d
Lortzingstraße 163-3b
Lövenicher Weg (2) 163-3b
Ludwig-Berg-Straße 163-2d
Ludwig-Erhard-Weg (16) 163-3c
Lupenaustraße 163-2b
Lützerodeweg 163-3d
Luxemburger Straße 163-9b

Margarete-Köchner-Straße (22) 134-10c
Margueritenweg 164-1d
Marie-Elisabeth-Lüders-Weg 163-3c
Marienbornweg 163-5d
Mariengartenstraße 163-2a
Marienstraße 134-10c
Marktweg 164-7b
Martin-Luther-Straße 134-10b
Maternusweg 163-3d
Matthias-Erzberger-Weg (6) 134-10c
Matthiasstraße 163-5d
Max-Ernst-Straße 134-11c
Maximilian-Kolbe-Straße 134-10c
Max-Planck-Straße 164-1d
Meisenbusch (13) 164-1a
Melchiorstraße 134-10a
Merodeweg 163-3b
Mertener Weg 163-3c
Meschenicher Straße 164-7b
Meschenicher Weg 164-8a
Minnepfad 163-1a
Mittelstraße 163-5d
Mohlbergstraße 134-10c
Mohnweg 164-4b
Moselstraße 134-10d
Mozartstraße 134-10c
Mühlenhof 163-5d
Mühlenstraße 163-5d
Mühlenweg 163-2c
Müserstraße 162-3d

Naherholungsgebiet Hürther Berg 163-6c
Narzissenweg 164-1d
Nelkenweg 164-1d
Nesselrodeweg (3) 163-3b
Nettesheimer Weg 163-3b
Neu Zieskoven 163-2a
Neumannstraße 164-1d
Nibelungenstraße 164-1c
Niklausstraße 133-8c
Norbert-Pees-Straße 163-6a
Nordring 163-3b
Nußallee 164-4c

Oppelner Weg 163-3d
Orsbeckstraße 134-10d
Ortshofstraße 163-9b
Otto-Hahn-Straße 164-2a
Otto-Räcke-Platz 163-3d
Overstolzenplatz 134-10d

Pantaleonsweg (11) 163-3d
Parkstraße 164-7b
Pastoratstraße 163-6c
Pastor-Krombach-Straße 163-9b
Pastor-Kröner-Straße 162-6b
Pastor-Redecker-Straße 133-10c
Pastor-Sudhoff-Straße (B) 163-3d
Paul-Gerhardt-Weg (1) 134-10b
Pestalozzistraße 164-1c
Peter-Engels-Straße 163-2b
Peter-Grubert-Straße 134-10d
Peter-Köhr-Straße 134-10d
Pierweg (2) 163-2c
Platz an den Kirchen (1) 164-7a
Platzstraße 164-7c
Plektrudisstraße 133-11d
Plögerstraße 164-7a
Plöner Straße (1) 164-7c
Pulheimer Weg 163-3b
Pützstraße 164-7a

Raiffeisenstraße 164-7b
Raufteschstraße 134-10d
Rebenfeld 164-7c
Regina-Kaufmann-Weg (5) 163-2d
Reifferscheidstraße 164-1c
Rewestraße 134-10b
Rheingoldstraße 164-1c
Ribbertstraße 164-4a
Richard-Hettinger-Straße (27) 163-5d
Ringstraße 163-5d
Ritterstraße 134-10d
Robert-Bosch-Straße 164-1b
Rodderstraße 133-12c
Rodenkirchener Straße 164-5a
Rodenkirchener Weg 163-3b
Rollweg 163-3b
Römerhof 163-6a
Römerstraße 163-8c
Rondorfer Straße 134-11c
Rosellenplatz 164-7b
Rosellstraße 164-1a
Rupert-Mayer-Straße 134-10c
Rüschergasse 163-6c

Sandkaulerweg 164-7c
Schaesbergstraße (3) 134-10d
Schallmauerweg 132-12d
Schillerstraße 164-1b
Schlangenpfad 163-5d
Schlehbuschweg 133-11d
Schmittenstraße 164-7c
Schneider-Clauß-Straße 164-1c
Schnellermaarstraße 163-1a
Schnitzlerweg 133-10d
Scholastikastraße 163-2a
Schollsbrücke 133-12c
Schollstraße 163-6b
Schulstraße 163-8c
Schützenstraße 162-3d
Schwadorfer Weg (7) 163-3c
Schwalbenweg (14) 164-1b
Schwarzer Weg 163-3c
Sebastianusstraße 162-3b
Sechtemer Weg (8) 163-3c
Seinsheimweg 163-3d
Severinusstraße 163-3d
Siegfriedstraße 164-1c
Sieglindweg 164-1a
Siegmundweg 164-1a
Sielsdorfer Mühle (1) 133-11a
Siemensstraße 164-1d
Sigurd-Greven-Straße 164-1b
Sinnersdorfer Weg 163-3b
Skawinastraße (A) 163-3d
Sonnenwinkel 134-11c
Sötenichweg 164-1a
Sperberweg (16) 164-1a
Sperlingsweg (17) 164-1a
Spijkenisser Straße 163-3c
Starenweg 164-1a
Stegerwaldstraße (1) 163-1a
Steinackerstraße 163-6d
Steinmarderweg (14) 163-6b
Steinstraße 134-10d
Stettiner Weg 163-3d
Stommelner Weg 163-3b
Stotzheimer Straße 163-2b
Stumbshofstraße 163-2d
Sudetenstraße 163-3c

Talmühlenstraße 163-5d
Talstraße 163-9d
Tannenweg 134-11c
Theodor-Heuss-Straße (18) 163-3c
Theo-Zimmermann-Straße (5) 133-11d
Theresiastraße 163-2d
Theresienhöhe 163-3c
Thetforder Straße 163-3d
Thielstraße 164-1d
Tilsitstraße 163-6a
Trierer Straße 163-6c
Tulpenweg 164-1d
Turmweg 134-10d
Türnicher Straße 162-6a
Tzerklaesstraße (24) 163-5d

Ubierweg 164-1a
Uhlandstraße 164-1b
Untere Mühle 133-10d
Urftweg 164-1a
Ursfelder Straße 162-6a
Ursulastraße 164-4d

Valkenburger Platz (25) 163-5d
Villenhöhe 163-6b
Villenstraße 162-6d
Villering 163-3c
Vochemer Straße 164-7c
Vogelsanger Weg 164-2a
Volkerstraße 164-1a
Von-Boetticher-Straße 164-1c
Von-Geyr-Ring 163-2c
Von-Mylius-Straße 162-3c
Vorgebirgsstraße 164-7a
Vorster Weg 133-8c
Vussemweg 164-1a

Walberger Weg (6) 163-3c
Walpurgisstraße (2) 162-3b
Wasserturmstraße 163-8c
Wegelinstraße 164-4b
Wehrweg 134-10d
Weidengasse 164-1c
Weierstraße 155-7c
Weihordamm 162-3d
Weiler Berrenrath 162-5a
Weiler 164-10a
Weilerhof 164-10a
Weilerstraße 164-10a
Weingartenstraße 164-4c
Wendelinusplatz 162-6a
Wendelinusstraße 162-3b
Wendeplatz 162-3d
Werksstraße 163-8a
Werner-Disse-Straße 163-6a
Wernerhof 163-2a
Wesselinger Weg 163-3b
Weyerweg 164-1a
Weygoldstraße 133-12c
Wilhelm-Küppers-Straße (6) 163-2b
Wilhelm-Rieländer-Straße 164-4a
Willi-Mainzer-Straße 163-2d
Willy-Brandt-Platz 163-3a
Winand-Lüttgens-Straße 133-12a
Wingertstraße 163-6a
Winterstraße 164-4b
Woehlerweg 163-2c
Wolffen-Straße 163-5d

Zeisigweg 164-1a
Zieselsmaarstraße 163-3c
Zieskovener Straße 163-1b
Zingelweg (1) 133-12c
Zu den Weihern 164-7c
Zülpicher Weg 164-1a
Zum Komarhof 134-10d
Zum Konraderhof 164-5c
Zum Lintlarhof 134-10b
Zum Waldfrieden 163-1a
Zunftweg 133-10d
Zur Alten Schmiede 163-2b
Zur Bauernsiedlung 164-8a
Zur Gotteshülfe 163-2c
Zur Roddergrube 162-3d

Inden

PLZ 52459

Akazienstraße 155-7d
Altdorfer Straße 155-6a
Altdorfstraße 155-10a
Alter Markt 155-10a
Am Fischweiher 156-1d
Am Forsthof 155-7d
Am Goldsteinbronnen 155-7c
Am Gutshof 155-7a
Am Hohen Ufer 154-12b
Am Lugberg 155-8c
Am Luschend 155-6a
Am Schmitteberg 155-8c
Am Wehebach 155-7d
An der Kippe 155-7d
Apfelberg (2) 155-8c
Auf dem Driesch 155-7c
Auf der Komm 154-12a
Auf der Rur 156-4a
Auf der Trifft 155-6b

Bauweg 155-6a
Berensgasse (1) 155-6d
Berger Weg 155-7d
Birkenstraße 155-8c
Bonsdorfer Straße 155-6b
Brockengasse 155-10a
Buchenweg 155-10a
Burgstraße 154-12b
Buschweg 155-10a

Corneliusstraße 155-7a

Driesch 154-12b
Drieschstraße 155-7c
Dunkelhof 155-3a

Eisenbahnstraße 155-7c

Feldgasse 154-12a
Frankenstraße 154-9b
Franz-Engels-Straße 155-6d
Frenzer Driesch 154-12b
Friedensstraße 155-10a
Friedhofstraße 154-9c
Fuchsstraße 155-3b

Geuenicher Straße 155-7c
Gewerbegebiet Pier 156-1c
Goltsteinstraße 155-7d
Gracht 155-6b
Gronental 155-10b
Grubenstraße 154-9b
Grünstraße 155-8c
Grüntalstraße 155-6a
Gut Lützeler 155-10b
Gut Merödgen 155-7a
Gut Müllenark 155-3b

Hauptstraße 155-7c
Haus am See 155-11b
Haus Büttgen 155-10b
Haus Pesch 155-6d
Haus Verken 155-6d
Hochstraße 155-8c
Hof Christine 155-8d
Hofstraße 154-12b
Hüttenstraße 155-6a

Im Haswinkel 154-12b
Im Schlehental 155-10a
In den Benden 155-7d
In der Ruraue 156-1c
Indener Straße 155-10a
Indestraße 155-7c
Industriestraße 156-1d

Jakobstraße 155-6d
Josefweg 155-3b

Kalkweg 155-3a
Kampstraße 154-9b
Kirchplatz 154-12b
Kirchstraße 155-10a
Krausstraße 155-8c
Krauthausener Straße 155-3d
Kreuzstraße 155-6b

Langerweher Straße 154-12b
Lehrer-Steffens-Straße 155-3b
Lindenstraße 155-10a
Löwenstraße 155-7c
Lucherberger Straße 155-6c

Marienstraße 155-6a
Markt 155-6a
Merödgener Straße 155-7c
Mittelstraße 155-7a
Mühlenkamp 155-7d
Müllenarker Mühle 155-3d

Neustraße 155-10a

Oberstraße 154-12a
Obstwiese 155-8c

Parkstraße 155-8c
Pierer Straße 155-6a
Pommenich 155-6d
Pommenicher Straße 155-6d
Prof.-von-Capitaine-Straße 155-6a
Pumpengasse 155-10a

Rathausstraße 155-7c
Römerstraße 155-10a
Rosenstraße 155-8c
Rössener Straße 155-10a
Rurstraße 155-3a

Schälmühle 154-9d
Scheeresgasse 155-6c
Schlichstraße 155-3a
Schophovener Straße 155-6a
Schützenstraße (1) 155-3a
Schwarzer Weg 155-7a
Sebastian-Stassen-Straße (1) 155-8c
Seestraße 155-8c
Steinstraße 155-6b

Talstraße 155-7d
Tannenweg 155-6c
Turmstraße 154-9d

Uferstraße 155-7c
Unterstraße 154-12a

Viehöven 125-11a
Viehövener Straße 155-3a
Vilvenich 156-7a
Vilvenicher Straße 156-7a

Waagmühle 155-10b
Weststraße 154-9b

Zum Goldesacker 155-6a
Zum Roten Acker 155-3a
Zur Löv 155-6a

Ingelbach

PLZ 57610

(zu VBG Altenkirchen (Westerwald))

Ahornweg 277-3c
Am Bahnhof 277-3d
Am Dorfplatz 277-6a
Am Friedhof 277-3c
Am Herzberg (6) 277-6a
Am Horns Eck (2) 277-2d
Am Sonnenberg (4) 277-6a
Auf dem Beul 277-2d

Bahnhofstraße 277-6a
Bergstraße 277-6a

Gartenstraße 277-6a

Hauptstraße 277-2d
Hochstraße 277-2d

Im Hauptgarten 277-6a
Im Seifen (3) 277-2d
Im Seifengarten 277-2d
In den Helden 277-6a

Kastanienweg 277-6a
Kölner Straße 277-3b

Lindenweg 277-3c

Mittelstraße (5) 277-6a
Mühlenweg 277-6a

Zum Rain (1) 277-2d
Zum Scheid 277-3c

Isenburg

PLZ 56271

(zu VBG Dierdorf)

Am Kapellchen 331-5b

Bembsmühle 331-5a

Caaner Straße 331-6a

Hauptstraße 331-2d
Hintertal 331-2d
Hohl 331-2d

Im Sayntal 331-5c
Im Saynwald 331-5d
Iserstraße 331-2d

Lachnitzmühle 331-5c

Neustadt 331-5b
Nippes 331-2d

Saynwaldstraße 331-2d
Siedlung Isenburg 331-5b
Sonenberg 331-3c
Stromberger Straße 331-5b

Tiefental 331-2d

Wibbelspforte (1) 331-5b

Isert

PLZ 57612

(zu VBG Altenkirchen (Westerwald))

Auf dem Triesch 257-5d

Dorfstraße 257-5b

Im Gässchen 257-5d

Kohlhardt 257-6a

Siegener Straße 257-6c
Sonnenplatz 257-5b

Zum Bongard 257-5d
Zur Winterhelte 257-5b

Jüchen

PLZ 41363

Ahornweg (10) 40-8b
Akazienweg (9) 40-8b
Aldenhovener Straße 40-6a
Am Ackergrund 40-8a
Am Alten Hof (1) 40-1b
Am Broicher Weg 40-6d
Am Engelrath 40-8b
Am Friedhof (2) 40-9a
Am Jüchener Bach (2) 40-8a
Am Kirchblick 40-6d
Am Kommer Bach 40-1b
Am Lindenkreuz 40-8b
Am Scheideweg 40-6d
Am Steenblenk 40-8d
Am Tanneneck 40-1b
Am Ulmenberg 40-8c
Am Zollbrett 40-2b
An der Burg (1) 40-5d
An der Landstraße 40-8b
An der Maar 40-9a
Asternweg 40-3b
Auf dem Acker 40-9a
Auf der Hecke 40-8b
Auf der Hoheneiche 40-8d
Auf'm Pilgerweg 40-8a

Bachstraße 40-6c
Barbarastraße 40-1c
Becherhof 40-3d
Bedburdycker Straße 40-8b
Beethovenstraße 40-8a
Bendweg 40-6c
Birkenweg (8) 40-8b
Bismarckstraße 40-8b
Bissen 40-7a
Blumenstraße 40-1c
Blumenweg 40-8b
Bontenbroich 40-4a
Brabanterstraße 40-2a
Broicher Kaul 40-8b
Broichstraße 40-5d
Brückenstraße 40-2d

Buchenweg (7) 40-8b
Burgstraße 40-8b

Damaschkestraße (19) 40-8b
Dechant-Königs-Straße 40-6d
Denkmalstraße 40-5a
Dinkelweg 40-9a
Düsterstraße 40-5d
Dycker Hahnerhof 40-4b
Dycker Mühle 41-1c

Eibenweg (6) 40-8b
Eichenweg (5) 40-8b
Erftstraße 40-8a
Erlenweg (11) 40-8b
Ernteweg 40-9a
Eschenweg (12) 40-8b
Espenweg (13) 40-8b

Fasanenweg 40-8c
Fichtenweg (14) 40-8b
Flaßrath 40-1c
Flaßrather Weg 40-1c
Fürther Hecke 40-11a

Georgstraße 40-1c
Gerstenweg (4) 40-9a
Gewerbepark Neusser Straße 40-10a
Gierather Straße 40-8b
Ginsterweg 40-3d
Goldregenweg 40-3c
Grevenbroicher Straße 40-6c
Grüner Weg 40-8b
Gubberath 40-8d
Gubberather Straße 40-8a
Gürtelweg 40-3b
Gut Stammheim 40-8a
Gutenbergstraße 40-9a

Haferweg 40-9a
Hahnerhofstraße 40-5d
Haus Neuenhoven 40-1d
Heerstraße 40-2a
Hemmerdener Straße 40-6c
Herberath 40-7d
Herberather Weg 40-8a
Höningstraße 40-3c
Hubert-Granderath-Platz 40-6c
Humboldtstraße 40-8b

Im Broich 40-8a
Im Gierather Feld (25) 40-8a
Im Wiesengrund (3) 40-9a
Im Winkel 40-1a
In der Bausch 40-6c

Jüchener Straße 40-8c
Jüchenerbroich 40-7c

Kapellenstraße 40-1b
Kastanienweg (15) 40-8b
Kellershof 40-6c
Kiefernweg (16) 40-8b
Kirchgasse 40-6c
Königstraße 40-3d
Koxhof 40-5d
Kreuzstraße 40-5d

Landgrabenhof 40-1a
Ligusterweg (17) 40-8b
Lindenhof 40-9a
Lindenstraße 40-1c
Lingenstraße 40-9b

Marienweg (1) 41-1a
Martinusstraße 40-6d
Memelstraße 40-8a
Meyerkamp 40-8a
Mittelstraße 40-6d
Montessoristraße (24) 40-8d
Mozartstraße 40-8a

Nelkenweg 40-3b
Neuenhovener Straße 40-5c

Oststraße 40-9b

Pappelweg (20) 40-8b
Parkstraße 40-2b
Paul-Körschgen-Straße 40-6d
Pestalozzistraße (3) 40-8b
Peter-Stahs-Straße 40-6c
Platanenweg (23) 40-8b
Pommernstraße 40-9a

Raiffeisenweg (26) 40-8b
Rath 40-5a
Rather Straße 40-5d
Ratherhofstraße 40-5a
Rheinstraße 40-8a
Ringstraße 40-3d
Roebershof 40-4a
Roggenweg (1) 40-9a
Rosenweg (4) 40-8b
Rotdornweg (22) 40-8b

Schelsener Weg 40-1b
Schlich 40-2a
Schlicher Weg 40-1a
Schloßstraße 40-6a
Schulstraße 40-8a
Stessen 40-5d
Stessener Pfad 40-6c
Stessener Weg 40-2a

Tulpenweg 40-1d

Ulmenstraße 40-8c

Vellrather Straße 41-1a
Von-Stauffenberg-Straße 40-8c

Wacholderweg (18) 40-8b
Wallrath 40-2b
Walter-Schönheit-Straße 40-6d
Weizenweg 40-9a
Wiesenweg 40-3b
Wilhelm-Wallenborn-Straße (2) 40-1d

Zedernweg (21) 40-8b

Jülich

PLZ 52428

Aachener Landstraße 124-6b
Aachener Straße 125-1c
Adelgundisstraße 124-3a
Adenauerstraße 124-9a
Adolf-Fischer-Straße 125-4b
Ahornweg 124-3a
Akazienstraße 124-9a
Aldenhovener Straße (13) 125-4b
Altdorfer Straße 125-4a
Alte Dürener Straße 125-2c
Altenburger Straße 125-12b
Am Aachener Tor 125-1d
Am Blauen Stein (2) 125-2a
Am Brückenkopf 125-4a
Am Ehrenmal 124-9a
Am Forst 125-3d
Am Goldacker (4) 124-3a
Am Hahnsberg 125-11b
Am Heiligenhäuschen 126-10b
Am Hierespfädchen 126-1c
Am Lampeschhof 125-12b
Am Mühlenteich 125-5d
Am Peusch 124-2b
Am Schloß 124-9a
Am Schrickenhof 125-7c
Am Sportplatz 124-3a
Am Steinacker 125-3d
Am Tierpark 125-1c
Am Waldeck 124-3a
Am Wallgraben 125-1b
Am Wasserwerk 125-2b
Am Wehr 125-4a
Am Weihberg (1) 124-6d
Am Weiher 125-7a
Am Wiesenhang 125-7c
Amselweg 125-2c
An der Alten Schule 124-2b
An der Elle 125-2c
An der Leimkaul 125-2a
An der Lünette 125-4b
An der Maar 124-9a
An der Promenade 125-4b
An der Rur 125-7a
An der Synagoge (2) 125-1d
An der Vogelstange 125-1c
Andreas-Poick-Straße (4) 125-2a
Andreasstraße 125-2b
Anneberg 124-9a
Antoniusstraße 125-4b
Artilleriestraße 125-1b
Auf der Klause 126-1c

Bachfeldstraße 126-1c
Bahnhofstraße 125-1d
Baierstraße (8) 125-1d
Barbarastraße 125-4b
Bastionstraße 125-1c
Bauhofstraße 125-1d
Baumweg 125-2b
Bergische Straße 125-4a
Bergstraße 125-7c
Berliner Straße 125-1b
Bertastraße 125-2a
Birkenweg 125-7c
Bocksgasse 125-1d
Bodengasse 124-2b
Bongardstraße 125-1d
Bornstraße 124-3a
Borsigstraße 125-2c
Bourheimer Burg 124-6c
Breslauer Straße 125-1b
Brockmüllerstraße 125-4b
Brückenkopfpark 125-1c
Buchenweg 125-2c
Burgstraße 126-4a

Cäcilienstraße 124-2b
Christinastraße 125-4b
Christine-Reuter-Weg 126-10a
Crombachstraße 124-3a

Daubenrather Kirchweg 126-10a
Dohr 125-12a
Dohrer Weg 125-12a
Donatusweg 125-7c
Dr.-Halbsguth-Straße (1) 125-2a
Dr.-Weyer-Straße 125-2c
Drieschstraße 124-2b
Drosselweg 125-2a
Dürener Straße 125-2c
Düsseldorfer Straße 125-1b

Eichenweg 125-2c
Eleonorenstraße 125-4d
Elisabethstraße 125-4d
Ellbachstraße 125-1c
Elsenkamp 126-10a
Erdmannshof 124-2d
Eschenweg 125-5b
Euskirchener Straße 125-4b

Fasanenweg 124-3a
Fichtenweg (1) 124-3a
Finkenweg 125-2c
Fliederweg 125-2a
Forsthaus Lindenberg 126-4b
Forsthaus Stetternich 125-6b
Frankenstraße 125-1d
Franziskusstraße 125-1b
Freiherr-vom-Stein-Platz 125-4b
Friedenstraße 124-3a
Friedhofstraße 124-2b
Friedrich-Ebert-Straße 125-4b
Friedrich-Lau-Straße (2) 125-1a
Fritz-Deutzmann-Straße (2) 124-3a
Fronhofstraße 125-7c
Fuchsweg 124-3a

Gartenstraße 125-4a
Gartenweg 125-7c
Gaudenz-Breuer-Straße 125-2b
Gelderner Straße 125-1a
Genossenschaftsweg 124-3a
Gerberstraße (4) 125-1d
Gereonstraße 125-4d
Gertrud-Zillbach-Straße 126-1c
Geschwister-Scholl-Straße 125-3d
Gewährhau 125-2b
Gewerbe- und Industriegebiet Königskamp 125-5b
Ginsterweg 125-2a
Goethestraße 124-2d
Goswin-de-Nickel-Straße 124-2d
Große Rurstraße 125-1c
Grüner Weg 125-3d
Grünstraße (3) 125-1d
Gut Frauenrath 123-3c
Gut Kartaus 125-5b
Gut Lindenberg 125-3c
Gut Linzenich 125-4c
Gut Lorsbeck 125-8b
Gut Maaßenhof 125-6a
Gut Nierstein 124-3d
Gutenbergstraße 125-1b

Hambacher Weg 126-10a
Hartwig-Neumann-Weg 125-1b
Hasenfelder Straße 124-2b
Hasenfelder Weg 124-3b
Haus Fonger 126-4b
Haus Lorsbeck 125-8a
Heckfeldbrücke 125-4a
Heckfeldstraße 125-4b
Heilig-Geist-Gasse (1) 126-1c
Heimbacher Straße 125-4b
Heinrich-Casson-Straße (3) 125-2b
Heinrich-Röttgen-Straße 125-1a
Heinsberger Straße 125-4b
Helmholtzstraße 125-5b
Hermann-Barnikol-Straße 125-1a
Hermann-Gissler-Straße 125-5a
Herzogin-Jakobe-Straße 125-4a
Herzog-Wilhelm-Allee 125-1c
Holunderweg 125-2a

Im Brückenkopf 125-1c
Im Dohrfeld 125-12b
Im Fronhof (3) 125-7c
Im Gäßchen 125-7c
Im Hang 124-9a
Im Knüppelchen 125-7c
Im Langenbroich 125-5d
Im Reinfeld 125-7d
Im Rott 125-3b
Im Rurhof 125-4a
Im Rurwinkel 125-4a
Im Trift 124-3a
Im Wiesengrund 124-3a
In der Zitadelle 125-1d

Jägerhof 125-3c
Jägerstraße 124-3a
Janshof 124-2d
Jan-von-Werth-Straße 125-2a
Josef-Bierth-Straße 125-2a
Josef-Hommen-Straße 125-1a
Josef-Rahier-Straße 126-1d
Josefstraße 124-3a
Josef-Wimmer-Straße 125-12b
Jungbluthstraße 125-3a

Kampstraße 124-3a
Kapuzinerstraße 125-1d
Karl-Heinz-Beckurts-Straße 125-5d
Karl-Theodor-Straße 125-1d
Kartäuserstraße 125-1d
Kastanienbusch 125-7a
Kastanienstraße 125-7c
Kasterstraße 126-7c
Katharinenweg 125-12b
Keltenstraße 125-1d
Kirchberger Straße 125-1c
Kirchholter Hof 126-10b
Kirchplatz 125-1d
Kirmesbrücke 125-1c
Kleine Kölnstraße (7) 125-1d
Kleine Rurstraße 125-1d
Kleinfeldchen 125-2b
Klevische Straße 125-1c
Kolfs Insel 125-4b
Kölner Landstraße 125-3d
Kölnstraße 125-1d
Königsberger Straße 125-4a
Königshäuschen 124-6a
Königskamp 125-5d
Kosakengasse 125-3d
Kreisbahnstraße 124-2b
Krichelberg 126-1c
Krokusweg (2) 125-7c
Kuhlstraße 125-1c
Kurfürstenstraße 125-1d
Kurt-Schumacher-Straße (3) 124-3a

Laachweg 124-2b
Leisartstraße 124-2a
Leo-Brandt-Straße 125-9a
Lindenrondell 124-3d
Lindenweg 125-2d
Linzenicher Straße 125-4a
Linzenicher Weg 124-9a
Lise-Meitner-Straße (2) 126-1c
Lobsgasse 124-2b
Lohbergweg 124-9d
Lohfeldstraße 125-2c
Lorcher Hof 124-6a
Lorsbecker Straße 125-1c
Lyebeckstraße 124-9a
Lyzeumsweg 125-2c

Maiglöckchenweg 125-2b
Mannheimer Straße 125-1b
Margarethenstraße 125-4d
Marie-Juchacz-Weg 125-1d
Mariengartenstraße 125-2c
Marienhof (14) 125-4b
Märkische Straße 125-4b
Marktplatz 125-1d
Marktstraße 125-1d
Martinusplatz 125-3d
Martinusstraße 126-1c
Martinusweg 125-7c
Mathildenhof 124-1a
Matronenweg (1) 125-12b
Matthiasplatz 125-2b
Max-Hermkes-Platz 125-2a
Meisenweg 125-2a
Merkatorstraße 125-4b
Meyburginsel 125-2c
Monschauer Straße (9) 125-4b
Mühlendriesch 125-7c
Mühlengasse 124-2b
Mühlenstraße 125-1a
Mühlenweg 125-3d
Münchener Straße 125-1b
Münstereifeler Straße 125-4b

Neubourheim 124-6b
Neuburger Straße (11) 125-4b
Neusser Platz 125-2a
Nideggener Straße 125-4b
Niederfeld 125-7b
Niersteiner Weg 124-3d
Nikolaus-Otto-Straße 125-5b
Nord-West-Ring 124-6a

Ostring 124-3a
Oststraße 125-5b
Otto-Hahn-Straße 126-1c

Pasqualinistraße (5) 125-1c
Pastoratsberg 125-7c
Peter-Koof-Straße (1) 125-1a
Peter-Linnartz-Straße 125-2c
Peter-Stommen-Straße 125-1a
Peter-Vaßen-Straße 125-12b
Pfälzische Straße (12) 125-4b
Pfarrer-Coenen-Straße 126-1c
Pfarrer-Engels-Straße 125-2b
Philipp-Reis-Straße 125-5a
Poststraße 125-1d
Promenade 125-1d
Promenadenstraße 125-4b
Propst-Bechte-Platz 125-1b
Pützberg 124-9a

Raderstraße 125-1d
Rathausstraße 124-2d
Ravensberger Straße (10) 125-4a
Rehweg 124-3a
Robert-Koch-Straße 125-1b
Rochusstraße 125-4d
Römerstraße 125-1d
Röntgenstraße 125-1b
Rosenstraße 124-9a
Rotdornweg 125-2a
Rottfeldstraße 126-10a
Rottstraße 124-2b
Rübenstraße 125-4d
Rudolf-Diesel-Straße 125-5b
Rudolf-Schulten-Straße 125-5b
Ruraueństraße 124-3c
Rurbrücke 125-1c
Rurdamm 125-1c
Rurfeld 125-7d
Rurpforte 125-1d

Schindberg 125-7c
Schirmerstraße 125-1d
Schlehdornweg 125-2a
Schlesische Straße 125-4a
Schloßplatz 125-1d
Schloßstraße 125-1d
Schneppruthweg 125-12b
Schophovener Straße 125-10b
Schützenkaul (1) 124-2a
Schützenstraße 125-1d
Schweizer Siedlung 125-2d
Schweizer Straße 125-2d
Sebastinusstraße 125-4b
Selgersdorfer Straße 126-10b
Siemensstraße 125-2c
St.-Mauri-Straße 124-9a
Stadionbrücke 125-1c
Stadionweg 125-1a
Stallbusch 126-4d
Starenweg 125-2c
Staudenweg 124-6c
Steffensrott 124-3a
Steinbachweg (5) 125-2b
Steinstraßer Allee 125-2b
Stephanusweg 126-10c
Sternschanze 125-2b
Stetternicher Straße 125-3c
Stiftsherrenstraße (6) 125-1d
Stolper Weg 125-2a
Sudetenstraße 125-4a
Süsskindweg 125-2b

Talstraße 126-1c
Teichstraße 125-7c
Theodor-Heuss-Straße 124-2b
Theodor-Körner-Straße 125-1d
Tilgenkampstraße 125-2c
Trierer Straße 125-4b
Turmstraße 125-1c

Uferstraße 125-7b
Ulmenweg 125-2d
Urban-Lützeler-Straße 124-2a

Van-Gils-Straße 125-12a
Victor-Gollancz-Straße 125-1a
Vogelsangstraße 125-5d
Von-Reuschenberg-Straße 125-4b

Waldstraße 125-9c
Walramplatz 125-1c
Wasserhof (1) 125-7c
Wehrhahnstraße 124-2b
Weißdornweg 125-2a
Welldorfer Weg 126-1a
Wendelinusstraße 126-1c
Werner-Bloss-Straße 125-5b
Westring 124-6b
Wiesenstraße 125-2d
Wilhelm-Johnen-Straße 125-9c
Wilhelmstraße 125-1d
Wilhelm-Vogt-Straße 125-2c
Winterbachstraße 125-2b
Wolfsgracht 124-2d
Wolfshovener Gasse 126-4a
Wolfshovener Straße 125-3d
Wymarshof 125-7a
Wymarstraße 125-7a

Xantener Straße 125-1a

Zeisigweg (9) 125-2c
Zülpicher Straße 125-4a
Zum Tivoli 125-12b
Zur Burg 124-9a
Zur Fuchskaul 124-8b
Zur Inde 125-7d
Zur Mühle 124-2b
Zur Rur 125-7c

Kadenbach

PLZ 56337

(zu VBG Montabaur)

Am Krämer (2) 341-12d
Auf der Höh 341-12d
Auf der Lähr 347-3a

Bergstraße 341-12d

Emser Straße 341-12d

Freiherr-vom-Stein-Straße 341-12d

Gartenstraße 341-12d

Hauptstraße 347-3b
Hinter der Schule (3) 347-3b

In der Au 341-12d
In der Augst 347-3a
In der Eck 341-12d

Kirchstraße 341-12d

Limesstraße 347-3a

Mittelweg 341-12d

Römerstraße 347-3b

Steinrausch 341-12c

Triftstraße 341-12d

Westerwaldstraße 347-3b

Kalenborn

PLZ 53505

(zu VBG Altenahr)

Am Weidenhardt (5) 305-9c
Auf dem Acker 305-8d
Auf den Wiesen (3) 305-8d

Brunnenstraße 305-8d

Hilberather Straße 305-8c
Holmichstraße 305-8d

Im Lerchenfeld 305-8d
In den Wiesen (4) 305-8d

Kalenborner Höhe 305-9c
Kniestraße 305-8d

Luisenhorst 305-8a

Römerweg 305-9c

Steilstraße (2) 305-8d

Vischeler Straße 305-8d

Winkelstraße (1) 305-8d

Kall

PLZ 53925

Ahornweg 298-11b
Akazienstraße 298-7d
Am Alenberg 298-3c
Am Hallenbad 298-10a
Am Hammerwerk 298-7c
Am Haselbusch 298-7d
Am Heidekopf 298-7a
Am Heuweg 298-10d
Am Hüttengraben 298-10a
Am Kreisgarten 298-8a
Am Mühlenberg 298-10c
Am Pferdekopf 298-10c
Am Sägewerk 298-10a
Am Spielberg 298-10d
Am Sportplatz 298-10d
Am Stellwerk 298-7d
Am Trinkpütz 298-8c
Am Tunnel 298-6c
Am Wehr 298-10c
Amselweg 298-7c
An der Büchel 298-7c
An der Eiche 298-6a
An der Hardt 298-10d
An der Schmelze 298-8b
An St. Matthias (12) 298-10d
Annaweg 298-9b
Antoniusweg 298-9b
Apfelpesch 298-7b
Auelstraße 298-7a
Auf dem Bongart 298-6a
Auf dem Büchel 298-7a
Auf dem Driesch 298-2d
Auf dem Fels 298-7b
Auf dem Kickberg 298-10c
Auf dem Knoppen 298-7c
Auf dem Tanzberg 298-9c
Auf der Höll 298-10c
Auf der Kier (7) 298-9c
Auf der Lehmaar 298-12a
Auf der Natzen 298-8c
Auf der Rinne 298-8a

Bachweg 298-7b
Bahnhofstraße 298-7d
Beerenweg 298-7d
Bendenstraße 298-10c
Benzstraße 298-8d
Birkenweg 298-12a
Bleibachstraße 298-6a
Brieversheck 298-10c
Brigidastraße 298-8d
Brunnenweg 298-8c
Bücheleck (4) 298-7c
Burggasse 298-12a

Dahlienweg 298-9c
Daimlerstraße 298-8b
Dechant-Wolfgarten-Straße 298-8d
Dionysiusstraße 298-12a

Eibenweg 298-12a
Eichelhäherweg 298-7a
Eisenauerstraße 298-7a
Erlenweg 298-9b
Eschenweg 298-9c

Falkenweg 298-7a
Fensvogel (9) 298-9c
Fliederweg 298-6a
Frankenstraße 298-9c
Furtstraße 298-6a

Gartenstraße 298-10d
Gemünder Straße 298-7a
Geranienweg 298-7d
Gewerbegebiet I 298-9a
Gewerbegebiet II 298-5c
Giertzenbergstraße 298-11b
Golbacher Weg 298-10c
Goldkuhl 298-7b
Grubenstraße 298-10a
Grüner Weg 298-7a
Güldenhof 298-8a
Gute Hoffnung 298-9a

Haus Breuer 298-2d
Hausacker 298-7b
Heidehof 298-5d
Heidestraße 298-8c
Heinkelstraße 298-8a
Hindenburgstraße 298-7c
Hinter der Hag 298-3c
Holunderweg 298-7d
Hubertushof 298-11c
Hühnergasse 298-6a
Hunksenkaul 298-11b
Hüttenstraße 298-7d
Hüvelspesch 298-7b

Im Dahl 298-2d
Im Fleschengarten 298-7a
Im Kreuzgarten 298-9c
Im Sträßchen (3) 298-7d
Im Vogtpesch 298-7d
In den Stöcken 298-10c
In der Laach 298-8a

Junkersstraße 298-5c

Kallbachstraße 298-7c
Kanalstraße 298-8c
Karolingerstraße 298-8a
Kastanienweg 298-12a
Keldenicher Straße 298-7d
Keltenstraße 298-8a
Kitschburg 298-6a
Klausentalstraße 298-6a

Klein-Köln (8) 298-9c
Knipperweg 298-7c
Kölner Straße 298-7d
Königsfelderstraße 298-9c
Kropelspfad 298-7d
Kruppstraße 298-8c
Kupferstraße 298-8c

Leiengarten (2) 298-7c
Lilienstraße 298-7d
Lindenstraße 298-9b
Loshardt 298-10a
Lourdesstraße 298-8d
Lückerather Straße 298-2d

Margaretenhof 298-12d
Mastertmühle 298-4c
Messerschmittstraße 298-5c
Meurerhof 298-12b
Moorweg 298-8a

Neuer Markt (5) 298-7d
Nußbenden 298-2d

Pfarrer-Reinartz-Straße 298-7b
Pützberg 298-9c

Quellenweg 298-8c

Riedweg 298-8a
Ringstraße 298-3c
Rinner Straße 298-10d
Römerstraße 298-12a
Rotkehlchenweg 298-7a

Schevener Straße 298-9b
Schmiedegasse 298-6a
Schulstraße 298-10d
Schwalbenhof 298-12c
Schwalbenweg 298-7a
Siebertzfeld 298-2d
Siemensring 298-8b
Starenweg 298-7c
Steinbusch 298-8a
Steinstraße 298-10c
Stollenweg (6) 298-10a
Stolzenburgstraße (11) 298-12a
Stürzerhof 298-8a

Talweg 298-12a
Tanzbergstraße 298-8a
Taubentaler Hof 298-12a
Thyssenstraße 298-8a
Trierer Straße 298-7d
Tulpenweg (10) 298-9c

Uferstraße 298-7b
Urfeyer Straße 298-9c

Voißeler Straße 298-2c

Wacholderweg 298-9a
Waldstraße 298-10c
Wallenthaler Straße 298-6a
Wallenthalerhöhe 298-5a
Weidenstraße 298-8c
Weiherbenden 298-7c
Weißdornweg 298-7c
Werner-Schumacher-Straße 298-8a
Westschacht 298-6b

Zinnstraße 298-8a
Zum Beestenthal 298-6a
Zum Elzenberg 298-10d
Zum Felsblick (1) 298-7a
Zum Kalkwerk 298-10d
Zum Ostlandkreuz 298-7c
Zum Wachtberg 298-10d
Zur Ziska 298-2d

Kaltenengers
PLZ 56220

(zu VBG Weißenthurm)

Am Schinkebirnbaum (8) 338-6a
Asternweg (5) 338-6d
Auf den Weiden 338-6d
Azaleenstraße 338-6c

Batterie 338-11b

Dahlienweg 338-6d
Distelweg (4) 338-6d

Fährstraße 338-6a

Gartenstraße 338-6c
Geranienweg (2) 338-6d

Hauptstraße 338-5b

In der Obermark 338-6d

Kirchstraße 338-6a
Kleestück (6) 338-6d
Koblenzer Straße 338-6d
Kolpingstraße 338-6c

Lilienweg 338-6d

Margeritenweg (7) 338-6d
Metternichweg 338-6d
Mülheimer Straße 338-6c

Nelkenstraße 338-6d

Oberstraße 338-6d

Pater-Kahl-Straße 338-6a
Pater-Wald-Straße 338-6d

Raiffeisenstraße 338-6c
Recheweg 338-6a
Rheinanlagen 338-6a
Rheinstraße 338-6a
Rheinuferstraße 338-6a
Rosenstraße 338-6d
Rübenacher Straße 338-6c

Schulstraße 338-6a
Sylvesterstraße 338-6c

Tulpenweg (1) 338-6d

Unterdorfstraße 338-6a

Veilchenweg (3) 338-6d

Kammerforst
PLZ 56206

(zu VBG Höhr-Grenzhausen)

Am Teichweg 333-7a

Bahnhofstraße 332-9b

Faulbacher Straße 333-7a

Hauptstraße 333-7a

Im Hähnchen 333-7a
Im Wiesengrund 333-7a

Marienmühle 333-4c

Kasbach-Ohlenberg
PLZ 53547

(zu VBG Linz am Rhein)

Ahornweg 290-11b
Alter Weg 290-11c
Am Alten Schulplatz 310-2a
Am Kirchweg 290-11d
Am Kuckstein (2) 290-10c
Auf dem Pfingsthof 290-12c

Bahnhofstraße 290-10c
Bergstraße 310-1a
Breite Straße 310-2a
Brunnenstraße 290-11c
Buchenweg 290-11b

Falltorweg 310-1c

Gartenstraße 310-2a

Hauptstraße 310-2a
Hödenbuschweg 310-1a

Im Wiesengrund 290-11d
Im Winkel (1) 310-1a
In der Au 310-1a
In der Mark 310-1c
In der Schleife 310-1a
In der Stehle 310-1a

Kapellenstraße 290-11c
Kasbachtalstraße 290-10c

Langhälschen 310-1d

Neubaugebiet Im Wiesengrund 290-11d

Obererl 290-11b
Obererler Straße 290-11d

Rasterhof 290-11c
Röttgenstraße 290-11d

Schwalbenweg 310-2a
Stuxhof 290-11d

Untererl 290-11d
Untererler Straße 290-11d

Zum Alten Garten 290-11b

Kelmis (B)

4720 Albertstraße 209-10d
4721 An den Eichen 209-11c
4728 Atherstraße 209-11d

4720 Bachgasse (8) 209-10d
4720 Bachstraße 209-10c
4720 Bauweg 209-10c
4720 Boschhausenerstraße 209-10a
4720 Brandehövel 209-10a
4720 Brunnenstraße (3) 209-10d
4720 Bürgermeister-Schmetz-Straße (4) 209-10d
4728 Buschstraße 209-12c

4720 Charles-Cravatte-Straße (10) 209-10d
4720 Comouthstraße 209-10d

4720 Dörnchen 209-10c

4720 Europa Siedlung (6) 209-10d

4720 Franz-Scherrer-Straße 209-10d
4721 Friedensstraße 209-11c

4720 Gartenstraße (1) 209-10d
4728 Grenzstraße 209-11d
4728 Grünthal 209-12a
4720 Guillaum-Hocké-Straße (5) 209-10d

4728 Haag 209-12c
4720 Hattich 209-11c
4720 Heidkopf 209-10d
4720 Heygraben 209-10d
4720 Hochstraße 209-10a

4720 Im Kessel 209-12c

4720 Joseph-Cardijn-Straße 209-10d
4721 Joseph-Olbertz-Straße 209-11c

4720 Kahnweg 209-10d
4721 Käskorb 209-11c
4721 Kauberg 209-11b
4721 Kelmiser Heide 209-11c
4720 Klostergasse (9) 209-10d
4720 Klothstraße 209-10d
4720 Königin-Fabiola-Straße (11) 209-10d
4720 Kurzstraße (7) 209-10d

4721 Leonhard-Kohl-Straße 209-11c
4728 Lohmühle 209-11d
4721 Lütticher Straße 209-10d

4720 Moresneter Straße 209-10a

4720 Parkstraße 209-10c
4720 Patronagestraße 209-10d
4721 Plaatweg 209-11a
4721 Platzegel 209-11a
4720 Poststraße 209-10d

4728 Roter Pfuhl 209-11d
4720 Rottstraße 209-10c
4720 Ruhr 209-10b

4720 Sandweg 209-10d
4728 Schampelheide 209-12c
4721 Schievenhövel 209-11b
4728 Schleifmühle 209-11d
4720 Schulstraße 209-10c
4720 Siedlung Belle-Vue 209-10d
4720 Siedlung Peter Kofferschläger 209-10d
4720 Siedlungsstraße (2) 209-10d
4728 Siepstraße 209-12c
4720 Soufflet 209-10d
4720 Sportstraße 209-10d
4720 Steinkaulstraße 209-10d
4720 Stiefelstraße 209-10d

4720 Tannenbaumstraße 209-10c
4720 Teckenbusch 209-10d
4720 Thimstraße 209-10d
4721 Tulje 209-11c

4720 Vons 209-10d
4720 Vossölder 209-10a

4721 Waldweg 209-11a
4728 Wolfsheide 209-12c
4720 Wolfskaul 209-10d
4720 Wolfsweg 209-10c

Kerkrade (NL)

Aachener Straat 150-2c
Aardaker 149-2c
Abtenlaan 150-2c
Acaciastraat 120-10d
Adriaen Brouwerstraat 120-10b
Adriaen van Ostadestraat 120-11a
Aemiliaanhof (5) 150-4b
Agatha Gracht 149-5d
Ahornstraat 120-10d
Ailbertuslaan 150-1b
Akerstraat 149-2d
Akkerheide 120-10d
Albert Cuypstraat 120-11a
Albert Thijsstraat 120-7b
Alexander Eik 149-5d
Ambachtsstraat 150-1d
Anemonenstraat 149-2d
Angelastraat 150-4b
Anjelierstraat (4) 149-3c
Annastraat 150-4b
Anselderlaan 120-7c
Antoon Hubbenstraat 120-10d
Apostelstraat 149-5a
Athwerk 150-5a

Baalsbruggerweg 120-11d
Baamstraat 149-6b
Barbarastraat 150-5c
Bart van Slobbestraat 120-7b
Batastraat (11) 149-6a
Begoniastraat 149-3c
Beitel 149-5c
Berenbosweg 150-2a
Bergeikstraat 120-7d
Berghofstraat 120-7d
Bergstraat 150-4d
Berkenlaan 120-11c
Bernard Pothaststraat 120-7c
Berthradisstraat 149-3a
Beukenbosweg 120-10d
Beukenstraat 120-10b
Bij de Broeders 150-5c
Birgitta Gracht 149-5d
Bleijerheiderstraat 150-4d
Bockhoutstraat (8) 120-7d
Bockstraat 150-2c
Boijensstraat 120-7a
Bongartstraat 120-7d
Boomgaardskuilweg 120-7b
Bosberg 120-7d
Bosstraat 150-4b
Bostrop 150-5c
Bosveldstraat 150-4b
Bosveldvoetpad 150-4b
Bosweg 120-7a
Bosweidenvoetpad 120-7c
Bosweidenweg 120-10a
Boudewijn-Eik 149-5d
Bouwerweistraat 150-4d
Brandtstraat 120-7c
Brugmolenweg 150-1a
Burgemeester Dohmenplein (5) 120-7a
Burgemeester Franssenstraat 149-3b
Burgemeester Savelberglaan 150-4a
Büttgenbachstraat 150-4d

Caecilia-Gracht 149-5d
Calbertsweg 149-5d
Callistusstraat 149-2b
Canisiusstraat 150-4b
Caplei 150-5a
Carboonstraat 149-5b
Caspar Sprokelstraat 150-1a
Catharinastraat (2) 150-4d
Caumerstraat 149-2c
Chaineuxstraat 150-2c
Charley Tooropstraat (1) 120-11a
Chèvremontstraat 120-10d
Christinastraat 120-7b
Chrysantstraat 149-3c
Churchillaan 120-4c
Clarastraat 150-4b
Clausstraat 150-1b
Clemensstraat 120-7d
Coelgroevenstraat 120-7d
Colenstraat 120-10d
Constantijn-Eik (3) 149-5d
Conventuelenstraat (2) 149-3b
Coumansstraat (12) 149-6a
Cranenweyerweg 120-10a
Crocusstraat 149-3c
Crombacherstraat 149-5c

Dahliastraat 149-3c
Daniël-Eik (2) 149-5d
Daslook 149-2c
Dautzenbergstraat (9) 120-7d
De Lingestraat 149-3c
Debijestraat 120-7a
Deken de Hessellestraat (20) 150-4a
Deken Deutzlaan 120-10d
Deken Quodbachlaan 150-4a
Deken van Ormelingenstraat 150-4a
Delversweg 150-5c
Diepenbrockstraat 150-1b
Directeur Cortenstraat 120-11c
Directeur Evertsstraat 150-2a
Directeur Geurtsstraat 150-2a
Directeur Jansenstraat 150-2a
Directeur Petersstraat 150-2a
Directeur Schrijnenstraat 150-2a
Directeur Stassenstraat (4) 150-2a
Directeur van de Vennestraat 150-2a
Directeur van der Mühlenlaan 150-1b
Dirk Zweepstraat 120-10b
Domaniale Mijnstraat 150-4a
Dorothea-Gracht (4) 149-5d
Dortantsstraat 120-7a
Doverau 149-2c
Dr. Ackensplein (1) 150-4d
Dr. Ariënsstraat 149-3a
Dr. Kreijenstraat (14) 150-1d
Dr. Limpensstraat 120-10d
Dr. Nolensstraat 149-2b
Dr. Poelsstraat 149-2b
Drievogelstraat 149-5a
Dringelsvoorweg 120-4d
Drossaertstraat (4) 120-10d
Dumontstraat 150-4d

Edixhovenstraße 120-7a
Eglantierstraat 149-3c
Eijdemsstraat 120-7c
Eikerplein 149-5d
Einderstraat 150-1d
Eindervoetpad (19) 150-1d
Eisenhowerstraat 120-4c
Eiswinkel 120-7d
Elbereveldstraat 149-2c
Elisabethstraat 150-4b
Elisa-Gracht 149-5c
Emmastraat 150-1b
Engerweg (16) 150-1d
Erensteinerbosweg 120-10c
Erensteinerstraat 150-1a
Erfweg 150-4b
Ericastraat 149-3c
Erpostraat 150-2c
Esdoornstraat 120-11c
Euregiopark 149-2c
Euregioweg 149-2c
Eurenderstraat 149-2d
Eurode Park 150-2d
Europaplein 150-1b
Eygelshovergracht 120-10b

Fabritiusstraat 150-2c
Feldbiss 150-5a
Felix Ruttenstraat 120-11d
Finefrau 150-5a
Firenschatstraat 149-2d
Franciscanerstraat 150-4d
Franckstraat 150-1d
Frans Erensstraat 120-11c
Frans Halsstraat 120-11a
Frederika-Gracht 149-5c
Fresiaplein 149-3c
Friets Ploumstraat 150-2c
Fringslaan 120-7b

Gabriël Metsustraat 120-10b
Gadiotstraat 120-7a
Geraniumstraat 149-3c
Gerard Boedijnstraat 150-1d
Gerard Doustraat 120-11a
Gerard Terborchstraat 120-11a
Gerarda-Gracht (1) 149-5c
Gerst 150-2a
Giessenstraat 150-1c
Gladiolenstraat 149-2d
Graaf Saffenbergweg 150-2a
Graan 150-2a
Grachterstraat 149-5b
Grasklokje 149-2a
Graowoido 149-3a
Grauweck 150-5a
Graverstraat 149-2c
Grensstraat 120-11d
Grisenstraat 149-6a
Groene Kruisstraat 149-5b
Groot-Nullandstraat 150-4a
Grote Stegel 120-7b
Grupellostraat 150-1d
Gulikstraat (7) 120-7d
Gulperplein 150-1d
Gulperstraat 150-2c
Gulperweg 149-5c

Haanraderstraat 120-7d
Haanraderweg 120-11c
Hagenroderstraat 120-11a
Haghenstraat 150-2c
Hagtingiushof (5) 120-10d
Hambosweg 150-1c
Hammijnstraat 150-4a
Hammolenweg 150-1c
Hamstraat 149-5d
Hamweg 149-6b
Haver 150-2a
Hazensprong 149-4b
Heerlenersteenweg 149-2c
Heihof 149-3d
Heiligenhuisstraat 120-10d
Heiluststraat 149-3c
Heistraat 149-2b
Heiveldplein 149-3c
Heiveldstraat 149-3c
Hemeling 150-5a
Henckensstraat 120-7d
Henk Badingsstraat 150-1d
Henri Jonasplein 150-4d
Herenansteler weg 149-3d
Hermanstraat 120-7b
Hertenweide 150-1b
Hertogenlaan 150-2a
Heyendallaan 150-2a
Hoefstraat 150-4d
Holtskuilenstraat 120-7d
Holzbroekstraat 149-6a
Holzkuilerweg 120-7d
Holzstraat 150-2c
Honéestraat 150-2c
Hoofdstraat 150-1d
Hoog Anstel 150-1b
Höverstraat 150-4b
Husmannstraat (4) 150-4d
Huynstraat 120-10d
Hyacintstraat 149-2d

In de Boomgaard 120-10b
Industriestraat 149-5b
Ingenieur van der Elststraat 149-5a
Ingenieur van Dieststraat 149-5a
Ingenieur Wintgensstraat 149-5a
Irisstraat 149-3c

Jacob Ruysdaelstraat 120-11a
Jacob Schreursstraat 120-11d
Jan Steenstraat 120-11a
Jan van Goyenstraat 120-11a
Jan Vermeerstraat 120-11a
Jasmijnstraat (8) 149-2d
Jeneverbes 149-2c
Jeruzalemhof 149-2c
Johan Scholtesstraat 150-2c
Johann Sebastian Bachstraat 150-1b
John Erkensstraat 149-3c
Jonkerbergstraat 150-4d
Joseph Hanöverstraat 120-10a
Joseph Rietrastraat 120-10b
Josephinaplein (3) 150-4d
Josephinastraat 150-4d
Jozef Eckstraat 150-2c
Julianastraat 150-1b
Juliastraat 120-7a

Kaalheidersteenweg 149-2d
Kaardebol 149-2c
Kaffebergsweg 120-10a
Kampstraat 149-2d
Kant 150-5c
Kanunnik Ernstpad 150-2c
Kanunnik Kruyderpad 150-2a
Kapelaan Lochtmanstraat (3) 120-10d
Kapellaan 150-1c
Kapelweg 149-3c
Kasperenstraat 149-3c
Kastanjesstraat 120-11c
Kennedylaan 120-4c
Kerkberg 120-7a
Kerkplein (18) 150-1d
Kerkradersteenweg 149-3b
Kerkraderstraat 120-7d
Kerkstraat 149-5b
Kerkvoetpad 150-1a
Kieskoel 150-4b
Kipstraat 150-1d
Kleine Stegel 120-7b
Kleingraverstraat 149-5b
Klein-Nullandstraat 150-4a
Klein-Winselerstraat 149-2d
Klifstraat 150-4d
Klinkstraat 150-4a
Kloosterbosstraat 120-10d
Kloosterbosvoetpad 120-11a
Kloosterlindenweg 150-2b
Kloosterraderplein (11) 150-1d
Kloosterraderstraat 150-1d
Knokervoerpad 120-10b
Koestraat 150-1b
Kohlbergsgracht 150-5a
Kokelekant 150-4d
Kokelestraat 150-5c
Kolverenbergweg 120-5c
Kommerveldlaan 120-7a
Koninginnestraat 150-1b
Koningsweg 150-1a
Korte Maar 149-2b
Korversberg 120-7d
Korversbergvoetpad 120-7d
Kosterbeemden 150-1c
Kremerstraat 149-2d
Krichelbergsweg 149-3d
Krichelstraat 149-3d
Kruisstraat 150-1d

Laethof 120-7b
Lambertistraat 150-2c
Langheckweg 149-3a
Laurastraat 120-7a
Laurentiusstraat 149-2b
Leliestraat 149-3c
Lempersstraat 150-1d
Leyendecker 150-5a
Lichtenbergerweg 120-11a
Lichtenbergstraat 120-11a
Lindenhof 120-10d
Lindenlaan 120-10d
Locht 149-5a
Lodewijk van Deysselstraat 120-11d
Lodewijkstraat 150-4b
Looweg 120-7c
Lourdesstraat 149-5d
Loysonstraat 120-4c
Luchesiusstraat 150-5a
Luikerheidestraat 120-10d
Lupinestraat 149-2d

Maar 149-2d
Maarstraat 149-2b
Maarzijde 149-2b
Maessenstraat 120-10d
Manzardstraat 120-7d
Maria Gorettiplein 150-4b
Maria Gorettistraat 150-4b
Marialaan 120-7d
Mariastraat 149-2b
Marjolein 149-2c
Markt (15) 150-1d
Marktstraat 150-1d
Martin Luther Kingstraat 120-4c
Martinstraat 120-4c
Massabiellestraat 149-5d
Meester Absilstraat 150-1d
Meester Kuijpersstraat (2) 120-10d
Meidoornstraat (6) 149-3c
Meinweidestraat 120-11d
Melchiorstraat 150-2c
Merksteinstraat 120-11d
Merodestraat 120-7d
Meuserstraat 120-11a
Michelisstraat 149-5b
Mijnweg 150-2c
Mirbachstraat 120-7d
Molenweg 120-7c
Monseigneur Boijmansstraat 120-7a
Monseigneur Nolensplein 120-7c
Monseigneur van Gilsstraat 150-2a
Mozartstraat (9) 150-1b
Mucherveldstraat 150-1d
Mundgenstraat 150-5c
Museumplein 150-1c

Nachtegaalstraat (3) 120-7b
Nachtorchis 149-2c
Narcisstraat 149-2d
Nassaustraat 120-10d
Niersprinkstraat 150-1d
Nieuwenhagerweg 120-4c
Nieuwstraat 150-5c
Nievelsteenstraat 120-7b
Nievelsteinervoetpad 120-8c
Norbertushof 150-1b
Nullanderbergsweg 150-4a
Nullanderstraat 150-4b
Nummer-II Straat 150-2c

Old Hickoryplein 150-1d
Oleanderhof 120-10d
Olmenplein 120-10d
Ons Limburgstraat 149-2d
Onze Lieve Vrouwestraat 150-2c
Op de Kamp 120-7d
Op de Knip 149-2a
Op de Roskamp 120-7b
Op den Dries 120-7b
Oranjeplain (12) 150-1d
Oranjestraat 150-1d
Orlandopassage (17) 150-1d
Oud Erensteinerweg 150-1a
Oud Valkenhuizerstraat 149-1d
Oude Heilust 149-3c
Oude Maar 149-2d
Oude Schachtstraat 150-4b
Oude Tunnelweg 149-2b

Pancratiusstraat 150-4b
Pannesheiderstraat 150-4d
Papaverplein (3) 149-2d
Papaverstraat 149-2d
Parallelweg 149-5b
Parkstraat 149-3c
Pastoor de Grootstraat (7) 150-1b
Pastoor Mainsstraat (3) 150-2a
Pastoor Scheurenstraat 149-2d
Pastoor Schijnsstraat 120-7c
Pastoor Spiertsstraat 149-2d
Pastoor Stevensstraat (6) 120-7b
Pastoor Theelenstraat 149-2d
Pastoor Vaessenstraat (10) 149-5b
Pastoor van Arsstaat (4) 120-7c
Pastoor van den Heijdenlaan 120-10d
Pastoor Verheggenstraat 149-2d
Pastoor Wijnenplein 150-2c
Pater Kreitenstraat (13) 150-1c
Pater Pöttgensstraat 120-10d
Patronaatstraat 149-5b
Paulus Potterstraat 120-11a
Pensionaatstraat 150-5c
Peschbeemdenstraat 150-4d
Petrus Dorrstraat 149-5b
Pierre Zeijenstraat 120-7d
Pierrestraße 120-7a
Pieter de Hooghstraat 120-11c
Piusstraat 149-2b
Platanenstraße 120-11c
Plattewei 150-5a
Plein 149-5b
Pleinstraat 149-5b
Portbeemden 120-7b
Poststraat (10) 150-1b
Poyckstraat 120-10d
Pricksteenweg 150-4b
Prins Bernhardstraat 150-1d
Prins Hendrikstraat 120-7d
Prinses Beatrixstraat 150-1b
Prinses Irenestraat 120-10d
Prinses Margrietstraat 150-1b
Prinses Marijkestraat 150-1b
Prof. Cobbenhagenstraat 150-2a
Putgang 150-1d
Putstraat 120-7b

Ravel 150-1d
Rector Thomasstraat 120-11c
Rembrandt van Rijnstraat 120-11a
Renierstraat 149-3a
Reyserkuilenstraat 150-1d
Richerstraat 150-2c
Rimburgerweg 120-7b
Roda J.C. Ring 149-4b
Roderlandbaan 150-2a
Rogge (1) 150-2a
Rolduckerstraat 150-1d
Romeinenstraat 149-2d
Rozenstraat (5) 149-3c
Rukkerweg 149-2a
Russelstraat 120-7d

Salviaplein 149-2d
Salviastraat 149-2d
Sandberg 150-5a
Schaesbergerstraat 149-2d
Schepenenstraat 120-10d
Schifferheidestraat 149-6a
Schiltgen 150-5c
Schleidenstraat 150-2c
Schoolstraat 149-5b
Schouffertsweide 120-7a
Schoutstraat 120-10d
Schovetweg 120-7a
Schubertstraat 150-1b
Schummerstraat 150-5c
Schutterstraat 150-1c
Schweitzerstraat 120-7a
Seghemanstraat 149-3a
Senteweck 150-5a
Seringenstraat 149-3c
Servatiusstraat 150-4b
Singelweg 149-2b
Sint Antoniusstraat 150-4d
Sint Bernadettestraat 149-5d
Sint Corneliusstraat 149-5b
Sint Eugeniusstraat 149-5b
Sint Hubertuslaan 149-2b
Sint Hubertusstraat 120-7b
Sint Jansganck 149-2c
Sint Janstraat 120-7b
Sint Joannesstraat 149-5d
Sint Jozefstraat 149-3a
Sint Leonardusstraat 120-10b
Sint Martinusstraat 149-5b
Sint Paulusstraat 120-10d
Sint Pieterstraat 120-10b
Sint Quiriniusstraat 120-10b
Sint Rochusstraat 149-5b
Slakbeemdenweg 149-6b
Slakstraße 150-4d
Sleutelbloem 149-2c
Smalweide 120-7a
Smedenstraat 150-1d
Smidshof 149-2d
Sophiastraat 149-5b
Spekhofstraat 149-2c
Spekholzerheidervoetpad 149-6b
Spiesstraat 120-10d
Spireastraat 149-2d
Spoorstraat 120-8c
Sportstraat 149-3c
Staatsmijnstraat 149-2b
Stadionsstraat 150-4a
Steenbergstraat 149-6a
Steenbos 150-5c
Straterweg 150-2c
Strijthagenweg 149-3a
Struverstraat 149-3a

Tarwe (2) 150-2a
Terbruggen 120-7a
Terheidenstraat 120-7d
Teutelebroekstraat 150-1b
Theaterpassage 150-1b
Theresiastraat 150-4d
Thorbeckehof 150-4a
Tichelstraat 120-10b
Titzveldpad 120-10b
Toupsbergstraat 120-10c
Tripsstraat 120-7d
Truytstraat 120-7c
Tuinstraat 149-2b
Tulpenstraat 149-3c
Tunnelweg 149-2b

Uilstraat 149-6a
Ursulastraat 150-4b
Ursulinenhof 150-2c

Valenciahof (8) 120-10d
Valkenbergstraat 120-4c
Valkenhuizerlaan 149-1d
Van Beethovenstraat 150-1b
Van de Weijerstraat 149-5b
Van Dietrichsteinstraat (1) 149-3a
Van Ederenstraat (6) 150-1b
Van Gronsveldstraat 120-10d
Van Leerodestraat 120-10b
Van Meertenstraat 120-7d
Vasstraat 120-7c
Vauputsweg 149-3d
Veldhofstraat 120-7b
Veldkuilstraat 150-4b
Veldsalie 149-2d
Verbindingsstraat 150-1d
Verhagenstraat 150-1c
Vincent van Goghplein 120-11a
Vinkerdwarsstraat 120-10b
Vinkerstraat 120-10b
Vivaldistraat 150-1a
Vloedgraafstraat 149-2b
Voccartstraat 150-5c
Voorterstraat 150-4a
Vredeshofje 149-2b
Vredesstraat 149-2a
Vroenhof 150-4b
Vroenstraat 150-4b

Wackersstraat 120-7a
Waubacherweg 120-4c
Wenckebachstraat 149-2c
Wiebachstraat 149-4b
Wijngaardsberg 120-8c
Wijngracht 150-1a
Wilgenstraat 120-11c
Wilhelminastraat 150-1b
Willem Alexanderstraat 120-7a
Willem Sophiaplein (9) 149-2d
Willemselaan 120-7a
Willemstraat 149-5b
Wimmersstraat 120-7d
Winckelen 149-2c
Winricusstraat 149-3a
Winselerhofstraat 149-2d
Wolfsweg 120-7d
Wolverlei 149-2c
Wormvoetpad 120-11a

Zaunbrecherstraat 120-7a
Zonstraat 150-1b

Kerpen

50169 Adenauerstraße 131-7a
50171 Adolf-Hansen-Straße 160-2d
50169 Ahornstraße 161-5d
50169 Akazienweg 131-7a
50171 Albert-Schweitzer-Straße 160-3d
50171 Albertus-Magnus-Straße 160-3c
50170 Alfred-Döblin-Straße 130-5d
50169 Alfred-Nobel-Straße 161-6c
50171 Alte Landstraße 160-6a
50171 Alte Straße 159-6d
50169 Alte Ziegelei 161-9d
50171 Altes Forsthaus 160-3a
50170 Am Bahndamm 158-6d
50170 Am Bahnhof 130-11a
50171 Am Bruch 161-4a
50170 Am Bug 158-6d
50170 Am Buirer Fliess 158-9a
50169 Am Burggraben (5) 162-10a
50169 Am Burgtor 162-10a
50171 Am Dickbusch (2) 160-6a
50170 Am Entenpfuhl 130-8a
50169 Am Erbbusch 131-4d
50170 Am Gewerbehof 130-11a
50169 Am Ginsterberg 161-12b
50169 Am Grünen Weg 131-7a
50169 Am Hauserbach 161-9a
50170 Am Hoover Diggen 158-9a
50171 Am Hubertushof 159-6d
50169 Am Hügel 131-7d
50170 Am Hüttenhof 130-8a
50171 Am Jugendheim 160-6a
50169 Am Käferbruch 162-10b
50169 Am Kalkofen 131-7a
50169 Am Kapellchen 161-9b
50170 Am Keuschenend 130-8a
50170 Am Kolvermaar 130-8a
50170 Am Kuhweg 130-8c
50169 Am Langen Hau 131-7b
50170 Am Langen Weiher 158-6d
50169 Am Markt 161-9a
50169 Am Meisenberg 131-4d
50171 Am Moosgarten (1) 160-5b
50170 Am Obersten Bruch 158-9a
50170 Am Obstgarten 130-8a
50169 Am Ronnenpfad 131-7c
50170 Am Rosengarten 130-11a
50171 Am Rott 160-6b
50169 Am Schloßpark 161-5d
50169 Am Schmiedekreuz 162-10b
50170 Am Schöffenhof 158-6d
50169 Am Schulberg 131-7b
50169 Am Stadion 131-7a
50170 Am Vogelsang 158-9a
50171 Am Waasacker (11) 160-6b
50170 Am Wäldchen 129-10d
50171 Am Wallgraben 160-6b
50170 Am Wiesenhof 158-6d
50169 Am Wingertsberg 131-4c
50169 Am Wolfsberg 161-9d
50170 Am Ziegelgrund 159-7a
50171 Amselweg 160-6c
50171 Amsterdamer Straße 160-5b
50170 An den Birkenhöfen 159-1d
50171 An den Fichten 159-12a
50170 An den Waldhöfen 129-10a
50169 An den Wiesen (3) 161-9a
50171 An der Alten Burg 160-6b
50170 An der Brennerei 158-6c
50170 An der Kleemaar 130-8a
50171 An der Leimaar 160-6a
50169 An der Malzmühle 131-7a
50171 An der Mohle 159-9a
50171 An der Tenk 159-9a
50171 An der Vogelrute 160-5b
50170 An der Zehsmaar 130-8a
50170 Anna-Seghers-Weg 130-5d
50171 Annostraße 160-6d
50171 Antonitergasse (5) 160-6a
50171 Antoniterhof (6) 160-6c
50171 Antoniterstraße 160-6a
50170 Antoniusstraße 130-8d
50170 Anton-Mungen-Straße 158-6d
50171 Antwerpener Straße 160-5b
50169 Apollinarisstraße 131-7b
50170 Apostelweg 130-8d
50171 Auf dem Bauer 160-2d
50171 Auf dem Bürrig 160-2d
50169 Auf dem Gassenfeld 161-9b
50169 Auf dem Postberg 131-4d
50170 Auf dem Schildchen 158-6d
50171 Auf dem Stein 160-5b
50171 Auf dem Vorst 160-6b
50169 Auf der Gier 161-9d
50170 Augsburger Straße 130-8b
50170 August-Macke-Straße 130-5c

50171 Bachstraße 160-5d
50169 Bahnhofsplatz 162-10b
50169 Bahnhofstraße 131-4c
50170 Bahnstraße 158-6c
50169 Barbarastraße 161-9d
50171 Beethovenstraße 160-6a
50169 Beisselstraße 131-7d
50169 Bendenstraße 161-9a
50170 Bennenwinkelstraße 159-1b
50171 Bergerhausen 160-4c
50170 Bergheimer Straße 159-1b
50171 Bergstraße 159-9a
50170 Berliner Ring 130-8d
50170 Berrendorfer Straße 129-10a
50169 Berrenrather Straße 161-9b
50170 Birkenweg 158-9b
50170 Blatzheimer Straße 159-1b
50170 Blatzheimer Weg 158-6d
50170 Blumenstraße 159-1a
50170 Bodelschwinghstraße 130-8d
50171 Boelckestraße 160-2a
50169 Boisdorfer Straße 131-7c
50171 Boschstraße 160-2c
50171 Brabanter Straße 160-6a
50171 Brahmsstraße 160-3d
50169 Brahmsweg 131-4d
50171 Brauereigasse 159-9a
50170 Brechtstraße 130-8d
50171 Bredaer Straße 160-3c
50170 Breite Straße 130-8c
50170 Breslauer Straße 130-8b
50170 Broichhof 130-9c
50171 Broichmühlenstraße 160-6d
50170 Broichstraße 158-9a
50171 Broichweg 160-6b
50170 Bruchhöhe 130-9a
50171 Brückengasse (13) 160-6b
50171 Brückenweg 160-3d
50170 Brucknerstraße 130-8c
50169 Brüggener Straße 162-10a
50171 Brüsseler Straße 160-5b
50171 Buchenhof 159-10d
50169 Buchenhöhe 131-4d
50169 Buchenweg 131-5c
50170 Buchfinkenweg 130-8c
50171 Bugenhagenweg (1) 159-9d
50170 Buirer Burg 159-4c
50170 Buirer Straße 159-1d
50171 Buirer Weg 159-8d
50169 Burg Hemmersbach 130-6d
50169 Burg Mödrath 161-1b
50171 Burg Niederbolheim 159-12c
50169 Burgackerstraße 162-10a
50171 Burggasse 160-6b
50171 Burgstraße 160-6b
50171 Burgunder Straße 160-3c
50169 Buschkauer Weg 162-10a
50171 Buschweg 159-9c
50171 Bussardweg 160-6c

50170 Calvinstraße 158-6d
50170 Carl-Schurz-Straße 130-8d
50170 Carl-Zuckmayer-Weg 130-8b
50170 Chemnitzer Straße 130-8b
50171 Clemenshöfe 160-7d
50169 Clemensstraße 131-7b
50169 Coloniahalde 161-9d
50169 Coloniastraße 161-9b
50169 Concordiastraße 162-7c
50169 Cyriakusstraße 131-7c

50169 Dahlienweg 162-10a
50170 Daimlerstraße 130-11a
50170 Dammstraße 130-8c
50169 Dammweg 161-6c
50170 Danziger Straße 130-8b
50169 Dechant-Buff-Straße 131-7a
50170 Dickeicherfeld (14) 130-8a
50170 Dickenbusch 130-11a
50170 Dieselstraße 130-11a
50171 Dietrich-Bonhoeffer-Straße (15) 160-6d
50171 Domkauler Weg 159-9a
50171 Dorfstraße 189-3a
50171 Dorsfeld 159-3a
50171 Dr.-Orth-Straße 160-3d
50170 Dresdner Straße 130-8b
50171 Drieschweg 160-6c
50171 Drosselweg 160-6c
50169 Dukatenweg 161-9a
50171 Dürener Straße 159-8d
50169 Dürerstraße 131-7c
50169 Dürsfeld 161-5a

50170 Eichemstraße 158-6d
50169 Eichenweg 131-5c
50169 Eifelstraße 162-10a
50171 Eindhovener Straße 160-2d
50171 Einsteinstraße 160-3d
50169 Eintrachtstraße 161-5d
50171 Elisabethstraße 159-9c
50170 Emil-Nolde-Straße 130-5c
50170 Erftstraße 130-8a
50170 Erfttalstraße 130-5d
50169 Erfttalweg 161-9a
50170 Erich-Fried-Weg 130-8b
50170 Erich-Kästner-Straße 130-5d
50169 Erikaweg 131-7b
50169 Erlenweg 161-5d
50169 Eschenweg 131-4d
50170 Esperantostraße 129-10d
50171 Eulenstraße (10) 160-6a
50170 Europaring 130-11b

50171 Falkenweg 160-6c
50170 Falladastraße 130-8d
50171 Feldstraße 160-6c
50171 Fichtenpfad 159-9c
50169 Fichtenstraße 161-5d
50171 Filzengraben 160-6a
50169 Finkenweg 161-5d
50169 Fischbachstraße 131-7a
50169 Fliederweg 162-7c
50170 Fließstraße 158-9b
50171 Florastraße 160-3d
50169 Flothstraße 131-4c
50169 Fontänestraße 131-7a
50170 Forster Weg 159-1b
50171 Forsthaus Bergerbusch 160-10b
50170 Forsthausstraße 128-12d
50169 Fraunhoferstraße 161-3c
50169 Frechener Straße 162-1c
50171 Freiheitsstraße 160-6a
50171 Friedensring 160-3c
50170 Friedensstraße 129-10c
50171 Friedhofstraße 160-3c
50169 Friedhofsweg 161-12b
50169 Friedrich-Ebert-Platz 131-7a
50171 Fröbelstraße 160-6d
50170 Fuchsiusstraße 130-8c
50169 Fuchskaul 161-5d
50169 Fürstenbergstraße 161-9b

50169 Gabrielweg (4) 162-10a
50169 Galgenbachstraße 161-9d
50170 Gartenstraße 130-8a
50169 Gassenfeldweg 162-7c
50170 Gehlenstraße 158-9a
50169 Geigerstraße 161-5b
50171 Geilrath 129-12d
50170 Geilrather Weg 130-7b
50171 Genter Straße 160-3c
50170 Gerhart-Hauptmann-Straße 130-8b
50170 Gerhart-von-Bure-Straße 158-9a
50170 Germaniastraße 159-1b
50171 Geschwister-Scholl-Straße 160-3c
50171 Giffelsberg 160-10a
50171 Giffelsberger Weg 159-9c
50169 Ginsterweg 131-4d
50170 Glockenring 130-8a
50169 Glück-Auf-Straße 131-7a
50170 Gluckstraße 130-8c
50170 Goethestraße 130-8b
50170 Goldammerweg 130-7d
50170 Golzheimer Straße 158-9a
50171 Golzheimer Weg 159-8d
50170 Gottfried-Beyenburg-Straße 158-6d
50169 Götzenkirchen 131-7d
50169 Götzenkirchener Straße (1) 131-7c
50169 Grabenweg 131-7a
50169 Graf-Berghe-von-Trips-Ring 131-4a
50169 Graf-Hoensbroech-Straße 161-6c
50170 Graf-von-Galen-Straße (5) 130-8d
50170 Grüner Weg 159-1a
50169 Gücherweg 161-9c
50170 Gustav-Heinemann Straße 130-11a
50170 Gustav-Mahler-Straße 130-8a
50169 Gut Hohenholz 162-4c
50169 Gut Mödrath 161-1b
50171 Gut Seelrath 159-11a
50171 Gutenbergstraße 160-3c
50169 Gymnicher Straße 161-9c
50171 Gymnicher Weg (14) 160-6b

50171 Haagstraße 159-8d
50169 Habbelrather Straße 131-5c
50171 Hahnenstraße 160-6a
50171 Händelstraße 160-6b
50169 Hangweg 161-9c
50169 Hans-Sachs-Straße 131-4c
50169 Harzstraße 162-10b
50169 Hauptstraße 131-4a
50170 Haus Bochheim 129-10b
50170 Haus Breitmaar 130-10a
50171 Haus Dorsfeld 159-3c
50170 Haus Forst 159-2c
50170 Haus Hahn 130-12a
50170 Haydnstraße 130-8c
50169 Hebbelstraße 131-7a
50169 Heerstraße 161-5d
50171 Heerweg 159-9c
50170 Hegelstraße 130-8c
50171 Heidefließ 160-2c
50169 Heidestock 131-7b
50170 Heidestraße 159-1a
50169 Heideweg 131-7b
50169 Heinkelstraße 161-6c
50170 Heinrich-Böll-Platz 130-5d
50169 Heinrich-Heine-Straße 131-7a
50170 Heinrich-Hertz-Straße 130-11d
50170 Heinz-Wassen-Straße 130-8c
50169 Heisenbergstraße 161-6a
50169 Hemmersbacher Heide 131-7d
50169 Hemmersbacher Straße 131-7a
50170 Heppendorfer Straße 130-8a
50169 Herderstraße 131-7a
50170 Heribertstraße 158-6d
50170 Hermann-Löns-Straße 130-8d
50170 Herrenstraße 130-8a
50170 Hindemithstraße 130-8c
50170 Hinter den Hooven 158-9b
50170 Hof Hahn 130-11b
50169 Höhenweg 131-4c
50170 Hohlweg 158-6d
50169 Holunderweg 131-7b
50171 Holzgasse 160-6b
50169 Holzhausener Weg 131-5c
50169 Horremer Mühle 130-6d
50169 Horremer Straße 131-4d
50169 Hubertusstraße 162-10a
50171 Humboldtstraße 160-4d
50171 Humperdinckstraße 160-3d
50169 Hunsrückstraße 162-10b
50170 Huppelrather Straße 158-6d
50170 Hüttenstraße 130-10a

50169 Ichendorfer Straße 131-4c
50169 Im Alten Hof 131-7c
50169 Im Bendchen 131-7b
50170 Im Broich 130-9c
50171 Im Bungert 159-9c
50170 Im Dänert 130-8a
50169 Im Erftgrund (4) 161-9a
50170 Im Etschröttgen (1) 159-1a
50171 Im Fußtal 160-5d
50170 Im Kleinfeldchen 159-1b
50171 Im Neffeltal 159-9c
50171 Im Niederfeld 161-1a
50170 Im Pottwinkel 159-7a
50171 In der Au 159-9a
50169 Ina-Seidel-Straße 131-4d
50170 Ingeborg-Bachmann-Weg 130-5d

50170 Jagdfeld 130-8a
50170 Jägerring 159-1a
50171 Jahnplatz 160-6a
50171 Jahnstraße 160-5b
50171 Jakob-Dohmen-Straße 159-9b
50170 Johannes-Kepler-Straße 130-11b
50171 Johann-Sebastian-Bach-Straße 160-3d
50169 Josef-Bitschnau-Straße 131-4d
50170 Josefstraße (4) 130-8d
50171 Judengasse (8) 160-6a
50171 Jülicher Straße 160-5b

50170 Kampstraße 130-8a
50169 Kapellenweg 161-9d
50170 Karl-Arnold-Straße 130-11a
50170 Karl-Ferdinand-Braun-Straße 130-10a
50171 Karlsgasse 160-6b
50171 Katharinenhof 159-11b
50170 Käthe-Kollwitz-Straße 130-5d
50169 Katterforststraße 161-9a
50171 Kaulenstraße 160-6a
50171 Kelzer Busch 189-3a
50170 Kerpener Straße 130-8a
50171 Kerpener Weg 159-9a
50169 Kettelerstraße 131-7c
50170 Kiebitzweg 130-7d
50169 Kierdorfer Straße 162-10a
50170 Kirchenstraße 158-6d
50171 Kirchplatz 160-3c
50171 Kirchstraße 160-6a
50169 Kirchweg 161-9d
50169 Kirschkaul 131-4c
50171 Klarahof 130-10c
50169 Klara-Marie-Faßbinder-Straße 131-4c
50170 Kleiner Steinweg 159-1a
50171 Klostergarten (7) 160-6a
50171 Klostergäßchen (3) 160-6a
50171 Klosterhof St. Peter 159-9c
50169 Knappenberg 131-7b
50170 Knappenweg 130-8d
50170 Kneppchensweg 130-8b
50171 Kölner Straße 160-6b
50170 Kölnstadt (4) 159-1b
50170 Kölnstraße 159-1b
50169 Kolpingstraße (Balkhausen) (1) 161-9b
50171 Kolpingstraße 160-6a
50170 Königsberger Straße 130-8b
50169 Königsdorfer Straße 131-4c
50170 Krankenhausstraße 158-6d
50169 Kreuzbachweg 161-9a
50171 Kunibertusstraße 159-9c
50170 Kurt-Schumacher-Straße (9) 130-11a

50170 Lammertsheck (12) 130-8a
50171 Langerathsweg 160-6b
50170 Langmaarstraße 159-1a
50170 Leipziger Straße 158-6d
50169 Lenbachpfad 131-7a
50170 Lerchenweg 158-6b
50171 Lessingstraße 161-4a
50169 Lichweg 161-9b
50169 Lilienstraße 162-7c
50171 Limburger Straße 160-3c
50171 Lindenstraße 160-5c
50171 Löhrsgasse 159-9c
50171 Lörsfelder Busch 160-2b
50171 Lortzingstraße 160-6a
50171 Lothringer Straße 160-2d
50169 Louisenthal 161-9d
50171 Löwenerstraße 160-3c
50170 Luisenstraße 130-11a
50171 Lutherstraße 159-9d

50171 Maarweg 160-5c
50171 Maastrichter Straße 160-2d
50171 Mähnstraße 160-6b
50170 Manheimer Straße 158-6d
50170 Margaretenweg 130-8c
50170 Marie-Curie-Straße 130-11d
50171 Marienstraße 160-6a
50170 Marktplatz 159-1b
50170 Markusweg 130-8d
50170 Martin-Luther-Straße 130-8d
50171 Martinusstraße 160-6d
50170 Mastenweg 130-11a
50169 Matthias-Werner-Straße 161-9d
50169 Maurinplatz 131-7c
50170 Max-Beckmann-Straße 130-5d
50169 Maximilianstraße 161-6c
50171 Max-Planck-Straße 160-2a
50169 Max-Reger-Straße 131-4d
50171 Meisenweg 160-6c
50169 Menzelstraße 131-7c
50169 Merkurweg 131-4c
50169 Merodestraße 131-7a
50169 Mertenweg 162-10b
50170 Merzenicher Straße 158-9a
50170 Michael-Schumacher-Straße 130-11c
50169 Michaelweg (3) 162-10a
50169 Mittelstraße 131-4c
50171 Mödrather Straße 160-3c
50170 Möschenheck (11) 130-8a
50169 Mozartstraße 131-4d
50169 Mühlengasse 162-10a
50169 Mühlengraben 131-7a
50170 Mühlenweg 158-9b
50170 Münchener Straße 130-8b

50169 Nachtigallenweg 161-6c
50170 Naumburger Straße 130-8b
50171 Neffelweg 160-5c
50169 Nelkenstraße 162-7c
50170 Nelly-Sachs-Weg 130-8b
50169 Neubottenbroich 131-5c
50171 Neue Pforte 159-9a
50170 Neuer Weg 158-9b
50171 Neustraße 160-6a
50171 Niederbolheim 189-3a
50170 Nikolausweg (3) 130-8d
50171 Nordring 160-5b
50170 Nordstraße 130-8a
50170 Nordweg 161-9b
50169 Nußbaumallee 161-5d

50171 Obermühle 160-6a
50169 Oberweg 161-9a
50169 Oderstraße 131-7a
50170 Offenbachweg 130-8c
50171 Onnau 160-11a
50170 Orffstraße 130-8c
50169 Oscar-Straus-Straße 131-4d
50169 Ostermannstraße 131-4d
50169 Otto-Hahn-Straße 161-6c
50170 Ottostraße 130-11a

50169 Pappelstraße 161-5d
50170 Pappelweg 159-1a
50169 Parkstraße 131-4c
50170 Pastoratsacker 158-6d
50170 Pater-Delp-Straße (6) 130-8d
50170 Paul-Klee-Straße 130-5c
50169 Paulshau 131-4a
50171 Pestalozzistraße 160-6d
50170 Peter-Hess-Straße 158-6c
50171 Peters Mühle 159-9a
50171 Peter-Schumacher-Straße 160-6d
50171 Pfarrer-Hayd-Straße (12) 160-6b
50170 Pferdbruchfeld (13) 130-8a
50171 Philipp-Schneider-Straße 160-3c
50171 Piusstraße 160-3d
50169 Platanenallee 161-5d
50170 Plauener Straße 130-8b
50169 Poststraße 161-8b

50170 Raiffeisenstraße 130-8d
50169 Raphaelstraße 162-10a
50169 Rathausstraße 131-4c
50170 Rauschgraben 130-8c
50171 Regengasse 160-6c
50169 Rembrandtstraße 131-7c
50169 Ringstraße 162-7c
50171 Robert-Koch-Straße 160-3d
50169 Rochusstraße 161-9b
50169 Rodderweg 161-9d
50169 Roggendorfer Straße 162-10a
50169 Rolshausenstraße 161-6c
50170 Römerstraße 159-1b

50169 Römerweg 162-10a
50169 Röntgenstraße 161-3c
50171 Rosenpfad 159-9c
50169 Rosentalstraße 161-9a
50171 Rosenweg 160-3d
50170 Rostocker Straße (2) 130-8d
50169 Rotdornweg (1) 161-5d
50169 Rote-Kreuz-Straße 131-7a
50170 Rotkehlchenweg 130-7d
50169 Röttgenpfad 131-5a
50169 Rubensstraße 131-7c

50169 Sanddornweg 131-8a
50169 Sandweg 131-7d
50169 Sauerlandstraße 162-10b
50171 Schaevenstraße 160-3d
50169 Schiefbahn 131-7b
50169 Schildgenstraße 162-10a
50170 Schillerstraße 130-8b
50171 Schloss Bergerhausen 160-4c
50171 Schloss Lörsteld 130-12d
- Schloßpark 161-5d
50169 Schloßstraße 131-4c
50169 Schloss Türnich 161 5d
50171 Schubertstraße 160-6b
50170 Schulplatz 158-6d
50171 Schulstraße 160-5b
50170 Schulze-Delitzsch-Straße 130-8d
50170 Schumannstraße 130-7d
50171 Schützenstraße 160-5b
50169 Schwarze Erde 161-5d
50171 Sebastianusstraße 160-6c
50170 Seelrather Weg 159-7a
50170 Sehnrather Straße 130-11b
50170 Siedlung Haus Forst 159-2a
50170 Siemensstraße 130-11b
50170 Sindorfer Mühle 130-6c
50171 Sindorfer Straße 160-3a
50169 Sistenichstraße 131-7a
50170 Sonnenblumenstraße 159-1b
50171 Sophienhöhe 159-12c
50170 Sophienweg 130-8d
50170 Sperlingweg (16) 130-7d
50169 Spitzwegstraße 131-7a
50169 Sportfeldweg 161-9a
50169 Sprengersgasse 161-5d
50170 St.-Albanus-Straße (2) 159-1b
50170 St.-Blasius-Straße 158-6d
50169 St.-Josef-Straße 162-10a
50170 St.-Michael-Straße 158-9a
50171 St.-Quirinus-Straße 160-3d
50170 Steinacker 158-8b
50170 Steinheide 129-11a
50170 Steinweg 158-9b
50170 Stettiner Straße 130-8b
50170 Stieglitzweg 130-7d
50171 Stiftsplatz (4) 160-6a
50171 Stiftsstraße 160-5b
50171 Stockemsgasse 159-9a
50171 Stormstraße 160-6b
50170 Stralsunder Straße (1) 130-8b
50169 Südweg 161-9a

50170 Talstraße 158-9b
50171 Talweg 160-5d
50170 Tannecker Straße 129-10c
50169 Tannenweg 131-5c
50169 Taubentalweg 131-7c
50169 Taunusstraße 162-10b
50170 Theodor-Heuss-Straße 130-11a
50169 Theresia-von-Wüllenweber-Straße 131-7b
50169 Thomas-Mann-Straße 131-7a
50170 Thomas-Münzer-Straße (10) 130-11a
50171 Triftstraße 160-5c
50169 Tulpenstraße 162-7c
50169 Türnicher Mühle 161-5c

50171 Uhlandstraße 160-6d
50169 Ulmenweg 161-5d
50170 Ulrichstraße 130-8a
50169 Ursfelder Straße 161-9a

50169 Van-Gogh-Straße 131-7c
50169 Verdistraße 131-4d
50169 Villestraße 131-7a
50171 Vinger Weg 160-5d
50171 Vinzensstraße 160-6a
50170 Visteonstraße 130-11b
50171 Vogelruther Weg 159-8b
50170 Voigtplatz 158-9b
50170 Voigtstraße 158-9b
50170 Von-Arndt-Straße 158-6d
50171 Von-Kleist-Straße 160-6b
50170 Von-Stauffenberg-Straße (7) 130-11b
50170 Vor dem Eschend (15) 130-8a

50169 Wacholderweg 131-7b
50170 Wagnerstraße 130-8c
50170 Waldhöfe 129-10a
50169 Waldstraße 161-9d
50169 Waldweg 131-4a
50169 Wallrafstraße 131-7c
50170 Wankelstraße 130-10b
50171 Wasserburg 160-4c
50171 Weberstraße (9) 160-6a
50169 Weiler Brüggen 162-8d
50169 Weißer Weg 130-6d
50169 Westerwaldstraße 162-10a
50170 Weyernstraße 159-1a
50170 Weyerstraße 130-8d
50169 Widau 131-8a
50170 Wiesengrund 130-8a
50169 Wiesenstraße 131-7a
50170 Wilhelm-Busch-Straße 130-8d
50170 Wilhelmshöhe (3) 159-1b
50170 Willi-Graf-Straße 130-8d
50170 Wolfgang-Borchert-Straße 130-5d
50171 Wolfsgäßchen 160-6b
50170 Wolfskauler Straße 158-9a
50170 Wuppertaler Straße 130-8b

50170 Zeisigweg 130-7d
50171 Zeißstraße 160-2c
50169 Zieselmaarstraße 162-10d
50169 Zum Bongert 131-7b
50170 Zum Breitmaar 130-8c
50170 Zum Hooverfeld 158-9a
50171 Zum Hubertusbusch 160-5b
50170 Zum Mühlenfeld 130-5c
50171 Zum Parrig 130-12c
50170 Zum Schlicksacker 159-7a
50170 Zum Vogelrutherfeld 130-7d
50169 Zum Wehrhahn 131-4c
50169 Zum Wolfsberg 131-4a
50169 Zur Alten Kartbahn 131-4a

Kescheid
PLZ 57632

(zu VBG Flammersfeld)

Bornstraße 274-7c

Hardt 274-10b
Hardter Straße 274-7c
Hauptstraße 273-9b

Im Sträßchen 273-9b

Kauler Weg 273-9d

Püscheid 274-7c

Kettenhausen
PLZ 57612

(zu VBG Altenkirchen (Westerwald))

Auf den Heidchen 256-8c
Auf der Bitze 256-8c

Hauptstraße 256-7d
Hoffnungsthal 256-11c

Im Fuchshof 256-11a
In den Gärten 256-8c

Zum Wiesental 256-7d

Kettig
PLZ 56220

(zu VBG Weißenthurm)

Ackerstraße 337-10b
Am Gräbengässchen (5) 337-8c
Am Katzenbach 337-8c
Am Schallmerich 337-10b
Andernacher Straße 337-7d
Anne-Frank-Straße 337-10d
Auf dem Acker 337-7d
Auf dem Haar 337-11a

Bachstraße 337-11a
Bassenheimer Straße 337-11c
Bergstraße 337-10b
Birkenstraße 337-10b
Blumenstraße (4) 337-10b
Breitestraße 337-8c
Brückenstraße 337-8c

Dobenstraße 337-8c

Gartenstraße 337-11a
Gewerbegebiet Kettig 337-8b
Grabenstraße 337-8c

Hauptstraße 337-11a
Hellenpfad 337-7d
Holzstraße 337-11a

Im Flutgraben 337-7d
Im Hundel 337-8b
Im Kleinflur 337-8d
Im Paradies 337-8c
Im Vogelsang 337-11a
Im Weisplatz 343-2a
In den Villen 337-7b

Kärlicher Straße 337-8c
Kolpingstraße 337-11a

Lindenstraße 337-10b

Miesenheimer Straße 337-7d
Mittelweg 337-8c
Moosgasse 337-8c

Nelkenweg (2) 337-10b
Neugasse 337-8c

Ochtendunger Straße 337-10d

Rosenstraße 337-10b

Saffiger Straße 337-10b
Schmalackerstraße 337-10b
Schnürstraße 337-11a
Schulstraße 337-8c
Synagogenstraße (1) 337-11a
Tulpenweg (3) 337-10b

Unterster Holzweg 337-11c
Urmitzer Weg 337-8c

Weißenthurmer Straße 337-8a
Weyerstraße 337-10b
Wiesenweg 337-8c

Züllstraße 337-11a

Kierspe
PLZ 58566

Ahornweg 57-6d
Alter Schulplatz 58-7d
Am Baumhof (18) 58-7d
Am Berg 58-8b
Am Brederek 57-6d
Am Donkmal (17) 58-8c
Am Finkenschlag 58-7d
Am Hang 58-1b
Am Hedberg 57-6c
Am Heidehang (20) 58-7d
Am Heiratswäldchen (21) 58-7c
Am Kerstenberg 56-11a
Am Knapp 58-7d
Am Korteberg 58-5a
Am Krähennocken 58-7a
Am Mühlenberg (7) 57-6c
Am Nocken 58-7d
Am Nöcklenberg 57-6d
Am Obsthof (14) 58-7a
Am Stade 56-11d
Am Stadion 57-9d
Am Thaler Bach 57-6d
Am Timmerberg 58-7d
Am Volmehang (16) 58-8a
Am Vornberg 58-5a
Am Wernscheid 56-11d
Am Wiesenrain (11) 58-4c
Amselweg 58-7c
An den Buchen 57-9b
An der Währ 58-8c
Antlenberg 57-4c
Asternweg 58-7a
Auf dem Busch 57-6d
Auf dem Kiss 57-6b
Auf dem Ufer (6) 57-6d
Auf der Höhe (2) 56-11b
Auf der Mark 57-3d
Auf der Rodt 56-11d

Bachstraße 57-9b
Bahnhofstraße 58-8a
Becke 57-10c
Beerenburg 57-12b
Beethovenstraße 58-7a
Belkenscheid 58-2b
Benninghausen 77-1b
Berkesfeld 58-8a
Berliner Straße 57-9b
Bienenweide 57-9a
Birkenweg 58-7a
Blankenberg 58-4c
Blechen 57-1b
Bordinghausen 58-7a
Bordinghauser Weg 58-7a
Börlinghausen 58-7d
Brahmsweg 58-7a
Brantenberg 58-11b
Breslauer Straße 57-9b
Bruch 57-6c
Brüderweg 57-6d
Büchen 57-8b
Buchenweg 56-11d
Bungenrodt 58-5d
Burg 57-11b
Bürhausen 56-12d
Büscherweg 57-6d
Buschheide 58-7d
Butterberg 58-7d

Danziger Straße 57-9b
Dorn 77-1a
Dornensiepen 57-3b
Dörscheln 57-7c
Dr.-Deisting-Straße 57-6d
Drosselweg 58-7c
Dünnenberken 57-9c
Düren 57-11a
Dürener Haus 57-11b

Eichenweg 58-4c
Eicken 57-9a
Eickener Mühle 57-9a
Eickerhof 57-12d
Eickmannsholt 58-4a
Elbringhausen 57-8a
Eltinghausen 57-5a
Erfurter Straße 57-9b
Erlen 58-5a
Erlenweg 57-6d
Eschenweg 58-4c

Fasanenweg 57-9c
Felderhof 57-9b
Feldhof 56-11c
Feldhofer Weg 56-11c
Feldstraße 58-8a
Fichtenweg 58-4a
Fliederstraße 57-6b
Florianweg (1) 56-11d
Fontaneweg 57-9b
Forellenteich 57-9a
Friedrich-Ebert-Straße 57-6b
Friedrichstal 58-10c
Friesenweg 58-7b
Fritz-Linde-Straße 57-9b
Füllenfeld 58-7d

Gartenstraße 58-7a
Gewerbe- und Industriegebiet Wildenkuhlen II 57-9c
Ginsterweg 58-4a
Glatzer Weg 57-9b
Glietenberg 56-9b
Glockenweg 58-7a
Goethestraße 57-6d
Görlitzer Weg 57-9b
Grenzweg 56-11c
Grünenbaum 58-5a
Grünenschlade 58-6b
Grünenweg 57-10a
Gut Bremecke 57-5b

Haarbecke 56-12a
Haarhausen 56-9d
Haarhauser Weg 56-11b
Hägener Kamp 58-7a
Hammerkamp 58-8a
Händelweg 58-4c
Haselnußweg 58-4c
Haunerbusch 58-7c
Hauptstraße 56-11c
Haustätte 57-10c
Haydnweg 58-4c
Heednocken 57-12b
Heege 56-12c
Heerstraße 58-7c
Heideweg 58-7d
Heinestraße 57-6c
Herdeper Feld 56-12c
Herlinghausen 57-3b
Herlinghauser Weg 58-1a
Hinterste Berg 58-8b
Hinterste Vornberg 58-5b
Höckinghausen 57-11d
Höferhof 57-9d
Hohenholten 58-4a
Höher Garten (1) 56-11d
Hoher Hahn 58-8c
Höherstraße 57-6d
Höhlen 50-10c
Hohler Weg 56-11d
Holt 57-2c
Hölterhaus 57-2b
Holunderweg (8) 58-4c
Hülloch 58-7d
Humecke 58-7b
Husarenweg (1) 57-6d

Ilexweg 57-6b
Im Baukholt 58-5c
Im Grund 56-11d
Im Herd 57-11b
Im Hofe 58-7d
Im Kamp (19) 58-7d
Im Kämpken 58-7a
Im Lütkenbusch 58-5c
Im Park 56-11c
Im Schlote 57-12b
Im Siepen 58-5c
Im Stillen Winkel (13) 58-4c
Immanuel-Kant-Weg 56-11d
Immelscheid 58-3d
In der Helle 57-9d
In der Mark (Neuenbrücke) 58-9a
In der Mark 57-1b
Isenburg 57-8b

Jahnstraße 57-6d

Kamperbach 58-7d
Kampweg 56-11b
Kerspeweg 56-11a
Kiefernweg (3) 58-4a
Kiersper Bruch 57-5d
Kiersper Löh 57-1a
Kiersper Woeste 57-8c
Kiersperhagen 57-8d
Kirchplatz 57-6d
Kirchstraße 56-11b
Kölner Straße 57-12a
Königsberger Straße 57-9b
Kuhlen 58-7d

Lehárstraße 57-9b
Lerchenweg 58-7d
Lessingstraße 57-9a
Leyer Weg 56-11d
Liegnitzer Weg (15) 57-9b
Limpurg 57-5d
Linckestraße 57-9b
Linden 58-3c
Lindenstraße 57-6d
Lingese 57-12c
Lortzingweg 58-4c
Luiseneiche 57-6d

Magdeburger Straße 57-9d
Margarete-Sänger-Weg 58-7c
Margarethenweg 57-6d
Meienborn 56-11c
Meienbornstraße 56-11c
Mittel-Heukelbach 56-8b
Mühlen-Schmidthausen 57-1c

Neuebrücke 58-8d
Neuenhagen 57-12b
Neuenhofstraße 56-11c
Nott 57-10c
Nühlen 58-4b
Nußbaumweg (2) 57-6b

Oberbremecke 57-6b
Ober-Heukelbach 56-6c
Oberhof 57-12d
Oelmühlerweg 56-12c
Offenbachstraße 58-4c
Ohl 58-6a
Ölmühle 56-12c
Op de Fuar 58-7b
Oppelner Weg 57-9b
Orffweg 58-4c
Osemundstraße 57-9d
Otto-Ruhe-Straße 58-7a

Padberg 57-9c
Padbergstraße 57-9d
Pappelweg 57-6b
Pielenhöhlen 57-12b
Pulverstraße 57-6c

Quabecke 57-5d

Raiffeisenweg (4) 57-6d
Rehsiepen 58-9c
Rehwinkel 57-9c
Reidemeisterweg 58-7c
Rhinschen-Schmidthausen 57-4a
Richelnkamp 57-6d
Rilkeweg 57-6c
Rönsahler Löh 56-8d
Rönsahler Neuenhaus 56-11b
Rönsahler Woeste 56-9a
Rotdornweg 57-6b
Rotkehlchenweg 58-7c

Sankel 58-5a
Schanhollenweg 58-10b
Schillerweg 57-6c
Schlehenweg (9) 58-4c
Schleipe 58-5d
Schleiper Weg 58-5a
Schmiedestraße 57-9a
Schnörrenbach 58-10b
Schubertstraße 58-4c
Schumannweg 58-7a
Schweriner Weg 57-9b
Servatiusweg 56-11c
SGV-Weg 56-11d
Sonnenhang 56-12c
Speierlingweg 57-6d
Springerweg 58-7a
Sprotte 58 6a
Spotterhammer 58-6c
St.-Hedwigs-Weg 58-7a
Stöcken 57-11c
Stormweg 57-6c
Strandbadweg 56-11d
Sundern 57-2c

Tannenweg 58-4a
Thal 57-6c
Thingslindestraße 58-4c
Tulpenweg 58-7d

Ufer 56-8d
Uhlandweg (5) 57-6c
Ulmenweg 57-6b

Varmert 57-10b
Varmerterholz 57-11a
Volmestraße 58-5c
Vor dem Isern 56-11d
Vor dem Rennsiepen 56-9b
Vor den Eicken 57-9a
Vor der Brücke 57-6a
Vor der Mark 57-1b
Vorderste Berg 58-5d
Vorderste Vornberg 58-5b
Vorth 58-2c
Vortherhammer 58-1b

Wacholderweg (10) 58-4c
Wagnerweg 58-7a
Waldenburger Weg 57-9b
Waldheimstraße 57-9d
Wasserfuhr 57-11b
Weberweg 58-4c
Wehestraße 58-8a
Weidenstraße 56-11a
Werfelscheid 58-1c
Wienhagenerbecke 57-7d
Wienhagenerhaus 57-7a
Wiesenstraße 57-9b
Wilbringhausener Straße 57-12a
Wildenkuhlen 57-9d
Windfuhr 58-8c
Wolzenburg 57-3d

Zaunkönigweg 58-7c
Zu den Kleingärten 58-4c
Zur Schönen Aussicht (12) 58-4c

Kircheib
PLZ 57612

(zu VBG Altenkirchen (Westerwald))

Auf dem Weisenland 253-8d
Auf der Hardt 253-8a

Bleckhausen 253-10b
Bleckhauserstraße 253-7d
Burg 253-11d
Burgstraße 253-11d

Eckenbach 253-12a

Fiersbacher Straße 253-9c

Grünewald 253-9c
Grünewaldsgarten 253-8d

Hauptstraße 253-8c

Kircheiber Born 253-8c
Kirchstraße 253-8c

Limbacher Straße 273-2b

Neuenhof 253-11d

Obereiperstraße 253-8b

Röttgen 253-11d
Röttgenstraße 253-11d

Schulstraße 253-11b

Tente 273-2b

Verbindungsstraße 253-11b

Kleinmaischeid
PLZ 56271

(zu VBG Dierdorf)

Aloys-Barth-Straße 323-6d
Alte Straße 323-9b
Antoniusstraße 323-6d

Berghofstraße 323-9a
Bergstraße 323-6d

Donatusstraße 323-6d

Eichenheck 323-6d

Friedhofstraße 323-9b

Gartenstraße 323-9b
Gewerbegebiet Larsheck 323-9c
Grabenstraße 323-9b
Großmaischeider Straße 323-9b

Hauptstraße 323-9d
Hochbitz 323-9b
Hoher Rain 323-9b
Hohlstraße 323-9b

Industriestraße 323-9a
Iserstraße 323-6d

Kirchstraße 323-9b

Larsheck 323-9a

Marienstraße 323-6d
Menkelweg (1) 323-9b
Mittelstraße 323-9b

Neuer Weg 323-9b

Schulbltz 323-9b
Schulstraße 323-9b

Thalhauser Weg 323-9a

Vor dem Löh 324-7a

Waldstraße 323-6d
Wartenberg 323-9a
Wendelinusstraße 324-4c
Werkstraße 323-6b
Wiesenstraße 323-9b

Kobern-Gondorf
PLZ 56330

(zu VBG Untermosel)

Achterspannerhof 342-12c
Am Dorfplatz 348-11b
Am Kehr 349-4d
Am Keverbach 349-10a
Am Markesberg 349-7b
Am Nothbach 348-11b
Am Seifen 349-7b
Am Sportplatz (11) 349-5a
Am Teich 349-4d
An der Eisernen Hand 343-10b
Auf der Boursch 348-11b
Auf Ober Dahr (9) 349-4d
Auf'm Hübeling 349-7b
Auf'm Mäuerchen 349-7b

Bachstraße 348-11b
Bahnhofstraße 349-4d
Belltal 349-2d
Bergstraße 349-4d
Birkenweg 348-12a
Burgstraße 349-4d

Dammstraße (12) 349-5c
Delcherhof 349-7a
Dorfstraße 348-11b

Elzerstraße 349-4d
Enge Straße 349-4d
Engelshof 348-10d
Euligerhof 349-1c

Fährstraße (7) 349-4d
Fritzenstraße (6) 349-4d

Gerlachsmühle 349-7c
Gewerbegebiet In der Kunn 348-6d

Hauptstraße 348-11b
Hospitalstraße 349-10b

Im Geispfad 349-4d
Im Keverbachtal 349-7c
Im Rothstück (13) 349-7b
Im Spreen 349-4b
Im Steinkäulchen 348-12a
Im Taubenstück 348-11b
Im Vogelsang 349-7b
Im Winkel 349-7d
In der Horstadt 349-7b
In der Laach 349-4d

Johann-von-Carden-Straße 349-10a

Karmelenbergerhof 342-11b
Kaspersmühle 348-10b
Kastorbachstraße 349-4d
Kehr Mühle 349-10a
Kehrhof 349-4c
Keverbacher Mühle 349-7c
Kirchstraße (5) 349-4d
Kreuzstraße 349-4d
Kronenberger Straße (2) 349-4d

Lehmener Weg 348-11b
Lennigstraße 349-4d
Lindenhof 348-6d
Lochsmühle 348-12a
Lubentiusstraße 349-4b
Lutzstraße 349-4d

Maifeldstraße 349-10a
Manderscheider Hof 348-6d
Marktplatz 349-4d
Marktstraße 349-4d
Moselgoldbrücke 349-7d
Moselweg 349-4d
Mühlengraben 349-4d
Mühlental 349-4d
Münsterberg 349-10a
Münsterer Weg 348-11d

Obermarkstraße 349-4d
Oberste Mühle 349-10a
Ochsenrutsch 349-7b

Peterstraße 349-4d

Römerstraße 349-10b
Rote Erde 348-12a
Rüberer Weg 348-11b

Scheiderstraße (8) 349-4d
Scheidter Hof 348-9a
Schifferstraße (3) 349-4d
Schloß Berghof 349-4d
Schloß Liebig 349-7d
Schulstraße (4) 349-4d
Solligerbach 349-4c
Solligerbachtal 349-4d
Solligerhof 348-6b
Sonnenhof 349-7c
St.-Matthias-Straße 349-4d
Sürzerhof 348-2b

Talhof 348-12b

Untermarkstraße 349-4d
Unterstraße 349-4b

Von-Der-Leyen-Platz 349-10b
Von-Isenburg-Straße (10) 349-4d

Wagnerstraße (1) 349-4b
Waldfrieden 349-2b
Weidenhof 348-8d
Weidenweg 348-11b

Koblenz

Straßennamen mit Suchfeldangaben in Klammern befinden sich im Cityplan auf Seite 36.

56068 Aachener Straße 344-4b
56076 Aarfelder Weg 345-12d
56068 Adamsstraße 345-9c
56070 Adam-Stegerwald-Straße 345-3c
56075 Ahornweg 345-10b
56075 Akazienweg 345-11c
56068 Albert-Schweitzer-Straße 345-12b
56077 Aldegundisstraße 346-7b
56072 Alemannenstraße 344-1d
56075 Alexanderstraße 345-11a
56076 Alfred-Delp-Straße 345-12d
56077 Alte Burgstraße 346-4b
56077 Alte Emser Straße 346-5b
56076 Alte Heerstraße 351-2b
56070 Alte Kirchstraße 344-3a
56068 Alte Straße 344-5a
56068 Altenbergerhofstraße 345-12d
56068 Altengraben (36/B3)
56068 Altenhof 345-5d (36/B3)
56076 Alter Weg 351-3a
56068 Altlöhrtor 345-8b (36/B3)
56070 Am Aachener Hof (1) 339-8c
56072 Am Alten Bierkeller (1) 344-9d
56068 Am Alten Hospital 345-6c (36/B4)
56072 Am Alten Schützenplatz 344-6d
56068 Am Asterstein 345-9d (36/D5)
56070 Am Berg 345-2c
56077 Am Bienenstock 346-6a
56072 Am Brünnchen 344-6d
56072 Am Burgberg 344-8d
56076 Am Dornsbach 351-3b
56077 Am Eichbaum 346-5d
56075 Am Falkenhorst 345-7d
56075 Am Flugfeld 345-10b
56075 Am Fort Konstantin (36/D1)
56070 Am Franzosenfriedhof 345-2d
56075 Am Grauen Kreuz 345-10a
56072 Am Gülser Bootshafen 350-3b
56072 Am Gülser Moselbogen 350-3b
56070 Am Güterbahnhof (1) 345-5b
56076 Am Hafen 345-9d (36/C5)
56076 Am Heiligenhäuschen 345-12a
56077 Am Hemels 346-5d
56072 Am Herrenweiher 344-6c
56072 Am Heyerberg 344-12a
56076 Am Hof (36/D4)
56072 Am Hohen Rech 344-4a
56073 Am Hubertsborn 350-5b
56077 Am Hüttenberg 346-5b
56077 Am Kalmen 346-5b
56077 Am Kappesgarten 346-7b
56073 Am Kirmesplatz (4) 350-2d
56076 Am Kratzkopfer Hof 346-10a
56070 Am Langen Stein 338-12b
56075 Am Lauxbach 351-8d
56075 Am Leymberg 345-10a
56075 Am Löwentor 345-7d (36/D1)
56077 Am Luisenturm 345-9b (36/C6)
56068 Am Mainzer Tor 345-9a (36/C3)
56077 Am Markt (3) (36/B5)
56072 Am Metternicher Bahnhof 344-6b
56072 Am Metternicher Wasserturm (13) 345-4a
56072 Am Moselstausee 345-4c
56072 Am Mühlbach 344-10b
56072 Am Mühlenteich 344-5a
56072 Am Nußbaum 346-7b
56077 Am Parkplatz 346-5b
56070 Am Petersberg 345-2d
56077 Am Pfaffendorfer Tor 345-9b (36/C5)
56068 Am Plan 345-5d (36/B3)
56077 Am Platz (2) (36/B5)
56072 Am Ried 344-5a
56077 Am Roten Hahn 346-5b
56072 Am Rübenacher Wald 344-7c
56075 Am Schloßweg 351-8b
56072 Am Schwellenberg 344-11d
56070 Am Sender 345-2c
56075 Am Siechhaustal 351-5c
56075 Am Spitzberg 345-11a
56072 Am Sportplatz 344-6b
56077 Am Steiner Graben 346-7b
56077 Am Steiner Kopf 346-7d
56077 Am Teebaum 346-7b
56072 Am Teufelsgraben 344-11b
56077 Am Treppchen (9) (36/B5)
56068 Am Turnerheim 344-12b
56070 Am Ufer 345-3d
56075 Am Vogelschutzpark 345-10b
56070 Am Volkspark 345-2d
56073 Am Witgarten (36/B1)
56068 Am Wolfstor (36/A3)
56068 Am Wöllershof 345-5d (36/B2)
56072 Am Zehnthof 344-9d
56077 Ammerink 346-7d
56075 Amselsteg 345-10b
56077 An den Zehn Nußbäumen 346-5a
56077 An der Arzheimer Schanze 346-7a
56075 An der Bauschule 345-8c
56070 An der Bleiche 345-5b (36/A2)
56070 An der Eisbreche 345-5a
56068 An der Fähre 345-7a
56077 An der Fausenburg 346-4a
56076 An der Grünen Bank 351-3d
56075 An der Königsbach 351-2c
56077 An der Kreuzkirche (36/B6)
56068 An der Liebfrauenkirche (36/B3)
56068 An der Moselbrücke 345-5d (36/B3)
56073 An der Overbergschule 345-8a (36/C1)
56077 An der Rheinhell 345-9d
56070 An der Ringmauer 345-5b
56070 An der Römervilla 345-1a
56072 An der Tränke 344-11d
56073 An der Windmühle (16) (36/A1)
56072 Anderbachstraße 344-5a
56070 Andernacher Straße 345-2a
56077 Angelbergstraße 345-12c
56068 Ankerpfad 351-1a
56070 Annastraße 345-5b
56068 Anschützstraße 345-11b
56077 Anton-Gabele-Straße 346-7c
56070 Antoniusstraße 345-5b
56072 Anton-Reuter-Straße 344-6a
56072 Anton-Reuter-Weg 344-6c
56070 Anwendspfad 344-3b
56077 Arenberger Straße 346-4a
56077 Auf dem Forst 346-5a
56075 Auf dem Gesetz 351-8d
56075 Auf dem Gockelsberg 345-7c
56072 Auf dem Hellen Weyer (1) 344-6d
56072 Auf dem Laut 345-4a
56077 Auf dem Sande 345-9d (36/D6)
56072 Auf den Elf Morgen (7) 344-12d
56076 Auf der Bienhornschanze 345-12b
56077 Auf der Bitz 346-6a
56068 Auf der Danne 345-5d (36/B3)
56077 Auf der Eich 346-4c (36/B6)
56076 Auf der Fußsohl 345-12b
56070 Auf der Lay 345-4b
56077 Auf der Lier 345-9d (36/D6)
56076 Auf der Luh 351-3a
56077 Auf der Mohl 346-3c
56072 Auf der Ochsenhell 344-6c
56068 Auf der Schleifmühl 344-12a
56076 Auf der Steinreusch 346-10a
56070 Auf der Zeil 344-3a
56072 Auf'm Baul 345-4a
56077 Auf'm Roth 346-6a
56072 Aufm Schaubert 344-11d
56077 Augistinertreppe (12) (36/B6)
56070 August-Borsig-Straße 345-3a
56068 August-Horch-Straße 339-10b
56070 August-Thyssen-Straße 338-12b
56072 Ausoniusstraße (3) 344-12a
56075 Austinstraße 345-10c

56076 Bächelstraße 351-3a
56073 Bacheresweg 345-7c
56072 Bachweg 344-6d
56070 Bäckersgasse (16) 345-3d
56073 Backesgasse 344-9d
56076 Backhausgasse 345-9c
56073 Baedekerstraße 345-5d (36/B2)
56068 Bahnhofsplatz 345-8d (36/D2)
56068 Bahnhofstraße 345-8d (36/C2)
56073 Bahnhofsweg 345-7c
\- Balduinbrücke 345-5d (36/A3)
56068 Balmes-Mühle 344-4b
56076 Balthasar-Neumann-Straße 345-12a
56068 Barbaragäßchen (36/B3)
56073 Bardelebenstraße 345-8a (36/B2)
56077 Baumschulenweg 346-5a
56073 Beatusstraße 345-7c (36/D1)
56073 Bechelstraße 345-5c (36/B1)
56076 Beckenkampstraße 345-12c
56068 Beethovenplatz 345-11b
56075 Beethovenstraße 345-11b
56073 Behringstraße 345-7b
56077 Bergstraße 346-4a
56075 Berliner Ring 345-10c
56068 Bienengarten 344-11b
56072 Bienenstück 344-6a
56076 Bienhornhöhe 345-12b
56076 Bienhornstraße 345-9c
56075 Birkenweg 345-10b
56072 Bischof-von-Ketteler-Straße 344-6b
56072 Bisholder 344-11d
56072 Bisholderweg 344-11d
56068 Bismarckstraße 345-9c (36/D3)
56072 Bitburger Straße 345-4a
56077 Bitzenweg 346-3c
56077 Blindtal 345-9b (36/B6)
56073 Blücherstraße 345-4d
56070 Blumenstraße 345-5d (36/A3)
56070 Blumsgasse (11) 345-3d
56070 Bodelschwinghstraße 345-2d
56073 Boelckestraße 345-8a
56073 Bogenstraße 345-7b (36/C1)
56070 Bonner Straße 345-1b
56076 Bornsgasse 351-2b
56077 Bornstraße 346-4b
56075 Brahmsstraße 345-11d
56076 Brandenburgstraße 351-2b
56068 Braugasse (36/B3)
56077 Braunsgasse (7) (36/B5)
56068 Brenderweg 345-6a
56077 Brentanostraße 346-4c (36/B6)
56068 Brückenstraße 345-9d (36/D5)
56075 Brunnenstraße 351-8d
56076 Bruno-Hirschfeld-Straße 345-12a
56070 Bubenheimer Bann 345-1b
56068 Bubenheimer Kirchpfad 344-2c
56072 Bubenheimer Weg 345-1d
56075 Buchenweg 345-10b
56068 Bückerplatz 345-9b (36/B5)
56072 Buhrweg 344-6a
56070 Bünenweg 339-12c
56070 Büngertsweg 345-3b
56070 Burgpfad 344-3c
56068 Burgstraße 345-5d (36/B3)
56073 Burgweg 344-9d
56075 Bussardweg 345-10b

56070 Carl-Mand-Straße 339-11c
56076 Carlo-Mierendorff-Straße 345-12d
56070 Carl-Spaeter-Straße 339-10d
56072 Carl-Welty-Straße 345-4b
56070 Carl-Zeiss-Straße 338-12b
56068 Casinostraße 345-8b (36/C3)
56077 Charlottenstraße 345-6d (36/B5)
56077 Cherubine-Willimann-Weg 346-5b
56068 Chlodwigstraße 345-11a
56073 Christian-Stramberg-Straße 345-8a (36/C1)
56077 Clara-Viebig-Straße 346-7c
56068 Clemensplatz 345-9a (36/B4)
56068 Clemensstraße 345-9a (36/B3)
56076 Collgasse 351-2b
56077 Collnotsgäßchen (6) (36/B5)
56068 Comeniusstraße 345-8a
56075 Cottbuser Straße 345-10a
56073 Cusanusstraße 345-8a (36/C2)

56077 Dahlienweg 346-5b
56070 Daimlerstraße 345-2b
56073 Dammstraße 345-8b (36/C2)
56068 Danziger Freiheit (36/A4)
56072 Dauner Straße (4) 345-4a
56073 David-Röntgen-Straße 345-5c (36/B1)
56070 Dechant-Plein-Straße 345-5a
56076 Deichstraße 345-5d (36/A2)
56068 Deinhardplatz (36/B4)
56075 Dessauer Straße 345-10a
56068 Deutsches Eck (36/A4)
56070 Deutschherrenstraße 345-3a
56075 Devorastraße 345-7b
56068 Dieblicher Straße 345-7a
56073 Diesterwegstraße 345-8a
56076 Diethardstraße 345-12a
56076 Dietrich-Bonhoeffer-Straße 345-12d
56073 Dietzstraße 345-8a (36/C1)
56068 Domenicusstraße 345-7b
56072 Doppelmühle 344-5b
56076 Dornsweg 351-3b
56068 Douquéstraße 345-5b
56068 Dreikaiserweg 345-11c
56075 Dresdener Straße 345-10c
56076 Dritteneimerweg 351-3a
56075 Drosselgang 345-10b

56073 Eduard-Müller-Straße 345-8a (36/C1)
56077 Egebergerhof 346-8a
56075 Eichendorffstraße 345-11c
56075 Eichenplatz 350-6d
56075 Eichenweg 345-10d
56077 Eifelblick 346-5d
56072 Eifelstraße 345-4a
56075 Eisenacher Straße 345-10c
56075 Eiserne Hand 351-7c
56072 Eisheiligenstraße 344-12b
56070 Elisenstraße 345-5b
56076 Ellingshohl 345-12b
56077 Ellingstraße 346-1d
56067 Eltzerhofstraße (36/B4)
Emil-Schüller-Straße 345-8d (36/D2)
56068 Nr. 1-43, Nr. 2-12
56073 Nr. 14-20
56076 Emser Straße 351-2d (36/D4)
56068 Engelsgäßchen (36/B3)
56076 Engelstraße 351-3a
56075 Engelsweg 345-11a
56070 Engerser Weg 339-7d
56068 Entenpfuhl 345-5d (36/B3)
56072 Eponastraße 344-4b
56076 Erbenstraße 351-2b
56075 Erfurter Straße 345-10c
56075 Erlenweg 351-1b
56070 Ernst-Abbe-Straße 338-12d
56070 Ernst-Sachs-Straße 345-2b
56076 Erwin-Planck-Straße 345-12d
56075 Eschenweg 345-10d
56068 Etzegäßchen (36/B3)
\- Europabrücke 345-5b (36/A2)
56072 Euskirchener Straße (10) 345-1d

56076 Fährgasse 345-9c
56070 Falkenstein-Kaserne 345-2c
56077 Falkenweg 346-5d
56073 Fasanenstraße 350-3c
56068 Felbigerstraße 345-7b
56070 Feldstraße 345-5b
56070 Ferdinand-Nebel-Straße 345-1c
56072 Ferdinand-Ries-Straße 345-5c
56068 Ferdinand-Sauerbruch-Straße 345-4d
56070 Feste Franz 345-5b
56075 Feste Kaiser Alexander (36/D1)
56077 Festung Ehrenbreitstein 345-6d (36/A6)
56077 Fichtenweg 346-5d
56075 Finkenherd 345-11a
56077 Finkenschlag 346-5d
56068 Firmungstraße 345-6c (36/B4)
56068 Fischelstraße (36/B2)
56068 Florianspfaffengasse (36/B3)
56072 Florianstraße 344-4b
56068 Florinsmarkt 345-5d (36/B3)
56070 Flößergasse 339-8c
56073 Foelixstraße 345-7b
56073 Follmannstraße 345-7b
56077 Forsthaus Elisenhof 346-9a
56068 Forsthaus Kühkopf 351-4a
56075 Forsthaus Remstecken 350-6c
56077 Forststraße 346-7b
56068 Frankenstraße 345-8d
56076 Franz-Leuninger-Straße 345-12d
56073 Franz-Weis-Straße 345-5c (36/B2)
56068 Friedrich-Ebert-Ring (36/C2)
56068 Friedrich-Gerlach-Straße 345-12c
56070 Friedrich-Mohr-Straße 345-1d
56068 Friedrichstraße (36/C3)
56073 Friedrich-Syrup-Straße 345-5c (36/A1)
56077 Friedrich-Wilhelm-Straße (10) (36/B5)
56077 Friesenstraße 346-4b
56070 Fritz-Ludwig-Straße 339-11b
56070 Fritz-Michel-Straße 345-3c
56077 Fritz-von-Unruh-Straße 346-10a
56070 Fritz-Zimmer-Straße 345-3c
56073 Fröbelstraße 345-7b
56070 Fröschenpfuhl 339-8c
56077 Fuhrweg 346-3c

56072 Gappenachsmühle 344-4a
56070 Gartenstraße 345-5d (36/A3)
56072 Gedächtnisstraße 344-4b
56068 Geisbachstraße 344-9b
56072 Geisenstraße 344-9d
56072 Gemünder Straße (6) 345-4a
56068 Gemüsegasse (36/B3)
56068 General-Allen-Straße 346-1d
56075 Geraer Straße 345-10c
56076 Gerbergasse 345-9c (36/D4)
56073 Gerhartsgäßchen 345-5c (36/B2)
56068 Gerichtsstraße 345-9a (36/B4)
56072 Gerolsteiner Straße (5) 345-4a
56077 Gertrud-Von-Le-Fort-Straße 346-7c
56076 Geschwister-Scholl-Straße 345-12d
56072 Gillenfelder Straße (2) 345-4a
56077 Glatzer Straße 345-9d (36/D5)
56070 Glismuotstraße 344-3a
\- Glockenbergtunnel 345-9d (36/D5)
56077 Glogauer Straße (36/D5)
56068 Gneisenaustraße 345-5c (36/B1)
56077 Goebensiedlung 346-7c (36/D6)
56075 Goethestraße 345-11d
56068 Görgenstraße 345-5d (36/B3)
56077 Görlitzer Straße (36/D5)
56068 Görresstraße (36/B3)
56075 Görtzstraße 345-7d
56072 Gotenstraße 344-2c
56075 Gothaer Straße 345-10b
56072 Grabenstraße 344-4b
56076 Grafenstraße 351-2d
56077 Greiffenklaustraße 346-4a
56075 Greifswalder Straße 345-10a
56070 Grenzmarkstraße 345-6a
56077 Grenzstraße 345-9d (36/D6)
56077 Griesenbachstraße 346-7b
56077 Grüner Weg 345-9b (36/C6)
56072 Gulisastraße 344-12a
\- Gülser Brücke 344-12b
56073 Gülser Straße 344-9d
56076 Gustav-Nachtigal-Straße 345-12b
56073 Gutenbergstraße 345-8a (36/C1)
56068 Gymnasialstraße (36/B3)

56070 Hafenstraße 345-6a (36/A3)
56070 Halfergasse 339-8c
56075 Hammpfad 345-10a
56075 Händelplatz 345-11d
56070 Handwerkerstraße 345-3d
56077 Hannarschweg 346-5c
56077 Hanns-Maria-Lux-Straße 346-7c
56070 Hans-Bellinghausen-Straße 345-3a
56070 Hans-Böckler-Straße 339-11b
56075 Haringeystraße (2) 345-10c
56075 Hasenpfad 345-11a
56076 Haukertsweg 351-3c
56077 Hauptstraße 346-4a
56077 Haus Wester 345-6b
56075 Haydnstraße 345-11b
56076 Heddesdorfstraße 351-2b
56073 Heiligenweg 345-7a
56077 Heinrich-Ermann-Straße 345-9d
56075 Heinrich-Klerx-Straße 345-7d
56077 Helene-Rothländer-Straße 346-10a
56077 Helfensteinstraße 345-9b (36/B5)
56072 Hellenweg 345-4c
56077 Henkericht 346-7d
56070 Henriette-Sontag-Straße 345-5b
56070 Herberichstraße 345-2d
56077 Hermann-Dienz-Straße 346-7c
56077 Hermann-Löns-Straße 346-7b
56070 Hermannsgasse (7) 345-3d
56076 Hermannstraße 345-12a
56070 Herrenstraße 339-11b
56072 Hersfelder Straße (6) 344-12a
56076 Heubachsweg 345-12c
56077 Heugericht 346-7b
56068 Himmelsleiter 351-4b
56072 Himmeroder Platz (11) 345-4b
56077 Hinterdorfstraße 346-7b
56070 Hintermark 339-11a
56077 Hirschberger Straße 345-9d (36/D5)
56076 Hirspeler Pfad (1) 345-12a
56073 Hirtenstraße 350-2d
56068 Höbersgasse (1) 345-3b
56070 Hochstraße 345-3b
56073 Hoevelstraße 345-8a (36/C1)
56077 Hofstraße 345-6d (36/B5)
56068 Hoheminnenstraße 345-5c (36/A1)
56068 Hohenfelder Straße 345-8b (36/B2)
56068 Hohenstaufenstraße 345-8d (36/D2)
56068 Hohenzollernstraße (36/D2)
56072 Hollerpfad 344-6c
56072 Hollerstraße 344-2c
56072 Hölzchestrift 350-2b
\- Horchheimer Brücke 345-11d
56076 Horchheimer Höhe 351-3c
56072 Hospitalstraße 344-9c
56075 Hüberlingsweg (36/D1)
56077 Humboldtstraße 345-9b (36/B5)
56072 Hummelweg 344-6a
56073 Hunenpfad (15) (36/A1)
56075 Hunsrückhöhenstraße 350-12b

56072 Im Acker 344-6b
56076 Im Baumgarten 351-3b
56073 Im Baumstück 344-9d
56072 Im Binsel 344-2c
56077 Im Bleidenberg 346-4a
56072 Im Bungert 344-5a
56068 Im Eulenhorst 344-6d
56077 Im Flürchen 346-5a
56073 Im Fronwingert 345-7a
56068 Im Giefenacker 350-5b
56068 Im Gutshof 344-3a
56073 Im Himmelberg 350-6a
56070 Im Hüttenstück 345-3c
56076 Im Junkerstück 351-3d
56076 Im Keitenberg 351-3b
56077 Im Kempel 346-7a
56072 Im Kimmelberg 344-6d
56070 Im Kirchacker 339-11a
56070 Im Kleestück 339-8c
56070 Im Kreutzchen 345-3c
56068 Im Krummen Acker 345-8a (36/C1)
56075 Im Litzerling 345-10a
56070 Im Metternicher Feld 344-3d
56072 Im Palmenstück 344-12b
56076 Im Plonzert 345-12c
56068 Im Pühlchen 344-9d
56073 Im Rauental 345-5c (36/A1)
56077 Im Römerkastell 346-4b
56073 Im Roßlauf (14) (36/A1)
56072 Im Rübenacher Gesetz 344-2c
56070 Im Sändchen 339-11b
56068 Im Sändgen 345-5b
56076 Im Schenkelsberg 345-12b
56068 Im Schildchen 344-3a
56070 Im Schildchesacker 344-3b
56077 Im Schilt 346-4c (36/B6)
56072 Im Sinderfeld 344-7c
56068 Im Teichert 345-9b (36/B5)
56068 Im Vogelsang (36/B4)
56068 Im Weeling 346-4b
56072 Im Weikert 344-4b
56077 Im Wiesengrund 346-3c
56077 Im Wingert 346-7a
56073 Im Winkel 350-5b
56070 Im Wolfsangel 339-8c
56068 Im Zoll 350-2d
56077 Immendorfer Straße 346-5b
56072 In Bisholder 344-11d
56070 In den Mittelweiden 345-1b
56077 In den Sieben Morgen 346-5a
56070 In den Steinen 345-2b
56070 In den Wiesen 344-3b
56077 In der Felsch 346-7b
56070 In der Flötz 344-3b
56070 In der Gief 339-11d
56073 In der Goldgrube 345-8a (36/C1)
56072 In der Grünwies 344-2c
56073 In der Hohl 345-7c
56076 In der Hohlstadt (36/D4)
56073 In der Höll 345-7c
56072 In der Klause 344-5a
56072 In der Laach 344-9d
56072 In der Loh 344-7d
56068 In der Lück 350-2d
56068 In der Rothenlänge 345-1d
56068 In der Spitz 345-4d
56077 In der Strenge 346-7b
56072 In der Weglänge 345-4a
56070 In der Wehring 345-1b
56072 In der Wieb 344-6d
\- Industriegebiet Rheinhafen 339-10b
56070 Irmina-Hoelscher-Straße 345-3b
56072 Isenburgstraße 344-6d

56077 Jagdhaus Elisenhof 347-7a
56077 Jägerweg 346-5d
56076 Jahnplatz (Horchheim) 351-2b
56076 Jahnplatz (Pfaffendorf) 345-9c (36/D4)
56075 Jahnstraße 345-11c
56068 Jahnweg 344-6b
56070 Jakob-Hasslacher-Straße 345-1a
56076 Jakob-Kaiser-Straße 345-12d
56077 Jakob-Kneip-Straße 346-10a
56070 Jakobstraße (9) 345-3d
56068 Januarius-Zick-Straße 345-8d (36/D3)
56068 Jean-Elsner-Platz (36/C2)
56068 Jesuitengasse 345-6c (36/B3)
56068 Jesuitenplatz 345-6c (36/B3)
56077 Johannes-Casel-Straße 346-1d
56068 Johannes-Junglas-Straße 345-7b
56068 Johannes-Müller-Straße 345-8d (36/D2)
56076 Johannes-Popitz-Straße 345-12b
56070 Johannesstraße 345-1d
56068 Josef-Cornelius-Straße 345-3a
56068 Josef-Görres-Platz 345-6c (36/B4)
56077 Josefine-Moos-Straße 346-4b
56077 Joseph-Breitbach-Straße (1) (36/B5)
56072 Julius-Leber-Straße 345-12d (36/C3)
56072 Jufferweise 344-11a
56076 Julius-Leber-Straße 345-12d (36/C3)
56068 Julius-Wegeler-Straße (36/C3)
56075 Jupp-Gauchel-Straße 345-11c

56068 Kaiserin-Augusta-Anlagen 345-11b (36/D3)
56070 Kaiser-Otto-Straße 339-8c
56070 Kaltenengerser Weg 344-3a
56068 Kaltenhof (36/B3)
56068 Kammertsweg 339-12c
56072 Kanalstraße 344-5a
56068 Kapellener Platz 351-8b
56073 Kapellenstraße 350-5b
56077 Kapuzinerplatz (36/B5)
56077 Kapuzinerstraße (36/B5)
56073 Kardinal-Krementz-Straße 345-8a (36/C2)
56076 Karl-Friedrich-Goerdeler-Straße 345-12b
56072 Karl-Härle-Straße 345-10d
56068 Karl-Möhlig-Straße 344-12a
56068 Karl-Russell-Straße 345-5a
56070 Karlsgasse (14) 345-3d
56073 Karl-Tesche-Straße 345-4d
56068 Karmeliterstraße (36/B4)
56073 Karolastraße 350-3c
56068 Karolingerstraße 345-11a
56075 Karthäuserhofweg 345-10d
56073 Karthäuserstraße 345-8d (36/D2)
56077 Kastanienweg 346-5d
56068 Kastorhof 345-6c (36/B4)
56068 Kastorpfaffengasse (36/B4)
56068 Kastorpfaffenstraße 345-6c (36/B4)
56068 Kastorstraße 345-6c (36/B4)
56073 Kaufunger Straße 350-6a
56070 Kaulenstück 344-3d
56077 Kellereibotsgasse (8) (36/B5)
56072 Keltenring 344-12a
Keltenstraße 344-5a
56072 Nr. 1-91, Nr. 4-186
56070 Nr. 99-117, Nr. 188-262
56068 Kemmertstraße 344-6b
56073 Kemperhofweg 345-7a
56070 Kesselheimer Weg 339-11d

56077 Kettengarten 346-3c
56075 Kiefernweg 345-10d
56068 Kierweg 344-6d
56072 Kilianstraße 344-2c
56070 Kimmelsheck 339-8c
56070 Kirchackerweg 338-12c
56076 Kirchgasse 345-9c
56077 Kirchhofsweg 346-4b
56076 Kirchstraße 351-2b
56077 Kirchwiese 346-6a
56068 Kirschblütenweg 344-6d
56068 Klausenbergweg 345-9b (36/B6)
56077 Klausenburg 345-9b (36/B6)
56070 Kleeweg 338-12c
56068 Kleinschmittsgäßchen (36/B3)
56073 Klosterstraße 345-7c
56077 Kniebreche 346-4c
56073 Koblenzer Straße 345-7c
56077 Kolonnenweg 345-9b (36/C5)
56073 Kolpingstraße 345-8a (36/C1)
56075 Kondertal 350-4d
56068 Königsbach 351-2c
56068 Konrad-Adenauer-Ufer 345-9a (36/B4)
56075 Konrad-Zuse-Straße 345-10c
56068 Kornpfortstraße 345-6c (36/B3)
56077 Kornsmühle 346-8a
56077 Kreisstraße 346-7a
56072 Kruppstraße 344-2c
56075 Kuckucksweg 345-10b
56072 Kuffnermühle 344-2d
56072 Kümperstraße 344-12d
56077 Kunzebornstraße 346-6a
56068 Kurfürstenstraße 345-11b (36/D3)
- Kurfürstliches Schloss (36/C4)
56070 Kurfürst-Schönborn-Straße 339-7b
- Kurt-Schumacher-Brücke 345-4c
56077 Kurt-Schumacher-Straße 346-7b
56072 Kyllburger Straße (1) 345-4a

56072 **L**aacher Straße (12) 345-1d
56077 Lahnstraße 346-7b
56072 Lambertstraße 344-5a
56073 Landstraße 350-5b
56070 Langemarckplatz 345-5b
56070 Langenaustraße 345-3a
56072 Laubach 345-11c
56073 Laurentiussiedlung 345-7a
56073 Layer Bergweg 350-5a
56073 Layer Straße 345-7a
56072 Layerbach 350-2b
56073 Legiastraße 350-5b
56077 Lehrhohl 345-9d (36/D5)
56068 Leimigsgasse (6) 345-3d
56075 Leipziger Straße 345-10c
56073 Lengenfeldstraße 345-5c (36/A1)
56068 Lennéstraße 345-8d
56076 Leo-Frobenius-Straße 345-12b
56075 Lerchenweg 345-7d
56068 Libellenpfad 344-6c
56072 Liegnitzer Straße (36/B6)
56077 Lielsgasse (4) (36/B5)
56077 Lindenallee 345-9d (36/D6)
56073 Lindenstraße 345-8c (36/D1)
56075 Lippestraße 345-7d
56068 Löhrrondell (36/C2)
56068 Löhrstraße (36/D2)
56068 Lorenz-Kellner-Straße (1) 345-7b
56075 Lortzingstraße 345-11d
56076 Louis-Berger-Straße 351-2d
56068 Löwentor 345-8c
56072 Lubentiusstraße 344-12b
56073 Lückenstraße 350-2d
56068 Lüderitzstraße 345-12b
56076 Ludwig-Beck-Straße 346-10c
56073 Ludwig-Erhard-Straße 345-5a
56076 Ludwig-Gall-Straße 351-3c
56076 Ludwig-Schwamb-Straße 345-12d
56068 Ludwigstraße 345-8d
56068 Luisenstraße 345-8b (36/C3)

56068 **M**aastrichter Ring 344-12d
56077 Maehlerplatz (17) (36/B5)
56075 Magdeburger Straße 345-10a
56073 Maigesetzweg 345-7c
56070 Mailust 338-12d
Mainzer Straße 345-11c (36/D3)
56068 Nr. 1-73, Nr. 2-78, Nr. 83-Ende, Nr. 94-Ende
56075 Nr. 75-103, Nr. 80-92
56073 Maistraße 350-3c
56070 Malterstraße 344-3b
56068 Manderscheider Straße (3) 345-4a
56068 Margaretenweg 344-9d
56070 Maria Trost 339-11c
56077 Maria-Detzel-Straße 346-10a
56070 Mariahilfstraße 345-5b
56076 Mariannenhof 346-10c
56070 Marienfelder Straße 339-11d
56068 Marienhof 345-7b
56073 Marienstätter Straße 350-5b
56068 Markenbildchenweg 345-8d (36/D3)
56068 Marktstraße 345-5d (36/B3)
56070 Martinusstraße 339-8c
56072 Mauritiusstraße 344-1d
56070 Max-Bär-Straße 345-3a
56072 Maximinstraße 344-2c
56070 Mayener Straße 345-4b (36/A2)
56070 Mayer-Alberti-Straße 345-5b
56077 Meesgasse (11) (36/B5)
56076 Meesstraße 351-2b
56068 Mehlgasse (36/B3)
56077 Meisengraben 346-5c
56075 Meisenlauf 345-7d
56076 Meißener Straße 345-10c
56070 Memeler Straße 345-7b
56068 Mendelssohnstraße 351-3c
56068 Merkurtempel 351-10a
56073 Merlstraße 345-5c (36/A1)
56075 Merodestraße 345-10b
56068 Merowingerstraße 345-11a
56070 Metternicher Weg 344-3c
56076 Mittelstraße 351-2d
56068 Moltkestraße 345-9c (36/D3)
56072 Monschauer Straße 345-4a
56073 Moselblick 350-3c
Moselring 345-5d (36/B2)
560768 Nr. 1-7, Nr. 2-8
56073 Nr, 11-33
56073 Moselufer 344-9d
56072 Moselweinstraße 344-12b
56073 Moselweißer Straße 345-5c (36/B1)
56068 Mostertplatz (3) 350-3c
56068 Mozartplatz 345-11b
56075 Mozartstraße 345-11b
56075 Müfflingstraße 351-2b
56068 Mühlackerweg 344-3c
56077 Mühlenbacher Hof 346-9b
56077 Mühlenbergweg 346-4c (36/B6)
56073 Mühlengasse 344-9d
56072 Mühlenstraße 344-5a
56077 Mühlental 346-4c
56068 Mühlgraben 345-12a
56070 Mülheimer Weg 339-10a
56070 Müllersgasse (15) 345-3d
56072 Münstereifeler Straße (8) 345-1d
56072 Münsterweg 344-2d
56068 Münzplatz (36/B3)
56068 Münzstraße (36/B3)

56068 **N**agelsgasse 345-6c (36/B4)
56073 Nahlkammer 344-9d
56073 Naumburger Straße 345-10a
56070 Nauweg 345-3c
56077 Neudorfer Weg 346-4a
56070 Neuendorfer Straße 345-5d (36/A3)
56070 Neuer Messeplatz (36/B2)
56077 Neuer Weg 346-4a
56072 Neugasse 344-6c
56068 Neustadt 345-9a (36/C3)
56072 Neustraße 344-12b
56068 Neversstraße 345-8d (36/D2)
56077 Niederberger Höhe 346-1d
56076 Niederfelder Weg 345-12c
56068 Niedergasse 344-9d
56075 Norwichstraße 345-10c
56075 Novarastraße (1) 345-10c

56073 **O**berbreitweg 345-7c
56072 Oberdorfstraße 344-6a
56076 Obere Rheingasse 345-9c
56072 Oberer Bassenheimer Weg 344-1d
56068 Oberer Heuweg 351-4d
56073 Obergasse 344-9d
56068 Obertal (36/B5)
56072 Oberweiher 344-6d
56068 Osterhausstraße 344-6b
56070 Otto-Falckenberg-Straße 345-6a
56073 Otto-Fohl-Straße 345-5c
56070 Otto-Schönhagen-Straße 345-1b
56073 Overbergplatz 345-8a (36/C1)
56070 Owersgasse (3) 345-3b

56075 **P**anoramaweg 345-10a
56075 Pappelweg 351-1b
56068 Paradies (36/B3)
56075 Parkstraße 345-11c
56072 Pastor-Busenbender-Straße 344-12a
56075 Pastorenpfad 350-12d
56072 Pastor-Kesten-Straße 344-12a
56073 Pastor-Klein-Straße 345-4d
56070 Pastor-Lang-Straße 345-3d
56068 Pastor-Metzdorf-Straße (36/C2)
56073 Pastor-Simon-Straße 350-3c
56077 Pater-Fröhlich-Straße 346-5b
56076 Paul-Schneider-Straße 345-12d
56070 Paulstraße 345-5b (36/A3)
56076 Pechlerberg 351-3a
56077 Pelzerweg 346-7a
56073 Pestalozzistraße 345-8a
56068 Petah-Tikvaplatz (36/C3)
56073 Peter-Altmeier-Ufer 345-5c (36/A2)
56077 Peter-Flöck-Straße 346-4c
56073 Peter-Friedhofen-Straße 345-7b
56077 Peter-Joseph-Rottmann-Straße 346-10a
56073 Peter-Klöckner-Straße 345-4b
56077 Peter-Preußer-Straße 346-4b
- Pfaffendorfer Brücke 345-9a (36/C4)
56072 Pfaffengasse 344-6b
56070 Pfarrer-Friesenhahn-Platz 345-3c
56077 Pfarrer-Kraus-Straße 346-5a
56077 Pfarrer-Wilmerstaedt-Straße (1) 346-7b
56070 Pfarrgasse (5) 345-3d
56068 Pfuhlgasse 345-5d (36/B3)
56077 Philipp-Wirtgen-Straße 345-9d
56075 Pionierhöhe 345-10d
56073 Pirolweg 350-2d
56070 Plankenweg 345-3c
56072 Planstraße 344-9c
56075 Platanenweg 345-10d
56068 Plenterweg 344-6d
56070 Pollenfeldweg 345-4b
56072 Poppenstraße 344-12b
56068 Poststraße (36/B4)
56075 Potsdamer Straße 345-10b
56076 Preuselpfad 351-3a
56072 Prümer Straße (7) 345-4b
56070 Prümmsgasse (4) 345-3d
56075 Pützweg 350-9b

56077 **Q**uellenweg 346-3c

56072 **R**aiffeisenstraße 344-6d
56072 Rammsweg 345-7a
56068 Rathauspassage (36/B3)
56073 Rauentalshöhe 345-4d
56076 Ravensteynstraße 345-12a
56073 Rebengasse 345-3b
56068 Regierungsstraße 345-9a (36/B4)
56068 Reichenspergerplatz 345-9a (36/B4)
56076 Reiffenbergstraße 351-2b
56075 Remstecker Pfad 350-12a
56077 Reuschweg 346-3c
56075 Rheinau 345-11d
56077 Rheinblick 346-6a
56068 Rheinhöhenweg 351-4b
56070 Rheinschanze 345-6a
56068 Rheinstraße 345-6c (36/D4)
56076 Rheinuferweg 345-9c (36/B4)
56068 Rheinzollstraße 345-6c (36/B4)
56075 Rhenser Straße 351-8b
56075 Richard-Wagner-Straße 345-11b
56077 Ringstraße 346-6a
56073 Ritterpfad (13) (36/A1)
56076 Ritterstraße 345-9c
56068 Rizzastraße (36/C2)
56070 Robert-Bosch-Straße 345-3a
56073 Robert-Koch-Straße 345-5c (36/B1)
56070 Röhnsgasse (8) 345-3d
56072 Rohrerhof 345-4a
56072 Rohrerpfad 345-4a
56072 Römerhügel (4) 344-12a
Römerstraße 345-11a
56073 Nr. 60-154
56075 Nr. 200-220
56068 Römische Straße 351-4a
56068 Roonstraße 345-8b (36/C2)
56072 Rosenbornstraße 344-4b
56070 Rosenstraße 345-5b
56075 Rostocker Straße 345-10a
56077 Rothmüllersberg 346-7b
56068 Rübenacher Straße 344-6a
56077 Rudolf-Breitscheid-Straße 345-9d (36/D5)
56070 Rudolf-Diesel-Straße 339-12c
56073 Rudolf-Virchow-Straße 345-4d
56075 Rüsternallee 345-10d

56073 **S**aarplatz (36/B2)
56070 Sabelsgasse (13) 345-3d
56068 Sachsenstraße 345-8d
56068 Salierstraße 345-11a
56070 Salmengasse 345-3b
56073 Sandgaßweg 345-7c
56077 Sauersmühle 346-7b
56073 Saurbornstraße 345-5c (36/A1)
56073 Schaefferstraße 345-8a (36/D1)
56068 Schanzenpforte (36/B3)
56073 Scharnhorststraße 345-5c (36/B1)
56070 Schartwiesenweg 345-6c (36/A4)
56068 Schenkendorfplatz 345-11b
56068 Schenkendorfstraße 345-11b
56070 Schiebegasse (10) 345-3d
56072 Schießerweg 344-2c
56076 Schiffergasse 345-9c
56075 Schillerstraße 345-11d
56070 Schillweg 345-3c
56073 Schlachthofstraße 345-4c (36/A1)
56072 Schleidener Straße (9) 345-4b
56072 Schleifmühlenstraße 344-4b
56068 Schloß Stolzenfels 351-8b
56077 Schloßhofstraße 346-5b
56068 Schloßstraße 345-8b (36/C3)
56068 Schloßweg 351-8b
56072 Schmetterlingsweg 344-6a
56070 Schmiedestraße 339-11a
56076 Schmittenhöhe 346-10d
56070 Schmitzgasse (2) 345-3b
56077 Schnurgasse 346-4b
56070 Schöffengasse 339-8c
56070 Schönbornsluster Straße 345-2a
56075 Schubertstraße 345-11d
56073 Schulgasse (Altstadt) (36/B3)
56073 Schulgasse (Moselweiß) 344-9d
56075 Schüllerhof 351-7d
56070 Schüllerplatz 345-5d (36/A3)
56072 Schultheiswiesenweg 344-5a
56075 Schumannstraße 345-11d
56073 Schützenhof 345-11a
56068 Schützenstraße 345-11a
56075 Schwalbenweg 345-10b
56070 Schwarzer Weg 345-6a
56073 Schwedenpfad (5) 350-3c
56072 Schweidnitzer Straße (36/D6)
56075 Schweriner Straße 345-10b
56073 Schwerzstraße 345-5c (36/B2)
56073 Schwörstraße (2) 350-3c
56075 Sebastian-Bach-Straße 345-11c
56072 Sebastianstraße 345-12a
56072 Sebastian-Kneipp-Straße 344-6d
56077 Seelenpfad 346-7d
56068 Seifenbachstraße 345-9c (36/D5)
56076 Seizstraße 345-12a
56072 Sendnicher Straße 344-4b
56072 Servatiusstraße 344-12b
56068 Siechhaustal 351-5c
56072 Siegburger Straße (5) 344-12a
56077 Silberstraße 346-5d
56070 Simmerner Straße (36/D1)
56073 Simon-Meister-Straße 345-7b
56075 Simrockstraße 345-11b
56077 Sonnenallee 346-5a
56077 Sonneneck 346-7a (36/B6)
56077 Sophie-von-La-Roche-Straße 346-7c
56076 Spangenbergstraße (36/D4)
56075 Spechtstraße 345-10b
56075 Sperlingsgasse 345-10b
56068 Spielwieserweg 344-11d
56070 St. Michaelshof 339-7d
56073 St.-Bernhard-Straße 345-3b
56073 St.-Elisabeth-Straße 345-5c (36/B1)
56068 St.-Josef-Platz 345-11b
56068 St.-Josef-Straße 345-8d
56073 St.-Martin-Straße 350-5b
56070 St.-Maternus-Straße 344-3a
56070 St.-Sebastianer-Straße 344-3a
56073 Stademannstraße 345-5c (36/B1)
56072 Stauseestraße 344-12b
56076 Stautsweg 346-11a
56077 Stefan-Andres-Straße 346-7c
56068 Stegemannstraße 345-8b (36/C3)
56077 Steilsgasse (5) (36/B5)
56072 Steinebirker Weg 344-12a
56068 Steinstraße 345-4d (36/B1)
56070 Steinweg 345-2d
56070 Stiftsgasse 345-3b
56072 Stralsunder Straße 345-10b
56070 Straßburger Straße 345-6a
56072 Straußpfad 344-2c
56068 Stresemannstraße 345-9a (36/C4)
56068 Südallee 345-8d (36/D3)
- Südbrücke 351-2b

56075 **T**annenweg 345-10d
56072 Teichstraße 344-12a
56068 Teufelstreppe 345-9d (36/D5)
56077 Thälerweg 346-7a (36/C6)
56072 Theodor-Heuss-Ufer 345-4b (36/A2)
56068 Theodor-Körner-Straße 345-11b
56070 Theo-Ehrhardt-Straße 339-11d
56070 Theo-Mackeben-Straße 345-5b
56073 Thielenstraße 345-8a (36/C2)
56076 Timmetzer Weg 351-3a
56072 Trevererstraße 345-5a
Trierer Straße 344-6c
56072 Nr. 1-387, Nr. 6-386, Nr. 390
56070 Nr. 388, Nr. 392-420
56072 Trifter Weg 344-6c
56070 Trillbach 339-11a
56077 Trottgasse (36/B5)

56072 **Ü**ber'm Rath 344-9c
56072 Ubierstraße 344-4b
56075 Uhlandstraße 345-11d
56077 Ulmenweg 346-5d
56070 Ulnerstraße 345-3c
56072 Universitätsstraße 344-6d
56072 Unter der Fürstenwiese 344-8d
56073 Unterbreitweg 344-9d
56077 Unterdorfstraße 346-7b
56073 Untere Karolastraße (1) 350-3c
56076 Untere Rheingasse (36/D4)
56068 Unterm Stern 345-6c (36/A3)
56073 Untermarkstraße 350-3c
56077 Urbarer Straße 346-5b

56077 **V**eith-Rummel-Straße 346-7c
56070 Viermalterweg 344-3d
56068 Viktoriastraße 345-8b (36/C3)
56077 Vogelweide 346-5c
56070 Vogteigasse 345-3b
- Volkspark 345-2d
56076 Von-Cohausen-Straße 345-12a
56076 Von-der-Arken-Straße 346-10a
56072 Von-Eltz-Straße 344-2c
56076 Von-Eyß-Straße 351-2d
56076 Von-Galen-Straße 345-12d
56077 Von-Hommer-Straße 346-4c
56076 Von-Kellenbach-Straße 351-2d
56070 Von-Kuhl-Straße 345-2a
56072 Von-Lassaulx-Platz (8) 344-12d
56072 Von-Lassaulx-Straße (9) 344-12d
56068 Von-Werth-Straße 345-8b (36/C3)
56076 Von-Witzleben-Straße 345-12d
56077 Vor dem Sauerwassertor 346-4c (36/A6)

56075 **W**achtelschlag 345-10b
56068 Wahlsweg 344-6b
56073 Waisenhausstraße 345-8c (36/D1)
56070 Waldbottenstraße 345-3b
56077 Waldersdorf 346-6b
56075 Waldweg 351-8b
56070 Wallersheimer Weg 345-5b
56077 Wambachstraße 345-6d (36/B5)
56075 Weberplatz 345-11c
56068 Weidtmannstraße 344-6d
56077 Weiherplatz 346-4a
56075 Weimarer Straße 345-10c
56070 Weinackerweg 344-3d
56070 Weinbergstraße 345-5a
56068 Weindorf (36/C4)
56072 Weingasse 344-6b
56070 Weißenthurmer Straße 344-3a
56068 Weißer Gasse 345-5d (36/B2)
56068 Weißernonnengasse (36/B3)
56076 Weitenbornstraße 351-3a (36/B3)
56072 Wellingsweg 345-4a
56070 Weltersgasse (12) 345-3d
56076 Wendelinusstraße 345-12a
56076 Wepeling-Hole-Straße 345-10a
56072 Werlesmühle 344-3c
56070 Werner-von-Siemens-Straße 345-2d
56075 Werntgenstraße 345-7d
56076 Wiesenpfad 351-2b
56068 Wiesenweg 345-5b (36/A2)
56077 Wildpfad (1) 346-5d
56076 Wilhelm-Leuschner-Straße 345-12b
56072 Wilhelmsmühle 344-5a
56068 Wilhelm-Stöppler-Platz 345-5b (36/A3)
56070 Wilhelmstraße 345-5b
56073 Willy-Brandt-Ufer 345-4b
56070 Wingertsweg 345-3c
56068 Winninger Straße 344-9b
56068 Winninger Weg 344-12c
56075 Wismarer Straße 345-10a
56075 Wittenberger Straße 345-10a
56068 Wittlicher Straße 345-4b
56072 Wolfskaulstraße 344-12a
56072 Wolkener Straße 344-4b

56073 **Y**orckstraße 345-5c (36/B1)

56072 **Z**aunheimer Straße 344-7b
56068 Zehnthofstraße 344-9d
56075 Zeisigstraße 345-10b
56068 Zentralplatz 345-8b (36/B3)
56075 Zeppelinstraße 345-10b
56072 Zilzemühle 344-2d
56070 Zimmerplatz 339-11a
56073 Zollstraße 350-2d
56068 Züchnerstraße 339-11c
56073 Zum Dohm 350-3c
56070 Zur Bergpflege 339-11a
56070 Zur Rheinader 339-8c
56070 Zur Wegscheide 339-8c
56075 Zwickauer Straße 345-10c
56072 Zwischen den Zäunen 344-4b

Köln

Straßennamen mit Suchfeldangaben in Klammern befinden sich im Cityplan auf Seite 37.

50674 **A**achener Glacis 134-3a
51145 Aachener Straße (Porz) 167-1a
Aachener Straße 133-1a
50674 Nr. 1-71, Nr. 2-134
50931 Nr. 75-327, Nr. 182-250
50933 Nr. 300-972, Nr. 415-999
50858 Nr. 1001-1253, Nr. 1002-1210
50859 Nr. 1212-1420, Nr. 1257-1413
51061 Aarestraße 107-6b
50769 Abendrothstraße 86-5c
51109 Abshofstraße 108-12a
50935 Abt-Herwegen-Straße 134-4d
51143 Abtsweg 166-8c
50678 Achtergäßchen (3) 135-4b
50678 Achterstraße 135-4b
51065 Ackerstraße 108-10b
50858 Ackerwinde 133-2d
51067 Adalbert-Stifter-Straße 108-6c
50996 Adalbert-Stifter-Weg 166-1a
51103 Adalbertstraße 136-2a
51145 Adam-Linden-Straße 137-10d
51063 Adamsstraße 108-7c
51063 Adam-Stegerwald-Straße 107-12c
50996 Adamstraße 135-12c
50733 Adam-Wrede-Straße 107-8c
51143 Adelmutstraße 166-6c
50997 Adlerstraße 165-4b
50829 Adlerweg 106-7c
50670 Adolf-Fischer-Straße 107-10c
50829 Adolf-Grimme-Allee 106-1d
51061 Adolf-Kober-Straße 107-3d
50999 Adolf-Menzel-Straße 166-1d
51147 Adolph-Kolping-Straße 167-8c
50679 Adolphstraße 135-2d (37/C6)
51149 Adrian-Kiels-Straße 136-10d
50859 Adrian-Meller-Straße 105-7a
50668 Aduchtstraße 107-11a
50939 Aegidienberger Straße 134-9a
51069 Aeltgen-Dünwald-Straße 88-11a
51105 Aggerstraße (Humboldt/Gremberg) 136-4a
50859 Aggerstraße (Lövenich) 104-12d
51149 Aggerweg 136-11c
50937 Ägidiusstraße 134-6c
50678 Agilofstraße 135-8a
50676 Agrippastraße 135-1c (37/C2)
50678 Agrippinaufer 135-5c
50678 Agrippinawerft 135-5c
50765 Ahornstraße 85-11b
50827 Ahornweg (Bickendorf) 106-7d
51147 Ahornweg (Grengel) 167-5b
50999 Ahornweg (Sürth) 165-9b
50859 Ahornweg (Widdersdorf) 105-4d
50933 Ahrenweg 105-11b
50859 Ahrstraße (Lövenich) 105-10a
50996 Ahrstraße (Rodenkirchen) 165-3d
51061 Ahrweg 108-2b
50968 Ahrweilerstraße 135-11c
50765 Akazienstraße 85-11b
Akazienweg (Bickendorf, Vogelsang) 106-7c
50827 Nr. 1-161, Nr. 2-82
50829 Nr. 165-201
51147 Akazienweg (Grengel) 167-5b
50999 Akazienweg (Sürth) 165-9b
50859 Akazienweg (Widdersdorf) 105-4d
50858 Akeleiweg (Junkersdorf) 133-2b
50769 Akeleiweg (Seeberg) 86-8b
50997 Aladinstraße 165-4b
50679 Alarichstraße 135-2d (37/C6)
50829 Alban-Berg-Weg 105-6a
50739 Alberichhof 106-6b
51147 Alberichstraße 167-9c
51103 Albermannstraße 136-1a
50859 Albert-Kindle-Straße 132-3b
50968 Albert-Schweitzer-Straße (Raderthal) 135-10a
51147 Albert-Schweitzer-Straße (Wahn) 167-8a
51143 Albert-Tobias-Weg (2) 166-8b
50931 Albertus-Magnus-Platz 134-6a
50667 Albertusstraße 135-1a (37/B1)
50999 Albertusweg 166-4d
51147 Albin-Köbis-Straße 167-8a
50672 Albrecht-Dürer-Platz 134-3a
50999 Albrecht-Dürer-Straße 166-1d
51069 Albusweg 108-3a
50679 Alemannenstraße (Deutz) 135-2d
51149 Alemannenstraße (Gremberghoven) 136-12b
50996 Alemannenstraße (Rodenkirchen) 165-3a
50739 Alexander-Petöfi-Platz 86-11d
50769 Alexander-von-Wacker-Platz 87-4d
50739 Alexe-Altenkirch-Straße 106-6a
50676 Alexianerstraße 135-1c (37/D2)
51143 Alfons-Kafka-Straße 166-8b
50858 Alfons-Nowak-Straße 133-2d
51149 Alfred-Delp-Straße 136-11d
50829 Alfred-Döblin-Straße 105-3c
51145 Alfred-Nobel-Straße 167-1a
Alfred-Schütte-Allee (Deutz, Poll) 135-5b
50679 Nr. 1, Nr. 2-24
51105 Nr. 28-Ende, Nr. 51-Ende
51061 Alfred-Werner-Straße 87-12d
50969 Alfterstraße 135-7c
50735 Allensteiner Straße (Niehl) 107-5a
50997 Allensteiner Straße (Rondorf) 165-4a
50668 Allerheiligenstraße (37/A3)
51105 Allerseelenstraße 135-6c
50765 Allerstraße 86-4a
51109 Aloeweg 136-3b
50825 Alpenerplatz 106-8c
50825 Alpenerstraße 106-8c
50767 Alpenroder Weg 86-10b
50769 Alpenrosenweg 86-8b
50931 Alphons-Silbermann-Weg 134-3c
51061 Alradstraße 87-11b
50933 Alsdorfer Straße 106-10d
50679 Alsenstraße (37/B6)
50969 Alstädter Straße 134-12b
50997 Alt Engeldorfer Hof 164-12a
50739 Altbaumburgweg 106-6d
50739 Altdahnweg 106-6d
51143 Alte Apotheke 166-8b
50997 Alte Brühler Straße 164-8d
51147 Alte Burgstraße 197-1a
50997 Alte Fischenicher Straße 164-8b
51107 Alte Forststraße 137-8a
51143 Alte Gasse 166-5d
51147 Alte Heide 167-8d
50999 Alte Kirchgasse 166-7c
50858 Alte Klosterstraße 133-2d
51147 Alte Kölner Straße 167-3a
50997 Alte Kölnstraße 164-9a
51147 Alte Magazinstraße 167-9a
50676 Alte Mauer am Bach 135-1c (37/D2)
50769 Alte Neusser Landstraße 65-9b
50999 Alte Rheinstraße 166-5c
50769 Alte Römerstraße 66-10a
50859 Alte Sandkaul 105-4d
50859 Alte Straße (Widdersdorf) 105-7a
50769 Alte Straße (Worringen) 65-8b
51147 Alte Tanklagerstraße 167-6c
50672 Alte Wallgasse (37/B1)
51065 Alte Wipperfürther Straße 108-10b
50678 Alteburger Platz 135-8a
Alteburger Straße 135-4d
50678 Nr. 1-129, Nr. 2-82
50968 Nr. 138-338, Nr. 139-377
50678 Alteburger Wall 135-7b
51061 Altenauer Weg (9) 108-5a
50668 Altenberger Straße (Altstadt-Nord) 107-10d (37/A4)
51145 Altenberger Straße (Eil) 167-1b
50670 Altengrabengäßchen (37/A2)
50767 Altenhofer Weg 86-7d
50827 Altenhofstraße 106-8b
Alter Deutzer Postweg 136-5c
51107 Nr. 1-221, 2-22
51149 Nr. 95-101, Nr. 100-102
50667 Alter Markt 135-1b (37/B4)
50933 Alter Militärring 105-12d
50679 Alter Mühlenweg 135-2d (37/D6)
50735 Alter Stammheimer Weg 107-8d
50739 Altleiningenweg 106-6c
50737 Altonaer Platz 106-3b
50737 Altonaer Straße 86-12c
50668 Altstraße 107-9b
50668 Alvenslebenstraße 107-11a
50739 Alzeyer Straße 106-6c
50933 Am Ackerrain 105-11d
50769 Am Alten Brauhaus (Merkenich) 66-12c
51143 Am Alten Brauhaus (Zündorf) 166-6c
50667 Am Alten Posthof 135-1a (37/B2)
51107 Am Alten Turm 137-4d
50668 Am Alten Ufer 107-11c (37/A4)
50765 Am Alten Weiher (2) 85-8b

51105 Am Altenberger Kreuz 135-6c
51143 Am Anger 166-9a
50767 Am Baggerfeld 85-9a
51147 Am Bahnhof 167-7d
50739 Am Balsamhof 86-11c
50678 Am Bayenturm 135-5c
50678 Am Beethovenpark 134-5c
51145 Am Bergerhof (Elsdorf) 167-4d
50769 Am Bergerhof (Worringen) 65-11b
51143 Am Berzenacker 166-8c
50739 Am Bilderstöckchen 106-6c
51145 Am Bitzenhäuschen 137-11c
51149 Am Blauen Stein (Ensen) 136-7d
50997 Am Blauen Stein (Rondorf) 165-4d
50765 Am Blutberg 85-3a
50997 Am Bödinger Hof 165-4a
50667 Am Bollwerk (37/B4)
51147 Am Börschsgarten 167-8a
50735 Am Botanischen Garten 107-8d
51067 Am Bramhoff 108-9b
50765 Am Braunsacker 85-9c
50827 Am Brunnenbogen (2) 106-7b
51147 Am Büllesgarten 167-8c
51107 Am Burgacker 137-4d
50859 Am Clarenhof 133-1a
50829 Am Coloneum 106-1b
51143 Am Courts Garten 166-6c
50999 Am Damm 166-5a
50679 Am Deutzer Stadtgarten 135-5b
51147 Am Distelkampsgarten (1) 167-8a
50997 Am Domenhof 165-11a
50667 Am Domhof 135-1b (37/B4)
50765 Am Donatushof 86-7a
51069 Am Donewald 88-11a
51147 Am Dornbusch 167-5b
51107 Am Dreieck (2) 137-4d
50677 Am Duffesbach 135-4a
50767 Am Eichelberg 86-10b
50996 Am Eichenwäldchen 165-5d
50997 Am Eifeltor 134-12c
51061 Am Emberg 108-2a
50997 Am Engeldorfer Berg 164-9c
50859 Am Engelshof 133-1c
50765 Am Entenpfuhl 85-8d
50997 Am Eulengarten 165-8c
51063 Am Faulbach 107-6b
50769 Am Feldgarten 85-2a
51061 Am Feldrain (Flittard) 87-11d
50999 Am Feldrain (Sürth) 166-4c
50769 Am Feldschlößchen 66-11d
51061 Am Flachrosterweg 108-1b
50827 Am Fliederbusch 106-7b
51067 Am Flutgraben 108-8d
50858 Am Frankenhain 133-3c
50667 Am Frankenturm (1) (37/B4)
50769 Am Frohnweiher 65-9d
50859 Am Fuchsgraben 105-7a
50933 Am Gibbelsberg 105-12d
51107 Am Gieselbach 137-8b
50823 Am Gleisdreieck 106-12b
50935 Am Gleueler Bach 134-4d
50997 Am Godorfer Kirchweg 165-11a
51109 Am Gräfenhof 137-1b
51105 Am Grauen Stein 135-6c
50999 Am Greinshof 166-7b
51147 Am Grott 197-2b
50859 Am Haelentor (4) 133-6b
50999 Am Hagelkreuz 166-2c
50827 Am Haselbusch 106-7d
50997 Am Heckelchen 164-9c
51147 Am Heepsgarten (2) 167-8c
50858 Am Heidenberg 133-3c
50859 Am Heidstamm 104-12d
51145 Am Heiligenhäuschen (Urbach) 167-1d
50859 Am Heiligenhäuschen (Widdersdorf) 105-4c
50767 Am Heiligenpfad 86-7c
50996 Am Hermannshof 165-5a
50769 Am Hetzepetsch 86-8b
50997 Am Hilgerskreuz 164-8d
50858 Am Himmel 133-2d
51061 Am Hirschfuß 88-10a
51109 Am Hirschsprung 137-2a
51149 Am Hochkreuz 136-12b
50667 Am Hof (Altstadt-Nord) 135-1b (37/B3)
50858 Am Hof (Junkersdorf) 133-2d
50997 Am Höfchen 165-1a
50769 Am Höfenweg 87-4d
50829 Am Hufenpfädchen 105-3a
50968 Am Husholz 135-7d
51105 Am Jägerhof 136-4a
51069 Am Jungholz 88-12a
50939 Am Justizzentrum 134-6d
51069 Am Katzenberg 88-12d
51107 Am Kaulberg 136-5a
50859 Am Keuschhof 105-10c
51061 Am Kiefernwald 108-2d
51105 Am Kielshof 135-9c
51147 Am Kindergarten (5) 167-8c
50765 Am Kirchberg (1) 85-8b
50997 Am Kirchhof 164-9a
50997 Am Kirchweg 165-4d
51109 Am Klausenberg 109-10d
51105 Am Kleeacker 135-9b
51147 Am kleinen Busch 197-1a
50859 Am Kliepesch 133-1a
51069 Am Klosterhof 108-2b
50765 Am Köchhof 85-11b
50997 Am Kölnberg 164-8b
50825 Am Kölner Brett 106-11a
50765 Am Kölner Weg 85-9a
50769 Am Königsweg 66-11d
50997 Am Konraderhof 164-5d
51105 Am Kornfeld 135-9b
50997 Am Kradepohl 164-9a
51147 Am Krausbaum 167-11a
51067 Am Krausen Baum 108-11b
50997 Am Kreuzweg 164-5d
50935 Am Krieler Dom 134-5c
51149 Am Krummfingers Hof 136-10d
50670 Am Kümpchenshof 107-10c (37/A2)
51069 Am Kunstfeld 88-11b
51107 Am Kurtenwaldbach 137-8b
50769 Am Kutzpfädchen 86-2d
51147 Am Kuxgarten 167-8a
50827 Am Langen Stein 106-7b
51069 Am Leinacker 109-7c
50996 Am Lennartzhof 165-3c
51145 Am Leuschhof 167-1d
50676 Am Leystapel 135-2c (37/C4)
50933 Am Lindenweg 105-11d
51147 Am Linder Kreuz 167-11c
50769 Am Lingchen 65-8b
51145 Am Maarhof 167-1d
50997 Am Magerhof 164-8d
50676 Am Malzbüchel 135-1d (37/C4)
51067 Am Marienstift 108-9a
51143 Am Markt 166-5d
51149 Am Marktplatz 136-11c
50859 Am Mertenshof 105-7a
50735 Am Molenkopf 107-2c
50935 Am Mönchshof 134-4d
50997 Am Moosberg 165-7b
50933 Am Morsdorfer Hof 134-1a
50735 Am Mühlen Falder 107-5a
51069 Am Mutzbach 88-12c
50859 Am Nachtigallental 105-10c
51107 Am Narzissenhof 137-4d
50996 Am Neuen Forst 165-2c
50997 Am Neuenhof (Rondorf) 164-3c
50937 Am Neuenhof (Sülz) 134-8d
50735 Am Niehler Hafen 107-5d
50733 Am Nordpark 107-8a
50827 Am Nußberger Pfad 106-5c
50829 Am Nüssenberger Hof 105-3d
51061 Am Oberhof 107-3c
50735 Am Ölhafen 87-7b
50765 Am Palmkäulchen 85-8d
50676 Am Pantaleonsberg 135-4a (37/D2)
50767 Am Pescher Holz 85-12b
50633 Am Petershof 133-3b
51061 Am Pfropfbusch 108-2d
50827 Am Pistorhof 106-8a
51061 Am Plankengarten 107-3c
50935 Am Platzhof 134-4d
51143 Am Poppenberg 195-3b
51069 Am Portzenacker 88-11d
51069 Am Puffelskooche 108-3a
51063 Am Pulverturm 107-9d
51107 Am Rande 137-4c
50859 Am Randkanal 105-10a
50859 Am Rapohl 132-3d
51143 Am Rehpörtzchen (2) 165-12d
51109 Am Rehwechsel 137-2a
51069 Am Reinholdsberg 88-12d
51061 Am Rheinacker 107-6b
50999 Am Rheinberg 166-5c
51143 Am Rheinbrauhaus 166-3d
50999 Am Rheinufer 166-7a
50676 Am Rinkenpfuhl 135-1c (37/C1)
51105 Am Rodderberg 136-4a
50997 Am Rodderpfädchen 165-4b
51105 Am Rolshover Hof 135-9b
50858 Am Römerhof 133-3a
50667 Am Römerturm (37/B2)
50997 Am Rondorfer Pfad 164-8b
50827 Am Rosengarten 106-7d
50827 Am Rosenhof (7) 106-7d
51061 Am Rosenmaar 108-2b
51109 Am Rursbruch 108-11d
50668 Am Salzmagazin 107-10d
50999 Am Sandpfad 166-5b
51107 Am Schauenberg 137-5b
50765 Am Scheidweg 85-8d
51109 Am Schildchen (Brück) 137-1a
50765 Am Schildchen (Esch/Auweiler) 85-11b
50935 Am Schloßgarten 134-4d
50765 Am Schmidtgrund 85-9c
51067 Am Schneckenberg 108-8c
50679 Am Schnellert 135-5d
50858 Am Schulberg 133-2d
51145 Am Schwanebitzer Hof 167-1d
50933 Am Serviesberg 105-12d
50996 Am Sonnenhang 165-3a
51109 Am Sonnenhut 136-3b
Am Springborn 108-4d
51063 Nr. 1-9, Nr. 2-32
51061 Nr. 15-Ende, Nr. 36-Ende
51107 Am Stachelshäuschen 137-5d
51061 Am Stammheimer Häuschen 107-3b
51061 Am Stammheimer Schloßpark 107-2d
51067 Am Steinbergs Weiher 108-7d
50997 Am Steinneuerhof 164-6b
50996 Am Stiftswäldchen 165-5b
50968 Am Südpark 135-11c
51145 Am Tambourskreuz 167-1d
50999 Am Tannenhof 165-6b
50769 Am Tekelkamp 65-9d
50737 Am Tetzerkamp 107-1c
51143 Am Theise (3) 166-8b
50999 Am Treidelweg 166-5b
50676 Am Trutzenberg 135-4a
50996 Am Ulrichshof 165-5c
51145 Am Urbacher Wall 167-5a
50968 Am Verteilerkreis 135-11c
51143 Am Viehpörtzchen (1) 165-12d
51107 Am Viereck (1) 137-4d
50969 Am Vorgebirgstor 134-9b
50996 Am Waldpark 165-6a
51069 Am Waldwinkel 109-5d
50829 Am Wassermann 105-12b
50676 Am Weidenbach 135-4a (37/D2)
50858 Am Weidenpesch 133-2d
51143 Am Weingartsberg 166-10a
51069 Am Weißen Mönch 88-11a
51143 Am Weißen Stein 166-10a
50999 Am Weißer Bogen 166-1d
51105 Am Weizenacker 135-9d
51149 Am Westhover Berg 136-11a
50674 Am Weyertor (37/D1)
51069 Am Wildpark 108-3a
51109 Am Wildwechsel 109-11c
51147 Am Wildzaun 167-2d
50999 Am Wingert 166-5a
51147 Am Wolfsgarten 167-8c
50996 Am Zehnpfennigshof 165-5c
50999 Am Zehnthof 166-7a
51107 Am Ziegelfeld 137-4d
50999 Am Ziegelofen 166-4c
51069 Am Zollhaus 108-3a
50668 Am Zuckerberg 107-11a
50931 Amalienstraße 134-5b
50769 Amandusstraße 86-3b
50767 Amberweg 86-8a
50737 Amboßstraße 107-4a
51107 Amorbacher Straße 136-6a
51145 Ampérestraße 167-1c
51069 Amselstraße (Dünnwald) 88-12c
51149 Amselstraße (Ensen, Westhoven) 136-11a
50858 Amselstraße (Junkersdorf) 133-2a
50765 Amselweg (Esch/Auweiler) 85-8a
50997 Amselweg (Godorf) 165-11a
51149 Amsterdamer Straße (Porz) 137-10c
50735 Amsterdamer Straße (Riehl, Niehl) 107-8c
51107 Amtsstraße 136-4b
50827 An den Birken 106-7d
51061 An den Buchen 108-2b
50667 An den Dominikanern 135-1b (37/A3)
50859 An den Kastanien 105-7a
50769 An den Kaulen 65-5d
51069 An den Klostereichen 88-11a
50737 An den Kreutzmorgen 107-1c
51105 An den Maien 135-6c
51105 An den Rolshover Gärten 135-6c
50765 An den Seen 85-11b
50966 An den vier Linden 165-3c
50999 An den Weiden 165-9c
50968 An der Alteburger Mühle 135-8d
50997 An der Alten Mühle (2) 165-11b
An der Alten Post 133-1d
50859 Nr. 2-38
50858 Nr. 15-23, Nr. 40-46
50678 An der Basilika St. Severin (7) 135-4d
50679 An der Bastion 135-2d (37/C6)
50678 An der Bottmühle 135-4d
50827 An der Buchenhecke (4) 106-7b
51069 An der Burg 108-3a
50935 An der Decksteiner Mühle 134-7b
50765 An der Dränk 85-8b
50678 An der Eiche (4) 135-4b
50933 An der Eisenbahn 105-12c
51109 An der Fliehburg 108-12c
50735 An der Flora 107-8c
50997 An der Fuhr 164-8b
51143 An der Groov 166-6c
50674 An der Hahnepooz (37/C1)
50999 An der Hellfuhr 165-6b
51061 An der Joch 107-3d
50858 An der Kapelle 133-6a
51069 An der Kemperwiese 109-4d
51069 An der Kittelburg 109-2c
50968 An der Kranzmaar 135-10b
51105 An der Lenzwiese 135-6b
50668 An der Linde 107-10d
50739 An der Ling 106-2b
50676 An der Malzmühle 135-1d (37/C3)
51105 An der Mergelskaule 135-6c
51107 An der Mollburg 137-5c
51143 An der Mühle (Langel) 166-10b
50935 An der Mühle (Lindenthal) 134-4d
51069 An der Müllerwiese 109-4d
50668 An der Münze 107-11a
51069 An der Ölmühle 109-7b
51107 An der Ortskaule 137-4d
51067 An der Paradieswiese 108-12a
50677 An der Pauluskirche 135-4c
51105 An der Pulvermühle 135-3d
51107 An der Rather Burg 137-5c
50667 An der Rechtschule 135-1b (37/B3)
51107 An der Rehfurt 137-5d
50859 An der Ronne 104-12d
51069 An der Rosenhecke 109-5c
51061 An der Ruthen 107-3b
50735 An der Schanz 107-9c
50769 An der Schnepp 86-8d
50997 An der Sophienhöhe (1) 165-2c
51143 An der Sparkasse 166-3d
50829 An der Steckener Aue 105-2a
50996 An der Wachsfabrik 165-6d
51069 An der Walkmühle 108-3a
51067 An der Wasserburg 108-12a
51145 An der Weidenkaul 137-11c
51143 An der Wielermaar 166-8d
50667 An Groß St. Martin (37/B4)
50676 An Lyskirchen (37/C4)
51109 An St. Adelheid 136-3d
50668 An St. Agatha 135-1d (37/C3)
51103 An St. Elisabeth 136-2a
50739 An St. Franziskus 106-6c
50678 An St. Katharinen 135-4b (37/D3)
50931 An St. Laurentius 134-6a
50678 An St. Magdalenen 135-4d
51143 An St. Marien 166-9a
51103 An St. Theodor 136-2c
51067 An St. Theresia 108-8a
51063 An St. Urban 107-12d
50678 An Zint Jan (37/D3)
50968 Andernacher Straße 135-11a
51067 Andersenstraße 108-9b
51063 Andreaestraße 107-9d
51061 Andreasberger Weg (10) 108-5a
51065 Andreas-Gryphius-Straße 108-11a
51109 Andreas-Hermes-Straße 137-1c
50667 Andreaskloster 135-1b (37/A3)
50829 Andreas-Muhr-Straße 105-6c
50765 Andreasstraße 85-8b
50999 Andreasweg 166-4b
51149 André-Citroën-Straße 136-10b
51069 Anemonenweg (Dellbrück) 109-4a
50858 Anemonenweg (Junkersdorf) 133-2b
51109 Anisweg 136-3b
51143 Ankergasse 166-8a
50676 Ankerstraße 135-4b
51065 Annabergstraße 108-11a
50765 Anna-Langohr-Weg (5) 86-7b
51149 Annastraße (Ensen) 136-11d
50968 Annastraße (Raderberg) 135-10b
51109 Änne-Schulte-Straße 108-12d
51109 Annette-Kolb-Straße 136-3d
50678 Annostraße 135-4b
51103 Ansbacher Straße 136-1d
50825 Ansgarplatz 106-8d
50825 Ansgarstraße (Neuehrenfeld) 106-8d
51107 Ansgarstraße (Rath/Heumar) 137-7b
50769 Ansteler Weg 65-8d
50937 Anton-Antweiler-Straße 134-8b
51105 Antoniastraße (1) 135-3d
50667 Antoniterstraße (Altstadt-Nord) 135-1d (37/C3)
50859 Antoniterstraße (Lövenich) 105-10a
51145 Antoniusstraße 167-2c
50667 Antonsgasse 135-1d (37/C3)
50672 Antwerpener Straße 134-3b
50825 Apenrader Straße 106-8b
51103 Apoldaer Weg 108-10d
50672 Aposteinkloster (37/C1)
50667 Apostelnstraße 135-1a (37/B2)
50667 Appellhofplatz 135-1a (37/B3)
51107 Appenweierstraße 136-5b
50670 Aquinostraße 107-10b
51065 Archimedesstraße 108-10c
50765 Arembergstraße 86-1a
50769 Arenzhofstraße 86-2c
50679 Arminiusstraße 135-2c (37/C5)
50676 Arndtstraße (Altstadt-Süd) 135-1c (37/C1)
50996 Arndtstraße (Rodenkirchen) 166-1a
50858 Arndtstraße (Weiden) 133-1b
51109 Arnikaweg (2) 136-3b
50825 Arnimstraße 106-9a
50931 Arno-Holz-Straße 134-5b
50969 Arnoldiplatz 134-9b
50678 Arnold-Overzier-Straße 135-5a
50829 Arnoldshof 105-6c
50679 Arnoldsstraße 135-2d (37/C6)
50676 Arnold-von-Siegen-Straße (15) (37/D4)
51065 Arnsberger Straße 108-10b
51103 Arnstädter Weg 108-10d
50939 Arnulfstraße 134-6c
51061 Arthur-Hantzsch-Straße 87-12c
51147 Artilleriestraße 167-6c
50739 Artushof 107-4c
50767 Asbacher Weg 86-11a
50937 Asbergplatz 134-8b
50937 Asbergstraße (2) 134-8d
51067 Aschenbrödelweg 109-4c
50997 Aschenputtelweg (5) 165-5a
50735 Astaweg 107-5a
50769 Asternweg (Seeberg) 86-8b
51143 Asternweg (Zündorf) 166-6c
51109 Astrid-Lindgren-Allee 137-1a
50999 Astridstraße 166-4b
50765 Athener Ring 86-4d
51109 Attendorner Straße 136-2b
50679 Auenplatz 135-2b (37/A5)
Auenweg (Deutz, Mülheim) 135-2b (37/A5)
50679 Nr. 125-169
51063 Nr. 197-Ende
50996 Auenweg (Rodenkirchen, Weiß) 165-3b
50937 Auerbachplatz 134-5d
50733 Auerstraße 107-7d
51147 Auf dem Acker 167-10b
50769 Auf dem Alten Weerth 87-4d
50769 Auf dem Auerberg 86-3d
50667 Auf dem Berlich 135-1a (37/B2)
50667 Auf dem Brand (Altstadt-Nord) (37/B4)
50996 Auf dem Brand (Rodenkirchen) 135-12d
50997 Auf dem Breiten Feld 165-9d
51143 Auf dem Damm 165-12c
50765 Auf dem Driesch 85-8b
51147 Auf dem Düppel 167-7b
51109 Auf dem Eichenbrett 136-3b
51061 Auf dem Flachsacker 108-6a
50737 Auf dem Ginsterberg 106-3c
50735 Auf dem Heidenberg 107-1b
50769 Auf dem Herbst 87-1c
50933 Auf dem Hügel (Müngersdorf) 133-3b
50999 Auf dem Hügel (Sürth) 166-7c
50668 Auf dem Hunnenrücken (37/A2)
51107 Auf dem Kamp 137-8a
51107 Auf dem Kitzeberg 136-5a
50999 Auf dem Klemberg 166-4b
51145 Auf dem Knöpp 167-5a
51061 Auf dem Lind 87-12c
51143 Auf dem Loor 166-8c
51069 Auf dem Orth 109-4c
51067 Auf dem Pützacker 108-9b
50968 Auf dem Römerberg 135-11b
50997 Auf dem Rosenhügel 164-9a
50667 Auf dem Rothenberg 135-1b (37/B4)
51105 Auf dem Sandberg 135-9a
50997 Auf dem Schneeberg 164-6b
51145 Auf dem Stallberg 167-4b
51149 Auf dem Streitacker 136-12b
50999 Auf dem Stumpelrott 166-1d
51147 Auf dem Viertelchen 167-11b
51149 Auf dem Wasserfeld 136-7d
51143 Auf dem Weiler (4) 166-10a
50859 Auf dem Wiesenrain 105-7b
51105 Auf den Steinen 135-9c
50859 Auf der Aspel 105-7a
51069 Auf der Aue 88-12c
51107 Auf der Bitze 137-7b
51105 Auf der Bitzen (3) 135-6c
50739 Auf der Bude 86-11c
50769 Auf der Burg (11) 65-9d
51107 Auf der Driesch 136-3c
50997 Auf der Freiheit 164-8d
50769 Auf der Füllenweide 65-9d
51105 Auf der Gemeinde 135-9c
50997 Auf der Heidekaul 164-3b
50997 Auf der Höhe 164-9c
51069 Auf der Jüchen 109-4c
51147 Auf der Kaiserbitz 167-2d
51069 Auf der Kicken 109-4c
50997 Auf der Ronne 164-8d
50667 Auf der Ruhr (Altstadt-Nord) (37/B3)
50999 Auf der Ruhr (Weiß) 166-5c
51061 Auf der Schildwache 88-11c
50735 Auf der Seekante 107-1b
50676 Auf Rheinberg (37/C4)
50999 Auferstehungskirchweg (1) 166-7a
51103 Augsburger Straße 136-2c
51065 Augustastraße (Mülheim) 108-7c
50996 Augustastraße (Rodenkirchen) 135-12c
51149 Augustastraße (Westhoven) 136-11a
51069 Auguste-Kowalski-Straße 88-11a
50737 August-Haas-Straße 86-11d
51149 August-Horch-Straße 136-9c
50676 Augustinerstraße 135-1d (37/C4)
50939 August-Macke-Straße 134-8d
50733 Auguststraße 107-7d
51067 August-Strindberg-Straße 108-6c
50827 August-von-Willich-Straße 106-5c
50997 August-Wegelin-Straße 164-6a
50858 Aurikelweg (Junkersdorf) 133-2d
50769 Aurikelweg (Seeberg) 86-8b
50737 Außemer Straße 86-11d
50827 Äußere Kanalstraße 106-10b
50765 Auweilerstraße 85-11b
Auweilerweg 85-11b
50829
50765 Nr. 7-17, Nr. 2-62

50825 **B**aadenberger Straße 106-8b
50858 Bachemer Landstraße 133-6c
Bachemer Straße 134-4c
50931 Nr. 2-168, Nr. 27-185
50935 Nr. 196-Ende, Nr. 187-Ende
50676 Bachemstraße 135-1d (37/D3)
51067 Bachgrafenstraße 108-9b
50829 Bachstelzenweg 105-9d
50858 Bachstraße (Junkersdorf) 133-2c
51063 Bachstraße (Mülheim) 107-9d
50996 Bachstraße (Rodenkirchen) 165-3b
51145 Bachstraße (Urbach) 167-4a
50969 Badorfer Straße 134-9d
50827 Bahide-Arslan-Straße 106-4c
51107 Bahnhof Heumar 137-7b
51149 Bahnhofplatz 136-12b
51143 Bahnhofstraße (Porz) 166-3d
50999 Bahnhofstraße (Sürth) 166-7a
50667 Bahnhofsvorplatz (37/A3)
51107 Bahnstraße (Heumar) 137-4d
50996 Bahnstraße (Rodenkirchen) 165-3a
50858 Bahnstraße (Weiden) 105-10d
50676 Balduinstraße 134-3d (37/C1)
51107 Baldurstraße 137-5d
50739 Balinger Straße 106-9b
51061 Ballenstedter Weg 108-5a
50825 Ballumer Straße 106-8b
50739 Balmungweg 106-6b
50769 Balsaminenweg 86-8b
50670 Balthasarstraße 107-10b
51103 Bamberger Straße 136-1d
50769 Baptiststraße 65-11d
50735 Barbarastraße (Riehl) 107-8b
50996 Barbarastraße (Rodenkirchen) 135-12d
51147 Barbarastraße (Wahnheide) 167-5d
50674 Barbarossaplatz 134-6b (37/D1)
51105 Barcelona-Allee 135-3b
50931 Bardenheuerstraße 134-5b
50829 Barlachweg 105-3c
50679 Barmer Platz 135-2b (37/B6)
50679 Barmer Straße 135-2b (37/A6)
50767 Barrensteiner Straße 86-7b
51147 Barthel-Giesen-Straße 167-11a
50823 Barthelstraße 106-11d
50825 Bartholomäus-Schink-Straße 106-11b
51145 Bartholomäusstraße 167-2c
51063 Baseler Weg 108-4b
50679 Bataverstraße 135-2d (37/D6)
50733 Baudriplatz (2) 107-7b
50733 Baudristraße (3) 107-7b
50969 Bauerbankstraße 135-7c
50769 Bauknechtweg (4) 86-8a
50737 Baumberger Straße 106-3b
50829 Baumläuferweg 106-7c
51107 Baumschulenweg (Eil) 138-10a
51105 Baumschulenweg (Poll) 135-9b
50676 Baumstraße (37/C2)
50676 Bayardsgasse 135-1c (37/C2)
50678 Bayenstraße 135-5a
50968 Bayenthalgürtel 135-11a
50678 Bayenwerft (37/D4)
50668 Bayerische Allee 133-5c
51103 Bayreuther Straße 136-1d
51149 Beatenweg 136-11a
50679 Bebelplatz 135-5b (37/D6)
50667 Bechergasse (37/B4)
51067 Bechsteinstraße 108-9b
50933 Beckenkampstraße 105-11d
50829 Beckmannweg 105-3c
51109 Beckumer Straße 136-3b
- Beethovenpark 134-8a
50858 Beethovenstraße (Junkersdorf) 133-5a
50674 Beethovenstraße (Neustadt-Süd) 134-3d (37/D1)
50999 Beethovenstraße (Rodenkirchen) 166-4a
51145 Beethovenstraße (Urbach) 167-4a
50769 Begonienweg 86-8b
50931 Behringstraße 134-2c
50767 Behringweg 86-10a
51147 Beisselweg 167-5d
51069 Belweg 108-3a
50668 Belfortstraße 107-11a
50858 Beller Weg 133-2c
50769 Bellerkreuzweg 87-4b
50767 Bellinger Weg 86-10b
Belvederestraße (Müngersdorf, Widdersdorf) 105-9c
50933 Nr. 1-159, Nr. 4-124
50829 Nr. 201-213
50769 Benderstraße 65-9a
51105 Bendorfer Weg 135-6a
50679 Benediktusgasse (37/C5)
50672 Benesisstraße 135-1a (37/B1)
50858 Benfleetstraße 133-1d
50679 Benjaminstraße 135-2c (37/C5)
51143 Bennauer Straße (4) 166-3d
51103 Bennoplatz 136-1b
51109 Bennstraße 136-6b
50737 Benrather Straße 86-12d
51069 Bensberger Marktweg 109-7a
51147 Bensberger Straße 137-8d
51107 Bensheimer Straße 136-6a
50769 Berberitzenweg 86-8a
51109 Bergengruenstraße 136-3d
50739 Bergerhof 65-11b
Bergerstraße (Eil, Porz) 166-3b
51143 Nr. 1-53, Nr. 2-42
51145 Nr. 63-249, Nr. 60-174
50737 Berghauser Straße 106-3b
50737 Bergheimer Weg 86-11b
50769 Bergheimerhof 86-11b
Bergisch Gladbacher Straße 108-7c
51065 Nr. 3-161, Nr. 2-152a
51063 Nr. 167-269, Nr. 170-250
51067 Nr. 378-754, Nr. 415-759
51069 Nr. 778-Ende, Nr. 781-Ende
50858 Bergische Straße 133-2a
51063 Bergischer Ring 107-12b
51065 Bergiusstraße 108-10a
- Bergmannspfad 138-1d
50739 Bergstraße (Mauenheim) 106-6d
50999 Bergstraße (Sürth) 165-9b
50999 Bergwinkel (2) 165-9b
Berliner Straße (Mülheim) 108-4d
51063 Nr. 1-229, Nr. 2-232
51061 Nr. 251-589, Nr. 298-518
51069 Nr. 775-1027, Nr. 850-1020
50859 Berliner Straße (Weiden) 133-1a
51149 Berliner Straße (Westhoven) 136-10d
50969 Berlin-Kölnische Allee (1) 134-9b
51109 Bernanosweg (1) 136-3d
51061 Bernburger Weg 108-5a
50968 Berndorffstraße 135-8c
51063 Berner Straße 108-1d
50737 Bernhard-Falk-Straße 86-11d
50969 Bernhard-Feilchenfeld-Straße 134-9b
50735 Bernhard-Günther-Straße 86-9a
50670 Bernhard-Letterhaus-Straße 107-10b
50968 Bernhardstraße 135-8a
50969 Bernkasteler Straße 134-9d
Berrenrather Straße 134-11a
50937 Nr. 119-549, Nr. 134-602
50939 Nr. 216-266
50769 Bernrischstraße 65-11d
51067 Bertha-von-Suttner-Straße 108-8b
51065 Bertoldistraße 108-10a
50829 Bertolt-Brecht-Straße 105-6a
51103 Bertramstraße (Kalk) 108-10c
50999 Bertramstraße (Weiß) 166-4b
50739 Berwartsteinweg (4) 106-6d
50997 Berzdorfer Straße 165-10a
51145 Besenbinderstraße 137-10d
51065 Besselstraße 108-10a

50769 Beßlen Käulchen 65-8d
50859 Bethlehem-Platz 105-4b
50679 Betzdorfer Straße 135-3c
50733 Beuelsweg 107-7d
51065 Beuthener Straße 108-10b
51109 Bevingsweg 108-12c
50678 Biberstraße 135-4b
50859 Biberweg 105-10d
51063 Biegerstraße 108-7c
51145 Bielefelder Straße (Eil) 167-1b
50737 Bielefelder Straße (Longerich) 86-12c
51147 Bieselweg 167-8b
51069 Biesfelder Straße 109-4b
50829 Biesterfeldstraße 106-7a
50931 Biggestraße 134-2d
51061 Bilharzstraße 107-3d
51109 Bilsteiner Straße 136-2b
51109 Bindingstraße 136-6b
50999 Birgitstraße 166-4b
50858 Birkenallee (Junkersdorf) 133-2d
51107 Birkenallee (Rath/Heumar) 137-4d
50939 Birkenfelder Straße 134-8a
50996 Birkenstraße 165-3c
Birkenweg (Dünnwald/Höhenhaus) 108-3c
51069 Nr. 2-4
51061 Nr. 7-39
51147 Birkenweg (Grengel) 167-5b
50767 Birkenweg (Pesch) 85-12d
50997 Birkenweg (Rondorf) 165-1d
50859 Birkenweg (Widdersdorf) 105-4d
50829 Birkhuhnweg 105-9d
50935 Birresborner Straße 134-5c
50859 Bisamweg 105-10b
50667 Bischofsgartenstraße 135-1b (37/B4)
50969 Bischofsweg 135-7a
50672 Bismarckstraße (Neustadt-Nord) 134-3b (37/A1)
50996 Bismarckstraße (Rodenkirchen) 166-1a
50858 Bistritzer Straße 133-2c
50935 Bitburger Straße 134-5c
50769 Bitterstraße 65-8b
51143 Bitzweg (4) 166-8c
50937 Blankenheimer Straße 134-5d
50997 Blasiusstraße 164-8b
50676 Blaubachstraße 135-1d (37/D3)
50677 Blaue-Funken-Weg (2) 135-4a
50859 Blaugasse 105-7a
50997 Blautannenweg 165-1d
51061 Bleicheroder Weg (3) 108-5a
50668 Bleichstraße 108-7c
50827 Blériotstraße 106-4d
50968 Bliesheimer Straße 135-10a
50765 Blockstraße 85-6c
\- Blücherpark 106-9a
50733 Blücherstraße (Nippes) 107-7b
50996 Blücherstraße (Rodenkirchen) 165-3b
50858 Blumenallee 133-2b
50765 Blumenbergsweg 85-3b
50670 Blumenstraße 107-10c (37/A2)
50997 Blumental 165-2c
Blumenthalstraße 107-10b
50670 Nr. 1-33, Nr. 2-52
50668 Nr. 54-72, Nr. 73-97
50765 Boberweg 86-4b
50739 Böblinger Straße 106-9b
50676 Bobstraße 135-1c (37/C2)
51109 Bochholter Straße 136-3b
51145 Bochumer Straße (Eil) 167-1b
51103 Bochumer Straße (Höhenberg) 136-1b
\- Böcking-Park 108-4c
51063 Böckingstraße 108-4c
50933 Böcklinstraße 105-11d
50859 Bodelschwinghstraße 133-1a
50969 Bodendorfer Straße 135-7c
50827 Bodenheimerstraße 106-7a
\- Bodenhof 133-2d
50858 Bodenshofweg 133-2d
51061 Bodestraße 108-5a
50997 Bödinger Hof 165-4a
50997 Bödingerstraße 164-9a
50735 Bodinusstraße 107-8d
51109 Böhmweg 136-3d
50769 Bohnenblechweg 65-8d
50674 Boisseréestraße 134-3d
50769 Bollgartenstraße (7) 65-9a
50769 Bolligstraße 65-9a
50735 Boltensternstraße 107-5a
50667 Bolzengasse 135-1d (37/C4)
50668 Bonhoefferstraße (Esch/Auweiler) 85-11b
51061 Bonhoefferstraße (Stammheim) 107-3d
50968 Bonifazstraße 135-8c
50996 Bonner Landstraße 165-2c
Bonner Straße (Neustadt-Süd) 135-4d
50677 Nr. 1-91, Nr. 2-98
50968 Nr. 126-542, Nr. 131-545
51145 Bonner Straße (Porz, Eil) 167-1a
50677 Bonner Wall 135-4c
50859 Bonnstraße 132-3b
50829 Börnestraße 105-6a
60969 Bornheimer Straße 134-9d
51143 Börschgasse 166-8c
51143 Börschhof 166-8c
50676 Börsengäßchen (37/C4)
50670 Börsenplatz 135-1a (37/A2)
50825 Borsigstraße 106-8c
\- Botanischer Garten 107-8c
Brabanter Straße 134-3d
50674 Nr. 1-19, Nr. 2-8
50672 Nr. 23-57, Nr. 32-50
51107 Bragistraße 137-5d

50935 Brahmsstraße 134-4b
51069 Brambachstraße 109-5c
50668 Brandenburger Straße 107-10d (37/A4)
51069 Brandrosterweg 109-5a
50825 Brandtsplatz 106-8d
50829 Braubachstraße 105-6a
50859 Braugasse 105-10c
50969 Brauneberger Straße 134-9d
50769 Braunfelsweg 86-5c
51061 Braunlager Weg (2) 108-5a
50933 Braunstraße 134-1b
50859 Brauweilerstraße 104-12b
50859 Brauweilerweg 133-2b
50933 Brauweilerweiler 105-11d
51063 Bredemeyerstraße 108-4d
50935 Bregenzer Straße 134-4d
50735 Brehmstraße 107-8a
50939 Breibergstraße 134-9a
50667 Breite Straße 135-1a (37/B2)
51149 Breitenbachstraße 136-12b
50769 Breiter Wall 65-9c
50670 Bremer Straße 107-10c
50735 Bremerhavener Straße 86 12d
50969 Bremsstraße 135-7a
50969 Breniger Straße 134-9d
50825 Brentanostraße 106-8b
50668 Breslauer Platz (37/A4)
51069 Breslauer Straße (Dünnwald) 108-2b
51145 Breslauer Straße (Urbach) 167-1d
50858 Breslauer Straße (Weiden) 133-2c
51107 Brettener Straße 136-6c
51103 Breuerstraße 136-1a
51109 Briandstraße 137-1a
50769 Brictiusstraße (4) 87-5c
50969 Briedeler Straße 134-9b
50667 Brigittengäßchen (37/B4)
51109 Briloner Straße 136-3a
51147 Bringsweg 167-11b
51145 Brivestraße 137-10c
50968 Brohler Straße 135-11a
51109 Broichstraße 108-12d
51061 Bröiweg 108-2b
50769 Brombeergasse 65-11b
51107 Brombeerweg 137-8b
51109 Bruchfeld 109-10b
50769 Bruchpfädchen 65-11d
51107 Bruchsaler Straße 136-5b
50769 Bruchstraße 65-11b
51103 Brückenauer Straße (1) 136-2a
50667 Brückenstraße (Altstadt-Nord) 135-1b (37/B3)
50996 Brückenstraße (Rodenkirchen) 135-12c
51109 Brücker Gemarkenweg 109-11c
51109 Brücker Heide 109-11c
51109 Brücker Mauspfad 109-10d
51109 Brück-Forsbacher Weg 137-3d
50931 Brucknerstraße (Lindenthal) 134-2b
51145 Brucknerstraße (Urbach) 167-1c
51107 Brück-Rather Steinweg 137-4c
50997 Brüder-Grimm-Straße 165-4b
51063 Bruder-Klaus-Platz 108-1c
50667 Brüderstraße 135-1a (37/C2)
50679 Brügelmannstraße 135-3a
50969 Brüggener Straße 134-9d
50997 Brühler Landstraße 164-8d
50968 Brühler Platz 135-10a
50968 Brühler Straße 135-10c
50679 Bruktererstraße 135-2d (37/D6)
50769 Brüngesrath 84-3b
51147 Brunhildenweg 167-8d
50739 Brunhildplatz 106-6b
50996 Brunhildstraße 165-3b
50935 Brunkensteinstraße 134-4d
50969 Brunnenstraße 134-9b
Brunostraße 135-4d
50678 Nr. 1-13, Nr. 2-24
50677 Nr. 17-27, Nr. 24a-28
50737 Brunsbütteler Straße 86-12d
Brüsseler Platz 134-3b
50674 Nr. 1-21, Nr. 10a-26
50672 Nr. 2-10
Brüsseler Straße (Neustadt) 134-3d
50674 Nr. 1-70, Nr. 2-55
50672 Nr. 57-97, Nr. 46-104
51149 Brüsseler Straße (Porz) 136-12d
51109 Bucheckenweg 109-11d
50997 Büchelhof 165-4a
51109 Buchenkampsweg 109-11d
50767 Buchenpfad 86-8c
50765 Buchenweg (Esch/Auweiler) 85-11b
51147 Buchenweg (Grengel) 167-5b
50859 Buchenweg (Widdersdorf) 105-4c
50997 Buchfinkenstraße 165-8c
50829 Buchfinkenweg 106-10a
51103 Buchforststraße 108-10c
51107 Buchheimer Pfädchen 136-3c
51067 Buchheimer Ring 108-11a
51063 Buchheimer Straße 107-9b
51107 Buchheimer Weg 136-2d
51061 Buchholzstraße 108-1c
50829 Büchnerstraße 105-3c
50767 Buchsbaumweg 86-8c
51109 Bückebergstraße 137-2a
50733 Büdericher Straße 107-7a
50767 Büdiger Weg 86-10a
51061 Bugenhagenstraße 108-2c
50733 Bülowstraße 107-7b
51065 Bunsenstraße (Buchforst) 108-10a
51145 Bunsenstraße (Eil) 137-10c
50997 Bunsenstraße (Godorf) 165-11b
50969 Bunzlauer Straße (Dünnwald) 108-2b

50858 Bunzlauer Straße (Weiden) 133-1d
50969 Burbacher Straße 134-12b
51107 Burg Röttgen 137-7b
51147 Burgallee 167-7d
51105 Burgenlandstraße 135-3c
50858 Burgenlandweg 133-3c
51061 Burger Platz 108-3a
50769 Bürgershof 86-8a
50667 Bürgerstraße (37/B4)
51147 Burggraben 167-7d
50859 Burghof 105-7a
50667 Burghöfchen (37/C3)
50667 Burgmauer 135-1a (37/B2)
51103 Burgstraße 136-2c
50677 Burgunderstraße 135-4a
51143 Burgweg 166-5d
51067 Burgwiesenstraße 108-8d
50933 Burtscheider Straße 134 1b
50968 Buschdorfer Straße 135-10b
51067 Buschfeldstraße 108-8b
50678 Buschgasse 135-4b
50829 Buschweg (Bocklemünd/Mengenich) 105-2d
50765 Buschweg (Esch/Auweiler) 85-8b
50933 Büsdorfer Straße 134-1a
50997 Bussardstraße 165-4b
50858 Bussardweg (Junkersdorf) 133-2d
50829 Bussardweg (Vogelsang) 106-7c
50667 Buttermarkt (37/B4)
50769 Büttgener Weg 65-8d
50767 Butzheimer Straße 86-7b
Butzweilerstraße 106-2c
50827 Nr. 1, Nr. 2-4
50829 Nr. 11-41

50676 Cäcilienkloster (37/C3)
50676 Cäcilienstraße (Altstadt-Süd) 135-1c (37/C2)
51147 Cäcilienstraße (Wahn) 167-8c
51105 Camberger Straße 135-3d
50670 Cardinalstraße 135-1a (37/A2)
51063 Carl-Brisch-Straße (8) 108-7a
50933 Carl-Diem-Weg 133 3c
51145 Carlebachstraße 137-10c
50997 Carl-Jatho-Straße 165-4d
51109 Carl-Muth-Straße 136-3d
50935 Carl-Schurz-Straße 134-4b
51067 Carl-Severing-Straße 108-8b
50999 Carl-Spitzweg-Straße 166-1d
51063 Carlswerkstraße 108-7b
50999 Carl-von-Linde-Straße 166-4d
50829 Carl-von-Linné-Weg 105-8d
50968 Cäsarstraße 135-8c
50933 Castellauner Straße 134-8a
50735 Castroper Straße 107-5c
50668 Caumannsstraße 108-7d
50769 Causemannstraße 87-4d
50737 Cellitinnenweg 107-4a
51145 Celsiusstraße 167-1c
50825 Chamissostraße 106-8d
50667 Chargesheimerplatz (18) (37/A3)
51065 Charlierstraße 108-7c
50859 Charlottenburger Straße 133-1c
51149 Charlottenstraße 136-11a
51067 Chemnitzer Straße 108-8d
50679 Cheruskerstraße (Deutz) 135-5b (37/D6)
51149 Cheruskerstraße (Gremberghoven) 136-12b
50678 Chlodwigplatz 135-4d
50858 Chlodwigstraße 133-3c
50765 Chorbuschstraße 85-8a
51109 Christa-Thomas-Weg (1) 137-1b
51069 Christian-Coenen-Straße 88-12c
50933 Christian-Gau-Straße 134-1b
50859 Christian-Hünseler-Straße 105-7a
50823 Christian-Schult-Straße 106-12a
50825 Christianstraße 106-11a
51103 Christian-Sünner-Straße 136-1c
50733 Christinastraße 107-7b
51149 Christinenweg 136-11d
50823 Christine-Teusch-Platz 106-12a
51061 Christoph-Musmacher-Straße 108-2a
50737 Christoph-Probst-Straße (1) 106-2b
50670 Christophstraße 107-10c (37/A1)
51143 Christrosenweg (8) 166-6b
51105 Christtannenweg (2) 135-6c
50769 Chrysanthemenweg 86-8b
51149 Cimbernstraße 136-12d
50931 Clarenbachstraße 134-2c
50931 Classen-Kappelmann-Straße 134-2d
51109 Claudelweg 136-3d
51149 Claudiastraße 136-11a
50829 Claudius-Dornier-Straße 106-1c
50997 Claudiusstraße (Immendorf) 165-7b
50678 Claudiusstraße (Neustadt-Süd) 135-5c
51061 Clausthaler Weg (8) 108-5a
51143 Clemensgasse 166-9a
50827 Clemens-Hastrich-Straße 106-4c
50676 Clemensstraße 135-1c (37/C2)
50668 Clever Straße 107-11c
Clevischer Ring 108-7a
50165 Nr. 1-9, Nr. 2-8
50937 Nr. 37-133, Nr. 72-180
51065 Clostermannstraße 108-7c
50937 Club-Allee 134-8c
50769 Cohnenhof 66-11d
50769 Cohnenhofstraße 66-11d
\- Colonia 108-9c
51067 Colonie-Allee 108-9c
51143 Comeniusweg 166-8b
50769 Compesstraße 86-8a

51143 Concordiaplatz 166-6b
50679 Constantinstraße 135-2b (37/B6)
51145 Constanzeweg 167-1b
50739 Contzenstraße 86-11c
50668 Cordulastraße (Altstadt-Nord) (37/A3)
50767 Cordulastraße (Pesch) 86-10c
51149 Cordulaweg 136-11a
51065 Corintostraße (1) 135-3b
51065 Corkstraße 135-3b
50678 Corneliusstraße (Altstadt-Süd) 135-4d
51107 Corneliusstraße (Rath/Heumar) 137-8a
50733 Corrensstraße 107-8c
51145 Cosimastraße 167-1b
50765 Cosmasweg 86-7b
51063 Cottbuser Straße 108-5c
50733 Cranachstraße 107-7c
50769 Cremeriusstraße (2) 65-9a
51109 Crottorfer Straße 137-1a
50935 Curtiusstraße 134-5d
51065 Cusanusstraße 108-10a
50679 Custodisstraße 135-2d (37/D6)
50737 Cuxhavener Straße 86-12c

Dabringhauser Straße 109-7a
51067 Nr. 1-121, Nr. 2-130
51069 Nr. 123-Ende, Nr. 132-Ende
51109 Dachsweg (Brück) 137-2a
50859 Dachsweg (Widdersdorf) 105-4c
50739 Dädalusring 106-2a
50668 Dagobertstraße 107-10d
50997 Dahlemer Straße (1) 165-7d
50767 Dahlhauser Weg 86-11a
50769 Dahlienweg (Seeberg) 86-8b
51143 Dahlienweg (Zündorf) 166-6c
50827 Daimlerstraße (Bickendorf) 106-7a
50859 Daimlerstraße (Lövenich) 105-10b
51067 Damaschkestraße 108-9b
50765 Damianstraße 85-8b
50765 Damiansweg 86-4c
51147 Dammweg 167-7d
51147 Dankwartsweg 167-12a
50739 Dankwartweg 106-6b
50933 Dansweilerweg 106-10c
50931 Danteweg 134-2d
51063 Danzierstraße 107-9d
51145 Danziger Straße (Urbach) 167-1d
50858 Danziger Straße (Weiden) 133-1b
50678 Darmstädter Straße 135-4d
50674 Dasselstraße 134-3d
51109 Dattenfelder Straße 137-1a
51067 Däumlingsweg 109-4c
50997 Dauner Straße (Immendorf) 165-7d
50937 Dauner Straße (Sülz) 134-9a
50769 Daverkusenstraße 87-4d
51069 Davoser Klause 108-1d
50668 Dechant-Löbbel-Platz (37/A3)
50997 Dechant-Renner-Straße 164-8d
50825 Dechenstraße 106-8d
50935 Decksteiner Straße 134-4d
50769 Deeler Weg 65-8b
51109 De-Gasperi-Straße 136-3d
50767 Dehlinger Weg 86-10a
50829 Dehmelstraße 105-3c
50739 Deidesheimer Straße (1) 106-6c
51109 Deisterweg 137-1b
50829 Delfossestraße 106-4b
50735 Delfter Straße 107-8d
50769 Delhover Straße 65-9a
50765 Deliastraße 86-4c
51069 Dellbrücker Hauptstraße 109-4a
51069 Dellbrücker Mauspfad 109-4c
51069 Dellbrücker Steinweg 109-1c
51067 Dellbrücker Straße 108-7d
50769 Dellenweg 65-12a
50735 Delmenhorster Straße 87-10c
50769 Delrather Straße (1) 65-9a
51069 Demuntweg 88-12c
51109 Denklinger Straße 137-1a
50937 De-Noel-Platz 134-6c
50737 Derfflingerstraße 107-4a
50769 Derichsweg 87-4d
50769 Derichsweilerweg (3) 86-5c
50968 Derkumer Straße 135-10a
50767 Dernbacher Weg 86-8c
50737 Dessauerstraße 107-4b
51109 Detmolder Straße 136-3a
51067 Deutschordensstraße 108-8c
\- Deutzer Brücke 135-2c (37/C4)
50679 Deutzer Freiheit 135-2c (37/C5)
50679 Deutzer Hafen 135-5b
50679 Deutzer Ring 135-2d (37/D6)
51143 Deutzer Weg 166-3b
50679 Deutzer Werft 135-2c (37/C5)
50679 Deutz-Kalker-Straße 135-2d
Deutz-Mülheimer-Straße 135-2b
50679 Nr. 20-30, Nr. 29-35
51063 Nr. 107-215, Nr. 132-352
50733 De-Vries-Straße 107-8c
51061 Dhünner Weg 108-3c
50765 Diemelweg 86-4d
50858 Diepenbekallee 133-2a
51061 Diependahlstraße 107-3c
51069 Diepeschrather Straße 109-1c
51061 Dierather Weg 108-3c
50767 Dierdorfer Weg 86-7d
51109 Dieringhauser Straße 109-11c
50996 Dieselstraße (Hahnwald) 165-6c
51103 Dieselstraße (Kalk) 136-1a
50859 Dieselstraße (Lövenich) 105-10d
51109 Diesterwegstraße 109-10d
50739 Dietrichweg (7) 106-6d
50765 Dievenowstraße 86-4b

51105 Dillenburger Straße 135-3d
51061 Dillweg 108-5c
51103 Dinkelsbühler Straße 136-1b
50739 Dionysusstraße 86-11c
51143 Dischkaul 165-12d
50858 Distelpfad 133-2d
51147 Distelweg 167-8c
51105 Dixberg 135-9c
50765 Döbrabergstraße 86-1c
50997 Dohlenweg (Rondorf) 165-4d
50829 Dohlenweg (Vogelsang) 106-10a
50829 Dohmengasse 105-2d
50829 Dohmenhof 105-2d
50765 Doktorshof 85-11b
50939 Dollendorfer Straße 134-9c
51063 Domagkstraße 107-6b
51065 Dombacher Straße 108-11a
50997 Domenhof 165-11c
50667 Domgäßchen (19) (37/B3)
50999 Dominikus-Böhm-Straße 166-4c
50667 Domkloster (37/B3)
50997 Dompfaffenweg (Godorf) (1) 165-11a
50829 Dompfaffenweg (Vogelsang) 105-12b
50667 Domprobst-Ketzer-Straße 135-1b (37/A3)
50668 Domstraße 107-10d (37/A3)
51107 Donarstraße 137-5b
50767 Donatusstraße 85-12b
50765 Donatusweg 86-7a
50735 Donaustraße 87-7d
51061 Donauweg (Höhenhaus) 108-2b
50858 Donauweg (Junkersdorf) 133-2d
51063 Don-Bosco-Straße 108-4c
50739 Donnersbergweg 106-6c
51069 Dorfheidestraße 88-12c
50733 Dormagener Straße 107-7c
50668 Dörnchensweg 65-8b
51067 Dornröschenhecke 108-9b
50997 Dornröschenweg (7) 165-5a
50769 Dornstraße 65-9a
51145 Dorotheenstraße 167-1c
51065 Dortmunder Straße (Buchforst) 108-10a
51145 Dortmunder Straße (Eil) 167-1a
50859 Dr.-Johannes-Honnef-Straße 105-10c
51109 Dr.-Scheeben-Straße 109-11c
50679 Dr.-Simons-Straße 135-5b
50939 Drachenfelsstraße (Klettenberg) 134-9c
50997 Drachenfelsstraße (Meschenich) 164-9a
50859 Drachmenweg 105-10a
50968 Dransdorfer Straße 135-10b
50767 Dreifelder Weg 86-10a
50678 Dreikönigenstraße (Altstadt-Süd) 135-4b
50997 Dreikönigenstraße (Rondorf) 165-4b
51061 Dreisamweg 108-2d
51067 Dresdener Straße 108-8d
50765 Dresenhof 86-4c
50765 Dresenhofweg 85-3d
51109 Driburger Straße 136-3a
51149 Drieschstraße 136-7d
51067 Drosselbartstraße 108-6d
50997 Drosselbartweg 165-5a
50858 Drosselstraße (Junkersdorf) 133-2b
51149 Drosselstraße (Westhoven, Ensen) 136-11a
50765 Drosselweg (Esch/Auweiler) 85-8d
50997 Drosselweg (Godorf) 165-8c
50735 Drosselweg (Niehl) 107-4b
50968 Droste-Hülshoff-Straße (Bayenthal) (1) 135-8c
50858 Droste-Hülshoff-Straße (Weiden) 133-2a
50667 Drususgasse 135-1b (37/B3)
51065 Dückergasse 108-10b
51069 Duckterather Straße 109-5c
51145 Duisburger Straße (Eil) 167-1b
50735 Duisburger Straße (Niehl) 107-5c
50859 Dukatenweg 105-10a
51143 Dülkenstraße 166-3a
Dünnwalder Kommunalweg 108-1c
51069 Nr. 1-Ende
51061 Nr. 6-26
51069 Dünnwalder Mauspfad 88-12a
51069 Dünnwalder Mühlenweg 89-10c
51063 Dünnwalder Straße 108-7a
51145 Dunstablestraße 137-10c
50679 Düppelstraße 135-2b (37/B6)
51107 Durchhäuserhof 137-7b
Dürener Straße 133-5c
50931 Nr. 44-248, Nr. 59-253
50935 Nr. 273-395, Nr. 252-408
50858 Nr. 401-441, Nr. 420-466
51069 Durginweg 88-12c
51107 Durlacher Straße 136-5b
51067 Dürscheider Straße 109-7a
51145 Düsseldorfer Straße (Eil) 167-1b
Düsseldorfer Straße (Mülheim, Stammheim, Flittard) 87-9d
51063 Nr. 1-217, Nr. 2-246
51061 Nr. 493-Ende, Nr. 1000-Ende
50939 Düstemichstraße 134-6d

51147 Ebereschenweg (Grengel) 167-5b
50767 Ebereschenweg (Heimersdorf) 86-8c
50739 Ebernburgweg 106-6c
50739 Ebersbacher Straße 106-9b
50668 Ebertplatz 107-10b
50678 Eburonenstraße 135-5c

50933 Echternacher Straße 134-1a
50968 Eckdorfer Straße 135-10c
51065 Eckernförder Straße 108-10a
50931 Eckertstraße 134-3c
50739 Eckewartstraße 107-4c
50767 Eckumer Straße 86-7b
51061 Eddaweg 108-5b
51061 Edelhofstraße 87-12c
51061 Edelrather Weg (1) 108-2b
50769 Edelweißweg 86-8b
50739 Edenkobener Straße 106-6d
51107 Edisonstraße (Ostheim) 136-6a
51145 Edisonstraße (Porz) 167-1c
51063 Edith-Stein-Straße 107-12c
51061 Edith-Weyde-Straße 87-9b
50765 Edmund-Richen-Straße 85-8d
51149 Edmund-Rumpler-Straße 136-9a
51061 Edmund-ter-Meer-Straße 87-12d
50769 Edsel-Ford-Straße 86-6a
51061 Eduard-Frantzen-Straße 87-11b
51061 Eduard-Heis-Straße 87-12c
51105 Efeuplatz 135-6c
50997 Efferenweg 164-3c
50858 Egelspfad 105-11d
51143 Egelstraße 167-1d
51109 Eggerbachstraße 108-12b
51061 Egilmarstraße 87-11b
51145 Egmontstraße 167-1d
51061 Egonstraße 87-12c
50735 Ehrenbergstraße 107-8b
50823 Ehrenfeldgürtel 106-11d
50672 Ehrenstraße 134-3b (37/B1)
50735 Ehreshover Straße (5) 107-5a
50767 Eibenweg (Heimersdorf) 86-8c
50999 Eibenweg (Rodenkirchen) 165-6b
50829 Eichelhäherweg 105-9d
51147 Eichendorffstraße (Grengel) 167-5b
Eichendorffstraße (Neuehrenfeld) 106-9c
50823 Nr. 1-25, Nr. 2-28
50825 Nr. 27-Ende, Nr. 30-Ende
50858 Eichendorffstraße (Weiden) 105-10d
50858 Eichenstraße 133-6a
50859 Eichenweg 105-4d
50735 Eichhornstraße 107-5a
50733 Eichstraße 107-7d
50858 Eifelallee 133-2a
50677 Eifelplatz 135-4a
50677 Eifelstraße 135-4c
50674 Eifelwall 134-6b
51061 Eifgenweg 108-2b
50668 Eigelstein 107-10d
51069 Eikamper Straße 108-6b
50933 Eilendorfer Straße 134-1a
51107 Eiler Straße 137-7d
50937 Einhardstraße 134-6c
50733 Einheitstraße 107-7b
51107 Einherierstraße 137-5d
51061 Einsteinstraße (Flittard) 87-12c
51145 Einsteinstraße (Porz) 167-1a
50668 Eintrachtstraße 107-10d (37/A3)
50733 Eisenachstraße 107-7a
50667 Eisenmarkt (37/C4)
50825 Eisenstraße 134-2a
51109 Eiserfelder Straße 137-1a
50825 Eisheiligenstraße 106-8d
51109 Eiskaulenweg 137-1c
50769 Eispohlweg 65-8d
50997 Eisvogelweg 165-4d
50679 Eitorfer Straße 135-3c
50765 Elbeallee 86-4a
50997 Elbinger Straße 165-4c
50739 Eliasgasse 86-11c
51061 Elias-Gut-Straße 107-6b
51065 Elisabeth-Breuer-Straße 108-7c
51109 Elisabeth-Langgässer-Straße 136-3d
51065 Elisabeth-Schäfer-Weg 108-10b
50999 Elisabeth-Selbert-Straße 166-4c
50767 Elisabethstraße (Pesch) 86-10c
51147 Elisabethstraße (Wahnheide) 167-8b
50667 Elisenstraße (Altstadt-Nord) 135-1a (37/B2)
51149 Elisenstraße (Ensen) 136-11a
50769 Elkemannstraße (10) 65-9a
50668 Elsa-Brändström-Straße 107-11a
50677 Elsaßstraße 135-4d
51143 Elsdorfer Gasse 166-6c
51145 Elsdorfer Straße 167-4b
50737 Else-Falk-Straße 106-3a
50858 Else-Lang-Straße 133-6a
50933 Elsenborner Straße 106-10d
50667 Elstergasse (37/B3)
50997 Elsternweg 165-4d
51149 Elsterweg 136-11c
50733 Elteener Straße 107-7b
50739 Elvekumer Straße 106-9d
50937 Elzstraße 134-8b
51061 Embergweg 88-11c
Emdener Straße 87-4c
50735 Nr. 4-282, Nr. 37-115
50769 Nr. 117
50996 Emil-Hoffmann-Straße 165-6c
51147 Emil-Lichius-Straße (6) 167-8b
50999 Emil-Nolde-Straße 166-1d
50827 Emil-Pirazzi-Straße 106-5a
50858 Emil-Schreiterer-Platz 133-1b
50827 Emilstraße 106-7b
50937 Emmastraße 134-9a
50735 Emmericher Straße 107-5c
50858 Emmy-Noether-Straße 133-5c
51105 Emser Straße 135-3d
51069 En de Fluhdänne 108-3a
50935 Enckestraße 134-4d
50674 Engelbertstraße 134-3d
50997 Engeldorfer Straße 164-9c
50829 Engelkestraße 105-3d

51109 Engelskircher Straße 109-11c
51103 Engelsstraße 135-3b
51149 Engelstraße 136-11c
50668 Enggasse (Altstadt-Nord) 135-1a (37/A3)
51143 Enggasse (Zündorf) 166-5d
50825 Ennenstraße 106-8d
51105 Ensener Straße 136-7a
51149 Ensener Weg (Ensen) 136-12c
50999 Ensener Weg (Weiß) 166-2c
50939 Ensorstraße 134-11b
50829 Entenweg 105-9d
50765 Enzianweg 86-4c
51061 Enzstraße 107-3d
50767 Epprather Weg 86-7b
50767 Erbacher Weg 86-7c
50769 Erdweg 65-9c
50859 Erftstraße (Lövenich) 104-12d
50672 Erftstraße (Neustadt-Nord) 106-12d
50996 Erftstraße (Rodenkirchen) 165-3d
51103 Erfurter Straße 108-10d
50858 Erich-Deuser-Straße 133-5b
50933 Erich-Heckel-Straße 133-2b
50667 Erich-Klibansky-Platz (37/B2)
51069 Erikahof 109-4a
51069 Erikastraße 109-4b
51107 Erikaweg 137-8a
50933 Erkelenzer Straße 134-1b
50859 Erkelenzhofweg 133-1c
51109 Erkermühle 137-2d
51149 Erkerstraße 136-11d
50737 Erkesstraße 86-11d
51103 Erlanger Straße 136-2a
50997 Erlengrund 165-4b
50735 Erlenhofstraße 107-2c
50827 Erlenweg (Bickendorf) 106-7b
50765 Erlenweg (Esch/Auweiler) 85-11b
51147 Erlenweg (Grengel) 167-5b
51107 Erlöserkirchstraße 137-5d
51069 Ernastraße 109-4a
50769 Ernst-Abbe-Straße 86-2b
50765 Ernstbergstraße 86-1a
51067 Ernst-Cassel-Straße 108-6c
51147 Ernst-Mach-Straße 167-12c
51143 Ernst-Mühlendyck-Straße 166-3d
50996 Ernst-Reimbold-Straße 135-12c
51109 Ernst-Reuter-Straße 136-3b
51067 Ernststraße 108-6c
50999 Ernst-Volland-Straße 166-7b
51105 Ernst-Weyden-Straße 135-6d
50935 Ernst-Wilhelm-Nay-Straße 134-5c
50939 Erpeler Straße 134-9a
50733 Erzbergerplatz 107-7b
50933 Eschenallee 105-12d
50739 Eschenbachstraße 106-6c
51069 Eschenbruchstraße 109-4b
50858 Eschenweg (Junkersdorf) 133-6a
50999 Eschenweg (Sürth) 165-9b
Escher Straße (Bildstöckchen, Nippes) 106-5d
50733 Nr. 20-66, Nr. 11-47
50739 Nr. 63-273, Nr. 88-350
50767 Escher Straße (Pesch) 85-12b
51107 Eschkampsgrund 136-5a
50859 Esch-sur-Alzette-Straße 105-4d
50933 Eschweilerstraße 134-1a
50735 Esenbeckstraße 107-8b
50767 Espenweg 86-8c
51145 Essener Straße 167-1a
50997 Essershof 164-3b
51105 Esserstraße 135-6b
50735 Essostraße 87-7b
50996 Etruskerstraße 165-3a
51107 Ettlinger Straße 136-5b
51149 Ettore-Bugatti-Straße 136-9c
50739 Etzelstraße (Mauenheim, Weidenpesch) 106-6b
51147 Etzelstraße (Wahnheide) 167-11b
50767 Eudenbacher Weg 86-11a
50968 Eugen-Langen-Straße 135-11a
50767 Eugen-Roth-Straße 85-12d
50739 Eugen-Sänger-Straße 106-2a
51065 Eulenbergstraße 108-7c
51065 Eulerstraße 108-10c
50679 Eumeniusstraße 135-2d (37/C6)
50933 Eupener Straße (Braunsfeld) 106-10c
51149 Eupener Straße (Porz) 136-12d
51109 Europaring 136-6b
50997 Euskirchener Straße (Immendorf) 165-10b
Euskirchener Straße (Sülz) 134-8b
50937 Nr. 1-11, Nr. 2-48
50935 Nr. 13-23, Nr. 76-70
51149 Evastraße 136-11b
51061 Evergerstraße 87-11d
50997 Everhard-Stolz-Straße 164-8d
50823 Everhardstraße 106-12c
51143 Evezastraße 166-9a
50769 Evinghover Weg 65-9c
50670 Ewaldistraße 107-10b
50999 Eygelshovener Straße 165-6b
51103 Eythstraße 108-10c

51065 **F**abriciusstraße 108-10a
50769 Fährgasse 87-5c
51103 Falckensteinstraße 108-10c
50999 Falderhof 166-7a
50999 Falderstraße 165-9b
50935 Falkenburgstraße 134-5a
50858 Falkenweg (Junkersdorf) 133-3c
50997 Falkenweg (Rohndorf) 165-5a
50829 Falkenweg (Vogelsang) 106-7c
50676 Färbergasse (37/D3)
51069 Farnweg (Dellbrück) 109-4a
51107 Farnweg (Rath/Heumar) 137-8b
51109 Fasanenweg (Brück) 137-2a
50996 Fasanenweg (Hahnwald) 165-5c
51147 Fasanenweg (Wahn) 167-11a
50968 Faßbenderkaul 135-10d
50667 Faßbindergasse (11) (37/C4)
51145 Fauststraße 167-1d
50737 Fehrbellinstraße 107-1c
51067 Fehrenbachstraße 108-6c
50769 Feiengasse (8) 65-9a
51105 Feldbergstraße 135-3d
50769 Feldblumenweg (Fühlingen) 86-2c
51147 Feldblumenweg (Grengel) 167-5b
50858 Feldblumenweg (Junkersdorf) 133-2b
50735 Feldgärtenstraße 107-1b
50769 Feldkasseler Weg 86-3c
51103 Feldstraße (Kalk) 136-1a
51147 Feldstraße (Wahn) 167-10b
51069 Fellmühlenweg 109-7b
50827 Feltenstraße 106-7b
51109 Fenchelweg (1) 136-3b
50769 Ferdinand-Königshofen-Straße (1) 87-4b
51149 Ferdinand-Porsche-Straße 137-10a
50969 Ferdinand-Schmitz-Straße 135-7c
51063 Ferdinandstraße 107-12c
51067 Ferdinand-Stücker-Straße 108-9a
51063 Ferrenbergstraße 107-9b
50829 Fettenhof 105-6c
50829 Fettenweg 105-6c
50933 Feuerbachstraße 105-11d
50735 Feuerstraße 107-4a
50858 Fichtenstraße 133-6a
50767 Fichtenweg 86-8c
50996 Fichtestraße 166-1a
50676 Filzengraben 135-1d (37/C4)
50735 Finkenplatz 107-5a
50858 Finkenstraße (Junkersdorf) 133-2a
50735 Finkenstraße (Niehl) 107-5a
50765 Finkenweg (Esch/Auweiler) 85-8b
51147 Finkenweg (Wahnheide) 167-8b
51109 Finnentroper Straße 136-2b
50969 Fischenicher Straße 134-12b
51143 Fischerweg (5) 166-3d
50667 Fischmarkt 135-2a (37/B4)
51061 Fixheider Weg 108-5a
50933 Flachsweg 105-11d
50829 Flamingoweg 106-7c
51105 Flammersfelder Straße (3) 135-6b
50674 Flandrische Straße 134-3b (37/C1)
51109 Flehbachmühlenweg 137-2b
51109 Flehbachstraße 109-10d
50676 Fleischmengergasse 135-1c (37/C2)
50735 Flemingstraße 107-5d
51065 Flensburger Straße 108-10a
50767 Fliederweg (Pesch) 86-10c
50859 Fliederweg (Widdersdorf) 105-4d
51143 Fliederweg (Zündorf) 166-6c
50829 Fliesteder Straße 105-6a
51061 Flittarder Deichweg 87-11d
51061 Flittarder Hauptstraße 87-11b
50735 Flittarder Weg 87-10d
50733 Florastraße 107-7b
51067 Florentine-Eichler-Straße 108-9d
50765 Florenzer Straße 86-4d
50737 Floriansgasse 107-4a
50931 Flotowstraße 134-5b
51063 Flügelstraße (4) 107-9d
51147 Flughafen Köln/Bonn "Konrad Adenauer" 168-4a
51147 Flughafenstraße 167-9d
51109 Fockerweg 137-5c
50767 Föhrenweg 86-8c
50676 Follerstraße 135-1d (37/D4)
51069 Folwiese 109-7a
50997 Fontanestraße (Immendorf) 165-7b
50670 Fontanestraße (Neustadt-Nord) 107-7d
50858 Fontanestraße (Weiden) 133-2a
51063 Formesstraße 107-9d
51107 Forsbacher Straße 137-5d
51145 Forsbachstraße 167-5a
- Forstbotanischer Garten 165-2d
Försterstraße 106-8d
50823 Nr. 1-23, Nr. 2-26
50825 Nr. 25-Ende, Nr. 30-Ende
50767 Forststraße (Heimerdorf) 86-8c
51107 Forststraße (Rath/Heumar) 137-8a
50769 Forsythienweg 86-8a
50769 Fort Rauch 135-5b
50769 Fortuinweg 85-2a
50931 Frangenheimstraße 134-2d
50667 Frankenplatz (Altstadt-Nord) 135-1b (37/B4)
51149 Frankenplatz (Gremberghoven) 136-12b
51149 Frankenstraße (Gremberghoven) 136-12b
50858 Frankenstraße (Junkersdorf) 133-3a
50997 Frankenstraße (Meschenich) 164-12a
50739 Frankenthaler Straße 106-6d
50667 Frankenwerft 135-2a (37/B4)
Frankfurter Straße (Lind-Gremberghoven) 136-9a
51147 Nr. 19-323, Nr. 20-320
51145 Nr. 380-720, Nr. 381-675
51149 Nr. 723-759, Nr. 772-778
Frankfurter Straße (Mülheim-Ostheim) 108-7c
51065 Nr. 1-173, Nr. 12-236
51103 Nr. 249-455, Nr. 270-448
51107 Nr. 572-Ende, Nr. 585-Ende
51103 Franklinstraße 136-1a
50676 Frankstraße (Altstadt-Süd) 135-1c (37/D1)
50996 Frankstraße (Rodenkirchen) 135-12c
50859 Franz-Braßart-Straße 105-7a
50733 Franz-Clouth-Straße 107-8c
51145 Franz-Decker-Straße 167-2c
50735 Franz-Denhoven-Straße 107-1b
50823 Franz-Geuer-Straße 106-12c
50735 Franz-Greiß-Straße 87-10a
50767 Franz-Grillparzer-Ring 85-12d
50672 Franz-Hitze-Straße (Neustadt-Nord) 106-12d
51145 Franz-Hitze-Straße (Porz) 167-1c
50827 Franziska-Anneke-Straße 106-5c
50733 Franziskastraße 107-7d
50735 Franz-Joseph-Tillmann-Weg 107-5d
50823 Franz-Kreuter-Straße 134-3a
50825 Franz-Liszt-Straße 106-10b
50939 Franz-Marc-Straße (Klettenberg) 134-8d
50999 Franz-Marc-Straße (Rodenkirchen) 166-1d
51069 Franz-Peter-Kürten-Weg 88-11d
50827 Franz-Raveaux-Straße 106-5c
51143 Franz-Schaaf-Straße 166-8d
50933 Franz-Seiwert-Straße 105-11d
51109 Franz-Stock-Weg 136-3d
Franzstraße 134-5c
50931 Nr. 1-33, Nr. 2-26
50935 Nr. 28-Ende, Nr. 35-Ende
51109 Franz-von-Rinecker-Straße (3) 136-3b
51067 Franz-Werfel-Straße 108-6c
51061 Frasengasse (1) 87-11b
51065 Fraunhoferstraße 108-10a
50935 Frechener Platz 134-5c
50935 Frechener Straße 134-5c
50859 Frechener Weg 133-1c
51109 Fredeburger Straße 136-2b
51109 Frederike-Nadig-Weg 137-1a
51143 Freesienweg (7) 166-6b
51107 Freiburger Straße (Ostheim) 136-5b
50859 Freiburger Straße (Weiden) 133-1c
50737 Freie Erde 86-11d
51147 Freiheit 197-1a
50733 Freiherr-vom-Stein-Straße 107-7a
50935 Freiligrathstraße 134-5c
50829 Freimersdorfer Weg 105-5d
50859 Frettchenweg 105-10b
50767 Freusburgweg 86-11a
51107 Freyastraße 137-5d
Fridolinstraße 106-11b
50823 Nr. 2-40, Nr. 11-39
50825 Nr. 41-Ende, Nr. 42-Ende
- Friedenspark 135-8a
Friedensstraße (Urbach) 167-5a
51147 Nr. 29-Ende, Nr. 32-74
51145 Nr. 110-Ende
50676 Friedenstraße (Altstadt-Süd) 135-4b (37/D3)
50996 Friedenstraße (Rodenkirchen) 135-12d
50859 Friedhofsweg 105-7a
51067 Friedlandstraße 108-8b
51143 Friedrich-Ebert-Platz 166-3c
50996 Friedrich-Ebert-Straße 165-2c
51143 Friedrich-Ebert-Ufer 166-6b
50937 Friedrich-Engels-Straße 134-8d
51145 Friedrich-Hirsch-Straße 167-4c
Friedrich-Karl-Straße 107-4a
50739 Nr. 1-25a, Nr. 1-32
50737 Nr. 29-79, Nr. 32a-64
50735 Nr. 91-261, Nr. 100-270
50935 Friedrich-Moritz-Straße 134-4d
51145 Friedrich-Naumann-Straße 137-10d
50769 Friedrich-Otto-Schott-Straße 66-11d
Friedrich-Schmidt-Straße 134-1c
50931 Nr. 1-39, Nr. 2-18
50935 Nr. 20-28a, Nr. 41-59
50933 Nr. 30-72a, Nr. 61-99
50739 Friedrichshafer Straße 106-9b
50997 Friedrichshof 165-7b
50676 Friedrichstraße (Altstadt-Süd) 134-3d (37/D1)
51143 Friedrichstraße (Porz) 166-3d
50672 Friesenplatz 134-3b
50672 Friesenstraße 135-1a (37/B1)
50672 Friesenwall 134-3b (37/B1)
50969 Friesheimer Straße 134-12b
50767 Frimmersdorfer Weg 86-7b
- Fritz-Encke-Volkspark 135-10d
50769 Fritz-Erler-Straße 86-5c
50823 Fritz-Figge-Straße 106-12a
51061 Fritz-Haber-Straße 87-12c
Fritz-Hecker-Straße 135-7c
50968 Nr. 40-112, Nr. 47-107
50969 Nr. 109-163, Nr. 156-162
50935 Fritz-Hönig-Straße 134-4b
51063 Fritz-Lehmann-Straße 108-4c
50968 Fritz-Reuter-Straße 135-8a
50933 Fritz-Schröder-Weg 133-3b
51109 Fritz-Schu-Straße 109-10d
50823 Fritz-Voigt-Straße 106-12a
50765 Fritz-Wacker-Straße 86-7d
50767 Frixheimer Straße 86-7b
50823 Fröbelplatz 106-11d
50823 Fröbelstraße (Ehrenfeld) 106-11d
50767 Fröbelstraße (Pesch) 85-12c
50735 Frohngasse 107-8d
50765 Frohnhof (Esch/Auweiler) 85-8b
50858 Frohnhof (Junkersdorf) 133-2d
50858 Frohnhofplatz 133-5b
50765 Frohnhofstraße (Esch/Auweiler) 85-8b
50827 Frohnhofstraße (Ossendorf) 106-4d
50858 Frohnhofweg 133-2c
51143 Frongasse 165-12b
50668 Fronhof 108-12d
50999 Fronhofstraße 166-7a
50739 Fröscherweg 106-6c
51067 Froschkönigweg (Dellbrück) 109-4c
50997 Froschkönigweg (Rondorf) (1) 165-4b
50767 Fuchsienweg 86-10a
51145 Fuchskaule 167-4d
50999 Fuchskaulenweg 166-1c
50823 Fuchsstraße 106-12c
50859 Fuchsweg 105-10d
51149 Fuggerstraße 137-7c
50769 Fuhligsweg 87-8a
50769 Fühlinger Kirchweg 86-3c
50765 Fühlinger Weg 86-7a
51103 Fuldaer Straße 136-2a
51065 Fürstenbergstraße 108-7c
51065 Fürstenstraße 108-10b
Fürst-Pückler-Straße 134-2c
50935 Nr. 2-58
50933 Nr. 57-65, Nr. 60-82
50769 Furth 64-12d
50769 Further Straße 85-2a
50769 Further Weg 65-10c
51069 Fürvelser Straße 109-5c
51109 Fußfallstraße 108-11d
50935 Fustenburgstraße 134-5c
50735 Fygen-Lützenkirchen-Straße 87-10a

50674 **G**abelsbergerstraße 134-6b
50999 Gabriele-Münter-Straße 166-1d
50968 Gaedestraße 135-10b
51065 Galileistraße 108-10c
50829 Gänseweg 105-9d
51149 Gartenstraße (Ensen/Westhoven) 136-11c
50765 Gartenstraße (Esch/Auweiler) 85-11b
50733 Gartenstraße (Nippes) 107-7b
50996 Gartenstraße (Rodenkirchen) 165-3a
50859 Gartenweg (Weiden) 133-1a
51143 Gartenweg (Zündorf) 166-6c
50735 Garthestraße 107-8b
51063 Gaußstraße (Mülheim) 107-12a
50767 Gaußstraße (Pesch) 85-12b
51067 Gauweg 108-8c
50679 Gebrüder-Coblenz-Straße 135-6a
50735 Geestemünder Straße 86-12b
50931 Geibelstraße 134-2d
50765 Geiersbergstraße 86-1c
51145 Geigensteg 167-4a
50933 Geilenkircher Straße 134-1b
50939 Geisbergstraße 134-8d
51105 Geislarer Straße 135-9c
50823 Geisselstraße 106-11d
50829 Gelbspötterweg 106-10a
50739 Geldernstraße 106-9d
50733 Geldorpstraße 107-7a
50931 Geleniusstraße 134-2b
50733 Gellertstraße 107-7d
50735 Gelsenkirchener Straße 107-5c
51069 Gemarkenstraße 109-4d
50937 Gemünder Straße 134-5d
51063 Genfer Klause 108-1d
Genovevastraße 108-7c
51065 Nr. 1-3, Nr. 2-40
51063 Nr. 5-Ende, Nr. 42-Ende
50672 Genter Straße (Neustadt-Nord) 134-3b
51149 Genter Straße (Porz) 166-3b
51061 Georg-Beyer-Straße 107-3d
51147 Georg-Elser-Straße 167-8c
51109 Georgestraße 136-6b
50769 Georg-Fritze-Weg 86-8a
50737 Georg-Fuchs-Straße 106-2b
50829 Georg-Kaiser-Straße 105-3c
50827 Georg-Reiter-Straße 106-5c
50765 Georgshof 86-4c
50676 Georgsplatz 135-1d (37/D3)
50676 Georgstraße (Altstadt-Süd) 135-1d (37/D3)
51145 Georgstraße (Urbach) 167-4b
50999 Georgstraße (Weiß) 166-5c
50829 Georg-Weerth-Straße 105-6a
51061 Georg-Zapf-Straße 87-12c
51103 Geraer Platz 136-1b
51103 Geraer Straße 136-2a
50769 Geranienhof 86-8b
50769 Geranienweg 86-8b
51069 Gerbirgis-Weg 88-11a
50670 Gereonsdriesch (37/A2)
50670 Gereonshof 135-1a (37/A1)
50670 Gereonskloster 135-1a (37/A1)
50670 Gereonsmühlengasse 107-10c (37/A2)
50670 Gereonstraße 135-1a (37/A2)
Gereonswall 107-10c
50668 Nr. 1-27a, Nr. 2-36
50670 Nr. 29-105, Nr. 46-136
50827 Gerhard-Bruders-Straße 106-5c
50933 Gerhard-Marcks-Weg 105-12c
50968 Gerhard-vom-Rath-Straße 135-7d
50672 Gerhard-Winkler-Hof 135-1a (37/B1)
51067 Gerhart-Hauptmann-Straße (Holweide) 108-6c
50859 Gerhart-Hauptmann-Straße (Weiden) 133-1c
51109 Gerlachstraße 136-3d
50996 Germanenstraße 165-3a
Germaniastraße (Höhenberg, Buchheim) 108-10b
51103 Nr. 2-174
51065 Nr. 176-Ende
51143 Germaniastraße (Porz) 166-6b
50968 Germanicusstraße 135-11b
50739 Gernotstraße (Mauenheim) 107-4c
51147 Gernotstraße (Wahnheide) 167-8d
51061 Gernroder Weg (7) 108-5a
51107 Gernsheimer Straße 136-2d
50997 Gerolsteiner Straße (Immendorf) 165-7d
50937 Gerolsteiner Straße (Sülz) 134-5d
51061 Gerstenkamp 107-3b
50765 Gertrud-Bollenrath-Weg 86-4a
50858 Gertrudenhofweg 133-5b
50667 Gertrudenstraße (Altstadt-Nord) 135-1c (37/C2)
51149 Gertrudenstraße (Ensen) 136-11a
50997 Gertrudenstraße (Immendorf) 165-7c
50859 Gertrudisstraße 133-1a
50739 Gertrud-Robertz-Platz (8) 106-6c
51103 Geschwister-Katz-Straße 135-3b
50739 Geschwister-Scholl-Straße 106-2b
51069 Geselinusweg 88-8d
50933 Getreideweg 105-11b
- Gewerbe im Park 106-1c
- Gewerbegebiet Herkenrathweg 136-6c
- Gewerbegebiet Köln-Buchheim 108-8a
- Gewerbegebiet Köln-Marsdorf 133-5c
- Gewerbegebiet Rheinkassel 86-2b
- Gewerbehof Ossendorf 106-1b
50667 Geyergasse (37/C4)
51069 Gierather Straße 109-8a
50735 Gierkestraße 107-5a
50467 Giershausener Weg 86-8c
50997 Giesdorf 165-8a
50997 Giesdorfer Allee 165-7d
50997 Giesdorfer Straße 165-4d
Gießener Straße 135-3c
50679 Nr. 1-31, Nr. 2-32
51105 Nr. 39-Ende, Nr. 42-Ende
50672 Gilbachstraße 106-12d (37/A1)
50997 Gilessenhof 165-7b
51149 Gilgaustraße 136-11c
51069 Gilleshof 65-11c
51145 Gilsonstraße 167-7b
51061 Gimborner Weg 108-3a
50737 Ginsterpfad 106-3a
50858 Ginsterweg (Junkersdorf) 133-2d
51107 Ginsterweg (Rath/Heumar) 137-8b
- Gipsmühle 109-8a
50829 Girlitzweg 105-12b
51061 Gisbertstraße 107-3c
50739 Giselherstraße 107-4c
51147 Giselherweg 167-8d
50672 Gladbacher Straße 106-12d (37/A1)
50670 Gladbacher Wall 107-10a
50769 Gladiolenweg 86-8b
51143 Glashüttenstraße 166-3b
50823 Glasstraße (Ehrenfeld) 106-11b
51143 Glasstraße (Porz) 166-6b
51069 Glatzer Straße 88-11d
50769 Glehner Weg 65-9a
51065 Gleiwitzer Straße 108-10b
50933 Glesser Straße 134-1a
Gleueler Straße 134-7a
50931 Nr. 2-110, Nr. 41-185
50935 Nr. 112-346, Nr. 187-379
51061 Glockenblumenweg 108-6a
50667 Glockengasse (Altstadt-Nord) 135-1a (37/B2)
51145 Glockengasse (Urbach) 167-4a
50737 Gloedenstraße 106-2b
51069 Glogauer Straße 88-11d
51065 Glücksburgstraße 108-10a
50825 Glückstadter Straße 106-8b
51061 Gnauthstraße 108-2a
50733 Gneisenaustraße (Nippes) 107-7b
50996 Gneisenaustraße (Rodenkirchen) 166-1a
50733 Gocher Straße 107-7a
51067 Göddestraße 108-8c
50968 Godesberger Straße 135-11a
50997 Godorfer Hauptstraße 165-8a
50997 Godorfer Straße 165-7d
50672 Goebenstraße (37/A1)
50968 Goethestraße (Marienburg) 135-11a
51143 Goethestraße (Porz) 166-3d
50858 Goethestraße (Weiden) 133-1b
51069 Goffineweg 88-11b
50769 Gohrer Weg 65-8d
50858 Goldammerweg (Junkersdorf) 133-2a
50829 Goldammerweg (Vogelsang) 105-9a
50935 Goldenfelsstraße 134-4d
50829 Goldfasanenweg 106-7c
50735 Goldfußstraße 107-8b
50668 Goldgasse 135-1b (37/A4)
50829 Goldhähnchenweg 106-7c
51061 Goldregenweg 108-6a
50968 Goltsteinstraße 135-8a
50739 Göppinger Straße 106-9b
50829 Görlinger-Zentrum 105-6a
50858 Görlitzer Straße 133-2a
50674 Görresstraße 134-3d
51061 Goslarer Weg 108-5a
50825 Goswin-Peter-Gath-Straße 106-11b
50765 Göteborgstraße 86-5c
50679 Gotenring 135-2d (37/C6)
51149 Gotenstraße (Gremberghoven) 136-12b
50996 Gotenstraße (Rodenkirchen) 165-3a
50969 Gothaer Allee 134-9b
51103 Gothaer Platz 108-10d
51103 Gothaer Straße 108-10d
51149 Gotlandstraße 136-9a
Gottesweg 134-9a
50969 Nr. 1-87, Nr. 2-76
50939 Nr. 92-118, Nr. 127-179
50969 Gottesweg, Weg A 134-9d
50825 Gottfried-Daniels-Straße 106-8d
51105 Gottfried-Hagen-Straße 135-6b
50931 Gottfried-Keller-Straße 134-2d
50825 Gotthelfstraße 106-8d
51103 Göttinger Straße (Höhenberg) (2) 136-2a
50858 Göttinger Straße (Weiden) 133-1d
50829 Gottschalkstraße 105-6a
50969 Graacher Straße 134-9d
50733 Grabbestraße 107-8c
50679 Grabengasse 135-2c (37/C5)
50735 Graditzer Straße 107-5a
50823 Graeffstraße 106-12d
51065 Graf-Adolf-Straße 108-10a
51069 Grafenmühlenweg 109-4c
50769 Grafen-von-Berg-Straße 86-2c
50937 Grafenwerthstraße 134-8d
50679 Graf-Geßler-Straße 135-2d (37/B6)
51149 Graf-Lehndorff-Weg 137-10b
50769 Graf-von-Looz-Straße 86-2c
50769 Graf-Walram-Straße 86-2c
51147 Graf-Zeppelin-Straße 167-2d
50933 Grannenweg 105-11b
50737 Graseggerstraße 106-3a
50829 Grasmückenweg 105-12b
50765 Grasnelkenweg 86-7a
50769 Grasweg 86-2c
51145 Graudenzstraße 137-10c
50823 Gravenreuthstraße 106-11b
50825 Gravensteiner Straße 106-8d
50765 Grazer Steig 86-7b
50765 Greesberger Straße 85-8d
50668 Greesbergstraße 107-10d
50933 Gregor-Mendel-Ring 105-11a
50737 Greifswalder Straße 106-3d
50939 Greinstraße 134-6c
51105 Gremberger Hof 136-4d
51107 Gremberger Ring 136-8a
51105 Gremberger Straße 135-6b
51149 Gremberghovener Straße 136-11d
51147 Grengeler Mauspfad 137-11d
51105 Grengeler Straße 136-7a
51105 Grenzhausener Weg 135-6a
50739 Grethenstraße 86-11c
50829 Grevenbroicher Straße 105-6a
51107 Grevenstraße 136-2d
50676 Griechenpforte (37/D2)
51107 Griegstraße 136-4b
50765 Griesberger Straße 85-8b
50769 Grieskuhlenweg 65-8d
50769 Grimlinghauser Weg 65-8b
50996 Grimmelshausenstraße 165-3b
50823 Grimmstraße 106-12a
50825 Grolmanstraße 106-9c
51063 Gronauer Straße 108-8a
51145 Gronaustraße 167-1d
50931 Gronewaldstraße 134-2d
51107 Gröppersgasse 137-5c
50859 Groschenweg 105-10a
50672 Große Brinkgasse 135-1a (37/B1)
50667 Große Budengasse 135-1b (37/B3)
50667 Große Neugasse 135-1b (37/B4)
50667 Große Sandkaul 135-1d (37/C3)
50676 Große Telegraphenstraße 135-1c (37/D2)
50676 Große Witschgasse 135-1d (37/D4)
50676 Großer Griechenmarkt 135-1c (37/D2)
50997 Großrotter Weg 165-1d
50829 Grubenbecherstraße 105-6a
51109 Grülshofstraße 108-12c
51105 Grünebergstraße 135-3d
51105 Grüner Anger 135-9b
50827 Grüner Brunnenweg 106-7b
- Grüner Hof 107-4a
51061 Grüner Kuhweg 87-12d
50825 Grüner Weg (Ehrenfeld) 106-11d
50767 Grüner Weg (Pesch) 85-12c
51107 Grüner Weg (Rath/Heumar) 137-8b
50999 Grüner Weg (Sürth) 166-4c
50859 Grüner Weg (Weiden) 133-1a
51067 Grunerstraße 108-6d
50933 Grünewaldstraße 133-2b
50996 Gründürtelstraße 165-3d

51063 Grünstraße 107-12b
50739 Gudrunhof 107-4c
50996 Gudrunstraße (Rodenkirchen) 165-3b
51147 Gudrunstraße (Wahnheide) 167-11b
51065 Guerickestraße 108-10a
51065 Guilleaumestraße 108-10b
50935 Guldenbachstraße 134-8a
50859 Guldenweg 105-10a
50667 Gülichplatz (7) (37/C3)
50679 Gummersbacher Straße 135-3c
50825 Gumprechtstraße 106-11a
50858 Guntharplatz 133-2d
50829 Gunther-Plüschow-Straße 106-4a
50739 Guntherstraße (Mauenheim) 106-6d
50996 Guntherstraße (Rodenkirchen) 165-3a
51147 Guntherstraße (Wahnheide) 167-8d
50667 Gürzenichstraße 135-1d (37/C3)
50733 Gustav-Cords-Straße 107-8c
50825 Gustav-Freytag-Straße 106-8d
50678 Gustav-Heinemann-Ufer 135-8a
51145 Gustav-Mahler-Straße 167-1b
50733 Gustav-Nachtigal-Straße 107-4d
50996 Gustav-Radbruch-Straße 165-3b
51061 Gustav-Schultz-Straße (2) 87-12d
50937 Gustavstraße 134-5d
50767 Gustorfer Weg 86-7b
50767 Gut auf der Wonne 85-12d
50859 Gut Conzen 133-5c
51149 Gut Engelshof 136-10b
51067 Gut Iddelsfeld 109-7a
50859 Gut Keuschhof 133-5d
51069 Gut Klosterhof 88-11d
51147 Gut Leidenhausen 137-11d
51107 Gut Maarhausen 137-7d
50858 Gut Marsdorf 133-5c
51107 Gut Plantage 136-6c
51067 Gut Schlagbaum 108-11b
51061 Gut Schönrath 108-1d
50829 Gut Stöckheim 105-2a
50859 Gut Vogelsang 105-9c
50823 Gutenbergstraße 106-12c
51143 Gütergasse 166-5d
51109 Gütersloher Straße 108-12c
50769 Gutnickstraße 65-11c
50933 Guts-Muths-Weg 133-3c
51063 Gymnasiumstraße (1) 108-7a
50937 Gymnicher Straße 134-6a
50931 Gyrhofstraße 134-5b

50997 Habichtstraße 165-4b
50829 Habichtweg (Vogelsang) 106-7c
50859 Habichtweg (Widdersdorf) 105-4d
50674 Habsburgerring 134-3d (37/C1)
51105 Hachenburger Straße (Humboldt/Gremberg) 135-3d
50997 Hachenburger Straße (Rondorf) 165-4c
50769 Hackenbroicher Straße 65-8b
51143 Hackenbroichsgäßchen (6) 166-3d
51063 Hacketäuerstraße 108-4c
50769 Hackhauser Weg 65-9c
50825 Hackländerstraße 106-8c
50825 Hadersleber Straße 106-8b
51069 Hadwigastraße 88-11c
50667 Hafengasse (37/B4)
51063 Hafenstraße 107-12b
51061 Haferkamp 107-3b
50765 Haffweg 86-4b
50999 Hagebuttenweg 166-4b
51067 Hagedorns Kamp 108-6d
51069 Hagedornstraße 109-4c
51147 Hagelerweg 197-1a
50769 Hagenauer Weg 87-4a
51145 Hagener Straße 167-1a
51147 Hagenstraße 167-11b
50667 Hahnenstraße (Altstadt-Süd) 134-3d (37/C1)
50997 Hahnenstraße (Rondorf) 165-4b
51061 Hahnenweg 107-3b
50765 Hahnerweg 85-11b
50996 Hahnwaldweg 165-5a
51069 Haidweg 88-8a
50827 Hainbuchenweg (Bickendorf) 106-7d
51107 Hainbuchenweg (Rath/Heumar) 137-8a
50667 Halbmondgäßchen (9) (37/B4)
50735 Halfengasse 107-1b
50825 Halmstraße 106-8d
50997 Halv-Miel-Ring 165-2c
51107 Hambacher Straße 136-6a
50735 Hamborner Straße 107-5c
50668 Hamburger Straße 107-10d
51109 Hameler Weg 137-2a
50667 Hämergasse (37/B2)
50999 Hammerschmidtstraße 166-1d
50674 Händelstraße (Neustadt-Süd) 134-3d
50996 Händelstraße (Rodenkirchen) 165-3d
50859 Händelstraße (Widdersdorf) 105-7b
51069 Handstraße 109-2c
50829 Hänflingweg 105-9d
50933 Hanfweg 105-11d
50739 Hanns-Klemm-Straße 106-2a
- Hans-A.-Müllerheim-Park 134-5c
50678 Hans-Abraham-Ochs-Weg (10) 135-8a
50670 Hansaplatz 107-10c
50670 Hansaring 107-10c (37/A1)
50997 Hans-Berge-Straße 165-4d
50672 Hans-Böckler-Platz 106-12c
50739 Hans-Bredow-Straße 106-9b
50939 Hans-Carl-Nipperdey-Straße 134-6d
50935 Hans-Driesch-Straße 134-4d
50735 Hansekai 107-6c
50823 Hansemannstraße 106-11b
Hansenstraße 106-2b
50737 Nr. 1-31, Nr. 2-76
50739 Nr. 33-203
51149 Hansestraße 136-9b
50829 Hans-Haaß-Weg 105-9a
50999 Hans-Holbein-Straße 166-1d
51061 Hans-Josef-Michels-Weg 107-6b
50858 Hans-Katzer-Straße 133-6a
50931 Hans-Sachs-Straße 134-2d
51109 Hans-Schulten-Straße 137-1a
50823 Hans-Wild-Straße 106-12b
50858 Hans-Willy-Mertens-Straße 133-1b
50677 Hardefuststraße 135-4c
51063 Hardenbergstraße 107-9d
51069 Hardt 89-10c
51107 Hardtgenbuscher Kirchweg 136-6c
51069 Hardthof (Dellbrück) 109-8a
51069 Hardthof (Dünnwald) 89-10a
51069 Hardthofstraße 109-8a
50939 Hardtstraße 134-9a
51145 Harfenweg 167-4a
50678 Harry-Blum-Platz (119 135-5a
50997 Harry-Kloepfer-Straße (1) 164-5b
50767 Hartenfelsweg 86-10a
50733 Hartwichstraße 107-7c
51061 Harzgeroder Weg (6) 108-5a
50931 Haselbergstraße 134-3a
50767 Haselnußhof 86-8c
50767 Haselnußweg 86-8c
51147 Haselweg 167-5b
51069 Hasenacker 109-8a
51109 Hasencleverstraße 136-6b
51143 Hasenkaul 166-6d
50859 Hasenweg 105-10b
50679 Hasertstraße (37/C6)
51063 Haslacher Weg 108-1c
50767 Hasselrather Weg 86-7d
51069 Hatzfeldstraße 109-4d
50825 Hauffstraße 106-11b
51067 Haulemännchenplatz 109-4c
51143 Hauptstraße (Porz) 166-3a
50996 Hauptstraße (Rodenkirchen) 135-12c
50859 Hauptstraße (Widdersdorf) 105-7a
51143 Hauptstraße (Zündorf) 166-8a
50935 Haus am See 134-4c
50769 Haus Arff 64-12b
50859 Haus Daveg 105-5c
51147 Haus des Waldes 137-11d
50769 Haus Fühlingen 86-5a
51069 Haus Haan 108-3a
51065 Haus Herl 108-11a
50668 Haus Isenburg 108-9a
50859 Haus Közal 105-10b
50859 Haus Rath 105-5c
51145 Haus Wolle 167-5a
50827 Häuschensweg 106-7d
51109 Hausensteinhof 137-1c
50968 Hausweilerstraße 135-10a
50968 Hauswiesenweg 109-7b
50769 Hauweweg 86-1b
50765 Havelstraße 86-4b
51145 Haydnstraße (Eil) 167-1b
50935 Haydnstraße (Lindenthal) 134-4b
51145 Hazebrouckstraße 137-10c
50968 Hebbelstraße 135-8c
51069 Hebborner Straße 108-6d
50739 Hechinger Straße 106-9b
51105 Hechtstraße 135-9a
50858 Heckenrosenpfad 133-2d
51147 Heckenweg (Libur) 197-1a
50859 Heckenweg (Lövenich) 105-10d
50859 Heckgasse 105-7a
50739 Heckhof 106-2d
50739 Heckhofweg 106-2a
50737 Heckpfad 106-3c
50739 Heckweg 106-2a
50737 Hedwig-Pohlschröder-Straße 106-2b
50999 Hedwigstraße 166-4b
51143 Heerstraße 166-9a
51147 Hegelstraße 167-5d
51149 Heidbergweg 136-12c
50858 Heidehofweg 133-5b
50968 Heidekaul 135-10d
51065 Heidelberger Straße 108 10c
50999 Heidelweg 166-4d
50825 Heidemannstraße 106-8d
51061 Heidenrichstraße 108-2b
51069 Heidestraße (Dellbrück) 108-6b
51147 Heidestraße (Wahn, Wahnheide) 167-8c
51063 Heidkampstraße 108-7a
50999 Heikestraße 166-4b
51107 Heilbronner Straße (1) 136-5b
51069 Heiligenhauser Straße 109-4b
51149 Heilig-Geist-Straße 136-12b
50937 Heimbacher Straße 134-5d
51107 Heimdallstraße 137-5d
50739 Heimersdorfer Straße 86-11a
51061 Heimfriedweg 108-2c
50827 Heimstättenweg 106-8c
50767 Heinering 85-12d
50931 Heinestraße 134-5b
51069 Hein-Hamacher-Weg 88-12d
50769 Heinrich-Billstein-Straße 86-5c
50933 Heinrich-Billstein-Weg 133-3d
51061 Heinrich-Blum-Straße 87-12c
50667 Heinrich-Böll-Platz 135-1b (37/B4)
51061 Heinrich-Brauns-Straße 108-2c
50969 Heinrich-Brüning-Straße 135-7a
50827 Heinrich-Bürgers-Straße 106-5d
51103 Heinrich-Bützler-Straße 136-1c
50997 Heinrich-Eberts-Straße 164-8d
50969 Heinrich-Erpenbach-Straße 165-9b
50769 Heinrich-Gellissen-Straße 65-9a
51063 Heinrich-Gilsbach-Straße (2) 108-4a
50996 Heinrich-Heine-Straße 165-3b
50737 Heinrich-Hoerle-Straße 106-3b
51143 Heinrich-Klein-Straße 165-12d
50769 Heinrich-Latz-Straße 65-11d
51109 Heinrich-Lersch-Straße 136-6b
50996 Heinrich-Lübke-Ufer 135-12a
50829 Heinrich-Mann-Straße 105-3c
50939 Heinrich-Nauen-Straße 134-8d
50739 Heinrich-Pesch-Straße 106-6a
51149 Heinrich-Renard-Straße 136-11d
50829 Heinrich-Rohlmann-Straße 105-6b
50769 Heinrichshof 86-2a
50769 Heinrichshofweg 86-2a
50767 Heinrich-Spoerl-Straße 85-12b
51147 Heinrich-Steinmann-Straße 167-6b
50668 Heinrich-Stevens-Weg 133-3d
50676 Heinrichstraße (Altstadt-Süd) 135-4a (37/D3)
50999 Heinrichstraße (Weiß) 166-4d
51069 Heinrich-Strünker-Straße 109-1d
51143 Heinrich-von-Kleist-Straße (3) 166-3d
50739 Heinrich-von-Stephan-Straße 106-9b
50765 Heinrich-Zille-Straße (Esch/Auweiler) 85-8a
50999 Heinrich-Zille-Straße (Rodenkirchen) 166-1c
50674 Heinsbergstraße 134-3d
50825 Heinzelmännchenweg 106-8b
51067 Heinz-Kühn-Straße 108-9b
50939 Heisterbachstraße 134-9a
50765 Helaweg 86-1d
50667 Helenenstraße (Altstadt-Nord) 135-1a (37/B2)
51149 Helenenstraße (Westhoven) 136-11a
50679 Helenenwallstraße 135-2d (37/C6)
51109 Helene-Weber-Platz 136-3d
50999 Helene-Wessel-Straße 165-6d
50825 Heliosstraße 106-11b
50937 Hellenthaler Straße 134-8b
50825 Hellewatter Straße 106-8d
50825 Helmholtzplatz 106-11a
50825 Helmholtzstraße (Ehrenfeld) 106-8c
51145 Helmholtzstraße (Porz) 167-1c
50999 Helmutweg 166-4b
51107 Henleinstraße 136-6a
51107 Henri-Dunant-Straße 136-2d
50827 Henriette-Ackermann-Straße 106-5c
50999 Henrikestraße 166-4b
50735 Henry-Ford-Straße 87-10b
51107 Heppenheimer Straße 136-6a
50931 Herbert-Lewin-Straße 134-2d
50769 Herberzstraße (6) 65-9a
50933 Herbesthaler Straße 134-1a
50825 Herbigstraße 106-8c
50825 Herbrandstraße 106-11a
51147 Herderstraße (Grengel) 167-5d
Herderstraße (Lindenthal) 134-5a
50931 Nr. 1-73, Nr. 2-70
50935 Nr. 98-Ende, Nr. 75-Ende
- Herfeldweg 168-8b
50737 Herforder Straße 86-12c
50767 Heribert-Klar-Platz 85-12d
50679 Heribertusstraße 135-2d (37/C6)
51107 Herkenrathweg 136-6c
Herkulesstraße 106-9c
50672 Nr. 8
50823 Nr. 27-111, Nr. 40-42
50668 Herler Mühle 108-11a
51067 Herler Ring 108-8c
51067 Herler Straße 108-7d
50672 Hermann-Becker-Straße (37/A1)
51109 Hermann-Ehlers-Straße 137-1a
50999 Hermann-Espenmüller-Straße 166-4d
50933 Hermann-Garke-Weg 105-12c
50858 Hermann-Heinrich-Gossen-Straße 133-5c
51109 Hermann-Hesse-Weg 136-6b
50827 Hermann-Josef-Schmitt-Straße 106-5c
50676 Hermann-Joseph-Platz 135-1d (37/C3)
50737 Hermann-Kausen-Straße 86-11d
50823 Hermann-Kolb-Straße 106-12a
51067 Hermann-Kunz-Straße 108-7d
Hermann-Löns-Straße (Elsdorf, Grengel) 167-4d
51145 Nr. 1-95, Nr. 2-62
51147 Nr. 110-Ende, Nr. 115-Ende
50765 Hermann-Löns-Straße (Esch/Auweiler) 85-11b
50996 Hermann-Löns-Straße (Rodenkirchen) 165-3b
51061 Hermann-Ost-Straße 87-12d
50933 Hermann-Pflaume-Straße 134-1b
50679 Hermann-Pünder-Straße 135-2a (37/B5)
51067 Hermann-Stehr-Straße 108-6d
51143 Hermannstraße (1) 166-3d
51109 Hermelinweg 137-2a
50735 Hermesgasse 107-1b
50935 Hermeskeiler Platz 134-5c
50935 Hermeskeiler Straße 134-8a
51107 Hermodurstraße 137-5b
50969 Hermülheimer Straße 134-12b
50996 Herrengartenstraße 135-12c
51067 Herrenstrunder Straße 109-7a
50933 Herrigergasse 133-3b
51065 Herschelstraße 108-10a
50968 Herseler Straße (2) 135-10b
50769 Herstattallee 86-8a
50735 Hertha-Kraus-Straße 107-9a
50969 Herthastraße 134-9b
51065 Hertzstraße (Buchforst) 108-10a
50859 Hertzstraße (Lövenich) 105-11c
51145 Hertzstraße (Porz) 167-1c
50672 Herwarthstraße 106-12d (37/A1)
50829 Herweghstraße 105-6a
50933 Herzogenrather Straße 134-1b
50769 Herzog-Johann-Straße 86-1d
50667 Herzogstraße 135-1d (37/C3)
51107 Heßhofplatz 136-1d
51107 Heßhofstraße 136-5a
51107 Heumarer Mauspfad 137-8b
Heumarer Straße 137-10d
51145 Nr. 3-51, Nr. 12-70
51149 Nr. 63-Ende, Nr. 84-Ende
50676 Heumarkt (37/C4)
50769 Heuserhof 86-8d
51107 Hibbelenstraße 136-5a
51109 Hibiskusweg (4) 136-3b
50858 Hildebertstraße 133-2d
50672 Hildeboldplatz 134-3b (37/A1)
50739 Hildebrandstraße 107-4c
50735 Hildegardisstraße 107-8b
51149 Hildegardisweg 136-11b
51069 Hildegundweg 88-11d
50769 Hildengasse 87-5c
51067 Hilgener Straße 109-7a
50931 Hillerstraße 134-2c
50735 Hillesheimstraße 107-2c
51105 Hillscheider Weg 135-6b
50999 Hiltrudstraße 166-4b
51147 Himbeerweg 167-6a
50933 Himmerichstraße (1) 134-8b
50829 Hindemithweg 105-6a
51143 Hinter dem Heckelsberg 166-8b
51107 Hinter dem Heßgarten 136-1d
51147 Hinter den Höfen 167-8a
51105 Hinter den Wiesen 135-9c
51143 Hinter der Kirche (3) 165-12d
51147 Hinter der Schule 167-8c
51143 Hinter Hoven 166-10a
51143 Hintergasse 166-10c
- Hiroshima-Nagasaki-Park 134-3c
50939 Hirschbergstraße 134-9a
50678 Hirschgäßchen (5) 135-4b
51145 Hirschgraben 137-10d
50765 Hirschhofweg 86-7a
50933 Hirseweg 105-11b
51067 Hirtsieferstraße 108-8b
50937 Hirzstraße 134-8d
50769 Hitdorfer Fährweg 66-11d
50735 Hittorfstraße (1) 107-8b
50968 Hitzelerstraße 135-10c
50968 Hochkirchener Straße 135-10d
51065 Hochmeisterstraße 108-10b
50676 Hochpfortenbüchel (37/C3)
50674 Hochstadenstraße 134-6b (37/D1)
50935 Hochwaldstraße 134-8a
51069 Hochwinkel 109-7c
51103 Höfestraße 136-1a
50968 Hoffmann-von-Fallersleben-Straße 135-11a
51109 Hoffnungsthaler Straße 137-2a
51105 Hoffnungstraße 136-4a
51065 Hofmannstraße 108-10a
51067 Hofrichterstraße 108-6c
51061 Hofstraße 107-3c
50733 Hogenbergstraße 107-7a
50997 Hoggendorfer Straße 164-9c
50676 Hohe Pforte 135-1d (37/C3)
50667 Hohe Straße (Altstadt-Süd) 135-1d (37/C3)
51149 Hohe Straße (Ensen) 136-11c
51103 Höhenberger Kirchweg (3) 136-1b
51103 Höhenberger Ring 108-11c
51103 Höhenberger Straße 136-2a
50739 Hoheneckenweg 106-6d
51061 Höhenfelder Mauspfad 108-3c
50737 Hohenfriedbergstraße 107-4a
51063 Höhenhauser Ring 108-1c
51061 Höhenhauser Weg 108-5a
50674 Hohenstaufenring 134-3d (37/C1)
51149 Hohenstaufenstraße 136-12b
51109 Hohensyburgstraße 108-11d
50935 Hohentwielstraße 134-5c
- Hohenzollernbrücke 135-2a (37/B4)
50674 Hohenzollernring 134-3d (37/B1)
50739 Hohlgasse 86-11c
51105 Höhrer Weg 135-6a
51061 Höhscheider Weg 108-3c
50733 Holbeinstraße 107-7c
50968 Hölderlinstraße (Bayenthal) 135-8c
50858 Hölderlinstraße (Weiden) 133-2a
51147 Hölderlinweg 167-5d
50931 Hollarstraße 134-3a
50937 Hollerather Straße 134-8b
51103 Hollweghstraße 136-1c
51065 Holsteinstraße 108-10a
50769 Holtestraße 65-9c
50968 Höltystraße 135-8c
50827 Holunderweg (Bickendorf) 106-7b
50858 Holunderweg (Junkersdorf) 133-2a
51107 Holunderweg (Rath/Heumar) 137-8a
51065 Holweider Straße 108-7c
50676 Holzgasse (37/D4)
50769 Holzheimer Weg 65-8d
50676 Holzmarkt 135-2c (37/D4)
50769 Holzschneidergasse (3) 65-9a
51069 Holzweg (Dünnwald) 88-11d
51143 Holzweg (Langel) 166-10b
50999 Holzweg (Sürth, Weiß) 166-4d
50678 Holzwerft (37/D4)
51107 Homarstraße 136-4b
50996 Hombergstraße 135-12c
50969 Homburger Straße 135-7a
50769 Honigsheimstraße (5) 86-5c
50997 Höningen 164-3d
50969 Höninger Platz 134-12b
50939 Höninger Weg (Klettenberg) 134-11d
50668 Höninger Weg (Zollstock) 135-10a
50969 Höninger Weg, Weg B 134-9d
50939 Honnefer Platz 134-9a
51109 Honrather Straße 109-11c
Honschaftsstraße 108-5d
51067 Nr. 1-7, Nr. 2-18
51061 Nr. 214-Ende, Nr. 287-Ende
51109 Hopfenstraße 136-3b
50735 Hoppegartener Straße (4) 107-5a
51061 Hoppersheider Weg 108-5a
50859 Horbell 133-8b
50858 Horbeller Straße 133-5d
51069 Hornpottweg 88-8d
50823 Hornstraße 106-9d
50933 Horremer Straße 134-1a
51063 Horststraße 107-9d
50825 Hospeltstraße 106-11a
50825 Hosterstraße 106-8d
51143 Houdainer Straße 166-8b
51109 Hovenstraße 137-1b
51109 Höxterstraße 137-2a
50829 Hubert-Nathan-Weg (1) 105-2d
51061 Hubertusstraße (Flittard) 87-11d
50767 Hubertusstraße (Pesch) 85-12d
51145 Hubertusstraße (Urbach) 167-4b
51105 Hubertusweg 135-9d
51061 Hufelandstraße 107-3a
51145 Hugo-Distler-Weg 167-4b
51147 Hugo-Eckener-Straße (Grengel) 167-2d
50829 Hugo-Eckener-Straße (Ossendorf) 105-6b
50968 Hugo-Efferoth-Straße (1) 135-10a
50739 Hugo-Junkers-Straße 106-2b
51067 Hugo-Preuss-Straße 108-5d
50827 Hugostraße 106-4d
50667 Hühnergasse (6) (37/B4)
50676 Huhnsgasse 135-1c (37/D1)
50670 Hülchrather Straße 107-11a
51061 Hülsenweg 108-5b
50933 Hültzplatz 134-2c
50933 Hültzstraße 134-2c
50676 Humboldtstraße (Altstadt-Süd) 134-3d (37/C1)
Humboldtstraße (Porz) 137-10a
51145 Nr. 1-Ende, Nr. 2-122
51149 Nr. 134-Ende
50939 Hummelsbergstraße 134-6c
51069 Humperdinckstraße (Dellbrück) (4) 109-4c
51147 Humperdinckstraße (Wahn) 167-8c
51069 Hünenstraße 109-4a
51147 Hunoldstraße 167-8d
50739 Hunsrückstraße 106-6d
50969 Hürther Straße 134-9d
50997 Hürther Weg 164-8d
50997 Husarenstraße 165-4c
50825 Husumer Straße 106-8b
50823 Hüttenstraße 106-11b
51109 Hüttenweg 137-1c
51069 Hyazinthenweg (Dellbrück) 109-1c
50999 Hyazinthenweg (Sürth) (2) 165-9d

50859 Ibisweg 105-4d
51107 Ibsenstraße 136-4b
51069 Idastraße 109-4c
51069 Iddelsfelder Hardt 109-8c
51067 Iddelsfelder Straße 108-9b
51105 Idsteiner Straße 135-3d
51107 Idunastraße 137-5d
51145 Igelweg 167-4b
50858 Ignystraße 133-2c
50829 Ikarosstraße 106-4b
50769 Ilexweg 86-8b
51061 Ilfelder Weg (1) 108-2c
51061 Illerweg 108-2d
51103 Ilmenauer Weg 136-1b
50825 Iltisstraße 106-8b
51147 Iltisweg (Wahn) 167-11b
50859 Iltisweg (Widdersdorf) 105-4c
50996 Im Ahorngrund 165-5d
51063 Im Bachfeld 107-9d
51105 Im Baumgarten 135-9b
51105 Im Beginenwäldchen 135-9b
51069 Im Bergbusch (1) 109-8b
50999 Im Bergerhof 165-9b
51147 Im Bienengarten 167-11a
51061 Im Birkenacker 108-2d
51065 Im Bischofsacker 107-12d
51147 Im Bodesfeld 167-7d
51147 Im Bruch 167-11b
51149 Im Bücherfeld 136-12d
51109 Im Brücker Bruch 109-10d
50999 Im Brunnenhof 166-7a
51109 Im Buchenkamp (Brück) 109-11a
51069 Im Buchenkamp (Dellbrück) 109-7d
50859 Im Buschfelde 105-4d
51105 Im Butterfaß 135-9a
50678 Im Dau 135-4b
51069 Im Eichenforst 109-5a
50999 Im Faldergarten 166-7a
51145 Im Falkenhorst 167-1b
51107 Im Feld 137-4d
50678 Im Ferkulum 135-4d
51069 Im Fichtenhain 109-4a
50996 Im Finkenhain 165-5b
51105 Im Forst 135-9b
51109 Im Fuchsbau 137-2a
50999 Im Garten 166-5c
51105 Im Gartenhof 135-9a
50999 Im Gärtnerhof 166-7a
51147 Im Gerstenfeld 167-8a
50767 Im Gewerbegebiet Pesch 85-12b
51145 Im Ginnegarten 137-10d
50668 Im Glockenring (1) 107-10d
51107 Im Gremberg 136-4d
50735 Im Grund 107-1b
51145 Im Grünen Winkel (1) 167-1d
51147 Im Haferfeld (4) 167-8c
50996 Im Hasengarten 165-5d
50679 Im Hasental 135-5b (37/D6)
50997 Im Haubenfeld 164-9c
51107 Im Heidkamp 136-4b
51107 Im Hellenberg 164-12b
51061 Im Hemmerich 108-2d
50859 Im Kamp 105-4c
51105 Im Keuelder 135-9b
50672 Im Klapperhof 134-3b (37/B1)
50668 Im Krahnenhof (2) 107-10d
50676 Im Laach 135-1c (37/C2)
51109 Im Langen Bruch 109-10b
51065 Im Leimfeld 108-10b
50996 Im Lerchenfeld (2) 165-3c
51069 Im Leuchterbruch 108-3a
51147 Im Linder Bruch 167-11d
50739 Im Lindweilerfeld 86-11c
51147 Im Lochgarten 167-8c
51109 Im Lüsch 137-7a
50670 Im Mediapark 106 12d
50996 Im Meisengrund 165-5b
51067 Im Merheimer Felde 108-11b
51105 Im Mittelfeld 135-6c
50769 Im Mönchsfeld 65-11d
51105 Im Oberdorf 135-9c
51145 Im Oberfeld 167-1d
51069 Im Oberiddelsfeld 109-7c
50996 Im Park 135-12d
51145 Im Porzer Feld 167-1c
50997 Im Rabengrund 165-1d
50933 Im Rapsfeld 105-11b
51149 Im Rheinfeld (Ensen) 136-12c
50997 Im Rheinfeld (Meschenich) 164-9c
50997 Im Rheintal 164-9c
51149 Im Rheinwinkel 136-11d
51069 Im Riephagen 109-4d
51147 Im Roggenfeld (3) 167-8a
50968 Im Römerkastell 135-11b
50999 Im Rosengarten 165-9b
51143 Im Rosenwinkel 166-6c
50827 Im Rott 106-7b
51061 Im Rottfeld 108-5b
50999 Im Salzgrund 166-4d
50997 Im Schwalbental 165-4b
50676 Im Sionstal 135-4b (37/D4)
50668 Im Stavenhof 107-10d
51069 Im Tannenforst 109-5a
50997 Im Teich 164-9a
51069 Im Thurner Feld 109-5c
51069 Im Tierkamp 108-9a
51145 Im Urbacher Feld 167-5a
50997 Im Vogelsang 165-8c
51107 Im Wasserblech 137-5d
51105 Im Wasserfeld 135-9d
50997 Im Wasserwerkswäldchen 135-11c
50678 Im Weichserhof (37/D4)
51061 Im Weidenbruch 108-5a
51061 Im Weidenkamp 108-2d
50999 Im Weingarten (3) 165-9b
51061 Im Weingartskamp 87-11d
51147 Im Weizenfeld 167-8c
50769 Im Wichemshof 85-2b
51067 Im Wichheimer Feld 108-8c
51147 Im Wierzfeld 167-12a
51069 Im Wieschen 109-4d
51061 Im Wiesengrund 108-2d
51063 Im Winkel (Mühlheim) 108-4a
51145 Im Winkel (Urbach) 167-5a
51069 Im Wirtskamp 88-12d
51061 Imbacher Weg 108-3a
51069 Immekeppeler Straße (3) 109-4b
50997 Immendorfer Hauptstraße 165-7a
50997 Immendorfer Straße 165-11a
50968 Immendorfer Weg 135-10c
51147 Immenweg 167-11a
51105 Immergrünweg 135-6c
50931 Immermannstraße 134-5b
50968 Impekovener Straße 135-10b
51107 In den Heidenkämpen 137-5a
50769 In den Kämpen 87-4d
51103 In den Reihen 136-4b
50668 In der Adelenhütte 166-6a
51143 In der Aue (Langel) 166-10a
50999 In der Aue (Sürth) 165-9d
51069 In der Barken 109-5d
50937 In der Beller Maar 134-7c
51143 In der Bohnenbitze 166-12a
50667 In der Fleischhalle (12) (37/C4)
51069 In der Gansau 109-4c
51105 In der Gracht 135-9d
51109 In der Handschaft 137-1b
51069 In der Hardt 109-8a

50997 In der Hell 164-11b
50667 In der Höhle 135-1d (37/C3)
51067 In der Hütte (Holweide) 108-9a
51107 In der Hütte (Rath, Heumar) 137-7b
51105 In der Kanne 135-9a
51107 In der Konde 137-4d
51105 In der Kreuzau 135-9d
51105 In der Ledden 135-6c
50769 In der Lohn 65-9a
50859 In der Lößbörde (3) 105-7b
50735 In der Maienkammer 107-2c
50769 In der Muckel 65-8b
51147 In der Mulde 167-11d
51145 In der Nösenbitz 137-10d
51143 In der Rosenau 166-6c
51143 In der Schindskaule 166-10a
51149 In der Westhovener Aue 135-12b
50859 Indianapolis-Straße 105-4d
Industriestraße (Godorf-Rodenkirchen) 165-11d
50997 Nr. 1
50996 Nr. 127-133, Nr. 130-156
50999 Nr. 155-171, Nr. 166-184
Industriestraße (Merkenich/Niehl) 86-6a
50735 Nr. 2-18
50769
51149 Ingeborgstraße 136-11a
50829 Ingendorfer Weg 105-3c
Innere Kanalstraße 134-3a
50931 Nr. 1-13
50823 Nr. 15-95
50672 Nr. 124-100
50670 Nr. 200-228
50668 Nr. 260
50733 Nr. 299-287
51061 Innweg 108-2d
50997 Insterburger Straße 165-4a
50825 Intzestraße 106-11b
50767 Irisweg (Pesch) 86-10a
51143 Irisweg (Zündorf) 166-6d
50997 Irmgard-Keun-Straße 165-4d
50969 Irmgardstraße 134-9b
51149 Irmgardweg 136-11b
50739 Irnfriedweg 106-6d
50678 Isabellenstraße 135-4b
51061 Isarweg 108-2d
51067 Isenburger Kirchweg 108-9a
51067 Isenburger Straße 108-9a
51109 Iserlohner Straße 136-2b
51061 Isidor-Caro-Straße 107-3d
51067 Isolanistraße 108-9a
50733 Isselburger Straße 107-8a
51065 Istanbulstraße (1) 135-3b
50939 Ittenbacher Straße 134-9c
50769 Ivenshof 87-5c
50769 Ivenshofweg 87-7b

50676 **J**abachstraße 135-1c (37/C3)
50997 Jagdweg 164-6b
51145 Jägerstraße (Eil) 137-10d
50859 Jägerstraße (Lövenich) 105-10b
50997 Jägerstraße (Rondorf) 164-3c
51061 Jagststraße 107-6b
50676 Jahnstraße (Altstadt-Süd) 134-3d (37/D1)
51147 Jahnstraße (Wahn) 167-8c
50859 Jahnwiesenweg 133-3c
51065 Jakob-Böhme-Straße 108-11a
51061 Jakob-Brock-Weg 108-5b
51143 Jakob-Engels-Straße 165-12d
50859 Jakob-Kaiser-Straße 133-6b
51105 Jakob-Kneip-Straße 135-9a
51105 Jakob-Rasquin-Straße 135-6d
50823 Jakob-Schupp-Straße 106-8b
50678 Jakobstraße (Altstadt-Süd) 135-4b
51145 Jakobstraße (Porz) 166-3b
51069 Jakob-Strünker-Straße 109-4c
50767 Jakobusstraße 86-10c
50859 Jakobusweg 105-7a
50933 Jakob-Zündorf-Weg 133-3d
50668 Jakordenstraße 107-10d (37/A4)
51065 Jan-Wellem-Straße 108-7c
- Japanischer Garten 87-9c
51061 Jasminweg 108-5b
50674 Jean-Claude-Letist-Platz 134-3d
51109 Jean-Jaures-Straße 136-3d
50999 Jean-Kübbeler-Straße 166-4c
50823 Jennerstraße 106-12a
50823 Jessestraße 106-12a
Jesuitengasse 107-1c
50735 Nr. 1-81, Nr. 8-92
50737 Nr. 87-137, Nr. 106-146
50935 Joeststraße 134-2c
51143 Johann-Beckschäfer-Straße (1) 166-8d
51063 Johann-Bendel-Straße 107-9d
51067 Johann-Bensberg-Straße 108-8b
50827 Johann-Brinck-Platz 106-8a
50827 Johann-Brinck-Straße 106-7b
50933 Johann-Bueren-Straße 134-1c
51103 Johann-Classen-Straße 136-1a
51105 Johann-Degen-Straße 135-9d
50767 Johannes-Albers-Straße 86-7d
50737 Johannes-Dech-Straße 86-12c
- Johannes-Giesberts-Park 107-8a
50939 Johannes-Greferath-Straße 134-8d
50735 Johannes-Müller-Straße 107-8a
50765 Johannes-Prassel-Straße 85-8a
50737 Johannes-Rings-Straße 86-11d
51145 Johannesstraße (Eil) 137-10c
50767 Johannesstraße (Pesch) 85-12d
51067 Johannes-Stumpf-Straße 108-8a
50858 Johannes-Theodor-Baargeld-Weg (1) 133-6a
51105 Johannes-Trojan-Straße 135-9a
51061 Johannesweg (Höhenhans) 108-2d
50859 Johannesweg (Widdersdorf) 105-7a
50935 Johann-Heinrich-Platz 134-4b
50997 Johannishof 165-4a
50668 Johannisstraße (Altstadt-Nord) 107-10d (37/A4)
50999 Johannisstraße (Weiß) 166-5a
Johanniterstraße (Buchheim) 108-10b
51065 Nr. 10-38, Nr. 13-45
51067 Nr. 40-58, Nr. 47-129
50997 Johanniterstraße (Godorf) 165-11a
50859 Johanniterstraße (Lövenich) 105-10a
50735 Johann-Maria-Farina-Straße 87-10a
51105 Johann-Mayer-Straße 135-3d
50999 Johann-Pullem-Straße 165-9d
50999 Johann-Strauss-Straße 166-1c
50827 Johann-Thomer-Straße 106-7a
50733 Josef-Bayer-Straße 107-7d
51107 Josef-Boschbach-Weg 136-4b
50827 Josef-Esser-Platz 106-7b
51109 Josef-Gockeln-Straße 137-1a
50829 Josef-Hamacher-Platz 105-9d
50676 Josef-Haubrich-Hof (37/C2)
50999 Josef-Kallscheuer-Straße 165-6d
50933 Josef-Lammerting-Allee 106-10c
51149 Josef-Linden-Weg 136-8b
51147 Josef-Schwamborn-Straße 167-8d
- Josef-Schwartz-Anlage (37/C1)
51143 Josefstraße 166-3b
51067 Josef-Wirth-Straße 108-8b
50827 Joseph-Roesberg-Platz 106-8a
50733 Josephskirchplatz 107-7c
51103 Josephskirchstraße 136-1a
Joseph-Stelzmann-Straße 134-5b
50937 Nr. 1-7, Nr. 2-14
50931 Nr. 9, Nr. 20-74
50678 Josephstraße 135-4b
50935 Joseph-Teusch-Straße (1) 134-4b
50667 Judengasse (37/B3)
50679 Judenkirchhofsweg 135-5b
50996 Judenpfad 165-5d
- Jugendpark 107-12a
50674 Jülicher Straße 134-3d
50739 Julio-Goslar-Straße 106-9d
51063 Julius-Bau-Straße 108-7c
50739 Julius-Leber-Straße 106-2b
51063 Juliusstraße 107-12a
51105 Jungbergerstraße 135-9a
50858 Jungbluthgasse 133-2c
50769 Jungbluthstraße 87-4d
51061 Jungbornweg 108-5a
50937 Jünkerather Straße 134-8b
50933 Junkersdorfer Straße 133-3c
50667 Jupp-Schmitz-Plätzchen (37/B3)
50827 Jüssenstraße 106-5c
50679 Justinianstraße 135-2d (37/C6)
51069 Juttaweg 88-11b

50677 **K**aesenstraße 135-4a
50829 Kafkastraße 105-3c
50935 Kaisersescher Straße 134-5c
50739 Kaiserslauterer Straße 106-6d
51145 Kaiserstraße 167-1c
50739 Kaiserswerther Straße 106-9d
50670 Kaiser-Wilhelm-Ring 106-12d (37/A1)
50733 Kalkarer Straße 107-8a
51103 Kalker Hauptstraße 135-3d
Kalk-Mülheimer Straße 108-10a
51103 Nr. 1-259, Nr. 2-216
51065 Nr. 270-Ende, Nr. 299-Ende
51069 Kalkweg (Dünnwald) 108-3a
- Kalkweg (Rath/Heumar) 137-9c
50765 Kallbergstraße 86-1a
51061 Kalmünter Weg 108-5b
50997 Kalscheurener Straße 164-5b
50969 Kalscheurer Weg 134-12a
50969 Kalscheurer Weg R 134-12b
50969 Kalscheurer Weg S 134-12a
50668 Kalscheurer Weg T 134-12a
50969 Kalscheurer Weg U 134-12a
50969 Kalscheurer Weg V 134-12a
50679 Kaltenbornweg 135-5b
50672 Kamekestraße 134-3b
50733 Kamerunstraße 107-4d
50858 Kamillenweg 133-2b
50676 Kämmergasse 135-1d (37/C3)
50933 Kämpchensweg 105-12c
51107 Kampgasse 136-4b
51069 Kampstraße 109-8a
51105 Kannebäckerstraße 135-6a
51147 Kantstraße (Grengel) 167-5d
51103 Kantstraße (Kalk) 136-1c
50858 Kantstraße (Weiden) 105-11c
50999 Kantstraße (Weiß) 166-4b
51145 Kapellenbitz 137-10d
50859 Kapellenhofweg 133-1a
51103 Kapellenstraße (Kalk) 136-1a
50997 Kapellenstraße (Rondorf) 164-6b
50767 Kapellenweg 85-12b
51103 Kapitelstraße 136-1a
50769 Kaplanshof 87-5c
50829 Kappelsweg 105-5b
50737 Kapuzinerstraße 107-1c
50670 Kardinal-Frings-Straße 107-10c (37/A2)
50968 Kardorfer Straße 135-10d
51149 Karinweg 136-11a
51109 Karl-Arnold-Straße 136-3b
50939 Karl-Begas-Straße 134-12a
50827 Karl-Benz-Straße 106-4c
50678 Karl-Berbuer-Platz 135-4b (37/D3)
50827 Karl-Bosch-Straße 106-7a
51067 Karl-Höher-Straße 108-9c
51107 Karl-Hüntemann-Weg (1) 137-5c
50859 Karl-Kaulen-Straße 105-10c
50678 Karl-Korn-Straße 135-4b
50769 Karl-Marx-Allee 86-5c
50827 Karlrobert-Kreiten-Straße 106-5c
51107 Karl-Schüßler-Straße 137-5c
50931 Karl-Schwering-Platz 134-2d
51069 Karl-Siebert-Straße 109-4c
51065 Karlsruher Straße 107-12d
50679 Karlstraße (Deutz) 135-2b (37/B5)
51143 Karlstraße (Porz) 166-3d
50996 Karlstraße (Rodenkirchen) 135-12d
51063 Karl-Theodor-Straße 107-9d
50933 Karl-Winkler-Weg 134-1c
50858 Kärntner Weg 133-3c
50678 Karolingerring 135-4d
50678 Kartäusergasse 135-4b
50678 Kartäuserhof (Altstadt-Süd) 135-4d
50765 Kartäuserhof (Volkhoven/Weiler) 86-7a
Kartäuserwall 135-4a
50678 Nr. 1-39, Nr. 2-28
50676 Nr. 40
50679 Kasemattenstraße 135-2b (37/B6)
51103 Kasernenstraße 108-10d
50676 Kasinostraße 135-1d (37/C3)
51067 Kaspar-Düppes-Straße 108-9a
50670 Kasparstraße (Neustadt-Nord) 107-10b
51149 Kasparstraße (Porz) 166-3b
50769 Kasselberger Weg 86-3d
51065 Kasseler Straße 108-10a
50769 Kasseler Weg 86-2d
50968 Kastanienallee 135-11b
51145 Kastanienweg 167-5a
50667 Kastellsgäßchen (5) (37/B4)
50767 Kästnerstraße 85-12d
50823 Katharina-Henot-Straße 106-12a
50678 Katharinengraben 135-4b (37/D4)
50678 Katharinenhof (17) (37/D3)
51069 Katharinenkammerweg 109-2d
51149 Katharinenpforte 136-11b
50997 Katharinenstraße 165-11a
50827 Käthe-Kernchen-Straße 106-5c
50765 Käthe-Kollwitz-Straße (Esch/Auweiler) 85-8a
50999 Käthe-Kollwitz-Straße (Rodenkirchen) (2) 166-1d
50829 Käthe-Paulus-Straße 106-1c
50667 Kattenbug 135-1a (37/B2)
51061 Katterbacher Weg 108-5b
51065 Kattowitzer Straße 108-10b
50765 Katzbachweg 86-4b
51061 Katzenbuschweg 108-2d
50735 Katzengasse 107-2a
51105 Käulchensweg 135-9a
50676 Kaygasse 135-1c (37/D2)
51143 Keimergasse 166-5d
50765 Keimesstraße 86-4c
51061 Kekuléstraße 87-12c
51103 Kelheimer Straße 136-2c
51145 Kellereiweg (Eil) 137-10d
51107 Kellereiweg (Rath/Heumar) 137-8b
50996 Keltenstraße 165-3a
- Keltershof 166-7a
50996 Kelvinstraße 165-6c
50767 Kelzenberger Weg 86-7b
50733 Kempener Straße 107-7a
51069 Kemperbachstraße 109-4c
50935 Kempfelder Straße 134-8a
50969 Kendenicher Straße 134-12b
51147 Kennedystraße 167-1d
50679 Kennedy-Ufer 135-2a (37/B5)
50823 Keplerstraße 106-11d
50997 Kerkrader Straße 164-11b
50935 Kermeterstraße 134-5c
Kerpener Straße 134-5d
50937 Nr. 1-125, Nr. 2-30, Nr. 68
50931 Nr. 32-34
50997 Kettelerstraße 164-9a
50672 Kettengasse 134-3b (37/B1)
51063 Keupstraße 108-7a
50935 Keussenstraße 134-4d
50733 Kevelaerer Straße 107-8a
50829 Kiebitzweg 105-12b
50767 Kiefernpfad 86-8c
51147 Kiefernweg (Grengel) 167-6c
50858 Kiefernweg (Junkersdorf) 133-6b
50767 Kiefernweg (Pesch) 85-12d
50999 Kiefernweg (Rodenkirchen) 165-6b
51065 Kieler Straße 108-10a
51105 Kielsweg 135-9c
51065 Kieppemühler Straße 108-10b
50969 Kierberger Straße 135-7c
51107 Kierkegaardstraße 136-2c
51107 Kiesgrubenweg 165-7b
51109 Kieskaulerweg 108-12c
50739 Kiesweg 86-10d
51143 Kinkelsmaarweg 166-9b
50935 Kinkelstraße 134-5a
51061 Kinzigweg 108-2d
50767 Kirburger Weg 86-10a
50935 Kirchberger Straße 134-8a
50933 Kirchenhof 133-3b
51065 Kirchgasse (Buchheim) 108-10b
50765 Kirchgasse (Esch/Auweiler) 85-8b
50859 Kirchgasse (Lövenich) 105-10c
51065 Kirchhoffstraße 108-10a
50933 Kirchnerstraße 133-2b
51105 Kirchplatz (Poll) 135-9c
50999 Kirchplatz (Weiß) 166-5a
51063 Kirchstraße (Mülheim) 107-9b
50996 Kirchstraße (Rodenkirchen) 135-12c
51143 Kirchstraße (Zündorf) 166-5d
51063 Kirchturmstraße 107-9d
50858 Kirchweg 133-2d
50996 Kirschbaumweg 165-6a
50996 Kirschblütenweg (1) 165-3c
50999 Kirschgarten 166-5a
51143 Kirschweg 166-9a
51103 Kissinger Straße 136-2a
Kitschburger Straße (Braunsfeld, Lindenthal) 134-1b
50935 Nr. 1-15
50933 Nr. 22-244, Nr. 225-247
51147 Kitschburger Straße (Lind) 167-9c
51065 Klaprothstraße 108-10c
50823 Klarastraße 106-11d
50737 Klarissenweg 107-4a
- Klasheider Weg 137-3b
50859 Klausenburg-Straße 105-4d
50737 Klausenerstraße 106-2b
50858 Kleeweg (Junkersdorf) 133-2b
51147 Kleeweg (Wahn) 167-8c
50829 Kleiberweg 105-9d
50933 Kleienpfad 105-11b
51067 Klein Herl 108-8c
51145 Kleine Bergergasse 137-10d
50672 Kleine Brinkgasse (37/B1)
50667 Kleine Budengasse 135-1b (37/B3)
50733 Kleine Hartwichstraße (1) 107-7c
50667 Kleine Sandkaul 135-1d (37/C3)
50676 Kleine Spitzengasse 135-4b (37/D3)
50676 Kleine Telegraphenstraße (37/D2)
50676 Kleine Witschgasse 135-4b (37/D4)
50676 Kleiner Griechenmarkt 135-1c (37/D2)
51109 Kleinfeldchensweg 137-1d
50937 Kleingartenkolonie Sülz 134-7b
50677 Kleingedankstraße 135-4c
51105 Kleinstraße 135-9a
50767 Kleistring 85-12d
50825 Kleiststraße (Neuehrenfeld) 106-8d
50859 Kleiststraße (Weiden) 133-1b
50968 Klerschweg 135-8d
50939 Klettenberggürtel 134-9a
- Klettenbergpark 134-8d
50670 Klingelpütz 107-10c (37/A2)
51143 Klingerstraße 166-3d
50968 Klopstockstraße 135-8c
50737 Klosterfraugasse 107-4a
50931 Klosterstraße (Lindenthal) 134-2d
50997 Klosterstraße (Meschenich) 164-9a
51149 Klosterweg 136-12c
50969 Klüsserather Straße 134-9d
50829 Klütschgasse 105-2d
50969 Knapsacker Straße 134-12b
51063 Knauffstraße 108-4c
50733 Knechtstedener Straße 107-7c
51067 Kniprodestraße 108-7d
51061 Knochenbergsweg 88-7a
50968 Koblenzer Straße 135-7b
51103 Koburger Platz 108-10d
51103 Koburger Straße 108-10d
51067 Kochwiesenstraße 108-9a
50676 Koelhoffstraße 135-1d (37/D4)
50825 Kohlenstraße 134-2a
51063 Kohlplatz 107-9b
50827 Köhlstraße 106-4d
50997 Kolberger Straße 165-4a
50829 Kolibriweg 105-9d
50829 Kolkrabenweg 105-9b
51109 Kollwitzweg 136-3d
50769 Kolmarer Straße 86-3d
50858 Kölner Platz 133-2d
- Kölner Rugby Park 134-11b
50859 Kölner Straße (Lövenich) 105-10c
51149 Kölner Straße (Westhoven, Ensen) 136-7c
50858 Kölner Weg 133-2d
50999 Kölnstraße 166-4c
51061 Kölnweg 87-12c
50667 Kolpingplatz (37/B3)
50667 Kolumbahof (37/B3)
50667 Kolumbastraße (37/B3)
50939 Komarhof 134-12a
50859 Kommendeweg 105-10a
50667 Komödienstraße 135-1a (37/B3)
50767 Koniferenpfad 86-11a
50827 König-Baudouin-Platz (1) 106-5d
50735 Königsberger Straße (Niehl) 107-5a
50997 Königsberger Straße (Rondorf) (9) 165-4c
51145 Königsbacker Straße (Urbach, Porz) 167-1c
50858 Königsberger Straße (Weiden) 133-1b
50933 Königsdorfer Straße (2) 134-1b
51109 Königsforststraße 137-2a
51065 Königshütter Straße 108-10b
50676 Königstraße 135-1d (37/C3)
50939 Königswinterstraße 134-9a
50996 Konrad-Adenauer Straße (Marienburg, Rodenkirchen) 135-11d
51149 Konrad-Adenauer-Straße (Porz) 137-10c
50668 Konrad-Adenauer-Ufer 107-11c (37/A4)
50997 Konraderhof 164-6a
50997 Konraderhöhe 164-5b
50767 Konrad-Hausmann-Straße 86-10a
50937 Konradstraße 134-6c
51105 Konstantin-Wille-Straße 135-6c
51107 Konstanzer Straße 136-5b
50765 Kopenhagener Straße (Chorweiler) 86-5c
51149 Kopenhagener Straße (Porz) 166-3b
51065 Kopernikusstraße 108-10c
51069 Kopischstraße 109-4c
50935 Koppensteinstraße 134-4d
51109 Korbacher Straße 136-3a
50767 Korber Weg 86-10b
50999 Körberstraße 166-5c
50859 Kormoranweg 105-4d
50858 Kornblumenweg (Junkersdorf) 133-2b
50999 Kornblumenweg (Sürth) 166-4c
50765 Kornblumenweg (Volkhoven/Weiler) 86-7a
51147 Kornblumenweg (Wahn) 167-8c
50933 Kornelimünsterstraße (1) 134-1b
50823 Körnerstraße (Ehrenfeld) 106-12c
50858 Körnerstraße (Weiden) 133-2a
50668 Kornradenweg 166-4d
51103 Kösener Weg 136-2a
50737 Kösliner Straße 107-1c
50668 Kostgasse 135-1b (37/A4)
50969 Kottenforststraße 134-9d
50997 Köttinger Weg 164-8b
50677 Kowallekstraße 135-4c
50997 Krähenweg (Rondorf) 165-4d
50829 Krähenweg (Vogelsang) 105-9d
51063 Krahnenstraße 108-7a
50829 Kranichweg (Vogelsang) 105-9d
50859 Kranichweg (Widdersdorf) 105-4d
51109 Kratzweg 136-3a
51143 Krausbergweg 166-10c
50997 Krauskaulerweg 165-7a
51069 Kräuterweg 109-4a
50931 Krautwigstraße 134-2c
50769 Krebelshof 65-11b
50769 Krebelspfad 65-11b
50667 Krebsgasse 135-1c (37/C2)
50670 Krefelder Straße (Neustadt-Nord) 107-10a
51145 Krefelder Straße (Porz) 167-1a
50670 Krefelder Wall 107-10b
50968 Kreibohmstraße (4) 135-10b
50931 Krementzstraße 134-5b
50733 Kretzerstraße 107-8a
50672 Kreutzerstraße 106-12c
50765 Kreuzblumenweg 86-4c
51069 Kreuzchesweg 109-10a
50667 Kreuzgasse (37/C3)
50968 Kreuznacher Straße 135-7d
50765 Kriegerhof 86-7b
Kriegerhofstraße 86-4b
50769 Nr. 1-55, Nr. 4-48
50765 Nr. 69-71
50739 Kriegerplatz 86-11c
51147 Krieger-Straße 167-6a
50935 Krieler Straße 134-5c
50739 Kriemhildplatz 106-6b
50996 Kriemhildstraße (Rodenkirchen) 165-3b
51147 Kriemhildstraße (Wahnheide) 167-11b
50931 Kringsweg 134-5b
50968 Krohstraße 135-8c
51069 Krokusweg 109-1c
50767 Krombachweg 86-10b
50935 Kronenburger Straße 134-5c
50667 Kronengasse 135-1c (37/C2)
50858 Kronstädter Straße 133-1d
51105 Kroppacher Straße (2) 135-6b
50739 Kropsburgweg (3) 106-6d
50769 Krötschweg 65-8d
50969 Kröver Straße 134-9b
51105 Krückelstraße 135-9a
50827 Krumbacher Straße 106-5c
50676 Krummer Büchel 135-1d (37/C3)
50733 Krüthstraße 107-7c
51069 Kuckelbergweg 109-5c
50997 Kuckucksweg (Godorf) 165-11a
50829 Kuckucksweg (Vogelsang) 106-10a
50733 Kuenstraße 107-7d
50676 Kühgasse (13) (37/C4)
50676 Kuhlemannstraße (37/D2)
50769 Kuhlenweg 86-3b
50735 Kuhweg 107-9a
51067 Kühzällerweg 108-6c
51103 Kulmbacher Straße 136-1b
51103 Kunftstraße 135-3b
50668 Kunibertsgasse 107-11c
50668 Kunibertskloster 107-11c
50668 Kunibertsklostergasse (3) 107-11c
50999 Kunibertweg 166-4b
51069 Kunstfelder Straße 88-11b
50667 Kupfergasse (Altstadt-Nord) 135-1a (37/B2)
51145 Kupfergasse (Urbach) 167-1d
51109 Küppergasse 108-12c
51061 Küppersteger Weg 108-2a
50678 Kurfürstenstraße 135-4d
50997 Kurische Straße 165-4c
50767 Kurscheider Weg 86-11a
51061 Kurt-Alder-Straße 87-12c
51107 Kurt-Edelhagen-Straße 137-5c
51061 Kurtekottener Straße 87-12b
51107 Kürtenstraße 136-4b
50667 Kurt-Hackenberg-Platz (37/B4)
51145 Kurt-Schumacher-Straße 137-10c
50829 Kurt-Weill-Weg 105-6a
51103 Kurze Straße (Kalk) 135-3b
50858 Kurze Straße (Weiden) 133-2a
50769 Kurzer Damm 65-9a
50739 Kuseler Straße 106-6c
50769 Kuskestraße 86-5c
50858 Küstriner Weg 133-1b
51107 Kuthstraße 136-4b
51147 Kuxgasse 197-1a
50674 Kyffhäuserstraße 134-6b (37/D1)
50937 Kyllburger Straße 134-8b
50678 Kyllstraße (Neustadt-Süd) 135-7b
50996 Kyllstraße (Rodenkirchen) 165-3d
50670 Kyotostraße 107-10c (37/A2)

50737 **L**achemer Weg 107-1a
51067 Lacher Broch 108-8d
50735 Lachsgasse (1) 107-2c
50735 Lagerhauskai 107-5b
51105 Lahnstraße (Humboldt/Gremberg) 135-3d
50859 Lahnstraße (Lövenich) 104-12d
50996 Lahnstraße (Rodenkirchen) 165-3b
50997 Lambertsstraße 165-8c
50739 Lämmerstraße 106-9d
50858 Lammetshofweg 133-5b
50739 Landauer Straße 106-6d
50931 Landgrafenstraße 134-2c
50825 Landmannstraße 106-11b
50997 Landsberger Straße 165-4a
50678 Landsbergstraße 135-4b
50969 Landskronstraße 135-7c
51069 Lange Heide 109-8b
51143 Langeler Berg 165-12d
50769 Langeler Damm 66-7d
50769 Langeler Kreuzweg 66-11d
50769 Langeler Weg 65-9d
51063 Langemaß 108-7a
50997 Langenacker Hof 164-12c
50997 Langenackerstraße 164-12a
50767 Langenbacher Weg 86-10a
50765 Langenbergstraße 86-1c
51107 Langendahlweg 136-5a
50858 Langgasse 133-2d
51149 Langobardenplatz 136-9d
50679 Langobardenstraße (37/D6)
50825 Lansstraße 106-8d
50858 Lärchenweg (Junkersdorf) 133-6a
50767 Lärchenweg (Pesch) 85-12d
50829 Lasker-Schüler-Straße 105-3c
51065 Lassallestraße 108-7c
50827 Laubingerweg (8) 106-7c
51069 Laubweg 109-4a
50937 Laudahnstraße 134-5d
51063 Laufenbergstraße 107-12b
50767 Laurentius-Siemer-Straße 86-7d
50667 Laurenzgittergäßchen (2) (37/B3)
51105 Laurenz-Kiesgen-Straße 135-9a
50667 Laurenzplatz (37/B3)
51061 Lautenthaler Weg 108-2c
51061 Lauterberger Weg (5) 108-5a
50769 Lavendelweg 86-8a
50767 Lebensbaumweg 86-8c
50937 Lechenicher Straße 134-5d
51061 Lechweg 108-2d
51063 Legienstraße 107-12c
51109 Lehmbacher Weg 137-4b
50769 Lehmbergweg 84-3b
50939 Lehmbruckstraße 134-11b
51105 Lehmkuhlerweg 135-9c
50931 Leiblplatz 134-5b
50679 Leichlinger Straße 135-2b (37/B6)
50937 Leichtensternstraße 134-5d
50968 Leichweg 134-12d
50735 Leidener Straße 107-8d
51145 Leidenhausener Straße 137-10d
51069 Leimbachweg 88-11a
51143 Leimkaul 165-12d
50769 Leinenweberstraße (5) 65-9a
50765 Leineweg 86-4b
51143 Leinpfad 166-6c
50933 Leinsamenweg 105-11b
50733 Leipziger Platz 107-7b
50858 Leipziger Straße 133-1d
51109 Lemgoer Straße 137-1b
50825 Lenauplatz 106-8d
50825 Lenaustraße (Neuehrenfeld) 106-8d
50858 Lenaustraße (Weiden) 133-2a
50733 Lenbachstraße (2) 107-7c
50996 Lennartzhof 165-3c
50679 Lenneper Straße 135-2b (37/B6)
50735 Lennéplatz 107-8d
50668 Lentstraße 107-8c
- Leo-Amann-Park 106-11a
51145 Leonberger Straße 166-3b
50859 Leonhardsgasse 105-4c
50676 Leonhard-Tietz-Straße 135-1c (37/C2)
51149 Leonorenweg 136-11d
51061 Leopold-Gmelin-Straße 87-12c
50823 Leostraße (Ehrenfeld) 106-12c
51145 Leostraße (Eil) 167-1a
50765 Lerchenspornweg (1) 86-7a
50629 Lerchenweg (Bocklemünd/Mengenich) 105-6c
51149 Lerchenweg (Ensen) (1) 136-11c
50997 Lerchenweg (Rondorf) 165-1d
50858 Lerschstraße 133-1b
50825 Lessingstraße (Ehrenfeld) 106-11b

50996 Lessingstraße (Rodenkirchen) 165-3b
50858 Lessingstraße (Weiden) 133-1b
50767 Letterhausstraße (1) 85-12b
51069 Leuchterstraße 108-2b
51145 Leuschhofgasse (4) 167-5a
Leuthenstraße 107-4a
50737 Nr. 1-15, Nr. 2-8
50735 Nr. 19-25
- Leverkusener Brücke 87-4b
51061 Leverkusener Straße 87-12a
50939 Leybergstraße 134-6c
50968 Leyboldstraße 135-11c
50825 Leyendeckerstraße 106-11a
50676 Leystapelwerft (37/C3)
51147 Libellenweg 167-11a
50968 Liblarer Straße 135-10a
51147 Liburer Straße 196-3b
51147 Liburer Weg 197-1c
50676 Lichhof (37/C3)
51145 Lichpfad 167-4b
50825 Lichtenbergstraße 106-9c
50825 Lichtstraße 106-11c
51069 Liebelerweg 88-11a
50933 Liebermannstraße 133-2b
Liebigstraße (Ehrenfeld) 106-12a
50823 Nr. 1-233, Nr. 2-232
50739 Nr. 235-257, Nr. 236-256
50859 Liebigstraße (Weiden) 133-1a
51069 Liedbergweg 88-11b
51145 Liegnitzer Straße 167-1d
50737 Liegnitzstraße 107-4b
50937 Lieserstraße 134-8b
50769 Lievergesberg 65-9a
50931 Liliencronstraße 134-3c
51103 Lilienthalstraße 136-1a
51143 Lilienweg 166-6b
50765 Liller Straße 86-5c
51107 Limbachstraße 136-4b
50672 Limburger Straße 134-3b (37/B1)
51061 Limmatstraße 107-6b
51149 Lina-Bommer-Weg 136-9a
50935 Lindauer Straße 134-4d
51061 Lindelaufstraße 108-5b
50737 Lindemannstraße 106-2b
50968 Lindenallee 135-11c
50823 Lindenbornstraße 106-11d
50931 Lindenburger Allee 134-2d
50769 Lindenhof (Kasselberg) 87-1c
50937 Lindenhof (Lindenthal) 134-5d
50765 Lindenstraße (Esch/Auweiler) 85-11b
50674 Lindenstraße (Neustadt-Süd) 134-3d
50935 Lindenthalgürtel 134-5a
50858 Lindenweg (Junkersdorf) 133-2d
50997 Lindenweg (Rondorf) 165-1d
51147 Linder Höhe 167-12a
51147 Linder Mauspfad 167-9c
51147 Linder Weg 167-8d
51109 Lindlarer Straße 109-11c
50767 Lindweiler Hof 86-10b
50739 Lindweilerweg 86-10d
50933 Linnicher Straße 134-1a
50667 Lintgasse 135-1b (37/B4)
50939 Linzer Straße 134-9a
50735 Lipizzaner Straße 107-1d
51061 Lippeweg 108-2b
- Lis-Böhle-Park 107-7d
- Lise-Meitner-Ring 105-7c
50999 Lisztstraße 166-1c
50765 Liverpooler Platz 86-4d
51149 Livlandstraße 136-9b
51103 Lobensteiner Weg 108-10d
50737 Lobositzstraße 107-4a
50674 Lochnerstraße 134-6b
50767 Lochumer Weg 86-7c
51103 Loéstraße 108-10c
51105 Lohmarer Straße 136-4a
51063 Lohmühlenstraße (3) 107-9d
50737 Lohmüllerstraße 106-2b
51069 Lohnskotter Weg 88-12c
50939 Lohrbergstraße 134-8d
50733 Lohsestraße 107-7d
50765 Londoner Platz 86-5c
50739 Longericher Hauptstraße 106-1b
50739 Longericher Straße (Longerich, Bilderstöckchen) 86-11d
50767 Longericher Straße (Pesch) 85-12d
50858 Lönsstraße 133-1b
51109 Looper Weg 109-11c
51143 Loorweg 166-10b
50677 Loreleystraße 135-4c
50679 Lorenzstraße 135-2d (37/C6)
51107 Lörracher Straße 136-5b
50931 Lortzingplatz 134-2c
50931 Lortzingstraße 134-2a
50933 Losheimer Straße 134-1a
50933 Lößweg 105-11d
50937 Lotharstraße 134-6c
50677 Lothringer Straße 135-4a
50999 Lotosweg 166-4d
50733 Louis-Ferdinand-Straße 107-7b
50933 Lövenicher Weg 133-3b
50933 Lovis-Corinth-Straße 105-11d
50939 Löwenburgstraße 134-8d
50676 Löwengasse 135-4b (37/D3)
Lübecker Straße (Altstadt-Nord, Neustadt-Nord) 107-10b
50668 Nr. 1-15, Nr. 2-12
50670 Nr. 14-28, Nr. 19-25
50858 Lübecker Straße (Weiden) 133-1d
50999 Lucas-Cranach-Straße 166-1d
51147 Lucasstraße 167-8b
51109 Lüdenscheider Straße 136-2d
51105 Lüderichstraße 136-4a
50672 Ludolf-Camphausen-Straße 134-3a
51061 Ludwig-Aschoff-Straße 107-3b
50769 Ludwig-Gies-Straße 86-8a
50765 Ludwig-Heinrich-Straße 86-4c
50997 Ludwig-Jahn-Straße (Meschenich) 164-8b
50858 Ludwig-Jahn-Straße (Weiden) 105-10d
51109 Ludwig-Quidde-Platz 136-3d
50999 Ludwig-Richter-Straße 166-1d
51107 Ludwig-Ronig-Straße 136-6a
50739 Ludwigsburger Straße 106-9b
51147 Ludwig-Schneider-Straße 167-8c
50739 Ludwigshafer Straße 106-6d
50667 Ludwigstraße (Altstadt-Nord) 135-1d (37/C3)
51145 Ludwigstraße (Eil) 137-10d
50999 Ludwigstraße (Weiß) 166-5a
50679 Luisenstraße 135-2d (37/C6)
51149 Luisenweg 136-11b
51109 Luise-Rehling-Straße 136-3b
50823 Lukasstraße 106-12a
51143 Lülsdorfer Straße 165-12d
51063 Lülsdorffstraße (6) 108-7c
50676 Lungengasse 135-1c (37/C2)
51069 Lupinenweg 109-4a
50670 Lupusstraße 107-10b
51103 Lustheider Straße 136-2c
50859 Lutherstraße 105-4d
50674 Lütticher Straße (Neustadt-Nord) 134-3b
51149 Lütticher Straße (Porz) 136-12d
51103 Lüttringhauser Straße 108-10c
51061 Lützenkircher Weg 108-3a
51109 Lützerathstraße 137-4d
50739 Lützlongericher Straße 106-2a
50674 Lützowstraße 134-3d
Luxemburger Straße (Neustadt-Süd, Sülz, Klettenberg) 134-11a
50674 Nr. 5-83, Nr. 2-88
50939 Nr. 116-136, Nr. 93-469a
50937 Nr. 150-430
51149 Luxemburger Straße (Porz) 137-1a
50674 Luxemburger Wall 134-6b
51063 Luzerner Weg 108-1c
50765 Lyoner Passage 86-4d

51149 **M**aarhäuser Weg 137-10a
50858 Maarstraße (Junkersdorf) 133-2d
51107 Maarstraße (Rath/Heumar) 137-7b
Maarweg (Braunsfeld, Ehrenfeld) 106-10b
50933 Nr. 1-39, Nr. 4-100
50825 Nr. 102-172, Nr. 131-271
50672 Maastrichter Straße 134-3b
50668 Machabäerstraße 107-10d (37/A4)
51109 Madausstraße 136-3b
50739 Madenburgweg (5) 106-6c
51147 Magazinstraße 167-5d
50769 Magnolienweg 86-8a
50672 Magnusstraße 134-3b (37/B1)
50767 Mahagonipfad 86-8c
51061 Maiblumenweg 108-6a
51105 Maifischgasse 135-9c
50769 Maiglöckchenweg 86-8b
50765 Mailänder Passage 86-4d
51063 Mainaustraße 107-9d
50859 Mainstraße (Lövenich) 105-10a
50735 Mainstraße (Niehl) 87-7d
50996 Mainstraße (Rodenkirchen) 165-3b
51149 Mainstraße (Westhoven) 136-10d
51061 Mainweg 108-2d
50678 Mainzer Straße 135-5c
50933 Maisweg 105-11b
50765 Malbergstraße 86-1b
50676 Maler-Bock-Gäßchen (16) (37/D4)
50999 Malersiedlung 166-1d
50933 Malmedyer Straße 134-1a
51065 Malteserstraße (Buchheim) 108-10b
50859 Malteserstraße (Lövenich) 105-10a
51061 Malvenweg 108-5d
50767 Mandelbaumpfad 86-8c
50937 Manderscheider Platz 134-8b
50937 Manderscheider Straße 134-8b
51063 Manforter Straße 108-4a
50996 Mannesmannstraße 165-6c
51107 Mannheimer Straße 136-5b
50968 Mannsfelder Straße 135-7d
50933 Manstedter Weg 106-10c
51103 Manteuffelstraße 136-1a
50633 Marathonweg 133-3a
51107 Marbergweg 136-4b
51103 Marburger Straße 136-2a
51067 Märchenstraße 108-6d
50769 Marconistraße 86-3c
50859 Marderallee 105-10b
51109 Marderweg 137-2a
50827 Margaretastraße 106-8a
51147 Margaretenstraße 197-1a
51109 Margarete-Steiff-Weg (2) 137-1a
50667 Margarethenkloster (37/B3)
50999 Margeritenweg 166-4c
50858 Margueritenweg 133-2b
50668 Maria-Ablaß-Platz 107-10c
50677 Maria-Hilf-Straße 135-4d
51067 Maria-Himmelfahrt-Straße 108-9a
50935 Mariawaldstraße 134-5c
51061 Marie-Juchacz-Straße 108-2c
50767 Marienberger Hof 86-10a
50767 Marienberger Weg 86-10a
50968 Marienburger Straße (Marienburg) 135-11a
51145 Marienburger Straße (Urbach) 167-1d
50667 Mariengartengasse 135-1b (37/B3)
51069 Marienheider Straße 88-11d
50968 Marienhof 135-7c
50676 Marienplatz (Altstadt-Süd) (37/C3)
51145 Marienplatz (Urbach) 167-1d
50825 Marienstraße (Ehrenfeld) 106-8c
50767 Marienstraße (Pesch) 86-10c
50859 Marienstraße (Widdersdorf) 105-4d
50858 Marienweg 133-2c
51109 Marion-Dönhoff-Weg 137-1b
51063 Markgrafenstraße 108-7a
51105 Märkischer Weg 135-3d
50667 Markmannsgasse (37/B4)
50679 Markomannenstraße 135-2d (37/C6)
51103 Markt 136-1a
- Marktplatz 166-3d
51143 Marktstraße (Zündorf) 166-5d
50968 Marktstraße (Raderberg) 135-7d
50968 Markusplatz 135-10a
50968 Markusstraße 135-10a
50999 Markusweg 166-4b
- Markweg 89-10d
50858 Marsdorfer Straße 133-2d
50679 Marsenstraße 135-5b
50937 Marsiliusstraße 134-5d
50676 Marsilstein 135-1c (37/C1)
50667 Marspfortengasse 135-1b (37/C3)
50667 Marsplatz (37/B4)
51069 Märtenstraße 88-12d
50769 Martersteigstraße 86-8a
51109 Martha-Heublein-Straße 137-1b
51103 Martha-Mense-Straße 136-1c
51069 Marthastraße 109-4a
51109 Martin-Buber-Straße 136-3b
51103 Martin-Köllen-Straße 136-1d
50677 Martin-Luther-Platz 135-4c
51145 Martin-Luther-Straße (Eil) 167-1b
50765 Martin-Luther-Straße (Esch/Auweiler) 85-9a
50676 Martinsfeld 135-4a (37/D2)
50667 Martinspförtchen (4) (37/B4)
50667 Martinstraße 135-1d (37/C4)
50999 Martinsweg 165-6b
50765 Martinusstraße 85-8d
Marzellenstraße (37/A3)
50667 Nr. 1-9, Nr. 2-16
50668 Nr. 11-55, Nr. 26-86
50827 Masiusstraße 106-5c
51065 Maßliebchenweg 108-6a
50765 Masurenstraße 86-1d
50769 Matareweg 86-8a
50678 Maternuskirchplatz 135-4d
50996 Maternusplatz 165-3a
50678 Maternusstraße (Neustadt-Süd) 135-4d
50996 Maternusstraße (Rodenkirchen) 165-3a
51149 Mathäusstraße 136-12b
Mathias-Brüggen-Straße 106-7a
50827 Nr. 1-51, Nr. 2-80
50829 Nr. 79-Ende, Nr. 82-Ende
50769 Mathias-Faßbender-Straße (12) 65-9c
51103 Mathias-Kann-Pfad 136-2c
50968 Mathiaskirchplatz 135-8c
50735 Mathias-Schleiden-Straße 107-8a
50676 Mathiasstraße (37/D4)
50679 Mathildenstraße (Deutz) 135-2d (37/C6)
51149 Mathildenstraße (Ensen) 136-11a
51107 Matthias-Müller-Straße 137-5c
50769 Mattlenerweg 86-5c
50733 Mauenheimer Gürtel 107-7a
50733 Mauenheimer Straße 107-7a
51107 Maulbronner Straße 136-6c
50676 Mauritiuskirchplatz 135-1c (37/C1)
50676 Mauritiussteinweg 135-1c (37/C2)
50676 Mauritiuswall 134-3d (37/C1)
50667 Mauthgasse 135-1b (37/B4)
50935 Max-Bruch-Straße 134-4b
50859 Max-Ernst-Straße 105-7b
50827 Max-Fremery-Straße 106-7a
51105 Max-Glomsda-Straße 135-6d
50668 Maximinenstraße 107-10d (37/A3)
50765 Max-Liebermann-Straße (Esch/Auweiler) 85-8a
50999 Max-Liebermann-Straße (Rodenkirchen) 166-1d
50858 Max-Pechstein-Straße 133-2b
51061 Max-Pester-Straße 108-2a
51061 Max-Planck-Straße (Flittard) 87-12c
50858 Max-Planck-Straße (Junkersdorf) 133-5c
50931 Max-Reger-Straße 134-2b
51147 Max-Reichpietsch-Straße 167-8c
50935 Max-Scheler-Straße 134-7b
51109 Max-Slevogt-Straße (2) 136-6b
51143 Max-von-Schenkendorf-Straße (2) 166-3d
50933 Max-Wallraf-Straße 134-1a
50670 Maybachstraße 107-10c
50935 Mayener Straße 134-5c
50823 Mechternstraße 106-11d
50678 Mechtildisstraße 135-4b (37/D4)
- Media-Park 107-10c
50737 Meerfeldstraße 86-12c
50935 Meersburger Straße 134-4d
50968 Mehlemer Straße 135-11a
51069 Meinerzhager Straße 88-11d
51103 Meininger Straße 108-10d
51145 Meirowskystraße 137-10c
51149 Meisenweg (Ensen) 136-11c
50765 Meisenweg (Esch/Auweiler) 85-8d
50997 Meisenweg (Godorf) 165-8c
50829 Meisenweg (Vogelsang) 105-12b
50769 Meister-Anton-Straße (4) 65-9a
50937 Meister-Ekkehart-Straße 134-6a
50674 Meister-Gerhard-Straße 134-6b
50933 Meister-Johann-Straße 134-1a
51061 Melanchthonstraße 108-2c
50825 Melatener Weg 106-11a
Melatengürtel 134-2a
50933 Nr. 1-23, Nr. 2-32
50823 Nr. 56-Ende
50825 Nr. 59-Ende
50670 Melchiorstraße 107-10b
51061 Melissenweg 108-5a
51143 Mellerhof 166-8b
50829 Melli-Beese-Straße 106-1a
50735 Memeler Straße (Niehl) 107-5a
51145 Memeler Straße (Urbach) 167-1d
50827 Mendelssohnstraße 106-10b
50859 Mendelstraße 105-10c
51105 Mendener Straße 135-9c
50676 Mengelbergstraße 135-4b (37/D3)
50829 Mengenicher Straße (Bocklemünd/Mengenich) 105-6a
50767 Mengenicher Straße (Pesch) 105-3a
50769 Mennweg 86-2a
50733 Menzelstraße 107-7c
50765 Mercatorstraße 86-1a
50825 Mercedes-Allee 106-10d
50968 Mergentheimer Straße 135-7d
51103 Merheimer Heide 136-2b
51103 Merheimer Heideweg 136-2a
50733 Merheimer Platz 107-7c
Merheimer Straße 107-4a
50733 Nr. 9-285, Nr. 12-334
50739 Nr. 303-395, Nr. 396-440
50735 Nr. 442-502, Nr. 463-475
Merianstraße 86-4d
50769 Nr. 2-6
50765 Nr. 5-17, Nr. 94-102
50769 Merkenicher Hauptstraße 87-4b
50769 Merkenicher Ringstraße 87-4d
50735 Merkenicher Straße 87-11a
50825 Merkensstraße 106-8d
51065 Merkerhofstraße 108-7c
50997 Merlinweg 165-4b
50668 Merlostraße 107-11a
50677 Merowingerstraße 135-4d
50996 Merrillweg 165-5d
50859 Merschfeldweg 104-12d
50968 Mertener Straße 135-10b
50859 Mertenshof 105-10c
51107 Merziger Straße 136-5b
51109 Mescheder Straße 136-3a
50997 Meschenicher Straße 164-9c
51065 Mesmerstraße 108-10a
- Messegelände 107-11d (37/A6)
50679 Messe-Kreisel 107-12c
50679 Messeplatz 135-2a (37/A5)
50733 Methweg 106-9d
50969 Metternicher Straße 135-10a
50996 Mettfelder Straße 165-3b
50677 Metzer Straße 135-4d
51145 Metzgersgäßchen (3) 167-4b
50668 Mevissenstraße 107-11a
50999 Michaelshovener Straße (3) 165-6b
50676 Michaelstraße 135-4a (37/D2)
50999 Michaelweg 166-4b
50765 Michelsbergstraße 86-1a
50829 Michelshof 105-5b
50829 Michelsweg 105-2d
50739 Miebeshof 86-11c
51069 Mielenforster Heide 109-8a
51069 Mielenforster Kirchweg 108-12a
51069 Mielenforster Straße 109-7b
50859 Milanweg 105-4d
50996 Mildred-Scheel-Straße 165-3a
50829 Militärringstraße 105-6b
51103 Miltenberger Straße 136-1d
51061 Miltzstraße 87-11b
50679 Mindener Straße 135-2c (37/C5)
50737 Minna-Bachem-Straße 106-2b
50667 Minoritenstraße (37/B3)
50999 Minzeweg 166-4d
50767 Mispelweg 86-8c
50672 Mittelstraße (Altstadt-Nord) 135-1c (37/C1)
51149 Mittelstraße (Ensen) 136-11c
50996 Mittelstraße (Rodenkirchen) 135-12c
50859 Mittelweg 105-10c
51065 Modemannstraße 108-10b
50769 Mohlenweg 86-2d
51069 Möhlstraße 109-4b
50858 Mohnweg (Junkersdorf) 133-2d
50999 Mohnweg (Sürth) 166-4c
50765 Mohnweg (Volkhoven/Weiler) 86-7a
51147 Mohnweg (Wahn) 167-8c
50670 Mohrenstraße 135-1a (37/A2)
51069 Moitzfeldstraße 109-7a
50765 Moldaustraße 86-4d
50737 Mollwitzstraße 107-4a
50674 Moltkestraße (Neustadt-Süd) 134-3d
50996 Moltkestraße (Rodenkirchen) 166-1a
50859 Moltkestraße (Weiden, Lövenich) 133-1a
50935 Mommsenstraße 134-4b
50999 Mönchhof 166-7a
50737 Mönchsgasse 107-1c
50999 Mönchsgüterweg 165-9d
50737 Monheimer Straße 106-3b
50737 Mönnigstraße 86-11d
50933 Monschauer Platz 134-1b
51105 Montabaurer Weg 135-6b
51065 Montanusstraße 108-7d
50767 Montessoristraße 85-12d
51069 Moorsledestraße 108-6b
51147 Moorweg 167-11b
51069 Moosweg (Dellbrück) 109-4a
51107 Moosweg (Rath/Heumar) 137-8a
50935 Morbacher Straße 134-8a
51061 Morgengraben 107-3b
51109 Morgensternstraße 136-6b
50968 Mörikestraße (Bayenthal) 135-8c
50858 Mörikestraße (Weiden) 133-2a
51147 Mörikeweg 167-5d
50999 Moritz-von-Schwind-Straße 166-1d
51147 Moritz-von-Schwind-Weg 167-5b
50767 Morkener Straße 86-10b
50935 Morsdorfer Straße 134-4b
50667 Mörsergasse (37/B2)
50769 Morsestraße 86-3c
50769 Mörskaul 65-8d
50769 Mörterweg 85-2b
51149 Moselstraße (Ensen) 136-11c
50859 Moselstraße (Lövenich) 105-10a
50674 Moselstraße (Neustadt-Süd) 134-6b
50996 Moselstraße (Rodenkirchen) 165-3d
50765 Mosenbergstraße 86-1a
51061 Moses-Heß-Straße 107-3d
50769 Mottenkaul 85-2c
51061 Mövenstraße 107-3c
51145 Mozartstraße (Eil) 167-1b
50674 Mozartstraße (Neustadt-Süd) 134-3d
50767 Mozartstraße (Pesch) 85-12b
50999 Mozartstraße (Rodenkirchen) 166-1c
50859 Mozartstraße (Widdersdorf) 105-7b
51109 Mucher Straße 137-1b
51109 Mudersbacher Straße 137-1a
50676 Mühlenbach 135-1d (37/C3)
50769 Mühlenbergstraße 65-9a
50667 Mühlengasse (Altstadt-Nord) 135-1b (37/B4)
50999 Mühlengasse (Sürth) 166-4d
51145 Mühlenhecke 167-5a
50997 Mühlenhof (Godorf) 165-11b
50739 Mühlenhof (Longerich) 86-11d
51069 Mühlenhofsweg 109-5d
51143 Mühlenstraße 166-3d
50827 Mühlenweg (Dickendorf) 106-4d
- Mühlenweg (Dünnwald) 88-10c
- Mühlenweg (Eil) 138-10d
50996 Mühlenweg (Rodenkirchen) 165-3a
51145 Mühlenweg (Urbach) 167-2c
50769 Mühlenweiher 65-9a
50765 Muldeweg 86-4b
50739 Mülhauser Straße 106-6a
- Mülheimer Brücke 107-9b
51063 Mülheimer Freiheit 107-9d
51063 Mülheimer Hafen 107-12a
51063 Mülheimer Ring 108-8a
51145 Mülheimer Straße 167-1a
51063 Mülheimer Ufer 107-9d
- Mülheimer Werft 107-12a
- Mülheimer Zubringer 108-4a
50999 Müller-Armack-Straße 166-5a
51105 Müllergasse 135-9a
51103 Münchener Straße 136-2a
51065 Mündelstraße 108-7c
50739 Müngersdorfer Straße 106-9a
50939 Münstereifeler Platz 134-8b
50937 Münstereifeler Straße 134-8b
51063 Münsterer Straße 108-7a
51063 Münzstraße (2) 107-9b
51061 Murgweg 108-2d
50997 Mürlenbacher Weg 165-7d
51067 Musäusstraße 108-6d
50767 Mutzerather Weg 86-7d
50823 Myliusstraße 106-12a

51147 **N**achtigallenstraße 167-8a
50997 Nachtigallenweg (Godorf) 165-8c
50829 Nachtigallenweg (Vogelsang) 106-10a
50733 Nägelistraße 107-8c
50827 Nagelschmiedgasse 106-7d
50859 Nagelschmiedshütte (2) 105-10c
- Naherholungsgebiet Fühlinger See 86-5d
50859 Nahestraße 105-10a
51061 Naheweg 108-2d
50733 Namibiastraße 107-7b
51061 Narzissenweg (Höhenhaus) 108-6a
50999 Narzissenweg (Sürth) (1) 165-9d
51105 Nassaustraße 135-6b
50939 Nassestraße 134-8d
51061 Nathan-Kahn-Straße 107-6b
50829 Nattermannallee 105-5b
50969 Nauheimer Straße 135-7a
50735 Naumannstraße 107-8b
51103 Naumburger Straße 108-11c
51061 Neanderweg 108-2b
50859 Neckarstraße (Lövenich) 105-10a
51149 Neckarstraße (Westhoven) 136-10d
51061 Neckarweg 108-2d
51109 Neheimer Weg 136-2b
50765 Neißestraße 86-4b
50733 Nelkenstraße 107-7b
50767 Nelkenweg (Pesch) 86-10a
51143 Nelkenweg (Zündorf) 166-9a
50996 Nemeterstraße 165-3a
50823 Neptunplatz 106-11d
50823 Neptunstraße 106-11d
51107 Nerthusstraße 137-5d
50859 Nerzweg 105-10b
50735 Nesselrodestraße 107-5a
51109 Nesselweg 136-3b
50733 Nettelbeckstraße (1) 107-7b
50859 Nettengasse 105-10c
50767 Nettesheimer Straße 86-8a
50765 Netzestraße 86-4b
50668 Neu Engeldorfer Hof 164-8d
50997 Neu Engeldorfer Weg 164-9c
51069 Neuborner Straße 109-5c
51109 Neubrücker Ring 136-6b
51145 Neue Eiler Straße 137-10c
51147 Neue Heide 167-8d
50739 Neue Kempener Straße 106-6b
50667 Neue Langgasse (37/D2)
50672 Neue Maastrichter Straße 134-3b
50859 Neue Sandkaul 105-7b
51149 Neue Straße 136-7d
51147 Neue Tanklagerstraße 167-6a
50676 Neue Weyerstraße 135-4a (37/D1)
50968 Neuenahrer Straße 135-7c
50739 Neuenbaumer Straße 86-10d
50829 Neuenhof (Bocklemünd/Mengenich) 105-5b
50997 Neuenhof (Höningen) 164-3d
Neuenhöfer Allee 134-5c
50937 Nr. 1-39, Nr. 2-34
50935 Nr. 36-108, Nr. 41-177
51149 Neuenhofstraße 136-9c
50933 Neuer Grüner Weg 105-12d
50969 Neuer Weyerstraßerweg 134-12a
51103 Neuerburgstraße 136-1c
Neufelder Straße 108-9b
51067 Nr. 1-53, Nr. 2-Ende
51069 Nr. 81-Ende
50769 Neuhalfenshof (Seeberg) 86-8b
50765 Neuhalfenshof (Volkhoven/Weiler) 86-7b
51143 Neuhöfersgäßchen 166-6c
50679 Neuhöfferstraße 135-2b (37/B6)
50676 Neuköllner Straße 135-1d (37/C3)
50667 Neumarkt 135-1c (37/C2)
51107 Neunkircher Straße 136-5d
51063 Neurather Ring 108-4d
51063 Neurather Weg 108-4b
Neusser Landstraße 65-5b
50735 Nr. 2-16
50769 Nr. 5-443, Nr. 42-406
50670 Neusser Platz 107-10b
51145 Neusser Straße (Eil) 167-1a
Neusser Straße (Weidenpesch) 86-12d
50670 Nr. 1-99, Nr. 2-112
50733 Nr. 135-487, Nr. 164-482
50737 Nr. 491-801, Nr. 494-866
Neusser Wall 107-10b
50670 Nr. 1-67, Nr. 2-34
50668 Nr. 36-54, Nr. 71-93
51063 Neustraße 108-7a
50859 Neu-Subbelratherhof 105-5c
50667 Neven-DuMont-Straße 135-1a (37/B2)
50739 Nibelungenplatz 106-6d
51147 Nibelungenstraße (Lind) 167-11a
50739 Nibelungenstraße (Mauenheim) 107-4c
50996 Nibelungenweg 165-3a
50937 Niddegger Straße 134-5d
50935 Niebuhrstraße 134-5c
50668 Niederichstraße 107-11c
51147 Niederkasseler Straße 197-2b
50735 Niederländer Ufer 107-11b
50735 Niehler Damm 87-11c
50733 Niehler Gürtel 107-4d
50735 Niehler Hafen 107-5b
Niehler Kirchweg 107-7a
50733 Nr. 32-126, Nr. 39-73
50735 Nr. 133-157, Nr. 188-222
Niehler Straße 107-10b
50760 Nr. 1-3, Nr. 2-16
50733 Nr. 5-231, Nr. 38-228
50735 Nr. 252-446, Nr. 261-435
51061 Niersstraße 107-6b
51103 Nießenstraße 136-1a
51147 Nietzschestraße (Grengel) 167-5d
50931 Nietzschestraße (Lindenthal) 134-3c
50739 Nievenheimer Straße 106-9d
50670 Nikolaus-Groß-Straße (Neustadt-Nord) 107-10b
50767 Nikolaus-Groß-Straße (Pesch) (2) 85-12b
50937 Nikolausplatz 134-6c
50937 Nikolausstraße (Sülz) 134-6c
51149 Nikolausstraße (Westhoven) 136-10d
50769 Nikolaus-von-Dorne-Straße 86-2c
50999 Nikolausweg 166-5a
50767 Nisterberger Weg 86-10b
51107 Nobelstraße 136-2c
50827 Nöckerstraße 106-7a
51063 Noellstraße 108-4d
50765 Nogatstraße 86-4b
51103 Nohlenweg 136-2b
50733 Nohlstraße 107-7c

50829 Noldeweg 105-3c
50939 Nonnenstrombergstraße 134-9a
50937 Nonnenwerthstraße 134-8d
50825 Nonniweg 106-11a
50667 Norbertstraße 135-1a (37/B2)
50739 Norbisrather Straße 86-11c
50737 Norddeicher Straße 86-12d
51103 Nördlinger Straße 136-1d
- Nordpark 107-5c
50765 Nordring 85-8d
- Nordschneise 167-3d
50733 Nordstraße 107-7b
50667 Nord-Süd-Fahrt 135-1b (37/B3)
50769 Norfer Weg 65-11a
51149 Normannenstraße 136-12b
51061 Normannenweg 108-5d
50968 Novalisstraße (Bayenthal) 135-8c
51147 Novalisstraße (Grengel) 167-5b
51109 Nümbrechter Straße 137-1a
50937 Nürburgstraße 134-8b
51103 Nürnberger Straße 136-2a
Nußbaumerstraße 106-8d
50823 Nr. 1-39, Nr. 24-80
50825 Nr. 41-Ende, Nr. 82-Ende
50829 Nüssenberger Hof 105-3b
50829 Nüssenberger Straße 105-6c

50667 **O**benmarspforten 135-1b (37/B3)
50999 Ober Buschweg 165-9b
50829 Obere Dorfstraße 105-2d
- Obere Querschneise 168-1a
51109 Oberer Bruchweg 137-1b
50969 Oberer Komarweg 134-12a
50968 Oberländer Ufer 135-8d
50678 Oberländer Wall 135-8a
50968 Oberländer Werft 135-8a
50939 Oberpleiser Straße 134-9c
51149 Oberstraße 136-10b
50859 Odemshof 105-10c
50859 Odemshofallee 105-10d
51069 Odenthaler Straße 88-12c
51105 Odenwaldstraße 135-6b
50735 Oderstraße 87-7d
Oderweg 108-2a
51061 Nr. 532-548, Nr. 557-569
51069 Nr. 556-Ende, Nr. 571-Ende
50968 Oedekovener Straße (5) 135-10b
51109 Oeynhauser Straße 137-1b
50667 Offenbachplatz (37/B3)
50767 Offenbachstraße 85-12b
51107 Offenburger Straße 136-5b
50677 Ohmstraße (Neustadt-Süd) 135-4d
51145 Ohmstraße (Porz) 167-1a
50765 Okerstraße 86-4b
50767 Ökover Straße 86-7b
50968 Oktavianstraße 135-8a
50767 Ölbaumweg 86-8a
50939 Ölbergstraße 134-8b
51109 Olbertsweg 137-2d
50737 Oldenburger Straße 86-12c
50767 Oleanderweg 86-8c
51143 Olefsgasse 166-8b
51143 Olefshof 166-8b
50937 Olefstraße 134-8b
50829 Ollenhauerring 105-6a
- Olof-Palme-Park 86-4d
Olpener Straße 136-1b
51103 Nr. 29-309, Nr. 60-374
51109 Nr. 313-Ende, Nr. 376-Ende
50825 Ölstraße 106-11c
50933 Olympiaweg 133-3a
50679 Opladener Straße 135-2b (37/B6)
51145 Oppelner Straße 167-1d
50668 Oppenheimstraße 107-11a
51103 Oranienstraße 136-1b
50769 Oranjehof 86-9a
50769 Oranjehofstraße 86-8d
50769 Orchideenweg (Seeberg) 86-8b
51143 Orchideenweg (Zündorf) 166-9a
50765 Orrer Straße 85-8c
50767 Orrer Weg 86-7d
50739 Ortweinstraße 107-4c
50858 Oscar-Wilde-Straße 105-11c
Oskar-Jäger-Straße 106-11a
50931 Nr. 1-7
50825 Nr. 28-192, Nr. 123-179
50858 Oskar-Kokoschka-Straße 133-2b
50933 Oskar-Rehfeldt-Weg 133-3d
50769 Oskar-Schindler-Straße 86-3c
51109 Oskar-Schlemmer-Straße 136-6b
50765 Osloer Straße (Chorweiler) 86-4d
51149 Osloer Straße (Porz) 136-12d
50737 Osnabrücker Straße 86-12c
Ossendorfer Straße 106-8b
50739 Nr. 60
50825 Nr. 183-199, Nr. 278-280
50827 Nr. 302-308
50827 Ossendorfer Weg 106-4c
- Ossendorfpark 106-5c
50737 Ossietzkystraße 106-2b
51107 Ostarastraße 137-5d
50739 Osterather Straße 106-9b
51105 Osterglockenweg (1) 135-6c
50667 Ostermannplatz (37/B4)
50996 Osterriethweg 165-5a
50679 Osthallenstraße 135-2b (37/A6)
Ostheimer Straße 136-1d
51103 Nr. 2-90, Nr. 3-105
51107 Nr. 107-Ende, Nr. 198-Ende
Ostlandstraße 133-1a
50858 Nr. 1-51, Nr. 2-58
50859 Nr. 79-63, Nr. 96-106
- Östliche Zubringerstraße 135-2d
51067 Ostmerheimer Straße (Holweide) 108-9c
51109 Ostmerheimer Straße (Merheim) 136-3a
50996 Oststraße 135-12d
50933 Oswald-Hirschfeld-Weg 133-3b
50935 Othegravenstraße 134-4d
50859 Otterweg 105-10d
51069 Ottilienstraße (1) 109-4a
51103 Ottmar-Pohl-Platz 136-1c
51061 Otto-Bayer-Straße 87-9d
50769 Otto-Braun-Straße 86-8a
50674 Otto-Fischer-Straße 134-6b
50679 Otto-Gerig-Straße 135-5b
50997 Otto-Hahn-Straße 165-8c
51069 Otto-Kayser-Straße 109-4b
50769 Ottokühlchensweg 65-8b
50767 Otto-Müller-Straße 85-12d
50679 Ottoplatz 135-2b (37/B6)
51149 Ottostraße (Eil) 137-10a
50859 Ottostraße (Lövenich) 105-10b
50823 Ottostraße (Neuehrenfeld) 106-12a
51107 Otto-Surges-Straße 136-6a
51109 Otto-Unger-Weg 137-2a
51067 Otto-Wels-Straße 108-8b
50767 Otzenrather Weg 86-7b
51109 Overather Straße 109-11c
50823 Overbeckstraße 106-12a
51063 Overbergstraße (5) 108-7c
50677 Overstolzenstraße 135-4c
50765 Oxforder Passage (2) 86-5c

51109 **P**aderborner Straße 108-12c
51107 Paffendorfstraße 137-4c
51069 Paffrather Straße 109-4b
50937 Palanterstraße 134-5d
50737 Pallenbergheim 107-4a
50737 Pallenbergstraße 107-4a
50767 Palmenweg 86-8c
50672 Palmstraße 134-3b (37/B1)
50769 Pankratiusstraße (9) 65-9a
50769 Pannenackerweg 65-8d
50676 Pantaleonsmühlengasse (37/D1)
50676 Pantaleonsstraße 135-4a (37/D2)
50676 Pantaleonswall 135-4a (37/D1)
51063 Papageienstraße 107-9d
51145 Pappelallee 167-5a
50767 Pappelweg 86-8c
50769 Paquetweg 86-8a
51061 Paracelsusplatz 87-12d
50769 Parallelweg 65-11b
50765 Pariser Passage 86-5c
50765 Pariser Platz 86-4d
- Park der Menschenrechte 134-3c
Parkgürtel 106-9c
50823 Nr. 1-33, Nr. 2-24
50739 Nr. 61-71
50968 Parkstraße (Marienburg) 135-11b
51147 Parkstraße (Wahnheide) 167-9c
50827 Parsevalstraße 106-4d
51103 Passauer Straße 136-2c
50735 Pasteurstraße 107-5d
50997 Pastoratsstraße 165-4c
51147 Pastor-Huthmacher-Straße 197-1c
50769 Pastor-Kastenholz-Weg (2) 87-4d
50676 Pastor-Könn-Platz 135-1c (37/C2)
51105 Pastor-Paul-Milde-Straße (4) 135-6c
50735 Pastor-Wolff-Straße 107-1b
50767 Pater-Adam-Müller-Platz 85-12b
50737 Pater-Delp-Straße 106-2b
50767 Pater-Dionysius-Straße 86-7d
50739 Pater-Schulte-Straße 106-2a
51061 Pattscheider Weg 108-2b
51147 Paul-Brätter-Straße 167-6c
50858 Paul-Finger-Straße 133-3c
51069 Paul-Henri-Spaak-Straße 108-6b
50737 Paul-Humburg-Straße 106-3a
51107 Pauline-Christmann-Straße 136-6b
51061 Paulinenhof 88-10a
51061 Paulinenhofstraße 87-11b
51149 Paulinenweg 136-11b
50933 Pauliplatz 134-1b
50933 Paulistraße 134-1b
51109 Paul-Klee-Straße 136-6b
50769 Paul-Löbe-Weg 86-5c
50735 Paul-Reifenberg-Straße 86-9c
50939 Paul-Schallück-Straße 134-6d
50767 Paulshofstraße 85-12d
50933 Paul-Steger-Weg 133-3c
50676 Paulstraße (Altstadt-Süd) 135-4b
50999 Paulstraße (Weiß) 166-5a
51149 Paulstraße (Westhoven) 136-10d
50933 Peco-Bauwens-Allee 133-3c
50765 Peeneweg 86-4b
51065 Pekingstraße 135-3b
51143 Peletierweg 166-8b
50823 Pellenzstraße 106-12c
51069 Pennigsfelder Weg 109-8b
50676 Perlengäßchen (37/C3)
Perlengraben 135-4a (37/D3)
50676 Nr. 2, 101
50678 Nr. 3
50667 Perlenpfuhl (37/C3)
50765 Pescher Holzweg (3) 86-7a
50765 Pescher Pfad 85-11b
50765 Pescher Straße 85-11b
50767 Pescher Weg (Lindweiler) 86-10c
50829 Pescher Weg (Mengenich) 105-3a
51063 Peschgasse 107-9d
50767 Pestalozzistraße (Pesch) 85-12c
50858 Pestalozzistraße (Weiden) 133-2a
50823 Peter-Bauer-Straße 106-12a
51069 Peter-Baum-Weg 88-12d
50935 Peter-Berchem-Straße 134-4c
50672 Peter-Dedenbach-Straße 106-12d
50827 Peter-Franzen-Straße 106-5c
51061 Peter-Grieß-Straße 87-12d
50933 Peter-Günther-Weg 133-3b
51109 Peter-Hagen-Straße 109-11c
50933 Peterhof 133-3b
51147 Peter-Joseph-Schumacher-Weg 167-7b
50935 Peter-Kintgen-Straße 134-4d
51061 Peter-Kütter-Weg 108-5b
50827 Peter-Michels-Straße 106-5d
50765 Peter-Miebach-Weg (1) 86-4c
51063 Peter-Müller-Straße 107-9b
50827 Peter-Röser-Straße 106-5d
50939 Petersbergstraße (Klettenberg) 134-9c
50997 Petersbergstraße (Meschenich) 164-9a
51109 Petersenstraße 109-10d
50769 Peter-Steinberg-Weg (3) 87-4d
50676 Peterstraße (Altstadt-Süd) 135-1c (37/C2)
51145 Peterstraße (Porz) 166-3b
50999 Peterstraße (Weiß) 166-4b
51103 Peter-Stühlen-Straße 135-3b
50933 Peter-von-Fliesteden-Straße 134-1b
51061 Peter-Warnecke-Weg 108-5d
50676 Peter-Welter-Platz (37/C4)
50858 Petra-Kelly-Weg 133-5b
50823 Pettenkoferstraße 106-9c
51145 Pfaffenpfad 167-1d
51145 Pfaffenpfädchen 137-10d
50677 Pfälzer Straße 134-6b (37/D1)
51063 Pfälzischer Ring 107-12c
51069 Pfarrer-Buchbender-Weg (6) 109-4d
50997 Pfarrer-Heinrich-Fuchs-Straße 164-9c
51069 Pfarrer-Hillmann-Weg (5) 109-4c
51109 Pfarrer-Krautwig-Straße 136-6a
51061 Pfarrer-Maybaum-Weg 108-5b
51105 Pfarrer-Moll-Straße (4) 135-6b
51149 Pfarrer-Nikolaus-Vogt-Weg (2) 136-10d
50999 Pfarrer-te-Reh-Straße 165-6b
51067 Pfarrer-Weber-Weg 108-5d
50935 Pfarriusstraße 134-2c
51105 Pfeiffergasse 135-9a
50672 Pfeilstraße 134-3d (37/C1)
50668 Pferdmengesstraße 135-11a
51105 Pfingstrosenweg 135-6c
50931 Pfitznerstraße 134-2b
50999 Pflasterhof 166-5d
50999 Pflasterhofweg 166-5a
51143 Philipp-Reis-Straße 166-3d
50858 Philipp-Röhl-Straße 133-6a
50823 Philippstraße 106-11d
50735 Philipp-Wirtgen-Straße 107-8b
50735 Philipp-Zorn-Straße 107-5a
Piccoloministraße 108-8a
51063 Nr. 1, Nr. 2
51067 Nr. 262-Ende, Nr. 287-Ende
50997 Pierstraße 165-11b
50674 Pilgrimstraße (37/C1)
51069 Pilzweg 109-4a
50767 Pingenweg 86-10b
50968 Pingsdorfer Straße 135-10d
50765 Pinienweg 85-11b
50735 Pionierstraße 107-8b
50676 Pipinstraße 135-1d (37/C4)
50829 Pirolweg 105-12b
Piusstraße 134-3a
50823 Nr. 1-101, Nr. 2-88
50931 Nr. 117-137
51145 Planckstraße 167-1a
51147 Planitzweg 167-9d
50668 Plankgasse 107-10d
51107 Plantagenstraße 136-1d
50827 Platanenweg 106-7d
50825 Platenstraße 106-11b
50676 Plectrudengasse (37/C4)
50765 Pleißesteig 86-4a
50769 Pletschbachweg 65-9d
51103 Pletttenberger Straße 136-2b
50735 Pliniusstraße 107-8b
50765 Pohlhofstraße 85-8c
50969 Pohligstraße 134-6d
50735 Pohlmannstraße 107-5a
51109 Pohlstadtsweg 137-1c
51105 Poller Damm 135-9d
51105 Poller Hauptstraße 135-9c
51105 Poller Holzweg 135-9b
Poller Kirchweg 135-5d
50679 Nr. 1-3, Nr. 2-26
51105 Nr. 60-Ende, Nr. 63-Ende
51149 Poller Weg 136-7c
51105 Poll-Vingster-Straße 135-6d
50859 Pontinusweg 105-10a
51107 Poppelreuterstraße 136-5d
50667 Portalsgasse (37/B3)
51147 Portastraße 167-11c
51149 Porzer Ringstraße 136-7c
51107 Porzer Straße 137-4d
- Porzer Weg 137-12c
51061 Posadowskystraße 108-2c
- Possilweg 138-1d
50668 Postprivatstraße 135-1b (37/A3)
50676 Poststraße (Altstadt-Süd) 135-1c (37/D2)
Poststraße (Porz, Wahn) 166-6b
51143 Nr. 4-8, Nr. 7-157
51147 Nr. 276-Ende, Nr. 275-Ende
50859 Potsdamer Straße 133-1c
50670 Prälat-Otto-Müller-Platz 107-10b
50935 Prälat-van-Acken-Straße 134-4b
51069 Prämonstratenserstraße 88-11c
51065 Präses-Richter-Platz 108-7c
51069 Preußen-Dellbrück-Weg (1) 108-6d
51107 Prignitzstraße 136-3c
50677 Prinzen-Garde-Weg (1) 135-4a
50670 Probsteigasse 107-10c (37/A2)
50767 Pulheimer Straße 86-10b
51061 Pützlachstraße 87-11b
51065 Pyrmonter Straße 108-10c

50933 **Q**uadrather Straße 105-12d
50667 Quatermarkt 135-1b (37/C3)
51061 Quedlinburger Weg (4) 108-4b
50678 Quentelstraße 135-4b
51067 Querstraße 108-8b
50769 Quettinghofstraße 85-2c
50769 Quettingshof 65-11c
51061 Quickbornweg 108-5b
50676 Quirinstraße 135-4a (37/D2)

51105 **R**aabestraße (Poll) 135-9a
50933 Raabestraße (Weiden) 133-1b
51069 Rademacherweg 109-7b
50968 Raderberger Straße 135-7d
50968 Raderberggürtel 135-10b
50935 Räderscheidtstraße 134-4d
50968 Raderthaler Straße 135-10b
50969 Raderthalgürtel 135-10a
51069 Radiumstraße 109-7b
51063 Rahel-Varnhagen-Straße 108-7c
- Raiffeiseneck (37/A4)
50997 Raiffeisenstraße (Meschenich) 164-8b
51105 Raiffeisenstraße (Poll) 135-6c
50737 Rambouxstraße 106-3a
50769 Ramrather Weg 65-8b
50935 Rankestraße 134-5c
50767 Ransbacher Weg 86-10a
50829 Ransenbergweg 105-6a
51143 Ranzeler Straße 166-8c
51067 Rapunzelgäßchen 108-9b
50933 Raschdorffstraße 134-1c
51107 Rastatter Straße 136-5b
50667 Rathausplatz (37/B4)
51143 Rathausstraße 166-3d
50674 Rathenauplatz 134-3d
51109 Rather Kirchweg 137-1a
51107 Rather Mauspfad 137-5a
51107 Rather Schulstraße 137-7b
51149 Rather Straße 136-12a
51109 Rather Weg 137-3b
50859 Rath-Mengenicher Weg 105-5c
51063 Ratsstraße 108-7a
51107 Rauhe Hecke 137-5b
51063 Raumannskaul 108-4c
50935 Raumerstraße 134-5d
Rautenstrauchstraße 134-2c
50931 Nr. 1-81, Nr. 2-78
50935 Nr. 80-86, Nr. 83-95
50739 Ravensburger Straße 106-9b
50997 Rebhuhnweg 165-11a
50937 Redwitzstraße 134-6c
50735 Reeser Straße 107-5c
51069 Refrather Straße 109-5d
50765 Regastraße 86-4b
50765 Regenboldstraße 86-4c
51103 Regensburger Straße 136-1d
51063 Regentenstraße 108-7a
50825 Rehorststraße 106-8b
50859 Rehweg 105-10d
51061 Reichenbachstraße 107-3b
50670 Reichenspergerplatz 107-11a
50997 Reiherstraße 165-4b
50858 Reiherweg (Junkersdorf) 133-2d
50829 Reiherweg (Vogelsang) 105-9d
51145 Reinekestraße 167-4b
51061 Reinhard-Brauns-Straße 87-12d
51109 Reinhold-Schneider-Straße 136-3d
51147 Reinholdstraße 167-5b
51069 Reinickstraße 109-4c
50676 Reinoldstraße (37/C2)
50679 Reischplatz 135-2d (37/C6)
50823 Reisstraße 106-11d
50679 Reitweg (Deutz) 135-3c
- Reitweg 138-1c
50827 Rektor-Klein-Straße 106-5c
50825 Rektor-Schmitz-Straße 106-8b
50968 Remagener Straße 135-11c
50733 Rembrandtstraße (Nippes) 107-7c
50999 Rembrandtstraße (Weiß) 166-1d
50937 Remigiusstraße (Sülz) 134-6c
50999 Remigiusstraße (Sürth) 166-4d
51103 Remscheider Straße 108-10c
51065 Rendsburger Platz 108-10a
51061 Rene-Bohn-Straße 107-3a
50858 René-Magritte-Promenade (2) 133-6a
51105 Rengsdorfer Straße (1) 135-3c
50737 Rennbahnstraße 107-4d
50939 Rennebergstraße 134-6c
- Rennweg 138-7c
50931 Repgowstraße 134-6a
50933 Rethelstraße 105-11d
51061 Reußstraße 107-6b
50739 Reutlinger Straße 106-6d
51147 Revenstraße 167-7d
51143 Rezagstraße 166-6b
50678 Rheinauhafen 135-5a (37/D4)
50678 Rheinauhalbinsel (37/D4)
50676 Rheinaustraße (Altstadt-Süd) 135-1d (37/D4)
50999 Rheinaustraße (Sürth) 166-7a
51149 Rheinaustraße (Westhoven) 136-10d
50937 Rheinbacher Straße 134-5d
51143 Rheinbergstraße 166-10a
50769 Rheindamm (Merkenich) 87-5a
51143 Rheindamm (Zündorf) 166-7b
50737 Rheindorfer Straße 106-3b
50676 Rheingasse 135-1d (37/C4)
50858 Rheinische Allee 133-8b
50769 Rheinkasseler Weg 86-3b
- Rheinpark 107-11d
50679 Rheinparkweg 107-11c (37/A5)
50999 Rheinpfädchen 166-7a
50968 Rheinsteinstraße 135-7d
50996 Rheinstraße 135-12d
- Rheinufertunnel (37/B4)
- Rheinwerft 165-11d
51065 Rhodiusstraße 108-7c
50939 Rhöndorfer Straße 134-9c
50765 Rhonestraße 86-4d
51061 Ricarda-Huch-Straße (Stammheim) 107-3d
50858 Ricarda-Huch-Straße (Weiden) 105-11c
50829 Richard-Byrd-Straße 106-1a
50931 Richard-Strauss-Straße 134-2b
51145 Richard-Wagner-Straße (Eil) 167-1b
50674 Richard-Wagner-Straße (Neustadt-Süd) 134-3c
50999 Richard-Wagner-Straße (Rodenkirchen) 166-1c
50859 Richard-Wagner-Straße (Weiden) 105-10c
50667 Richartzstraße 135-1b (37/B3)
50667 Richmodstraße 135-1c (37/C2)
51061 Richrather Weg 108-2a
50933 Richterstraße 133-2b
51143 Richthofenstraße 166-9a
50668 Ricmudisweg 136-11d
50735 Riehler Gürtel 107-8a
50668 Riehler Platz 107-11a
Riehler Straße 107-10b
50668 Nr. 1-105, Nr. 2-92
50735 Nr. 199-231, Nr. 200-240
50735 Riehler Tal 107-8b
51067 Rilkestraße (Holweide) 108-6c
50997 Rilkestraße (Immendorf) 165-7d
50858 Rilkestraße (Weiden) 133-2a
51109 Rinderweg 109-11c
50996 Ringelnatzstraße 165-3b
51067 Ringenstraße 108-5d
50765 Ringstraße (Esch/Auweiler) 85-8d
50996 Ringstraße (Rodenkirchen) 165-3a
50769 Riphahnstraße 86-8a
50679 Ripuarenstraße (5) 135-2d (37/B6)
50933 Rispenweg 105-11b
50999 Ritterspornweg 166-4d
Ritterstraße (Neustadt-Nord, Altstadt-Nord) 107-10c
50668 Nr. 1-41, Nr. 2-52
50670 Nr. 55-61
50999 Ritterstraße (Weiß) 166-4b
50769 Ritter-von-Visdomen-Straße 86-1d
51063 Rixdorfer Straße 108-4a
50829 Roald-Amundsen-Straße 106-4b
50935 Robert-Blum-Straße 134-5a
50769 Robert-Bosch-Straße 86-2b
50769 Robert-Grosche-Straße 86-8a
50968 Robert-Heuser-Straße 135-11a
Robert-Koch-Straße (Lindenthal) 134-5b
50937 Nr. 1, Nr. 2-8
50931 Nr. 10-54, Nr. 39-63
50767 Robert-Koch-Straße (Pesch) 85-12b
51065 Robert-Mayer-Straße (1) 108-10a
50739 Robert-Perthel-Straße 106-2a
51109 Robert-Schuman-Straße 137-1c
50939 Robert-Seuffert-Straße 134-8d
51105 Robertstraße (Kalk) 135-3d
50999 Robertstraße (Weiß) 166-4b
51149 Robertstraße (Westhoven) 136-10d
50997 Robinienweg 165-1a
50827 Rochusstraße 106-7d
50739 Rockenhauser Straße 106-6c
50937 Rodderbergstraße 134-8d
51105 Roddergasse 136-4a
51061 Rodderhof 108-2c
50999 Rodderweg 165-6d
51069 Rodemichweg 109-5c
- Rodenkirchener Brücke 135-12c
50996 Rodenkirchener Leinpfad 135-12a
50997 Rodenkirchener Straße 165-4b
51067 Rodfeldstraße 108-6c
51067 Rodstraße 108-9a
50769 Roggendorfer Weg 86-1b
51061 Roggendorfstraße 87-12c
50933 Roggenweg 105-11d
51147 Rohrdommelweg 167-12a
50667 Röhrergasse (37/B3)
50969 Roisdorfer Straße 134-9d
50677 Rolandstraße (Neustadt-Süd) 135-4d
51147 Rolandstraße (Wahnheide) 167-9a
50937 Rolandswerther Straße 134-8d
51105 Rolshover Hof 135-9b
51105 Rolshover Kirchweg 135-6c
51105 Rolshover Straße 135-9a
51109 Romain-Rolland-Straße 136-3d
50933 Roman-Kühnel-Weg 133-3d
50935 Rombergstraße 134-4d
50672 Römergasse (37/B1)
- Römerpark 135-5c
51067 Römerpfädchen 108-8a
50996 Römerstraße (Rodenkirchen) 165-3a
50858 Römerstraße (Weiden) 133-1b
51069 Rommerscheider Straße 109-4d
50737 Rommerskircher Straße 86-11d
50667 Roncalliplatz 135-1b (37/B3)
50997 Rondorfer Hauptstraße 165-4a
50968 Rondorfer Straße 135-11c
51069 Rönsahler Straße 88-11d
50823 Röntgenstraße (Neuehrenfeld) 106-9c
50767 Röntgenstraße (Pesch) 85-12b
51145 Röntgenstraße (Porz) 167-1a
50674 Roonstraße (Neustadt-Süd) 134-3d (37/D1)
50996 Roonstraße (Rodenkirchen) 166-1a
50968 Rösberger Straße 135-10d
51061 Rosellstraße 87-11b
51143 Rosengasse 165-12d
51143 Rosenhügel 166-6c
50859 Rosenplatz 105-10b
50678 Rosenstraße (Altstadt-Süd) 135-4b
51143 Rosenstraße (Zündorf) 166-6c
50858 Rosenweg (Junkersdorf) 133-3a
50767 Rosenweg (Pesch) 85-12b
50969 Rosenzweigweg 135-7c
51107 Rösrather Straße 136-6a
- Rösrather Weg 168-1c
50737 Roßbachstraße 107-4a
50823 Roßstraße 106-12c
50737 Rostocker Straße 107-1c
50858 Rotbuchenweg 133-6a
50999 Rotdornallee 165-9b
50996 Rotdornstraße 165-3d
50827 Rotdornweg (Bickendorf) (3) 106-7b
50767 Rotdornweg (Pesch) 85-12d
51107 Rotdornweg (Rath/Heumar) 137-4d
50859 Rotdornweg (Widdersdorf) 105-4d
50667 Rote-Funken-Plätzchen (37/B4)
51069 Roteichenweg 109-7a
50823 Rothehausstraße 106-11d
51103 Rothenburger Straße 136-1b
50825 Rothenkruger Straße 106-8d
50676 Rothgerberbach 135-4a (37/D2)
51067 Rotkäppchenweg (Holweide) 108-9b
50997 Rotkäppchenweg (Rondorf) (6) 165-5a
50997 Rotkehlchenweg (Rondorf) (4) 165-4b
50829 Rotkehlchenweg (Vogelsang) 106-10a
50829 Rotschwänzchenweg 105-9d
50996 Rotterbergstraße 165-3d
50735 Rotterdamer Straße 107-8d
51107 Röttgensweg 137-5c
50739 Rottweiler Straße 106-9b
50676 Rubensstraße (Altstadt-Süd) 134-3d (37/C1)
50999 Rubensstraße (Rodenkirchen) 166-1d
50935 Rückertstraße 134-5a
50737 Rüdellstraße 106-3b
51065 Rüdesheimer Straße 108-7c
Rüdigerstraße 108-12c
51109 Nr. 1-Ende, Nr. 2-120
51067 Nr. 150-Ende
50939 Rudolf-Amelunxen-Straße 134-6d
51067 Rudolf-Breitscheid-Straße 108-5d
50999 Rudolf-Buch-Straße 166-4d
51065 Rudolf-Clausius-Straße 108-10a
51149 Rudolf-Diesel-Straße 137-10a
50933 Rudolf-Harbig-Weg 133-3a
50674 Rudolfplatz 134-3d (37/C1)
50769 Rudolf-Schmidt-Weg 65-8b
50735 Rudolf-Sohm-Straße 107-5a
50999 Rudolfweg 166-5a
50765 Rügenweg (Chorweiler) 86-4b
50997 Rügenweg (Rondorf) 165-4c
50735 Ruhrorter Straße 107-5c
51149 Ruhrweg 136-10d
50997 Rumpelstilzchenweg (2) 165-4b
51109 Ründerother Straße 109-11c
51061 Rungestraße 87-12c
50679 Rupertusstraße 135-2d (37/C6)
51109 Ruppichterother Straße 137-1a
51107 Ruppiner Straße 136-3c
50937 Rupprechtstraße 134-5d
50859 Rurseeallee 104-12d
Rurstraße (Lindenthal) 134-5c
50937 Nr. 1-19, Nr. 2-14
50935 Nr. 16-Ende, Nr. 21-Ende
50996 Rurstraße (Rodenkirchen) 165-3d
50739 Ruth-Hallensleben-Straße (1) 106-6a
51061 Ruwergasse 87-11b
51065 Rybniker Straße 108-11a

50765 **S**aalestraße 86-4b
51103 Saalfelder Straße 136-1b
51107 Saarbrücker Straße 136-5d
50859 Saarstraße (Lövenich) 104-12d
50677 Saarstraße (Neustadt-Süd) 135-4a
50996 Saarstraße (Rodenkirchen) 165-3b
Sachsenbergstraße 107-11b
50679 Nr. 1
51063 Nr. 2-Ende, Nr. 3-Ende
50677 Sachsenring 135-4a
51149 Sachsenstraße 136-12a
50935 Säckinger Straße 134-5a
51109 Salbeiweg 136-3b

50677 Salierring 135-4a
51105 Salmstraße 135-9a
50667 Salomonsgasse 135-1b (37/B3)
51061 Salvatorstraße 107-3c
51143 Salvienweg 166-6d
50765 Salzburger Hof 86-4d
50858 Salzburger Weg 133-3c
50667 Salzgasse 135-1b (37/B4)
51103 Salzschlirfe Straße 136-2a
51063 Salzstraße 107-9b
50968 Samariterstraße 135-8c
51143 Sandbergstraße 166-10c
50765 Sanddornweg (4) 86-7a
50765 Sandglöckchenweg 86-7a
50827 Sandweg 106-4d
50769 Sasser Weg 65-4c
50767 Sauerbruchstraße 85-12b
51105 Sauerlandstraße 135-6b
50735 Scarletallee 86-12b
50676 Schaafenstraße 134-3d (37/C1)
50769 Schaaffhausenstraße 86-8a
51061 Schaberger Weg 108-2b
50735 Schachtstraße 107-8b
50823 Schadowstraße 106-12a
50676 Schaevenstraße 134-3d (37/C1)
50935 Schaffhausener Straße 134-4d
50829 Schaffrathsgasse 105-6c
50859 Schafgasse (1) 105-10c
50931 Schallstraße 134-2d
51063 Schanzenstraße 108-7a
50739 Scharfeneckweg (2) 106-6d
51061 Scharffensteinstraße 107-3d
50733 Scharnhorststraße 107-7b
50676 Schartgasse 135-1c (37/D2)
50679 Schaurtestraße 135-2d (37/C6)
50935 Scheffelstraße 134-5a
50737 Scheibenstraße 107-1c
51067 Scheidemannstraße 108-6c
50933 Scheidtweilerstraße 134-1b
50737 Scheinerstraße 106-3b
50858 Schellenhofweg 133-5b
51145 Schellenweg 167-4a
50676 Schemmergasse (37/D2)
50733 Schenkendorfstraße 107-7d
51105 Schenkspfad 135-9a
50937 Scherfginstraße 134-8d
51061 Scheuerhof 88-10b
51061 Scheuerhofstraße 108-2a
51147 Scheuermühlenstraße 167-8d
- Schiefer Hauweg 137-6a
50739 Schiefersburger Weg 106-6c
50735 Schifferstraße 107-2a
50997 Schiffhof 164-3b
50667 Schildergasse 135-1c (37/C2)
51149 Schildgenweg 136-12c
51069 Schilfweg (Dellbrück) 109-4a
51147 Schilfweg (Lind) 167-12c
50968 Schillerstraße (Bayenthal) 135-8a
51143 Schillerstraße (Porz) 166-3d
50858 Schillerstraße (Weiden) 133-1b
50968 Schillingsrotter Platz 135-11c
50996 Schillingsrotter Straße 165-3c
50968 Schillingsrotter Weg 135-11c
50670 Schillingstraße 107-10b
50733 Schillstraße 107-7b
50933 Schinkelstraße 134-1b
50823 Schirmerstraße 106-12a
50737 Schlackstraße 86-11d
51067 Schlagbaumsweg 108-11a
51149 Schlawer Straße 136-11a
51061 Schlebuscher Weg 108-2d
50935 Schlegelstraße 134-5c
50827 Schlehdornweg (Bickendorf) (5) 106-7b
50858 Schlehdornweg (Junkersdorf) 133-2c
50999 Schlehenweg 166-4c
50937 Schleidener Straße 134-5d
51063 Schleiermacherstraße 107-9d
51061 Schleifenbaumstraße 108-2b
50735 Schlenderhaner Straße 107-5a
50737 Schlesischer Platz 107-4a
51065 Schleswigstraße 108-10a
50769 Schlettstadter Straße 87-4b
50769 Schleusenweg 65-9b
51103 Schleuterstraße 136-2c
51069 Schlodderdicher weg 109-5b
51107 Schloss Röttgen 137-8c
50769 Schloß-Arff-Straße 65-10c
50825 Schlösserstraße 106-11b
- Schlosspark 107-3c
51061 Schloßstraße 107-3c
51069 Schluchter Heide 109-5c
50674 Schmalbeinstraße 134-3a
51145 Schmale Gasse (2) 167-1d
50769 Schmaler Wall 65-9c
51103 Schmalkalder Weg 108-10d
Schmiedegasse 135-6b
50735 Nr. 2-58, Nr. 5-53
50739 Nr. 101-157, Nr. 158-162
50769 Schmiedhofsweg 86-2c
50935 Schmitburgstraße 134-5c
50769 Schmittenhof 86-2c
51143 Schmittgasse 166-8c
50935 Schmittmannstraße 134-4d
50765 Schneebergstraße 86-1c
51061 Schneeglöckchenweg 108-6a
51067 Schneewittchenweg (Holweide) 108-6d
50997 Schneewittchenweg (Rondorf) (3) 165-4b
50858 Schneider-Clauss-Straße (Junkersdorf) 133-2d
50733 Schneider-Clauss-Straße (Nippes) 107-7d
51067 Schnellweider Straße 108-9a
51143 Schneppenweg 165-12d
50676 Schnurgasse 135-4a
50829 Schönbergweg 105-6a
51149 Schöne Aussicht 136-11c
51109 Schönenberger Straße 137-1b
50968 Schönhauser Straße 135-8c
51063 Schönrather Straße 108-4a
50825 Schönsteinstraße 106-11b
51147 Schopenhauerstraße 167-5d
51109 Schösslerstraße 109-11c
51105 Schreberstraße 135-6c
51143 Schrogenweg 165-12d
51145 Schubertstraße (Eil) 167-1b
50858 Schubertstraße (Junkersdorf) 133-2c
50999 Schubertstraße (Rodenkirchen) 166-1c
51105 Schulpfad 135-9a
51145 Schulstraße (Eil) 137-10d
51103 Schulstraße (Höhenberg) 136-1b
50997 Schulstraße (Meschenich) 164-9a
50767 Schulstraße (Pesch) 85-12a
50859 Schulstraße (Weiden) 133-1a
50968 Schulze-Delitzsch-Straße 135-10a
50829 Schumacherring 105-3c
50931 Schumannstraße 134-5b
51065 Schützengildeweg 108-8c
51063 Schützenhofstraße 108-4c
51147 Schützenstraße 167-5d
50858 Schützenweg (1) 133-2a
50996 Schützstraße 165-3c
50996 Schwabenstraße 165-3c
51067 Schwabstraße 108-6d
50968 Schwadorfer Straße (3) 135-10b
50969 Schwalbacher Straße 135-7c
50667 Schwalbengasse 135-1a (37/B2)
51103 Schwarzburger Straße 136-1b
51149 Schwarzer Weg (Gremberghoven) 136-12a
- Schwarzer Weg (Worringen) 65-12c
50999 Schwarzerlenweg 165-9b
51067 Schwedenweg 108-5d
51069 Schweidnitzer Straße 88-11c
51067 Schweinheimer Straße 108-9a
51109 Schwelmer Weg 108-11d
50733 Schwerinstraße 107-7b
50667 Schwertnergasse (37/B3)
51143 Schwester-Firma-Weg 166-8b
51107 Schwetzinger Straße 136-5b
50933 Schwindstraße 133-2b
51063 Schwyzer Klause 108-1d
50735 Sebastianstraße 107-2c
50767 Sebastianusstraße 85-12d
50968 Sechtemer Straße 135-7b
50733 Sechzigstraße 107-7c
50668 Sedanstraße 107-11a
50829 Seeadlerweg 105-9b
50769 Seerosenweg (6) 86-8b
51069 Seelsheider Weg 108-3b
50827 Segmüllerstraße 106-7b
51105 Seidelstraße 135-9a
51063 Seidenstraße 108-7a
50667 Seidmacherinnengäßchen (8) (37/B4)
51147 Seitengasse 167-12a
50859 Seithümerstraße 105-10c
51107 Selbachweg 137-5b
51105 Seligenthaler Straße 136-4a
51061 Selkestraße 108-4b
50859 Selma-Lagerlöf-Straße 133-1a
51061 Semmelweisstraße (Flittard) 87-12c
50767 Semmelweisstraße (Pesch) 86-10a
50825 Senefelderstraße 106-11b
50769 Senfweg 65-12c
51061 Sengbachweg (2) 108-2b
51107 Sengerweg 137-4d
50999 Seniorenweg 166-7a
51067 Senistraße 108-6c
51147 Senkelsgraben 167-11b
50668 Servasgasse 107-10d (37/A4)
50997 Servatiusstraße (Immendorf) 165-7d
51109 Servatiusstraße (Ostheim) 136-2b
50997 Sesamstraße 165-4b
- Severinsbrücke 135-5a (37/D4)
50678 Severinskirchplatz (8) 135-4d
50678 Severinskloster 135-4b
50678 Severinsmühlengasse (9) 135-4d
50678 Severinstor 135-4d
Severinstraße (Altstadt-Süd) 135-1d (37/D3)
50678 Nr. 1-193, Nr. 2-164
50676 Nr. 188-232, Nr. 125-241
51145 Severinstraße (Urbach) 167-5a
50678 Severinswall 135-4d
50859 Severinusstraße 105-10c
50737 Seydlitzstraße 107-4b
50678 Seyengasse 135-4b
51107 Sibeliusstraße 136-4b
50859 Sibilla-Sester-Straße (5) 105-7a
50969 Sibille-Hartmann-Straße 134-9b
50733 Siebachstraße 107-7c
50939 Siebengebirgsallee (Klettenburg) 134-8d
51147 Siebengebirgsallee (Wahnheide) 167-8c
50997 Siebengebirgsstraße 164-9a
51067 Siebenrabengasse 108-9b
51067 Siebenschönweg 108-6d
50997 Sieben-Schwaben-Weg 165-5a
50735 Sieboldstraße 107-8d
Siegburger Straße 135-2c (37/C5)
50679 Nr. 15-241, Nr. 66-126
51105 Nr. 232-Ende, Nr. 243-Ende
51109 Siegener Straße 136-2b
50859 Siegershof 133-1a
50679 Siegesstraße 135-2b (37/B5)
50678 Siegfriedstraße (Neustadt-Süd) 135-7b
50996 Siegfriedstraße (Rodenkirchen) 165-3b
51147 Siegfriedstraße (Wahnheide) 167-9c
51147 Sieglarer Straße 167-11d
50739 Siegmundstraße 107-4c
51149 Siegstraße (Ensen) 136-11c
50859 Siegstraße (Lövenich) 105-10c
50996 Siegstraße (Rodenkirchen) 165-3d
50739 Siegstraße (Stammheim) (1) 107-6b
50935 Sielsdorfer Straße 134-5c
50825 Siemensstraße (Neuehrenfeld) 106-11b
51145 Siemensstraße (Porz) 167-1c
50767 Siershahner Weg 86-8c
51103 Sieversstraße 135-3d
50935 Sigmaringer Straße 134-5a
51103 Sigrid-Undset-Straße 136-2c
51061 Sigwinstraße 108-5d
50858 Silberahornweg 133-6a
50829 Silbermöwenweg 105-9b
50827 Silcherstraße 106-7d
51065 Silesiusstraße 108-11c
50999 Silkestraße 166-4b
50678 Silvanstraße 135-4d
50825 Simarplatz 106-11b
50935 Simmerer Straße 134-8a
50733 Simon-Meister-Straße 107-7a
50737 Simonskaul 106-3b
50823 Simrockstraße 106-12c
51105 Singhofener Straße 135-6b
50765 Sinnersdorfer Mühle 85-7b
50769 Sinnersdorfer Straße 85-1d
50829 Sintherer Straße 105-6a
50968 Sinziger Straße 135-10d
- Skulpturenpark 107-11a
50735 Slabystraße 107-9a
51109 Soester Straße 108-12c
50767 Soldiner Straße 86-10a
51145 Solinger Straße (Eil, Urbach) 167-1b
51103 Solinger Straße (Kalk) 108-10c
51063 Solothurner Weg 108-4b
50823 Sömmeringstraße 106-11d
51065 Sonderburger Straße 108-7c
51061 Sonnenblumenweg (Höhenhaus) 108-6a
50999 Sonnenblumenweg (Sürth) 165-9d
51063 Sonnenscheinstraße 107-12a
51061 Sonnenweg 108-2d
50968 Sooneckstraße 135-7d
51149 Sophienstraße 136-11a
51143 Spargelweg 166-10a
50735 Spechtstraße 107-5a
50679 Speditionshof 107-11d
50937 Speestraße 134-5d
51061 Spemannstraße 87-12d
50858 Sperberweg (Junkersdorf) 133-2d
50997 Sperberweg (Rondorf) 165-4d
50829 Sperberweg (Vogelsang) 106-7c
50829 Sperlingsweg 105-9d
50739 Speyerer Straße 106-6d
50672 Spichernstraße 106-12d (37/A1)
50676 Spielmannsgasse (14) (37/D3)
50670 Spiesergasse 135-1a (37/A1)
50676 Spinnmühlengasse (37/C2)
50859 Spitzangerweg 104-12d
50933 Spitzwegstraße 105-11d
50767 Spoerkelhof 87-4b
50667 Sporergasse (37/B3)
50679 Sporthallenweg 107-11d
- Sportpark 134-8c
51147 Sportplatzstraße 167-8b
50737 Sportstraße 107-1c
50765 Spreeweg 86-4b
50735 Sprengelstraße 107-8a
51147 St.-Ägidius-Straße 167-8a
51147 St.-Anno-Straße 167-6a
50667 St.-Apern-Straße 135-1a (37/B2)
50859 St.-Georg-Straße 105-10a
51149 St.-Laurentius-Straße 136-11d
51143 St.-Martin-Straße 166-8a
51143 St.-Michael-Straße 166-9a
51145 St.-Rochus-Straße 137-10d
51147 St.-Sebastianus-Straße 167-10b
50769 St.-Tönnis-Platz (13) 65-9c
50769 St.-Tönnis-Straße 65-9c
50933 St.-Vither Straße 106-10d
51107 Stachelsweg 137-5c
- Stadtgarten (Mülheim) 108-7c
- Stadtgarten (Neustadt-Nord) 106-12d
- Stadtpark 167-5d
Stadtwaldgürtel 134-2a
50935 Nr. 1-89
50931 Nr. 2-74
51145 Staelsweg (5) 167-5a
50765 Staffelsbergstraße 86-1c
50968 Stahleckstraße 135-7d
51143 Stahlshof 166-8b
51143 Stahlsweg (5) 166-8c
50769 Stallagsbergweg 86-8b
50767 Stallagsweg 86-7d
51061 Stammheimer Deichweg 87-11d
51061 Stammheimer Hauptstraße 107-3c
51061 Stammheimer Ring 107-3a
50735 Stammheimer Straße 107-8d
51061 Stammheimer Ufer 107-3c
50823 Stammstraße 106-11b
50767 Stangenroder Weg 86-10a
50735 Stapelkai 107-5b
51149 Starenweg (Ensen) 136-11c
50765 Starenweg (Esch/Auweiler) 85-8d
50997 Starenweg (Godorf) 165-8c
50829 Starenweg (Vogelsang) 106-10a
50858 Statthalterhofallee 133-2d
50858 Statthalterhofweg 133-2d
50674 Stauderstraße 134-6b
50737 Stauffenbergstraße (2) 106-2b
51067 Steeger Straße 108-7b
50999 Stefan-Lochner-Straße 166-1d
51145 Stefanstraße 167-4b
50829 Stefan-Zweig-Straße 105-3c
51063 Stegerwald-Siedlung 107-12c
51067 Stegwiese 108-8c
51147 Steinackerstraße 167-7d
50733 Steinbergerstraße 107-7c
51069 Steinbrecher Weg 109-5c
- Steinbruchsweg 137-6c
51061 Steinbücheler Weg 108-2b
51069 Steinenbrücker Straße 109-4b
50670 Steinfelder Gasse 135-1a (37/B2)
51063 Steinkaulerstraße 108-4b
50829 Steinkauzweg 105-9b
51065 Steinkopfstraße 108-7c
50825 Steinkrügerstraße 106-8b
51103 Steinmetzstraße 136-1a
51107 Steinrutschweg (Ostheim) 136-5b
50767 Steinrutschweg (Pesch) 85-12d
50676 Steinstraße (Altstadt-Süd) 135-4a
Steinstraße (Porz, Gremberghoven) 166-3a
51143 Nr. 1-15, Nr. 2-Ende
51149 Nr. 163-Ende
50996 Steinstraße (Rodenkirchen) 135-12d
50667 Steinweg (Altstadt-Nord) 135-1b (37/C4)
51107 Steinweg (Rath/Heumar) 137-7a
50939 Stenzelbergstraße 134-9a
50676 Stephanstraße 135-1d (37/C3)
51103 Steprathstraße 136-1a
50676 Sternengasse 135-1d (37/C3)
50829 Sternheimstraße 105-3c
50997 Sterntalerweg (8) 165-5a
51147 Sternweg 167-5b
50858 Sterrenhofweg 133-5a
51145 Stettiner Straße (Urbach) 167-1d
50737 Stettiner Straße (Weidenpesch) 106-3d
50858 Stettiner Weg (2) 133-1b
50827 Steubenstraße 106-10b
51067 Steyler Straße 108-8b
50858 Steyrer Weg 133-3c
50997 Stieglitzweg (Rondorf) 165-5a
50829 Stieglitzweg (Vogelsang) 105-9d
50999 Stieleichenweg 165-9b
51063 Stöckerstraße 107-9d
50829 Stöckheimer Weg 105-2a
50765 Stockholmer Allee 86-4d
51147 Stockumer Weg 197-1a
50769 Stoffelstraße 65-11d
50933 Stolberger Straße 106-10c
50668 Stolkgasse 107-10d (37/A3)
50678 Stollwerckhof 135-5c
51149 Stollwerckstraße 136-11a
50765 Stolpestraße 86-4b
50997 Stolpweg 165-4a
50674 Stolzestraße 134-6b
50739 Stommeler Straße 86-11c
50829 Storchenweg 105-9d
50997 Stormstraße (Immendorf) 165-7d
50670 Stormstraße (Neustadt-Nord) 107-7d
50858 Stormstraße (Weiden) 133-2a
50969 Stotzheimer Straße 134-12b
50769 Straberger Weg 65-10b
51145 Stralsunder Straße 167-1d
50829 Strandläuferweg 105-9b
51109 Straßburger Platz 136-3d
51103 Straße des 17. Juni 107-12d
50667 Streitzeuggasse (37/B3)
51149 Stresemannstraße 136-12d
51109 Stresemannweg 137-1a
50999 Ströer-Allee 165-9b
50769 Strohflechterstraße 65-9a
51069 Strunden 109-8b
51069 Strundener Straße 109-4d
51069 Strunder Feld 109-5c
51069 Strunder Mühle 109-5c
50823 Stuppstraße 106-12c
51063 Stürmerstraße 108-7a
50769 Stürzelberger Weg 65-5d
50739 Stuttgarter Straße 106-9a
50858 Stüttgenhof 133-6d
50935 Stüttgenweg 133-6d
50858 Stüttgerhofweg 133-6a
Subbelrather Straße 106-7d
50672 Nr. 1-13, Nr. 14-16
50823 Nr. 15-221, Nr. 26-234
50825 Nr. 238-500, Nr. 243-479
50827 Nr. 481-561, Nr. 538-598
50858 Südallee 133-3c
- Südbrücke 135-8b
50670 Sudermanplatz 107-10b
50670 Sudermanstraße 107-10b
50858 Sudetenweg 133-2d
- Südpark 135-11c
50997 Südstraße 164-9c
50679 Suevenstraße 135-2d (37/C6)
51103 Suhler Weg 108-11c
50935 Suitbert-Heimbach-Platz 134-5c
51067 Suitbertstraße 108-9a
50937 Sülzburgstraße 134-5d
50937 Sülzer Aquarienweg 134-7b
50937 Sülzgürtel 134-5d
50999 Sürther Hauptstraße 166-7a
50999 Sürther Leinpfad 166-7c
Sürther Straße 165-3b
50996 Nr. 1-117, Nr. 2.-122
50999 Nr. 135-379, Nr. 198-310
50765 Swinestraße 86-4b
50968 Swisttalstraße 135-10c

50767 Taborplatz 86-8c
50968 Tacitusstraße 135-8c
50769 Taepperweg 86-8a
51143 Tagetesweg 166-6c
50825 Takuplatz 106-8d
50825 Takustraße 106-8d
51069 Talstraße (Dellbrück) 109-4c
50997 Talstraße (Rondorf) 165-4c
51149 Talweg 136-12b
50733 Tangastraße 107-7b
50858 Tannenstraße 133-6b
51147 Tannenweg 167-6a
51065 Tarnowitzer Straße 108-10b
51145 Tassostraße 167-1d
50676 Taubengasse (37/D1)
51105 Taubenholzweg 135-6d
50733 Tauentzienstraße 107-7a
51105 Taunusplatz 135-3d
51105 Taunusstraße 135-3d
50829 Teichrohrsängerweg 105-12b
50827 Teichstraße 106-8c
50676 Tel-Aviv-Straße 135-1d (37/D3)
51067 Tempelherrenstraße 108-7d
50679 Tempelstraße 135-2c (37/C5)
50679 Tenktererstraße 135-2d (37/D6)
51063 Tessiner Weg 108-1c
50765 Teufelsbergstraße 86-1a
50678 Teutoburger Straße 135-4d
50679 Teutonenstraße (Deutz) 135-5b (37/D5)
51149 Teutonenstraße (Gremberghoven) 136-12b
50997 Teutonenstraße (Meschenich) 164-9c
50823 Thebäerstraße 106-11d
50737 Theklastraße 107-4a
50765 Themsepromenade 86-4b
50765 Thenhovener Straße 85-5b
50769 Thenhover-Escher Weg 85-2b
50667 Theo-Burauen-Platz (3) (37/B3)
51105 Theoderichstraße 135-6b
50679 Theodor-Babilon-Straße (37/B5)
51063 Theodor-Brauer-Straße 107-12b
51109 Theodor-Haecker-Straße 136-3d
50668 Theodor-Heuss-Ring 107-10b
51149 Theodor-Heuss-Straße (Eil) 136-12d
50996 Theodor-Heuss-Straße (Rodenkirchen) 165-3a
50679 Theodor-Hürth-Straße 135-2d (37/C6)
51143 Theodor-Körner-Straße (Porz) 166-3d
50668 Theodor-Körner-Straße (Rodenkirchen) 165-3b
51149 Theodor-Schnitzler-Weg (1) 136-11d
50735 Theodor-Schwann-Straße 107-8b
50933 Theodor-Zingsheim-Weg 133-3d
50969 Theophanoplatz 134-9b
50969 Theophanostraße 134-9b
50931 Theresienstraße 134-2c
51105 Thessaloniki-Allee 135-3b
50676 Thieboldsgasse 135-1c (37/D2)
51069 Thielenbrucher Allee 109-5a
51069 Thielenbrucher Hof 109-5d
50825 Thielenstraße 106-8d
50769 Thieveshof 85-2b
50939 Thomasberger Straße 134-9c
51109 Thomas-Dehler-Weg 137-1c
50968 Thomas-Mann-Straße 135-8c
50769 Thönneshofweg 87-5c
50769 Thorn-Prikker-Straße 86-8a
51103 Thorwaldsenstraße 136-2c
50765 Thujaweg 85-6d
51061 Thuleweg 108-6a
51103 Thumbstraße 136-1a
50733 Thüringer Straße 107-7a
50668 Thürmchenswall 107-10d
51069 Thurner Heide 109-4a
51069 Thurner Hof 109-7b
51069 Thurner Kamp 109-7b
51069 Thurner Straße 109-4d
50676 Thurnmarkt (37/C4)
50679 Thusneldastraße 135-2d (37/C6)
51061 Thymianweg 108-5a
51065 Thywissenstraße 108-7d
50968 Tiberiusstraße 135-11b
50765 Tiberstraße 86-4d
50825 Tieckstraße 106-8b
51063 Tiefentalstraße 108-4c
51145 Tiergartenstraße (Elsdorf) 167-5c
50735 Tiergartenstraße (Riehl) 107-8d
50859 Tillmannspfädchen 105-7b
51067 Tillystraße 108-6c
50859 Tilmeshof 105-7b
50735 Tilsiter Straße (Niehl) 107-5a
51145 Tilsiter Straße (Urbach) 167-1d
50858 Tilsiter Weg 133-1b
50667 Tipsgasse (10) (37/B4)
50858 Tiroler Weg 133-2d
50678 Titusstraße 135-5c
50733 Togostraße 107-7b
50829 Tollerstraße 105-6a
51143 Tölmesgasse 166-8b
50825 Tondernstraße 106-8d
- Toni-Steingass-Park 107-4d
50765 Toni-Welter-Straße 86-7c
50858 Tönneshofweg 133-5b
51063 Topsstraße 108-4c
51147 Torfweg 167-12c
50737 Torgaustraße 107-4b
51061 Torringer Weg 108-5b
50679 Totilastraße 135-3c
50858 Toyota-Allee 133-8a
50678 Trajanstraße 135-5c
50735 Trakehner Straße 107-1d
50668 Trankgasse (Altstadt-Nord) (37/B3)
51143 Trankgasse (Zündorf) 166-8b
50668 Trankgassenwerft (37/A4)
50997 Trenkebergstraße 164-9a
50589 Treptow-Straße (1) 105-4d
51063 Triberger Weg 108-1c
Trierer Straße (Altstadt-Süd, Neustadt-Süd) 134-6b
50676 Nr. 1-27, Nr. 2-10
50674 Nr. 29-65
50858 Trierer Straße (Weiden) 133-1d
50739 Trifelstraße 106-6d
50999 Triftweg 166-5b
51105 Trimbornstraße 135-3d
50969 Trittenheimer Straße 134-9d
50679 Troisdorfer Straße (Deutz) (37/D5)
51147 Troisdorfer Straße (Lind) 167-11d
50765 Trollblumenweg (2) 86-7a
50765 Trondheimer Weg (1) 86-5c
51145 Troppauer Straße 167-1d
- Trude-Herr-Park 135-5a
50739 Tübinger Straße 106-9b
50829 Tucholskystraße 105-3c
51061 Tulpenweg (Höhenhaus) 108-6a
50767 Tulpenweg (Pesch) 86-10a
50999 Tulpenweg (Sürth) 165-9d
51143 Tulpenweg (Zündorf) 166-6c
50667 Tunisstraße 135-1b (37/A3)
50668 Turiner Straße 107-10d
51063 Türkstraße 107-6b
50765 Turkuplatz 86-4d
50859 Turmgasse 105-7a
51143 Turmhofstraße 166-6c
50733 Turmstraße 107-7b
50969 Türnicher Straße 135-10a

50935 **Ü**berlinger Straße 134-4d
50678 Ubierring 135-4d
51149 Ubierweg 136-12b
50676 Uchhof 135-1d
50739 Ückerather Straße 86-11c
51107 Uckermarkstraße 136-3c
50769 Üdesheimer Weg 65-8d
50968 Uedorfer Straße 135-10b
50679 Uferplatz 107-11c
51063 Uferstraße (Mülheim) 107-9b
50996 Uferstraße (Rodenkirchen) 135-12d
50999 Uferstraße (Weiß) 166-1b
50933 Uhdestraße 133-2b
50997 Uhlandstraße (Immendorf) 165-7d
Uhlandstraße (Lindenthal) 134-5a
50931 Nr. 2-68, Nr. 9-47
50935 Nr. 49-Ende, Nr. 96-Ende
50997 Uhuweg 165-4b
51063 Ulitzkastraße 107-12b
51107 Ulmenallee (Rath/Heumar) 137-4d
50999 Ulmenallee (Sürth) 165-9b
50858 Ulmenweg 133-6a
50739 Ulmer Straße 106-9b
50677 Ulrepforte 135-4a
50859 Ulrich-Brisch-Weg (5) 133-6a
50678 Ulrichgasse 135-4b
50733 Ulrich-Zell-Straße 107-7c
51149 Ulrikenstraße 136-11b
51069 Umbachstraße 109-4c
Universitätsstraße 134-3c
50937 Nr. 5-31, Nr. 14-22
50931 Nr. 24-96, Nr. 33-91
50674 Nr. 124-Ende
50939 Unkeler Straße 134-9a
51107 Unkelshof 136-4b
50767 Unnauer Weg 86-10b
50765 Unstrutweg 86-4b
50827 Unter Bergamotten (1) 106-7b
50827 Unter Birnen 106-7b
50999 Unter Buschweg 165-6d
50996 Unter den Birken 165-5c
51145 Unter den Erlen (7) 167-4b
50968 Unter den Ulmen 135-11b
50667 Unter Fettenhennen (37/B3)
50667 Unter Goldschmied 135-1b (37/B3)
50859 Unter Gottes Gnaden 105-7a
50668 Unter Kahlenhausen 107-11c
50667 Unter Käster (37/C4)
50827 Unter Kirschen 106-7b
50668 Unter Krahnenbäumen 107-10d
50667 Unter Sachsenhausen 135-1a (37/A2)
50667 Unter Taschenmacher (37/B4)
50829 Untere Dorfstraße 105-2d
51109 Unterer Bruchweg 109-10c
50769 Unterer Herbstweg 87-4d
50939 Unterer Komarweg 134-11b
50999 Unterer Weißer Weg 166-1a
51067 Unterer Wichheimer Kirchweg 108-9a
51069 Untereschbacher Straße (2) 109-4b
51143 Unterm Berg 166-8c
51069 Unterste Sauerwiese 109-8b
50765 Uppsalasteig 86-5c
50739 Uracher Straße 106-9b
51149 Urbacher Weg 136-12c
50679 Urbanstraße 135-2a (37/B5)
51147 Urbanusstraße 197-1a
50737 Urdenbacher Straße 106-3b
50733 Ürdinger Straße 107-7c
50968 Urfelder Straße 135-10b
50996 Urfelder Straße (Rodenkirchen) 165-3d
50937 Urftstraße (Sülz) 134-8b
51069 Urnenstraße 109-4a
50668 Ursulagartenstraße (37/A3)
50668 Ursulakloster 107-10d (37/A3)

50765 Ursula-Kuhr-Weg 86-4c
50668 Ursulaplatz 107-10d (37/A3)
50668 Ursulastraße (Altstadt-Nord) 107-10d (37/A3)
51149 Ursulastraße (Ensen) 136-11a
50767 Ursulastraße (Pesch) 86-10c
50969 Ürziger Straße 134-9d
50733 Usambarastraße 107-7b
50765 Usedomstraße 86-4b
50997 Usedomweg (10) 165-4c
51105 Usingerstraße 135-6b
50739 Utehof 106-6d
51147 Utestraße 167-11b
50674 Utrechter Straße 134-3a

51105 **V**allendarer Straße 135-6a
50933 Van-Gogh-Straße 133-2b
51143 Van-Kempen-Straße 166-8b
50825 Vastersstraße 106-8b
51061 Veilchenweg (Höhenhaus) 108-6a
51107 Veilchenweg (Rath/Heumar) 137-8a
50999 Veilchenweg (Sürth) 166-4c
50933 Veit-Stoß-Straße 105-11d
50678 Veledastraße 135-7b
Venloer Straße 105-6a
50672 Nr. 1-153, Nr. 2-156
50823 Nr. 160-350, Nr. 179-371
50825 Nr. 350a-552, Nr. 377a-567
50827 Nr. 569-867a, Nr. 624-844
50829 Nr. 877-1451, Nr. 1000-1410
50672 Venloer Wall 106-12d
51103 Vereinsstraße 136-1a
50968 Vernicher Straße 135-10a
Victoriastraße 107-10c (37/A2)
50668 Nr. 1-17, Nr. 2-18
50670 Nr. 19-25, Nr. 20-30
51147 Viehtrift 167-11b
50733 Viersener Straße 107-7a
51103 Vietorstraße 135-3b
51149 Viktoriastraße 136-11a
50935 Viktor-Schnitzler-Straße 134-4d
51063 Viktor-Speier-Holstein-Straße (7) 108-7a
50999 Vincent-van-Gogh-Straße (1) 166-1d
50933 Vincenz-Statz-Straße 134-1c
51065 Vincenzstraße 108-10a
51107 Vingster Ring 136-5c
50859 Vinzenzallee 105-10d
51143 Violaweg 166-6d
50935 Virchowstraße 134-4b
51067 Vischeringstraße 108-8b
Vitalisstraße 106-10c
50827 Nr. 2-236, Nr. 17-229
50829 Nr. 261-281, Nr. 310
50933 Nr. 289-391, Nr. 314-422
50969 Vochemer Straße 134-12b
50829 Vogelsanger Markt 105-9d
50858 Vogelsanger Platz 133-2a
Vogelsanger Straße 105-9d
50672 Nr. 1, Nr. 2-4
50823 Nr. 3-183b, Nr. 10-162
50825 Nr. 168-334, Nr. 185-295
50827 Nr. 365-403, Nr. 340-406
50829 Nr. 415-545, Nr. 448-514
50829 Vogelsanger Weg (Bocklemünd/Mengenich) 105-9a
50858 Vogelsanger Weg (Junkersdorf) 133-2b
50765 Vogelsbergstraße 86-1c
51147 Vogelweg 167-8b
50739 Vogesenstraße 106-6c
50670 Vogteistraße 107-10c
50679 Vohwinkeler Straße 135-2b (37/A6)
50933 Voigtelstraße 134-1b
51143 Voigtgasse 165-12d
51107 Volberger Weg 137-5c
51147 Volkerstraße 167-11b
50739 Volkerweg (6) 106-6d
50765 Volkhovener Straße 85-9a
Volkhovener Weg 86-7a
50739 Nr. 11-13
50767 Nr. 43-173, Nr. 90-182
50765 Nr. 183-221, Nr. 200-226
- Volksgarten 135-4c
50677 Volksgartenstraße 135-4c
51061 Volmeweg 108-2b
51105 Volpertusstraße 135-6b
51065 Voltastraße (Buchforst) 108-10c
51145 Voltastraße (Porz) 167-1c
51061 Von-Bodelschwingh-Straße 108-5a
50677 Vondelstraße 135-4c
51069 Von-der-Leyen-Straße 109-4d
51149 Von-der-Wettern-Straße 136-9a
51069 Von-Diergardt-Straße 88-12c
51109 Von-Eltz-Platz 108-12c
50679 Von-Gablenz-Straße 135-2c (37/C5)
51063 Von-Galen-Straße 108-4b
50968 Von-Groote-Straße 135-11a
50829 Von-Hünefeld-Straße 106-4a
51061 Von-Ketteler-Straße 108-2c
50859 Von-Kleist-Straße 105-7b
50931 Von-Lauff-Straße 134-2c
51063 Von-Lohe-Straße 108-4c
50858 Von-Nell-Breuning-Straße 133-6b
51069 Von-Quadt-Straße 109-4c
50679 Von-Sandt-Platz 135-2b (37/B6)
51063 Von-Sparr-Straße 108-4c
50670 Von-Werth-Straße 107-10c (37/A1)
50997 Vor dem Dorf 165-7b
51147 Vor den Feldern 167-8a
50676 Vor den Siebenburgen 135-4a
51107 Vor der Heide 137-5c
51069 Vor Selkoren 88-11a
50667 Vor St. Martin (37/C4)
50858 Vorarlberger Weg 133-2d
50969 Vorgebirgsglacisweg 134-6d
- Vorgebirgspark 135-7c
50969 Vorgebirgsplatz 135-7a
Vorgebirgstraße 135-10a
50677 Nr. 1-65, Nr. 10-22
50969 Nr. 98-372, Nr. 123-275
50677 Vorgebirgswall 135-4c
51147 Vorm Wald 167-5b
51103 Vorsterstraße 135-3b
50737 Vulkanstraße 107-4a

50827 **W**acholderweg (6) 106-7d
50829 Wachtelweg 106-7c
50767 Waffenschmidtstraße 85-12b
50823 Wahlenstraße 106-11d
51109 Wahlscheider Straße 137-1a
50679 Wahner Straße (Deutz) 135-2c (37/D5)
51143 Wahner Straße (Zündorf) 166-9a
51105 Wahnheider Straße 136-7a
50676 Waidmarkt 135-1d (37/D3)
50676 Waisenhausgasse 135-4a (37/D2)
50969 Walberberger Straße 134-9d
51107 Waldbeerweg 137-8a
51109 Waldbröler Straße 137-1a
51065 Waldecker Platz 108-10a
51065 Waldecker Straße 108-10a
51107 Waldemarstraße 136-6a
50735 Waldfriedstraße (3) 107-5a
51069 Waldhausstraße 109-5a
50997 Waldkauzweg 165-4b
50969 Waldorfer Straße 134-9d
51069 Waldsiedlung Heidgen 89-10d
50858 Waldstraße (Junkersdorf) 133-6a
Waldstraße (Urbach/Grengel) 167-1d
51145 Nr. 2-104, Nr. 7-139
51147 Nr. 122-216, Nr. 149-255
51107 Waldstraße (Vingst) 136-4b
51147 Walhallplatz 137-5d
51107 Walhallstraße 137-5b
51067 Wallensteinstraße 108-6c
51063 Walliser Weg 108-1c
50667 Wallrafplatz 135-1b (37/B3)
51063 Wallstraße 107-9d
51109 Walnussweg 136-3b
50933 Walter-Binder-Weg 105-12c
50769 Walter-Dodde-Weg 65-11d
50996 Walter-Flex-Straße 165-3b
50679 Walter-Kasper-Weg 135-6a
51067 Walter-Meckauer-Straße 108-6d
51103 Walter-Pauli-Ring 135-3b
50679 Waltharistraße 135-2d
50996 Walther-Rathenau-Straße 165-3b
51069 Waltherstraße 109-1d
50737 Wandsbeker Straße 86-12c
50996 Wankelstraße 165-6c
51109 Warendorfer Straße 136-3a
51109 Warsteiner Straße 136-2b
50733 Wartburgplatz 107-7a
50733 Wartburgstraße 107-7a
50765 Warthestraße 86-4b
50829 Wasseramselweg 105-12b
51149 Wasserturmstraße 136-7b
51067 Wasserwerkstraße 108-6b
50733 Waterloostraße 107-7b
50997 Wattigniesstraße 165-6c
51105 Wattstraße (Humboldt/Gremberg) 135-3d
51145 Wattstraße (Porz) 167-1c
50676 Weberstraße 135-4b (37/D3)
50829 Wedekindstraße 105-3c
50667 Wehrgasse (37/B4)
50765 Weichselring 86-4a
50668 Weidengasse (Altstadt-Nord) 107-10d
50999 Weidengasse (Weiß) 166-5a
- Weidenpescher Park 107-4b
50735 Weidenpescher Straße 107-5a
51105 Weidenweg 135-9c
50859 Weihenweg 105-4d
51105 Weilburger Straße 135-3d
51147 Weilerhöfe 197-1a
50765 Weilerstraße 85-8b
50968 Weilerswister Straße 135-10a
50765 Weilerweg 86-4c
51103 Weimarer Platz 108-10d
51103 Weimarer Straße 108-10d
51105 Weingartengasse 135-9c
51107 Weinheimer Straße 136-6a
Weinsbergstraße 106-11c
50823 Nr. 95-189, Nr. 98-188
50825 Nr. 190-Ende, Nr. 191-Ende
51109 Weismantelweg 136-3d
50827 Weißdornweg (Bickendorf) 106-7d
50858 Weißdornweg (Junkersdorf) 133-2a
50767 Weißdornweg (Pesch) 85-12d
51107 Weißdornweg (Rath/Heumar) 137-8a
50997 Weißdornweg (Rondorf) 165-1d
50670 Weißenburgstraße 107-10b
50999 Weißer Leinpfad 166-5d
50999 Weißer Hauptstraße 166-5a
50996 Weißer Straße 165-3b
50999 Weißer Unterkölnweg 166-2c
50739 Weißhausstraße 134-6d
50933 Weizenweg 105-11b
50767 Wellesberger Weg 86-11a
51149 Welserstraße 136-9b
50933 Wendelinstraße 105-12b
50672 Werderstraße 106-12d (37/A1)
51069 Werheider Straße 109-5c
50733 Werkstattstraße 107-7c
50735 Werkstraße 86-12b
50679 Wermelskircher Straße 107-12d
51143 Wermeshof 166-9b
51061 Wernigeroder Weg 108-4b
51107 Werntgenstraße 136-6a
50765 Werrastraße 86-4b
51145 Wertherstraße 167-1d
50935 Werthmannstraße 134-4b
50769 Werthweg 65-9d
50733 Weseler Straße 107-7a
50765 Weserplatz 86-4b
50765 Weserpromenade 86-4b
50735 Weserstraße 87-7d
50999 Wesselinger Straße 165-12a
51143 Wesselinger Weg 195-3b
50827 Westendstraße 106-7a
50769 Westerburgstraße 65-9c
51105 Westerwaldstraße (Humboldt/Gremberg) 135-6b
50997 Westerwaldstraße (Rondorf) 165-4c
50858 Westfälische Allee 133-8b
51143 Westfeldgasse 166-6c
50999 Westhovener Weg 166-5a
51105 Westhover Weg 135-9c
50735 Westkai 107-2c
50997 Weststraße 164-8d
50735 Wettsteinstraße 107-8b
51105 Wetzlarer Straße 135-3d
50670 Wevelinghovener Straße 107-10b
50829 Weyer-Palanterhof 105-6c
50676 Weyerstraße 135-4a (37/D1)
50969 Weyerstraßerweg 134-9b
Weyertal 134-3c
50937 Nr. 1-63, Nr. 2-52
50931 Nr. 76-106, Nr. 113-151
50765 Wezelostraße 86-4c
51067 Wichheimer Kirchweg 108-9c
51067 Wichheimer Mühle 108-8d
51067 Wichheimer Straße 108-8a
51107 Wichtelerbruch 137-5a
50937 Wichterichstraße 134-9a
50670 Wickrather Straße 107-10a
50859 Wickratherhofweg 133-1a
50859 Widdersdorfer Landstraße 105-7c
Widdersdorfer Straße 105-12a
50825 Nr. 158-246a, 163-227
50933 Nr. 248-282, Nr. 325-437
50769 Widdeshover Weg 65-8b
50968 Widdiger Straße 135-10c
50997 Wiechertstraße 165-7d
50769 Wiedenfelder Weg 65-8b
51061 Wiedenhofgasse (2) 87-11b
51149 Wiedstraße (Ensen) 136-11d
51105 Wiedstraße (Humboldt/Gremberg) 136-4a
50859 Wiedstraße (Lövenich) 104-12d
51109 Wiehler Straße 137-1a
50968 Wielandstraße 135-8c
51065 Wiener Platz 108-7c
50858 Wiener Weg 133-5b
51103 Wiersbergstraße 136-1a
51065 Wiesbadener Straße 108-7c
51063 Wiesdorfer Straße 107-6b
51109 Wieselweg (Brück) 137-2a
50996 Wieselweg (Hahnwald) 165-5a
50859 Wieselweg (Lövenich) 105-10d
51069 Wiesenstraße 109-4b
51147 Wiesenweg 167-5d
50933 Wiethasestraße 134-1d
51149 Wikingerstraße 136-9b
51061 Wikingerweg 108-5d
50935 Wildenburgstraße 134-5c
- Wildpark (Dünnwald) 108-3b
- Wildpark (Lindenthal) 134-1d
51147 Wildpfad 197-1a
51061 Wildrosenweg 108-5d
51147 Wildschützweg 197-1a
51065 Wildunger Straße 108-10c
50739 Wilensteinweg 106-6c
50931 Wilhelm-Backhaus-Straße 134-2d
51069 Wilhelm-Brück-Weg 108-3a
51105 Wilhelm-Busch-Straße (5) 135-9a
51067 Wilhelm-David-Straße 108-5d
50769 Wilhelm-Ewald-Weg 86-5c
51109 Wilhelm-Griesinger-Straße 136-6a
50859 Wilhelm-Heinrich-Klespe-Weg 105-10c
50676 Wilhelm-Hoßdorf-Straße 135-4b (37/D3)
50999 Wilhelm-Leibl-Straße 166-1c
50739 Wilhelm-Leuschner-Straße 106-2b
51067 Wilhelm-Marx-Straße 108-5d
50827 Wilhelm-Mauser-Straße 106-7c
51061 Wilhelm-Ostwald-Straße (1) 87-12d
50733 Wilhelmplatz 107-7b
51147 Wilhelm-Ruppert-Straße 167-8c
50858 Wilhelm-Schlombs-Allee (3) 133-6a
50827 Wilhelm-Schreiber-Straße 106-4d
50737 Wilhelmshavener Straße 106-3d
50769 Wilhelmshof 86-8d
50737 Wilhelm-Sollmann-Straße 86-12c
50733 Wilhelmstraße (Nippes) 107-7c
51143 Wilhelmstraße (Porz) 166-3d
50996 Wilhelmstraße (Rodenkirchen) 135-12c
50858 Wilhelm-von-Capitaine-Straße 133-2d
50937 Wilhelm-Waldeyer-Straße 134-6a
51143 Wilhelm-Warsch-Straße 166-8d
51109 Willi-Baumeister-Straße 136-6b
50969 Willigisstraße 134-9d
50858 Willi-Lauf-Allee 133-5b
50933 Willi-Schwarz-Weg 133-3a
50827 Willi-Sieke-Straße 106-5c
50769 Willi-Suth-Allee 86-8a
50767 Willmuther Weg 86-7d
50679 Willy-Brandt-Platz 135-2b
50674 Willy-Millowitsch-Platz (1) 134-3d
50858 Willy-Schneider-Weg 133-5b
50825 Winckelmannstraße 106-9c
51063 Windmühlenstraße 107-9d
50765 Windröschenweg 86-4c
51067 Windthorststraße 108-6c
51107 Winkelfeld 137-7b
51147 Winkelsmaar 167-8c
51109 Winterberger Straße 136-3a
51061 Wipperfelder Weg 108-3a
51103 Wipperfürther Straße 135-3b
51103 Wippermannstraße 136-1b
50739 Wirtsgasse 86-11d
50737 Wismarer Straße 107-1c
51061 Wisperweg 108-2b
51105 Wissener Weg 135-6a
50823 Wißmannstraße 106-12a
50937 Wittekindstraße 134-6c
51065 Wittener Straße 107-12b
50931 Wittgensteinstraße 134-5a
51107 Wodanstraße 137-5b
50937 Woensamstraße 134-3a
50823 Wöhlerstraße 106-9c
50735 Wohnpark Weidenpesch 107-5a
50937 Wolbersstraße 134-8d
51143 Wolff-Metternich-Straße 166-9a
50827 Wolffsohnstraße 106-7a
51109 Wolfgang-Borchert-Weg 136-3d
50968 Wolfgang-Müller-Straße 135-11b
50739 Wolfhartstraße 107-4c
51061 Wolfskaul 107-3b
50859 Wolfspfad 105-10d
51143 Wolfspfädchen 166-10b
50667 Wolfsstraße 135-1a (37/B2)
51147 Wolfsweg 138-10a
50859 Wolgograd-Straße (2) 105-4d
50939 Wolkenburgstraße 134-8d
50765 Wollinstraße 86-1d
50677 Wormser Straße 135-4d
50769 Worringer Hafen 65-6c
50668 Worringer Straße 107-11a
50668 Wörthstraße 107-11a
51065 Wrangelstraße 108-10a
Wüllnerstraße 134-2c
50931 Nr. 1-133, Nr. 80-130
50935 Nr. 132-140, Nr. 135-147
51061 Wupperplatz 108-2d
50859 Wupperstraße 104-12d
51067 Wuppertaler Straße (Buchheim) 108-7d
51145 Wuppertaler Straße (Eil) 167-1a
51061 Wupperweg 108-2d
50933 Würselener Straße 134-1b
50858 Württembergische Allee 133-5d
51103 Würzburger Straße 136-1d

Xantener Straße 107-7b
50733 Nr. 1-117, Nr. 2-106
50735 Nr. 108-138, Nr. 127-149

50674 **Y**itzhak-Rabin-Platz (37/C1)
50733 Yorckstraße 107-7b

50827 **Z**amenhofstraße 106-4d
50997 Zaunhofstraße 164-9a
50829 Zaunkönigweg 105-9d
50859 Zaunstraße 105-10c
51103 Zechenstraße 136-1b
50767 Zedernweg (Heimersdorf) 86-8a
51145 Zedernweg (Urbach) 167-5a
51107 Zehnthofstraße 136-5b
51065 Zehntstraße 108-7d
51061 Zeisbuschweg 88-11d
50997 Zeisigweg (Rondorf) 165-5a
50829 Zeisigweg (Vogelsang) 105-9d
50859 Zeissstraße 105-11c
50969 Zeltinger Straße 134-9b
50667 Zeppelinstraße 135-1a (37/B2)
51063 Zermatter Klause 108-1d
50667 Zeughausstraße 135-1a (37/B2)
51149 Ziegeleiweg 136-10d
50737 Zietenstraße 107-4a
51067 Zillestraße 108-5d
50769 Zimmermannstraße 65-9a
50767 Zinhainer Weg 86-10a
51069 Zinnienweg 109-4a
50997 Zollstocker Weg 164-2d
50969 Zollstockgürtel 134-9d
50969 Zollstocksweg 134-9d
51143 Zollturmstraße 166-9a
50733 Zonser Straße 107-7c
- Zoobrücke 107-11b
- Zoologischer Garten 107-8d
50735 Zoppenbroicher Straße (2) 107-5a
50769 Zörgiebelstraße 86-8a
50737 Zorndorfstraße 107-4a
50769 Zu den Bendengärten 65-9c
51147 Zu den Wiesen 167-11b
50997 Zuckerberg 165-2c
50996 Zuckmayerstraße 165-3b
50678 Zugasse 135-5a
51063 Zuger Klause 108-1d
50677 Zugweg 135-7b
50674 Zülpicher Platz 134-3d (37/D1)
Zülpicher Straße 134-5c
50674 Nr. 1-49, Nr. 2-62
50937 Nr. 77-353, Nr. 68-346
50935 Nr. 348-402, Nr. 355-431
50674 Zülpicher Wall 134-3c
50859 Zum Dammfelde 105-4d
50996 Zum Engelshof 165-3c
50996 Zum Forstbotanischen Garten 135-11d
51105 Zum Gremberger Wäldchen 135-9b
50999 Zum Hedelsberg 166-4b
50999 Zum Keltershof 166-7a
51107 Zum Kleinen Königsforst 137-5c
50996 Zum Landhaus 165-5b
51105 Zum Milchesel 135-9a
51105 Zum Milchmädchen 135-6c
50859 Zum Neuen Kreuz 105-7b
51107 Zum Rabenbruch 137-5a
51143 Zum Stumpfen Kreuz 166-9a
51145 Zündorfer Straße 167-4a
51105 Zündorfer Weg (Poll) 135-9d
50999 Zündorfer Weg (Weiß) 166-5a
50769 Zur Alten Gärtnerei 86-8b
51373 Zur Eiche 166-10c
50933 Zur Kornkammer 105-11d
50859 Zur Wieden 132-3b
51063 Züricher Weg 108-1d
50859 Zusestraße 105-10b
50739 Zweibrücker Straße 106-6d
51067 Zwickauer Straße 108-8b
50678 Zwirnerstraße 135-4b
50767 Zypressenstraße 86-8c
51145 Zypressenweg 167-5a

Königswinter

PLZ 53639

Straßennamen mit Suchfeldangaben in Klammern befinden sich im Cityplan auf Seite 35.

Aberfelds Gäßchen (7) (35/B2)
Ackerweg 250-6c
Adolf-Kolping-Straße 248-9d
Adriansberg 249-12a
Aegidienberger Straße 270-2c
Ahornweg 249-2d
Alt Oelinghoven 249-5b
Alte Dorfstraße 249-4d
Alte Poststraße (8) 249-2d
Alte Winkelgasse 248-12b
Altenberger Gasse (1) (35/A2
Alter Heeresweg 249-4d
Am Alten Kirchweg 248-9d
Am Bach 271-2c
Am Bachstein 250-11c
Am Basaltbrecher 249-12a
Am Berghang 248-9b
Am Blauen See 249-9d
Am Brünnchen 249-7b
Am Buchenwald 270-1c
Am Domstein 269-4c
Am Dornenkreuz 248-12d
Am Dreieck 250-11a
Am Eichholz 249-12c
Am Forstkreuz 249-5a
Am Frohnacker 249-3a
Am Fronhof 249-11b
Am Grünen Berg 249-2d
Am Hang 250-2c
Am Härenberg 249-12b
Am Heckelchen 250-11c
Am Heidchen 249-12c
Am Herresbacher Bahnhof (5) 250-8d
Am Herzleiterbach 249-12b
Am Himmelsberg 250-11a
Am Hof 248-9d
Am Jufferhof 249-2b
Am Kachelstein 249-2b
Am Keth 270-1b
Am Kirchplatz (2) 249-12b
Am Kissel 269-1c (35/B1)
Am Krahfeld 250-11a
Am Kuxenberg 249-12b
Am Lessing 269-1c (35/B1)
Am Liesenberg 250-7d
Am Limperichsberg 249-12b
Am Lindenbaum 249-2d
Am Lützbach 250-11c
Am Mirbesbach 269-1c
Am Nikolausbach 249-12c
Am Offermannsberg 250-8a
Am Ordensgut 248-9d
Am Osthang 270-1d
Am Palastweiher (35/B1)
Am Pleisbach 250-2c
Am Prager Siefen 271-3a
Am Rankemich 249-12a
Am Schallenbach 248-12a
Am Schild 248-12d
Am Schleifstein 249-12a
Am Sonnenhang 250-8b
Am Sperbaum (8) 248-12d
Am Sportplatz 249-5a
Am Stadtgarten 269-4a (35/B3)
Am Steinringer Berg 250-10a
Am Stockpütz 270-2a
Am Sülzenberg 249-10a
Am Tor 249-2b
Am Wäldchen 250-9b
Am Waldrand 251-10c
Am Weidenbach 250-1c
Am Weisenstein 249-12d
Am Weißen Kreuz 249-2b
Am Westhang (9) 270-1d
Am Wiesenhang 249-4b
Am Wiesenplätzchen 270-4a
Am Wildpfad 249-12a
Am Ziegelofen 248-12d
Am Zietenbusch 250-11c
Amselweg (4) 270-2c
An den Brunnen 251-7d
An den Eichen 250-9a
An den Erlen 249-11d
An der Alten Schule (1) 250-8c
An der Dohlenhecke 250-9b
An der Fischbank 268-3b
An der Hardt 250-8d
An der Helte 269-4c (35/B3)
An der Herrenwiese 249-12c
An der Hofwiese 250-5a
An der Kalkwiese 250-11c
An der Klus 249-2d
An der Lohmühle (6) 248-12b
An der Luhs 248-12b
An der Mühlenwiese 249-5b
An der Obstwiese 249-5b
An der Passionshalle 249-2d
An der Perlenhardt 270-4b
An der Weinschule (12) 248-12c
Andreas-Schlüter-Straße 249-4b
Arnoldsgarten 250-6d
Asternweg 249-2d
Auelweg 250-7c
Auf dem Attenboden 249-7b
Auf dem Büchel 250-7c
Auf dem Erling 250-7d
Auf dem Falkenstein 270-1d
Auf dem Feld 249-6c
Auf dem Forst 249-5a
Auf dem Hasensprung 249-12c
Auf dem Hemmberg 250-9c
Auf dem Hömmerich 249-5b
Auf dem Hövel (5) 248-12d
Auf dem Hügel 249-5b
Auf dem Oberen Auel 250-7d
Auf dem Ranert 250-7c
Auf dem Rehsprung 250-2d
Auf dem Reifenrath 271-2c
Auf dem Scheid 249-11d
Auf dem Schnitzenbusch 249-10a
Auf dem Schnorrenberg 249-5b
Auf dem Stappenberg 249-10c
Auf dem Strickart (7) 270-4b
Auf dem Taubenpfad 249-3a
Auf dem Teich (1) 248-12a
Auf dem Uerlich 250-12b
Auf dem Wehrwinkel 250-12b
Auf den Steinen 250-12a
Auf der Alten Burg 250-5c
Auf der Berghecke 249-12c
Auf der Bergwiese 249-12a
Auf der Bitze 250-9b
Auf der Bonnenbitze (2) 249-4b
Auf der Draveler Wiese 270-4b
Auf der Gücht (2) 271-2a
Auf der Harth 270-4a
Auf der Königsbitze (4) 249-4d
Auf der Konne 249-3b
Auf der Leinenbitze 250-9a
Auf der Mertenbitze 249-12d
Auf der Probstbitze 250-9a
Auf der Steinkaule 250-11d
Auf der Weide 249-2b
Auweg 249-12d
Azaleenweg 249-5b

Bachstraße 248-12b
Bachweg 250-5a
Bahnhofsallee 268-3b (35/A1)
Bahnhofstraße 269-1c (35/A2)
Bahnweg 271-2c
Basaltweg 271-2a
Baumschulweg 249-2b
Behringstraße 271-2a
Bellinghausen 250-7c
Bellinghausener Straße 250-7c
Bellinghauser Hof 250-10a
Bellinghauserhohn 249-9d
Bennerscheider Heide (1) 251-7d
Bennerscheider Straße 251-7a
Bennertstraße 249-12c
Bergblick 250-9b
Berghausener Straße 250-9c
Bergstraße 248-12d
Birkenweg 249-12c
Birlinghovener Straße 249-2a
Bismarckstraße (9) (35/B2)
Bittweg 250-9a
Bitzerweg 250-12b
Blankenbacher Straße 250-2c
Blumenstraße 250-9b
Bockerother Straße 249-6b
Bödinger Hecken 249-2d
Bollsgäßchen (12) (35/B2)
Bonner Straße 248-9b
Bönnschenhof 250-5c
Boserother Straße 250-7d
Brandstraße 268-3d (35/A1)
Brückenstraße 248-9c
Brunnenstraße 270-2c
Buchfinkenweg 249-12c
Buchholzer Straße 250-5a
Bungertstraße (35/A2)
Burg Helte 249-10c
Burggrafenstraße 248-12d
Burghof 269-4d
Burgweg 250-2d
Buschdreieck 249-12d
Buschweg 250-10c
Bussardstraße 249-12c
Butterweg 249-12c

Cahns Berg (7) 249-10a
Cäsariusstraße 248-9c
Celsiusstraße 250-8c
Christophorusplatz 270-2c
Cleethorpeser Platz 268-3b
Clemens-August-Straße 268-3d (35/A2)

Dachsweg 249-12c
Dahlhausen 250-11b
Dahlhausener Straße 250-11b
Dahlienweg 249-12a
Dechant-Ibach-Straße 268-3d
Dechenweg 249-11b
Dellenmorgen 249-4d

Didierstraße 248-12a
Dissenbachtalstraße 249-2c
Dollendorfer Straße 249-11d
Dorfstraße 271-1c
Dornenbergweg 250-12b
Dornhecke 249-2b
Döttscheid 270-1b
Döttscheider Weg 270-1d
Drachenburg 269-4d
Drachenfels 269-4d
Drachenfelsstraße 269-4a (35/A2)
Drei Birken (1) 251-7a
Dresenbitze 249-4c
Drosselweg 249-12a
Düferother Straße 250-1c

Eduard-Rhein-Straße 250-11a
Eibenweg 249-12a
Eichenbachstraße 249-5b
Eichendorffstraße 249-5a
Eichenweg 270-2c
Eichfeld 250-2d
Eichhornweg 249-12c
Eisbacher Straße 250-8b
Elbingstraße 271-2a
Elsfeld 250-4a
Elsigerfeld 269-5b
Engelbertsweg 250-10c
Erbstraße 250-6a
Eschenweg 270-1d
Eudenbacher Straße 271-2a
Eudenberg 251-12c
Eudenberger Straße 251-11d

Fahrenheitstraße 250-8c
Fahrhofstraße 250-1d
Fährstraße 248-12c
Falkenbergstraße 248-12d
Falkensteiner Gäßchen 270-1d
Falltorstraße 248-12b
Fasanenweg 250-8b
Faulenbitze 271-4b
Ferdinand-Mülhens-Straße 269-1c (35/A1)
Ferdinand-Schmitz-Straße 248-12b
Finkenweg (3) 270-2c
Fliederweg 250-2c
Florianstraße 249-6b
Flurgasse 248-9b
Flurweg 250-10b
Forellenweg 250-7d
Forstbachweg 249-4d
Frankenforst 249-7b
Frankenforster Weg 249-4d
Frankenstraße (4) 248-12b
Franz-Ittenbach-Platz (6) (35/B2)
Freckwinkel 250-1c
Freie Bitze 249-2b
Freyenberger Weg 248-12d
Friedenstraße 248-12d
Friedhofsweg 249-2d
Friedrichsallee 268-3d (35/A1)
Friedrichshöher Straße 249-6b
Frohnhardter Straße 250-8b
Fuchspfad 249-12b
Füllenbachs Gäßchen (8) (35/B2)

Gartenstraße 271-2a
Generalkonsul-von-Weiß-Straße (35/A2)
Gengerstraße 268-3d (35/A1)
Gerhart-Hauptmann-Weg 249-12a
Gertrudenhof 269-5b
Gewerbegebiet Im Mühlenbruch 248-12a
Gewerbepark Siebengebirge 250-11a
Ginsterweg 250-10a
Godesberger Straße 248-12c
Goldbergweg 250-12a
Grabenstraße 269-1c (35/A2)
Grabenweg 250-6c
Gräfenbuschweg 249-5d
Gräfenhohner Straße 250-11c
Gratzfeld 271-5a
Gratzfelder Straße 271-5a
Grengelsbitze 249-12a
Grenzweg 250-11c
Gronewaldstraße 250-10c
Grüner Weg 248-9c
Gubener Weg 249-9c
Gustav-Freytag-Straße 250-8c
Gut Kippenhohn 250-10d
Gutenbergstraße 250-11a

Hammelsberg 250-5c
Händelstraße 271-2b
Hardtweg 270-4a
Hartenbergstraße 250-7b
Hartenbergstraße 250-7c
Hasenboseroth 250-10b
Hasenboserother Straße 250-10b
Hasendriesch 270-1b
Hasenpohler Weg 250-10c
Hasenweg 250-9a
Hauptmannstraße 250-1d
Hauptstraße 248-9c (35/A1)
Heckenweg 270-2a
Heiderhof 249-1d
Heideweg 271-2a
Heinrich-Horn-Straße 249-2d
Heisterbacher Straße 248-12c
Herderstraße 249-12c
Hermann-Löns-Straße 249-4b
Hermannshof (13) (35/B2)
Herrengartenstraße 249-2b
Herresbach 250-8d
Herresbacher Straße 250-8c
Herzeleid 249-12b
Herzogstraße (3) 248-12c
Hinsbergweg 250-5c
Hirschbergstraße 249-12d
Hirschburg 269-4b

Höfgenweg 270-1d
Hofstraße 251-7d
Höhenweg 270-1c
Hohlweg 250-12b
Höhnchen 250-11d
Höhnerhof 249-6c
Hölderweg 249-6b
Holtorfer Straße 249-4a
Holunderweg (10) 270-1c
Holzweg 271-1d
Honnefer Grenzweg 270-4b
Hubertusstraße 268-3d
Hubert-Wagner-Straße 248-12d
Hühnerberger Straße 270-3b
Hüllenweg 248-12b
Humboldtstraße 250-11a
Humbroichweg 248-9b
Humperdinckstraße 270-3b
Hünscheider Hof 250-11a
Hüscheid 270-2b
Hüscheider Weg 270-2a

Im Aacherfeld 270-1d
Im Broich 250-12b
Im Burggarten (1) 249-6b
Im Dicht 250-7d
Im Döttscheider Feld 270-1b
Im Eichenfeld 270-1d
Im Elsteroth 270-2c
Im Etzenhohn 250-4b
Im Feldgarten (2) 250-12b
Im Ferdinandsgarten 250-7c
Im Frieden 249-2d
Im Gärtchen 251-10d
Im Grund 248-9d
Im Hagen 250-12b
Im Harperoth 250-10c
Im Heidegarten (3) 249-2b
Im Herrengarten 249-4d
Im Hofgarten 250-12b
Im Kantegarten (6) 270-1d
Im Kleefeld 270-1d
Im Kleegarten 250-9b
Im Komp 249-6c
Im Kottsiefen 249-12c
Im Krägerfeld 250-11c
Im Kreuzgarten 250-8c
Im Lohfeld 268-3b
Im Lohrsgarten (6) 249-4d
Im Mährbruch 250-7d
Im Mühlenbruch 248-9c
Im Mühlenstück 249-3b
Im Mutschenbroich 249-5b
Im Neuen Garten 250-1a
Im Oberdorf 249-6b
Im Obstgarten 250-8a
Im Pützchen 270-3a
Im Rheingarten (13) 248-12d
Im Rothsiefen 250-7d
Im Scheffenbungert (5) 270-1d
Im Schiefengarten (3) 250-12a
Im Schloßblick 250-2c
Im Schultheißgarten (6) 250-9a
Im Siefen 250-10a
Im Sönning (5) 249-4d
Im Spicher Garten 249-3a
Im Sportfeld 249-2b
Im Stebich 249-5a
Im Stieldorfer Feld 249-5a
Im Sumpfgarten 251-10b
Im Tälchen 270-1d
Im Tannenwinkel 249-9d
Im Taufenbachsgarten (7) 249-4d
Im Untersten Garten 249-11b
Im Vogelsang 270-4b
Im Weiherchen 250-8b
Im Wiesengrund 250-7d
Im Winkel 249-5a
In den Flachten 248-12c
In den Fliessen 249-2b
In den Heuwiesen (3) 249-12d
In den Pferdswiesen (4) 250-10c
In der Beckersbitze 270-2c
In der Brückenwiese 250-5c
In der Eichenbitze 270-2c
In der Gais (35/B2)
In der Gönne 248-12b
In der Kumme 250-8c
In der Mark 270-1d
In der Proffe (5) (35/B2)
In der Rheinau 268-3b
In der Rosenau 250-8c
In der Vorstadt 249-6c
Ittenbacher Harth (8) 270-4a
Ittenbacher Straße 250-8c

Jagdweg 249-9a
Jägerstraße 249-12d
Jakob-Kaiser-Straße (35/B3)
Jasminweg (4) 250-8a
Jenaer Straße 271-2a
Johannes-Albers-Allee 268-3b
Johann-Lütz-Straße (3) 249-5a
Josef-Müller-Straße (9) 249-5a
Jugendhof Rheinland 249-10c
Jüngsfeld 250-4b
Jüngsfelder Straße 250-1d

Käferweg (6) 249-2d
Kaiserstraße 268-3d (35/A1)
Kantering 270-4b
Kantstraße 248-9c
Kapellenplatz (4) 249-2b
Kapellenweg 249-4b
Kappesbungert 271-2b
Karolinenstraße (2) (35/A2)
Kasseler Weg 249-4d
Kastanienweg 251-7a
Kellerberg 248-12d
Kellersboseroth 250-10d
Kellersboserother Straße 250-11c
Kellerstraße 269-4a (35/A2)

Kelterstraße 248-12d
Kelvinstraße 250-8c
Kiefernweg 249-12d
Kippenhohn 250-10d
Kirchbitzgasse 248-12b
Kirchbüchel 249-10a
Kirchstraße 270-1d
Kisselstraße (35/B1)
Kitschburger Straße 250-7c
Kleiberweg 250-2d
Kleiner Graben 269-4a (35/A2)
Kleiner Schulweg (2) 249-2b
Kleiststraße 271-2a
Kloster Heisterbach 249-11a
Klotzstraße 269-4a (35/A2)
Kochenbach 271-4b
Kochenbacher Straße 271-1c
Kohlstraße 270-2c
Kollwitzstraße 250-7b
Komp 271-3b
Komper Straße 271-2d
Königstraße (2) 248-12c
Königswinterer Straße 270-4a
Köschbitze 250-6a
Kotthausen 251-12c
Kotthausener Straße 251-12c
Kranzweg 250-7c
Kreuzstraße 249-5b
Kronprinzenstraße (35/A1)
Krummölser Weg 270-2a
Kuckucksweg 250-8b
Küferweg 269-4a (35/B2)
Kupferweg 251-7d
Kurfürstenstraße 268-3d (35/A1)
Kurzer Weg 250-9a

Laagshof 270-5b
Ladestraße 269-1c (35/A1)
Lahr 270-4a
Lahrring 270-4a
Lamberth-Klein-Weg 249-11b
Landgrabenstraße 249-4c
Lange Hecke 249-4d
Langenberger Weg 249-10b
Langer Weg 250-9c
Laubenweg 271-2a
Laurentiusstraße 248-9d
Lauterbachstraße 249-12a
Leithecker Straße 249-6b
Lerchenweg 250-2c
Libellenweg 250-10a
Lichgasse 249-5b
Lilienweg 249-6b
Lindenstraße 248-12b
Logebachstraße 270-2c
Lohrbergstraße 250-8c
Lommerwiese 248-9d
Longenburger Straße 248-12d
Lord-Byron-Platz (35/A2)
Löwenburger Straße 269-6b
Lützer Weg 250-8a

Maarweg 249-5d
Malteserstraße 248-9d
Margaretenhöhe 270-4a
Margaretenstraße 249-5a
Margarete-Reißner-Straße (11) 249-5a
Margarethenhof 269-6b
Marienhöhe 269-1c
Marienstraße 248-12b
Markgrafenstraße 249-4d
Marxstraße 249-5b
Meerkatzstraße 269-4a (35/B3)
Meisenweg (2) 270-2c
Mettelsiefen 249-2b
Michaelstraße (11) 248-12d
Mirbachstraße (4) (35/B2)
Mittelweg 249-6b
Mönchsweg 248-12c
Möwenweg (1) 249-12a
Mozartstraße 250-8c
Mühlenbitze 250-11c
Mühlenstraße 248-12b
Mühlental 249-10a
Mührener Weg 270-2c

Nachtigallental 269-1c
Nelkenweg (7) 249-2d
Neuenhofer Straße 271-1a
Neuer Weg 250-9d
Neuglückstraße 251-7c
Niederbach 250-8a
Niederdollendorfer Straße 248-9c
Niederscheuren 249-3b
Nonnenberg 250-12c
Nonnenberger Straße 250-8d
Nonnenstrombergweg (2) 250-8c
Nordmark 270-2a

Ober der Linde 270-1c
Obere Straße 249-12b
Oberer Rusterweg 270-4a
Oberkasseler Straße 248-9c
Oberpleiser Straße 250-9b
Oberscheuren 249-3b
Oberweingartenweg 269-4a (35/B1)
Oelbergringweg 269-6b
Oelbergstraße 249-12c
Oelinghovener Straße 249-2d
Otenbergweg 249-2b

Panoramaweg 249-4d
Pappelallee 249-2b
Parkstraße 248-12d
Pastor-Kreuser-Weg 271-2a
Paul-Lemmerz-Straße 268-3d
Paulstraße 248-12c
Pelzerweg 250-10b
Peter-Moll-Weg 249-12c
Petersberg 269-1b
Petersberger Bittweg 269-1c
Petersbergstraße 248-12c

Petersgäßchen (11) (35/B2)
Peter-Staffel-Platz 271-1a
Peter-Weyler-Straße (1) 249-4b
Petrusstraße 249-12a
Pfarrer-Franßen-Weg (1) 270-2c
Pfarrer-Hambüchen-Weg (11) 270-1d
Pfarrer-Klais-Weg 270-2c
Pfarrer-Palm-Straße 249-5a
Pfarrer-Weyler-Weg 271-2b
Pfarrer-Wichert-Straße 250-1d
Pfefferstraße 268-6b (35/A2)
Plantagenweg 250-8a
Plätzer Weg 271-1c
Pleeser Gäßchen 250-8a
Pleiserhohner Straße 250-5d
Pottscheid 269-1d
Prälat-Buchholz-Straße 250-9a
Prinzenstraße 248-12a
Probsteistraße 250-8a
Probsthof 249-2b
Proffenweg 248-12b
Pützbroicher Straße 250-10c
Pützbungert 249-12a
Pützstraße 271-2a
Pützstücker Straße 250-9b

Quarzitweg (1) 271-2a
Quellenweg 270-4a
Querweg 251-10a
Quirrenbacher Straße 271-1a
Quoderstraße 250-8d

Raiffeisenstraße 249-5a
Rauschendorfer Mühle 249-2a
Rauschendorfer Straße 249-2d
Reihbäumerweg 248-12b
Reiterweg 271-1d
Rektor-Helten-Weg 249-11b
Remigiusstraße 269-4a (35/B3)
Rennenbergstraße 249-10a
Rheinallee 268-3b (35/A1)
Rheinstraße 248-12c
Rheinufer 248-12a
Ringstraße 270-1d
Römlinghovener Straße 248-9d
Rosenau 269-2b
Rosenauer Weg 269-2c
Rosenaustraße 249-12d
Rosenweg 270-1d
Rostingen 271-2c
Rostinger Straße 271-4b
Rotdornstraße 249-2b
Rübhausen 250-6c
Rübhausener Straße 250-6a
Rüdenet 269-4d
Rundweg 249-9d
Ruttscheider Straße 250-11c

Sander Straße 251-7c
Sandscheid 250-9d
Sandscheider Straße 250-12b
Sassenberger Straße 251-11d
Scheurenstraße 249-3a
Schilfweg 249-2b
Schillingstraße 250-1d
Schlehecke 250-2c
Schleifenweg 248-12d
Schloss Drachenburg 269-4d
Schmiedegäßchen (3) (35/B2)
Schneppenhohner Weg 271-1d
Schnepperoth 251-11d
Schnepperother Straße 251-11d
Schöne Aussicht 250-12a
Schönsitzstraße 248-12c
Schulstraße 271-2c
Schumannstraße (3) 250-8c
Schützenstraße (10) (35/B2)
Schwalbenweg (2) 249-6b
Schwarzer Weg 250-9a
Schwengert 271-2b
Schwester-Timothea-Straße (10) 249-5a
Schwirzpohler Straße 271-5a
Sebastianusstraße (10) 248-12d
Siebengebirgsstraße 249-9d
Siefen 250-11b
Siefenweg 270-2a
Siegburger Straße 250-1a
Silberweg 251-7c
Sommerfelder Straße 249-11d
Sonderbusch 249-9a
Sonnenbergerhof 249-9b
Sophienhof 270-4a
Sövener Straße 250-1d
Sperlingsgasse 249-5b
St.-Antonius-Straße (9) 248-12d
St.-Sebastianus-Platz 248-12b
Steilweg 250-10c
Steimelstraße 250-6a
Steinmetzstraße (35/B3)
Steinpützweg (1) 249-2b
Steinringer Straße 249-12b
Steinrutsche 249-8b
Steinweg 249-9c
Stenzelbergstraße 249-12c
Stephanstraße 250-11a
Sterngäßchen (35/B3)
Stieldorfer Mühle 249-2d
Stieldorferhohn 249-6c
Stöckerhof 270-1a
Stockweg 250-9a
Strombergstraße 248-12d
Strücher Weg 249-12d
Stuxenberger Straße 251-4c
Südhang 251-7a
Süßkinds Gäßchen (15) 248-12b

Talweg 270-1d
Tannenbergweg 249-12d
Tannenweg 270-1c
Taubenbergweg 270-1d
Terrassenweg 249-12a

Thelenbitze 250-5d
Theodor-Fontane-Straße 250-8a
Theodor-Storm-Straße 250-7d
Thomasberger Straße 249-6c
Tillmanswiese 270-1c
Tomberger Straße 269-4a (35/A2)
Torstraße 249-12c
Tulpenweg 249-2b
Turmstraße 248-12b

Uckerather Straße 250-8b
Unter den Weiden 249-4b
Unterdorfstraße 271-2a
Unterer Rusterweg 270-4a
Uthweiler Straße 250-2a

Vinxeler Straße 249-4d
Virchowstraße 250-8c
Vogtsgasse 249-12c
Von-Boltenstern-Platz 268-3d (35/A1)
Von-Claer-Straße 268-3d (35/A1)
Von-Loe-Straße 248-12d
Von-Sarter-Straße 268-3d
Vulkanstraße 248-9c
Vünftzailplatz 249-4d

Wahlfelder Hof 250-4d
Wahlfelder Mühle 250-5c
Wahlfelder Straße 250-5c
Waldesruh 251-7d
Waldfriedenstraße 249-5b
Waldstraße 249-6b
Wallgäßchen (35/B2)
Waschpohl 251-7a
Waschpohler Weg 251-7a
Weberstraße 249-12a
Wehrstraße 270-1d
Weidenweg 248-12a
Weiherstraße 248-12d
Weilbergstraße 249-11b
Weilerweg 250-7b
Wiesenstraße 249-9c
Wiesenweg (1) 250-12b
Wilhelm-Liebertz-Straße 249-5a
Wilhelmstraße 269-1c (35/B1)
Willi-Münz-Straße 248-12b
Willmerother Straße 251-10a
Wingertsbitze 250-8b
Winkelstraße 249-12c
Wintermühlenhof 269-1d
Winzerstraße 269-1c (35/B1)
Wohnpark Nord 248-9c
Wolfgang-Müller-Straße (35/A1)
Wolfsgasse 248-9d
Wolfshohn 250-12b
Wolkenburgstraße 250-7d
Wülscheider Straße 271-5a

Zedernweg 249-12b
Zeisigweg 249-12a
Zensweg 249-12a
Zu den Quellen 249-7b
Zum Bendt 249-12a
Zum Büchelsberg 251-10a
Zum Buschhof 249-12c
Zum Eichenbusch 249-9a
Zum Kleinen Oelberg 249-12b
Zum Rauert 250-9a
Zum Rothberg 249-9c
Zum Scharfenberg 249-9a
Zum Scheidsgarten 250-10b
Zum Sonnenberg 249-9b
Zum Stöckerhof 270-1a
Zum Unteren Tunnel 249-12a
Zur Bungertshecke 250-2d
Zur Glockenwiese 249-2c
Zur Grafschaft 250-12b
Zur Heide 249-5d
Zur Laubach 270-2a
Zur Mühle 249-2b
Zur Sandkaule 250-5b
Zweikreuzen 250-7c
Zweikreuzenweg 249-9b

Kraam

PLZ 57635

(zu VBG Altenkirchen (Westerwald))

Auf der Hohl 274-3a

Ersfelder Weg 254-11d

Hauptstraße 274-2b
Heuberger Weg (1) 274-3a

Im Mühlengarten 274-2b

Kraamer Straße 254-12d

Raiffeisenstraße 254-12d
Ringallee 254-12d

Kretz

PLZ 56630

(zu VBG Pellenz)

Alte Andernacher Straße 335-9c
Alte Straße 335-9a
Am Burgerberg 335-9b
Am Hummerich 335-11d
Auf dem Hügelchen (1) 335-12a

Bundesstraße 335-11b

Dürrwäldchen 335-9b

Eicher Weg 335-9a

Gartenstraße 335-11b
Geisenmühle 335-11b
Geisenmühlenweg 335-11b
Grube Zervas 335-8d
Grüner Weg 335-12a

Hauptstraße 335-8d
Hummerichsohl 335-12a

Im Pommerfeld 335-9c
Im Steinacker 335-9c
In der Hohl 335-12a
Industriegebiet Im Pommerfeld 335-9b

Kirchweg 335-11b

Meuringsmühle 335-11b
Mühlenstraße 335-11b

Neue Siedlung 335-12a
Nickenicher Straße 335-8d

Plaidter Straße 335-12a
Pommerpfad 335-12b

Ringstraße 335-11b

Schulstraße 335-9c

Traß Vulkanpark 335-8d

Vulkanpark "Krufter Bach" 335-9c

Kreuzau

PLZ 52372

Ackerweg 216-12c
Akazienweg 217-6d
Alte Gasse 217-8c
Altenweiher 217-8c
Am alten Fuhrweg 216-11d
Am Bahnhof 217-7b
Am Bergwerk 217-6c
Am Bolzplatz 217-7b
Am Bonsbusch 217-7a
Am Boten 217-6d
Am Buchenmaar 217-6a
Am Burgholz 217-6a
Am Dester 216-12c
Am Günster 217-9b
Am Gut Stepprath 217-6a
Am Hauweg (2) 216-11c
Am Kirschenhang 217-10d
Am Kupferscheid 217-7c
Am Pfarrgarten 217-6d
Am Ramgarten 217-7c
Am Rebstock (10) 217-10a
Am Stadion 217-11a
Am Talberg 217-10c
Am Thing 217-9b
Am Torfberg 217-6a
Am Vikariegarten (4) 217-9b
Am Wassergarten 217-7d
Am Wasserwerk 217-5c
Am Weißenberg 216-11d
An Burg Kreuzau (3) 217-7b
An den Weihern 217-12c
An der Hardt 216-10d
An der Motte 217-6d
An der Tränke 217-6d
Andreasstraße 217-6c
Auf dem Hopfenberg 216-12a
Auf dem Hügel 216-12a
Auf dem Kamp 216-12a
Auf dem Mönchenberg 216-11d
Auf den Brechen 217-10b
Auf der Heide 217-6c
Auf der neuen Ahr (2) 217-7b
Auf der Tuchbleiche 217-7b

Bahnhofstraße 217-7b
Bergheimer Straße 216-12c
Bergstraße 217-10c
Bildergarten (11) 217-10a
Bilsteiner Weg 216-11d
Blumenweg 217-10c
Bogheimer Weg 216-11d
Brigidastraße 216-12c
Brunnenweg 217-10a
Bubenheimer Weg 217-6d

Christian-Richter-Straße 217-11b

Dorfstraße 217-10c
Drovestraße 217-11a
Dürener Straße 217-7b

Eichenweg 217-6d
Eifelstraße 217-7d
Eintrachtstraße 217-7b
Engelsweidchen 217-9b
Erlenweg (1) 217-6d

Feldstraße 217-7b
Fichtenweg (3) 217-6d
Flemingstraße 217-7b
Franzosenstraße 217-11d
Freiheit 217-7b
Friedenau 217-4d
Friedhofstraße 217-7b
Frohnbenden 217-8c
Fuchsberg 216-11d

Grünstraße 217-11d

Gut Stepprath 217-3c

Hahnsweide 217-6d
Hans-Zens-Straße 217-7b
Hauptstraße 217-7b
Haus Bonsbusch 216-9b
Heinrich-Böll-Straße 216-9c
Herbirtstraße 217-7b
Heribertstraße 217-7b
Hoechstraße (1) 216-12c
Hormer Weg 216-9c

Im Auerfeld 217-4d
Im Bockshof 216-12c
Im Bongert 216-12c
Im Dröhl 217-7a
Im Grubengarten 216-12b
Im Günther 216-12b
Im Hanfgarten (6) 217-7d
Im Heidehof 216-11d
Im Herkesgarten 217-7b
Im Hirnfeld 217-7d
Im Hüttengarten 217-7b
Im Kämpchen 217-7b
Im Kleinenfeld 217-6d
Im Oberen Tal 216-11d
Im Ölligspesch 217-7d
Im Richelnberg 217-7c
Im Schenkengarten 217-7c
Im Schnürchen 216-12c
Im Seel 217-10d
Im Weierfeld (2) 216-12a
Im Wingert 216-12c
Im Ziegelfeld 217-11a
In den Benden 217-11b
In der Au 217-7b

Johannes-Engels-Straße 217-8c

Kapellenweg 217-7d
Karl-Arnold-Straße 217-11b
Kastanienweg (1) 216-9c
Kelterstraße 217-10c
Kiefernweg 217-6a
Kirchweg (4) 217-7b
Kleierde 217-8c
Kollweg 217-6a
Kolpingstraße 217-7b
Kommweg 217-11d
Kreuzauer Straße 217-6d
Kreuzstraße 217-7b

Landrat-Kaptain-Straße 217-8c
Langenbroicher Straße 216-12a
Lehrer-Mainz-Straße 217-10a
Lindenstraße 216-11d
Lohberg 217-11a

Marienstraße 217-6c
Martinstraße 217-11b
Maubacher Straße 217-10c
Mittelstraße 217-7d
Molbachstraße 216-12c
Mönchweg 217-9b
Mühlengasse 217-7d

Niederauer Straße 217-5d
Niederdrove 217-8c
Nordstraße 217-4d

Oberschneidhausen 217-10c
Ofenskaul 217-10a

Panzerstraße 217-6a
Pater-Peters-Straße 217-11b
Pater-Roettges-Weg 217-10c
Peschstraße 217-7d
Peter-Schlack-Straße 217-4d
Pfarrer-Emunds-Straße 217-7b
Pfarrer-Kreitz-Straße 217-11b
Poststraße 217-7b

Raiffeisenstraße 217-9b
Rauvsauel 216-12c
Reitersweg 217-8c
Rosa-Schubert-Straße (12) 217-10a
Rosenhof 216-9d
Rosenweg 217-10c
Rotdornweg 217-6b
Rurstraße 216-12c

Schäfersgraben 217-6b
Schafsbenden 216-10d
Schlecksweide (1) 216-11c
Schneidhausen 217-4c
Schulstraße 217-7d
Schützenstraße (5) 217-7d
Simonsgasse 217-10a
Stegbenden 217-8c
Steinstiel 217-10a
Stepprath 217-3c
Stockheimer Weg 217-7b
Südstraße 217-7d

Teichstraße 217-7b
Tillmann-Gottschalk-Straße (7) 217-8c
Tivolistraße 217-9b

Üdinger Weg 217-7d
Ulmenweg (2) 217-6d
Urbanusstraße 217-10c

Vollsteiner Mühle 217-11b
Von-Ketteler-Straße (1) 217-7b
Von-Torck-Straße 217-7b
Vor dem Bruch 217-8a

Waldstraße 216-9c
Waschpöhl 216-11d
Wehrstraße 217-12c
Weidchen 216-12a
Weideweg 216-12c
Welk 217-4c
Wewordenstraße 217-12c
Wilhelm-Böhmer-Straße 216-11d
Windener Weg 217-7c

Zum alten Wehr 217-10a
Zum Duffesbach 217-7b
Zum Schmitzbusch 217-9b
Zum Sportplatz 217-10a
Zum Wiesenbach 217-7d
Zur Allmende 217-10a
Zur alten Pumpe (9) 217-10a
Zur schönen Aussicht 216-12c

Kruft

PLZ 56642

(zu VBG Pellenz)

Albert-Eultgem-Allee 335-11c
Alliger Weg 335-10a
Am Kendel 335-11c
Am Sieger (4) 335-11a
An der Kirche (6) 335-10d
Auf dem Graben 335-10d

Bachstraße 335-10d
Bahnhofstraße 335-10b
Betzingspark 335-10d
Brückenstraße (7) 335-10d
Bundesstraße 335-10d
Burgasse 335-10d
Buschhohl 335-10c

Dionysiusstraße 335-10d
Dr.-Ockenfels-Weg (2) 335-10d

Frankenstraße 335-11c
Franz-Josef-Straße 335-11c

Gartenstraße 335-11c
Geisenmühlenweg 335-11c
Gierenweg 335-10c
Große Gasse 335-10d

Hinter der Kirche (1) 335-10d
Hochstraße 335-10d
Hohlstraße 335-10d
Hummerichstraße 335-11c

Im Breidelsgut 335-11c
Im Garten (3) 335-10d

Jahnstraße 335-10b

Kaspar-Schmitz-Straße (8) 335-11c
Kirchstraße 335-10d
Kleiner Graben (5) 335-10d
Kolpingplatz 335-10d
Kondstraße 335-11c
Konrad-Adenauer-Allee 335-11c
Konrad-Adenauer-Platz 335-11c
Korretsweg 335-11c
Kretzer Straße 335-11c
Kruppstraße 335-10d
Kurt-Schumacher-Straße 335-11c

Marienstraße 335-10d
Mühlenweg 335-11a

Neuer Weg 335-10d
Nickenicher Straße 335-10b

Paraystraße 335-11c
Pellenzstraße 335-10a
Plaidter Weg 335-11c

Raiffenstraße 335-10d
Römerstraße 335-11c

Sandgasse 335-10d
Schulstraße 335-10d
St.-Michaels-Straße 335-10d
Streitgierenweg 335-10a

Taurengässchen 335-11c
Thomas-von-Inden-Straße 335-11c

Vom-Stein-Straße 335-10d

Waldstraße 335-10c
Wellinger Weg 335-10d

Krümmel

PLZ 56244

(zu VBG Selters (Westerwald))

Am Steinacher 325-3b

Berghof 325-3a
Bergstraße 325-3b
Blumenstraße 325-3a

Hauptstraße 325-3a

Im Wieschen 325-3d
Im Winkel 325-3b

Kirchweg 325-3b

Mittelstraße (1) 325-3b

Schulstraße 325-3d
Steinstraße 325-3b

Waldstraße 325-3c

Krunkel

PLZ 56593

(zu VBG Flammersfeld)

Badstraße 314-1d
Bergweg 314-1d
Brückenweg 313-3d

Fichtenweg 313-3d
Finkentalweg 314-1d

Gartenweg 314-1d

Hohlstraße 314-1d

Kirchstraße 314-1c

Mai-Stücksweg 314-1d
Mittelstraße 313-3d

Neuer Weg 313-3d
Neustadter Straße 313-3d

Oberdörferweg 313-3d

Poststraße 314-1c

Schulstraße 313-3d
Sonnenweg 314-1d
Steinweg 314-1c

Tannenweg 314-1d

Zum Bitzchen 314-1d

Kürten

PLZ 51515

Ahlen 92-11b
Ahlenbachermühle 72-11d
Ahlendung 92-7b
Alte Schulstraße 91-2d
Altenbach 72-9c
Altenberger Straße 91-2c
Altendahl 92-7d
Altensaal 91-3c
Alter Schulweg 92-3a
Am Becher Busch 72-10a
Am Bengelsbusch 91-12a
Am Buchenwald 92-3a
Am Buchholzberg 91-11b
Am Dahlerberg 92-7b
Am Domberg 92-7c
Am Glockenberg 92-3c
Am Halfenberg 72-11c
Am Hang 72-11c
Am Kalkofen 91-11b
Am Kamp 91-12a
Am Kirchenbusch 91-2d
Am Kloster 91-11a
Am Lindchen 72-11c
Am Lingenstock 92-7c
Am Oelsiefen (1) 112-2a
Am Schlagbaum 91-8d
Am Steinbüchel 92-5c
Am Stockbergerbusch 72-10a
Am Wäldchen 91-11b
Am Wiedenhof 72-11c
Am Wiesenplatz 92-5c
Am Wirzfeld 92-8a
Am Zimmerberg 92-7a
Ammerweg 91-5b
Amselweg 91-2d
An den Eichen 71-9d
An der Pasche (1) 92-3d
An der Springe 92-5c
Annaweg (4) 72-11c
Antoniushöhe 72-11c
Apolloniaweg 72-11c
Auf dem Büchel 92-5a
Auf dem Steinacker 72-10b
Auf der Höhe 91-12d
Auf der Wiese 91-5c
August-Haasbach-Straße 91-12a

Bech 72-7c
Bechener Straße 91-8a
Becher Garten 91-2c
Becherfeld 91-2c
Bensberger Straße 91-11a
Bergstraße 72-10a
Biesenbach 73-10c
Biesfelder Straße 91-3d
Bilstein 73-10b
Blissenbach 91-8c
Blissenbacher Hof 91-8a
Bölinghoven 91-8c
Börscher Straße 91-12b
Bosbach 93-4c
Breibach 92-4a
Breibacher Weg 91-6d
Broch 72-12c
Broichhausen 111-3a
Brücke 92-5c
Büchel 93-4a
Buchenweg 92-7c
Burgheim 72-12b
Burgstraße 92-3a
Busch 72-10c
Buscherhof 72-10d
Buschweg 91-5d
Calenberg 91-12a
Calenberger Weg 91-12d
Cleverhof 92-11d
Cliev 91-5a

Dahl (Sülze) 92-7b
Dahl 73-8c
Dahlerhöhe 73-10d
Delling 93-1b
Dhünnberg 72-7b
Dicke 72-9a
Dicker Busch 91-11a
Domberg 92-7c
Dorfstraße 91-2c
Dörnchen 72-8b
Dornröschenweg 92-2c
Dorpe 91-11a
Dörpe 93-1b
Dörrenbach 73-10c
Dr.-Graf-Straße 91-2c
Drosselweg 92-7c
Duhr 72-11a
Durhaus 91-6b
Dürscheider Hütte 91-12c
Dürschtalstraße 91-11b
Durstenweg 91-12a

Eichen 92-6b
Eichendorff-Siedlung 91-2c
Eichhof 92-5c
Eichweier 72-10a
Eisenkaul 71-12d
Eiserwarr 92-4c
Engeldorf 112-1b
Engelsgasse 91-5c
Enkeln 72-8d
Erlenbusch 93-1a
Erlenweg 72-11c
Esbach 72-8d
Eschenweg 72-11c
Eulensiefen 73-10a

Finkenweg 91-2d
Forsten 73-10c
Forstenhöhe 72-12d
Friedhofstraße 92-7a
Furth 73-8d

Gartenstraße 91-2d
Gerhardsberg 72-11d
Gerhart-Hauptmann-Straße 91-9c
Gewerbegebiet Herweg 91-5a
Grubenweg 91-11a
Grundermühle 92-8b
Grunderweg 92-8b
Grüner Winkel 112-1b

Haasbach 93-4b
Hachenberg 92-1b
Hachenberger Weg 91-3b
Häcken 72-12b
Häcksbilstein 73-7d
Hägen 92-2b
Hähn 91-12b
Hau (Sülze) 92-1c
Hau 92-8a
Hauptstraße 92-3c
Haus Olpe 92-3c
Häuschen 72-5d
Hauserhof 91-9c
Hechelkotten 92-2b
Heid 92-9c
Heiderjansfeld 91-2d
Heiderjansfelder Straße 91-2b
Heidschlade 92-5a
Heiligenstock 92-10d
Hembach 93-2a
Herrenhöhe 91-5a
Herrschertal 91-3b
Herweg 91-5d
Hinter dem Garten 72-10a
Höchsten 92-1a
Hof Schmitte 72-8b
Hofwiese 92-3d
Hohenstein 72-10b
Höhenstraße 92-3a
Höhenweg 91-9c
Holl 73-10d
Holz 91-6b
Hommermühle 92-1b
Hörnen 92-3c
Hove 91-8d
Hover Weg 91-8d
Hubertusstraße 92-7c
Hufe 92-10a
Huferhof 91-8d
Hülsensteeg 92-2b
Hungenbach 92-5a
Hutsherweg 72-7c

Im Auel 92-5c
Im Binsenfeld 92-7c
Im Feld 91-12d
Im Hassel 73-11a
Im Heidchen (2) 72-11c
Im Heider Feld 112-1b
Im Helpenthal 72-11c
Im Junkernberg 72-12d
Im Käulchen 91-11b
Im Kühlchen 91-3a
Im Mühlengrund 92-2a
Im Wiesengrund 92-5c
Im Winkel 72-11c
In den Dellen 92-10a
In den Heuen 92-7c
Industriestraße 92-5a

Jähhardt 91-12c
Jahnstraße 92-7a
Jakobusstraße 91-11a
Johannesberg 72-12a
Johannesstraße 72-11c
Johann-Heinrich-Lieth-Straße (1) 91-12a
Junkermühle 73-11a

Kaas 92-6c
Kalsbach 72-10c
Kastanienweg 72-11c
Katharinaglück 91-9c
Keffermich 91-1d
Keller 91-11d
Kettenberg 92-1d
Kirchberg 91-11b
Kirchenfeld 92-7c
Kirchheider Weg 92-8b
Kirchplatz (1) 72-11c
Kirchweg 72-12d
Kleinheide 91-3a
Knappstockberg 91-2b
Kochsfeld 91-1b
Kohlgrube 92-6b
Kollenbacher Straße 92-7c
Kölner Straße (Bechen) 91-8a
Kölner Straße (Weiden) 72-10a
Königsspitzer Straße 71-12b
Körschsiefen 73-7b
Kotterhof 92-3b
Kotzberg 71-12b
Krautweg 91-3b
Kuddenberg 72-12b
Kürtener Straße 92-3a

Lange Gasse 92-8b
Langenstück 72-7d
Laudenberg 72-9a
Lenninghausen 92-7a
Lenzholz 91-9b
Lenzholzer Straße 91-9b
Lenzholzer Wiese 91-9d
Leo-Fahlenbock-Straße 91-11b
Linde 112-1b
Lindenweg 92-8b
Lindlarer Straße 92-5c
Löhbusch 92-3b
Löhfeld 92-3d

Maiberg 92-3c
Märchenweg 92-2c
Maria-Rost-Straße 91-2d
Marienstraße 91-5b
Marienweg (3) 72-10d
Marktfeld 92-2a
Meiersberg 72-11d
Meisenweg 91-2d
Meiswinkel 91-9a
Meißwinkel 71-9d
Miebach 91-9d
Miebacher Weg (2) 91-9d
Minzenbach 73-10d
Mittelselbach 92-5b
Morteln 72-8c
Mühlenstraße 91-2d
Müllenberg 71-11d
Museumsdorf 92-5a

Nassenstein 73-7d
Nelsbach 91-5d
Nelsbachstraße 91-5b
Neuensaal 91-3b
Neuensaaler Straße 92-4c
Neuer Weg 92-5d
Neulinde 112-1d
Niederkollenbach 92-8c

Oberbersten 93-4a
Oberblissenbach 91-8a
Oberbörsch 91-12c
Oberclev 92-11d
Oberfeld 91-2b
Oberhausen 92-7d
Oberkalsbach 72-10c
Oberkollenbach 92-10b
Oberossenbach 71-12d
Oberselbach (Dürscheid) 111-3b
Oberselbach 92-5b
Oberstockberg 71-12b
Odenthaler Straße 91-4b
Oeldorf 92-11d
Offermannsberg 92-3a
Offermannsheide 112-2a
Offermannsheider Straße 92-10a
Ohl 72-11d
Olpener Straße 92-2a
Olperhof 93-1c
Olpermühle 93-1c
Olpetalstraße 92-3d
Om Knupp 92-2a
Ommerbornstraße 112-2a

Parborn 112-1c
Pastoratsweg 91-2d
Petersberg 92-2d
Philippweg 91-12a
Pohl 91-6a
Pohler Bruch 91-2d

Raiffeisenstraße 91-2d
Richerzhagen 71-12c
Richerzhagener Straße 71-12c
Rodenbach 92-8c
Rodenberg 91-2a
Rotdornweg (5) 72-11d
Rothe Furth 73-8a
Rotkäppchenweg (7) 92-1d
Rottfelder Weg 91-12d
Röttgen 92-5c

Scheid 92-4c
Schimmelsberg 91-11a
Schladerweg 91-12b
Schlünke 72-12c
Schmitte 92-11b
Schneewittchenweg (6) 92-2c
Schönblick 91-8a
Schultheismühle 93-1a
Schwalbenweg (1) 92-7c
Schwarzeln 91-3d
Selbach 92-6a
Siefen 72-12b
Sonnenhöhe 92-4b
Spatzenfeld 91-2d
Sperberweg 91-2d
Spitze 91-11a
Spitzer Aue 91-11a
St.-Antonius-Weg 91-2d
St.-Margarethenhöhe 92-3b
St.-Maternus-Eck 91-5b
Starenweg 91-2d
Steeg 91-12a
Steegerhöhe 91-12a
Stegerheide 92-3a
Steinbreche 92-3b
Steintor 91-11b
Sterntalerweg 92-2c
Stiche 93-4b
Stockberger Gasse 72-10a
Sülzblick 73-10b
Sürth 72-12b

Talblick 72-11c
Talstraße 72-10a
Tannenbaum 72-12c
Tannenweg 92-5c
Tiefskaule 92-3b

Unterbersten 93-4c
Unterblissenbach 91-8d
Unterbörsch 112-1a
Unter-Broichhausen 91-12c
Unterduhr 72-11a
Unterfeld 91-2d
Unterkalsbach 91-3d
Unterossenbach 71-12d

Viersbach 71-11b

Wachteln 93-1a
Waldheimer Weg 91-12a
Waldweg 92-7c
Wehrkotten 91-2a
Weiden 72-10a
Weidener Straße 71-9d
Weier 92-5b
Welpertsiefen 92-10a
Wermelskirchener Straße 72-11a
Weyermühle 91-8b
Wichtelweg 92-2c
Winterberg 91-12a
Winterberger Straße 91-12a
Winterschladen 72-10b
Wipperfürther Straße (Biesfeld) 92-7c
Wipperfürther Straße (Dürscheid) 91-10b
Wolfsorth 72-8a

Zu den Birken 92-8b
Zum Friedhof 91-2d
Zum Gestiefelten Kater 92-1d
Zum Sportplatz 91-8d
Zum Strauch 91-9d
Zum Wickchen 92-8b
Zum Wiedenhof 92-3a
Zur Buche 92-5d
Zur Eiche 92-5d
Zur Fichte 92-5d
Zur Kapelle 91-11b
Zur Kiefer 92-5d
Zur Kreuzheide 92-7b
Zur Linde 112-1b
Zur Sülz 92-8a

Kurtscheid

PLZ 56581

(zu VBG Rengsdorf)

Am Gierensberg 321-2b

Bergstraße 321-2b
Birkenstraße 321-2b
Birnbaumstück 321-2a
Bornweg 321-2a

Dorfstraße 321-2a

Eichenhof 321-1d
Escherwiese 313-11d

Feldstraße 321-2b

Gartenweg 321-2a

Hochstraße 321-2a

Im Tiergarten 321-2a
Im Weidenbruch 321-2b
In den Erlen 321-2b
In der Rust (1) 321-2b
Industriestraße 321-2b

Kirchweg 321-2a

Mühlenweg 313-11d

Neue Straße 321-2b

Rosenstraße 321-2b

Schulstraße 321-2b
Schützstraße 321-2b

Tannenstraße 313-11c

Waldstraße 321-2b
Wiedhöhenstraße 321-2a
Wiesenstraße 321-2b

Lahnstein

PLZ 56112

Straßennamen mit Suchfeldangaben in Klammern befinden sich im Cityplan auf Seite 35.

Adolfstraße 351-9a (35/A2)
Ahl 352-5d
Ahler Kopf 352-8b
Ahlerhof 352-8a
Ahlerweg (Friedrichssegen) 352-5d
Ahlerweg (Oberlahnstein) 351-9a (35/A1)
Allerheiligenbergstraße 351-6d
Alter Bergweg (13) 351-9d
Alter Burgweg 352-4a
Altgasse (17) (35/A3)
Am Allerheiligenberg 351-6d
Am Burgweg 351-9b
Am Eckwald 351-3d
Am Fischteich 352-7a
Am Forsthaus 353-7b
Am Hafen 351-8b
Am Kurpark 352-8c
Am Lichterkopf 351-3d
Am Rheinsteig (1) 352-7b
Am Schillerpark (35/A2)
Am Sechsseenplatz 352-10b
Am Tennispark 352-8c
Amselweg 351-9d
An der grünen Bank (4) 351-3d
An der Oberen Au 352-10a
Annastraße 351-6a
Auf Ahl 352-5c
Auf Brühl 351-9a (35/A1)
Auf dem Berg 351-6b
Auf der Braunshöll 352-8c
Auf'm Charweg 351-9b
Auf'm Kissel 351-6a
Aussiedlerhöfe 352-7a

Bahnhofstraße 351-6a
Becherhöllstraße 351-6a
Beilsgasse (35/A3)
Bergstraße 351-6c
Biebricherhof 352-9c
Birkenweg 351-12b
Bischof-Ferdinand-Dierichs-Straße 351-12b
Blankenberg (3) (35/A2)
Blücherstraße 351-5d
Blumenpfad 352-7a
Bodewigstraße 351-6c (35/A1)
Braubacher Straße 351-9c (35/A3)
Breslauer Straße 352-4d
Brückenstraße 351-6c (35/A1)
Brunnenstraße (6) (35/A3)
Buchenberg 353-7d
Buchenweg 351-9d (35/B3)
Burg Lahneck 351-9b (35/B1)
Bürgermeister-Müller-Straße 351-9c (35/A3)
Burgstraße 351-9c (35/A2)

Carl-Sturm-Straße 351-9a (35/A2)
Casinostraße (35/A2)
Christian-Sebastian-Schmidt-Straße 351-3c

Dammstraße 351-6c
Deutschherrnhütte 353-9b
Didierstraße 351-2d
Dr.-Bachenheimer-Straße (11) 351-6c
Dr.-Max-Otto-Bruker-Straße 352-8c
Dr.-Michel-Straße 351-6c
Dr.-Walter-Lessing-Straße 352-10c
Dr.-Weber-Straße 351-9d (35/B3)
Drosselweg (6) 351-3d

Eichhornweg 352-7a
Emser Landstraße (Friedland) 352-5c
Emser Landstraße 351-6d
Emser Straße 351-6c
Ernst-Dänzer-Straße 351-3c
Erzbachstraße 352-5d
Eulenhorst 352-7a
Europaplatz 351-9d (35/B3)

Fahrgasse 351-6c
Fährweg 351-6c
Falknerstieg 351-9b
Fichtenweg (35/B3)
Fingerhutsgasse (7) (35/A3)
Finkenweg (9) 351-3d
Fischergasse (14) (35/A2)
Forsthaus Wolfsbusch 353-9c
Forstmühle 353-10c
Frankenstraße 351-9a (35/A1)
Freiherr-vom-Stein-Straße 351-6a
Freiherr-von-Ketteler-Straße 352-10a
Friedensstraße 351-6c
Friedrich-Ebert-Straße 351-5d
Fritz-Erler-Straße 351-5b
Frühmesserstraße 351-9a (35/A2)

Gardegässchen (13) (35/A3)
Gartenstraße (35/B3)
Gewannenweg (35/B2)
Gewerbegebiet Süd 352-10c
Goethestraße 351-5b
Grenbach 351-9d
Grenzloch 353-8a
Gutenbergstraße (35/A2)
Gymnasialstraße 351-9a (35/A2)

Handerweg 351-9c (35/B3)
Hans-Hermann-Straße 352-4c
Haus Jungfried 352-8b
Heimatgasse (35/A2)
Heimbachgasse 351-6c
Heinrichshof 353-5d
Helmestaler Pfad (14) 352-10a
Hermann-Doneth-Straße 351-12b
Hermsdorfer Straße 351-3c
Hinter Lahneck 352-4c
Hintermauergasse 351-9c (35/A2)
Hirschsprung 352-7c
Hochstraße 351-9a
Hof Aspich 352-7d
Hof Jungfried 352-8d
Hof Zehnthof 352-4c
Hohenrhein 351-9b (35/B1)
Holzgasse 351-6c
Horchheimer Höll 351-3c
Horchheimer Straße 351-3c
Hospitalgasse 351-6d
Hubertusstraße (35/B3)
Hungergasse (1) 351-3c

Im Bauerntal (35/B3)
Im Didierpark 351-2d
Im Drittel 351-6a
Im Eichen 352-10a
Im Flürchen 351-6c
Im Harlos 351-9d (35/B3)
Im Karstel 352-10a
Im Lag 351-6b
Im Machert (10) 351-6a
Im Mittelgesetz 351-2d
Im Mückenberg 351-6a
Im Nauling 351-6c
Im Pardell 352-10a
Im Park 351-2d
Im Plenter 351-6c
Im Rosenberg 351-9b (35/B2)
Im Süßgrund 352-5d
Im Vogelsang 351-6d
Im Weierchen (3) 351-6a
Im Weiertal 352-10c
In der Grub 351-6d
In der Weilbach 352-10a
Industriegebiet Nord 351-2d
Industriestraße 351-3c

Jägerpfad 351-9b
Johann-Baptist-Ludwig-Straße 351-6c
Johannesstraße 351-5d
Josef-Rätz-Straße 351-9d
Josefsgasse (35/A3)

Kaisergasse 351-6d
Kaiserplatz 351-9d (35/B2)
Kapellenweg 351-9b
Kastanienplatz 351-12b
Kastanienstraße 351-12b
Katharinengasse 351-9a (35/A2)
Katharinenstraße (2) 351-6a
Ketteringstraße (35/B3)
Ketteringstraße 351-9d
Kirchstraße 351-9c (35/A2)
Kirschheimersborn 353-9b
Kleine Hohl 351-6a
Klostergasse 351-6d
Knappenweg 351-9b
Koblenzer Straße 351-2d
Kölner Straße 351-6a
Konrad-Adenauer-Straße 351-9d
Kuckucksweg (8) 351-3d
Kurpark 352-8c

Lahnbergerhof 347-10a
Lahnstein auf der Höhe 352-8a
Lahnstraße 351-6c
Laneckstraße 351-9a (35/A2)
Langgasse 351-6c
Langwiesergasse (5) (35/A3)
Lehnergasse 351-6c
Lindenweg 351-9d (35/B3)
Löhnberger Mühle 351-2d

Marienburger Straße 352-4d
Marienstraße 351-6a
Markstraße 351-6a
Marktplatz 351-6c
Martin-Luther-Straße 352-4c
Martinsplatz 351-9d (35/B3)
Martinsschloß 351-9c
Martinstraße (35/B3)
Max-Schwarz-Straße 351-9c
Meisenweg (7) 351-3d
Mittelstraße 351-9a (35/A2)
Münchsgasse (11) (35/A3)

Neisgasse (15) (35/A2)
Neuborn 353-6c
Neuer Burgweg 351-6d
Neugasse 351-6c
Nordallee 351-9a (35/A1)

Oberer Lagweg 351-6b
Oberheckerweg 351-9d
Ostallee 351-9a (35/A1)
Ostpreußenstraße (1) 352-4d
Otto-Wels-Straße 351-6d

Pestalozzistraße (35/B3)
Pfarrer-Menges-Straße 351-6c
Pfarrgasse (35/A2)

Ratsgasse (16) (35/A2)
Reuchstraße 351-9d (35/B3)
Rheinblick 351-9d
Rheinhöhenweg 351-9d
Rheinpromenade 351-9c (35/A2)
Rheinstraße 351-6c
Rödergasse (4) (35/A3)

Salhofplatz (2) (35/A2)
Sandgasse (35/A3)
Sauergasse 351-6c
Schiffergasse 351-9c (35/A3)
Schillerstraße 351-5d
Schlossgasse (12) (35/A3)
Schnaßgasse (9) (35/A3)
Schulstraße 351-9c (35/B2)
Schultheissengasse (8) (35/A3)
Schützenplatz 351-9d
Schwarzer Weg 351-2d
Schwarzgasse (10) (35/A3)
Sebastianusstraße 351-9d (35/B2)
Sophiengasse 351-6c
Sperlingsweg (5) 351-3d
St.-Florian (16) 351-9d
Stauffenbergstraße 351-9c (35/B3)
Steinkauterweg 351-9d (35/B3)
Stolzenfelsstraße 351-5d
Südallee 351-9c (35/A3)
Süßgrund 352-8b
Süstaplast-Straße (12) 351-5b

Tannenweg 351-9d
Taplinsweg 351-9a (35/A1)
Taubhausstraße 351-6a
Taunusblick 352-8c
Theodor-Heuss-Straße 351-6c
Theodor-Zais-Straße 351-3d
Todtentalerweg 352-7a
Turmplatz (1) (35/A2)

Unterer Lagweg 351-3d

Vencer Straße 351-9d (35/B3)
Von-Eichendorff-Straße 351-5b

Waldring 351-3d
Walter-Schweter-Straße 351-9b
Weg zum Ehrenmal (17) 352-7c
Weissergasse (35/A2)
Westallee 351-9a (35/A2)
Wilhelm-Schröder-Straße (15) 351-12b
Wilhelmstraße 351-9a (35/A1)
Wintersberg 353-6a
Wolfsmühle 352-4b

Zehnthofweg 352-7a
Zollgasse (35/A3)
Zu den Thermen 352-7b
Zum Helmestal 351-12b
Zur Ruppertsklamm 351-6d
Zur Schleuse 351-6d

Landgraaf (NL)

Achter den Put 120-4b
Akerweg 120-2c
Akkerwinde 120-1d

Bosveldweg 120-1a
Broekhuizenstraat 120-5b
Brugstraat 120-3c
Bungweg 120-1d
Burgemeester Beckersstraat 120-1c
Burgemeester Dortantsstraat 120-4a
Burgemeester Dr. Geuljansstraat (8) 120-1c
Burgemeester Hermansstraat 120-1c
Burgemeester Pelzerstraat 120-1c
Burgemeester Valkenbergstraat 120-1c

Churchillstraat 120-1c

Dassenhoorn 120-1a
De Jufferweg 120-4b
Dom. Werdenstraat 120-1c
Don Boscolaan 120-1c
Dr. Marga Klompéstraat 120-1c
Duivekervel (5) 120-1d

Eijgelshovenerweg 120-4a
Ereprijs 120-1d
Europaweg Zuid 120-1a

Gremelsbrugge (1) 120-3c
Groene Wegje 120-1c
Groenstergracht 120-4a
Groenstraat Oost 120-4a
Groenstraat West 120-4a

Heereveldje 120-1a
Heggewikke 120-1c
Heikleverweg 120-2d
Herderstasje (3) 120-1c
Herik 120-1d
Herman van der Loopstraat (13) 120-4a
Hofweide 120-1c
Hoolgrub 120-5b
Hoverveldweg 120-4b

Kamille (4) 120-1c
Kapelweg 120-4a
Kapelweien 120-5b
Kemkervoetpad (2) 120-1c
Kerkberg 120-1a
Kerkstraat 120-1c
Kerkveldweg 120-5a
Klaproos (7) 120-1d
Kloosterstraat 120-1a
Korenbloem (6) 120-1c
Korte Hovenstraat 120-1c

Laura Juliastraat 120-1c
Lindegracht 120-2d

Maastrichterweg 120-1c
Martin Cudellstraat 120-1c

Palenbergerweg 120-3c
Pastoor Erensstraat 120-1c
Pastoor Huppertzstraat 120-1c
Pastoor J. Petersstraat 120-1c
Pastoor Kaulhausenstraat (9) 120-4a
Pastoor Scheepersstraat 120-1c
Pastoor Schiffelersstraat 120-4a
Pastoor Welterstraat 120-1c
Pater Decaestraat (14) 120-1c

Rector Durystraat (12) 120-4a
Rimburgerweg 120-5a
Rinckberg 120-2d
Rooseveltstraat 120-1c

Scherpenseelermolenweg 120-2b
Schoolstraat 120-1c
Sportlaan 120-1d
Steenenbergweg 120-2d

Terwaerderveldje 120-1a

Vliedweg 120-1a

Wardervoetpad 120-4b
Warderweg 120-4b
Weegbree 120-1d
Wevervoetpad (1) 120-1a
Wolfsmelk 120-1c
Wormdalweg 120-5b

Zilverschoon 120-1c

Langenfeld (Rheinland)

PLZ 40764

Ackerstraße 67-5c
Adolf-Spieß-Straße 47-7a
Ahornweg 47-10a
Akazienallee 47-10c
Albert-Einstein-Straße 67-2a
Albrecht-Dürer-Straße 47-8c
Alt Gladbach 47-9c
Alt Langenfeld 46-9d
Alt Wiescheid 47-6b
Alte Schulstraße 67-2c
Alter Kirchweg 47-8a
Alter Knipprather Weg 46-12d
Altstraße 47-6b
Am Alten Broich 46-9d
Am Alten Gaswerk 47-7d
Am Backhaus (1) 47-6c
Am Bendenbusch 67-1b
Am Bilderstöckchen 47-8a
Am Brückentor 47-8b
Am Brüngersbroich 47-9b
Am Collmar 67-5b
Am Friedhof 47-4d
Am Galgendriesch 47-10c
Am Hagelkreuz 67-2c
Am Hang 47-10b
Am Hardtkreuz 47-7b
Am Hauweg 67-8b
Am Knochshof 46-9c
Am Markt 67-2d
Am Merxhof 47-4a
Am Neuenhof 47-1d
Am Obernhof 47-6b
Am Ohrenbusch 67-2c
Am Schiefers Grund 46-9d
Am Schlangenberg 47-4b
Am Solperts Garten 46-9c
Am Wadenpohl 67-4b
Am Wiedenhof 47-4c
Am Wiesengrund 47-9c
Amselweg 47-11c
An den Irlen 47-6c
An der Eiche 47-4d
An der Landstraße 46-9d
An der Linde 46-9d
An der Mühle 47-8c
An der Tente 47-8c
Anemonenweg 47-9a
Angerweg 67-2c
Annastraße 47-4b
Anne-Frank-Straße 47-8a
Assenbachweg 47-5c
Auf dem Kämpchen 47-9a
Auf dem Kurzenbruch 48-7a
Auf dem Sändchen 47-7d
Auf den Heunen 67-6c
Auf der Dorn 46-9c
Auf der Klipp 47-10c
Augustastraße 47-1d
Auguste-Piccard-Weg 47-7c
August-Stader-Straße 48-4a

Bachstraße 47-10a
Bahnhofstraße 47-10c
Bahnstraße 47-7b
Bahnweg 67-3a
Barbarastraße 67-2d
Baumberger Straße 46-8d
Beethovenstraße 47-11a
Berghausener Straße 46-9b
Bergische Landstraße 47-8d
Bergstraße 67-1d
Berliner Platz 47-10d
Bienenweg 67-6a
Birkenweg 47-10a
Bismarckstraße 47-8b
Blumenstraße 46-9d
Bogenstraße 47-8c
Brahmsstraße 47-11a
Brandsackerstraße 47-10a
Brandshof 46-9c
Breslauer Straße 47-7b
Bruchhauser Weg 47-1a
Brunnenstraße 67-2c
Buchenweg 46-12b
Burbacher Weg 48-1c
Burgstraße 47-8c
Bussardweg 47-11c

Carl-Becker-Straße 47-10d
Carl-Diem-Weg 47-7d
Carl-Leverkus-Straße 47-5b
Carl-Mause-Weg (3) 47-4d
Carl-Sonnenschein-Weg 47-4c
Christ-König-Weg 47-10c
Comeniusweg 47-10b

Dachsweg (2) 67-2d
Danziger Weg 47-7b
Dechant-Miebach-Weg 67-2d
Dhünnweg 47-4d
Dickelskamp 67-5a
Dietrich-Bonhoeffer-Straße 47-10b
Dorothea-Erxleben-Straße 47-10d
Dorotheenstraße 47-4b
Drosselweg 47-11c
Dückeburg 67-2b
Düsseldorfer Straße 46-6c
Düsselweg 47-4d

Eckener Weg 47-7c
Egerweg 47-7d
Eibenweg 47-10a
Eichenfeldstraße 47-10b
Elberfelder Straße 47-9b
Elisabeth-Selbert-Straße 46-6d
Elisabethstraße 47-1d
Erikastraße 47-4b
Erlenweg 47-10a
Ermlandstraße 47-7b
Ernst-Abbé-Straße 47-5d
Ernst-Tellering-Straße 47-8b
Eschenweg 47-10a
Eulenflug 47-4d

Fabriciusstraße 47-5d
Fahlerweg 47-7d
Falkenweg 47-11c
Falterweg 67-6a
Färberstraße 67-1b
Farnweg 47-9a
Feldhausen 47-6c
Feldhauser Weg 47-6c
Feldstraße 47-8a
Fichtenweg 47-10a
Finkenweg 47-11c
Flachenhof 47-11b
Florastraße 47-7d
Flurstraße 47-10d
Föhrenweg 47-10a
Fontanestraße 47-11a
Forellenweg 47-5a
Forststraße 67-2a
Franckenplatz 47-4d
Freiherr-vom-Stein-Straße 47-10b
Friedensstraße 47-10c
Friedhofstraße 47-7d
Friedrich-Kreusch-Weg 47-9a
Friedrich-Krupp-Straße 47-2c
Fröbelstraße 47-10b
Fuhrkamp 46-9b
Furth 47-12c

Galerieplatz (1) 47-7d
Galkhausen 67-2b
Galkhausener Gutshof 67-2a
Galkhausener Straße 47-10d
Ganspohler Straße 47-10b
Gartenstraße 67-6a
Gerdastraße 47-4b
Geschwister-Scholl-Straße 47-8a
Gieslenberg 67-4b
Gieslenberger Straße 67-4b
Ginsterweg 47-8b
Gladbacher Hof 47-9c
Gladbacher Straße 47-8d
Gleiwitzer Straße 47-8c
Goerdelerweg 47-8c
Goethestraße 47-8d
Gossenbusch 48-1c
Gostyniner Straße 47-10d
Götsche 47-2c
Götschemühle 47-2c
Götscher Weg 47-4b
Graf-von-Mirbach-Weg 47-6b
Gravenberger Weg 47-6d
Grenzstraße 47-10d
Grillenpfad 67-6a
Grünewaldstraße 67-5c
Grünstraße 47-8c
Gudrunstraße 47-4b
Gut Widdauen 66-6b

Hagebuttenweg 47-8d
Händelweg 47-11a
Hansastraße 67-1b
Hans-Böckler-Straße 46-9b
Hans-Holbein-Straße 47-7d
Hans-Sachs-Weg 47-9a
Hapelrath 67-3a
Hardt 47-8d
Hasenpfad (2) 47-10d
Hauptstraße 47-10d
Haus Graven 47-6b
Haus Gravener Straße 47-4b
Haus-Bürgel-Weg 47-10a
Haus-Garath-Weg 47-10a
Hausingen 67-5a
Hausinger Straße 67-1b
Hecke 67-6a
Heckenstraße 46-9d
Heerstraße 67-5b
Heidackerstraße 47-6d
Heidehof 47-5a
Heiderhöfchen 47-9a
Heidstraße 47-1d
Heimchenweg 67-3c
Heinenbusch 47-5c
Heinestraße 47-8c
Heinrichstraße 47-11a
Heinrich-von-Stephan-Straße 46-6c
Helenenstraße 47-5a
Helgastraße 47-4b
Helmholtzstraße 47-5b
Herderstraße 47-8c
Hermann-Köhl-Straße 47-10a
Herzogstraße 47-5d
Hildegardstraße 47-4b
Hildener Straße 47-1a
Hinter dem Zollhausgarten 47-1c
Hinter den Gärten 47-10b
Hitdorfer Straße 67-1a
Hochstraße 47-10d
Hohlstraße 46-9d
Holunderweg 47-10a
Hüsgen 47-4b

Iltisweg 67-2d
Im Dremsekamp 47-6d
Im Bruch 47-4c
Im Bruchfeld 47-10b
Im Hausfeld 47-4a
Im Kirchfeld 67-2d
Im Krautbanden (2) 47-6c
Im Langen Busch 47-8d
Im Langen Kamp 67-1d
Im Mutscheid 47-6d
Im Neuhausfeld 67-5b
Im Schaufsfeld 47-7d
Im Schneeloch 46-9d
Im Schwanenfeld 47-3c
Immigrather Dreieck 47-7d
Immigrather Platz 47-8c
Immigrather Straße 47-4d
In den Griesen 47-7d
In den Höfen 46-9c
In den Klausen 47-9c
In den Siefen 47-9c
In den Weiden 47-10b
In der Hofwies 47-6b
In der Hötter 47-8a
Industriestraße 47-5c
Irlefeld (3) 47-6c
Irmastraße 47-4b
Isarweg 47-10b
Itterweg 47-4d

Jägerstraße 47-10d
Jahnstraße 47-7b
Jakob-Böhme-Weg 47-9a
Jansenbusch 47-9c
Johannestraße 47-10b
Josefstraße 47-10b
Julius-Haas-Weg 47-9c
Julius-Leber Straße 47-8a

Käferpfad 67-3c
Kaisersbusch 47-8d
Kaiserstraße 47-4b
Kalkhecke 67-1c
Kalkhecker Straße 67-1c
Kämpe 67-5b
Kampweg 47-7d
Kapeller Weg 47-9b
Karl-Aschenbroich-Weg 47-9c
Karl-Benz-Straße 46-9a
Karlstraße 47-10b
Karpfenweg 47-5a
Kastanienweg (1) 47-10d
Katzberg 46-12d
Katzbergstraße 66-3b
Kiefernweg 47-10a
Kirchstraße 47-6b
Kirschbaum 47-6d
Kirschstraße 47-4d
Kleiststraße 47-11a
Klingenweg 47-6b
Klopstockweg 47-8c
Klosterstraße 47-4a
Knipprather Straße 46-12d
Kölner Straße 47-10d
Kolpingstraße 67-1a
Königsberger Straße 47-7b
Konrad-Adenauer-Platz 47-7d
Konrad-Zuse-Straße 46-8d
Korfmacherstraße 46-9c
Köthener Weg 47-7d
Köttingen 67-5b
Kreuzstraße 47-10d
Kronprinzstraße 47-8a
Krüdersheide 47-2b
Kurfürstenweg 47-5d
Kurt-Schumacher-Straße 47-7d
Kurze Straße 47-8c

Landschaftspark Fuhrkamp-Ost 47-4c
Landwehr 48-4a
Landwehrfeld 48-4a
Langfort 47-7c
Langforter Straße 47-7a
Lärchenweg 47-10a
Leichlinger Straße 47-8d
Leipziger Weg 47-4d
Lessingstraße 47-8c
Libellenpfad 67-6a
Liebigstraße 47-5b
Liepelsland 47-1d
Lilienthalweg 47-7c
Lindberghstraße 47-7c
Lindenstraße 47-10d
Lise-Meitner-Straße 47-2c
Locher Weg 67-2c
Lortzingweg 47-11a
Louveciennesstraße 67-5b
Ludoviciweg 47-4c
Ludwig-Wolker-Straße 47-7a

Luisenstraße 47-1d
Lukas-Cranach-Straße 47-10b

Margarethenstraße 47-1d
Marie-Curie-Straße 46-6c
Marienburger Straße 47-7b
Marienkäferweg 67-6a
Marienstraße 47-2c
Marktplatz 47-10b
Marthastraße 47-5a
Martin-Buber-Straße 47-4a
Martinplatz 47-7b
Martinstraße 47-7b
Märzgäßchen 47-6d
Mautpfad 47-11a
Max-Planck-Ring 47-2c
Meisentalstraße 47-4b
Meisenweg 47-11c
Memelweg 47-4d
Metzmacherstraße 47-10b
Mittelstraße 47-8c
Möncherderweg 47-11c
Monikastraße 47-4b
Montessoristraße 47-10d
Mozartstraße 47-11a
Mühlenweg 46-9a
Mutter-Teresa-Weg (1) 46-9d

Nachtigallenpfad 47-11c
Neißeweg 47-4d
Nelkenweg 47-9a
Nelly-Sachs-Straße 47-8d
Neuburger Hof 67-8b
Neurath 67-4c
Neu-Stefenshoven 47-10a
Neustraße 67-1d
Niederstraße 67-5c
Nordstraße 47-8b

Oderstraße 47-4d
Ohligser Straße 48-1c
Opladener Straße 67-2c
Oskar-Erbslöh-Straße 47-7c
Ossenbruch 47-3d
Ossenbrucher Weg 47-3d
Ostlandstraße 47-5d
Oststraße 48-4a
Otto-Hahn-Straße 47-2c

Parkstraße 47-6b
Pastor-Breuer-Straße 47-4c
Pastor-Löh-Straße 47-4c
Pater-Kolbe-Weg 67-1a
Paulstraße 47-7b
Peifersbusch (1) 47-4a
Pestalozzistraße 47-10b
Pflugstraße 47-4b
Piusweg 47-5a
Platanenstraße 47-10a
Poensgenstraße 47-5c
Pommernweg 47-7b
Posener Weg 47-7d
Postgartenstraße 47-10c
Poststraße 47-10c
Pregelweg 47-7b

Quellenweg 67-2c
Querstraße 47-7b

Raiffeisenstraße 46-9a
Reiderweg 47-6b
Rennstraße 67-8a
Reusrather Straße 47-11a
Rheindorfer Straße 47-10d
Rheinstraße 67-4c
Ricarda-Huch-Straße 47-11b
Richrather Straße 47-4d
Rietherbach 47-1d
Riethratherhof 47-2c
Riethrathermühle 47-2c
Rilkeweg 47-8c
Ringelshecke 47-11c
Ringweg 47-7b
Ritterstraße 47-5d
Röntgenstraße 47-5b
Rosenweg 47-8b
Rotdornweg 47-10d
Rothenberger Straße 67-6a
Rotkehlchenweg 47-11c
Rudolf-Diesel-Weg 47-5b
Rudolf-Harbig-Weg 47-7a
Rudolf-Kronenberg-Weg 47-9c
Rudolfstraße 47-10a
Rügenweg 47-8c

Salmstraße 47-5a
Sandstraße 67-2c
Sauerbruchstraße 47-5d
Schelthofen 67-6a
Schillerstraße 47-8c
Schlieperstraße 47-6b
Schmetterlingsweg 67-3c
Schneiderstraße 47-2c
Schneppruth 67-6a
Schubertweg 47-11a
Schulstraße 47-10d
Schumannweg 47-11a
Schwalbenweg 47-11c
Schwanenmühle 47-3c
Seidenweberstraße 67-1b
Selma-Lagerlöf-Straße 47-8c
Senliser Straße 47-10b
Sepp-Herberger-Straße 47-7a
Siemensstraße 47-5d
Sofienstraße 47-2c
Solinger Straße 47-10b
South 67-6a
Sperberstraße 47-11c
Sport- und Freizeitpark Langfort 47-7c
St. Martinushof 47-4c
Stadtgarten 47-10d
Starenplatz 47-11c
Stefenshoven 47-10c
Stefenshovener Straße 46-12b
Steinrausch 47-7d
Steinstraße 67-5b
Stettiner Straße 47-10b

Talstraße 67-1b
Tannenweg 46-12b
Teichweg 67-2c
Theodor-Heuss-Straße 47-7c
Thürmchen 47-3d
Tiefenbruchstraße 47-6a
Tilmann-Riemenschneider-Weg 47-11a
Tilsiter Weg 47-7d
Tönnesbrucher Feld 47-4a
Treibstraße 46-9d
Trompeter Straße 67-5b
Tulpenweg 47-9a
Turmstraße 47-6d
Turnerstraße 47-7d

Uhlandstraße 47-8c
Ulmenweg 47-10a
Ursulaweg 47-1d

Veilchenweg 47-9a
Verbindungsstraße 47-6b
Virneburgstraße 67-2d
Volksgarten 47-10c
Volksgartenstraße 47-10c
Von-Behring-Weg 47-5d
Von-Bodelschwingh-Weg 47-10b
Von-Etzbach-Straße 47-10a
Von-Galen-Straße 47-4d
Von-Holstein-Straße 47-10a
Von-Hünefeld-Straße 47-7c
Von-Ketteler-Straße 47-4c
Von-Kniprode-Weg 47-10a
Von-Nesselrode-Straße 47-10a
Von-Quade-Weg 47-10a
Von-Velbrück-Straße 47-10a
Von-Witzleben-Straße 47-8c

Wacholderstraße 47-8d
Wafert 47-2d
Waldstraße 67-1b
Walter-Kolb-Straße 47-7a
Weberstraße 47-10d
Weißenstein 46-9d
Weststraße 67-4d
Wiebachstraße 47-1d
Wieselweg (1) 67-2d
Wiesenstraße 67-3c
Wilhelm-Boddenberg-Straße (2) 47-4d
Wilhelm-Leuschner-Straße 47-8a
Wilhelmstraße 47-10a
Winkel 47-6c
Winkelstraße 47-4a
Winkelsweg 47-4d
Wolfhagen 46-6c
Wolfhagener Straße 46-6c
Wupperstraße 47-4b

Zanderweg 47-5a
Zehntenweg 47-4c
Zeppelinweg 47-10a
Zum Blockbach 47-11a
Zum Bräuhaus 47-4d
Zum Galkhausener Bach 47-11c
Zum Hucklenbruch 47-11c
Zum Klosterbusch 47-6c
Zum Mühlenbach 47-2c
Zum Spürklenberg 47-8d
Zum Stadion 47-7a
Zum Stadtbad 47-7c
Zum Wenzelnberg 47-9b
Zur Bleiche 47-9c
Zur Götscher Mühle 47-2c
Zur Riethrather Mühle 47-2c
Zur Schlenkhecke 47-8d
Zur Schwanenmühle 47-3c
Zur Wasserburg 47-3d

Langerwehe

PLZ 52379

Adam-Lehnen-Straße 155-10d
Altdorfer Weg 185-5c
Alte Kirchstraße 185-1c
Am Bahndamm 185-1d
Am Brandweiher 185-9c
Am Daens 184-11c
Am Fasanenhang 184-11c
Am Hinterbusch 185-9a
Am Hofacker 185-5a
Am Königsbusch 185-4b
Am Neuhaus 185-9a
Am Parir 185-5a
Am Pfuhl 184-11a
Am Rotbach 185-9c
Am Sandberg 184-9a
Am Stadion 185-1d
Am Steinchen 185-2c
Am Wehebach 185-1d
Am Weiherhof 185-5c
Amselweg 185-4b
An der Dostel 184-8d
An der Erk (10) 185-5c
An der Kante 184-9c
An der Lochmühle 185-4b
An der Sandgrube 185-1c
Antoniusstraße 185-9a
Apolloniastraße (3) 185-1c
Arnold-Homberg-Straße (7) 185-5a
Auf dem Berg (12) 185-5c
Auf dem Feldchen 185-4b
Auf dem Hiebchen 185-1c
Auf dem Kamp 185-8d
Auf den Kämpen 185-1c
Auf der Heide 184-9a
Auf'm Kutsch 184-11a

Bachstraße 185-4d
Bahnhofsplatz 185-1c
Bahnhofstraße 185-1c
Barbarastraße 185-1d
Barrierhaus 185-5b
Beethovenstraße 185-2d
Bergstraße 185-1c
Bernadettestraße 185-2d
Blumenstraße 155-10d
Blumental 184-5d
Bongard 185-9d
Bongenhaus 185-6a
Brückenstraße 155-10d
Bundesstraße 185-5a
Burg Holzheim 184-8b
Bürgermeister-Schoeller-Straße 184-3d
Burgstraße 155-10d

Dechant-Kallen-Straße 185-4a
Der Fußhof (8) 185-5a
Derichsweilerstraße 185-9b
D'horner Straße 185-9a
Döllersfeldchen 184-9a
Driesch 155-11c
Drosselweg 185-5a
Dürener Straße 185-6c
Dürener Weg 155-11c

Echtzer Straße 185-3c
Eichenweg 185-6a
Eifelstraße 185-8b
Exmouthplatz 185-1d

Falkenweg 184-11a
Felix-Schleicher-Straße (2) 185-1c
Finkenweg 185-4b
Florastraße 185-1d
Forsthaus Bovenberg 184-7d
Forsthaus Jüngersdorf 185-4d
Forsthaus Schlich 185-9c
Forsthaus Wenau 184-11c
Franz-Schain-Straße 185-2c
Frenzerburg 154-12d
Frenzerweg 185-1a
Friedhofstraße 185-6c

Gansbecker Hof 185-3c
Gartenstraße 185-5a
Grabenstraße 185-9a
Gressenicher Mühle 184-7d
Grüner Weg 185-1c
Gut Atzenau 184-11a
Gut Eichenhof 184-7d
Gut Kammerbusch 184-6b
Gut Lamerdriesch 184-8c
Gut Merberich 184-3d
Gut Schönthal 184-6d
Gut Tannenhof 184-7d
Gysemanns Weg (2) 185-9a

Hahnweg 155-10d
Hamicher Höfchen 184-11a
Hamicher Straße 184-8d
Hans-Böckler-Straße (6) 184-6b
Hauptstraße 185-1c
Haus Merberich 184-3d
Haus Wehetal 184-11d
Hausbuschgasse 185-1c
Heinz-Emonds-Straße 185-1d
Heisterner Straße 184-11c
Herrengarten 185-3c
Hirkenweg 185-4a
Holzstraße 185-4b
Hospitalstraße 185-1d
Hülsenbergstraße 185-1c

Im Baumgarten (11) 185-5c
Im Birkengrund (1) 185-1c
Im Gewerbegebiet 185-5a
Im Meisenbusch 185-1c
In den Benden 185-2d
In der Au 185-9d
In der Klaus 185-6a
In der Peitsch (4) 185-1c
Indener Weg 185-5c

Jakob-Schmitz-Straße 185-1d
Johannes-Haack-Straße 185-1d
Johannes-Hellwig-Straße 185-5a
Josef-Heinrichs-Straße 184-3b
Josef-Schwarz-Straße 185-1d
Jüngersdorfer Straße 185-1d

Kapellenstraße 185-5a
Karl-Arnolds-Straße 184-6b
Kirchstraße 185-9b
Kleinschönthal 184-9b
Klosterstraße 184-11a
Knotstraße 185-5a
Kölner Straße 184-3b
Kreuzfelder Straße 184-11a
Kreuzherrenstraße 185-8b
Kreuzstraße 185-2d
Krichelsmühle 184-11b
Kupfergasse 184-9a

Laufenburg 185-7c
Laufenburgstraße 185-5c
Lennestraße 155-11c
Leo-Höxter-Straße 184-3d
Lerchenweg (9) 185-5c
Lindenhof 185-1b
Lochmühle 185-4b
Luchemer Straße 185-1c

Maarweg 185-1a
Margaretenstraße 185-1c
Mariahof 186-7a
Marienstraße 185-4b
Martinstraße 185-1d
Martinusstraße 185-9c
Meierskamp 184-11a
Merbericher Weg 184-3d
Meroder Straße 185-8b
Mettermühle 185-1d
Mittelstraße 155-10d
Mühlenweg 185-1d
Münsterstraße 185-9c

Neuer Töpferweg (5) 185-1c
Neuer Weg 185-5a
Neustraße 184-3d
Nikolausberg 185-1a
Nothberger Weg 184-8b

Oligsdriesch 185-4d
Ölmühle 185-2a

Palmshaus 185-6d
Paradiesstraße 185-9a
Pastoratsweg 185-1c
Petershof 185-9c
Pfarrer-Ossemann-Straße 185-9a
Pochmühle 185-1d
Pochmühlenweg 185-1d
Poststraße 185-1c
Prälat-Dr.-Selung-Straße 185-6c
Pützgasse 184-9c
Pützhecke 185-6a
Pützmühle 184-9c

Rektor-Niederau-Straße (1) 185-9a
Rennweg 215-4a
Ringstraße 185-9b
Römerweg 184-11a
Rothammer 185-4c
Rothaus 185-6a
Rymelsberg 184-6b

Schafenberg 185-4a
Schießberggraben 185-1c
Schlicher Straße 185-6c
Schloss Merode 185-8b
Schloßstraße 185-8b
Schmiedestraße 185-9c
Schönthaler Hof 184-9c
Schönthaler Straße 185-4a
Schulstraße 185-9a
Schützenplatz (3) 185-9c
Schützenstraße 185-1c
Seelebach 184-3b
Sophienhof 184-3d
Steinweg (1) 184-9a
Stütgerhof 185-2c
Südstraße 185-9b

Talblick 185-4b
Töpferweg 185-1c

Ulhaus 184-3d
Ulhausgasse 185-1c

Waldstraße 184-9a
Wasserfeld 185-6a
Weberstraße 185-8d
Weierstraße 185-9b
Weisweilerstraße 184-9a
Wenau 184-9c
Wenaucher Höfchen 184-9c
Wenauer Straße 184-9c
Wiesenstraße 185-9b
Wilhelmshof 185-9d

Zennthofweg 185-1d
Zum Hahndorn 185-8b
Zum Knabbert 184-9a
Zum Laufenbergblick (2) 184-9a
Zum Tannenwald 185-9c
Zur Kalkbahn 185-4b

Lehmen

PLZ 56332

(zu VBG Untermosel)

Aarstraße 349-10d
Abt-Theoderich-Straße 348-12d
Auf der Lay 349-10b
Auf der Pat 349-10d

Bachstraße 349-10d
Bergstraße (2) 349-10d
Buschstraße (3) 349-10d

Erlenweg 349-10c

Fährstraße (1) 349-10d

Im Hornstück 349-10c
Im Oberdorf 349-10d

Lehmerhöfe 348-12d

Nothenmühle 348-12b

Schmittenhöhe 349-10c
Stephanusstraße 349-10c

Leichlingen (Rheinland)

PLZ 42799

Ahornstraße 48-7d
Alte Holzerstraße 48-11c
Altenbach 50-10a
Altenbacher Weg 50-7c
Altenhof 48-5d
Alter Mühlenweg 68-1a
Am Adler 48-7c
Am Bahnhof 48-10b
Am Beckers Busch 48-10c
Am Berg 49-9b
Am Block 47-12b
Am Büscherhof 48-11c
Am Förstchens Busch 67-3b
Am Fuchshang 48-11a
Am Gemeindeberg 68-2c
Am Goldberg 48-10d
Am Hammer 48-10b
Am Hang 48-11a
Am Heidchen 68-1a
Am Hohlloch 48-8c
Am Hühnerbusch (1) 48-11a
Am Hüpplingsgraben 48-10b
Am Kellerhansberg 48-10a
Am Kloster 48-11a
Am Krähwinkeler Bach 49-9c
Am Markt 49-9d
Am Murbach 68-2c
Am Neulandkreuz 48-11b
Am Rauenbusch 48-11a
Am Riedbach 48-10c
Am Rombergsweiher 67-3b
Am Sandberg 67-3b
Am Schneeberg 49-9d
Am Schraffenberg 48-10d
Am Schulbusch 48-11c
Am Sonnenhang 49-9d
Am Sportplatz 49-9b
Am Staderhof 48-10b
Am Stadtpark 48-11a
Am Stoß 48-10d
Am Treppchen 48-11a
Am Wallgraben 48-10d
Am Wasserturm (2) 49-9d
Am Weiher 49-9b
Am Weißen Stein 68-1c
Am Wiesenberg 48-8a
Am Wiesental 50-7c
Am Ziegelfeld 48-11a
Amselstraße 48-11c
An den Zweieichen 68-1a
An der Roßmüllen 48-10a
An der Wupper 48-10d
An der Ziegelei 48-11a
Asternweg 49-11b
Auf dem Hügel 49-9b
Auf dem Kamp 49-9b
Auf dem Katzensterz 49-10a
Auf dem Wiedenhof 50-7c

Bahnhofstraße 48-10b
Balken 68-2a
Balkerberg 48-12b
Bechhauser Weg 49-9a
Bechlenberg 48-11a
Bennert 48-8d
Bergerhof 48-8c
Bern 50-7d
Bertenrath 48-8b
Birkenstraße 48-7c
Bismarckstraße 48-10d
Blütenweg 50-10b
Bockstiege 48-10a
Böttnerstraße 48-10a
Brachhausen 50-7d
Bremersheide 49-10d
Bremsen 48-10c
Bröden 48-9d
Brucher Weg 48-10c
Brückenstraße 48-10d
Brunnenstraße 48-10b
Buchenstraße 48-7c
Buchenweg 50-7c
Bungenstraße 48-7a
Buntenbach 48-9c
Burgweg 68-1a
Burscheider Straße 49-9d
Büscherhöfen 48-11c
Bussardstraße 68-2a

Catharina-Marcus-Straße 48-10d
Claasholz 49-8b

Dahlienweg 49-12a
Diepental 69-1b
Dierath 48-9a
Dorffeld 49-12b

Eichen 49-11d
Eichendorffstraße (5) 48-11c
Eichenstraße 48-7d
Eichenweg 50-7c
Eicherhof 48-7d
Eicherhofpark 48-7d
Eickerfeld 50-7c
Elisabeth-Lindner-Straße 48-10d
Ellenbogen 48-8d
Ermlandweg (4) 68-1a
Ernst-Klein-Straße 48-11a
Eulenweg 48-11c

Fähr 49-4d
Farnweg 50-11a
Fasanenstraße 48-11c
Felder Weg 49-9d
Feldstraße 48-11a
Fichtenweg 50-7c
Finkenweg 48-11c
Flamerscheid 49-9b
Flandrianstraße 48-10a
Fliederweg (1) 48-10c
Förstchen 48-10c
Förster-Sons-Straße 48-10a
Freienhalle 49-11c
Friedensstraße 68-1b
Friedhofsweg 49-9d
Friedrichshöhe 49-11c
Fritz-Hinrichs-Weg 49-9d
Further Weg 47-12d

Gartenstraße 48-10b
Gerhart-Hauptmann-Straße (4) 48-11c
Germaniabad (6) 68-2a
Gertraud-Theis-Straße 48-10d
Gewerbepark Bremsen 48-10c
Ginsterweg 50-11a
Gladbacher Weg 48-10a
Glüderstraße 49-9b
Goethestraße 48-11a
Gottlieb-Claasen-Weg (3) 49-9d
Gravenberger Weg 48-7a
Grünscheid 48-9d
Grünscheider Mühle 69-2a
Grünstraße 48-11a

Hardter Straße 47-12d
Hasensprung 68-2a
Haswinkel 69-1a
Hauptstraße 49-9d
Haus Nesselrath 48-5d
Haus Vorst 68-2c
Haus-Vorster-Weg 68-1b
Heide 50-11a
Heider Weg 50-11a
Heinestraße 48-11c
Heinrich-Gier-Straße 48-11a
Heinrich-Hansmeyer-Straße (2) 48-11a
Herscheid 49-9a
Hesselmannstraße 48-10a
Hinterberg 49-7d
Hochstraße 48-10a
Höfchenstal 49-7a
Hohlenweg 48-9a
Höhscheid 50-10b
Höhscheider Weg 50-10b
Holunderstraße 48-10c
Hölverscheid 50-8c
Holzerhof 49-8d
Hülserhof 68-1d
Hülserweg 68-1c
Hülstrung 48-8c
Hüschelrath 48-11d
Hüttchen 48-10a

Im Brückerfeld 48-10d
Im Dorffeld 48-11a
Im Erlengrund 68-1a
Im Honnefeld 49-12b
Im Rottfeld 68-1a
Im Tiergarten 48-10b
Immigrather Straße 47-12b
In den Birken 50-7d
In den Weiden 68-1c
In der Meffert 48-8c
In der Meie 50-7c

Johannisberg 48-11c
Julius-Kronenberg-Straße 48-10a
Junkersholz 48-12c

Kaltenberg 48-10d
Karl-Huschens-Straße 48-11b
Kempen 48-9b
Kiefernstraße 48-7d
Kiefernweg 49-9b
Kirchstraße 48-11a
Kirchweg 49-9d
Kleiststraße 48-11c
Kölsch Päddche (5) 68-1a
Koltershäuschen 49-10d
Krabbenhäuschen 49-11b
Kradenpuhl 48-8a
Krähwinkel 49-12a
Krähwinkeler Weg 49-9c
Kuhlenweg 50-10b
Kurlandweg 68-1a
Kurze Straße 48-11a

Landrat-Trimborn-Straße 48-11b
Landwehrstraße 48-7c
Lärchenstraße 48-7d
Lärchenweg (1) 50-7c
Leichlinger Straße 49-12b
Lessingstraße 48-11c
Leysiefen 48-6c
Lilienweg 49-11b
Lindenstraße 68-1a
Lingemannstraße 48-11a
Ludger-Kühler-Straße 48-11a

Marktplatz 48-10d
Marktstraße 48-10b
Märzgäßchen 48-11a
Masurenweg (3) 68-1a
Meie 50-7c
Meisenweg 48-11d
Merlenforst 48-10a
Metzholz 49-11a
Mittelheide 47-12d
Mittelherscheid 49-9a
Mittelstraße 48-10b
Moltkestraße 48-10c
Montanusstraße 48-10d
Mörikestraße (3) 48-11c
Müllerhof 48-7b

Nelkenweg 49-12a
Nesselrath 48-5c
Neuenhof 50-7d
Neuenkamp 68-2d
Neuenkamper Weg 68-2c
Neukirchener Straße 48-10b
Neuland 48-11b
Neustraße 48-10a
Neuwinkel 49-10c
Nüsenhöfen 50-7c

Oberbüscherhof 49-8a
Oberschmitte 48-9a
Opladener Straße 68-1a
Ordel 68-2a
Orth 49-8b
Oskar-Erbslöh-Straße 68-2a
Ostlandweg 68-1b
Otto-Schell-Straße 48-10d

Parkweg 49-9d
Pastorat 48-10b
Paulinenhof 49-8c
Peter-Bremer-Straße 48-10d
Planenhof 69-1b
Pohligshof 48-9c
Poststraße 48-10d

Raderhof 49-6d
Rat-Deycks-Straße 48-10a
Rehborn 68-1d
Reusrather Straße 67-3b
Richtershof 49-12a
Rödel 49-7a
Roderbirken 40 11d
Roderhof 48-9c
Roderweg 48-12a
Rominterweg 68-1b
Rosenthal 69-1a
Rosenweg 49-11b
Roßlenbruch 48-10c
Rotdornweg (2) 48-10c
Rothenberg 68-1a

Samlandweg 68-1b
Scharweg 49-9a
Scheidt 48-8b
Scheuerhof 49-11c
Schillerstraße 48-11a
Schlehenweg 48-10c
Schmerbach 48-8d
Schneppendahler Weg 50-11a
Schneppenpohl (1) 49-11b
Schnugsheide 68-1a
Schüddig 49-11b
Schulstraße 48-10b
Schulweg 49-9d
Schützenstraße 48-11a
Schwalbenweg 48-11d
Sieferhof 49-8d
Solinger Straße 49-9a
Sonne 68-2b
Sperberstraße 48-11c
Sperlingsweg 48-11c
St. Heribert 49-10b
Staderhof 48-10b
Stadtpark 48-11c
Stegerhäuschen 68-2a
Sternstraße 68-1c
Stieglitzweg 48-11d
Stockberg 48-10a
Stöcken 48-12d
Stormstraße 48-11c

Talweg 49-9d
Tannenstraße 48-7a
Tannenweg 50-7c
Tirol 49-12c
Trompete 68-1a
Tulpenweg 49-11b
Turmweg 49-9c
Turnplatz 48-10d

Ufer 49-8d
Uferstraße 48-10b
Unter Nüsenhöfen 49-9d
Unterberg 48-7d
Unterbüscherhof 49-8c
Unterherscheid 49-8b
Unterschmitte 48-10a

Vogelwarte 48-11d
Von-Berlepsch-Straße 48-10a
Von-Hauer-Straße 48-10a
Von-Mirbach-Harff-Straße 68-1b

Wachholder 48-11b
Waldstraße 50-7c
Waltenrath 48-8d
Walter-Frese-Straße 48-10c
Weide 48-8d
Weißdornweg 68-1a
Weltersbach 49-11a
Wersbach 49-12b
Wersbachtal 49-12d
Weyermannstraße 48-10b
Wiedenbach 49-11d
Wiedenbacher Weg 49-11b
Wietsche 68-2b
Wietscher Mühle 68-2b
Wilhelm-Gödderts-Weg 48-11c
Wilhelmstal 49-11b
Windfoche 49-12c
Wolfstall 49-6c
Wupperhof 49-5a

Zeisigweg 48-11d
Zeit 68-3b
Ziegwebersberg 48-7a
Zum Buschtor 49-6c

Leubsdorf

PLZ 53547

(zu VBG Linz am Rhein)

An der Koppe 310-9c
Auf dem Kreuzberg 310-11b
Auf der Heide 310-9c
Auf der Kehr 310-11b

Bachstraße 310-11b

Dorfstraße 311-8b

Faber Straße (1) 310-11b

Gartenstraße 310-12a

Hauptstraße 310-11b
Hubertushof 310-12b

Im Aliter 311-8b
Im Alten Hahn 310-11b
Im Boden 310-12a
Im Bruchgraben 310-9c
Im Eisel 310-11b
Im Graben 310-11b
Im Leierling 310-11d
Im Mühlenberg 310-11b
Im Plenzer 310-11b
Im Sandbüchel 310-11d
Im Sayen 310-12a
Im Wiesengrund 311-8b
In der Hohl 310-12a
In der Oberau 310-11d

Kapellenstraße 311-9a
Kirchstraße 310-11b
Kreuzstraße 310-11b
Krumscheid 312-7a

Linzer Weg 310-8c

Neubaugebiet "Auf dem Eisel" 310-11b
Nurda-Park 311-9a

Schwarzenbergstraße 310-12a

Zehntgasse 310-11b

Leutesdorf

PLZ 56599

(zu VBG Bad Hönningen)

Allergasse (13) 328-7c
Am Schalmuth (14) 327-9b
Am Türmchen (5) 328-7c
Auf dem Wacken 327-9b
Auf'm Gehren 328-7a
August-Bungert-Allee 328-7d

Bachhof 327-6d
Bachmühltal 327-6d
Brandgasse (3) 328-7c
Buschweg 327-6d

Drosselgasse (6) 328-7c

Edmundhütte 328-7a

Gartenstraße 328-7d
Große Fährgasse (12) 328-7d
Große Fischergasse 328-7d
Große Pützgasse (9) 328-7d
Grüner Weg 328-4c

Hauptstraße 327-9b
Haus Haselberg 328-7b
Hintergasse 328-7c
Hochkreuz 327-6d
Hohlbachweg 328-7a
Hubertusburg 327-6c

Im Bitzental 328-7a
Im Floß 328-7a
Im Freistal 328-7a
Im Frontal 327-9b
Im Kalk 328-7a
Im Rosenberg 328-7d
Im Schabernack 328-7b
In der Betz 328-7a
In der Gartenlay 327-9b

Jakobshof 328-4b
Johannesburg 328-10b
Johannes-M.-Hau-Straße 328-7c
Johannes-Rieden-Straße 328-7a

Kehler Weg 328-7d
Kirchstraße 328-7c
Kleine Fährgasse (11) 328-7d
Kleine Fischergasse (10) 328-7d
Kleine Pützgasse (8) 328-7d
Kolpingstraße 328-7a
Krautsgasse 328-7c

Laachergasse (4) 328-7c
Langenbergsweg (1) 328-7a
Leinpfad 327-9b

Marienbornweg 328-4c
Marienburg 328-7c
Martinsweg 328-7a

Neuer Weg 328-7a
Nürer Weg 328-7a

Ölbergstraße 328-7c

Panoramaweg 328-7a
Pflänzergasse (7) 328-7c

Raiffeisenweg 328-7a
Rätsgasse 328-7a
Rheinstraße 328-7c
Rothsbergweg 327-6d

Schützenweg 327-6d
Seejesweg 327-9b
Sonnenweg 328-7b
Stracker Pfad (2) 328-7c

Vordergasse 328-7c

Werner-Hammerschlag-Weg 327-9b
Wierlstraße 328-7a
Windhausen 328-7d
Windhäuser Hof 328-7d
Windhäuser Weg 328-7d

Zehnthof 328-7c
Zehnthofstraße 328-7c

Leverkusen

51371 Ackerweg 67-10b
51379 Adalbert-Stifter-Straße 68-7a
51379 Adalbertstraße 68-10b
51373 Adolf-Dacyer-Straße 87-3c
51373 Adolf-Kaschny-Straße 68-10c
51377 Adolf-Reichwein-Straße (1) 88-2a
51373 Adolfsstraße 87-5b
51373 Ahornweg 88-1b
51371 Ahrstraße 87-3a
51381 Akazienweg 68-5b
51373 Albert-Einstein-Straße 87-5b
51377 Albert-Schweitzer-Straße 69-10b
51375 Albertus-Magnus-Straße 88-3c
51381 Albert-Zarthe-Weg 68-6a
51375 Albin-Edelmann-Straße 88-3c
51377 Albrecht-Haushofer-Straße 88-2d
51371 Aldegundisstraße 67-10c
51379 Alexanderstraße 67-6d
51377 Alfred-Delp-Straße 88-1a
51375 Alfred-Kubin-Straße 89-1c
51373 Alfred-Stock-Straße 88-4a
51377 Alkenrather Straße 88-2a
51373 Allensteiner Straße 88-1c
51373 Alsenstraße 88-1c
51377 Alt Steinbücheler Weg 69-10b
51371 Alte Garten 67-11b
51377 Alte Heide 88-2c
51373 Alte Landstraße 87-3b
51379 Alte Ruhlach 68-4d
51377 Alte Straße 69-12c
51371 Alte Ziegelei 67-10c
51381 Altenberger Straße 69-7c
51371 Altenhof 66-9b
51375 Alter Grenzweg 88-5b
51379 Altstadtstraße 67-9d
51379 Am Abtshof 68-7a
51373 Am Alten Schafstall 87-3b
51381 Am Arenzberg 68-5a
51381 Am Benthal 69-1c
51379 Am Birkenberg 67-9d
51375 Am Blauen Berg 88-6a
51375 Am Borsberg 88-3d
51381 Am Brungen 68-3d
51373 Am Büchelter Hof 87-3d
51371 Am Butterhof 66-9c
51379 Am Ehrenfriedhof 68-7b
51375 Am Eselsdamm 88-3b
51381 Am Falkenberg 68-5c
51379 Am Frankenberg 67-6d
51381 Am Gierlichshof 69-7a
51371 Am Graben 67-10c
51381 Am Hagelkreuz 68-9c
51379 Am Hang 68-4d
51371 Am Heidkamp 69-7a
51381 Am Hofacker 68-5a
51371 Am Hohen Ufer 67-10b
51381 Am Hühnerberg 68-8a
51375 Am Jägerhof 88-6d
51375 Am Junkernkamp 88-9a
51381 Am Kemperstiegel (1) 68-11b
51379 Am Kettnersbusch 68-10a
51377 Am Kiesberg 69-10c
51375 Am Klösterchen 88-6b
51379 Am Knechtsgraben 68-5c
51381 Am Köllerweg 68-8b
51379 Am Kreispark 68-4c
51381 Am Kronefeld 68-9c
51371 Am Küchenhof 67-12c
51375 Am Kühnsbusch 88-3a
51377 Am Lindenfeld (2) 89-2a
51375 Am Märchen 88-6d
51375 Am Mittelberg 89-1c
51381 Am Mönchshof 68-11b
51371 Am Mühlenbach (1) 69-11c
51373 Am Neuenhof 87-3d
51381 Am Nonnenbruch 68-8b
51381 Am Plattenbusch 68-5c
51381 Am Quettinger Feld 68-8c
51373 Am Reuschenberger Busch 67-12a
51379 Am Rosenhügel (7) 68-10a
51381 Am Sandberg 69-7a
51375 Am Scherfenbrand 88-6b
51375 Am Schlag 88-6b
51373 Am Silbersee 68-10d
51381 Am Sonnenhang 68-9b
51381 Am Sportplatz 68-9d
51373 Am Stadtpark 87-6b
51377 Am Steinberg 69-10b
51375 Am Telegraf 88-6c
51377 Am Thelenhof 89-2a
51377 Am Vogelkreuz 67-10a
51371 Am Vogelsang 67-10b
51373 Am Vogelsfeldchen 88-4a
51379 Am Wambacher Hof 67-6d
51379 Am Wasserturm 68-8a
51381 Am Weidenbusch 68-8a
51379 Am Weiher 68-7a
51371 Am Weingarten 67-10d
51371 Am Werth 66-12a
51373 Amselweg 67-12d
51371 An den Irlen 66-8d
51371 An den Rheinauen 66-12b
51371 An der Bergerweide (1) 67-10d
51371 An der Dingbank 67-10a
51373 An der Evangelischen Kirche 87-6a
51381 An der Feldgasse 68-8d
51377 An der Fettehenne 89-2a
51379 An der Fuchskuhl 67-9d
51371 An der Kante 67-12c
51371 An der Laach 66-9c
51371 An der Lehmkuhle 66-8b
51377 An der Lichtenburg 69-10d
51379 An der Luisenburg 67-9d
51379 An der Robertsburg 68-7b
51375 An der Sanderschepp 88-6b
51381 An der Schmitten 68-8d
51379 An der Schusterinsel 68-7a
51375 An der Steinrütsch 88-3c
51375 An St. Andreas (6) 88-6b
51379 An St. Remigius 68-7a
51375 Andreasstraße 88-3c
51377 Ankerweg 88-2c
51375 Annette-Kolb-Straße 87-6b
51371 Antoniushof 66-8a
51377 Apenrader Straße 88-1d
\- Aquilapark 88-1a
51379 Arnold-Ohletz-Straße 68-10a
51381 Atzlenbach 68-6d
51381 Atzlenbacher Straße 68-6a
51377 Auerweg 88-2d
51379 Auestraße 68-7c
51371 Auf dem Acker 66-9d
51371 Auf dem Blahnenhof 67-11d
51381 Auf dem Bohnbüchel 68-3d
51381 Auf dem Bruch 68-12a
51371 Auf dem End 67-10d
51375 Auf dem Forst 89-4a
51381 Auf dem Herberg 69-7c
51381 Auf dem Lehn 68-9d
51377 Auf dem Stein 88-4d
51375 Auf dem Stüfgen 89-5a
51373 Auf dem Weierberg 67-12a
51377 Auf dem Weiherhahn 68-12d
51375 Auf den Reien 69-11d
51381 Auf der Donnen 69-7a
51371 Auf der Grieße 67-10c
51377 Auf der Nöllen 69-11b
51381 Auf der Ohmer 68-9c
51371 Auf der Weide 67-11b
51377 Auf'm Berg 69-10d
51381 Auf'm Kamp (1) 68-6a
51377 Auf'm Kradenplatz 69-12a
51379 Augustastraße 68-7c
51373 August-Kekulé-Straße 87-2d
51373 August-Wilhelm-von-Hofmann-Straße 87-6a

51379 Bahnallee 68-7d
51379 Bahnhofstraße 68-7c
51377 Baltrumstraße 88-4d
51375 Bamberger Straße 88-6c
51373 Barmer Straße 87-5b
51371 Baumberger Straße 67-10b
51373 Bebelstraße 87-3d
51371 Beckers Kämpchen 66-9c
51379 Beerenstraße 68-4c
51375 Beethovenstraße 88-6d
51379 Behringstraße 68-10a
51371 Bendenweg 87-3a
51375 Bensberger Straße 88-6c
51381 Benzstraße 68-10d
51375 Bergische Landstraße 88-6b
51381 Bergstraße 68-8d
51379 Berliner Platz 68-7a
51375 Berliner Straße 89-1c
51377 Bernhard-Letterhaus-Straße 88-2b
51377 Bernhard-Lichtenberg-Straße (3) 88-2d
51371 Bernhard-Ridder-Straße 68-4d
51371 Bernsteinstraße 66-9b
51375 Bertha-Middelhauve-Straße (4) 88-6a
51373 Bertha-von-Suttner-Straße 88-4c
51375 Bertolt-Brecht-Straße 88-3b
51373 Berzeliusstraße 87-2d
51379 Bielertstraße 68-7a
51381 Biesenbach 68-8b
51381 Biesenbacher Weg 68-9a
51379 Billrothstraße (6) 68-10a
51381 Birkenbergstraße 68-7c
51373 Birkengartenstraße 87-6a
51381 Birkenweg 68-5b
51373 Bismarckstraße 87-3b
51373 Bitterfelder Straße 87-5b
51381 Blankenburg 68-12b
51371 Blaue Donau 66-6d
51373 Blaukehlchenweg (2) 67-12d
51377 Blechersiefen 69-12b
51381 Blütenstraße 68-6a
51371 Boberstraße 67-8c
51379 Böcklerstraße 68-7a
51377 Boddenberg 69-11d
51377 Bodelschwinghstraße 88-4b
51371 Bodestraße 67-7b
51375 Bogenstraße 88-5d
51371 Bohnenkampsweg 87-3a
51377 Bohofsweg 69-10d
51375 Bonifatiusstraße 88-3c
51379 Bonner Straße 67-9d
51377 Borkumstraße 88-4b
51381 Bornheimer Straße 69-7a
51381 Borsigstraße 68-10d
51371 Borussiastraße 66-8b
51379 Bracknellstraße 68-7c
51375 Brahmsweg 88-6c
51377 Brandenburger Straße 69-10d
51373 Breidenbachstraße 87-6a
51381 Breslauer Straße 68-8c
51381 Bruch 69-1c
Bruchhauser Straße 69-10a
51381 Nr. 3a-65, Nr. 6-42
51377 Nr. 66-Ende, Nr. 67-Ende
51379 Brückenstraße 68-7a
51375 Brucknerstraße 88-6d
51377 Brüder-Bonhoeffer-Straße 88-2a
51373 Buchenweg 88-1a
51381 Bürgerbuschweg 68-11c
51381 Burgloch 68-10b
51379 Burgplatz 68-4c
51371 Burgstraße 67-10d
51371 Burgweg 67-10c
51371 Bürriger Weg 67-12a
Burscheider Straße 68-8a
51379 Nr. 2-4
51381 Nr. 3-Ende, Nr. 6-Ende
51381 Buschkämpchen 67-10d
51371 Butterheider Straße 67-11a

\- Carl-Duisberg-Park 87-9c
51373 Carl-Duisberg-Platz 87-2d
51373 Carl-Duisberg-Straße 87-6d
51373 Carl-Leverkus-Straße 87-5b
51375 Carl-Maria-von-Weber-Platz 89-7a
51375 Carl-Maria-von-Weber-Straße 89-7a
51377 Carlo-Mierendorff-Straße 88-2a
51373 Carl-Rumpff-Straße 87-9b
51377 Carl-von-Ossietzky-Straße 69-10c
51377 Charlottenburger Straße 89-1b
51373 Christian-Heß-Straße 87-9b
51381 Claasbruch 68-8b
51381 Classhäuschen 68-8b
51373 Clemens-Winkler-Straße 87-6a
51371 Concordiastraße 66-8d
51371 Cranachstraße 66-8b

51377 Dahlemer Straße 89-1b
51375 Dahlienweg 88-3a
51381 Daimlerstraße 68-11a
51373 Damaschkestraße 87-3b
51373 Danziger Straße 88-1a
51375 Dechant-Fein-Straße 88-6b
51379 Dechant-Krey-Straße 68-4d
51371 Dehlerweg 67-10a
51371 Deichtorstraße 67-10d
51375 Dhünnberg 88-5b
51373 Dhünnstraße 87-5b
51371 Dianastraße (1) 66-8a
51375 Diedenhofener Straße (6) 88-6c
51381 Diepentaler Straße 69-1c
51381 Dierather Weg 69-7a
51381 Dieselstraße 68-10b
51375 Dillinger Straße 88-9b
51371 Distelkamp 67-10d
51381 Dohrgasse 68-9c
51381 Domblick 68-8a
51373 Dönhoffstraße 87-6a
51381 Dornierstraße 68-11a
51373 Dr.-August-Blank-Straße 87-6b
51375 Drachenfelsstraße 88-5d
51373 Dresdener Straße 88-4c
51375 Driescher Hecke 88-3d
51381 Drosselweg 68-12b
51375 Dudweilerstraße 88-9b
51375 Dünfelder Straße 88-3c
51375 Dünnwalder Grenzweg 88-5d
51377 Düppeler Straße 88-1d
51371 Dürerstraße 66-8b
51381 Dürfenthal 69-1d
51381 Dürscheider Weg 68-9b
51379 Düsseldorfer Straße 67-6d

51375 Edelrath 89-5a
51375 Edelrather Weg 89-4a
51375 Edith-Weyde-Straße 87-6d
51377 Edmund-Husserl-Straße 69-10c
51377 Eduard-Spranger-Straße 69-10c
51373 Ehrlichstraße 87-6b
51371 Eichenkamp 67-11b
51373 Eichenweg 88-1a
51371 Eifelstraße 87-3a
51375 Eintrachtstraße 88-3a
51373 Elberfelder Straße 87-6a
51371 Elbestraße 67-7b
51373 Elisabeth-Langgässer-Straße 88-4c
51379 Elisabethstraße 67-6d
51377 Elisabeth-von-Thadden-Straße 88-2a
51373 Elisenstraße 67-12d
51373 Elsa-Brändström-Straße 88-1c
51379 Elsbachstraße 68-4c
51371 Else-Lasker-Schüler-Straße (3) 67-10b
51371 Elsterstraße 67-7d
51373 Emil-Fischer-Straße 87-2d
51375 Emil-Nolde-Straße 89-1c
51381 Engelbertstraße 69-1c
51377 Engstenberger Weg 89-2b
51371 Entenpfuhl 67-12c
51377 Erbelegasse 89-2c
51371 Erftstraße 87-3a
51373 Erfurter Straße 88-4c
51375 Erich-Heckel-Straße (3) 89-1d
51377 Erich-Klausener-Straße 88-2d
51377 Erich-Ollenhauer-Straße 88-3b
51373 Erlenweg 88-1a
51377 Ernst-Bloch-Straße 69-10a
51375 Ernst-Ludwig-Kirchner-Straße 89-1c
51371 Erzbergerstraße 67-12c
51373 Eschenweg 88-1b
51379 Esmarchstraße (8) 68-10a
51373 Espenweg 88-1b
51377 Euckenstraße 69-10b
51371 Eulengasse 67-10c
51371 Eulenkamp 66-9a
51373 Europaring 87-3d
51379 Ewald-Flamme-Straße 67-9d
51381 Ewald-Röll-Straße 68-5c

51371 Fahnenacker 66-6c
51371 Fährstraße 66-12a
51375 Farnweg 88-3b
51381 Fasanenweg 68-12b
51379 Faßbacher Hof 89-4b
51371 Felderstraße 67-10d
51371 Feldkampstraße 67-10c
51381 Feldsiefen 68-12a
51381 Feldsiefer Weg 68-9c
51381 Feldsiefer Wiesen (3) 68-12a
51381 Feldstraße 68-11a
51371 Feldtorstraße 67-10d
51375 Felix-von-Roll-Straße 88-6a
51373 Ferdinand-Lassalle-Straße 87-3d
51377 Fester Weg 69-10a
51377 Fettehenne 89-2a
51377 Feuerbachstraße 69-10b
51379 Feuerdornweg 68-4c
51373 Fichtenweg 88-1b
51377 Fichtestraße 69-10b
51375 Finkelsteinstraße 88-5b
51381 Finkenweg 68-12b
51381 Fixheide 68-11c
51379 Fixheider Straße 68-10a
51381 Flabbenhäuschen 68-8b
Flensburger Straße 88-1c
51373 Nr. 1-5, Nr. 2-4
51377 Nr. 7-Ende, Nr. 8-Ende
51379 Fliederweg 68-4a
51379 Florastraße 68-4a
51371 Florianweg 87-3a
51371 Flötgraben 89-2a
51375 Flotowstraße 89-7a
51371 Flurstraße 66-9c
51373 Föhrenweg 88-1b
51373 Fontanestraße 87-6d
51381 Forellental 69-7a
51371 Fortunastraße (2) 66-8a
51379 Franz-Esser-Straße 68-4d
51373 Franz-Hitze-Straße 88-1a
51375 Franz-Kail-Straße 88-6a
51375 Franz-Marc-Straße 89-1d
51375 Freiburger Straße 88-6c
51373 Freiheitstraße 67-12d
51379 Freiherr-vom-Stein-Straße 68-7d
51375 Freudenthal 88-6b
51375 Freudenthaler Weg 88-6b
51373 Fridtjof-Nansen-Straße 88-1c
51379 Friedenberger Hof 68-4c
51379 Friedenberger Straße 67-6d
51373 Friedensstraße 87-6a
51371 Friedhofstraße 67-10a
51375 Friedlandstraße 88-9a
51373 Friedlieb-Ferdinand-Runge-Straße 87-6b
51373 Friedrich-Bayer-Straße 87-9b
51373 Friedrich-Bergius-Platz 88-4a
51373 Friedrich-Ebert-Platz 87-6a
51373 Friedrich-Ebert-Straße 87-6a
51371 Friedrich-Engels-Straße 67-12c
51379 Friedrich-List-Straße 68-7d
51373 Friedrich-Naumann-Straße 87-3d
51377 Friedrich-Sertüner-Straße 88-1d
51377 Friedrichstraße 88-2c
51373 Friedrich-Weskott-Straße 87-9b
51379 Friesenweg 67-9d
51379 Frischenberg 68-4a
51377 Fritz-Erler-Straße 89-1a
51379 Fritz-Henseler-Straße 67-9d
51373 Fröbelstraße 67-12d
51379 Fürstenbergplatz 68-7a
51379 Fürstenbergstraße 68-7a

51375 Gabriele-Münter-Straße 89-4b
51375 Gartenstraße 88-7c
51379 Gebhardstraße 67-6b
51373 Geibelstraße 87-6d
51373 Gellertstraße 87-6d
51373 Georg-von-Vollmar-Straße 88-1a
51373 Gerhard-Domagk-Straße 87-5b
51379 Gerhart-Hauptmann-Straße 67-9b
51379 Gerichtsstraße 68-7a
51377 Geschwister-Scholl-Straße 88-2b
51381 Gewerbegebiet Fixheide 68-10b
51379 Gewerbepark Schusterinsel 68-7a
51375 Gezelinallee 88-3c
51379 Gierener Weg 68-7d
51375 Ginsterweg 88-3b
51373 Gisbert-Cremer-Straße 67-12d
51377 Glücksburger Straße 88-1d
51375 Gluckstraße 88-9b
51377 Gneisenaustraße 88-5a
51379 Goetheplatz 68-7c
51379 Goethestraße 68-7c
51371 Golo-Mann-Straße (5) 67-10a
51381 Görlitzer Straße 68-8c
51373 Görresstraße 88-1a
51373 Graebestraße 87-6b
51377 Graf-Galen-Platz 88-2d
51375 Gregor-Mendel-Straße 88-6b
51381 Grillenweg 68-8d
51377 Gronenborn 69-12c
51377 Gronenborner Mühle 69-12c
51377 Gronenborner Weg 69-12c
51373 Große Kirchstraße 87-2d
51381 Grund 68-6b
51381 Grunder Mühle 68-6d
51381 Grunder Wiesen 68-6b
51381 Grundermühlenhof 68-6d
51381 Grundermühlenweg 68-6a
Grüner Weg 88-3a
51375 Nr. 2-Ende, Nr. 165-167
51377 Nr. 149
51375 Grunewaldstraße 89-1a
51371 Grünstraße 66-12a

51379 Günther-Weisenborn-Straße (1) 68-7a
51373 Gustav-Freytag-Straße 87-6d
51377 Gustav-Heinemann-Straße 88-4b
51377 Gustav-Radbruch-Straße 69-10a
51379 Gut Ophoven 68-7b
51373 Gut Reuschenberg 67-12a
51371 Gut Rosendahl 67-7b
51371 Gut Waldwinkel 67-9c
51373 Gutenbergstraße 87-3b

51373 **H**aberstraße 88-4a
51371 Habichtgasse 67-10c
51371 Hafenstraße 66-8d
51375 Hagenauer Straße (7) 88-6c
51377 Hahnenblecher 69-12a
51377 Halenseestraße 89-1b
51371 Halfenleimbach 89-2a
51373 Hallesche Straße 88-4c
51377 Halligstraße 88-4b
51381 Hamberger Straße 69-7a
51375 Hammerweg 88-6b
51375 Händelstraße 88-6c
51375 Hannah-Höch-Straße (5) 89-1d
51377 Hans-Arp-Straße 89-1c
51377 Hans-Gerhard-Straße 88-2c
51375 Hans-Sachs-Straße 88-6d
51379 Hans-Schlehahn-Straße 68-10a
51377 Hans-von-Dohnanyi-Straße 88-2c
51373 Hardenbergstraße 87-3b
51379 Hardter Straße 67-6d
51375 Haselweg 88-3b
51373 Hauptstraße 87-5b
- Hauptweg 68-11c
51377 Haus Steinbüchel 69-10d
51379 Haus-Vorster-Straße 68-4c
51371 Hauweg 67-8b
51377 Havelstraße 89-1b
51373 Havensteinstraße 87-6b
51375 Haydnstraße 88-6d
51373 Hebbelstraße 87-6d
51379 Heckenweg 68-7b
51371 Heerweg 66-8a
51377 Hegelstraße 69-10b
51377 Heidberg 69-9c
51377 Heidehöhe 88-5a
51381 Heidestraße 68-11c
51377 Heimstättenweg 66-9c
51371 Heinrich-Böll-Straße 67-10a
51371 Heinrich-Brüning-Straße 67-12c
51371 Heinrich-Claes-Straße 67-12d
51373 Heinrich-Heine-Straße 88-4c
51375 Heinrich-Hörlein-Straße 88-2d
51375 Heinrich-Lübke-Straße 88-3b
51373 Heinrichstraße 68-10c
51375 Heinrich-Strerath-Straße (5) 88-6b
51373 Heinrich-von-Kleist-Platz 87-6d
51373 Heinrich-von-Kleist-Straße 87-6d
51373 Heinrich-von-Stephan-Straße 87-6b
51375 Heisterbachstraße (1) 88-5d
51375 Helenenstraße 88-2c
51371 Helmestraße 67-7b
51377 Hemmelrather Hof 88-2c
51377 Hemmelrather Weg 88-2c
51373 Henry-T.-von-Böttinger-Straße 87-9d
51375 Herbert-Wehner-Straße 88-3c
51381 Herderstraße 68-8c
51379 Heribertstraße 67-6d
51377 Hermann-Ehlers-Straße 89-1a
51377 Hermann-Hesse-Straße 69-10c
51373 Hermann-König-Straße 88-4a
51379 Hermann-Löns-Straße 67-9b
51379 Hermann-Milde-Straße 67-9b
51379 Hermann-Nörrenberg-Straße 67-9d
51373 Hermann-von-Helmholtz-Straße 87-6b
51375 Hermann-Waibel-Straße 88-3c
51379 Herzogstraße 68-7c
51373 Heymannstraße 88-4c
51373 Hindenburgstraße 87-6b
51377 Hirzenberg 69-8d
51377 Hirzenberger Mühle 69-8d
51371 Hitdorfer Kirchweg 66-12a
51371 Hitdorfer Straße 66-8d
51377 Höfer Mühle 89-2c
51377 Höfer Weg 89-1b
51371 Hohe Straße 66-12a
51381 Höhenstraße 68-9a
51375 Höllers Gäßchen 88-3d
51381 Höltgestal 69-1a
51375 Holunderweg 88-3b
51381 Holzer Weg 68-8d
51381 Holzer Wiesen 68-11b
51377 Horkenbach 89-2c
51375 Hornpottweg 88-5d
51373 Horst-Henning-Platz 87-6c
51371 Hubertusweg 87-3a
51379 Hufelandstraße 68-10a
51381 Hufer Weg 69-10a
51379 Humboldtstraße 68-7c
51375 Hummelsheim 89-4d
51375 Hummelsheimerhof 89-4d
51379 Hummelweg 68-8d
51375 Humperdinckstraße 88-6d
51381 Hüscheider Gärten 68-6a
51381 Hüscheider Straße 68-5b
51381 Hütte 68-12b

51381 **I**llbruck 69-1c
51371 Ilmstraße 67-7d
51377 Im Benscheid 89-1d
51381 Im Bergischen Heim 68-12b
51371 Im Bruch 67-12c
51381 Im Buchenhain 68-12b
51375 Im Bühl 88-6a
51373 Im Burgfeld 87-6b
51381 Im Dorf 68-9d
51373 Im Eisholz 88-1a
51379 Im Friedenstal 68-5c
51371 Im Frohental 66-9c
51371 Im Grunde 67-10b
51379 Im Hederichsfeld 68-7c
51377 Im Jücherfeld 69-10d
51379 Im Kalkfeld 67-6d
51377 Im Kirberg 89-2d
51381 Im Kirchfeld 68-9d
51379 Im Kreuzbruch 67-9d
51375 Im Mittelbusch 89-5c
51371 Im Mühlenfeld 67-12a
51371 Im Nesselrader Kamp (2) 67-10d
51371 Im Oberdorf 67-10d
51381 Im Oberfeld 69-1c
51377 Im Perrfeld 69-9d
51381 Im Rosengarten 68-6b
51377 Im Rottfeld 69-11b
51377 Im Rottland 69-12c
51381 Im Scheffengarten 68-6d
51379 Im Staderfeld 68-4a
51371 Im Steinfeld 67-12c
51371 Im Weidenblech 67-11d
51379 Im Winkel 68-7b
51381 Im Ziegelfeld 68-9d
51381 Imbach 68-5a
Imbacher Weg 68-4d
51379 Nr. 20-46, Nr. 33-55
51381 Nr. 52-120, Nr. 85-131
51371 Immenweg 67-11a
51379 In den Belsen 67-6d
51371 In den Blechenhöfen 67-11d
51371 In den Dehlen 67-10a
51375 In der Aue 89-4d
51371 In der Birkenau 67-10d
51381 In der Dasladen 68-8d
51371 In der Felderhütten 67-11d
51371 In der Hartmannswiese 67-11d
51379 In der Höhle (2) 68-7a
51381 In der Schaafsdellen 68-6d
51377 In der Wasserkuhl 69-11c
51381 In der Wüste 69-7c
51381 In Holzhausen 68-9c
51377 Innovationspark Leverkusen 88-1d
51371 Insterstraße 67-7d

51381 **J**acob-Fröhlen-Straße 68-8d
51375 Jägerstraße 88-6c
51371 Jahnstraße 68-8d
51381 Jakob-Eulenberg-Weg 68-9c
51381 Jakobistraße 68-8c
51375 Jakob-Kaiser-Straße 88-3b
51373 Jakov-Windisch-Platz 87-6a
51373 Jenaer Straße 88-4c
51375 Johannes-Baptist-Straße 88-3c
51375 Johannes-Dott-Straße 88-6c
51377 Johannes-Kepler-Straße 88-1d
51377 Johannes-Popitz-Straße 88-2d
51373 Johannes-Wislicenus-Straße 87-3c
51373 Johannisburger Straße 87-3d
51375 Johann-Janssen-Straße 89-4c
51371 Johann-Wirtz-Weg (4) 67-10b
51381 Josef-Becker-Straße (1) 68-12b
51377 Josefstraße 88-4b
51377 Jüch 89-1a
51373 Julius-Doms-Straße 68-10c
51377 Julius-Leber-Straße 88-2d

51373 **K**aiserplatz 87-3c
51373 Kaiserstraße 87-5b
51373 Kaiser-Wilhelm-Allee 87-9c
51377 Kalkstraße 88-5a
51377 Kamp 69-8c
51379 Kämpchenstraße 68-7c
51371 Kämpenwiese 67-11d
51379 Kämper Weg 67-9b
51377 Kamptalweg 69-10b
51379 Kanalstraße 67-9d
51375 Kandinskystraße 89-4a
51379 Kantstraße 68-7a
51381 Kapellenstraße 69-7c
51375 Karl-Arnold-Straße 88-3b
51373 Karl-Bosch-Straße 88-4a
51379 Karl-Bückart-Straße 68-7a
51375 Karl-Carstens-Ring 88-5d
51377 Karl-Friedrich-Goerdeler-Straße 88-2c
51377 Karl-Jaspers-Straße 69-10a
51381 Karl-König-Straße (2) 69-10a
51377 Karl-Krekeler-Straße 88-4c
51373 Karl-Marx-Straße 88-1a
51379 Karlstraße 68-7c
51373 Karl-Ulitzka-Straße 68-10c
51381 Karl-Wichmann-Straße 68-9d
51381 Karl-Wingchen-Straße 68-11a
51381 Käsenbrod 68-12b
51377 Kastanienallee 88-2d
51375 Käthe-Kollwitz-Straße 68-12d
51371 Katzbachstraße 67-11a
51373 Kerschensteinerstraße 68-10c
51373 Kiefernweg 88-1b
51377 Kieler Straße 88-1d
51371 Kieselstraße 66-9c
51373 Kiesweg 68-10c
51381 Kinderhausen 69-7a
51373 Kleiberweg 67-12d
51373 Kleine Kirchstraße 87-5b
51371 Kleingansweg 66-8a
51381 Kleinheider Weg 68-11c
51381 Klief 69-7a
51379 Kneippstraße 67-9d
51377 Knochenbergsweg 88-7b
51371 Kochergarten 66-9c
51371 Kocherstraße 66-9c
51371 Kockelsberg 66-9c
51381 Kolberger Straße 68-8c
51375 Kolmarer Straße 88-6c
51377 Kölner Gasse 89-1b
51379 Kölner Straße 68-7c
51379 Kolpingstraße 67-6d
51371 Königsberger Platz 67-7d
51373 Konrad-Adenauer-Platz 88-4a
51375 Köpenicker Straße 89-1c
51379 Kopernikusstraße 67-9b
51373 Körnerstraße 87-6b
51379 Köschenberg 68-4c
51377 Köttershof 69-8c
51375 Kreuzbroicher Straße 88-3b
51373 Kreuzhof 87-5b
51371 Kreuzkamp 66-9c
51377 Krummer Weg 69-10b
51381 Kruppstraße 68-11c
51375 Kuhlmannweg 88-6b
51377 Kump 69-12a
51377 Kumper Weg 69-11b
51377 Kunstfeldstraße 88-4b
51373 Küppersteger Straße 87-3b
51375 Kursiefen 89-5a
51375 Kursiefer Weg 89-5a
51373 Kurtekottenweg 87-9b
51377 Kurt-Schumacher-Ring 89-1a
51371 Kyllstraße 87-3a

51379 **L**andrat-Trimborn-Platz 68-4c
51371 Langenfelder Straße 66-9c
51377 Längsleimbach 69-11d
51379 Lärchenweg 68-4a
51373 Lastenstraße 87-2d
51373 Legienstraße 88-4c
51381 Leimser Mühle 68-9d
51379 Leichlinger Straße 68-4c
51375 Leimbacher Hof 89-4a
51371 Leinestraße 67-7b
51381 Leineweberstraße 68-9d
51373 Leipziger Straße 88-4a
51381 Lerchengasse 68-12b
51379 Lessingstraße 68-7a
51381 Libellenweg 68-8d
51373 Lichstraße 87-6a
51377 Lichtenburg 69-11c
51373 Liebigstraße 87-3c
51375 Ligusterweg 88-3a
51381 Linde 69-1b
51375 Lindenplatz 88-6b
51381 Lindenstraße 69-1d
51373 Lingenfeld 88-1c
51375 Linienstraße 88-5d
51381 Lippe 68-9b
51371 Löchergraben 67-10b
51379 Löfflerstraße 68-10a
51371 Loheweg 66-9c
51375 Lohrbergstraße 88-5b
51371 Lohrstraße 66-8a
51371 Löhstraße 67-10b
51375 Lortzingstraße 88-6d
51373 Lötzener Straße 87-3d
51375 Löwenburgstraße 88-5b
51379 Lucasstraße 68-7b
51379 Lucasweg 68-4b
51373 Ludwig-Erhard-Platz 87-6b
51373 Ludwig-Girtler-Straße 87-9d
51373 Ludwig-Knorr-Straße 87-6b
51377 Luisenstraße 88-2c
51375 Lupinenweg 88-3a
Lützenkirchener Straße 68-7b
51379 Nr. 2-58, Nr. 3-89
51381 Nr. 60-Ende,
Nr. 111-Ende
51373 Lycker Straße 87-3d

51381 **M**aashofstraße 68-8d
51373 Manforter Straße 87-6d
51375 Maria-Dresen-Straße (3) 88-6d
51377 Maria-Terwiel-Straße 88-2a
51377 Marie-Curie-Straße 88-1d
51373 Marienburger Straße 87-3d
51375 Mariendorfer Straße 89-1c
51373 Marienwerderstraße 88-1a
51375 Marie-Schlei-Straße 88-3b
51373 Marktplatz 87-6a
51371 Markusweg 67-12c
51377 Martin-Buber-Straße 69-10c
51377 Martin-Heidegger-Straße 69-10c
51375 Martin-Luther-Straße 88-6a
51371 Masurenstraße 67-8a
51377 Mathildenhof 89-1b
51377 Mathildenweg 88-2c
51381 Maurinusstraße 68-8d
51377 Mauspfad 88-5a
51375 Max-Beckmann-Straße 89-1d
51377 Max-Delbrück-Straße 88-1d
51379 Max-Holthausen-Platz 67-9d
51377 Max-Horkheimer-Straße 69-10c
51375 Max-Liebermann-Straße (2) 89-1d
51375 Max-Pechstein-Straße 89-1d
51373 Max-Planck-Straße 88-4a
51377 Max-Scheler-Straße 69-10c
51381 Max-Schönenberg-Straße 69-1d
51381 Maybachstraße 68-11a
51377 Meckhofen 69-11c
51377 Meckhofer Feld 89-2a
51373 Meisenweg (1) 67-12d
51371 Memelstraße 67-7d
51379 Menchendahler Straße 68-7c
51375 Mendelssohnstraße 89-7a
51375 Merziger Straße 88-9a
51375 Mettlacher Straße 88-9a
51375 Metzer Straße 88-6c
51373 Michaelsweg 67-12d
51379 Miselohestraße 68-4c
51373 Mittelstraße 68-7c
51371 Mohlenstraße 66-8d
51373 Moltkestraße 88-1c
51371 Monheimer Straße 67-10b
51373 Montanusstraße 87-6a
51373 Montessoriweg 88-1a
51377 Moosweg 88-4b
51375 Morsbroicher Straße 88-3c
51371 Moselstraße 87-3a
51373 Moskauer Straße 87-6a
51375 Mozartstraße 88-6c
Mühlenweg 67-12c
51371 Nr. 1-49, Nr. 2-50
51373 Nr. 51-Ende, Nr. 52-Ende
51381 Muhrgasse 68-3b
51371 Muldestraße 67-7a
51375 Mülhausener Straße 88-6c
51375 Mülheimer Straße 88-9a
51375 Münsters Gäßchen 88-6b
51379 Münzstraße 68-7c
51371 Müritzstraße 67-8a
51371 Myliusstraße 67-12c

51373 **N**achtigallenweg 67-12d
51377 Nauener Straße 89-1b
51373 Neidenburger Straße 87-3d
51371 Neißestraße 67-11a
51371 Netzestraße 67-7d
51377 Neuboddenberg 69-11d
51377 Neuendriesch 68-12c
51375 Neuenhaus 89-2c
51375 Neuenhausgasse 89-4b
51381 Neuenkamp 68-2d
51371 Neujudenhof 66-6c
51381 Neukronenberger Straße 68-8b
51371 Neußhof 66-9b
51379 Neustadtstraße 68-10a
51377 Nicolai-Hartmann-Straße 69-10c
51377 Niederblecher 69-9d
51373 Niederfeldstraße 87-5b
51377 Nietzschestraße 69-10d
51377 Nikolaus-Groß-Straße 88-2b
51377 Nittumer Weg 88-9a
51373 Nobelstraße 87-2d
51377 Norderneystraße 88-4b
51379 Nordstraße 67-6d

51381 **O**ber dem Hof 68-6c
51371 Obere Lindenstraße 69-1b
51379 Obere Straße 68-8a
51381 Oberölbach 68-3d
51371 Odenthaler Straße 89-4a
51371 Oderstraße 67-11a
51371 Okerstraße 67-8c
51381 Ölbachstraße 68-6c
51375 Ölbergstraße 88-5d
51371 Olof-Palme-Straße 87-3c
51375 Ophovener Straße 88-3d
51379 Opladener Platz 68-7c
51375 Opladener Straße 88-3c
51373 Ortelsburger Straße (1) 87-3d
51375 Oskar-Moll-Straße 89-1d
51375 Oskar-Schlemmer-Straße 89-4b
51371 Oststraße 66-12b
51377 Oswald-Spengler-Straße 69-10c
51375 Otto-Dix-Straße 89-1d
51373 Otto-Doermer-Straße (1) 87-9b
51373 Otto-Grimm-Straße 87-6a
51381 Otto-Hahn-Straße 68-9c
51377 Otto-Müller-Straße 88-2d
51377 Otto-Stange-Straße 69-10d
51381 Ottostraße 68-10b
51373 Otto-Varnhagen-Straße 87-3b
51379 Otto-Wels-Straße 67-9d
51375 Ottweilerstraße 88-9b
51375 Oulustraße 88-6b
51371 Overfeldweg 87-3a

51373 **P**appelweg 88-1a
51375 Paracelsusstraße 88-5a
51371 Parkstraße 66-8d
51371 Pastor-Louis-Straße 87-3a
51381 Pastor-Scheibler-Straße 68-5d
51381 Pattscheid 68-3d
51375 Paul-Klee-Straße 89-1d
51373 Paul-Löbe-Straße 87-3b
51379 Paulstraße 67-6d
51371 Peenestraße 67-7b
51371 Pescher Busch 67-8b
51373 Peschstraße 87-6a
51373 Pestalozzistraße (3) 68-10c
51373 Peter-Grieß-Straße 87-3c
51377 Peter-Joseph-Lenné-Straße 88-4d
51379 Peter-Neuenheuser-Straße 68-7c
51375 Petersbergstraße 88-5b
51379 Peterstraße 67-6d
51381 Pfarrer-Jekel-Straße 68-8d
51381 Pfarrer-Klein-Straße 68-9d
51381 Pfarrer-Röhr-Straße 68-9d
51377 Pfeilshofstraße 88-4b
51373 Philipp-Ott-Straße 87-9b
51375 Piet-Mondrian-Straße 89-1d
51381 Platanenweg 68-5d
51379 Platz an der Synagoge (3) 68-7a
51379 Pommernstraße 68-7b
51381 Porschestraße 68-11a
51377 Poststraße 88-4b
51377 Potsdamer Straße 69-11c
51371 Pregelstraße 67-7d
51379 Prießnitzstraße 67-9d
- Prinzbrücke 87-2c
51371 Pützdelle 67-10a

51371 **Q**uarzstraße 66-9b
51381 Quettinger Straße 68-10b

51379 **R**aoul-Wallenberg-Straße 67-9b
51379 Rat-Deycks-Straße 68-7a
51373 Rathenaustraße 87-6b
51373 Ratherkämp 88-1c
51373 Ratiborer Straße 88-4c
51381 Raushofstraße 68-8d
51375 Regensburger Straße 88-5d
51375 Reinickendorfer Straße 89-1c
51381 Renkgasse 68-11b
51379 Rennbaumplatz 68-7a
51379 Rennbaumstraße 68-7b
51371 Reuschenberger Mühle 67-11b
51379 Reuschenberger Straße 67-9d
51379 Reusrather Straße 67-6d
51375 Reuterstraße 88-5d
51373 Rheinallee 87-6a
51371 Rheindorfer Deich 67-10d
51371 Rheindorfer Straße 67-11d
- Rheinpromenade 87-5b
51371 Rheinstraße 66-8c
- Rheinuferpark 87-2c
51379 Rhein-Wupper-Platz 67-9d
51375 Richard-Wagner-Straße 88-9b
51377 Rilkestraße 68-12d
51371 Ringstraße 66-8b
Robert-Blum-Straße 88-1a
51373 Nr. 1-57, Nr. 2-62
51379 Nr. 59-95, Nr. 68-98
51379 Robert-Koch-Straße 68-10a
51375 Robert-Medenwald-Straße 88-6d
51381 Rolandstraße 68-8d
51381 Romberg 69-1d
51373 Röntgenstraße 88-4a
51373 Roonstraße 88-4a
51377 Ropenstall 69-11b
51377 Ropenstaller Weg 69-11b
51371 Rosendahlsweg 67-8a
51381 Rosenthal 69-1a
51373 Rostocker Straße 88-4c
51379 Rotdornweg 68-4a
51379 Rothenberger Straße 67-6b
51371 Röttgerweg 67-10d
51373 Rückertstraße 88-4c
51377 Rudolf-Breitscheid-Straße 69-10c
51373 Rudolf-Mann-Platz 87-9b
51373 Rudolf-Mann-Straße (2) 87-9b
51373 Rudolf-Stracke-Straße (2) 88-6c
51379 Ruhlach 68-4c
51379 Ruhlachplatz 68-7a
51379 Ruhlachstraße 68-7b
51371 Rüttersweg 87-3a

51371 **S**aalestraße 67-7d
51375 Saarbrücker Straße 88-9a
51375 Saarlauterner Straße 88-9b
51375 Saarstraße 88-9a
51371 Samlandstraße 67-8c
51379 Sanddornstraße 68-4c
51379 Sandstraße 67-6d
51375 Sauerbruchstraße 88-5a
51371 Schäfershütte 67-10a
51377 Scharnhorststraße 88-4b
51375 Scheffershof 89-5a
51371 Scheidemannstraße 67-12c
51377 Schellingstraße 69-10a
51373 Schenkendorfstraße 87-6d
51375 Scherfenbrand 89-4c
51373 Schießbergstraße 87-5b
51379 Schillerstraße 68-7c
51381 Schlangenhecke 68-10d
51381 Schlebuscher Straße 68-10d
51377 Schlebuschrath 88-2a
51379 Schlehdornstraße 68-4c
51377 Schleiermacherstraße 69-10a
- Schloss Morsbroich 88-2d
51381 Schmalenbruch 68-12b
51381 Schmittenhäuschen 68-9a
51371 Schnepfenflucht 67-10a
51377 Schnorrenberg 69-11b
51381 Schöffenweg 68-9d
51379 Schöllerstraße 68-7a
51381 Schöne Aussicht 69-4c
51377 Schöneberger Straße 69-10d
51377 Schopenhauerstraße 69-10b
51375 Schubertplatz 88-6c
51375 Schubertstraße 88-6c
51377 Schulberg 69-11c
51373 Schulstraße 87-6a
51375 Schumannstraße 88-6d
51373 Schwalbenweg 68-10a
51371 Schwarzastraße 67-7b
51371 Sebastianusweg 87-3a
51375 Semmelweisstraße 88-5b
51373 Siebelplatz 87-6b
51381 Siemensstraße 88-2a
51371 Solinger Straße 67-10d
51377 Sonderburger Straße 88-1d
51377 Spandauer Straße 89-1b
51373 Speestraße 87-6b
51381 Sperberweg 68-9d
51371 Sperlingsweg (3) 67-12d
51371 Spitzwegstraße 66-8b
51381 Sporrenberg 69-7d
51381 Sporrenberger Mühle 69-7d
51373 Sportpark Leverkusen 87-3d
51377 Spreestraße 89-1b
- St.-Antonius-Steg 87-5b
51375 St. Ingberter Straße 88-9a
- Stadtpark 87-3d
51373 Starenweg 67-12d
51379 Stauffenbergstraße 68-7b
51377 Stefan-Zweig-Straße 69-10c
51373 Stegerwaldstraße 88-4a
51375 Steglitzer Straße 89-1c
51377 Steinbücheler Feld 69-10d
51377 Steinbücheler Straße 89-1a
51379 Steinstraße 67-9d
51377 Steinweg 69-11d
51371 Stephan-Lochner-Straße 66-8b
51371 Stephanusweg 67-12c
51381 Stettiner Straße 68-8c
51377 Stixchesstraße 88-4b
51371 Stöckenstraße 66-8d
51381 Stralsunder Straße 68-8c
51375 Straßburger Straße 88-6c
51371 Stresemannplatz 67-12c
51375 Stromberstraße 88-5d
51371 Stromstraße 66-8d
51375 Stüttekofener Straße 88-3c
51371 Sudestraße 67-7b
51371 Sürderstraße 89-1c
51377 Syltstraße 88-1d

51379 **T**alstraße 68-7b
51373 Tannenbergstraße 87-3d
51381 Tannenweg 68-5b
51381 Taubenweg 68-12a
51377 Teitscheid 89-2b
51377 Teitscheider Weg 69-11d
51377 Teltower Straße 89-1b
51375 Tempelhofer Straße 89-1c
51377 Theodor-Adorno-Straße 69-10c
51371 Theodor-Fliedner-Straße 66-9c
51381 Theodor-Gierath-Straße 68-12b
51377 Theodor-Haubach-Straße (2) 88-2d
51377 Theodor-Heuss-Ring 68-12d
51373 Theodor-Storm-Straße 87-6d
51377 Theodorstraße 88-2c
51373 Thomas-Dehler-Straße 87-3b
51375 Thomas-Morus-Straße 88-3c
51375 Thomas-von-Aquin-Straße 88-6b
51373 Titanstraße 87-6c
51381 Torstraße 68-7d
51375 Treptower Straße 89-1c
51379 Treuburger Straße 68-8c

51379 **U**hlandstraße 68-7c
51377 Ullrich-von-Hassell-Straße 88-2d
51373 Ulmenweg 88-1b
51375 Ulmer Straße 88-6c
51379 Ulrichstraße 67-6b
51371 Umlag 66-9b
51371 Unstrutstraße 67-7b
51377 Unter dem Schildchen (3) 89-2a
51381 Unterölbach 68-6c
51371 Unterstraße 66-12b
51375 Uppersberg 89-5d
51371 Urftstraße 87-3a

51373 **V**an't-Hoff-Straße 87-3c
51371 Veit-Stoß-Straße 66-9c
51379 Vereinsstraße 67-9d
51373 Viktor-Meyer-Straße 87-3c
51375 Vincent-van-Gogh-Straße (1) 89-1d
51375 Virchowstraße 88-5a
51371 Voigtslach 66-6d
51379 Volhardstraße 68-10a
51375 Völklinger Straße 88-9b
51375 Von-Brentano-Straße 88-3b
51375 Von-Diergardt-Straße 88-6a
51379 Von-Eichendorff-Straße (4) 68-7c
51371 Von-Ketteler-Straße 67-12c
Von-Knoeringen-Straße 69-10a
51381 Nr. 2-58, Nr. 11-79
51377 Nr. 117
51379 Von-Pettenkofer-Straße (5) 68-10a
51379 Von-Siebold-Straße 68-10a

51375 **W**acholderweg 88-3a
51373 Waldstraße 67-12a
51373 Walter-Flex-Straße 87-6d
51373 Walter-Hempel-Straße 87-6b
51375 Walter-Hochapfel-Straße 88-3c
51373 Walter-Nernst-Straße 88-4a
51377 Wannseestraße 69-10d
51371 Warnowstraße 67-7b
51371 Warthestraße 67-10b
51373 Weddigenstraße 87-6b
51371 Weichselstraße 67-11a
51371 Weidenstraße 66-12a
51371 Weidfeldstraße 66-9d
51381 Weiherfeld 69-10a
51373 Weiherstraße 88-4b
51371 Weinhäuserstraße 66-8d
51375 Weißdornweg 88-3a
51375 Weißenseestraße 88-3d
51375 Weizkamp 88-3d
51371 Werftstraße 66-8d
51379 Werkstättenstraße 68-7d
51381 Werner-Heisenberg-Straße 68-9c
51371 Werrastraße 67-7d
51371 Westring 67-11d
51381 Weyerhof 68-12b
51381 Weyerweg 68-9d
51371 Widdauener Straße 66-9c
51377 Wiebertshof 69-11a
51371 Wiehbachtal 68-9a
51379 Wiembachallee 68-7a
51373 Wiesdorfer Platz 87-6a
51377 Wiesenfeld 69-11b
51371 Wiesenstraße 66-12a
- Wildpark Reuschenberg 67-12a
51373 Wilhelm-Busch-Straße 87-6d
51381 Wilhelm-Hastrich-Straße 68-5a
51377 Wilhelm-Kaltenbach-Wag 88-2d
51377 Wilhelm-Leuschner-Straße 88-2c
51377 Wilhelmsgasse 89-2c
51379 Wilhelmstraße 68-10a
51375 Willi-Baumeister-Straße (4) 89-1d
51373 Willy-Brandt-Ring 87-6d
51371 Wilmersdorfer Straße 89-1a
51375 Winand-Rossi-Straße 88-6b
51373 Windthorststraße 87-3b
51381 Winkelweg 68-6a
51381 Winterberg 68-9b
51371 Wittenbergstraße 67-10d
51373 Wöhlerstraße 87-6a
51375 Wolf-Vostell-Straße 89-1d
51375 Wolkenburgstraße 88-5d
51375 Wuppermannpark 88-6b
51371 Wupperstraße 67-10d
51381 Wuppertalstraße 68-5a
51377 Wüstenhof 69-12a

51371 **Y**itzhak-Rabin-Straße 67-10a

51381 **Z**auberkuhle 68-9b
51381 Zedernweg 68-5d

51375 Zehlendorfer Straße 89-1a
51381 Zehntenweg 69-10a
51373 Zeisigweg 67-12d
51373 Zeppelinstraße 88-4a
51371 Zschopaustraße 67-7b
51381 Zum Classhäuschen 68-5d
51371 Zündhütchenweg 88-1a
51371 Zur Alten Brauerei (3) 66-8d
51379 Zur Alten Fabrik 68-7b

Lindlar
PLZ 51789

Abrahamstal 94-4c
Adolph-Kolping-Straße 95-1c
Aggerweg 94-7c
Ahornweg (2) 94-7c
Ahrweg 94-7c
Akazienweg (3) 94-7c
Albrecht-Dürer-Straße (23) 94-8b
Alsbacher Straße 94-8c
Alte Dorfstraße 93-7d
Alte Landstraße 95-1d
Alte Ommerbornstraße (3) 95-1c
Altenhof 75-8c
Altenlinde 94-4c
Altenrather Feld (6) 94-8d
Altenrather Weg 94-11b
Am Acker 94-3d
Am Ackerhof 95-7a
Am Bahndamm 94-7a
Am Bahnhof 93-8c
Am Biesenberg 95-4a
Am Bolzenbacher Kreuz 94-10b
Am Brunnen 94-11a
Am Brunnenberg 94-8a
Am Dimberg 94-6b
Am Dorn 95-1c
Am Dornbusch 95-2a
Am Falltor (11) 94-8c
Am Fronhofsgarten 94-7b
Am Hang (4) 95-1c
Am Hellinger Bach (6) 94-11b
Am Hofanger (2) 95-1c
Am Höfchen 94-3d
Am Kamp 94-11a
Am Langen Hahn 94-8c
Am Lindenbaum 113-4c
Am Lindenkreuz 94-11a
Am Mühlenberg 94-2a
Am Mühlenteich 94-3c
Am Pfaffenberg 94-7d
Am Rosenhof 112-3c
Am Sägewerk 94-10b
Am Scheelbach 95-1c
Am Schlagbaum 94-9a
Am Sonnenhang (20) 94-7b
Am Südhang 94-2b
Am Sülzerberg 94-4c
Am Weiher 95-7c
Am Weilsberg 94-8b
Am Wiedenhof 113-4c
Amselweg 94-8c
An der Gasse 94-2a
An der Linde 94-11b
An der Mühle 94-3c
An der Sülz 94-3d
Anton-Esser-Straße 94-2a
Auenweg 94-3c
Auf dem Brocher Feld (1) 94-3d
Auf dem Flux 93-8a
Auf dem Heidchen 94-7d
Auf dem Korb 94-7d
Auf dem Straßenfeld 113-4c
Auf dem Ufer 94-8c
Auf den Reineichen 94-7c
Auf den Rotten 112-3c
Auf der Heilen (1) 112-3c
Auf der Höhe 94-7d
Auf der Kampe 112-3c

Bachstraße (7) 94-7d
Bachwiese (12) 94-7d
Bahnhofstraße 94-7b
Beethovenstraße (22) 94-8a
Berg 93-12c
Berghäuschen 74-9d
Berghäuschenweg 74-12a
Berghausen 112-2d
Bergstraße 95-4c
Berliner Straße 94-7c
Birkenweg 94-7c
Bismarckstraße 94-7b
Böhl 94-8c
Böhler Straße 94-8c
Bolzenbach 94-11a
Bomerich 112-3b
Bonnersüng 74-11c
Borromäusstraße 94-8a
Botenvellingen 113-1d
Brandenburger Straße (6) 94-7d
Brandsheide 113-2d
Breidenbach 93-8d
Brennergasse (9) 94-7d
Breslauer Straße 94-7c
Breun 74-12a
Brionner Straße 94-7c
Bruch 93-8a
Brückenstraße 94-2a
Brückerhof 93-8d
Brungerststraße 94-7b
Brunnenweg 95-1b
Buchenweg 93-9d
Buchholz 74-8d
Burg 94-12c
Burger Straße 94-12a
Burghof 113-4d
Buschweg 94-3c

Carl-Haselbeck-Straße 95-1c
Carola-Lob-Weg (1) 94-10b
Corneliusstraße 95-1c

Dachsweg 95-1c
Dassiefen 95-2a
Diepenbach 92-9d
Dillensiefen 94-8b
Dominikus-Böhm-Straße 95-1c
Donauweg 94-7c
Dörl 93-8a
Dörler Straße 93-8a
Dornröschenweg (3) 94-9c
Dr.-Meinerzhagen-Straße 94-7d
Drosselweg (1) 94-8d
Droste-Hülshoff-Straße (21) 94-8a
Druckerweg 94-6c
Dutztal 114-1c

Ebbinghausen 92-12d
Eibach 95-2b
Eibacherhammer 95-2d
Eibachhof 94-10d
Eibachstraße 95-1b
Eibenweg 93-9d
Eibusch 95-4a
Eichendorffstraße 94-8b
Eichenhofstraße 94-7b
Eichenweg 94-7c
Elbeweg 94-7c
Ellersbach 113-2c
Elsterweg (5) 94-8d
Engelbertusstraße 95-1c
Engelskirchener Straße 94-8d
Ente 95-1c
Eremitage 94-8a
Erlenhof 112-6a
Eschenweg (4) 94-7c

Fahn 112-3b
Falkenhof 93-9d
Feilenhauerstraße 95-7a
Fenker Heideweg 95-4c
Fichtenweg 94-9c
Finkenweg 94-8c
Frangenberg 93-5c
Frankenberg 94-3c
Franz-Martin-Straße 95-1d
Freizeitpark 94-10a
Friedhofstraße (10) 94-7d
Frielinghausen 113-5a
Frielingsdorfer Straße 94-3d

Gartenstraße 112-3c
Gartenweg 94-1b
Georghausen 112-2b
Gerberstraße 94-9b
Goethestraße 94-8b

Hammen 94-1a
Hammerschmidt-Allee 93-9d
Hasenweg 112-3c
Hauptstraße 94-8c
Hausgrund 92-9c
Heckenweg 94-2a
Heibach 94-4a
Heidplätzchen 94-7d
Heiligenhoven 93-12b
Heinrich-Heine-Straße 94-8b
Hellinger Straße 94-7d
Herbergsweg 94-8d
Herkenhähn 113-5a
Hinterrübach 94-6c
Hochstraße 112-6a
Hof Heidchen 95-1b
Hoffstadt 93-9b
Hohbusch 113-5c
Höhenweg 95-1c
Hohkeppel 113-4b
Holl 94-6a
Holz 114-1c
Holzer Straße 93-12d
Homburger Weg 95-2a
Hommerich 92-12c
Hommericher Straße 92-12c
Hönighausen 94-5b
Horpe 94-9b
Horpestraße 94-9c

Im alten Krom 112-2d
Im Berggarten 93-8a
Im Blumengarten 95-1b
Im Dellbruch 95-1b
Im Feldchens Garten 95-1b
Im Grashof 95-4a
Im Großen Garten 94-3b
Im Grünen Born 94-7b
Im Hassel 95-4a
Im Höngel 95-4a
Im Kammerfeld 95-7a
Im Katzenloch 95-1a
Im Kisselsgarten (3) 112-6a
Im Kromsfeld 112-3c
Im Löhfeld 95-1b
Im Obsthof 94-7b
Im Otto-Lob-Winkel (8) 94-7d
Im Paradies 112-5a
Im Pohlergarten 95-1b
Im Potthof 95-2a
Im Rosengarten 94-10b
Im Scheurengarten 94-3c
Im Sonnengarten 95-1b
Im Waldwinkel 112-3a
Im Wiesengrund 94-11b
Im Winkel 94-7d
In der Brüche 94-11c
In der Fuhr 112-3c
In der Korbich 93-8c
In der Pleng 94-7d
Industriepark Klause 94-6d

Jan-Wellem-Straße 95-1c
Johann-Breidenassel-Straße 113-4c
Johannes-Fischer-Weg 94-7d
Johannesweg 94-7d
Josef-Külheim-Weg (17) 94-7d
Josefsstraße 93-8c
Jubilateweg 94-7d
Jugendherberge 94-8c

Kaiserau 95-4d
Kalkofen 112-5b
Kaltenborn 92-9a
Kamper Straße 94-7b
Kantstraße 94-8a
Kapellenweg (16) 94-7d
Kastanienweg 93-9d
Kaštela-Platz 94-7d
Käthe-Kollwitz-Straße 94-8a
Kaufmannsommer 93-5a
Kemmerich 93-11b
Kepplermühle 113-4a
Kiefernweg 94-9c
Kirchplatz 94-7d
Kirchstraße 94-2a
Kirchweg 95-1c
Kirschbäumchen 94-8c
Klause 94-6c
Klauser Straße 94-8b
Klespe 93-12c
Kleuelshöhe 113-5c
Knappenweg 95-2a
Kölner Straße 94-10a
Königsberger Straße 94-7d
Kopernikusstraße 94-8a
Korbstraße 94-7d
Köttingen 112-6d
Krähenhof 94-7c
Krähsiefen 112-9a
Kuhlbacher Straße 95-4a
Kurfürstenstraße 95-2a
Kurtenbach 93-3c
Kutschweg 112-3a

Laurentiusstraße 113-4c
Lehmshof 113-4c
Leienhöhe 112-5b
Leienhöher Weg 112-5b
Lennefer Mühle 112-6c
Lenneferberg 112-9a
Lerchenweg 94-8c
Lessingweg 94-8c
Lindenallee 94-7c
Lindenfeld 94-1b
Linder Straße 93-8c
Linde-Schümmerich 92-9d
Lindlarer Straße 112-5b
Lingenbach 93-9c
Löhsüng 94-1b
Loxsiefen 113-4a
Loxsteeg 112-6b
Ludwig-Jahn-Straße 94-7d
Luisenstraße 94-7b
Luttersiefen 112-3c

Mainweg 94-7c
Märker Stahlweg 95-1c
Marktgasse (13) 94-8c
Meisenweg 94-8c
Merlenbach 93-9a
Mittelbreidenbach 93-8b
Mittelsteinbach 93-3d
Montanusstraße 95-1a
Moselweg 94-7c
Mozartstraße 94-8a
Mühlenseite (14) 94-8c
Mühlenweg 94-2c
Müllemich 112-3d
Müllerhof 74-12c
Müllersommer 93-7b

Nachtigallenweg (2) 94-8d
Naheweg 94-7c
Neue Landstraße 95-1b
Neuenbergstraße 95-2a
Neuenfeld 94-6d
Neuenfelder Straße 95-4a
Niederhabbach 75-10c
Nord-West-Allee 94-7b

Oberbergscheid 113-1a
Oberbilstein 112-2c
Oberbreidenbach 93-6c
Oberbüschem 74-8c
Oberer Kampacker 95-2a
Oberfeld 74-11b
Oberfrielinghausen 113-3c
Oberhabbach 75-10a
Oberhürholz 93-10d
Oberkotten 93-6b
Oberleppe 95-5a
Oberlichtinghagen 75-11a
Obersteinbach 93-3c
Obersülze 94-4b
Ohl 94-1d
Ommerbornstraße 95-1c
Orbach 75-8a
Ossietzkystraße 94-8b

Pappelweg 94-3d
Paul-Schneider-Straße (2) 112-3c
Pfarrgasse 94-7d
Pollender Straße 95-1c
Pollerhofstraße 94-7d
Ponyweg 94-8d
Postweg 94-7d

Quabach 92-12b

Radeckweg 95-7a
Rapunzelweg 94-9c
Rehbach 113-2d
Reichenhain 112-3a
Remshagener Straße 95-7a
Reudenbach 92-9b
Reuschhof 93-12b
Rheinstraße 93-9d
Ritterbusch 95-1b
Robert-Koch-Straße 94-8a
Roderwiese 74-8d
Rölenommer 93-5c
Römerweg 95-4b
Rommersberger Weg 95-7c
Röntgenstraße 95-1c
Rosenhügel 94-7d
Rosenweg 94-2a
Rotdornweg (5) 94-7c
Roteichenweg 94-7a
Rotkäppchenweg (4) 94-12a
Rotkehlchenweg (4) 94-8d
Rübezahlweg (5) 94-12a
Ruhrweg 94-7c
Rundweg 94-11a

Sattlerweg 94-6c
Sauermannweg (1) 95-1b
Schätzmühle 93-9b
Scheeler Mühle 95-1b
Scheller 93-12a
Scheurenhof 93-7d
Schiefbahn 95-2a
Schillerstraße 94-8a
Schlosserstraße 94-6c
Schloß Georghausen 112-2c
Schlürscheid 93-10a
Schlüsselberg 94-1c
Schmiedeweg 94-6c
Schmitzhöhe-Holl 112-3a
Schneewittchenweg (1) 94-9c
Schneppensiefen 93-11c
Schönenborn 112-3c
Schönenborner Weg 112-6a
Schreinerweg 94-6d
Schuhmacherstraße 94-9b
Schulweg 94-2a
Schützenstraße 94-11b
Schwalbenhof 94-11b
Schwalbenweg 94-7d
Schwarzenbachstraße 94-7a
Sebastianusweg 112-2d
Shaftesburystraße (18) 94-7d
Siebensiefen 93-10b
Sieferhof 112-6a
Siegweg 94-7c
Sommerschlade 95-4b
Sonnenweg 94-2a
Spich 93-5d
St.-Apollinaris-Weg 95-1d
Starenweg (3) 94-8d
Steinbach 93-3c
Steinenbrache 94-3a
Steinenbrücke 94-2b
Steinscheid 93-12b
Stelberg 74-11d
Stellmacherweg 94-9b
Sterntalerweg (2) 94-9c
Stockener Weg (1) 95-7a
Stollenweg 95-1c
Stolzenbach 113-2b
Stoppenbach 94-4a
Sülztalstraße 94-2c
Süttenbach 93-6b

Talstraße 94-11a
Talweg 93-8c
Tannenhof 114-2a
Tannenweg 94-9c
Taubenstraße 94-8c
Tulpenweg 94-2a
Tüschen 92-12a

Uferstraße 94-7b
Ulmenweg 94-7c
Unterbergscheid 113-1a
Unterbreidenbach 93-9a
Unterbüschem 74-10d
Unterer Kampacker 95-2a
Unterfeld 74-12a
Unterfrielinghausen 113-5b
Unterheiligenhoven 93-12d
Unterhürholz 93-10b
Unterkotten 93-7c
Unterlichtinghagen 75-10d
Unterommer 92-9b
Unterreudenbach 92-9b
Untersteinbach 93-3d
Untersülze 93-6d

Van-der-Velden-Straße 95-4a
Vellingen 113-4b
Vorderrübach 94-5d
Voßbruch 94-10b
Voßbrucher Feld (19) 94-10b
Voßbrucher Straße 94-10a

Waldbruch 93-11c
Waldheim 74-9c
Waldweg 94-8b
Weiersbach 94-10c
Weißdornweg (1) 94-7c
Weißen Pferdchen 113-4d
Welzen 112-3a
Welzerberg 112-2b
Weserweg 94-7c
Weyer Straße 94-8b
Weyer 94-9a
Wiedfeld 114-1a
Wiesberg 95-4c
Wiesenstraße 95-4a
Wilhelm-Breidenbach-Weg 94-7d
Wilhelmhöhe 113-4d
Wilhelm-Müller-Straße 93-7d
Wolfskuhl 95-4b
Wolfsschlade 94-8b
Wupperweg 94-7c
Wurtschied 113-2a
Wüstenhof 113-3d

Zäunchen 75-11c
Zedernweg 94-7c
Zeisigweg (15) 94-8c
Zu den Brüchen 94-4c
Zu den Wiesen 94-9d
Zum Alten Sportplatz 95-1b
Zum Bayenhof 95-7c
Zum Birkenhof 95-7a
Zum Birnbaum 95-7c
Zum Eichenhof 95-7c
Zum Gartenfeld 94-11b
Zum Hofe 95-4a
Zum Hohen Hahn 95-4c
Zum Kalkfeld 94-11a
Zum Kalkofen 74-9c
Zum Siefen 94-3b
Zum Steinbusch 95-7a
Zum Vogelberg 94-3d
Zur Alten Schule (1) 113-4c
Zur Heide 94-11a
Zur Hohen Tanne (6) 95-1b
Zur Landwehr 95-1a
Zur Obstwiese (5) 95-1b
Zur Ommer 93-5c
Zur Satten Eiche 95-1b
Zur Steinbrache 94-3a
Zur Weide 94-7b

Linkenbach
PLZ 56317

(zu VBG Puderbach)

Am Weiherplatz 315-4c

Bergstraße 314-6d
Birkenhof 315-4c
Birkenstraße 315-4a
Blumenweg (1) 315-4a
Bohmenseife 314-6b
Breitheider Hof 315-4a

Eisenstraße 314-8b

Gartenstraße 315-4a

Hasenpfad 314-6b
Hauptstraße 315-4a
Hochstraße 315-4a

Im Grimmel 315-4c

Kirchweg 315-4a
Kölner Weg 315-4a

Muscheider Weg 314-6b

Poststraße 315-4a

Schulweg 315-4c
Straßenchrist 315-4a

Thelenberg 315-7a

Waldweg 314-6b
Wonnenberger Hof 315-4c

Zum Wiesental 314-6b

Linz am Rhein
PLZ 53545

Straßennamen mit Suchfeldangaben in Klammern befinden sich im Cityplan auf Seite 35.

Adolf-Kolping-Straße 310-2d
Ahrweg 310-5c (35/A3)
Akazienweg 310-6d
Alt Rennenberg I 290-12d
Alt Rennenberg II 291-10a
Altenbachstraße 310-5a (35/B1)
Am Frühscheid 310-6a
Am Fuchsloch 310-5b
Am Gericht (35/B2)
Am Gestade 310-5c (35/A2)
Am Halborn (2) (35/B2)
Am Hammer 310-5b
Am Hammerbachweg 310-5b
Am Himmelreich (8) (35/B2)
Am Kaiserberg 310-5d (35/B3)
Am Konvikt (35/B2)
Am Mannenberg (35/A2)
Am Mühlenfeld (1) 310-6a
Am Sändchen 310-5a (35/A2)
Am Schoppbüchel 310-5b (35/B2)
Am Schwimmbad 310-5b (35/B2)
Am Sonnenberg 310-5d (35/B3)
Am Stern 310-3c
Am Totenborn (35/B2)
Am Waschberg 310-5b
Antoniusstraße 290-11d
Asbacher Straße 310-5a (35/B2)
Auf dem Berg (35/B2)
Auf dem Hunsrücken (35/B2)
Auf der Donau (35/A2)
Auf der Gasse 310-5d (35/B2)
Auf der Lohhohl 310-5a
Auf Mannenberg 310-5a (35/A2)

Bachgasse (13) (35/B2)
Bachstraße (4) (35/B2)
Bahnhofplatz 310-4b
Beethovenstraße 310-5b (35/B1)
Berkenhof 310-5d
Bethlehem 310-5c (35/B3)
Birkenstraße 311-4c
Breite Straße 310-5a (35/B2)
Brückenstraße 310-4b
Brüderstraße (35/A2)
Brunnengasse (3) (35/B2)
Buchenweg (3) 310-6d
Burg Ockenfels 310-4b
Bürgermeister-Kastenoltz-Platz (6) (35/A2)
Burgplatz 310-5c (35/A2)
Buttermarkt (35/B2)

Commenderiestraße (5) (35/A2)

Dickert 310-3d
Dr.-Siegmund-Wolf-Platz (35/B2)

Eichenstraße 311-4c
Enggasse (35/B2)
Erlenweg 310-6d

Faßbindergasse (35/A2)
Fichtenweg (2) 310-6d
Finkenweg 310-6b
Friedrich-Ebert-Straße 310-2d

Gewerbegebiet "Am Frühscheid" 310-6b
Goethestraße 310-2d
Grabenstraße 310-5a (35/B2)
Grabentor (35/A2)
Grüner Weg 310-5a (35/B1)
Gut Frühscheid 310-6b
Gymnasialstraße (7) (35/A3)

Hammermühle 310-5b
Hangweg 310-5b
Hospitalstraße 310-5c (35/B2)
Hülsenloch 310-5c (35/B2)
Hundelsgasse (35/A2)

Im Bondorf 310-5a (35/A2)
Im Denet 310-5a (35/A1)
Im Dickert 310-3c
Im Ellig 310-5b (35/B2)
Im Engelspring 310-5b
Im Hundel 310-5a (35/B1)
Im Kammenerk (1) (35/B2)
Im Muzenbruch 310-2d
Im Nommental 310-5b
Im Rosengarten (35/A2)
Im Wolfsacker 310-5b
In der Au 310-5c (35/A3)
In der Verst 310-5d

Kaiserbergstraße 310-5c (35/B3)
Kanzlerstraße (35/A2)
Kapuzinergasse (9) (35/A3)
Katharinenstraße (10) (35/A2)
Kirchplatz 310-5c (35/B2)
Kirchstraße (35/A2)
Klosterstraße (35/B2)
Kretzhaus 290-6d

Lerchenstraße 310-6b
Lessingstraße 310-2d
Lindenweg 310-6d
Linzhausenstraße 310-5a (35/A2)
Lohhohl 310-5a (35/A2)

Magdalena-Daemen-Straße 311-4c
Marienweg 310-5a (35/B1)
Marktplatz (35/A2)
Martinusstraße 310-5a (35/B2)
Miesgesweg 310-6a
Mittellöh 310-5c (35/B3)
Mittelstraße 310-5c (35/A2)
Mühlengasse 310-5c (35/A2)

Neubaugebiet "Roninger Hof C" 310-6b
Neustraße 310-5c (35/B2)
Neutor (35/B2)
Nonnengasse (35/B2)

Oberer Grüner Weg 310-5a (35/B1)
Oberlöh 310-5c (35/B3)

Peterhof 310-3b
Petrus-Sinzig-Straße 310-5c (35/B2)
Pulverturm (35/A3)

Rheinhöller 310-4b (35/A1)
Rheinstraße 310-5c (35/A2)
Rheintor (35/A2)
Roniger Weg 310-5d

Saarlandstraße 310-5b (35/B2)
Salzfaßmauer 310-5b
Schillerstraße 310-2d
Schloss Rennenberg 310-3a
Schmitzhof 311-1c
Schulplatz 310-5c (35/A3)
Schulstraße 310-5b
Seilerbahn (35/A3)
St.-Floriansweg 310-5d
Sterner Hütte 310-3c
Sterner Mühle 310-3c
Sterner Straße 310-5b
Strohgasse 310-5c (35/A2)
Stuxhof 290-12c

Tannenweg 310-6b

Ulmenweg (1) 310-6d

Vogtsgasse (12) (35/A2)
Von-Keller-Straße (35/A2)
Vor dem Leetor 310-5c (35/A3)

Weidenstraße 310-6d
Wiesentaler Hof 311-1c

Zehntgasse (11) (35/A3)
Zollstraße (35/A3)
Zum Bahnhof 310-4b (35/A1)
Zum Halfensberg 310-5b
Zum Winzerhaus 310-5d (35/B3)
Zum Ziegenbusch 310-5b
Zur Verschönerung 310-5c (35/B3)

Lohmar
PLZ 53797

Adolf-Kolping-Weg (2) 199-2a
Aggeraueler Weg 140-8c
Aggerbogen 170-1c
Aggerhütte 140-8c
Aggerstraße 199-4b
Ahornweg 200-4d
Ährenweg 169-3b
Aiselsfeld 170-2d
Albach 200-4b
Albacher Straße 200-4b
Alfenhard 170-7b
Algert 200-1b
Algerter Straße 200-1b
Alte Honrather Straße 140-10a
Alte Lohmarer Straße 199-2c
Alte Siegburger Straße 200-4b
Altenrather Straße 199-2a
Alter Bahndamm 170-1c
Am Alten Garten 170-11a
Am alten Rathaus 170-1c
Am Alten Sägewerk (1) 200-5c
Am alten Sportplatz (5) 199-2a
Am Anger 200-2d
Am Bonnensiefen (2) 170-10d
Am Brandweiher (3) 200-2c
Am Bungert 199-2a
Am Bungertsberg 200-1b
Am Burgweiher 199-2c
Am Dreieck (2) 200-2c
Am Eichelbusch 170-10c
Am Feldgarten 169-8b
Am Görresberg 170-11a
Am Hollenberg 169-12c
Am Kop 169-11d
Am Pfarrhof 140-11d
Am Pferdsbach 200-2c
Am Reithof 199-5b
Am Rothfeld 170-2d
Am Schellenberg 170-11a
Am Schiefelhof 200-5c
Am Schlagbaum 169-2d
Am Spargelfeld (2) 200-5c
Am Steinberg 170-10d
Am Tälchen 200-2d
Am Waldeck 199-5a
Am Weiher 170-2d
Am Weißenberg 140-10b
Am Wildpfad 200-4d
Amselweg 169-12c
An den Steinen 169-11d
An der Burg Sülz 169-4d
An der Schlade (1) 200-2c
Asternweg 170-12a
Auelsweg 199-1d
Auenweg 200-2d
Auf dem Durlaß 139-9b
Auf dem Kälberhof 170-12c
Auf dem Luxenberg 170-11c
Auf dem Scheuel 200-2c
Auf dem Schmittenfeld 139-9b
Auf den Helten 140-7d
Auf den Stümpen 140-11c
Auf der Baach 140-11d
Auf der Bitze 170-1b
Auf der Hardt 199-2c
Auf der Höhe 170-11b
Auf der Kauen 170-7d
Auf der Löh 200-5b
Auf der Reihen 200-2d
Auf der Tenten 200-2d
Azaleenweg 140-11c

Bach 169-8a
Bachermühle 140-11c
Bachstraße 199-2c
Bartholomäusstraße 170-4b
Baumgartenstraße 170-7b
Bergaggerstraße 140-7d
Bergstraße 170-1d
Berta-Lungstras-Weg (4) 170-4b
Besenbroich 169-9d
Bich 200-2a
Birken 140-10c
Birkenweg 199-2b
Birker Straße 200-2d
Birkhof 200-2b
Bitzer Weg 170-12c
Bloch 170-5d
Blumenweg 170-12c
Bombach 140-8a
Bonner Straße 170-5b
Bönnerbergstraße 170-7c
Borksarken 169-11d
Bornschlade 140-11d
Brandsberg 139-9b
Breidenbach 200-5b
Breidenbacher Weg 200-5b
Breideneichen 140-7d
Breidter Straße 170-11a
Breidterstegsmühle 170-11c
Breiter Weg 199-2a
Breslauer Straße 199-5a
Broich 139-12c
Broicher Straße 169-12b
Brückenstraße 199-1b
Brückerhof 170-4a
Brunnenweg 169-11b
Buchbitze 199-2b
Büchel 170-6a
Buchenweg 169-12a
Burg Schönrath 169-2b
Burgfüllkannen 169-11d
Bussardweg 170-11c

Cäcilienstraße 140-11d
Christianstraße 199-2c
Clara-Fey-Straße (3) 199-2b

Dachskuhl 169-3a
Dachsweg 140-7a
Dahlhauser Straße 140-4c
Dahlienweg 170-12c
Dammweg 199-4b
Danziger Straße 199-2c
Deesemer Straße 170-11b
Derenbachweg 200-5a
Diemstraße 170-4b
Diestelwiesgen 169-11d
Donrather Dreieck 169-11d
Donrather Kreuzung (1) 169-11d
Donrather Straße 169-11b
Dorfstraße 170-12c
Dornheckenweg 169-12a
Dornröschenweg 200-5c
Dorpmühle 170-4d
Dr.-Kallen-Straße 169-12d
Drachenfelsstraße 139-12b
Drosselbartstraße 200-5a
Drosselweg 199-5b
Durbuscher Straße 139-9b

Eibenweg 170-10a
Eichen 169-12d
Eichendorffstraße (5) 169-11c
Eichenweg 169-12b
Eisenmarkt 199-2a
Ellhauser Weg 169-12a
Elsternweg 169-12c
Emmersbach 170-1d
Engelbertsweg 200-4b
Eppendorfer Platz (5) 200-2c
Eppendorfer Straße (6) 200-2c
Erlenweg 170-10a
Ernesbacher Weg 170-12c
Eschenweg 170-10a
Euelen 169-8c

Falkenweg 199-2c
Farnweg 200-2c
Fasanenweg 199-5a
Feienberg 169-8a
Feldstraße 200-2c
Fichtenweg 199-2d
Finkenweg 199-2c
Fischburg 200-2a
Fliederweg 140-11d
Forsthaus Rothenbach 199-9b
Forstweg 200-5a
Frackenpohler Straße 139-12b
Franzhäuschenstraße 200-4d
Froschkönigweg 200-4d
Frouardplatz 199-2a
Fuchsfarm 169-11d
Fuchsweg 140-7a
Funkstraße 169-3b

Gammersbach 169-3a
Gammersbacher Mühle 169-2c
Gartenstraße 199-2c
Gebermühle 170-10c
Geberstraße 170-10d
Gerhardshöhe 140-11d
Gewerbepark Sülz 169-4d
Ginsterweg 140-11c
Grengeler Weg 200-4b
Grimberg 170-7d
Grimberger Ring 170-7d
Großenbergweg 140-11a
Grube Pilot 170-4b
Grünagger 140-8c
Grünaggerstraße 140-7d
Grünenborn 170-2b
Grüner Weg (4) 199-2a
Gut Rosauel 140-10c

Habichtweg 170-10d
Hagen 200-2d
Hagerhof 169-6a
Hähngen 140-12c
Halberg 169-12d
Hammerschbüchel 169-6d
Hammerwerk 170-1a
Hauptstraße 199-2c
Haus Auel 140-10d
Haus Sülz 169-4d
Hausdorp 170-5c
Hausener Straße 170-4d
Heckenweg 200-5c
Heide 170-3c
Heiden 140-10c
Heidestraße 200-5c
Heiligenstock 170-1c
Heinrich-Heine-Straße (1) 199-2a
Helmgesmühle 169-8a
Heppenberg 169-8d
Hermann-Löns-Straße 199-2a
Hermannstädter Straße 170-2a
Hitzhof 169-6b
Höfferhof 170-4d
Hoffnungsthaler Straße 139-12b
Hohe Furche 200-2d
Höhenstraße 169-11b
Hohkeppeler Straße 140-4c
Hohle Gasse 200-2c
Hohn 170-2c
Höhnchen 139-12d
Hohnenberg 140-11b
Holl 140-12c
Holunderweg 140-11c
Höngen 169-12a
Höngesberg 170-7a
Honsbacher Mühle 140-11c
Honsbacher Straße 140-11a
Honsgasse 140-11a
Hove 200-2b
Hoven 140-7a
Hoverhof 169-5c
Hubertusweg 169-11b
Humperdinckstraße 199-2c
Hunelsweg 170-7b
Hüttenweg 200-4d

Iltisweg 140-7a
Im Aggerbusch 170-1c
Im Aggerhof 170-4a
Im alten Breidt 170-11a
Im alten Hof 170-10a
Im alten Keller 170-11a
Im Auelerhof 170-1b
Im Backesgarten 199-2a
Im Brannenfeld 139-9b
Im Brögen 170-2d
Im Brunnengarten (1) 170-10d
Im Dellchen (4) 200-2d
Im Eck 199-2c
Im großen Deich 169-11d
Im Grund 169-11b
Im Hammersch 169-6c
Im Hanfland (1) 140-4c
Im Haselholz 139-12b
Im Kalkfeld 139-9b
Im Kirchfeldchen 140-11d
Im Korresgarten 199-2c
Im Müllerhof 170-4a
Im Pesch 169-11d
Im Rohnweiher 169-4d
Im Schöffen 170-7d
Im Spichgarten 140-11c
Im Tannenhof 199-2b
Im Wiesengrund 169-12a
Im Zinkenpütz 170-11a
In den Pannenwiesen 169-11d
In den Weingärten 169-11b
In den Wolfseichen 169-11d
In der Falmerswiese 169-12c
In der Hühene 169-9c
In der Kemperhecke 169-11c
In der Kornbitze 169-11b
Inger 200-2c
Ingerer Straße 200-2c
Ingerhof 200-5a
Ingersauel 170-6b

Jabachtalstraße 169-11d
Jahnstraße 199-2a
Jasminweg 140-11c
Jexmühle 140-7c
Johannes-Höfer-Weg 170-11a
Johannesstraße 199-2a
Johann-Mungen-Straße 169-6c
Jüchen 170-4d

Kämpenweg 170-2b
Kapellenstraße 200-5c
Karpenbachweg 169-12a
Kastanienweg 169-11b
Katharinenbach 170-1d
Kattwinkel 170-2d
Kellershohn 169-5a
Kern 140-12a
Kesselstraße 140-11d
Kiefernweg 169-12b
Kierbachstraße 200-2c
Kieselhöhe 199-2b
Kirchbach 170-4a
Kirchenberg (1) 169-3b
Kirchscheid 169-5d
Kirchstraße 199-2a
Klasberg 169-5b
Klausenweg 169-3b
Klefhauser Straße 170-2c
Klein Bombach 140-8c
Kleinenbergweg 140-11a
Kleinhecken 139-11d
Knipscherhof 169-2b
Königsberger Straße 199-5a
Köttinger Weg 140-4c
Krahwinkeler Straße 170-12a
Krebsaueler Straße 170-2a
Kreuzhäuschen (Ellhausen) 170-10a
Kreuzhäuschen (Muchensiefen) 169-6a
Kreuzkaueler Weg 200-1b
Kreuznaaf 170-7a
Krewelshof 169-4d
Krölenbroich 200-1c
Kronstädter Straße 140-11c
Kuckenbach 170-3d
Kuhlfeldweg 170-1a
Kuttenkauler Weg 169-12a

Langenweg 169-3b
Leisenbergweg 170-4d
Lerchenweg 199-2b
Lindener Straße 139-12b
Lindenweg 169-8d
Lindlarer Straße 140-4c
Lohmarer Burg 199-1b
Lohmarer Straße 200-4b
Lohmarhohn 199-3d
Lohrbergstraße 139-12b
Löwenburgstraße 139-12b
Lübecker Straße 199-5a
Lüderichweg 139-9b

Maarweg 140-11d
Mackenbach 170-4d
Magdeburger Straße 140-8c
Mailahn 170-5b
Malvenweg 140-11d
Margarethenweg 199-2a
Marienhöhe 200-2d
Marktstraße 199-2a
Mathildenstraße (2) 170-1c
Matthias-Claudius-Weg 170-4a
Mecklenburger Straße 199-5a
Meigerhof 169-8a
Meigermühle 169-8d
Meinenbroich 139-12b
Meisenweg 169-12c
Meißener Straße 140-11a
Milanweg 169-12d
Mittelstraße 170-11b
Muchensiefen 169-2d
Mühlenberg 169-2d
Mühlenweg 199-2a
Müllergasse 199-2c
Münchhof 170-4b
Münchhofer Straße 170-1c

Naaf 170-6a
Naafenberg 170-7c
Naafmühle 170-6a
Naafshäuschen 140-10b
Nachtigallenweg 199-5a
Nelkenweg 170-12a
Neuemühle 170-1d
Neuenhauser Straße 200-5b
Neuenhof 169-3a
Neuheim 170-3d
Nordstraße 170-11b
Nußbaumweg 170-2a

Ober den Pöhlen (2) 140-4c
Oberdahlhaus 140-4c
Oberdorfstraße 170-11b
Oberhaus 140-10a
Oberscheid 169-3c
Oberstehöhe 170-3a
Oberstehöher Straße 170-3a
Oberstesiefen 170-3a
Ölbergstraße 140-10a
Oststraße 170-11b

Pappelallee 169-12a
Parkstraße 169-11c
Pastoratsweg 170-1a
Pastor-Biesing-Straße 200-5a
Pechheide 169-11d
Peisel 170-7a
Pestalozziweg 170-1d
Peter-Lemmer-Weg 140-10b
Petersbergstraße 140-10a
Pfaffendriesch 200-2d
Pfarrer-Tholen-Straße 140-11d
Platanenweg 200-4d
Pommernweg 199-2c
Pompeyplatz (1) 170-1d
Poststraße 199-2a
Pützerau 199-2d
Pützrath 169-11b
Pützrather Weg 169-11b

Quellenweg 169-11b

Raiffeisenstraße 199-2a
Rathausstraße 199-2a
Reelsiefen 169-9b
Reiherweg 170-10d
Reinekeweg 200-2d
Ringstraße 169-9c
Rodderhof 169-2c
Rohrbergstraße 140-7a
Röllberger Straße 170-7d
Rosaueler Weg 170-1a
Rosenrotstraße 200-5c
Rosenweg 200-5c
Rösrather Straße 139-12b
Rostocker Straße 140-11a
Rotdornweg 140-11c
Rothehöhe 170-2d
Rotkäppchenweg 200-4b
Röttgen 170-7a
Rübezahlweg 200-4d

Saal 170-3a
Salgert 170-10d
Schachenaueler Straße 140-11d
Scheider Straße 169-3b
Scheiderhöhe 169-5d
Scheiderhöher Straße 169-6c
Scherferhof 169-9a
Schiefelbusch 139-12c
Schiefenbergweg 169-9a
Schiffarth 170-1c
Schiffarther Straße 170-1c
Schlehecken 139-12b
Schlehecker Straße 139-9d
Schlesierweg 199-5a
Schlienweg 170-2c
Schloßstraße 170-1b
Schmiedgasse 199-2a
Schneewittchenweg 200-4b
Schönau 169-6a
Schönenberg 170-1d
Schöpcherhof 169-6c
Schulstraße 169-12a
Schwalbenweg 169-12c
Seelscheider Straße 140-11c
Siebengebirgsring 140-10a
Sonnenweg 170-1c
Sottenbacher Straße 169-11b
Spechtsberg 169-3d
Sperberweg 170-10d
Steinackerstraße 169-12c
Steinhauerhäuschen 170-7c
Steinhöfer Weg 199-2a
Steinweg 170-1c
Stempersweg 200-2c
Sternstraße 170-1d
Sterntalerweg 200-5a
Stettiner Straße 199-5a
Stöcken 140-7d
Stolzenbach 170-4c
Stumpf 139-12d
Südstraße 199-5a
Sülzpfad 169-11c

Talstraße 169-11b
Tannenweg 169-12b
Taubenstraße 200-2c
Teichweg 140-7c
Tournisauel 140-7d
Tulpenstraße 170-12a

Ühmichbach 170-8d
Ulmenweg 200-4d
Ungertz 170-10a
Unterdahlhaus 140-7a
Unterdorfstraße 170-11b
Unterstesiefen 170-3d

Venusberg (3) 170-1c
Vila-Verde-Straße 199-2a
Vollmarsgasse 169-11d
Von-Ley-Straße 140-11a

Wacholderweg 140-11c
Wahlscheider Straße 170-4a
Waldweg 169-12a
Weeg 170-5a
Weegen 169-12c
Weegener Straße 169-12c
Weeger Mühle 170-8b
Weidchensweg 169-11c
Weidenweg 170-10a
Weihenweg (5) 169-12c
Weilerhohn 139-12d
Weststraße 170-10d
Wickuhl 139-12a
Wielpütz 169-9a
Wielpützer Straße 169-9a
Wiesenpfad 169-11c
Wildtor 199-2b
Wilhelmshöhe 170-1d
Windlöck 140-10d
Winkel 170-11d
Wolkenburgstraße 140-10a

Zaunweg 200-2c
Zeisigweg 170-7c
Zeithstraße 200-3a
Ziegelfeldweg 199-4b
Zum Daaskamp 169-8d
Zum Dormichweiher 200-2d
Zum Friedenskreuz 200-2c
Zum Hasenberg 200-2d
Zum Höffelfeld 170-2d
Zum Kammerberg 140-10b
Zum Knippen 170-2d
Zum Sprengbüchel 140-11a
Zum Talblick 170-10a
Zur Burghart 169-12a
Zur Jabachbrücke 169-11d

Lonnig
PLZ 56295

(zu VBG Maifeld)

Am Dorfberg 348-5c
Am Hiest 348-5d
Am Kleefeld 348-5c
Am Leyhof 348-5c
An der Kirche (2) 348-5c
An der Römischen Villa (5) 348-5a
An der Tongrube 348-2c
Auf Banneid 348-7b
Auf der Klostermauer (3) 348-5c
Auf der Steinrausch 348-4d

Bergstraße 348-5c

Dreckenacher Weg 348-4d

Hinter der Ley 348-4d

Im Brühl 348-5c
Im Kebergrund 348-4d
Im Steilen Stück (4) 348-5a
In den fünf Morgen (1) 348-4d
In der Stier 348-4d

Kirchstraße 348-5c
Koblenzer Weg 348-5a

Marktstraße 348-5c

Oberdorfstraße 348-4d

Pelzerseit 348-7b

Reiterport 348-5c

Schmiedsgasse 348-5c

Untere Bergstraße 348-5c

Mammelzen
PLZ 57636

(zu VBG Altenkirchen (Westerwald))

Am Dieperzberg 256-12b
Am Eisweiher (1) 256-12d
An der Ziegelhütte 256-12d
Auf dem Kirschbaum 257-7c

Eicheswinkel 256-12d
Emil-Reinert-Straße 257-7c
Gartenweg 257-10c

Hohlengarten 256-12b

Im Bitzengarten 257-10a
Im Bongard (2) 257-10c
Im Kappesgarten 256-12d
Im Steimelsgarten 257-7d
In der Hohl 257-7d

Rainstraße 256-12d
Ringstraße 256-12d

Schulstraße 257-10a
Siegener Straße 256-12d
Stadionstraße 256-12d

Talstraße 256-12d

Über dem Berg 257-10c

Waldstraße 257-10b
Wasserhausweg 256-12d

Marienhausen
PLZ 56269

(zu VBG Dierdorf)

Am Schüllgen 317-8a
Auf dem Kiss 317-7b
Auf der Au 317-7b
Auf der Hohl 317-8a

Birkenweg (3) 317-8a

Freirachdorfer Straße 317-8a

Gartenstraße 317-8a

Hauptstraße 317-7b

Jagdhausstraße 317-8a

Kastanienweg 317-8a
Kirchstraße 317-8a

Lindenhof 317-5c

Marienhof 317-5a
Marienstraße 317-8a
Marother Straße 317-7b
Mittelstraße 317-7b
Mühlweg (2) 317-8a

Ringstraße 317-8a

Zu den Buchen 317-8a
Zum Mühlbach (1) 317-8a

Marienheide
PLZ 51709

Alte Heidestraße 77-4c
Alte Hofstraße 77-7a
Alte Landstraße 76-12b
Am Berg (3) 76-11c
Am Brandhagen 76-6c
Am Brandteich (1) 78-7a
Am Busch 77-2d
Am Gersnacken 76-6d
Am Heednocken 78-7a
Am Krüenberg 76-6b
Am Lepperberg 96-2a
Am Löhchen 78-4a
Am Markt 77-12a
Am Quellgrund (3) 77-9c
Am Rohbusch 77-9d
Am Rottland 76-6a
Am Schlagbaum 76-6d
Am Sportplatz 77-7d
Am Struckey 77-7d
Am Südhang 76-9a
Am Wüllenberg 76-9b
Amselfeld (2) 77-9c
An den Leyen 77-4d
An den Mönchsteichen 77-4c
An der alten Schule 77-1d
An der Baumschule 97-1a
An der Dannemicke 78-7a
An der Ringmauer 76-6d
An der Waar 76-12d
Annabergstraße 77-7a
Auf den Steinen 76-9a
Auf der alten Fuhr 77-4a
Auf der Hau (11) 76-6c
Auf der Höhe (12) 76-9b
Auf der Meine 77-12a
Auf der Schlenke 77-4c
Auf der Vogelruthe 77-9c

Bachstraße 76-9a
Bahnhofstraße (5) 76-6d
Bergeshöhe 77-9d
Berghof 97-3a
Bergstraße 76-6d
Bickerweg 76-11c
Birkenweg 97-1a
Bleibergstraße 77-10d
Bockelsburger Weg 76-9b
Bockemühle 77-2c
Börlinghauser Straße 78-7a
Breslauer Straße 77-11b
Brucher Straße 77-4c
Brückenstraße 97-1a

Buchenweg 76-9a

Dahl 77-12d
Däinghausen 76-12a
Däinghauser Straße 76-9c
Dältenberg 76-9b
Dannenberger Straße 78-4c
Denkmalweg (2) 76-11c
Dommermühle 76-12c
Dorfstraße 76-10d
Dr.-Oskar-Kayser-Platz (6) 76-6d
Drosselweg (1) 77-10b
Dürhölzener Straße (Dürhölzen) 76-8c
Dürhölzener Straße (Hütte) 76-11c

Eberg 77-7b
Eichendorffstraße 77-8c
Eickenstraße 77-10d
Eiringhausen 76-4d
Erlenweg 76-9a
Erlinghagener Straße 76-10c
Eschenweg 76-8c

Feldstraße 77-10c
Flurstraße 77-11b
Forellenweg (1) 77-8c
Friedenstraße 76-3d
Friedrichsthal 76-3d
Friesenstraße 77-8c

Gartenstraße 77-12a
Genkeler Straße (1) 78-4a
Gervershagen 77-8b
Gervershagener Straße 77-9c
Gewerbegebiet Kalsbach 77-10d
Gimbachquelle 76-10a
Gimbachweg 76-10c
Gimborner Kirchweg 76-10d
Gimborner Straße 76-12c
Gogarten 76-2c
Graben 77-6a
Graf-Albert-Straße 77-8d
Grenzstraße 97-1a
Griemeringhausen 77-4b
Griemeringhauser Straße 77-4b
Großer Garten 78-7c
Grunewald 76-7a
Grunewalder Straße 76-7c
Gummersbacher Straße 77-10d

Hambuch 76-12d
Hangstraße 77-7a
Harlinger Weg 77-8c
Hauerbergstraße 76-5d
Hauptstraße 76-6b
Heierlöh 76-6a
Heilerbergstraße 77-4a
Heisterbruch 77-4a
Henneckenbruch 76-12d
Hermannsbergstraße 76-6c
Herreshagener Straße 97-1a
Himmerkusen 76-11d
Hinterscharde 76-6a
Hochstraße 77-8d
Höfel 77-2d
Höfeler Landstraße 77-5b
Hofkämpchen (2) 78-7c
Hofwiese (4) 78-7c
Höhenweg 78-7a
Höher Birken 77-11a
Hohlweg 76-9c
Holzwipper 77-6a
Hubertusweg 77-4c
Hütte 76-11d
Hüttenbergstraße 77-4a
Hüttenermühle 96-2a

Igelweg 77-10c
Im Bremenhagen 97-1a
Im Buchhohl 77-9c
Im Büschelchen (9) 76-6c
Im Eichenhof (1) 76-11c
Im Hof 76-4b
Im Kamp 76-10c
Im Kämpchen 76-12d
Im Kiss 77-4a
Im Strick 77-11b
Im Wiesengrund 76-9c
In den Eichen 76-10c
In den Gärten (2) 76-6d
In der Delle 77-7a
In der Schlade 76-9a
In der Stübbecke 76-7c
Industriestraße 77-8c

Jahnstraße (1) 76-6d
Jasminweg (2) 77-10d
Jeverweg 77-8c

Kahlenbergstraße 77-4c
Kalkkuhler Straße 77-10d
Kaltzbecker Weg (4) 77-10b
Kapellenweg 76-5a
Karpfenweg (2) 77-8c
Kattwinkel 77-2d
Kempershöhe 76-4b
Kempershöher Straße 76-2c
Kirchstraße (6) 77-12a
Klausner-Heinrich-Straße 76-6d
Kleinbahnweg (4) 76-6d
Klosterstraße 76-6d
Königsheide 76-1d
Königsheider Weg 76-2c
Kotthauserhöhe 97-1a
Krähenbergstraße 77-8d
Kreuzgartenweg 76-10b
Krommenohl 76-2a
Kümmel 75-12a
Kurgarten 76-9b

Lambach 77-1b
Landwehrstraße 76-9b
Laternenweg (7) 76-5b
Lauenburger Straße 77-7d
Lehmkuhl 76-8b
Leiberg 75-9c
Leppestraße 95-3a
Lienkamp 77-3c
Lindenweg 77-2c
Linge 77-2c
Linger Straße 76-6b
Listringhauser Straße 78-7a
Lockenfeld 97-1b
Löh 76-6d

Marienheider Straße 76-4b
Martin-Luther-Straße 76-9b
Meinerzhagen 78-1c
Meinerzhagener Straße 77-6a
Meisenweg (1) 77-9c
Mittelweg 76-4a
Moellenbicker Weg (5) 77-12a
Moosbergstraße 77-4a
Mühlenweg 76-4b
Müllenbacher Straße 77-8c

Naturparkstraße 75-12b
Neue Straße 77-12a
Neuenhaus 77-4d
Neuenhauser Straße 77-4c
Neuenhof 76-11b
Niederkotthausen 76-12b
Niedersiemeringhausen 76-4d
Niederwette 76-9c
Nordhellerhammer 96-1b

Oberm Hofe 76-5b
Obernhagen 97-3a
Obersiemeringhausen 76-5c
Oberwipper 76-6b
Ortsstraße 78-7a
Ostlandstraße 77-8c
Otto-Kind-Straße 77-10c

Pastoratsstraße 75-12d
Paul-Lücke-Straße 77-10a
Pestalozzistraße 76-6d

Quellenweg 76-10c

Raiffeisenstraße 77-8c
Rehbergstraße 76-5b
Reppinghauser Straße 77-7a
Ringstraße 76-9a
Robert-Koch-Straße 76-9a
Rodt 77-8c
Rönsahler Weg 76-2a
Rosenstraße 77-10d

Sandgarten 78-7a
Sattlershöhe 76-5a
Scharder Straße 76-6c
Schemmen 77-11b
Schemmer Straße 77-11b
Schloßstraße 75-12d
Schmiedestraße 76-9a
Schmitzwipper 76-3d
Schöneborn 77-10a
Schöneborner Straße 77-7d
Schulstraße 76-12b
Schulzenkamp 76-12a
Schützenstraße 77-12a
Seehausstraße 76-3d
Siemerkusen 76-7b
Siepen 97-2b
Singernstraße 77-4c
Späinghausen 77-7c
Steinstraße 77-10c
Stettiner Straße 77-11b
Stöckener Weg 77-2c
Stockhahnstraße 77-4b
Straße 77-3c
Stülinghausen 77-7d

Talbeckestraße (3) 78-7c
Talsperrenstraße 77-1d
Talstraße 77-4c
Teichstraße 76-9b

Unnenberger Straße 77-9d
Unter der Stube 76-12d
Untere Eickenstraße (3) 77-10d
Untererlinghagen 96-1b
Unterpentinghausen 75-12c
Unterster Garten (2) 76-11b

Vor den Kreuzbirken 77-8c
Vorm Hülsen 77-2c

Waldstraße 76-9b
Wegescheider Straße 96-2a
Weidenweg 76-5b
Weierhof 76-12d
Wernscheider Berg 77-2a
Weststraße 77-8d
Wettestraße 76-9a
Wiesenstraße 77-10c
Wiesmoorweg (4) 77-11a
Wilbringhausen 77-3d
Wilhelmsthal 95-3a
Winkel 76-8d
Winterscheid 96-1a
Wipperfließ 77-4d
Wipperfürther Straße 76-2a
Wipperweg 76-6b
Wipperwiese 76-6b
Wolferschlah (3) 77-8c
Wupperquelle 78-4a

Zimmerberg 77-3c
Zu den Rödelteichen 77-12a
Zum Acker 76-11c
Zum Brinkesnocken 77-9b
Zum Dreieck 78-7c
Zum Erlenbusch 76-4b
Zum Friedensthal (1) 76-11b
Zum Hahn 78-4a
Zum Höchsten 76-10c
Zum Höhbückel 76-5b
Zum Höltchen 76-12d
Zum Klärwerk 76-3c
Zum Leppetal (3) 76-11b
Zum Märchenwald 76-2d
Zum Marktplatz (3) 76-6d
Zum Pfaffenhof 77-10d
Zum Rauhen Brauke (8) 76-5b
Zum Schieferstein 76-11d
Zum Schlahn 77-4b
Zum Steinhauer (4) 77-9c
Zum Waldfrieden 76-3d
Zum Winkeler Berg 76-11b
Zur Bredde 76-2a
Zur Dicken Linde (10) 76-6c
Zur Eulenbecke 77-4d
Zur Hardt 78-7c
Zur Mark 78-4a
Zur Platte 77-10d
Zur Wupperquelle 77-6a

Marienrachdorf

PLZ 56242

(zu VBG Selters (Westerwald))

Alte Ladestraße 317-12c
Am Bahnhof 317-12c
Am Bongert 317-12a
Am Sonnenhang 317-12c
Auf dem Bruch 317-12a

Bachstraße 317-11b
Bahnhofstraße 317-12a
Bergstraße 317-12a

Gartenstraße 317-12a

Hauptstraße 317-11b
Hochstraße 317-12a

Im Birngarten 317-11b

Kirchstraße 317-11b

Mittelstraße 317-12a

Ringstraße 317-12a
Rote Erde 317-12c

Schulstraße 317-11b
Steinstraße 317-12a
Südstraße 317-12a

Theodor-Heuss-Ring 317-11b
Turmstraße 317-12a

Waldstraße 317-11b
Weiherhof 317-11b
Wiesenstraße 317-12c

Maroth

PLZ 56271

(zu VBG Selters (Westerwald))

Am Backhaus (1) 317-4b
Am Schulgarten 317-4b
Am Staudamm 317-4b
Am Weidchen 317-4b

Bergweg 317-4d
Birkenstraße 317-4b

Waldseestraße 317-4b

Mechernich

PLZ 53894

Abelsweg (13) 279-6a
Achermer Mühle 259-7d
Ackergasse 279-6a
Adolf-Meyer-Straße (21) 279-12b
Agathastraße 280-1c
Ahornweg 280-4c
Akazienweg 280-4c
Albertinenhof 281-7d
Albert-Spiertz-Straße 279-6b
Alemannenstraße 280-2b
Almweg 281-8c
Alte Dorfstraße 260-11d
Alte Kapellenstraße (22) 279-8c
Alte Schulstraße 278-9d
Alte Straße 278-8d
Alter Weg 299-6d
Am Alten Sportplatz 281-5c
Am Auel 279-2a
Am Bach 280-1c
Am Beibert 278-8a
Am Bienengarten 280-6b
Am Billig 280-3d
Am Bleiberg 279-6c
Am Brotacker 298-3d
Am Bruch 280-4c
Am Eichenbusch 281-4c
Am Eichenhang 279-9d
Am Fackelstein 299-9b
Am Feybach 299-6d
Am Flüßchen 280-5c
Am Friedhof 279-3d
Am Funkenbusch 278-11a
Am Grundpütz 278-9d
Am grünen Weg (14) 279-3d
Am Hang 279-5d
Am Haselbusch 280-7a
Am Heidehang 260-12a
Am Heiligenhäuschen 279-11a
Am Holzgraben 281-5c
Am Hostert 279-5b
Am Hüttenacker 279-10b
Am Katzenstein 280-8a
Am Kippert 280-9d
Am Kirchenbusch 299-9a
Am Kirchturm 280-2d
Am Kühlbach 300-2b
Am Lindenberg 260-12a
Am Markt 280-3d
Am Minderbruch 281-8a
Am Mönch 278-8c
Am Mühlenbach (4) 279-6a
Am Mühlenberg 280-3c
Am Museum 279-5d
Am Pantaleonskreuz 280-3c
Am Pfarrhaus (1) 280-3c
Am Pützberg 299-12a
Am Pützchen 280-3c
Am Pützend 299-12a
Am Quackepohl 260-11d
Am Römerkanal 299-6b
Am Schliebach 278-8d
Am Schulberg 279-10b
Am Schützenplatz (10) 279-6c
Am Schwabengarten 278-8c
Am Schwichling 281-5d
Am Siefen 280-5a
Am Silberberg 299-9d
Am Sportplatz 280-3c
Am Steinling 280-10d
Am Südhang 300-5c
Am Theisenberg 279-6c
Am Toetschberg 259-10b
Am Wald 280-5c
Am Wasserfall 280-3c
Am Weinberg 299-6d
Am Weyerstein 299-12a
Am Winges 281-8c
Amselhang 280-4c
Amselweg 280-3c
An den Birken (19) 279-12b
An den Kiefern 280-4d
An den Teichen 280-5c
An den Zinnen 280-9d
An der Barbarakapelle 279-9b
An der Burg 280-3c
An der Eiche 279-1b
An der Insel 279-7d
An der Kant 279-10d
An der Kirche 279-9d
An der Linde (17) 279-9d
An der Mühle 260-12a
An der Quelle (2) 280-3c
An der Rodung 280-5a
Andersenweg 279-6b
Andreas-Girkens-Straße 279-12b
Antoniushof 299-5a
Antoniusstraße 280-2b
Antweiler Straße 281-8c
Arenbergplatz 279-6a
Arenbergstraße 279-9c
Auf dem Acker 279-6a
Auf dem Bongart 281 5c
Auf dem Daniel 279-6a
Auf dem Gaul 281-4c
Auf dem Hähnchen 280-9d
Auf dem Kahlenbusch 279-5c
Auf dem Lappen 279-12b
Auf dem Rübenstück 299-9c
Auf dem Sommer 279-11c
Auf dem Tal 299-9c
Auf dem Waasem 280-11d
Auf dem Wiesgen 299-4d
Auf den Steinen 279-2d
Auf der Bild 278-11b
Auf der Birke 280-6d
Auf der Buche 280-10d
Auf der Büchel 280-3c
Auf der Hag 300-2d
Auf der Heide 281-7b
Auf der Kier 279-9d
Auf der Ley 279-9d
Auf der Schwarte 281-5c
Auf der Stehle 280-3c
Auf der Trift 279-6c
Auf der Urpsel 279-6c
Auf Rodder 279-5b
Augustinusweg 279-6b

Bachstraße 278-12a
Bahnhofsweg 280-3d
Bahnstraße 279-9c
Baltesbenden 279-11d
Baptiststraße 281-5c
Barbanter Straße (1) 279-3b
Barbarastraße 278-8a
Baumstraße 281-8a
Becherhof 279-6b
Becherhoferweg 279-6b
Bergheimer Straße 299-5b
Bergstraße 279-9c
Bergwerkstraße 299-3a
Bescheid 278-11a
Billiger Straße 281-5c
Birkenhain 280-4d
Birkenhof 281-8b
Birkenweg (8) 279-6c
Blankenheimstraße (13) 279-9c
Bleibachstraße 279-11a
Bleibergstraße 279-12a
Blumenstraße 279-7b
Bonner Straße 260-12a
Brabanter Straße 279-3b
Brehbergstraße 299-9c
Breitenbendener Straße 299-3c
Breitenfeldstraße 281-5c
Brochgasse 280-3d
Bruchgasse 279-9d
Brühler Straße 260-11c
Brunnenstraße 259-10b
Buchenweg 280-4d
Buchfinkenweg 279-10a
Burg Firmenich 260-11d
Burg Heistard 300-5b
Burg Kommern 279-6a
Burg Satzvey 280-3c
Burg Zievel 281-1c
Burgfey 280-7d
Burghof 279-3d
Burghofstraße 279-3d
Burgring 299-9c
Burgstraße 279-1b
Buschgasse 281-5a

C.-A.-Eick-Straße 279-6a
Cäcilienhof 299-2d
Christian-Schlömer-Ring 280-12a
Clodwigstraße 279-3b

Dechant-Schrievers-Straße 279-1b
Diethkirchenweg 281-5c
Dietrich-Bonhoeffer-Straße 279-9b
Dompfaffenweg 280-4c
Dorfstraße 300-8a
Dörriesstraße 300-1a
Dottelerweg 299-4d
Dr.-Felix-Gerhardus-Straße (16) 279-9d
Dr.-Josef-Tils-Straße (16) 279-6b
Dreimühlen 299-9d
Drosselweg 280-3c

Ehlenmaarstraße 279-3b
Eibenweg 279-9b
Eichenweg 280-4c
Eickser Mühle 259-11c
Eickser Straße 279-2d
Eifelblick 260-12a
Eifelstraße 299-3c
Eintrachtstraße (27) 279-10d
Eisenweg 279-6c
Eisenwerkstraße 279-10b
Eiserfeyer Weg 300-8a
Elisabethhütte 279-8b
Emil-Kreuser-Straße 279-12a
Enzener Straße 260-8d
Erlenbusch 279-12b
Ernst-Becker-Weg 279-5d
Erzstraße 279-6c
Eschenweg 280-4d
Eschweiler Weg 300-2d
Essersgasse 279-6a
Eulenbergweg 299-9a
Euskirchener Straße 260-11d

Fabrikstraße 281-5c
Fahnendriesch 279-6c
Falkenweg 279-10b
Fasanenweg 279-10a
Faulenfeld 298-4b
Fernblick (4) 279-9b
Feyer Weg 299-9c
Feyermühle 280-10b
Feyermühler Straße 280-10b
Feytalstraße 279-9d
Fichtenpfad (13) 280-4d
Fichtenweg (18) 279-12b
Filskaul (8) 280-7a
Finkenhag 280-4c
Finkenweg 280-2d
Firmenicher Straße 280-3a
Fliederweg 300-1c
Forstweg 281-7a
Frankenring 279-7b
Frankenstraße 279-1b
Franz-Schneider-Straße 300-1c
Friedentalstraße 279-7a
Friedhofsweg 300-1c
Friedlandstraße 280-7c
Friedrich-Wilhelm-Straße 279-8d
Fröbelstraße (6) 279-6b
Frohnhof 278-6d
Frohnhofstraße 278-6d

Gartenstraße 279-9d
Gärtnerstraße 279-10b
Gartzemer Straße 280-3a
Gäßchen 278-6d
Gebrüder-Grimm-Straße 279-6a
Geheimrat-Weber-Straße 279-9c
Gehlbachstraße 280-1c
Gemünder Straße 258-12c
George-Girard-Ring 280-10a
Georgswiese 299-4b
Geranienstraße 279-10d
Gertrudenhof 260-10c
Gielsgasse 279-6a
Ginsterberg 260-12a
Ginsterweg 279-9d
Glehner Straße 278-8a
Glockenkreuz 299-9c
Glück-Auf-Straße 279-12b
Goarstal 300-7b
Goldkaul 279-9d
Gölertzstraße 279-7a
Graf-Schall-Straße 281-5a
Grenzweg 260-11d
Grometsbenden 281-4c
Grubenstraße 280-3a
Grünackerweg 299-9a
Grüner Weg 278-6d
Günnersdorfer Straße 279-12a
Gut Hombusch 280-8a
Gut von Mallinckrodt 281-8b
Gute Hoffnung 278-12d

Hahnenbergstraße 299-5c
Hainbuchenweg 281-5c
Hardt 279-12b
Harter Weg 299-3d
Hasselweg 298-1b
Hauptstraße 299-12a
Haus Molinari 299-5d
Haus Rath 279-11a
Haus Riebel 281-5a
Hauserbachstraße 299-6d
Haus-Risa-Straße 298-3b
Heerstraße 279-12a
Heidehof 281-8a
Heideweg (20) 279-12b
Heiliggasse 279-4c
Heimertsberg 279-1b
Heinrich-Heidenthal-Straße (24) 279-9d
Heinrich-Wiesen-Straße 281-8a
Heistardstraße 300-2b
Hermann-Bank-Straße 279-6b
Heufahrtshütte 278-12d
Hinter den Gärten 279-3b
Hintere Bergstraße (14) 279-9d
Hitzenbachstraße 279-12b
Hochstraße 278-12a
Hochwildschutzpark Rheinland 280-7b
Höhenweg 300-1c
Holunderweg 281-5c
Holzheimer Straße 300-2b
Holzheimer Weg 300-1c
Hosteler Straße 279-7d
Hubert-Axer-Straße 279-11a
Hubert-Offermann-Straße 279-6b
Hubert-Roggendorf Straße 279-9c
Hubertusstraße 260-11d
Hüllengarten 280-1c
Hüllenstraße 279-6a
Hüttenstraße 279-12b

Im Bongärtchen (15) 279-6b
Im Distelchen 279-9c
Im Driesch 280-5c
Im Eichenwald 279-8a
Im Elderchen 260-12a
Im Ersthof 299-9a
Im Feytal 300-1c
Im Frohngarten 279-1b
Im Ginsterfeld 280-10c
Im Hackenthal 279-6c
Im Heidenpesch 299-3a
Im Heidetal 260-12a
Im Höfchen 279-9d
Im Hofpesch 279-6b
Im Hostert 300-2d
Im Kamertal 278-8a
Im Kessel 299-12a
Im Kirchberg 299-9c
Im Kirchfeld 281-5c
Im Meinert 279-9d
Im Mühlengarten 260-11b
Im Ohr (23) 279-8c
Im Pesch (2) 299-4d
Im Rosenbusch 260-12a
Im Rothenfeld 279-6b
Im Sande 279-9c
Im Schlund 299-9d
Im Schmidtenloch 279-9c
Im Schwarzwasser 280-12a
Im Steinrausch 279-9d
Im Stockbenden 300-2d
Im Tal 299-12a
Im Teich 299-9c
Im Wälschbachtal 279-6b
Im Weidenpützgarten 279-3d
Im Wiesengrund 258-12c
Im Wiesenthal 299-6d
Im Winkel 280-1c
Im Zeep 278-10d
In den Benden 299-3a
In den Birken 280-5c
In den Erlen 280-4d
In den Färbersgärten 279-1b
In den Gärten 279-3a
In den Kämpen 280-3c
In der Donau 279-6a
In der Eule 279-3d
In der Gasse (26) 279-10d
In der Gemeinde 300-2d
In der Hardt 279-12b
In der Kumm 299-4d
In der Rüsche 281-7d
In der Schafsweide 279-6c
In der Steige (3) 279-6b
In der Weid 260-11b
In der Wolfskaul 299-3a
Iversheimer Straße 281-7b

Jacob-Katzvey-Straße (1) 280-2b
Jahnstraße 279-8c
Johann-Baptist-Straße 279-8c
Johannesplatz 281-8a
Johannesweg 279-9c
Josef-Luxen-Straße (1) 300-1c
Josefshöhe 280-3c
Jülicher Straße 279-6b
Jülicherend 299-9d

Kaigasse (1) 298-1b
Kakusstraße 299-9d
Kaller Straße 299-4d
Kallmuther Straße 299-5a
Kapellenstraße 298-1b
Karlsburger Straße 280-10d
Karlshof 300-1a
Kastanienweg 279-9b
Katharinenstraße 260-12a
Keilbergweg (2) 300-1c
Keltenstraße (2) 280-2b
Kermeterstraße 278-6d
Kettelerstraße (11) 279-9c
Kiefernweg 279-12b
Kirchbergstraße 279-6a

Kirchenweg 299-9c
Kirchfeld 281-5d
Kirchforst 279-9b
Kirchgasse 259-10b
Kleine Heide 280-2a
Kleiner Gähn 281-4d
Klosterstraße 279-10d
Knappenweg 279-8d
Kölner Straße 279-6a
Koloniestraße 281-5c
Kolpingstraße 279-9c
Kommerner Weg 280-2d
Königsfelder Straße 299-4d
Kopfweg 280-10d
Kreisbahnstraße (1) 279-3d
Kreuzgasse 279-7a
Kreuzweg 299-12a
Kreuz-Weiher-Straße 280-10d
Kreuzweingartener Straße 281-5c
Kupferweg (9) 279-6c
Kurfürstenstraße 280-2a

Lambertusweg 280-11d
Landstraße 279-8c
Lavendelweg (5) 279-9b
Lehrer-Phillip-Schumacher-Straße (12) 279-9d
Lerchenhof 280-9b
Lerchenpfad 280-7a
Lessenicher Weg 280-3d
Levanoweg 279-3d
Lindenweg 280-3d
Lohmühle 260-11c
Lorbacher Straße 299-4b
Lorbacher Weg 299-3c
Lovegasse 280-11d

Maarstraße 278-11a
Marathonstraße 279-6b
Marienau 279-9c
Marienhof 280-12c
Martinsgasse (1) 299-4b
Martinstraße 279-1b
Masholderweg 299-5b
Maternusberg (1) 279-1b
Mechernicher Straße 280-10b
Mechernicher Weg 279-6d
Meinerzhagener Straße 279-12a
Meisenweg 279-10a
Michael-Schumacher-Straße 299-5b
Mittelhütte 279-8d
Mittelstraße 279-6b
Mohrenbroich 279-11b
Montessoristraße 279-6b
Moosgasse 278-11c
Mühlenbachstraße 260-11d
Mühlenbergstraße 278-6d
Mühlengasse 279-6c
Mühlenthal 279-5d
Münstereifeler Straße 280-10d
Münstergasse 280-11d
Münsterweg 279-6a
Museumsweg 279-5d

Nachtigallenthal (12) 279-5d
Nesselrodestraße 279-12b
Neue Pfalz 279-2d
Neuer Weg 299-9c
Neustraße 278-12a
Nikolausstraße 260-12a
Nordspange 279-9b
Nordstraße 300-1c
Nyonsplatz 279-9d

Oberburg 281-4d
Obere Burg 281-8a
Oberes Rothenfeld 279-6b
Oberfeldweg 279-9c
Oberginnick 300-8a
Olivenweg (7) 279-9b

Panzerstraße 280-2b
Pappelstraße 281-8a
Pastoratsweg 281-4c
Pastor-Harff-Weg 279-9d
Pastor-Schäfer-Weg 279-6a
Pescher Weg 299-9d
Pestalozzistraße (7) 279-6d
Peterheide 279-8d
Petrusstraße 281-8c
Pfaffenbrochweg 278-8c
Pfaffenweg (5) 279-6a
Pfarrer-Bergsch-Straße 260-11d
Pfarrer-Decker-Straße 260-11d
Pfarrer-Fredloh-Straße 300-8a
Pfarrer-Nailis-Weg (1) 279-9b
Pfarrer-Pensky-Weg (3) 279-9b
Pfarrer-Schröer-Weg (2) 279-9b
Pfarrer-Wolf-Straße 280-3c
Pirathstraße 279-8c
Poststraße 279-10d
Potthofstraße 281-8a
Prinzenweg 279-6c
Prof.-Robert-Ellscheid-Weg 280-10d
Provenceweg (6) 279-9b
Pützgasse 279-6a

Quellenstraße 299-4b

Rahmesstraße 279-10c
Rathergasse 279-12b
Rehgasse 279-3d
Rennenthal 279-8d
Ringstraße 299-4d
Risa 298-3d
Rißdorfer Weg 281-7d
Ritterstraße 298-1b
Rochusstraße 280-12b
Rochusweg 279-10d
Roggendorfer Straße 279-10b
Römerstraße 300-8a
Rosengraben 279-12b
Rosenhof 279-1c
Rosenstieg 299-3c
Rosenweg 300-1c
Rotbachstraße 278-11a
Rotdornweg 280-7c
Rote Erde 278-6d
Rotternweg 280-3c
Röttgerhof 280-12d

Sandberg 280-1c
Satzveyer Straße 280-2b
Schavener Weg 280-2a
Scheidweg 278-11a
Schevener Straße 299-4a
Schimmelsberg 279-9b
Schimmelsweg 279-9d
Schlegelweg 279-6d
Schlehenweg 281-5c
Schloss Eicks 279-2a
Schloß Wachendorf 281-8c
Schmiedegasse (2) 300-2d
Schneidmühle 300-1b
Schnepfenweg 279-10a
Schopsland 279-6c
Schoßbachstraße 278-12a
Schulstraße 259-10b
Schützenweg 279-6c
Schwalbenberg 280-4d
Schwalbenweg 279-10a
Schwammberger Weg 300-8a
Schwester-Anna-Huberta-Weg (9) 280-7a
Sebastianusweg 280-1c
Seeweg 279-5d
Severinusweg 279-6a
Siedlung Becherhof 279-6d
Siedlung Blum 278-6c
Siedlung Braun 278-6b
Siedlung Breuer 300-7a
Siedlung Brüsselbach 278-6b
Siedlung Burow 300-6a
Siedlung Emonds 300-5b
Siedlung Feuser 300-5c
Siedlung Geller 278-8b
Siedlung Hambach 300-7d
Siedlung Heid 278-6a
Siedlung Heinen 300-7a
Siedlung Josefshof 299-2d
Siedlung Lang 278-8c
Siedlung Lindenblatt 300-3c
Siedlung Lippik 300-6a
Siedlung Luisenhof 299-3b
Siedlung Milde 280-10d
Siedlung Schneider 300-8c
Siedlung Schumacher 299-6a
Siedlung Stoffels 299-4d
Siedlung Vieth 278-5a
Siedlung Weingartz 299-5c
Siedlung Zervos 300-7d
Siedlung Zimmermann 280-10a
Silberweg 279-6c
Sinzenicher Weg 260-11b
Sittard 279-1c
Sonnenweg 300-1c
Sophienhöhe (11) 279-5d
Spitzbergweg 280-11d
St.-Agnes-Straße 278-8d
St.-Elisabeth-Straße 279-9c
St.-Florian-Straße (15) 279-9d
St.-Georg-Straße 299-4b
St.-Josef-Straße 279-3b
St.-Leonhard-Straße 280-10d
St.-Margaretha-Straße 300-1c
St.-Michael-Straße 278-12a
St.-Rochus-Platz 279-10d
St.-Willibrord-Straße 258-12b
Staudenweg 278-9d
Steggasse 280-1c
Steingrubenweg 260-12a
Steinstraße 279-1d
Stephanusstraße 280-6d
Sternenbergstraße 298-3d
Stiftsstraße 281-5c
Stiftsweg 279-9c
Stockertblick 300-5c
Stollenhütte 279-10d
Stollenstraße 299-6d
Strempter Straße 279-10a

Talstraße 299-5b
Talweg 279-6a
Tannenweg 279-6c
Taubengarten 279-4c
Taubenweg 279-10a
Teutonenstraße 280-2b
Tiefenbachstraße 299-3a
Titusstraße 300-4a
Tondorfer Straße 300-1b
Toni-Bauer-Straße 280-1c
Trenkgasse 300-2b
Trierer Straße 299-6b
Triftstraße 298-1b
Turmhofstraße 279-9d

Ubierstraße (3) 260-11d
Uferweg 279-6a
Ulmenweg 280-4d
Um die Weiher (1) 278-8d
Unter dem Griesberg 279-6c
Unter den Eichen 299-5b
Unterburg 281-5c
Unterurholz 299-2c
Urfey 299-8d
Urfeyer Straße 299-8b
Urholzer Weg 299-2c

Valderstraße 278-6c
Veybachstraße 280-3d
Veyer Straße 281-4a
Veynaustraße 260-12a
Viermühle 278-8d
Vierwege 280-10a
Virginiastraße 298-3b
Virnicher Straße 260-11c
Vogteistraße 259-10a
Vollem 299-6c
Vollemer Straße 299-6d
Von-Mallick-Straße 281-8a
Vussemer Straße 299-5b

Wachendorfer Straße 281-4c
Wachheckenweg 278-12a
Wacholder 279-6d
Waldkapellenstraße 279-1b
Waldstraße 279-11c
Wallenthaler Straße 279-10c
Walnußweg (10) 280-7a
Wälschbachstraße (2) 279-6b
Weberstraße 278-6d
Weg zur alten Kirche 279-9d
Weidenweg 299-3a
Weierstraße 279-9d
Weiler Straße 300-2d
Weingartener Höfe 259-11d
Weingartener Straße 279-3b
Weingartskamp (1) 300-2d
Weißdornweg 281-5c
Weißenbrunnen 279-10a
Westschachtstraße 298-3d
Weyerhof 259-12c
Wielspütz 278-10b
Wiesenweg 279-8d
Wildstraße 278-6c
Wingert 279-6b

Zehntstraße 259-10b
Zeisigpfad 280-4d
Zieveler Straße 281-4c
Zingsheimer Tal 279-5d
Zinnenweg 281-8a
Zu Buch 299-9c
Zülpicher Straße 259-10b
Zum Boul 278-8a
Zum Forst 278-12a
Zum Heideköppel 281-7b
Zum Lindenbusch 260-12b
Zum Markt 279-9d
Zum Pflugberg 299-5a
Zum Schwarzen Baum 279-9b
Zum Sportplatz (1) 260-11d
Zum Zehntgarten 278-6d
Zur Alten Apotheke (25) 279-12b
Zur Blenser Mühle 278-8d
Zur Kakushöhle 299-9b
Zur Linde 281-8b
Zur Nöck 300-2c
Zur Quelle 280-8a
Zur Thingstätte 279-5b
Zur Wolfshöhle (3) 280-2a
Zur Wolfskaul 280-9d

Meckenheim

PLZ 53340

Adendorfer Straße 286-4a
Adolf-Kolping-Straße 286-4a
Ahornhof 286-3a
Ahrstraße 285-12b
Akazienstraße 286-2b
Allensteiner Straße (27) 286-2c
Altendorfer Mühle 305-3a
Altendorfer Straße 286-4c
Alter Jagdweg 266-4c
Am Alten Stauwehr 266-10c
Am Beckmannplatz 286-2d
Am Burghaus 285-9d
Am Düsterbäumchen (38) 286-5b
Am Ehrenmal 286-1d
Am Ersdorfer Bach (22) 286-4b
Am Feldrain 265-9d
Am Hambuch 266-10a
Am Jungholz (21) 286-4b
Am Jungholzhof (35) 286-2d
Am Kölnkreuz 286-4b
Am Mühlweiher 286-4b
Am Pannacker 266-10a
Am Rebstock 286-1c
Am Rubensplatz 286-2b
Am Swistbach 286-4d
Am Tennisplatz 286-5b
Am Viethenkreuz 285-12b
Am Wäldchen (2) 266-11d
Am Wiesenpfad 286-1a
Amselweg 286-4a
An den Birken 285-12a
An den Hohen Baumgärten 286-1d
An den Weihern (42) 286-2d
An der Alten Eiche 286-5b
An der Evangelischen Kirche 286-1d
An der Kapelle 286-2b
An der Villa Schmitz (77) 286-1a
Aprikosenstraße (4) 266-11d
Arndtstraße (15) 286-1d
Auf dem Acker 285-12d
Auf dem Driesch 286-2b
Auf dem Spinnweg (2) 285-12b
Auf dem Steinbüchel 286-2b
Auf dem Stephansberg 286-1c
Auf den Köppen 286-2b
Auf den Steinen 265-9c
Auf der Lehmwiese 286-3a
August-Macke-Straße 286-2c

Bachstraße 285-12d
Bahnhof Kottenforst 266-4c
Bahnhofstraße 285-3d
Bandkeramikstraße (23) 286-4b
Baumschulenweg 285-3b
Beethovenstraße 286-2c
Bergerhof 265-12b
Bergerwiesenstraße 266-10c
Bergstraße 286-1d
Berlepschweg (75) 286-2d
Berliner Straße 286-1d
Beuthener Straße 286-2c
Birkenallee (18) 286-4b
Birkenhof 286-3a
Birkenmaarstraße 266-7d
Bonhoefferweg 286-5a
Bonner Straße 286-1c
Brahmsstraße 286-2d
Brentanoweg (45) 286-1d
Breslauer Straße 286-2c
Brombeerweg (71) 286-2b
Brucknerstraße (33) 286-2d
Buchenhof 286-3c
Burg Altendorf 285-12b
Burg Lüftelberg 265-12a
Burghofweg 265-12b
Burgstraße 285-12b
Buschstraße 266-10c
Buschweg 286-3c

Carl-Carstens-Straße (62) 286-2c
Carl-Goerdeler-Straße 286-4b
Carl-Maria-von-Weber-Weg (58) 286-2c
Carl-Zeiss-Straße 266-7c
Christine-Teusch-Straße (47) 286-1d
Cox-Orange-Weg (74) 286-2d

Danziger Straße 286-1d
Dechant-Kreiten-Straße 286-1a
Delpstraße 286-5a
Dorfplatz 286-3a
Drachenfelsstraße (64) 286-2d
Drei Linden (20) 286-4b
Drosselweg 286-4a
Dürerstraße 286-2d

Ebereschenstraße (6) 266-11d
Eibenweg 286-2b
Eichelnkampstraße 266-7c
Eichendorffweg 285-12b
Eichenhof 286-3a
Eifelstraße (24) 286-4a
Einsteinplatz (60) 286-2d
Eisbachstraße 266-10c
Elbinger Straße 286-2c
Elserweg 286-5a
Erlenhof 286-3a
Eschenhof 286-3c

Falkenweg (3) 285-12b
Feldstraße 266-10a
Fichtenweg 286-2b
Finkenweg 285-6b
Fischerweg 286-4b
Flerzheimer Straße 265-9c
Fliesweg 265-9c
Fontaneweg (16) 286-1d
Frankenweg 286-1c
Franz-Meyers-Straße 286-1d
Frongasse (10) 286-4a

Gartenstraße 265-9c
Gelsdorfer Straße 286-4a
Gemeindegasse 286-2b
Gerichtsstraße 286-3c
Giermaarstraße 286-1d
Glockengasse (8) 286-4a
Göddertzgarten 286-2b
Godesberger Straße 286-2b
Goethestraße 286-1d
Görlitzer Weg 286-2c
Grabenstraße 286-1c
Grenzstraße 266-12c
Grüner Weg 286-1c
Grünewaldweg 286-2c
Gudenauer Allee 286-1a

Hagebuttenstraße 266-11d
Händelstraße 286-2c
Hartsteinplatz (7) 286-1c
Haselweg 266-11d
Hauptstraße 286-1c
Haus Schönseifen 305-2b
Haydnweg 286-2c
Heckelweg 286-2d
Heerstraße 286-1d
Heidestraße 266-7c
Heinrich-Heine-Straße 285-12b
Hellmaarstraße 266-10a
Hermann-Ehlers-Weg 286-2c
Hermann-Löns-Straße 286-10a
Herold-Passage 286-2b
Hilberather Straße 285-12c
Hinter den Gärten 286-2b
Hirschbergweg (69) 286-2d
Hölderlinweg (17) 286-1d
Holunderweg 266-11d

Im Cäcilienbusch 286-2d
Im Finkenschlag 285-12a
Im Gäßchen (1) 285-12a
Im Ruhrfeld 286-4b
Im Siebenswinkel 285-3d
Im Stiefel 265-9d
Im Wingert 286-1d
In den Hüldern 286-3a
In der Kohlkaule 286-4b
Industriepark Kottenforst 266-10a
Israhel-van-Meckenem-Weg 286-2c

Jakobusstraße 285-12a
Johannesstraße 286-1d
Johann-Sebastian-Bach-Weg (31) 286-2d
Josef-Kreuser-Straße 286-1c
Julius-Leber-Straße 286-5a
Jungholzweg 286-4b

Kalkofenstraße 285-3d
Kannenbäckerstraße (40) 286-5a
Karl-Arnold-Straße 286-2c
Kastanienstraße (5) 266-11d
Keplerweg (61) 286-2d
Kiefernweg 286-2b
Kirchfeldstraße 286-4a
Kirchnerweg (54) 286-2d
Kirchplatz (9) 286-4a
Kirchstraße 285-12b
Kirschenstraße 266-11d
Kleiststraße (46) 286-1d
Klosterstraße 286-1c
Kolberger Weg (26) 286-2c
Kölnstraße (11) 286-4a
Königsberger Straße 286-5a
Kösliner Weg 286-5a
Kottenforststraße 265-9c
Krötenpfuhl 286-10a
Küferring 286-4b
Kurt-Schumacher-Straße 286-2c
Küstriner Straße 286-2c
Kutzenberg 285-12d

Lärchenweg 286-3a
Le-Mee-Platz 286-2c
Lessingstraße 286-1d
Liebermannstraße 286-2b
Liegnitzer Straße (30) 286-2c
Lindenweg 286-3c
Lochnerweg (53) 286-2c
Lohrbergstraße (66) 286-2d
Lortzingweg (36) 286-2d
Löwenburgstraße (67) 286-2d
Ludwig-Beck-Weg 286-5a
Lüftelberger Straße 286-1a
Lüfthildisgäßchen 265-9c
Luise-Albertz-Straße (48) 286-1d

Magnolienstraße (3) 266-11d
Mahlerweg (43) 286-2d
Mantelhofstraße (3) 286-1c
Marienburger Straße 286-1d
Marienhof 265-12b
Markeeweg (50) 286-2c
Marktgasse (2a) 286-1c
Marktplatz (2) 286-1c
Max-Ernst-Weg 286-2b
Max-Planck-Straße 286-2d
Meckenheimer Allee 266-10d
Meckenheimer Straße 285-12b
Mehlemer Weg 286-1d
Memeler Straße 286-1d
Merler Bahn 286-3a
Merler Ring 286-3a
Merler Straße 286-1c
Merler Winkel 286-2b
Mirabellenstraße 266-11d
Mittelstraße 286-2b
Mörikeweg 286-1d
Mozartstraße (52) 286-2c
Mühlenstraße 286-1c
Mühlgrabenstraße 266-10a
Müllerweg 286-5a
Münchhausenweg (39) 286-4b

Neisser Weg 286-2c
Neuer Markt 286-2c
Neustraße 286-1c
Niedertorkreisel 286-1c
Niedertorplatz (1) 286-1c
Noldestraße 286-2b
Nonnenstrombergstraße (63) 286-2d
Nordstraße 265-9c
Novalisweg (14) 286-1d
Nußstraße 266-11d

Oberdorfstraße 285-12a
Obere Mühle 286-4b
Obertorkreisel 286-4a
Obertorstraße 286-4a
Obsthof Adendorf 286-5a
Obsthof Manner 286-4d
Obsthof Plettenberg 286-4d
Obsthof Steinbüchel 286-2a
Obsthof 265-12b
Ohlengäßchen (13) 286-4b
Ölbergstraße 286-2d
Oppelner Straße 286-5a
Orffweg (34) 286-2d
Ottigsweg 286-4b
Otto-Hahn-Straße (59) 286-2d

Pappelweg (73) 286-2b
Pater-Müller-Straße 285-12b
Paul-Dickopf-Straße 266-11c
Paul-Dickopf-Straße 286-2a
Paul-Klee-Straße (55) 286-2d
Paulusstraße 285-12d
Petersbergstraße (65) 286-2d
Petrusstraße 265-9c
Plantagenweg 265-9d
Prof.-Scheeben-Straße (6) 286-1c
Promenade 286-1d

Quittenstraße 266-11d

Raiffeisenstraße 285-12b
Renettenweg (76) 286-2d
Rheinbacher Landstraße 285-3c
Rheinbacher Straße 285-9c
Ringstraße 264-4a
Römerweg 286-4b
Röntgenstraße 286-2d
Rosenaustraße (70) 286-5b
Rosenhof 285-12b
Rosenweg 286-3a
Roßkamp 285-12b
Rotdornstraße (72) 286-2b
Rottweg 266-11c
Ruhrweg 286-4b

Sanddornweg (1) 266-11d
Sängerhof 266-10d
Schäferhof (41) 286-5a
Schall-von-Bell-Weg 265-9c
Schillerstraße 286-1d
Schlegelweg 286-1d
Schlehenweg 266-11d
Schloßstraße 265-9c
Schmiedegasse 286-4b
Schubertweg (56) 286-2c
Schulstraße 285-12b
Schumannstraße (57) 286-2c
Schützenstraße (12) 286-4a
Schwarzer Weg 266-4c
Schwitzerstraße (4) 286-1c
Siebengebirgsring 286-2c
Sperberweg (4) 285-12b
Starenweg 286-4a
Steinrinnenweg 305-2b
Stenzelbergstraße 286-5b
Stettiner Weg 286-1d
Stolper Straße (19) 286-4b
Südstraße 265-9c
Swistbachaue 286-1c
Synagogenplatz (5) 286-1c

Tannenweg 266-11d
Theodor-Storm-Straße 285-12b
Thomas-Dehler-Straße (51) 286-2c
Tieckstraße 286-1d
Tilsiter Straße (29) 286-2c
Tombergstraße 286-4a
Töpferstraße 286-5a
Treptower Weg 286-5a

Uhlandstraße 286-1d
Uhlgasse 286-2b
Ulmenstraße 286-2b
Unterdorfstraße 285-12b

Verdiweg (32) 286-2d
Vershovener Weg 244-10c
Von-Galen-Weg 286-5a
Von-Stauffenberg-Weg 286-5a

Wacholderstraße 266-11d
Wachtbergstraße 286-2d
Wagnerstraße (44) 286-2d
Walbergweg 286-2d
Waldhof 286-5a
Waldweg 285-12a
Weberstraße 286-4b
Weidenweg 286-2b
Weißdornstraße 286-2b
Werner-Egk-Straße (37) 286-2d
Werner-von-Siemens-Straße 266-10a
Widdenberg 285-12d
Wiesenweg 286-3a
Willi-Weyer-Straße (49) 286-2c
Windmühlenhof 286-7c
Wißfeldstraße 285-3d
Wolkenburgstraße (68) 286-2d
Wormersdorfer Straße 285-6b

Zedernweg 266-11c
Zoppoter Straße (25) 286-1d
Zypressenweg 286-2b

Mehren

PLZ 57635

(zu VBG Altenkirchen (Westerwald))

Adorf 274-2d
Adorf-Seifener-Straße 274-2a
Auf dem Brouch 274-2d

Gollenseifen 274-2a

Harthmühle 274-4a

Im Niederdorf 274-1d
Im Winkelfeld (2) 274-2d

Kirchstraße 274-1b
Kohlstraße 274-5a

Mehrbachtalstraße 274-1d

Raiffeisenstraße 274-1d

Seifen 274-2c

Tannenweg 274-1d

Überbach (1) 274-2c

Waldstraße 274-2c

Zum Lichtenberg 274-1d
Zum Seifen 274-2d
Zur Burgwiese 274-2c
Zur Heide 274-2a

Meinborn

PLZ 56584

(zu VBG Rengsdorf)

Am Mühlenplatz 323-10b
Auf dem Löh 323-10a
Auf den Weiden 323-10c

Bergstraße 323-10a
Birkenweg 323-10a
Bismarckstraße 323-10a

Erlenweg 323-10a

Fackertsfeld 323-10c
Flurstraße 323-10b
Friedrichstraße 323-10a
Fulkwinstraße 323-10c

Goethestraße 323-10a
Grabenstraße 323-10a

Huschweg 323-10a

In der Wolfskaul 322-12b

Lessingstraße 323-10a
Lindenstraße (1) 323-10a

Sandstraße 323-10a
Stiegelsweg 323-10a

Tannenstraße 323-10a
Thielsbungerten (2) 323-10a

Meinerzhagen

PLZ 58540

Straßennamen mit Suchfeldangaben in Klammern befinden sich im Cityplan auf Seite 38.

Adolf-Diesterweg-Straße (1) 78-3b
Ahornstraße 78-2d
Akazienweg 78-3c
Alt-Schürfelde 59-8b
Am Bücking 58-12c (38/A1)
Am Heerhof 58-12a
Am Lingelchen 78-6b
Am Rottland 79-2c
Am Stadion 79-1a
Am Tarrenbrink (2) 79-1d
Amselweg (38/B1)
An der Linde 78-2c
An der Schwenke 79-1d
An der Stadthalle (38/A2)
An der Wahr 78-3a (38/A3)
An der Woeste 58-11d
Auf dem Bamberg 58-11d
Auf der Freiheit 58-12d (38/B1)
Auf der Heide 79-2b
Auf der Koppel 79-4b
Auf der Leye 58-12d (38/B2)

Baberg 59-1d
Bahnhofstraße 78-3a
Beckerhof 59-5b
Beethovenstraße 79-1a
Bergstraße 79-1a
Beurhausstraße 78-3b
Beutringhausen 78-2c
Birkenweg 78-2d
Birkeshöhstraße 58-12c (38/A2)
Bodelschwinghstraße 58-12c (38/A2)
Bomme 59-4a
Bracht 79-5d
Brahmsstraße 79-1b
Breddershaus 79-3b
Breslauer Straße 78-2d
Buchenweg 78-3c
Buntelichte 79-8b
Buschhausen 59-3d
Buschhöh 59-6a
Bussardweg 78-3c
Butmicke 78-6b

Christoph-Friedrich-Baehrens-Straße 58-11d

Danziger Straße 78-6a
Darmche 79-2c
Darmcher Grund 79-2c
Darmcher Weg 79-2c
Denndorf 58-10d
Derschlager Straße 78-3a (38/A3)
Dianaweg 78-3b
Dränkerkampstraße 78-3a (38/B2)
Dreslerweg 78-8d
Drögenpütt 59-5a
Drosselweg (4) (38/B1)
Droste-Hülshoff-Weg 59-10c
Dürhölten 58-11a

Eduard-Fittig-Straße 58-11d
Eichenweg 78-2d
Eichholz 58-12a
Eichholzstraße 58-11b
Eick 78-2a
Eisenweg 79-1d
Elberscheidtstraße (38/B2)
Elminghausen 59-12c
Erlenweg 78-3c

Falkenweg (3) 78-3c
Feldstraße 78-3c
Finkenweg (3) (38/B1)
Florianweg (38/A3)
Fritz-Paulmann-Weg 79-1c
Fröbelstraße 58-12d
Fumberg 78-3c
Fürwigge 59-2d

Gartenstraße 78-3b (38/B3)
Genkel 78-4c
Genkeler Straße 78-2d
Gerichtstraße 78-3a (38/A3)
Giedeweg 78-3b (38/B3)
Ginsterweg 58-12c
Goethestraße 59-10c
Gräfingsholz 58-11c
Grotmicke 78-2d
Grünenbecke 58-12a
Grünenbecker Weg 58-11b
Grünenthal 79-2a
Grünewald 79-5d
Güntenbecke 78-2c

Haarbrinkstraße 58-12d (38/B2)
Habichtweg 78-3c
Hahnenbecke 58-11d
Hammerweg 59-5a
Hangweg 58-12c (38/A1)
Hasendenn 58-6d
Hauptstraße 78-3a (38/A2)
Haydnstraße 79-1b
Heed 78-6c
Heerstraße 78-3d
Hegelweg 58-12b
Heide 59-3c
Heinestraße 59-10c
Hellsiepen 79-4d
Herdecker Hütte 59-6a
Herweg 78-1b
Hesselbecke 79-3a
Himbergstraße 78-3b (38/B3)
Himecker Weg (38/A3)
Hinter der Höh 59-4b
Hochstraße 78-3a (38/A3)
Hohbüschen (1) 78-2d
Hohbüschener Weg 78-2d
Hohenhengstenberg 59-12c
Höhenstraße 78-2b
Hohlinden 58-9a
Hohschlader Weg 78-3b
Höltchen 78-3b (38/B3)
Holunderweg (38/A3)
Hubertusweg 78-3b (38/B3)
Hülseberg 59-2c

Ijsselmuidener Straße 58-12a
Im Brannten 78-3d
Im Hasenkamp 58-12c (38/A2)
Im Kötgen 58-11d
Im Kumpenhahn 58-12c (38/A1)
Im Tempel 78-2b
Immecker Straße 78-3b
Industriegebiet Schwenke 79-1d
Ingemerterstraße 79-8d
Inselweg 58-12d (38/B2)

Jägerstraße 58-12d (38/B1)

Kampstraße 78-3a (38/A3)
Kapellenweg 78-3a
Kastanienweg 78-2d
Kirchplatz 78-3a (38/A3)
Kirchstraße (38/A3)
Kittmicke 79-2b
Kleiststraße 59-10c
Kohlbergstraße 78-3b
Königsberger Straße 78-3c
Korbecke 59-10c
Korbecker Weg 78-3b (38/B2)
Kotten 58-10d
Krim (38/A3)
Kropplenberg 79-7a
Krummicker Weg (38/A3)

Langenberg 58-9d
Langenohl 79-6c
Lengelscheid 59-4b
Lerchenweg 58-12c (38/A1)
Lesmicke 79-5a
Lessingstraße 58-12b
Lindenstraße 78-3a (38/A2)
Listerhammer 79-3b
Listermühle 79-3c
Listertal 79-3a
Listringhausen 78-7b
Löher Weg 78-3b (38/B3)
Lortzingstraße 79-1b

Marienheider Straße 78-2d
Meisenweg (1) (38/A1)
Melmcheweg 78-3c
Mettgenberg 59-3c
Milanweg 78-3d
Mönchspfad 78-2a
Mörickeweg 59-10c
Mozartstraße 79-1b
Mühlenbergstraße 58-12c (38/A1)
Mühlenweg (6) (38/B2)

Neuebrücke 58-8d
Neuemühle 59-3a
Neugrünental 58-9c
Neuhohlinden 58-6d
Niederbadinghagen 78-9a
Niederhengstenberg 59-12c
Nietzscheweg 58-12b
Nocken 59-8a
Nordhellen 79-2d
Nußbaumweg 78-3c

Oberingemert 79-9b
Oberkorbecke 59-10c
Ohl 58-9b
Ölmühle 58-11b
Oststraße 78-3b (38/A3)
Otto-Fuchs-Straße 78-2b

Pestalozzistraße 78-3b
Philosophenweg 58-12b
Prumbomweg (38/A2)

Redlendorf 78-5b
Reuen 79-6d
Rollsiepen 59-3d
Rosenburg 59-4d
Rügener Weg 78-3c

Schallershaus 78-3d
Scherl 79-1d
Scherlerwieden 79-1c
Schillerstraße 59-10c
Schleifkotten 58-11b
Schlenke 78-3c
Schlenker Straße 78-3c
Schloss Badinghagen 78-6d
Schlote 59-3c
Schlund 58-9c
Schnüffel 79-1c
Schöppenkampstraße 78-2d
Schubertstraße 79-1b
Schulplatz (38/A2)
Schürfelde 59-8a
Schützenplatz 78-3d
Schwalbenweg (5) (38/B1)
Schwarzenberg 78-3a
Sebastopol 79-5b
Siepen 58-12a
Siepener Weg 78-3b (38/B2)
Sinderhof 79-2d
Singerbrink 58-9b
Skizentrum 78-3d
Sperberweg (4) 78-3d
Spitzenbergstraße 78-2d
St.-Cyr-Allee 58-12a
Starenweg (2) (38/A1)
Steinsgüntenbecke 78-5a
Steinsmark 78-1d
Stettiner Straße 78-3c
Stoltenberg 79-2a
Südstraße 78-3c
Sulenbecke 58-9d
Sulenbecker Weg 58-9d
Sundhellen 79-7a

Talstraße 58-12c (38/A1)
Tannenburgstraße 58-12c (38/A1)
Taubenweg 58-12d (38/B1)
Teichstraße 78-3a (38/A2)
Trotzenburg 78-3c
Tunnelstraße 78-3a

Überm Hofe 58-12b
Uhlandweg 59-10c
Ulmenweg (2) 78-2d
Unterm Bamberg 78-3a
Unterm Hestenberg 79-1a
Untermberge 79-3a

Volkspark 78-3a
Volmehof 79-1c (38/A3)
Volmestraße 78-3a (38/A3)
Vorm Bruch 59-3c

Wahrweg 78-3a (38/A3)
Waldstraße 78-3c
Wehe 58-10d
Weidenstraße 78-3b (38/B2)
Weißenpferd 58-11b
Werkshagen 59-2a
Werlsiepen 58-12d
Westebbe 59-9b
Weststraße 58-11d
Wieden 58-11c
Wiesenstraße 78-3b (38/B3)
Willertshagen 79-2a
Willertshagener Straße 79-1b
Winzenberg 78-2d

Zeisigweg (38/B1)
Zum Alten Teich 78-3a (38/A3)
Zum Eickenhahn 79-1a
Zum Immecker Grund 79-1a
Zum Leier Hölzchen 58-12c
Zum Rothenstein 78-3b
Zum Schnüffel 79-1d
Zur Alten Post (38/A2)
Zur Birkeshöh (38/A2)

Melsbach

PLZ 56581

(zu VBG Rengsdorf)

Alter Weg 329-3a
Altwieder Straße 321-11d
Am Förderturm 329-3a
Am Goldberg 329-3a
Amselweg (5) 321-11d
An der Kreuzeich 329-3a
An der Thalheck 329-3a
Auf dem Rech (1) 321-12c
Auf dem Rheinblick 321-11d
Auf der Hohl (3) 321-12c

Bäckergasse 321-12c
Bergstraße 321-11d
Birkenweg (6) 321-12c

Eichenweg 329-3a
Eifelblick 329-3a

Friedrich-Ebert-Straße 329-3a

Gartenstraße 321-11d
Grabenstraße 321-11d
Grabenweg (1) 329-3a

Im Lindchen (4) 321-11d
Im Wiesengrund 321-12c
In der Glasheck (2) 321-12c

Jägerstraße 321-12c

Kantweg 321-12c
Kappelstraße 321-11d
Kreuzgasse 321-12c
Kreuzkirchstraße 329-3a
Lehmgasse 321-12c

Mittelstraße 321-12c
Mühlenweg 321-11d

Oberbieberer Straße 321-12c

Rengsdorfer Straße 321-11d
Rosenweg (7) 321-12c

Talstraße 329-3a
Tannenweg 321-11d

Waldstraße 321-11d
Wallbachstraße 321-12c
Weihersbergstraße 329-2b
Wiedhöhe 321-11d
Wiesenstraße (2) 329-3a

Zollweg 321-12c

Mendig

PLZ 56743

Brauerhof 334-11c

Gewerbepark A61/B262 334-10c

Karl-Schiller-Straße 334-10c

Laacher Mühle 334-10a
Laacher-See-Straße 334-10d
Laachgrabenstraße 334-10d
Ludwig-Erhard-Straße 334-10c

Steinlehrpfad 334-10c

Merzenich

PLZ 52399

Aachener Straße 158-12c
Ahrburg 158-12d
Akazienstraße 187-3d
Altwerk 188-5c
Am Alten Sportplatz 188-1a
Am Buschfeld 188-4b
Am Frohnhof 188-4d
Am Hahn 188-4d
Am Hüttenhof (4) 158-12b
Am Kamp 158-4b
Am Molder 188-4d
Am Olligsmaar (1) 157-12d
Am Rosspfad 188-4b
Am Stein 188-1a
Am Tiefenthal 188-1c
Am Wenauer Hof 158-12a
An der Elle 187-3b
An der Vogelrute 187-3b
An der Windmühle 187-3d
An der Wintermaar (1) 188-1c
Anton-Meyer-Straße 187-3d
Arnoldsweiler Weg 187-3a
Auf dem Goldacker 158-4b
Auf der Heide 157-12b

Bachstraße 187-3d
Bahnstraße 187-3d
Bauweiler Hof 189-1b
Beethovenring 187-3a
Bergfeldchen 158-4b
Bergstraße 187-3b
Binsfelder Straße 188-4d
Brunnenstraße 157-12d
Buchenweg 187-3d
Buirer Straße 158-12b
Burgstraße 187-3b

Dechant-Fabry-Straße 188-5c
Dechant-Hochscheidt-Straße (2) 158-12b
Distelrather Weg 187-3d
Dürener Straße 187-3c

Eichenstraße 187-3d
Ellener Straße 158-4c
Elsdorfer Straße 158-4b
Erlenweg 187-3d
Eschweiler Straße 158-12d

Frankenstraße 187-3a
Friedhofstraße 188-5a

Gartenstraße 187-3b
Goethestraße (3) 158-12b
Grünstraße 187-3d
Gut Neu-Seelrath 159-10d

Hamweg 188-1c
Händelstraße 187-3c
Hauptstraße 188-5a
Haus am Mühlenweg 158-4c
Herderstraße 158-12b
Hunsgasse 158-12b

Im Christental 187-3b
Im Hooverfeld 158-12a
In den Weingärten 188-1a
In der Lohe 188-1c

Jahnstraße 188-1c
Johann-Kaspar-Kratz-Straße 158-12b

Kammerweg 187-3b
Katharinenhof 158-1d
Kettenweg 187-3d
Kirchstraße 158-12d
Kleine Kumm 157-12d
Kleiner Weinberg (2) 187-3b
Klosterstraße 187-3b
Kölner Straße 158-12d
Kolpingstraße 157-12d
Kolpingstraße 187-3b
Königspfad 157-12d

Lambertshof 158-8a
Langweilerhof 158-10a
Lindenplatz 187-3b
Lindenstraße 187-3b
Ludwig-Rixen-Straße 158-4b

Maarweg 188-5c
Marienstraße 158-12b
Matthias-von-der-Driesch-Straße 188-4b
Merzenicher Heide 157-9c
Merzenicher Weg 188-4b
Mittelstraße 188-4d
Morschenicher Straße 157-12d
Mozartstraße (3) 187-3a
Mühlenstraße 188 1c

Neuwerk 188-4d
Nordstraße 157-12d

Oberstraße 158-4b
Oststraße 157-12d

Pastoratstraße 158-12b
Pastor-Frembgens-Straße 158-4b
Pastor-Hauser-Straße 158-12d
Petershof 188-1b
Poolplatz 157-12d
Pützstraße 158-12d

Rather Straße 187-3b
Richard-Strauss-Weg 187-3a
Ringstraße 188-4d
Römerstraße 187-3a
Rosenstraße 187-3d

Schafshof 187-3d
Schillerstraße (1) 158-12b
Schoellerhof 189-1b
Schöne Aussicht 188-1c
Schubertstraße 187-3a
Schulstraße 187-3b
Schützenplatz 158-4d
Schützenstraße 187-3b
Severin-Böhr-Straße 157-12d
St.-Laurentius-Straße 187-3c
St.-Sebastianus-Straße 158-12d
Steinacker 158-8a
Steinweg 157-12d

Theodor-Heuß-Straße 158-12b

Uerlingsweg 157-12d
Unterstraße 158-4b

Valdersweg 187-3d

Wagnerstraße 187-3c
Wallstraße 187-3b
Weidenkopf 188-1a
Weinberg 187-3b
Wolfskaulerhof 158-11b

Zehntstraße 187-3b
Zum Berghof 158-4b
Zum Mühlendriesch 188-1c

Michelbach (Westerwald)

PLZ 57610

(zu VBG Altenkirchen (Westerwald))

Am Mühlenberg 277-5a
Am Südhang 276-3d

Burgstraße 277-2c
Burgwiesenstraße 276-3d

Dorfwiesenweg 276-6b

Heidehof 277-4b
Hofstraße 277-5a
Höftchensweg 276-3d

Im Beulsgarten 277-1c
Im Dorfgarten 276-3d
Im Schleedörn 276-3d

Kirschbaumstraße 277-2c

Lindenplatz (1) 276-3d

Mittelstraße 276-3d
Mühlenweg 277-4a

Südweg 276-3d

Unter den Eichen 276-6b

Zum Pfahlberg 277-4a

Miellen

PLZ 56132

(zu VBG Bad Ems)

Ahlerweg 352-5d
Am Pfaffengraben 352-3d
Am Spielplatz (1) 352-3d
Am weißen Berg 352-5d
An der Eschbach 352-3d
Auf dem Grün 352-6a

Bahnweg 352-3c

Früchter Weg 352-3c

Gartenstraße 352-3b

Hauptstraße 352-3d

Kapellenstraße (2) 352-3d

Lahnstraße 352-3c

Mittelstraße (3) 352-3c

Schulstraße 352-3d
Schweizertal 352-3d

Wiesenstraße 352-3d

Monheim am Rhein

PLZ 40789

Ackerweg 66-4d
Akazienweg (11) 46-7d
Albert-Einstein-Straße 66-4b
Alfred-Delp-Straße 46-5c
Alfred-Nobel-Straße 66-4d
Allensteiner Straße (5) 66-4b
Alte Schulstraße 66-1a
Altjudenhof 66-6a
Altleienhof 46-7b
Am Driesch 46-11c
Am Grafacker 66-1b
Am Hagelkreuz 46-7d
Am Hang 66-1b
Am Kielsgraben 46-10b
Am Kieswerk 66-2b
Am Lingenkamp (25) 46-7a
Am Mühlenhof 66-1a
Am Sanderhof 46-7b
Am Sportplatz 46-7d
Am Steg 66-1b
Am Vogelort 66-1c
Am Voigtshof 66-1c
Am Wald 66-2b
Am Wasserloch 46-7b
Am Werth 66-1a
Amselweg 66-2a
An d'r Kapell 46-10c
An der Alten Ziegelei 66-2b
An der Aue 46-7b
An der Dorfstraße (7) 46-7a
An der Tongrube 66-2b
Andreas-Schlüter-Straße 66-1c
Anna-Seghers-Straße 46-8a
Anne-Frank-Straße 66-2c
Auf dem Kamp 46-10d
Auf dem Maiskamp (8) 46-7c
Auf der Heide 66-5b
Auf'm Hofacker 46-7a
Auf'm Kostenkamp (4) 46-7a

Badgasteiner Weg 46-8b
Baumberger Chaussee 46-8c
Beethovenstraße 66-2c
Benrather Straße 46-8a
Benzstraße 46-11a
Berghausener Straße 46-7d
Berliner Platz 66-1d
Berliner Ring 66-4a
Bernauer Straße 66-1d
Bertha-von-Suttner-Straße (13) 46-8a
Biesenstraße 66-1b
Birkenweg 46-8c
Bleer Straße 66-1c
Bonhoefferstraße 46-5c
Borsigstraße 46-11a
Böttgerstraße 46-11c
Brahmsstraße 66-2c
Brandenburger Allee 66-1d
Braunsberger Straße 66-4a
Bregenzer Straße (19) 46-8a
Brittenweg (22) 66-2c
Brombeerhecke 46-11c
Brückenschleeweg 66-4d
Brucker Weg (23) 46-8b
Brucknerstraße (12) 66-2a
Bürgerwiese 66-5a

Carl-Langhans-Straße 66-4a
Carlo-Mierendorff-Straße 46-5c
Charlottenburger Straße 66-1d
Chopinstraße 66-2c
Claire-Waldoff-Straße 66-2c
Clarenhof 66-1c

Dachsbau (7) 46-11c
Dahlemer Straße 66-1d
Daimlerstraße 46-10d
Danziger Straße (10) 66-4b
Deichstraße 46-7d
Delitzscher Straße 66-1d
Deusserstraße 46-11c
Distelweg 46-7b
Drehwanstraße 66-1a
Dürerweg (1) 46-11c
Düsselweg 66-1a

Edisonstraße 46-10d
Eisenstädter Straße (21) 46-8a
Elbinger Straße 66-4b

Elsa-Brändström-Weg (14) 46-8a
Elsterweg 66-2a
Emmy-Noether-Straße (31) 66-4b
Erich-Klausener-Straße 66-2c
Ernst-Reuter-Platz 66-1d
Eschenweg 46-7d
Eulenweg 66-1b

Falkenstraße 66-2a
Fasanenweg 66-2a
Fichtestraße 46-7b
Finkenweg 46-11c
Fliederweg 46-7d
Fontanestraße 46-4d
Franz-Böhm-Straße 66-1c
Freiheit 66-1a
Fridtjof-Nansen-Weg (30) 66-4b
Friedenauer Straße 66-2c
Friedhofstraße 66-1d
Friedrichstraße 66-1d
Fröbelstraße 46-7d
Frohnkamp 66-1b
Frohnstraße 66-1c
Fuchspfad 66-2a

Gachelsweg (9) 46-7b
Gänseweg 66-1b
Garather Weg 46-7b
Gartenstraße 66-1a
Gartzenweg 66-1b
Geschwister-Scholl-Straße 46-5c
Ginsterweg 46-8c
Gißlenberg (2) 46-7b
Gluckstraße 66-2a
Goeppert-Mayer-Straße 66-4b
Goldregenweg (10) 46-7d
Grabenstraße 66-1a
Grazer Straße 46-8c
Grenzstraße 46-8d
Griesstraße 46-7a
Großer Hof 66-1c
Grünauer Straße 66-4b
Grunewaldstraße 66-1d
Gutenbergstraße 46-8c

Habichtstraße 66-2a
Haferbuckel 66-2a
Hamberg 46-4d
Händelweg (20) 66-2c
Hasenstraße 66-2a
Hauptstraße 46-7a
Haus Bürgel 45-6d
Haydnstraße 66-2a
Heerweg 66-1d
Hegelstraße 46-7b
Heide 66-5a
Heideweg 46-4d
Heilerberg 66-4c
Heinestraße 66-1d
Heinrich-Hertz-Straße 46-8d
Heinrich-Späth-Straße 66-1b
Heinrich-Zille-Platz 66-1d
Helene-Lange-Straße (24) 46-8c
Helene-Stöcker-Straße (15) 46-8c
Helene-Weigel-Weg (24) 66-2c
Helene-Wessel-Weg (5) 46-10d
Hellerhof 46-5c
Hermann-Löns-Straße 46-4d
Hindemithstraße (18) 66-2c
Hofstraße 66-1c
Holbeinstraße 46-11c
Holunderweg 46-8c
Holzweg 46-7b
Humboldtstraße 46-7d
Humperdinckweg (17) 66-2c

Igelweg 46-11c
Iltisstraße 66-2a
Im Bleer Feld 66-4d
Im Pfingsterfeld 66-4b
Im Rennenkamp (1) 46-7b
Im Rottfeld 66-8a
Im Schleidergrund 66-2d
Im Sträßchen 46-4d
In den Kämpen 65-6b
Industriestraße 66-8a
Innsbrucker Straße 46-8a
Insterburger Straße 66-4a

Jahnstraße 46-10d
Johann-Sebastian-Bach-Straße 66-2a
Julius-Leber-Straße 46-5c

Kantstraße 46-7b
Kapellenstraße 66-1c
Karpfenberger Weg (20) 46-8a
Käthe-Kollwitz-Weg (25) 66-2c
Kirchgäßchen 66-1c
Kirchkuhle 46-7b
Kirchstraße 66-1a
Kitzbüheler Weg 46-8a
Klagenfurter Straße 46-8a
Klappertorstraße 46-7a
Kleingärten "Heide" 66-5a
Knipprath 46-11d
Knipprather Straße 66-1b
Kolberger Straße (8) 66-4b
Königsberger Straße 66-4a
Köpenicker Straße 66-5a
Körnerstraße 66-1d
Kradepohl 66-1a
Kranichstraße 46-10d
Kranzberg 46-7b
Kremser Weg 46-8b
Kreuzberger Straße 66-4b
Kreuzkämpchen 46-4d
Kreuzstraße 46-7a
Krischerstraße 46-10d
Krummstraße 66-1a
Kufsteiner Weg 46-8b
Kurt-Schumacher-Straße 66-2c
Kurze Straße 66-1b

Laacherhof 66-6a
Landecker Weg 46-5c
Lankwitzer Weg 66-1d
Lehmweg 66-1c
Leiblweg (2) 46-11c
Leibnizstraße 46-7d
Leienstraße 46-7b
Lerchenweg 66-2a
Lichtenberger Straße 66-4b
Liebermannweg 46-11c
Lindenplatz 66-1b
Lindenstraße 66-1b
Linzer Straße 46-8b
Lisztstraße 66-2c
Lortzingweg 66-2c
Lottenstraße 46-10c
Louise-Schroeder-Weg (23) 66-2c
Ludwig-Richter-Weg (4) 46-11c

Marderstraße 46-11c
Maria-Merian-Straße (32) 66-4b
Maria-Montessori-Straße 46-8c
Marie-Curie-Straße 66-4d
Marie-Juchacz-Weg (26) 66-2c
Marienburg 66-1c
Marienburger Straße 66-4b
Marienburgpark 66-1c
Marktplatz 66-1d
Martin-Buber-Straße 46-7b
Maximilian-Kolbe-Weg (6) 46-10d
Max-Planck-Weg 66-4d
Mehlpfad 66-1d
Meisburgstraße 66-1a
Meisenstraße 46-7a
Memelstraße (11) 66-4b
Menzelweg 46-11c
Mittelstraße 66-1b
Monheimer Straße 46-10b
Moosweg 46-7b
Mozartstraße 66-2c

Nelly-Sachs-Straße 46-8c
Neustraße 66-1d
Neuverser Hof 46-8b
Nicolaiweg (21) 66-2c
Niederstraße 46-10d
Nikolaus-Kopernikus-Straße 66-4b
Noldeweg (3) 46-11c

Offenbachweg (16) 66-2c
Opladener Straße 66-1d
Oranienburger Straße 66-2c
Ottilie-Baader-Weg 46-8c
Otto-Lilienthal-Straße (29) 66-4b

Parkstraße 66-1d
Paul-Lincke-Straße (14) 66-2c
Peter-Fechter-Weg (28) 66-2c
Peter-Hofer-Straße 46-7a
Plötzenseer Straße 66-1d
Poetengasse 66-1a
Pörtschacher Weg (18) 46-8a
Posener Straße (6) 66-4a
Poststraße 66-1b
Potsdamer Straße 66-1d
Prenzlauer Straße 66-4b
Pucciniweg 66-2c

Rabenstraße 46-11c
Radstädter Weg 46-8a
Rathausplatz 66-1b
Regerstraße (13) 66-2a
Rehwechsel 66-2a
Reiherstraße 46-10d
Rembrandtstraße 46-11c
Rheindeich 65-6a
Rheinpromenade 46-10c
Rheinsträßchen (5) 46-7a
Rheinuferstraße 66-7b
Rhenaniastraße 46-10d
Ricarda-Huch-Weg 46-8c
Richard-Wagner-Straße 66-2c
Robert-Bosch-Straße 46-8c
Robert-Koch-Straße 66-4d
Robert-Stolz-Straße 66-2a
Robinienweg 46-7d
Rotdornstraße 66-4b
Rubensstraße 46-11c
Ruster Weg (16) 46-8a

Salzburger Straße 46-8a
Sandstraße 46-7d
Schallenstraße 46-7a
Schellberg 46-8c
Schellingstraße 46-7b
Schießhecke 46-11c
Schildgesgasse 66-1a
Schinkelstraße (2) 66-1c
Schladminger Weg (22) 46-8b
Schlegelstraße 46-7d
Schlehenweg (3) 46-7b
Schleiderweg 66-3c
Schloß Laach 66-6a
Schloßberger Weg 66-4b
Schöneberger Straße (3) 66-1d
Schopenhauer Straße 46-7b
Schubertstraße 66-2c
Schumannstraße 66-2c
Schützenplatz 66-1a
Schwalbenstraße 46-10d
Schwanenstraße 46-7d
Schwindstraße 46-11c
Seefelder Weg (17) 46-8a
Selma-Lagerlöf-Straße (33) 66-4d
Siedlerstraße 46-8b
Siemensstraße 46-11c
Smetanaweg (19) 66-2c
Spandauer Straße 66-1d
Sperberstraße 66-2a
Spittaler Weg 46-8c
Starenweg (27) 66-2a

Stauffenbergstraße 46-4d
Steglitzer Platz 66-1d
Steinstraße 66-1b
Stettiner Straße (7) 66-4a
Storchenweg 46-10d

Tannenstraße 66-1b
Tegeler Straße 66-1d
Tempelhofer Straße (4) 66-1d
Thomasstraße 46-7b
Tilsiter Straße (9) 66-4a
Treptower Straße 66-4b
Turmstraße 66-1a

Uferweg 46-7a
Ulmenweg (12) 46-7d
Ulrich-von-Hassell-Straße 46-5c
Unter der Schmiede (6) 46-7a
Unterm Dorfgarten 46-7a
Urdenbacher Weg 46-4c

Vereinsstraße 66-1b
Verresberger Straße 46-7b
Villacher Weg 46-8a
Voigtshof 66-1c
Volksgarten 47-10c
Von-Ketteler-Straße 46-7d
Von-Flotow-Straße 66-2c

Wachtelstraße 66-2a
Walter-Kollo-Straße (15) 66-2c
Wannesstraße 46-7a
Weberstraße 66-2a
Weddinger Straße 66-1d
Weißdornstraße 46-7d
Wiener-Neustädter-Straße 46-8a
Wilhelm-Leuschner-Straße 46-8a
Wilhelm-Röntgen-Straße 66-4d
Wilmersdorfer Straße 66-1d
Wolfhagener Straße 46-8b
Wolfstraße 66-2a

Zaunswinkelstraße 66-4c
Zehlendorfer Weg 66-2c
Zollstraße (1) 66-1a
Zum Blockbach 47-11a

Morsbach

PLZ 51597

Adolf-Kolping-Straße 177-9b
Alte Burgstraße 207-5b
Alte Hofstraße 207-2a
Am Eichholz 207-5a
Am Eichhölzchen 177-9b
Am grünen Hang 207-2b
Am Kindergarten 147-12c
Am Kreuz 207-1c
Am Mühlengraben 177-12b
Am Rinnchen (2) 177-3a
Am Steimelberg 207-3b
Am Stein (1) 206-3b
Am Straßenfeld 206-6d
Am Südhang 207-1a
Am Taubenfeld 177-9b
Am Tuttel 206-3b
Am Waldrand 177-5d
Amselweg 177-9d
An der Krähenhardt 207-4b
Asbacher Weg 177-3a
Auf dem Bitzchen 207-3b
Auf dem Hähnchen 207-2a
Auf dem Kamp 207-1c
Auf dem Kohlknippen (1) 207-2a
Auf dem Köppchen 177-2c
Auf dem Pol 147-12c
Auf der Au 177-12b
Auf der Ecke 207-2b
Auf der Eichenhöhe 177-9b
Auf der Flöte 147-12c
Auf der Hütte 177-9d
Auf der Insel 207-6a
Auf der Kohlhardt 177-9b
Auf der Stippe 177-2c

Bahnhofstraße 177-12b
Berghof 177-7c
Bergstraße 177-3a
Bitze 177-12a
Blumenstraße 207-3b
Blütenweg 206-3b
Böcklingen 177-5b
Breitgen 207-1c
Breitgenweg 206-3b
Bruchhausener Straße 177-10a
Brunnenweg 206-3b
Buchenstraße 207-5a
Burg Volperhausen 207-5b

Dellenkampstraße 177-7b
Denkmalweg 207-1d
Dorfstraße 207-1d

Eichenhof 206-3d
Eichenstraße 177-9b
Eichhardsdelle 207-2a
Eipel 177-3b
Eisenstraße 206-3d
Erdinger Straße 177-3a
Eugenienthal 177-12c
Eugenienthaler Straße 207-3a

Feldweg (12) 177-9d
Felsenweg (11) 177-9d
Fichtenweg 177-9b
Flockenberg 177-11d
Flurstraße 177-9b
Frankenthal 177-3c
Friedhofsweg 177-3a

Gartenstraße 207-5a
Gässchen 207-1d
Goethestraße 177-9d
Grube Sonne 207-2c

Hahner Berg 177-5d
Hahner Knippchen 177-5d
Hahner Straße 177-9b
Hardtweg 177-12a
Hauptstraße 207-1c
Heckenweg 207-4c
Heide 177-12a
Heidebacher Weg 207-2a
Heiderberg 177-12a
Hellerseifen 177-11b
Hemmerholzer Weg 177-9b
Herbertshagen 177-11b
Herbertshagener Straße 177-12c
Hochstraße 177-4d
Hof Eichenkamp 177-4a
Hof Sonneck 177-3b
Höhenweg 177-9b
Hohler Berg 177-3a
Hohlweg 207-3b
Holpener Kirchweg 177-10a
Holpener Straße 207-4b

Im alten Ort 207-2a
Im Buchenfeld (1) 207-3c
Im Dorfbusch 177-6c
Im Eichengrund 207-5a
Im Hahn 177-9a
Im Hainsfeld 177-3a
Im Hof 177-7b
Im Rottfeld 207-1c
Im Schönblick 206-3b
Im Sehlberg 177-7b
In den Eichen 207-5a
In den Kirchenhähnen 147-12c
In den Kreuzgärten 207-1a
In der Au 207-1d
In der Delle (1) 177-12c
In der Lambach (2) 207-1c
In der Mackenbach 207-2b
In der Rosten (1) 177-3a
In der Silberhellen 207-4c
In der Steinbreche 207-5a
In der Tente 207-1c
Industriestraße 177-2d

Kapellenweg 177-12c
Kastanienweg 206-3b
Katzenbacher Weg 207-3c
Kiefernweg 177-5d
Kiesweg 207-1a
Kirchenhof 177-2b
Kirchweg (3) 207-1d
Kohlberger Straße 206-9b
Kömpel 177-5a
Kreuzstraße 206-3b

Lerchenstraße 177-9d
Ley 207-7b

Mathildenhof 177-7c
Meisenweg 177-9d
Mittelweg 206-3b
Morsbacher Straße 177-3a
Mozartstraße 177-9d
Mühlenweg 207-1d
Müllerweg 207-2b

Napoleonstraße 177-11c
Neuhöfchen 177-6a
Niederasbach 147-11c
Niederdorf 177-12a
Niederzielenbach 177-8c
Nürsche 177-3a

Oberasbach 147-11d
Oberzielenbach 177-4b
Ölmühle 207-4b

Paul-Klose-Straße 177-3a
Pfarrer-Pflugfelder-Weg (4) 207-1d

Quellenweg 177-10a

Reinshagen 206-6b
Reinshagener Weg 207-4a
Ritterseifen 207-2d
Ritterseifener Weg 207-2a
Rolshagen 177-10b
Rolshagener Weg (1) 207-1b
Rom 177-3b
Römerstraße 177-7b
Rosengarten 177-10b
Rossenbach 177-9a

Schillerweg (1) 177-9d
Schnörringer Weg 206-3b
Schulweg 207-3a
Schwalbenweg 207-1c
Sieben Eichen 177-3a
Siedenberg 207-3a
Siedenberger Straße 207-3b
Siegener Straße 177-5a
Solseifen 177-8d
Sonnenberg 207-6a
Sonnenhang 177-3b
Springe 147-12d
Straßerhof 206-6c
Strick 207-3b
Südstraße 207-2a

Talstraße 177-7b
Torweg (3) 177-3a
Turmhof 177-4c

Überasbach 177-2a

Wacholderschleife (1) 177-5d
Waldbröler Straße 177-6b
Wäldchenstraße 207-3b
Waldweg 177-12c
Wallerhausener Straße 177-7c
Weidenstraße 177-9b
Weißdornring 177-9b
Weißenberg 177-6b
Wiesenstraße 207-5a
Wissener Straße 207-2d

Zinshardt 207-5c
Zinshardter Straße 207-5a
Zu den Gärten 177-3c
Zum alten Berg 207-4c
Zum Born 177-6d
Zum Hemmberg 177-12a
Zum Herrenbusch 177-6d
Zum Steimel 206-3a
Zum Steinbruch 207-1a
Zum Wiesenfeld 207-5a
Zum Wisserbach (2) 177-12c
Zur Hardt 207-4c
Zur Hofwiese 177-3a
Zur Kapelle 207-2a
Zur Linde 177-6d
Zur schönen Aussicht 206-9b

Much

PLZ 53804

Adamsweg 142-12c
Alefeld 173-5b
Alte Poststraße 172-4d
Altenhof 143-7d
Am Heidgen 173-4b
Am Sonnenhang 173-1d
Am Sportheim 173-1d
Am Weißen Kreuz (1) 142-11d
Amtsknechtswahn 172-2b
Auf dem Beiemich 142-12a
Auf dem Höverich 173-1d
Auf dem Kamp 142-11b
Auf dem Steinchen 173-1d
Auf der Linde 173-1d

Bech 173-7a
Bennrath 172-5b
Berghausen 143-10c
Berghausenstraße 142-12d
Bernsauelerberg 142-12d
Berzbach 173-1d
Birken 141-9b
Birkenweg 142-12c
Birrenbachshöhe 172-9d
Bitze (1) 173-4b
Bitzen 171-3c
Bockem 142-12d
Bockemsweg 142-12d
Bövingen 142-7d
Breuch 172-1d
Bröl 173-5d
Bröler Weg 173-4b
Bruchhausen 173-5d
Brückenstraße 142-12c
Buchenweg (7) 142-12c
Büchlerstraße (2) 142-11d
Burg Overbach 142-12a
Büscherhof 141-11a

Danziger Straße 142-11b
Daushof 142-8b
Derscheid 172-12d
Dorfstraße 173-4b
Dörrenbitze 142-11d
Doullenser Straße 142-11b
Dr.-Wirtz-Straße 142-12a

Eckhausen 142-4d
Eichenweg 142-11d
Eichhof 202-3b
Eigen 141-11d
Eltersbach 142-11d
Engeld 172-6d
Erlen 173-4d
Erlenweg 142-12c
Esinghausen 142-2d

Feld 172-8a
Fichtenweg 142-12c
Fischermühle 141-9d
Friedhofstraße 142-12a

Gartenstraße 142-12a
Gartenweg 142-12a
Gerlinghausen 142-5d
Gewerbegebiet Bövingen 142-8a
Gibbinghausen 142-9a
Gippenstein 142-11b
Glatzerweg 173-4b

Hardt 172-7b
Hauptstraße 142-11d
Heckhaus 142-2b
Heinenbusch 142-9b
Heldweg 142-12c
Henningen 142-6a
Herchenbach 172-7b
Herchenrath 172-4b
Herfterath 143-12a
Hetzenholz 141-12d
Hevinghausen 142-10a
Hillesheim 172-4a
Hirtseifen 172-4d
Hirtsiefensöntgrath 172-7b
Höfferhof 173-10b
Hoffnungsthal 173-7b
Hofsberg 142-12c
Hohe Fuhr 142-12c

Höhenweg 173-1d
Hohn 172-6a
Höhnchen 172-6c
Hohr 142-11c
Höllerhof 143-5c
Hündekausen 143-5d
Huppenhardt 171-6d
Huven 171-6a

Im Bonnenfeld (6) 142-11d
Im Grasgarten 172-2b
Im Proffgarten 173-4b
Im Rosental 172-4d
In der Schlade 142-12a
In der Schweiz 142-12c

Jagdhaus 142-2b
Jägerweg 142-12a

Kantstraße 142-11a
Kapellenweg 142-11d
Kerzenhöhnchen 141-9d
Kirchplatz (5) 142-12c
Kirchstraße 142-12c
Klauserhof 141-7d
Klosterberg 142-12c
Klosterstraße 142-12c
Köbach 172-8d
Kompsgasse (4) 142-12c
Köriser Straße 142-11b
Krahm 142-11d
Krahmer Weg 142-11d
Kranüchel 172-4d
Kreizhof 142-10d
Kremersiefen 142-11d
Kreuzkapelle 172-4b
Krüttengasse (3) 142-12a
Küttensiefen 172-1d
Kutzbach 142-11d

Leuscherath 143-9c
Leverath 172-2d
Lindenstraße 142-12c
Lindenweg 142-12c
Löbach 172-12b
Loßkittel 172-3a

Marienfelder Straße 142-12d
Marienstraße 173-5a
Markelsbach 172-1a
Mucher Straße 173-4b
Müllerhof 173-3a

Neßhoven 173-7b
Neuenhaus 142-10b
Neverdorf 142-4b
Niederbech 143-9a
Niederbonrath 143-11a
Niederbruchhausen 142-10d
Niederdreisbach 173-2d
Niederheiden 141-12a
Niederheimbach 171-3a
Niederhof 143-7c
Niedermiebach 143-1c
Niederwahn 143-10a
Növerhof 141-11a

Ober dem Garten 142-11b
Oberbitzen 171-5b
Oberbonrath 143-8d
Oberbruchhausen 142-10b
Oberbusch 143-5c
Oberdorf 143-4a
Oberdörfer Straße 173-5a
Oberdreisbach 143-11d
Oberdreisbach-Höhe 143-11c
Oberhausen 172-8b
Oberheiden 142-8a
Oberheimbach 171-3a
Oberholz 172-8b
Obermiebach 143-1c
Oberwahn 143-7c
Ophausen 143-12c
Ortsiefen 173-2d
Ortsieferstraße 173-5a
Overbach 142-12b

Pillenhof 171-3d
Pommernweg 142-11b

Reichenstein 172-2b
Reichensteiner Mühle 172-3a
Reinshagen 173-7a
Rieserhof 141-9c
Roßbruch 172-3c
Roßhohn 142-9d
Rothenkreuz 172-5c

Scheid 172-1b
Scheidhof 142-10c
Schlesierweg 142-11b
Schlichenbach 141-10a
Schmerbachstraße 142-11b
Schulstraße 142-11d
Schwellenbach 141-11b
Senschenhöhe 172-5c
Siefen 142-7c
Sommerhausen 172-2c
Sommerhausener Weg 172-2b
Söntgerath 172-7b
Springen 141-9d
Steinhaus 172-4a
Stompen 172-6a
Strießhardt 173-2b
Strünkerhof 142-4c
Strunkhausen 173-4b
Sülzbergstraße 142-12c

Talstraße 142-11d
Talweg 142-12c
Tannenweg 173-2c
Thelenstraße 173-4b

Tillinghausen 142-8d
Todtenmann 171-6d
Tüschenbonnen 173-10c

Vogelsangen 143-10c

Wahnbachtalstraße 172-3a
Walterscheid 172-6a
Webersbitze 142-11d
Weberstraße 142-11d
Weeg 173-4a
Weißenportz 141-11d
Wellerscheid 143-4d
Wersch 173-1a
Werschberg 173-7d
Werschtalstraße 173-4d
Wiese 172-5b
Wiesenweg 173-4b
Wirtschaftsweg 142-11b
Wohlfahrt 172-5d

Zanderstraße 142-11b
Zeche Aachen 173-10a
Zeithstraße 142-11d
Zum Grengel 172-1c

Mülheim-Kärlich

PLZ 56218

(zu VBG Weißenthurm)

Alte Koblenzer Straße (7) 338-10d
Am Guten Mann 337-9a
Am hohen Stein 338-11b
Am Katzenpfad (6) 338-10c
Am Mühlpfad 343-3b
Am roten Kreuz 338-11c
Am Schlossgraben 337-12c
Am Wasserturm 338-11d
Amselstraße 338-10d
Andernacher Straße 337-12d
Annastraße 338-10c
Antoniushof 344-1a
Antoniusstraße 338-10c
Auf dem Diestelberg 343-3b
Auf dem Hahnenberg 338-10b
Auf dem Leim 337-12d
Auf dem Nippes 337-12d
Auf dem Schildchen (8) 337-12d

Bachstraße 337-12d
Bahnhofstraße 338-10c
Bassenheimer Straße 343-3b
Baugebiet In der Steinrausch 338-10c
Beethovenstraße 338-7d
Bergpflege 337-12d
Bergstraße 338-10c
Birkenstraße (2) 343-3b
Blumenstraße (3) 343-3b
Blütenstraße 337-11d
Brunnenstraße 337-12d
Burgstraße 337-12c

Carl-Benz-Straße 338-10b
Clemensstraße 337-12c

Eichenweg (1) 337-12b
Eisenbahnstraße 338-7a
Erlenweg (3) 337-12d

Falkenstraße 338-10d
Fichtenweg 337-12b
Finkenstraße 338-10d
Florinstraße 338-11a
Franz-Josef-Pey-Straße 337-12a
Fraunhofer Straße 338-11c
Fronertsweg 343-3b

Gartenstraße 337-12d
Gebrüder-Pauken-Straße 338-10b
Gewerbegebiet Mülheim-Kärlich 338-10b
Goethestraße 338-7d

Hauptstraße 337-12c
Heckemühle 343-3a
Heeresstraße 337-11b
Heinrichshof 337-9c
Hermannstraße 338-7d
Hinter dem Backhaus (5) 338-10c
Hinter der Jungenstraße 338-12a
Hintere Ringstraße 338-10c
Hochstraße 337-12d
Holzstraße 337-11d
Hoorweiherstraße 343-3b

Im Boschacker 338-7c
Im Burggarten 337-12d
Im Gottschalk 337-12c
Im grünen Meer (6) 337-12c
Im Metzental 338-10d
Im Pfaffenacker 337-12d
Im Rödelsweg 338-10c
Im Sperling 338-10c
In den Stangwiesen 338-10c
In der Florinskaul 338-11a
In der Pützgewann 338-10b
Industriestraße 338-7d

Jägerhaus 338-12a
Jahnstraße 338-10c
Johannesstraße 338-10c
Josefstraße 338-7d
Juddengässchen 338-10a
Jungenstraße 338-12a

Kapellenstraße 338-10c
Kärlicher Straße 337-12d
Karlsmühle 343-3b
Karthäuser Straße (5) 343-3b
Kastanienallee 337-12c
Kettiger Straße 337-11b
Kiefernweg 337-12b
Kirchstraße 337-12c
Klosterstraße 337-12c
Koblenzer Straße 338-10c
Kolpingstraße 337-12c
Korbsmühle 343-3b
Kraywiesenweg 338-12a
Kurfürstenstraße 337-12d

Landstraße 338-7c
Langwies (2) 337-12d
Lehpfad 338-7d
Lerchenstraße 338-10d
Lindenstraße (4) 343-3b
Lohrweg 343-3b
Ludwigshöhe 344-1a
Luisenstraße 337-12d
Lukasmühle 343-3b
Lukasstraße 338-10c

Manuelstraße 338-10c
Markusstraße 338-10c
Matthäusstraße 338-10c
Mauritiusstraße 337-12a
Mozartstraße 338-7c
Mühlackerweg 344-3c
Mühlenstraße 337-12d
Mülheimer Straße 337-12c
Musterhausstraße 338-11a

Neustraße 343-3b

Oberster Kettiger Weg 337-11b
Obstlehrpfad 344-1a
Otto-Hahn-Straße 338-10b

Paulinusstraße 338-7d
Pfarrer-Porz-Straße 337-12c
Pfarrer-Rödelstürz-Straße 337-12d
Platz Château-Renault 338-10c
Poststraße 338-10c

Raiffeisenplatz 337-12a
Reihe Bäume 337-12b
Rheinau 338-7a
Rheinstraße 337-12a
Ringstraße 338-10c
Rolandshof 337-12b
Römerstraße 337-12a
Rosenstraße (1) 343-3b
Rübenacher Straße 337-12d

Schießberg (4) 337-12d
Schubertstraße 338-7c
Schulstraße 338-7c
Schützenstraße 337-11b
Schwalbenstraße 338-10d
Schweizerstraße (7) 337-12c
Siedlung Depot 338-11d
Sieweg 338-10c
Sonnenhof 343-2d
Spitalsgraben 338-10b
Stationsweg 337-12d

Tannenweg 337-12b
Trumbster Weg 343-3a

Urmitzer Straße 338-7d

Viehtriebsweg 343-3a

Waldmühle 343-6a
Waldstraße 337-12d
Weidenstraße 343-3b
Weißenthurmer Straße 337-12a
Wiesenweg 338-10a
Winninger Straße 344-1a
Wirzenmühle 343-3b
Wollburgsweg 338-10c

Zuthenstraße (5) 337-12c

Nauort

PLZ 56237

(zu VBG Ransbach-Baumbach)

Alter Garten 332-4d
Am Hofacker 332-4d
Am Kettenhähnchen 332-4c
Am Wasserturm 332-4c
An den Weiden 332-7a
Augustushof 332-4a

Bachweg 332-7a
Birkenweg 332-4d
Bitzengarten 332-4c
Brausbelsweg 332-4c
Buchenweg 332-7b

Gartenstraße 332-4c
Gewerbegebiet "Im Hahn" 332-5c

Hauptstraße 332-4d
Heideweg 332-4d
Höhenstraße 332-4a

Im Frohnchen (2) 332-4c
Im Hahn 332-4d
Im Heckelchen 332-4d
Im Wiesengrund 332-7b
In der Dorfwiese 332-4d

Josefstraße 332-4d

Kasperhäuschen (3) 332-4c
Katharinenstraße (1) 332-4d
Kirchstraße 332-4c
Klosterstraße 332-4d

Marienstraße 332-4c
Marschallstraße 332-4d
Mittelstraße 332-4d

Nordstraße 332-4d

Oststraße 332-4d

Petristraße 332-4d

Rheinstraße 332-4c
Ringstraße 332-4d
Rosenweg 332-4a

Schulstraße 332-4d
Südstraße 332-4c

Tannenweg 332-7b

Waldfelderhof 332-5c
Waldstraße 332-4d
Westerwaldstraße 332-7b
Wiesenstraße 332-4d

Zu den Eichen 332-4d
Zum Fahlberg 332-4a
Zum Rödchen 332-7a
Zum Staudchen 332-4c

Neitersen

PLZ 57638

(zu VBG Altenkirchen (Westerwald))

Ahornweg 275-5d
Auf dem Steinchen 275-5d
Auf der Seelshardt 275-9a

Bachstraße 275-5d
Bannerscheidt (2) 275-5d
Bergstraße 275-6c
Birkenweg 275-6c
Buchenweg 275-5d

Erlenweg (1) 275-5d
Eschweg 275-6d

Finkenweg 275-6c

Gartenstraße 275-8b
Gartenweg 275-8b
Gartenwinkel (3) 275-8b

Hasenwinkel 275-5d
Hochstraße 275-8b

Im Engels 275-6c

Jägerweg 275-5d

Kahlhardt 275-8a

Lerchenweg 275-6c

Meisenweg 275-9a

Rheinstraße 275-8a
Ringstraße 275-6c

Schulstraße 275-9a
Sonnenhof 275-5c
Sonnenstraße 275-5c
Südstraße 275-9a

Wiedstraße 275-8b

Zum Lenzbach 275-6d

Nettersheim

PLZ 53947

Am Quartbach 300-11c
Auf der Jücht 300-11a

Burggasse 300-11c

Jakob-Kneip-Straße 300-11a

Kreuzweg 299-11c

Lindenweg 300-11c

Nachtigallenweg 300-11a
Nöthener Straße 300-11a

Sonnenweg 300-11a

Wespelweg 300-11c

Zingsheimer Straße 300-11c
Zum Heidentempel 300-11c

Neuhäusel

PLZ 56335

(zu VBG Montabaur)

Am Hang 347-3a
Am Heideköpfchen 341-11d
Am Sauwald 341-11d
Am Spielplatz 341-11d
Am Wäldchen 347-2b
Auf der Haid 347-2b

Bergweg 347-2b

Coermannstraße 341-11d

Eisenköppel 347-2b
Eitelborner Straße 347-2b

Friedhofsweg 341-11d

Gartenstraße 347-2b
Gewerbegebiet Feldchen 347-2a
Graf-von-Westphalen-Straße 341-11d

Haskenallee 347-2a
Haskenstraße 341-11d
Hauptstraße 347-2b
Hillscheider Straße 341-11d
Höhenweg 347-2b

Im Feldchen 347-2a
Im Litzeland (3) 341-11d
Im Windegut 341-11d
Im Winkel (1) 347-2b
In den Gärten 347-2b
In der Augst 347-2b
Industriestraße 347-2a

Kadenbacher Straße 347-2b
Kirchstraße 347-2b

Lahnstraße 341-11d
Lampertsweg 347-3a
Limesweg 347-2b

Mittelweg 341-11d

Neustraße 347-2b

Römerstraße 347-3a

Schulfeld 347-2b
Simmerner Straße 347-2a
St.-Anna-Weg 341-11d
Stockborn 347-2b

Talweg (2) 347-2b
Tannenweg 341-11d
Taunusstraße 347-2b

Unter dem Dorf 347-2b
Unter den Lärchen 341-11d

Westerwaldstraße 347-2b

Zum Börnchen 341-11d

Neunkirchen-Seelscheid

PLZ 53819

Ackerrain 170-6d
Ahornweg 201-6c
Alte Mucher Straße 171-6c
Alten-Büchel-Straße 201-2c
Alter Weg 201-5b
Am Anger 201-5b
Am Bergwerk 141-10d
Am Bungental 172-10d
Am Dreieck 171-4d
Am Dreisbach 201-3b
Am Ehrenmal 171-4d
Am Eulenwald 141-10d
Am Fischweiher 171-7c
Am Flutgraben 202-1a
Am Gansberg 171-4d
Am Grasgarten 171-4c
Am Hang 201-2d
Am Hausberg 201-5b
Am Heiligenstock (1) 201-6c
Am Hofacker 141-10d
Am Kirschbaum 201-3d
Am Küppershof 171-5a
Am Leiengarten 172-10c
Am Lübich 200-3b
Am Rosengarten 171-5c
Am Sonnenhang 201-2d
Am Sportplatz 171-4d
Am Vogelberg 201-5b
Am Waldrand 171-11d
Am Weiher 201-4d
Am Wiedenhof (5) 201-2b
An der Krautbitze 171-4d
Andersenweg 201-2d
Anglerstraße 171-8b
Annastraße 172-11d
Arndtstraße 171-4d
Arnsberg 202-4a
Aschenbrödelweg 172-11a
Asternweg 171-5c
Auenweg 171-7c
Auf dem Bruch (1) 171-12c
Auf dem Höchsten 172-10d
Auf der Bitzen 201-4b
Auf der Donn 201-5c
Auf der Höh 171-7b
Auf der Rötschen 172-11d

Bachstraße 171-1a
Backesfeld 171-9c
Balensiefen 172-7c
Balensiefener Straße 172-7c
Baumweg 172-10a
Beethovenstraße 201-2d
Bennenberg 171-11d
Bergstraße 171-4d
Bergwiese 171-8a
Berliner Straße 171-12c
Biberweg 171-8a
Birken 201-5c
Birkenfelder Straße 172-10a
Birkenmühle 201-8b
Birkenmühler Weg 201-8a
Birkenweg 201-5b
Bitzer Berg 171-11b
Bockenbuscher Weg 170-12d
Boettgerstraße 201-2a
Bogenstraße 202-1a
Bonner Straße 171-11d
Brackemicher Straße 172-10b
Breiderheide 171-4a
Breite Straße 171-4a
Breitscheider Straße 171-7a
Breslauer Straße 201-2b
Broich 171-2d
Broichsgasse 201-4d
Bröltalstraße 201-8d
Brombeerweg 201-7b
Bronnenwiese 171-4d
Bruchhausen 201-1a
Bruchhausener Straße 201-1a
Brücker Wiese 171-5c
Brumenberg 171-12c
Brunnenweg 171-4b
Bruseberg 201-1a
Buchenweg 201-7b
Buchfinkenweg 171-5d
Bünnland 171-5a
Burggasse 171-4d
Busch 170-9d
Buscher Straße 170-9d
Buschöhrchen 171-11b
Bussardweg 171-5b

Claudiusstraße (6) 171-5c

Dachsweg 171-7b
Dahlerhof 171-11c
Dahlerhofer Straße 171-11c
Dahlienweg 171-5c
Dellenweg 141-11d
Dompfaffweg (10) 171-5d
Donatusweg 172-11d
Dorfmühle 171-7b
Dorfstraße 171-4d
Dornbitzenweg 172-10d
Dornenweg 171-12c
Dornröschenweg 172-11c
Drachenfelsstraße 171-7c
Drei-Kronen-Straße 200-3c
Dresdener Straße 171-11c
Driescher Straße 171-5c
Drosselbartweg (7) 172-11c
Drosselweg (9) 171-5d
Drostestraße 201-2d
Dürerweg 171-4c

Eckweg 201-2c
Effert 170-9c
Efferter Straße 170-9a
Eich 171-5a
Eichendorffstraße 201-2d
Eicher Straße 171-5c
Eischeider Straße 171-12c
Eisenerzstraße 201-2b
Elsschlade 172-10a
Engelsberg 171-9c
Enzenberg 172-7c
Erich-Nolde-Weg 171-4c
Erlenbitze 201-8b
Erlengrund (3) 171-4d
Eulenweg 171-11b

Falkenweg 201-2d
Farnweg 201-8a
Fasanenstraße 201-1a
Feldweg 171-5a
Fischerweg 171-8d
Fliederhain 171-5c
Forellenweg (12) 171-8b
Frankenweg 171-8d
Frauenstraße 171-4c
Friedhofsweg 201-2b
Froschkönigweg 172-11c
Fuchsweg 171-8c

Gartenstraße 201-2b
Geibach 201-8b
Geranienweg 171-8a
Gerhart-Hauptmann-Straße 171-7b
Gerichtsweg 171-4c
Germanenstraße 171-8a
Gillesgarten 171-10c
Ginsterhang (8) 171-5c
Gitzental 171-11b
Goethestraße 171-7b
Gotenweg 171-8a
Gottfried-Keller-Straße (10) 201-2d
Göttscheider Straße 172-11d
Grafenwieser Weg 171-12c
Grasweg 171-11b
Gretelweg (6) 172-11c
Großscheider Straße 201-8b
Grüner Winkel 171-7d
Gutenbergstraße 201-2a
Gutmühle 171-8b
Gutmühlenweg 171-8a

Haagener Weg 171-7b
Habichtweg 171-5b
Häger Weg 171-9c
Häldengarten 201-2c
Hamsterweg 171-8a
Hänselweg (5) 172-11c
Hardt 172-10a
Hardtweg 171-9d
Haselnussweg 201-5d
Hasenbacher Straße 172-10d
Hasenweg 171-7d
Hasselsiefen 201-2d
Hauptstraße 201-2c
Hausen 171-8c
Hausener Straße (Hausen) 171-8c
Hausener Straße (Seelscheid) 171-7b
Hausermühle 171-8d
Hausermühler Straße 171-8c
Hebbelstraße 171-7b
Heckelssiefen 201-2a
Heckenhofstraße 200-3b
Heidestraße 171-2d
Heidgen 141-10d
Heinestraße 171-5c
Heister 171-5b
Heisterstraße 171-10a
Helenenstraße 201-4b
Hennefer Straße 201-7b
Herderstraße (15) 171-7b
Herkenrather Straße 171-10c
Hermann-Löns-Straße (9) 201-2d
Hermerather Mühle 172-11d
Hermerather Straße 172-11c
Herrenweg 170-9a
Herrenwiesermühle 171-11b
Heuershof 171-2b
Hochfeldstraße 200-3d
Hochkreuz 200-3c
Höfelsfeld (7) 171-4d
Höfferhofer Straße 171-11d
Höfferscheid 171-11d
Hofstraße 201-2a
Hohe Fuhr 200-3c
Höhenweg 171-12c
Hohlweg 171-2d
Hohn 171-1d
Hohner Straße 201-5b
Hölderlinstraße 201-2d
Holdert 170-9b
Höltenweg 201-2a
Holunderweg 201-8a
Holzweg 171-7c
Horbacher Weg 201-6d
Humboldtstraße 171-2d
Humperdinckstraße 201-2d

Igelweg 171-8a
Iltisweg (14) 171-8c
Im Ahlefeld 170-12b
Im alten Garten 201-3b
Im Bergerfeld 171-4d
Im Brachfeld 171-4d
Im Broich 171-2d
Im Bungert 171-4d
Im Burgfeld 171-4d
Im Dönengarten (1) 172-10d
Im Eichholz 201-5a
Im Flögerhof 201-4b
Im Grund 200-3d
Im Heidbusch 171-5b
Im Heiderbruch 141-10d
Im Heidgen 141-10d
Im Heisterfeld 171-5b
Im Heuersfeld 171-2d
Im Höfchen 171-12d
Im Hohnsiefen 141-10d
Im Holzwinkel 201-2a
Im Hülscheider Hof 172-10c
Im Immenthal 201-2b
Im Kahlenbach 201-5b
Im Kemengarten 170-12d
Im Krummauel 201-2b
Im Laubwald 171-1b
Im Liemerich 201-3b
Im Perkes 171-11b
Im Schmellensiefen 171-7b
Im Stegesgarten 201-2b
Im Stein 171-6c
Im Thomasgarten 201-2b
Im Winkel 200-3c
Im Wirbelsgrund 141-10d
Im Wolfsgarten 201-4d
Imkerweg 201-3b
In den Gärten 201-8b
In der Brache 171-4d
In der Fuchshöhle 200-3a
In der Men 172-11d
Industriestraße 171-2d
Ingersau 201-6c
Ingersaueler Mühle 171-4a
Ingersaueler Straße 171-4a
Innenweg 170-9b

Jägerpfad 171-5b
Jasminweg 171-5c
Johannesweg 171-11d
Josef-Lascheid Platz 171-4d
Josefsweg 171-12c
Julius-Bergfelder-Weg 170-6d

Kalfenbitze 171-1d
Kantstraße 171-4d
Karl-Simrock-Straße (16) 171-7b
Karolingerweg 171-8a
Karpfenweg 171-8b
Kaule 201-6c
Kauler Weg 201-6c
Keltenweg 171-8a
Keplerstraße 201-2a
Kiefernweg 172-10a
Kirchstraße 201-2b
Kirchweg 171-4d
Klausnerweg (8) 172-11d
Kleebitze 201-2a
Kleinfeldstraße 170-12d
Kleinscheider Straße 201-6c
Kleiststraße 171-7b
Knochenmühlenweg 170-9b
Köbach 172-11a

Köbacher Straße 172-10d
Kölner Straße 171-12c
Königsberger Straße 201-2b
Königsiefen 171-8d
Kotthausener Straße 171-7d
Krahwinkeler Straße 170-12b
Krawinkeler Straße 202-1a
Kreuzweg 201-4d
Krokusweg 201-4b
Kruchsberg 201-1d
Krummbachweg 171-12c
Kuckelsberg 171-9c
Kuckucksweg 171-5d
Kuhlen 171-2d
Kuhlener Straße 171-2d
Kupferfeld 171-2d
Kurtsiefener Straße 171-5c
Kurzer Weg 170-12b

Landweg 171-5c
Landwehr 171-2b
Lärchenweg 201-8a
Leibnizstraße 201-2a
Leienkreuz 171-5d
Leipziger Straße (2) 171-11c
Leitheckenstraße 172-11d
Lessingstraße 171-7b
Leyenweg 201-9a
Lilienweg 171-8a
Lindener Straße 171-7b
Luchsweg 171-8a

Mahlgasse 171-7b
Marderweg 171-7b
Marienweg 201-3b
Markusweg 171-11d
Märzweiher 171-2b
Max-Planck-Straße 171-5c
Meisenbach 171-1a
Meisenbacher Straße 171-4a
Meisenweg (8) 201-2d
Meisterhofstraße 171-5b
Meistershofen 171-6a
Mitteldorf 171-9b
Mitteldorfer Weg 172-7a
Mittelstraße 201-4b
Moltkestraße 201-2d
Mooskaule 172-10a
Mörikestraße 171-4d
Mozartstraße 201-2d
Mühlenfeld 171-10c
Mühlenweg 201-4b
Münchener Straße 171-12c

Nachtigallenweg 171-4c
Nelkenweg 171-5c
Neuer Graben (4) 171-4d
Neuer Weg 171-7d
Niederfeldstraße (1) 171-2b
Niederhorbacher Straße 201-3d
Nietzschestraße 171-7b
Nömmert 171-5b
Nordstraße 201-2b
Nußbaumstraße 200-3b

Oberdorf 172-7a
Oberdorster Straße 171-2b
Obere Gasse 171-11b
Oberfeld 171-7d
Oberhorbach 202-1c
Oberhorbacher Straße 201-3d
Ohlenhohnstraße 201-2b
Ohlertstraße 201-2c
Ohlig 171-2c
Ohliger Straße 171-2c
Ohmerath 201-6b
Ohmerather Straße 201-3c
Ölbergstraße 171-7d
Ortsbitze 171-11b
Ortsgarten 171-11b
Overather Straße 171-5b

Parkstraße (6) 201-2b
Pastor-Franz-Steden-Platz 171-4d
Pestalozziweg 201-2b
Petersbergstraße 171-7d
Petrusweg 171-11d
Pfarrer-Julius-Smend-Platz (1) 171-4d
Pfarrer-Schaaf-Straße 201-2d
Pfarrer-Stauf-Straße 201-4d
Pferdebitze 200-3d
Pinn 201-7a
Pinner Straße 201-7a
Pixhof 201-6c
Poststraße (3) 201-2b
Prälat-Lewen-Straße 201-2d
Pütz 171-2d
Pützerhof 171-2d

Quellenweg 171-5a
Querweg (2) 171-4d

Rabelsberg 171-11b
Raiffeisenstraße 201-2a
Rathausstraße 171-11c
Rehfeld 201-3d
Rehwiese 201-6a
Reiherweg 172-10c
Remschosser Straße 201-7b
Rengerter Straße 170-9a
Rennenbergblick 201-8b
Renzert 201-5b
Renzertstraße 201-5a
Riedeselweg 171-5d
Rilkestraße 201-2d
Ringstraße 201-2c
Ripperter Straße 171-4c
Ritterweg 171-4d
Rodensiefen 202-1a
Römerstraße 171-8a
Roonstraße 201-2d
Roseggerstraße 171-5c

Rosenrotweg (2) 172-11c
Rosenweg 171-5c
Rotdornweg 201-2a
Rotkäppchenweg (4) 172-11c
Rübenbitze 201-6b
Rübezahlweg 172-11c
Rückertstraße 201-2d
Rundweg 171-7a

Schaarener Weg 171-7d
Scheider Straße 200-3a
Scherpekotten 141-10a
Scherpemicher Straße 171-5d
Schillerstraße 201-2d
Schlader Weg 172-7a
Schmiedestraße 201-2a
Schmittener Straße 171-4d
Schmittengarten 171-4b
Schneewittchenweg 172-11c
Schommerstückstraße 172-11c
Schönauer Straße 201-5c
Schöneshofer Straße 201-5c
Schönfelder Straße 201-8a
Schopenhauerstraße 171-7b
Schubertstraße 201-2d
Schulstraße (7) 201-2b
Schulwald 200-3b
Schwanenweg 201-4b
Seelbachweg 201-8a
Siebengebirgsweg 171-7c
Siefen 171-5b
Siefener Straße 171-5a
Siegburger Straße 200-5b
Silberkopf 201-5b
Sonnenblumenweg 171-8a
Söntgerather Straße 172-7c
Sperberweg 201-2d
St. Margarethen (4) 201-2b
St.-Franziskus-Weg (11) 201-2c
Starenweg (11) 171-5d
Steinberg 171-10c
Steinenbitzchen 171-1a
Steiner Straße 171-5c
Steinermühle 171-6c
Steinknippen 170-8d
Sternstraße 201-3b
Sterntalerweg (3) 172-11c
Stettiner Straße 201-2b
Stockhardt 201-5b
Straßen 200-3a
Stumpsweg 201-4b
Südweg 201-2d

Talblick 201-5d
Talsperrenstraße 201-2c
Talstraße 171-8a
Tannenweg 172-10c
Taubensiefen 201-5b
Theodor-Körner-Straße 171-5c
Thujastraße 172-10d
Trittspfad 200-3d
Tulpenweg 171-8a

Überdorfer Weg 171-9d
Uhlandstraße (5) 171-4d
Ulmenweg 201-5c
Untersberg (13) 171-8a
Unterweg 171-7d
Urnenfeld 171-8a

Veilchenweg 171-5c
Viehtrift 201-4b
Viengasse 172-7a
Vogelsangstraße 201-3b
Vossbitze 141-11d

Wacholderweg 171-5d
Wahlener Straße 170-9a
Wahn 200-3d
Wahnbachtalstraße 171-11a
Wahner Weg 200-3c
Waldstraße 171-11d
Waldwiese 171-2b
Walnußweg 201-5d
Walzenrather Straße 201-2a
Weberstraße 201-2a
Weesbacher Straße 171-7b
Weidenbusch 172-10a
Weidenstraße 201-2d
Weiert 171-2b
Weierter Straße 171-2a
Weihergasse 171-7c
Weilersberg 171-1d
Wendbachstraße 171-11d
Wendmühle 171-9d
Wenigerbachstraße 171-4d
Wennerscheider Straße 171-11b
Wielandstraße 171-7b
Wiescheid 201-4d
Wiescheider Straße 201-4d
Wieselweg 171-7d
Wiesengrund 201-7b
Wildpfad 201-3a
Wildsiefen (2) 171-2b
Wilhelmstraße 172-10a
Winterberg 171-11d
Wolkenburgstraße 171-7d
Wollkaule 200-5b
Wolperather Weg 201-5b

Zedernweg 172-10a
Zeisigweg 171-5d
Zeitenbüchel 170-9c
Zeithstraße 171-10a
Zimmermannsweg (1) 201-3b
Zu den Birken 201-5c
Zum Acker 171-4b
Zum Appelbach 201-5a
Zum Bonnensiefen 201-4d
Zum Dorfteich 171-2b
Zum Holzbachtal 141-10d
Zum Kisseltal 201-2c
Zum Leienhof 171-5c
Zum Naafbach 170-6c
Zum Nüchel 201-3b
Zum Pixhof 201-6c
Zum Schwärmshof 172-7a
Zum Steimerich 201-3b
Zum Steinenbach 171-1a
Zum Thielensiefen 172-10b
Zum Vorbusch 171-9c
Zum Wahnbach 200-3b
Zum Waldfrieden 171-7d
Zum Wirbel 172-11d
Zur Bröl 201-6a
Zur Delle 171-7c
Zur grünen Au 201-3b
Zur Hofstatt 172-10b
Zur Tränke 171-12a
Zur Wende 171-9c

Neuss

41470 Ackerweg 43-1b
41470 Ahornstraße 43-5c
41470 Akazienweg 43-5d
41470 Albert-Schweitzer-Straße 43-3d
41470 Albertus-Magnus-Straße 43-3c
41470 Aldebrück 43-3c
41470 Alte Hauptstraße 43-5b
41469 Alte Uferstraße 43-1b
41470 Altebrücker Straße 43-3c
41470 Am Alten Bach 43-3d
41470 Am Backes 43-1a
41470 Am Bettikumer Hof 43-2a
41470 Am Dreieck 43-5b
41472 Am Driesch 42-3a
41470 Am Fronhof 43-3d
41470 Am Henselsgraben 43-3d
41470 Am Josefshaus 43-2d
41470 Am Kapellchen 43-2a
41470 Am Kaulacker 43-3b
41469 Am Kirchberg (2) 43-1b
41470 Am Kirchenmorgen 44-1a
41469 Am Konebusch 43-1b
41470 Am Kuckhofer Feld 44-1a
41470 Am Lindbruch 43-3a
41469 Am Nierholz 43-1b
41470 Am Norfbach 43-3c
41470 Am Pickenhof 44-1a
41470 Am Rindergraben 43-5d
41470 Am Römerweg 43-2a
41470 Am Schlicherumer Feld 43-2a
41470 Am Schwarzen Graben 43-5c
41470 Am Steinacker 43-3a
41470 Am Vogelbusch 43-2d
41469 Am Weberholz 43-1b
41470 Am Werrespädchen 43-3d
41472 An den Weiden 42-2d
41470 An der Alten Ziegelei 43-6a
41470 An der Katzenkaule (7) 43-3b
41470 An der L142 43-1b
41470 An der Laage 43-1b
41470 Antoniusweg 43-2b
41472 Auf den Stöcken 42-3a
41470 August-Macke-Straße 43-3c

41470 Begonienweg (6) 43-5d
Bergheimer Straße 42-3a
41464 Nr. 1-245, Nr. 2-254
41466 Nr. 415-547, Nr. 416-576
41470 Besenbinderweg 43-1a
41470 Bettikumer Grund 43-2a
41470 Bettikumer Kampweg (4) 43-1b
41460 Bettikumer Straße 43-1b
41470 Brombeerweg (3) 43-5c
41470 Bruchrandweg 43-4b
41470 Brunnenstraße 43-5b
41470 Buchenstraße 43-5d
41470 Buchsbaumstraße 43-5c

41460 Christian-Rohlfs-Straße (4) 43-3c

41470 Dechant-Annas-Weg 43-2d

41470 Edelweißweg 43-5c
41470 Eibenweg 43-5d
41470 Eichenstraße 43-5d
41469 Elisabethstraße 43-1a
41470 Elvekumer Feldstraße 43-3b
41470 Erikaweg (1) 43-5c
41470 Erlenstraße 43-5c
41470 Eschenweg 43-5d
41470 Espenstraße 43-8a
41470 Ewald-Malzburg-Straße 43-3d
41470 Ewald-Mataré-Straße (5) 43-3d

41470 Farnweg 43-5d
41470 Feuerdornweg (9) 43-5d
41470 Fliederstraße 43-5c
41470 Föhrenplatz 43-5d
41470 Föhrenstraße 43-5d
41470 Föhrenweg 43-5c
41472 Franz-Bender-Straße 42-3d
41470 Franz-Pascher-Straße 43-3c
41470 Friedhofsweg 43-5b
41470 Fronhof 44-4a

41469 Gereonstraße 43-1a
41470 Gierer Straße 43-2d
41469 Goetheweg (1) 43-1b
41469 Gohrerberg 43-1d
41470 Goldlackweg (5) 43-5d
41470 Grabenstraße 43-3a
41470 Graf-Schaesberg-Straße 43-3c
41472 Gruissem 42-1b

41470 Hahnenstraße 43-2a
41470 Hans-Peter-Keller-Straße 43-5b
41470 Hardenbergstraße 43-3d
41470 Haselnußweg 43-5d
41472 Heckenweg 42-2b
41470 Hegelstraße 43-3c
41470 Heidelbeerweg (2) 43-5c
41470 Heinrich-Campendonk-Straße 43-3c
41470 Heinrich-Nauen-Straße 43-3c
41469 Helpensteiner Kirchweg 42-3a
41472 Hermann-Cossmann-Straße 42-3c
41470 Himbeerweg (4) 43-5c
41469 Hochstadenstraße 43-1a
41469 Hoistener Schulstraße 43-1a
41470 Holbeinstraße 43-3d
41472 Hombroich 42-1b
41472 Hombroicher Straße 42-3c
41470 Horremer Straße 43-3d

41470 Illinghausen 43-3b
41470 Illinghauser Weg 43-3b
41470 Im Bettikumer Busch 43-2a
41470 Im Hawisch 43-2a
41469 Im Hufeisen 43-1a
41470 Im Neuenberger Acker 43-6b
41470 Im Rethkamp 43-5b
41472 Im Rott 42-2d
41469 Im Winkel 43-1a
41469 In der Hött 43-1a
41472 Insel Hombroich 42-2a

41470 Jakob-Kaiser-Straße 43-5b
41472 Jakob-Weitz-Straße 42-3c
41470 Jan-Thorn-Prikker-Straße 43-3d
41472 Josef-Kohlschein-Straße 42-3c
41470 Josef-Schmitz-Straße (6) 43-5b
41472 Josef-Urbach-Straße 42-3c

41470 Karl-Kux-Weg 43-5d
41469 Karlstraße 43-1a
41470 Kiefernweg 43-5c
41470 Koniferenstraße 43-5d
41469 Kreuzstraße 43-1a
41470 Kringsstraße 43-2d

41470 Lärchenweg 43-5d
41470 Leibnizstraße (3) 43-3d
41470 Ligusterweg 43-5d
41470 Lindenstraße 43-5d
41469 Lohstraße 43-1a
41470 Lortzingstraße 43-3d
41469 Lübisrather Straße 43-1a

41470 Maasstraße 43-2d
41470 Malvenweg 43-5c
41470 Margeritenstraße 43-5d
41470 Matin-Buber-Straße 43-5b
41470 Max-Ernst-Straße 43-3c
41470 Mommsenstraße 43-3c
41470 Mühlenbuschweg 43-6c

41470 Neuenbaumer Straße 43-3c
41470 Neuenberg 43-6c
41470 Neuenberger Straße 43-5d
41470 Neukirchener Straße 43-5c
41470 Neusser Landstraße 43-3b
41470 Nußbaumweg 43-8a

41470 Oleanderstraße 43-5c
41470 Otto-Pankok-Straße 43-3d

41470 Pannebäckerweg 43-5d
41470 Pappelweg 43-5d
41470 Paul-Stöckel-Straße 43-2d
41470 Peter-Behrens-Straße 43-3c
41470 Pfarrer-Hilleke-Weg (7) 43-5d
41470 Pfarrer-Strerath-Straße 43-2d
41469 Pfeifenbäckerstraße 43-1a
41469 Pilgramstraße 43-1d
41470 Pinienweg 43-5d
41470 Platanenweg (10) 43-5d

41470 Raiffeisenstraße 43-6a
41470 Rankestraße 43-3b
41470 Richterstraße 43-3d
41470 Riemenschneiderstraße (1) 43-3d
41470 Ripgeshofstraße 43-2a
41470 Rosellener Kirchstraße 43-2d
41470 Rosellener Schulstraße 43-5b
41472 Rotthof 42-2d
41469 Rüblinghover Straße 43-1a

41469 Schelmrather Hof 42-3b
41469 Schelmrather Straße 43-1a
41470 Schopenhauerstraße (2) 43-3d
41472 Schulweg 42-3a
41469 Schützenstraße (3) 43-1b
41470 Schwarzdornstraße 43-5c
41469 Sonnenweg 43-1a
41472 Specker Straße 42-3c
41470 St.-Peter-Straße 43-5b

41470 Tannenstraße 43-5c
41469 Tonhallenstraße 43-1b

41470 Ueckerrather Straße 43-6a
41470 Ulmenweg (11) 43-5d

41469 Varusstraße 43-1b
41469 Villestraße 43-1a

41470 Waldstraße 43-5d
41472 Wehler Dorfstraße 42-3c
41470 Weitzhof 44-4a
41470 Werner-Bergengruen-Straße 43-5b
41470 Widdenhofstraße 43-2a
41470 Wiesenplatz 43-5b
41470 Wiesenweg 43-5b
41470 Wilhelm-Lehmbruck-Straße 43-3d
41470 Will-Hall-Straße 43-3d
41472 Xaver-Füsser-Straße 42-3c

41470 Zirbelweg (8) 43-5d
41470 Zypressenweg 43-5d

Neustadt (Wied)

PLZ 53577

(zu VBG Asbach)

Allensteiner Weg 292-7a
Altehütte 293-11b
Am alten Hahn 293-11a
Am Born 292-11d
Am Christhohn 292-9b
Am Eisenstein 293-11c
Am Fahrhohn 313-2d
Am Schützenstand 292-7a
Am Wasserwerk 293-4c
Ammerich 292-9b
An der Bergshecke 293-4a
An der Steinkaul 293-7c
Asbacher Straße 292-2d
Auf dem Bruch 293-4c
Auf dem Eichels 293-1c
Auf dem Platz 293-10a
Auf dem Schmidtchen 293-4c
Auf dem Schützeichel 292-9d
Auf der Bitz 292-5b
Auf der Geuen (1) 293-1c
Auf der Heid 292-11d

Bahnhofstraße 292-6b
Basaltweg 293-10b
Bertenau 293-7a
Birkenweg 313-2d
Blumenstraße 292-12b
Borscheid 293-11a
Borscheider Straße 293-10b
Breitscheider Straße 313-2a
Brüchen 292-3a
Brunnenweg 292-7a
Buchenweg 313-2c
Bühlinger Straße 293-1a

Dinkelbach 292-1d
Dinspeler Weg 293-1a
Dreischläger Straße 293-10b

Ehrenberg 292-3c
Ehrensteiner Straße 293-4c
Eilenberg 293-4d
Erlenstraße 292-11a

Ferdinandgrube 313-1b
Fliederstraße 293-10b
Flurweg 293-1c
Forellenweg 292-2d
Fortunatusstraße 292-11d
Friedenstraße 292-6d
Fritz-Haber-Straße 293-11c
Fuchskaul 293-4c
Füllenheck 292-11d
Funkenhausen 313-1a
Funkenstraße 293-10b

Gartenstraße 292-6b
Gerhardshahn 292-9c
Ginsterweg 313-2c
Grübelsberg 313-1b
Grübelshof 293-10d
Grubenstraße 313-2a

Hahnenweg 293-11a
Hammerhof 292-5a
Hammerweg 292-5b
Hangstraße 293-10c
Hauptstraße 292-6b
Heidestraße 292-11d
Heimatstraße 292-2d
Herrengarten 293-11a
Heuweg 292-6d
Hombachsmühle 293-11d

Im Altreusch 292-6d
Im Engelsgarten (1) 292-6b
Im Grünen Winkel (2) 293-4a
Im Marienfeld 292-11a
Im Rehwinkel 292-2d
Im Sängersbusch 313-2a
Im Scharenbüschel (5) 292-6d
Im Schiefer 292-6d
Im Sonnenland 293-4a
Im Stich (1) 292-4d
Im Wieschen (2) 293-10c
Im Wiesengrund 292-6b
In den Birken 292-2d
In den Hähnen 313-2b
In der Au 292-6d
In der Berschau 293-4a
In der Kirchwiese 292-6b
In der Oberhombach 313-2b
Industriestraße 293-10d

Jägerweg 292-11a
Johann-Junior-Straße (3) 293-4c
Jungfernhof 293-7c
Jungfernweg 293-7c

Kapellenweg 292-7a
Kirchhell 293-10b
Kirchplatz 292-6b
Klosterstraße 292-6b
Kodden 292-8c
Krummenau 292-6d
Kurstraße 292-11a

Liliengarten (3) 293-10c
Lindenstraße 292-12c
Linzer Straße 292-7a

Manroth 293-7d
Margarethenstraße 293-11a
Marienweg 292-12b
Max-Planck-Straße 293-11c
Max-Schiffer-Straße 293-4a
Meisenweg (1) 292-11d
Mettelshahn 293-8a
Mittelelsaff 291-6d
Mühlenauer Weg 293-4a
Mühlenpfad 292-12b
Mühlenstraße 313-2b

Nachtigallental 292-3c
Neschener Straße 293-10a
Neschermühle 292-12d
Neumannshöhe 313-2c
Niederetscheid 292-2c
Niederhoppen 292-10a

Ober dem Hau 313-2d
Ober dem Tal 293-10b
Obereilenberg 293-4c
Oberelsaff 291-6d
Oberetscheid 292-2a
Oberhoppen 292-7c
Otto-Hahn-Straße 293-11c

Paffhausen 292-9a
Panau 292-6c
Poststraße 292-11d
Prangenberg 292-2a
Provinzialstraße 292-2d

Raiffeisenstraße 292-6b
Rasthausstraße 292-12b
Rengsdorfer Straße 313-2a
Ringstraße 313-2a
Rosenstraße 293-10b
Rotterheider Straße 292-4d
Rübitzenweg 293-11a
Rüddel 292-5b

Scharenberg 292-12a
Schauinsland 292-4d
Schulstraße 292-2d
Schützenstraße 292-11d
Steeg 292-5d
Steinshof 293-8b
Steinweg 293-10a
Strandweg 292-6d

Talstraße 293-10b
Tannenweg 293-4c
Thalhof 293-1d
Tulpenweg (1) 293-10c

Unter der Ley 312-1d
Unterelsaff 292-4b

Verscheider Straße (1) 313-2a
Vogtslag 272-11c

Wahrenberg 292-4b
Waldstraße 293-4c
Weidenstraße 293-4c
Weiherau 292-6b
Weiherstraße 293-10a
Weißenfels 312-2a
Werner-Heisenberg-Straße 293-11c
Wied 292-8a
Wiedblick 292-7a
Wiedtalstraße 292-6d
Wiesenstraße 293-10a
Wildparkweg 292-6b
Wölsreeg 292-5c

Zierheidchen 293-10b
Zum Birkenfeld (2) 292-4d
Zum Büschel 293-7c
Zum Kammerforst 292-11a
Zum Kornfeld 293-1c
Zur Hardt 293-7c
Zur Kaisereiche (4) 292-6d
Zur Linde 293-7c

Neuwied

Straßennamen mit Suchfeldangaben in Klammern befinden sich im Cityplan auf Seite 38.

56566 Abteistraße 330-9c
56566 Achatstraße 330-8b
56566 Ackerskaul 338-2c
56566 Ackersweg 330-12b
56567 Adalbert-Stifter-Straße 328-9b
56567 Adlerweg 329-10a
56567 Ahrstraße 329-8b
56567 Akazienweg 328-9d
56567 Albert-Schweitzer-Straße 328-9b
56567 Alemannenstraße 329-10a
56566 Alleestraße 338-3c
56566 Allensteiner Straße 329-12d
56564 Alte Andernacher Straße 337-2a (38/A1)
56566 Alte Kirchstraße (4) 338-6a
56566 Alte Schloßstraße (2) 338-3c
56567 Alte Schulstraße 329-5d
56566 Alteck 330-5a
56566 Alteckstraße 330-5c
56566 Althohl 330-5c
56567 Altmarkstraße 329-9b
56566 Altwieder Straße 329-3d
56566 Am Alten Rathaus (3) 338-6a
56566 Am Bahndamm 338-3c
56567 Am Biegel 329-5a
56566 Am Borngraben 330-9c
56567 Am Brückenstein 329-2b

56567 Rodenbacher Straße 329-10a
56566 Roderweg 338-3b
56564 Roentgenstraße 337-2d
56567 Römerstraße 329-5d
56567 Römerwall 329-5d
56566 Rommersdorfer Straße 330-8a
56564 Rosengarten 329-12c
56566 Rosenstraße 329-3d
56566 Rosmarinweg (13) 330-4b
56566 Rostocker Straße 330-10c
56566 Rubensstraße 330-8a
56566 Rubinstraße (11) 330-8b
56566 Rudolf-Diesel-Straße 329-12b
56564 Rudolf-Troost-Straße 337-5a

56567 Saarstraße 329-8b
56567 Sachsenstraße 329-6d
56567 Salierstraße 329-7c
56566 Sandgasse 330-4d
56564 Sandkauler Weg 337-2c (38/B3)
56566 Saphirstraße (9) 330-8b
56566 Saturnstraße 330-9b
56566 Sauerbruchstraße 330-8a
56564 Sayner Landstraße 338-3d
56566 Sayner Straße 330-12b
56567 Schäferweg (4) 329-10a
56564 Scharnhorststraße 337-2d
56566 Schauerweg 330-12b
56566 Schauinsland 329-6b
56566 Scheiberling 330-1c
56567 Schillerstraße 328-12a
56566 Schimmelsberger Weg 338-2c
56564 Schlesienstraße 329-9a
56577 Schloss Altenwied 292-8a
56564 Schloßgarten 329-10d (38/A2)
56564 Schloßstraße 337-1b (38/A2)
56567 Schloßweg 329-2b
56564 Schmandstraße 329-11b
56567 Schobrigsweg 329-10a
56564 Schönblick 329-11a
56567 Schöne Aussicht (5) 328-9a
56566 Schönfeldstraße 330-11b
56566 Schubertstraße 338-3d
56566 Schüllergasse (7) 338-6a
56566 Schulstraße 330-9c
56567 Schultheiß-Damen-Straße 329-10a
56566 Schützengrund 338-2d
56564 Schwalbenweg 329-11b
56566 Schweidnitzer Straße 338-2a
56567 Segendorfer Straße 329-4d
56567 Segenhaus 329-1d
56564 Selma-Lagerlöf-Straße (7) 329-9c
56564 Seminarstraße 337-2d
56564 Sharonstraße 329-8d
56564 Smaragdstraße (10) 330-8b
56564 Sohler Weg 329-11d
56567 Sommerheck 329-3c
56564 Sonnenstraße 337-2b
56564 Sperberweg (2) 329-8d
56564 Sperlingsweg (4) 329-8d
56566 Spielmanns Heiligenhäuschen 331-4a
56566 Spitzwegstraße 330-8a
56567 St.-Georg-Straße (5) 329-10a
- Stadtpark 329-11c
56567 Stahlwerkstraße 329-8b
56564 Starenweg 329-11a
56564 Stargarder Straße 338-2a
56567 Stefan-Andres-Straße 328-9c
56566 Stefanstraße 338-6a
56567 Stefan-Zweig-Straße 328-9a
56564 Steinrausch 330-11c
56567 Steinstraße 329-10b
56564 Sternenweg 337-3c
56564 Stettiner Straße 337-3a
56566 Stiegelsweg 330-12b
56566 Stiftsstraße 330-8b
56564 Südstraße 328-9d
56564 Synagogengasse 337-1b (38/A2)

56567 Talweg 329-10b
56564 Tannenbergstraße 329-11d
56567 Tannenweg 329-6c
56564 Taubenweg 329-11b
56564 Teichweg 329-11a
56567 Teutonenstraße 329-10b
56564 Theaterplatz 337-1b (38/A2)
56567 Theodor-Fontane-Straße 328-9b
56564 Theodor-Heuss-Straße 329-11a
56567 Theodor-Körner-Straße 328-9b
56567 Theodor-Storm-Straße 328-9a
56567 Thomas-Mann-Straße 328-9c
56567 Thüringenstraße 329-9b
56564 Tilsiter Straße 337-3a
56567 Tonnenbergstraße 329-7b
56567 Tonnenwiese 329-5c
56566 Topasstraße (18) 330-8b
56566 Töpferstraße (4) 330-1c
56567 Torneystraße 329-6c
56566 Traubenweg 330-1d
56566 Trierer Straße (10) 330-11b
56564 Tulpengarten 329-12c
56566 Tulpenweg 329-3d
56566 Türkisstraße (17) 330-8b
56566 Turmgraben 330-9c
56566 Turmstraße 330-9c

56566 Über dem Aubach (5) 330-4a
56567 Ubierstraße 329-7d
56564 Ulmenweg 329-12c
56566 Unterbüngstraße 330-12a
56564 Unterdorf 329-11b
56567 Untere Fluraustraße 329-5c
56566 Untere Görgengasse 330-12b
56566 Unterer Grabenring 330-9c
56567 Unterer Kümmelberg 329-3c
56566 Untergasse 330-8a
56567 Untergraben 329-5a

56566 Unter'm Flecken 338-3c
56566 Uranusstraße 330-9b

56566 Veilchenstraße 330-4a
56566 Venusstraße 330-9a
56566 Virchowweg (3) 338-1b
56567 Vogteistraße 329-10a
56564 Volberskroog 330-10d
56567 Von-der-Leyen-Straße (9) 329-10a
56567 Von-Ebner-Eschenbach-Straße 328-9a
56567 Von-Eichendorf-Straße 328-9d
56564 Von-Runkel-Platz 329-11d
56567 Von-Stauffenberg-Straße 329-8b
56564 Vor dem Damm (38/B3)

56566 Wacholderweg (12) 330-4b
56566 Wagenhallenweg 330-4a
56567 Waldblick 329-9a
56566 Walderdorffstraße 338-3c
56566 Waldstraße 330-12b
56566 Wallbachstraße (1) 330-1c
56564 Wallstraße 329-11d
56566 Wallwiese 330-1a
56566 Wallwiesenweg 330-1c
56564 Walter-Rathenau-Straße 329-11d
56564 Wandplattensiedlung 338-2d
56564 Warthelandstraße 329-9b
56566 Wasemweg 330-12c
56564 Wedesdorfer Straße (1) 329-11c
56567 Wegscheide 329-10b
56567 Weidenweg 329-5d
56567 Weiherplatz 329-10a
56567 Weiherstraße (8) 329-10a
56564 Weinbergstraße 329-11b
56566 Weiser Straße 338-3d
56564 Weiße Erde 337-3c
56564 Weißenthurmer Straße 337-2a (38/A1)
56567 Weißer Berg 329-8b
56566 Werftstraße 338-3c
56564 Werkstraße 337-3a
56566 Werner-Egk-Straße 338-3a
56567 Westpreußenstraße 329-6d
56564 Wichertweg (1) 338-1b
56567 Wiedbachstraße 329-8b
56567 Wiedblick 329-5b
56567 Wiedhöhenstraße 329-10b
56577 Wiedmühle 292-8a
56567 Wiedpfad 329-8a
56567 Wiedufer 329-8a
56566 Wiesbadener Straße (11) 330-11b
56566 Wieselweg 330-12c
56567 Wiesengärtenweg 329-5d
56566 Wiesenstraße 330-1c
56567 Wikingerstraße 329-10b
56567 Wilhelm-Busch-Straße 328-9c
56567 Wilhelm-Hauff-Straße 328-9c
56564 Wilhelm-Leuschner-Straße 337-2a (38/B2)
56567 Wilhelm-Raabe-Straße 328-9c
56564 Wilhelm-Schweizer-Straße 329-11b
56564 Wilhelmstraße 337-2c (38/A3)
56564 Willi-Brückner-Straße 337-2d
56564 Willy-Brandt-Straße 329-11b
56567 Windhauser Weg 328-8c
56564 Windheuserpfad 338-3c
56566 Wingertsbergstraße 330-1c
56564 Wirtgenstraße 337-2d
56566 Wirtschaftsweg 329-12b
56567 Wolfgang-Borchert-Straße 328-9c
56567 Wollendorfer Straße 328-12b
56566 Wülfersbergstraße 330-8a

56564 Zeilbäumerweg 329-7b
56564 Zeisigpfad 329-11b
56564 Zeppelinweg 329-11d
56564 Zinzendorfstraße 337-2b
56566 Zoppoter Straße 338-2a
56567 Zu den Eichen 329-3c
56566 Zum Aubachtal 330-1c
56567 Zum Kuckucksberg 329-5c
56566 Zum Stausee 330-4a

Nickenich

PLZ 56645

(zu VBG Pellenz)

Ahornstraße 335-4a
Alte Straße 335-8c
Am Kieselberg 335-4b
Andernacher Straße 335-4c
Arnulfusstraße 335-4a
Auf dem Acker 335-4a
Auf dem Teich 335-7b
Auf der Bölz 335-4b
Auf der Burg 335-4c
Auf der Hohl 335-4a
Auf der Rausch 335-4a

Bachstraße 335-4c
Birkenstraße 335-4a
Buchenstraße 335-4a
Burgstraße 335-4c
Bürresheimer Straße (8) 335-4c
Büschweg 335-4c

Eckertshohl 335-4d
Eicher Straße 335-4a
Erlenhof (1) 335-4a

Frankenstraße 335-4c
Friedhofstraße 335-4a

Galgenstraße (10) 335-4c
Gewerbegebiet I "Auf dem Teich" 335-7b
Gewerbegebiet II 335-4b
Grabenstraße 335-4c
Grube Meurin 335-8c

Hauptstraße 334-6b
Heidentalring 335-4a
Hintergasse 335-4a

Jagdhaus Hummerich 334-3d
Jahnstraße 335-4b

Kastanienhof 335-4a
Keltenstraße 335-4c
Kiefernhof (2) 335-4a
Kirchstraße 335-4c
Klottengasse 335-4a
Kolpingstraße 335-4a
Küriger Weg 335-6c

Laacherstraße 334-6d
Lärchenhof 335-4a
Lavastraße 335-4b
Lindenhof 335-4a

Montfort-L'Amaury-Platz (9) 335-4c
Mühlweg 335-7b

Niedermendiger Straße 335-4c

Pellenzstraße 335-4d
Plaidter Straße 335-4d
Plaidterwegsrest 335-4d
Postgasse (5) 335-4c

Rauscherstraße 335-4a
Römerstraße 335-4c
Rosentalsweg 335-5c

Schießbahn 335-4c

Tannenhof (3) 335-4a

Untere Wiesenstraße 335-4c
Untergasse 335-4c

Von-Are-Straße 335-4c
Von-Dadenberg-Straße 335-4c
Von-dem-Weiher-Straße 335-4c
Von-der-Leyen-Straße 335-4d
Von-Gramann-Straße 335-4c
Von-Helfenstein-Straße 335-4c
Von-Meinfelder-Straße (6) 335-4c
Von-Schilling-Straße 335-4c
Von-Winkelin-Straße (7) 335-4c
Vulkanpark 334-9b

Waldstraße 335-4c
Wiesenpfädchen 335-4c
Wiesenstraße 335-4c

Zehntstraße (4) 335-4a

Nideggen

PLZ 52385

Alte Schulstraße 238-11d
Am Breidel 238-10b
Amselweg 238-11d
An der Lehmgasse 258-2c
Auf dem Sand 238-11b
Auf der Grieß 238-12a
Auf der Heide 258-2b

Bachstraße 258-2a
Barbarastraße 238-11a
Bonner Straße 258-2b
Brückenstraße 238-11a
Burg Gödersheim 258-1a
Bürvenicher Straße 258-2c

Chlodwigspfad 258-2a
Cremermühle 238-12c

Dorfplatz (Embken) (1) 238-11d

Eisenstraße 258-1d
Em Trengel 258-2a

Frohnhof 238-11d
Frohnhofstraße 238-11d

Gerberweg 238-12c
Gödersheimer Mühle 258-1a
Gödersheimer Ölmühle 258-1b
Gödersheimer Weg 258-2a
Goldberg 258-2a

Hardenberg 258-2a

Im Äckerchen 258-2c
In den Weingartsfeldern 258-2a
In der Hostert 258-2a

Kleine Königstraße 238-11b
Königstraße 238-11b

Liebergstraße 238-11d

Mühlenstraße 238-12a
Muldenau 238-10b
Muldenauer Straße 238-11b

Neffeltalstraße 238-11d
Nicksmühle 238-11d

Pützgasse 238-11a
Pützweg 258-2c

Rentmühle 258-1b
Ringstraße 238-11b

Schulstraße 258-2b
Sieben-Morgen 258-2c
St.-Antoniusstraße 238-11d

Trierer Weg 258-2c

Uferweg 258-2d
Ulmenstraße 238-10b

Zehnthofstraße 258-2c
Zuckerstraße 258-2c

Nieder-breitbach

PLZ 56589

(zu VBG Waldbreitbach)

Ackerhof 320-3b
Ackerweg 320-3a
Am Römerberg 320-6d
Am Rosenberg 320-3a
Am Weinberg 320-3a
An der Krölls Mühle (1) 320-3b

Baugebiet "Auf dem Kühpfad" 320-3c
Baugebiet "Auf den drei Viertel" 321-4a
Birkenweg 321-4a
Boorweg 321-1c
Brunnenweg 320-6d
Bürder 320-6d

Clemenshütte 320-6c

Dorfplatz 320-3c

Finkenweg 320-3c
Fockenbachstraße 320-3c
Forsthaus Nonnenbach 320-6c
Friesentalstraße 321-4a

Gartenstraße 320-3c

Hegerhof 321-1b
Hegerweg 321-1b
Herrenhofstraße (3) 320-3c

Im Auengarten (4) 320-3c
Im Besenacker 320-3c
Im Freizeitpark 320-2d
Im Großen Boden (2) 320-3c
Im Sonnenhang 320-3b
In der Au 320-3c
Industriestraße 320-3c

Jakobus-Wirth-Straße 320-2b

Kapellenweg (1) 320-6d
Kelterhof 321-1a
Kurtenacker 321-1a
Kurtscheider Straße 320-3c

Margaretha-Flesch-Straße 320-3a
Meisenweg 320-3c
Mühlenweiherstraße 320-3a

Neuerburgstraße 320-3c

Oberer Kühpfad 320-3c

Panoramaweg 321-4a
Plankenwiese 320-3a

Sonnenstraße 321-1c

Unterer Kühpfad 320-3c

Waldstraße 321-4a
Weihergasse 320-2b
Wiedblickstraße 321-4a

Niederfell

PLZ 56332

(zu VBG Untermosel)

An der Kreutzwiese (5) 349-11a

Bachstraße 349-8c
Bergstraße 349-11a

Engelstraße (2) 349-11a

Fellerhof 349-11c
Feuerrosenweg 349-11a

Im Laime 349-11c
Im Münichsberg 349-11a
In den Heilgärten 349-10b
In den Wingertsgärten 349-10b

Kammertstraße 349-11a
Kehrstraße 349-11a
Kirchstraße (3) 349-11a
Kloster Kühr 349-10d
Kühr 349-10d
Kührer Kehrweg 349-10d
Kührerstraße 349-11a

Lennigstraße 349-11a

Linkemühle 349-11a

Markstraße 349-10b
Moselstraße 349-10d

Rosenhof 349-12a

Schulstraße (4) 349-10b
Schwalberhof 349-12c
Schwalbermühle 349-8c

Unterstraße (1) 349-11a

Niederhofen

PLZ 56316

(zu VBG Puderbach)

Baugebiet "In den Eichen" 315-9a
Birkenweg 315-9d

Denkmalplatz 315-9a
Dernbacher Straße 315-9d

Hauptstraße 315-9a
Höhenweg 315-9b

Reuschweg 315-9a

Schulstraße 315-9b
Steinstraße 315-9a

Waldweg 315-9b

Zur Au 315-9b

Niederirsen

PLZ 57589

(zu VBG Hamm (Sieg))

Dahlhauser Weg 236-10a

Eichenweg (1) 236-10a

Hauptstraße 236-10a

Irser Mühle 235-12c
Irser Straße 235-12c

Ober dem Hof 236-10a

Schmitthahn 235-12b

Ückertseifen 236-10a

Niederkassel

PLZ 53859

Adalbertstraße 196-6d
Adenauerplatz (2) 227-4a
Adlerstraße 196-2b
Adolf-Kolping-Straße 226-6b
Agathastraße 196-11d
Aggerstraße 226-6a
Agnes-Miegel-Straße (22) 196-1c
Ahornstraße 196-8b
Ahrstraße 227-4a
Akazienstraße 196-12c
Akazienweg 196-5a
Alemannenstraße (4) 226-3a
Altenberger Straße 196-2c
Am Abtsberg 226-3a
Am alten Pfarrhof 196-11d
Am Deich (13) 226-3c
Am Grünen Stück 196-12a
Am Hasberg 226-2b
Am Holldorn 196-12d
Am Karmeliterhof 196-2a
Am Kindergarten 227-4a
Am Knippchen 227-1c
Am Kurscheidshof (5) 226-3a
Am Langohr 197-10c
Am Mühlenberg 196-11d
Am Petershof (6) 196-2c
Am Rheindamm 196-8d
Am Schildchen 196-12a
Am Sieberg 196-11b
Am Sportplatz 226-3c
Am Wolfspfädchen 196-1c
Amselstraße 226-3a
Amselweg 196-2b
An der Bitze 196-2c
An der Enggasse 226-3c
Anemonenweg 196-5d
Anne-Frank-Straße 196-2d
Annette-Kolb-Weg 195-6b
Annostraße (11) 196-8a
Antoniusweg 226-3d
Arminstraße 196-6d
Arndtstraße 195-6b
Arnsberger Straße (18) 196-1c
Asternweg 196-8b
Auf dem Acker 226-3d
Auf dem Büchel 196-11d
Auf dem Eiländchen 227-4a
Auf dem Feldchen 226-2b
Auf dem Giefelstein 227-4a
Auf dem Hommerich 226-3c
Auf dem Pemel 196-4a
Auf dem Sand 196-5c
Auf dem Sandberg 196-2c
Auf dem Schollen (1) 227-4a
Auf dem Senkel 226-3c
Auf dem Werthchen 196-11c
Auf dem Wingert 226-6b
Auf den Steinen 196-2c
Auf der Höhe (2) 226-3a
Auf der Katterbach 196-2a
Augustaweg (1) 196-8d
August-Macke-Weg (11) 196-1b
Austraße 196-11b

Bachstraße 195-6b
Badener Straße 196-11d
Bahnhofstraße 226-2b
Bahnstraße 227-1c
Bamberger Weg (7) 196-5c
Bayreuther Weg (6) 196-5c
Beckergasse 226-6b
Beethovenstraße 195-3d
Bergheimer Straße 227-4a
Bergstraße 196-5c
Berliner Straße 196-1d
Bertha-von-Suttner-Straße (24) 196-1c
Biggeweg (14) 226-3d
Binger Straße 226-3a
Birkenweg 196-5d
Blankenbergweg (13) 196-8b
Blumsgasse 196-1c
Bodelschwinghstraße 196-5a
Bonner Straße 226-2b
Bonngäßchen 196-8a
Brahmsstraße 195-3d
Brandenburgische Straße 226-3c
Breslauer Straße 196-1d
Briloner Straße (20) 196-1c
Brüsseler Straße 196-1b
Buchenweg 196-5a
Buchfinkenweg (10) 196-1b
Büchnerstraße 195-6b
Burgstraße 196-4a
Burgunderstraße 196-11b
Bussardstraße 196-1b
Buttergasse 227-4a

Cäcilienweg (4) 196-8d
Carlo-Schmid-Straße 196-1c
Carl-Zeiss-Straße 196-9a
Cassiusweg (3) 196-6d
Cheruskerstraße 196-12c
Christine-Brückner-Weg 196-2a
Christine-Teusch-Straße (25) 196-1c
Cimbernstraße (10) 226-3c
Coburger Weg (5) 196-5c

Dahlienweg 196-8a
Dantestraße 196-1c
Danziger Straße 196-1d
Deichstraße 226-3c
Deutzer Straße 196-12a
Die große Heerstraße 197-7c
Die kleine Heerstraße 197-10a
Dietrich-Bonhoeffer-Straße (10) 196-2d
Dionysiusweg 226-2b
Dohlenweg (6) 196-1a
Doktorgasse 226-2b
Domstraße 196-11b
Drachenfelsweg (1) 196-6d
Dresdener Straße 196-1d
Drosselweg 226-3a
Dürerstraße 196-4a

Ebner-Eschenbach-Weg (3) 195-3d
Edith-Stein-Straße (11) 196-2d
Ehrenstraße 196-11d
Eibenweg 196-5d
Eichendorffstraße 195-3d
Eichenweg 196-5d
Eifelstraße 226-3d
Elbestraße 227-4a
Elbinger Weg (1) 196-1b
Elisabethstraße 196-8d
Elisenstraße 196-6d
Elly-Heuss-Knapp-Straße 227-4b
Elly-Ney-Straße (2) 195-3d
Elsa-Brandström-Straße (23) 196-1c
Elsässer Straße 196-11d
Elsper Straße (17) 196-1c
Elsternweg 196-5b
Emil-Nolde-Weg (15) 196-1d
Emsstraße 227-4a
Erftstraße 226-3d
Erlenweg 196-8b
Eschenweg 196-8b
Eschmarer Straße 196-6d
Espenweg (3) 196-5d
Eulenweg (7) 196-2c
Ewaldstraße 196-11d

Fahrtenstraße 196-11d
Falkenstraße 196-2a
Farnweg 196-8a
Fasanenstraße 196-2c
Feldhofstraße 196-6c
Feldmühlestraße 196-1d
Felix-Wankel-Straße 227-1c
Fichtenstraße 196-12c
Fichtestraße 195-3d
Finkenstraße 226-3a
Finkenweg (2) 196-2b
Fischerstraße 226-6b
Flandernstraße 196-12c
Fliederweg 196-6c
Fontanestraße 196-1c
Frankenstraße 226-2b
Franziskusweg 196-1d
Franz-Marc-Weg (13) 196-1b
Friedensstraße 196-1d
Friedrich-Ebert-Straße 196-1a
Friesenstraße 196-12c

Gabriele-Münter-Weg (12) 196-1b
Galgenweg 197-10a

Gallierstraße 196-11d
Gartenstraße 226-6b
Gartenweg 196-6d
Germanenstraße 226-3a
Geschwister-Scholl-Straße 226-3c
Gierslinger Straße 196-1d
Gimbernstraße (10) 226-3c
Ginsterweg 196-9a
Gladiolenweg 196-8b
Glockenstraße 196-8b
Goerdelerstraße 196-2d
Goethestraße 195-3c
Gotenweg 226-3a
Gottfried-Kinkel-Straße (9) 226-3c
Gottlieb-Daimler-Straße 226-3d
Grabenweg 196-11d
Grandkaule 196-1d
Grüner Weg 227-4a

Habichtstraße 196-5a
Habsburger Straße 226-3c
Hafenstraße 227-4a
Händelstraße (16) 196-1c
Hansenstraße 226-3d
Harald-Blank-Straße 226-3c
Hauptstraße 196-5c
Haydnstraße 195-3d
Heerstraße 197-4c
Heideweg 196-2b
Heinestraße 195-6b
Herderstraße 195-3d
Herseler Weg (7) 226-3c
Hohenzollernstraße (11) 226-3a
Hoher Rain 196-11d
Hölderlinstraße 195-3d
Holsteinstraße 196-6d
Holunderweg 196-5c
Holzweg 166-11b
Humboldtstraße 196-1c
Hummerich 226-6b
Humperdinckstraße (1) 195-3d

Im Auel 196-11a
Im Gäßchen 196-6d
Im Schengfeld 226-3d
Im Stockemer Feld 197-4b
In den Schnittlingen (2) 196-5c
In der Auen 196-2a

Jakobstraße 226-2b
Johannesstraße 227-4a
Josefstraße 226-3a
Junkerstraße 227-1c

Kabelweg 226-3b
Kanalweg 196-5c
Kantstraße 195-3d
Karl-Hass-Straße 196-2c
Karlstraße 226-3a
Karolingerstraße 196-11b
Kasseler Weg 196-5a
Kastanienweg 196-8b
Katharinenweg (3) 196-8d
Käthe-Kollwitz-Straße (26) 196-1c
Kellergasse 226-6b
Keltenstraße (8) 226-3c
Kiebitzweg 196-2a
Kiefernweg 196-12c
Kirchbitze 196-11d
Kirchstraße 195-3d
Kirchweg 196-6d
Kölner Straße 196-5c
Königsberger Weg 196-1b
Kopernikusstraße 196-1d
Korngasse 227-4a
Kotterstraße 227-4a
Krakauer Weg (9) 196-1b
Kranichstraße (1) 196-2b
Kriegsdorfer Weg 197-4c
Kronenweg 196-2a

Lahnstraße 227-4a
Langeler Straße 196-1a
Langgasse 226-3d
Langobardenweg 196-12c
Laurentiusstraße 227-4a
Leibnizstraße 196-1c
Lenaustraße 196-1c
Lerchenstraße 227-1d
Lessingstraße 195-3d
Liburer Weg 197-4a
Liebigstraße 196-5a
Liehgasse 196-11d
Limassoler Straße 196-1a
Lindenstraße 196-5d
Lindholzer Weg 197-4a
Lindspfädchen 196-1d
Lothringer Straße 226-3c
Löwenburgstraße 196-11b
Ludwigsplatz 196-1c
Luisenweg (2) 196-8d
Lülsdorfer Weg 196-4b
Lupinenstraße 196-5d

Magnolienweg 196-8a
Mainstraße 226-3c
Marie-Curie-Straße 196-2c
Mariengrund 196-8d
Marienstraße 196-11a
Marktplatz 196-11d
Marktstraße 196-11d
Markusstraße 196-1b
Martin-Buber-Straße (12) 196-8b
Martin-Luther-Straße 196-5c
Martinstraße 196-12c
Matthäusstraße 196-5a
Matthiasstraße 226-3d
Maurenweg 196-12c
Maximilian-Kolbe-Straße 196-2d
Max-Planck-Straße 195-6b
Mecklenburger Straße 226-3c
Meindorfer Straße 227-4a
Meisengasse 226-2b
Meisenstraße 227-4b
Meisenweg 196-8b
Merowingerstraße 196-11d
Mescheder Straße (19) 196-1c
Milanstraße (5) 196-2d
Mondorfer Straße 196-12c
Mörikestraße 196-1c
Moselstraße 226-3c
Mozartstraße 195-3d
Mühlenstraße 196-11d

Nachtigallenweg (3) 226-3a
Nahestraße 226-3c
Neckarstraße 226-3c
Nelkenweg 196-5c
Nelly-Sachs-Straße (21) 196-1c
Neuenhof 196-4a
Nibelungenstraße 196-12a
Niederkasseler Straße 196-6d
Nießengasse 196-8a
Nikolaus-Otto-Straße 227-1a
Nordstraße 195-3d
Normannenstraße 196-11d

Oberdorfstraße 227-4a
Oberste Gasse 227-4a
Oberstraße 196-11d
Offenbachstraße 195-3c
Ohmstraße 196-2c
Ölbergweg (2) 196-6d
Oldenburgische Straße 226-2b
Olper Straße 196-1c
Ommerichstraße 196-2c
Otto-Hahn-Straße 196-9a
Otto-Lilienthal-Weg 196-12b

Pappelweg 196-5d
Parkweg 196-5a
Pastor-Breuer-Straße 227-1c
Pastor-Grimm-Straße 196-8a
Pastor-Hochherz-Straße 196-1c
Pastor-Ibach-Straße 226-2b
Paula-Modersohn-Weg (14) 196-1b
Peter-Hecker-Straße (8) 196-8a
Peterstraße 196-2c
Pfauenweg (8) 196-1a
Pirolweg (9) 196-5b
Platanenweg (4) 196-5d
Pommernstraße 226-3c
Porzer Straße 196-2c
Poststraße 196-8b
Potsdamer Weg 196-1b
Premnitzer Straße 196-1d
Provinzialstraße 227-4a

Raiffeisenstraße 196-8a
Rathausplatz (10) 196-8a
Rathausstraße 196-5c
Rheidter Straße 226-3d
Rheidter Weg 196-9b
Rheinallee 226-6b
Rheingasse 196-5c
Rheinstraße 196-4a
Rheinwerft 196-8a
Rhönstraße 226-3d
Riedstraße (12) 226-2b
Robert-Bosch-Straße 226-3d
Robert-Koch-Straße 196-5a
Rochusstraße 196-1c
Römerstraße (6) 226-3c
Römerweg 196-5c
Roncallistraße 196-8a
Rosenstraße 196-5d
Rosenthalstraße 227-4a
Rosenwinkel 227-4a
Rostocker Weg (4) 196-1b
Roteiser Hof 196-8a
Rothgässchen 195-3c
Rotkehlchenweg 196-1d
Rudolf-Diesel-Straße 227-1c
Ruhrweg 226-6b

Saarstraße 226-3c
Sachsenweg 226-3a
Salierweg 196-11d
Schäferstraße 196-6d
Schellenberg 196-8b
Schenkendorfstraße 196-1a
Schillerstraße 195-3d
Schink's Gäßchen 196-11d
Schlegelstraße 196-1c
Schlehenweg 196-5c
Schlesierstraße 226-3a
Schneppenhof 195-3c
Schneppenweg 195-3c
Schopenhauerstraße 196-1d
Schrogenweg 195-3b
Schubertstraße 195-3d
Schulstraße 196-2c
Schumannstraße 195-6b
Schwabenstraße 196-11d
Schwalbenweg 196-2a
Schwanenweg 196-5a
Schweriner Weg (5) 196-1b
Sebastianstraße 196-5c
Siebengebirgsstraße 196-8b
Siegener Straße 196-1c
Siegstraße 227-4a
Sonnenberger Weg 196-5a
Sperberweg (4) 196-2d
Sperlingweg 196-1d
Spessartstraße 226-3d
Spicher Straße 196-8b
St.-Josef-Plätzchen (1) 196-5c
Stahlenstraße 195-3d
Starenweg (3) 196-2b
Staufenstraße 196-11b
Steinstraße 196-1c
Steinweg 196-5c
Sternenweg (1) 196-11d
Stettiner Weg (7) 196-1a
Stieglitzweg 196-1b
Stifterstraße 196-4a
Stockem 197-5a
Stockemer Straße 197-4c
Stormstraße 196-1c
Stralsunder Weg 196-1b
Strundener Straße (12) 196-2c
Südstraße 226-3a
Sülzstraße 227-4a

Talstraße 196-12c
Tannenstraße 227-4a
Taubenstraße 196-2c
Taunusstraße 227-4a
Tempelsgasse 196-1b
Thelengasse 226-3c
Tholerbitze 226-3d
Thüringer Straße 226-2d
Tulpenweg (14) 196-8b
Turmstraße 196-4a

Ubierweg 196-11b
Uckendorfer Straße 197-4b
Uferstraße 195-6a
Uhlandstraße 195-3b
Ulmenstraße 196-5d
Unterdorfstraße 226-6b
Unterstraße 196-11d
Ursulaweg 226-2b

Viktoriaweg (5) 196-8d
Vogelsangstraße 196-11b
Vollbergstraße 196-11d
Von-Galen-Straße 196-2c

Wacholderweg (9) 196-8a
Wachtelstraße 196-5a
Wagnerstraße 196-1c
Wahner Straße 196-2c
Waldstraße 196-5c
Weidenstraße 196-8b
Weiler Straße 196-2b
Weiler Weg (Uckendorf) 196-6b
Weiler Weg (Weilerhof) 196-3c
Weilerhof 196-3c
Wolfenstraße 196-12c
Werthstraße 226-2b
Weserstraße 226-3d
Westfalenstraße 196-11d
Wiedstraße 227-4a
Wiesenweg 196-5d
Wikingerstraße 226-3a
Wildermannstraße 196-5a
Willy-Brandt-Platz 196-2c
Wilnaer Weg (2) 196-1b
Windmühlenstraße 196-11d
Winterberger Straße 196-1c
Wippinger Weg (3) 196-1b
Wismarer Weg 196-1b
Wittelsbacherstraße 226-3a

Zaunkönigweg (8) 196-5b
Zedernweg 196-8a
Zeisigweg 226-3a
Zum Thelenkreuz 226-3d
Zündorfer Weg 196-1c
Zypressenweg 196-8a

Nieder-steinebach

PLZ 56593

(zu VBG Flammersfeld)

Bergweg (2) 294-10b
Bürdenbacher Straße 294-10b

Emmabergweg 294-10b

Gartenweg (1) 294-10b

Hauptstraße 294-10b

Louisenweg 294-10b

Waldweg 294-10b
Wiesenweg 294-10b

Nieder-wambach

PLZ 57614

(zu VBG Puderbach)

Altenkirchener Straße 275-12a
Am Stein 275-12c
An der Jucht 275-12c
Auf der Hohl 275-12a
Auf der Rotbitz 275-12c
Bergstraße 295-2a
Brunnenstraße 295-3c

Buchenweg 295-6b

Feldstraße 295-6b
Forsthaus Lichtenthal 295-5b

Gartenstraße 295-6b

Hauptstraße 275-12c

In der Burg 295-5d

Mittelstraße 275-12c
Mühlenstraße 295-5b
Mühlenweg 295-2d

Ratzerter Weg 295-3c

Steimeler Straße 295-3c

Talstraße 295-6b
Tannenstraße 295-2a

Udertsmühle 295-5b

Waldstraße 295-2a
Weiherstraße 295-6b
Wiesenstraße 295-3c

Zum Kornacker 295-2a
Zum Wiesengrund 295-2a
Zum Wiesenhof 275-12a

Niederwerth

PLZ 56179

(zu VBG Vallendar)

Am Schützenplatz 339-12b
Am Stiel 339-12b
Auf dem Atzel 339-12b

Backesgasse 339-12b
Brückenstraße 339-12b

Gartenstraße 339-12b

Hochstraße 339-12b

Im Kloster 339-12b
Im Schnürchen 339-12b
In der Burg 339-12b

Landrat-Jost-Straße 339-9d

Peter-Schemmer-Straße 339-12b

Rheinstraße 339-12b
Rosenweg 339-12a
Rothennahrung 339-12a

Schiffergasse 339-12b
Schlossstraße 339-12b
Schultheissgang (1) 339-12b
Schützenstraße 339-12b
Steinstraße 339-12b
Stillshöhe 339-12a

Vogteistraße 339-12b

Niederzier

PLZ 52382

Aachener Straße 156-1a
Adenauerweg 126-12c
Alte Ziegelei 157-1c
Am Alten Bahnhof 156-1b
Am Bilderstock 156-1b
Am Driesch 156-8b
Am Grauen Stein 126-12d
Am Jugendverkehrsgarten 126-8b
Am Mühlenteich 156-1d
Am Sophienhof 157-1c
Am Weiherhof 157-1c
Amselweg 126-12d
An den Steinen 156-1a
An der Burg 156-5c
An der Elle 126-8d
An der Maar 156-3b
An der Süle 156-9b
Arnoldsweiler Straße 157-8a
Auestraße 156-3b
Auf dem Kamp 126-12d
Auf der Kluse 126-12d
Bachems Gasse 157-8a
Bachstraße 126-8d
Bahnhofstraße 156-9a

Barbarastraße 157-4b
Beethovenstraße 126-12d
Bendenweg 156-3d
Berg 156-2b
Bergstraße 157-8b
Berliner Straße 156-9a
Breite Straße 126-12d
Broisterdstraße 157-1c
Buchenweg 156-9a
Burg Obbendorf 126-8d
Burgstraße 157-8b

Dorfplatz 157-4a
Dorfstraße 156-5a
Dornenweide 126-8d
Drieschgärten 157-4a
Dürener Straße 156-9b

Eilener Weg 156-1b
Eintrachtstraße 156-9a
Ellbachstraße 156-3b
Ellener Straße 157-4a
Erlenstraße 157-8b

Feldstraße 156-1b
Forstweg 157-1c
Frankenstraße 156-8d
Friedensstraße 156-8b
Friedlandstraße 156-6b

Gartenstraße 157-5c
Goethestraße 157-5c
Grabenstraße 156-8b
Große Forststraße 126-8b
Grüner Weg 157-4a
Grünstraße 126-12d
Güstener Weg 126-8b

Halbergsweg 126-12a
Hambacher Straße 126-12b
Hardtstraße 157-4a
Haus Eilen 126-11c
Haus Lürken 156-9b
Haus Ores 156-1a
Heideweg 157-4a
Heiligenhäuschens Weg 156-6b
Herzogstraße 126-8d
Hochheimstraße 156-6c
Hochstedenstraße 156-3b
Hoffeld 126-12d
Huchem 156-9a

Im Bachfeld 126-12c
Im Buschfeld 157-4a
Im Kessel 156-3d
Im Rittersaal 156-3d
Im Weidenfeld 126-9c
Im Wiesengrund (1) 126-12d
In den Domänen 126-8b
Industriestraße 156-9c

Jägerhof 157-1c
Jülicher Straße 156-8b

Kaplanstraße 156-3b
Karolingerstraße 156-8b
Kastanienweg 156-1b
Kellersheck 156-1b
Keltenstraße 156-8b
Kirchhecke 156-5b
Kirchstraße 157-4a
Klosterstraße 126-12c
Kölnstraße 126-12d
Kolpingweg 126-12d
Konrad-Adenauer-Straße 126-11b
Köttenicher Straße 156-9a
Kreuzstraße 157-5c

Landauer Weg 126-12d
Langer Graben 156-5d
Laufenberg 157-4a
Lessingstraße 157-5c
Lindenstraße 157-5d
Lutzenberg 156-3d
Lyatenstraße 156-3b

Marienstraße 156-5a
Martinusstraße 157-4a
Mehlisgraben 126-8d
Mittelstraße 156-9a
Mönschenbusch 156-3b
Moospfad 157-5c
Moritz-Bayer-Straße 157-5c
Morschenicher Straße 157-5c
Mozartstraße 157-5c
Mühlenfeld 156-2c
Mühlengraben 126-8d
Mühlenhecke 156-9a
Mühlenkamp 156-6b
Mühlenstraße 126-12d
Mühlenweg 156-8d

Nelly-Pütz-Straße 156-8b
Neue Straße 156-9a
Niederfeld 156-1b
Niederzierer Straße 157-1c

Oberstraße 126-12d
Oberzierer Straße 156-6c
Oresfeld 156-1b

Pagenhau 156-3d
Parkstraße 156-3b
Pfarrer-Müller-Straße 127-10c
Pierer Straße 156-1d

Rathausstraße 126-12d
Reitweg 157-5c
Ringstraße 156-3b
Römerstraße 156-5a
Rurbenden 156-8d
Rurstraße 156-5a

Schillerstraße 126-12c
Schloßstraße 126-8d
Schubertstraße 157-5c
Schulstraße 156-3d
Schützenstraße 126-12d
Schwarzer Weg 156-9a
Schwester-Regis-Straße 157-4a
Selgenbusch 126-8d
Selhausener Straße 156-6b
Siefstraße 157-4a
St.-Cäcilia-Straße 126-12d
St.-Norbert-Straße 157-5c
St.-Thomas-Straße 157-5c
Stammeln 156-9a
Stammelner Straße 156-8b
Staufferstraße 156-8b
Steinacker 157-5c
Steinweg 156-8b
Streffenweg 157-5c
Südstraße 156-5a

Talstraße 156-6c
Taubenforst 126-12d
Treibbach 127-10c
Triftstraße 126-9c
Turmstraße 156-3d

Uhlandstraße 157-5c
Vieux-Conde-Straße 126-12d

Wagnerstraße 157-5c
Wasserkall 157-4a
Weidenweg 156-5a
Weihbergstraße 126-12d
Weiherhof 157-1a
Wiesenstraße 156-5a
Willy-Brandt-Straße 156-8b
Wüstweilerstraße 156-3b

Zehnthofstraße 156-9a
Zum Heistert 156-6c
Zum Rosental 156-6c
Zum Rott 126-8d
Zur Tränke 156-9a

Nievern

PLZ 56132

(zu VBG Bad Ems)

Auf der Eich (3) 347-10c
Auf der Lay 353-2a

Bahnhofstraße 347-10c
Bergstraße 347-10c
Birkenhof 352-3b
Brückenstraße 347-10c

Emser Straße 347-10c

Früchter Straße 347-10c

Gartenstraße 347-10c

Hauptstraße 347-10c
Haus Lindenbach 353-2a
Hochstraße 347-10c
Hühnerberg 353-1a

Jahnstraße (2) 347-10c

Kirchstraße 347-10c

Lahnstraße 347-10c

Magnolienweg 353-2a
Miellener Weg 347-10c
Mittelstraße (4) 347-10c

Neu-Hühnerberg 353-1a
Neustraße 347-10c

Rosenweg 353-2a
Rottmannshöhe 353-1b

Schiffergasse (1) 347-10c
Schleuse Ems 353-1b
Schulstraße 347-10c
Sonnenweg 347-10c

Waldstraße 347-10c

Nörvenich

PLZ 52388

Ackerstraße 188-6a
Ahremer Gasse 190-9c
Albert-Schweitzer-Straße 188-7c
Alfons-Keever-Straße 190-12a
Alter Buntwolf 188-6c
Alter Kirchpfad (3) 188-6d
Alt-Oberbolheim 189-3c
Am Annahof 189-9b
Am Bräucher 190-9c
Am Burgacker 188-7d
Am Fließ 190-5c
Am Flutgraben 188-6d
Am Fußfall 189-9c
Am Glockenturm (2) 190-9c
Am Heerweg 189-9c
Am Hof 188-7c
Am Kallenberg 190-6b
Am Königsforst 188-6a
Am Kreuzberg 189-6d
Am Lindenkreuz 189-4b
Am Mittelweg 190-7a
Am Mohlenpfad 188-7c
Am Ringsheimer Hof (2) 188-6d
Am Wallgraben 189-9b
Am Weiherschleiden 189-9c
An den Obstwiesen 220-1b
An der Esche 188-6d
An der Gärtnerei 220-1b
An der Goldkaul (1) 189-11a
An der Marienkapelle 190-5d
An der Mohle 190-7a
An der Vikarie 189-9b
An der Zeelmaar 188-12a
An Johannes Junker 189-9b
Annastraße 189-11a
Antoniterhof 189-6b
Antoniterstraße (Alt-Oberbolheim) 189-3c
Antoniterstraße (Oberbolheim) 190-4c
Auf dem Dom 188-6d
Auf dem Driesch 190-5d
Auf dem Kleinen Berge 189-6d

Bachstraße 189-12c
Bahnhof Bubenheim 218-2a
Bahnhofstraße 189-6c
Bahnposten 188-10c
Barbaraweg (7) 189-9b

Barrensteinstraße (6) 189-9b
Beethovenweg 189-9d
Binsfelder Burg 188-10b
Binsfelder Straße 188-11b
Birkenhof 189-6c
Birkenweg 189-6c
Boelckestraße (8) 189-9a
Borromäerinnenstraße (2) 190-7a
Breslauer Straße 189-9a
Brigidastraße 188-11b
Brunnenplatz 189-11a
Buntwolfstraße 188-6d
Burg Bubenheim 218-1d
Burgstraße 189-9b
Buschweg 188-6b

Chlodwigstraße 189-9a

Dauzenbergstraße (1) 190-7a
Dechant-Flocken-Straße (3) 190-7a
Distelrather Straße 188-7c
Doktorweg 190-6b
Dorfstraße 190-10d
Dorweilerstraße 189-9c
Dr.-Breuer-Straße 188-7c
Dr.-Habicht-Straße 190-7a
Dreikönigenstraße 188-11b
Dresdner Straße 189-6c
Dürener Straße 188-7c
Duventhaler Weg 190-9c

Eggersheimer Straße 189-11b
Eifelstraße 189-11a
Eintrachtstraße 188-9c
Eisenbahnstraße (2) 190-5d
Elbinger Straße (4) 189-6c
Ellbachstraße 188-10d
Engelshof 189-5c
Erper Straße 220-1b
Eselspfad 189-6b
Eulengasse 188-6d

Fichtestraße 188-10d
Finkenweg 189-9d
Fliegerhorst 189-6a
Frankenstraße (9) 189-9a
Frauwüllesheimer Straße 188-7c
Freudenthalerhof 189-5d
Friedensstraße 190-6d
Fritz-Rey-Straße 189-11a
Frongasse 190-6a
Fuchsgasse 190-4c

Gartenweg 189-6c
Gertrudisstraße 188-10d
Gewerbepark 190-4c
Girbelsrather Straße 188-7d
Gladbacher Straße 220-1b
Goethestraße 189-6c
Golzheimer Straße 188-6b
Graf-Hermann-Straße 189-9b
Gregor-Platten-Straße (5) 190-12a
Grünstraße 188-8d
Gut Bubenheim 218-1d
Gut Gypenbusch 190-4d
Gut Hermannshof 188-6c
Gut Hommelsheim 189-7c
Gut Kauweiler 189-4b
Gut Ollesheim 189-5c
Gut Ving 190-2b
Gutenbergstraße 188-10d
Gymnicher Straße 190-6b

Hardthof 190-7a
Hardtstraße 189-6d
Hardtweg 189-9d
Haus Hardt 190-7a
Heidefelderhof 190-4c
Heimbacher Straße 190-12a
Heimstraße 188-7c
Heinestraße 188-10d
Heinrich-Kuß-Ring 189-9a
Heinrich-Veith-Straße 188-6b
Henri-Dunant-Weg (1) 188-7c
Heribertstraße 188-6c
Heuserhof 189-6c
Hinter den Gärten 188-8d
Hinter den Hagen 189-9b
Hirtstraße 189-9b
Hochkirchener Straße 189-11b
Hohenstaufenstraße (11) 189-9a
Hohenzollernstraße (12) 189-9a
Hombergerhof 190-8a
Hommelsheimer Weg 189-9a
Hubertushof 188-10c
Hubertusstraße 190-5d

Im Bayer 188-11b
Im Bongert (1) 188-6d
Im Heidkamp 188-7d
Im Kleinefeldchen 190-5d
Im Wiesengrund 189-12c
Im Winkel 188-10a
Immelmannstraße 189-9a
In den Benden 189-6d
In der Mühle 189-12c
In der Quecke 190-9c
Isweiler 188-12d

Jahnstraße 188-10d
Jakob-Breidkopff-Straße 189-9b
Jan-Wellem-Straße 189-9b
Johann-Kindgen-Weg (4) 190-6b
Josef-Kirchartz-Weg (2) 188-7c
Josef-Pütz-Straße 189-9a
Josefstraße 188-6d
Jülicher Ring 189-9a
Jupiterstraße (1) 190-6a

Kanisstraße 190-6a
Kantweg 218-2a
Kapellenstraße 189-12c
Karlstraße 220-1b
Karolingerstraße 189-9a
Kastanienweg 189-6d
Katharinenstraße 189-9b
Kelzer Weg 188-6d
Kerpener Straße 190-5d
Kettelerstraße 188-10b
Kirchgasse 189-9b
Kirchstraße 189-9c
Kolpingstraße 190-6a
Kompstraße 190-9c
Kreuzauer Straße (4) 190-9c
Kreuzstraße 188-8d
Kurfürstenstraße 189-12c

Landwehrstraße 189-4c
Lehrer-Geßner-Straße 190-11a
Lehrer-Mehlkop-Straße 188-7c
Lindenhof 190-6d
Lindenstraße 188-11c
Lüxheimer Straße (13) 189-9a

Margaretenhof 190-8a
Margarethastraße 190-11a
Marienhof 189-5d
Marienstraße 188-8d
Marktplatz 189-9b
Martinstraße 190-5d
Matthias-Kesseler-Straße 188-9c
Medardusstraße 189-6d
Merzenicher Weg 188-7a
Minervastraße (2) 190-6a
Mittelstraße 188-11b
Mollsgasse 188-6d
Monschauer Straße (3) 190-9c
Mozartweg 189-9d
Mühlenweg 188-10a

Nachtigallenweg 189-9d
Neffeltalstraße 189-9c
Nelkenweg (1) 190-5d
Neustraße 190-10d
Nideggener Straße (1) 190-9c
Nievenheimer Straße 190-6b
Nikolausstraße 190-5c
Nordstraße 190-10d

Oberbolheim 190-4c
Oberbolheimer Straße 189-6d
Oberstraße 190-6c

Petrusstraße 220-1b
Pfarrer-Ahrens-Straße 188-6d
Pfarrer-Forst-Straße 188-7c
Pfarrer-Legemann-Straße 188-6d
Pfarrer-Linzbach-Straße 189-9a
Piethanstraße 190-4c
Plessastraße (15) 189-9a
Poller Straße 189-9d
Poller Weg 190-11a
Prisselstraße 189-11a
Promenadenweg 189-9b
Pützstraße 190-11a

Rathausstraße 189-9b
Rather Mühlenweg 189-6b
Rather Straße 190-4c
Richthofenstraße 189-9b
Ringstraße 188-7d
Römerstraße 188-10d
Rommelsheimer Straße 188-7d
Rosenweg 189-12c
Rote Erde 188-6d

Salierstraße 189-9a
Sandkaulenweg 190-5d
Scheidtweilerhof 218-2a
Schillerplatz 190-6a
Schillerstraße 189-6c
Schloss Nörvenich (17) 189-9b
Schmiedegasse 188-6d
Schreberstraße 188-11c
Schulstraße 188-7c
Schützenstraße 190-5d
Schwalbenweg 190-5b
Sebastianusstraße (16) 189-9a
Siedlung Lindenkreuz 189-4b
Steinfelderhof 189-9c
Steinweg (3) 190-6a
Stettiner Straße 189-9a

Tannenweg 189-6c
Termelinesweg 190-4c
Theo-Berger-Weg 190-4c
Tilsiter Straße (5) 189-9a
Triftstraße 190-4c
Tulpenstraße 188-6d

Ubierstraße (10) 189-9a
Unter den Weiden 189-12a

Vettweißer Straße (14) 189-9a
Vinger Straße 190-6a
Vogelgasse 189-9b
Völlerstraße 190-6a
Von-Limburg-Straße 190-9c
Von-Westerburg-Straße 190-12a

Waldstraße 190-5b
Wasserturmstraße 190-6c
Weidbergstraße 189-9d
Weiherstraße 220-1b
Weißfrauenhofstraße 188-12a
Weststraße 189-12c
Wilhelm-Klein-Straße 188-8d
Wohnpark 190-6a
Wolfgasse 190-9c

Zeelmaarerhof 188-12a
Zehnthofstraße 188-6d
Zülpicher Straße 189-9b
Zum Barental 188-12a
Zum Heidefeld 190-4c
Zum Schützenhaus 190-11a

Nümbrecht

PLZ 51588

Abbenroth 145-4a
Abbenrother Weg 145-4c
Ackerweg 145-12c
Ahebruch 173-6a
Ahlbusch 175-1d
Ahornweg 145-4d
Akeleiweg 144-12d
Alfred-Nobel-Straße 145-8a
Alsbach 174-1c
Alte Dorfstraße 144-7b
Alte Holle 145-4c
Alte Mühle 145-4d
Alte Poststraße 145-10c
Alte Römerstraße 145-5b
Alte Ziegelei 144-5d
Altennümbrecht 174-3d
Alter Hofweg 145-8c
Alter Kamp 145-6c
Alter Landweg 145-4c
Alter Obsthof 144-7d
Am Bahndamm 144-6a
Am Breiten Stück 145-10c
Am Ehrenmal 145-10a
Am Eichenkamp 174-3b
Am Hang 145-9c
Am Heidberg 174-6c
Am Heidchen 174-9a
Am Hof 144-12d
Am Jungholz 145-4d
Am Kappenufer 174-12b
Am Klusenberg 174-12a
Am Lersen 144-6c
Am Lindenstock 144-7d
Am Nothbusch 174-12b
Am Pfaffenberg 175-1a
Am Pirksfeld 174-6c
Am Pütz 174-8d
Am Rottland 145-7b
Am Sängerheim 174-6c
Am Sonnenhang 175-1a
Am Steinbruch 144-7b
Am Sträßchen 145-9c
Am Südhang 174-11b
Am Wald 144-6c
Am Windhang 144-6a
Am Wittbusch 144-7b
Amselweg 175-1a
An der Dohn 146-10c
An der Fahrt (2) 144-6c
Anemonenweg (12) 144-12d
Angerweg 145-8b
Arnikaweg (11) 144-12d
Auf dem Heidfeld 145-12a
Auf dem Hilgen 145-5d
Auf dem Höchsten 145-8a
Auf dem Kamp 144-6c
Auf dem Stein 145-9c
Auf der Art 145-4b
Auf der Ente 145-5d
Auf der Geishardt 145-10a
Auf der Hardt 146-4c
Auf der Hege 145-12a
Auf der Wand 145-4d

Bachweg 145-8b
Backesweg 145-9b
Backhausweg (2) 145-4d
Bahnhofstraße 144-12a
Bahnweg 145-8d
Beerenweg 145-8b
Beerser Feld 144-7b
Beerser Hof 144-7b
Beerser Weg 144-7b
Benrother Straße 174-8d
Berghang (1) 145-5b
Bergstraße 144-12c
Berkenrother Straße 175-7c
Bienenkamp 144-6d
Birkenbach 146-10a
Birkenhof 144-4d
Birkenweg 145-12d
Birnbaumweg 145-11d
Bitzenweg 175-1a
Bleiche 145-12d
Bocksiefen 145-7a
Bonekamper Straße 145-7b
Börnchenweg (2) 145-12a
Bornenweg 145-10c
Breidenbacher Weg 174-3b
Breiter Driesch 145-8a
Breiter Weg 144-7d
Breitewiese 175-5a
Breunfelder Straße 145-8c
Brezelweg 145-12a
Bruch 145-11b
Brucher Straße 145-12a
Brüchermühler Straße 145-12a
Brückenweg 145-12a
Brühland 145-7b
Brünglinghausen 175-2d
Brunnenweg 144-7b
Buch 175-4d
Buchenweg 145-8c
Burgmauer 174-11b
Burgwiese 174-11b
Büschelchen 145-12d
Büschhof 175-2d

Denkmalweg 145-4c
Distelkamp 145-11a
Distelkamper Straße 145-10c
Dompeweg 145-8c
Dorfanger 145-8b
Dorfplatz (1) 144-12d
Dr.-Rieck-Straße (4) 145-10c
Dr.-Schild-Straße 145-10c
Driescher Straße 145-4d
Drinhausener Straße 145-12d
Drinsahl 175-3b
Drosselweg 145-4d

Eckenbacher Hardt 144-12b
Eckenbacher Straße 144-12d
Eichelchen (3) 145-7a
Eichenweg 145-4d
Eisenstraße 145-12c
Elsenrother Straße 144-6c
Enge Gasse 146-7a
Erlenweg 144-12d
Erlinghausen 144-8c

Feldstraße 144-12d
Felixgarten 145-6c
Felsenweg 145-8c
Feuerwehrstraße 145-4d
Fichtenweg 144-6c
Fingerhutweg 144-12d
Finkenbachweg 145-5b
Finkenhähnchenweg 145-12c
Finkenweg 175-1a
Forellenweg 144-6c
Freibadstraße 145-4d
Friedenthal 173-3a
Friedhofstraße 144-12b

Gaderother Straße 145-8b
Gadostraße 145-8b
Gartenstraße 144-7d
Gärtnerweg 145-10c
Gerhardsiefen 144-8b
Geringhausen 174-6b
Geringhauser Mühle 174-6d
Gewerbegebiet "Gaderoth" 145-8b
Glockenblumenweg 144-12d
Goldnesselweg (10) 144-12d
Göpringhausen 144-11b
Göpringhauser Straße 144-11b
Gouvieuxstraße 144-12d
Grasanger 145-12c
Grauwacke 175-2b
Gretenhecke 145-5c
Grötzenberger Straße 145-12a
Grumeth 145-4c
Grumether Straße 145-4c
Grüner Weg 174-12b
Grunewald 174-5a
Grünthal 144-10c
Guxmühlen 144-10b

Haan 175-5c
Hagsgarten 144-6c
Hähnchenweg 175-7c
Hammermühle 145-12c
Hammermühler Straße 145-12c
Hardt 143-12d
Harscheider Straße 174-9a
Hasenacker 145-6c
Hasenberg 144-8a
Hasenfeld 145-8b
Hasenkamp 145-8c
Hasselweg 145-4c
Hauptstraße 174-3b
Heckenrosenweg (8) 144-12d
Heckenweg (1) 175-2b
Heddinghausen 144-11d
Heidbergweg 174-6c
Heide 173-3d
Heideweg 144-11b
Heidnüchelsweg 145-8c
Heisterstock 146-7a
Heisterstocker Weg 146-7a
Hellenberg 145-8b
Helteweg 145-8b
Hermeshof (2) 145-6c
Herrenweiher 145-4c
Hilgenfeld 175-7c
Hillenbach 144-8d
Himmelsbörnchen 145-8c
Hinter der Nörr 145-4c
Hinterer Garten 145-9b
Hochstraßen 144-7d
Höferhof 144-7c
Höferhofweg 144-7c
Hofgasse 145-5d
Hofstraße 145-8b
Hofwiese 174-12a
Höhenstraße 145-10a
Hohlweg 145-8c
Hollemich 175-2b
Holsteinsmühle 144-9b
Homburger Papiermühle 144-8d
Homburger Straße 144-8d
Hömel 175-5a
Hömerich 144-12b
Honigbusch 174-1d
Hübel 145-9a
Hubertusweg 145-12a
Hügelstraße 144-6c
Humperdinckstraße 144-7d
Huppichteroth 144-9c
Huppichterother Kirchweg 144-12b
Huppichterother Straße 144-9c

Igelschlade 146-10c
Igelshardt 145-8b
Igelskämper Weg 174-12a
Im Alten Feld 145-7a
Im Alten Graben 145-12a
Im Alten Ort 145-12b
Im Baumhof 144-6c
Im Bitzengarten 145-12b
Im Eichenwald 145-7b
Im Grund 145-4d
Im Hof 145-5b
Im Inken 145-6c
Im Leesiefen 144-7d
Im Löchelchen 175-2b
Im Oberhof 174-9a
Im Rehwinkel 145-12a
Im Teichfeld 145-12a
Im Tor 145-6c
Im Wiesengrund 144-12d
Im Winkel (1) 144-6c
In den Fluren 144-7a
In der Delle 144-12b
In der Holl 145-7a
In der Schlade 145-12a
Industriestraße 145-12c
Irlenweg 144-6a

Jägerhof 144-6a
Jägerhofstraße 144-6c
Jakob-Engels-Straße 145-10c
Junkerstraße 174-2d
Junkerwiese 174-2d
Jürgesweg 145-4b

Kaisereiche 174-2d
Kalkofener Straße 145-7a
Kalksteinstraße 145-4d
Kalverkamp 144-5d
Kamperholzweg 145-11d
Kapellenweg 145-10a
Karl-Benz-Straße 145-8b
Kesselweg 145-11d
Kiefernweg 145-5c
Kippenhardt 145-5d
Kirchstraße 144-7b
Kirschbaumweg (1) 145-4d
Kleestück 146-10c
Kleinhöhe 144-10a
Kobbenweg 145-5b
Kohlhartsweg 144-6c
Kornblumenweg (7) 144-12d
Krähenbusch 146-10c
Krahm 144-4b
Krämerich 145-8c
Kranüchel 145-5b
Kreuzheide 144-5c
Kreuzweg 174-6c
Kuckshardt 145-12c
Kurtenbach 173-3b

Lamichsiefen 146-10c
Langenbach 175-7a
Langwiese 145-8b
Lärchenweg 145-12d
Lilienweg 144-12d
Lindchenweg 145-10c
Linde 144-7b
Lindenweg 145-4d
Lindscheid 174-7b
Lindscheider Mühle 174-8c
Lingenhof (3) 145-6d
Loch 175-7b
Löhe 144-4d
Lohheidchen 145-11d
Lupinenweg 174-3b

Machels Hain (2) 175-2b
Maiglöckchenweg (9) 144-12d
Malzhagener Straße 175-2b
Margeritenweg 144-12d
Marktstraße 144-12d
Mauerweg 145-8b
Meilerweg 145-5b
Meisenweg 145-4d
Meta-Herz-Straße (3) 145-10c
Michelsweg 174-11b
Mildsiefen 174-4c
Mittelweg (1) 145-12a
Mohnweg 144-12d
Mühlenbergweg 145-11d
Mühlenbruch 145-12c
Mühlengraben 145-12a
Mühlenthal 144-7a
Mühlenweg 145-7a

Nachtigallenweg 175-1a
Nallingen 144-4b
Narzissenweg (13) 174-3b
Neue Landstraße 144-7d
Neuenberg 144-10a
Neuroth 174-11b
Niederbreidenbach 174-4a
Niederbröler Straße 146-10c
Niederelben 174-5d
Niederstaffelbach 143-9b
Nöchel 143-12b
Nordhang 145-4d
Nußbaumweg 175-7c

Oberbech 143-9a
Oberbierenbacher Straße 145-5d
Oberbreidenbacher Straße 145-9b
Oberelbener Straße 174-5a
Oberer Garten 145-5d
Oberstaffelbach 143-6d
Oberwiehler Straße 145-8b
Ödinghausen 175-1b
Öhlemich 174-9d
Orchideenweg 144-12d
Oststraße 145-9c
Otto-Kaufmann-Straße 144-12d
Överchen (6) 145-10c

Paradies 174-2d
Parkblick 145-10c
Parkstraße (2) 145-10c
Petersbergweg 145-9b
Prombach 145-6c
Prombacher Straße 145-6c
Pumpenhausweg 146-7a

Quellenweg 144-6c

Rauthstraße 145-8b
Reheck 146-10c
Reiterweg 145-11d
Riechenbach 144-10c
Ringstraße 175-7c
Rinnenweg (4) 146-7a
Ritterpfad 144-12b
Rolandsborn 145-8b
Rommelsdorfer Straße 145-5b
Rose 174-1c
Rotkleeweg 144-12d
Röttgen 173-6a
Rübengarten 145-9c
Ruppichterother Straße 174-11b

Schlenke 145-5c
Schloß Homburg 144-9d
Schloßstraße 145-10a
Schlüsselblumenweg 174-3b
Schmidtsweg (1) 145-6c
Schmiedeweg 144-12d
Schöffenweg (1) 145-9b
Schöne Aussicht 174-2d
Schönhausen 174-11a
Schönthal 143-12d
Schuhgarten 145-6c
Schulstraße 144-12d
Schustergasse (5) 144-12d
Seinscheweg 145-4d
Sieferweg 144-6c
Sodbruch 145-8b
Södchen 145-8c
Sonnenweg 144-11b
Sportplatzweg 145-12d
Spreitgen 145-10a
Spreitger Weg 145-10c
Starenweg 145-4d
Steigers Garten 145-9c
Steilhang 145-8b
Steimel 145-12b
Steinacker 174-2d
Steinrütsche 145-8c
Steinstraße 146-10c
Stockepohl 145-8b
Stockheimer Straße 144-6d
Stollenweg 145-4b
Straße 174-7b

Talstraße 145-7b
Tannenbusch 174-9d
Tannenweg 144-6c
Taubenweg 145-4c
Thymianweg 144-12d
Töpferweg 145-9b

Überdorf 144-4a
Unter den Eichen 145-4c
Unter der Hardt 145-7b
Unterhof 146-10c

Veilchenweg 144-12c
Vereinshausweg 145-9c
Viertelchen 146-10c
Vorbusch 145-6c
Vorholz 144-10d
Vorländerweg 174-11b

Waldbröler Straße 174-12b
Waldstraße 144-12a
Walter-Peitgen-Straße 145-11b
Wasserweg 176-1a
Weidenfeld 175-10a
Weiherfeld 145-12c
Weiherstraße 145-10c
Weißdornweg 145-5c
Wendeweg (1) 145-12b
Wiehler Straße 145-4d
Wiesenkamp 145-6c
Wiesenstraße 144-12d
Wildrosenweg 174-3b
Windhausen 144-5c
Wingertshardt 145-12b
Winterborner Straße 145-9c
Wirtenbach 175-2c
Wolfscharre 174-1a
Wuppertaler Straße 145-8c

Zum Dorfbrunnen 174-9a
Zum Kronenberg 145-12a
Zum Lohbau (1) 174-12a
Zum Niederhof 175-7c
Zum Perk 145-12a
Zum Schulzentrum 144-12d
Zum Uhlenhorst 174-9a
Zur Fuchskaule 174-9d
Zur Melm 174-11b
Zur Straßen 145-5c
Zur Ziegelei 144-6c

Oberdreis

PLZ 57639

(zu VBG Puderbach)

Ackerstraße 296-6b
Ahornweg 296-3b
Amselweg 296-3b
Austraße (1) 296-6b

Bachstraße 296-6b
Birkenweg 296-6b
Bismarckstraße 296-3b
Brunnenstraße 296-3b

Deussenstraße 296-6b

Eichenstraße 296-6b

Fasanenweg 296-6d
Finkenweg 296-3b

Gartenstraße 296-6b
Grenzweg 277-10c
Guter Trunk Marie (Tonzeche) 297-4d

Hauptstraße 296-6d
Heckenweg 297-4c
Heinzengarten 296-3b
Hermannstraße 277-10c
Höhenweg 277-10c

Im Rehgarten 296-6d
In der Au 296-6b
In der Dell 296-6c

Karlsplatz 296-6b
Kirchstraße 296-6b

Lärchenstraße 296-6b
Lindenstraße 296-6b

Margaretenstraße 296-6d
Meisenweg 296-3b
Mühlstraße 296-6b

Oberdorfstraße 296-6d
Oberdreiser Kopf 297-4c
Oberstraße (2) 296-6b

Panoramaweg 277-10c
Pfarrstraße 296-6b

Ringstraße 296-3b

Schulstraße 276-12d
Sonnenhof 297-1c
Steimeler Straße 296-6c

Tannenstraße 296-6b

Waldstraße 277-10c
Wiesenstraße 296-9b
Wilhelmstraße 296-6d

Ziegelweg 296-6d
Zum Heidchen 296-6b
Zum Hüllenstück 296-3b
Zum Ölsbach 296-6c

Obererbach (Westerwald)

PLZ 57612

(zu VBG Altenkirchen (Westerwald))

Alt-Koberstein 256-9d
Auf den Eichen 256-9b
Auf der Bitze 256-9b

Bachstraße 257-7c
Bahnhofstraße 256-6d
Birkenhof 257-7a

Gartenstraße 256-9b

Hacksener Straße 257-7a
Hilgenrother Straße 256-6c

Im Gäßchen 256-9d
Im Schäfersgarten (1) 256-9b
In der Hopbach 256-9b
In der Katzbach 257-7a

Koberstein 256-9d
Kobersteiner Mühle 256-12a
Kobersteiner Weg 256-9d

Lärchenweg 256-9b

Neu-Koberstein 256-9d

Schulstraße 256-9b
Sportplatzweg 257-7a

Vorm Hähl 256-6c

Weiherstraße 256-6d

Zum Alten Forsthaus 256-6d

Oberhaid

PLZ 56237

(zu VBG Ransbach-Baumbach)

Flurzaunstraße 325-9a
Fuchsmühle 325-9d

Gartenstraße 325-9d

Hauptstraße 325-9c
Hochstraße 325-9c

Im Boden 325-9d

Johannisgarten 325-9c

*Neustraße 325-9c

Spitzegarten 325-9c

Waldstraße 325-9c

Wiesenstraße 325-9c

Zum Friedhof 325-9c

Oberhonnefeld-Gierend

PLZ 56587

(zu VBG Rengsdorf)

Amselweg 314-8c
Arnikaweg 314-8c
Auf dem Höhchen 314-8c

Bergstraße 314-8c

Dorfstraße 314-8c
Drosselweg 314-8c

Erlenstraße 314-8c

Fenchelweg 314-8c
Finkenweg 314-8c

Gartenstraße 314-8c
Gewerbepark "Gierender Höhe" 314-8d

Hauptstraße 314-8c
Höhenweg 314-8b

Ignaz-van-Roje-Platz 314-8d

Johanniskrautweg (3) 314-8c

Kirchstraße 314-8c

Lavendelweg (1) 314-8c
Löwenzahnweg (4) 314-8c

Neubaugebiet Ober dem Kirchenpfad 314-8c

Oberdorfstraße 314-8a

Ringstraße 314-8a
Rhein-Wied-Straße 314-10b
Rosenweg 314-8c

Salbeiweg (2) 314-8c
Steinstraße 314-8b

Talweg 314-8c
Tannenstraße 314-8c

Über dem Stellwerk 314-8d

Waldstraße 314-8a
Westerwaldstraße 314-8d
Weyerbuscher Weg 314-11a
Wiesenstraße 314-8c

Zum Weißen Stein 314-8b

Oberirsen

PLZ 57635

(zu VBG Altenkirchen (Westerwald))

Ahornweg 255-5d
Auf der Au 255-6c
Auf der Heide 255-4d
Auf der Huh 255-7b

Bachweg 255-2d
Birkenweg 255-5b
Buchenweg 255-5d
Burgweg 255-5b

Erlenweg 255-5d

Fichtenweg 255-5d

Gartenweg 255-2d

Hohlweg 255-5c

Im Hof 255-5c
Im Unterdorf 255-5c
Irsertalstraße 255-5d

Kastanienweg 255-5d

Lindenweg 255-5d

Schulstraße 255-5d
Schützenweg 255-5c
Siegstraße 255-5b
Steinchenweg 255-5a

Waldweg 255-2c
Wiesenweg 255-5d
Wölmerser Straße 255-5d

Oberlahr

PLZ 57641

(zu VBG Flammersfeld)

Am Lahrbach 294-5d
Am Silberhang 294-5a
Auf dem Hardtborn 294-5b

Bahnhofstraße 294-5c
Bergstraße 294-5b

Gartenstraße 294-5a

Hauptstraße 294-4b

Im Allen (2) 294-5c
Im Klingenthal 294-4b
In der Kaul 294-5a

Kirchstraße 294-5c

Langenauer Straße 294-4b

Rosenstraße 294-5a

Schulstraße (1) 294-5a
Silberwiesenstraße 294-5a
Sonnenhang (3) 294-5c
Südstraße 294-5d

Talblick 294-5d

Waldstraße 294-5c
Wiesenstraße 294-5a

Obernau

PLZ 57638

(zu VBG Flammersfeld)

Im Rübenacker 275-8a
In der Limbach 275-5c

Rheinstraße 275-7b

Schulstraße 275-7b
Sonnenstraße 275-8a

Waldstraße 275-7b
Wiedstraße 275-7b

Zum Acker 275-8a

Oberraden

PLZ 56587

(zu VBG Rengsdorf)

Aubachstraße 314-12a

Bergstraße 314-11b
Bismarckstraße 314-12c

Friedrichstraße (2) 322-3a

Gartenstraße 314-12a
Gewerbepark Oberraden 314-11b

Hohe Straße 314-12a
Hohlstraße (1) 322-3a

Im stillen Winkel (1) 314-12a
In der Bitz 314-12a

Kehrweg 322-3a
Kirchstraße 322-3a

Mittelstraße 314-11b

Oberstraße 314-11b

Reiweg 314-11d
Ringstraße 314-12a

Schulstraße 314-12a

Talstraße 314-12a

Waldstraße 322-3a
Wilhelmstraße 322-3a

Zum Talblick (3) 314-12c
Zum Wiesengrund 314-12a
Zum Wisental 322-3a

Obersteinebach

PLZ 56593

(zu VBG Flammersfeld)

Auf den Hähnen 293-12d
Auf der Burg 314-1c
Auf der Held 294-10c

Bergstraße 314-1a

Hauptstraße 314-1a
Heiderhof 294-10a

Im Heiderseifen 294-10c
In der Au 294-10c
In der Bornwiese 314-1a
In der Zielwiese 294-10c

Marhähnerhof 313-3a

Zum Heiderhof 294-10c
Zum Wiesengrund 314-1a
Zur Nühr 294-10c

Oberwambach

PLZ 57614

(zu VBG Altenkirchen (Westerwald))

Alter Weg 276-9c

Grenzweg 277-10c

Hauptstraße 276-9c

Im Altengarten 276-9c
Im Bodengarten 276-9c
Im Heldengarten 276-12b
Im Unterdorf 276-9c

Kirchstraße 276-9c

Lautzerter Straße 276-12b

Mühlenweg 276-12a

Obere Dorfstraße 276-9c

Rübenbitze 276-12a

Schulstraße 276-9d

Vor den Gebrannten 276-9c

Zum Hahn 276-12b

Ochtendung

PLZ 56299

(zu VBG Maifeld)

Achtwinkelhof 342-8b
Ahornweg (16) 342-10a
Am Bahnhof 342-8c
Am Fressenweg 342-7a
Am Goode Bur (8) 342-7c
Am Karmelenberg 342-7b
Am Loehberg 342-7c
Am Maisfeld 342-7c
Am Milchweg 342-10b
Am Römerhügel (15) 342-7d
Auf Münsterhöh 342-7d

Bachstraße 342-7c
Bahnhofstraße 342-7d
Bertha-von-Suttner-Straße 342-7d
Birkenweg 342-7c
Bismarckstraße 342-7c
Blumenstraße 342-7d
Buchenweg 342-7c
Burgweg 342 7a

Dechant-Scheid-Platz (12) 342-7c
Dr.-Albert-Schweitzer-Straße 342-7d
Dümmelsweg 342-7b

Eifelstraße 342-7a
Erlenweg 342-7c

Fasanenweg 342-7c
Festungstraße (11) 342-7c
Frankenstraße 342-7c
Friedrich-Ebert-Straße 342-7c

Gartenstraße (9) 342-7c
Gerhart-Hauptmann-Straße (13) 342-7a
Geschwister-Scholl-Straße 342-7d
Gewerbegebiet Koblenzer-Straße Nord 342-8a
Gewerbegebiet Koblenzer-Straße Süd 342-8a
Goethestraße 342-7b
Grabenpfädchen 342-7a
Graf-Hermann-Straße 342-7a
Grenzstraße (7) 342-7c

Heinrich-Focke-Straße 342-9a
Heinrich-Heine-Straße 342-7a
Hinter dem Graben 342-7c
Holzkünd 342-8c
Hospitalstraße 342-7a

Im Bienenpesch 342-7c
Im Linnerich 342-7a
Im Löh 342-10a
Im Roten Wingert 342-7a
Im Weidenfeld 342-7b

Josefstraße 342-7d

Kanalweg 342-7a
Kartalsweg 342-7a
Kastanienweg 342-7c
Kastorstraße 342-7a
Keltenstraße 342-7c
Kindergartenweg 342-7b
Kirchhofsweg 342-7a
Kirschtalweg 342-7c
Klöppelsgasse 342-7c
Koblenzer Straße 342-7c
Konrad-Adenauer-Platz 342-7c
Kreuzstraße 342-7c
Kurt-Schumacher-Straße 342-7d

Langenbergstraße 342-7b
Lavaweg 342-7b
Lessingstraße 342-7b
Lindenweg 342-7c
Lohmühle 342-10a
Lorenz Wingert 342-7d
Ludweg-Erhard-Straße 342-7d
Ludwig-Uhland-Straße 342-7b

Maifeldstraße 342-7c
Marie-Juchacz-Straße 342-7d
Martinstraße (5) 342-7c
Michelbergstraße 342-7b
Mittelstraße (6) 342-7c
Moltkestraße (4) 342-7c
Münsterhof 342-10a

Obere Grabenstraße 342-7d
Oberholz 342-9a
Oberholzweg 342-9a
Oberpfortstraße 342-7d

Parkstraße 342-7a
Pellenzstraße 342-7c
Petersstraße 342-7d
Plaidter Straße 342-4c
Polcher Straße 342-7d

Raiffeisenplatz 342-7a
Römerstraße (14) 342-7d
Ruitscher Weg 342-7c

Saalgangstraße 342-7c
Sackenheimer Höfe 342-11a
Saffiger Straße 342-7b
Schlehenweg 342-10a
Sebastianstraße (10) 342-7c
St.-Hildulf-Straße 342-7a
Steinstückhof 342-10b

Theodor-Heuss-Ring 342-7c

Untere Grabenstraße 342-7c

Vulkanstraße 342-8a

Waldorferhöfe 342-10d
Welschtalstraße 342-7d
Wernerseckstraße (2) 342-7a
Willi-Brandt-Straße 342-7b
Wingertsweg 342-7d

Zehnthofstraße (3) 342-7a
Zur Römervilla 342-7d
Zur Seckelkünde 342-7a

Ockenfels

PLZ 53545

(zu VBG Linz am Rhein)

Am Apostelberg (1) 310-5a
Am Fronacker 310-2c
Auf dem Braunkopf 310-2b
Auf dem Eschert 310-1d
Auf der Heide 310-2c
Auf der Lay 310-1d

Bergstraße 310-2c
Blumenau 310-2c
Braunkopf 310-2b
Burgstraße 310-1d
Burgweg 310-1d

Hauptstraße 310-1d

In der Mark 310-1d

Kirchstraße 310-1d

Langhälschen 310-1d

Ohlenberger Weg 310-1d

St.-Donatusplatz (2) 310-1d

Talstraße 310-2c

Waldstraße 310-2c
Weinbergstraße 310-2c

Zollweg 310-1d

Odenthal

PLZ 51519

Ackerstraße 89-3a
Adolf-Kolping-Straße 89-3d
Alfred-Delp-Weg (2) 90-7c
Alte Wipperfürther Straße 90-9d
Altehufe 90-9d
Altenberger-Dom-Straße 89-6c
Am Alten Hof 89-3b
Am Alten Turm 70-7c
Am Berg 89-6a
Am Bökenberg 89-3d
Am Brunnen 89-9b
Am Buchenhang 91-7c
Am Buschfeld 89-3a
Am Erlenfeld 91-7c
Am Gartenfeld 70-10c
Am Geus Garten 89-6a
Am Geusfelde 89-3d
Am Hagen 89-3b
Am Hang 89-3c
Am Hohen Ufer 89-6a
Am Höhenfeld 90-7a
Am Köttersbach 69-9d
Am Langen Siefen 70-12d
Am Matthiasberg 70-10a
Am Pützchen 70-7c
Am Rösberg 70-10c
Am Schulberg 70-10b
Am Sonnenberg 90-7c
Am Steinberg 89-6a
Am Steinhauser Busch 90-6b
Am Stragholzer Kreuz 70-12a
Am Telegraf 70-7c
Am Thelen Siefen 89-5b
Am Wasserturm 69-12d
Amselweg 90-9d
Amtmannscherf 90-5d
An der Alten Schule 90-3b
An der Buchmühle 89-6b
An der Dhünn 89-6a
An der Scherf 90-6a
Angerweg 71-10c
Anne-Frank-Straße 91-7b
Annette-Kolb-Straße 91-7b
Arndtstraße 89-3d
Aue 70-8d
Auenweg 89-6a
Auf dem Broich 89-3b
Auf dem Gleichen 90-9d
Auf dem Heidchen 89-3a
Auf dem Krahwinkel 89-3d
Auf dem Rottfeld 90-7b
Auf dem Winkel 69-12d
Auf der Höhe 90-7a

Bergisch Gladbacher Straße 89-6d
Bergstraße 69-12d
Bertha-von-Suttner-Straße (1) 91-7b
Bienenhof 90-8a
Birkenhöhe 70-11b
Blumenweg 70-10a
Bohn 70-7c
Bömberg 71-10a
Bömerich 70-12b
Bömericher Mühle 70-12b
Bömericher Weg 70-12d
Breibacher Feld 70-12d
Brombeerweg 89-3a
Brunnenweg 91-7c
Bülsberg 90-1b
Bülsberger Höhe 90-2a
Bülsberger Weg 90-1b
Busch 90-3d
Buschweg 89-9b

Carl-Leverkus-Straße 89-6b
Carl-Mosterts-Straße 70-10d

Dhünner Aue 89-6c
Dietrich-Bonhoeffer-Weg 90-7c
Dorfstraße 89-6b
Droste-Hülshoff-Straße 89-3d
Dülmen 69-12c
Dülmener Weg 69-12c
Dünnerhöfe 89-6c

Edith-Stein-Straße 91-7b
Eichendorffweg 89-6b
Eichholz 71-10c
Eichholzer Weg 71-10c
Eifgenstraße 70-10a
Eikamper Feld 91-7a
Engstenberger Höhe 89-5b
Erberich 69-12d
Erbericher Kirchweg 69-12d
Eschenweg 89-3b
Eugen-Heinen-Platz 70-10d

Farnweg 90-7a
Farzemich 89-3d
Fasanenweg 89-9d
Feld 70-12c
Feldhaus 91-7d
Feldrain 69-12d
Feldstraße 70-7c
Ferdinand-Schäfer-Straße 89-6b
Finkenweg (2) 90-9d
Fledermausweg 71-10c
Fliederweg (1) 89-3c
Forststraße 90-4a
Funkenhof 90-4c

Gartenstraße 69-12b
Gerhart-Hauptmann-Weg (1) 89-3d
Geschwister-Scholl-Weg 90-7c
Ginsterweg 89-3a
Goethestraße (2) 89-3d
Grimberg 70-11b
Groß Grimberg 70-8d
Groß Grimberger Weg 70-9c
Groß Spezard 90-2b
Große Heide 91-2a
Grünenbäumchen 90-9c
Grüner Weg 89-6d

Hahnenberger Weg 89-6b
Hans-Klein-Platz 89-6b
Hauptstraße 70-10a
Heckenweg 89-3a
Heidberger Hof 89-9b
Heidberger Straße 89-9b
Heiderhof 69-12d
Heideweg 89-9b
Heinrich-Heine-Weg (4) 89-6b
Herzogenfeld 90-4a
Hirschweg 89-6d
Hochscherf 91-4c
Höffe 90-8b
Höffer Weg 90-7b
Höhe 90-7a
Hohenfeld 90-8a
Hohenfelder Weg 90-8a
Höhenweg 90-7c
Hoher Wald 89-9d
Hollandsmühle 90-5d
Hollweg 90-8a
Holunderweg 69-12d
Holz 69-12b
Hoppenkamp 70-7c
Hubert-Drecker-Straße 89-3d
Hunger 90-5a

Hüttchen 70-12b

Im Alten Driesch 89-6a
Im Alten Feld (1) 89-6d
Im Geroden 89-6a
Im Hellsiefen 90-7a
Im Kamp 91-7c
Im Kerberich 70-10a
Im Schmittergarten 89-6b
Im Schwarzbroich 89-9d
Im Wiesengrund 90-6a
Im Winkel 91-7a
In den Bonnen 90-9d
In den Erlen 91-7a
In den Hesseln (2) 89-9d
In der Aue 70-9a
In der Delle 89-3c
In der Follmühle 89-9a
In der Hildscheid 89-3a

Johann-Häck-Straße 89-3d
Jungholz 90-1a

Kamper Weg 89-9d
Kapellenweg 90-6a
Käthe-Kollwitz-Straße 91-7b
Kiefernweg 90-7a
Kirchweg 90-7c
Klasmühle 90-6a
Kleiner Kamp 90-4a
Klev 91-4a
Kochshof 70-9d
Königsberg 90-3d
Königsreich 90-3d
Kragau 91-7b
Kramerhof 91-7b
Krämersgasse 70-12d
Kreuzweg 90-7a
Küchenberg 89-6c
Küchenberger Straße 89-6d
Küchenfeld 70-7c
Kuckucksweg (1) 91-7c
Kümps 90-2d
Kursiefener Straße 89-3d

Landwehr 91-1b
Lanzemich 89-9b
Lanzemicher Weg 89-9b
Leimbacher Weg 70-10a
Lengsberg 90-5d
Lerchenweg 91-7c
Leye 89-3d
Liesenberger Mühle 91-1c
Lindenallee 90-4a
Lindenweg 69-9d
Ludwig-Wolker-Straße 70-10d

Märchenwald 70-10b
Märchenwaldweg 70-10d
Meegen 90-5b
Meisenweg 90-9d
Menrath 90-1c
Meute 90-3d
Michaelshöhe 70-12d
Mühlenweg 89-6b
Mutzbacher Talweg 90-7c
Mutzbroicher Straße 89-9d

Neschener Straße 70-11c
Niederscherf 90-4d
Nothauser Feld 90-3a
Nußbaum 91-7b

Oberbech 90-7a
Oberborsbach 90-7d
Oberborsbacher Straße 90-7a
Oberbreidbach 90-3b
Obere Conrad-Valdor-Straße 89-6a
Oberer Weg 90-3d
Oberkäsbach 90-9b
Oberkäsbacher Weg 90-9b
Oberkirsbach 90-4d
Oberschallemich 90-6d
Oberscheid 91-7a
Odenthaler Straße 90-7a
Odinsweg 90-4a
Osenauer Straße 89-5b
Osenauerhof 89-6a

Peter-Hecker-Straße 90-3b
Pistershausen 90-6b
Porzberg 70-10a
Pützbusch 89-3c

Quellenweg 89-3d

Rainer-Hütten-Straße 70-7c
Rosau 91-4d
Rosenthal 90-9d
Rosenweg 69-12b
Rotdornweg 69-12d

Schallemich 90-6d
Schallemicher Straße 90-6c
Scherf 90-6c
Scherfbachtalstraße 90-4c
Scheurener Straße 90-4a
Schickberg 70-12a
Schillerstraße 89-3d
Schlehdornweg 69-12d
Schlinghofener Straße 89-3a
Schloss Strauweiler 90-1c
Schmeisig 70-11b
Schöllerhof 70-8c
Schöne Aussicht 89-3d
Schulstraße 70-10a
Schwalbenweg (3) 90-9d
Schwarzbroich 89-9c
Schwarzbroicher Wiese 89-9c
Selbach 90-4a
Sonnenweg 91-7b
St.-Antonius-Straße (6) 89-6b
St.-Engelbert-Straße 90-7c
St.-Pankratius-Straße 89-6d
St.-Sebastianus-Straße (5) 89-6b
Steinhaus 90-6a
Steinweg 90-3b
Stragholzer Garten (1) 70-12b
Straßen 90-9c
Straßerhof 69-9d

Talweg 70-7c
Theodor-Storm-Weg 89-6b
Thomas-Mann-Straße 89-3c
Trienenhaus 91-7b

Uferweg 70-10d
Uhlandstraße (3) 89-3d
Unterbech 89-9a
Unterbreidbach 70-12d
Untere Conrad-Valdor-Straße 89-6a
Unterkirsbach 90-5c

Wacholderweg 69-12d
Waldblick 70-12a
Waldweg 90-7a
Wassermühle 90-3d
Weidenröschenweg 90-3b
Weißdornweg 69-12d
Wiebershausen 90-7b
Wiebershausener Weg 90-7a
Wiesenstraße 89-9b
Wilhelm-Leuschner-Weg (1) 90-7c
Wingensiefener Straße 89-3c
Wingensiefener Kamp 89-3c
Winkelhausen 90-3a
Winkelhausener Weg 90-3a
Wirtsspezard 90-3d
Wolfsheide 89-3b

Zu den Teichen 70-10d
Zum Feldhaus 91-7c
Zum Hahnenberg 89-3d
Zum Tempel 91-7a
Zum Vogelherd 91-7c
Zum Wirtsspezarder Hof 90-3a
Zur Alten Linde 91-7c
Zur Alten Schmiede (1) 90-3b

Ölsen

PLZ 57612

(zu VBG Altenkirchen (Westerwald))

Dorfstraße 255-3b

Friedenthal 255-3b

Orfgen

PLZ 57632

(zu VBG Flammersfeld)

Altenhof 274-6c

Berg 274-8b
Birkenweg 274-5d
Buchenweg 274-5d

Hahn 274-5c
Hauptstraße 274-5b
Hofacker 274-8b
Höllburg 274-9a

Im Garten 274-5b

Ziegenhahn 274-5d

Overath

PLZ 51491

Abelsnaaf 142-2c
Abts-Höhe 140-5b
Aggerfeld 113-10b
Aggerhof 113-10b
Ahornweg 140-1d
Akazienweg 140-4b
Albert-Siebernmorgen-Weg (1) 111-12b
Alemich 113-11c
Allensteiner Straße 140-3c
Altbusch 112-10a
Alte Kölner Straße 140-1d
Alte Mucher Straße 140-6b
Alte Römerstraße 141-4b
Alte Ziegelei 111-11d
Altenbrück 139-3a
Alter Sportplatz (15) 140-6a
Am Aggerberg 113-10a
Am Aggersteg 140-6b
Am Auelterberg 111-11b
Am Bahnhof 112-7b
Am Berg 113-7d
Am Birkenbusch 141-5a
Am Brombacher Berg 112-4d
Am Büscher Kiel 112-7c
Am Fischweiher (2) 139-6b
Am Fliederbusch (5) 113-10b
Am Friedhof 140-1d
Am Golfplatz 139-2b
Am Griemmerich 112-10d
Am Hauptschacht 139-2d
Am Kaltenbach 113-7d
Am Katzenbach 140-5b
Am Kneppen 140-1d
Am Kreuzberg 139-3a
Am Lehnshof 111-12b
Am Linderhof (7) 141-5a
Am Lölsberger Steg 140-6c
Am Lüderich 139-2b
Am Meisenberg 111-12c
Am Mühlenfeld 111-12d
Am Röttchen 112-4d
Am Sonnenhang 112-4d
Am Wasserturm (2) 141-5a
Am Weidenbach 140-3d
Amselweg (2) 112-5c
An den Gärten 140-6a
An den sieben Linden 141-5a
An den Tannen 113-10a
An der alten Schmiede (1) 141-5a
An der Brücke 140-6b
An der Mühle (11) 140-6a
An der Ringmauer 140-6b
An der Sonne 141-7b
Annenweg (5) 141-5a
Auf dem Bruch 140-4a
Auf dem Bungert (6) 113-10b
Auf dem Hagel 140-1d
Auf dem Heidgen 141-3c
Auf dem Klarenberg (12) 140-5b
Auf dem Lohknippen 111-12c
Auf dem Mühlenberg 111-11d
Auf dem Plägen 141-5c
Auf den Klinkenbirken 140-1c
Auf der Linde 140-4b
Auf der Steinbreche 139-3a
Auf'm Steinacker 141-5a
Auguststollen 139-2d
August-Storm-Straße 113-7d
Aulhof 140-6b

Bahnhofplatz (14) 140-6a
Bahnhofstraße 111-11d
Balkener Straße 141-1a
Barbarastraße (1) 139-3c
Bellinghausenstraße 140-6a
Bengelshöhe 113-7a
Bennauerstraße 140-6a
Bensberger Straße 140-1c
Bergstraße 112-4d
Bergwerkstraße 139-2d
Bernsau 113-10d
Bernsauer Jagdweg 141-5a
Berteswег 139-6a
Bettenachen 141-1c
Bilstein 112-4b
Bilsteiner Weg 112-4d
Birken 140-1b
Birkenhang 140-1d
Birkenhof 141-5d
Birkenweg 139-3c
Bixnaaf 142-1c
Bixnaafer Mühle 142-4a
Blindenaaf 141-7b
Blindenaafer Mühle 141-8a
Blumenweg 139-3d
Bochmühle 113-11a
Böke 112-8d
Bökerberg 112-8a
Brambach 140-5c
Breidenassel 141-2a
Breitenstein 141-6d
Breslauer Straße 140-3c
Brodhausen 112-7d
Broich 140-8b
Broicher Berg 140-9a
Brombacherberg 112-5c
Brückenaue 140-6b
Brüderstraße 139-2a
Büchel (Marialinden) 141-7d
Büchel (Steinenbrück) 139-3c
Bücheler Straße 139-3c
Buchenhain 140-1c
Burg 141-1c
Burghof 140-3b
Burgholz 140-2c
Burgholzweg 140-5b
Burgstraße 111-12c
Busch 112-10c
Büscherfeld 141-4b
Büscherhöfchen 141-4a
Büscherkieler Hof 112-7c
Buschhoven 140-9d

Cäcilienstraße 140-6a
Christian-Heesen-Straße 112-10a
Colne-Valley-Platz 140-5d
Cyriax 140-5d

Dahl 141-3a
Dahler Straße 141-3c
Danziger Straße 140-3c
Daubenbüchel 139-1b
Diepenbroich 140-3b
Dorfplatz 111-12b
Dorfstraße 112-4d
Dr.-Ringens-Straße 140-6c
Dr.-Wester-Straße 140-5d
Dresbacher Straße 139-3d
Drosselweg 111-12c
Durbuscher Straße 140-4a

Eibenweg 140-4b
Eichen 140-5b
Eichenweg 140-5b
Eichtal 140-8b
Elbinger Weg 140-3c
Elsterberg 113-8c
Erlenkamp 140-2a
Eulenthal 140-9d
Eulenthaler Straße 140-9d

Fahn 141-6a
Falkemich 141-8d
Falkenweg 139-6a
Fasanenweg 140-3c
Federath 142-1d
Ferrenberg 140-3c
Fischerstraße 140-6c
Florastraße 140-1c
Florianstraße 141-3a
Föhrenweg 140-1c
Forellenweg 112-10c
Forstweg 139-3b
Franz-Becher-Straße 140-5b
Franziskanerstraße 141-4b
Friedensweg 111-11d
Frielinghausener Straße 139-3b
Fuchskaule 112-10c

Gärtnerstraße 140-1d
Gertrudenweg (6) 141-5a
Gewerbegebiet Diepenbroich 140-3b
Ginsterweg 139-3c
Glatzer Straße 140-3c
Glockengießerstraße 140-6a
Grabenstraße 140-1a
Granderathstraße 140-6a
Griesenbalken 112-11d
Griessiefen 112-9b
Großbernsau 140-3d
Großbuchholz 139-2a
Großdorbusch 140-4a
Großdresbach 139-6b
Großhurden 112-10c
Großhurdener Berg 112-10c
Großlöderich 139-6a
Großlödericher Straße 139-6a
Großoderscheid 141-5b
Großschwamborn 140-1d
Grube Grünewald 139-2a
Grünberger Straße 140-3c
Grüner Weg 140-1d
Gut Ennenbach 113-10c

Habichtweg 113-10a
Hagen 141-3d
Hagenbitze 140-9b
Halfensbüchel 140-5c
Halfenslennefe 112-8b
Halzemich 141-7c
Hammermühle 140-3d
Hardt 141-8b
Haselnußpfad (4) 113-10a
Hasenberg 140-8d
Hasenbüchel 112-7a
Hasenweide 140-2d
Hauptstraße 140-5b
Haus Thal 112-7c
Heckenweg 112-10c
Heidbergstraße 139-6a
Heide 140-1a
Heidermühle 112-10c
Heideweg 140-1a
Hentgesnaaf 142-1c
Herchenbachstraße 141-5a
Herrenhöhe 112-9a
Hirschberger Weg 140-3c
Hirtenweg (1) 139-6b
Höderath 140-3a
Hoffnungsthaler Straße 139-2a
Höhe 141-4b
Höhenstraße 139-3d
Hohkeppeler Straße 140-1d
Holunderweg 141-3c
Holzbachtalstraße 139-3a
Holzweg 112-4d
Hubertstraße 140-5b
Hubertushang 140-6a
Hufe 112-9c
Hufenstuhl 112-8d
Huferberg 112-10b
Hülsenpfad (1) 113-10a

Im Auel 140-6a
Im Brückfeld 139-6a
Im Eichholz 112-10c
Im Eulenthal 140-9b
Im Grasgarten 113-10b
Im Hagen 112-5c
Im Hof 112-5c
Im Hoffeld 139-2b
Im Höhngesgarten 112-10c
Im Komp (10) 140-6a
Im Kornfeld 139-2a
Im Lehmbachtal 113-10c
Im Lerchengrund 112-5c
Im Meisenbusch 112-5c
Im Neuenhausen 140-1a
Im Rauschen Auel (3) 112-4d
Im Reutersberg 139-3b
Im Schwalbennest 112-5c
Im Ziegelfeld 139-2b
Immekeppeler Teich 112-10a
Insterburger Straße 140-3c

Jägerstraße 113-10a
Jahnstraße 140-6a
Jan-Wellem-Straße (7) 140-6a
Johann-Hein-Straße 113-7d
Johann-Kierspel-Straße 112-7c
Josefshöhe 140-6a
Josef-Wester-Straße 139-3a
Jucker Weg 111-9d
Jungholzpfad (2) 113-10a

Kaldauer Höhe 142-1a
Kaltenborn 142-1a
Kapellenstraße 140-5b
Kartenlennefe 112-5d
Kastanienweg 140-5b
Katharinenstraße 140-6a
Katzemich 139-6a
Katzemicher Straße 139-6a
Kemenat (9) 140-6a
Kemenater Berg 140-6a
Kepplerburg 112-9b
Kielsberg 111-9d
Kielshöfchen 112-7c
Kirchberg 140-6a
Kirchweg 111-12d
Kirschbaum 141-4d
Kleestraße 139-2a
Klef 141-1a
Klefberg 140-1c
Klefhaus 112-4a
Kleinbalken 112-12c
Kleindresbach 139-6b
Kleinhurden 111-12d
Kleinoderscheid 141-3a
Kleinschwamborn 140-4a
Klingerath 112-8b
Kloster-Meer-Straße 112-7c
Köhlerstraße 140-3c
Kolberger Straße 140-6a
Kölner Straße 140-3d
Kolpingplatz 140-6a
Kombach 140-8b
Königsberger Straße 140-3c
Kösliner Straße 140-3c
Kotten 140-2b
Krahwinkel 141-3b
Kram 140-6b
Kramichsgarten (7) 113-10b
Krampenhöhe 141-6a
Kreutzhäuschen 112-11b
Kreutzweg 112-9b
Kreuzfahrerstraße 140-6a
Kreuzgarten 113-7d
Krombacher Feld (8) 113-10b
Krombacher Straße 113-10a
Kulhoven 140-12a
Küstriner Straße (2) 140-3c

Landsberger Straße (3) 140-3c
Landwehr 141-3c
Lauscherstraße 139-3c
Leffelsend 112-8c
Leyenhaus 140-9b
Lichtinghagenstraße 140-6a
Liegnitzer Straße 140-3c
Linde 141-3c
Linder Weg 140-5a
Lindlarer Straße 111-12b
Löher Straße 111-12a
Lokenbach 112-11c
Lölsberg 140-9a
Lombachstraße 141-5a
Lorkenhöhe 141-3d
Luisenhöhe 113-7d

Maarweg 113-8c
Marialindener Straße 140-6b
Marienburger Straße 140-3c
Marien-Kirchplatz 141-5a
Marienstollen 141-1b
Marienstraße 112-10a
Meegen (Marialinden) 141-5c
Meegen (Vilkerath) 112-9c
Meegener Straße 141-5c
Meesbalken 112-12d
Melessen 112-8a
Mittelauel 139-2a
Mittelbech 140-1a
Mittelsteeg 112-7d
Mönchsheide 140-9d
Moospfad (3) 113-10a
Mucher Straße 140-3d
Müllenholz 111-12d
Müllerwiese 140-3c

Nachtigallenweg 139-6a
Nallingen 111-12c
Nallinger Straße 111-12c
Neichen 139-3b
Neichener Hofweg 139-3a
Neichener Straße 139-3a
Neuenhaus 141-2a
Neuenhausen 140-1a
Neuenhauser Straße 140-1c
Neuhurden 112-10c
Niedergrützenbach 141-6c
Noldenweg 113-7d
Növerstraße 140-6a

Oberauel 111-12c
Oberbech 112-10d
Obergründemich 112-11a
Obergrützenbach 141-6d
Oberhasbach 113-8a
Oberheide 113-7c
Obermiebach 113-9c
Obersteeg 112-7b
Oberstraße 113-8a
Obervilkerath 113-8a
Obstgarten 140-1b
Oderscheider Berg 141-5b
Oderscheiderfeld 141-2d
Olper Straße 139-2b
Oppelner Straße 140-3c

Pappelweg 140-6a
Parkweg 140-6a
Pastor-Becker-Weg 113-10b
Perenchiesstraße 140-5d
Perlenweg (1) 112-5c
Pfarrer-Heinrich-Kugelmeier-Straße (2) 139-2b
Pfarrer-Schneider-Weg (8) 140-6a
Pilgerstraße 141-5a
Platanenweg 140-1c
Plonchenweg (4) 141-5a
Probstbalken 112-12c
Propsteistraße 140-6c

Rappenhohn 140-2d
Rappenhohner Straße 140-2b
Rebhuhnweg 113-10a
Rehwinkel 113-10a
Ringstraße 139-3a
Rittberg 140-6b
Römerstraße 139-3c
Rosenhügel 113-8c
Rotdornweg 140-1c
Rotter Weg 113-10a
Rottfeld 141-1d

Sanddornweg 140-1c
Schalken 114-11d
Schiefenthal 141-4c
Schlehenweg 140-5c
Schlenkertstraße 140-6a
Schlingenthal 114-10c
Schlingenthaler Mühle 113-12d
Schmidtengarten 140-1b
Schmitzbüchel 111-12a
Schmitzlödericher Straße 139-3c
Schneidemühler Straße (6) 140-6a
Schneppensiefen 141-5a
Schommelsnaaf 142-4b
Schöne Aussicht 141-4a
Schöne Feder 141-4b
Schulstraße 111-11d
Schwellenbachermühle 141-8d
Schwimmbadstraße (16) 140-6a
Siebelsnaaf 142-2d
Siebenbürgenstraße 112-10d
Siefen 141-2d
Siegburger Straße 140-5b
Soenneken-Platz 113-8c
Soldiner Weg (1) 140-3c
Sonnenweg 139-3c
Spich 140-5d
Sportplatzstraße 139-2b
St. Anno Höhe 140-5b
St. Lucia-Straße 111-12b
St. Rochusplatz 140-1d
Starenweg 140-2d
Stargarder Straße (4) 140-3c
Steinhaus 113-7d
Steinhauser Auel 113-8c
Steinhofplatz (13) 140-6a
Stettiner Straße (5) 140-6a
Stich 140-1b
Stichermühle 139-3b
Stiefelhagenstraße (3) 141-5a
Südhang 139-3d
Sülztalstraße 112-4d

Talblick 139-3b
Talstraße 139-3c
Tannenweg 140-2d
Tilsiter Straße 140-3c
Tixhoven 141-2b
Trötenberg 141-6c
Turner Straße 111-12b

Über dem Hof 111-12b
Ufer 112-7b
Ufermühle (4) 112-8a
Uhlandweg 113-8c
Ulmenweg 140-1c
Unterauel 139-2c
Unterbech 140-1a
Unter-Bilstein 112-4a
Untergründemich 112-10b
Unterhasbach 113-8a
Unterheide 113-7c
Untermiebach 113-8d
Untersteeg 111-12c

Viersbrücken 141-7c
Vilkerather Straße 141-2b
Vilshofen 141-7b
Vinzenz-Grewe-Straße 141-5b
Von-Nesselrode-Weg 141-5c
Von-Wylich-Straße 140-5d
Voßwinkel 140-5a
Voßwinkeler Straße 140-5c

Wacholderweg 113-7d
Waidmannsring 113-10a
Walburgaplatz 140-6a
Waldenburger Straße 140-3c
Waldweg 139-3d
Warth 141-7a
Waschmorgen (17) 140-6c
Wasser 140-6b
Weberhöhe 140-2a
Weberstraße 140-5d
Weidenweg 140-3c
Weierberg 112-7c
Weißenstein 141-4a
Weyerhof 140-9c
Wiedenhof 140-2a
Wiesenauel 140-5d
Wiesengrund 113-10b
Wilhelm-Heidkamp-Straße 112-7c
Windhausen 140-12a
Wüsterhöhe 112-11c
Wüststeimel 142-1a

Zöllnerstraße 139-2b
Zoppoter Straße 140-3c
Zum Aggerdamm 140-6b
Zum alten Wasserwerk 112-10a
Zum Bahndamm 113-10b
Zum Bitzenberg 139-6b
Zum Eschenthal 140-2d
Zum Holzplatz 139-2b
Zum Schlingenbach 113-10b
Zum Sülzufer 139-2b
Zur Freiheit 111-12c
Zur Friedenskirche 139-3a
Zur Kaule 113-11a
Zur Ohlig 111-12b

Peterslahr

PLZ 57614

(zu VBG Flammersfeld)

Am Birkelsberg 293-9a
Am Menzenberg 293-9b
Auf dem Heidstock 293-9b

Bergstraße 293-9c

Hohlweg 293-9a

Im Allen 293-9b

Kirchstraße 293-9b

Wiedtalstraße 293-9b

Plaidt

PLZ 56637

(zu VBG Pellenz)

Alte Andernacher Straße 336-7d
Alter Kirchplatz 336-10b
Am Bahnhof 336-7d
Am Kürchen 336-10b
Am Rampen 336-10b
Am Schützenplatz 336-10a
Am Spielplatz 336-10a
Am Sportplatz (7) 336-7c
An der Hauptschule (1) 336-11a
An der Pfaut 336-10a
Auf der Esch 336-11a
Auf Kräuselem 336-10b
August-Horch-Straße 336-10a

Bachstraße 336-10a
Bahnhofstraße 336-10b
Birkenweg 336-10a
Brückenstraße 336-7c
Bundesstraße 336-7d
Burgstraße 336-10c
Butzegässchen (1) 336-10a

Dr.-Kurt-Schumacher-Straße 336-10a

Eicher Straße 336-7d
Eifelstraße 336-10d
Erzbergerstraße 336-10b

Finkenweg 336-10a
Franz-Josef-Straße 336-10b
Fraukircher Straße 335-12d
Friedhofstraße 336-10a
Friedlandstraße 336-10b
Friedrich-Ebert-Straße 336-10b

Gartenstraße 336-10b
Gaulsweg 342-1a
Gewerbegebiet A61/L117 342-1a
Gewerbegebiet Kurzer Acker 335-12b
Gewerbepark "Saffiger Straße" 336-10d
Gildestraße 336-10b
Goethestraße 336-10a
Gottschalksmühle 336-10c
Gottschalksmühlenweg 342-1a
Grüner Weg 336-7c

Hauptstraße 336-10a
Hinter der Mühle 336-10a
Hinter der Schule (3) 336-10a
Hummerichstraße 336-10d

Im Heumerich (5) 336-10d
Im Maschereg 336-10c
Im Rang 336-10b
Im Remmerich 336-10a
Im Sonnenhof 336-10a
Im Vogelsang 336-10b
Im Wiesengrund 336-10b
Im Winkel 336-10b
Industriegebiet Plaidt-Süd 342-1a

Karl-Marx-Straße 336-10b
Kiefernweg 336-10a
Koberner Weg 336-10d
Kolpingstraße 336-10b
Korretstraße (6) 336-10d
Kretzer Straße 335-12b

Laacher See Straße 336-10d
Langenbergstraße 336-10d
Lay'sches Weg 336-10c
Ludwig-Erhard-Straße 342-1c

Max-Planck-Straße 336-11a
Michelbergstraße 336-10d
Miesenheimer Straße 336-10b
Morangiser Straße 336-10a
Mühlenstraße 336-10b

Nettepark 336-10d
Nettestraße 336-10c
Niedergasse 336-10b
Niederstraße 336-10a
Noltepark 336-10d

Ochtendunger Straße 336-10c
Olmerich 336-7d
Otto-Hahn-Straße 336-11a

Pappelweg 336-10a
Pellenzstraße 336-10c
Pommerhof 336-7c
Pommernstraße 336-10a
Raiffeisenstraße 336-10b
Rathenaustraße 336-10b
Rauschermühlenstraße 336-10b
Ringstraße 336-10b
Robert-Koch-Straße 336-11a
Römerstraße 336-7c
Rudolf-Diesel-Straße 335-12b

Saffiger Straße 336-10c
Scherersgäßchen (4) 336-10b
Schravensgäßchen (2) 336-10a
Schulstraße 336-10d
Sonnenland 336-10a

Umgehungsstraße 336-10a

Vulkanpark Osteifel 336-11c
Vulkanpark Rauscherpark 336-10d
Vulkanstraße 336-10d

Wankelburgsweg 336-10c
Wernerseckstraße 336-10d
Wilhelm-Röntgen-Straße 336-11a
Willibrordstraße 336-10b
Wohnpark "Saffigor Straßo" 336 10d

Pleckhausen

PLZ 56593

(zu VBG Flammersfeld)

Ahornstraße 294-12d

Bornweg (1) 294-12d
Brunnenstraße 294-12c

Eichenstraße (3) 294-12c
Elderbachstraße 294-12c

Forststraße (4) 294-12c

Gartenstraße 294-12c
Grenzbachstraße 294-12b
Güllesheimer Weg 294-12c

Hauptstraße 294-12d

Im Baumgarten 294-12d
Im Rosengarten (2) 294-12c
In der Stockwiese 294-12d

Kreuzhardsweg 294-12c

Mengenweg 294-12b
Mühlenweg 294-12b

Obdamer Straße 294-12d

Pleckhauser Mühle 294-12b

Sonnenstraße 294-12c

Talstraße 294-12c
Tannenweg 294-12c

Waldweg 294-12b
Weiherstraße 294-12d
Wiesenweg 294-12d

Zum Birkenhof 294-12b
Zum Hüttenplatz 294-12d
Zum Keising 294-12d
Zum Seifen 294-12c

Plombières (B)

4850 Aix, rue d' 209-7c
4851 Ancienne Douane, rue de l' (1) 209-4a
4850 Anciens Fours, rue des 208-8a
4850 Arnold Franck, place 208-9d
4851 Au Baan 208-6d

4852 Bamisch, rue de 208-7c
4851 Bammersweide 209-4c
4851 Bellevue 208-8b
4850 Bempt, rue du 208-12c
4851 Bienenheide 208-6d
4852 Boffereth 208-7a
4850 Bois, rue du 208-10b
4851 Botzelaer 209-4b
4852 Braesberg 208-8a
4851 Brandweg 208-9b
4850 Buschhausen 209-10c

4850 Calamine, rue de la 209-10a
4850 Calvaire, rue du 208-9d
4851 Casino, rue du 208-8a
4851 César Franck, rue 208-6c
4850 Champs, rue des 208-10a
4850 Chapelle, rue de la 208-9d
4850 Chemin de fer, rue du 208-8c
4850 Clinique, rue de la 208-12b
4851 Colonel Peckham, place 208-6d
4850 Coul, rue de la 208-9d
4850 Couvent, rue du 208-8a

4850 Dellegraat, ferme 208-10a
4850 Dellegraet 208-10a
4850 Drieschen 208-10d
4851 Droegweide 209-4a
4851 Duc, chemin du 208-6b
4850 Duyvelskoul 208-11c

4851 Ecoles, rue des 208-6d
4852 Eglise, place de l' 208-8a
4851 Eglise, rue de l' 208-8a
4850 Espérance, rue de l' 208-9d
4850 Europe, avenue de l' 208-11c

4850 Foulerie, rue 208-12c

4852 Galéne, rue de la 208-8c
4850 Gare de Montzen 208-11c
4850 Gare, rue de la 208-10b
4852 Gensterhof, chemin de 208-5c
4851 Gérardsbroich 208-5c
4851 Grunebempt, rue de 208-5b
4850 Gueule, op te 208-8c

4852 Hack, rue 208-7b
4850 Haute, rue 208-8d
4850 Heide 208-12d
4851 Heyhof 208-6d
4851 Höfke 208-5c
4851 Honshof 208-9b

4850 Jardinet, rue du 208-10b

4850 Kalottenhof 208-8a
4851 Kirschbaum 208-9b

4851 Langenstein, rue de 209-7a
4850 Langhaag, rue 208-11b
4852 Lattenheuer, rue de 208-4c
4851 Ligne 208-6d
4851 Loch, rue de 209-4a

4850 Marveld 208-9c
4851 Mergelhof 208-1c
4850 3e Millénaire, place du 208-8c
4850 Mineurs, rue des (1) 208-8a
4851 Moresnet, rue de 208-9b

4850 Natveld, ferme 208-10b
4851 Nouvelaer 208-6d

4850 Panorama, rue du 209-10a
4852 Panquet 208-7a
4850 Parc, rue du 208-12c
4852 Pont, rue du 209-10a

4850 Roodbusch, rue du 208-9d
4851 Roerberg, chemin de 208-9a
4850 Ruisseau, rue du 209-10c

4851 Sablon, rue du 208-9d
4850 Saint Roch, rue 208-10b
4851 Saint-Hubert, rue 208-6d
4851 Sandberg, rue 208-6d
4850 Schimper, chemin de 208-11b
4851 Schleifmühle 208-9b
4851 Schroubel 208-6c
4850 Sier 208-9d
4850 Source, rue de la 209-7c
4850 Spa, rue de 208-11b
4851 Sports, rue des 208-6d
4851 Stein, rue 208-6d

4850 Te Busch, ferme 208-10b
4850 Ten-Eycken, rue 208-10b
4851 Terbruggen 208-4a
4851 Tersaessen 208-1d
4851 Terstraeten, rue de 208-4b
4851 Trois Bornes, route des 209-4c
4851 Trois Frontières, parc des 208-5b

4850 Usine, rue de l' 208-8a

4851 Vaals, rue de 209-4c
4850 Vaarbeukel, ferme 208-10a
4850 Varbeukel 208-10a
4850 Viaduc, rue du 208-12d
4852 Village, rue du 208-12c
4851 Vivier, rue du 208-9b
4851 Völkerich 208-5d
4850 Vosheydt 208-7d

4852 Weidenfeld, ferme 208-7c
4851 Weyer Hagdorn (1) 209-4c
4850 Windt 208-8a
4851 Wittenweg 208-9b

Pracht

PLZ 57589

(zu VBG Hamm (Sieg))

Altenkirchener Straße 236-11b
Alter Schulweg 236-9c
Am Dorfplatz (5) 236-9c
Am Hang 236-9d
Am Martseifen 236-11b
Auf dem Langert (3) 236-8b
Auf der Hardt 236-9d
Auf Hette 236-12a

Bahnweg 236-8d
Bergstraße 236-12a
Bergwinkel 236-8a
Birkenweg 236-9c
Bitzbruch 236-9b
Blumenweg 236-8b
Bogenstraße 236-12a
Brunnenstraße 236-9a

Drehscheibe 236-8b

Eichenweg 236-9c

Falkenweg 236-11b
Fichtenweg 236-9c
Finkenweg 236-8d
Flemmershof 236-11b
Gartenweg 236-9c
Grenzstraße (2) 236-8b
Grubenstraße 236-8b

Hassel 236-7d
Hauptstraße 236-8d
Hohegrete 236-8d
Höhenweg 236-8d
Hüllweg 236-9c

Im Auchen 236-9a
Im Bruch 236-8b
Im Krumberg 236-8b
Im Kühlen Grunde 236-9a
In den Gärten (6) 236-9d
In den Hahnen 236-11b
In der Bitze 236-9a

Krämers Garten (4) 236-8b

Mittelweg 236-8d

Nachtigallenstraße 236-11b

Parkstraße 236-9d
Pferdegasse 236-8d
Prachter Straße 236-9d

Ringstraße 236-9d

Schulstraße 236-9c
Steinwiese 236-8b

Talstraße 236-8d
Taubenstraße 236-11b

Unter den Birken (1) 236-8b

Waldstraße 236-12a
Wichelstraße 236-12a
Wiesenweg 236-12a

Puderbach

PLZ 56305

Ackerweg 295-12d
Akazienstraße 296-10a
Am Auenberg 295-8b
Am Bruchbitzgarten (3) 295-12d
Am Fackelstein 295-12b
Am Hang 295-8b
Am Heldenberg 295-8b
Amselstraße 295-9d
Auf der Held 295-12d
Auf der Hut 296-10a

Bahnhofstraße 296-10a
Barentoner Straße 296 10c
Berggarten 296-10a
Bergstraße 296-10a
Birkenstraße 296-10a
Brückenstraße 296-10d
Buchenblick 296-10c
Burgblick 295-8d
Burgstraße 295-12a

Daufenbacher Straße 295-12d
Drosselweg 296-10a

Eichenstraße 296-7c
Erlenweg 296-7c

Feldstraße 296-10a
Finkenweg 295-8b
Friedenstraße 295-12b

Gartenstraße 296-10c

Hauptstraße 296-10a
Hofstraße 296-10a
Hohe Bitze 296-10d
Höhenstraße 295-12d

Im Bruch 295-12b
Im Georgengarten (2) 295-12d
Im kleinen Flur 296-10a
Im Wiesengrund 295-9c
Im Wolfsgarten 296-10c

Lanebach 295-12b
Lindenweg 296-7c
Luisenstraße 295-12d

Meisenweg 296-10a
Mittelstraße 296-10c

Niederdreiser Mühle 316-1b

Panoramaweg 296-10a

Raubacher Weg 296-10c
Reichensteiner Weg 295-12b
Ringstraße 295-12b
Rosenstraße 295-12a

Schönblick 296-10a
Schulstraße 296-10a
Sonnenstraße 296-10a
Steimeler Straße 296-10a
Strunkeich 295-9c
Strunkeicher Straße 295-9d
Südhang 295-12a

Talstraße 296-10d
Tannenstraße 296-10a

Ulmenstraße 296-10a
Urbacher Straße 295-12d
Waldstraße 295-9d
Wernersgarten 296-10c
Werother Weg 296-10a
Wiesenstraße 296-10c
Wollbachstraße 296-10a

Zum Felsen 296-10c
Zum Hardt 296-10d
Zum Hölzchen 296-10d
Zum Mauseberg (1) 295-12b
Zum Neuland 296-10d
Zum Rousten 296-10c
Zum Sportplatz 296-10c
Zum Weiher 295-11b

Pulheim

PLZ 50259

Straßennamen mit Suchfeldangaben in Klammern befinden sich im Cityplan auf Seite 38.

Abt-Aemilius-Straße 104-8a
Abteigasse (3) 104-7b
Achatweg (29) 85-10c
Adamistraße 104-7d
Adlerweg 84-8d
Adolph-Kolping-Straße 84-12b
Adolph-von-Menzel-Straße 84-9d
Aggerstraße (4) 85-4a
Agnesstraße 85-4c
Ahornweg 84-12b
Akazienweg 84-12d
Albanstraße 104-2c
Albatrosweg 84-9c
Alberichstraße 104-5b
Albert-Einstein-Straße 104-8a
Albert-Schweitzer-Straße (3) 85-10a
Albrecht-Dürer-Straße 84-9c
Alfred-Brehm-Straße 104-7b
Alfred-Nobel-Straße 104-9a
Alte Kirchstraße 104-7c
Alte Kölner Straße (38/A2)
Am Angelsdorn 84-8d
Am Bach 84-1c
Am Bahnhof (38/A2)
Am Beller Weg 104-7c
Am Bendacker 84-11d
Am Bergerhof 104-8c
Am Birkengraben 104-5c
Am Blauen Stein 104-7a
Am Bodethof (1) 104-4b
Am Brauweiler Pfädchen 104-5a
Am Briemengarten 84-6d
Am Brölskamp 84-4c
Am Brunnen (38/A3)
Am Domhof 104-2c
Am Domkreuz 104-2c
Am Dorfplatz 104-11b
Am Dörncheswег (8) 104-7c
Am Eggershof 85-4c
Am Escher Weg 85-4c
Am Forsthaus 103-9d
Am Fronhof 104-4b
Am Graben 103-9d
Am Grünen Weg 104-7a
Am Holländer 83-6b
Am Hoppeberg 104-4b
Am Jürgenshof 84-11b (38/A2)
Am Kirchberg 84-11d
Am Kleekamp 84-11d (38/A3)
Am Klosterhof 104-8c
Am Lerchenhang 84-11a
Am Lindenkreuz 104-2b
Am Mahlweiher 104-2c
Am Mistpfädchen 83-3d
Am Mühlenacker 104-8c
Am Pfarrgarten (5) 83-6d
Am Quechenhauf 104-7a
Am Römerhof 104-2c
Am Römerpfad 84-8d (38/A1)
Am Römerturm 104-2c
Am Rosenhügel 84-11d (38/A3)
Am Rosenthal 104-2c
Am Schausacker 84-4b
Am Schlittberg 104-10d
Am Sonnenhang 84-4a
Am Stadtgarten (38/B3)
Am Steinrutsch 83-6b
Am Steinwerk 84-2c
Am Theuspfad 85-4c
Am Trappenbruch 84-4a
Am Trappenkreuz 84-4c
Am Weidenbach 84-12a (38/B2)
Am Wermelsacker 85-4c
Am Wiesenhang 84-11d (38/A3)
Am Zehnthof 85-4a
Ambornsweg 104-4b
Amselweg 84-12a (38/B2)
Amsterdamer Straße 83-6b
An der Eismaar (1) 104-2c
An der Fuchskaul (7) 104-7c
An der Hülle 104-1d
An der Kopfbuche 84-4a
An der Kriegershecke 84-8d
An der Maar 104-7c
An der Ölmühle 104-4b
An der Rittersgrube (13) 84-4c
An der Ronne 104-7d
An der Schmiede 85-4a
An der Wasserkaul 104-5a
An St. Martin (4) 83-6d
Anemonenweg 84-12c
Annastraße (2) (38/B2)
Apfelweg 84-4a
Arnold-Böcklin-Straße 84-9c
Asternweg 84-12d
Athener Weg (27) 84-11d
Auenweg 84-12c (38/B3)
Auf dem Acker 104-4b
Auf dem Driesch 84-12a (38/B2)
Auf dem Hüls 84-4a
Auf dem Rott 84-7a
Auf der Höhe 83-6b
Auf der Insel 104-8a
Auf der Platten 83-9a
August-Bebel-Straße 104-7b
August-Euler-Straße 105-1a
August-Imhoff-Straße 85-4a
August-Macke-Straße 84-9c
Aurikelweg 84-12c
Auweilerstraße 84-12a (38/B2)

Baadenbergstraße 104-2c
Bachstraße 84-12c (38/B3)
Bahnhofstraße 83-6d
Barbarahof (1) (38/B2)
Barbarastraße 84-12a (38/B2)
Baumweg 84-11b (38/A2)
Bedburger Straße 104-2c
Beethovenstraße 84-12b
Benedikt-Pesch-Straße 83-6b
Benzstraße 104-3b
Bergheimer Straße 84-11c (38/A2)
Bergstraße 84-4a
Berlich 83-6d
Berliner Straße 104-7b
Bernhardstraße 104-7d
Bernsteinweg (34) 85-10a
Bertha-von-Suttner-Straße (4) 84-12b
Birkenhof 84-2d
Birkenweg 84-12b
Birnenweg 84-4a
Blumachergasse (38/B2)
Blumenstraße 84-11b (38/A2)
Blumenweg 104-2d
Bolander Hof 83-6b
Bolander Weg 83-3d
Bonhoeffer Straße 104-7b
Bonnstraße 104-2d
Boschstraße 104-3b
Brandenburger Straße 104-7b
Brauweilerstraße 104-4b
Breslauer Straße 104-7b
Broelsgäßchen 104-7b
Bröhlsgasse 83-6d
Brombeerweg 84-4a
Bruchhaus 83-3d
Bruchrandweg 84-4a
Bruchstraße 83-3d
Brückenstraße 84-12a (38/B2)
Brüngesrather Straße 84-6b
Brunnenhof 103-9b
Brunnenstraße 104-8b
Brunostraße 83-6b
Brüsseler Weg (20) 84-11d
Buchenhof 104-7c
Buchenweg 104-5a
Burgstraße 104-2c
Buschbeller Straße 104-5a
Buschweg 84-12a (38/B1)
Büsdorfer Straße 103-3b
Bussardweg 84-9c (38/B1)

Cäcilienstraße 84-4c
Carl-Diem-Straße 84-9c
Carl-Friedrich-Gauß-Straße 104-9a
Carl-Spitzweg-Straße 84-9d
Chorbuschstraße 84-6b
Christian-Klausmann-Straße 83-6d
Christianstraße 84-12a (38/B2)
Christinastraße 83-6d
Christophstraße 85-4c
Chryslerstraße 104-9b
Condorweg 84-9c

Dachsweg 84-12b
Dahlienweg (11) 84-4a
Daimlerstraße 104-9b
Dammstraße 104-4b
Daniel-Hartzheim-Straße 104-2c
Danziger Straße (11) 84-12b
Dechant-Tücking-Straße (9) 104-8c
Delhovener Straße 64-10d
Den Haager Weg (23) 84-11d
Dhünnstraße 84-6d
Diamantallee 85-10c
Dieselstraße 104-3b
Distelweg (14) 84-4c
Dohlenweg 84-11a
Domkapitelweg (2) 104-2c
Donatusstraße 104-8a
Dorfplatz 84-6d
Dormagener Straße 64-10d
Dornröschenweg (1) 84-8d
Dresdener Straße 104-7b
Drosselweg 84-12a (38/B1)
Dubliner Weg (4) (38/A3)

Eckumer Weg 83-6d
Ehrenfriedstraße 104-7b
Eibenweg 84-4a
Eichenweg 84-12d
Eindhovener Straße (2) 83-6b
Eisenacher Straße 104-7a
Elchweg 104-3a
Elisabeth-Selbert-Straße (2) 84-12b
Ellostraße 103-9d
Emil-Nolde-Straße 84-9d
Erftstraße 84-6d
Erikaweg 84-11b (38/A1)
Erlenweg 104-5a
Escher Straße 84-11b (38/A2)
Eschgasse 83-6d
Espenweg 104-5c
Everhardstraße (38/A2)
Ezzostraße 103-9d

Falkenhorst 104-2c
Falkenweg 84-8d
Farehamstraße 84-12c (38/B2)

Farnweg (38/A1)
Fasanenweg 104-5a
Fendelweg 85-4a
Fichtenweg 104-4d
Finkenweg (13) 84-12b
Fliederweg 84-11d (38/A3)
Fliestedener Weg 83-9b
Florastraße 84-4a
Flurweg 104-4b
Föhrenweg 84-6b
Forsterhütte 83-6d
Frankenstraße 104-8c
Franziskusstraße 85-4c
Franz-Pauli-Straße 104-7c
Franz-Wenzeler-Straße 104-7a
Frechener Straße 104-2c
Freimersdorf 104-11b
Friedenstraße 104-7c
Friedhofsweg 104-7d
Friedrich-Ebert-Straße 84-12b
Friedrich-Miethe-Weg 84-12a
Fronhofstraße 83-6d
Fuchspfad 84-9c

Ganslacher Hof 84-4d
Gartenstraße 84-4c
Geranienweg (12) 84-4a
Gertrudenhof 64-11c
Geschwister-Scholl-Straße (2) 104-7b
Gestüt Gut Villehof 103-9d
Geyener Berg 84-11d (38/A3)
Geyener Straße 104-2b (38/A2)
Gilbachstraße 84-6d
Ginsterweg (10) 84-4a
Glessener Straße 104-7b
Glessener Weg 104-4d
Goethestraße (17) 84-12d
Goldammerweg (38/B1)
Görlitzer Straße 84-12a
Görreshofstraße 84-6d
Granatweg (32) 84-12b
Grasweg 104-7d
Greesberger Straße 84-11b (38/A2)
Grevenbroicher Straße (38/A2)
Großer Kreuzhof 83-6d
Grüner Weg 84-7a
Guidelplatz (4) 104-7b
Gustav-Heinemann-Straße 84-12a (38/B1)
Gut Baddenberg 105-2a
Gut Bergerhof 104-8d
Gut Fronhof 104-11b
Gut Hasselrath 84-2d
Gut Hermannshorst 64-7c
Gut Kistemacherhof 104-8d
Gut Koschhof 83-8d
Gut Lünigerhof 104-11b
Gut Mutzenrath 84-5a
Gut Neuenhof 104-11b
Gut Peterjanhof 104-8d
Gut Pletschmühle 85-10c
Gut Sonnenberg 83-9b
Gut Tannenhof 84-9b
Gut Vinkenpütz 83-3d
Gutenbergstraße 104-5d
Gutshof Lindenhof 84-5c

Habichtweg 84-9c
Hackenbroicher Straße 84-8d (38/A1)
Hackenbroicher Weg 64-10d
Hagelkreuzstraße 83-6b
Hahnenhof 64-10d
Hahnenstraße 64-7c
Hans-Holbein-Straße 84-9c
Harnischweg 84-8d (38/A1)
Haselnußweg 84-4a
Hasselrather Weg (2) 84-6b
Hauptstraße 83-9b
Haus Orr 85-7c
Heckenweg 103-9d
Hedwigstraße 85-4c
Heidehof 103-9d
Heideweg 84-12b
Heinenhof 85-7c
Heinrich-Hertz-Straße 104-8a
Heinrichstraße 84-12c
Helenenstraße 104-7c
Helmholtzstraße 104-8a
Helsinkistraße (5) (38/A3)
Henri-Dunant-Straße (6) 84-12b
Hermannstraße 103-9d
Herriger Weg 85-4c
Himbeerweg 84-4a
Hirschweg 84-12c
Hirtzgasse 83-6d
Hof Höchsten 105-1a
Holunderweg (9) 84-4a
Horchstraße 104-9a
Horionstraße (3) 84-6d
Hubertusstraße 84-6d
Hugo-Junkers-Straße 105-1a

Iltisweg 84-12b
Im alten Kirschgarten (3) (38/B2)
Im Bachgarten 84-12c (38/B3)
Im Blumersfeld 84-7a
Im Bruchfeldchen 84-4a
Im Büngertchen 84-12c
Im Buschfeld 85-4c
Im Dammfeld 104-4b
Im Gries 84-4c
Im Heiligenfeldchen (19) 84-12d
Im Junkerhau 84-8d
Im Kamp 104-1a
Im Schellental 84-4a
Im Schildchen 83-9b
Im Waffental 84-8d
Im Wiesengrund 104-2c
In den Benden 83-9a
In der Bachaue 104-2a
In der Gänselaache 84-8d
Industriestraße 85-10c

Ingendorf 83-8d
Ingendorfer Höhe 83-9a
Ingendorfer Straße 83-9a
Insterburger Straße 104-7b
Iveshof 83-8d

Jadeweg (30) 84-12d
Jägerstraße 84-12a
Jahnstraße 104-8c
Jakob-Pohl-Platz (5) 104-2c
Jakob-Sandt-Straße 104-4b
Jakobstraße (38/B3)
Joachimshof 64-7c
Johann-Esser-Straße (3) 83-6b
Johannesstraße 84-6d
Johann-Hermanns-Weg 85-4c
Johannisstraße 84-12c (38/B3)
Jordeweg 85-4a
Josef-Gladbach-Platz 84-4c
Junkerhauer Hof 84-8b

Kaiserin-Theophanu-Straße 104-8a
Kaiser-Otto-Straße 104-7c
Kamillenweg (1) 84-11d
Kammstraße 84-4c
Kanalstraße 84-12a (38/B2)
Kantstraße 84-12d
Kapellenweg 84-1b
Karlstraße 84-6d
Karl-Zörgiebel-Straße 104-8a
Karthäuserstraße 84-12c
Kastanienallee 104-8c
Käthe-Kollwitz-Straße (5) 85-10a
Kattenberg 84-4c
Kerbelweg 84-11d
Kesselsgasse 85-4c
Kiefernweg 104-5a
Kirchgasse 104-4d
Kirchtalsweg 83-6d
Kirschenweg 84-4a
Kleiner Kreuzhof 83-9b
Klottener Straße 104-8c
Klusemannstraße 104-2c
Knechtstedtener Straße 84-6b
Koepchenstraße 104-8b
Kölner Straße 85-4c
Kölner Weg 84-4c
Königsberger Straße 104-7a
Konrad-Adenauer-Platz 104-7b
Kopenhagener Weg (25) 84-11d
Kornblumenweg 84-12c
Korneliusstraße 104-2c
Kreuzbrüderstraße 83-6b
Kreuzstraße 104-4b
Kriegshof 85-7c
Küferweg 85-4c
Küppersgasse 83-6d
Kurfürstenstraße 104-7b

Ladestraße 83-6d
Langgasse 104-7b
Lärchenhof 84-2c
Laurentiusweg (5) 104-7d
Lavendelweg (2) 84-11d
Leibnizstraße 84-12d
Leipziger Straße (8) 84-12b
Lerchenweg 84-4c
Lessingstraße (18) 84-12d
Levenkaulstraße (38/B3)
Liethenstraße 104-7c
Ligusterweg 104-5a
Limburger Straße 83-6b
Lindenplatz 104-7c
Lindenstraße (38/B3)
Lindenweg 104-4d
Lindlacher Weg 84-4a
Lise-Meitner-Straße 104-9a
Lissaboner Straße (22) 84-11d
Londoner Straße 84-11d
Lucas-Cranach-Straße 84-9d
Luchsweg 84-12a (38/B1)
Ludwig-Richter-Straße 84-9d
Lukasstraße 84-6d
Lupinenweg 104-5b
Luxemburger Straße (24) 104-2b

Maarweg 84-4a
Maastrichter Straße 83-6b
Madrider Straße (21) 84-11d
Magdeburger Straße 84-12b
Maiglöckchenweg (5) 84-11d
Malvenweg 84-11d
Manstedtener Berg 84-11b (38/A3)
Manstedtener Straße 104-1d
Manstedtener Weg 104-1d
Marderweg 84-9c
Margeritenweg 84-12c
Maria-Montessori-Straße 84-12b
Marie-Curie-Straße 104-9a
Marie-Juchacz-Straße (7) 84-12b
Marienburger Straße (9) 84-12b
Marienhof 84-11c
Marienstraße 104-7c
Markusstraße 84-6d
Martinshof 104-1d
Martinstraße 104-4b
Masurenstraße 84-12a
Mathildenstraße 104-8c
Matthäusstraße 85-4c
Matthias-Grünewald-Straße 84-12b
Matthiasplatz 83-6d
Max-Liebermann-Straße 84-9d
Maybachstraße 104-9a
Medardusstraße 104-8c
Memeler Straße 104-7b
Mengenicher Straße (14) 84-12c
Merianweg 84-11b (38/A1)
Michael-Rasten-Straße (3) 104-2c
Milanweg 84-9c (38/B1)
Mittelstraße (38/A2)
Mittelweg (Geyen) 104-2c
Mittelweg (Stommeln) 84-2c

Mohnblumenweg 84-12c
Mohnweg 104-5a
Moosweg 84-11b (38/A1)
Mozartstraße 84-12b
Mühlengrund 104-2c
Mühlenstraße 104-7d
Mühlenweg (Geyen) 104-3c
Mühlenweg (Stommeln) 84-4c
Mutzenrather Weg 84-6b

Nachtigallenweg 84-11c
Nagelschmiedstraße 84-4c
Nelkenweg 84-11d (38/A3)
Nellesweg 104-2a
Nettegasse 84-4c
Neusser Gasse 83-6b
Nikolaus-Ehlen-Straße 84-8d
Nikolaus-Groß-Straße 84-12c
Nikolaus-Lauxen-Straße 104-8a
Nikolausstraße 104-8c
Nordring 84-12a (38/B1)
Nordstraße 83-3d
Normandiestraße 104-9a
Nußbaumer Weg 84-7a

Ohmstraße 104-8b
Opalweg (31) 84-12d
Oppelner Straße 84-12a
Orr 85-7d
Orrer Straße 84-12c (38/B3)
Ostring 84-12b
Otto-Hahn-Straße 104-8b
Otto-Lilienthal-Straße 105-1c
Ottostraße 105-1a

Pariser Straße 84-11d
Parkstraße 104-2c
Parkweg 85-4a
Pater-Delp-Straße (1) 104-7b
Patriziusstraße 85-4c
Pattweg 103-9d
Paul-Decker-Platz 84-11b (38/A2)
Paul-Klee-Straße 84-9d
Paul-Schneider-Straße 84-4a
Paulshof 84-5b
Paulstraße 84-6d
Perlgrasweg (4) 84-11d
Pestalozzistraße 84-9c
Peter-Kanters-Allee 84-9a
Peter-Mück-Weg (6) 83-6b
Peterstraße 84-6d
Peter-Wolff-Straße 85-4c
Pfalzgrafenstraße 104-7d
Pfarrer-Lummerich-Straße 84-11b (38/A1)
Pfarrer-Schlick-Straße 104-1d
Platanenweg 104-4d
Plebanusstraße 104-1d
Pletschmühlenweg 84-12d
Pommernstraße (12) 84-12b
Potsdamer Straße 84-4c
Pulheimer Straße 84-9b
Pützgasse (38/B2)

Quellenweg 104-4b

Raiffeisenstraße 84-11b
Rathausstraße 84-11d (38/A3)
Rather Straße 104-5a
Reiherweg 84-9c
Reitweg 105-1a
Rheidter Weg 83-9a
Richezastraße 104-8c
Robert-Koch-Straße 104-8b
Roggendorfer Straße 85-4c
Römerfeldstraße 104-2c
Römerstraße 104-8c
Römischer Platz (26) 84-11d
Rommerskirchener Straße 84-11b (38/A2)
Ronnerhof 104-7a
Röntgenstraße 104-8a
Rosenhof (Orr) 85-7d
Rosenhof (Stommeln) 83-6a
Rosenhügel 104-7b
Rosenstraße 84-4c
Roßackerweg 84-4b
Roßweiherfeld 84-12d
Rotdornweg (15) 84-12b
Rotkäppchenweg 84-8d
Rotkehlchenweg 84-12a (38/B1)
Ruckesweg 84-1b
Rurstraße 84-6d

Sachsstraße 104-8d
Saphirallee (28) 85-10c
Scheurenhof 84-5a
Schiffgesweg 104-7a
Schillerstraße 84-12d
Schlehdornweg (8) 84-4a
Schlehenweg 84-11b (38/A1)
Schmiedegäßchen 104-7b
Schmittegasse 83-6d
Schneewitchenweg 84-8d
Schubertstraße 84-12b
Schulstraße (38/B3)
Schürgespfad 84-8d (38/A1)
Schwalbengasse 84-4c
Sebastianusstraße 84-8d
Seilerweg 85-4c
Siegfriedstraße (6) 104-7c
Siegstraße 84-6b
Siemensstraße 84-12d
Sinnersdorfer Feld 85-4a
Sinnersdorfer Straße 84-12a
Sintherner Holzweg 103-9b
Sintherner Straße 104-5a
Sintherner Weg 104-1a
Sonnenallee 84-11d
Sophienhof 64-11c
Sperberweg 84-9c (38/B1)
Sperlingstraße 104-7b

Starenweg 84-11b (38/A1)
Stefan-Lochner-Straße 84-9c
Steinacker Straße 84-11a (38/A2)
Steinstraße 84-12c (38/B3)
Stettiner Straße (10) 84-12b
Stöckheimer Straße 84-12c
Stockholmer Straße (38/A3)
Stommeler Weg 84-11b (38/A1)
Stommelner Straße 84-6c

Tannenbusch (1) 84-6b
Tannenweg 84-1c
Thommesweg 85-4c
Tilsiter Straße 104-7b
Tomburgstraße 104-8c
Topasstraße 84-12b
Töpferweg 85-4a
Tulpenweg 84-11d (38/A3)
Türkisweg (33) 84-12b

Ulmenweg 84-12d
Unterster Weg 84-8d (38/A1)
Utrechter Straße (1) 83-6b

Veilchenweg (3) 84-11d
Velderhof 84-1a
Venloer Straße 84-11b (38/A2)
Venloer Straße (Stommeln) 83-5c
Vinkenpützer Weg 83-3c
Vochemsgasse 104-7c
Vochemsweg 104-7c
Voisberg 83-9b
Vom-Stein-Straße 104-7b
Von-Bodelschwingh-Straße 84-12b
Von-Frentz-Straße 104-2c
Von-Grass-Straße 104-2c
Von-Harff-Straße (4) 104-2c
Von-Humboldt-Straße 84-12d
Von-Kügelgen-Straße (1) 104-8b
Von-Schilling-Straße 104-7c
Von-Werth-Straße 104-8a

Wacholderweg 104-5a
Wasserwerk 84-5c
Weidenweg 104-4d
Weidtstraße 83-6d
Weilersgrund 104-2c
Weimarer Straße 104-7a
Weißdornweg 83-6b
Weißer-Flieder-Platz (3) 104-4b
Wesselinger Straße 104-1a
Widdersdorfer Straße 84-12c
Wiener Weg (6) (38/A3)
Wieselweg 84-9d
Wiesenhof 84-1d
Wiesenweg 104-7b
Wilhelm-Leibl-Straße 84-9d
Wilhelm-Mevis-Platz 84-12c (38/B2)
Willi-Schumacher-Weg 84-6b
Witschgasse 84-12a (38/B2)
Wolfhelmstraße 104-7c
Worringer Straße 84-12a (38/B2)
Wupperstraße 84-6b

Zedernweg (2) 104-5c
Zehnthofstraße 104-7c
Zeppelinstraße 104-9a
Zobelweg 84-12a
Zu den Fußfällen 84-7a
Zum Birkengraben 104-5a
Zum Geyener Kreuz 84-7a
Zum Ommelstal 84-7a
Zum Schwefelberg (35) 104-3b
Zum Sonnenberg 103-9d
Zur Alten Wassermühle (38/B3)
Zur Ingendorfer Burg 83-8b
Zur Offenen Tür 84-9c
Zur Windmühle (7) 84-4c

Racksen

PLZ 57612

(zu VBG Altenkirchen (Westerwald))

Bongardsstraße 257-2c
Buchenstraße 257-5a

Dorfstraße 257-5a

Gartenstraße 257-5a

Hauptstraße 257-5a
Helenenstraße 257-5a
Hofacker 257-2d

Kiefernstraße 257-5a

Nassen 257-5a

Rolandstraße 257-2c

Volkerzer Straße 257-5a

Waldstraße 257-2c

Ransbach-Baumbach

PLZ 56235

Ahornweg 333-9d
Albertstraße (13) 333-8d
Am Dornbusch (3) 333-6b
Am Finkenhof 333-6b

Am Galgenberg 333-6c
Am Hohleplatz 333-9c
Am Hölzeberg 333-6b
Am Kiesborn 333-9a
Am Oberberg 333-9c
An den Buchen 333-9d
An den Steilen 333-6b
An der Brauerei 333-6a
Auf dem Baumort 333-6d
Auf dem Haidchen 333-6d
Auf dem Hügel (1) 333-6d
Auf der Schlaat 333-9c

Bachstraße (5) 333-6d
Bahnhofstraße 333-6d
Bergstraße 333-9c
Birkenweg 333-9b
Börsenweg 333-9c
Brexbachstraße 333-8d
Brunnenstraße 333-9c

D' Esterstraße 333-9a
Desperweg 333-9b

Eichgarten 333-6b
Eifelstraße 333-8d
Eulerstraße 333-9b

Forsthaus Landshube 333-11b
Freiherr-vom-Stein-Straße 333-6b
Friedhofsweg 333-6d

Glockengasse (12) 333-9c
Güterplatz 333-6d

Haselstraße 333-6d
Hauptstraße 333-9b
Hochstraße 333-8d
Hubertusstraße 333-8d
Hundsdorfer Straße 333-6c
Hunsrückstraße 333-9c

Im Eichholz 333-6d
Im Gebück 333-9b
Im Glockenschall 333-6b
Im Grauert 333-9a
Im Neurod 333-6b
Im Schwarzen Graben 333-9b
Im Staudchen 333-8d
Im Tannenhain 333-6b
Im Vogelsang 333-9a
In der Bornwiese 333-9c
In der Speidt 333-6d
In der Struth 333-9b
Industriegebiet "Struth" 333-9b

Johann-Matthie-Straße 333-6b
Junkernstraße 333-6b

Kannenbäckerstraße 333-8d
Kapellenstraße 333-9a
Kirchstraße (3) 333-6d
Kleinfeldchen 333-6d
Köppelblick 333-8d
Krugbäckerstraße 333-9b

Landshube 333-11b
Landshuber Straße 333-9c
Lärchenweg 333-9d
Ludwigstraße (14) 333-8d

Marktplatz 333-6d
Marktstraße (4) 333-6d
Mengertstraße 333-6a
Mozartstraße 333-6d
Mühlenweg 333-6c

Neufeldstraße 333-9c
Neustraße 333-9c
Niederfeldstraße 333-9a

Oberstaudchen 333-8d
Osterfeldstraße 333-9d

Parkstraße 333-6a
Pfarrer-Born-Straße 333-9d
Pleurtuitstraße 333-9b
Poststraße 333-6c

Reiterweg 333-9c
Rheinstraße 333-8d
Robert-Fischbach-Straße 333-9d

Schillerstraße 333-6b
Schulstraße 333-6d
Schulweg 333-9c
St.-Florians-Weg 333-9b
St.-Martin-Straße 333-6d
Südstraße 333-6d

Tannenweg 333-9b
Taunusstraße 333-8d
Töpferplatz 333-9c

Ulmenweg 333-9d

Waldweg 333-9b
Weiherstraße 333-6d
Westallee 333-6c
Westerwaldstraße 333-8d
Weststraße 333-9c
Wiesenweg 333-9c
Wilhelmstraße 333-8d
Wirkerstraße 333-9b

Zum Kirmesplatz 333-9c
Zur alten Villa (11) 333-6d
Zur Tongrube 333-9a
Zwergstraße 333-9c

Ratzert

PLZ 57614

(zu VBG Puderbach)

Bachstraße 295-3b
Bergstraße 296-1a
Birkenweg 295-3b

Eichenweg 295-3b

Friedrichstraße 296-1a

Gartenstraße 295-3a

Hauptstraße 295-3a

Lindenweg 295-3a

Tannenweg 295-3a

Underter Weg 296-1a

Waldhof 275-12d
Waldstraße 295-3b
Wiesenweg 295-3a
Wilhelmstraße 295-3b

Raubach

PLZ 56316

(zu VBG Puderbach)

Am Bungert 316-4a
Am Hahn 316-4c
Am Hang 316-1d
Am Heidchen 316-4d
Am hohen Tor 316-4a
Am Honigbaum 316-4b
Am Merzborn 316-1d
Am Stein 316-5a
Am Stockert 316-4b
Amselweg 316-4a

Bergstraße 316-4d
Brechhofer Straße 316-4d
Brunnenstraße 316-4b

Elgerter Straße 316-4b

Feldstraße 316-4b
Finkenhain 316-4b

Gartenstraße 316-4d

Harschbacher Straße 316-4a
Hedwigsthal 316-1c
Hochstraße 316-5a
Höhenstraße 316-4b
Hüttengraben 316-1d
Hüttenstraße 316-1d

Irisstraße (1) 316-4b

Kinnenbitze 316-4b
Kirchstraße 316-4b

Mittelstraße 316-4d
Mühlenstraße 316-4d

Niederhofer Straße 316-4c

Ober der Mühle 316-4d

Poststraße 316-4b

Rahmerweg 316-4b
Rosenstraße (2) 316-4b

Schefferstraße 316-1d
Schulstraße 316-4d

Talstraße 316-4d

Wiesenstraße 316-4b
Wilhelmstraße 316-4d

Reichshof

PLZ 51580

Affen- und Vogelpark 119-2c
Aggermühle 119-8a
Ahornstraße 146-8b
Akazienstraße 146-8b
Albert-Einstein-Straße 118-12b
Allenbach 118-3c
Allenbacher Straße 118-5b
Allinghausen 118-5b
Alper Straße 118-4b
Alte Dorfstraße 146-9d
Alte Römerstraße 147-9d
Alte Straße 118-4b
Altengarten (1) 118-7c
Alter Dorfweg 146-3d
Alter Garten 118-2c
Am Aggerberg 119-5a
Am Alten Berg 119-5b
Am Anger 146-12b
Am Apfelbaum 119-11d
Am Bahnhof 146-12b
Am Berg 146-5d
Am Birnbäumchen (1) 118-9a
Am Bleiberg 118-3c
Am Boden 119-7c

Am Börnchen 146-2a
Am Brandweiher 119-12c
Am Breidenbach 118-9b
Am Breselberg 119-6c
Am Bromberg 119-2d
Am Brunnen 146-6a
Am Burgberg 147-10a
Am Burghaus 146-2b
Am Busch (Erdingen) 147-12a
Am Busch (Wehnrath) 118-12c
Am Dorfplatz 119-9b
Am Dreieck 146-6c
Am Eichenhain 119-5a
Am Eichenholz 118-3d
Am Fehlberg 119-5c
Am Feuerwehrhaus 118-10b
Am Feuerwehrturm 146-6b
Am Fliederbäumchen 119-9c
Am Fröschepuhl 118-2b
Am Gerstenfeld 118-10c
Am Hardtskopf 119-6a
Am Heidchen 119-5a
Am Höchsten 118-4b
Am Hömelskopf 118-12a
Am Hörtgen 119-7d
Am Katzsiefen 118-12b
Am Klasfeld (1) 119-8d
Am Klingelborn 119-5d
Am Knippchen 119-5c
Am Kurpark 147-6d
Am Laubwald 119-3a
Am Lindenbach 119-4a
Am Löffelberg 118-10b
Am Mittelberg 119-6c
Am Nochen 119-7d
Am Rauhen Hahn 119-9b
Am Roßberg 119-9b
Am Rösterweiher 146-9a
Am Rottland 119-5d
Am Schäfersberg 118-12b
Am Scherpenberg 119-4a
Am Schibbusch 118-7c
Am Siederkamp 119-8b
Am Sonnenhang (Dreslingen) (6) 147-10a
Am Sonnenhang (Oberagger) 118-6b
Am Sportplatz 146-9c
Am Steinberg 146-8b
Am Teich 119-5b
Am Tor 119-5b
Am Wäldchen 118-8d
Am Waldsiefen 118-12a
Am Weiherberg 118-5c
Am Wiedenhof 119-2d
Am Winterberg 147-3b
Am Zehntmorgen 118-9b
Ammerweg 119-2b
Amselweg 146-9d
An den Steinen 118-9b
An der Brücke (1) 118-11b
An der Burgmühle 118-10a
An der Eichhardt 119-3a
An der Furth 146-6c
An der Kuhle 118-6d
An der Ley 146-6c
An der Nospert 119-8b
An der Rösel 119-8b
An der Sommerlade 118-4d
An der Spich 119-2b
An der Teichwiese 118-6d
An der Wieley 146-9d
An der Wiesbach 119-2d
Angerweg 118-8a
Asbacher Weg 146-6c
Asbachtalweg 146-9d
Aspenweg 119-7d
Aucheler Straße 119-7d
Aucheler Weg 146-3d
Auf dem Dörnchen 118-2c
Auf dem Großstück 118-4c
Auf dem Hardtfeld 146-12b
Auf dem Herdstück 147-9b
Auf dem Heukampe 118-12b
Auf dem Hörtal 118-6c
Auf dem Hüppel 118-6b
Auf dem Kamp (Dreschhausen) 147-3b
Auf dem Kamp (Hunsheim) 118-4d
Auf dem Kamp (Sinspert) 119-7d
Auf dem Lehmel 146-3d
Auf dem Windhügel 119-11d
Auf den Nußerlen 117-6d
Auf der Brache 119-5a
Auf der Bre 146-6b
Auf der Breite 119-4a
Auf der Hardt 146-12b
Auf der Heide 146-6c
Auf der Höhe 119-5b
Auf der Hohen Fuhr 119-12d
Auf der Leine 118-8d
Auf der Ley 119-5d
Auf der Linde (Brüchermühle) 146-9a
Auf der Linde (Dreslingen) 147-10a
Auf der Nörr 147-9b
August-Dresbach-Weg (2) 117-6d

Bachfeld (3) 119-4a
Bahnhofstraße (Brüchermühle) 146-8b
Barbarossastraße 119-5b
Berghausen 118-5a
Berghausener Straße 118-4d
Bergstraße (Berghausen) 118-5c
Bergstraße (Dorn) 118-5a
Bergstraße (Eckenhagen) (1) 119-5b
Biebersteiner Straße 146-1d
Biesenweiher (2) 146-2a
Bieshausener Straße 146-9a
Birkenweg (1) 146-9c
Bitzenweg 146-12b
Blankenbacher Straße 119-5d
Blasseifen 146-3a
Blasseifener Straße 146-3c
Bleichstraße 146-6d
Blockhausstraße 119-5b
Blumenhain 118-12b
Bockshard 118-4c
Bonner Straße 146-6c
Branscheid 119-3a
Branscheider Straße 119-2b
Breidenbach 118-9b
Breidenbacher Straße 118-6d
Breidenbacher Weg 118-6d
Breslauer Straße 118-4b
Breuerkamp 119-8b
Brombeerweg 119-8b
Brüchermühler Straße 146-6b
Brunnenstraße 118-12b
Brunnenweg 147-3b
Buchener Straße 119-9d
Buchenweg (Branscheid) 119-3a
Buchsbaumstraße 146-8b
Buddeweg 118-6a
Burgbergweg 146-12b
Burgmühle 118-10b
Burgweg 119-7d

Dahlienweg 119-7d
Dellenkamp 147-6c
Dellenweg 119-9b
Denkmalweg 146-12b
Derschlager Straße 118-2c
Dickhausener Weg 146-8d
Dorfstraße (Allinghausen) 118-6a
Dornbusch 118-4b
Dorner Straße 118-5c
Dorner Weg 118-4d
Dornhecke 146-1b
Dr.-Otto-Müller-Straße (1) 119-5b
Dreisbachufer 118-8a
Dreschhausener Straße 119-12d
Dreslinger Straße 147-10a
Dresper Straße 118-7d

Eckenhagener Straße 118-2b
Ehlsiefen 118-11b
Eibenweg 146-9a
Eichenhof 119-2b
Eichenstraße 146-8b
Eichholz (Brüchermühle) 146-3c
Eichholzer Straße (Heischeid) 146-3d
Eichholzer Straße (Odenspiel) 147-9b
Eichhornweg 118-8a
Eichkamp (Hasenbach) 146-12d
Eiershagener Berg 146-9c
Eiershagener Straße 146-8d
Eisenbahnweg 146-9a
Eisenstraße 118-4c
Elbachstraße 147-9b
Engelshardt 146-6c
Engsiefen 118-12b
Erdinger Straße 147-8c
Erdinger Weg 147-9d
Ernst-Reuber-Weg 118-4d
Ersbach 118-3d
Ersbacher Straße 118-6b
Eschweg 146-6d
Euelerhammer 146-5d
Euelerhammerstraße 146-5d
Euelner Straße 146-6c
Euelssiefen 118-6d
Eulenweg 118-9c

Fahrenberg 118-2d
Fasanenweg 118-9c
Feld 146-2a
Felder Straße 146-1b
Feldermühle 146-1b
Feldweg 118-6c
Finkenweg 147-10b
Föhrenweg 146-9a
Forsthausweg 119-9b
Freckhausen 118-7c
Freckhausener Straße 118-7a
Fürken 146-6a
Fürkener Straße 146-6a

Gartenstraße (Brüchermühle) 146-8b
Gartenstraße (Denklingen) 146-9d
Gartenstraße (Hunsheim) 118-5c
Gartenweg (Eckenhagen) 119-5d
Gartenwiese 146-2b
Geislinger Straße 119-3b
Gewerbeparkstraße 118-12b
Giershausen 146-5c
Giershausener Weg 146-5c
Ginsterweg 147-8c
Glöckchenwinkel (1) 146-1b
Grasmückenweg (5) 147-10a
Grüne Aue 118-5c
Grünschlade 147-6c
Grünschlader Straße 147-6c

Hahnbuche 119-2b
Hahnbucher Straße 119-5b
Hähnen (Dreslingen) 147-10d
Hähner Weg 146-12b
Halsterbach 119-2b
Halsterbacher Straße 119-2d
Hammerhard 118-2d
Hasbach 119-12d
Haselnußweg (2) 147-6d
Hasenbacher Straße 146-12d
Hauptstraße (Denklingen) 146-9d
Hauptstraße (Eckenhagen) 119-5a
Hauptstraße (Hunsheim) 118-5c
Hecke 119-3b
Heckenweg 146-1b
Heerschlade 119-8c
Heide 118-6c
Heidehof 118-6c
Heider Feld 118-6c
Heider Weg 118-6a
Heienbach 146-2c
Heienbacher Straße 146-2a
Heikausen 118-10c
Heikausener Straße 118-10c
Heischeider Straße 119-10b
Hermann-Löns-Weg 146-9d
Hermesdorfer Weg 147-10c
Heselner Straße 147-8a
Hilgenstock 119-2d
Hinter dem Hof 118-9a
Hinter den Garten 147-9d
Hochwaldstraße 119-9a
Hof Ulbert 147-6b
Hofgarten 119-11d
Hohe Eiche 119-7d
Höhenstraße (Oberagger) 118-6b
Höhenweg 118-5b
Höherweg 119-5b
Hölsterlöh 119-7d
Holunderweg 146-9d
Hölzenschlade 118-4d
Homburgsgarten 146-3a
Hookeler Weg 146-9d
Hügelstraße 146-6c
Hunsheimer Straße 118-4c
Hüttenberg 118-6d
Hüttenwiese 147-10b

Im Alten Hof 146-12a
Im Armenkamp 119-8d
Im Bohnenkamp 146-3b
Im Bruch (Odenspiel) 147-9b
Im Döbbersgarten 119-11b
Im Drieschgarten 146-3d
Im Engpaß (1) 147-6d
Im Erlengrund 147-7d
Im Erlenhahn 119-9d
Im Esch 146-6d
Im Feldkamp (1) 118-4c
Im Fuchsbau (2) 118-6b
Im Ginsterkamp (1) 147-9d
Im Grengarten 118-11a
Im Grubengarten 119-3a
Im Grund 119-5b
Im Haasgarten 119-12b
Im Hähnchen 146-12d
Im Hof (Dorn) 118-5a
Im Hof (Erdingen) 147-9d
Im Inken (Eiershagen) 146-9c
Im Inken (Hunsheim) 118-4d
Im Kalmerich 146-3a
Im Lindenwieschen 146-8d
Im Lingen Haan 117-6d
Im Löhbusch 147-7d
Im Löhrkamp 146-3d
Im Oberdorf 147-6d
Im Pader Buchen 119-9d
Im Reichshof (2) 119-5b
Im Stillen Winkel (1) 118-12b
Im Vorgarten 118-4a
Im Wiesengrund (Brüchermühle) 146-6c
Im Winkel 147-7b
In den Birken 147-12b
In den Kämpen 147-6c
In der Alten Wiese 119-7b
In der Bremelsheide 118-9b
In der Delle 147-10c
In der Gasse 147-6d
In der Heege 118-11c
In der Hofwiese (Hasbach) 119-12b
In der Hofwiese (Schneppenhurth)) 147-8c
In der Hüttenwiese 119-5d
In der Rüsche 119-7d
In der Schlade (Berghausen) 118-5a
In der Schlade (Denklingen) 146-9d
In der Spring 147-12b
Industriestraße 118-4c

Jagdwinkel 146-1d
Jägerweg 146-8b

Kalbertal 118-12c
Kalbertaler Straße 146-3a
Kapellenweg 119-7c
Kastanienweg 118-12b
Katerweg 146-2a
Kiefernweg 146-3b
Kirchstraße 118-4d
Kirchweg (3) 146-9d
Kleekamp (1) 118-8d
Klefgarten 118-11b
Kleiberweg 147-10a
Kölner Straße 146-8b
Komp (Hunsheim) 118-8b
Königweg 119-4a
Konradshof 119-6b
Konradshofer Straße 119-6a
Kurpark (Eckenhagen) 119-5a
Kurpark (Odenspiel) 147-6d

Landhecke 147-5c
Landwehrstraße 119-5b
Lärchenweg 119-2b
Lehmelsweiher 118-4b
Lepperhof 119-8b
Lepperhofer Straße 119-8b
Lindenweg (Eierhagen) 146-9c
Löffelsterzer Straße 146-6d
Löhrgarten 146-3d

Margaretenanger 146-12b
Margeritenweg 118-8a
Meisenweg 118-4c
Meiswinkel 147-6c
Meiswinkeler Straße 147-6c
Mennkausen 118-8c
Mennkausener Straße 118-8d
Mertshain 147-8d
Morkensiefen 118-3d
Morsbacher Straße 146-9d
Mückenbroich 119-8d
Mühlenhardt 146-9d
Mühlenschlade 118-10a
Mühlenschlader Straße 118-10a
Mühlenweg (Dreschenhausen) 147-3b
Mühlenweg (Schmittenseifen) 119-2c
Müllerheide 119-4d

Neue Hütte 118-6d
Neuer Weg 119-2b
Niedersteimel 119-11d
Nothausen 147-2a
Nothausener Straße 147-2a

Ober dem Zöper Weg 119-5b
Obersteimel 119-11b
Oberwehnarth 119-10a
Odenspieler Straße (Erdinger) 147-12a
Oesingen 147-7d
Oesinger Straße 147-7b
Ohlhagen 117-6d
Ohlhagener Straße 117-6d
Olper Straße 146-6c
Osberghausweg 118-6a
Oswald-Gerhard-Weg 147-7c
Othestraße 119-2b
Otto-Hahn-Straße 118-12a

Pastor-Goebel-Weg 118-4d
Paul-Jaeger-Weg 146-12b
Pettseifen 118-7b
Pettseifener Straße 118-8a
Pfarrhausweg 118-7d
Pochwerk 118-2d
Poststraße 146-9d
Postweg 118-4b

Quellenweg 119-9a
Querstraße 146-9d
Querweg 118-4d

Rabenschlade 118-8a
Rabenschlader Straße 118-8b
Raiffeisenstraße 146-9d
Rehwinkel (Odenspiel) 147-6d
Reichsbundweg (4) 146-12b
Ringstraße 147-7c
Ringweg 118-5c
Robert-Dürbeck-Weg 118-5c
Rodener Platz 119-5b
Rodland 147-9c
Rolandweg 118-11c
Rölefelder Straße 146-8d
Römerstraße 118-12b
Rosenweg (Buchen) 119-9d
Rosterhaan 146-3c
Rösterweg 118-7d
Rotdornweg 146-9a

Schafsberg 118-7c
Schalenbacher Weg 147-7c
Schanzenweg (1) 146-6d
Schemmelskamp 118-8d
Schemmerhausen 146-3b
Schemmerhausener Straße 146 3b
Schevengarten (2) 118-7c
Schmiedeweg 118-6b
Schmiedewinkel 119-5b
Schmittenseifen 119-1d
Schmittseifer Straße 119-2c
Schneppenberger Weg 146-12d
Schneppenhurther Straße (Erdingen) 147-12a
Schneppenhurther Straße (Sterzenbach) 147-11a
Schöne Aussicht (4) 119-4a
Schönenbach 118-9a
Schönenbacher Straße 118-9a
Schulfeldweg 146-3c
Schulstraße (Oberagger) 118-6a
Schützenstraße (3) 119-5b
Sengelbuscher Straße 146-5c
Siefenhardt 118-4a
Sieferkamp 118-10b
Sonnenhang 147-6d
Sonnenhardt 146-12b
Sonnenweg (Eierhagen) (2) 146-9c
Sonnenweg (Erdingen) 147-9d
Sotterbach 146-2b
Sotterbacher Straße 146-2a
Spicher Straße 119-4a
Steilweg 118-6c
Steimeler Straße 119-12c
Stein 119-10c
Steinaggerufer 119-9a
Steinkamp 118-10b
Steinstraße 118-12d
Sterzenbacher Straße (Denklingen) 146-9d
Sterzenbacher Straße (Sterzenbach) 147-10b
Sträßchen 118-7d
Südhang 119-4a

Talblick 146-5d
Talsperrenstraße 146-6d
Talweg 146-8b
Teichstraße 119-7d
Tulpenweg (1) 119-7d

Ulbert 147-6b
Ulberter Weg 147-6d
Ulmenweg 119-10b
Unter der Burg 147-10a
Unter der Heide 146-6c
Unter der Helle 118-4d
Unter der Hölsterlöh 119-7d
Unter der Kirche 147-6d

Vereinshausweg 146-3b
Vogelsang 118-2c
Volkenrather Straße 118-11a
Von-Dassel-Straße 119-5b
Vor den Biesen 147-7c
Vor der Gemeinde 119-5b
Vor der Hardt (Eckenhagen) 119-5b
Vor der Höhe 119-7d

Waidmannsweg 118-4c
Wald 118-9c
Waldweg (Denklingen) 146-9b
Waldweg (Eckenhagen) 119-5b
Walnußweg 146-2a
Wehnrather Straße 119-10a
Wiedenhof 119-2d
Wiehler Straße 118-12b
Wiesenstraße (Allenbach) 118-6a
Wiesenstraße (Hunsheim) 118-5c
Wiesenstraße (Oberagger) 118-6d
Wiestalweg 146-9d
Wilkenrother Weg 146-12d
Windfuser Weg 119-9d
Wolfkammer 118-8a
Wolfseifen 119-5d
Wolfshahn 146-6d

Zedernweg 119-7d
Zeisigweg 119-2b
Zimmerseifen 118-3d
Zimmerseifer Weg 118-3c
Zöper Weg 119-5b
Zorwiese 119-12a
Zu den Hofwiesen 146-6b
Zu den Kämpen 119-2b
Zu den Waldwiesen 146-6d
Zum Ausblick 146-5d
Zum Dorfhaus 146-2c
Zum Faulenberg (1) 118-6b
Zum Heidblech 147-7b
Zum Hilligen Born 118-4a
Zum Hüppel 118-6b
Zum Obersten Hof 118-11b
Zum Puhlbruch 119-5b
Zum Steinstück (3) 118-11b
Zum Turm 118-2c
Zur Alten Heide 119-7d
Zur Brache 118-4b
Zur Fletchemich 147-5c
Zur Hofwiese 146-12d
Zur Reha-Klinik (4) 119-5a
Zur Schmiede (2) 118-11b
Zur Schönen Aussicht 119-6b
Zur Steinagger 119-5c
Zur Stumpfen Eiche 118-1d
Zur Vogelbeere (2) 119-7d

Reiferscheid

PLZ 57632

(zu VBG Flammersfeld)

Brunnenstraße 274-12b
Buchenstraße 274-9c

Hauptstraße 274-12b
Hofstraße 274-12b

In der Hohl 274-12b

Krämgen 274-8d

Mittelstraße 274-12b

Vor dem Erlen 274-12b

Waldstraße 274-9d
Weiherstraße 274-12b

Remagen

PLZ 53424

Ackermannsgasse (11) 309-2d
Ahrstraße 310-7b
Ahrweiler Weg 309-4a
Alemannenstraße 309-6b
Alte Straße 309-3c
Alter Fuhrweg 309-6a
Am Anger 309-2d
Am Bach (3) 288-9d
Am Balthasarkreuz (1) 310-4a
Am Beckersbaum 288-6d
Am Bergquell 289-4d
Am Bonner 269-10d
Am Brunnen (1) 288-9d
Am Burggarten (7) 288-9d
Am Büsenberg 289-7c
Am Erlenbrunnen 288-9b
Am Fliederbusch 310-4c
Am Friedrichsberg 289-4d
Am Ginsterbusch 310-7a
Am Güterbahnhof 309-2d
Am Hannsberg 289-4d
Am Holunderstrauch 310-4c
Am Humboldtstein 289-1a
Am Kaolingrund 288-8a
Am Kasselbach (3) 289-1d
Am Lindengarten (4) 288-9d
Am Lützelbach 309-2c
Am Mühlenweg 288-9d
Am Paradies 308-6b
Am Römerhof 309-6b
Am Rosenberg 269-10a
Am Schwalbenberg 309-6c
Am Schwedenkreuz (1) 269-10d
Am Spich (1) 309-2d
Am Sportplatz 309-3c
Am Sümpborn 289-7a
Am Unkelstein 289-10b
Am Waldhang 289-7a
Am Weiher 288-9d
Am Werther Berg 269-10d
Am Werthplatz 289-7c
Am Yachthafen 289-4b
Am Zehnthof (2) 288-9d
Am Ziegelfeld 310-7a
Amselweg 288-8a
An den Fronwiesen 288-8a
An der Alten Rheinbrücke 309-3d
An der Herskaul (2) 310-4a
An der Pulvermühle (25) 289-7a
An der Stadtmauer (8) 309-2d
Ankergasse (11) 289-4d
Appollinarisberg 309-2a
Auf der Göbel 289-7c
Auf der Helde 289-7d
Auf der Neide 309-2c
Auf der Schanze 310-4d
Auf Plattborn 308-6a

Bacheltweg (22) 289-7a
Bachstraße 309-2d
Badenacker 310-7a
Bahnhofstraße 309-2d
Bahnweg (5) 289-1d
Bataverweg 309-3c
Batterieweg 310-4a
Baumschulenweg 310-7a
Bergstraße 309-2c
Birgel 289-7b
Birgeler Kopfweg 289-7a
Birkenstraße 310-4c
Birresdorfer Straße 308-2b
Bismarckstraße 309-2d
Blankertshohl 309-2c
Bonner Straße 289-1b
Bonvitaweg 310-7b
Brandgasse (1) 289-4d
Breslauer Straße 310-4c
Brückenweg (4) 288-7b
Brunnenstraße 269-10b
Buchenweg 289-4c
Burgstraße 288-8a
Burgunderstraße 309-6a
Burgweg 269-10d
Büschmarhof 309-5c

Calmuth 308-3b

Dahlienweg 310-4c
Deichweg 309-2d
Deutscher Hof (10) 289-4d
Dieselstraße 309-6d
Dornierstraße 309-6b
Dr.-Peters-Straße (16) 309-2d
Drachenfelsweg 289-7b
Drususplatz (5) 309-2d
Drusustraße 309-2d

Eifelweg 289-4c
Einsfeldweg 288-6d
Elligstraße 288-9d
Eltgeshohl 309-2d

Fährgasse 309-2d
Faldisch Jass 288-9d
Falterer Pfad 309-3c
Forsthaus Erlenbusch 309-4b
Frankenstraße 309-3c
Franziskusgasse (15) 289-4d
Freiligrathstraße (4) 289-1d
Friedhofstraße (10) 288-9d
Friesenstraße 309-6a
Frohnhof 309 4b
Frongasse (15) 309-3c
Fürstenbergstraße 309-2c

Gartenstraße 309-3c
Gerard-Carll-Straße 309-3c
Gertrudisplatz 269-10b
Gertrudisweg 288-8a
Geschwister-Scholl-Straße 309-2d
Goethestraße 309-3c
Gotenstraße 309-6a
Gottfried-Wilhelm-von-Leibniz-Straße 309-6b
Grabenstraße (9) 309-2d
Grüner Weg 309-3c

Hagelkreuz 309-6d
Hagenpfad 309-6a
Hainbuchenweg 289-7a
Hans-Arp-Allee (1) 289-1b
Hardtweg 289-4a
Hauptstraße 289-4b
Haus Einsiedel 309-5d
Haus Steinbruch 288-12b
Heger Hof 288-9b
Heideweg 289-4c
Heimersheimer Pfad 309-4b
Heineweg 309-3d
Heitemeyerweg (3) 310-4d
Hermesweg 269-10b
Herresberg 289-10d
Hinterhausen 309-2d
Holundergäßchen (12) 289-4d
Holzweg 289-4d
Hubertushof 309-5a
Hündelsgasse (12) 309-2d

Im Bonnefeld (29) 289-7b
Im Buchholz 289-7a
Im Bungert 309-6a
Im Ellig 289-7b
Im Fuchsloch 309-1d
Im Gretenhof 269-10d
Im Hang (8) 288-9d
Im Hermesacker 289-7a
Im Kätzchen (2) 289-4d
Im Klosterfeld 289-7d
Im Maar 310-7a
Im Mühlenfeld 289-7d
Im Neuen Weg 309-6c

Im Obersten Tal 309-6c
Im Rosenpfad (7) 289-4d
Im Weier Ländchen (24) 289-7a
Im Wiesengrund (21) 289-7a
Im Wingert 289-4c
Im Winkel (23) 289-7a
Im Wotanger 288-8a
In den Gärten (18) 289-4d
In der Au 288-9d
In der Berling 288-8a
In der Furt (2) 288-8a
In der Wässerscheid 309-3c
In der With (26) 289-7a

Jahnstraße 309-3c
Jerusalemweg 309-1d
Johannesweg 310-7b
Johanniterstraße (17) 309-3c
Josefstraße (13) 309-2d

Kapellenstraße (6) 288-8a
Karmeliterstraße 309-3c
Keltenstraße 309-3c
Kernbachhof 288-7b
Kernbachweg 288-7b
Kirchplatz (7) 288-8a
Kirchstraße (4) 309-2d
Kirchweg 289-7a
Klostergäßchen (16) 289-4d
Kölner Straße 309-2a
Konrad-Zuse-Ring 309-6d
Kräuselgäßchen (5) 289-4d
Kreuzgasse (14) 309-2d
Kriemhildweg 309-6b
Krummen Morgen 288-9b
Künstlerbahnhof Rolandseck 289-1a

Lärchenweg 289-4c
Laurentiusstraße (6) 289-4d
Leepfad 309-2d
Leinpfad 289-7b
Ligusterweg 310-4c
Lilienthalstraße 309-6d
Lindenweg (19) 289-7a
Lohweg 289-7a
Löwenburgweg (28) 289-7b
Lützelbachhof 309-5a

Maison-Laffitte-Platz 309-2d
Malusgarten 310-7a
Mariengasse (3) 289-4d
Marienhöhe 269-10a
Marktplatz 309-2d
Marktstraße 309-2d
Mauerstraße (14) 289-4d
Max-Planck-Straße 309-6b
Mehlemer Straße 269-10b
Milchgasse (6) 309-2d
Mittelstraße 310-4a
Mühlenloch 289-7c

Nachtigallweg 288-9d
Neipengasse (2) 309-2d
Nelkenweg 310-4c
Neuenhof 308-3d
Neustraße 310-4d
Nibelungenring 309-6a

Oberdorfstraße (6) 288-9d
Obergasse 309-2d
Oberstental 309-6c
Oberwinterer Weg 288-8a
Oedinger Straße 288-9c
Ölbergweg 289-7a
Oskar-Kokoschka-Platz (2) 289-1b

Parkstraße 269-10b
Pastoratstraße (5) 288-8a
Pastor-Keller-Straße 310-7b
Pater-Bentivolius-Marxen-Straße (8) 288-8a
Peter-Maeth-Straße 309-3c
Petersbergstraße 288-7b
Pfarrer-Sachsse-Straße (17) 289-4d
Pferdeweg (13) 289-4d
Philosophenweg 309-2c
Pintgasse (3) 309-2d
Postgasse 309-2d
Pützgasse (8) 289-4d

Quellenstraße 310-7a
Querweg 309-9b

Raiffeisenstraße (11) 288-9c
Remigiusstraße (9) 288-9d
Rheinallee 310-4a
Rheinblick 289-7b
Rheingasse (9) 289-4d
Rheinhöhenweg 289-4c
Rheinpromenade 309-2b
Rheinstraße (Rolandswerth) (2) 269-10d
Rheinstraße (Unkelbach) 288-9d
Ringofenstraße 310-7a
Ringstraße 288-8a
Robert-Bosch-Straße 309-6d
Rodderberghof 269-10c
Rolandstraße 269-10a
Römerhof 309-6b
Römerplatz (10) 309-2d
Römerstraße 310-4c
Rosenstraße 310-4d
Rote Erde 309-1b

Sachsenstraße 309-6a
Salierstraße 309-6a
Sandweg 310-4a
Schießbähnchen (4) 289-4d
Schillerstraße 309-6b
Schloss Ernich 289-10a
Schloss Marienfels 289-10d
Schmelzmühle 289-7c
Schmiedegang (7) 309-2d
Schönblick 309-2c
Schulstraße (5) 288-9d
Sebastianusstraße 288-9d
Seelenstraße 309-2d
Siebengebirgsblick (3) 288-7b
Siebengebirgsweg 289-7b
Siegfriedstraße 309-6a
Simrockweg 309-3d
Sinziger Straße 309-5b
Sonnenbergweg (30) 289-7d
Sonnenweg 310-4d
Steinkaul 309-2c
Südallee 309-6a

Talstraße 289-7a
Tannenweg (20) 289-7a
Tulpenweg 310-4d
Turmweg 289-7a

Ubierstraße 309-6a
Uhlandstraße 309-3c
Unkelbrücker Mühle 289-10a

Veilchenweg 310-4c
Victoriaberg 309-5a
Viktoriabergweg 309-2d
Von-Cramm-Straße 309-3d
Von-Lassaulx-Straße 309-3c
Voßstraße 310-7b

Wachtbergstraße 288-7b
Waldburg 309-2d
Waldburgstraße 309-2c
Waldheide 288-6d
Waldschlößchen 309-1a
Waldstraße 288-8a
Wässigertal 309-5b
Weidenweg (9) 288-8a
Weihergasse 289-4d
Weinbergstraße 310-7b
Weingartenstraße 269-10b
Werner-Karl-Heisenberg-Straße 309-6b
Werthovener Straße 288-7b
Westerwaldweg 289-7b
Wickchenstraße 269-10b
Wiesenstraße 288-9d
Wolkenburgweg (27) 289-7b

Zeppelinstraße 309-6b
Züllighovener Straße (1) 288-7b
Zum Ahrtal 310-7a
Zum Birgeler Kreuz (31) 289-7d
Zwischen den Wiesen 288-7b

Remscheid

42859 Altenhammer 50-3b
42897 Am Eichholz 52-2b
42897 Am Weidenbroich 52-2b

42897 Bergisch-Born 52-2a
42897 Bornbach 52-3c
42897 Bornbacher Straße 52-2b
42897 Bornfelder Straße 52-2b

42897 Danziger Straße 52-3a
42897 Dörpe 52-3d

42857 Fasanenweg 50-2b

\- Gewerbegebiet Bergisch-Born 52-2b

42853 In der Fleute 52-2b

42897 Karlsruhe 52-3b
42897 Königsberger Straße 52-3a

42897 Langenbusch 52-3b

42853 Oberstraße 52-2a

42859 Schlepenpohl 51-2a
42897 Siepen 52-3b
42897 Sonnenschein 52-3d

42857 Unterwesthausen 50-2b

42857 Westhausen 50-2b
42857 Westhauser Straße 50-2d
42897 Wiehagener Straße 53-1a

Rengsdorf

PLZ 56579

Ahornweg 321-9b
Alter Garten 321-9d
Altgasse 321-9d
Am Pastorspfad 321-9d
Andreestraße 321-9d
Auf dem Born 321-9d
Auf dem langen Stück 322-10a
Auf dem Luchsstück 321-6d
Auf der Luft 321-9c

Baiertorstraße 322-7c
Bayer 321-9d
Bayerstraße 321-9b
Beethovenstraße 322-7c
Brunnenstraße (3) 321-9d
Buchenweg 321-9b
Bürgermeister-Wink-Straße 321-9c

Eifelblick 321-12a

Friedrich-Ebert-Straße 321-9b
Friedrichstraße 321-9d
Fritz-Henkel-Straße 321-9d

Gebückstraße 322-7c
Glockenhof 322-10a

Im Luisenthal 322-7c
Im Rosenberg 321-9d
Im Schauinsland 321-9c
In der Hinteren Sanddelle 321-6d

Johann-Sebastian-Bach-Straße 322-7c

Kapellenstraße 322-7c
Kirchstraße 321-9d

Lindenweg 321-9b
Luisenstraße 321-9d

Marktplatz 321-9d
Melsbacher Hohl 321-9d
Melsbacher Straße 321-12a
Metastraße 321-9b
Mittelstraße 321-9d
Mittlerer Bornsweg (2) 321-9d
Monte-Mare-Weg 321-9a

Neugasse 321-9d
Nonnenley 322-7c

Oben im Odental 321-12b
Obere Mühle 322-7a
Oberer Bornsweg 321-9d

Pfarrer-Knappmann-Straße 321-9d
Poststraße (5) 321-9d

Rheinblick 321-9c
Richard-Wagner-Straße 322-7c
Ringstraße 321-9b
Römergraben 321-9d

Schalltorstraße 321-9d
Schillerstraße 321-9d
Schöffenstraße 321-9d
Schulstraße 322-10a

Tannenweg 321-9b

Untere Mühle 322-7a

Waldstraße 321-9b
Westerwaldstraße 321-6c
Wohnplatz Weidemann 321-9b

Zur Ludwigsau (4) 322-7c

Rettersen

PLZ 57635

(zu VBG Altenkirchen (Westerwald))

Bergweg 254-8c

Fiersbacher Straße 254-10b
Forstweg 254-7d
Frankfurter Straße 254-7d

Hahn 254-11a
Hahner Straße 254-11a
Höhenweg 254-8c

In der Aue 254-10b

Lindenweg 254-8c

Neuer Weg 254-7d

Roßberg 254-7d
Rundweg 254-11a

Waldweg (1) 254-7d
Witthecke 254-11a
Witthecker Weg 254-8d

Rheinbach

PLZ 53359

Straßennamen mit Suchfeldangaben in Klammern befinden sich im Cityplan auf Seite 38.

Aachener Straße 284-3a (38/A1)
Aegidiusstraße 264-11a
Ahornweg (21) 285-4a
Ahrweg 285-8a
Akazienweg 284-6b
Alte Höhle 283-9d
Alte Holzgasse 264-8c
Alte Töpferei (13) 285-1c
Altstadtplatz (3) (38/A2)
Am alten Flutgraben 284-3b (38/B1)
Am alten Viehwege 284-2d
Am Blümlingspfad 264-12c
Am Bürgerhaus (5) (38/B2)
Am Getreidespeicher 284-3b (38/B1)
Am Grindel (38/A2)
Am Jüdischen Friedhof 284-3b (38/A1)
Am neuen Wasserwerk 284-3b (38/B1)
Am Reuterpfad (6) 284-2b
Am Sportplatz 285-8a
Amselweg 284-8b
An den Märkten 285-1c
An der alten Molkerei (38/A1)
An der Burg 305-4a
An der Glasfachschule 284-6b
Annastraße 264-11a
Asternweg 284-2d
Auf dem Berggarten (1) 264-11a
Auf dem Essig 305-4a
Auf der Suse (38/B1)

Bachstraße (5) (38/B2)
Bahnhofgasse (38/A2)
Bahnhofstraße (38/A2)
Barkingstraße 284-8a
Beethovenstraße 284-3c
Bei den Birken (20) 285-1c
Beienbruch 285-8a
Beierweg 285-8d
Bendenweg 284-8d
Bergstraße 284-8c
Berliner Straße 284-6a
Berscheidt 304-2a
Birk 304-3b
Birkenweg 284-8b
Birzenhardt 284-11c
Blindgasse (4) (38/B2)
Blumenstraße 284-8d
Bonner Straße (Flerzheim) 265-11a
Boschstraße 285-1a
Brahmsstraße 284-3c (38/A3)
Breslauer Straße 284-6a (38/A3)
Bröckweg 284-11b
Brückenhofstraße 285-8a
Brucknerweg 284-3c
Brunnenstraße 305-4a
Buchenweg 285-1c
Bundesstraße 264-11a
Bungert (38/B2)
Burg Peppenhoven 264-9d
Burgacker 284-6a
Burggraben 264-11a
Burgstraße 265-11b
Burgweg 285-8d
Büro- und Gewerbepark Rheinbach Nord I 264-12d
Büro- und Gewerbepark Rheinbach Nord II 285-1a
Buschfeld 264-11c

Commeßmannstraße (2) 284-2b

Dahlemstraße 285-8d
Dahlienstraße 284-3c
Danziger Straße 284-6a
Dederichsgraben 284-3c
Deinzer Platz (1) (38/B2)
Delpstraße (17) 264-12c
Dorfstraße 305-4a
Dr.-Engels-Straße 284-11b
Dreeser Weg 284-3a
Dresdener Straße 284-6a
Drosselweg 284-3d (38/B3)
Dunantstraße 264-12c

Ebereschenweg (22) 284-6b
Egermannstraße 264-12d
Eichen 284-10c
Eichendorffweg 284-6b (38/A3)
Eichener Weg 283-12b
Eichenstraße 265-10a
Eidbusch 305-4a
Ellig 285-8b
Elsternweg (1) 284-11b
Emma-Karoline-Weg 283-9d
Enkelsfeld 304-3a
Erlenweg 285-1c
Eschenfeld 284-11c
Eulenbach 285-1a
Euskirchener Weg 284-2b (38/A2)
Ezzostraße 285-8c

Falkenweg 284-8b
Feldstraße 264-11c
Finkenweg 284-8a
Flerzheimer Straße 265-10c
Fliederstraße 284-2d
Flieswег 265-11b
Floßstraße 285-8d
Frankenstraße 264-10d
Freiheit 284-8d
Freislebenstraße 264-11a
Freizeitpark Rheinbach 284-2d
Freudenblick 283-9d
Frisches-Brünnchen-Weg 284-5d
Fritz-Knoll-Ring 284-2d

Gablonzer Straße 284-6a
Gansweide 285-1c
Gartenstraße 284-3d
Geranienweg (4) 284-3a
Gerbergasse 284-3d (38/B2)
Gräbbachweg 285-1c
Grabenstraße 284-3d (38/A2)
Greesgraben 264-11c
Gronauweg 265-11b
Groß Schlebach 284-7b
Grüner Weg (Merzbach) 284-8b
Grüner Weg 284-6b
Gut Waldau 284-4b
Gutenbergstraße 265-10c
Gymnasiumstraße 284-3b (38/B2)

Hahnstraße 285-1a
Haidaer Straße 284-6a
Händelstraße 284-6a
Hanfgasse 265-11b
Hardt 284-10a
Hauptstraße 284-3d (38/B2)
Haus Heisterbach 265-8d
Haus Rheinbach 284-6c
Haus Winterburg 284-10c
Haydnweg 284-3c
Heeg 285-1c
Heerstraße 265-10a
Heerstraßenbenden 264-12d
Heidenfeld 305-4b
Heinrichspfad 284-6d
Heisenbergstraße 285-1a
Heisterbacher Straße 265-8d
Hellergasse 285-8c
Heuss-Knapp-Straße (16) 264-12d
Hilberather Pfad 284-6d
Hilberather Straße 305-4a
Hilgersheck 284-11d
Himmeroder Wall (38/B2)
Hirschmannstraße (11) 284-2d
Hochbachweg 265-10a
Hochstraße 284-8c
Höhe 305-4a
Höhenhof 305-4c
Hohnsgasse 265-8d
Hollerithstraße 284-3b (38/B1)
Holunderweg (18) 285-1c
Hommelsheimstraße 265-8c
Honighofgasse 264-8c
Hornstraße 285-8b
Hubertuskreuz 284-11c
Hubertusstraße 284-11b
Hügel 304-3b
Hüllengarten (2) 264-11a
Hüttenstraße 284-11a

Im Broich 264-11a
Im Gäßchen (2) 285-8b
Im Hoog 264-7d
Im Mainzertal 265-8c
In dem Busch 284-3c (38/A3)
In den Gärten 285-5d
Industriestraße 264-12d
Ipplendorf 285-8d
Ipplendorfer Straße 285-8b
Irlenbuscher Straße 284-11a

Jagdweg 265-6a
Jahnstraße 284-3d (38/B3)
Jordansweg (9) 284-2d
Josef-Geisel-Straße (23) 284-3d
Joseph-Rhein-Straße 265-8c
Juchaczstraße 264-12c
Junkergasse (38/A2)

KAB-Ring 284-3b
Kallenturm (2) (38/B2)
Kannenbäckerstraße 285-8a
Kannengasse 264-11c
Kantenberg 285-8b
Kapellenweg 283-9d
Kaulengasse 283-9d
Keramikerstraße 284-3b (38/A1)
Kettelerstraße 284-3b (38/A1)
Kiefernweg 285-8b
Kirchgasse 264-8c
Kirchstraße 304-3a
Kirchweg (1) 305-4a
Klein Schlebach 284-8a
Klein-Altendorf 285-5d
Kleinaltendorfer Weg 285-1d
Kleine Heeg 285-1c
Klosteraue (1) 265-8c
Klostergasse (1) 285-8b
Koblenzer Straße 285-1c
Koenenweg 285-1c
Kollwitzweg 285-1c
Kolpingstraße 284-3a
Königsberger Straße 284-6a (38/A3)
Konrad-Adenauer-Straße 265-8c
Köppche 284-11a
Kottenforstweg 265-8c
Krahforst 284-7d
Kreisstraße 264-8c
Kreuzburgweg 264-7d
Kreuzfeld 304-3a
Kriegerstraße 284-3b (38/B1)
Krüllstraße 285-8a
Krusestraße 285-1b
Kuckelsberg 285-4c
Küppe 285-8b
Kurtenberg 304-1b

Lambertweg (12) 284-2d
Landgraben 264-10d
Landskronweg 304-3b
Langgasse (38/B2)
Latzstraße 285-8c
Leberstraße 284-3a (38/A1)
Leipziger Straße 284-6a
Lerchenweg 264-8c
Lessingweg 284-6b (38/A3)
Lilienweg 284-2d
Linckeweg 284-3c (38/A3)
Lindenplatz (38/B2)
Lise-Meitner-Straße 264-12d
Lisztweg 284-3c
Locher Straße 283-9c
Locher Weg 264-11c
Löherstraße 284-3b (38/B2)
Lohestraße 285-8a
Lohmarkt (38/B2)
Lönsweg 284-3c (38/A3)
Lortzingstraße 284-6a
Lurheck 284-3d (38/B3)

Madbachstraße 283-12b
Margarethenhof 305-4c
Marie-Curie-Straße 264-12d
Marienstraße 264-11a
Martinsallee 284-3d (38/A2)
Martinstraße 284-3d (38/A3)
Martinusstraße 285-8b
Mathildestraße 285-8a
Mausmaar 264-11c
Meckenheimer Straße 285-1c
Meerkatz 284-11c
Meisenweg 284-8a
Meistermannweg 285-4a
Merzbacher Straße 284-8d
Mieler Straße 264-8c
Mittelweg 284-3d (38/A3)
Mönchstraße 265-8c
Mörikeweg 284-6a
Mörmelsbach 285-8b
Mozartstraße 284-3c
Mühlengasse (38/B2)
Mühlenweg 285-8b
Münstereifeler Straße 284-5b (38/A2)
Münstergäßchen 284-3c (38/A2)

Nachtigallengrund (6) (38/B3)
Nachtigallenweg 284-11a
Narzissenweg (5) 284-3a
Nelkenweg 284-2b
Neugartenstraße 284-3d (38/A3)
Neukirchener Straße 284-11c
Neukirchner Weg 284-6c
Neustraße 284-8a
Niederdreeser Straße 264-7d
Nierenfeld 305-4b
Nordstraße 265-8d
Nußbaum 284-11c
Nußbaumstraße 265-8c

Oberdreeser Straße 264-11c
Odinstraße 264-11a
Offenbachstraße 284-3c (38/A3)
Ölmühlenweg 284-6a (38/A3)
Oppelner Straße 284-3c (38/A3)
Orffweg 284-3c
Oststraße 265-8d

Paffenhöhe 284-11a
Pallottistraße 284-3d (38/B3)
Pelmig 285-8b
Peppenhoven 264-9d
Peppenhovener Straße 265-10a
Pfarrgasse (38/B2)
Pilgerpfad 284-6d
Pionierweg 284-6c
Polligsstraße 284-3d (38/B2)
Prälat-Koch-Straße 265-8d
Prümer Wall (38/A2)
Pützhardt 304-3b
Pützstraße (38/A2)

Queckenberger Straße 283-12b

Raiffeisenweg 284-3a (38/A1)
Ramershovener Straße 284-3d (38/B2)
Regerstraße 284-3c
Rheinbacher Weg 284-8b
Richezastraße 285-8c
Riepersheck 305-4a
Rilkeweg (38/A3)
Rodderfeld 284-3c
Roidestraße 284-3a
Römerkanal 284-3b (38/B2)
Römische Wasserleitung (7) 284-2d
Rosenstraße 284-2d
Rotdorn 285-4a
Rotkehlchenweg (38/B3)
Rotterbach 284-3a
Rotterpfad 264-11c
Rottstraße 265-8d

Sassestraße 284-3a
Sauerbenden (2) 284-8b
Scherbach 284-7d
Schlebacher Straße 284-8a
Schlebacher Weg 284-5d
Schlehenweg 284-8b
Schmidtheimer Straße 265-10b
Schmidtstraße 265-8d
Schöne Aussicht 284-8b
Schornbusch 264-10d
Schornbuschweg 284-2c
Schubertstraße 284-6a
Schulstraße 264-11c
Schumannstraße 284-3c (38/A2)
Schützenplatz 285-8a
Schützenstraße 284-3d (38/B3)
Schwalbenweg 264-8c
Schweigelstraße 284-3d (38/B2)
Schweitzerstraße (14) 264-12c
Segerstraße 285-1c
Seufzerpfad 284-6c
Sonnenscheinstraße 284-3a (38/A1)
Spechtweg 284-11a
Speckelsteiner Pfad 284-5d
Speckelsteinweg 284-3a (38/A2)
Spickermannweg 285-4a
Stadtpark 284-3d (38/B3)
Stauffenbergstraße 284-3b (38/A1)
Stegerwaldweg 284-3a (38/A1)
Steingasse 265-10b
Steinschönauer Straße 284-6a
Stettiner Straße (38/A3)
Stifterweg 284-6b (38/A3)
Stöcken 284-8b
Stolpstraße 264-11c
Stuppenkreuz 283-12b
Sürst 284-10c
Sürster Weg 284-6a (38/A3)
Swistaue 265-11b
Swistbach 265-8c

Talweg 284-8d
Tannenweg 284-8b
Telemannstraße 284-3c
Thilmannweg (1) 284-2b
Todenfelder Straße 304-3a
Tomberger Straße 285-8c
Tulpenweg (3) 284-2b
Turmblick (38/A2)
Turmstraße 284-3c (38/A2)

Uhlandweg 284-6a
Ulmenweg (19) 285-1c
Unter Linden 284-3d
Unterdorf 285-8b

Versuchsgut Klein-Altendorf 285-2c
Villeneuver Straße 284-6b
Vogelsang 284-10b
Vollmar 264-8c
Von-Galen-Straße (15) 264-12d
Von-Groote-Ring 284-2b
Von-Imhoff-Weg (8) 284-2b
Von-Liebig-Straße 284-3b
Von-Wrangell-Straße 284-3b (38/B1)
Vor dem Dreeser Tor 284-3b (38/A2)
Vor dem Voigtstor 284-3d (38/B2)

Wagnerstraße (38/A2)
Waldblick 284-8d
Waldwinkel 284-6c
Wasserweg 265-11b
Weberstraße 284-3c
Weidenfeld 285-8b
Weidengraben 285-8b
Weidenstraße 284-8d
Weiherstraße 284-3d (38/A3)
Weilerallee 285-7a
Weilerweg 284-3d
Weimarer Straße 284-3c
Wiesengrund 284-8d
Wilhelmsplatz 284-3d
Windmühlenweg 265-8d
Windthorstweg 284-3b (38/A1)
Wingchen 284-3d (38/B3)
Witthecke (1) 284-8b
Wohnpark Weilerfeld 285-4a
Wolffweg (10) 284-2d
Wormersdorfer Straße 285-5c
Worringener Weg 285-1c
Wurstberg 284-11a

Zeissstraße 264-12d
Zingsbach 284-11b
Zingsheimstraße 285-4a
Zippengasse 265-11b
Zu den Fichten 284-3d (38/B3)
Zur Tomburg 304-3a

Rheinbreitbach

PLZ 53619

(zu VBG Unkel)

Am Grendel 289-5d
Am Hammerwerk 289-5d
Am Honnefer Graben 289-3c
Am Kupferberg 289-6d
Am Rumersgraben 289-5b
An der Bendenmühle 289-5a
Asbergweg 289-6b
Auf dem Hohn 289-6b
Auf Staffels 289-5b

Bergwerksweg (3) 290-4a
Breite-Heide-Straße 289-6b
Burgstraße 289-5d
Bürresheimer Straße 289-5b

Drachenfelsstraße (2) 289-6b

Eifelblick 289-6c
Elisabethstraße 289-5d

Gebrüder-Grimm-Straße 289-5b
Grabenstraße 289-5d
Großer Büchel 289-5d

Haanhofer Weg 289-5d
Hauptstraße 289-5d
Heerstraße 289-5a

Im Bendel 289-5c
Im Eulenfeld 289-5b
Im Irsbich (3) 289-5d
Im Kettelfeld 289-5b
Im Kobüchel 289-5b
Im Sand 289-5b
Im Unteren Maarfeld 289-5a
Im Winkel 289-5b
In der Besserei (1) 289-5b

Josefstraße 289-5d

Kante 289-5d
Kastanienweg 289-6a
Kirchgasse (4) 289-5d
Kirchplatz 289-5d
Klein Büchel 289-5d
Kleiner Grendel 289-5d
Korfgasse (2) 289-5d

Leybergweg (1) 289-6b

Maarweg 289-5a
Mühlenweg 289-5c

Neuwieder Straße 289-5d

Parkstraße 289-5b
Platanenweg 289-6a

Rheinblickstraße 289-5b
Rheinstraße 289-5a
Rolandsecker Weg 289-2c
Rolandsmühle 289-5a
Rottlandhof 290-3b

Schulstraße 289-5d
Siebengebirgsstraße 289-6b
Simrockstraße 289-6a

Unter den Birken 289-6a

Virnebergstraße 289-6d

Vonsbach 289-5b

Waldblick 289-6b
Weinbergsweg 289-5d
Westerwaldstraße 289-6c

Rheinbrohl

PLZ 56598

(zu VBG Bad Hönningen)

Alte Hohl 319-10b
Am Hofacker 319-7c
Am Wasserfloß 319-7d
Am Weiher 319-11a
Annahof 319-11c
Arienheller Straße 319-7b
Arienheller 319-7b
Auf dem Limes 319-7d
Auf dem Rümmer 319-7d
Auf dem Sand 319-7d

Bachstraße 319-10b
Beethovenstraße 319-7d
Berghof 319-11b
Bergweg 319-10b
Bitzer Weg 319-7d

Christinenhöhe 319-8d

Delmondstraße 319-8c
Dielsberg 319-5d
Dorntalsweg 319-4d
Dr.-Horbach-Straße 319-7a

Fährstraße (5) 319-10d
Ferdinand-Schmitz-Straße 319-10b
Friedhofsweg 319-10b
Friedrich-Ebert-Straße 319-7d

Gaulental 319-11a
Goethestraße 319-7d
Grabenstraße 319-10b

Hartmannshof 319-9a
Hauptstraße 319-7a
Haus Bergfriede 319-11a
Haus Forst 319-8d
Hellgasse 319-10b
Hilgerspark 319-10b
Hilgersstraße 319-10b
Hönninger Pfad 319-7a

Im Lampental 319-7d
Industriestraße 319-7c

Jagdhaus Wilhelmsruh 320-7a
Jahnstraße 319-7d
Johanna-Löwenherz-Straße (4) 319-10b

Kaiserwerther Straße (1) 319-7b
Kaltenbachtal 319-11a
Kehrstraße 319-10b
Kirchstraße 319-10b
Klosterpfad 319-10b
Kolpingstraße 319-7d
Kutscherweg 319-7b

Laacherweg 319-7c
Lampenthalerhof 319-8a
Leinpfad 319-10b

Magdalenenhof 319-11d
Maria-Hilf-Straße 319-10b
Marktplatz 319-10b
Mehlhellerweg 319-7b
Mozartstraße 319-7d
Mühlenpfad 319-10b

Neue Hohl 319-8c

Pfarrer-Geyermann-Straße (3) 319-7d
Pfarrer-Volk-Straße 319-10a
Poststraße 319-10b

Römerbergstraße 319-7d

Sackgasse 319-8c
Schillerstraße 319-7d
Schubertstraße 319-7d
Schulstraße 319-10b
Schulweg 319-7c
Schwester-Urbitia-Straße (2) 319-7d
Sportplatzweg 319-7c

Vogtstraße 319-10b

Wallgasse 319-10b
Wilhelmstraße 319-10b

Zehnthofplatz (7) 319-10b
Zur alte Mühle 319-11a

Rhens

PLZ 56321

Am Rhein 351-12d
Am Samberg (2) 351-11c
Auf Wolfers (1) 351-11c

Baiergarten 351-12d
Brunnenstraße 351-12a
Bungertsweg 351-12d

Gecksberg 351-12d
Gehweg 351-12c

Haus Philippsberg 351-12c
Haus Waldfriede 351-11b
Haus Wolfers 351-11c
Hochstraße 351-12d
Hospitalstraße 351-12d

Josefstraße 351-12d

Koblenzer Straße 351-12d

Obersberger Weg 351-11b

Waldescher Straße 351-10d

Rodenbach bei Puderbach

PLZ 57639

(zu VBG Puderbach)

Altenkirchener Straße 276-11c
Am Hang 276-11c

Bergstraße (1) 296-3a
Birkenweg 296-3c
Bismarckstraße 296-3a
Blücherstraße 296-3a

Friedrichstraße 296-2c

Gartenstraße 296-3a

Hauptstraße 296-3c
Helingsweg 296-2b
Hohlweg 296-5a

Jahnstraße 296-3a

Kirchstraße 296-5a

Mittelstraße 276-11c

Neitzerter Straße 296-2b

Oberdreiser Straße 296-3a

Ringstraße 296-3a
Rodenbacher Straße 276-11c

Schulstraße 296-3a
Sonnenstraße 296-2b
Steimeler Straße 296-5a
Stürzelbacher Straße 276-10d

Tannenstraße 296-2b

Waldstraße 296-2c
Wiesenweg 296-5a
Wilhelmstraße 276-11c

Zum Weiher 296-3a
Zum Wiesental 296-3a

Rommerskirchen

PLZ 41569

Ahornweg 83-1c
Ahrweg 82-5b
Akazienweg (3) 83-1c
Albert-Einstein-Straße 82-3a
Albert-Schweitzer-Straße 82-3a
Albrecht-Dürer-Allee 82-3d
Alfred-Nobel-Allee 82-3a
Alshof 63-4c
Alt Hövelerhof 63-5a
Alte Dorfstraße 62-10d
Alter Kirchpfad 82-2c
Altikoven 62-6b
Am Alten Sportplatz 82-3c
Am Alten Wall 82-3a
Am Alten Wasserwerk 82-2c
Am Blauen Stein 63-8c
Am Blöcherhof (5) 83-1c
Am Bommersberg 62-6b
Am Burgacker 62-6d
Am Dreieck 63-8a
Am Dyxmannshof 82-2d
Am Eckinghof 82-3d
Am Frohnhof 63-7c
Am Goldberg 62-3d
Am grünen Weg (1) 42-11d
Am Kahnshof 63-7b
Am Kirchweg 63-10b
Am Klinkhammer (2) 62-3b
Am Landwirtschaftsmuseum 62-11c
Am Meisenfußfall 62-11a
Am Park 82-3d
Am Pfaffenbusch 42-12c
Am Rosenend 63-7b
Am Stutzkreuz 82-1d
Am Tannenwäldchen 62-3b
Am Teebaum 82-3c
Am Todtenbach 82-2d
Am Weißen Stein 63-9a
Am Ziegelhof 63-5d
Am Zonshof 82-3c
Amselweg 62-5d
An den Linden 62-5c
An der Buche 62-11c
An der Esche 62-11c

An der Nachtigall 63-7d
An St. Agatha 62-5d
Annenhof 61-12b
Antoniterstraße 62-6d
Antoniusstraße 62-8a
Apfelmarkt 82-3b
Asternweg 82-3d
Auenweg 82-3b
August-Macke-Straße (11) 82-3b

Bachstraße 63-10c
Bahnstraße 82-3d
Bergheimer Straße 82-6b
Berghütte 82-5a
Bergstraße 63-7d
Bielegasse 82-3b
Birkenstraße 62-6d
Blumenweg 62-12c
Bongarder Hof 62-7c
Breite Straße 62-3d
Breslauer Straße 82-3d
Broichstraße 62-6d
Bruchrandweg 63-5a
Bruchstraße 62-3d
Buchenstraße 62-6d
Bunzlauer Weg (1) 63-7d
Burg Anstel 63-7d
Burgstraße 63-7d
Butzheim 63-10d

Center am Park 82-3d
Conengasse 82-2c

Dahlienweg 62-6d
Damianshof 62-5d
Damiansweg 62-5d
Dammstraße 63-7d
Danziger Straße 82-3d
Deelen 62-5d
Deelener Straße 62-3d
Doktorgasse 82-3c
Domweg 63-7b
Dorfanger 62-8a
Dorfstraße 63-7d
Dötzdorf 82-2d
Dreschgasse 82-5a
Drosselweg 63-10a
Dyxmannshof 82-3c

Eckumer Berg 82-3d
Eggershover Gasse 82-3c
Eichenweg 83-1a
Elbinger Straße (2) 63-7d
Elisabethstraße 82-3a
Elisenhof 63-1a
Erftstraße 82-2d
Erlenweg 83-1c

Feldstraße 63-10d
Fichtenstraße 62-6d
Finkenweg 63-10a
Fliederweg 63-10b
Flockenhof 62-5d
Florianstraße 63-10b
Flurgasse 63-10b
Frankenstraße 62-5d
Friedrich-Hölderlin-Straße (7) 82-3a
Fritz-Walter-Weg (1) 82-3c
Frixheim 63-11a
Frixheimer Straße 63-7d
Frohnhof 63-10b
Frongraben 82-2c
Fronstraße 62-8a

Gartenstraße 63-10d
Gereonstraße 62-8a
Gerhart-Hauptmann-Straße (8) 82-3a
Gill 82-6a
Gillbachstraße 82-3a
Giller Höhe 82-3d
Giller Straße 82-3c
Ginsterweg (2) 83-1c
Goethestraße 82-3a
Gohrer Straße 63-10b
Grevenbroicher Straße 62-11a
Grünweg 82-3b
Gut Barbarastein 63-9d
Gut Mariannenhöhe 83-1c
Gut Muchhausen 42-10d

Hauptstraße 82-1d
Haus Kamp 42-12c
Haus Leusch 42-11b
Heimchesweg 83-1a
Heinrich-Böll-Straße (6) 82-3a
Hellenbergstraße 42-11b
Helmut-Schön-Weg (4) 82-3c
Hennes-Weisweiler-Weg (5) 82-3c
Hermann-Spies-Weg 82-3c
Hermeshof 63-10c
Hermeshoven 83-1a
Hoeninger Straße 62-3b
Hoeningerhaus 62-3b
Hohlweg 63-11b
Hubertushof 63-12b

Im Amtsgarten (3) 62-3b
Im Kamp 82-3c
Im Kämpchen 63-10d
Im Rosengarten 62-3b
Im Rosenhof 62-6c
Im Sandpütz 42-12c
Ingendorfer Weg 82-6b

Jacobushof 63-11c
Johann-Päffgen-Straße 63-10b

Kapellenstraße 63-10d
Kastanienallee 82-3d
Käthe-Kollwitz-Straße (10) 82-3b
Kiefernweg 62-6b
Kirchgasse 82-3c
Kirchstraße 82-2d
Kirchweg 42-12c
Kleine Bruchstraße 63-8c
Klosterstraße 63-10b
Knechtstedener Straße 63-8a
Kölner End 63-10d
Kölner Straße 42-12c
Königsberger Straße 63-7d
Kornblumenweg 62-11c
Kreuzfelderhof 62-12d
Kruchenhof 63-9b
Kuhlegasse 63-10d
Kurt-Alder-Straße 82-3a

Lahnstraße 82-5b
Lambertushof 63-11c
Lambertusstraße 42-12c
Landstraße 63-10c
Langer Berg 63-7b
Lappenhof 62-5b
Lerchenweg 63-10a
Lilienweg 62-6d
Lindenstraße 63-7d
Lommertzhof 63-10a
Lommertzweg 63-10a
Ludgerring (4) 62-3b

Marie-Curie-Straße 82-3a
Marienstraße 63-10b
Markt 82-3c
Martinusstraße 63-10a
Maternusstraße 62-11c
Max-Ernst-Straße (12) 82-3b
Mittelstraße 82-3b
Mohnweg 62-11c
Monschauer Weg 62-11c
Moselstraße 82-2d
Mühlengasse 62-6d
Mühlenweg 63-7b
Mutter-Teresa-Straße (9) 82-3a

Neckarstraße 82-2d
Nelkenweg 63-10b
Nelly-Sachs-Straße 82-3a
Nettesheimer Weg 82-3c
Neu Hövelerhof 63-5a
Neuikoven 62-6b
Neurather Straße 62-7b
Neusser Weg 63-8c
Nordstraße 63-7b

Oekovener Weg 62-8b
Oekoverhof 62-8a
Olfenweg 82-3b
Otto-Hahn-Straße 82-3a

Pappelstraße 63-7d
Paul-Ehrlich-Straße 82-3a
Paul-Klee-Straße (13) 82-3b
Peter-Nettekoven-Straße (1) 42-12d
Pfarrer-Aumüller-Straße 82-3d
Pfarrer-Kemper-Straße 82-6b
Poststraße 62-10b

Ramratherhof 42-11d
Rathausstraße 62-3b
Rheinstraße 82-2d
Römerstraße 62-5c
Roncalli-Platz 62-8a
Rosenweg 82-3a
Rotdornweg 83-1c
Rurstraße 82-5b

Schillerstraße 82-3a
Schlehenweg (1) 83-1a
Schulstraße 62-11a
Schweriner Straße 63-7b
Sebastianusstraße 63-10b
Sepp-Herberger-Weg (3) 82-3c
Sigwinweg 62-3b
Sinstedener Weg 62-11c
Sittarder Hof 63-1c
Steinbrink 82-3b
Steinbrinkerhof 82-3b
Stephanusstraße 42-12d
Stettiner Straße 63-7d
Stommelner Weg 63-10d

Tannenweg 82-3d
Theodor-Heuss-Straße 62-6a
Tilsiter Straße 63-7d
Toni-Turek-Weg (2) 82-3c
Tulpenweg 63-10b

Ueckinghoven 62-6a
Ueckinghovener Straße 62-5d
Uferstraße 82-3c
Ulmenweg 83-1c

Vanikumer Straße 82-2d
Veilchenweg 63-10b
Velderhof 64-10c
Venloer Straße 82-3a
Vikar-Schumacher-Straße 42-12c
Vronoverhof 62-2a

Wasserburgstraße 63-7b
Wehrstraße 82-3c
Weidenstraße 63-8a
Weißbirkenweg 82-3d
Widdeshovener Straße 62-6b
Wiesenweg (4) 83-1a
Wyckgasse 63-10c

Zedernweg (1) 62-6d
Zehntstraße 62-3b
Ziegelstraße 63-10a
Zollstraße 63-10d
Zonshof 82-3d
Zum Bollert 62-6d
Zum Eichelsberg 63-10b
Zum Schützengrund 63-10b
Zum Sitroth 62-3b
Zum Stadion 82-3c
Zur Heide 42-12c
Zur Mühle 62-3b
Zur Schmiede 82-2c
Zur Werksbahn 62-7b

Rösrath

PLZ 51503

Adelenhof 139-8a
Ahornweg 138-12c
Akazienweg 138-12c
Alban-Berg-Straße (11) 169-1a
Alte Kölner Straße 138-11a
Alte Mühle 139-10c
Altvolberg 138-9b
Am Bienengarten 138-12c
Am Brunnen 138-6d
Am Hagen 139-4c
Am Hammer 139-7b
Am Hammergraben 139-4b
Am Heidenkeller 139-4d
Am Herdchen 139-10b
Am Hohwinkel 169-1a
Am Hollerbroich 138-12c
Am Kurtenwald 138-9c
Am Löhe 139-10a
Am Mittelberg 139-7c
Am Mittelscheid 169-1c
Am Sommerberg 138-9b
Am Tor 138-6d
Am Waldhang 139-5c
Amselweg 138-9b
An der Alten Beienburg 168-3a
An der Foche 138-12a
An der Grünen Furth 138-10d
An der Krumbach 138-11a
An der Maar 138-11a
An der Merlenburg 168-3b
An der Steinenporz 138-11a
Anton-Webern-Straße (10) 169-1a
Arnold-Schönberg-Straße 169-1a
Asternweg 138-6a
Auf dem Brachfeld 139-6c
Auf dem Heidchen 138-9b
Auf dem Kamp 138-6b
Auf dem Knippen 138-6b
Auf dem Langenbroich 138-8c
Auf dem Neuen Feld 168-3c
Auf dem Rosenberg 139-4d
Auf dem Saan 169-4b
Auf dem Steinacker 139-6a
Auf dem Ufer 169-4b
Auf den Steinen 139-7a
Auf der Grefenfurth 138-11a
Auf der Hedwigshöhe 138-9b
Auf der Hürne 139-5d

Bahnhofstraße 139-7d
Bahnhofsweg 138-6b
Beienburger Straße 168-3a
Bensberger Straße 138-9b
Berg 139-8b
Bergische Landstraße 139-4b
Bergsegen 139-8c
Bergstraße 139-8b
Bettermannweg 138-11a
Birkenweg 138-11a
Bismarckstraße 138-11b
Bitze (Forsbach) 138-6b
Bitze 138-12d
Blech 139-8a
Bleifeld 139-6c
Bleifelder Straße 139-7d
Blumenweg 168-3a
Boddert 139-6d
Bodderter Weg 139-6d
Brand 168-3c
Brander Straße 168-1d
Brandweg 168-2c
Breide 139-6d
Breider Straße 139-6c
Breslauer Ring 139-7c
Brückenweg 168-3b
Brück-Forsbacher-Weg 138-6a
Brünsbach 139-8d
Brünsbacher Weg 139-8c
Bücheler Weg 139-7b
Buchenweg 138-12a
Burggasse 168-3a
Burghaus Scheltensülz 139-4d
Buschweg 139-4b

Carl-Orff-Straße 168-3b
Claudiusstraße 138-12d

Dachsweg 138-6d
Dammelsfurth 138-11c
Dammelsfurther Weg 138-11d
Diesterwegstraße 138-12c
Dorfgarten 138-6d
Drachenfelsweg (15) 168-3d
Droste-Hülshoff-Straße 138-12d
Durbusch 139-9b

Ebereschenweg 138-12c
Eichendorffstraße (5) 138-12d
Eichenweg 138-11d
Eicherhof 168-3d
Eigen 139-9c
Eiserweg 138-11a
Ellersberg 138-9c
Em Höttche 138-6d
Engelsbroich 138-9a
Entgesbüchel 138-6b
Entgesbüchel 139-4c
Ernst-Moritz-Arndt-Straße 138-12c

Farnweg 168-3b
Feldstraße 138-6d
Fichtenweg 138-11a
Finkenweg 138-9b
Flöckberg 138-6d
Forsbacher Mühle 138-6c
Forsthaus Forsbach 138-8b
Freiherr-vom-Stein-Straße 138-12b
Friedensstraße 138-12b
Friedrich-Hölderlin-Straße 138-12d
Fröbelstraße 138-12c
Frohnensiefen 139-7a
Fuchsweg 138-9b
Fußheide 139-11d

Gammersbacher Weg 169-4a
Gartenstraße 139-7d
Gebrüder-Reusch-Straße (1) 139-7b
Georgshof 169-2a
Gerhart-Hauptmann-Straße 138-12d
Gerotten 138-12b
Gerottener Weg 138-12d
Ginsterweg 168-3b
Goethestraße 138-12b
Großbliersbach 139-11b
Großbliersbacher Weg 139-11b
Große Brandschneise 168-5a
Großeigen 139-9c
Großhecken 139-11d
Großhecker Weg 139-11c
Großlödericher Straße 139-6a
Grüner Weg 138-8c
Gustav-Freytag-Straße 138-12b

Hack 138-12c
Hahnburg 139-10c
Hahnenberg 139-10c
Hanns-Martin-Schleyer-Straße 169-1c
Hans-Böckler-Straße 169-1c
Hans-Katzer-Straße 168-3d
Hasbach 168-3d
Hasbacher Straße 168-6b
Haselweg 139-4b
Hasenfeld 138-9a
Hauptstraße 168-3b
Haus Stade 139-7d
Hausacker 139-4d
Hebbelstraße (4) 138-12c
Heideweg 138-6b
Heinrich-Heine-Weg 138-12d
Hellenthal 139-1d
Hellenthalweg 139-1a
Herderstraße 138-12d
Hermann-Löns-Straße 138-12d
Hintersten Büchel 139-4d
Hirschstraße 138-11a
Hofferhof 139-11a
Hofferhofer Straße 139-7d
Hoffnungsthaler Straße 138-6d
Höhenweg 138-6d
Höhholzer Weg 168-3a
Holunderweg (1) 139-4b
Holzmarkt 138-6b
Hove 139-8a
Hover Brand 139-4a
Hover Weg 139-7b
Hüffel 168-3b
Hülsen 168-6a

Iltisweg 138-6d
Im Brändchen 138-9a
Im Broch 169-1c
Im Frankenfeld 138-12b
Im Garten 139-4d
Im Hof 139-6c
Im Käuelchen 138-9b
Im Kläfberg 139-4d
Im Mittelfeld 169-1c
Im Oberdorf 139-6c
Im Pannenhack 138-12c
Im Pannenlöhe 139-7c
Im Schmalen Auel 139-4b
Im Tentefeld 138-9a
Im Weidenauel 138-12d
Im Weidenthal 139-4c
Im Weißenbroich 138-11b
Im Wielpützfeld 138-6d
Im Winkel 138-6d
Im Wollenwebers Auel 169-1a
In den Auen 138-9a
In den Backeswiesen 139-4d
In den Lachen 139-7b
In den Schlämmen 169-1a
In der Hardt 139-7c
In der Lehmkaul 138-9b
In der Mulde 138-9b
In der Reihe 138-6d
In der Schneekaule 139-11a
In der Sülzaue 139-4d

Jägerstraße 138-8d
Jahnstraße 139-10c
Jean-Paul-Straße (9) 138-12d
Johannisberg 139-5d
Julweg 139-7a

Kammerbroich 168-3a
Karl-Schiller-Straße (17) 169-1a
Kastanienweg 138-11d
Kellerhardtsweg 139-10b
Kiefernweg 138-11d
Kirchstraße 138-8d
Kirchweg 138-6d
Kirschheiderbroich 169-4d
Kissel 138-12d
Kleinbliersbach 139-11b
Kleinbliersbacher Weg 139-11b
Kleineigen 139-9c
Kleiststraße (7) 138-12d
Kölner Straße 138-11a
Königsberger Weg 139-7c
Königsforster Straße 138-6c

Körferhof 169-4b
Kornweg 168-3b
Kösliner Straße 139-7c
Krähenhüttenweg 139-4d
Kreuzburg 138-9d
Kreuzwegen 138-9d
Kupfersiefen 139-11c
Kurt-Weill-Straße 169-1a

Landrat-Görg-Straße 138-11a
Lärchenweg 138-12c
Lehmbach 139-4a
Lehmbacher Weg 138-6d
Lehmbachweg 139-1c
Leibnizpark 139-4d
Lessingstraße 138-12d
Lilienweg 138-6a
Lindenweg 138-12c
Lohrbergweg 168-3d
Löwenburgweg 168-3b
Lüderich 139-9a
Ludwig-Erhard-Straße (16) 169-1a
Lüghauser Straße 139-7d

Marderweg 138-6d
Maria-Montessori-Straße (6) 168-3a
May 168-2b
Meisenweg 138-9d
Menzlingen 169-1a
Menzlinger Weg 169-1c
Mitzenbroich 138-11d
Mühlenweg 138-6c
Müllerdorf (2) 139-7d
Müllerdorfer Berg 139-7d
Münchenberg 169-1c

Nelkenweg 138-6c
Nonnenstrombergweg (13) 168-3b
Nonnenweg 138-11a
Novalisstraße (8) 138-12d
Nußbaumweg 138-11d

Oberlüghausen 139-10d
Oberschönrath 169-2a
Ölbergweg 168-3b
Oswald-von-Nell-Breuning-Straße (18) 169-1c
Otto-Brenner-Straße 169-1c

Paffrather Hof 138-12a
Paffrather Weg 138-12a
Pannensiefen 138-12d
Pannhof 168-3b
Pappelweg 138-12c
Paul-Hindemith-Straße (12) 169-1a
Pestalozziweg 168-1b
Petersbergweg 168-3b
Pflipsberg 139-7d
Pitzer Feld 138-6b
Plantage 138-10d
Poltesgarten 139-7d
Ponywiese 138-9a

Quellenweg (2) 169-1d

Raiffeisenstraße 138-9a
Rambrücken 169-4a
Rambrücker Mühle 169-4a
Rambrücker Mühlenweg 169-4a
Rathausplatz 139-7d
Rehpfad 138-6d
Rosenweg 138-6b
Rotdornallee 139-7d
Rothenbach 139-4d
Rothenbacher Weg 139-7b

Sandweg 168-3b
Scharrenbroicher Straße 168-3b
Schefferei 168-6b
Scheunenfeld 139-4b
Schilfweg 139-4b
Schillerstraße 138-12c
Schlehecken 139-12b
Schlehecker Straße 139-6d
Schmiedeweg 168-3b
Schnellhaus 139-12a
Scholze-Delitzsch-Straße 168-3b
Schönrather Straße 169-1c
Schreibershove 139-4a
Schulweg 138-8c
Siebengebirgsweg 168-3b
Siefen 169-1c
Sommerberger Heide 138-9d
Sonnenweg 138-6b
Stader Berg 139-10b
Steeg 169-1c
Steinefeldchen 139-5c
Steinkauler Weg 168-3d
Steinknippen 138-12a
Stettiner Weg 139-7c
Stöcken 139-11b
Stöcker Garten 139-11b
Stöcker Weg 139-8c
Stümpen 138-11b
Stuppheide 138-12c
Sülzer Burg 139-4d
Sülzpfad 139-7b
Sülztalplatz 168-3b
Sülztalstraße 169-1a

Tannenweg 138-11d
Theodor-Fontane-Weg 138-12c
Thomas-Mann-Straße 138-12c
Tulpenweg 138-6d

Überhöfe 138-6a
Überhöfer Feld 138-6c
Uhlandstraße 138-12d
Ulmenweg 138-12c
Unterlehmbach 139-4d
Unterlüghausen 139-10b
Unterste Sülz 139-4d

Veilchenweg 138-6a
Venauen 139-10a
Vierkotten 139-7c
Vierkotter Feld 139-10a
Volberg 139-7b
Volberger Straße 139-7b
Vor dem Klosterhof 139-10b
Vordersten Büchel 139-7a

Waldweg 168-2b
Walter-Arendt-Straße 169-1c
Weide 139-10c
Weierhof 138-9b
Weißdornweg 138-12c
Weschpohl 138-9d
Wickenfeld 139-7c
Wickuhl 139-12a
Wiedenhof 138-9b
Wiesenrain 138-9a
Wiesenweg 138-9a
Wiesgen 138-6b
Wildpfad 139-8b
Wolfsheideweg 168-5a
Wolfsweg 168-1d
Wolkenburgweg (14) 168-3d

Zechenhäuschen 139-4b
Zum Breitfeld 139-6d
Zum Eulenbroicher Auel 139-10c
Zum Frühlingsschacht 139-5d
Zum Körfergarten 169-4b
Zum Langen Feld 139-9b
Zum Sandfeld 139-7c
Zum Scherbüchel 139-10b
Zum Sülzufer (2) 139-4d
Zur Gerberei (1) 169-4b
Zur Halfenwiese 138-6c

Roßbach

PLZ 56271

(zu VBG Hachenburg)

Am Damm 297-7d

Blumenstraße 297-10b
Burgstraße 297-7d

Demuth 297-8d

Freirachdorfer Straße 297-10b
Friedhofsweg 297-10b

Gartenweg 297-7d
Grubenstraße 297-7d

Hachenburger Straße 297-7d
Hanseneck 297-10b
Hauptstraße 297-10b
Hof Heiderück 297-10c

Im Ahlen 297-7d
Im Ehrlich 297-10b
Im Grubengarten 297-7d
Im Überhof 297-10b

Mittelstraße 297-7d
Mühlenhof 297-10d
Mündersbacher Straße 297-10b
Münningstückweg 297-7d

Oberdreiser Straße 297-7c

Rheinstraße 297-10b
Ringstraße 297-7d
Roßbacher Mühle 297-10c

Schulstraße 297-10b

Wiesenstraße 297-7d

Roßbach

PLZ 53547

(zu VBG Waldbreitbach)

Am alten Garten (2) 312-4d
Am Berg 312-3c
Am Heckweg 312-2d
Am See 312-6c
Am Steinweg (1) 312-4d
Antonius-Weber-Straße 312-3c
Auf dem Löh (2) 312-6a
Auf dem Posten (4) 312-6a
Auf dem Zohlsfeld 312-6c

Bergstraße 312-6c
Breitscheider Straße 312-6a
Brückenstraße 312-5b

Fasanenweg 312-6a

Höhenstraße 312-5c

Im Boden 312-6a
Im Gräbenberg (5) 312-6a
Im Grenzweg 312-6a
Im Hang (3) 312-6a
Im Hohn 312-6a
Im Neuen Feld 312-6a
Im Schönblick 312-6a
Im Sonnenhang 312-6a
In der Au 312-6a

Kolpingstraße 312-4d

Lacher Weg 312-6c
Linzer Straße 312-4d

Mühlenstraße 312-3c

Neue Straße 312-6a
Neustadter Straße 312-5b
Neuwieder Straße 312-6c
Niederbuchenau 312-2d

Oberbuchenau 312-5a

Poststraße 312-6a

Ringstraße 312-6c

Scheuerchen 312-5c
Schimmelshahn 312-5c
Spreitchen 312-5d

Talweg 312-6a

Waldstraße 312-6a
Weiherwiesen (1) 312-6a
Weitzbitze 312-3c
Wiedpromenade 312-6a
Wiedstraße 312-2d
Wiedtalstraße 312-3c

Roth

PLZ 57539

(zu VBG Hamm (Sieg))

Ahornstraße 237-8c
Alte Poststraße 237-9a
Am Hang 237-8d
Am Schneeberg 237-9a
Amselweg 237-8d

Baumschulenweg 237-9a
Bergstraße 237-9b
Bogenstraße 237-8d
Bruchstraße 237-12a
Brückenstraße 237-12b
Brunnenstraße 237-9d
Buchenstraße 237-8c
Buschweg 237-9a

Drosselweg 237-8d

Eichenstraße 237-9d
Eisenstraße 237-8d

Feldstraße 237-9a
Finkenweg 237-8d

Gartenstraße 237-9b
Grabenstraße 237-9b

Handwerkerpark 237-11b
Hardtstraße 237-12a
Hohe Straße 237-9c

Im Franzgarten 237-8d
Im Handwerkerpark 237-11b

Jägerweg 237-12a

Kampstraße 237-12b
Kirchstraße 237-9a
Koblenzer Straße 237-9c
Kölner Straße 237-9c

Lerchenweg 237-8d
Lindenstraße 237-9c

Malsfeldstraße 237-9c
Mittelstraße 237-9c
Mühlenstraße 237-9a

Nisterau 237-9d
Nisterstraße 237-9a
Nordstraße 237-9b

Ringstraße 237-8c
Rother Straße 237-9c

Sandstraße 237-9c
Saynstraße 237-12a
Schulstraße 237-9c
Schwalbenweg 237-8d
Siegener Straße 237-9b
Siegstraße 237-8c
Steinstraße 237-12a
Südstraße 237-9d

Talstraße 237-9a
Taubenweg 237-8d
Thal 237-12b

Uferstraße 237-9d

Waldstraße 237-9a
Wehrstraße 237-9b
Weiherstraße 237-8d
Weststraße 237-9c
Wiesenstraße 237-9c

Rott

PLZ 57632

(zu VBG Flammersfeld)

Alte Silberwiese 294-5a
Alter Schulweg 294-2a
Asbacher Straße 294-2a

Bahnhof Peterslahr 293-9b
Belkertshof 274-10d
Bergstraße 294-2a

Düsternau 293-8b

Gartenstraße 294-2c

Härdchesweg 294-2c
Hauptstraße 294-2a
Hof Fernblick 294-2d

Im Obstgarten (1) 294-2a
Im Sonnenhang (2) 294-2a
Im Winkel 294-2a

Kaffroth 274-10d

Neuwieder Straße 294-2a

Platzhecke 294-2a

Talweg 294-2a

Wiesenweg 294-2a

Ruppichteroth

PLZ 53809

Ackerwiese 203-2c
Adlerweg 203-2c
Aher Straße 203-2d
Ahornweg 173-6d
Alte Brunnenstraße 203-6c
Alte Dorfstraße (1) 203-1c
Alte Schule 202-3c
Altenroth 202-10b
Alter Schulweg 202-2c
Alter Weg 202-10b
Altfelderhof 202-3c
Am Alten Brunnen 173-9d
Am Altenhof 202-7a
Am Bacherbusch 173-12d
Am Bruchweiher 202-8c
Am Brunnen 201-9b
Am Büchelsfeld 202-2b
Am Denkmal 204-1a
Am Dorfkreuz 203-6d
Am Hang 203-1c
Am Heiligenberg 203-3b
Am Herchenstück 203-3b
Am Hofgarten 202-8d
Am Juliusstollen 204-1a
Am Kindergarten 203-3b
Am Kirchberg 203-1d
Am Kreuz (2) 202-3d
Am Langen Morgen 173-11b
Am Lindenstock 203-1b
Am Mahlstück 173-12c
Am Spielplatz 203-1c
Am Sportplatz 202-7b
Am Südhang 202-7c
Am Talstücksbach 202-11a
Am Teich 203-2a
Am Walde 201-9d
Am Waldrand 202-6d
Am Waldsaum 202-2b
Am Wasserberg 203-3b
Am Weiher 203-1c
Amboßweg (4) 174-10d
Amselweg 204-1a
An den Brüchen 203-1d
An den Erlen 173-9d
An der Kapelle 202-3c
An der Linde 203-2d
Auf dem Alten Garten 174-10d
Auf dem Gleichen 203-1b
Auf dem Großen Feld 203-3d
Auf dem Hohen Stein 202-7c
Auf dem Kamp 203-5a
Auf dem Strauch 203-1b
Auf den Acht Morgen 203-1b
Auf den Dornen 203-4d
Auf der Brache 173-11d
Auf der Burghardt 203-1d
Auf der Harth 203-3c
Auf der Hohen Fuhr 203-1b
Auf der Stätten 202-3c
Auf der Winkelhard 203-1c

Bacherhof 173-12c
Bachweg 174-10d
Bechlingen 202-8d
Beiert 202-4a
Beierter Weg 202-7a
Berg 203-4c
Bergstraße 203-1a
Bernauel 202-3d
Birkenweg 174-10d
Bitzenweg (9) 203-3d
Blumenweg (1) 203-2d
Bölkum 173-9a
Bonnenweg 203-3c
Bornscheid 203-8a
Brölblick 173-11a
Brölerhof 202-2d
Brölstraße 203-3d
Broscheid 202-2a
Broscheider Straße 202-2a
Brückenstraße 203-1c
Brunnenweg 203-1d
Brunnenwiese 203-5c
Buch 203-3d
Buchenweg 203-3d
Burg Herrnstein 202-5a
Burgplatz (3) 203-3b
Burgstraße 203-3b
Bussardweg (5) 203-5a

Caluna 203-3d

Damm 173-10c
Derenbach 202-9d
Donnergarten 203-1c
Dorfplatz (11) 203-5a
Dorfstraße 203-5a
Dörgen 174-10b
Dörgener Straße 174-10d
Dr.-Herzfeld-Straße 203-3b
Drosselweg (10) 203-5a

Eichenweg 203-2d
Eichweiher 203-3b
Eitorfer Straße 203-6b
Ennenbach 204-4b
Erlenweg 203-7b
Eschenweg 203-3a
Etzenbach 203-1b
Etzenbacher Weg 203-1a

Felderhoferbrücke 202-3d
Felderhoferstraße 202-3c
Feldweg 202-2a
Fichtenweg (3) 203-2d
Finkenweg 202-7d
Fliederweg 173-9d
Forsythienweg (2) 173-6d
Friedensstraße 203-3a
Fußberg 203-2c

Gartenstraße 202-7b
Geranienweg 203-3c
Gewerbegebiet Nord 173-12d
Gewerbegebiet Süd 203-3d
Gießelbach 173-11b
Glöcknersgarten (1) 204-1a
Grubenwall 173-12d

Habichtwiese 202-7c
Hambuchener Straße 173-11b
Hänscheider Straße 203-1c
Hardtstraße 202-7d
Hasenroth 173-12c
Hauptstraße 201-9d
Heide 203-3d
Heidehof 203-5a
Heidgenweg (1) 173-6d
Herchener Straße 204-1a
Herrenbröl 203-2c
Herrnsteinstraße 202-7b
Hodgerother Straße 173-9b
Hofstadt 202-2d
Hofwiese 173-12c
Höhenweg 203-3b
Holenfeld 202-9d
Holunderweg (2) 174-10d
Honscheid 232-1a
Hover Weg 173-11d
Huppach 203-3b

Ifang 204-1d
Igelpfad 202-2a
Im Ackergarten 203-2d
Im Auelsfeld (10) 203-3d
Im Bocklental 202-11a
Im Bruch 204-1b
Im Dornfeld 173-11a
Im Ebelshöfchen 202-2a
Im Garten 201-9d
Im Gierenfeld 203-1c
Im Höfchen 201-9b
Im Höfergarten 201-9b
Im Höllchen 204-1a
Im Kalkland 173-11d
Im Mertengarten 202-3a
Im Metzengarten (1) 173-11a
Im Orth 202-7c
Im Rosengarten 203-3c
Im Saurental 203-1d
Im Schmitzgarten 203-5b
Im Steinberg 203-3d
Im Tälchen 202-2d
Im Weiandsgarten 173-12d
Im Wiesengrund 202-3c
Im Wingert 202-7c
Im Winkel (1) 202-10b
In der Dellenwiese 202-7a
In der Ernte 203-3c
In der Hofwiese 203-6c
In der Mark 202-11b
In der Schleeharth 204-1a
Ingersauelerhof 201-9a

Jagdweg 202-3a
Johann-Happ-Platz (7) 203-5a
Junkersaurenbach 173-12a
Jünkersfeld 203-1a
Junkerweg 173-12c

Kapellenhof 202-6d
Kapellenweg (1) 174-10d
Kastanienweg (2) 203-2d
Kesselscheid 203-6b
Kiefernweg 203-3b
Kirchstraße 202-7d
Klosterstraße 203-1b
Köttingen 174-10c
Köttinger Hecke 204-1a
Köttinger Weg 204-1a
Krahwinkel 204-2d
Kreuzstraße 203-1c
Kuchem 203-4c

Lange Gasse 203-1c
Lärchenweg (11) 203-3b
Laternenweg 203-2a
Leyenweg (1) 202-11a
Lindenhof 202-3c

Rüscheid

PLZ 56584

(zu VBG Rengsdorf)

Saffig

PLZ 56648

(zu VBG Pellenz)

Sankt Augustin

PLZ 53757

Tegeler Weg 228-2b
Teichgraben 228-8b
Theodor-Heuss-Straße 228-4b
Theodor-Kurscheid-Straße 229-11b
Theodor-Storm-Allee 228-6d
Theresienstraße 198-12c
Thüringer Allee 229-7a
Tulpenweg 229-1c

Udetstraße 228-8b
Uferstraße 229-2d
Uhlandplatz 228-6d
Uhlandstraße 228-6d
Ulmenweg 229-4b

Van-Dyck-Straße 229-1d
Veilchenweg 229-1c
Viehtrift 229-8c
Vilicher Straße 228-8c
Vom-Stein-Straße 229-4a
Von-Claer-Straße 228-3d
Von-Eichendorff-Straße 229-4c
Von-Galen-Straße 228-2a
Von-Ketteler-Straße 228-3a
Von-Stauffenberg-Straße 198-11d

Wacholderweg 229-4b
Waldkauzweg 229-5c
Waldstraße 229-7a
Wehrfeldstraße 229-1c
Weilbergweg (4) 228-8b
Weimarstraße 228-9b
Weißdornweg 229-4b
Wellenstraße 229-1a
Westerwaldstraße 228-9c
Wiesenpfad 229-8a
Wilhelm-Mittelmeier-Straße 198-11d
Wismarer Straße 229-4b
Wolkenburgstraße 228-9d

Zaubernußweg 229-4c
Zedernweg 229-4c
Zeisigweg 229-5c
Zissendorfer Straße 229-3c
Zum Siegblick 229-3a
Zur Kleinbahn 229-11b
Zur Sonnenuhr 229-11c

Sankt Katharinen

PLZ 53562

(zu VBG Linz am Rhein)

Alter Kirchweg 291-11c
Am Ginsterhahn 311-5a
Am Hargartner Hügel 311-2a
Am Kaimig 311-2a
Am Sportplatz 291-11d
Am Wasserturm 291-11a
Anxbachstraße 312-1a
Asbacher Straße 291-12a
Auf dem Hombeutel 291-11d
Auf der Hardt 311-1b

Bahnhofstraße 291-11a
Barbarastraße 291-11c
Beethovenstraße 291-11d
Bornstraße 311-2a
Brochenbach 311-3c
Brochenbacher Straße 291-11d
Brochenbachmühle 311-3c
Brochenbachstraße 311-3c
Brunnenstraße 311-1b

Enggasse 291-12c

Finkenweg 291-11c

Gartenstraße 291-12c
Grendel 311-2c
Grube Anxbach 292-10c
Grüner Weg 312-1a

Hinterlorscheid 311-3a
Hochstraße 291-8c
Homscheid 291-8d
Hummelsberger Straße 311-1b

Im Brochenbach 311-3c
Im Königsfeld 311-2a
Im Vogelsang 311-1b
In den Weinwiesen 291-12c
In der Als-Au 312-1b
Industriestraße 291-12d

Kirchstraße 291-11a
Klostermühle 311-2b
Klostermühlenweg 291-11c
Kolpingstraße 291-11d
Konrad-Adenauer-Straße 291-11d
Kreuzchen 291-11a

Laacherstraße 291-11d
Linzer Straße 311-2c

Meisenstraße 291-11b
Mittelstraße 291-12a

Noller Weg 311-1b
Notscheider Straße 291-11a

Peter-Altmeier-Straße 291-11d

Ramheckhöfe 291-9c
Ringstraße 291-12c
Rödder 311-3b
Rödderhof 311-3b
Rosenstraße 291-8c
Schönblick 311-5a
Schulstraße 291-12c
Schützenstraße 312-1a
Sengenau 292-10c
Sonnenstraße 311-2d
Spießweg 291-8c
St.-Georg-Straße 291-12a
Stegerstraße 291-11a
Steinshardter Straße 291-11d

Theodor-Heuss-Straße 291-11d

Weidenstraße 291-12a
Wendelinusstraße 291-11c
Wiedblick 312-1a
Wiesenstraße 291-11a
Wilhelmstraße 291-11d

Zum Hügel 291-12b

Sankt Sebastian

PLZ 56220

(zu VBG Weißenthurm)

Am Rhein 339-4c

Birkenstraße (1) 339-7a
Brückenstraße 339-7b
Bubenheimer Weg 338-9d
Buchenstraße 339-7a

Dahlienstraße 339-7b
Deutschherrengasse 339-4c
Deutschpfädchen 339-7a

Eichendorffstraße 338-6d

Feldstraße 339-7a
Freiherr-vom-Stein-Straße 339-4c

Gartenstraße 339-7b
Goethestraße 339-7a
Großdriesch 338-9d

Hauptstraße 339-4c
Haus Leimig 338-12b
Heimesgasse 339-4c
Hoffmannsgasse 339-4c

Im Dreistück 339-7b
Im Weidengarten 339-4c

Kaisergasse 339-4c
Kesselheimer Straße 339-4c
Kirchstraße 339-4c
Koblenzer Straße 339-7a

Lerchenweg 339-7a
Lindenstraße 339-7a

Mülheimer Weg 338-6d

Privatgasse 339-4c

Rheinblick 339-4c
Rheinstraße 339-4c
Rheinufer 339-7b
Rosenstraße 339-7b

Schillerstraße 339-7a

Tannenstraße 339-7a
Thielengasse 339-4c

Schöneberg

PLZ 57638

(zu VBG Altenkirchen (Westerwald))

Bergstraße 275-9b

Friedhofsweg (1) 275-9b

Gartenstraße 275-9b

Hauptstraße 275-9b

Im Hommersdorf 275-9b
Im Oberdorf 275-9d
In der Au 275-9b
In der Ley 275-9b

Maiwaldstraße 276-7a
Mittelstraße 275-9b

Schlossweg 275-9b
Schulstraße 275-9b

Schürdt

PLZ 57632

(zu VBG Flammersfeld)

Ahornweg 275-7a
Amselweg 275-7a

Birkenweg 275-7a

Fichtenweg (2) 275-7a
Finkenweg (1) 275-7a

Gartenstraße 275-7a
Grafenstraße 274-9b

Hauptstraße 275-7a

Lerchenweg 275-7a

Mittelstraße 275-7a

Waldhof 274-9b
Wildpark 274-9d

Seelbach (Westerwald)

PLZ 57632

(zu VBG Flammersfeld)

Bahnhofstraße 295-1b
Bergstraße 295-1b
Bettgenhausen 275-11c

Hauptstraße (Bettgenhausen) 275-10d
Hauptstraße 295-1b

Im Beulsgarten (1) 295-1b
Im Schülersgarten (2) 275-10d

Schulstraße 275-10d

Waldstraße 295-1d
Wiesenweg 275-11c

Seelbach bei Hamm

PLZ 57577

(zu VBG Hamm (Sieg))

Marienthal 257-1c

Niederseelbach 237-10d

Oberseelbach 237-11c

Seifen

PLZ 57632

(zu VBG Flammersfeld)

Breiter Weg 295-4a
Buchenweg 295-4a

Dorfstraße 295-5c

Gartenstraße 295-5c

Hauptstraße 295-4a

Im Flachswieschen (1) 294-6b
Im Garten 295-4b
Im Kaulengarten 295-4b
In der Hohl 295-4b

Niederähren 295-5c

Waldweg 295-4b

Sessenbach

PLZ 56237

(zu VBG Ransbach-Baumbach)

Gartenstraße 332-5b

Hauptstraße 332-5b
Herschberg 332-2c
Hofhaide 332-2d

Im Hofgarten 332-2c
Im Wiesengrund 332-5a

Kirchstraße 332-2d

Mittelstraße 332-2d

Nordstraße 332-2d

Sayntalstraße 332-2d
Schulstraße (1) 332-5b

Vorm Arheckengarten (2) 332-5b

Waldstraße 332-5b
Weststraße 332-5a

Sessenhausen

PLZ 56244

(zu VBG Selters (Westerwald))

Am Heller 325-3c
Am Steinacker 325-5b
Auf der Hofbitze 325-6a

Brunnenstraße 325-5b

Ellenhäuser Straße 325-6a

Freiherr-vom-Stein-Straße 325-6a
Friedrich-Wilhelm-Straße 325-5b

Gartenstraße 325-6a

Hauptstraße 325-6c
Hinterdorf 325-5b

Im Eckersgarten 325-3c
Im Neuen Garten (1) 325-6a
Im Wiesengrund 325-3c
In der Dasbach 325-6a

Kirchweg 325-6a
Krümmeler Weg 325-6a
Kutscheid 325-4d

Lindenstraße 325-3c

Mittelstraße 325-6a

Neustraße 325-3c

Schulstraße 325-3c
Schulwiese 325-3c

Siegburg

PLZ 53721

Straßennamen mit Suchfeldangaben in Klammern befinden sich im Cityplan auf Seite 39.

Adalbert-Stifter-Straße 199-8a
Adolf-Kolping-Platz 199-7c
Aggerstraße 199-10a
Ahornweg (3) 200-7c
Akazienweg 200-10b
Albert-Schweitzer-Straße 199-8c
Albertstraße 199-10b (39/A1)
Alexanderallee 199-12c
Alfred-Keller-Straße 199-11c
Alleestraße 199-10d (39/A2)
Alte Lohmarer Straße 199-8c
Alte Poststraße 199-8c
Alter Dammweg 199-11d
Alter Grenzweg 200-11c
Alter Kirchweg (11) 200-11c
Am Abtshof 200-10b
Am Auelsbach 200-5d
Am Bertrams Weiher 199-11a
Am Beuhof 199-8c
Am Bildstock 199-12a
Am Brauhof (4) (39/B2)
Am Breitschoß 200-8b
Am Broichshäuschen 199-8c
Am Brungshof 199-11a
Am Grafenkreuz 199-8d
Am Heckershof 199-7d
Am Herrengarten (2) (39/B2)
Am Hügel 199-10a
Am Hülsenhof 199-8c
Am Kannenofen 199-7d
Am Kieferntopf 200-5d
Am Klingenberger Hof 199-11b
Am Kreuztor 200-8b
Am Park 199-11b
Am Pfahlweiher 199-9c
Am Rosenhügel 199-11b
Am Schiefelhof 200-5c
Am Sonnenhang 200-7c
Am Stadion 199-11b
Am Stadtwald 199-9c
Am Stallberg 199-9c
Am Steinbruch 200-7d
Am Tannenhof 199-12a
Am Trerichsweiher 198-9d
Am Turm 229-2b
Am Uhlenhorst 199-7c
Am Waltersgarten 200-5d
Am Weyergarten 200-11d
Am Zemmerhof (3) 200-5b
Amselsteg 199-12c
An den 6 Bäumchen 229-2b
An den Eichen 199-8c
An den Höfen 199-9c
An den Mühlen (39/B3)
An den Seeswacholdern 199-8c
An der Aggerbrücke 198-9d
An der Herrenwiese 199-11c
An der Schlade 199-10b
An der Schlehhecke 200-5d
An der Stadtmauer (39/B2)
Ankergasse (39/B2)
Anna-Reuter-Straße 199-11c
Annostraße (39/B2)
Antoniusweg 200-10b
Arndtstraße 199-10a
Auf dem Berg 200-11c
Auf dem Gerotten 199-7d
Auf dem Hümmerich 200-11d
Auf dem Kellersberg 230-2b
Auf dem Seidenberg 199-12a
Auf dem Steinacker 229-2b
Auf dem Welef 200-6c
Auf den Tongruben 199-11b
Auf der Helten 200-5d
Auf der Höhe 200-8b
Auf der Hoven 200-5d
Auf der Kälke 199-11c (39/B3)
Auf der Papagei 199-11d
Augustastraße 199-10b (39/A1)
Aulgasse 199-8c

Bachstraße 199-10b (39/A1)
Bahnhofstraße 199-10d (39/A2)
Bahnweg 199-10d (39/A2)
Bambergstraße 199-10b
Barbarastraße 199-9c
Barbarossastraße 199-7d
Baumschulallee 200-7c
Beethovenstraße 229-2a
Berghof 200-6c
Bergstraße 199-11c (39/B2)
Berliner Platz 199-10d (39/A3)
Bernhardstraße 199-8c
Bertramstraße 199-11b
Birkenweg 200-10b
Bismarckstraße 199-10c (39/A3)
Bitzer Weg 200-5d
Bleibachtalstraße 200-8b
Blücherstraße 199-7c
Bonner Straße (39/A3)
Brandstraße 199-11a
Braschosser Straße 200-5b
Brauhof-Passage (5) (39/B2)
Breite Straße 199-10b (39/A1)
Breslauer Straße 199-10c
Broichshof 200-6c
Brückbergstraße 199-10b (39/A1)
Brucknerstraße 229-2a
Brüder-Busch-Straße 200-10a
Brunnenweg 200-5d
Buchenweg 200-10b
Bunzlauer Straße 229-2b
Burggasse (39/B2)

Camille-Koerner-Straße 199-7c
Carl-Friedrich-Peters-Straße 199-7a
Carl-Schurz-Straße 199-7d
Carlstraße 229-1b
Cecilienstraße 199-11a (39/B1)
Chemie-Faser-Allee 229-2b
City-Passage (6) (39/B2)

Dammstraße 199-11d
Deichhaus 229-2b
Derenbachstraße 200-5c
Deutzer-Hof-Straße 199-9c
Dohkaule 199-7d
Drachenfelsstraße 200-7c
Drieschgasse 199-10b

Ebereschenweg (2) 200-7c
Efeuweg 200-10a
Ehrenstraße 199-10b (39/A1)
Eibenweg 200-7c
Eichendorffstraße 200-10b
Elisabethstraße 199-10d (39/A2)
Elsternsteg 199-11d
Erlenweg (5) 200-10a
Ernststraße 199-7d
Europaplatz (39/A3)

Farnweg 199-7d
Fasanenfeld 229-2a
Feldzeugmeisterweg 199-7d
Fichtenweg 199-9c
Finkenweg 199-11d
Flachsweg (5) 200-8b
Fliederweg 200-10a
Flögerstraße 199-11b
Frankfurter Straße 229-2a (39/B3)
Franziskanerweg (12) 200-11d
Franz-Trac-Weg 199-8c
Freiheit 199-7c
Friedensplatz (39/B2)
Friedensstraße 200-10b
Friedrich-Ebert-Straße 199-10b (39/A1)
Fuchsweg 200-8b

Gartenstraße 199-10a
Geisbergstraße 200-10a
Georgstraße (39/B2)
Gerhart-Hauptmann-Weg 229-2b
Gewerbegebiet "Am Turm" 229-2b
Ginsterweg 200-10a
Gneisenaustraße 198-12b
Goethestraße 199-11a
Gottfried-Kinkel-Straße 200-7d
Gottliebstraße 199-10b
Griesgasse (3) (39/B2)
Grimmelsgasse 199-11a (39/B1)
Grüner Weg 199-10a
Guardastraße (39/B2)
Gut Umschloß 200-8c

Hagebuttenweg 200-10a
Händelstraße 229-2a
Hangweg 200-11d
Hansenstraße 199-10b
Haselnußweg 200-10b
Haufeld 199-10d (39/A2)
Hauptstraße 200-7c
Haus Derenbach 200-5c
Haus zur Mühlen 199-12b
Haydnstraße 229-2a
Heiderbitze 200-5c
Heideweg 199-10a
Heinrichstraße 199-10b (39/A1)
Heppekausenstraße 199-11a
Hermann-Löns-Straße 199-12a
Herrengartenstraße (39/B2)
Hirschbergstraße 200-7c (39/B2)
Hochhausener Weg 200-5b
Hochstraße 199-10d (39/A3)
Höhenweg 200-7d
Hohenzollernstraße 199-10c (39/A3)
Hohlweg 198-12b
Hollesbitze 200-5b
Holunderweg 200-10b
Holzgasse 199-11c (39/B2)
Hopfengartenstraße 229-2a (39/B3)
Hubertusstraße 199-11d
Humperdinckstraße 199-10b (39/B1)
Hünenstraße 200-5d
Hüttenweg 200-5c

Ilse-Hollweg-Straße 200-10c
Im Alten Garten (6) 200-10b
Im Bruchgarten 200-6c
Im Donnerschlag 200-7c
Im Höfgen 200-10b
Im Hollesgarten 200-5d
Im Klausgarten 200-6c
Im Mittelfeld 199-11d
Im Profgarten 200-8b
Im Rothenbruch 200-10b
Im Schlämmchen 199-12c
Im Sommerfeld 199-12a
Im Spargelfeld 200-10b
Im Springchen (39/B3)
Im Urnenfeld 198-12b
Im Weingartsberg 200-8b
In den Hecken 199-12a
In der Hardt 230-2b
In der Höhnerlaach 229-2a
In der Kehreswiese 199-11d
Industriestraße 199-10a (39/A1)
Isaac-Bürger-Straße 198-12b

Jägerstraße 199-8d
Jahnstraße 199-7c
Jakobstraße 199-11d
Jean-Bück-Straße (1) 199-7c
Johannesstraße 199-10b (39/B1)
Josef-Bethan-Straße 199-9c
Josef-Dietzgen-Straße 199-7c
Josef-Mohr-Straße 229-2b
Josefstraße 199-10c
Junkersbusch 199-12a

Kaiserstraße 199-10b (39/A1)
Kaiser-Wilhelm-Platz (39/B3)
Kaldauer Straße 199-9c
Kapellenstraße 200-10b
Kastanienstraße 199-10b (39/A1)
Katharinenstraße 199-10c (39/A3)
Kellerswiese 200-10b
Kempstraße 199-11a
Kiefernweg 199-9c
Kirchgasse (1) (39/B2)
Kirchplatz (39/B2)
Klausengasse (39/B2)
Kleiberg 199-11c
Kningelbach 200-10b
Knütgenstraße 199-8c
Königsberger Straße 199-10c
Konrad-Adenauer-Allee 199-10d (39/A3)
Kornblumenweg 200-5d
Kreuzstraße 200-10b
Kronprinzenstraße 199-11a (39/B1)
Kümpelersbitze (1) 200-5c

Lambertstraße 199-11d
Leinpfad 199-10d (39/A2)
Lendersbergstraße 200-7c
Leo-Faustmann-Straße (4) 200-5d
Leonhardstraße 199-11b
Lerchenweg 199-11b
Lessingstraße 199-8c
Liegnitzstraße 229-2b
Lindenstraße 199-10c
Litzmannstraße 199-7d
Lohrbergstraße 200-7c
Löwenburgstraße 200-7c
Ludwigstraße 229-1b (39/A3)
Luisenstraße 198-9b

Mahlgasse 199-10d (39/B2)
Mahrstraße 199-10d (39/A2)
Marcel-Charpantier-Straße 199-7c
Marienhofstraße 199-11d
Marienstraße 200-10b
Markt 199-10d (39/B2)
Markt-Passage (39/B2)
Martin-Opitz-Straße 229-2a
Michaelsberg 199-11c (39/B2)
Michaelstraße 229-1a
Minoritenstraße (39/B1)
Mittelstraße 199-10b
Moltkestraße 199-7c
Mozartstraße 229-2a
Mühlengrabenstraße 229-2b
Mühlenhofweg (Kaldauen) 200-10a
Mühlenhofweg (Stallberg) 199-12a
Mühlenstraße 229-2a (39/B2)
Mühlentorplatz 199-11c (39/B3)
Münchshecke 200-11c
Müschbungert (8) 200-10d

Nachtigallenweg 199-12c
Neue Poststraße 199-10d (39/A2)
Neuenhof 199-11a
Nogenter Platz (39/B2)
Nordstraße 199-11a (39/B1)

Ölbergstraße 200-7c
Orestiadastraße (39/B2)
Oststraße 200-6c

Pappelallee 200-7c
Passage Kaiserstraße (7) (39/B1)
Paul-Moog-Straße 200-11c
Petersbergstraße 200-7c
Peterstraße 229-1b (39/A3)
Pfarrer-Frey-Platz 229-2a
Pferdewiese (10) 200-10d
Pilgrimsweg 199-11c
Platanenweg 200-10b
Pleiser Hecke 229-1b (39/B3)

Rektor-Dresen-Straße 199-9c
Riembergstraße 199-11d
Rilkestraße 199-11a
Ringstraße 199-10d (39/B2)
Robert-Koch-Straße 199-8a
Römerstraße 200-10b
Roonstraße 199-7c

Simmern

PLZ 56337

(zu VBG Montabaur)

Simpelveld (NL)

Sinzig

PLZ 53489

Solingen

42657 Höhscheider Hof 48-3b
42699 Höhscheider Weg 48-2b
42699 Holzhof 48-5a
42699 Holzkamp 48-4c
42699 Holzkamper Weg 48-4a
42699 Horn 48-4d

42699 Im Haalsiefen 48-1d
42657 Im Wöll 49-1a
42659 In der Planke 50-6a
42657 Irler Hof 48-3c

42659 Jagenberg 50-1a
- Johanneskotten 50-3b
42657 Johänntgesbruch 49-1c
42657 Johänntgesbrucher Weg 49-1a
42659 Jörgensfeld 50-3c
42699 Josefstal 48-1d

- Kapelle 48-7a
42699 Karl-Haberland-Straße 48-1b
42699 Kauffunger Weg 48-1b
42659 Kempen 49-3d
42659 Keplerweg 49-3b
42657 Kohlbusch 49-1d
42657 Kohlerfeld (3) 48-3b
42657 Kohlsberg 48-2d
42657 Kohlsberger Höhe 48-2d
42657 Kohlsberger Straße 48-2d
42659 Kopernikusweg 49-3b
42657 Kranichweg 49-1b
42659 Krebsweg 49-3d
42697 Krüdersheide 47-3a
42657 Kulle 49-1c

- Lache 48-3d
42657 Lacher Feld (1) 49-1d
42657 Lacher Straße 48-6a
42697 Landwehr 48-4c
42699 Landwehrstraße 48-4b
42659 Lehmkuhle 50-5b
42699 Leichlinger Straße 48-5b
42699 Linde 48-7a
42699 Lohdenberg 48-4c
42699 Löhdorf 48-2a
42699 Löhdorfer Feld 48-2c
42699 Löhdorfer Straße 48-2c
42657 Lortzingstraße 49-1a
42659 Löwenweg 49-3b
42699 Ludwigsdorfer Weg 48-1d

42699 Mainauweg 48-4c
42699 Matthias-Claudius-Straße 48-1b
42657 Meiswinkler Hof 48-6a
42699 Michelsdorfer Weg 48-1d
42657 Mittagstraße 49-1b
42657 Mittelfürkelt 49-1d
42657 Mittelhöhscheid 48-3d
42657 Mittelhöhscheider Weg 48-3b
42697 Mohnweg 48-1c
42657 Mollstraße 49-1b
42657 Morgenstraße 49-1b
42657 Mühlenberg 49-4c
42659 Mühlendamm 50-2d
42659 Müngstener Straße 50-2c

42657 Nachtigallenweg 49-2a
42657 Neuenhaus 48-3b
42655 Neuenhauser Kotten 48-3a
42657 Neuenkamper Feld 48-3b
42657 Neuenkamper Straße 48-2b
42699 Neu-Löhdorf 48-2a
42659 Neuwerk 50-3a
42655 Nöhrenhaus 48-2b
42655 Nöhrenhauser Straße 48-2b
42699 Nöhrenkotten 48-2b
Nußbaumstraße 48-1c
42699 Nr. 1-113, Nr. 2-106
42697 Nr. 130-198, Nr. 139-195

42657 Obenfürkelt 49-1d
42657 Obenhöhscheid 48-3b
42657 Obenrüden 49-4d
42657 Obenrüdener Kotten 49-5c
- Oberburg 50-6a
42657 Oberfriedrichstaler Kotten 49-4c
- Odental 49-2b
Odentaler Weg 49-2a
42657 Nr. 1-27, Nr. 2-28
42659 Nr. 29-299, Nr. 30-300
42699 Oelmühle 48-5b
42699 Ölbergweg 48-5a
42699 Opladener Straße 48-7a
42657 Orchideenweg 49-1d
42699 Oskar-Rieß-Straße 48-1b
42699 Otto-Müller-Straße 48-1b

42657 Pastoratstraße 49-1d
42699 Paul-Kircheis-Straße 48-1a
42657 Peresstraße 49-1b
42699 Petersbergergstraße 48-5a
42659 Petersmühle 50-1c
42659 Pfaffenberg 50-1c
42657 Pirolweg 49-2a
42657 Platzhof 49-1b
42699 Pohligshof 48-1b

42657 Regerstraße 49-1b
42659 Rehpfad 50-1b
- Rölscheid 49-4b
42657 Rölscheider Berg 49-4d
42657 Rölscheider Straße 49-4b
42657 Rüdener Straße 49-4a
42699 Rupelrath 48-7a

42659 Scharfhausen 49-3b
42659 Schellberg 49-3a
42699 Schirpenberg 48-3a
42699 Schirpenbruch 48-2d
42659 Schloßbergstraße 50-5b
42659 Schloßplatz 50-5b
42699 Schmidtskotten 48-2d

- Schmitz-Lenders-Weg 50-4c
42699 Schneebacher Weg (2) 48-1d
42699 Schönauer Weg 48-1b
42659 Schrödershammer 50-3a
42699 Schürmannweg 49-2b
42657 Schwalbenweg 49-2b
42657 Severinstraße 49-4a
42699 Siebels 48-2a
42699 Siebengebirgsstraße 48-2c
42659 Solinger Straße 50-5a
42657 Spechtpfad 49-2b
42657 Sperlingsweg 49-2a
42657 Steigerhäuschen (1) 48-3b
42659 Steinbockweg 49-3b
42699 Steinendorf 48-2b
42699 Steinendorfer Straße 48-2c
42699 Steingarten 48-2a
42659 Steinsiepen 50-1a
42659 Steinweg 50-5b
42699 Steubenstraße 48-2c
42657 Stieglitzhof 49-2a
42659 Stierweg 49-3b
42657 Stockholmer Straße 49-1a
42659 Strohn 50-4b
42659 Strohnerhöh 50-4b
42657 Strupsmühle 48-3d

42659 Talsperrenstraße 50-6a
42657 Tellstraße 49-4b
- Thomasweg 50-8b
- Tränke 48-1c

42699 Uhlandstraße 48-1d
42659 Untenburg 50-5a
42657 Untenfriedrichstaler Kotten 48-6d
42657 Untenfürkelt 49-1d
42657 Untenhöhscheid 48-3d
42657 Untenrüden 49-4c
42657 Untenrüdener Kotten 49-4d

42657 Vockert 49-2a
42657 Vockerter Busch 49-2a
42657 Vockerter Straße 49-2a
- Von-Sachs-Weg 50-8d
42657 Vormeiswinkel 48-6a

42659 Waageweg 49-3d
42659 Waldstraße 50-6a
42659 Wassermannweg 49-3d
42657 Weckshof 49-2c
42657 Weinsberg 49-1b
42659 Wermelskirchener Straße 50-6a
42659 Westhausener Straße 50-2d
42657 Widdert 49-4a
42657 Widderter Straße 48-6b
42659 Wiesenkotten 50-2a
- Wiesenkottener Weg 50-1b
- Willi-Lohbach-Weg 50-1d
42699 Wippe 48-6a
42699 Wipper Kotten 48-5b
42699 Wipperaue 48-5d
42699 Wipperauer Straße 48-4a
42659 Wüstenhof 49-5a
42657 Wüstenhofer Weg 49-2c

42657 Zeisigweg 49-2a

Sörth

PLZ 57636

(zu VBG Altenkirchen (Westerwald))

Friedhofsweg 257-11c

Gartenstraße 257-10d

Hauptstraße 257-10d

Im Hübelsgarten (1) 257-10d

Mittelstraße 257-10d

Reuffelbacher Straße 257-10b
Ringstraße 257-10d

Schulstraße 257-10d

Talstraße 257-11c

Wiesenstraße 257-10d

Stebach

PLZ 56276

(zu VBG Dierdorf)

Adenrother Weg 324-9b
An den Linden 324-9b

Denkmalstraße 324-9a

Hauptstraße 324-9a
Hochstraße 324-9b
Hofstück 324-9b

Maischeider Straße 324-9a

Nonnenhöfchen 324-9a

Rainweg 324-9b

Schulstraße 324-9a

Waldhof 324-9a

Steimel

PLZ 57614

(zu VBG Puderbach)

Am Fuchsbau 296-4d
Am Mühlenweg 296-8a
Am Schulgarten 296-8a
Am Sonnenhang 296-8a
Am Spielplatz (1) 296-4b
Am Taubenbaum 296-8b
Amselstraße 296-7b
Auf den Bungert 296-8a

Berghof 296-8b
Bergstraße 296-8b
Birkenhof 296-5c
Buchenblick 296-8a

Dorfstraße 296-4d

Fasanenweg 296-7b
Feldstraße 296-4d
Finkenweg 296-7b

Hahnstraße 296-4d
Hauptstraße 296-7b
Hubertusstraße 296-7b

Im Hasenwinkel 296-4d

Lindenallee 296-4d
Luisenhof 296-7b

Marthaheim 296-5c

Niederwambacher Mühle 295-3d
Niederwambacher Straße 296-4c

Parkstraße 296-4d

Sensenbacher Straße 296-4d

Udertsweg 296-8a

Waldstraße 296-4d
Weiherstraße 295-6b

Zum Acker 296-8a
Zum Rehblick 296-4d
Zum Tierpark 296-4d
Zur Eiche (2) 296-4d
Zur Märchenmühle 296-4b

Stolberg (Rheinland)

Aachener Straße 212-5a
52222 Nr. 1-3, Nr. 2-4
52223 Nr. 5-171, Nr. 8-170
52223 Abteiblick 212-6c
52223 Ahornweg (3) 212-11b
52223 Akazienweg 212-2b
52222 Albert-Einstein-Straße 182-9d
52222 Albert-Schweitzer-Straße 182-12b
52224 Albertsgrube 183-12a
52223 Alt Breinig 212-11d
52223 Alte Velau 182-9d
52222 Alter Markt 212-3d
52224 Am Allmannshof 183-11d
52223 Am Anger (6) 212-11b
52222 Am Bastinsweiher (29) 182-12d
52222 Am Birkenfeld 182-12b
52222 Am Blankenberg 182-12d
52224 Am Burgberg 213-11b
52223 Am Denkmal 212-6a
52223 Am Dolomitbruch 212-6d
52224 Am Dörenberg 213-5c
52223 Am Dorfweiher 212-8a
52223 Am Felshang 212-5c
52223 Am Flachsbach 212-5d
52222 Am Glasofen 182-9d
52222 Am Goepelschacht 183-10a
52224 Am Goldberg (5) 213-1a
52222 Am Großen Rad 182-12d
52223 Am Hahnenkreuz 212-8c
52223 Am Halsbrech 212-3b
52223 Am Hang 212-3b
52222 Am Haselbusch 212-2b
52223 Am Holderbusch 212-3a
52222 Am Horsterhof 183-10d
52224 Am Hügel 214-1b
52224 Am Kaltenborn 183-12d
52223 Am Kranensterz 212-6a
52223 Am Langen Hein 212-2b
52224 Am Lindchen 213-1a
52223 Am Lüttenhof 212-6c
52222 Am Mohlenbend 182-12a
52222 Am Obersteinfeld 182-12d
52224 Am Omerbach 214-1b
52223 Am Pampütz 212-12a
52224 Am Pannes 214-1a
52222 Am Roten Kreuz 182-11a
52223 Am Schacht 212-2b
52223 Am Schlehenhag 212-2d
52223 Am Sender 183-10d
52224 Am Steinberg 213-1a
52223 Am Steinbruch 212-5b
52223 Am Südhang 212-2d
52223 Am Tomborn 212-9d
52223 Am Vogelsberg 212-3a
52222 Am Wald 182-8d
52224 Am Wasserwerk 213-5c
52224 Am Weiherchen 213-8d
52224 Am Widtmannschacht 213-2d
52224 Am Wimblech 213-5b

52223 Am Wingertsberg 212-9c
52224 Am Wittberg 214-2d
52224 Am Wolfeter 213-2d
52223 Am Zännloch 212-12c
52223 Am Zirkus 212-11b
52223 Amaliastraße 212-2b
52223 Amselweg 212-3c
52222 An den Sandgruben 182-11b
52223 An der Hoheburg 213-7c
52223 An der Kesselschmiede 212-3a
52222 An der Krone 212-3b
52222 An der Scheuer 182-12a
52222 An der Waldmeisterhütte 182-8d
52224 An der Wasserkaul 213-3d
52223 An Kuths Mühle 212-5b
52222 Anemonenweg 183-10d
52222 Anna-Klöcker-Straße 213-1b
52223 Ardennenstraße 212-3c
52222 Asternweg 183-10b
52223 Atzenach 212-5b
52224 Auenweg 213-6a
52223 Auf dem Acker 212-11a
52223 Auf dem Eisenstein 212-11b
52224 Auf dem Horst 213-6c
52224 Auf dem Königsreich 214-1b
52223 Auf dem Schiefer 212-11b
52224 Auf der Eiche 214-1a
52223 Auf der Geiß 212-11b
52223 Auf der Heide 212-11b
52223 Auf der Höhe 212-6a
52224 Auf der Kloos 213-8b
52223 Auf der Liester 212-3c
52222 Auf der Mühle 182-12c
52223 Augustastraße 212-8d
52222 August-Junker-Platz (28) 182-12c
52223 August-Prym-Straße 212-3c

52223 Bachstraße 212-2d
52223 Barbarastraße 212-11b
52223 Bärenstein 213-4a
52223 Bauschenberg 212-6a
52223 Beiersfeld 212-11d
52224 Bend 214-5a
52223 Bendenstraße 212-11b
52224 Bergerhof 214-1b
52222 Bergstraße 212-3b
52224 Bernardshammer 213-4d
52223 Bernhard-Kuckelkorn-Platz 182-12c
52223 Bertholdstraße 212-11b
52222 Berthold-Wolff-Park 182-9c
52222 Bierweiderstraße 182-12c
52224 Binsfeldhammer 213-4c
52222 Birkengang 182-12b
52222 Birkengangstraße 182-12d
52222 Bischof-Ketteler-Straße 182-9d
52223 Bischofstraße 212-6a
52222 Blaustraße 182-12c
52224 Bleimühle 214-2b
52223 Bleiweg 213-7c
52223 Bocksberg 212-6b
52223 Bocksmühle 212-2d
52223 Borngasse (4) 212-12a
52224 Bovenheck 214-1a
52222 Brauereistraße 212-3d
52223 Brauneberg 212-11d
52223 Breiniger Berg 212-9d
Breitgang 182-9d
52223 Nr. 1-161, Nr. 2-176
52224 Nr. 185-251, Nr. 200
52222 Breslauer Straße 182-12b
52224 Brinnstraße 183-12b
52223 Brockenberg 212-6d
52224 Brühlstraße 214-1a
52224 Brunnenweg 183-12c
52224 Büchel 213-5b
52224 Burgbergschneise 213-12b
52224 Burgherrenstraße 213-1b
52224 Burgholz 213-5a
52224 Burgholzer Graben 213-4a
52224 Burgholzer Hof 213-1d
52222 Burgstraße 212-3d
52223 Burgstüttgen 212-3c
52223 Büsbacher Berg 212-6a
52224 Buschhausen 214-1c
52224 Buschmühle 182-10d
52222 Buschstraße 182-11c
52224 Bussenheide 213-8d
52223 Buttergasse 212-12b

52223 Clemensstraße 212-11b
52222 Cockerillstraße 182-11d
52223 Concordiastraße 212-2b
52223 Corneliastraße 212-11b

52222 Dachsweg 182-11a
52224 Daensstraße 214-2a
52224 Dahlienweg 183-10a
52222 Dammgasse 182-12c
52222 Danziger Straße 182-12b
52224 Dechant-Brock-Straße 213-5b
52224 Dechant-Willms-Straße 184-10c
52224 Derichsberg 213-5c
52224 Derichsberger Hof 213-5c
52224 Derichsberger Straße 213-2c
52224 Dicke Hecke 213-8d
52223 Dickenbruch 212-2d
52224 Diepenlinchener Straße 213-2d
52224 Dietrich-Bonhoeffer-Straße 213-6a
52222 Distelweg 183-10a
52223 Dohlenweg 212-3c
52222 Don-Bosco-Straße 183-10a
52223 Dorffer Linde 212-8a
52224 Dorfstraße 183-12d
52222 Dr.-Martin-Luther-Straße 182-12b
52224 Drieschstraße (2) 183-12b
52223 Drosselweg 212-3c
52222 Duffenterhof 183-10d

52222 Duffenterstraße 213-1a
52224 Düre Koof 213-6a
52224 Duvvelor 213-7c

52223 Eburonenweg 212-6d
52222 Edelweißweg 183-10d
52222 Efeuweg 183-10d
52222 Eichhornweg 182-11c
52224 Eichsdelle 213-8a
52223 Eichsfeldstraße 212-3a
52224 Eifelstraße 213-8a
52222 Eisenbahnstraße 182-9c
52223 Elgermühle 212-5c
52224 Elle 214-1a
52224 Ellerberg 214-1c
52222 Ellermühlenstraße 182-12d
52222 Elsaßstraße 182-12b
52223 Elsterweg 212-3a
52222 Enkereistraße 212-3b
52223 Entengasse 212-12a
52222 Enzianweg 183-10d
52222 Erikaweg 183-10b
52223 Erlenweg 212-2b
52224 Ernst-Ratzki-Straße 213-2c
52224 Erzweg 213-2d
52223 Eschenweg 212-11b
52222 Eschweiler Straße 182-12c
52222 Eselsgasse (8) 212-3d
52223 Essiger Straße 212-12a
52223 Eulenweg 212-3c
52222 Eupener Straße 183-10c
52222 Europastraße 182-12c

52222 Faches-Thumesnil-Platz (20) 212-3d
52224 Fackensief 213-8b
52223 Falkenweg (13) 212-3c
52224 Familie-Imdorf-Weg 213-6a
52224 Farmweg 214-1b
52223 Fasanenweg 212-3c
52224 Feldstraße 213-8d
52222 Fettberg 182-12c
52222 Finkenberggasse 212-3d
52223 Finkensiefstraße 212-6a
52224 Fischbachstraße 213-8d
52224 Fleuth 213-6c
52222 Fliederweg 183-10a
52222 Forsthaus Schwarzenbruch 182-7c
52223 Foxiusstraße 212-2b
52223 Frankenstraße 212-11b
52222 Frankentalstraße 182-12d
52222 Franziskusstraße 182-9d
52224 Franzosenkreuz 213-3c
52224 Friedensstraße 213-2d
52222 Friedhofstraße 182-11a
52222 Friedrich-Ebert-Straße 182-12b
52222 Fröbelstraße 183-10a
52223 Fuchskaul 212-8a
52223 Fuchskauler Weg 212-7b
52222 Fuchsweg 182-11a

52223 Gallierweg 212-6c
52223 Galmeistraße 212-6a
52223 Gardopark 212-3c
52223 Gartengasse 212-12a
52224 Gartenstraße 213-6a
52223 Gedau 212-5a
52222 Georgsfeld 182-9d
52222 Geranienweg 183-10a
52223 Geschwister-Scholl-Platz 212-3c
52223 Gimpelweg (14) 212-3c
52222 Glasstraße 182-11b
52224 Glück-Auf-Straße 213-4d
52222 Glücksburgweg 182-8c
52222 Goethestraße 182-11b
52222 Görlitzer Straße 182-12b
52223 Grabenstraße 213-1c
52224 Gracht 214-1b
52224 Grenzweg 183-12b
52224 Gressenicher Straße 213-6a
52222 Grüberstraße 213-1c
52223 Grüner Weg 212-3c
52222 Grüntalstraße (31) 212-3b
52222 Gustav-Stresemann-Straße 182-12b
52224 Gut Köttenich 184-10a
52224 Gut Lohmühle 213-5c
52222 Gut Schwarzenbruch 182-10b
52223 Gut Schwarzenburg 212-8c
52222 Gut Strauch 183-11a
52223 Gut Tannenbusch 212-5c

52223 Habichtweg (18) 212-3c
52222 Haldenstraße 182-8d
52224 Hamicher Weg 214-1a
52222 Hammerberg 212-3d
52224 Hammerwald 213-4a
52222 Hamm-Mühle 182-11b
52222 Hammstraße 182-11b
52222 Hans-Böckler-Straße 182-9d
52224 Hardthover Weg 214-2d
52222 Hasencleverstraße 182-8d
52223 Hassenberg 212-9b
Hastenrather Straße 213-1a
52222 Nr. 2-122, Nr. 15-83
52224 Nr. 101-115
52223 Haumühle 212-2c
52224 Haus Gracht 214-1b
52224 Haus Loh 213-4d
52222 Heerweg 182-8d
52224 Heidehof 213-5a
52222 Heidestraße 183-10a
52224 Heimstraße 213-2d
52222 Heinrich-Böll-Platz (11) 212-3d
52222 Heinrichstraße 182-11d
52222 Heinrich-Willms-Straße 183-10a
52223 Heinz-Kamps-Platz 212-2b
52223 Heketweg 212-6a
52224 Helenasruh 214-5b
52222 Hermann-Löns-Straße 182-11b
52222 Hermann-Ritter-Straße 182-12c

52222 Hermannstraße 182-12c
52222 Herzogstraße 213-1b
52224 Hitzberg 213-3b
52224 Hochweger Hof 183-11c
52223 Hof Weide 182-12a
52223 Hofgasse 212-12c
52223 Höhenkreuzweg 212-6c
52222 Höhenstraße 183-10a
52224 Hohlstraße 214-2d
52222 Horsterhof 183-10d
52223 Hostetstraße 212-5d
52223 Hubertusstraße 212-8d
52224 Hufweg 213-8a
52222 Hüttenweg 182-12c

52222 Igelweg 182-11a
52222 Ilexweg 183-10d
52224 Im Brühl 214-1a
52223 Im Ginsterfeld 212-2b
52222 Im Güldenen Morgen 183-10c
52224 Im Hahn 213-6a
52224 Im Hammer 214-2a
52222 Im Hirschfeld 182-11a
52224 Im Loh 213-4d
52224 Im Pesch 213-5b
52223 Im Priesterland 212-5c
52222 Im Rehgrund 182-11a
52223 Im Steg 212-12a
52224 Im Winkel 213-5b
52223 In der Dell 212-6a
52223 In der Fahrt (1) 212-11b
52222 In der Schart 212-3d
52224 Industriestraße 213-2d
52222 Irisweg 183-10d

52224 Jägersfahrt 213-11b
52222 Jahnstraße 182-11b
52222 Jeremias-Hoesch-Straße 213-1a
52224 Joaswerk 214-2d
52224 Johannesstraße 213-8a
52222 Johann-von-Asten-Straße (2) 213-1a
52222 Jordanplatz (26) 182-11c
52223 Jordansberg 212-3d
52222 Jordanstraße (27) 182-12c
52222 Josefstraße 183-10c
52222 Josef-von-Görres-Straße 212-3b
52224 Junkershammer 213-11c

52222 Kaiserplatz 212-3b
52224 Kantstraße 213-6a
52222 Kaplan-Josef-Dunkel-Platz (31) 182-12d
52222 Kapuzinerweg 182-12b
52222 Karl-Arnold-Straße 182-12b
52222 Karlstraße 182-8d
52223 Kastanienweg 212-11b
52222 Katzhecke 212-3b
52223 Kelmesberg 212-6d
52223 Keltenweg 212-11b
52223 Kiebitzweg (15) 212-3c
52224 Kiefernweg 183-12b
52223 Kirchgasse 212-12a
52223 Kirchheid 212-8d
52224 Klapperweg 213-11c
52223 Klara-Fey-Weg 182-12d
52223 Klatterstraße 212-3d
52222 Kleefeldstraße (24) 182-12c
52224 Kluckenstein 213-8d
52222 Kogelshäuserstraße 182-12d
52222 Kohlbuschweg 182-12a
52223 Kolpingstraße (2) 213-6a
52222 Königsberger Straße 182-12b
52224 Könnesbend 213-8d
52223 Konrad-Adenauer Straße 212-5d
52222 Kortumstraße (33) 212-3b
52222 Köttenicher Weg 184-10c
52223 Krähenweg 212-6a
52223 Krahfeld 213-10a
52224 Krämersterz 214-1a
52223 Kranensterzstraße 212-6a
52223 Kranichweg (2) 212-11b
52224 Kranzbergstraße 213-8a
52222 Krausstraße 182-12a
52223 Krauthausener Straße 212-7b
52222 Krautlade (21) 182-12c
52224 Kreuzfeld 213-6c
52224 Krewinkel 213-6b
52224 Krewinkeler Straße 213-6a
52223 Krokusweg 183-10d
52222 Kupfermeisterstraße 182-12d
52224 Kurt-Schumacher-Straße 213-5c

52224 Lamersiefen 214-5b
52224 Langer Ranken 213-5a
52224 Langerweher Straße 214-2b
52224 Laurentiusstraße 184-10c
52223 Lehmkaulweg 212-6a
52222 Leimberg 182-9d
52222 Leonhard-Schleicher-Straße (3) 213-1a
52223 Lerchenweg 212-3c
52224 Leuwstraße 213-8a
52222 Lilienweg 183-10a
52222 Lindberghstraße 213-2d
52223 Lindenstraße 212-2b
52224 Loh 213-7b
52223 Lohrstraße 212-3a
52222 Lothringer Straße (21) 212-3b
52222 Luchsweg 182-11b
52222 Luciaweg (19) 212-3d
52222 Ludwig-Phillip-Lude-Platz (32) 212-3b
52222 Lupinenweg 183-10a

52222 Malmedyer Straße 182-12d
52223 Marie-Juchazc-Park 212-3c
52223 Marienstraße 212-8c
52224 Markt 214-1a
52224 Marksplatz 213-6a
52222 Martinstraße 183-10a
52222 Matheis-Peltzer-Straße 213-1a

Straßenhaus

PLZ 56587

(zu VBG Rengsdorf)

Stürzelbach

PLZ 57614

(zu VBG Altenkirchen (Westerwald))

Swisttal

PLZ 53913

Thalhausen

PLZ 56584

(zu VBG Rengsdorf)

Troisdorf

Straßennamen mit Suchfeldangaben in Klammern befinden sich im Cityplan auf Seite 39.

53844 Ampérestraße 227-1d
53844 Amselweg 197-8d
53842 An der Alaunhütte (2) 197-3d
53840 An der Feuerwache (39/B1)
53840 An der Kirche 198-11a
53842 An der Pohlstatt 197-3c
53844 An der Schindskaule 197-9d
53840 Anemonenweg 198-11a
53844 Anette-von-Droste-Hülshoff-Straße 227-5a
53844 Anna-Schell-Straße 227-2d
53844 Anne-Frank-Straße 227-2d
53840 Annonisweg 198-8b (39/A1)
53842 Antoniusstraße (2) 198-7b
53842 Antwerpener Straße 197-3a
53844 Apfelgarten 197-12c
53844 Arndtstraße 227-5a
53842 Asselbachstraße 197-6b
53842 Auelblick 198-7d
53844 Auelsgasse 227-3a
53844 Auf dem Axberg 227-5b
53844 Auf dem Dahl 169-11a
53844 Auf dem Grend 198-10a
53844 Auf dem Junker 227-1d
53844 Auf dem Kirvelberg 227-5b
53842 Auf dem Lohmerich 197-6b
53844 Auf dem Oligswerth (1) 197-12d
53842 Auf dem Schellerod 197-9b
53842 Auf dem Sieferod 197-6d
53842 Auf dem Vogelsang 197-5b
53842 Auf dem Zechenacker (1) 197-3d
53842 Auf der Bitz 197-6b
53844 Auf der Bleiche 227-5a
53844 Auf der Fuchskaul 197-12b
53842 Auf der Heide 198-4c
53844 Auf der Ripp 227-5a
53840 Auf der Sanderwiese (7) 198-9a
53844 Augustastraße 198-10a
53844 Augustinusstraße 197-12b
53840 Aurikelweg 198-11a
53840 Azaleenplatz 198-11a

53840 **B**achstraße 198-9c
53842 Bahnstraße 198-7d (39/A2)
53844 Balkanroute 227-1d
53844 Bayernweg 197-9d
53840 Bebelstraße 198-11a
53844 Beethovenstraße 197-8d
53840 Begonienstraße 198-8c
53842 Belgische Allee 197-3a
53842 Bensberger Straße 197-3c
53840 Benzweg 198-11a
53842 Bergerbitze (9) 198-8c
53844 Bergheimer Straße 227-2b
53844 Bergischer Ring (7) 197-9a
53844 Bergstraße 227-5a
53840 Berliner Straße 198-9b
53840 Bertha-von-Suttner-Straße 198-9b
53842 Bertramstraße (3) 198-7b
53840 Bessemerstraße 198-11a
53840 Beumerstraße 198-11a
53842 Beuthener Straße 198-7a
53842 Biberweg 197-5b
53842 Birkenweg 198-4a
53844 Birklestraße 197-8d
53844 Birnengarten 197-11d
53842 Bismarckplatz 198-8c (39/A3)
53842 Bismarckstraße (39/A3)
53842 Bitburger Straße 197-6c
53842 Bleimopsplatz 197-6a
53842 Blücherstraße 198-8a (39/A3)
53840 Blumenhof (11) 198-8c
53840 Bodelschwinghstraße 198-9c
53840 Bonhoefferstraße 198-8c
53842 Bonner Straße 197-9b
53840 Borsigstraße 198-10b
53842 Boschstraße 197-6d
53842 Bottemelechsplatz (5) 227-3a
53844 Brahmsstraße 197-8d
53842 Brandstraße 169-10b
53844 Braschosweg 227-3a
53844 Breite Straße 227-5a
53844 Bremer Straße 197-9a
53840 Breslauer Straße 198-6d
53844 Broicher Weg 197-12a
53844 Brombeergarten (3) 197-12c
53842 Brückenstraße 197-3d
53844 Brucknerstraße 197-8d
53844 Bruderschaftsgasse 227-4b
53842 Brügger Straße 197-3a
53840 Brunnenstraße 198-9b
53842 Brüsseler Straße 197-3a
53844 Buchenweg 227-5a
53840 Bueckstraße 198-11a
53842 Bunzlauer Straße 197-9b
53840 Burg Wissem 198-8b
53840 Burgallee 198-8b
- Burgpark 197-3d
53842 Burgstraße 197-3c
53844 Bussardweg 197-8c

- **C**amp Altenrath 168-9a
- Camp Spich 197-3b
53840 Canisiusstraße (39/B2)
53840 Carl-Diem-Straße 198-5c
53840 Cecilienstraße 198-8a (39/A1)
53844 Christian-Esch-Straße (23) 198-10a
53844 Christine-Siegberg-Straße (3) 227-5b
53844 Clarenstraße 198-7c
53844 Cranachstraße 197-12c
53840 Curieweg 198-11a

53842 **D**achsweg 197-5b
53842 Dahl 169-11a
53840 Dahlienweg 198-8c
53840 Daimlerstraße 198-11a
53840 Danziger Straße 198-6d
53842 Dauner Straße 197-6c
53844 Dechant-Hoven-Straße 227-2d
53844 Dechant-Wirtz-Straße 197-12b
53840 Deichweg 198-9c
53844 Die große Heerstraße 227-2a
53840 Dieselstraße (29) 198-11a
53842 Dohlenweg 198-4a
53844 Donatusstraße 198-7c
53840 Donawitzstraße 198-11b
53844 Don-Bosco-Straße 197-9d
53842 Dorf 169-7d
53844 Dorfstraße 227-2d
53842 Dornröschenweg 197-6b
53844 Dorotheenstraße 198-10a
53842 Dr.-Eckener-Straße 197-5b
53844 Dr.-Schmitz-Straße 197-12c
53840 Drachenfelsstraße (13) 198-9c
53844 Drosselweg 227-4b

53842 **E**bereschenweg 198-4a
53842 Echternacher Straße 197-6c
53840 Edisonplatz (18) 198-11a
53844 Edith-Stein-Straße 197-9d
53840 Egerländer Straße 198-6d
53842 Eibenweg 198-4a
53844 Eichendorffstraße 197-12b
53842 Eichenweg 198-4a
53842 Eifelstraße 197-6d
53842 Einsteinstraße 197-6d
53844 Eintrachtstraße 197-12b
53840 Eisenbahnweg 198-8d (39/B3)
53842 Eisenweg 198-1b
53842 Elbinger Straße 198-7a
53844 Elisabeth-Selbert-Straße 227-5a
53842 Elisabethstraße 198-7b
53844 Elly-Heuss-Knapp-Platz (2) 227-2d
53844 Elsa-Brandström-Straße (4) 227-5b
53840 Elsenplatz (10) 198-9a
53844 Elsternweg 227-4b
53840 Emil-Müller-Straße 198-8a (39/A1)
53844 Eremitenstraße 198-7c
53842 Erich-Gärtner-Weg 169-7d
53842 Erich-Klausener-Straße (39/A2)
53842 Erlenweg 198-4a
53842 Erzbergerstraße 197-6c
53844 Eschmarer Mühle 227-3b
53844 Eschmarer Straße 227-2d
53842 Essener Straße 197-9b
53842 Eulenweg 198-4a
53844 Europaplatz 197-9d
53844 Evrystraße 197-12a

53844 **F**alkenhofweg 197-11b
53844 Falkenweg 197-12a
53842 Farnweg 197-3c
53842 Fasanenweg 198-1c
53844 Fehmarnweg 197-9b
53842 Fichtenweg 198-4a
53842 Finkenweg 198-4a
53844 Flachtenstraße 197-12d
53840 Flandrische Straße 198-9c
53840 Fliegenbergstraße (1) 198-9b
53842 Fliersbachstraße 197-6b
53842 Flintweg (3) 197-3c
53842 Floraplatz 198-11a
53844 Florianstraße 198-7c
53844 Flotowstraße (2) 197-8d
53842 Flughafenstraße 169-7c
53842 Forsthaus Telegraph 198-2c
53844 Frankenstraße 198-7c
53840 Frankfurter Straße 198-8b
53842 Franz-Bergen-Straße 197-6b
53842 Franziskastraße 198-7c
53844 Franz-von-Assisi-Straße 197-12b
53840 Fraunhoferweg (19) 198-11a
53844 Freiburger Weg 197-9c
53842 Freiheitsstraße 197-6b
53840 Friedensstraße 198-8b (39/B1)
53844 Friedhofstraße 227-5a
53844 Friedlandstraße 198-7c
53840 Friedrich-Ebert-Straße 198-10b
53842 Friedrichstraße 197-6b
53840 Friesenstraße 198-9c
53840 Frieslandring 197-9d
53840 Fritz-Erler-Straße 198-10b
53842 Fröbelstraße 198-7a
53844 Fronstraße 227-5a
53844 Frühlingstraße 197-12b
53842 Furtwänglerstraße (39/A2)

53844 **G**artenstadt 197-11d
53842 Gartenstraße 197-6b
53842 Genker Straße 197-2b
53840 Gerhardstraße (11) 198-9a
53842 Germanenstraße 198-7c
53840 Gersbeckstraße 198-11c
53844 Gertrud-Bäumer-Straße 227-2d
53842 Gertrudenweg 198-7c
53840 Geschwister-Scholl-Straße 198-9a
- Gewerbepark Junkersring 197-5d
53844 Gewürzgarten 227-3a
53840 Gilchriststraße (26) 198-11a
53844 Gilmerich 197-12c
53842 Ginsterweg 197-3c
53840 Gladiolenstraße 198-8c
53842 Glockenheide 198-4c
53844 Glockenstraße 227-1d
53842 Gneisenaustraße 198-8a (39/A2)
53842 Godesberger Straße 197-6d
53842 Goerdelerstraße (39/A2)
53842 Goethestraße 197-12b
53840 Görresplatz 198-8a (39/A1)
53844 Gotenstraße 198-7c
53844 Grabenstraße 197-12d
53842 Gräfenhardt 197-3d
53844 Graf-Galen-Straße 197-12b
53844 Gronaustraße 227-5b
53844 Gronewaldstraße 227-5a
53842 Großstraße 198-8c
53842 Grüner Weg 197-6d
53840 Güldenbergstraße 198-9a

53842 **H**aberstraße 198-7c
53844 Habichtweg 197-11b
53844 Hammerhof 227-5a
53844 Händelstraße 197-8b
53844 Hannoversche Straße 197-9c
53842 Hans-Böckler-Straße 198-8c
53842 Hans-Sachs-Straße 198-7b
53842 Hans-Völlmecke-Straße 198-8c (39/A3)
53842 Hans-Willy-Mertens-Straße 197-6b
53842 Hasbacher Straße 168-9d
53842 Haselnußweg 198-4a
53842 Hauptstraße 197-2b
53844 Haydnstraße (5) 197-8d
53842 Heckenweg 198-4a
53840 Heerstraße 198-6c
53842 Heidegraben 169-10b
53844 Heidelbeergarten (2) 197-12c
53842 Heidenaustraße 197-6d
53840 Heidestraße 198-8a (39/A1)
53840 Heimbachstraße 198-8b
53844 Heinkelstraße 197-9a
53844 Heinrich-Heine-Straße 197-12b
53840 Heisenbergstraße 198-11a
53844 Helene-Weber-Straße 227-5a
53844 Helene-Wessel-Straße 227-5a
53840 Helmholtzstraße 198-11b
53840 Henschelweg (17) 198-11a
53844 Herderweg 197-9d
53840 Hermann-Ehlers-Straße 198-8c (39/A3)
53840 Hermann-Löns-Straße 198-8a (39/A1)
53844 Hertzstraße 227-1d
53844 Hessenweg 197-9d
53842 Heuserweg 197-5b
53844 Hildegard-von-Bingen-Straße 227-2d
53844 Himbeergarten 197-12c
53840 Hippolytusstraße 198-8b (39/A1)
53844 Hirschbergstraße 197-12d
- Hirschpark 198-6c
53842 Hirzbachweg 168-10b
53844 Hitzbroicher Weg 197-9d
53842 Hochfeldstraße 198-7d
53842 Höckergasse 169-7c
53840 Hofgartenstraße 198-8b (39/B2)
53842 Hohe Acht 197-6b
53840 Hohenzollernstraße 198-8a (39/A1)
53842 Hohlstein 198-4b
53842 Hohlsteinstraße 198-4c
53844 Hohner Weg 197-11d
53844 Holbeinstraße 197-11d
53844 Holsteiner Ring 197-9b
53842 Holunderweg 197-3c
53842 Hornackerplatz 198-8d
53840 Hornackerstraße (15) 198-8d
53842 Hörwies 169-7b
53840 Hospitalstraße 198-8b (39/B1)
53842 Hubertusstraße 198-4a
53844 Humperdinckstraße 197-8d
53842 Hunsrückstraße 197-6c
53840 Hüttenstraße 198-10c
53840 Hyazinthenfeld (16) 198-11a

53842 **I**ltisweg 197-6a
53842 Im Auel 198-7d
53842 Im Eisenfeld (5) 197-3c
53844 Im Engelsgarten 197-12d
53842 Im Feldbruch 197-6c
53844 Im Gäßchen 198-10a
53842 Im Grandsgarten 198-7d
53840 Im Grotten 198-11b
53840 Im Grund 198-8b (39/B2)
53844 Im Grünen Anger 197-11b
53842 Im Hölzchen (1) 169-7d
53840 Im Hüttenfeld 198-11a
53844 Im Jägersgarten 197-12c
53842 Im Kaltsiefen (2) 169-7d
53844 Im Kirchtal 197-12c
53842 Im Kleefeld 198-4a
53844 Im Kleinen Feldchen 197-11c
53842 Im Kreuzfeld 197-6b
53844 Im Krug 197-12c
53840 Im Laach 198-9a
53844 Im Lettenfeld 197-12a
53844 Im Probstgarten 227-2b
53842 Im Rosengarten 198-4a
53844 Im Tiefental 227-2b
53842 Im Tulpenfeld 198-4a
53844 Im Türchen 227-2d
53842 Im Wiesengrund 198-4a
53842 Im Winkel 198-7a
Im Zehntfeld 197-9d
53842 Nr. 1-21, Nr. 2-22
53844 Nr. 40
53844 In den Gärten 197-12d
53840 In den Hälsen (8) 198-6c
53840 In den Hecken 198-11a
53842 In den Höhnen 197-6b
53844 In den Weingärten 197-12c
53844 In der Bindeflacht 227-5b
53840 In der Gronau 198-11b
53842 In der Kleinen Heide 198-7b
53844 In der Kraus 227-5b
53840 In der Maikammer 198-6d
53842 Industriestraße 197-6d
53840 Innenhof (12) 198-8d

53844 **J**ägerstraße 227-2d
53840 Jahnplatz 198-8b (39/B1)
53840 Jasminweg (12) 198-8c
53842 Jean-Schmitz-Straße (7) 197-6b
53844 Johannesstraße 197-9d
53842 Johannisbergwerk 197-3d
53842 Josef-Frank-Straße 198-4a
53840 Josef-Kitz-Straße 198-11b
53842 Josefstraße 198-7b
53840 Julius-Leber-Straße 198-9a
53844 Junkershof (1) 227-5a
53844 Junkersring 197-5d
53842 Jupiterstraße 197-6a

53840 **K**aiserstraße 198-5c
53844 Kaiserstuhlweg 197-9d
53842 Kaiserweg 168-12c
53842 Kantstraße 198-7a
53844 Kapellenstraße 197-11d
53842 Kardinal-Frings-Straße 198-4a
53842 Karl-Jarres-Straße 198-8c (39/A3)
53840 Karl-Kuhn-Platz (28) 198-11a
53840 Karl-Peters-Straße 198-8d (39/B3)
53840 Karl-Schurz-Straße 198-8d (39/B3)
53840 Karlsgässchen (39/B2)
53842 Karlstraße 197-3c
53840 Kasinostraße 198-8d
53842 Kasseler Furt 197-2b
53842 Kastanienweg 198-4a
53844 Katharinenstraße 227-2d
53842 Käthe-Kollwitz-Straße 197-6b
53842 Keplerstraße 198-7b
53840 Kerkyrastraße (39/B3)
53844 Kerpener Hof 197-8a
53844 Kerpstraße 197-12b
53844 Kerschensteinerstraße 197-9d
53844 Kettelerstraße 197-12b
53842 Kiefernstraße 198-4d
53844 Kieler Weg 197-9b
53844 Kirchhofstraße 198-10a
53840 Kirchstraße 198-8b (39/B2)
53842 Kirchweg 197-6b
53844 Kirschgarten (4) 197-12c
53844 Kleiststraße 197-12b
53840 Klevstraße 198-8b (39/B2)
53844 Klostergasse 227-5a
53844 Kneippweg 197-12a
53842 Kochenholzstraße 197-6a
53844 Kofferstraße 198-10a
53840 Kölner Platz (39/B2)
53840 Kölner Straße 198-8a (39/A1)
53844 Kolpingstraße 198-10a
53842 König-Baudouin-Straße 197-3b
53840 Königsberger Straße 198-6d
53844 Krähenweg 227-2d
53844 Kranichweg 197-8d
53844 Krausgasse 227-5a
53844 Kreuzbergstraße 227-5b
Kriegsdorfer Straße 197-9a
53842 Nr. 1-47, Nr. 4-48
53844 Nr. 71-73
53840 Kronenstraße 198-5c (39/A1)
53840 Kronprinzenstraße (39/A2)
53840 Kruppstraße 198-11a
53842 Kupferstraße 197-6a
53844 Kurgasse 198-9a
53840 Kurt-Schumacher-Straße 198-10b
53840 Kuttgasse (39/B2)

53840 **L**ahnstraße (39/A3)
53840 Lahnstraße 198-8c
53844 Lambertusstraße 227-5b
53842 Landgrafenstraße 197-6d
53842 Langbaurghstraße 197-6a
53842 Langeler Ring 197-5b
53840 Langemarckstraße 198-8d (39/B2)
53840 Langenbergstraße 198-11a
53842 Längsbroich 169-10b
53842 Lärchenweg 198-4a
53844 Larstraße 197-12d
53842 Laubweg 197-6b
53840 Lavendelweg (13) 198-8c
53844 Lechfeld 197-9d
53842 Lehmannstraße 197-5b
53844 Lehmkuhler Straße 227-5b
53842 Lenaustraße 198-4c
53844 Leostraße 197-9d
53844 Lessingstraße 197-12a
53842 Leyenweiherstraße (2) 198-6d
53842 Liegnitzer Straße 198-7a
53840 Lilienweg 198-11a
53842 Lindenallee 197-6b
53842 Lindenstraße 198-4d
53842 Linder Straße 197-3d
53842 Lindlaustraße 198-7b
53844 Lochnerstraße 197-12c
53840 Lohmarer Straße 198-9a
53844 Lohrbergstraße 227-4b
53844 Lortzingstraße (1) 197-8d
53840 Louis-Mannstaedt-Straße 198-8d (39/B2)
53844 Löwenburgstraße 197-12d
53844 Lübecker Weg 197-9b
53844 Lucasstraße 227-5a
53842 Luisenstraße 198-7b
53840 Luise-Otto-Straße 198-10d
53844 Luise-Schröder-Straße 227-2d
53842 Lülsdorfer Straße 197-6a
53840 Lupinenweg (15) 198-11a
53840 Lürmannstraße 198-11a
53842 Lütticher Straße 197-3a
53842 Luxemburger Straße 197-6c

53842 **M**aarstraße 197-3c
53842 Magdalena-Wester-Weg 197-3d
53842 Magdalenenstraße 198-7a
53840 Maienstraße 198-9b
53840 Maria-Juchacz-Straße (22) 198-11a
53840 Marienburgstraße 198-6d
53842 Marienstraße 198-7b
53844 Marktplatz 197-12b
53844 Markusstraße 227-4b
53840 Marmorstraße 198-9a
53842 Marsweg 197-6a
53844 Martin-Luther-Straße 197-12d
53840 Martinstraße (24) 198-11a
53840 Matthias-Langen-Straße 198-9c
53842 Mauspfad 197-3a
53844 Max-Ernst-Straße 197-11d
53844 Max-Hirsch-Straße 227-4b
53842 Max-Planck-Straße 197-6d
53844 Meindorfer Allee 198-10c
53844 Meindorfer Straße 198-10a
53844 Meisenweg 227-5a
53842 Meitnerstraße 197-6d
Mendener Straße 198-11b (39/A2)
53840 Nr. 1-Ende, Nr. 4-Ende
53842 Nr. 2
53844 Menzelstraße 227-2b
53842 Merkurweg 197-6a
53844 Michelangeloplatz 197-12c
53844 Mirabellengarten (6) 227-2b
53842 Moltkestraße 198-7d
53844 Mondorfer Straße 227-4b
53842 Moosbeerenweg (4) 197-3c
53844 Mörikestraße 197-12a
53842 Moselstraße 198-7d (39/A3)
53842 Mottmannstraße 198-7a
53842 Mozartstraße (39/A2)
53844 Mühlenstraße 198-10a
53840 Mülheimer Straße 198-4c
53844 Müllekovener Straße 227-5a
53844 Münchener Weg 197-9d
53844 Mutter-Theresa-Straße 227-2c

53844 **N**achtigallenweg 227-4b
53840 Nahestraße 198-8c (39/A3)
53840 Narzissenhof 198-8c
53840 Nelkenstraße 198-11a
53840 Neue Straße 198-9b
53842 Niederkasseler Straße 197-5b
53844 Niedersachsenweg 197-9d
53844 Noldestraße 197-11d
53840 Nordstraße 198-5c (39/A1)
53842 Nürburgstraße 197-6c

53842 **O**berlarer Platz 198-7a
53842 Oberlarer Straße 198-8c
53844 Oberstraße 227-5c
53844 Offenbachstraße 197-8d
53840 Ohmstraße 198-8a
53840 Ölbergstraße 198-9c
53840 Oleanderweg (14) 198-11a
53840 Orchideenplatz 198-11a
53842 Otto-Hahn-Straße 197-6d
53840 Otto-Wels-Straße (21) 198-10b

53840 **P**acellistraße 198-9a
53844 Pänzelsgarten (7) 227-2b
53840 Parkstraße 198-5d
53842 Parsevalstraße (10) 198-8c
53840 Pascalstraße 198-11a
53844 Pastor-Böhm-Straße 197-12b
53844 Pastor-Hellen-Straße 198-10a
53844 Pastorsbitze 197-9d
53844 Pastorserlen 198-10a
53842 Pastor-Willems-Straße 198-7b
53840 Paul-Keller-Straße (39/B1)
53840 Paul-Müller-Straße 198-8a
53844 Paul-Schürmann-Platz 227-5a
53842 Paulstraße 197-3c
53842 Pestalozzistraße (4) 198-7a
53842 Peter-Klöckner-Straße 198-8c (39/A2)
53844 Peter-Ivern-Weg 197-12d
53840 Petersbergstraße (14) 198-9c
53844 Pfälzer Weg 197-9a
53840 Pfarrer-Kenntemich-Platz (39/B2)
53840 Pfarrer-Theiß-Straße (39/A1)
53842 Pfarrer-Werr-Straße 197-6b
53840 Pfarrer-Wünnenberg-Straße 198-11a
53844 Pirolweg 197-8c
53842 Piusstraße (1) 198-7b
53842 Planitzweg 168-10b
53844 Pohlgasse 227-5a
53842 Porzer Straße 197-3a
53842 Posener Straße 198-7a
53840 Poststraße 198-8a (39/A2)
53844 Pützchensweg 227-5b

53842 **R**ademacherweg 169-10a
53844 Raffaelplatz 197-12c
53844 Raiffeisenstraße 227-5a
53842 Rambusch 169-10a
53842 Ranzeler Straße 197-2d
53844 Rathausstraße 197-12b
53840 Ravensberger Weg 198-8a (39/A1)
53842 Redcarstraße 197-5d
53844 Reichensteinstraße 197-8d
53842 Reickstraße 198-4c
53844 Rembrandtstraße 197-11d
53844 Rheidter Straße 227-2b
53844 Rheindorfer Straße 227-5b
53844 Rheinischer Ring (8) 197-9c
53844 Rheinstraße 227-1d
53840 Ricarda-Huch-Straße 198-11a
53840 Richard-Wagner-Platz 198-8b (39/B1)
53840 Richthofenstraße 198-8d (39/B3)
53842 Riemenscheiderstraße (39/A2)
53840 Ringstraße 198-8d (39/B2)
53844 Robert-Koch-Straße 197-12c
53840 Robert-Müller-Platz (27) 198-11b
53842 Rodderstraße 198-4c
53840 Römerplatz 198-8b (39/B1)
53840 Römerstraße 198-8b (39/B1)
53840 Roncallistraße 198-11a
53844 Röntgenstraße 197-12d
53842 Roonstraße 198-8c
53842 Rosmarinheide 198-4c
53844 Rossinistraße 197-8d
53842 Rotter Viehtrift 197-9b
53844 Rubensstraße 197-11d
53842 Rübkamp 169-10a
53842 Rudolfstraße 197-3c

53840 **S**aarstraße 198-10b
53842 Salamanderkaule 169-10b
53842 Sandhasenplatz 169-7d
53842 Saturnstraße 197-6a
53844 Sauerbruchstraße 197-12c
53842 Scharnhorststraße 198-8a
53842 Schauenbergweg 169-7a
53842 Scheidemannstraße 197-6a
53842 Schengbüchel 169-7d
53842 Schickergasse 169-10b
53844 Schillerstraße 197-12b
53842 Schlehdornweg 197-3c
53842 Schleidener Straße 197-6b
53844 Schlesierstraße 227-2d
53840 Schloßstraße 198-8b (39/B1)
53844 Schmelzer Weg 198-10a
53844 Schmittgasse 227-5a
53842 Schneewittchenweg 198-7d
53842 Schopenhauerstraße 198-7a
53840 Schreberstraße 198-6d
53842 Schubertstraße 198-8a (39/A2)
53844 Schumannstraße (4) 197-8d
53842 Schützenstraße 197-9b
53844 Schwabenweg 197-9d
53842 Schwalbenweg 197-6b
53844 Schwanenweg 227-4b
53840 Schwarzstraße 198-5c (39/A1)
53844 Schwarzwaldweg (6) 197-9a
53840 Schweitzerstraße 198-8d (39/B3)
53840 Sebastianusweg 198-5d
53840 Siebengebirgsallee 198-9a
53844 Siebengebirgsblick 197-12d
53842 Siedlerweg 198-4a
- Siegdeich 227-6a
Sieglarer Straße 198-7d
53840 Nr. 9-19a
53842 Nr. 21-Ende, Nr. 38-Ende
53844 Siegstraße 227-5a
53842 Siemens-Martin-Straße 198-8c
53840 Siemenstraße 198-11a
53844 Silberberger Straße 227-5b
53842 Silbergasse 197-6a
53840 Sonnenscheinstraße 198-9c
53842 Sonnenstraße 197-6a
53844 Spatzenweg 197-8d
53840 Speestraße 198-8d (39/B3)
53844 Sperberweg 197-8c
53842 Spichbuschstraße 197-3c
53842 Spicher Platz 197-6b
53844 Spicher Straße 197-9d
53844 Spillbähnstraße 197-12c
53844 Spitzwegstraße 197-12c
53844 St.-Adelheid-Straße 227-2d
- Stadtteilpark 198-8c (39/A3)
53842 Stadtteilpark Oberlar 197-9b
53840 Stahlstraße 198-8d
53840 Stationsweg 198-8a
53840 Steinackerstraße 198-8d (39/B3)
53840 Steinhof 198-8b (39/B2)
53844 Steinmannstraße 197-5d
53844 Steinstraße 197-12b
53842 Sternenstraße 197-6a
53840 Stettiner Straße 198-6d
53844 Stifterstraße 227-2c
53842 Stockemer Weg (6) 197-6a
53842 Stormstraße 198-7b
53842 Stralsunder Straße 198-7a
53844 Straße zur Mühle 227-3a
53840 Stresemannstraße 198-8b
53842 Südstraße 198-7b
53842 Sülzbachstraße 169-8c

53842 **T**alweg 198-7b
53842 Tannenweg 198-4a
53840 Taubengasse 198-9a
53844 Taunusweg 197-9b
53842 Telegrafstraße 198-4a
53842 Teutonenstraße 198-7c
53840 Theodor-Heuss-Ring 198-8a (39/A2)
53844 Theodor-Körner-Straße 227-4b
53844 Thomas-Mann-Straße 197-12b
53840 Thomasstraße (25) 198-11a
53840 Tilsiter Straße (6) 198-6d
53844 Tizianstraße 197-12c
53844 Troisdorfer Straße 198-10a
53844 Trude-Herr-Weg 227-5a

53844 **U**bierstraße 198-10a
53844 Uckendorfer Straße 197-9a
53840 Uferstraße 198-12a
53844 Uhlandstraße 197-12b
53842 Ulmenweg 198-4a
53840 Ulrather Blick 198-9b
53842 Urbacher Straße 197-3c
53840 Ursulaplatz 198-8b

53844 **V**an-Gogh-Platz 197-12c
53844 Veilchenweg 198-11a
53842 Verdiallee 198-8a (39/A2)
53840 Viktoriastraße 198-8a (39/A1)
53842 Vom-Stein-Straße 198-8c (39/A2)
53840 Von-Hassell-Straße (4) 198-6d
53840 Von-Loe-Straße 198-8b (39/B1)
53840 Von-Stauffenberg-Straße (3) 198-6d
53842 Von-Werth-Straße 198-7b
53844 Vorgebirgsblick 197-12c
53842 Vulkanstraße 197-6d

53842 **W**acholderweg 198-4a

53844 Wachtelweg 197-8c
53842 Wahner Straße 197-3d
- Waldpark 198-5d
53842 Waldsiedlung 169-10d
53842 Waldstraße 197-6b
53842 Walter-Rathenau-Straße 197-6b
53842 Wasserwerk 198-7d
53840 Wattstraße 198-11a
53844 Weberstraße (3) 197-8d
53844 Weidengasse 197-12d
53842 Weier 169-8c
53842 Weierdorf 169-8c
53844 Weilbergstraße 227-4b
53840 Weingartenweg (39/B2)
53842 Wernerstraße 197-3c
53840 Westend 198-10b
53844 Westfalenstraße 197-9a
53844 Wielandstraße 197-9d
53844 Wilhelm-Busch-Straße 197-12c
53840 Wilhelm-Hamacher-Platz (39/A1)
53840 Wilhelm-Hamacher-Straße (39/A1)
53840 Wilhelmstraße 198-8a (39/A2)
53840 Wilhelm-Stricker-Weg 198-6c
53844 Willy-Brandt-Ring 197-9d (39/A3)
53840 Windgassenplatz (23) 198-11a
53840 Windhorststraße 198-10b
53844 Witschgasse 227-5a
53842 Witzenbachstraße 169-10b
53842 Wolfsweg 168-10c
53844 Wolkenburgstraße 227-4b

53842 Zedernweg 198-4a
53844 Zeisigweg 197-8d
53840 Zeißweg (20) 198-11a
53842 Zeppelinplatz 198-8c
53840 Ziegenbergweg 169-10b
53842 Ziethenstraße 198-7a
53842 Zobelweg 197-6a
53840 Zum Alten Tor 198-9b
53840 Zum Altenforst 198-9b
53844 Zum Antoniuskreuz 197-8d
53844 Zum Discholls 227-5a
53842 Zum Düffenbroich 169-10b
53844 Zum Hühnerberg 227-2d
53844 Zum Kalkofen 227-2c
53842 Zum Kirchsiefen 169-7c
53842 Zum Krötenpfuhl 169-10b
53844 Zum Mühlenberg 197-12d
53840 Zum Röhrichtsiefen 198-9a
53842 Zum Scharfenberg 169-10b
53844 Zum Siegblick 227-5b
53840 Zum Sonnenberg 198-6c
53844 Zum Sonnenhang 197-12d
53842 Zum Stocksiefen 169-7d
53842 Zündorfer Weg 197-2b
53840 Zur Eremitage 198-9a
53842 Zur Grube Versöhnung (3) 169-10b
53842 Zur Hardt 197-6b
53842 Zur Hohen Schanze 169-7c
53844 Zur Kleinbahn 227-5b
53844 Zur Siegaue 227-6a
53844 Zur Siegfähre 227-5d

Übach-Palenberg

PLZ 52531

Aachener Straße 120-3b
Adolfstraße 121-1d
Akazienweg (22) 121-5d
Albert-Schweitzer-Straße 120-3b
Am Bucksberg 121-1c
Am Connefeld 121-1d
Am Nützenberg (12) 121-1d
Am Rimburger Acker (C) 120-3d
Am Römerhof 120-3b
Am Schlosswald 120-3d
Am Steinberg 121-1b
Am Tomberg 121-1d
Am Wasserturm 121-1a
Amselweg 121-2d
An der Linde 121-1b
Anemonenweg (16) 121-5a
Annastraße 121-5c
Anton-Bruckner-Straße 121-1a
Arndtweg 121-1b
Asternweg 121-5a

Baesweilerweg 121-2c
Bahnhofstraße 120-3b
Beethovenstraße 121-1c
Beggendorfer Straße 121-1d
Begonienweg 121-5a
Bertramstraße 120-3b
Beystraße 121-1c
Birkenstraße 121-5b
Blumenstraße 121-5a
Bonhoefferstraße 121-2c
Borsigstraße 121-2a
Boschstraße 121-2a
Brabantstraße 121-6a
Bruchhausener Straße 120-3c
Brünestraße 121-5b
Buchenstraße 121-5b
Burgstraße 121-1d

Carl-Alexander-Straße 121-5b
Carl-Benz-Straße 121-2d
Carlshof 121-1a
Carlsplatz 121-1a
Carolus-Magnus-Straße 121-1a
Clara-Schumann-Weg (A) 121-1a
Comeniusstraße 121-1a
Conneallee 121-1d
Cranachweg 121-5a

Dahlienweg 121-5a
Daimlerstraße 121-2a
Dammstraße 121-1c
David-Hansemann-Straße 121-2d
Dionysiusstraße 121-1d
Dürerstraße 121-2c

Eburonenstraße 120-3d
Eibenweg (23) 121-5d
Elsa-Brändström-Straße (B) 120-3b
Em Koddes 121-1b
Endstraße 120-3b
Erikaweg 121-5a
Erlenweg (25) 121-5d
Ernst-Wiechert-Straße (6) 121-1c

Fastradahof 121-1a
Fastradastraße 121-1a
Feuerbachweg 121-2c
Feuerdornweg (21) 121-5d
Fichteweg 121-1a
Fidelisstraße 121-5a
Finkenstraße 121-2c
Floriansweg (11) 121-1b
Frankenhof (5) 121-1a
Franzstraße 121-1d
Franz-von-Assisi-Straße 120-3b
Freiheitstraße 121-1d
Friedensstraße 121-5a
Friedrich Wilhelm Raiffeisen-Straße 121-2d
Friedrich-Ebert-Straße 121-1a
Friedrichstraße 121-6a

Gartenstraße 121-5b
Glückaufstraße 120-3b
Goethestraße 121-5b
Grenzweg 120-3a
Grüner Weg 121-2d
Grünstraße 120-3b
Gut Blaustein 121-6a
Gut Drinhausen 121-2b

Händelstraße (8) 121-1c
Hans-Böckler-Straße 121-2d
Heerlener Straße 120-1b
Heinrichstraße 121-5c
Helenenhof 121-3a
Hellebott 121-1b
Herbacher Wald 121-4a
Herderstraße 121-1b
Holbeinweg 121-5a
Holthausener Straße 121-2d
Holunderplatz 121-5d
Hovergracht 121-1b

Im Beggendorfer Hof 121-1d
Im Kauert 121-1b
Im Kiel 121-1c
Im Südhof 121-5b
In der Gang 121-1d
Irisweg 121-5a

Johanniterstraße 120-3d
Josefstraße 121-1a
Josef-van-der-Velden-Straße 121-2c
Jülicher Straße 121-2c

Kapellenstraße 120-3b
Karolingerstraße 120-3b
Kastellhof 120-3d
Kastellstraße 120-3d
Kettelerstraße 121-2c
Kieswinkelstraße 121-2a
Kirchberg 121-1b
Kirchplatz 121-1d
Kirchstraße 120-3b
Knappenstraße 121-5d
Kokoschkastraße 121-5a
Kollwitzstraße 121-2c
Kopernikusstraße 121-1c
Krähwinkel 121-1a
Kreuzgracht 120-1b

Leostraße 121-5b
Lessingstraße 121-1c
Liebermannweg 121-5a
Lindenplatz 121-6a
Lotharstraße 121-1a
Lückerhof 121-1d
Ludwigstraße 120-3b

Maastrichter Straße 120-3b
Marienhof 120-2b
Marktplatz 121-2c
Martin-Luther-Straße 121-5d
Martinstraße 121-5c
Matfriedstraße 121-1a
Melchersstraße (10) 121-1c
Menzelweg 121-5a
Merksteiner Straße 120-3b
Mittelstraße 121-5b
Mozartstraße 121-1a
Mühlenfeldweg 121-1a

Nelkenweg (17) 121-5a
Nikolaus-Becker-Straße 121-6a
Noldestraße 121-5a
Nordhof 121-5b
Nordring 121-5b

Op Rölkens (14) 121-1d
Orffweg 121-1a
Otbertstraße 120-3b
Ottegrafenstraße 121-1c
Otto-Hahn-Straße 121-2d
Otto-von-Hubach-Straße 121-1c

Pappelweg (24) 121-5d
Paul-Klee-Straße 121-2c
Pestalozzistraße 120-3d
Place de Rosny-Sous-Bois (4) 120-3b

Quäkergracht (13) 121-1d

Rathausplatz 121-1d
Regewidisstraße (9) 121-1c
Rembrandtstraße (15) 121-2c
Rethelstraße 121-5a
Richard-Wagner-Straße 121-1c
Rimburger Allee 120-3d
Rimburger Hof 120-3c
Rimburger Mühle 120-3c
Rimburger-Straße 121-1c
Robert-Koch-Straße 121-1a
Röchlingstraße 121-6a
Rochusstraße 121-5c
Roermonder Straße 121-8a
Rölkenstraße 121-4b
Römerstraße 121-5d
Rosenweg 121-5a
Rotdornweg (20) 121-5d
Rubensstraße 121-2c
Rudolf-Diesel-Straße 121-2d

Schillerstraße (7) 121-1c
Schlackweg 120-3a
Schlehenplatz 121-5d
Schloss Rimburg 120-3c
Schnitzlerstraße 121-1c
Schwalbenstraße 121-2d
Sebastianusweg 121-1d
Stadionstraße 121-1c
Südring 121-5b
Südstraße 120-3b

Talstraße 121-2a
Theklastraße 121-5c
Thornstraße 121-1d
Tulpenweg (18) 121-5a

Ulmenweg (26) 121-5d

Valkerhofstadt 120-3a
Veilchenweg (19) 121-5a
Viehweg 120-1b
Vlohtenstraße 121-2c

Waldstraße 120-3d
Waubacher Weg 120-2b
Weidenstraße 121-5d
Weinbergstraße 121-1c
Werkstraße 121-2d
Wiesenstraße 121-5b
Wirichstraße 121-1c
Wittenberger Weg 121-5d

Zillestraße 121-2c

Unkel

PLZ 53572

Alfred-Bierwirth-Weg (22) 289-8c
Alte Heerstraße 289-8a
Alter Kiesweg 289-11a
Alter Kirchweg 289-8c
Am alten Rhein 289-11b
Am Bahndamm 289-8a
Am Graben 289-11a
Am hohen Weg 289-11a
Am Kelter 289-11c
Am Schröter Kreuz 289-8c
Am Stux 289-11b
Am Turm 289-10b
Am Weidenberg 289-11d
Amselweg (9) 289-10b
An der Heisterer Ley 289-11d
Asbergstraße 289-8b
Auf dem Dom (14) 289-11c
Auf dem Kreuzbüchel 289-8b
Auf dem Rheinbüchel 289-10b
Auf dem Sand 289-11a
Auf Jägert 289-8a

Backesweg 289-11c
Bahnhofstraße 289-8c
Beethovenstraße (17) 289-11c
Bergstraße 289-8c
Birkenweg 289-11c
Brücherweg 289-8a
Bruchhausener Straße 289-11a
Brückenstraße 289-11d
Buchenweg 289-11a
Burg Vilzelt 289-11d

Carl-Löwe-Straße (13) 289-11a
Corneliaweg (7) 289-8c

Drachenfelsstraße 289-8b

Erlenweg 289-11c
Eschenbrenderstraße 289-10b

Finkenweg 289-11a
Frankfurter Straße 289-11a
Franz-Hermann-Kemp-Straße 289-8c
Freiligrathstraße 289-8c
Fritz-Henkel-Straße 289-8c

Gerhardswinkel 289-11b
Graf-Blumenthal-Straße 289-10b
Grüner Weg 289-8a
Günther-Lauffs-Promenade 289-8c
Gut Haanhof 289-9c
Gut Hohenunkel 289-9a

Heeresdorfstraße (18) 289-11c
Heinrich-Böll-Straße (19) 289-11a
Heister 289-11d
Heisterer Weg 289-8c
Henkel-Park 289-8c
Honnefer Straße 289-8a

Im Baesacker 289-8b
Im Denklich 289-8c
Im Horsberg 289-8b
Im Kellborn 289-8c
Im Pösten 289-8a
Im Weidenberg 289-11b
Im Winkel 289-8c
In der Persch 289-8c

Joseph-Vaassen-Straße (20) 289-11a

Kamener Straße 289-8c
Kapellenstraße (21) 289-11d
Karolingerstraße 289-11a
Kaufmannweg (15) 289-11c
Kirchstraße (5) 289-11a
Konrad-Adenauer-Promenade 289-10b

Lehngasse (6) 289-11a
Leinpfad 289-10b
Lindenweg 289-11c
Linzer Straße 289-11a
Lohrbergstraße 289-8b
Löwenburgstraße 289-8a
Lühlingsgasse (2) 289-8c

Marienfelsstraße 289-11c
Merowingerstraße 289-11a

Nachtigallenweg 289-10b

Ölbergstraße 289-8b

Petersbergstraße 289-8b
Prälat-Schwamborn-Straße (8) 289-11a
Pützgasse (4) 289-11a

Rheinanlagen 289-8c

Schaaffhausenstraße (10) 289-10b
Scheurener Straße 289-8c
Schopenhauerweg (11) 289-11a
Schulstraße 289-11a
Sebastianstraße 289-11a
Siebengebirgsstraße 289-8a
Simon-Levy-Straße 289-11a
St. Josefstraße 289-8c
St. Pantaleonstraße 289-11a
Stuxhöhe 289-11b

Urbachsmühle 289-11b

Vogtsgasse (3) 289-8c
Von-Bothwell-Straße (12) 289-11a
Von-Droste-Hülshoff-Straße (16) 289-11c
Von-Werner-Straße (1) 289-8c

Willy-Brandt-Platz (23) 289-8c
Winzerweg 289-8c
Wolkenburgstraße 289-8b

Urbach

PLZ 56317

(zu VBG Puderbach)

Am Marktplatz 315-8b
Am Schuler 315-5d
Am Wollbach 315-8d
Amselweg 315-8b
Anhauserweg 315-8d
Aussiedlerhof-Justenhof 315-8d

Beim Pfarrgarten 315-8b

Dahlienweg (4) 315-8d

Engerweg 315-8b

Fliederweg (5) 315-8d
Forsthaus 315-8d

Gartenstraße 315-8b
Gierendsweg 315-8d

Hauptstraße 315-8b
Heller Weg 315-8c
Hinterdorf 315-8c
Huhlay 315-8d

Im Flürchen 315-8b
Im Gründchen 315-8b
Im Kimmel 315-11b
In den Höfen 315-8d
In der Butterweide 315-8d
Industriepark "Urbacher Wald 2" 315-11b
Industriepark "Urbacher Wald 3" 315-11b

Kirchstraße 315-8b

Lenzenstück 315-8d
Lenzenweg 315-8d
Lerchenweg 315-8b
Lindenhof 315-6c

Märkerstraße 315-11b
Meisenweg 315-8b
Mittelstraße 315-8c
Mühlacker 315-8d
Müllerhof 315-8a

Panoramablick (2) 315-5d
Panoramaweg 315-5d
Postweg 315-8b
Puderbacher Straße 315-8d

Raiffeisenstraße 315-8d
Raubacher Pfädchen 315-8b
Raubacher Straße 315-8b
Rosenweg (3) 315-8d

Schulstraße 315-8b
Schwalbenweg (1) 315-5d
Sonnenstraße 315-8b

Wiesenstraße 315-8b

Zum Strandbad 315-8b

Urbar

PLZ 56182

(zu VDG Vallendar)

Alte Straße 346-1a
Am Eulenberg 346-1c
Am Hellengraben 346-1d
Am Kammrädchen 346-1b
Am Krebsberg (7) 346-1b
Am Mühlenberg 346-1b
Am Rheineck 346-1c
Am Rheinufer 346-1c
Am Schützenplatz 346-1c
Am Sportplatz 346-1a
An der Kreisstraße 346-2a
Arenberger Straße 346-1a
Auf dem Sand 346-1a
Auf dem Schafstall 346-5a

Bachtal 346-2c
Blumsmühle 346-2c
Bornstraße 346-1a

Dötschmühle 346-2b

Eichendorffweg 346-1c

Franziskanerinnenstraße (4) 340-10c
Friedrich-Ebert-Straße 346-1a

Gartenstraße 346-1a
Gut Besselich 340-10c

Hammerstein 346-1a
Hauptstraße 346-1c
Helfensteinstraße 346-1a
Hilda-von-Stedmann-Straße 340-10c
Holdenberger Hof 346-2a

Im Klosterfeld (1) 340-10c
Im Monzental 346-1c
In den Büngerten (5) 346-1a
In den Wiesen 346-1a
In der Au 346-1b
In der Hohl 346-1b

Kirchstraße 346-1c
Klostergut Besselich (2) 340-10c

Mallendarer Bachtal 346-1a
Margarete-Nelges-Straße 346-1b

Provinzialstraße 346-1c

Remigiusstraße (3) 340-10c
Rheinhöhe 346-1c

Schmelzmühle 346-3a
Schulstraße (6) 346-1a
Steinbachsmühle 346-1d

Von-Kirn-Straße 346-1b

Urmitz

PLZ 56220

(zu VBG Weißenthurm)

Am Alten Schloss (6) 338-5c
Am Kirchtürmchen 338-4d
Amselweg (3) 338-4d
Auf'm Bungert 338-4d

Birkenweg 338-4d
Blumenstraße 338-5c
Brückenstraße 338-5b
Bubenheimer Weg 338-8a
Buchenweg 338-4d

Drosselweg (4) 338-4d
Dürmerstraße 338-5c

Eichenweg (5) 338-4d
Erlenweg 338-4d

Freiherr-vom-Stein-Straße 338-4d

Gartenstraße 338-5c
Gewerbegebiet Hofacker I 338-5c
Gewerbegebiet Hofacker II 338-5c
Gewerbegebiet Urmitz 338-7d
Goethestraße 338-5c

Hauptstraße 338-4d
Haydnstraße 338-5c
Hinter der Raiffeisenstraße 338-5c

Im Feld (9) 338-5c
Im Hofacker 338-5a
Im Widdum 338-5c
Im Wingert 338-4d
In den Mittelweiden 338-5d

Jahnstraße 338-5c
Junkersheck 338-8c
Junkerstück 338-5c

Kaiser-Heinrich-Straße 338-4d
Keltenstraße 338-4d
Kirchstraße 338-5a
Koblenzer Straße (7) 338-5c
Kolpingstraße 338-5c
Kreuzgässchen (11) 338-4d

Landstraße 338-7d
Lehpfad 338-4d
Les-Noes-Platz (10) 338-5c
Lessingstraße 338-5c

Mozartstraße 338-5c

Pappelweg 338-4d
Parkstraße 338-4d

Raiffeisenstraße 338-5c
Rheingraben 338-5a
Rheinstraße 338-5a
Rheintal 338-4d
Ringstraße 338-5c
Römerstraße 338-4d
Rosenstraße 338-5c
Rudolf-Diesel-Straße 338-7d

Schillerstraße 338-5c
St.-Georg-Straße (2) 338-5c
St.-Nikolaus-Straße (1) 338-5c

Ulmenweg 338-4d
Unter der Höhe 338-5c

Von-Scheben-Straße 338-5c

Weißenthurmer Straße 338-4d
Wirthsgarten (8) 338-5c

Vaals (NL)

Aan de Boom 178-8a
Aan de Noot (9) 179-10d
Aan de Twijnerij (2) 179-10b
Aan de Ververij 179-11a
Aan de Weverij 179-10b
Aan de Wolf 178-8b
Adelbertstraat 179-10b
Akenerstraat 179-11c
Akkerroosweg 209-1b
Beatrixstraat 179-11c
Beemderlaan 179-11c
Bellitterweg 178-10c
Benedictijnenstraat (2) 178-8a
Berensbergstraat 178-9d
Bergstraat 179-11c
Bergvlierweg (11) 209-1b
Bergweide (10) 209-1b
Bloemendalstraat 179-10d
Boomerbergweg 178-8a
Borstelkrans 178-8a
Boschbergweg 178-10c
Boschweg 208-2a
Bosstraat 179-11c
Brand Eikervoetpad 178-12c

Brand Eikerweg 208-2b
Broekerweg 179-10d
Bronnenstraat 179-10d

Camilluspark 179-10b
Ceresstraat 179-10d
Clarissenstraat 179-11c
Cottesserweg 178-11a

De lange Akker (13) 179-10d
Dr. Ariënsstraat 179-11c
Dr. Poelsstraat 179-10b
Dr. Schaepmanstraat 179-11c
Duikersdriescherweg 178-12a

Eenbesweg 209-1b
Elsenboschvoetpad 178-11a
Elsenboschweg 208-1b
Engerweg 178-9b
Epenerbaan 178-10c
Eschberg 179-10c
Eschveldervoetpad 209-1a
Eyelweg 208-3c

Gatsweg 178-7a
Gemmenicherweg 209-4a
Grachterweg 178-7d
Grensstraat 179-11c
Groenzandweg 179-10d
Groot Vijlener Delvoetpad 178-11a

Harles 178-9c
Harliserweg 178-8d
Heibergweg 178-4d
Hertogenboschweg 209-1c
Heuvel 179-10b
Hilleshagerweg 178-5c
Hoeve Einrade 178-12a
Hoeve Mamelis 178-5d
Holset 178-12b
Holsetterheideweg 178-12c
Holvigerweg 178-9c
Holvigsweg 178-7b
Hoogweg 208-3a

Hopschet 178-8c
Huub Hermanstraat 209-1b

Ingenieur Em. Mélottestraat 179-10b
Int Oord 179-10d
Irmgardstraat (1) 179-10b

Jos Francotteweg 179-11a

Kasteel Bloemendal 179-10d
Kasteel Lemiers 178-9b
Kasteel Vaalsbroek 208-3b
Keldersweg 178-8d
Kerkstraat 179-11c
Kerkveldstraat (4) 179-11c
Kerperboschweg 178-11c
Kinderbornsweg 178-7b
Klaasvelderweg 178-12b
Kloosterstraat 179-10d
Kolmondstraat 179-10b
Koning Hendrikstraat 179-10b
Koningin Julianaplein 179-11c
Koningsvoetpad 178-8c
Koperstraat 179-11c
Korenstraat (12) 209-1b

Laatbankstraat 179-10d
Landal Green Parks Hoog Vaals 179-10c
Landweg 179-10d
Lange Bosweg 208-3a
Leenheerstraat 179-10d
Lemiers Rijksweg 178-9b
Lemierserberg 179-7c
Leunweg 178-7b
Lieve Vrouwestraat 179-10b
Lindenstraat 179-11c
Lindenweg 209-1a
Lingbergpad 178-10c
Lutterendalsveldweg 178-11d
Lutterendalsweg 178-11c

Mamelis 178-5d
Mamelisserweg 178-5d
Masstricheterlaan 179-10b
Meelenbroek 208-3b
Meelenbroekerweg 208-3d
Melleschet 178-7b
Mommegats 178-8b
Monseigner Nolensstraat (5) 179-11c
Moorbergvoetpad 208-3d
Moorbergweg 208-3c
Morettistraat 179-10d
Munnikenhof 178-8c
Munnixweg 178-8a

Nieuwe Hertogenweg 179-10d

Orsbacherweg 178-9b
Oude Akerweg 179-10a
Oude Akerweg (Vijlen) 178-8b
Oude Lemiers 178-9d
Oude Trichterweg 178-8a

Pannesbergvoetpad 178-8a
Pannisbergweg 178-7d
Parklaan 179-10d
Pastoor Prickaertsstraße 209-2a
Pastoor Schleidenstraat 178-8a
Pastorijweg 178-8a
Pater Gelissenstraat 178-8b
Pater Janssenstraat (7) 179-10b
Patersweg (6) 179-10b
Pleyersvoetpad 178-12b
Pleyersweg 178-12b
Plummerboschveldweg 178-11c
Plummerboschweg 178-11d
Plummerweg 178-11d
Prins Bernhardplein 179-11a
Prins Bernhardstraat (3) 179-11c
Prins Willem Alexanderplein 179-11c
Putvoetpad 178-8c

Raardelvoetpad 178-10a
Randweg 179-10b
Raren 208-3b
Rarenderstraat 208-3b
Reutersweg 178-5c
Rijksweg 178-5b
Rindergats 178-9c
Rott 178-7b
Rotterstraat 178-7b
Rugweg 208-2a
Rugzijweg 178-11a

Sacré Coeurstraat 179-10d
Schepenbankstraat (8) 179-10d
Schiltweg 178-12a
Schoolstraat 178-9d
Schuttebergsweg 179-10c
Schuurmolenweg 179-10a
Seffenterstraat 179-11c
Selzerbeeklaan 179-10b
Sint Catharinastraat 178-9d
Sint Jozefplein 179-10b
Sint Martinusstraat (1) 178-8a
Sint Paulusstraat 179-11c
Sippenaker Voetpad (1) 208-1c
Sjwats Iris 179-10d
Sneeuwberglaan 179-11a

Tentstraat 209-1b
Ter Sassenvoetpad 208-1b
Tolbertsweg 179-10d
Tyrellsestraat 179-11c

Ulengats 178-12b
Ulensteeg 178-12b

Vaals Vijlenerweg 178-8d
Vaalsbroek 178-12d
Vaalsbroekerhof 178-12d
Vaalserhaagweg 179-10b
Vakantiepark Reevallis 178-8b
Van Renessestraat 178-8a
Van Thimusstraat 178-9d
Viergrenzenweg 209-1b
Vijlenberg 178-8a
Vijlenstraat 178-8a
Voetpad langs de Schutterswei 209-1d
Von Clermontplein 179-11c
Vrouwenhagerweg 178-10d

Weg langs de Kiezelgroeve 209-1d
Weg langs Hertogenbosch 209-1d
Weg naar het Dorp 209-1c
Weg naar het Kruis 209-1d
Weg onder de Eiken 209-1d
Weideklokje (3) 178-8b
Weijerhof 179-10c
Weijersweg 179-10c
Winnebroek 178-12c
Witte Reinsweg 178-5c
Wolfhaagerstraat 208-3b
Wolfhaagervoetpad 209-1a
Wolfskersweg 209-1b
Wolfskuilenweg 179-10d

Zevensterweg 209-1b
Zevenwegenweg 178-10d

Vallendar
PLZ 56179

Albert-Schweitzer-Straße 340-10d
Am Eisengraben 339-9c
Am Marienberg 340-7d
Am Monte Casino 339-9d
Am Mühlenbach 340-7c
Am Reginaberg 340-7a
Am Rheinufer 339-12b
Am Rosenberg 339-9b
Am Sonnenhang 340-7a
Amselsteg 340-7c
Ankergasse (14) 339-12b
Auf der Alten Burg (15) 340-10b
Auf der Dreispitz 340-10a
Auf der Rheinhöhe 340-7a
Auf'm Gräverich 340-10a
Auf'm Nippes (3) 340-7c

Bachstraße 340-7c
Beethovenstraße 340-10a
Bembermühle 340-6b
Berg Schönstatt 340-7b
Bergweg 340-10c
Beuelsweg 339-9d
Bodelschwinghstraße 340-10d
Borngasse (1) 340-7c
Brahmsstraße 340-10a
Braugasse 339-9d
Burgplatz (11) 339-9d
Burgstraße 339-9d

D'esterstraße (8) 339-9d
Deutschherrenstraße 340-10c
Dreifaltigkeitsgasse (13) 339-12b
Drosselgang 340-7c
Düppelstraße 340-10a

Eichendorffstraße 340-10a
Eulerstraße 340-7c

Falkenhorst 340-7c
Fasanenweg 340-10a
Feisternachtal 340-8c
Finkenweg 340-10a
Fischergasse (12) 339-12b
Friedrich-Ebert-Straße 340-10b

Gilgenborn 340-7c
Goethestraße 340-10a
Grönerstraße 340-7c
Großer Hühnerbergweg 340-7d
Gut Mallendarer Berg 340-10c
Gutenbergstraße 340-10b

Haus Marienland 340-8a
Haus Reginaberg 340-7a
Heerstraße 339-9d
Hellenstraße 339-9d
Hillscheider Straße 340-7d
Höhrer Straße 340-7c
Hühnerbergweg 340-11a
Hühnergasse (9) 339-9d
Humboldtstraße 340-10a

Im Ahlen (2) 340-7c
Im Dinkerich 340-10a
Im Gessel 340-7c
Im Herrengarten 340-10a
Im Oberdorf 340-7c
Im Pelzgraben 340-10b
Im Vogelsang 340-7c
In der Freiheit 339-9b

Jahnstraße 340-7c
Josef-Antoni-Straße 340-7a
Josef-Görres-Straße 340-10d

Kaiser-Friedrich-Höhe 340-10a
Keppershohl 340-7c
Kirchhohl 339-9d
Kirchstraße 339-9d
Kolpingstraße 340-10d
Konrad-Adenauer-Straße 340-10d
Krebsbergweg 340-10d
Kreyes Wiese (7) 340-7c
Krummgasse (5) 340-7c
Kuckucksweg 340-7c
Lenzegasse (4) 340-7c
Lerchenweg 340-7c
Löhrstraße 339-9d
Lortzingstraße 340-10a

Mallendar 340-10d
Mallendarer Bachgasse 340-10c
Mallendarer Berg 340-10b
Marktstraße 339-12b
Meisengang 340-7c
Mühlenstraße (10) 339-9d

Naherholungsgebiet Heidepark 340-10c
Nikolaus-Ehlen-Straße 340-7a
Nikolaus-Thielen-Straße 340-10a

Obere Meerbach 339-9b

Pallottistraße 340-7d
Pestalozzistraße 340-10d
Pfarrer-Sesterhenn-Straße 340-10a

Rathausplatz 340-7c
Rheinauf 340-10a
Rheinstraße 339-8b
Ringstraße 340-7a
Robert-Koch-Straße 340-10b
Rote Hohl 339-9b
Rudolf-Harbig-Straße 340-10b

Schillerstraße 340-10a
Schubertstraße 340-10a
Schulstraße 340-7c
Schwalbenweg 340-10a
Sebastian-Kneipp-Straße 340-10d
Seilerbahn 340-10a

Tannenhof 340-8d
Theodor-Heuss-Straße 340-10b

Uhlandstraße 340-10a
Untere Meerbach 339-9b
Urhaver Straße 340-10c

Vor dem Wüstenhof 340-7a

Wachtelschlag 340-7c
Wambachtal 340-10b
Wandhof 340-8a
Wandweg 340-7b
Weitersburger Weg 339-9d
Westerwaldstraße 340-10a
Wildburgstraße 340-7c
Wilgeshohl 340-10a
Wilhelm-Ross-Straße 339-9d

Zeisigweg 340-10b
Zur Bleiche (6) 340-7c

Vettelschoß
PLZ 53560

(zu VBG Linz am Rhein)

Ahrweg 291-7b
Alte Bahnhofstraße 291-5d
Alte Schulstraße 291-4b
Am Backeshof 291-4d
Am Bahndamm 291-4c
Am Hügel 291-5c
Am Walde 291-5c
Amselweg 291-8a
Asbacher Straße 290-6d
Auf den Plätzen 291-5c
Auf der Höhe 291-8c

Bahnhofstraße 290-6d
Bergstraße 291-5c
Bernhardtstraße 291-4c
Brunnenweg 291-5d
Bucherfelder Weg 291-4c

Dompfaffenstraße 291-8a
Dr.-Schneider-Straße (1) 291-5d

Erlenhof 291-4b
Erlenweg 291-8a
Erpeler Weg 291-4a

Finkenweg 291-8a
Friedenstraße 291-5d

Gartenweg 291-5c

Hauptstraße 291-5b
Heideweg 291-8a
Hübelsheckerweg 291-5d

Im Alten Hohn 291-8a
Im Großen Feld 291-4c
Im Grünen Winkel 291-4c
Im Hahn 291-4c
Im Pösch 291-5d
Im Schneidersgarten (4) 291-5d
Im Vogelsang 291-8a
Im Wiesengrund 291-4d
In den Hähnen 291-8a
In der Kau 291-8a
In der Kuhl (2) 291-5d
In der Mark 291-4c

Kalenborner Straße 291-4c
Kauer Ring 291-8a
Kaufstraße 291-4b
Kirchstraße 291-5d
Klaushof 291-5a

Lenzenweg 291-5d
Lerchenstraße 291-5c
Marienstraße 291-4c
Martinstraße 291-5c
Meisenstraße 291-8a
Michaelstraße (Kau) 291-8a
Michaelstraße 291-5c

Notscheider Straße 290-9b

Oberwillscheid 291-4d
Oberwillscheider Weg 291-4c

Poststraße (3) 291-5c

Reifstein 290-6d
Rheinstraße 291-7d

Seiferhof 291-5a
Sonnenweg 291-8a
Sonntagstraße 291-5c
Steinweg 291-8a

Tannenweg 291-4c

Waldstraße 291-7a
Weidenstraße 291-5d
Weiherstraße 291-5c
Wiedstraße 291-7b
Wiesenhof 291-5d
Willemstraße 291-4c
Willscheid 291-5a
Willscheider Weg 291-5a

Zu den Eichen 291-4c
Zum blauen See 291-5c
Zur Heide 290-6d
Zur Schönen Aussicht 291-4c

Vettweiß
PLZ 52391

Am Bachhof (3) 218-12b
Am Broich 240-1a
Am Burgacker 219-3c
Am Eichbaum 218-3d
Am Feldchen 238-2b
Am Graben 219-10a
Am Hallenacker 220-10b
Am Hang 238-2a
Am Heidegraben 220-7b
Am Karbuch 220-10d
Am Kirchenfeld 238-8b
Am Lindchen 219-6b
Am Maar (8) 219-10c
Am Mönchhof 218-11c
Am Pesch 238-6a
Am Pfarrhof 238-5b
Am Regensbusch 220-7d
Am Schild 219-10c
Am Schmittenkreuz 220-7a
Am Schnocksgraben (1) 238-2a
Am Schulgarten (4) 219-4a
Am Silo 219-10a
Am Wald 220-7b
Am Wolfsgraben 218-11c
Am Ziegelfeld 218-11c
Amandusstraße 220-7c
Amselweg 219-10c
An den Wiesen 238-6a
An der Bahn 219-7c
An der Dampfmühle (1) 219-10b
An der Grotte (1) 218-11c
An der Hecke 238-5b
An der Kapelle 219-2d
An der Sandkuhle 238-2a
Antoniusstraße 238-8d
Auf dem Acker 238-8a
Auf dem Eulenberg 240-1b
Auf dem Goldberg 219-6d
Auf dem Heidchen (2) 238-2a
Auf dem Stein 219-6d
Auf der Schidhecke (1) 238-8b

Bachpfad 219-10a
Bachstraße 218-11c
Bahnhofstraße 219-9d
Bahnhofsweg 240-1a
Bahnsgasse 238-8b
Barbarastraße 220-10b
Bärenfeld 238-6a
Bendenweg 218-5c
Bergstraße 220-10b
Blumenweg 218-5a
Broichkirchweg (2) 219-4a
Broichstraße 219-1c
Broichwende (3) 219-4a
Bubenheimer Straße 218-5a
Budepützhof 218-11a
Burg 219-6a
Burghof 220-10b
Burgstraße 220-10b
Burgweg 219-10a
Buschweg 238-8b

Cäcilienhof 188-12d

Demmerweg 218-10d
Dirlauer Weg (11) 219-10a
Disternicher Weg 220-7d
Donatusweg 219-6c
Dorfstraße 219-7c
Drover Straße 218-10d
Dürener Straße 218-12b
Dürener Weg 218-5a

Eichgasse 219-10a
Eifelstraße 238-2a

Fasanenhof 219-2d
Finkenhof 218-3a
Frankenstraße 220-7b
Friedhofsweg 218-12b
Fritz-Braun-Straße 218-5a

Gangolfusstraße 218-10d
Gartenstraße 219-10c
Gereonstraße 219-10c
Gestüt Holtscheider 220-10b
Giersberg 220-10d
Grüner Weg 219-10c
Grünstraße 220-7b
Gut Dirlau 219-12c
Gut Paffenlich 218-3d

Hahnenfeld 218-5c
Hallenburg 220-10a
Hampeschstraße 218-10d
Hardter Weg 218-3d
Hariggasse (9) 219-10c
Heerstraße 219-3c
Heidegasse 220-7a
Helmesser Berg 220-10d
Herrenweingärten (2) 238-8b
Hinter den Gärten 220-7a
Hochstraße 240-1b
Hof am Eichbaum 218-3d
Hofwende 219-2d
Hompeschbenden (4) 238-8b
Hubertusstraße 219-6a

Im Berggarten 238-8b
Im Buschfeldchen 219-6b
Im Gastesfeld 219-7c
Im Hasenfeld 219-7d
Im Juhl 218-11c
Im Kamp 219-10a
Im Neffeltal 220-10b
Im Sandberg 238-8b
Im Tal 219-10a
Im Weidchen 240-1d
Im Weier 238-8b
Im Winkel (7) 219-10c
Immeneck (2) 219-10a
In den Tauschen 218-5b
In der Komm 238-5b
In der Schleide 220-10d

Jagdrain 218-12b
Jägerpfad 218-12b
Jakobholz 218-5a
Jakobusstraße 218-5c
Johannesstraße 240-1a

Kamphof 240-1a
Kapellenhof 219-2d
Kapellenweg 218-5c
Keltenstraße 220-7b
Kelzer Weg 218-11a
Kempenstraße 219-4a
Kemperhof 239-4b
Kettenheim 218-9d
Kettenheimer Straße 219-7c
Kiefernhof 218-10d
Kirchgasse 238-8b
Kirchstraße 219-4a
Klostergasse 219-1c
Klosterstraße 218-3d
Kölnstraße 220-10b
Kreuzstraße 220-11a
Küchengasse 219-10a
Kuhweg 219-10a
Kummweg 238-8a

Lehmkuhl 238-8b
Lehrer-Küster-Straße 218-10d
Lichweg 219-10a
Lindchenspfad 219-7d
Lindenhof 219-4b
Lindenweg 219-10a
Lüxheimer Weg 219-4a

Maarfelder Hof 218-2b
Maiglöckchenweg (4) 218-12b
Marienhof 220-11c
Marienholz 240-2d
Marienstraße 218-11c
Marktplatz 219-10a
Martinusstraße 238-5b
Mersheim 219-9a
Michaelstraße 219-1c
Michelsgraben 219-6c
Mitfeld 219-10c
Mittelstraße 219-4a
Müddersheimer Weg 219-6b
Mühlengasse 219-6c
Mühlenweg 219-1c
Muldenauer Weg 238-8c

Neustraße 220-10b
Nikolausstraße 219-2d
Normannenstraße (1) 220-7b

Oberstraße 218-5a
Oststraße 219-1c

Peter-Graßmann-Straße 238-5b
Peter-Savelsberg-Straße 219-1c
Petrusstraße 219-6c
Pfarrer-Alef-Straße 240-1b
Pfarrer-Lemmen-Straße 220-7a
Pützgasse (3) 238-8b

Rengershauser Mühle 219-3a
Römerweg 219-6c
Roseneck (6) 218-12b
Rosenweg (5) 218-12b
Rövenicher Straße 240-1b

Scheidtweiler Hof 219-2d
Scheidtweiler Weg 219-2d
Schulplatz 218-5a
Schulstraße 219-7c
Schützenstraße 219-10a
Schwarzer Weg 219-10a
Seelenpfad 219-10b
Simonshardt 218-3c
Sollerweg 218-5c
Sonnenstraße 219-10a
Südstraße 219-10a

Talstraße 220-10d
Tannenweg 218-12d
Thurmer Weg 238-5b
Triftstraße 238-8b

Ulmenweg 219-10a
Ursulinenstraße 219-4a

Veitzheim 218-12a
Veitzheimer Straße 218-5a
Vettweißer Straße 218-5a

Waldstraße 238-2a
Waldweg 218-12b
Weilerweg 220-10d
Weisertrift 219-4a
Welleck (1) 219-1c

Zehnthof 238-8b
Zülpicher Straße 219-10c
Zum Bahndamm 219-7c
Zum Bohnenkamp 218-12b
Zum Mummental (10) 219-10a
Zum Neffelbach 240-1d
Zum Tempelbroich 219-3c
Zur Alten Schule (1) 240-1b
Zum Kumm 219-4a

Voerendaal (NL)

Aldegondestraat 148-4b

Bernardusplein 148-4b
Bostenstraat 148-4b
Breedenweg 148-5a

Daelsweg 148-5a
Dalstraat 148-4b
De Dael 148-2d
Dirksstraat 148-4b
Duivenweg 148-1c

Geerweg 148-4a
Grispenstraat 148-4b
Grootenstraat 148-4b

Heggerweg 148-4b
Hunsstraat 148-4b

Jozefstraat 148-4b

Kamerbergweg 148-4c
Kerkstraat 148-4b
Klaverweerd 148-4b
Klein Weegske 148-2a
Korenweg 148-4c
Krekedellevoetpad 148-1d
Kunderberg 148-1d

Landsruwe 148-4b

Mingersborg 148-4c
Mingersborgerweg 148-4d
Minnegardsweg 148-4b
Mostardstraat 148-4b

Oude Schoolstraat 148-1d

Pingenstraat 148-4b

Rietjensdalerweg 148-2b
Roebroekstraat 148-4b

Sillenweg 148-1a

Van Mulkenplein 148-4b
Veeweg 148-5c
Vloedgraaf 148-4b
Voetpad Gen Hunsch (1) 148-4b
Vrenkeweg 148-4b
Vrouwenheideweg 148-4d

Wachelderberg 148-1c
Widdershovenstraat 148-4b

Volkerzen
PLZ 57612

(zu VBG Altenkirchen (Westerwald))

Dorfstraße 257-7b

Wachtberg
PLZ 53343

Achtmorgenweg 287-6b
Adendorfer Straße 287-4c
Ahornweg 268-12c
Ahrtalstraße 288-4c
Ahrweiler Straße 287-6b
Akazienweg 286-6c
Alte Gasse 287-6b
Alte Hecke 267-8d

Wahlrod

PLZ 57614

(zu VBG Hachenburg)

Waldbreitbach

PLZ 56588

Waldbröl

PLZ 51545

Straßennamen mit Suchfeldangaben in Klammern befinden sich im Cityplan auf Seite 39.

Hanfgarten 176-3b
Hans-Böckler-Straße 176-6b
Happach 176-1c
Happacher Weg 176-1c
Hardenbergstraße 176-7a
Hardtweg 176-9a
Harthkamp 175-9d
Hasenacker 146-7b
Hauptstraße 176-5b
Haydnweg 176-7d
Hecke 176-7d
Heidbergswiese 176-7a
Heidbergweg 176-7a
Heidchenweg 176-5b
Heide 176-9c
Heider Höhe 176-9c
Heinrich-Heine-Straße (1) 176-4c
Helten 206-1d
Helzbergweg 176-3c
Helzen 206-5a
Heppenberg 175-9a
Herfen 176-10d
Herfener Straße 176-10d
Hermann-Draeger-Weg 175-10b
Hermann-Löns-Weg 176-5a
Hermann-Pampus-Platz (10) (39/B2)
Hermesbuschweg 176-7b (39/B2)
Hessenbruchweg 176-4c
Hessenstraße (5) 176-5a
Hillenbachsgarten 174-12d
Hillesberg 175-8d
Hillesmühle 174-12b
Hirschgraben 176-4b
Hochstraße 176-7b (39/A2)
Hochwald 176-11c
Hochwalder Straße 176-9c
Hof Langenbach 176-2d
Hoff 175-9a
Hoffer Weg 175-9b
Hofgarten 175-10c
Hofgrund 176-3d
Hofwiese 176-3d
Höhenweg 176-4c (39/A1)
Hohlweg 175-6b
Hölderlinstraße 176-5d
Holmweg 174-12d
Hölperfeld 176-10d
Holunderhag 176-8a
Homburger Straße 176-4c (39/A1)
Hubertusweg 176-2a
Hufen 176-11b
Hugo-Distler-Weg (39/B2)
Hülbachweg (1) 175-11b
Humboldtweg (9) (39/A3)
Humperdinckweg 176-7c
Hupperweg 174-12d
Hüttenweg 146-11a

Im Appensiefen 176-3d
Im Bruch 175-11a
Im Bungerd 175-8d
Im Fuchssiefen 176-11d
Im Grünen Tal 176-12c
Im Haan 175-10b
Im Höfchen 206-1a
Im Langengarten 176-3b
Im Mennert 175-9d
Im Rennfeld 176-9a
Im Schönblick 176-6c
Im Siefen 176-12c
Im Wiesengrund 176-2a
Immenweg 175-8d
In der Baumwiese (2) 176-7a
In der Birke 176-4c
In der Gasse 176-3d
In der Heide 176-3b
In der Kehre 175-6b
In der Schlade 176-10d
Industriestraße 176-5b
Inkenweg 146-11a
Inselstraße (39/A2)
Isengarten 176-4b

Jacobsgarten 176-10b
Jägerpfad 146-11d
Jochen-Klepper-Weg 176-5d
Johann-Gottfried-Herder-Straße 176-7a
Junkerweg 176-7c

Kaiserstraße 176-7b (39/A2)
Kalkberg 176-4c
Kaltenbornweg 175-10d
Kämpchen 176-3d
Kapellenweg 176-7a
Karl-Barth-Weg 176-5c
Karl-Conrad-Weg 176-4b
Käthe-Kollwitz-Straße 176-5b
Katzenstieg 175-11a
Kaulengarten 176-3c
Keilersteig 176-4b
Kickekamp 176-3d
Kirchblick 146-12c
Kirchhardt 175-9c
Kirchhofsweg 175-10d
Kirchweg 175-10b
Kirchwiese 175-10c
Kirschkamp (3) 176-3d
Klaasbirken 206-1a
Kleiner Weg 206-1c
Kleistweg 176-7a
Klostergasse (39/A2)
Koffernöll 175-8b
Köhlerstraße 176-2c
Königsberger Straße 176-6b
Königsbornpark 176-5c
Köppchen (4) 176-3d
Körnerstraße (39/A1)
Kornhahn 176-10c
Kostengarten 174-12d
Kottenweg 175-9a
Krahwinkeler Straße 176-10c
Kreishauspfad (1) (39/B2)

Kremberg (1) 146-7b
Kreuzberg 175-10d
Kreuzstraße 176-4d (39/B1)
Kucksberg 176-7c
Kümpelweg 175-6d
Küstriner Straße (8) 176-6b

Landrat-Danzier-Straße (39/A2)
Landrat-Maurer-Straße (39/A2)
Landweg 146-11a
Langerbusch 176-8b
Lerchenweg 176-5a
Lessingstraße 176-4d (39/A2)
Leyengarten 175-10d
Liegnitzer Straße 176-3d
Liliensteig 176-8a
Lindenweg 176-3d
Lochfeld 175-11b
Löher Weg 176-7b (39/A3)
Lohheide 146-10d
Luchspfad 176-4b
Ludwig-Jahn-Straße (39/B2)
Lützingen 176-9a
Lützinger Weg 176-8a

Margretenanger 176-8a
Martin-Breuer-Weg 176-4b
Mecklenburger Straße 176-4b
Meisenweg 176-5a
Morsbacher Straße 176-5d
Mozartweg 176-7d
Mühlenbach 205-6b
Mühlenberg 176-7c
Mühlengraben 176-9d
Mühlenweg 175-9b

Neuenhähnen 204-3b
Neuenhähner Weg 174-12c
Neuenhof 176-6d
Neuenhofer Straße 176-6d
Neuer Friedhofsweg 176-7b (39/B3)
Neuer Weg 176-1b
Niederhausener Weg 175-11a
Niederhof 176-1b
Nordstraße 176-4d (39/B1)
Nüchels-Weiher 146-11d
Nümbrechter Straße 176-4d (39/A1)
Nutscheidstraße 176-10a

Oberbrölstraße 176-1b
Odenthalweg (39/A2)
Ostpreußenstraße 176-5a
Oststraße 176-4d (39/B2)
Otto-Eichhorn-Straße 176-5c (39/B1)

Patschensteg 176-4d (39/A2)
Paul-Gerhardt-Weg 176-3d
Paul-Keller-Weg 176-5d
Peter-Mähler-Weg 205-3d
Pfaffenweiher 176-10b
Plattengarten 205-3d
Pochestraße 176-8a
Pochetal 206-1d
Pommernstraße (4) 176-5a
Profgarten 175-6a
Promenadenweg 176-7a
Propach 174-12c
Puhl 175-3d
Pulvermühle 174-12a

Quadtweg 176-4b
Quellenweg 176-1b
Querstraße (39/A2)

Raabweg 176-7a
Rauher Siefen 176-7b (39/B3)
Rehwiese 174-12d
Rentnersweg 176-12c
Ringweg 176-12c
Ritter-Huhn-Straße 176-4d (39/A1)
Ritter-Simon-Weg 176-4b
Ritter-Tilmann-Straße 176-1d
Robert-Bosch-Straße 176-5b
Robert-Koch-Weg 176-4b
Rölefeld 146-8c
Rölefelder Straße 146-11a
Romberg 176-4a
Romberger Straße 176-4a
Römergasse (4) (39/A2)
Rommener Straße 205-3d
Ronnenwiese 175-10c
Roseggerweg 176-7a
Rosenhang 176-8a
Rossenbacher Straße 175-11b
Rottland 175-8c
Rückertweg (39/B2)
Ruh 175-9c
Ruher Weg 175-9a

Sachsenstraße (6) 176-1d
Sauerbruchweg (7) 176-4b
Scharnhorststraße 176-4d (39/B2)
Schaumburgweg 176-5c (39/B1)
Schefflerweg 176-5b
Schenkendorfstraße 176-7a
Schillerstraße 176-4c (39/A2)
Schladerner Straße 176-7c (39/A3)
Schlaggarten 206-1b
Schlesierstraße 176-5a
Schmiedepfad 176-3d
Schnepfenstrich 146-12c
Schnörringer Straße 176-12c
Schöffenweg 175-9d
Schöne Aussicht 205-6b
Schönenbacher Straße 206-1c
Schönfeld 146-12c
Schraubenberg 146-7b
Schubertstraße 176-7d
Schulpfad (39/B1)
Schumannweg (5) 176-7c
Schwalbenweg 176-2c
Seifen 206-1c

Seifener Straße 205-3d
Siegener Straße 176-6c
Siegstraße 205-3d
Sonnenanger 176-8a
Sonnenberg 176-9d
Sonnengarten 175-6d
Sonnenhang 176-10b
Sonnenwinkel 175-6d
Sperberweg 176-2c
Spurkenbach 205-3a
Spurkenbacher Straße 205-3b
Starweg 176-5a
Steimelberg 176-5a
Steinbreche 176-6c
Steinbusch 175-11a
Steinbuschheide 176-1b
Steinfeldweg 205-3a
Stettiner Straße 176-6b
Stiegelswiese 146-11d
Stiller Winkel 175-10b
Stöckenweg 176-2b
Strandbadstraße 176-5b
Straßenfeld 174-12d
Sudermannweg 176-5d
Südwinkel 176-10b

Talstraße 176-7a
Tannenforst 174-12c
Teichweg 176-3d
Tersteegenstraße 176-5c (39/B2)
Theodor-Storm-Straße 176-5a
Thierseifen 176-2a
Thierseifener Straße 146-11c
Thilges Weiher 175-6b
Thüringer Straße 176-1d
Tuchheide 206-1c
Turmweg (39/A3)
Turnerstraße 176-5c (39/B1)

Uhlandweg 176-6b
Unterhof 176-10d

Veilchenpfad 176-8a
Vennstraße 176-7a (39/A2)
Vierbuchen 206-5b
Vierbuchermühle 206-2d
Virchowweg (8) 176-4b
Vor dem Löh 176-7b (39/A3)

Wagnerweg 176-7d
Walberfeldstraße 176-7a
Waldenburger Straße 176-6b
Waldstraße (11) 176-5a
Wehn 206-2a
Weidenfeld 176-7b (39/A3)
Weidenweg 175-10d
Weierskamp 176-10b
Weiherweg 146-7b
Weißdornweg 146-11a
Weizenfeld 146-11d
Werschwiese 176-10c
Westerwaldstraße 176-9a
Weylandweg (39/B2)
Wiedenhof 176-7b (39/B2)
Wiedenhofpark 176-8a (39/B2)
Wiehler Straße 176-5b
Wiekertweg 175-10c
Wienhellerweg 176-4b
Wies 206-1d
Wiesenweg 176-3d
Wilhelm-Pampus-Höhe 206-1d
Wilhelmshofwiese (1) 176-3d
Wilhelmstal 176-8c
Wilkenroth 176-3a
Wilkenrother Weg 176-3a
Winkelstraße 176-5c (39/B1)
Wippenkausen 205-1a
Wippenkausener Straße 204-3b
Wirtenbacher Straße 175-6a
Wolfsschlucht 176-4b

Zielenbacher Weg 177-1c
Zuccalmaglioplatz (39/A2)
Zuccalmagliostraße 176-7b (39/B3)
Zum Ziegenbusch 175-10b

Waldesch

PLZ 56323

(zu VBG Rhens)

Am Halsebach (10) 350-12c
Am Haselbusch (7) 350-12a
Am Holunderstrauch (6) 350-12a
Am Schlüssel 350-11d
Amselsteg (11) 350-12c
Antoniusstraße (12) 350-12c

Birkenweg 350-12c
Buchenweg 350-12a

Dieblicher Straße 350-11c

Erlenweg 350-12c
Eschbach 350-12c
Eschbachhöhenweg 350-12c

Fasanenweg 350-12c
Finkenweg 350-12c

Ginsterweg (2) 350-12c
Grüner Weg (5) 350-12a

Hübingerweg 350-12c

Im Kollesump 350-11d
Im Schild 350-11d
Im Vogelsang 350-12c
Im Weidenbusch (9) 350-12c

König-von-Rom-Platz (1) 350-12c

Lerchenweg 350-12c
Lindenweg 350-12c

Rotdornweg (3) 350-12c

Schulstraße 350-12c
Steglitz-Platz (8) 350-12c

Triftstraße 350-12c

Unteres Dorf 350-12c

Weißdornweg (4) 350-12c
Wiesengrund 350-12c

Walterschen

PLZ 57632

(zu VBG Flammersfeld)

Bergstraße 275-1d

Gartenstraße 275-1d

Hauptstraße 275-1c
Hemmelzer Weg (1) 275-1b

Lindenstraße 275-1d

Schulstraße 275-1d

Talstraße 275-1d

Zum Langen Holz 275-4b
Zur Dorhecke 275-1b

Wassenach

PLZ 56653

(zu VBG Brohltal)

Am Kurbüsch (1) 334-2a
Andernacher Weg 334-2a

Borngasse 326-10d
Brunnenweg 326-11c

Degensmühle 326-7c

Edmund-Nuppeney-Allee 326-11a

Gartenstraße 334-1b
Gewerbegebiet "An der Raste" 326-11a
Gleeser Straße 326-10d

Hauptstraße 326-10d

Im Sonnenwinkel 334-2a

Josef-Zilliken-Straße 334-1b

Kirchstraße 326-11c

Laacher Straße 334-1b

Nickenicher Weg 334-2a

Ober den Weihergärten 334-2a

Remigiusstraße 326-11c

Schützenstraße 326-11c

Tönissteiner Straße (1) 326-11a

Waldstraße 334-2a
Wendelsgasse 326-11c

Zehntgasse 326-11c

Weilerswist

PLZ 53919

Adelheidstraße 223-7b
Adlerweg 224-10c
Adolf-Dasbach-Straße 223-4d
Ahornweg 223-7b
Ahrstraße 223-7a
Akazienweg (1) 223-7b
Am alten Sportplatz (1) 224-10c
Am Bendenpütz 242-8c
Am Brenter Fließ 223-10c
Am Dinghaus 223-4b
Am Ginsterberg 244-1a
Am Hanfgarten 222-12d
Am Lindchen 242-4d
Am Lohgraben (4) 242-5c
Am Swisterberg 223-5a
Amselweg 223-7a
Angelsteiner Straße 242-5c
Anton-Schell-Straße 223-4c
Apolloniagasse (3) 242-5c
Auf dem Brand 242-5c
Auf dem Driesch 242-5c
Auf dem Höstert (5) 223-7a
Auf dem Köll 242-7b
Auf dem Rüben Kämpchen 242-3b
Auf der Hochfahrt 223-4c
Azaleenweg 223-7b

Bachstraße 223-7a
Bäckerweg 243-6c
Bahnhofsallee 223-7d
Barbarastraße 223-4d
Beethovenstraße 223-7d
Bendenstraße 242-5c
Bergstraße 223-12d
Berliner Straße 223-7c
Billiger Straße (5) 242-8d
Birkenweg (4) 223-7b
Blankenheimer Straße 242-9c
Bliesheimer Straße 223-7a
Blumenstraße 222-12d
Bodenheimer Weg 242-8a
Bongartsallee 223-10c
Bonner Straße 223-7c
Borrer Straße 242-3a
Brabanter Straße 242-5c
Bremptergasse 223-10c
Brempterhof 222-12d
Breslauer Straße 223-10a
Bröhlpfad 222-12b
Broicher Straße 242-5d
Brügger Weg 242-4d
Brüsseler Straße 242-4d
Buchenweg 223-4d
Burg Kühlseggen 223-4c
Burg 242-8c
Burgstraße 223-7a

Carqueiranner Platz 223-7d
Carqueiranner Straße 223-7c
Chlorenhof 222-12b

Dahlemer Straße (2) 242-9a
Danziger Straße 223-10a
Dauner Straße 242-9a
Derkumer Straße 242-5c
Deutscher Platz 223-7c
Dobschleider Straße 223-5c
Donaustraße 223-7a
Dorfplatz 223-12d
Drei-Eichen-Straße 243-3b
Drosselweg 223-7a
Dürener Straße 242-5c

Eibenweg 223-4d
Eichendorffstraße 243-3b
Eifelweg 243-6c
Eilauer Weg 222-9b
Eispfad 223-7b
Elbestraße 223-7c
Elsiger Weg 242-7b
Enggasse 223-7a
Erftstraße 242-6c
Erlenweg (3) 223-7b
Erper Straße 222-12b
Espenweg 223-7b
Eupener Straße 242-8c
Euskirchener Straße 242-9a

Falkenbergstraße 242-5c
Fasanenweg 242-6a
Fichtenhof 242-7a
Fichtenweg (2) 223-7b
Finkenweg 223-4c
Fliederweg 223-7b
Flittergasse 242-8a
Frankenstraße 243-3b
Franzstraße 223-7b
Friedensstraße 223-10a
Friedrich-Ebert-Straße 223-7d
Friedweg 223-12d
Friesheimer Straße 222-12b
Fuchsweg 242-6a

Gartenstraße (3) 242-9a
Gemünder Straße (1) 242-9a
Genter Straße 242-8a
Gertrudenweg (9) 223-7b
Goethestraße 223-10a
Gottfried-Keller-Straße (18) 223-10b
Grabenstraße 223-7a
Grillparzerstraße (20) 223-10b
Grüner Weg 242-4d
Gürtelweg 223-7d
Gut Haus Velbrück 223-12d
Gut Neuheim 222-6d

Hasenweg 242-6a
Hausweilerweg 243-8a
Heimbacher Straße 222-12d
Heimerzheimer Straße 243-6c
Heinrich-Heine-Straße 223-10b
Hellweg 223-7b
Hemmericher Straße 224-10c
Hermann-Löns-Straße 223-10a
Höhenweg 223-12d
Hölderlinstraße (19) 223-10b
Hollergasse (1) 242-5c
Holunderweg 223-7b
Horchheim 242-3a
Horchheimer Straße 242-3a
Hovener Weg 223-12d
Hovenerhof 223-12a
Hunsrückweg 243-6c

Im Kirchfeld 243-6d
Im Weidchen 223-4d
Im Wiesengrund 223-10a
In den Helten 223-7c
In der Höhle 242-8c
Inselstraße 243-6c

Jägerhof 223-10a
Jakob-Brock-Straße 243-3b
Johanneshof 242-5b
Johannes-Kreuz-Weg 224-10c
Josefstraße 223-10a
Jülicher Straße 222-12d
Jünkerather Straße 242-9a

Kaiser-Wilhelm-Platz (2) 242-5c
Kälberweide 242-9a
Kaller Straße 242-9a
Kapellenstraße 242-6a
Karlstraße 223-7d
Karolinger Straße 243-3b
Karröstener Weg 223-10a
Kastanienweg 223-4d
Keltenstraße 243-3b
Kelzmühle 242-5c
Kerpener Straße 242-5c
Kessenicher Straße 242-8c
Kiefernweg 223-7b
Kirchweg 223-10c
Kölner Straße 223-7c
Kolpingstraße 223-10c
Konrad-Adenauer-Straße 223-7c
Kreuzstraße 222-12d
Kuhgasse 242-8c
Kurfürstenweg 223-10a
Kyllweg 223-7c

Lahnstraße (14) 223-7c
Laurentiusstraße 243-6d
Lechenicher Weg 222-8b
Limburger Straße 242-5c
Lindenhof 222-6d
Lippestraße (15) 223-7c
Lommersumer Straße 242-5d
Löwener Straße 242-7b
Ludwigstraße 223-7d
Luisenweg (8) 223-7b
Lütticher Straße 242-5c

Maarweg 223-7b
Maasstraße 242-5c
Mainstraße (10) 223-7c
Marienstraße 243-3b
Martin-Luther-Straße 223-10a
Maternusstraße 224-10c
Mauritiusgasse 223-7a
Meckenheimer Straße 223-12c
Mehlemer Straße 223-10c
Meisenweg 223-7a
Merowingerstraße 223-12d
Metternicher Straße 223-7b
Mödrather Straße 242-5c
Moselstraße 223-7a
Mozartstraße 223-7c
Müddesheimer Straße 222-12b
Müggenhausener Straße 223-10c
Mühlenhof 242-5b
Mühlenstraße 222-12d
Münstereifeler Straße 242-9a

Nahestraße 223-7c
Neckarstraße (11) 223-7c
Neffelbachstraße 242-5d
Nelkenstraße 222-12d
Nideggergasse 222-12d
Niederberger Straße 242-4d
Nikolaus-A.-Otto-Straße 223-7b
Nikolaus-Ehlen-Straße 223-10a
Nordstraße 242-5c

Oberbroich 242-5d
Otbertstraße 242-5d

Pankratiusgasse 242-5c
Pappelweg 223-4d
Peter-Vey-Straße 223-10a
Pfeilstraße 223-7d
Pfingstmühle 244-1a
Pfingstmühlenweg 244-1a
Platanenweg 223-4d
Privatweg 242-5d
Prümer Straße 242-6c
Pützweg 242-6c

Rathenaustraße 223-7b
Rebhuhnweg 242-6a
Rehweg 224-10c
Rheinbacher Straße 243-6a
Rheinstraße 223-7c
Ringstraße 242-8b
Robert-Bosch-Straße 223-7d
Rochusstraße 243-6c
Römerstraße (Metternich) 243-3b
Römerstraße (Müggenhausen) 243-6a
Rosenhügel 223-7a
Rotdornweg 223-7b
Rüdesheimer Straße 242-8d
Rudolf-Diesel-Straße 223-7d
Rurstraße 242-5c
Ruwerstraße 223-7a

Saarstraße 223-7a
Schaesberggasse 242-8a
Scheiffartsweg 223-7a
Schillerstraße (22) 223-10a
Schillingsweg 243-7b
Schlehenweg 223-7b
Schleidener Straße 242-9a
Schneppenheimer Weg 242-6a
Schützenstraße 223-7c
Schwarzmaar 243-5b
Schwarzmaarer Weg 243-1a
Schweinemarkt 242-5c
Sebastianusgasse 223-7a
Siedlung Neuheim 222-8b
Siegstraße (13) 223-7c
Sofienweg (7) 223-7b
Spanischer Platz 242-5c
St.-Florian-Weg 222-12d
Starenweg (6) 223-7a
Steinfelder Straße 242-6c
Stettiner Straße 223-10a
Straßfelder Straße 242-6c
Swisterhof 223-8b
Swiststraße (12) 223-7c

Talstraße 223-10c

Tannenweg 223-7b
Theodor-Heuss-Straße 223-7d
Theodor-Storm-Straße 223-10a
Tieffenthaler Gasse 242-5c
Tomberger Straße 242-3b
Tönneshof 222-12d
Tönnespfad 222-12c
Trierer Straße 242-3b
Triftstraße 223-7b
Türnicher Straße 242-5c

Ubierstraße 243-3b
Uferstraße 223-12d
Uhlandstraße 223-10a
Ulmenstraße 223-7b
Unionstraße 223-4d

Variniusstraße 243-1a
Velbrückweg (2) 243-3b
Vernicher Straße 243-5b
Veybachstraße 242-6c
Von-Ketteler-Straße 223-10a
Von-Orsbeck-Straße 223-10c

Walramstraße 242-8a
Wasserburgstraße 223-12d
Whitnash-Platz (16) 223-7c
Wichtericher Weg 242-4d
Wieselweg 242-6a
Wilhelm-Busch-Straße (21) 223-10b
Wilhelmshof 223-12c
Wilhelmstraße 223-7b
Willi-Ostermann-Straße (17) 223-10b
Wupperstraße 223-7a
Wüschheimer Straße (4) 242-9c

Zülpicher Straße 222-12b
Zum alten Zoll 223-4d
Zum blauen Stein 223-12d
Zum Rösselsgraben 242-4d
Zum Sportzentrum 223-7c
Zum Swisterhof 223-8c
Zunftgasse 242-5c

Weißenthurm

PLZ 56575

Altestraße 337-4d
Am Glückauf 337-4b
Am Hoche 337-5c
Am Kahlenberg 337-4d
Am-Nette-Gut (1) 337-1c
Andernacher Straße 337-1c
Annastraße 337-5c
Antoniusstraße 337-5c
Arkenstraße 337-4d
Auf der Ahr 337-4d
Auf der Bünn 337-1d
Auf der Ley 337-4d
Auf der Stier 337-4c

Bahnhofstraße 337-1c
Becherstraße 337-5c
Berliner Straße 337-4a
Bethelstraße 337-4d
Blütenstraße 337-1c
Breslauer Straße 337-4a
Brückenstraße 337-4d
Buchenstraße 337-4d
Bürgermeister-Hubalek-Straße 337-4d

Courrierspark 337-4b

Dahlienstraße 337-4d
Dammstraße 337-5d
Danziger Straße 337-4a
Dechant-Schmitt-Straße (3) 337-4a
Domstraße 337-5c

Eisenbahnstraße 337-4b

Fährstraße 337-1d
Falkenstraße 337-4a
Fliederweg 337-5c
Friedrich-Lohner-Straße (2) 337-4a
Friedrichstraße 337-4a

Gartenstraße 337-4d
Goethestraße 337-4b
Grabenstraße 337-4b
Grüner Weg 337-4d

Hafenstraße 337-5d
Hauptstraße 337-1c
Hermannstraße 337-4a
Honiggasse (7) 337-5a
Hubaleck-Siedlung 337-4c

Im Berg 337-8a
Im Freundsborn 337-4a
Im Platzenborn (10) 337-5c
Im Wohnpark Nette 337-4a

Jahnstraße 337-4b
Jakob-Bubser-Straße 337-4b

Kapellenstraße 337-5c
Kärlicher Straße 337-8b
Karlstraße 337-4a
Kettiger Straße 337-8a
Kirchstraße 337-5c
Kolpingstraße 337-5c
Kuno-von-Falkenstein-Park 337-1d

Langfuhr 337-5c
Leinpfad 337-4b
Lerchenstraße 337-4a
Leyheck 337-4d
Lilienstraße 337-4d
Lindenstraße 337-4d
Ludwigstraße 337-4a
Luisenhöhe 337-4a

Marienstraße 337-1c
Miesenheimer Weg 337-4c
Mittelort-Siedlung 337-4d

Nelkenweg 337-4d
Nettestraße 337-4a
Neustraße 337-1c

Obere Fährstraße 337-1c
Ottostraße 337-4b

Pielau 337-1d

Raiffeisenbrücke 337-4b
Raiffeisenstraße 337-4a
Rheinblick-Siedlung 337-4d
Rheinhell (5) 337-4b
Rheinufer 337-5c
Roosendsiedlung 337-4d
Rosenstraße 337-4d

Saffiger Straße 337-4d
Schillerstraße 337-1d
Schmittgasse (8) 337-5c
Schwarze Erde 337-5d
Steinacker 337-5c
Stierweg 337-4a

Taubenstraße 337-4a
Tulpenstraße 337-4d
Turmhof (9) 337-5c

Waldstraße 337-1c
Werftstraße 337-5d
Werner-Klein-Straße (4) 337-4a
Wiesenweg 337-1c
Wilhelm-Schultheis-Straße 337-5d

Zum Schützenplatz (6) 337-4b

Weitersburg

PLZ 56191

(zu VBG Vallendar)

Alte Vallendarer Straße 339-9a
Am Römergrund 339-6c
Am Sonnenberg 339-9a
An den alten Gärten 339-6c
An den Obstwiesen 339-6c
An der Erdkuhle 339-9a
Auf der Sand 339-9a

Bendorfer Straße 339-5d

Friedhofstraße 339-6c

Gartenstraße 339-6c
Goethestraße (1) 339-5d
Grenzhausener Straße 339-6c
Grüner Weg 339-5d

Hauptstraße 339-6c
Hinter dem Dorf 339-6c
Humboldtstraße 339-9a

Im Forst 339-5d
Im Rheinblick 339-5d
Im Staffelstück 339-6c
Im Vogelsang 339-5d
In der Hohl 339-9a

Keltrisstraße 339-6c
Kirchstraße (2) 339-6c

Peter-Friedhofen-Straße 339-6c

Ringstraße 339-5d

Schillerstraße 339-6c
Schnatzenmühle 339-6d
Siedlung Gummiwerk 340-7a
Steinackerstraße 339-6c

Wäschbachstraße 339-6c
Wendelinushof 340-4c
Wüstenhof 339-6d

Welkenbach

PLZ 57644

(zu VBG Hachenburg)

Am Marrstück 297-6b

Bergstraße 297-3d
Birkenweg 297-3d

Gartenweg 297-3d

Hauptstraße 297-6b
Höchstenbacher Straße 297-3d

Im Borngarten 297-6b

Mittelweg (1) 297-3d

Waldstraße 297-6b
Wiesenstraße 297-3d

Zur Strüth 297-6b

Werkhausen

PLZ 57635

(zu VBG Altenkirchen (Westerwald))

Acker 254-5d

Fichtenstraße 254-6c

Gartenstraße 254-6c

Hauptstraße 254-9a

Leingen 254-6d
Leinger Weg 254-9c

Ochsenbruch 254-6d

Überdorf 254-6c

Wermelskirchen

PLZ 42929

Adlerweg (3) 71-1d
Adolf-Flöring-Straße 51-3d
Agnes-Miegel-Weg (4) 51-3c
Ahornweg 51-6c
Akazienweg (16) 51-6c
Albert-Einstein-Straße 52-1d
Alte Straße 52-10b
Altenberger Straße 71-4a
Altenhof 72-3c
Altenhöhe 52-1d
Am Bremsenfeld 51-1c
Am Buchenhang 51-2d
Am Dorfpark (5) 71-1d
Am Ecker 51-1b
Am Hain 52-10b
Am Hasselbusch 51-3b
Am Kirschbaum 52-1c
Am Krupin 51-7d
Am Mühlenteich 52-7a
Am Odderbach 71-1d
Am Röttgen 51-1c
Am Scheffenteich 52-11c
Am Stadtpark 51-5b
Am Stadtrand 51-6c
Am Stumpf 71-3a
Am Vogelsang 51-6b
Am Walde 72-1b
Am Wasserturm 51-3d
Am Weißendorn 52-10b
Am Wiesenhang 52-10b
Amselweg 51-5b
An der Feuerwache (9) 51-5b
An der Gerichtslinde (4) 71-1d
An der Hoffnung 51-9a
An der Mark 51-1d
An der Mehrzweckhalle 71-1d
Andreasstraße 51-1b
Arnzhäuschen 71-2a
Aschenberg 50-3b
Asmannskotten 51-9d
Asterweg 71-1c
Aue 72-1b
Auf dem Kamp 71-4a
Auf dem Scheid 71-1d
Auf den Wiesen 52-4c
Auf der Höhe 52-11a
Auf der Huhfuhr 71-2a
Auf der Schanze 70-6b

Bachstraße (2) 51-6b
Bahnhofstraße 51-3c
Bähringhausen 51-7b
Bandwirkerstraße (1) 51-5a
Bechhausen 70-3b
Beethovenstraße 51-6b
Beltener Straße 51-3d
Berger Feld 51-9a
Berger Weg 51-9a
Bergstadt 52-12c
Bergstraße 51-3c
Berliner Straße 51-6a
Bert-Brecht-Weg (2) 51-3c
Bertha-von-Suttner-Weg 51-3c
Berufsschulstraße (1) 51-6a
Beutelshufe 51-7a
Birkenweg 71-1d
Blumenweg 51-5d
Bollinghausen 51-5a
Brahmsstraße 51-6b
Braunsberger Straße 51-5c
Bremen 70-6d
Breslauer Straße 51-5d
Brückenweg 51-5b
Brunnenhaus 70-9b
Brunnenstraße 51-6a
Buchholzen 52-5a
Buddemühle 51-10c
Burger Straße 51-5b
Büschhausen 50-6b
Bussardweg 71-1d
Butscheid 71-1d
Butscheider Berg 71-1d

Carl-Leverkus-Straße (8) 51-6a
Coenenmühle 71-4b

Dabringhauser Straße 51-5b
Danziger Straße 51-5d
Delle 72-2b
Dhünner Straße 51-6a
Dhünn-Neuenhaus 52-11d
Dhünn-Neuenhauser Weg 52-11c
Distelweg 51-7d
Döllersweg 51-7a
Döllersweger Hof 51-7b
Dorfanger 71-2c
Dorn 51-4a
Dornbusch 51-3d
Dörpfeldstraße 51-3c
Dortenhof 71-4d
Drosselweg 51-5b
Durholzen 52-5c

Eckringhausen 51-8b
Eich 51-5b
Eichendorffweg 51-3a
Eichholz 51-12d
Eichholzer Straße 51-12d
Eifgen 51-6b
Eipringhauser Mühle 52-4c
Ellinghausen 50-9d
Emil-Lux-Straße 52-1d
Emminghausen 51-11c
Engerfeld 71-4d
Erlenweg (20) 51-9b
Eschenweg (19) 51-6c

Falkenweg 71-1d
Fasanenweg (2) 51-8a
Feilerhauerstraße 51-5a
Feldstraße 51-6a
Felsenbruch 52-1c
Finkenholl 51-9c
Finkenholler Heide 51-9c
Finkenweg 71-1c
Floraweg 51-7d
Flurstraße 51-4b
Forstring 51-8a
Forthausen 71-5c
Freizeitpark Eifgen 51-6d
Friedenberg 52-12d
Friedenstraße 51-2d
Friedhofstraße 51-6a
Friedhofweg 71-1b
Friedrichstraße 51-5c
Frohntaler Straße 51-6c
Fuchsbau 51-8b

Gartenfeld 71-4b
Gartenstraße 52-10d
Gartenweg 51-5d
Gerhart-Hauptmann-Straße (5) 51-3c
Gewerbestraße 52-1c
Ginsterbusch 51-3d
Goethestraße 51-3d
Großeledder 71-3a
Großfeld 71-2c
Großfrenkhausen 71-3d
Großklev 72-4c
Großrostringhausen 72-2c
Grünenbäumchen 71-7b
Grünestraße 51-5c
Grunewald 71-3c

Haagerbusch 52-10b
Haarbach 72-3c
Haarhausen 52-11b
Habenichts 52-7a
Habichtweg 71-1d
Hagenerberg 51-3c
Hagenstraße 51-3c
Haid 51-4a
Halzenberg 72-2b
Hammesrostringhausen 72-5a
Handelsstraße 52-1c
Hasenpfad 51-8b
Hauptstraße 52-11c
Haussels 71-7b
Heidchen 72-2a
Heide 71-2d
Heideweg 51-5d
Heiligenborn 72-1a
Heinhausstraße 51-3b
Heintjeshammer 51-1b
Heintjesmühle 51-2a
Heister 72-2d
Heisterbusch 51-3b
Heisterstraße 72-2d
Hermannstraße 51-6c
Herrenhagen 52-7d
Herrlinghausen 51-8c
Herrlinghauser Hang (1) 51-8c
Hertastraße 51-6c
Hilfringhauser Straße 51-6c
Hilgener Straße 71-1d
Hinterhufe 51-8d
Höferhof 51-2c
Hoffnung 51-9a
Hohe Birk 52-8c
Hohe Straße 51-5b
Höhe 71-2b
Hohenstein 51-6d
Hollkotten 51-12c
Hufer Weg 51-8c
Hügelstraße 51-5d
Hülsen 72-2a
Hülsenbusch 51-3b
Hummelsburg 50-6b
Hundheim 71-6a
Hünger 51-4a

Igelweg 51-5c
Im Belten 52-1c
Im Berg 51-9a
Im Kämpchen 51-3a
Im Kehrbusch 51-3a
Im Mühlengrund 51-9a
Im Rosenacker 51-8a
Im Weidfeld 51-3b
Im Winkel (10) 51-5b
Im Wolfhagen 51-2b
In den Birgden 51-5c
In den Steinen (5) 51-6a
In der Aue 70-9b
In der Brache 52-11c
In der Dhünn 52-10d
In der Kuhle 52-7a
Industriestraße 52-1c
Irlenweg 71-3a

Jagdfeld 51-8b
Jahnstraße 51-5d
Johannesstraße 51-1b
Johnenheide 50-12d
Jörgensgasse 51-5b
Joseph-Haydn-Straße 51-6b

Käfringhausen 71-6a
Kalkenberg 72-1b
Kallenberg 52-1d
Kantstraße 51-3c
Karolinenstraße (12) 51-5d
Kastanienweg (18) 51-6c
Kattwinkelstraße 51-6a
Kenkhausen 51-3a
Kenkhauser Straße 51-3c
Ketzberg 71-5a
Ketzberghöhe 71-5c
Kirchweg 50-12b
Kirschenweg (22) 51-6d
Kleine Delle 50-12d
Kleineledder 71-3d
Kleinfrenkhausen 71-6a
Kleinklev 71-6b
Knochenmühle 52-8d
Kolfhausen 51-7d
Kölner Straße 51-5b
Königsberger Straße 51-5d
Königstraße 51-6a
Kovelsberg 52-4b
Krähenbach 72-2c
Kreckersweg 51-12a
Kreuzstraße (6) 51-3c
Kuhler Gasse 52-4c
Kuhler Heide 52-7b
Kump 70-6b
Kurze Straße (11) 51-5b

Lange Heide 50-12b
Langenbusch 51-3d
Lehn 51-10b
Lehner Weg 51-7d
Limmringhausen 70-6a
Linde 71-3c
Lindenweg 51-6c
Lindscheid 71-7a
Löh 51-10c
Loosenau 71-7c
Lortzingstraße 51-3d
Luchtenberg 70-5d
Lüdorf 71-4a
Lüffringhausen 52-1a
Lüffringhauser Weg 52-1a
Luisenhof 51-6c
Luisenstraße 51-6c
Lukasstraße 51-1d

Mannesmannstraße 51-2d
Marderweg 51-8a
Margeritenweg (1) 52-10d
Maria in der Aue 70-9b
Markt (3) 51-6a
Marktgasse (4) 51-6a
Markusmühle 70-6b
Markusstraße 51-1d
Matterfeld 71-1b
Mauspfad 51-8a
Max-Reger-Straße 51-6b
Meisenweg 71-1c
Milanweg (2) 71-1d
Mirabellenweg (21) 51-6c
Mittelberg 72-4b
Mittelhagen 72-3a
Mittelrautenbach 52-8c
Mittelstraße 71-4b
Mondweg 51-5d
Mozartstraße 51-3d
Mühlenstraße 71-1d

Nelkenweg 52-10d
Neuemühle 51-11a
Neuenflügel 50-6b
Neuenhammer 51-1a
Neuenhaus 50-12b
Neuenhöhe 52-1d
Neuenweg 52-7d
Neu-Löh 51-10c
Neuschäferhöhe 51-6c
Niederhagen 72-3b
Niederrautenbach 52-8c
Nordstraße 51-2d
Novalisweg (3) 51-3c

Oberberg 72-1d
Oberdurholzen 52-5c
Obere Bachstraße 51-6b
Obere Flurstraße (1) 51-4b
Obere Friedenstraße 51-2d
Obere Remscheider Straße 51-6a
Obere Waldstraße 51-5b
Oberhagen 72-3a
Oberhebbinghausen 52-5d
Oberpilghausen 72-1a
Oberpohlhausen 51-1d
Oberrautenbach 52-8d
Oberweg (13) 51-5d
Oberwinkelhausen 50-6d
Odder 71-1d
Opladener Straße 71-1c
Osminghausen 51-12d
Ostringhausen 51-4b
Ostringhauser Gasse 51-5a
Oststraße 51-6b

Pantholz 51-12c
Parkweg 71-1d
Paul-Keller-Weg (1) 51-3c
Paulusstraße 51-1b
Peter-Molineus-Straße (1) 51-9a
Pfarrstraße 51-3c
Pilghauser Straße 52-10d
Platanenweg 51-6c
Plettenburg 71-2d
Pohlhausen 51-1a
Pohlhauser Straße 51-1d
Postweg 51-7b

Quellenweg 51-6a
Querbacher Straße 51-3c
Querstraße 51-6c

Rattenberg 52-2c
Rauhe Hüls 52-4c
Rausmühle 71-1a
Rautenbacher Weg 52-7d
Remscheider Straße 51-3c
Richard-Wagner-Straße 51-3d
Ringstraße 71-4a
Robert-Stolz-Straße 51-6b
Rölscheid 71-6a
Rosenweg 52-10d
Rotdornweg (17) 51-6c
Rot-Kreuz-Straße 51-6c
Röttgen 52-8c

Schaffeld 71-8a
Schillerstraße 51-6c
Schlagbaum 71-5b
Schubertstraße 51-6b
Schulgasse 51-6a
Schulstraße 52-10d
Schumannstraße 51-3d
Schürholz 71-2a
Schwanen 51-5d
Schwanenplatz 51-5b
Schwarze Delle 50-12d
Sellscheid 50-3d
Siefen 72-1b
Simonweg 51-1d
Sondern 71-7b
Sonne 51-12b
Sonnenhöhe 51-1b
Sonnenstraße 51-5d
Staelsmühle 52-11a
Staelsmühler Straße 52-11c
Stall 72-3a
Staller Weg 72-2b
Steinergarten 51-6a
Steinhausen 70-9b
Steinwieschen (1) 71-1d
Sternstraße 51-5d
Stettiner Straße (15) 51-5d
Stiegeleich 72-2c
Stockhauser Straße 51-6a
Stolzenberg 50-6b
Strandbadstraße 71-1d
Strutzgasse 51-6c
Stumpf 71-3a
Südstraße 71-4b
Süppelbach 52-4d

Talweg 51-5d
Tannenbaum 51-12c
Tannenweg 52-10d
Taubengasse (7) 51-3c
Technikstraße 52-1d
Telegrafenstraße 51-5b
Tente Hof 51-8a
Thomas-Mann-Straße 51-3c
Töckelhausen 52-1b
Tulpenweg 51-5d

Unterberg 72-4b
Unterdurholzen 52-5c
Untere Sternstraße 51-5d
Unterhebbinghausen 52-8b
Unterpilghausen 72-1d
Unterpohlhausen 51-1d
Unterstraße 51-10a
Unterweg 51-5d
Unterwinkelhausen 50-6c

Viktoriastraße 51-5a
Von-Droste-Hülshoff-Weg 51-3c
Vorderhufe 51-8d
Vorm Eickerberg 51-2d

Waldfried (14) 51-5d
Waldstraße 51-5b
Weidenweg 51-7d
Well 52-8a
Weller Straße 52-4c
Wellerbusch 52-4d
Wenschebach 71-2b
Wermelskirchener Straße 71-1b
Weststraße 71-4b
Weyersbusch 51-3d
Wickhausen 52-7c
Wielstraße 51-5d
Wiesenweg 51-5b
Wildpfad (1) 51-8a
Wilhelm-Idel-Straße 51-3d
Wirtsmühle 51-6b
Wirtsmühler Straße 51-3d
Wolfhagener Straße 51-2b
Wöllersberg 51-11b
Wustbach 51-6b
Wustbacher Straße 51-3c
Wüstenhof 52-1c
Wüstenhofer Hang 52-1a

Zenshäuschen 51-3c
Zurmühle 51-1b

Wesseling
PLZ 50389

Aachener Straße 195-4d
Ahornweg 194-3b
Ahrstraße 195-5d
Akazienweg 194-3b
Albert-Einstein-Straße (9) 195-6c
Albert-Schweitzer-Straße 195-8b
Alemannenweg 196-10b
Alfons-Müller-Platz (4) 195-5b
Alfterstraße 195-8a
Allerstraße 194-6b
Am Bungert 195-2c
Am Dickopsbach 195-4d
Am Entenfang 195-4d
Am Eulenflug (4) 196-7c
Am Felde 195-9d
Am Forst 195-9d
Am Hagen (3) 196-7c
Am Helmeshof 195-1c
Am Hohen Rain 196-7d
Am Kronenbusch 195-5d
Am Markt (2) 195-5b
Am Mieler Berg 196-7c
Am Neuen Garten 195-5a
Am Nordbahnhof 194-3b
Am Palmersdorfer Bach 194-3d
Am Schmettenstück 195-4d
Am Schulpfad (3) 195-5b
Am Sioniterhof (8) 195-6a
Am St. Germanus (5) 195-5b
Am Walde 195-5d
Am Zinnwald (2) 196-7d
Amselweg 195-8c
An den Benden 195-1c
An der Alten Mühle 194-3d
An der Elsmaar 195-7b
An der Meile (5) 196-7c
An der Ziegelei 194-3b
Antoniusstraße 195-5a
Asbergweg 195-8b
Auf dem Eichholzer Acker 195-8d
Auf dem Galberg 195-4a
Auf dem Mühlenberg 195-4b
Auf dem Radacker 195-9d
Auf dem Rheinberg 195-2d
Auf dem Sonnenberg 195-5b
Auf der Trift 196-7c

Bachstelzenweg (11) 195-8d
Bachstraße 195-1c
Badorfer Straße 195-8b
Bahnhofstraße 195-5b
Balderichstraße 195-5b
Balthasar-Neumann-Weg (21) 195-8d
Barbarastraße 194-3d
Beethovenweg (4) 195-8c
Bergerstraße 194-6b
Berggeiststraße 194-3b
Berzdorfer Straße 195-5a
Biberweg 195-7b
Birkenstraße 195-5d
Böcklerstraße 195-7b
Böcklinstraße 195-8d
Bodelschwinghstraße 195-7b
Bogenstraße 195-5a
Bolemer Weg 196-7d
Bonner Straße 195-5b
Bornheimer Weg 195-8c
Brahmsweg (5) 195-8c
Brandenburger Straße 195-7b
Breniger Straße 195-8b
Breslauer Straße (9) 195-8c
Brigidastraße 194-3d
Bröhlstraße 195-9d
Brühler Straße 194-3c
Brüsseler Straße 195-8d
Buchenstraße 194-3b
Buchfinkenweg (14) 195-8d
Bunsenstraße 195-9b
Burgstraße 196-10b
Bussardweg 195-8d

Carl-Spitzweg-Weg 195-9c
Carl-von-Joest-Straße 195-9d
Corinthstraße (17) 195-8d
Cranachstraße 195-8d
Curiestraße 164-12d

Dahlienweg (3) 195-1c
Dartmoorstraße 195-1d
Detmolder Straße 195-4b
Dieselstraße 195-6d
Dietkirchener Straße (1) 196-7d
Dohlenweg (5) 195-8d
Domhüllenweg 196-10a
Dompfaffenweg (9) 195-8d
Domskuhlweg 196-7c
Drachenfelsweg 195-9a
Dreilindenstraße 195-5b
Drosselweg 195-8d
Dürener Straße 195-4d
Dürerstraße 195-8d
Düsseldorfer Straße 195-5c

Eburonenweg 196-7d
Eckdorfer Straße 195-8b
Ehlenstraße 195-9d
Eichendorffstraße 195-5c
Eichenweg 194-3b
Eichholzer Straße 195-8a
Eichholzhof 195-9c
Eichsfelder Straße 195-5d
Eifelstraße 195-9a
Elisabethstraße 194-3d
Elsässer Straße 195-5c
Elsterweg 195-8d
Emil-Nolde-Straße (29) 195-9c
Emsstraße 194-3d
Entenfangstraße 195-1c
Erftstraße 195-8b
Erlenweg 194-3b
Ermlandweg 195-7b
Eschenweg 195-2c
Espenweg 194-3b
Essener Straße 195-5c
Eulenweg (2) 195-8c

Falkenweg 195-1c
Fasanenweg 195-8a
Feiningerweg (16) 195-8b
Ferdinandstraße 195-5c
Fichtenweg 195-9d
Finkenweg 195-8c
Flach-Fengler-Straße 195-5c
Försterweg 195-9d
Frankenstraße 196-10b
Franzstraße 195-5c
Friedensweg 195-5a
Friedhofsweg 195-8a
Friedrichstraße 195-5a
Friesenweg 196-10b
Fritz-Uhde-Weg (30) 195-9c
Fuchsweg 195-7b
Fuldastraße 195-1c

Gartenstraße 195-5a
Geibelstraße 195-8a
Georgstraße 195-5a
Germanusstraße 195-5b
Gewerbegebiet Am Langenacker 194-3a
Gewerbepark Eichholz 195-9c
Gewerbestraße 195-1a
Gleiwitzer Straße 195-7d
Godorfer Burg 194-3d
Godorfer Hof 194-3d
Godorfer Weg (1) 195-1a
Gotenstraße 195-5b
Gottfried-Keller-Straße 195-8a
Grenzgasse 195-5b
Grofer Weg 195-9b
Grünberger Straße 195-8c
Grüner Weg 195-2c
Gut Röllgen 195-1a
Gutenbergstraße 195-1c

Hagengasse 195-1c
Hagenhof 195-1c
Hagenstraße 195-1c
Händelweg (6) 195-8c
Hans-Holbein-Straße 195-8b
Hans-Sachs-Straße 195-1a
Hardtstraße 195-9a
Hauptstraße 194-3d
Haydnweg (7) 195-8c
Heinrich-Heine-Straße 195-5c
Heinrichstraße 194-3d
Heinrich-Zille-Weg (27) 195-9c
Helenenstraße 195-5a
Helmeshof 195-1c
Helmholtzstraße 195-6c
Hemmericher Weg 195-8b
Hennebüchelsweg 196-10a
Herderstraße 195-5c
Hermann-Hesse-Straße 195-8b
Hermann-Löns-Straße 195-5c
Herseler Straße 195-9c
Hessenweg 194-9d
Hinter den Hecken 195-5c
Hirschbergweg 195-8b
Hitzelerstraße 194-3d
Hofgasse 195-6c
Holzgasse 196-7d
Hubert-Stupp-Straße 195-5c
Hubertusstraße 195-1d
Humboldtstraße 195-6c
Hunsrückstraße 195-9a

Igelweg (12) 195-7b
Im Blauen Garn 195-4b
Im Dich 195-8d
Im Grund 195-5d
Im Kaninsberg 196-7d
Im Kleinen Mölchen 194-3d
Im Stockental 195-4d
In den Bitzen 195-2c
In der Flecht 195-8a
In der Mohle 196-7c
Industriegebiet Rheinbogen 195-5d
Industriestraße 194-3b

Jagdweg 195-9d
Jägerstraße 195-9d
Jahnstraße 195-5d
Johannesstraße 195-5a
Josef-Dietz-Straße 195-5b
Josef-Kuth-Weg 196-7c
Josefstraße 195-5a
Josef-Zimmermann-Straße 195-2c
Jülicher Straße 195-5c

Kapellenweg 195-1c
Kardorfer Straße 195-8b
Karlsbader Straße 195-7d
Karlstraße 195-5c
Kastanienweg 195-2c
Käthe-Kollwitz-Straße (26) 195-9c
Keldenicher Straße 195-8a
Keldenicher Weg 195-1c
Keltenstraße 195-5b
Kettelerstraße 195-7b
Kiebitzweg (6) 195-8d
Kiefernweg 195-9d
Kirchstraße 196-7d
Kleiberweg (7) 195-8d
Kleiststraße 195-8a
Klobbotzstraße 195-7b
Kölner Straße 195-2c
Kolpingstraße 195-7b
Konrad-Adenauer-Straße 195-5a
Konstanzer Straße 195-4b
Krähenweg (1) 195-8c
Kranichweg (4) 195-8c
Krefelder Straße (1) 195-5c
Kreuz-Knippchen 195-9b
Kreuzstraße 195-5b
Kronenweg 195-8a
Kuckucksweg (8) 195-8d
Kurfürstenstraße 195-1c
Kyllstraße 195-8b

Lahnstraße 195-8b
Langenackerstraße 194-3b
Langgasse (1) 195-2d
Lärchenweg 194-3b
Lauenburger Straße 195-8c
Leinpfad 196-4c
Lenaustraße 195-8a
Leunaer Straße 195-6c
Leybergweg 195-8b
Liebigstraße 195-6c
Liegnitzer Straße 195-8c
Lindenstraße 194-3b
Lippestraße 194-3d
Lohrbergweg 195-8b
Lorenzhof 194-6d
Löwenburgweg 195-8b
Ludewigstraße 195-5c
Ludwigshafener Straße 195-9b
Luxemburger Straße 195-8d
Luziastraße 195-6c

Maarweg 195-9b
Mainstraße 195-5d
Marie-Juchacz-Straße 195-7b
Martinstraße 195-4b
Masurenweg 195-8a
Mathias-Grünewald-Weg (19) 195-8d
Mathias-Leyendecker-Straße (2) 195-1c
Matthiasstraße 194-3d
Max-Ernst-Straße (18) 195-8d
Max-Liebermann-Straße (20) 195-8d
Max-Planck-Straße 195-6c
Meisenweg 195-8d
Mertener Straße 195-8b
Meschenicher Weg 164-12d
Metzer Weg 195-6c
Moosweg 195-9d
Moselstraße 195-9a
Mozartweg (3) 195-8a
Mühlengasse 195-5b
Mühlenweg 195-4b

Nachtigallenweg (10) 195-8d
Nelkenweg 195-1c
Neusser Straße (2) 195-5c
Nikolausstraße 194-3d
Nonnenstrombergweg 195-8b
Nordstraße 195-2d

Oberdorfstraße 195-8a
Oberwesselinger Straße 195-6a
Odenwaldstraße 195-9a
Öffgasse 195-2d
Ölbergweg 195-9a
Oppelner Straße 195-8c
Oskar-Kokoschka-Weg (28) 195-9c
Ottostraße 195-4b

Pappelweg 194-3b
Parkstraße 195-5b
Paul-Klee-Straße (25) 195-8b
Paulstraße 195-5a
Peter-Henlein-Straße 195-1a
Petersbergstraße 195-8b
Peterstraße 195-5c
Pfälzer Weg 195-7b
Pfauenweg 195-8d
Pfeilstraße 195-5a
Pingsdorfer Straße 195-8b
Platanenweg 194-3b
Pommernstraße 195-8a
Pontivystraße 195-5b
Poststraße 195-5d
Pützgasse 196-7b
Pützstraße 195-8a

Rabenweg 195-8c
Raiffeisenstraße (7) 195-5b
Rebhuhnweg 195-8a
Reichenberger Straße (8) 195-8c
Reiherweg 195-8c
Reinhartweg (22) 195-8d
Rembrandtstraße 195-8d
Remscheider Weg 195-4d
Rheinpark 195-5b
Rheinpromenade 195-6a
Rheinstraße 196-7c
Richardstraße 195-5a
Rodderweg 195-6a
Rodenkirchener Straße 164-12d
Roisdorfer Straße 195-8b
Römerstraße 195-2c
Röntgenstraße 195-9a
Rösberger Weg 195-8b
Rosenstraße 195-1d
Rotdornweg 195-5a
Rotkehlchenweg (12) 195-8d
Rottmannweg (24) 195-9c
Rungeweg (23) 195-9c

Saarlandstraße 195-5c
Sachsenweg 196-10b
Samlandstraße 195-8a
Schmiedegasse 196-7a
Schneidemühler Straße 195-7d
Schnepfenweg 195-8c
Schubertweg 195-8a
Schulstraße 195-7b
Schützenplatz (10) 195-5a
Schützenweg 195-5a
Schwalbenweg 195-8a
Schwarzdornweg 195-5a
Schwarzer Weg 195-5d
Schwarzwaldstraße 195-9a
Schwingelerweg 195-8a
Sebastianusstraße 195-5b
Sechtemer Straße 195-7d
Siebengebirgsstraße 195-9c
Siegstraße 195-8b
Sioniter Hof 195-6a
Sperberweg (3) 195-8c
Sperlingsweg 195-8c
St.-Thomas-Weg 196-7d
Staffelsweg 195-10b
Starenweg 195-8c
Stefan-Lochner-Weg 195-8d
Stemmlerweg 195-8a
Sternenstraße 194-3d
Stieglitzweg (15) 195-8d
Stolberger Straße 195-5c
Stolper Straße (10) 195-8c
Sudermannweg 195-8a
Sudetenweg 195-8a
Südstraße 195-6c

Talweg 195-5c
Tannenweg 196-7c
Taunusstraße 195-9a
Theodor-Heuss-Straße 195-2c
Theodor-Körner-Straße 195-5d
Theodorstraße 194-3d
Thüringer Straße 195-7b
Traunsteiner Straße 195-4b
Trierer Weg 195-5c
Tulpenweg 195-1d

Überlinger Straße 195-4b
Ubierweg 196-7d
Uferstraße 195-5b
Uhlandweg 195-8a
Ulmenstraße 195-5a
Unterdorfstraße 195-8a
Urfelder Straße 195-9c

Verdiweg (1) 195-8a
Vermeerweg 195-8d
Versuchsgut Dickopshof 195-7c
Versuchsgut Maarhof 195-7d
Vochemer Straße 194-3b
Vogelsang 195-8a
Vorgebirgsstraße 195-9a

Wachtelweg 195-8d
Wagnerweg (2) 195-8a
Waldorfer Straße 195-8b
Waldstraße 195-9b
Weidenweg 196-7b
Weißdornweg 195-5a
Werrastraße 195-1c
Weserstraße 195-4a
West Devon Straße 195-1d
Westerwaldstraße 195-8b
Westring 195-5a
Wichernstraße (11) 195-7b
Widdiger Straße (33) 195-9c
Wiesenweg 195-7b
Wilhelm-Busch-Straße 195-9c
Wilhelm-Rieländer-Straße (6) 195-5a
Wilhelmstraße 195-5a
Willy-Brandt-Straße 195-6c
Wolkenburgweg 195-9a
Württemberger Weg 195-7b

Zaunkönigweg (13) 195-8d
Zehntfreihof 194-6b
Zehntweg 195-8a
Zeisigweg 195-8d

Weyerbusch
PLZ 57635

(zu VBG Altenkirchen (Westerwald))

Alte Dorfstraße 255-10a
Am alten Born 255-7a
Am Seifen 255-7a
Am Sportplatz 255-7c
August-Schneider-Straße (3) 255-7c

Beckersweg 255-7a
Birkenstraße 255-7a
Bleichweg 255-7a

Fichtenstraße 255-7b
Finkenweg 255-7d
Frankfurter Straße 255-7a

Gartenweg 255-7c

Herchener Straße 255-4c

Im Dorfgarten 255-10b
Im Hasengarten (1) 255-7a
Im Stöckenfeld 254-9d
Im Winkel (2) 255-7a
Irlen 255-10b

Kanalstraße 255-7a
Kleewiesenweg 255-10a
Kölner Straße 254-9d

Lerchenweg 255-7c
Lindenstraße 255-7a

Marenbacher Weg 255-7a

Parkstraße 254-9d

Raiffeisenstraße 255-7c

Schulstraße 255-7c
Siegstraße 255-7b

Talweg 255-10b

Unter den Eichen 255-7b

Waldweg 255-7a
Wiesenweg 255-7c
Wieslpacken 255-10d
Wilhelm-Stöber-Platz 255-7a

Zu den Irlen 255-10b
Zum Wiesplacken 255-10c

Wiehl
PLZ 51674

Adlerweg 116-11b
Ahornweg 115-12c
Albert-Einstein-Straße 116-9d
Alferzhagener Straße 117-5a
Alpe 117-11a
Alperbrück 116-12b
Alpermühle 117-9b
Alpestraße 117-5d
Alpetalstraße 117-11a
Alte Dorfstraße 117-12d
Alte Hofstraße 117-5b
Alte Kölner Straße 143-2a
Alte Straße 117-6c
Alte Wiese 116-12b
Alter Milchweg (2) 144-1a
Alter Mühlenweg 117-6c
Alter Schulweg (1) 145-3b
Altes Land 143-2d
Altklef 116-12d
Am alten Sportplatz 117-10c
Am Anfang 143-2a
Am Birkenhang 115-12c
Am Birkeshaus (1) 146-4a
Am Birnbäumchen (9) 145-1b
Am Blumenhof 116-12b
Am Brandweiher 117-7d
Am Brüchen 145-4b
Am Bungert (2) 143-3d
Am Dreiort 118-10c
Am Erlenhaan 116-8c
Am Faulenberg 116-8d
Am Frauenbusch 116-8b
Am Galgenberg 117-12d
Am Hang 145-1a
Am Hardtskopf (4) 143-2d
Am Hofacker 116-8c
Am Hohen Haus 117-12d
Am Höher Berg 143-2b
Am Hübender Berg 145-2d
Am Hügel 145-1c
Am Kirchplatz (4) 117-6c
Am kleinen Hölzchen 145-3a
Am Konradsberg 116-8c
Am Krähenbusch 145-2d
Am Lindenberg 144-2b
Am Lindenstock (8) 145-1b
Am neuen Weg 144-3d
Am Pferdefeld (3) 143-2c
Am Plutenhöffchen (3) 116-8d
Am Pützberg 145-3a
Am Rastplatz 117-5c
Am Rosenhang 116-10b
Am Sengberg 145-3a
Am Steeger Berg 116-7c
Am Steinberg 116-9b
Am Stichelberg 117-10d
Am Tannenbusch 115-12c
Am Verkehrskreuz 116-9c
Am Wiesenhang 116-11d
Ammerweg (1) 117-10c
Amselweg 145-2a
An der Bechhöhe 116-11c
An der Bergkuhle 116-7d
An der Höhe 117-8b
An der Kirchhardt 116-11b
An der Krähenhardt 145-1d
An der Mühle (6) 116-11a
An der Oelmühle (10) 145-1b
Angfurten 146-1c
Angfurtener Straße 145-3b
Atzenhagener Straße 145-4b
Auf dem Anton (4) 116-11b
Auf dem Bräunfeld (3) 143-3d
Auf dem Bühl 115-11d
Auf dem Buhlscheid 116-12b
Auf dem Heidchen 145-1c
Auf dem Höchsten 116-11b
Auf dem Kampfeld (3) 117-10c
Auf dem Kötzen 115-12c
Auf dem Landgraben (7) 143-2d
Auf den Eichen 145-1d
Auf den Pühlen 116-9d
Auf den Steinen 116-12d
Auf der Bitze 116-8d
Auf der Bliebach 117-10b
Auf der Brache 144-2b
Auf der Engelhardt 145-1c
Auf der Ente 116-11d
Auf der Hardt 117-7d
Auf der Heide 117-5b
Auf der Heilen 117-6c
Auf der Jod 144-2b
Auf der nassen Höhe 116-8a
Auf der Steinbreche (1) 143-2c
Auf der Wäsche 117-10b
Auf'm Kamp 116-8c

Bachweg 145-3b
Bahnhofsplatz 116-11a
Bahnhofstraße 145-1a
Bantenberger Straße 116-11b
Baumweg 145-3d
Bechstraße 116-11c
Bergerhofer Straße 116-7a
Bergstraße 116-8c
Bergweg 144-1c
Berta-Schulz-Straße (7) 145-1b
Bieberstein 146-4b
Biebersteiner Straße 146-4a
Bielsteiner Straße 116-7d
Birkenhahnstraße 115-12c
Birkenstraße 145-1d
Bistritzer Gasse 143-3c
Bitzenweg 145-1b
Blumenfeldstraße 117-10c
Bomiger Straße 116-9b
Bonenkamp 117-5d
Börnchenweg 116-8d
Börnhausener Berg (5) 144-2d
Börnhausener Blick (4) 144-2c
Börnhausener Burg (2) 144-2d
Börnhausener Feld 144-2c
Börnhausener Garten 144-2d
Börnhausener Hof (3) 144-2c
Börnhausener Inken 144-2d
Börnhausener Siefen (1) 144-2d
Börnhausener Straße 144-2d
Börnhausener Tal 144-2d
Börnhausener Wiese 144-2d
Brächener Straße 115-12c
Brächer Heide 115-11d
Breidenbrucher Straße 116-9b
Brelöher Weg 117-5a
Bremig 145-2a
Brindöpkestraße 116-11a
Brinkengarten 145-3c
Bruch 144-3b
Brucher Straße 144-3b
Brucherfeldstraße 144-3b
Brückenstraße 116-7b
Brunnensiefen 146-4b
Brunnenweg 143-2a
Buchenkamp 117-5c
Buchenstraße 145-2b
Büddelhagen 115-10c
Burgstraße 116-10b
Burmichsfeld 117-6b
Burzenland 143-2d
Bussardweg 115-11d
Büttinghausener Straße 145-3a

Carl-Hans-Straße 145-3c
Carl-Zeiss-Straße 116-9b
Cosimastraße 116-12d
Cyrusweg 145-1d

Dahl 143-3a
Dahler Straße 117-10b
Dahlienstraße 145-1b
Damte 116-10d
Damter Hofwiese (9) 116-11c
Damtestraße 116-11c
Dellerweg (1) 116-9d
Denkmalweg (2) 145-3a
Derschlager Straße 145-3c
Dörenstraße 116-7b
Dorfplatz 117-6c
Dorfstraße 116-8d
Dornbuschstraße 146-1a
Dörner Straße 145-1a
Dr.-Hoffmann-Platz (5) 116-11b
Drabenderhöher Straße 143-2d
Dreibholzer Straße 116-8c
Dreisbacher Höhe 117-12d
Dreisbacher Straße 145-3b
Drosselhardt 117-11c
Drosselweg (6) 115-12c
Drustenweg 116-11b
Dümpelstraße 145-3d

Eckenhagener Straße 145-3a
Eichenweg (2) 115-12c
Eichhardtstraße 116-12d
Eichhornweg 143-2b
Elsterweg 117-10c
Ennenbachstraße 116-10b
Ennenfeldstraße 145-1b
Enselskamp 117-5d
Erlengarten 117-6c
Erlenweg 115-12c
Eschenbachstraße 117-10c
Eschenweg 116-8a
Eulenweg 115-12c

Fahlenbruch 144-5d
Falkenweg 116-11b
Faulmert 144-3c
Faulmerter Straße 144-2b
Feldstraße 116-8d
Fichtenweg 145-2b
Finkenweg (5) 115-12c
Fliederweg 145-3a
Florastraße 116-10b
Forster Straße 116-7c
Forsthaus Bieberstein 146-4b
Freiherr-vom-Stein-Straße 117-10c
Friedhofstraße 117-10c
Friedrich-Hebbel-Straße 117-7a
Fritz-Kotz-Straße 116-9c
Fritz-Rau-Straße 116-8a
Fröbelstraße 116-11a

Fuhrweg 143-3d

Gartenstraße 145-2d
Gassenhagen 144-5a
Gerresheimer Straße 117-3c
Gewerbepark Bomig-Nord 116-9b
Gewerbepark Bomig-Ost 116-9d
Gewerbepark Bomig-West 116-9c
Gimmicker Weg (3) 144-1c
Ginsterweg (3) 115-12c
Grenzweg 117-5a
Großfischbacher Straße 144-6b
Grubenweg 116-9d
Grüner Weg 144-3b
Gustav-Adolf-Straße 116-11a
Gustav-Friedrich-Siedlung 145-6a
Gut Waldruhe 144-2c
Gutsberg 117-12c

Habichtweg 143-2b
Haferland 143-3c
Hahn 115-12d
Hähner Mühle 143-3b
Hahnstraße 144-2a
Halstenbacher Straße 117-5c
Hambuchstraße 145-3c
Hammerstraße 116-10b
Hangstraße 116-10d
Harbachtal (9) 143-2d
Hardt 116-7c
Hau 144-5b
Hauptstraße 145-1a
Haus Waldfrieden 144-1a
Heckelsiefen 145-6a
Heckelsiefener Straße 145-6a
Heckenweg (2) 146-4a
Heidersiefen 117-11b
Heideweg 116-11c
Heinrich-Brindöpke-Platz (8) 116-11a
Heinrich-Stender-Straße 116-8a
Helmerhausener Straße 116-10b
Hengstenberg 116-12c
Hengstenberger Straße 144-3a
Hennes Kamp 144-1a
Hermannstädter Gasse 143-3c
Hermannstraße 116-8b
Herrenhofer Straße 143-2c
Heskesberg 115-9b
Hessklöhweg 144-3a
Hillerscheider Straße 143-3d
Hindelanger Straße (3) 145-3c
Hindenburgstraße 116-11a
Hirschbergstraße 117-6a
Hochweg 144-2b
Hofstraße 117-7d
Hohe Fuhr 145-2a
Hohe Hardt 116-7d
Höhebusch 117-5d
Hohefahrtstraße 116-9d
Höhenweg 116-11b
Höherdahlstraße 143-2d
Höhlenstraße 145-1d
Höllerten 117-11b
Homburger Straße 145-1c
Hömeler Weg 116-8a
Horst-Koehler-Straße 145-6b
Hubertusweg 116-10b
Hückhausen 116-7b
Hückhausener Berg 116-7b
Hückhausener Straße (Hückhausen) 116-7b
Hückhausener Straße (Weihershagen) 116-7c
Hüttenstraße 145-1d

Im alten Garten 116-10b
Im Auel 116-12d
Im Baumhof 145-1b
Im Biesengarten 143-2d
Im Blauen Hof 116-8d
Im Blumengarten 117-5d
Im Blumenwinkel 143-2a
Im Bühlsgarten 116-8b
Im Burscheid 116-8a
Im Dahler Feld 143-3a
Im Dahler Garten (2) 143-3a
Im Dahler Oberhof 143-3a
Im Dahler Siefen (1) 143-3a
Im Dielcheskamp (1) 116-8d
Im Eisernen Berg 116-11d
Im Gähnfeld 116-8d
Im Hänchen 116-10b
Im Hausgarten 144-2b
Im Heidsgarten 117-5b
Im Hof 145-4b
Im Hofwinkel (1) 144-3a
Im Hüdigsgarten (10) 116-11c
Im Kamp 145-3c
Im Krahnoechel 145-2d
Im Laiengärtchen 116-7c
Im Marschgarten 116-8b
Im Mauren Garten 116-12c
Im Mühlenfeld 144-2a
Im Ohler Garten 116-7d
Im Rodfeld 117-5a
Im Scheidter Hof 145-6b
Im Siefen 116-11b
Im Sonnenwinkel 145-2a
Im Sträßchen 117-6a
Im Weierhof 116-8d
Im Weiher (5) 145-1a
Im Wiedenhof 117-6c
Im Wiehler Feld 117-10d
Im Wiesengrund 117-10c
Im Winkel (12) 145-4b
Immen 115-12d
Immerkopf 115-12c
In den Brucherwiesen 144-3b
In den Weiden 116-7c
In den Wiesen 143-2b
In der Aue 117-6a
In der Hofwiese 116-10b
In der Kämpe 116-10b
In der Kehre 116-10b
In der Landwehr 143-2d
Industriegelände 143-2b
Isoldestraße 116-12d

Jägerstraße 145-4b
Jägerweg (6) 143-2d
Jahnstraße 116-11b
Jakob-Neuleben-Straße (8) 143-2d
Jennecken 144-1a
Jennecker Straße 144-1a

Kalkbergweg 116-8a
Kalktal 116-8d
Kämpchenweg 117-5b
Kämperweg 117-5c
Kampstraße 145-2d
Katzensteig 116-8d
Kaulenweg 117-5b
Kehlinghausener Weg 116-11b
Kiefernweg 115-12c
Kirberg 116-11a
Kirchweg (3) 117-6c
Kirschkamp 143-3d
Kirschsiefen 144-1b
Klausenburger Gasse 143-3c
Kleebornen 116-7a
Kleinfischbach 144-6b
Knappenweg 116-9d
Knippenweg 116-8d
Kokeltal 143-3c
Königssiefen 145-3a
Konradsberg 116-8c
Koppelweg 143-2d
Koppelweide 117-9c
Krainchweg 117-10c
Krawinkelstraße 117-5a
Kriemhildstraße (2) 117-10c
Kronstädter Gasse 143-3c
Kurpark 145-1b
Kurtensiefen 117-4d

Lerchenstraße 145-3c
Linden 116-11d
Lindenbergstraße 144-2b
Lindener Straße 144-2b
Lindenstraße 145-2b
Lohengrinstraße 117-10c

Margaretenanger 117-6c
Margeritenweg 145-1b
Marienberghausener Straße 144-3d
Marienfelder Straße 143-2d
Marienhagener Straße 117-5d
Mauerwiese 145-1b
Max-Planck-Straße 117-7c
Mediascher Gasse 143-3d
Meisenweg (4) 115-12c
Merkausener Straße (Alferzhagen) 117-5b
Merkausener Straße (Merkausen) 117-6a
Molbachweg 115-9a
Monsau 117-12c
Morkepützer Straße (Morkepütz) 117-7d
Morkepützer Straße (Mühlhausen) 117-10b
Mozartweg 117-10c
Mühlbacher Gasse 143-3c
Mühlen 144-2a
Mühlenau 146-4c
Mühlenauer Straße 145-6b
Mühlener Straße 144-2b
Mühlenfeldstraße 144-2b
Mühlenstraße 145-1b
Mühlenweg 144-2b
Mühlhausen 117-10b
Mühlhausener Straße 117-10b

Naturerlebnispark 145-1a
Neuenhausen 117-11a
Neuenhausener Weg 117-11a
Neuklef 116-12c
Neuklefstraße 116-12b
Neuwiehler Straße 145-1b
Nibelungenstraße 117-10c
Niederbellinghausen 144-5b
Niederhof 116-10c
Nösnerland 143-2b
Nümbrechter Straße (4) 145-3c
Nürsche 145-2a

Ober dem Hammer 145-2c
Oberbantenberger Straße 116-8d
Oberholzen 117-11d
Oberwiehler Straße 145-2b
Ohl 145-2a
Ohler Berg 145-2a
Ohlerhammer 145-2a
Ortsstraße 115-9a
Oskar-Hartmann-Straße 143-2d
Oststraße 116-8b
Otto-Dick-Straße 116-9c

Parsifalstraße 117-10c
Paul-Fischbach-Straße 116-10d
Pergenroth 117-5c
Pergenrother Straße 117-5c
Perke 145-6b
Perker Straße 145-6b
Peter-Steinmetzler-Straße 116-12d
Pfaffenberg 145-4a
Pfaffenscheid 143-2c
Pfaffenscheider Weg 143-2c
Pfenderstraße (2) 116-8d
Puhler Straße 145-1b
Pützberger Höhe 145-3b

Quellenweg 146-4a

Reenerland 143-2b
Rehwinkel 115-11d
Remmelsohler Weg 117-5b
Remperg 146-4a
Remperger Straße 146-4a
Repschenrother Straße (7) 116-11a
Repser Gasse 143-3c
Reuschenbach 116-7c
Rheingoldstraße 116-12d
Richard-Wagner-Straße 116-12d
Ricker Wiese 145-2d
Rinnchenweg 116-7a
Robert-Bosch-Straße 116-8d
Robert-Koch-Straße 116-12b
Römerstraße 145-4b
Rosenfeldstraße 145-2b
Rosenweg 145-6b
Roldornstraße 116-8a
Rotkehlchenweg (7) 115-12c
Rottlandshaan (1) 117-6b
Rudolf-Diesel-Straße 116-8d

Sangerweg 146-1c
Schässburger Gasse 143-3c
Scheidter Straße 143-2a
Schladestraße 117-5b
Schlanderser Straße 116-11a
Schlenke 145-3a
Schlenker Straße 145-3a
Schmiedeweg (5) 143-2d
Schulstraße 145-1b
Schwalbenweg 117-10c
Seifen 117-6d
Sengbergstraße 145-3a
Siebenbürger Platz 143-2d
Siefen 145-2b
Siefener Straße 145-2a
Siegfriedstraße 117-10c
Soelsiefen 117-12c
Soelsiefener Berg 145-3a
Soelsiefener Straße 145-3a
Sonnenkamp 117-5d
Sonnenweg 145-5a
Steinacker 144-2d
Steinhardtstraße 145-3d
Steinweg (9) 116-8d
Stettiner Straße 117-5b
Stiller Winkel (2) 117-6c
Stollenweg 116-8b

Talblick 116-11a
Talstraße 117-6c
Tannhäuserstraße 117-10c
Taubenweg 117-10d
Thalhauser Weg 116-11c
Theodor-Storm-Straße 116-9b
Tringergarten (4) 143-3d
Tristanstraße 116-12d
Tulpenweg 145-1b

Uelpebergstraße 116-10d
Uelpestraße 116-10d
Uferstraße 116-9d
Umgehungsstraße 116-8c
Untere Dorfstraße 145-3c
Unterhofstraße 115-9b
Unterm Ziegenbusch 146-4a
Unterwald 143-2d

Verr 115-11c
Vogelsangerweg (1) 115-12c
Vollmerhausener Weg 117-5a
Vor den Birken 117-5d
Vor der Ley 116-7b

Wald 144-2c
Waldmannsweg 116-12d
Waldstraße 145-1d
Warthstraße 145-1b
Weidenbachstraße 145-3c
Weidenkamp 145-3b
Weidenweg 145-6b
Weierhofweg 116-11a
Weiershagener Straße 116-4c
Weiher-Passage (6) 145-1a
Weiherplatz 145-1a
Weiherstraße 117-6c
Weinland 143-2d
Wellersiefen 115-9b
Wennweg 116-8a
Werner-von-Siemens-Straße 116-9c
Wiehlblick 116-12c
Wiehler Park 145-1a
Wiehlsiefen 116-4d
Wiehlsiefener Straße 116-7b
Wiesenstraße 145-1a
Wildparkstraße 145-4b
Wilhelm-Grümer-Weg 145-3a
Wilhelm-Idel-Straße (4) 145-1b
Wilhelmstraße 145-1d
Wolfsgarten 115-9b
Wülfringhausener Straße 117-10c

Zaun 145-1d
Zeitstraße (Brächen) 115-11d
Zeitstraße (Drabenderhöhe) 143-2c
Zirrer Straße 145-1c
Zum alten Hof 144-3d
Zum alten Weiher 116-8c
Zum Bergerholz (2) 144-3a
Zum Bismarckturm 145-1c
Zum Böckelte 117-5d
Zum Buchholz 145-6b
Zum Buchholzfeld 144-3c
Zum Dorfbrunnen (1) 117-6c
Zum Dorfhaus 144-3d
Zum Flurschütz 117-6c
Zum Gerstenhahn 116-10a
Zum Hawinkel 116-7c
Zum Hegesiefen 117-6c
Zum Hochbehälter 115-12a
Zum Hochwald 116-11b
Zum Hofgarten 144-3d
Zum Jagdhaus 143-3d
Zum Köppchen 116-8b
Zum Kreuzweg 116-8c
Zum Lievenhaan 117-5b
Zum Loopetal 143-2a
Zum Seifen 117-6a
Zum Stollen 144-3d
Zum Treppchen (1) 143-3d
Zum Weiher (1) 144-1a
Zur Bölze 144-3d
Zur Bormig 117-7d
Zur Bornspringe 144-1a
Zur Dorfkrone (11) 145-1b
Zur Dornhecke 145-3b
Zur Fichte 144-3d
Zur Fichtenbank 116-11c
Zur Fliehburg 116-11a
Zur Heienhardt 144-1a
Zur Horst 143-3d
Zur Kahlhambuche 143-2a
Zur Kellerwiese 117-7c
Zur Kohlstatt 116-10b
Zur Königsbitze 143-2d
Zur Linde 144-1a
Zur Litzend 117-7d
Zur Miebach (2) 143-2d
Zur Zäuner Hardt 145-1b
Zur Zippegosse 116-11a

Willroth

PLZ 56594

(zu VBG Flammersfeld)

Am Widderpark 314-5d
Amselweg 314-5d
Auf den Steinen 314-5d

Bergstraße 314-5d

Dorfstraße 314-5d

Gartenstraße 314-5d
Grenzbachweg 314-5d
Grubenstraße 314-5d

Höhenstraße 314-5d

In der Bitz 314-5d
In der Hohl 314-5d

Kirchstraße 314-5d

Linkenbacher Weg 314-5d

Mittelstraße 314-5d

Neue Straße 314-5d

Raiffeisenstraße 314-5d

Sonnenstraße 314-5d
Steinstraße 314-5d

Tannenstraße 314-5b

Waldstraße 314-5d

Windeck

PLZ 51570

Ackergasse 237-4b
Agnesstraße 235-7b
Ahornweg 205-11c
Akazienweg 205-11c
Albert-Einstein-Straße 206-10d
Albert-Schweitzer-Straße 206-10c
Almweg 234-8d
Alser Weg 235-7d
Alte Brücke 234-5a
Alte Dorfstraße (7) 236-1a
Alte Marktstraße 235-7b
Alte Römer Straße 236-3b
Alte Schmiede 235-7b
Alte Schulstraße 205-10d
Altenherfen 204-7a
Altenherfener Straße 204-10b
Altenhof 206-12c
Alter Markt 206-10c
Am alten Friedhof (2) 206-10c
Am Bahndamm 204-12c
Am Baumolus 204-10b
Am Berg 234-5a
Am Beuel 205-10b
Am Beuelsbach 235-2b
Am Bienenhof (2) 234-9b
Am Bleichertbach 205-12b
Am Bleichplatz 235-5a
Am Bonnenstück 203-9b
Am Brachland 206-6c
Am Brünnchen 234-6c
Am Burgbach 236-3b
Am Burgtor 205-10b
Am Burscheid 204-10b
Am Buschgarten 206-6c
Am Dammchen 206-10d
Am Denkmal (3) 206-10d
Am Dorfplatz 237-1a
Am Dreifuß 236-8b
Am Eichstock (2) 204-9c
Am Eiskeller 236-1a
Am Erlenhain 205-10b
Am Feldrain 237-4b
Am Fischhäuschen 205-10d
Am Forsthaus 205-7c
Am Freibad 236-1a
Am Hang (4) 204-9d
Am Heidchen 236-1a
Am Himpelsberg (1) 204-10b
Am Jähenberg 237-1d
Am Jungbruch 204-12c
Am Kirchweiher 205-11a
Am Klingelsberg 204-12a
Am Knippen 234-5a
Am Knoppen 236-4b
Am Kohlhahn 206-6c
Am Kolbenberg 205-11c
Am Köppel 207-10c
Am Kurheim 235-7d
Am Leychen 204-12c
Am Moosstein 205-10b
Am Pfaffenbusch 204-10b
Am Pfarrgarten 205-10d
Am Reutersbach 204-12b
Am Rosbach 206-10c
Am Rosenbaum 234-5a
Am Rosengarten 234-5a
Am Sabelspfuhl 235-4d
Am Schulbusch (1) 237-4b
Am Seelbach 204-9d
Am Silberberg 206-9a
Am Tannenwald (1) 205-10a
Am Tennisplatz (1) 205-9c
Am Wald 237-1a
Am Waldkrankenhaus 206-10d
Am Waldrand 206-10d
Am Waldschlößchen 234-12b
Am Wasserfall 205-12a
Am Weiher 206-9a
Am Wieschen 206-10c
Am Wiesenkamp 237-4b
Amselweg 205-12a
Amtsstraße 206-10c
An den Eichen 234-8d
An den Schürflöchern 237-1d
An der alten Mühle (2) 205-10b
An der Bergwiese 204-12c
An der Burgruine 205-8d
An der Kapelle (1) 204-12c
An der Kurthenhardt 237-1d
An der Realschule 234-5c
An der Schmiede 206-7c
An der Spitzenburg 205-7d
Appelhof 234-2c
Arndshof 206-9b
Aspen (2) 203-9d
Aspenfeld 236-8b
Asternweg 236-5c
Auenweg 205-10b
Auf dem Acker 236-4b
Auf dem Alten Pütz 206-12c
Auf dem Armenstück 234-1d
Auf dem Berg 234-6c
Auf dem Jagen 235-11b
Auf dem Kamm 236-3a
Auf dem Kuppen 237-1a
Auf dem Leichen 206-7d
Auf dem Nöchel 206-8b
Auf dem Rübenkamp 204-10a
Auf dem Schlag 237-1c
Auf dem Siefen 206-7c
Auf dem Stockem 234-8c
Auf dem Tunnel 205-12d
Auf den Hähnen 235-11c
Auf der Au 236-5a
Auf der Bitze 204-9c
Auf der Bleiche 235-2d
Auf der Brache 206-7d
Auf der Bruchhardt 236-1a
Auf der Fuhr 206-10d
Auf der Hardt 234-5a
Auf der Hecke 205-10d
Auf der Heide 235-6a
Auf der Helte 234-8d
Auf der Niedecke 205-10b
Auf der Ochsenburg 255-3a
Auf der Rutsche 234-8c
Auf der Teichhardt 205-12b
Auf'm Driesch 207-10c
Auf'm Heiligenhäuschen 235-11d
Auf'm Schlüssel 236-2d

Bach 236-3c
Bacher Berg 236-3c
Bacher Straße 236-2b
Bachmühle 206-10b
Bachmühlenweg 206-10c
Bäckergasse 236-5a
Bahnhofstraße 236-6d
Bahnstraße 205-12a
Basaltstraße 235-10d
Bäumenwiese 234-8d
Beethovenstraße 235-7d
Begonienweg 236-1d
Bellingen 207-10a
Benzekauser Weg 236-5a
Berggarten 204-9c
Bergische Straße 205-10b
Bergmannsweg (2) 237-4b
Bergsiefen 235-10a
Bergstraße 236-1a
Berliner Platz 236-1a
Betzdorfer Straße 236-1d
Birkenweg 205-11c
Birksiefen 234-6c
Bitzchen 235-5c
Bitze 255-3a
Bitzer Straße 255-3a
Blumenstraße 236-4d
Blütenweg 236-8b
Bodelschwinghstraße 234-5b
Bodenbergstraße 205-9c
Bodenskamp 206-8c
Bonhof 235-7b
Bornenwiese 236-8b
Bornspringe 206-8a
Brahmsweg 235-7d
Brassenweg 234-5c
Brechtstraße 235-3b
Brehmstraße 236-1c
Breite Straße 236-5a
Bruchbitze 234-8d
Bruchfeld 235-7d
Brückenstraße 236-5c
Brunnenweg 205-10b
Büchelshof 234-4b
Büchelstraße 234-1d
Buchenweg 205-11a
Buchhardt 235-9c
Büchnerstraße 236-1d
Bungert 206-4c
Bürgerwiese 235-5a
Burgkapelle 205-8d
Burgstraße 205-10b
Burgwiese 205-11b
Burg-Windeck-Straße 205-12a

Cäcilienweg (1) 203-9d
Claudiusstraße 236-1c

Dachsfeld 206-10c
Dachsweg 234-5a
Dahlhausen 235-9b
Dahlhausener Straße 236-4d
Dahlienweg (5) 236-1d
Dammsbachstraße 235-3a
Dammweg 234-8c
Dattenfelder Straße 205-11c
Dechant-Menghius-Straße 205-11a
Der neue Weg 234-12c
Dichterweg 235-3d
Distelshausen 206-9d
Dorfanger (5) 205-7c
Dorfkamp 234-1d
Dorfkapelle (3) 234-8c
Dorflinde 204-7b
Dreifelder Kirchweg 205-10d
Dreisaaler Berg 235-5b
Dreiseler Straße 205-10d
Drosselweg 205-9c
Dürerstraße 235-3d

Eckweg (1) 235-2b
Ehrenhausener Straße 235-7d
Ehrentalsmühle 235-9c
Ehrentalsmühler Straße 235-9c
Eibenweg 235-2b
Eichendorffstraße 236-1a
Eicher Straße 236-2c
Eichholzweg 236-4d
Eichhorn (5) 234-8d
Eisenbergstraße 206-8b
Eisenhof 255-3a
Eisenstraße 206-9b
Eitorfer Straße 234-8c
Elisentalstraße 205-10b
Elmoresstraße 205-12a
Elsternweg 205-9c
Engbachweg 204-12b
Engelssiefen 205-8c
Ennenbacher Straße 234-1d
Entenpfuhl 205-12d
Erbelsbusch 236-3a
Erikaweg 205-12d
Erlenweg 205-11c
Ernst-Moritz-Arndt-Straße 206-10c
Eschenweg 204-11d
Eulenwinkel 236-2c
Eutscheid 235-11a
Eutscheider Straße 235-7d

Falkenweg 205-12a
Feldstraße 234-6c
Fernblick 234-2c
Fichtenweg 205-10a
Fingerhutweg 236-2c
Finkenweg 205-9c
Fliederweg 236-5d
Flurweg (1) 236-2b
Fohlenweg 234-8c
Fontanestraße 236-4a
Forellenweg 234-2b
Forststraße 234-9d
Freiligrathstraße 236-1a
Friedrichstraße 235-11b
Fürthener Straße (3) 237-4b

Gänseblumenweg (4) 236-1d
Gänsepfad (6) 234-8d
Gartenstraße 205-12b
Geibelstraße 236-1a
Geiseler Heide 236-1d
Geranienweg 236-5c
Gerhart-Hauptmann-Straße 206-10c
Gerressener Straße 234-1d
Gierzhagener Straße 206-10a
Ginsterweg 205-12d
Gluckstraße (1) 235-9b
Goethestraße 235-3b
Goßbitze 234-8d
Gottlieb-Daimler-Straße 206-10c
Grafengasse 204-12c

Grashof 204-9d
Grasweg 206-10c
Grenzstraße 236-8b
Grettenfeld 236-5d
Grimbachweg 236-8b
Grube-Andreas-Straße 237-4b
Grummetswiese 235-7c
Grüner Weg 206-10c
Güsthohn 207-10c
Gutmannseichen 204-4d

Hähnchen 236-5d
Hahnenbach 205-2d
Halfenshof 235-3c
Halscheider Straße 237-1c
Hammelsberg 206-7c
Hammer Straße 236-9a
Hangstraße (5) 206-10c
Hasenacker 206-10a
Hasenberg 235-9b
Hasenpfad 234-8c
Hau 206-5b
Hauer Straße 206-8b
Hauertal 206-7d
Hauptstraße 205-10b
Haus Herchen 234-8d
Haus-Broich-Straße 205-7d
Hausener Berg 236-5a
Hausener Tal 236-5d
Heckenweg 235-11c
Hegelstraße 236-4a
Heideblick 235-6a
Heidebusch 235-3d
Heilbrunnenstraße 235-7b
Heiligenkamp (3) 236-2b
Heinestraße 236-4a
Heinrich-Böll-Straße 206-10c
Heisbergstraße 203-9d
Helenenweg 203-9d
Hellerswiese 234-9a
Helpenstell 235-2d
Heltengarten 234-9d
Helzener Straße 206-4c
Herbergsstraße 206-10d
Herbstweg 206-12d
Herchener Straße 204-11d
Herderstraße 236-4a
Hermann-Löns-Straße 206-10d
Herrensiefen 206-7c
Heuweg 234-2b
Himmeroth 235-9a
Himmerother Straße 235-9b
Hinterhof 236-2c
Hofring 236-2b
Hofstatt (1) 255-3a
Hohe Schlade 206-4d
Hohe Straße 236-2b
Höhe 204-7b
Höhenweg (1) 206-7c
Höher Landstraße 234-2c
Hohlweg 236-9b
Höhnrath 205-6c
Höhnrather Straße 205-8d
Hohnsiefen 234-5d
Hölderlinstraße 236-1c
Holunderweg (2) 205-11c
Holzgasse 236-1a
Hoppengartener Straße 204-12b
Hövelstal 206-4c
Hugostraße 236-1c
Humboldtstraße 236-1c
Humperdinckweg 235-10a
Hundenborn 236-1b
Hundhausen 236-4b
Hundhausener Straße 236-4b
Hundhauser Berg 236-4b
Hurster Straße 206-10c
Hüttenweg 236-4d
Hyazinthenweg 236-5a

Igelshof 234-5d
Im Aeuelchen (2) 204-12c
Im Ahlen 236-5d
Im alten Weiher 204-9c
Im Altenhof 236-3a
Im Auel 234-8c
Im Boden 206-8c
Im Börnchen 236-2b
Im Breiten Feld 205-10d
Im Bruch 234-4b
Im Bungert 234-5a
Im Dall 205-11a
Im Damm 235-2b
Im Dellchen 235-3a
Im Eichholz 236-2b
Im Engen Tal 235-8a
Im Eulenbruch 236-1d
Im Garten 206-9b
Im Gässchen (12) 236-1c
Im Grund 205-10a
Im Hahmich 235-5c
Im Hinterhof 236-2c
Im Hof Eich 236-2c
Im Hof 206-10c
Im Höfchen 234-1d
Im Kettenroth 235-2b
Im Kleehahn 206-10a
Im Klosterhof 234-5a
Im Kohlhardtsgarten 206-8c
Im Kreuzgarten 234-5c
Im Krummen Tal 236-5c
Im Kühlen Grunde 236-8b
Im Langenbusch 235-3c
Im Lehen 235-3b
Im Lehmberg 205-12a
Im neuen Garten 235-11b
Im Niederdorf 205-10b
Im Oberen Hof 205-9d
Im Obernauer Feld 236-1a
Im Obersten Garten (3) 234-5a

Im Ort (2) 236-2b
Im Rehwinkel 234-2c
Im Reisbruch 235-3c
Im Ringeling 236-2b
Im Rothland (1) 204-9c
Im Rötz 206-12a
Im Scheffengarten 206-7c
Im Scheunenweiher (1) 205-11a
Im Scheurenfeld 205-9c
Im Schiebelsstück 235-3c
Im Siefen 235-7d
Im Steimel 235-11d
Im Stendal 235-7b
Im Sturmsloch 206-6c
Im Thal Windeck 205-8c
Im Trotz 236-2b
Im Ünken 205-10d
Im Unterhof 207-10c
Im Wiesengrund 205-10b
Im Winkel 206-8b
Imkerstraße 234-6c
In den Hähnen 205-9c
In den Höfen 235-7b
In den Mahrwiesen 205-10a
In der Ädel 235-2d
In der Au 234-5a
In der Frömmerhardt 234-1d
In der Gansau 236-5a
In der Gasse 235-2a
In der Hühl 206-4c
In der Klause 206-4d
In der Kuhlen 234-8d
In der Mark 235-11b
In der Raubach 234-4b
In Übersehn 234-5a
Industriestraße 205-12b
Irsertalstraße 255-2b

Jägersteig 206-8a
Johann-Strauß-Straße (3) 235-7d
Jucht 205-8b
Junkerswiese 235-11c

Kalkstück 204-10a
Kaltbachmühle 204-11c
Kaltbachweg 204-10b
Kämerscheider Straße 203-9b
Kantstraße 236-1c
Kapellenweg 206-10d
Karl-May-Straße 236-1b
Karlskamp 235-3b
Karolinenweg (7) 234-8d
Kastanienweg (2) 235-2b
Kästnerstraße 236-1d
Katzensteinpfad 234-2b
Kehlbrunnen 235-11b
Kehlenberg 235-5c
Kellerstraße (1) 236-4a
Kiefernweg 204-12c
Kirchhardt 206-10b
Kirchplatz (8) 236-1a
Kirchstraße 236-1a
Kleeacker 236-5a
Kleiberweg 205-12a
Kleine Ecke (1) 236-8b
Kleiner Garten 206-6d
Kleiststraße 236-4a
Klöcknersecke 236-1c
Knappenstraße 206-9a
Kniescheibe (1) 235-5b
Kohlberger Straße 206-10b
Köhlerweg 205-12d
Königsberger Straße 206-10a
Kornblumenweg (2) 236-8b
Körnerstraße 235-3b
Krankenhausweg 205-10d
Kreuzhähn (1) 206-8b
Kreuzweg 236-2d
Kriegersgarten 235-7c
Krokusweg 236-5a
Kuchhausener Kirchweg 235-10b
Kuchhausener Straße 235-11a
Kühnestraße 234-5a
Kuhsiefen 234-9a
Kurze Ecke 236-5c
Kußgasse (10) 235-3d

Landstraße 235-9c
Langenberger Straße 206-10a
Langer Hof 235-7b
Langer Weg 235-5b
Lärchenweg 205-11c
Laubestraße (3) 236-1c
Leidhecke 235-6d
Leidhecker Weg 235-9a
Leinenweg 234-2b
Leinstraße 236-1c
Lessingstraße 236-1c
Leuscheider Straße 235-3d
Limbachstraße 206-8b
Lindenpützer Straße (Mauel) 205-12d
Lindenpützer Straße (Rosbach) 236-1a
Lindenweg 205-11c
Lisztstraße 235-7d
Loch 206-11d
Locher Siefen 206-11d
Locher Straße 206-11d
Locksiefener Ring 235-5b
Locksiefener Weg 235-5b
Löh 235-3a
Lohensiefen 236-7a
Löhrsiefen 204-11d
Lommerbruch 205-11c
Löschbachweg 236-4d
Ludwigsgarten (2) 235-6a

Maiglöckchenweg 236-2c
Maiweg 236-3b

Margeritenweg (6) 236-2c
Marienstraße 203-9d
Marktstraße 206-10c
Mathildenstraße 235-7b
Mauelerfeld 205-12b
Maueler Mühle 206-10a
Maueler Weg (1) 206-10c
Mauspfad 234-8c
Meilerweg 205-12d
Meisenweg 205-9c
Mittelirsen 255-2b
Mittelirsener Straße 235-11b
Mittelstraße 206-10c
Moesstraße 235-7b
Mönchskopf 254-3a
Moosweg (3) 204-9d
Morgensternstraße 236-1c
Mörikestraße 236-1c
Mozartstraße 235-7d
Mucher Straße 204-10b
Mückental 206-8b
Mühlenberg 235-9c
Mühlengraben (3) 255-3a
Mühlental 235-8a
Mühlenweg 204-12b
Mühlenwerth 205-10b
Musengasse 235-3d

Nachtigallengasse (2) 205-12a
Narzissenweg 236-9b
Nelkenstraße 236-6d
Neuenhof 234-1b
Neuer Weg 206-7d
Niederhausener Straße 236-5d
Niederleuscheid 235-8a
Niederleuscheider Straße 235-7b
Niedersaaler Straße 235-5c
Nordstraße 237-1a

Oberalsener Ring 235-10a
Oberbergische Straße 206-6c
Oberdorf (4) 234-8d
Oberhofweg 234-2b
Ober'm Lankenstell 235-11d
Obernauer Straße 236-4a
Obersaaler Straße 235-5a
Oelser Weg 235-12c
Ohmbach 235-1c
Ohmbachstraße 235-5a
Ommeroth 205-4b
Opperzauer Straße 206-12d
Opsener Straße 236-6d
Ortsstraße 234-6c
Ostergasse 204-10a
Oststraße 237-1a
Ottersbacher Straße 204-10b
Ottoweg 235-3d

Pappelstraße 205-11a
Parkweg 204-9c
Pattscheid 204-9c
Pechsiefen 236-2d
Perseifener Straße 206-6c
Pestalozzistraße 236-1a
Peterstraße 206-8b
Pfarrer-Robens-Straße 205-10d
Pfarrer-Stiesch-Platz (6) 236-1a
Platzgarten 235-11c
Poche Straße 206-10a
Pommernstraße 206-10c
Postweg 235-7b
Prachter Straße 236-8b
Präsidentenbrücke 206-10a
Preschlin-Allee 205-12c
Provinzialstraße 236-1d

Quellenweg 205-10b
Quellgasse 204-7b

Raiffeisenstraße 206-10c
Rainweg 234-9d
Rathausstraße 206-10c
Rauher Hohn 206-11d
Rehfeld 206-10a
Reidershof 235-4c
Reidershofer Straße 235-4d
Reiterstraße 236-2b
Rembrandtstraße 235-3d
Rieferather Straße 203-9b
Rilkestraße 235-3b
Rimbacher Weg 255-3a
Ringenstellen 234-1a
Ringwallstraße 234-11b
Ringweg 206-7c
Rochusstraße 204-9d
Röcklinger Ufer 204-11d
Rohlbachstraße 237-1c
Röhrigshof 235-8d
Röhrigshofer Weg 235-8c
Rommener Straße 206-7c
Rosbacher Straße 235-5b
Rosenstraße 236-9b
Rosseggerstraße 235-3b
Rosseler Straße 204-9c
Rostepfuhl 235-7d
Rosterwiese 206-9a
Rotdornweg 205-10d
Roth 204-5d
Rother Straße 235-3b
Rübengarten 235-7c
Rüddeler Straße 236-1c
Rudolf-Diesel-Straße 205-12b
Rundweg (1) 234-8c
Ruppichterother Straße 204-9d

Saaler Straße 235-7b
Sanddornweg 205-10d
Sangerhof 235-8b
Saure Au 205-10d
Schabernack 236-4c

Schabernacker Berg 235-9b
Scheffenhof 205-11d
Schehlharth 236-7a
Scheidweg 236-8b
Schillerstraße 235-3b
Schlädchen 207-10c
Schlehdornweg 205-10d
Schlesierstraße 206-10c
Schloßberg 205-11b
Schmalgasse 206-9b
Schmiedegasse 236-1b
Schmitzkamp 206-11a
Schnepper Straße 234-6c
Schöneck 205-12c
Schönecker Weg 205-12a
Schönenbacher Straße 206-4c
Schreinerstraße 235-11b
Schultheißgarten 206-8b
Schützenstraße (3) 235-5a
Schwalbenweg 205-12b
Seifer Straße 206-10d
Severinsweg 236-2a
Siedlerweg 206-8c
Sieg 236-1b
Siegblick 234-9a
Sieggarten 234-8d
Siegpromenade (Herchen) 234-5b
Siegpromenade (Opperzau) 237-4a
Siegpromenade (Schladern) 205-12b
Siegstraße 236-1b
Siegtalstraße 234-4d
Siegwiese 236-5d
Silberhardt 206-8b
Silberhardtstraße 206-10c
Simonswiese 235-11b
Sommerhof 234-5c
Sommerring 237-1a
Sonnenau 234-7d
Sonnenberg (1) 235-8a
Sonnenblumenweg 236-5c
Sonnenhang 205-9c
Sonnenstraße 235-8a
Sonnenweg 236-2b
Sparkassenweg (2) 235-7b
Spielstraße 234-1d
Spitzweggasse (11) 235-3d
Sportplatzweg 205-10a
Spülgasse (1) 234-5a
Stallberg 236-7a
Stein 205-12a
Steinbachstraße 235-2a
Steiner Weg 205-12a
Steinkuhle 236-4a
Steinkühlerweg 206-7c
Steinrutsche 205-11d
Steinweg 235-2b
Stephanskamp 206-8c
Sternstraße 235-8a
Stormstraße 236-4a
Stresemannstraße 206-10c
Stromberger Straße 234-5d
Sudermannstraße 206-10c
Südstraße 237-1a

Talblick 234-5b
Talweg 206-8c
Tannenstraße (1) 234-6c
Taubenweg 205-9d
Teichstraße 235-11b
Tennenweg 234-2b
Thomas-Mann-Straße 236-1d
Tulpenweg 236-2c

Übersetziger Straße 205-10a
Uferstraße 236-9b
Uhlandstraße 236-1c
Uhrengasse (2) 234-8c
Ulmenweg 205-11c
Ulrichstraße 235-7b
Unkelmühle 234-7b
Unterer Weg 237-1a

Valentingasse 236-1a
Veilchenweg 236-2c
Vogelsbusch 234-9b
Vor den Birken 206-6c
Vorm Bärscheid 205-8c

Wacholderstraße 205-8c
Waldbröler Straße 205-12a
Waldstraße 235-7b
Walkweg (3) 236-8b
Wardenbach 206-10d
Wardenbacher Straße 206-10d
Warthgarten 235-5b
Wasserburg 205-12d
Wehrbusch 235-2b
Weidenkamp (6) 204-12b
Weierswiese 235-10a
Weißdornweg 205-10d
Werfermühle 234-6d
Werner-von-Siemens-Straße 205-12b
Westertstraße 206-7c
Westerwaldstraße 235-5c
Weststraße 206-12d
Weyerbuscher Straße 235-10b
Wiesenweg 235-7b
Wieshof (9) 236-1a
Wilberhofener Straße 204-9d
Wilhelm-Busch-Straße 205-12d
Wilhelm-Schwarzer-Straße 235-10a
Wilhelmshöhe 204-11b
Wilhelmstraße 206-10c
Windecker Straße 205-10b
Wissener Straße 236-5d
Wolfsgasse 204-8a
Wuppertaler Straße 234-8b

Ziegeleiweg 236-5c
Zillegasse (2) 236-4a
Zum alten Feld 206-10a
Zum alten Stuhl (4) 206-10d
Zum Appelhof 234-2c
Zum Auer Wald 236-6c
Zum Bellinger Bach (4) 237-4b
Zum Beuel 234-6c
Zum Bibelstück 236-2b
Zum Blauen Stein 235-10d
Zum Bornenrain 255-3a
Zum Eichenhain 234-8c
Zum Eisenwoog 205-11d
Zum Gräb 234-12b
Zum Großen Feld 236-2b
Zum Gymnasium 234-5c
Zum Hamberg 237-4a
Zum Hirzel 235-7c
Zum Hochkreuz 205-10c
Zum Höchsten 206-9b
Zum Hof 206-8c
Zum Höhenberg 204-11d
Zum Hohn 204-12c
Zum Jagdhaus 235-5a
Zum Krummauel 205-9c
Zum Kupfersteg 236-8b
Zum Kuppenfeld 237-1a
Zum Züngert 236-2d
Zum Mühlenberg 233-3d
Zum Mühlenfeld 206-4c
Zum Rottfeld 206-6c
Zum Siegwinkel 234-5d
Zum Sprietchen 205-12b
Zum Steineck 206-8c
Zum Trimbach 205-10b
Zum Werferstein 234-5d
Zum Wochenend 204-8a
Zur alten Mühle 236-5a
Zur alten Schmiede (2) 234-5a
Zur alten Wiese 236-2b
Zur Altwicke 205-8d
Zur Bruchwiese 236-4b
Zur Burg 206-10c
Zur Hardt 206-11d
Zur Maueler Mühle 206-10c
Zur Mühle 205-10b
Zur Ohmbach 234-2b
Zur Plätte 206-8b
Zur Pulvermühle 205-7d
Zur Quelle 236-3a
Zur Sang 235-5c
Zur Seilbahn 237-4b
Zur Stockwiese 235-3c
Zur Wäscheid 206-11a
Zur Wilhelmshöhe 204-12c

Windhagen

PLZ 53578

(zu VBG Asbach)

Adamstal 292-1a
Ahornweg 291-3a
Akazienweg 291-3a
Allenhohn 271-9c
Am Kapellchen 291-1b
Am Kirchtal 291-1b
Am Kolkenstein (1) 271-12c
Am Kreuz 291-1b
Am Sportpark (2) 291-2b
Am Steinhohn 271-11c
Amselweg 271-12c
Angelpark 291-2a
Asbacher Straße 271-9c
Auf dem Hähnchen 271-12c
Auf dem Heckerfeld 271-12c
Auf der Alten Burg 291-1c
Auf der Hardt 291-1b
Auf der Höhe 271-11d
Auf der Nuer 291-3a

Bachstraße 291-1c
Becherberg 291-1b
Bergstraße 271-9c
Birken 291-3b
Brombeerweg 271-12d
Brunnenstraße 291-1b
Buchenbüsch 271-10c

Eckweg 291-1c
Eichenweg 291-2b
Erlenweg 291-2d

Fichtenweg 271-12a
Finkenweg 271-9c
Fischerhaus im Appental 291-3d
Floriansweg 271-11d
Frohnen 291-2d
Frohner Straße 291-2c

Gewerbegebiet Klarenplatz 291-2b
Grüner Weg 271-9c
Günterscheider Straße 291-6b

Hallerbacher Straße 291-2c
Hauptstraße 271-11d
Heckener Straße 291-3b
Heideweg 291-2b
Hinter der Weiher 291-1b
Hohn 291-3c
Hohner Straße 291-3a
Hohnermühle 291-6d
Hüngsberg 272-10c
Hüngsberger Straße 291-3b

Im Grünen Ring 291-1b
Im Grünen Winkel 291-3d
Im Härtchen 292-4a
Im Hohnerbüchel 271-12c
Im Michelsgarten 271-12c
Im Nassen 291-2b
Im Rehwinkel 271-12a
Im Schönblick 271-9c

Johannisberg 272-10c

Kapellenweg 271-9c
Kastanienweg 291-3a
Klarenplatz (1) 291-2b
Köhlershohner Straße 291-2a

Lärchenstraße 271-12c
Lindenweg 291-3a

Meisenweg 271-12c
Mühlenweg 291-2c

Niederwindhagener Straße 271-12c

Oberwindhagener Straße 271-11d
Op de Heck 291-1b

Rederscheider Straße 291-1a
Rellensiefen (3) 291-1b
Ringstraße 271-9d
Rosenweg 291-2d
Rotdornweg 271-12c

Sackstraße 271-11d
Schulstraße 271-12c
Schweifelder Straße 291-1c
Stockhausener Straße 271-9c

Talblick 291-3d
Taubenweg 271-11d
Teichweg 291-2c

Vierwindener Straße 271-11d

Waldblickstraße 271-12c
Waldweg 271-9c
Weidenweg 291-3a
Weiherstraße 271-9d
Weißdornweg 271-12c
Wiesengrund 291-2b

Zur Grotte 291-6b
Zur Hambitz 271-12c

Winningen

PLZ 56333

(zu VBG Untermosel)

Am Heideberg 350-4b
Am hohen Rain 350-5a
Am Rosenberg 350-4b
Amtsstraße 350-4d
Auf der Anwend 350-4d
August-Horch-Straße 350-4b

Bachstraße 350-4b
Bahnhofstraße 350-5a
Brückstücksweg 350-4b
Burbädchen (6) 350-4b

Distelberger Weg 350-4a
Distelbergerhof 350-4a
Domgarten 350-4b
Dr.-Arnoldi-Straße (3) 350-4b
Dr.-Bellinghausen-Straße (5) 350-4b

Fährstraße 350-4b
Flugplatzweg 350-2c
Friedrichstraße 350-4b
Fronstraße 350-4d

Glockmannsweg 350-4a
Graf-Gülser-Weg 350-5a
Graf-Sponheim-Straße 350-5a

Hahnstraße 350-4b
Hammweg 350-4c
Herrnstraße 350-4b
Hexenhügel 350-1d

Im Domgarten (1) 350-4b
Im Proffen (2) 350-5a
Im Sand 350-5a
In der Ach 350-5a
In der Künde 350-4d
Insel Ziehfurt 349-6d

Jahnstraße 350-4d

Kirchstraße 350-4d
Krambachweg 350-4c
Kratzehofweg 350-4d

Löwensteinhof 350-4c

Marktplatz 350-4b
Marktstraße 350-4d
Moselufer (9) 350-5a

Neustraße 350-4b

Osterstraße (8) 350-4d

Pestalozzistraße 350-4d

Raiffeisenstraße 350-4b

Röttgenweg 350-5a

Schaubert (4) 350-4b
Schulstraße 350-4d
Solligweg 350-4a
Spitalseck (7) 350-5a
Sternbergweg 350-4b

Türmchenstraße 350-4b

Uhlenweg 350-4c

Vogelsangweg 350-4b

Weinhexweg 350-4b
Weinhof 350-5c
Weinlehrpfad 350-4a
Wilhelmstraße 350-4b

Zehnthofstraße 350-4d

Wipperfürth

PLZ 51688

Straßennamen mit Suchfeldangaben in Klammern befinden sich im Cityplan auf Seite 39.

Abshof 74-5d
Abstoß 74-7d
Agathaberger Straße 75-1c
Agathaberger Weg 74-3b
Ahe 74-4c
Aher Berg 74-4c
Alfen 73-9d
Alte Bahnhofstraße 55-3c
Alte Papiermühle Hämmern 54-7a
Alte-Kölner-Straße 54-10d
Altensturmberg 55-11d
Alter Mühlenweg 73-5a
Altes Wehr Hämmern 54-7a
Am alten Sportplatz 55-2d
Am Buschfelde 74-7a
Am Galgenberg 54-11b (39/A3)
Am Gaulbach 54-12a (39/B2)
Am Hammerwerk 54-11b
Am Hang 55-2b
Am Kalvarienbogen 55-2b
Am Mühlenberg (1) 54-12a
Am Oberen Schützengraben (6) (39/A3)
Am Spickerfeld 55-4d
Am Stauweiher 54-12b
Am Steinbruch 76-1b
Am Unteren Schützengraben (5) (39/A2)
Am Wall (39/A2)
Amberg 74-7b
Amselweg (39/A3)
An den Quellen 54-12a (39/B3)
An der Burg 74-7b
An der Kastanie (7) (39/B3)
An der Stursberg-Ecke (3) (39/B2)
An der Ziegelei 54-8d (39/A1)
Arnsberg (Hämmern) 53-8d
Arnsberg (Wipperfeld) 73-2b
Attendorner-Tor-Straße (4) (39/B2)
Auf der Silberberg (1) 55-7c
August-Mittelstenscheid-Straße 74-3b

Bahnstraße 54-8d (39/A2)
Ballsiefen 74-7a
Baumhof 74-8a
Bechener Straße 54-11c
Bengelshagen 75-8b
Benninghausen 75-9b
Bergesbirken 74-5d
Berghausen 73-12a
Berghof 54-9a
Bergstraße 54-12a (39/A2)
Bernhardtstraße 54-8a
Berrenberg 75-5d
Beverstraße 54-7b
Biesenbach 55-8a
Birkerhof 73-2d
Blumenstraße 55-3a
Bochen 53-12b
Böcklerstraße 54-12b
Bommerhaus 74-3c
Borromäerinnenstraße 54-8d (39/A1)
Böswipper 55-12a
Boxberg 73-1a
Boxbüchen 55-9c
Braunsberger Weg (1) (39/A1)
Breslauer Straße 54-9c (39/A1)
Brochhagenberg 74-7b
Brücker Hang 54-7c
Brunsbachsmühle 54-12a (39/B3)
Büchel 73-9d
Buchholz 73-8b
Buchholzweg 56-10d
Bühlstahl 75-7c

Constantin-Hamm-Straße (39/A2)

Dahl 55-9b
Danziger Straße 54-9c (39/A1)
Dellweg 75-6a
Dhünn 53-12c
Dievesherweg 55-8a
Dohrgaul 75-2d
Dohrgauler Straße 56-10c
Don-Bosco-Weg 54-9d
Dorfstraße 73-5a
Dörpinghausen 55-6c
Dörpinghauser Straße 55-6a
Dörrenbach 75-7c
Dr.-Eugen-Kersting-Straße (39/A2)
Dr.-Leo-Zorn-Platz (3) 54-11b
Drecke 74-5a
Dreckerbusch 74-4d
Dreine 55-4c
Dreiner Weg 55-7a
Drosselweg (39/A3)

Ebertstraße 54-12b
Egener Straße 54-8a
Egerpohl 55-8d
Eichendorffstraße 73-5a
Eichholz 74-2c
Elbertzhagen 53-8b
Elbinger Weg (39/B1)
Elisabethstraße 54-8a
Engelbertusstraße 54-11b
Engelsburg 54-8d (39/A2)
Engsfeld 55-3b
Ente 73-4c
Erlen (Thier) 74-1d
Erlen (Wipperfeld) 73-1d
Erste Mühle 54-8d
Eschenweg 55-2b

Fahlenbock 73-4b
Fährichstüttem 74-6d
Felderhof 54-8d
Felderweg 73-2d
Finkelnburg 54-7d
Finkenweg 54-11b (39/A3)
Fliegeneichen 55-4a
Flurstraße 54-11b (39/A3)
Freihäuschen 75-2b
Friedrichsthal 55-10d
Fritz-Volbach-Straße 54-8c
Fröbeln 72-6d
Fürden 74-4b

Gartenstraße 54-9c (39/B2)
Gauler Höhe 54-12a (39/B2)
Gaulstraße 54-12a (39/B2)
Gerberstraße 54-11a
Gerhardsfeld 73-9a
Gewerbegebiet Am Stauweiher 54-9d
Gewerbegebiet Hämmern 54-7a
Gewerbegebiet Klingsiepen 54-10d
Gewerbegebiet Weinbach-Klingsiepen 74-1b
Gildenstraße 54-11a
Gladbacher Straße 54-11c (39/A3)
Graben 74-6c
Graf-von-Galen-Straße 54-11a
Grennebach 75-3c
Großblumberg 54-6c
Großfastenrath 56-7d
Großscherkenbach 75-1a
Grund 73-5c
Grünenbaum 54-7a
Grünenberg 74-6b
Grunewald (Agathaberg) 74-6a
Grunewald (Hämmern) 53-6d
Grunewald (Wipperfürth) 72-9b
Grüterich 73-3c
Gummersbacher Straße 55-7c

Haardt 76-1b
Hackenberg 55-2a
Hahnenberg 75-2d
Halver Straße 55-5d
Hamböcken 73-7a
Hambüchen 54-6d
Hammer 55-6c
Hansestraße 74-1b
Hardenbicke 55-1a
Harhausen 55-7a
Hasselbick 54-9b
Hassiepen 56-10c
Haufe 55-8d
Hausmannsplatz (8) (39/B2)
Hedwigstraße 54-8a
Heid 73-6c
Heidchen 74-4d
Heideweg 54-9b
Heidkotten 53-12b
Heinrich-Pollhammer-Straße 73-5a
Herbstmühle 54-12b
Hermann-Löns-Weg 54-9d
Hermannstraße 54-7b
Hermesberg 74-6a
Herweg 73-3a
Herzhof 54-12c
Hilgersbrücke 54-7c
Hindenburgplatz (2) 54-12a
Hindenburgstraße 54-12a (39/B2)
Hintermühle 75-8a
Hinterschöneberg 74-1c
Hinterwurth 55-2c
Hochstraße 54-11b (39/A2)
Hof 73-6d
Hofstraße 73-5b
Höhenstraße 74-4d
Höhenweg 54-11b (39/A3)
Hohl 55-3b
Hollinden 73-12c
Hollmünde 75-3a
Holte 74-1a
Hönnige 55-7b
Hüffen 72-6d
Hülsen 55-1d
Hungerberg 55-5c

Ibach 55-12a
Im alten Ohl 56-10d
Im Feld (39/B3)
Im Hagen 56-10a
Im Hof 55-3c
Im Siebenborn 54-11a
Im Siepen 55-2b
In den Lehmkuhlen 55-3c
In der Bicke (39/B3)
Industriestraße 54-8d
Isenburg 53-9c

Jägerhof 75-1b
Johannesweg 55-2b
Johann-Wilhelm-Roth-Straße 74-7a
Jörgensmühle 73-9a
Joseph-Mäurer-Straße 54-7b
Jostberg 53-9b
Julsiefen 73-5d

Kahlscheuer 75-4b
Kaiserstraße 54-8d
Kapellenberg 74-4d
Kaplansherweg 73-3a
Karl-Graf-Straße 54-11b
Kerspe 56-11a
Kerstenberg 56-10b
Kirche 73-5a
Kirchplatz 54-12a (39/B2)
Klaswipper 55-12b
Kleineichhölzchen 54-10b
Kleinfastenrath 56-7c
Kleinscherkenbach 74-3d
Klemenseichen 75-7b
Kleppersfeld 54-7c
Klespe 74-5b
Klingsiepen 54-10d
Klitzhaufe 54-5c
Klosterplatz (39/A2)
Klosterstraße 54-12a (39/A3)
Kluse 54-10c
Kofeln 73-4b
Kohlgrube 74-4b
Kölner-Tor-Platz 54-11b (39/A2)
Kolpingstraße 54-12b
Königsberger Straße 54-9c (39/B1)
Konrad-Martin-Weg (2) 54-11b
Kremershof 75-4a
Küppersherweg 55-11c

Lamsfuß 73-2d
Langenbick 54-12a
Langensiefen 74-4a
Leiersmühle 54-9d
Lendringhausen 55-10d
Lenneper Straße 54-7a
Leonhardtstraße 54-12b
Lerchenweg 54-11b (39/A3)
Leuchtenbirken 55-7c
Leuchtenbirkener Weg 55-7c
Leye-Siedlung 54-11d
Lieth 73-4a
Linde 54-7a
Lindenstumpf 54-12a
Louise-Schröder-Straße (39/B2)
Lüdenscheider Straße 54-9c (39/B2)

Marienburger Weg (2) (39/A1)
Marienheider Straße 56-10d
Marktplatz (39/B2)
Marktstraße (39/A2)
Maternusweg 75-1c
Meddenbick 55-4c
Meisenweg (39/A3)
Memellandstraße 54-9c (39/A1)
Mesewinkel 56-10d
Mesewinkeler Weg 56-10d
Mettberg 56-11a
Michaelstraße 54-7b
Mittelschneppen 73-4a
Mittelschwarzen 73-6a
Mosse 54-7b
Mühlenweg (39/A2)
Münte 54-11d

Nackenborn 54-12a (39/B3)
Nagelsbüchel 55-10c
Nagelsgaul 75-3c
Neeskotten 75-4b
Neuenhammer 56-10b
Neuenhaus (Ohl) 56-10b
Neuenhaus (Thier) 73-11d
Neuenhaus (Wasserfuhr) 55-7b
Neuensturmberg 55-11b
Neumühle 72-3d
Neyegrund 55-2a
Neyehof 54-8c
Neyetal 54-8a
Niederbenningrath 74-7c
Niederdhünn 73-2a
Niederengsfeld 55-3d
Niederflosbach 74-8a
Niedergaul 54-12d
Niederholl 75-6c
Niederkemmerich 75-7b
Niederklüppelberg 55-12d
Niederröttenscheid 54-5c
Niederscheveling 55-2c
Niederwipper 55-7d
Nikolausstraße 54-7b
Nordtangente 54-9c (39/B1)

Oberbenningrath 74-10a
Oberdierdorf 75-1d
Oberflosbach 74-8a
Obergaul 75-3d
Obergraben 54-7a
Oberholl (Dohr) 75-6b
Oberholl (Wipperfürth) 73-2d
Oberkemmerich 75-7a
Oberklüppelberg 56-10c
Obermausbach 73-1d
Oberröttenscheid 54-5a
Oberscheveling 55-2d
Oberschneppen 73-1d
Oberschwarzen 73-6b
Oberweinbach 74-2a
Ohler Berg 56-10d
Ohlstraße 54-9c (39/B2)
Ommer 54-9c (39/B1)
Ommerborn 93-2b
Ostlandstraße 54-12a (39/B2)

Pannenhöh 73-4a
Paul-Gerhardt-Straße (39/A3)
Paulstraße 54-8a
Peddenpohl 54-10d
Peffekoven 73-12b
Peppinghausen 55-11c
Peterstraße 54-8a
Pollenderstraße 54-9d
Poshof 74-3a
Prof.-Mausbach-Straße 73-5a
Prof.-Neugebauer-Weg (39/B2)

Radiumstraße 54-11b (39/A2)
Raffelsiefen 74-8b
Rielenkamp 53-9b
Ringstraße 54-11b (39/A3)
Ritterlöh 55-2b
Ritzenhaufe 54-10a
Robinienweg 54-12a (39/A3)
Roppersthal 74-3b
Rosenstraße 56-10c
Rote Höhe 55-2b

Sanderhöhe 54-9a
Sassenbach 74-3a
Sattlerstraße 54-11a
Sauerlandstraße 56-10d
Schäferslöh 54-3b
Schäferwiesen 54-12b
Schevelinger Weg 55-2c
Schlade 74-6d
Schleise 55-5d
Schmalenfeld 53-9d
Schniffelshöh 73-3a
Schnipperingen 75-6d
Schnipperinger Mühle 75-6d
Schollenbach 55-12d
Schulstraße 73-5b
Schützenstraße 54-11b (39/A2)
Schwalbenweg 54-11b (39/A3)
Seidenfaden 74-2b
Seilerstraße 54-11a
Siebenborner Höhe 54-11c
Siegburger-Tor-Straße 54-12c (39/A3)
Sommerberg 72-9b
Sonnenberg 74-3c
Sonnenschein 54-9a
Sonnenweg 54-12a
Speckenbach 56-7c
St.-Anna-Straße 74-7a
Starenweg 54-11b (39/A3)
Stettiner Straße 54-9c (39/B1)
Stillinghausen 55-10a
Stillinghausener Weg 54-12d
Stöpgeshof 54-8d
Stüttem 74-6d
Sudetenlandstraße (39/A1)
Surgeres-Platz 54-12a (39/B2)

Talstraße 54-9d
Tannenweg 54-9b
Teufelswiese 75-2a
Tilsiter Platz (39/A1)

Überberg 73-5d
Ulrichstraße 73-5b
Unterdierdorf 75-4a
Untere Straße 54-12a (39/A2)
Unterholl 73-2c
Untermausbach 73-1d
Unternien 55-1d
Unterschneppen 72-6b
Unterschwarzen 73-6c
Unterstenhof 75-2b
Unterthier 74-7b
Unterweinbach 54-11c
Ursulinenstraße 54-8d (39/A1)

Von-Ketteler-Straße 54-11b
Vordermühle 75-4d
Vorderschöneberg 74-1c
Vorderwurth 55-2d
Voßkuhle 54-9d

Waldweg 75-1b
Wasserfuhr 55-5d
Weberstraße 54-11a
Wegerhof 74-3a
Weidenweg 55-6a
Weier 73-5a
Weierweg 73-5a
Weilandstraße 55-7b
Westfalenstraße 55-2d
Weststraße 54-11a
Westtangente 54-11b (39/A2)
Wiegen 56-4c
Wiesenstraße 56-10d
Wildblech 54-10d
Wilhelmshöhe 54-8d
Wilhelmstraße 54-7b
Willi-Laschet-Straße 74-7b
Wingenbach 75-5b
Wipperhof 54-8c
Wolfsiepen 54-8d (39/A1)
Wupperstraße 54-8d (39/A2)
Wüstemünte 54-10a
Wüstenhof (Thier) 74-5a
Wüstenhof (Wipperfeld) 73-1d

Zur Grube 55-6a
Zur Krakenburg (39/B2)

Wirscheid

PLZ 56237

(zu VBG Ransbach-Baumbach)

Am Hang 332-3d

Gartenweg 332-3d
Grenzweg 332-3d

Hauptstraße 332-6b
Hochstraße 332-3d

Kauserweg 332-3d

Lärchenweg 332-3d

Mittelstraße 332-3d

Ringstraße 332-6b

Sessenbacher Straße 332-6a

Tannenweg (1) 332-3d

Waldstraße 332-3d

Wissen

PLZ 57537

Am Steingarten 237-6b

Bahnparallele 237-6d
Beethovenstraße 237-3c
Blähausstraße 237-6b

Eichendorffstraße 237-3d
Ellingshagen 207-12d

Galgenberg 207-8d

Hagdorn 207-8b
Hahnhof 237-9d
Hassenthal 237-3c
Haydnstraße 237-6a
Holpe 207-11d
Holschbach 237-3a
Holschbacher Straße 237-3d
Hufe 237-3b
Hufenhardt 237-6c

In den Jungeichen 237-9b

Kantstraße 237-3d
Köttinger Weg 237-6d

Lisztstraße 237-3c

Morsbacher Straße 207-9b
Mozartstraße 237-3c

Niederstenhof 207-9a
Nisterbrück 237-6d
Nistermühle 237-6c
Nistertalstraße 237-9b
Nordstraße 237-3d

Pirzenthal 237-6c
Pirzenthaler Straße 237-6a

Schubertstraße 237-6a
Stöcken 207-9d
Streitholz 237-3d

Weidacker 237-12b
Wendlingen 207-12d
Widderbach 207-9b
Wisserhof 207-12b

Wittgert

PLZ 56237

(zu VBG Ransbach-Baumbach)

Brunnenstraße 325-11a

Gartenstraße 325-11a

Hauptstraße 325-11a
Heubergsweg 325-11c
Hohlweg 325-11c

Im Wiesengrund 325-11a

Jahnstraße 325-11a

Nauorter Straße 325-11a

Rehnstraße 325-11c
Rheinstraße 325-11c
Rosenstraße 325-11a

Schulstraße 325-11a

Wiesenpfad 325-11a

Woldert

PLZ 57614

(zu VBG Puderbach)

Am Limbusch 296-8d
Aussiedlerhof Hommer 296-11d

Bergstraße 296-11b

Dierdorfer Straße 296-12a
Dorfstraße 296-9c

Gartenstraße 296-11b

Hauptstraße 296-11b
Haus Osterberg 296-9a
Höhenweg 296-11b

Im Steinchen (1) 296-11b
In der Steubach 296-11b

Kirchweg 296-11b

Schulstraße 296-12a
Steimeler Straße 296-11b

Waldhof 296-12c
Werother Straße 296-8d

Wolken

PLZ 56332

(zu VBG Untermosel)

Alte Kirchstraße 343-11d
Am Greinshof 343-11d
Auf der Höh (1) 343-11a

Bassenheimer Straße 343-11d
Berghof 343-11c

Eiserne Hand 343-10b

Gartenstraße 343-11a
Gewerbegebiet Wolken 343-11a

Hauptstraße 343-10a

Im Park 343-11c
Im Wiesengrund 343-11c
In den Obstwiesen (2) 343-11a

Koberner Weg 343-11c
Künsterhof 343-11b

Landstraße 343-11b

Periger Hof 343-11d
Periger Weg 343-12c

Vor der Bend 343-11a

Zum Mueckenplatz 343-11b
Zum Steinhügel 343-11a
Zur Langen Fuhr 343-11a

Wölmersen

PLZ 57635

(zu VBG Altenkirchen (Westerwald))

Alte Kohlstraße 256-4c
Am Born 255-9d
Am Wald 255-9b
Auf den Erlen 255-9b

Gartenstraße 255-9d

Hauptstraße 255-9d
Helmenzer Weg 255-9d
Heupelzer Weg 255-9b
Hohlweg 255-9d

Irser Straße 255-9a

Parkstraße 255-9b

Raiffeisenstraße 255-9a

Verbindungsweg 255-9b

Zum Bornfeld 255-9b
Zum Rottfeld 255-9b
Zur Holzgrube 255-9b

Würselen

PLZ 52146

Aachener Straße 180-6b
Ackerstraße 152-7c
Adamsmühle 180-3b
Adenauerstraße 181-2d
Ahornstraße 151-10c
Akazienstraße 151-10d
Alte Feuerwehr 181-2c
Alte Furth 150-9a
Alte Mühle 150-9c
Alter Schulhof (3) 150-9b
Alter Schüttsberg (4) 150-9d
Am alten Kaninsberg 181-5a
Am Berg 151-9d
Am Förderturm 151-10a
Am Großen Pohl 151-12c
Am Güterbahnhof 151-11c
Am Haushof 181-2c
Am Johanniterhof 151-10d
Am Kaiser 150-9b

Ziegenhain

PLZ 57632

(zu VBG Flammersfeld)

Zülpich

PLZ 53909

Herausgeber: ADAC Verlag GmbH, 81373 München

Titelbild der Originalausgabe: Kölner Dom/Rheinpanorama, Foto: Grafik & Foto Design Dieter Blase, Metelen

Printed in Germany · Laufzeit bis Ende 2008

Hergestellt nach amtlichen Unterlagen

● KLINIKEN U. KRANKENHÄUSER

universitäts klinikum **bonn**

- Anstalt des öffentlichen Rechts -

Der Kaufmännische Direktor

Sigmund-Freud-Straße 25
53127 Bonn

St.-Franziskus-Hospital
(Sie finden uns im Planquadrat 106-11b)
Schönsteinstraße 63
50825 Köln
Telefon 0221 / 5 59 10

JG Gruppe Köln
Eduardus-Krankenhaus

Eduardus-Krankenhaus Allgemeinkrankenhaus mit Schwerpunkt Orthopädie und den Abteilungen Orthopädie, orth. Rheumatologie, Innere Medizin, Chirurgie, Unfallchirurgie, Anästhesie, Radiologie, Krankenpflegeschule, ambulante Physiotherapie und Ergotherapie, Orthopädie-Technik, Zentren für Rheumatologie und Neurologie.

(37/D6) **Custodisstr. 3-17, 50679 Köln-Deutz, Tel. 0221 / 82 74-0, www.eduardus.de**

BG Sichere Mobilität
Deutscher Verkehrssicherheitsrat e.V.
Beueler Bahnhofsplatz 16 · 53222 Bonn
Telefon 02 28 / 40 00 10
Telefax 02 28 / 4 00 01-67

DVR

Gemeinsam für mehr Sicherheit mit den gewerblichen Berufsgenossenschaften !

(Sie finden uns im Planquadrat 247-3b)

www.dvr.de

Grenzlandtheater Aachen
Elisen Galerie
Friedrich-Wilhelm-Platz 5/6
52062 Aachen

Theaterkasse: 0241 / **47 46 111**
mo-fr 10-13 und 17-18.30 Uhr
sa 10-13 Uhr, so und Feiertage 18.30-20 Uhr

[Sie finden uns im Planquadrat (32/B3-C3)]

● MUSEEN U. TOURISTIK

MUSEUM

ACHSE, RAD UND WAGEN

5500 Jahre Kultur- und Technikgeschichte

BPW Bergische Achsen
Kommanditgesellschaft
Ohlerhammer, 51674 Wiehl

Öffnungszeiten:
Samstags 14.30-17.30 Uhr
Eintritt frei

Täglich kostenlose Gruppenführungen nach Anmeldung
Telefon 0 22 62 / 78-12 80

Keramikmuseum Westerwald
- Deutsche Sammlung für historische und zeitgenössische Keramik -
Lindenstraße 13
56203 Höhr-Grenzhausen
Telefon 0 26 24 / 94 60 10
Telefax 0 26 24 / 9 46 01 20
e-mail: info@keramikmuseum.de
Öffnungszeiten:
täglich von 10.00 bis 17.00 Uhr
montags geschlossen

Landschaftsmuseum Westerwald
- mit Basaltpark in Bad Marienberg -
Leinziger Str. 1
56727 Hachenburg
Telefon 0 26 62 / 74 56
Telefax 0 26 62 / 46 54
e-mail: Landschaftsmuseum-Hachenburg@t-online.de
Öffnungszeiten:
täglich von 10.00 bis 17.00 Uhr
montags geschlossen

MUSEEN IM WESTERWALD

Träger: Museen im Westerwald GmbH, Peter-Altmeier-Platz, D-56410 Montabaur

Westerwald

Informationen und Prospekte: **TOURISTINFORMATION KÖNIGSWINTER**
53639 Königswinter · Telefon 0 22 23 / 91 77 11 · Telefax 0 22 23 / 91 77 20
www.siebengebirge.com · info@siebengebirge.com · www.gehdochmal.de

---

Rhein rüber

Wir fähren mit Erfahrung

Rheinfähre Linz-Kripp GmbH

Schnellste Verbindung zwischen Westerwald - Ahrtal - Nürburgring
Moderne Großfährschiffe für Personen, Kraftwagen, Lastzüge und größte Omnibusse
Fährbetrieb von 6.00 bis 24.00 Uhr

Geschäftsstelle: 53545 Linz / Rhein, Petrus-Sinzig-Straße 3
Telefon 0 26 44 / 96 15 50, info@rheinfaehre-linz-remagen.de
www.rheinfaehre-linz-remagen.de